형 법 학

| 2022 |

A Theory of Criminal Law

형법학

| 2022 |

안성조 著

景仁文化社

머 리 말

    본서를 기획·집필하면서 나는 지난 십수 년간 집필한 논문과 연구서 및 판례평석 등에서 천착했던 여러 주제들을 정합적으로 아우를 수 있는 일관된 관점을 보여주고자 하였다. 이러한 작업의 전제로서 '도입글'에서는 헌법과 법치국가원리(Rechtsstaatsprinzip)에 근거하는 형법상 근본원칙의 하나인 죄형법정주의를 비롯해 법익보호원칙과 책임원칙, 비례성원칙 등을 특정한 정의론(a theory of justice)의 관점에서 재해석함으로써 '의무론적 자유주의(deontological liberalism) 정의원칙'의 하나로서 새롭게 구성해 보고자 하였다. 형법이 근대 계몽사상과 사회계약론의 영향에 힘입은 바 크다는 점에 비추어 보면, 이 원칙들이 공정한 참여의 절차적 조건이 보장된 가운데 시민(의 대표)들 간의 이해와 합의로부터 도출될 수 있는 정의원칙의 일부라고 이해하는 것은, 다소 낯선 생각일 수는 있으나 도달하기 어려운 생각은 아니다. 형법상 원칙들과 도그마틱의 대부분은 국가형벌권에 의한 시민의 자유와 권리의 침해가능성을 규율하려는 목적을 가지고 있으며, 그러한 의미에서 '정의'의 주제가 됨은 명백하다. 특히 국가의 형벌권력에 정당화 근거를 제시해 주는 사회계약론의 호소력은, '법과 도덕의 계약론적 정당화(contractarian justification)'라는 이론적인 아이디어를 가져와 여기에 적절한 변형을 가하면 그것이 형법상의 크고 작은 제원칙들에 합당한 근거를 제시할 수 있는 절차적 정당화 장치로 보다 새롭게 디자인될 수 있을 것이라는 전망을 품도록 만들어 주기에 충분하다.[1]

    본서에서 다루는 주제들은 '형법학'의 여러 주제에 다양하게 걸쳐 있다. 주제별로 일별해 보면, 형법의 근본원칙 중에서는 책임원칙과 죄형법정주의의 파생원칙인 명확성원칙과 유추금지원칙을 주로 다루고 있는데, 고전적이면서 현재도 진행중인 형법학의 몇몇 대표적

---

1) 이러한 전망을 품게 해주는 Will Kymlicka, "The Social Contract Tradition", in: *A Companion to Ethics*(Oxford: Blackwell, 1991), 186면 이하 참조. 다음의 글에서 드워킨의 아이디어도 참조할 만하다. Ronald Dworkin, "Rawls and the Law", *72 Fordham L. Rev. 1387*(2004) 참조.

논쟁에 직접 뛰어들었다. 예컨대 비난가능성으로서의 책임개념의 전제가 되는 '자유의지의 존부' 문제라든지, 허용되는 확장해석과 금지되는 유추해석의 경계가 되는 '문언의 가능한 의미(möglicher Wortsinn)'의 확정가능성 문제가 바로 그것이다. 형법의 명확성원칙에 대한 중대한 도전이라고 할 수 있으며 법현실주의자들과 비판법학자들이 꾸준히 제기해 온 '법의 불확정성(legal indeterminacy)' 문제도 심층적으로 다루고 있다.

총론상의 주제로는 단체책임론과 전자인격(electronic person)의 범죄주체성과 같은 최근의 뜨거운 주제들을 이론적으로 다루고 있다. 단체책임론은 금융위기와 9.11테러 이후 다시 새롭게 주목을 받게 되었으며, 회사법인의 범죄능력을 긍정하는 다양한 이론적 시도들을 소개, 분석, 평가하고 있는데 다만 최근 활발히 논의되고 있는 ESG 규준과 법인책임의 관계에 대해서는 여기서 다루지 못하였다. 향후 과제로 남겨두고자 한다.

인공지능 로봇의 법인격과 법적 책임주체성의 문제는 최근 일련의 EU 의회 결의안 이후 현재 민상법, 공법, 형사법 등 거의 모든 법분야에서 열띤 논의의 대상이 되고 있다. 현재 관점에서 나름의 결론을 제시하고 있지만 향후 다른 분야의 논의를 반영하여 보완할 예정임을 밝혀둔다. 반사회적 인격장애자의 형사책임능력과 양심적 병역거부자와 같은 확신범의 형법적 취급문제 등도 매우 중요한 주제다. 필자가 보기에는 모두 책임론 파트에서 중점적으로 다루어져야 할 테마들이다. 전자의 경우, 형사책임능력의 판단에 공정성을 기하기 위해서는 공감능력의 부재라는 소질적 요소가 고려될 필요가 있음을 역설하고 있다. 확신범의 경우 논란이 되는 여러 쟁점이 있지만, 특히 대법원은 병역법 제88조 제1항의 '정당한 사유'를 구성요건해당성을 조각하는 사유로 보아 양심적 병역거부자의 가벌성을 구성요건단계에서 부정하는 방식을 취하고 있는데(대법원 2018. 11. 1. 선고 2016도10912 전원합의체 판결)[2] 그 문제점과 법리적인 개선방안을 제시해 보고자 하였다. 상기 주제들에 대한 일련의 논증과정에서 고의, 범죄능력, 책임(능력), 기대가능성 도그마틱을 다루고 있다.

위법성의 인식과 법률의 착오라는 주제와 관련해 유기천 교수와 엄상섭 선생의 견해를 검토하면서 범죄체계론, 인과관계, 규범적 책임론, 간접정범의 본질론 등도 다룬다. 과실범의 공동정범과 합동범의 공동정범이라는 판례와 도그마틱의 오랜 난제도 다루고 있다. 긍정론과 부정론의 대립이 여전히 첨예한 만큼 어느 쪽의 논거가 더 합당한 것인지 변증적 지양에 이르는 과정을 통해서 도그마틱적으로 치밀하게 논증하고 있다. 미수론 분야에서는

---

2) "위 조항(병역법 제88조 제1항)에 따르면 정당한 사유가 있는 경우에는 피고인을 벌할 수 없는데, 여기에서 정당한 사유는 구성요건해당성을 조각하는 사유이다. 이는 형법상 위법성조각사유인 정당행위나 책임조각사유인 기대불가능성과는 구별된다."

최근 술에 취했으나 심신상실 또는 항거불능상태에 있지 않은 객체에 대한 준강간죄의 불능미수를 인정하면서 그동안 학계에서도 충분히 다루어지지 못했던 미수범 도그마틱의 몇몇 쟁점을 보다 선명히 부각시켜 준 판례(대법원 2019.3.28. 선고 2018도16002 전원합의체 판결)를 도그마틱적으로 명료하게 분석하고 있다.

각론상의 주제로는 우선 사회적 관계망 서비스(SNS)를 이용한 명예훼손죄의 비범죄화 내지 폐지론이라는 사회적으로도 중요한 관심사를 비판적 시각에서 법리적으로 검토한다. 다음으로 재산범죄의 객체로서 '재물과 재산상 이익'이라는 엄격한 이분법 도그마틱이 재산범죄 전반, 즉 횡령죄, 배임죄, 사기죄, 컴퓨터등사용사기죄, 장물죄, 부당이득죄 등에 어떻게 일관되게 적용될 수 있는가를 검토하고 있다. 대법원 판례가 이분법을 유지하고 있지 못하다는 비판에 대해 면밀히 검토해 보면서 판례의 입장을 정합적으로 이해할 수 있는 해석론을 제시하고 나아가 그러한 이분법이 횡령죄와 배임죄 중에 어느 구성요건을 적용할 것인지 불확실한 경계사례들(대법원 2015.12.10. 선고 2013도13444 판결; 대법원 1999.4.7. 선고 99도883 판결)의 해결에 있어서 어떻게 기여할 수 있는지 입론하고 있다.

상기 주제들은 단지 기존의 연구업적을 한 곳에 병렬적으로 나열한 것이 아니다. "법적 논증이란 반성적 평형에 이르는 과정이다"라는 본서의 일관된 관점을 잘 드러내 보여줄 수 있는 주제들을 선별해 배치한 것이다. 그렇기 때문에 일부 저작의 내용과 표현은 상당부분 수정되고 보완되었다. 이러한 관점이 형사법의 모든 분야에 일관되게 적용될 수 있음을 보여주기 위해 최근 현행범 체포현장에서의 임의제출물의 압수가 가능한가에 대한 대법원 판례(대법원 2019.11.14. 선고 2019도13290 판결; 대법원 2020.4.9. 선고 2019도17142 판결)에 대해 평석하면서 임의제출물의 압수에서 '임의성' 요건이라는 소송법적 주제도 다루고 있다 (본서 [25]). 이 글에서는 압수거부권의 고지는 불필요하다고 판시한 미연방대법원 판결인 Schneckloth v. Bustamonte, 412 U.S. 218(1973)을 소개, 평석하며 법리적으로 논박하고 있는데 결론적으로 형사소송법의 원칙에 비추어 볼 때, 진술거부권의 고지처럼 압수거부권의 고지가 필요하다는 결론을 도출해 내고 있다.

형벌제도의 기원이라는 챕터는 형법학의 기초에 해당하지만 오랜 세월 학계의 주목을 그다지 못 받고 있던 주제를 다룬다. 아직 공형벌권이 존재하지 않던 시기에 법익침해가 발생할 경우 이에 대한 개인적, 사회적 대응방식은 어떠한 것이었을지, 문헌을 통해 접근할 수 있는 고대 형벌의 역사는 물론 역사시대 이전의 형벌과 책임의 유래에 대한 추론도 비록 사변적이지만, 우리의 상식과 숙고된 판단들을 크게 벗어나지 않는 범위내에서 다루고 있다.

형법학자와 형법학이라는 챕터는 형법학자들의 세계관속에 판례와 도그마틱과 원칙에 대한 이해가 얼마나 정합적으로 녹아들어가 있는지를 확인할 수 있다는 점에서 본서의 일관된 입장에 대한 독자들의 이해를 도와주리라고 생각하며, 선학들의 가르침이 오늘날에도 등대의 환한 불빛처럼 생생하게 살아 숨쉬고 있음을 확인하게 되는 계기를 마련해 줄 것으로 기대한다.

더 나아가 본서는 이러한 주제들을 검토함에 있어서 판례와 형사법 도그마틱뿐 아니라 그와 유관한 다양한 인접학문의 성과물까지 포괄적으로 다루고 있다. 국내외 형사법 학자나 법률가들 외에 롤즈와 드워킨, 하버마스는 물론 칸트, 비트겐슈타인, 괴델, 힐러리 퍼트남 등이 본서에 등장하는 이유는 바로 여기에 있다. 그런데 혹자는 이러한 인접학문이 형법학의 주제에 관한 논증에 필요한 이유는 무엇인지 궁금할 수 있을 것이다. 여기서 본고의 관점이 무엇인지에 대한 보다 더 상세한 설명을 통해 그 이유를 간략히 제시해 보고자 한다.

일찍이 롤즈가 제안했고, 그의 제자인 다니엘이 더 발전시킨 '넓은 반성적 평형(wide reflective equilibrium)'이란 어떤 특정인이 갖고 있는 정렬된 세 가지 믿음의 묶음, 즉 (1) 도덕적 숙고판단들(a set of considered moral judgements)과 도덕적 원리들(a set of moral principles), 그리고 배경이론들(a set of background theories) 사이에서 정합성을 얻어내기 위한 시도(an attempt to produce coherence)를 뜻한다.[3] 이 개념에서 배경이론이란 경합하는 도덕원칙들 사이에 상대적인 강점과 약점을 찾아내 보여주는 추론과 논증의 배경이 되는 이론이다. 만일 어떤 도덕적 행위자(moral agent)가 한 사안에 대해 충분한 정보를 갖고 침착하게 내린 숙고된 도덕적 판단이 있을 때 그는 자신의 판단을 지지해 주는 도덕원칙들과 비교·검토, 상호조정을 통해 나름의 타당한 결론에 도달할 수 있다. 이를 '좁은 반성적 평형 (reflective equilibrium)'이라고 한다. 여기에서 한 걸음 더 나아가 그러한 결론의 객관성을 더 확보하기 위해 배경이론에 대한 검토와 조정의 과정까지 거쳐서 얻게 되는 결정을 '넓은 반성적 평형'이라고 하는데, 이를테면 롤즈의 경우 정의의 두 원칙은 인격론이나 순수한 절차적 정의론이라는 배경이론을 토대로 하고 있음은 잘 알려져 있다.

필자가 본서에서 제시하고 있는 여러 인접학문의 관련이론들도 이와 같이 타당한 결론에 도달하기 위해 필요한 배경이론이라 말할 수 있다. 판결이든 논문의 결론이든 법적 논증

---

3) Norman Daniels, "Wide Reflective Equilibrium and Theory Acceptance in Ethics", *The Journal of Philosophy* 76(5), 1979, 258면.

의 과정에서 우선 법률가와 법학자들은 어떤 개별적 사안에 대해서 '숙고된 판단'4)을 갖게 된다. 그것은 법리나 도그마틱, 법원칙으로부터 독립된 규범적 직관이라고 말할 수 있을 것이다(본서 [7] 참조).5) 다음으로 이 판단이 기존의 법리나 도그마틱, 기타 여러 법원칙들과 얼마나 정합적인지 비교, 판단하며 조정하는 '좁은 반성적 평형'을 거치게 된다. 여기서 더 나아가 적절한 배경이론을 찾아 이를 비판적으로 검토하여 적확히 원용할 수 있다면 논증의 타당성을 더욱 보강해 주는 '넓은 반성적 평형'에 도달할 수 있을 것이다. 본서에 수록된 각 챕터의 글들은 모두 형법학의 여러 주제들에 대한 숙고된 판단을 판례와 도그마 틱, 형법상 근본원칙들, 더 나아가 배경이론 등과 비교, 검토, 조정하며 크고 작은 반성적 평형에 도달하는 논증의 과정으로 이해할 수 있다.6) 일부 글은 그 자체가 하나의 배경이론 의 성격을 띤다고 의미를 부여할 수도 있을 것이다.7)

돌이켜 보면, 이 책의 기획과 출간에 이르게 한 수많은 감사한 계기가 있었다. 무엇보다 도 크게 길을 잃지 않고 너무나 고귀한 학문적 전통 위에서 이 방대한 작업을 시작하는 것을 가능하게 하여 준 훌륭한 저작들과 위대한 판결들, 그리고 그 모든 만남과 은혜와 행운에 감사를 드린다.

이번에도 흔쾌히 본서의 출간을 결정해 주었고 완성도 높게 편집해 준 경인문화사측에 도 깊이 감사드린다.

---

4) 롤즈에 의하면 숙고된 판단은 우리의 도덕적 능력이 가장 왜곡없이 발휘되는 상황에서 이루어지는 판
단으로서 망설임이 없는 확신이 있는 판단이며 오랜 시간 동안 안정적인 판단을 의미한다. 이 판단은
관련 원칙들과 관련하여 '직관적(intuitive)'이어야 한다. 즉 숙고된 판단은 관련 원칙이나 이론을 특정
한 사례에 의식적으로 적용한 결과라기보다는 그 사례에 대해 생각나는 것들을 단순히 고려함으로써
얻어진다. 이 판단이 직관적이라는 것은 해당 원칙과 독립적이고 영향을 받아서는 안 된다는 뜻이다.
그렇지 않으면 관련 원칙과 숙고된 판단 사이의 반성적 평형을 찾는 작업은 순환논증이 될 것이기 때문
이다.

5) 본서 '[7] 괴델정리의 법이론적 함의'의 내용과 논지는 많은 부분 이 책의 일관된 관점과 정합적으로
해석될 수 있도록 수정되었다. 예컨대 규범적 직관의 통제 및 정당화방법으로서 '논박불가능성' 테스트
는 '반성적 평형' 이라는 기준으로 더 구체화되었다.

6) 예컨대 본서 '[24] 재산범죄의 객체로서 재물과 재산상 이익'은 재물과 재산상 이익이라는 엄격한 이분
법 도그마틱이 그동안 대법원 판례를 통해 일관되게 유지되지 못하고 있단는 비판에 대해 관련된 일련
의 판례들을 도그마틱에 부합되게 어떻게 정합적으로 해석할 수 있는지 그 해석론을 제시하고 있다.

7) 응보형주의(retributivism)와 예방주의(preventionism) 같은 형벌론의 정당화는 궁극적으로 형사정의
(criminal justice)에 관한 숙고된 판단들(considered judgements)와 잘 부합되는지 여부에 달려있고, 만일
그 이론이 숙고된 판단과 잘 부합되면 롤즈가 말한 반성적 평형에 도달한 것으로 볼 수 있다는 견해로
는 John Braithwaite & Philip Pettit, *NOT JUST DESERTS: A Republican Theory of Criminal Justice*
(Oxford: Clarendon Press, 1990), 41면.

가족들에게는 늘 미안하고, 또 고맙다는 말을 전하고 싶다. 올 해 새로운 보금자리에서 출발하는 우리 가족 모두에게 항상 신의 가호와 은총이 가득하기를 기도드린다.

끝으로 위드 코로나 시대를 함께 견디어 내며 살아가고 있는 나의 모든 지인들과 독자 여러분께도 감사의 뜻을 전하며, 건승을 기원드린다. 이 책이 작은 기쁨과 위안이 되어줄 수 있다면 더 바랄 것이 없을 것이다.

본서에서 펼쳐보이는 '형법학 조감도'는 현재의 시점, 2022년을 배경으로 한 것이다. 언젠가 실무와 학계에 더 유용한 더 나은 조감도를 그릴 수 있게 되기를 희망하면서 책의 제목은 '형법학 |2022|'로 정했다. 모쪼록 그때까지 학계와 실무에 작은 기여를 할 수 있기를 희망한다.

2022년 푸르른 봄을 기다리며
안 성 조

차 례

PART THREE 형법이론과 형법사상

PART ONE
이론과 방법

CHAPTER I
인간의 존엄과 책임원칙

[1] 도입글: 형법의 계약론적 정당화

일찍이 존 롤즈는 '공정으로서 정의(justice as fairness)'[1]라는 이론을 발전시켰다. 사회의 기본구조를 규율할 원칙을 결정하기 위해 모인 사람들이 모든 임의적인 요소들이 배제된 평등한 상태에서 합의한 계약사항은 공정하다는 것이 그 이론의 요체다. 이러한 계약론적 장치를 '원초적 입장(original position)'[2]이라고 하며, 합의에 필요한 최소한의 정보(공적 지식)[3]만 남겨두고 당사자들이 자신의 경제력이나 사회적 지위 등을 모르게 함으로써 공정성

---

1) 롤즈가 자신의 정의론을 '공정으로서 정의'라고 지칭하는 이유는 정의의 원칙이 공정한 최초의 상황, 즉 원초적 입장에서 합의된 것이라는 생각을 나타내주기 때문이다.

2) 원초적 입장(original position: OP)이란 사회의 기본구조가 준거로 삼아야 할 원칙을 합의하는 사회계약을 위한 롤즈식 장치이다. 롤즈에 의하면 평등한 원초적 입장은 전통적인 사회계약이론의 자연상태에 부합된다. John Rawls, *A Theory of Justice* (Harvard Univ. Press, 2011), 11면[이 책은 자주 인용되므로 이하 'TJ'로 약칭]. 원초적 입장은 하나의 사고실험으로 고안된 것이며 실제 존재하지 않는 가설적 성격을 띤다. 이러한 논증전략은 근대적 사회계약설이 자연상태에서의 합의를 주장함으로써 역사적 사실이 아니라는 비판을 받아온 것에 대한 대응이기도 하다. 원초적 입장에서의 합의는 추론에 의해 연역적으로 도달되는, 비역사적이며(nonhistorical) 분석적인 것이다. John Rawls, *Justice as Fairness: A Restatement* (The Belknap Press, 2001), 16-17면. 하지만 실제의 시민들은 언제라도 원초적 입장에 들어가서 반성적 평형에 의해 선택될 정의의 원칙에 대해서 숙고해 볼 수 있다. 하지만 이러한 원초적 입장에서의 가상의 합의가 과연 구속력을 지닐 수 있는가에 대해 의문이 제기될 수 있고, 무지의 베일을 벗어던진 현실에서의 합의가 어떻게 가능한가에 대해 롤즈는 '중첩적 합의(overlapping consensus)'란 개념을 도입한다. 중첩적 합의는 공통의 기반, 즉 '공적 이성(public reason)'을 기반으로 다원적 가치관과 배경의 시민들이 현실에서도 합의하는 것을 말한다. 따라서 원초적 입장에서 시민(의 대표)들이 도달한 합의(1단계 합의)는 실제 현실에서도 시민들의 공적 이성에 기초한 중첩적 합의를 통해(2단계 합의) 타당한 것으로 수용될 수 있다. 여기서 '공적 이성'은 헌법적 핵심사항과 기본적 정의와 같은 근본적 정치적 문제와 관련된 공공의 토론(public forum)과정에서 논변을 제시할 때 활용되는 시민들, 즉 공중(the public)의 이성이라고 간략히 정의할 수 있으며, 롤즈는 (대)법관, 정부 공직자, 입법자 등이 주로 공적 이성을 사용하는 대표적인 주체가 된다고 한다. 한편 이처럼 공적인 심의라는 언어적 의사소통 과정에서 사용되는 이성이라는 점에서 보면 이는 하버마스의 대화이론에서의 '의사소통적 이성'을 전제하고 있다고 말할 수 있을 것이다. 롤즈의 이론과 하버마스의 대화이론은 각기 다른 배경과 전통에서 형성되었음에도 불구하고 중요한 이론적 접합점을 갖는다. 이러한 생각의 단초로는 Kenneth Baynes, *The Normative Grounds of Social Criticism: Kant, Rawls, and Habermas*(State Univ. of New York Press, 1992), 76면과 Charles Lamore, *Patterns of Moral Complexity* (Cambridge Univ. Press, 1987), 55면 이하 참조.

을 담보해 주는 기능을 하는 장치가 바로 '무지의 베일(veil of ignorance)'이다. 아무도 협상에 있어서 우월적 지위에 있지 않은 원초적으로 평등한 상태에서 기본적인 사회생활을 지배할 원칙들에 대해 시민들이 상호 합의한 사항은 공정하고 정의로우며 따라서 시민과 국가 모두에게 구속력이 있는 의무를 발생시킨다는 이 간결하면서 명료한 생각의 장점은 법과 도덕을 지배하는 원칙들의 정당화 근거가 어디에 놓여 있는지 일반시민들이 보다 잘 이해할 수 있도록 도와준다는 것이다. 즉 형법의 정당성의 원천은 그 어떤 권위나 도그마에 있는 것이 아니고[4] 공정한 참여절차가 보장된 가운데 시민들의 합리적인 판단에 기초한 합의로부터 나온다는 생각이 '계약론적 정당화'의 밑바탕에 흐르는 사고의 핵심이다.

근대 계몽사상과 롤즈의 정의론에 공통점이 있다면 그것은 칸트적 의무론의 전통 하에 있다는 점일 것이다. 즉 인간은 실천이성에 의해 정언명령[5]을 따라 도덕법칙을 자율적으로 정립하고 지킬 수 있는 존재라는 전제를 받아들인다는 것이다. 그런데 한 개인의 자연적 자유(사적 자유)는 타인의 자유와 권리를 침해할 수 있으므로 시민들은 상호 지켜야 할 자유의 한계를 설정해 놓고(수평적 합의) 그 자유의 한계가 침해되지 않도록 감시하고 제재를 가할 주체로 국가를 창설하기로 합의하는데(수직적 합의) 이것이 바로 전통적 사회계약설의 요체이고,[6] 여기서 자유의 한계가 바로 형법이다.[7] 형벌권의 행사는 사회의 기본구조, 즉 시민의 기본적 삶의 유지에 매우 중요한 사항이므로[8] 시민(의 대표)[9]들이 공정한 절차적

---

3) 여기에는 인간사회에 대한 일반적 지식들, 예컨대 정치와 경제의 이론 및 원칙, 인간심리의 법칙 등이 있다.

4) 즉, 형법상 근본원칙들의 정당화 근거는 입법자나 법원, 특정한 엘리트 형법전문가 집단에 있지 않으며, 근본규범(Grundnorm)이나 자연법에 의존할 필요도 없다는 것이다.

5) 칸트의 정언명령은 다음과 같은 두 가지 정식(定式)으로 제시된다. (1) 네 의지의 준칙이 항상 동시에 보편적인 법칙 수립의 원리로서 타당할 수 있도록 그렇게 행위하라. (2) 너 자신의 인격에서나 다른 모든 사람의 인격에서나 인간(성)을 언제나 동시에 목적으로 대하고 한낱 수단으로 사용하지 않도록 그렇게 행위하라.

6) 칸트는 시민들 스스로 국가를 구성하는 행위자체를 '원초적 계약(der ursprüngliche Kontrakt)'이라고 칭한다.

7) 롤즈의 형벌관에 따르면 형벌론은 부정의를 처리하는 방법을 규제하는 원칙들을 연구하는 부분적 준수론(partial compliance theory)의 한 분과로서 정의의 원칙이 철저히 준수되는 엄격한 준수론(strict compliance theory)을 가정한 이상론을 벗어난 경우를 다루는 이론이다. 질서정연한 공정한 사회(well-ordered, fair society)는 시민들의 정의감(sense of justice)만으로 유지되기 어려우므로 형벌이 필요하며, 따라서 형벌의 목적은 사회적 협력의 공정한 조건의 안정(stability)과 그러한 협력의 상호성에 대한 확신(assurance)을 제공하는 데 있다고 한다. TJ, 240면과 579면.

8) 롤즈는 그의 초기저작에서 형벌제도가 이상적 입법자(ideal legislator)와 수범자들에 의해 모든 사안에 공정하게(impartially) 적용되는 법체계의 일부로(as a part of a system of law)서 장기적으로 사회의 이익을 증진하는(furthering the interests of society) 결과를 가져올 것으로 여겨진다고 논급한 바 있다.

조건 하에서 형법의 임무와 한계에 대한 원칙에 합의한다고 가정해 보자. 롤즈의 구상을 원용[10]해 원초적 입장에서 국가권력의 가장 강력한 행사도구인 형법에 대해 기대하는 제도적 설계안을 가장 근본적이고 일반적인 수준에서 합의해 낸다고 하면,[11] 그 모습은 어떠한 것일까?

그 전에, 실제로 롤즈는 형벌제도와 그 정당화 근거에 대해서 어떻게 생각했는지 살펴볼 필요가 있을 것이다. 롤즈는 그의 책정의론의 여러 챕터 중 법의 지배를 논하는 장에서 다음과 같이 말한다.

법의 지배는 자유와 밀접한 관련이 있다. 질서정연한 사회(well-ordered society)[12]의 합

John Rawls, "Two Concepts of Rules", *The Philosophical Review, Vol. 64, No.1* (1955), 6면. 형벌제도를 사회의 기본구조와 관련된 중요한 제도의 하나로 보고 있음이 드러나며, 원초적 입장에서의 고찰대상의 하나임을 엿볼 수 있다. 스캔론(Scanlon)의 분석에 의하면 롤즈는 정치적, 경제적 제도의 정당성은 둘 다 오로지 가상적 합의의 조건에 의해서 분석되어야 한다고(the legitimacy of both political and economic institutions is to be analyzed in terms of a merely hypothetical agreement) 생각했다고 한다. Thomas M. Scanlon, Rawls' Theory of Justice, *Pennsylvania Law Review, Vol.121., No.5* (1973), 1067면.

9) 원초적 입장의 계약의 당사자는 가설적으로 고안된 시민의 대표들인 동시에 실제로 사회를 살아가는 시민과 다름없는 존재이다.

10) 롤즈의 기획의 핵심적 특징은, 칸트적 전통에 서서, 정의의 원칙을 정당화하는 기초로서 형이상학적 토대를 포기하고, 그 대신 도덕적 자율성과 이성의 공적 사용에 관한 상호주관적·절차적 해석에 의지하는 정의관을 제시한다는 점이다. 이는 하버마스의 대화이론에도 공통된 특징이다. 이 점에 대해서는 Rainer Forst, *Das Recht auf Rechtfertigung* (Suhrkamp, 2007), 128면과 133면. 잘 알려진 바와 같이 롤즈의 원초적 입장은 칸트의 자율성에 대한 절차적 해석으로 이해되기도 한다(Der Urzustand wird als verfahrensmäßige Deutung von Kants Begriff der Autonomie verstanden). 칸트에 따르면 도덕법칙이 자연의 우연성(경향성)으로부터 독립된 자율성을 입증해 주는 것과 마찬가지로 롤즈의 원초적 입장에 선 자유롭고 평등하며 합당한 존재들은 자율적으로 정당화된(합의한) 정의의 원칙들에 따라 행위함으로써 자연적 우연성 및 사회적 우연성으로부터 자신의 독립성을 입증하기 때문이다.

11) 물론 롤즈는 원초적 입장을 통한 계약의 대상을 사회의 기본구조에 대한 근본적이고 일반적인 원칙으로 한정하고 있으며, 그렇기 때문에 무지의 베일을 매우 두껍게(thick) 구성함으로써 최소한의 것만을 남겨두고 모든 임의적이고 우연적인 요소들이 합의에 작용하지 못하게 이론적 장치를 만들어 놓고 있지만, 계약의 대상을 '정의의 원칙'이 아니라 '형법의 원칙'으로 상정한다면 계약 당사자들에게는 형법에 대한 일정한 정보, 예컨대 자신이 속한 사회에서 통용되는 형벌의 종류나 기능과 목적 등을 알려주어야 할 것이고 따라서 본래적인 의미의 두터운 무지의 베일이 아니라 그보다는 얇은 베일을 전제한다면 '형법의 원칙'을 구성하기 위한 공정한 절차적 조건이 마련된 것으로 볼 수 있을 것이다. 롤즈 역시 원초적 입장이 해당 주제에 적합하도록 수정될 수 있는 '유연성(flexibility)'을 지닌 개념이라고 밝힌 바 있다. John Rawls, *The Law of Peoples* (Harvard Univ. Press, 1999), 86면. 드워킨은 원초적 입장의 시민(의 대표)들에게 정의의 일반원칙에 더하여 '합법성의 관념(a conception of legality)'에 대해서 실증주의(positivism)와 해석주의(interpretivism) 중 어느 편을 선택할 것인지 합의하도록 요구하는 사고실험을 펼치기도 한다. Ronald Dworkin, "*Rawls and the Law*", *72 Fordham L. Rev. 1387*(2004), 1392면 이하 참조.

12) 롤즈의 정의론은 모든 사람들이 정의롭게 행동하고 정의로운 제도를 유지하기 위해 각자의 역할을 다

리적 시민들은 통상적으로 자유의 향유에 대한 확신을 얻기 위해서 법의 지배가 유지되기를 원한다. 공적 규칙(public rules) 의 일관되고 공평한 운용은, 그것이 법체계(legal system)에 적용될 경우 법의 지배가 된다고 한다. 다시 말해 법체계의 일관되고 공평한 운용(administration)이 법의 지배라는 것이다. 더 나아가 일관되고 공평한(regular and impartial), 그러한 의미에서 공정한(fair) 법운용을 '규칙성으로서의 정의(justice as regularity)'라고 정의한다. 롤즈의 이해방식을 따를 때 법의 지배는 공정한 법운용을 의미하고 '규칙성으로서의 정의'가 된다.[13)]

롤즈는 법체계라는 개념과 규칙성으로서의 정의로 규정되는 원칙들과 법체계의 관련성을 고려해 보면 법의 지배가 명백하게 자유와 밀접하게 관련되는 이유를 알 수 있다고 한다. 법체계는 합리적 인간들을 위해 마련된 것으로 그들이 자신의 행동을 규율하고 그들에게 사회적 협력의 토대(framework for social cooperation)를 제공해주기 위한 공적 규칙들의 강제적 질서(coercive order)라 고 롤즈는 이해한다. 이러한 규칙이 정의로울(just) 경우 사람들은 서로 의지할 수 있으며 그들의 기대가 충족되지 않으면 정당하게 반대의사를 표명할 수 있는 근거를 형성해 줌으로써 합법적 기대(legitimate expectation)의 기반을 확립해 주는 반면에 그러한 정당한 기대에 기초한 주장의 기반이 불안정할 경우, 즉 법의 지배가 구현되지 않을 경우 개인의 자유의 한계도 불안정해지기 때문에 자유와 법의 지배는 밀접한 관계에 있다고 한다.[14)]

법질서가 합리적 인간을 위해 마련된 공적 규칙의 체계라고 생각한다면[15)] 롤즈는 법의 지배와 관련된 정의의 원칙들을 해명할 수 있다고 한다. 이러한 원칙은 법체계 개념에 완전히 부합되는 것이라면 어떠한 규칙의 체계라도 따르게 되는 그러한 것이다. 다른 조건이 동일하다면, 어떤 법질서가 법의 지배의 원칙을 더욱 완전하게 충족시킬 때, 그 법질서는 다른 법질서보다 더 정의롭게(more justly) 운용된다고 말할 수 있다. 그 법질서는 자유에 대한 보다 안정된 기반을 제공하며, 사회적 협동체를 조직하는 데 있어서 보다 효과적인 수단을 제공할 것이라고 한다. 그러나 이러한 원칙들은 내용에 상관없이 규칙들에 대한

하는 가정된 질서정연한 사회를 배경으로 전개된다. TJ, 8면.

13) TJ, 206-207면.

14) TJ, 207면.

15) 롤즈는 법질서를 공적 규칙의 체계로 간주하는 주된 이유가 그렇게 함으로써 합법성 원칙(principle of legality)과 결부된 원칙들을 도출해 낼 수 있기 때문이라고 한다. 합법성 원칙에 대해서는 Lon Fuller, *The Morality of Law* (Yale Univ. Press, 1969), 33면 이하 참조. 합법성 원칙과 관련된 논의에 대해서는 최봉철, 현대법철학 (법문사, 2007), 124면 이하.

공평하고 일관된 운용만을 보장하기 때문에 그와 더불어 부정의(injustice)도 양립할 수 있다고 롤즈는 지적한다.[16]

이상의 전제로부터 롤즈는 다음과 같은 몇 가지 정의원칙들에 대해서 설명을 하는데, 예컨대 해야한다(ought)는 할 수 있다(can)를 함축한다는 원칙을 보면 형사책임이 만일 우리가 통상적으로 할 수 있거나 할 수 없는 능력범위 내에 제한되지 않으면 그것은 자유에 대한 감내할 수 없는 부담이 될 것이라고 한다.[17] 이밖에 같은 것은 같게 취급되어야 한다(similar cases be treated similarly)도 논급하고 있으며, 여기서 주목하고자 하는 원칙은 죄형법정주의(Nullum crimen sine lege) 원칙이다. 롤즈는 이를 법의 지배와 관련된 정의원칙으로 분류하고 있다. 롤즈는 죄형법정주의 원칙으로부터 법률주의, 명확성원칙, 소급효금지원칙, 엄격해석원칙 등을 도출해낸다. 일반적으로 이해되는 죄형법정주의의 파생원칙들과 거의 같은 것들이다. 롤즈는 특히 죄형법정주의를 강조하는데, 이 원칙이 지켜지지 않으면 우리가 자유롭게 할 수 있는 것의 경계도 모호하고 불확실해진다고 한다. 우리가 갖는 자유의 한계는 불명확하며, 그것이 불확실한 그만큼 자유는 그 실행의 합리적인 두려움(reasonable fear)에 의해 제한을 받게 되므로, 죄형법정주의(principle of legality)[18]는 최대의 평등한 자유를 보장받고자 하는 합리적인 인간들의 합의 속에(in the agreement of rational persons) 확고한 기초를 갖고 있다고 한다.[19]

요컨대, 법의 지배와 관련된 정의원칙, 그 중에서도 죄형법정주의는 최대한의 평등한 자유를 확보하고자 하는 목적과 밀접한 관련성을 갖고 있으며, 롤즈는 '합리적인 인간들의 합의' 속에 그 확고한 기초를 갖고 있다고 논급함으로써 죄형법정주의에 대한 계약론적 정당화 토대를 암시하고 있다.

실제로 롤즈는 위의 결론이 다른 방식을 통해서도 도달할 수 있다고 부연하고 있는데 여기에서도 원초적 입장에 의한 정당화 과정이 암시된다. 그 논지전개는 다음과 같다.

우선 질서정연한 사회라 하더라도 국가(정부)의 강제력은 사회적 협력의 안정(stability

---

16) TJ, 207-207면.
17) 이 원칙은 일반적으로 "누구도 자신의 능력을 넘는 의무를 지지 않는다(ultra posse nemo obligatur)"는 원칙으로 설명될 수 있으며, 형법적으로는 "책임없이는 형벌없다"는 책임원칙(Schuldprinzip)과 맞닿아 있는 것으로 보인다.
18) 롤즈는 합법성 원칙이 그와 같은 확고한 기초를 갖고 있다고 말하고 있지만, 죄형법정주의와 합법성 원칙은 밀접하면서도 내용적으로 중첩되어 있으므로 본고의 논지에 필요한 범위로 제한하기 위해 편의상 여기서는 죄형법정주의로 번역하였다.
19) TJ, 208-209면.

of social cooperation)을 위해서 어느 정도 필요하다고 전제하는 것은 합당하다고 한다. 그 이유는 질서정연한 사회의 시민들이 공통된 정의감을 공유하고 있고, 현존하는 체제를 고수하기를 원한다는 점을 알고 있다고 하더라도 그럼에도 불구하고 그들은 서로에 대해 완전히 신뢰하지는 않을 수 있기 때문이다. 따라서 국가는 공적 형벌제도(public system of penalties)를 시행함으로써 남들이 규칙을 준수하지 않을 것이라고 생각할 근거를 제거한다. 이러한 이유만으로도, 설령 질서정연한 사회에서는 형사적 제재가 엄중하지 않거나 아예 가해질 필요가 없을지 모르겠지만 강제력 있는 통치권은 필요하다고 롤즈는 말 한다. 나아가 효과적인 형벌제도의 존재는 사람들의 상호 안전에 기여하는데(고전적 사회계약설), 이러한 명제와 그것의 배후에 있는 추론은 바로 잘 알려진 홉스의 주제(Hobbes's thesis)이다.[20]

이상의 고찰을 토대로 롤즈는 형벌제도의 수립을 위해 원초적 입장을 도입한다. 롤즈는 4단계 과정(The Four Stage Sequence)라는 장에서 정의의 두 원칙이 적용되는 단계를 정의원칙 수립단계, 입헌단계, 입법단계, 법관과 행정관료에 의한 법적용 및 시민 일반에 의한 법준수 단계로 도식화한 바 있다. 이 각 단계에서 무지의 베일은 점차 얇아지다가 최종적으로 모두 벗겨지는데, 제1단계는 당사자들이 두꺼운 무지의 베일을 쓰고 자신의 경제력이나 지위 등을 전혀 알지 못하고 사회의 일반적 지식만을 갖고 원초적 입장에서 사회의 기본구조에 대한 정의원칙을 수립하는 단계이다. 그 다음 단계인 입헌의 단계는 여전히 특정한 개인에 대한 경제력과 지위 등은 모르지만 이제는 그들이 속한 사회와 관련된 일반적 사실들을 알고 있는 상태에서 제헌위원회(constitutional convention) 참여해 전단계의 정의의 두 원칙을 만족시키는 가장 정의로운 헌법을 선택하는 단계이다. 제3단계는 입법단계(legislative stage)로 법과 정책이 정의로운지 여부가 이 단계에서 판단된다. 제안된 법안은 여전히 자신의 특수한 사정은 모르는 상태에서 대표적 입법자의 입장(position of representative legislator)에서 판단되는데, 법률은 정의의 두 원칙과 헌법적 제약을 모두 충족시켜야 한다.[21] 마지막 제4단계는 법적용 및 법준수 단계로서 참여하는 모든 사람들은 모든 지식을 알게 된다. 규칙의 모든 체계가 이미 채택되어 개개인의 특성과 상황에 맞게 적용되므로 어떠한 지식의 제약도 남아 있지 않다. 무지의 베일이 모두 걷히는 것이다.[22]

롤즈는 제헌위원회에 참석하는 시민의 대표자들은 형벌제도(a system of sanctions)를 설계함에 있어서 그것이 갖는 불리한 점도 고려해야 한다고 밝히고 있다.[23] 불리한 점이란

---

20) TJ, 211면.
21) 롤즈는 제2단계와 제3단계를 오고 가면서 최선의 헌법이 발견될 것이라고 한다.
22) TJ, 171면 이하 참조.

적어도 두 가지가 있는데, 하나는 관계기관을 운영하는 데 있어서 필요한 운영비용의 문제이고, 다른 하나는 형벌제도가 시민의 자유를 침해할 수 있다는 가능성에 의해 판단되는 자유에 대한 위협의 문제이다. 강제력 있는 기관(coercive agency)의 설치는 이러한 문제점들이 불안정성에서 야기되는 자유의 손실보다 적을 때에만 합리적이다. 사정이 이러하다면, 최선의 체제는 이러한 위험들을 극소화시키는 체제이다. 다른 사정이 동일하다면 자유에 대한 위협은 법이 죄형법정주의에 따라서 공평하고 일관되게 운용될 때 보다 작아짐은 명백하다. 강제력 있는 기관은 필요하지만, 핵심적인 것은 관계기관의 운영 경향성(tendency of its operation)을 정확하게 규정하는 것이다. 그 기관이 어떠한 행위를 처벌하는지를 알고, 그 행위가 할 수 있거나 할 수 없는 능력의 범위 내에 있음을 알면, 그에 따라 시민들은 자신들의 계획을 설계할 수 있다. 공포된 법률에 따르는 사람은 자신의 자유에 대한 침해를 두려워할 필요가 없기 때문이다.[24]

요컨대, 롤즈는 형벌제도의 필요성을 인정하면서도 시민들의 자유에 대한 위협을 줄이기 위해서는 죄형법정주의가 요청된다고 보며("자유의 제한은 자유를 위해서"), 이를 제헌위원회에서의 합리적 선택의 과정으로 묘사하고 있는 것으로 보인다. 이는 곧 형벌제도를 규율하는 형법상 근본원칙에 대한 합의가 가능함을 논급하고 있는 것으로 볼 수 있을 것이다. 다만 롤즈는 정의론에서는 이 부분을 더 발전시키거나 상론하고 있지는 않다.

이상 개관해 본 형벌제도에 관한 롤즈의 생각을 통해 다음과 같은 명제를 도출해낼 수 있게 된다.

첫째, 법의 지배는 개인의 자유의 향유를 위해 필요한 것이며, 죄형법정주의는 법의 지배와 관련된 정의원칙의 하나이다.

둘째, 형벌제도는 사회적 협력의 안정을 위해 필요한 것이다.

셋째, 죄형법정주의는 법의 지배와 관련된 정의원칙의 하나로 원초적 입장에 의한 계약론적 정당화의 토대를 가질 수 있다.

넷째, 형벌제도의 설계는 입헌의 단계에서 당사자들이 원초적 입장에 서서 합의할 사항으로, 당사자들은 형벌제도의 불리한 점, 즉 시민의 자유에 대한 위협을 고려해야만 하므로 그 위험을 극소화시키기 위해 죄형법정주의를 중요한 원칙으로 채택하게 될 것이다.

다섯째, 형벌에 의한 자유의 제한은 오로지 죄형법정주의에 따를 때에만 정당화된다.

---

23) TJ, 211면.
24) TJ, 212면.

요컨대, 자유의 제한은 오로지 자유를 위해서만 가능하다.

상기 롤즈의 구상이 본고의 입장과 동일한 점은 형벌제도의 정당화를 위해서는 공정한 절차적 조건하에서 관련 원칙의 수립이 필요하다는 점일 것이다. 다만, 다음과 같은 차이가 있다.

첫째, 절차적 측면에서 롤즈는 입헌의 단계에서 형벌제도의 운용시 초래될 수 있는 문제점(자유에 대한 위협)을 극소화하기 위해서 죄형법정주의가 합리적으로 선택될 것이라고 보고 있지만, 제1단계인 정의의 원칙을 선택하는 단계에서, 정의의 두 원칙을 채택한 후 곧바로 무지의 베일을 일부 걷어내고 형법에 요청되는 근본원칙에 합의할 수 있다고 본다. 굳이 입헌단계에서만 형법의 원칙을 도출해낼 논리필연성은 없다는 것이다. 왜냐하면 형법의 지도원리로서의 근본원칙들 중에는 일반적으로 헌법에 명문화되기 어려운 성격의 것들도 있기 때문이다. 예컨대 형벌의 부과는 오로지 타인의 주관적 권리(법익)를 침해하는 경우에만 가능하다는 법익보호원칙(Rechtsgüterschutzprinzip) 및 해악의 원칙(Harm Principle) 등이 그러하다. 이러한 근본원칙들은 입헌의 단계 이전에 합의의 대상이 될 수 있다고 보는 것은 타당할 뿐 아니라 요구된다.

둘째, 롤즈도 지적하고 있듯이 법의 지배나 죄형법정주의는 '공정으로서의 정의'와 다른 층위의 '규칙성으로서의 정의'로서 자리매김되므로, 그 법의 지배를 받는 규칙의 내용은 정의롭지 못할 수 있다. 하지만, 공정한 절차적 조건하에서 합의의 대상은 법의 지배나 죄형법정주의만 포함되는 것은 아니다. 전술하였듯 법익보호원칙과 같이 형법의 실질적인 내용적 정당성과 관련된 원칙도 합리적으로 선택될 수 있다고 보아야 한다. '공정으로서의 정의'를 도출해 내는 절차적인 조건과 과정의 핵심이 순수한 절차적 정의의 이념을 구현하는 것 외에 다른 것이 아니라는 점에서 볼 때 이러한 선택을 배제할 만한 합당한 근거는 존재하지 않는다. 다시 말해 원초적 입장이라는 구상 속에는 내용적으로도 정당한 규칙을 산출할 수 있는 절차적 조건들이 적절히 갖추어져 있다는 것이다. 이 점에서 본고는 롤즈의 형벌제도 구상과 다른 측면이 있다. 롤즈는 범죄의 주관적 요건(mens rea)으로서 고의와 과실이 인정되지 않아도 성립하는 범죄가 있다고 할 때, 형벌이 무겁지 않은 경우라면 더 큰 자유를 위해 입법의 단계에서 합리적으로 선택될 수도 있을 것으로 전망하지만,[25] 본고의 입장에서 보면 이러한 성격의 범죄는 후술하는 형법의 근본원칙들에 위배되어 채택될 수 없다. 이 점을 특히 유의할 필요가 있을 것이다.

---

25) TJ, 213면.

자 그러면 다시, 앞서 말한 형법의 근본원칙에 대한 합의과정의 그림을 이어서 그려 가보도록 하자.

우선 시민들이 형법을 포함해 모든 사회제도가 추구해야 할 이념으로서 다음과 같은 두 가지 원칙을 받아들일 것이라는 점에 대해서 별 이견이 없을 것이다.

"모든 사람은 자신의 선관(conception of the good)에 따른 삶을 자율적으로 추구할 자유를 가지며, 타인의 자유의 유사한 체계와 양립가능한[26] 범위에서 평등한 기본적 자유의 가장 넓은 체계[27]를 공평하게 누릴 권리가 있다(최대의 평등한 자유의 원칙)."[28]

"최대의 평등한 자유를 보장받기 위해서는 법체계를 비롯한 모든 공적 규칙은 일관되고 공평하게 운용되어야 한다(법의 지배원칙)."[29]

위 두 가지 배경원칙은 비단 형법뿐만 아니라 (법)제도 전반에 요구되는 원칙이라고 말할 수 있으며, 이러한 원칙의 타당성은 앞서 롤즈가 자유와 법의 지배의 관련성을 논한 부분을 통해서도 쉽게 추론할 수 있을 것이다.

이를 형법을 포함한 모든 법제도의 일반원칙으로 받아들인다면 형법은 개인의 자유가 타인의 자유와 양립가능할 수 있도록 보장해 주는 기능을 한다는 점에서 형법에 요청되는 정의원칙[30]으로서 다음과 같은 근본원칙에 합의할 수 있을 것이다. 첫 번째 원칙은 아래와 같다.

---

26) 자유가 양립가능하다는 것은 일방의 자유를 허용하는 것이 타방의 자유를 억압하거나 부인하는 결과를 가져오지 않는 것을 의미하며, 형법적인 맥락에서 보면, 대부분의 중대한 법익침해행위는 타인의 자유를 침해하는 결과를 가져오므로 양립불가능한 자유의 범주에 들어가게 된다.

27) 롤즈에 따르면 자유(liberty)란 제도에 의해서 규정되는 권리와 의무들의 복합체(a complex of rights and duties defined by institutions)이다. 다양한 자유는 우리가 원할 경우 선택할 수 있는 행위들을 명시해주며, 자유의 본성상 그것이 합당할 경우 타인은 그 행위들을 침해하지 않아야 할 의무를 지닌다. TJ, 210면.

28) 이것은 롤즈가 '정의론'에서 말한 정의원칙의 하나(제1원칙)이기도 하다. 롤즈의 주된 관심사는 사회의 기본적 구조 및 자유와 권리의 공정한 분배 등의 주제였지만, 형법에서도 자유와 권리는 중요하다. 예 컨대 시민의 자유를 책임과 비례성에 어긋나게 침해하는 형법은 정의롭지 못한 형법이다. 일반적으로 자유는 정의와 관련되는 핵심요소들 중 하나이며, 따라서 형법상의 제원칙은 '정의원칙'으로 의미부여 할 수 있다.

29) 일반적으로 법치주의원칙이라고도 말할 수 있으며, 형법적 의미에서는 법치국가원칙(Rechtsstaatsprinzip)이라고 볼 수 있다.

30) 형법에 요청되는 정의원칙이란 실정법의 측면에서 보면 형법을 규율하는 헌법상의 원칙이라고 말할 수 있을 것이다.

제1원칙: 형법의 임무[31]는 모든 사람이 자신의 선관(conception of the good)에 따라서 삶을 자율적으로 형성할 수 있게 하는 도구가 되는 것이다.[32]

다시 말해 형법은 국가나 사회의 이익 또는 특정 사회윤리나 정치·경제 체계의 논리를 위해서 봉사하는 도구가 되어서는 안 되고,[33] 그와 반대로 모든 시민들이 국가형법권력의 힘을 빌어[34] 진정한 자율적 삶의 주체가 될 수 있도록 해야하는 임무를 지닌다는 것이다.

---

31) 여기서 기능(Funktion)이 아니라 임무(Aufgabe)라고 표현한 것은 원초적 입장의 시민들이 형법에 의해 실현하기를 의도하는 바를 지칭하기 때문이다. 형법의 기능에는 본래 의도하지 않았던 결과(사태)까지 포함된다. 예컨대, 사회보호적 기능이 그러하다.

32) 형법의 임무(내지 목적)가 왜 근본원칙으로서 원초적 입장에서 합의의 대상이 되어야 하는가? 다른 경쟁하는 형법관이 있기 때문이다. 우리나라의 경우 형법, 민법, 상법 등 기본법률을 제외한 대부분의 실정법은 제1조에 해당 법률의 목적조항을 두고 있다. 기본법률도 이를 명문화하지는 않았지만(또 너무 방대하여 명문화하기 어렵겠지만), 각각 일정한 목적을 전제로 하고 있다고 볼 수 있으며, 이에 조문화되지 않은 형법의 임무(목적)도 가장 일반화된 형태로 도출해낼 수 있을 것이다. 참고로 여기서 제시한 제1원칙과 극명히 대비되는 형법의 임무를 명문으로 규정하고 있는 입법례로 중화인민공화국 형법 제2조가 있다. "형법의 임무는 형벌로 일체의 범죄행위와 투쟁하고, 국가의 안전을 도모하며 인민민주전제 정치의 정권과 사회주의 제도를 수호하는 것이다. 또한 국유재산과 노동군중이 공동소유한 재산을 보호하고, 국민 개인재산을 보호하며, 국민의 인신에 대한 권리와 민주적 권리, 기타 권리를 보호하고 사회질서, 경제질서를 유지하고, 사회주의 건설사업의 순조로운 진행에 이바지하는 것이다." 형법의 임무가 개인의 자유실현의 도구가 되어야 한다는 요청은 인간의 존엄성과 자유를 다른 가치에 비해 우선적으로 취급하라는 것이고, 따라서 수범자를 단순히 형벌의 객체가 아닌 목적적 존재로 취급하라는 명령이 된다. 이러한 맥락에서 형사사법의 지도원리로 '인도주의 원칙'을 거시하고 있는 입장을 이해할 수 있다. 이재상·장영민·강동범, 형법총론 (박영사, 2019), 10면 참조. "형사사법은 범죄인이 악마가 아니라 인간으로서 사회의 1구성원이며, 형벌을 받을 자에 대하여 사회도 책임의 일단이 있다는 인식을 가지고, 유죄판결을 받은 자를 사회에 복귀시키기 위한 사회적 원조와 배려를 해야한다." 죄형법정주의를 해석함에 있어서 '자유사회(free society)'라는 근본이념을 강조하는 유기천 교수의 견해도 상기 제1원칙의 맥락에서 이해할 수 있을 것이다. 최종고·성낙인·김승욱·이헌환, 자유민주주의와 유기천의 자유사회론 (법문사 2021), 101면 이하 참조. 요컨대, 제1원칙은 다음 장(본서 [2])에서 다룰 '인간의 존엄과 가치'라는 근본원칙의 형법적 표현인 것이다.

33) 이 점에 대해서는 이상돈, 형법의 근대성과 대화이론(홍문사, 1994), 32면 이하 참조.

34) 동서고금의 그 어떤 사회에서도 시민들의 정의감 내지 개인적 도덕원칙만으로는 공존의 조건 및 사회질서(사회적 협력의 조건들)가 유지되지는 않는다는 점은 명백하다. 그렇다고 해서 원초적 입장에서 시민들이 반드시 형벌을 그 보장수단으로 선택하리라는 필연성은 없다. 이 점에 대한 인상적인 통찰로는 Emmanuel Melissaris, "Toward a political theory of criminal law: a critical Rawlsian account", *15 New Crim.L.Rev.122* (2012). 동 문헌은 롤즈적 정의론에 입각한 형벌론에서 형벌은 필연적이지 않다는 점을 근거로 형벌의 보충성 원칙을 입론해 내고 있다. 이외에도 롤즈의 구상으로부터 형벌론을 재해석해내며 범법자는 정의에 대한 감각(a sense of justice)이 부족하여 그로부터 향유할 수 있는 것들을 누리지 못하는 사회적 최소수혜자(the least well-off)로 볼 수 있다는 견해로는 Chad Flanders, "Criminals behind the veil: political philosophy and punishment", *31 BYU J.Pub.L.83* (2016), 105면 이하. 여기서는 형벌을 그 수단으로 채택할 것으로 전제하고 사회제도로서 형법에 요청되는 정의원칙에 합의하는 상황

그런데 이것이 어째서 자신의 자유로운 삶과 이익에 대한 기본적 욕구와 동기를 지닌 합리적인 시민들이 형법에 요청하게 되는 가장 우선적인 제1원칙이 되는가? 그것은 세 가지 측면에서 설명할 수 있다. 첫째, 개인의 자유가 타인의 자유와 양립가능한 범위 내에서 법의 보호를 받으며 최대한 실현될 수 있다는 이상(자유실현의 도구로서 형법)은 자유주의 법치국가 시민들 사이에 공유되는 것으로 기대되는 보편적인 열망이며, 법적 의사소통에 참여하는 시민, 법률전문가, 입법자들의 공적 문화에서 발견되는 형법에 대한 확고한 신념이기 때문이다.35) 국가의 공형벌권제도가 부재하던 시기에 타인으로부터 생명과 신체와 같은 법익침해가 탈리오 법칙에 의해서 해결되었던 고대사회의 관습을 참고하면(본서 [15] 참조) 자유롭고 평등한 시민들이 자신의 기본적 자유를 보장받기 위해 국가형법권력에 기대하는 임무가 무엇인지 잘 알 수 있다. 둘째, 공약의 부담(the strains of commitment) 때문이다. 즉 더 큰 사회적 이익과 같은 공리주의적 가치를 위해서 형법의 투입이 정당화될 경우 개인의 자유가 희생될 수 있으며 희생자는 계약의 당사자가 될 수도 있으므로 이처럼 용납할 수 없는 결과를 가져올 사항은 합의될 수 없을 것이다.36) 이로부터 형법에 의한 "자유의

을 가정하기로 한다. 후술하겠지만, 롤즈도 형벌제도의 필요성을 어느 정도 인정한다.

35) 이것은 롤즈가 정치적 구성주의에 의해 우리의 자유민주사회의 공적인 정치적 문화에 내재해 있는 인간관(자유롭고 평등한 도덕적 존재로서의 시민) 및 사회관(공정한 협력체계로서 질서정연한 안정된 사회)으로부터 우리가 모두 공유할 수 있는 정의의 제1원칙을 구성해 내는 방식과 유사하다. 이 점에 대해서는 John Rawls, "Kantian Constructivism in Moral Theory", *The Journal of Philosophy, vol.77* (1980), 516면 이하. 다시 말해 그러한 인간관과 사회관은 자유민주사회의 정치문화에 기대어 숙고된 판단(considered judgement)을 함으로써 얻게 되는 도덕적 직관으로 원초적 입장의 전제와 조건이 된다. 롤즈의 표현을 빌리면, 그것은 정의의 원칙을 도출하기 위해 필요한 전제로서 시민들 사이에 공유되는 하나의 고정점(fixed point)이다.

36) 공약의 부담에 의한 자유의 우선성 논증은 롤즈가 형벌제도의 공리주의적 정당화 가능성을 논하면서 무고한 사람의 희생을 허용하는 형벌제도의 정당화 가능성은 공리주의적 관점에서도 난망하다고 보는 논증과정과 유사하다. 롤즈는 형벌제도 자체의 정당화 근거로서 공리주의에 대해서 가해지는 응보주의로부터의 대표적 비판논거의 하나인 "사회의 이익을 위해서라면 무고한 자의 처벌도 용인된다"는 주장에 대해서 이는 가상의 입법자의 위치에서 숙고해 볼 때 형벌제도에 그러한 규칙을 허용하게 되면 너무나 위험이 크기 때문에(the hazards are very great) - 심지어 자신도 그러한 처벌의 희생자가 될 수 있음 - 공리주의적 관점에서 보더라도 그러한 형벌제도의 정당화는 가능하지 않을 것이라는 사고실험을 제시해 보여주고 있는데(John Rawls, *Ibid.*, 11면 이하), 이러한 사고실험은 원초적 입장의 대표자에 의한 합의과정과 유사하다는 측면에서 주목할 만하다. 참고로 롤즈는 형벌제도 자체의 정당화 근거와 특정한 행위에 가해지는 형벌의 정당화 근거를 구분하며 전자의 경우 공리주의(utilitarianism)가 후자의 경우 응보주의(retributism)가 더 적절한 정당화 근거가 될 수 있다고 밝힌 바 있다(John Rawls, *Ibid.*, 4면 이하). 응보주의와 공리주의(예방주의)를 조화시킬 수 있는 구분법을 보여준 것이다. 유의할 점은 여기서 롤즈가 공리주의가 완전하게 옹호될 수 있는지 여부는(completely defensible or not) 별론으로 남겨두고 있다는 사실이다. 그의 공정으로서의 정의론에서 공리주의는 비판의 대상임은 잘 알려져 있다.

제한은 오로지 자유 그 자체를 위해서만 가능하다"는 '자유의 우선성 원칙'이 요청될 수밖에 없다.[37] 셋째, 형법은 오로지 그러한 자유를 보장하기 위한 수단으로 시민(의 대표)들에 의해 합리적으로 선택된 것이라는 점을 말해준다(도구적 합리성)[38]. 즉 형법이 권력에 봉사하는 도구로 전락하여 시민의 자유를 억압해서는 안 되고 또한 시민들 개개인의 자유와 독립적인, 그 자체로 자기목적적인 제도가 될 수는 없다는 것이다.

제1원칙에 의해 자신의 선관(conception of the good)에 따라 삶을 자율적으로 꾸려 나아갈 수 있는 안정적 지위가 보장된다면, 다음으로 원초적 입장에서 마주하게 되는 딜레마를 살펴볼 필요가 있다. 시민들은 자유를 공평하게 누릴 수 있기 위해 개인의 행동의 한계로서 형법을 필요로 하게 되었지만, 문제는 그 어느 개인보다 강력하고 거대한 힘을 지닌 국가로부터의 '자의적 형법권력 행사'에 의해 개인의 자유가 침해될 위험에 직면하게 되는 딜레마에 놓이게 된다. 따라서 '무지의 베일(veil of ignorance)'[39] 하에서 형법의 적용과 관련해 자신이 가장 불리한 처지(형사소추를 당할 처지)[40]에 놓일 지도 모르는 시민이라면 이를

칸트적 전통에서 "좋음(the good)에 대한 옳음(the right)의 우선성"을 견지하는 롤즈의 입장에서는 옳음은 언제나 좋음을 제한하기 때문에 선(좋음)의 극대화를 옳음의 기준으로 보는 공리주의는 타당하게 받아들여질 수 없다. TJ, 26-28면과 231-232면 참조.

37) 여기서 '자유의 우선성'은 롤즈의 정의론과 달리 다른 원칙에 대한 우선성을 뜻하지 않는다. 형법의 각 원칙은 제1원칙과 상호 충돌하지 않으며, 이 제1원칙을 여러 측면에서 형법적으로 구현하는 역할을 한다. 우선성이란 자유의 실현이 형법에 요청되는 그 어떤 임무보다 앞선다는 의미이다.

38) 롤즈의 인간관이 '합리적이고 합당한' 인간을 전제하고 있음은 잘 알려진 사실이다. '합리성(the rational)'이란 개인이 자신의 목적과 이익을 채택하고 이들 사이의 우선순위를 매기며 이것들을 달성하기에 가장 적합한 수단을 선택할 때 적용된다. 즉 여기서는 시민들이 자신의 자유의 확대와 이익을 달성하기 위해 (현재 우리에게 알려진 제도 중에 더 나은 대안이 없다면) 형법이라는 수단을 '합리적으로' 선택하는 계약과정을 보여준다. 덧붙여, '합당성(the reasonable)'이란 다른 사람들도 그렇게 할 것이라는 확신이 있다면 공정한 협동의 조건으로서 원칙과 기준을 제시하고 그것을 기꺼이 준수할 태도가 되어있을 때 적용된다. 본서는 이러한 롤즈의 인간관을 잠재적으로 타당한 것으로 여기고 수용하며 논의를 전개할 것이다. 형법의 인간상도 근본적으로 이와 다르지 않기 때문이다. 롤즈의 원초적 입장이 지닌 장점과 이론적 매력은 주로 계약 당사자들이 지닌 합리성에 기초해 정의의 원칙을 도출해낼 수 있다는 점에 있다고 볼 수 있다. 어떤 고귀한 신념이나 공공선이 아니라 합리성에 기초해 정의의 원칙을 도출해 낼 수 있다면 그 합당성은 더욱 굳건한 토대를 얻게 된다.

39) '무지의 베일'은 계약당사자들이 지닐 수 있는 모든 임의적이고 불평등한 요소들을 제거함으로써 계약(합의)의 초기조건과 그 절차를 공정하게 만드는 장치가 되며 롤즈의 표현을 빌리면 '순수한 절차적 정의' 관념을 나타낸다.

40) 혹자는 무지의 베일 하에서 자신이 범죄의 '피해자'가 될 수 있는 처지도 고려되어야 하므로 '범죄로부터의 자유침해'를 예방하기 위해서는 범죄자에 대해 응분의 대가를 치르게 하는 엄벌주의(중형주의) 원칙이 합의될 것이라고 생각할 수도 있을 것이다. 하지만 이는 타당하지 않은 생각이다. 이는 사회의 안전을 위해서라면 무고한 자의 처벌도 용인된다는 주장과 유사한 것이며 원초적 입장의 당사자들이 그러한 규칙을 채택하게 되면, 자신도 그러한 규칙의 희생자가 될 수도 있어서 너무나 위험이 크기

미연에 방지해 제거하기 위해서는 국가의 형법권력의 행사는 필요최소한도의 범위로 축소되어야 한다는 정의원칙에 합의할 것이다(합리적 선택). 다시 말해 국가의 공형벌권 행사는 필요최소한도에 그칠 때에만 공정한 것으로 정당화된다. 그 방식은 기본적으로 형법에 의해 보호받는 대상의 목록을 필요최소한도로 축소하는 것이다. 다시 말해 어떤 행위가 단지 종교적 금기라거나, 부도덕하거나 혐오감을 준다는 근거로 처벌해서는 안 되고 진정한 범죄에 대해서만 가벌성을 인정하자는 것이다.41) 그 축소의 균형점은 평등한 자유의 최대한 확장이라는 자유주의 이념에 비추어 보면, 양립이 가능한 타인의 자유를 직접적으로 침해하거나 그러한 자유향유의 전제가 되는 사회적 협력의 공정한 조건(공공의 신용시스템과 국가기능의 공정성 등) 파괴하는 행위만을 처벌의 대상으로 삼는 데서 찾을 수 있다. 국가에 의해 평등하게 보장되는 양립가능한 자유와 그 전제조건의 목록은 대부분 법익에 해당한다고 볼 수 있으므로 형법의 규율대상이 되는 범죄를 이러한 법익을 침해하는 행위42)로 국한시키는 것이다. 따라서 원초적 입장의 시민들은 다음과 같은 정의원칙에 합의할 것이다.43)

제2원칙: 형법은 법익침해행위에 대해서만 형벌을 부과해야 한다(법익보호원칙).

때문이다. 즉 그러한 생각은 공약의 부담에 의해 기각될 것이고, 자유실현의 도구로서 형법이라는 임무를 설정한 제1원칙에 위배되기 때문에 합의될 수 없다. 아울러 '공정으로서의 정의관'에 따르면 범법자는 반드시 그에 상응하는 응분의 대가(desert)를 치르어야 할 도덕적 자격을 갖추고 있다는 생각도 재고될 필요가 있을 것이다. 이 점에 대한 적확한 지적으로 Emmanuel Melissaris, *Ibid.*, 124면. 사회적 성공에도 일정부분 '임의적이고 우연적인' 요소가 작용하듯이 사회적 실패(범죄자로의 낙인)에도 마찬가지이기 때문이다(본서 [2] 참조). 물론 범죄자는 응분의 대가를 치르어야 한다는 생각은 '응보적 정의'의 관점에서 고려할 수는 있다. 하지만 이는 공정으로서 정의가 아니며 범죄와 형벌에 관한 형사정의(criminal justice)의 영역에 속한다. 따라서 이에 대한 반성적 평형은 필요할 것이고, 다만 이 경우에는 공정으로서 정의가 아닌 다른 배경이론들, 예컨대 칸트적 의무론이나(본서 [3] 참조) 역사적 사실의 하나로서 동해보복의 관습(본서 [14]) 또는 진화된 심리적 기제(본서 [15]) 등을 고려해 볼 수 있을 것이다. 따라서 '응보적 정의'가 '공정으로서의 정의원칙'을 수립하는 절차적 과정에서 '응분의 대가' 형태로 고려될 필요는 없다. 이 점에 대한 적확한 지적으로는 TJ, 276-277면.

41) Werner Maihofer, "Die Reform des Besonderen Teils des Strafrechts", in: *Programm für ein neues Strafgesetz* (Fischer, 1968), 118면.

42) 형법상 법익에는 생명과 신체의 완전성, 명예, 의사의 자유, 재산 등을 국가나 타인으로부터 부당하게 간섭받지 않고 자유롭게 향유할 권리(주관적 권리)는 물론 그러한 자유향유의 전제가 되는 공정한 사법기능 및 통화나 문서에 대한 공공의 신용 등 공동체 속 인간의 객관적 실존조건(대체로 헌법상의 기본권 목록)도 포함된다. 법익보호원칙에 대해서는 김일수, 刑法學原論(박영사, 1988), 88면 이하 참조.

43) 실체법적 측면이 아니라 절차법적 측면에서라면 '적법절차원칙' 내지는 '이중처벌금지원칙' 등에 합의할 것이다. 다시 말해 형사소송법상의 주요원칙들도 계약론적으로 구성이 가능할 것이다.

하지만 국가형벌권의 자의적 행사 위협을 제거하기 위해 상기 법익보호원칙에 합의하였다고 해도 원초적 입장의 당사자들은 안도할 수 없을 것이다. 왜냐하면 형벌에 의해 금지되는 대상의 목록이 법익침해행위로 축소되었다고 해도, 부당한 형벌권행사로 인한 자유침해의 가능성은 완전히 제거되지 않기 때문이다. 예컨대 그러한 법익이 무엇인지 알 능력이 없거나(책임무능력), 알지 못하거나(법률의 착오), 알았어도 적법한 행위를 기대할 수 있는 가능성이 없는 때(기대불가능성)에는 단지 법익을 침해했다는 이유로 처벌되어서는 안 되는데, 법칙보호원칙만으로는 그 처벌의 가능성을 배제하지 못 한다. 그것은 개인의 자유와 존엄성이 충분히 존중받지 못하던 시대의 결과책임주의로 회귀하는 결과를 가져온다.[44] 아울러 범죄로 처벌받게 되더라도 자신의 책임에 상응하지 않는 형벌을 받게 된다면 이 역시 국가의 자의적 형벌권 행사에 의해 자유가 침해되는 결과가 되므로 부당한 일이 된다. 따라서 원초적 입장의 시민들은 다음과 같은 원칙에 합의하게 될 것이다.[45]

> 제3원칙: 형법상 책임은 형벌을 부과하기 위한 조건이 되며, 동시에 형벌은 책임에 비례해서만 부과되어야 한다(책임원칙).[46]

원초적 입장에서 법익보호원칙과 책임원칙에 합의한 시민들은 추가적으로 다음과 같이 상기 세 원칙과 병렬적 관계에 있는 상호 보완적인 원칙을 도출해 낼 수 있을 것이다.[47]

> 제4원칙: 제2원칙과 제3원칙의 실현을 위해서는 법익의 내용이 누구에게나 알려져야 하며 따라서 법익의 내용과 그에 대한 침해의 효과를 형법에 명확히 규정해야 한다(죄형법정주의).[48]

---

44) 결과책임에 의해 비난가능성이 없는 사람을 처벌하는 것은 목적을 위해 사람을 수단으로 사용하는 것이라는 비판으로는 신동운, 형법총론 (법문사, 2017, 250면)

45) 롤즈는 책임원칙(principle of responsibility)이 형벌의 응보적 성격보다는 자유 그 자체를 위한 것이라고 말한다. 즉 자유의 원칙(principle of liberty)이 결국 책임원칙에 도달하게 된다는 것이다. TJ, 212면.

46) 제3원칙은 제2원칙을 더욱 실질화시켜주는 보완적 기능을 할 수 있는데 사회적 하부체계의 기능보호를 위해서, 자신의 능력 밖에 있으며 개인이 책임질 수 없는 영역까지 처벌의 대상으로 삼아 사회적 위험성을 형법의 보호법익으로 삼는 경향(추상적 위험범화)에 대해 제약을 가할 수 있기 때문이다.

47) 제2원칙부터 제5원칙까지의 병렬적 원칙들로부터 형법 전문가들에 의해 각각 도출될 수 있는 파생적 원칙들(유추금지, 소급효금지, 보충성 원칙 등)은 원초적 입장의 당사자들이 각각의 원칙에 합의하는 데 필요한 일반적인 지식들로서 '공적 지식'의 일부를 구성하며 따라서 파생원칙들 역시 합의의 대상에 포함되어 있다고 보는 것이 타당할 것이다.

48) 예컨대 명확성원칙은 개인에게 귀속될 수 있는 책임의 한계와 책임근거를 명확하게 하여 책임원칙을

제5원칙: 제4원칙이 형식적 원칙을 넘어 실질적 죄형법정주의가 되기 위해서는 제2원칙에
　　　　의해 공형벌권의 행사범위가 축소되어야 하고, 동시에 형법은 법익을 보호하는
　　　　데 필요한 만큼만 형벌을 부과해야 한다(비례성 원칙[49]).

　　이상 전술한 원칙들은 계약사항의 공정성을 담보해줄 수 있는 절차적 조건 하에서 시민
들 간의 자율적 합의에 따른 정의원칙의 일부로서 국가는 이를 입법, 행정, 사법의 각 단계
에서 실현시켜야 할 의무를 부담한다는 점에서, 이는 곧 국가에 대한 정언명령(kategorischer
Imperativ)이 된다고 말할 수 있을 것이다.[50] 따라서 이 원칙들은 형법의 제정 및 운용과
적용에 있어서 국가에게 요청되는 '의무론적 정의원칙(도덕철학적 성격)'인 동시에 그 지향
점은 국가권력의 제한에 놓여 있다는 점에서 '자유주의 정의원칙(정치철학적 성격)'이라고
말할 수 있을 것이며 이러한 맥락에서 상기 원칙들은 의무론적 자유주의 정의원칙이라고
그 성격을 규정할 있다고 본다.[51]

　　실현, 촉진시켜 준다는 점에서 제4원칙은 제3원칙에 상호 보완적이라고 말할 수 있다. 또 한편으로 죄
형법정주의의 명확성은 종교적, 형이상학적 윤리규범으로부터 벗어날 때 더욱 지지될 것이므로 제2원
칙(법익보호원칙)에 의해 보완될 수 있다. 여기서 각 원칙들 간 상호 보완적 성격이 잘 드러난다. 죄형
법정주의는 상대적으로 다른 근본원칙들에 비해 헌법적 근거가 명확한 것으로 평가받고 있다. 동 원칙
이 단순한 헌법원칙이 아니라 기본권의 지위를 갖는다고 보는 견해로는 신동운, 앞의 책, 19면 이하.

[49] 형법전에는 비례성원칙과 책임원칙을 실현하는 규정들, 예컨대 제52조(자수와 자복), 제251조(특히 참
작할 만한 동기), 제288조 2항(노동력 착취목적 등), 제264조(상습성), 제258조의2(위험한 물건의 휴대),
책임능력(제9, 10, 11조)과 법률의 착오(제16조) 등이 명문화되어 있으며, 이는 죄형법정주의를 통해
두 원칙이 실현·촉진되는 상호 보완적 관계를 보여준다. 본서는 두 원칙을 병렬적인 원칙으로 분류하
지만 헌법재판소는 "형사법상 책임원칙은 기본권의 최고이념인 인간의 존엄과 가치에 근거한 것으로,
형벌은 범행의 경중과 행위자의 책임 즉 형벌 사이에 비례성을 갖추어야 함을 의미한다. 따라서 기본법
인 형법에 규정되어 있는 구체적인 법정형은 개별적인 보호법익에 대한 통일적인 가치체계를 표현하고
있다고 볼 때, 사회적 상황의 변경으로 인해 특정 범죄에 대한 형량이 더 이상 타당하지 않을 때에는
원칙적으로 법정형에 대한 새로운 검토를 요하나, 특별한 이유로 형을 가중하는 경우에도 형벌의 양은
행위자의 책임의 정도를 초과해서는 안된다(헌재 2004.12.26., 2003헌가12)."고 하여 책임원칙을 비례
성의 측면에서 바라보고 있다. 다양한 층위의 비례성의 의미와 그 심사방법에 대해서는 김일수·배종대
편, 법치국가와 형법(세창출판사, 1998), 71면 이하 참조. 형법의 비례성 원칙은 목적과 수단(형벌)의
관계에 있어서 1) 수단이 목적달성에 적합하고(적합성 원칙), 2) 필요하며(최소침해원칙), 3) 과도하지
않아야 한다(균형성 원칙)는 원칙을 말한다.

[50] 롤즈 역시 정의의 원칙을 정언명령(kategorische Imperative)으로 묘사한다.

[51] 이러한 유형의 정의관을 '의무론적 자유주의(deontological liberalism)'로 평가할 수 있다는 점에 대해서
는 박정순, 존 롤즈의 정의론 ‒ 전개와 변천 - (철학과 현실사, 2019), 120면 이하 참조. 물론 롤즈는
후기에 이르러 자신의 정의론이 특정한 도덕론에 의존하지 않는 '정치적 정의관(a political conception
of justice)'라고 새롭게 해석하는 입장을 밝히고 있다. 박정순, 앞의 책, 120면 이하와 John Rawls/장동
진 역, 정치적 자유주의 (동명사, 2016), 서문 참조.

법익보호원칙, 책임원칙, 죄형법정주의 등 형법의 지도원리인 여러 근본원칙을 이와 같이 공정으로서 정의원칙으로 이해하는 실익은 무엇일까? 그것은 간명하다. 이 원칙들에 위배되는 법령과 판례는 '공정으로서의 정의'에서 그만큼 멀어지거나 부정의에 가까운 것이므로 개정 및 폐지되거나 변경되어야 한다는 당위를 보다 선명히 드러내 보여준다는 것이다.

아울러 형법의 근본원칙들과 그 정당화 근거가 시민들의 이해와 합리적 판단으로부터 독립된 그 어떤 별개의 권위에서 도출되는 것이 아니라 수범자 시민들의 자발적 합의에 의해서 누구나 이해가능한 방식으로 절차적으로 구성될 수 있다는 이론구성은 첫째, 형법의 근본원칙들에 대한 형사법 전문가들과 시민들 간의 인식의 간극[52]을 메울 수 있게 해주며, 둘째, 전문가들 사이에서도 발생할 수 있는, 법적 논증에 원용할 수 있는 형법의 근본원칙의 범위에 대한 견해의 차이[53]도 극복하게 해준다. 끝으로, 시민들이 단순히 국가형벌권의 객체나 수단이 아니라, 공정한 절차적 조건 속에서 국가형벌권의 근거와 한계를 계약론적으로 정당화하는 당사자들이라는 사실을 일깨워 준다. 바로 여기에서 형법의 근본원칙에 대한 전통적인 논의와 차별되며, 한 걸음 더 나아간 형법이론적 미덕을 찾을 수 있을 것이다.

---

52) 형사법 전문가들은 형법을 범죄인의 마그나카르타로 보는 반면에, 일반 시민들은 범죄자의 처벌과 범죄 예방수단으로 인식하는 경향이 강하다.

53) 예컨대, 혹자는 죄형법정주의만을 형법상 근본원칙으로 인정하겠지만, 책임원칙, 법익보호원칙, 비례성 원칙도 그와 병렬적인 근본원칙으로 인정되어야 하고, 판례와 법적 논증에 충분히 원용될 수 있어야 할 것이다.

[2] 인간의 존엄과 책임원칙

Ⅰ. 문제제기 및 논의구도

오늘날 인간의 존엄과 가치는 국제법과 헌법은 물론 모든 개별 법규와 도덕을 지도하는 보편적 이념이라는 사실을 부인하는 사람은 아무도 없을 것이다. 마찬가지로 형법상 책임원칙도 논자마다 세부적인 차이는 있겠지만 그 중요한 핵심원리, 즉 "책임 없으면 형벌 없다."는 명제는 전통적인 방식으로든 변형된 방식으로든 언제나 새롭게 그 가치가 재음미되고 있을 뿐 이를 정면으로 부인하는 사람은 없다. 그렇다면 여기서 다시 이를 재론할 필요성은 어디에서 찾을 수 있을까? 본고의 관점에서 그것은 바로 '과학과 기술의 발달이 가져온 결과'를 우리가 어떻게 규범적으로 수용하는 것이 타당한가의 문제의식과 맞물려 있다. 즉, 그동안 과학기술이 넓혀 준 인식의 지평을 통해 인간의 존엄과 책임원칙을 되돌아보는 것은, 형사사법 개혁을 위한 발걸음을 한 걸음 더 내딛기 위해 현 시점에서 매우 의미있는 작업이 될 것이라고 믿는다.[1]

인간이, 즉 우리가 자율적인 가치결단을 통해 인생의 목표를 계획하고 삶을 의미있게 영위해 나아가며, 자신의 결정에 책임을 질 수 있는 존재라는 사실은 인간의 존엄과 책임원칙의 근본바탕을 이루는 전제이다. 하지만 역설적이게도 우리는 이러한 전제와 상치되는 오래 된 견해와 믿음과 공존하면서 별 문제 없이 살아오고 있다. 그것은 바로 '결정론'이라는 입장으로 인간의 자유의지를 부정하는 철학적, 과학적 회의론이다. 이 입장에서는 인간의 의사결정과 행동은 크고 작은 역사와 환경, 유전과 생리, 뉴런과 시냅스연결, 신경세포를 구성하는 전자의 물리적 인과과정 등의 제반 조건에 의해 결정되어 있기 때문에, 자유의지는 환상에 불과하거나 기껏해야 국가의 필요성에 의해 의제된 것에 불과하다고 주장한다.[2]

---

1) 인간의 존엄과 가치라는 이념은 앞의 장(본서 [1])에서 형법의 제1원칙으로 표현되고 있으며, 책임원칙도 절차적 방식에 의해 제3원칙으로 구성해 낸 바 있다.

2) 상당수 형법학자들도 자유의지의 문제에 대해서는 유보적이거나 소극적이다. 즉 자유의지는 "적극적으로 입증될 수는 없으며", "엄격히 말해 '국가에 필요한 허구(staatsnotwendige Fiktion)'에 불과할 수 있

만일 이러한 입장이 사실이라면, 자유의지를 기반으로 하는 인간의 자율성은 심각하게 훼손될 것이고, 필연적으로 인간의 존엄성과 책임원칙도 그 정당성을 의심받게 될 것이다.

하지만 다행스럽게도 '결정론적 계몽'[3]은 그다지 성공한 것 같지 않은 것으로 보인다. 신화와 역사가 기록한 인류의 삶은 우리 자신을 자유로운 의사결정의 주체로 상정하고 있으며, 상호 책임을 물을 수 있는 법과 제도가 현재까지 잘 존속하고 있는 것만 보더라도 그렇다. 일반 시민들과 법률가들에게 결정론은 한낱 지적 호기심을 자극하는 이론에 불과한 것으로 여겨지기도 한다. 그렇다면 우리는 현재의 상황에 만족해야 할까? 우리가 자율적인 존재라는 일상적인 주관적 신념은 굳이 '논증'이 필요없는 영역일까? 많은 사람들은 대체로 그렇다고 생각할 것이다. 그리고 그러한 생각의 근저에는 언젠가 결정론이 틀렸음이 밝혀지리라는 '낙관적인' 전망도 자리잡고 있을 것이다. 하지만 결정론자들, 특히 과학자들의 주장을 그저 실천적 목적과 무관한 '지적 담론'으로 치부하는 것은 어떤 면에서는 우리의 '양심'을 불편하게 만든다. 그들은 '법과 도덕체계의 진실성'에 의문을 제기하고 있기 때문이다. 만일 그들의 주장처럼 자유의지가 실제로 존재하지 않는다면, 비록 우리의 삶에서 형벌제도와 도덕은 그래도 여전히 '진지하게' 작동하겠지만, 그것이 '진실하다'고까지 평가할 수는 없다. 그러한 점에서 결정론에 대한 적실한 반론의 검토는 우리가 따르는 가치체계의 옹호와 정당화를 위해서도 반드시 필요한 작업이라고 생각한다.

이와 관련해 이미 수많은 연구자들이 소위 '양립가능론'이라는 형태의 논변을 통해 결정론과 자유의지가 양립가능함을 입론한 바 있다. 근대의 경우 칸트가 그 대표자이고, 현대 법철학자 중에는 드워킨이 이 입장을 주장한 바 있다. 적어도 법학계에서는 가장 영향력 있는 형태의 양립가능론을 주창한 대표적인 두 학자들의 견해에 공통점이 있다면 그것은

으나", "문명화·사회화·인간화 과정을 거쳐 사회문화적인 규범구조 안으로 편입된 것으로", "자유와 책임은 불가분의 관계에 있는 것이기 때문에", "시민들의 일반적인 경험에 비추어 볼 때 형법의 영역에서 인간에게 자유의지가 있는 것으로 취급해도 크게 무리를 범하는 것은 아니"라는 것이다. "존재론적으로는 증명될 수 없지만, 규범적으로는 의미를 가질 수 있다."는 말도 이와 같다. 한 마디로 정리하자면 자유의지는 적극적으로 그 존부를 논할 수는 없지만 법의 적용이라는 실천적 측면에서 규범적으로 요청된다는 것이다. 이상의 견해에 대해서는 김일수·서보학, 새로쓴 형법총론 (박영사, 2006), 358면; 배종대, 형법총론 (홍문사, 2013), 426면; 박상기, 형법총론 (박영사, 2007), 219면; 임웅, 형법총론 (법문사, 2009), 271면; 신동운, 형법총론 (법문사, 2015), 360면; 이재상·장영민·강동범, 형법총론 (박영사, 2017), 305면.

3) '결정론적 계몽'이란 자유의지와 책임에 기반한 현재의 도덕적 관행과 법체계의 부조리함을 결정론의 관점에 비추어 드러내 보이고, 이에 대한 반성과 대안을 촉구하려는 일부 결정론자들의 신념과 태도를 통칭하는 것이다.

바로 '결정론'이 옳다는 전제 하에 자유의지의 존재를 입론하고 있다는 점이다. 간단히 말해서 비록 인간의 삶은 '전지적인 과학적 관점'에서 보면 '인과적으로 결정된' 것이 사실이라고 하더라도 책임을 묻고, 책임을 지는 우리의 삶은 부조리해지지 않는다고 한다. 칸트는 예지계와 현상계의 이분론을 통해,[4] 드워킨은 '가치의 독립성'과 '가치통일성(integrity)' 원리를 통해 이러한 입장을 정초한다.[5] 하지만 필자가 본고에서 주목하고자 하는 바는, 현대 과학은 이미 과학적 결정론이 틀릴 수도 있음을 우리에게 알려주고 있다는 사실이다. 만일 이러한 견해가 옳다면, 우리는 굳이 자유의지가 결정론과 '양립가능함'을 보여줄 필요가 없다. 다시 말하면 자유의지는 그 어떤 별개의 이성적 세계에서만 존재할 수 있는 것도 아니고, 사실과는 무관한 가치의 체계들 속에서만 의의를 가질 수 있는 것도 아니며, 우리가 살고 있는 일상의 삶 속에서 과학적 관점과도 정합성을 유지하며 존재하는 개념이 된다. 따라서 우리는 법과 도덕체계, 인간의 존엄과 책임원칙을 더욱 진실한 것으로 신뢰할 수 있을 것이다. 본고에서는 적어도 국내 법학계에는 그동안 잘 알려져 있지 않았던 이러한 논변을 소개하고자 한다.

아울러, 자유의지가 온전히 옹호될 수 있다고 하더라도 현대의 인간강화기술(human enhancement)은 '자유의지는 누구에게나 동등하게 발현되는가?'라는 또 다른 매우 중요한 문제를 제기하며 새로운 논의지평을 열어주고 있다. 즉, 자유의지의 정상적인 발현을 돕거나 강화하는 기술이 가능하다면, 도덕적으로 성공한 삶에도 일종의 '운(luck)'이 작동할 수 있다는 뜻이고, 이로부터 다양한 갈래의 규범적 함의를 도출해 낼 수 있다고 생각한다. 이러한 맥락에서 '공정으로서의 정의'라는 도덕적 관점이 형법의 해석과 적용에서 어떻게 원용될 수 있는지에 대해 비록 시론적인 것이기는 하지만 본고에서 다루어 보고자 한다.

II. 도덕과 과학의 무게: 형법의 중립성?

근대이후 (형)법은 도덕으로부터 중립을 지켜야 한다는 원칙이 확립되었다. 홉스와 로크, 루소와 칸트, 그리고 롤즈에 이르기까지 근현대 사회계약 사상과 정의론의 역사는 그러

---

4) 이러한 칸트의 입장에 대해서는 안성조, 자유의지와 형벌의 정당성, 법철학연구 제21권 제2호, 2018, 91-95면과 Christine M. Korsgaard, Creating the kingdom of Ends (Cambridge Univ. Press, 1996), at 187. 저명한 칸트학자인 코스가드는 칸트를 실천적 양립주의자(practical compatibilist)로 규정한다.
5) 드워킨의 입장에 대해서는 로널드 드워킨/박경신 역, 정의론 (민음사, 2015), 354-399면 참조.

한 중립성의 미덕을 강조한다. 그런데 여기서 지칭하는 도덕은 특정 종교나 도덕의 이상을 권장하는 '특수한 도덕'[6]을 뜻함에 유의할 필요가 있다. 예컨대, 카스트 계급을 유지하거나 동성애를 처벌하거나 진화론 교육을 금지하도록 국가가 공형벌로 강제할 수 없다는 의미인 것이다. 하지만 형법이 '보편적 도덕'에 기초해 있음은 또한 명백하다. 부도덕한 형법은 정의롭지 못한 법이라 말할 수 있고, 따라서 보편도덕은 분명 형법의 단단한 토대를 이루며, 이는 궁극적으로는 인간존엄의 기초가 된다.[7]

그러면 과학은 어떠한가? 우리는 흔히 과학지식은 보편적인 것으로 여긴다. 그렇다면 과학도 형법에 기여하는 바가 있을까? 일견 경험적 학문이 과학이 규범학인 형법학에 영향을 주기는 어려워 보이지만 제한적으로나마 과학지식은 형법에 영향을 끼쳐왔다. 구파(고전학파)와 신파(실증주의 학파)의 학설대립으로 점철돼 온 형법학의 역사는 이를 단적으로 잘 보여준다.[8] 특히 행위자의 주관적 측면을 다루는 책임(능력)과 관련해서는 과학적 지식이 이론적으로나 실무적으로 매우 유의미한 기여를 해오고 있음은 주지의 사실이다. 그렇다면 도덕과 마찬가지로 "비과학적 형법은 정의롭지 못한 법"이라 말할 수 있을까?

이와 관련해 국내에서도 '정의(justice)' 열풍을 일으킨 바 있는 정치철학자 마이클 샌델은 그의 저서 '정의란 무엇인가?'에서 임마누엘 칸트를 원용하며 매우 주목할 만한 견해를 피력한 바 있다. "과학은 자연을 연구하고 경험세계를 탐구할 수 있지만, 도덕질문에 답을 하거나 자유의지의 존재를 증명할 수는 없다. 도덕과 자유는 경험적 개념이 아니기 때문이다."라고 썼다. 덧붙여 그는 "과학으로 도덕과 자유의 존재를 증명할 수는 없지만, 그것을 전제하지 않고 우리의 도덕적 삶을 이해할 수는 없다."고도 말한다.

과연 그의 견해가 칸트의 입장과 얼마나 일치하는 것인지는 별론으로 하고, 여기서는 이를 칸트-샌델 명제라고 칭하기로 하자. 아마도 상당수 법률전문가와 윤리학자, 철학자들은 이 명제에 적극적으로 동의하지는 않더라도 최소한 호의와 공감을 표할 것이다.[9] 저명한

---

6) 이를 윤리(Ethik)로 보고, 형법이 수용할 수 있는 최소한의 윤리를 도덕(Moral)이라고 보는 견해도 있다. 이상돈, 형법강의-일반적 귀속론-(법문사, 2010), 10면.
7) "인권의 침해는 가치관의 침해가 아니다(Menschenrechtsverletzung ist nicht Wertverletzung)"란 명제가 이를 잘 드러내 보여준다.
8) 이 점에 대해서는 이재상, 형법총론 (박영사, 2011), 58-63면 참조.
9) 한 선행연구의 분류에 의하면 과학과 법의 영역이 과학영역으로 통합될 것이라고 보는 견해는 소수에 불과하지만, 두 영역은 별개의 영역으로 병존할 것이라고 보는 견해가 다수라고 한다. 朴注勇·高旼照, "자유의지에 대한 Libet의 연구와 후속연구들 – 신경과학적 발견이 형법에 주는 시사점을 중심으로 -", 서울대학교 법학 제52권 제3호, 2010, 502-503면. 본고는 도덕적 관점에서 과학과 법의 조화를 모색해 보고자 한다.

법철학자인 로널드 드워킨은 이 문제에 대해 다음과 같이 말한다.

"나는 지금까지 책임에 대해 다양한 방법과 형태로 언급했지만 책임이라는 것 자체가 존재하지 않는다는, 철학자들 사이에 인기있는 견해는 백안시했다. 이 논쟁은 아마도 교과서 밖으로 나가 대중의 독서와 상상에 진입한 주제 중 가장 인기가 높을 것이다. [결정론]과 부수현상론(epiphenomenalism)은 모두 사실일 수 있다. 내게는 이 이론들을 과학적으로 판단할 능력이 없다. [결정론][10])이 이치에 맞고 참임을 우리가 발견했다고 하자. 즉 우리의 생각과 행동이 모두 스스로 통제할 수 없는 선행사건, 힘 또는 상황에 의해 필연적으로 되어버렸다. 이 발견은 우리가 살아가는 방법을 바꾸지는 못할 것임을 우리는 알 수 있다. 첫 충격 이후에도 우리는 이전에 살던 식으로 살게 될 것이다. 내 생각으로 능력의 원리(the capacity principle)가 우리의 다른 윤리적 철학적 견해에 더 잘 부합한다. 인과적 원리(the causal principle)가 왜 윤리의 일부부분이 되어야 하는지에 대해선 어떤 이유도 찾거나 만들어 낼 수 없다."[11])

사실 위 명제는 명백히 옳은 측면이 있다. 예컨대 본고에서 다루고자 하는 주제인 '인간의 존엄성'이나 "모든 인간은 평등하고 자유롭다"는 도덕적 명제는 결코 과학이 증명해주는 것이 아니기 때문이다. 이는 보편적 인권에 기초해 우리의 삶에 전제되는 도덕적 사실(moral fact)이지 결코 경험적으로나 과학적으로 증명되어야 할 성격의 문제가 아니다.[12])

---

10) 국내 번역서에서는 'Determinism'을 '규정론'으로 번역하고 있으나, '결정론'이 학술적으로나 대중적으로 더 자연스러운 번역이라고 생각되어 여기서는 '결정론'으로 고쳤다. Ronald Dworkin, Justice for Hedgehogs (Harvard Univ. Press, 2011), at 220.

11) 로널드 드워킨/박경신 역, 앞의 책, 354-368면 참조. 드워킨 역시 칸트-샌델 명제와 같은 입장인 것으로 보인다. 그는 윤리학이 과학으로부터 독립된 영역이라고 보며, "우리가 가치의 독립성을 진지하게 수용하면 실천적 관점과 이론적 관점을 '화해'시키지 않아도 된다"고 주장한다. 앞의 책, 42면. 그러면서 자유의지와 책임의 문제 역시 과학적 관점과는 '무관하게' '가치의 통일성(integrity)'이라는 드워킨 자신의 이론에 의해 정초될 수 있다고 한다. 즉 그는 '가치의 독립성' 명제와 '가치의 통일성' 명제에 의해 '과학적 회의론을 극복해' 자유의지와 책임의 문제가 해결될 있다고 본다. 요컨대, "당신의 결정이 세계사에 의해 규정되었건 어떤 신경세포들의 자발적인 발[화]에 의해 추동되었든 상관없다. 당신의 결정의 자연적 원인학(etiology)은 그 결정이 창출한 수행가치나 수행 반가치와 무관하다."는 것이다. 필자 역시 드워킨의 '가치독립성' 명제에 대체로 동의하지만 자유의지와 책임의 문제에 있어서는 견해를 달리한다. 드워킨은 이 문제에 대한 자신의 해결방법이 현상계 내에서는 "책임과 결정론은 양립불가능하다"고 본 칸트의 견해와도 다르며(앞의 책, 421면), "책임의 부여는 우리와 같은 생명체가 존재하기 위해 포기할 수 없는 인간의 감정과 반응의 체계에서 핵심적이며, 이러한 체계의 존재자체는 인간사회의 존재와 함께 우리에게 주어진 것으로서 외부적인 '이성적 정당화'를 필요로 하지도 허용하지도 않는다."고 주장한 피터 스트로슨(Peter Strawson)의 입장을 발전시킨 것으로 평가한다(앞의 책, 679면).

12) 같은 생각으로 유기천, 개정 형법학[총론강의] (법문사, 2011), 54-55면 참조. 유기천 교수는 '사실적 의미에서의 불평등'이 '규범적 의미에서의 평등'을 반증하지 않는다고 적절히 지적한다.

그런데 만일 "인간은 자유롭기 때문에, 즉 타행위가능성이 있기 때문에 행동의 결과에 대해 책임을 져야한다"는 논리에 기초해 법이 우리에게 자유에 따른 책임과 형벌을 요구한다면 이것도 역시 위와 같은 도덕적 사실로 간주할 수 있을까? 칸트-샌델 명제는 바로 그렇다고 말하고 있는 것이다. 도덕원리상 당위는 가능을 함축하므로[13] 책임형벌은 타행위가능성을 요구한다고 여겨진다. 하지만 이것은 어디까지 도덕체계 내재적으로 논리적 일관성과 정합성을 위해 요구되는 필요조건에 불과하므로, 도덕체계의 외적 관점에서는 이에 대해서는 누구나 합리적인 의심을 품을 수 있다.[14] 왜냐하면 만일 인간에게 실제로 자유의지가 없다면 그에 따른 책임을 묻는 것은 부당하기 때문이다. 요컨대 "인간은 자유롭다"는 명제는 "인간은 자유롭기 때문에 책임을 져야 한다"는 명제와 구별될 필요가 있다는 것이다. "인간이 자유롭다"는 정치철학적 명제는 도덕적으로 정당하지만, 이로부터 책임형벌의 근거로서의 자유의지가 논리필연적으로 도출되지는 않는다. 그것은 별도의 증명을 요구한다.[15] 생각해 보라. 누구나 평등하게 자유가 보장되어야 한다는 말은 누구나 단순히 말하면 국가나 타인의 부당한 간섭을 받지 않고 "자신이 원하는 바를 할 수 있다"는 뜻이지만, "자신이 원하는 바를 할 수 있다"는 사실이 곧 "인간에게 자유로운 선택의 능력이 있다"는 것을 논리필연적으로 함축하지 않는다. 자연계의 동물도 자신이 원하는 바를 찾아다니지만, 우리는 그들을 자유롭다고 여기지 않는다. 여기서 문제되는 것은 실로 인간에게 자연의 경향성이나 감각적 충동, 그리고 환경으로부터 독립적인 순수한 이성적 활동을 통해 자유로운 실천적 판단을 내릴 수 있는 '자유의지'란 능력이 있는지 여부인 것이다. 즉, 단지 결정한 것을 간섭받지 않고 수행할 수 있는지 보다는 진정 스스로 가치있는 것을 결정할 능력이 있는지를 묻고 있는 것이다.[16] 만일 그렇지 않다면, 비록 이념적으로는 자유가 보장되어 있고, 인간을 이성적이며 자율적인 존재로 간주한다고 하더라도 우리는 삶의 형식은 동물과 다르지 않을 것이고, 따라서 행동의 결과에 대한 법적, 도덕적 책임을 묻기도 어렵게 될 것이다. 그런데 칸트-샌델 명제는 이러한 점을 간과한 채 자유의지의 증명, 혹은 과학적

---

13) 이 점에 대해서는 제프리 토마스/강준호 역, 윤리학 입문 (철학과 현실사, 2005), 64면 이하 참조.
14) 드워킨은 이러한 관점을 "우리의 일상에 후퇴하여 상황을 전지적 관점에서 [보는 것]"으로 이해하는 듯하다. 그는 "이 관점에서 우리의 정신생활은 자연세계의 맥락 안에 있다"고 말한다. 로널드 드워킨/박경신 역, 앞의 책, 367-368면.
15) 칸트도 그러한 증명을 시도한 바 있다.
16) 자율과 자유의 개념을 구별하여 스스로 가치있는 것을 결정할 능력을 '자율(autonomy)'로, 결정된 것을 실제로 수행하는 것을 '자유(liberty)'로 규정하는 견해로 James Griffin, On Human Rights (Oxford Univ. Press, 2008), at 150-152.

기반이 불필요하다고 주장하고 있는 것이다.[17] 이와 유사한 맥락에서 유발 하라리는 다음과 같이 지적한다.

"자유주의자들이 개인의 자유에 높은 가치를 두는 것은 인간이 자유의지를 가졌다고 믿기 때문이다. 인간에게 자유의지가 있다는 것은 윤리적 판단이 아니다. 그것은 세계에 대한 사실적 기술이다. 자유의지와 현대과학 사이의 모순은, 많은 사람들이 현미경과 기능자기공명 영상을 볼 때 못 본 척하고 싶어하는 '불편한 진실(elephant in the room)'이다."[18]

보편도덕은 과학에 기초하지 않고도 인간의 존엄 및 인간의 자유와 평등이라는 이념으로부터 다양한 권리를 만들어낼 수 있었지만, 책임의 문제에 봉착해서는 결국 과학적 해명을 필요로 하게 된다. 물론 인류의 오랜 경험과 믿음에 비추어 일상적 삶에 전제되는 자유와 책임의 실천적 관행은 칸트도 논급한 바 있듯이 '도덕적 사실(moral fact)'로 볼 수도 있겠으나, 바야흐로 인류는 과학적 문제제기에 직면해 해답을 제시해야 할 상황에 처했다고 말할 수 있다.

잘 알려져 있는 바와 같이 샌델은 공리주의와 자유주의를 비판적으로 검토하며 두 사상이 놓치고 있는 도덕적 관점을 인상적이고 훌륭하게 논증해 보여주고 있으나, 자유(의지)의 문제에 있어서는 중요한 진실을 간과하고 있거나 애써 무시하고 있는 듯 보인다. 과학에 기초하고, 그에 정합적인 도덕판단과, 과학과 무관하거나 그에 배치되는 도덕판단이 있다면 어느 것이 더 가치있는 것일까?[19] 샌델이 그의 저서에서 보여준 일관된 입장에 의하면 분명 전자라고 대답하는 것이 옳다고 생각한다. 자유와 책임을 단지 도덕적 사실이라고 단정짓는 논리가 인간의 존엄성이라는 도덕적 열망을 고양시키는 유일한 방법은 아니다. 오히려 그보

---

17) 이 문제와 관련해 하버드의 법철학자인 론 풀러는 다음과 같이 말한다. "인간에게는 책임 있는 행동을 할 수 있는 능력이 없다는 견해가 받아들여진다면, 법의 도덕성은 그 의의를 잃게 된다." 론 풀러/박은정 역, 법의 도덕성(서울대학교출판문화원, 2015), 230면 참조

18) 유발 하라리/김명주 역, 호모 데우스(김영사, 2017), 386-387면. '실험실의 코끼리(elephant in the room)'로 번역된 부분을 원문을 참조해 '불편한 진실'로 의역했음을 밝혀둔다.

19) 과학적 지식과 이론도 법과 도덕의 정당화를 위한 하나의 배경이론(background theory)으로 볼 수 있다면, 넓은 반성적 평형을 위해 필요함은 자명하다. 우리의 직관적인 도덕적 사고의 구조, 기원, 한계를 이해해야 할 필요성을 논급하며 반성적 평형의 과정에 자연과학적 이해를 추가해 '이중의 넓은 반성적 평형(double wide equilibrium)'을 주장하는 견해로는 Joshua D. Green, Beyond Point and Shoot Morality: Why Cognitive (Neuro) Science Matters for Ethics, Ethics, 124-4(2014), at 726; 동일저자, Solving the Trolly Problem, in: Justin Sytsma & Wesley Buckwalter(eds.), A Companion to Experimental Philosophy(New York: Wiley Blackwell, 2016), at 176. 한 마디로 자연과학과 정합적인 도덕이론을 주장하는 견해로 보인다.

다는 칸트도 염원했듯이 가능하다면 실천이성의 판단과 이론이성의 판단이 화해하고 일치할 수 있는,[20] 그러한 도덕과 법을 구상하는 것이 인간의 존엄성이 더욱 빛을 발하도록 해주는 보다 나은 방법이라고 생각한다.[21] 자유주의의 미덕은 특정한 삶의 방식이나 사고방식을 강요하지 않는다는 점에 있다. 자유주의적 공동체주의자라 할 수 있는 마이클 샌델도 이 점을 중요하게 여긴다. 그런데 만일 누군가 책임원칙과 자유의지의 문제에 대해 칸트-샌델 명제의 타당성을 우리 모두에게 보편적으로 주장하려고 시도한다면 여기에서 분명 어떤 도덕적 불편함이 존재함을 느낄 수 있다. 어떤 면에서 이는 과학적 세계관을 존중하지 않는 태도를 반영하고, 과학적 사고방식을 중시하는 진영의 권리주장을 배척하는 것이며 따라서 자유주의의 중요한 가치인 다원성을 무너뜨리는 결과를 가져오기 때문이다. 자유의지나 책임원칙이 과학적 결과를 기반으로 논의되어야 한다는 견해도 충분한 근거와 가치가 있는 주장으로서 많은 과학자들은 물론 일반인들도 상당수 지지하는 입장임이 분명하기 때문이다. 즉 그들은 이렇게 말할 것이다. 우리가 자유의지의 도덕적 무게를 고려해야만 한다면, 그러한 도덕적 열망이 과학적으로 단단한 기반을 갖고 있는가를 필히 물어야 하며, 이는 우리의 삶이 터잡고 있는 도덕적 가치체계의 진실성을 되묻는 것이고,[22] 결국 이 물음은 하나의 도덕적 의무가 되고, 이를 회피하는 것은 부도덕하다. 따라서 "비과학적인 형법은 부도덕하며, 부정의한 법이다."라고 말할 수 있다. 자유주의에 기반한 민주적 공동체의 구성원이라면 이와 같은 사고방식을 우리가 공정하게 포용하기 위해서는 과연 그들의 주장의 요체가 무엇이고, 현재 어떤 정도로까지 관련 논의가 진척되어 왔는지 살펴보는 것은 책임원칙의 기초를 다지고, 나아가 인간의 존엄에 대한 신뢰와 토대를 더욱 굳건히 다듬기 위해서 필요한 작업이라고 믿는다.

---

20) 칸트에 의하면 우리는 실천이성의 관심과 사변이성의 관심을 상호 모순되지 않게 연결해보려고 해야만 하고 이는 곧 '실천적 의도에서 이론이성 사용을 확장하는 것'이 된다. 실천이성비판 V 120 참조.

21) 규범학인 형법학에도 과학적 발견이 중요하게 고려되어야 한다고 역설한 대표적 형법학자로 유기천 교수가 있다. 유기천 교수는 "과학은 가치를 취급하는 형법학과 병행하여 새로운 가치체계를 수립할 기초가 열리게 된 것이다."고 평가한다. 유기천, 앞의 책, 56면 참조.

22) 이 점에 대해서는 안성조, "도킨스의 틀린 생각: 도덕원칙으로서 응보는 인간행동에 관한 과학적 관점과 양립불가능하지 않다", 법학에서 위험한 생각들 (법문사, 2018), 169-173면 참조. 역설적이지만, 설령 과학적 세계관에 입각해 자유의지와 도덕이 그저 환상에 불과하다고 주장하려는 자들도 그러한 관점을 설파하려는 이유가 진리의 가치에 대한 숭고한 도덕적 의무감에 기초해 있다는 점은 주목할 만한 사실이다.

III. 자유의지에 대한 과학적 회의론과 인간강화 기술의 도전

1. 리벳의 실험: 신경과학적 결정론

오늘날 법학자와 윤리학자들에게 자유의지의 존재에 대해 의심을 품게 만든 가장 널리 인용되는 연구로는 1983년에 실시된 벤저민 리벳의 실험이 있다. 세간에 잘 알려진 이 실험의 개요는 다음과 같다. 뇌전도(EEG) 장치와 연결된 실험 참가자들에게 어떤 광점이 시계처럼 움직이는 화면을 보여주면서 자기가 하고 싶을 때 손가락을 움직이고, 동시에 그러한 결정을 내린 시점의 광점의 위치를 보고하도록 요청하였는데, 실험 결과 참가자들이 손가락을 움직이기 약 1초 전에 그에 선행하는 뇌의 활동인 준비전위(편의상 RP1)가 감지되었고, 그 결정을 내리게 된 시점을 보고한 시점은 실제 손가락 반응보다 200밀리초가 앞섰으며, 그 보고하는 반응보다 350밀리초가 앞서 또 다른 준비전위(RP2)가 감지됐던 바, 결국 자신의 결정을 의식하는 시점에 앞서 뇌의 준비전위가 먼저 나타난다는 결과가 제시되었던 것이다. 이에 대해 상당수 연구자들은 "우리가 언제 손가락을 움직일 것인가 하는 단순한 결정조차 자신이 통제불가능한 무의식적 뇌의 활동이 우리를 대신하는 것이다."라고 해석함으로써 자유의지를 부정하는 주요한 실험으로 학계와 일반대중에게 깊이 인식되어 오고 있다.

2. 라플라스의 악마: 물리적 결정론

사실 리벳실험의 신빙성과 그 결과가 자유의지의 존재에 주는 함의에 대해서는 후술하겠지만 이미 매우 포괄적인 비판과 반론이 잘 제시되어 있기 때문에 여기서는 그보다 더 자유의지를 더욱 곤혹스럽게 만드는 물리적 결정론을 논급해 보고자 한다.

이러한 형태의 결정론은 흥미롭게도 진화생물학자인 리처드 도킨스의 매우 짧지만 인상적인 글에 잘 요약되어 있다. 그는 말한다.

"도덕원칙으로서 응보(retribution)는 인간 행동에 관한 과학적 관점과 양립불가능하다. 과학자로서, 우리는 인간의 뇌가 인간이 만든 컴퓨터만큼 동일한 방식으로는 아니겠지만, 확실히 물리법칙의 지배를 받는다는 사실을 믿는다. 우리는 컴퓨터가 오작동할 때 컴퓨터를 처벌하지는 않는다. 하드웨어든 소프트웨어든 우리는 문제점을 찾아내 손상된 부품을 대체하는 방식으로 수리한다. 우리는 왜 살인범이나 강간범과 같은 '결함 있는 사람(defective man)'에게는 이와 동일한 방식으로 반응하지 못하는 것일까? 우리는 왜 베이즐 폴티를 비웃듯이 범죄자를 처벌하는 법관을 진정 비웃지 못하는 것일까? 살인자나 강간범은 결함 있는 부품이 있는 기계가 아닐까?"[23]

상기 도킨스의 주장은 오늘날 널리 공유되고 있는 과학적 회의론의 한 형태를 잘 보여준다. 즉 우리의 의식적 결정과 행동은 뇌, 즉 신경프로세스의 산물에 해당하고,[24] 모든 신경세포의 발화의 원인은 궁극적으로는 물리적 원인으로 환원될 수 있는바, 모든 물리적 사건은 물리적 원인에서 비롯되므로 인간은 결국 물리법칙의 지배를 받는 결정론적 존재라는 것이다. 영국의 철학자 줄리언 바지니는 이에 대해 다음과 같이 지적한다. "신경세포 발화의 유일한 원인은 물리적 원인이다. 바로 이 부분 때문에 사람들은 자유의지에 대해 걱정하게 된다. 우리가 걱정하는 것은 실제로 우리를 움직이게 만드는 원인이 욕망, 믿음, 생각이 아니라 원자의 충돌이라는 사소한 물리적 과정이라는 점이다."[25] 요컨대, 자유의지에 대한 과학적 회의주의의 뿌리는 인간의 의식과 행동이 궁극적으로는 물리적으로 결정되어 있다는 물리적 결정론에 있다는 것이다.

3. 프로메테우스 프로젝트: 인간강화(human enhancement) 기술의 딜레마

오늘날 자유의지의 존부문제 외에 '과학과 윤리의 대립'이라는 논쟁의 구도가 두드러지는 또 하나의 대표적 영역은 바로 생명공학기술의 급속한 발달과 실제 적용여부를 둘러싼 첨예한 논쟁이라 말할 수 있을 것이다. 이와 관련해 소위 자유주의적 우생학에 대한 대표적 비판론자인 위르겐 하버마스는 다음과 같이 포문을 연다.

"우리는 인간의 게놈까지 조작할 수 있는 범주적으로 새로운 가능성을 규범적으로 규제가

---

23) 그의 글은 엣지(Edge Foundation) 홈페이지의 2006년도 연례 질문(Annual Question)에 게재되어 있고, 여기에 실린 110여명 저자들의 글을 편집, 번역해 국내에 단행본으로 출간된 책 '존 브록만 편집/이영기 역, 위험한 생각들(갤리온, 2007)'에도 수록돼 있다. 도킨스의 이 글에 대한 비판으로는, 안성조, 앞의 글(각주 19), 163-189면 참조.

24) 이를 '마음-뇌 동일론(identity theory)'이라고 한다. 과학철학 및 인지과학 전문가인 폴 새가드 교수에 의하면 마음-뇌 동일론은 "물은 H_2O로, 열은 분자의 운동으로, 번개는 전기방전으로"로 동일시한 수많은 동일성 증명이론처럼 과학의 진보에 자취를 남긴 이론이 될 것이라고 한다. 폴 새가드/김미선 역, 뇌와 삶의 의미(필로소픽, 2011), 82면 이하 참조.

25) Julian Baggini, Freedom Regained (Granta, 2016), at 14-15.

필요한 자유의 증가로서 받아들일 것인가, 아니면 어떤 자기제한도 필요없는 취향에 따르는 변화를 위한 인간적 힘의 강화로서 받아들일 것인가? 우리는 이제 두 개의 서로 다른 염기서열의 예측불가능한 결합으로 귀결되었던 우연적 생식과정의 조작불가능성을 마음대로 할 수 있게 된 것이다. 그러나 이 불투명한 우연성은, 그것이 지배되는 순간, 우리의 '자신으로 있을 수 있음'을 위한 필연적 전제이자 우리의 상호인격적 관계를 위한 근본적으로 평등한 [자연적] 본성으로 나타나는 것처럼 보인다. 왜냐하면 어떤 사람이 어느 날 자식의 바람직한 유전적 소질을 만들어낼 수 있는 생산물로 여기고 그 생산물을 위해 자신의 선호에 따라 적절한 디자인을 기획하게 되는 순간, 그는 자신에 의해 유전적으로 조작된 결과물에 대해 일종의 지배를 행사하게 되기 때문이다. 그 지배는 다른 인격체의 자발적 자기이해와 윤리적 자유의 신체적 토대에 간섭하는, 지금까지는 단지 사물에 대해서만 행사되어도 좋고 그러나 결코 사람에 대해서는 행사되어서는 안 되는 것으로 간주되었던 그런 지배다. 그렇게 되면 자식은 자신의 게놈의 생산자를 고려하면서 살아야 할 것이고 자신의 삶의 역사의 유기적 출발상황이 빚어낼, 자신으로서는 원하지 않을 수도 있는 결과에 대해서도 책임을 질 수 있어야 할 것이다. 이런 식의 새로운 책임묻기의 구조는 인격과 사물의 경계를 허문 결과로 생긴 것이다. 그런 구조는 우리에게 이미 알려져 있다. 한 인격체가 다른 인격체의 '자연적 소질'에 대해 내리는 돌이킬 수 없는 결정과 더불어 지금까지는 알려지지 않았던 상호인격적 관계가 성립한다. 이 새로운 유형의 관계는 우리의 도덕적 감수성을 훼손한다. 왜냐하면 이 관계는 현대사회의 법적으로 제도화된 인정관계에서 하나의 이물질을 형성하고 있기 때문이다. 만약 타인에 대해서 그의 유기적 소질에까지 깊이 영향을 미치는 돌이킬 수 없는 결정이 내려진다면, 그것은 자유롭고 평등한 인격체들 사이에 성립하는 원칙으로서 대칭적인 책임묻기의 관계가 제한된다는 것을 의미한다. 만약 우리가 배아의 사물화라는 시나리오를 이제 성인이 자신의 게놈에 대해 변화를 꾀하면서 자기사물화를 행하는 데까지 확대시킨다면, 상황은 많이 변할 것인가? 이 경우에서나 저 경우에서나 결과는 동일한데, 그것은 생명공학적 간섭의 영향은 단순히 지금처럼 심각한 도덕적 문제들만을 제기할 뿐만 아니라 다른 종류의 문제들도 제기할 정도로 크다는 것이다."26)

　　상기 하버마스의 주장을 간단히 말하자면, 우리가 타인과의 상호이해를 통해 도덕적 판단과 상호작용을 할 수 있는 것은 바로 각 개인이 도구화되지 않은 목적으로서, 존엄한 인격체로 존중되어야 한다는 전제 하에 비로소 가능해지는 것인데, 이를 위해서는 각 개인이 자신의 삶을 주체적으로 영위하면서 누구도 대신할 수 없는, 자신의 삶의 '진정한 저자'가 될 수 있어야 하는바, 생명공학기술로 태어난 사람은 유전적 프로그램을 통해 자신의 삶의 역사 안에 타인의 의도가 간섭해 들어오고 있으므로 그러한 자율적 인격체로서의 조건

---

26) 위르겐 하버마스/장은주 역, 인간이라는 자연의 미래(나남출판, 2002), 43-45면.

이 결여될 수 있다는 것이다. 요컨대 "과거보다 앞서 있는 자연적 운명의 조작불가능성은 자유의 의식을 위해 본질적인 것"[27]이므로, 결국 유전자 조작으로 태어난 자는 이러한 전제 조건을 벗어나 있으므로 자신의 삶에 대한 책임성이 약화될 것이고, 이러한 새로운 유형의 인격체는 그렇지 않은 타인과의 자유롭고 평등한 균형적인 관계형성도 어렵게 될 것이라는 게 하버마스의 입장이다. 우생학적 기술이 어떤 의미에서는 자유의 확대처럼 보일 수 있지 만 실제로는 자율성을 약화시킬 수 있다는 취지로 보인다.

하버마스와 마찬가지로 마이클 샌델 역시 생명공학과 유전적 강화의 야심을 '프로메테 우스적 충동'이라고 명명하며 자유주의적 우생학[28]에 비판적인 주장을 펼친다. 다만, 그는 하버마스와 달리 이러한 프로젝트가 오히려 책임성을 지나치게 강화할 우려가 있다고 진단 한다. 그는 다음과 같이 말한다.

"진짜 문제는 책임성의 약화가 아니라 책임성의 증폭이다. 겸손이 와해되면서 책임성이 엄 청난 수준으로 확대되는 것이다. 우리는 점점 더 운보다는 선택에 더 많은 무게를 두게 된 다. 아이를 위한 적절한 유전적 특성을 선택한 것이나 선택하지 않은 것에 대한 책임이 부 모에게 지워지게 된다. 또 팀의 승리에 도움이 되는 재능을 획득한 것이나 획득하지 못한 것에 대한 책임이 운동선수 자신에게 지워지게 된다. 우리 자신을 자연, 신, 또는 운이 만든 존재로 여기면 자신의 모습에 대한 책임이 전적으로 자기 자신에게만 있는 것은 아니라고 생각할 수 있는 축복을 누릴 수 있다. 유전적으로 지닌 재능을 마음대로 통제할 수 있는 주인이 될수록 자신의 재능이나 성과에 대해 더 많은 짐과 부담을 지게 된다. 지금은 농구 선수가 리바운드를 놓치면 코치가 그 선수에게 정해진 위치를 벗어난 탓에 그런 실수가 나 왔다고 혼낼 수 있다. 그러나 미래에는 선수의 키가 너무 작기 때문이라고 나무랄지도 모른 다. 과거에는 선발투수가 속한 팀의 득점이 부진하면 나쁜 운을 탓하면서 담담하게 받아들 였다. 하지만 요즘은 암페타민이나 여타 자극제를 사용하는 경우가 상당히 늘어나서, 그런 약제를 복용하지 않고 경기에 나오는 선수들은 '발가벗고 출전했다(playing naked)'는 비난 을 받기도 한다. 과거에 다운증후군 아이가 태어나는 것은 그저 우연의 문제였다. 반면 요 즘은 다운증후군이나 다른 유전적 장애를 가진 아이의 부모는 주변에서 자신을 비난하는 시선을 느끼게 된다."[29]

---

27) 위르겐 하버마스/장은주 역, 앞의 책, 83-84면과 108면 참조.
28) 자유주의적 우생학이란 과거의 권위주의적 우생학과 달리 국가의 개입이 없이, 부모가 아이의 인생계획 을 특정한 방향으로 치우치게 하지 않으면서 아이의 능력을 개선할 수 있는 유전적 특성들만 설계할 수 있도록 하는, 한 마디로 '국가중립적이고, 아이의 자율성을 해치지 않는 비강제적인 유전적 강화'를 의미한다.
29) 마이클 샌델/이수경 역, 완벽에 대한 반론 (와이즈베리, 2016), 113-115면 참조.

하버마스와 샌델의 입장은 생명공학기술이나 유전적 강화 등에 대한 포괄적 비판에 초점이 맞추어져 있지만, 본고에서 주목하고자 하는 자유의지의 문제에 대해서도 매우 중요한 시사점과 더불어 해법의 단초를 제공해 준다. 이와 관련해 유발 하라리는, 다소 미심쩍어 보이기는 하지만 자유의지도 과학기술에 의해 조작될 수 있으며 시장에서 상품화될 수 있다는 점을 지적한다.

"과학자들은 쥐의 뇌에서 감각영역과 보상영역을 찾아 그곳에 전극을 이식했다. 그렇게 하면 리모컨으로 쥐를 조종할 수 있다. 로봇 쥐는 다른 누군가가 자신을 통제하고 있다고 느끼지도 않고, 자기 의지에 반하는 일을 강압적으로 하고 있다고 느끼지도 않는다. 인간을 대상으로 한 실험들은 인간 역시 쥐처럼 조종할 수 있다는 사실, 뇌의 적소를 자극해 사랑, 분노, 두려움, 우울 같은 복잡한 감정들을 일으키거나 없앨 수 있다는 사실을 보여준다. 최근 미국 육군은 사람들의 뇌에 컴퓨터칩을 이식하는 실험을 시작했는데, 이 방법으로 외상 후 스트레스 증후군을 겪는 병사들을 치료할 수 있기를 기대한다. '경두개 직류 자극기'로 불리는 이 헬멧에는 두피 외부에 부착하는 전극들이 달려있고, 그 전극들을 통해 약한 전자기파를 특정한 뇌 영역으로 보내면 그 영역의 활성이 높아지거나 억제된다. 미국 육군은 훈련과 실전에서 병사들의 집중력과 전투능력을 향상시킬 수 있기를 희망하며 이 헬멧을 실험하는 중이다. 이 기술이 성숙한다면, 또는 뇌의 전기패턴을 조작하는 다른 방법이 발견된다면, 인간사회와 사람들에게 어떤 영향을 미칠까? 사람들은 단지 테러범들을 능숙하게 쏘기 위해서가 아니라 자유주의 세계의 일상적인 목표를 달성하기 위해 자신들의 뇌 회로를 조작할 것이다. 즉 그런 조작을 통해 공부와 일을 더 효율적으로 한다든지, 게임과 취미에 더 몰입한다든지, 수학이나 축구 등 특정한 순간의 관심사에 집중할 수 있을 것이다. 하지만 그런 조작이 일상화되면 고객의 자유의지라는 것도 우리가 구매할 수 있는 또 하나의 제품이 될 것이다."[30]

하라리의 전망처럼 만일 자유의지가 조작가능한 기술이 성숙된다면, 나아가 하버마스와 샌델의 우려처럼 유전적 강화기술로 그러한 인지능력의 향상이나 집중이 가능해 진다면 과연 어떤 일이 벌어질까? 만일 특정한 약물의 복용과 신경회로의 (유전적) 조작이 범죄충동을 억제하게 만들어 평생 준법시민으로 살아갈 수 있도록 도움을 줄 수 있다면, 그것은 과연 진정한 자유의지의 결과로, 즉 도덕적인 행위로 간주할 수 있을까? 다소 공상적인 문제제기로 보일지 모르지만 결코 그렇지 않은 것 같다. 이미 뇌 기능의 약리학적 조절과 경두개 직류 자극술을 통해서 충동조절 및 집중력 향상, 주의력 감소, 기억력 향상 등의

---

30) 유발 하라리/김명주 역, 앞의 책, 393-398면 참조.

효과를 가져올 수 있다는 보고는 많다.[31] 나아가 신경과학기술 등에 의한 '도덕적 능력향상(moral enhancement)'이 가능한 것을 전제로 그 찬반여부에 대한 논쟁이 이미 한창 진행 중이다.[32] 그렇다면 만일 그와 같은 기술적, 의료적 혜택을 받지 못한 사람이 범죄를 저지르게 된 경우 그에 대한 책임을 전적으로 그에게 귀속시키는 것이 정당한 것일까? 이와 관련해 필자는 다음과 같은 문제제기를 한 바 있다.

"만일 뇌과학 기술이 허용된다면 칸트적 의미의 자유의지는 얼마나 가치를 잃게 될까? 도덕법칙에 대한 존경심과 의무감에서 비롯된 행위가 아니라 단지 뇌 조작기술에 의해 인도되어 결과적으로 도덕법칙에 부합되는 행위를 하게 된다면 이것은 칸트의 입장에서는 명백히 도덕적인 행위가 되지 못할 것이다. 하지만 만일 이 기술이 행위자의 도덕적 인지능력을 향상시킴으로써 자유의지의 발현을 돕는다면, 또 만일 그러한 인지능력이 떨어지는 행위자를 정상인의 수준으로 끌어올림으로써 정언명령에 따를 수 있도록 도와주는 역할을 한다면 그들의 행위는 어떻게 평가하는 것이 옳을까? 또 그들의 의지는 진정한 의미의 자유의지라고 볼 수 있을까? 아울러 어떤 사람은 유년기부터 이러한 기술의 혜택을 받아 평생 범죄를 저지르지 않고 좋은 덕성을 유지하며 살 수 있는 반면, 부의 불균형으로 인해 어떤 계층의 사람들은 범죄와 악덕의 유혹에 쉽게 빠져든다면 그 불공정함은 책임과 형벌을 논정하는 데 있어서 어떻게 고려해야 할까?"[33]

Ⅳ. 현대과학에 의한 자유의지의 재발견

1. 리벳실험 이후

(1) 리벳실험에 대한 의문과 반론

지난 수십 년 간, 그리고 현재까지도 리벳실험이 법학자들에게 미친 영향은 상당하다. 국내의 상당수 형법학자들도 리벳실험이 형법이 전제하는 자유의지를 심각하게 위협하거

---

31) 이에 대한 소개로는 좌정원, "보다 나은 인간을 위한 열망 - 인지능력 향상을 위한 뇌 과학기술의 사용을 허용해야 하는가? -", 법학에서 위험한 생각들 (법문사, 2018), 556-557면.

32) Brian D. Earp, Thomas Douglas, and Julian Savulescu, "Moral Neuroenhancement", in: The Routledge Handbook of Neuroethics (Routledge, 2018), at 166-179. 도덕적 능력향상에 적극적으로 찬성하는 입장의 대표자로는 옥스퍼드 대학의 Julian Savulescu 교수가 있다.

33) 안성조, 앞의 논문(각주 3), 113면.

나, 그 존재여부에 의문을 품게 만든다고 여긴다. 하지만 최근 리벳실험이 결정론을 옹호하는 것이라는 해석들에 대한 회의론적 견해가 오히려 과학자들을 중심으로 실험에 입각해 진지하고 설득력 있게 전개되고 있다는 사실을 아는 사람은 매우 드물다.[34]

관련된 포괄적인 선행연구 중 대표적인 것으로 2010년 발표된 서울대 심리학과의 박주용 교수의 논문에 의하면, 리벳실험과 동 실험에 대한 다양한 해석론은 다음과 같은 결함을 안고 있다고 한다.

첫째, 수행한 실험방식과 절차상의 문제로 인해 도출된 결과의 신빙성이 떨어진다. 예컨대, 실험에 사용된 시계를 바꾸거나, 어떤 반응을 하겠다고 의식적으로 결정한 시점을 다른 방식으로 검증한 결과 리벳이 측정한 시간과 차이를 보인다는 것이다.

둘째, 이보다 더 심각한 문제는, 리벳실험은 준비전위를 어떤 자발적 행동과 관련이 있는 뇌활동으로 간주하였지만, 실제로 다른 연구에 의하면 준비전위는 자발적 행동의 필요조건도 충분조건도 아닌 것으로 판명되었다.

셋째, 신경과학에서는 의도를 '의지에 의한 의도(willed intention)'와 '감각 운동 의도(sensory motor intention)'으로 구분하는데, 전자는 예컨대 친구를 만나겠다는 일반적인 의미의 계획들을 뜻하는 반면, 후자는 그 친구를 만나기 위해 핸드폰 전화를 거는 즉각적이고 구체적인 운동이다. 이 두 의도는 상호 복잡하게 협력하지만, 전자는 과거의 기억과 특정한 동기, 자아감 등 복합적인 요인에 의해 어떤 선택을 하거나 미래를 결정하는 행위로서 상호작용에서 더 근원적인 역할을 하며, 후자는 그에 사전 계획이 없는 단순한 반응으로 전자에 의해 촉발된다. 이러한 사실에 비추어 보면, 설령 리벳실험이 타당하다고 하더라도 그 실험에서 다룬 자유의지는 바로 '감각 운동 의도'에 불과한 것으로 이를 근거로 인간의 자유의지 일반을 부정하는 것은 적절하지 않다.

결론적으로 리벳실험으로부터 자유의지와 책임형벌이라는 기존의 형법체계에 유의미한 결론을 도출해 낼 수 없다.[35]

---

34) 관련해 참고할 만한 외국문헌으로는 Desmurget, Michel, Reilly, Karen T., Richard, Nathalie, Szathmari, Alexandru, Mottolese, Carmine, Sirigu, Angela, "Movement Intention After Parietal Cortex Stimulation in Humans", Science v.324 no.5928 (2009), at 811-813; Patrick Haggard, "The Sources of Human Volition", *Science v.324, no.5928* (2009), at 731-733; Paul G. Nestor, "In defense of free will: Neuroscience and criminal responsibility", *International Journal of Law and Psychiatry* (2018); Andrea Lavazza, "Free Will and Neuroscience: From Explaining Freedom Away to New Ways of Operationalizing and Measuring It", *10 Frontiers in Human Neuroscience* (2016) 참조.

35) 이상의 논거는 朴注勇·高畝照, 앞의 논문, 480-504면 참조.

이밖에 자유의지에 대한 학제적 연구를 수행하고 있는 미국의 철학자 대니얼 데닛에 의하면 리벳실험은 매우 중요한 잘못된 가정으로 인해 자유의지의 존재를 부정하게 되는 결론에 이르게 되는데, 그것은 인간의 자유의지가 순간에 측정될 수 있다는 가정이라고 한다. 즉 자유의지가 리벳이 정밀하게 측정한 시간지연 전체에 걸쳐서 발현되는 것이라면, 준비전위로부터 특정한 자발적 행위에 이른 과정에 나타난 시간차이는 결코 자유의지를 부정하지 않게 된다는 것이다.[36] 같은 맥락에서 리벳과 유사한 실험을 통해 비슷한 결론에 도달한 신경과학자 존 딜런 헤인즈는 "의식적 의지는 무의식적 의지와 일치한다. 이것은 동일한 과정[일 수 있다]."라고 지적한 바 있다.[37]

드워킨도 리벳실험을 중요하게 논급하며 이 실험이 결정론 혹은 그 다른 버전인 '부수현상론(epiphenomenalism)'[38]을 입증해 주지 않는다고 주장한다. 그는 리벳 역시 자신의 실험이 피실험자가 자신의 의식적 결정 이전에 개시된 행동을 이를 자각하는 순간 새로운 결정으로 중단할 가능성마저 배제하지는 않으며 바로 그 가능성은 도덕적 책임의 정당성을 지지해줄 수 있다고 여겼다는 점을 각별히 유의해야 한다고 지적한 바 있다.[39]

(2) 자유의지의 신경기반

오늘날 신경과학자들은 리벳실험을 반박하는 것을 넘어 더 나아가 적극적으로 자유의지의 신경기반(neural basis of free will)을 입론하려는 시도를 하고 있다. 그 대표적인 인물이 미국 다트머스 대학의 인지신경과학자인 체(Tse)이다.[40]

체의 주장의 요체는 다음과 같다. 그는 우선 자유의지(free will)가 결정론을 부정하기는 하지만, 그렇다고 무작위(random)나 임의로 아무 것이나 결정할 수 있는 변덕을 뜻하는 것도 아님을 지적한다. 이것은 매우 적절한 지적으로서 법적, 도덕적 논의에서 요구되는 자유의지 개념의 한 요건이다. "자유로운 선택이란 항상 어떤 근거들에 의해 '결정되는' 선택이지

---

36) 대니얼 데닛/이한음 역, 자유는 진화한다(동녘사이언스, 2010), 338면 참조.
37) Ewen Callaway, "Brain scanner predicts your future moves", *13 New Scientist* (2008).
38) 부수현상론이란 무언가를 결정했다는 의식적 자각은 실제로 그 행위를 초래한 물리적 혹은 생물학적 사건의 부수적 효과일 뿐 사실은 행동을 야기하는 데 있어서 어떠한 인과적 효력도 없다는 입장이다.
39) 로널드 드워킨/박경신 역, 앞의 책, 678면 참조.
40) 미국 브라운 대학의 생물학 교수인 케네스 밀러는 체가 자유의지의 진정한 메커니즘을 신경계에서 찾으려는 연구에 있어서 가장 앞선 학자이며, 그의 이론은 자유의지에 대한 과학적 입장은 결정론으로 종결되었다고 생각하는 자들을 재고하게 만들기에 충분하다고 평가한다. Kenneth R. Miller, The Human Instinct (Simon & Schuster, 2018), at 193-194.

아무 근거 없는 변덕스러운 선택이 아니다. 이러한 맥락에는 자유의지는 일정부분 '결정성'을 함축한다. 다음으로 무엇이든 임의적으로 선택할 수 있다는 의미의 자유는 아무런 의미가 없다. 그것은 오히려 '무관계성', '길을 잃음', '탈세계성'을 의미한다."[41]는 아르투어 카우프만의 지적은 참고할 만하다. 따라서 자유의지라고 규정할 수 있기 위해서는 일정한 근거나 기준에 의해 결정되는 선택이 전제되어야 한다는 점에 주목한다. 예를 들어 내가 오늘 디너파티 준비를 한다고 해보자. 손님들에게 스테이크를 대접할 수도 있지만, 기억을 되살려 보니 참석자 중 한명이 채식주의자이다. 그래서 '고기가 아닌 맛있는 음식(delicious;not meat)'이란 기준을 설정했고, 그에 따라 가장 먼저 떠오른 음식은 시금지 라자냐였고 이를 사서 대접하기로 결정한다. 이러한 선택과정은 자유의지란 개념을 충족시킨다. 떠올릴 수 있는 여러 음식 중에서 하나를 임의로 선택했고, 그 선택한 결과는 일정한 기준에 따른 것이기 때문이다. 체에 의하면 일상적인 이러한 자유선택 과정은 신경과학적으로 설명될 수 있다고 한다. 어째서 그런가? 상기 결정은 오로지 의식적 사고과정을 통해 이루어졌다는 점에서, 신경과학적 관점에서 보면 그러한 의식을 발생시킨(give rise to) 신경활동을 필요로 한다. 따라서 상기 결정과정은 다음과 같이 재기술될 수 있다. "나의 뇌는 사전에 어떤 기준을 설정하고, 그로부터 무언가를 발생시킴으로써 자유롭게 시금치 라자냐라는 결과를 의욕한 것이다."라고 그렇다면 여기서 다시 뇌의 신경프로세스가 과연 스스로 어떤 기준을 설정하고, 그로부터 무언가 선택하는 활동을 할 수 있는지가 과학적으로 설명되어야 한다. 이에 대해 체는 스파이크(spike)라 불리는 뉴런의 발화(neural firing)는 단지 다른 뉴런의 발화를 촉발시키는 기능을 할 뿐만 아니라, 즉각적으로 다음 번 발화를 결정할 시냅스의 감도를 변화시킨다는 연구결과를 원용하며, 시냅스에서 일어나게 되는 이러한 급속한 가중치변화(reweighting)는, 흡사 간단한 스위치 조작으로 기차를 다른 선로로 갈아타게 만들어 목적지를 바꿀 수 있는 것처럼, 신경경로를 결정적으로 바꾸어 놓을 수 있다고 한다. 그러므로 신경계는 단지 암호화된 메시지를 한 신경세포에서 다른 신경세포로 전달하는 방식으로 작동하는 것이 아니라, 이 메시지들의 경로를 능동적으로 바꾸어놓기 때문에, 발화할 때마다 매순간 자신의 반응특징을 변화시킬 수 있고, 이처럼 신경세포는 자신의 미래의 발화를 일으킬 신경네트워크의 특징을 바꾸어 놓음으로써 결과적으로 뇌는 스스로 신경세포의 활동이 있을 때마다 미래의 활동에 대한 기준을 설정할 수 있다고 한다. 다시 앞으로 돌아가

---

41) 아르투어 카우프만/김영환 역, "형법상 책임원칙에 관한 시대불변의 성찰들", 책임형법론 (홍문사, 1995), 508-509면. 자유의지를 이렇게 이해하는 관점은 자유의지의 문제를 다루는 여러 권위자들의 입장에서도 간취될 수 있다.

면, 우리의 의식적 활동은 신경세포의 활동에서 비롯된 것이고, 따라서 우리는(우리의 뇌는) 미래의 활동(다음 번 신경발화)의 기준을 자발적으로 설정해(뇌가 스스로 신경네트워크의 특징을 바꾸어) 그에 따른 선택활동(재설정된 신경 네트워크 기준에 따른 신경발화)을 할 수 있다는 것이 그의 주장이다.[42]

2. 양자물리학과 자유의지

2019년 국내는 물론 전세계적으로 영화역사상 여러 신기록을 세우고 있는 화제작인 '어벤저스: 엔드게임'은 전형적인 블록버스터 영화이지만, 학문적으로도 여러 흥미로운 생각을 담고 있다. 공리주의적 관점에 의해 전세계 인구의 절반을 희생시키려는 적에 대항해 싸우는 영웅들의 이야기를 다루고 있다는 점에서 자유주의적 가치를 극적으로 웅변해 주고 있다는 점에서도 그렇지만, 결국 인류를 구원할 수 있었던 것은 어느 한두 영웅의 초인적 힘과 활약 때문이 아니라 양자역학적 지식 덕분이라는 설정이 인상적이다. 오늘날 대중들이 과학, 그 중에서도 특히 양자역학이라는 미지의 세계에 거는 기대감을 영화화 해 성공한 작품인 것이다. 그렇다면 과연 양자역학이 자유의지도 구원해낼 수 있을까? 관련해 우리가 '자유의지'의 존재에 대해 거는 기대감도, 역설적이지만 과학자, 특히 이론물리학자가 선두에 나서서 이를 지지해 주는 논거를 입론하고 있다는 점은 주목할 만하다.

옥스퍼드의 이론물리학자인 로저 펜로즈[43]는 그동안의 연구를 집대성한 책인 '마음의 그림자(shadow of mind)'라는 저서에서 양자역학을 통해 자유의지가 물리적으로 가능할 수 있음을 매우 엄밀한 방식으로 논증한 바 있다. 펜로즈의 논증은 길고, 정치하고, 복잡하지만 간단히 그 핵심 아이디어를 중심으로 기술하자면 다음과 같다.

펜로즈에 의하면 인간의 마음과 의식은 컴퓨팅적[44] 과정을 넘어선 것이다. 즉 인간의

---

42) 이에 대해서는 P.U.Tse, "Free Will unleashed", *New Scientist 218* (2013); P.U.*Tse, The Neural Basis of Free Will: Criterial Causation* (The MIT Press, 2013) 참조. 서울대 철학과의 천현득 교수(과학철학 전공)는 체의 이론에 대해 그의 논점은 '하향인과의 가능성을 해명'하는 데 있는 것 같다고 논평해 주었다. 필자도 같은 생각이다. 체의 이론은 하향식 인과관계가 어떠한 기제를 통해 가능할 수 있는지 정교하게 보여주고 있다고 생각한다. 믿음, 생각, 욕구와 같은 정신적 상태는 모두 뇌의 신경과정으로부터 비롯된다는 것이 '상향식 인과관계'이고, 반대로 그러한 정신적 상태가 신체의 상태에 영향을 미친다는 것이 '하향식 인과관계(downward causation)'이다. 하향식 인과관계를 긍정하는 여러 견해에 대한 소개로는 안성조, 앞의 글(각주 19), 181-183면 참조.
43) 펜로즈 교수는 2020년 노벨 물리학상을 수상하였다.
44) 펜로즈의 용법에 의하면 컴퓨팅이라 튜링기계(Turing machine)의 활동을 가리키며, 이는 알고리듬

이해와 통찰은 컴퓨팅적, 고전물리학적 과정을 넘어선 그 어떤 것으로 이 점은 괴델의 불완전성 정리[45]를 통해 입증될 수 있다고 한다. 그러므로 만일 의식을 물리적으로 기술하기 위해서는 두뇌의 신경프로세스가 '컴퓨팅적 과정을 넘어선' 어떤 '물리적 과정'을 포함하고 있어야만 한다. 펜로즈는 바로 그 '비컴퓨팅적 성격의 물리적 과정'을 '양자효과'에서 찾는다. 여기서 말하는 양자효과는 전자 등 미시세계의 양자입자가 입자로서의 성질과 파동으로서의 성질을 모두 지님으로써 발생하는 양자중첩현상을 가리킨다. 즉 우리가 전자의 위치를 알고 싶은 경우에 특정한 측정장비를 통해 전자의 위치를 관측할 수 있는데, 양자 중첩현상이 놀라운 점은, 전자는 실제로 측정되기 전에는 파동의 형태로 그 위치에 대한 확률이 공간상에 퍼져 있다가(즉 공간상에 중첩적으로 동시에 존재하다가), 측정하는 순간에 어느 한 곳의 확률이 1이 되고, 나머지 다른 곳의 확률은 0이 되어 한 점에 집중되는 특이한 현상을 나타낸다(이를 파동함수의 붕괴라고 함).[46] 따라서 아직 측정을 하지 않은 상태라면, 단지 그 전자의 위치에 대한 확률만을 알 수 있는데, 그 확률의 파동이 변화하는 양상은 슈뢰딩거 방정식을 통해 파악할 수 있고, 따라서 파동함수의 변화 양상은 본질적으로는 컴퓨팅적 과정이다[47]. 반면 측정하는 순간 갑자기 파동이 변화하는 양상은 슈뢰딩거 방정식으로도 나타낼 수 없으며, 본질적으로 비컴퓨팅적 과정이다. 즉 전자와 같은 특정 양자입자가 공간상에 파동 형태로 중첩적으로 퍼져 있다가, 측정에 의해 파동함수의 붕괴가 일어나 어느 한 점에서 관측되는 현상은 현재로서는 그 어떤 수학적, 과학적 방법으로도 예측이 불가능한 현상으로서 펜로즈는 바로 이러한 양자효과가 신경계의 어느 지점에서 나타나야만 의식이라는 현상을 설명할 수 있다고 보고 있는 것이다. 왜냐하면 개별 뉴런과 각 뉴런들의 시냅스 연결에 의한 신호의 전달과정은 철저하게 고전물리학 법칙에 따라서 컴퓨팅적이고 결정론적인 과정을 따라서 진행되는 것이 분명하기 때문에 이러한 신경프로세스만으로

(algorithm)과 동일한 의미로 여겨진다. 튜링기계는 한 마디로 수학적 관점에서 이상적인 컴퓨터로 현대식 범용 컴퓨터의 전신을 가리킨다.

45) 수학자 괴델이 증명한 불완전성 정리(Incompleteness Theorem)이란 매우 단순한 형식체계, 예를 들어 산술체계 내에서조차 '직관적으로 참이지만' 그 체계 내의 공리적 방법으로는 참값을 유도해 낼 수 없는 산술적 명제가 반드시 존재하는 정리를 말한다. 괴델의 불완전성 정리를 원용해 법이 본래적으로 불확정적(inherently indeterminate)임을 입론하고 있는 논문으로는 안성조, "괴델정리의 법이론적 함의", 서울대학교 법학 제49권 제4호, 2008 참조.

46) 양자중첩현상에 대한 인상적인 설명으로는 브루스 로젠블·룸프레드 커트너/전대호 역, 양자불가사의 (지양사, 2012), 116-158면 참조.

47) 펜로즈는 이를 유니터리 진행(unitary evolution)이라고 하며 U로 표시하는데, U는 슈뢰딩거방정식에 의해 기술되므로 수학적으로 정확하고 완벽하게 '결정론적인' 방식에 따라 작동한다고 한다.

는 의식, 더 나아가 자유의지를 해명해 내지 못한다는 것이다.

　이러한 가정과 전제 하에 펜로즈는 우리의 두뇌에서 양자효과가 발생하는 장소를 구체적으로 지목한다. 그곳은 바로 세포골격 내의 미세소관이라는 작은 부위인데, 미세소관은 인간의 의식을 발생시키는 데 매우 결정적 기능을 한다. 이 미세소관 내에서는 양자중첩현상이 일어날 수 있는데, 이로 인해 고전물리학적 법칙이 작동하지 않아서 양자컴퓨팅이라는 새로운 연산이 가능해 지기는 하지만 양자컴퓨팅도 앞서 살펴본 바와 같이 슈뢰딩거방정식에 의해 그 확률의 변화양상을 파악할 수 있기 때문에 펜로즈는 양자컴퓨팅도 결정론적 과정의 하나에 불과하다고 본다. 따라서 의식의 출현에 필요한 것은 단지 양자컴퓨팅이라는, 튜링머신보다 좀 더 복잡한 컴퓨팅 과정이 아니라 '본질적으로 비컴퓨팅적인' 과정이어야 하므로 이러한 형태의 진정한 의미의 양자 비결정성은 양자 수준에서 고전물리학 수준으로 확대되는 과정에서, 다시 말해 미세소관내의 양자사건이 주변환경과 상호작용함으로써 파동함수가 붕괴되는 비결정론적 과정에서 나타날 것이라고 예측한다. 이를 위해 두뇌에서 어떠한 방식으로 이러한 신경프로세스가 가능한지가 해명되어야 하는바, 펜로즈에 의하면 우리의 두뇌에서 세포골격은 시냅스 연결을 제어하는 기능을 하는데, 바로 이 과정이 바로 양자효과가 환경과 상호작용해 파동함수가 붕괴하는 과정이라고 한다. 양자 중첩현상과 같은 양자효과는, 물리학계의 통설적 견해인 코펜하겐 해석[48]에 의하면 미시세계의 입자가 주변환경과 상호작용을 함으로써 사라지고, 파동함수의 붕괴를 가져온다. 이처럼 양자입자가 주변의 환경과 상호작용해 '얽힌' 상태가 되는 것을 '결어긋남(decoherence)'이라고 하는데, 앞에서 관측장비에 의해 전자를 측정하는 것도 바로 결어긋남을 일으키는 상호작용에 해당한다. 이러한 양자역학적 지식과 생물학적 지식의 융합에 의해 신경계 안에서 어떤 뉴런이 발화한 동시에 발화하지 않은 중첩상태에 놓일 수 있는지 펜로즈는 과학적으로 설명하고 있다. 쉽게 말하면, 뉴런보다 더 근원적인 수준인 세포골격에서는 양자효과가 발생할 수 있는데, 그 세포골격이 시냅스 연결을 제어하는 과정에서 파동함수의 붕괴가 일어나고, 이러한 과정은 본질적으로 비컴퓨팅적으로 진행되므로 여기서 바로 의식 내지 자유의지가 발생할 수 있다는 것이다.

　요약하자면, 뉴런과 시냅스 활동은 고전물리학의 지배를 받지만, 세포골격과 미세소관의 작용방식은 양자물리학의 법칙이 적용되는데, 의식이나 자유의지는 바로 이 두 영역의

---

48) 코펜하겐 해석에 대해서는 김유신, 양자역학의 역사와 철학 (이학사, 2013), 211면; 브루스 로젠블룸·프레드 커트너/전대호 역, 앞의 책, 329-332면 참조.

상호작용 과정에서 나타날 수 있다는 것이다. 다시 말해 의식의 출현에 양자수준과 고전적 수준의 교차가 필수적인데, '세포골격이 제어하는 시냅스 연결'에서 그러한 교차가 발생한다고 한다. 만일 시냅스 연결이 고정되어 있다면 결정론적 컴퓨팅 과정만 있으므로 의식은 출현할 수 없지만, 상기 상호작용으로 인해 시냅스 연결에 변화가 가능해 의식의 출현이 가능해진다는 것이다. 다만 어떤 특정한 개별 세포골격이나 미세소관도 '이해'라는 전체적인 성질을 산출하지 못하는데, 왜냐하면 이해는 훨씬 더 전체적인 규모에서 작동하는 것이므로 의식은 개별 세포골격이나 개별 미세소관의 작동에 의한 것이 아니라 그보다 훨씬 더 큰 규모에서 집합적으로 작동하는 현상인바, 상기 메커니즘은 개별 미세소관이 아니라 양자효과가 여러 미세소관으로 확장되어 상이한 미세소관들 사이에 대규모 양자결맞음(quantum coherence)가 유지되는 상태에서 이루어져야 할 것이라고 주장한다. 요컨대, 개별 세포골격이나 미세소관이 집합적으로 비컴퓨팅적 입력을 제공하여 시냅스 연결의 지속적인 변화를 만들어낼 수 있다.

펜로즈는 자신의 논증을 마무리 하며 다음과 같이 말한다. "현재 인기를 끌고 있는, 두뇌와 마음의 작동방식을 알려주는 뉴런 수준의 설명은 세포골격 활동의 더 깊은 수준의 그림자에 지나지 않는다. 그리고 마음의 물리적 바탕을 찾아야 할 곳은 당연히 바로 이 깊은 수준이다!"라고.[49] 간단히 말해 오늘날 인기를 끌고 있는 뇌-마음 동일론은 뉴런수준의 설명에 기대고 있지만 이것은 진정한 마음의 '그림자'에 지나지 않는다는 것이다. 플라톤의 동굴의 비유에서 혈거인들이 실제 사물의 그림자를 보며 그것이 세상의 전부인 양 착각하듯이 그러한 설명에는 한계가 있다는 것이다. 자신의 책 제목이 왜 '마음의 그림자'인지 해명해 주고 있다.[50]

---

49) 이상의 펜로즈의 논증에 대해서는 로저 펜로즈/노태복 역, 마음의 그림자 (승산, 2014), 529-597면 참조 공정하게 말하면 펜로즈의 이론은 현재 과학자들로부터 큰 호응을 얻고 있지 못한데, 이러한 사실이 그의 이론의 가치를 떨어트리지는 않는다고 믿는다. 펜로즈는 자신의 이론에 대한 반박논거를 잘 알고 있으며, 상기 저서에서 그에 대해 상세히 재반박하고 있다.

50) 참고로 체는 자신의 이론이 펜로즈의 가설과는 독립적으로 자유의지를 해명해 줄 수 있다고 본다. 이 점에 대해서는 P.U.Tse, *The Neural Basis of Free Will: Criterial Causation* (The MIT Press, 2013), at 244-245. 간단히 말해 자유의지의 신경기반을 해명하는 데 양자효과는 불필요하다는 것이다.

3. 자유의지 논의의 새로운 지평

(1) 강화된 자유의지?: 인간강화 기술의 윤리적 문제점

인간강화 기술이 초래할 수 있는 윤리적, 법적 쟁점은 다양하지만, 본고에서는 형법적 맥락에서 중요한 충동의 조절이나 인지능력 향상 등을 통한 자유의지의 강화라는 측면에만 초점을 맞추어 그로부터 발생할 수 있는 법적 문제점을 검토해 보고자 한다. 다시 말해 이 기술이 도덕적 인지능력을 강화시켜 자유의지의 발현을 도울 수 있다면 어떤 윤리적 문제에 직면하게 되는지 검토해 보기로 한다.

우선, 이를 긍정하는 입장은 크게 두 가지 낙관적 전망을 제시한다.

첫째, 뇌 조절기술은 보다 나은 영양의 섭취나 교육, 신체적 훈련을 통한 뇌의 능력향상 기술과 본질적으로 다르지 않으며, 적절한 규제만 병행된다면, 사람들은 새로운 기술로 탄생한 혜택을 누릴 권리가 있다. 즉, 예방접종을 통해 각종 질병을 예방할 수 있듯이, 우리는 과학기술의 혜택에 힘입어 인지능력과 충동을 조절해 범법행위자로 낙인찍힐 위험을 축소시킬 수 있고, 그러한 권리가 있다는 것이다.

둘째, 뇌 조절기술은 그것이 예방접종처럼 대중적으로 상용화되기 전까지는 극소수의 부유한 사람들만 이용할 수 있는 고가의 상품이 될 것이므로 형평의 측면에서 볼 때 문제가 있고, 노력의 가치를 훼손시킬 수 있다는 비판적 시각이 있으나, 이는 사회의 제반영역에서 형평성 제고의 차원에서 논의되어야 할 문제이지 특별히 뇌 조절기술만 불공정을 야기한다고 평가할 수 없고, 아울러 노력의 가치를 훼손시킨다기보다는 동일한 노력으로 보다 큰 효과를 얻을 수 있음을 의미하는 것으로 보아야 한다.[51]

상기 긍정논거는 나름의 호소력이 있지만, 이러한 입장은 오히려 소수인 듯 보인다. 인간강화 기술에 반대하는 진영에서는 다음과 같은 우려와 해결방안을 제시한다.

우선 하버마스의 경우 전술한 바와 같이 유전자 조작으로 태어난 행위자는 인간의 '도덕적 경험'에 필수적인 타인에 대한 동등한 배려와 존중이 약화될 수 있고, 진정한 자유의 토대로서의 조작되지 않은, 자연적인 출생이 침해되며 이로 인해 삶이 특정한 방향으로 미리 정해져서 자율성과 책임성도 훼손될 수 있음을 지적한 바 있다. 따라서 하버마스는 이와 같은 방식의 인간강화 기술의 실용화와 연구는 원칙적으로 규제되어야 하며, 다만

---

51) 이상의 논거에 대해서는 좌정원, 앞의 글, 558-561면 참조.

'치료목적'이라는 규제이념에 의해 인도될 때에만 허용될 수 있다고 주장하는데, 그 이유는 치료목적은 당사자의 사후동의를 얻을 가능성이 있기 때문이라고 한다. 하버마스는 다음과 같이 자신의 결론을 마무리한다.

"의무와 죄, 비난과 용서의 도덕적 감정들이 우리들을 움직여오지 않았더라면, 도덕적 존중을 확대해 오지 않았더라면, 연대적 협동이라는 행운을 우리가 누리지 못했더라면, 도덕적 죄악이 우리들에게 아무런 부정적 감정도 불러일으키지 못했더라면, 갈등과 모순을 문명화된 방식으로 다루는 '친절'이 없었더라면, 아마도 이 인간이 살고 있는 우주는 견디기 힘든 곳이 되었을지도 모른다는 데 대해서 오늘날 우리는 동의할 수 있을 것이다. 도덕적 진공상태에서의 삶, 도대체 도덕적 냉소주의가 무엇인지조차 모르는 그런 삶의 형식 안에서의 삶은 살 만한 가치가 없을 것이다. 이런 판단은 인간의 존엄성이 고려되는 그런 방식의 실존이 도덕적인 고려사항들로부터 벗어나 있는 삶의 형식의 냉정함보다 더 낫다는 데 대한 '충동' 이상의 것을 표현하고 있지 않다. 아마도 오늘날 우리의 유적 정체성을 변화시키려는 우려스러운 시도에 대해 우리들이 정서적으로 저항하는 것도 비슷한 동기를 통해 설명될 수 있을 것이고 또 정당화될 수 있을 것이다."52)

마이클 샌델은 하버마스의 입장을 존중하면서도 불충분하다고 비판한 뒤 좀 더 정치한 반대논거를 제시한다.

우선 그는, 하버마스식의 자율성 논변은 일면 타당하지만, 설득력이 떨어짐을 지적한다. 무엇보다 이 논변은 부모가 아이의 유전적 특성을 미리 선택하지 않으면 아이가 자신의 신체적 특성을 자유롭게 선택할 수 있다는 그릇된 가정을 함축하고 있다고 한다. 또한 강화된 지적 능력이 '다목적' 수단이라면 미래에 아이가 특정한 직업을 선택하거나 계획을 수립하도록 만들지 않을 것이고 그렇다면 유전적 강화는 아이의 자율성을 본질적으로 침해하지 않는다고 한다. 다음으로 자율성 논변은 자기 스스로 유전적 강화를 원하는 사람들에 대한 도덕적 불편함을 설명해주지 못한다는 것이다. 예컨대 운동선수가 유전학 기술로 근육을 강화했다고 해서 그 특성이 자식에게 유전되지는 않지만, 그 선수에 대한 모종의 불편한 도덕감정을 느끼게 되는 이유를 설명되어야 한다고 샌델은 주장한다. 아울러 하버마스는 유전적 강화가 세대 간의 평등성과 상호성을 훼손할 수 있음을 지적하는데, 이러한 우려는 타당한 측면이 있지만 이는 반드시 유전적 조작에만 해당하는 것이 아닌데, 예컨대 자녀가 세 살 때부터 끊임없이 피아노 연습을 강요하거나 발레 연습을 시킨 부모 역시 아이와

---

52) 위르겐 하버마스/장은주 역, 앞의 책, 126-127면.

상호적 관계에 놓일 수 없다는 것이다. 결론적으로 하버마스의 자율성 논변과 평등성 논변은 유전적 강화를 반대하는 적실한 논거가 되기 어렵다고 샌델은 주장한다.

　다음으로 인간강화 기술을 통한 근육강화나 기억력강화 및 신장강화는 단지 부의 불평등으로 인해 혜택을 누리지 못하는 집단이 발생함으로써 공정성의 문제를 초래할 수는 있으나, 이는 개인들 사이에 본래적인 자연적 차이가 존재해 왔던 점이나 기술의 수혜를 입은 자들로부터 세금을 거두어 공적 보조금을 지원하는 제도를 마련할 수 있다는 점에서 그다지 본질적인 반대논거가 되지 못한다고 한다. 그보다는 우리가 과연 그러한 기술을 열망해야 하는 것인지, 그것이 인간성을 어떻게 손상시킬 수 있는지에 논의의 초점을 맞추어야 한다고 한다.[53]

　그렇다면 샌델은 어떠한 논거로 인간강화라는 프로메테우스적 열망과 도전에 반대하는 것일까? 그는 다음과 같이 말한다.

　"우연성을 제거하고 출생의 신비를 정복하려는 욕구는 아이를 설계하는 부모의 가치를 떨어뜨릴 뿐 아니라 무조건적인 사랑이라는 규범이 지배하는 사회적 관행인 양육의 의미를 오염시킨다. 설령 아이에게 해를 미치거나 아이의 자율성을 손상시키지 않는다 할지라도 우생학적 양육은 잘못된 것이다. 그런 양육방식은 세계에 대한 특정한 태도, 즉 정복하고 통제하려는 태도를 표현하고 확고히 하기 때문이다. 그런 태도로 인간의 능력과 성취가 선물로 주어진 삶의 일부임을 인정하지 못하고, 또 우리가 가진 자유의 일부분이 자연적으로 주어진 능력과 끊임없이 교섭하는 과정에 있다는 사실을 깨닫지 못하게 된다."[54]

　요컨대, 우생학적 열망은 자연에 대한 정복과 통제의 태도를 반영하며, 이는 자신의 재능과 성취가 '주어진 선물이라는 점'을 인정하지 못하게 만든다는 것이다. 그렇다면 왜 '선물로 받음'이라는 윤리적 관점이 반대논거의 입론에 있어서 중요한가? 그 이유는 바로 이로부터 '겸손과 책임과 연대'의 의식이 생겨나기 때문이라고 한다. 샌델은 '선물로 받음(giftedness)'의 윤리는 '선택하지 않은 것을 열린 마음으로 받아들이는 태도'를 우리에게 가르쳐 준다며 다음과 같이 말한다.

　"우리가 원하는 대로 자녀를 고를 수는 없다는 사실은 예상치 못한 것을 열린 마음으로 받아들여야 한다는 점을 부모에게 가르쳐 준다. 이러한 열린 태도는 단지 가족 내에서뿐만

---

53) 이상의 논거에 대해서는 마이클 샌델, 앞의 책, 25-39면과 102-105면 참조.
54) 마이클 샌델, 앞의 책, 106-107면.

아니라 더 넓은 사회에서도 지지하고 긍정할 만한 가치다. 그런 태도는 예상치 못한 것을 감내하고, 불협화음을 수용하고 통제하려는 충동을 자제하게 만든다. 사람들이 유전학적 자기강화에 익숙해지면 겸손을 위한 사회적 토대도 서서히 약화된다. 재능과 능력이 전적으로 자신의 행동과 결과가 아니라는 점을 인식하면 오만으로 치닫는 위험을 억제할 수 있다. 만일 생명공학기술로 인해 '스스로 자기 자신을 만드는 인간'이라는 신화가 현실이 된다면, 재능을 선물로 부여받은 것에 감사하기보다는 자신만의 힘으로 이뤄낸 결과물로 여기는 관점이 팽배해질 것이다. 우리 자신을 자연, 신, 또는 운이 만든 존재로 여기면, 자신의 모습에 대한 책임이 전적으로 자기 자신에게만 있는 것은 아니라고 생각할 수 있는 축복을 누릴 수 있다. 유전적으로 지닌 재능을 마음대로 통제할 수 있는 주인이 될수록 자신의 재능이나 성과에 대해 더 많은 짐과 부담을 지게 된다. 과거에는 운명이 좌우하던 영역이 이제는 선택이 지배하는 영역이 되었다. 어떤 유전적 조건이 임신 중절을 정당화하는가에 대해 각자가 어떤 생각을 갖고 있든, 유전자 검사기술의 출현으로 과거에는 존재하지 않았던 결정에 수반되는 부담이 생겨난 것은 분명하다. 프로메테우스적 충동에는 전염성이 있다. 스포츠에서와 마찬가지로 양육에서도 그 충동은 선물로 주어진 인간의 능력이라는 영역을 흔들고 잠식한다. 운동능력 강화 약물의 사용이 일상화되면 강화제를 복용하지 않은 선수들은 '발가벗고 경기한다'는 기분을 느끼게 된다. 예비 부모가 자녀의 유전자를 선별하는 것이 일상적인 일이 되며 그것을 피하는 부모들은 '계기판만 보고 하는 맹목비행'처럼 여겨지고, 그 부모에게는 아이가 갖고 태어난 유전적 결함에 대한 책임을 묻게 될 것이다.[55]

한 마디로 "예상치 못한 것을 열린 마음으로 받아들여야 한다는 사실"은 우리에게 열린 태도를 요구하며, 겸손을 깨닫게 만든다는 것이다. 반면에 사람들이 '강화'에 익숙해지면 재능과 능력을 선물로 부여받은 것에 감사하기보다는 자신만의 힘으로 이뤄낸 결과물이라는 관점이 팽배해져 자신의 성과에 대해 더 많은 책임과 부담을 느끼게 된다는 것이다. 그 결과는 다음과 같다.

"역설적으로, 자기 자신과 자녀의 운명에 대한 책임성이 증폭되면 자신보다 불운한 사람들과의 연대감이 줄어들 수 있다. 자신의 운명에 본질적으로 우연성이 내재한다는 사실을 분명히 인식할수록 자신의 운명을 타인들과 공유할 이유는 많아진다. 그렇다면 건강과 행복을 누리는 사회구성원들이 그런 혜택을 받지 못한 구성원들에게 갚아야 할 빚이라도 있는 것일까? 이에 대한 답은 '삶이 주어진 선물이라는 관점'에 크게 기대고 있다. 건강과 행복을 누리는 사람들이 갖고 있는 자연적인 재능은 전적으로 그들 자신의 행동의 결과라기보다는 좋은 운 때문이다. 다시 말해 유전적 제비뽑기의 결과이다. 우리가 가진 유전적 재능

---

55) 마이클 샌델, 앞의 책, 112-116면.

이 우리의 권리를 주장할 수 있는 성취물이 아니라 주어진 선물이라면, 그 재능으로 시장경제에서 거둬들인 수확물을 전부 소유할 권리가 우리에게 있다고 가정하는 것은 착각이요, 자만일 것이다. 따라서 우리에게는 자신의 잘못이 아님에도 상대적으로 주어진 재능을 덜 갖고 태어난 사람들과 그 수확물을 공유할 의무가 있다. 이 지점에서 선물로 주어진 삶과 연대성 사이의 연결고리가 생긴다. 선물로 주어진 재능의 우연성을 명확히 인식하면, 즉 성공이 전적으로 자신의 행동의 결과만은 아니라는 점을 인식하면 능력주의 사회가 거만한 가정에 빠지는 것을 막을 수 있다. 성공은 능력과 미덕을 가진 자만이 쓸 수 있는 왕관이며, 부자들이 부자인 것은 가난한 이들보다 그런 부를 누릴 자격이 더 있기 때문이라는 가정 말이다. 만일 우리가 유전공학으로 인해 유전적 제비뽑기의 결과를 무시하고 운 대신 선택에만 중점을 두게 되면 인간의 능력이 주어진 선물이라는 개념은 점차 설 자리를 잃을 것이다. 또한 우리 자신을 공동의 운명을 공유하는 존재로 여기는 관점도 사라질 것이다. 성공하는 사람들은 순전히 스스로 능력을 성취했고 따라서 성공의 원인이 자신에게만 있다고 생각하는 태도가 더욱 강해질 것이다. 사회 밑바닥의 사람들은 불리한 조건을 갖고 있으므로 보상을 받을 필요가 있다고 여겨지는 대신에 단순히 부적격한 존재로 여겨지고, 따라서 우생학적 교정이 필요한 존재로 인식될 것이다. 타고난 재능의 우연성을 인정하지 않는 능력주의가 더욱 심해져 관대함도 줄어들 것이다.”[56]

샌델에 의하면 건강과 행복을 누리는 사람들이 갖고 있는 자연적인 재능은 전적으로 그들 자신의 행동의 결과라기보다는 좋은 운 때문이다. 만일 유전공학으로 인해 유전적 제비뽑기의 결과를 무시하고 운 대신 선택에만 중점을 두게 되면 인간의 능력이 주어진 선물이라는 개념은 점차 설 자리를 잃을 것이고, 공동의 운명을 공유하는 존재로서 자신보다 불운한 사람들과의 연대감이 줄어들 수 있다고 그는 우려한다. “성공은 능력과 미덕을 가진 자만이 쓸 수 있는 왕관이며, 부자들이 부자인 것은 가난한 이들보다 그런 부를 누릴 자격이 더 있기 때문”이라는 잘못된 믿음은 그렇지 못한 자들을 부적격한 존재로 여기게 만들고, 심지어 우생학적 교정이 필요한 존재로 인식하게 만들 것이라며 강력히 경계한다. 덧붙여 세상에 맞추어 우리 자신의 능력을 강화하려는 것은 세상에 대한 비판적 숙고와, 정치적·사회적 개선을 향한 충동도 무디게 만든다고 그는 아래와 같이 지적한다. 요컨대, 우리가 지향할 바는 인간존재의 한계를 관대하게 수용하는 정치·사회제도를 만들어 가능 것이지, 그 반대가 아니라고 역설한다. 인간강화 기술에 반대하는 논거로는 다소 우회적인 것으로 보이지만, 자유주의적 관점에서 볼 때, 인간강화 기술에 맞서서 인간의 존엄과 가치를 긍정하고 인권과 기본권을 더욱 중시해야 한다는 취지에서 고려해 볼 만한 논거라고

---

56) 마이클 샌델, 앞의 책, 116-119면.

생각한다.

> "우리의 본성에 맞게 세상을 변화시키는 대신 세상에 맞추기 위해 우리의 본성을 바꾸는 것이야말로 사실 우리의 힘과 자율권을 잃어버리는 행동이다 그렇게 되면 우리는 세상에 대해 비판적으로 숙고하기 힘들어지며, 정치적·사회적 개선을 향한 충동도 무뎌진다. 우리는 새로운 유전학적 힘을 이용해 '인간성이라는 뒤틀린 목재'를 똑바로 펴려고 하기보다는, 불완전한 인간존재가 지닌 재능과 한계를 관대하게 받아들이는 사회적·정치적 제도를 만들기 위해 노력해야 한다."[57]

(2) 자유의지의 재발견: '주어진 선물'로서의 자유의지

자, 그렇다면 인간강화 기술로 도덕적 인지능력을 향상시켜 자유의지의 발현을 도울 수 있다고 가정한다면 형사책임과 관련해 어떠한 문제점이 발생할 수 있을까? 이와 관련해 필자는 사이코패스 범죄자는 정상적인 도덕적 판단능력을 발휘할 수 있는 신경적 기반이 유전적, 생물학적으로 부족한 행위자이기 때문에 형법의 공정한 적용을 위해서는 이 점을 책임능력판단에 고려해야 한다고 주장한 바 있다.[58] 즉, 우리가 행위자를 비난하는 것은 적법행위가능성이 있었음에도 불구하고 위법행위를 결의했다는 점 때문인데, 사이코패스 범죄자는 다른 심신장애자와 마찬가지로 법규범 준수여부를 자유롭게 선택할 수 있는 능력이 온전히 구비되어 있지 않아 자유의지를 발휘할 수 있는 신경적 기반이 제약되어 있기 때문에 정상인만큼 자유로운 선택을 할 수 있는 여건이 공정하게 주어져 있다고 평가할 수 없고,[59] 따라서 공정한 형법이라면 그러한 심신장애자들에게 책임비난으로서의 형벌을 부과하지 않는 것이 온당할 것이다. 이러한 관점에서 고찰해 보면, 만일 과학기술로 인해 자유의지가 강화될 수 있다면, 즉 '도덕적 능력향상(moral enhancement)'[60]이 기술적으로 가능해지면 이는 곧 도덕적 판단능력에 영향을 주게 될 것이고, 결국 그러한 기술혜택을 받지 못한 자는 상대적으로 범법자가 될 위험에 노출될 가능성이 커지게 된다고 볼 수

---

57) 마이클 샌델, 앞의 책, 124면.
58) 안성조, 현대 형법학 제1권 (경인문화사, 2011), 555-621면 참조.
59) 일찍이 유기천 교수는 인간의 실제 모습을 정밀히 관찰하면 "사람마다 그 향유하는 자유의 정도가 다르다."고 지적한 바 있다. 유기천, 앞의 책, 53면 참조.
60) 도덕적 능력향상이란 다음과 같이 정의될 수 있다. "Moral neuroenhancement: Any change in a moral agent, A, effected or facilitated in some significant way by the application of a neurotechnology, that results, or is reasonably expected to result, in A's being a morally better agent." 이에 대해서는 Brian D. Earp, Thomas Douglas, and Julian Savulescu, *Ibid.*, at 168.

있다. 이는 결국 형법의 적용에 또 다른 '공정성'의 문제를 가져온다. 기술적으로 능력이 강화된 행위자에 비해 그렇지 못한 행위자는 법규 준수여부를 '공정한 여건 하에서' 자유롭게 선택했다고 평가하기 어렵기 때문이다. 다시 말해 그러한 기술적 혜택이 실현되기 이전에는 누구에게나 동일하게 주어져 있는 자유의지에 의한 '공정한' 선택상황으로 볼 수 있었던 것이, 그 이후에는 '불공정한' 상황으로 변모한다는 것이다. 결국 하버마스가 주장한 것처럼 유전자 조작으로 태어난 행위자는 타인과의 자유롭고 평등한 균형적인 관계형성도 어렵게 될 것이라는 문제가 자유의지와 관련해 발생할 수 있다는 것이다. 즉, 범법자들은 이렇게 말할 것이다. "나는 강화인간들에 비해 환경적으로 불운해서 기술적인 혜택을 받지 못했고, 따라서 나의 범행은 그들과 비교해 볼 때 불공정한 선택상황 하에서 발생한 것이므로 감면되어야 한다."

그러나 이러한 '공정성' 논변은 상기 논급한 샌델의 지적이 옳다면 그다지 본질적인 문제가 되지는 못한다. 불평등한 부의 분배로 인한 공정성의 문제는 이를 시정하기 위해 공적인 보조금 제도를 마련할 수 있다면 어느 정도 해결될 수 있을 것이기 때문이다. 그렇다면 우리는 인간강화 기술로 인한 윤리적 문제점으로부터 어떤 함의를 이끌어낼 수 있는 것일까? 필자가 보기에 마이클 샌델의 논변은 상당히 의미심장한 시사점을 제공해 준다고 생각한다. 유전적 강화가 자유로운 선택능력과 관련해 불공정성의 문제를 야기할 수 있다는 점은 우리가 범법자가 되지 않고 법질서의 테두리 내에서 삶을 영위할 수 있는 것도 전적으로 자신만의 노력과 힘으로 이뤄낸 것이 아니라는 사실을 일깨워 준다.[61] 굳이 형법적 관점에서 판단하지 않더라도 일반인은 범법자에 비해 성공한 삶을 누리고 있다고 평가할 수 있다. 그런데 그러한 성공이 오로지 자신의 노력과 의지의 결과라고 보는 관점은 틀렸다는 점을 상기 논급한 윤리적 쟁점으로부터 도출해 내는 것은 어렵지 않다. 우리가 온전히 자유

---

61) 이러한 관점은, 잘 알려져 있듯이 원래 롤즈로부터 유래한 것이다. 롤즈에 의하면 우리에게 주어진 자연적 능력과 재능은 물론 심지어 노력하려는 의지(willingness to make an effort)조차도 행복한 가정이나 사회적 환경과 같은 우연적 요소의 영향을 받는다. "The extent to which natural capacities develop and reach fruition is affected by all kinds of social conditions and class attitudes. Even the willingness to make a effort, to try, and so to be deserving in the ordinary sense is itself dependent upon happy family and social circumstances."그는 다음과 같이 말한다. "Within the limits allowed by the background arrangement, distributive shares are decided by the outcome of the natural lottery; and this outcome is arbitrary from a moral perspective." 즉 그러한 재능과 노력의 결과 역시 도덕적 관점에서는 임의적이라는 것이다. John Rawls, Theory of Justice (Harvard Univ. Press, 2001), at 64. 롤즈의 이러한 생각을 '평등지향적 자유주의 정의론'으로 규정하며 지지하는 견해로는 김도균, "한국 법질서와 정의론: 공정과 공평, 그리고 운의 평등", 서울대학교 법학 제53권 제1호, 2012, 385면 이하 참조.

의지를 행사하고 도덕적 품성을 잘 유지하며 모범적인 수범자 시민으로 살아갈 수 있다는 점은 어떻게 보면 우리에게 '주어진 선물'이다. 그러한 능력과 성취는 '좋은 운'의 영향도 받은 것이기 때문에, 일반인이라고 하여 범법자에 비해 더 나은 사회·경제적 지위나 이익의 기회를 향유할 도덕적 자격이 있는 것은 아니다. 우리 모두가 이처럼 선택하지 않은 것을 열린 마음으로 받아들이는 겸손한 마음을 갖게 되면, 우리의 운명을 타인과 공유할 이유를 갖게 된다고 샌델은 말한다. 즉, 일반인은 자신의 잘못이 아님에도 상대적으로 자유의지의 발현능력이 적게 태어나 범법자가 된 사람들과 자신의 성공의 수확물을 공유할 의무가 발생한다는 것이다. 필자는 이러한 의무를 롤즈가 말한 '공정으로서의 정의'의 이념으로부터 나오는 귀결로 해석할 수 있다고 믿는다.

그러면 우리는 어떻게 범법자들과 성공의 수확물을 공유할 수 있을까? 여러 다양한 방법이 강구될 수 있겠지만, 누구나 동의할 수 있는 제도적 개선방안이 있다면 그것은 우리의 세금으로 교정시설을 지속적으로 개선하고 수형자 처우를 인도적 관점에서 향상시키는 방법일 것이다. 이것은 바로 인간의 존엄성을 행형이론과 실무적으로 실현하는 중요한 방안이 된다. 이러한 맥락에서 한인섭 교수의 다음과 같은 지적은 새롭게 이해될 수 있을 것이다.

"우리가 인간의 존엄과 가치를 헌법상의 근본가치로 선언할 때, 그 존엄과 가치에 합당한 대우란 무엇인가에 대한 사회전체의 합의의 수준만큼 교정의 수준도 결정될 것이다. 때문에 교정분야에서 계몽의 노력은 궁극적으로는 사회전체의 계몽의 문제로 직결된다."62)

V. 인간의 존엄과 책임원칙

1. 인간 존엄성의 도덕적 토대와 실천적 의미

인간은 존엄하다. 보다 정확히 말하면, 모든 인간은 동등하게 존엄하다. 이 명제는 실천이성의 관점에서 사실 지극히 자명한 사실이어서 별도의 근거지음이 불필요하지만,63) 굳이

---

62) 한인섭, "한국 교정의 딜레마와 당면과제", 서울대학교 법학 제40권 제1호, 1990, 330면. 교도소는 흔히 인권의 사각지대로 불린다. 동 문헌은 다양한 차원에서 교정현실에 대한 개선방안을 제시하고 있다.

63) 이러한 맥락에서 인간의 존엄과 가치는 일종의 '중첩적 합의(overlapping consensus)'를 획득하고 있다고 보기도 한다. 중첩적 합의가 있다는 것은 비록 논거는 다르더라도, 인간의 존엄과 가치에 대해 견해가 일치된다는 뜻이다. 이러한 입장으로는 이준일, 인권법 (홍문사, 2017), 2면. 중첩접 합의에 대해서는

근거를 제시해 본다면 무엇보다도 인간은 실천이성에 의해 자율적인 가치판단을 내릴 수 있는 존재라는 점을 들 수 있을 것이다. 다시 말해 우선 인간은 모든 가치를 규정하는 보편적 도덕법칙을 수립해 자신에게 부과할 수 있는 존재라는 점에서 다른 자연적 존재들보다 존엄한 지위를 갖는다. 다음으로 한 인간이 내린 도덕적 판단을 가치있다고 여기는 것은 그 판단의 주체인 인간의 합리적 능력에 대한 존중이 없으면 존립할 수 없기 때문에[64] 모든 도덕적 인격체는 존엄성을 지니며, 이는 자신과 타인에 대한 존중을 요청하는 근거가 된다고 볼 수 있다. 이에 대해 한 가지 의문을 제기할 수 있다. 만일 그러한 실천적 합리성이 결여되어 있거나 부족한 인간은 덜 존엄한 인간인가? 이에 대해 롤즈의 계약론적, 구성주의적 방법론[65]이 답변을 마련해 줄 수 있다. 그의 원초적 입장(original position)[66]을 따라서 접근해 보자면, 무지의 베일 하에서 계약당사자들은 자신이 그러한 불리한 사정에 처해 있는 자일 수 있다는 점을 고려할 때, 모든 인간은 동등하게 존엄한 존재로 대우받아야 한다는 원칙에 합의할 수밖에 없다. 이것은 사회의 기본구조(basic structure)에 대한 정의원칙에 합의하는 과정은 아니지만, 법과 도덕의 계약론적 정당화라는 사고[67]에 의하면 인간의 동등한 존엄성이라는 도덕적, 법적 명제도 원초적 입장을 통해 정당화하는 것은 방법론적으로 충분히 가능할 것이다.[68] 이 점은 특히 원초적 입장이라는 계약론적 장치가 단지 그것에 의한 합리적 선택의 결과라서 그것이 구속력이 있는 것이 아니라 우리가 스스로 어떻게 대우받기를 원하는지에 대한 발상을 담고 있기 때문에 그 결과는 도덕적 구속력을 지닌다는 점에서 보면 설득력이 있다고 생각한다.[69]

근거지음의 방식만 상이할 뿐 상기 제시된 논거들은 상호 결합하여 모든 인간은 동등하게 존엄하다는 명제의 의미를 여러 관점에서 잘 해명해 준다.

그런데 인간이 존엄하다는 것은 실천적으로 어떠한 의미를 갖는 것일까? 일반적으로

John Rawls, Ibid., at 340; 정태욱, 자유주의 법철학 (한울아카데미, 2007), 54면 참조.

64) 이러한 논변으로는 Oliver Sensen, Kant on Human Dignity (Walter de Gruyter, 2011), at 75-76.

65) 도덕철학에서 구성주의(constructivism)의 의미에 대해서는 인지훈, 롤즈 정치철학의 재조명, 고려대학교 정치학 박사학위 논문(2021), 19면 이하 참조.

66) 원초적 입장에 대해서는 John Rawls, Ibid., at 15-19. 마이클 샌델은 사회계약의 가상적 합의가 어떻게 실천적 효력을 발휘할 수 있는지에 롤즈의 원초적 입장이 분명한 해답을 내놓고 있다고 본다. 마이클 샌델, 정의란 무엇인가 (와이즈베리, 2009), 213면 이하 참조.

67) Will Kymricka, "The Social Contract Tradition, in: A Companion to Ethics(Oxford: Basil Blackwell, 1991) 참조.

68) 이러한 절차적 합의방식은 사회의 기본구조를 규율할 원칙을 합의하는 경우보다 그 논점이 매우 단순하고 명료하며 합의의 결과도 명백하다고 생각된다.

69) 인지훈, 앞의 논문, 64면.

인간의 존엄은 다음과 같은 실천적 의미를 갖는다고 여겨진다. 첫째, 인권 등 권리를 산출하는 기초가 되고, 둘째, 결코 박탈될 수 없는 인간고유의 속성이며, 셋째, 타인에 대한 존중의 기초가 되며, 넷째, 다른 가치나 권리와의 비교나 형량이 불가능한 우월적 성격을 지니며, 다섯째, 모든 인간에게 동등하게 인정되고, 여섯째, 범문화적으로 통용되는 보편적 개념이다.[70]

특히 법적인 맥락에서 인간의 존엄은 다음과 같은 의미를 지닌다. 간략하게 일별해 보자면, 우선 상당수 국제인권문서에 비추어 보면 오늘날 인권담론에서 인간의 존엄은 인권의 토대가 되며, 인권[71]을 정초하는 역할을 한다. 헌법적 맥락에서는 인간의 존엄이 크게 '헌법적 가치'와 '주관적 권리'라는 두 측면에서 이해된다. 전자는 권리의 내용과 범위를 정하고 권리제한의 기준을 결정하고 해석하는 근거가 되고, 후자는 다양한 의미를 지니는데, 우선 '타인을 존중할 것을 명령하는 권리'라는 극히 형식적인, 내용이 정해져 있지 않은 권리로 보기도 하고, 고문금지 등 인간성 그 자체에 대한 경멸의 형태의 권리침해를 비난하고 금지하는 권리로 보기도 하며, 모든 세분화된 기본권을 아우르는 '포괄적 권리'로서 인권시스템의 불완전성을 보충하는 최후의 수단으로 이해되기도 한다.[72]

2. 형법과 인간의 존엄: 형법해석의 지도원리로서의 인간존엄

그렇다면 형법적 맥락에서는 인간의 존엄이 어떠한 의미를 지닐 수 있을까? 우선 대부분의 개인적 법익에 대한 범죄는 개인의 자유와 권리의 침해를 금지하고 있다는 점에서 인간의 존엄을 구현하는 역할을 하고 있다고 볼 수 있다. 사회적 법익과 국가적 법익에 대한 침해를 금지하는 대부분의 형벌법규들도 공동체적 가치를 보호함으로써 궁극적으로는 각 개인의 자유를 증진시키는 데 기여하고 있다는 점에서 간접적으로 인간의 존엄을 구현한다. 요컨대 형벌법규는 대부분 기본적 인권을 보장함으로써 인간의 존엄을 구현하는 역할을 한다.

죄형법정주의 그 자체도 인간의 존엄성을 형법에서 구현해 내기 위한 제도적 장치임은 명백하다. 하지만 형법적 맥락에서 인간의 존엄을 구현하는 보다 적극성을 요구하는 방식은 죄형법정주의가 '형법해석의 지도원리'로서 해석자에 의해 적용되는 것이라고 말할 수 있

---

70) 손제연, 법적 개념으로서의 인간존엄, 서울대학교 법학박사 학위논문, 2018, 5면 이하 참조.
71) 인권에 대해서는 한인섭, 100년의 헌법 (푸른역사, 2019), 215면 이하; 박찬운, 자유란 무엇인가 (지혜와 지식, 2017), 6면 이하 참조.
72) 법적 맥락의 인간존엄의 의미에 대한 분석으로는 손제연, 앞의 논문, 47-87면 참조.

다. 주지하다시피 죄형법정주의의 제원칙은 인권을 보장하고 자의적 형벌권 행사를 억지하는 기능을 한다. 그러므로 유추금지나 소급효금지와 같은 세부원칙을 적극적으로 적용하는 것은 인간의 존엄을 구현하는 행위가 된다.

대표적으로 인간의 존엄과 가치가 형법해석의 원리로 수용된 실례를 논급해 본다면 그것은 바로 대법원이 최근 양심적 병역거부자에 대해서 무죄판결을 내린 것을 들 수 있다.[73] 인간의 존엄성은 자유주의적 이념에 비추어 볼 때 가장 선명하게 채색되어 드러난다. 자유주의의 핵심원리는 모든 인간을 수단이 아닌 목적으로 대우해야 하고 개인이 자율적으로 내린 가치결단에 대해서는 그것이 무엇이든 타인의 법익을 침해하지 않는 한 국가는 법으로 이를 강제하지 않고, 중립을 지킨다는 데 있다. 그러므로 우리가 인간의 존엄과 자유주의적 가치를 존중한다면 "이들의 병역거부결정이 국가공동체의 다수의 가치와 맞지 않는다고 하더라도, 양심의 자유를 기본권으로 보장하고 있는 헌법질서 아래에서는 그 결정을 국가가 동원할 수 있는 가장 강력한 수단인 형벌권을 곧바로 발동하여야 할 정도의 반사회적인 행위라고 할 수는 없다."[74] 따라서 국가는 양심적 병역거부자가 스스로 내린 존엄한 가치결단을 형벌로 단죄하는 방식은 최대한 지양해야 한다. 이는 법이 특정한 삶의 방식과 사고방식을 강요해서는 안 된다는 중립적 가치를 미덕으로 여기는 자유주의적 가치와 이념에 정면으로 반하며, 결과적으로 인간의 존엄성을 훼손시키는 것이기 때문이다.[75] 결론적으로 상기 대법원 판결은 인간의 존엄성을 형사법적으로 구현한 것으로 보기에 적절한 사례로 자리매김할 수 있을 것이다.

이외에도 동등한 인간의 존엄성이란 이념에 비추어서 해석할 때 실천적인 결과의 차이를 가져오는 경우도 있다. 예를 들면, 체포·감금죄의 객체에 대한 해석에 있어서, 최광의의 해석은 명정자, 수면자, 정신병자는 물론 유아도 본죄의 객체가 된다고 하나, 최협의의 해석

---

73) "위 조항(병역법 제88조 제1항)에 따르면 정당한 사유가 있는 경우에는 피고인을 벌할 수 없는데, 여기에서 정당한 사유는 구성요건해당성을 조각하는 사유이다. 이는 형법상 위법성조각사유인 정당행위나 책임조각사유인 기대불가능성과는 구별된다." 대법원 2018. 11. 1. 선고 2016도10912 전원합의체 판결.

74) 헌재 2018.6.28. 2011헌바379등 결정.

75) "양심의 자유에서 보호하는 양심은 그 어느 것으로도 대체되지 아니하며, 그에 따라 행동함으로써 자기를 표현하고 인간으로서의 존엄과 가치를 확인하는 의미를 가지는 것이다. 따라서 강요에 의하여 그러한 신념을 의심하고 그 포기 여부를 선택해야 하는 상황에 처하는 것만으로도 개인의 인격에는 큰 타격이 될 수 있다. 자신이 전인격을 걸고 옳은 것이라고 믿는 신념을 변경하지 않을 경우 형벌과 사회생활에서의 제약 등 커다란 피해를 입는 것이 예정되어 있는 상황에 처하면, 개인은 선택의 기로에서 자신의 인격적 존재가치에 회의를 느끼지 않을 수 없고, 이는 결국 인간의 존엄성에 대한 손상으로 이어질 수밖에 없기 때문이다." 헌재 2018.6.28. 2011헌바379등 결정.

은 현실적으로 행동의 의사가 없는 대상은 본죄의 객체가 될 수 없으므로, 상기 대상은 모두 본죄의 객체가 되지 못한다고 해석한다. 이에 대해 통설은 자연적, 잠재적 의미에서 행동의 의사를 가질 수 있는 정신병자, 명정자, 수면자는 본죄의 객체가 되나, 이전의 자유를 갖지 못하는 유아는 객체에서 제외된다고 본다. 통설의 태도는 일응 타당해 보이나 우리가 동등한 인간의 존엄성이란 이념에 비추어 볼 때, 사형수이건, 정신병자이건, 유아이건 동등하게 존엄한 인간으로 대우받아야 함은 자명하다고 할 것이고, 따라서 이들에 대한 권리침해는 형법으로 금지되어야 하며, 이런 취지에 비추어 볼 때, 유아라 하더라도 본죄의 객체가 되지 못한다고 해석할 설득력 있는 이유는 없다고 본다.[76] 그 근거로는 첫째, 감금의 전단계 범죄로 많이 범해질 수 있는 형법상 미성년자약취·유인죄의 경우 특별히 행위의 객체에서 유아를 배제시키고 있지 않다는 점, 둘째, 따라서 특가법상 미성년자약취·유인감금죄(특가법 제5조의 2)의 객체도 마찬가지로 해석된다는 점, 셋째, 성폭법상 13세 미만의 미성년자에 대한 강간죄(제7조)의 보호법익을 "13세 미만의 아동이 외부로부터의 부적절한 성적 자극이나 물리력의 행사가 없는 상태에서 심리적 장애 없이 성적 정체성 및 가치관을 형성할 권익"으로 본다면[77] 이는 그 실질에 있어서 모든 아동의 잠재적 성적 자기결정권을 보호하는 취지로 이해할 수 있다는 점 등을 들 수 있을 것이다. 대법원 판례 역시 정신병자도 감금죄의 객체가 될 수 있다고 보고 있는 바[78] 정신병자에게도 인정될 수 있는 잠재적 장소이전의 자유라면 유아에게도 인정하지 못할 합리적 이유를 찾기 힘들 것이다. 덧붙여 최근 아동학대방지를 위한 민법개정논의가 전개되고 있음을 고려할 때, 아동(유아 포함)에 대한 학대의 전형적인 유형이 바로 감금이라는 점은 감금죄의 객체에 유아를 포함시켜야 할 실천적 근거가 된다고 볼 수 있다. 이러한 해석은 아동의 권리에 대한 유엔아동권리협약(UNCRC) 제37조에서 "아동은 신체적, 정신적 미성숙으로 인하여 출생전후를 막론하고 적절한 법적 보호를 포함한 특별한 보호와 배려를 필요로 한다."고 선언하고 있는 것[79]에도 부합되는 해석이라고 본다.

이처럼 인간의 존엄이라는 이념이 죄형법정주의의 원칙에 더해 보충적으로 적용될 수 있는 '포괄적인 해석원리'로 이해할 수 있다면,[80] 개별 구성요건의 해석에 있어서 동 원리가

---

76) 동지의 견해로는 오영근, 형법각론 (박영사, 2017), 99면 참조.

77) 대법원 2009.9.24. 선고 2009도2576 판결.

78) 대법원 2002.10.11. 선고 2002도4315 판결. 동 판결에 대해 판례가 감금죄의 객체에 대해 최광의설(무제한설)의 입장을 취하고 있다고 평가하는 견해로는 신동운, 형법각론 (법문사, 2018), 649면.

79) "the child, by reason of his physical and mental immaturity, needs special safeguards and care, including appropriate legal protection, before as well as after birth"

존중되도록 요청할 수 있을 것이다. 이것은 전술한 바와 같이 인간의 존엄성이 기본권을 아우르는 '포괄적 권리'로서 인권시스템의 불완전성을 보충하는 최후의 수단으로 이해될 수 있다면, 죄형법정주의라는 형법해석의 지도원리의 흠결을 메울 수 있는 '보충적 해석원리'로 원용하는 것도 적극적으로 고려해 볼만한 해석방법의 하나라는 것이다.

　　관련 사례를 하나 더 논급해 보자면, 최근 대법원이 성범죄나 성희롱과 관련하여 '성인지 감수성'을 고려할 것을 요구하는 판결을 내리고 있는바, 이는 곧 동등한 인간의 존엄을 하나의 해석원리로 채택하고자 하는 시도로 보여진다. 대법원은 "법원이 성폭행이나 성희롱 사건의 심리를 할 때에는 그 사건이 발생한 맥락에서 성차별 문제를 이해하고 양성평등을 실현할 수 있도록 '성인지 감수성'을 잃지 않도록 유의하여야 한다(양성평등기본법 제5조 제1항 참조). 우리 사회의 가해자 중심의 문화와 인식, 구조 등으로 인하여 성폭행이나 성희롱 피해자가 피해사실을 알리고 문제를 삼는 과정에서 오히려 피해자가 부정적인 여론이나 불이익한 처우 및 신분 노출의 피해 등을 입기도 하여 온 점 등에 비추어 보면, 성폭행 피해자의 대처 양상은 피해자의 성정이나 가해자와의 관계 및 구체적인 상황에 따라 다르게 나타날 수밖에 없다. 따라서 개별적, 구체적인 사건에서 성폭행 등의 피해자가 처하여 있는 특별한 사정을 충분히 고려하지 않은 채 피해자 진술의 증명력을 가볍게 배척하는 것은 정의와 형평의 이념에 입각하여 논리와 경험의 법칙에 따른 증거판단이라고 볼 수 없다."는 판단 하에 "강간죄가 성립하기 위한 가해자의 폭행·협박이 있었는지 여부는 그 폭행·협박의 내용과 정도는 물론 유형력을 행사하게 된 경위, 피해자와의 관계, 성교 당시와 그 후의 정황 등 모든 사정을 종합하여 피해자가 성교 당시 처하였던 구체적인 상황을 기준으로 판단하여야 하며, 사후적으로 보아 피해자가 성교 이전에 범행 현장을 벗어날 수 있었다거나 피해자가 사력을 다하여 반항하지 않았다는 사정만으로 가해자의 폭행·협박이 피해자의 항거를 현저히 곤란하게 할 정도에 이르지 않았다고 섣불리 단정하여서는 아니 된다."는

---

80) 여기서 '보충적으로 적용될 수 있는 포괄적 해석원리'라는 것은 죄형법정주의에 기초하여 일반적인 형법해석방법론에 따를 때, 인권에 반하는 불합리한 결과가 초래되거나, 상충되는 결론에 도달하거나, 비교형량이 필요한 상황에 직면할 경우 '인간의 존엄'이라는 해석원리를 보완적인 수단으로 적용해볼 수 있다는 의미이다. 감금죄의 객체에서 유아를 제외하는 해석은 이러한 맥락에서 보면 합리적 근거지음이 부족하고 결과적으로 아동의 인권에 반하는 부당한 축소해석이라고 평가할 수도 있을 것이다. 인간의 존엄성은 모든 법규범의 해석에 있어서 해석의 기준, 지침이 되며 형사법의 입법 및 그 적용과 집행 등 모든 형사사법 영역에 있어서도 지도적 원리로서 작용한다는 견해로는 김이수, "헌법재판을 통해서 본 형사사법과 인간존엄", 「인간존엄과 가치의 형사사법적 실현(한국형사정책연구원 주최 유관학회 공동국제학술회의 자료집)」, 2019, 20-21면 참조.

결론에 이르고 있다.[81] 마찬가지로 대법원은 "법원이 성희롱 관련 소송의 심리를 할 때에는 그 사건이 발생한 맥락에서 성차별 문제를 이해하고 양성평등을 실현할 수 있도록 '성인지 감수성'을 잃지 않아야 한다."는 전제 하에[82] "원고의 행위가 성희롱에 해당하는지 여부는 가해자가 교수이고 피해자가 학생이라는 점, 성희롱 행위가 학교 수업이 이루어지는 실습실이나 교수의 연구실 등에서 발생하였고, 학생들의 취업 등에 중요한 교수의 추천서 작성 등을 빌미로 성적 언동이 이루어지기도 한 점, 이러한 행위가 일회적인 것이 아니라 계속적으로 이루어져 온 정황이 있는 점 등을 충분히 고려하여 우리 사회 전체의 일반적이고 평균적인 사람이 아니라 피해자들과 같은 처지에 있는 평균적인 사람의 입장에서 성적 굴욕 감이나 혐오감을 느낄 수 있는 정도였는지를 기준으로 심리·판단하였어야 옳았다."고 설시하고 있는바, 이러한 일관된 입장에 비추어 보면, 법원이 성범죄나 성희롱 사건을 심리할 경우 성인지 감수성을 활용해야 하며, '일반적이고 평균적인 사람이 아니라 피해자들과 같은 처지에 있는 평균적인 사람의 입장'을 기준으로 판단해야 한다는 취지로 보인다. 이에 대해 혹자는 '평균적인 일반인'이라는 기준이 더 공정하다고 생각할 수 있지만 대법원은 이에 대해 원심이 일반적이고 평균적인 사람의 입장에서 성적 굴욕감이나 혐오감을 느낄 수 있는 정도에 이른 것이라고 보기 어렵다고 판단한 부분은 수긍할 수 없는데, "이는 자칫 법원이 성희롱 피해자들이 처한 특별한 사정을 고려하지 않은 채 은연중에 가해자 중심적인 사고와 인식을 토대로 평가를 내렸다는 오해를 불러일으킬 수 있어 적절하지 않다."고 한다. 다시 말해 성인지 감수성이 없는 판결은 '가해자 중심적인 사고'로서 비춰져 불공정하다는 평가를 받을 소지가 있다는 것이다.[83]

요컨대 성인지 감수성을 잃지 말아야 한다는 것은 성희롱·성범죄 "피해자가 처해있는 특별한 사정을 충분히 고려해야 한다."는 뜻이고, 이로부터 '피해자들과 같은 처지에 있는 평균적인 사람의 입장'이라는 기준도 도출될 수 있다는 취지의 판결로 보인다.

이와 관련해 여러 반론도 제기될 수 있겠지만, 여기서 다시 롤즈가 말했던 '원초적 입장'으로 돌아가 보자. 롤즈에 의하면 바로 이 입장으로부터 정의의 두 원칙이 나온다. 아울러 이를 인권담론에 적용해 본다면 앞서 논급한 바와 같이 '동등한 인간의 존엄'이란 원칙도

---

81) 대법원 2018. 10. 25. 선고 2018도7709 판결.
82) 대법원 2018. 4. 12. 선고 2017두74702 판결.
83) 성인지 감수성과 약간 다른 측면이지만, 남녀 간의 각기 다른 성심리(different sexual psychology)를 고려할 때, '합리적 인간' 기준보다는 '합리적 여성' 기준이 성희롱 성립여부를 판단하는 데 있어 더 합당하다고 논증하고 있는 글로는, 안성조, "대학 내 교수 성희롱의 법제도적 방지책 수립을 위한 시론", 한양대학교 법학논총 제33집 제2호, 2016, 120-125면 참조.

도출해 낼 수 있다고 본다. 그렇다면 원초적 입장은 '포괄적 해석원리'로서의 인간의 존엄이라는 관점에서 무엇을 더해주는가? 우리가 성별, 계층, 인종, 국적, 종교, 가치관 등 모든 우연적이고 임의적인 요소를 제거한 '무지의 장막' 하에서, 말 그대로 '원초적으로 평등한 위치'에서 집단생활을 지배할 원칙을 정하기 위해 모인다면 대법원에서 다투어진 쟁점들과 관련해 어떠한 결론에 도달하게 될 것인지 추측해 볼 수 있다. 물론 롤즈의 정의론은 사회의 기본구조에 관한 것으로서, 주로 권리와 의무, 소득과 부, 권력과 기회의 배분방식에 관한 것이지만[84] 형벌권의 행사 역시 사회 정의를 실현하는 한 축이라 할 것이므로 여기에도 그의 '원초적 입장'을 적용해 유의미한 결론을 도출해 낼 수 있을 것이다. 근대형법의 구상에 따르면 형벌은 타인의 법익, 즉 권리와 자유를 침해할 경우에만 투입되어야 한다.[85] 그렇다면 우리가 공정한 형벌권 행사를 위해서는 어떤 경우에 그러한 법익침해가 발생했다고 볼 수 있는지 보편적 합의에 도달할 수 있어야 하는바, 바로 이 지점에서 '원초적 입장'이 기여할 수 있다고 본다. 원초적 입장은 공정한 결과를 산출해낼 수 있는 순수한 절차적 장치이다. 롤즈는 이 절차적 장치를 권리와 의무의 배분과 관련된 사회의 기본구조를 규율할 원칙을 도출해 내는 데 활용했지만, 본서의 [1]에서는 보다 세부적인 영역, 즉 형법상의 근본원칙을 합의해 내는 데 적용해 보았다. 여기서 한 걸음 더 나아가 '법칙침해의 발생여부에 대한 보편적 합의'가 어떻게 이루어질 수 있는가에 대해서도 원초적 입장은 유용하다고 생각한다. 다시 말해 법의 적용단계에서 개별 사안과 그와 유사한 사안을 일관성 있게 판단하는 데 요구되는 기준을 채택하는 과정에서도 원초적 입장의 핵심 아이디어는 유용할 수 있다는 것이다. 비록 롤즈는 법의 적용과 준수의 단계에서는 무지의 베일이 모두 걷히게 된다고 보았지만, 사안의 해결을 위한 일관된 원칙의 결정하기 위해서는 다시 무지의 베일을 쓸 필요가 있다는 것이다. 과연 언제 법익침해가 발생했는지, 실은 어떤 경우에는 견해가 불일치할 수 있다. 대부분의 경우에는 상호 '관점의 교환' 즉 가설적으로 상대방의 입장이 되어 봄으로써 타인의 권리와 자유가 침해되었는지 여부를 확인해 볼 수 있겠지만, 당사자의 관점의 차이가 쉽게 줄어들지 않는 경우, 대표적으로 성희롱 사례의 경우에는 보다 공정한 위치에서 중재자의 입장이 되어 법익침해 여부를 판단할 필요가 있을 것이다. 바로 원초

---

84) 롤즈의 정의론이 정치적인 것에만 국한되는 것인지, 아니면 윤리이론 전반으로 확대적용될 수 있는 것인지에 대해서는 해석상의 논란이 있다. 참고할 만한 문헌으로는 노영란, 롤즈 이후의 칸트적 구성주의: 구성주의의 딜레마와 존재론적 관련성을 중심으로, 윤리연구 제106호, 2014; 김정주, 이성의 사실과 도덕적 구성주의의 정당화 – 칸트와 롤즈의 도덕적 정당화에 대한 연구 -, 칸트연구 제21집, 2008 참조.

85) 이 점에 대해서는 이상돈, 형법의 근대성과 대화이론 (홍문사, 1994) 참조.

적 입장이 우리를 그러한 위치에 설 수 있게 해준다. 이 입장에서는 자신이 어떤 사람인지 베일에 가려져 있기 때문이다. 그렇기 때문에 우리는 성별을 막론하고 성인지 감수성을 활용해 피해자가 처한 특수한 상황을 충분히 고려해볼 수 있고, 그러한 가설적 추론을 통해 '평균적 피해자 여성'의 입장이 되어볼 수 있으며, 성적 자기결정권이 얼마나, 어떻게 침해되고 있는지를 가늠할 수 있게 된다. 이러한 사고과정을 통해 우리는 가해자를 비난할 수 있고, 가해자는 자신의 행위에 책임을 질 수 있게 된다. 이 일련의 과정은 본고에서 제안한 '포괄적 해석원리'로서의 인간의 존엄이 적용되는 한 방식일 것이다.[86]

이와 관련해 '합리적 남성의 기준에서 보면 해악이 아닌 행위를 '합리적 여성'의 기준에서 해악이 된다는 이유로 '성희롱'이라고 판단하는 것은 불공정하다는 비판도 제기될 수 있을 것이다. 하지만 형법이 개입해야 할 법익침해, 즉 해악의 유무를 판단함에 있어서 개별 피해자가 아닌 평균적인 '합리적 여성'을 기준으로 삼는 한 이러한 판단은 정당하다고 본다. 왜냐하면 '합리적 남성'의 기준에서는 해악이 아니더라도 '합리적 여성'의 기준에서는 이미 '법익침해'는 명백히 발생한 것이고, 피해자는 성적 괴롭힘의 고통을 받고 있는 것이기 때문이다. 오늘날 성희롱예방교육은 국내외를 막론하고 사회 전반에 걸쳐 이루어지고 있고,[87] 그 결과 "남성들은 남녀의 성 심리가 다르며, 성희롱, 성적 접촉 등이 여성에게 해악이 됨을 분명하게 파악할 필요가 있다"는 점은 사회생활을 함에 있어서 남성의 여성에 대한 '법적 주의의무'의 한 내용을 구성한다고 보아야 한다.[88] 그리고 법이 '합리적 인간' 및 '합리적 남성'에게 그러한 주의의무를 요구하는 것은 결코 부당하지 않다. 행위자에게 할 수 없는 것을 요구하는 것이 결코 아니다. 이것은 마치 '합리적 성인'에게는 유아나 어린아이를 대함에 있어서 성인이 인지하기 어려운 그들의 감수성이나 신체적 유약성을 항상 고려해야 하는 주의의무가 부과되는 것과 본질에 있어서 마찬가지라고 본다. 예를 들어 초등학교 교사가 남학생 혹은 여학생에게 무심코 한 말이 극심한 정서적 장애를 가져오거나 심리적 충격을 주어 일상생활이 어렵게 되었다면, 그 교사는 단지 그들의 입장을 몰랐다는 이유로 면책되

---

86) 필자와 유사하게, 원초적 입장의 조건들을 구성하는 기초 이념들에서 일반적·실천적 논증대화의 규칙으로서 타당한 사항을 도출해 이것들은 헌법해석의 과정에 포함시킬 수 있다는 견해로는 이민열, 존 롤즈의 원초적 입장의 조건과 헌법해석의 지침, 법철학연구 제21권 제4호(2021) 참조.

87) 미국과 영국, 캐나다의 조직 내 성희롱 예방교육의 현황에 대해서는 Afroditi Pina, Theresa A. Gannon, & Benjamin Saunders, *Ibid.*, at 134.

88) 그렇다고 하여 성희롱 행위가 언제나 과실에 의한 불법행위가 된다는 뜻은 아니다. 사안에 따라 가해자가 피해자 여성의 고통을 명확히 인지한 경우도 있을 것이기 때문이다. 오히려 많은 경우 고의에 의한 불법행위를 구성할 것으로 보인다.

어야 하는가? 당연히 그렇지 않다. 따라서 합리적 여성이 고통과 피해를 입을 수 있다는 사실을 의도적으로 '합리적 남성' 기준에 비추어 은폐한다면 그것이 오히려 불평등한 차별에 해당하는 것이고, (형)법이 발생한 악결과에 대한 책임을 논정하는 데 있어서 공정한 절차적 사고과정을 통해 남녀의 '성차'를 고려하는 것은 필요하고 정당한 근거가 있으며 합리적인 법적 고려방식이라고 생각한다.

요컨대, 일반적 평균인 기준이나 합리적 남성기준은 성희롱 피해자들의 처한 특별한 사정을 고려하지 않은 채 가해자 중심적 사고에서 판단했다는 평가를 받을 수 있는 반면에, 합리적 여성기준은 법익침해의 발생여부를 성별을 막론하고 누구나 합리적으로 받아들일 수 있게 만들어 주고, 가해자로 하여금 행위당시 깨닫지 못했던 자신의 책임을 일깨워 준다는 점에서 양측 누구나 합당하게 받아들일 수 있으며 따라서 유사한 사례들에 일관되게 적용될 수 있는 공정한 기준이 된다.

포괄적 해석원리로서 인간의 존엄을 고려한다면, 이는 책임원칙과는 어떠한 관련을 맺을 수 있을까? 상기 대법원 판례의 경우 '평균적 일반인' 기준에서 사안을 바라보면, 법원 스스로도 '가해자 중심적 사고'에 빠질 수 있음을 경계하고 있다. 이는 곧 가해자의 책임을 인정하지 않게 된다는 뜻이다. 그렇다면 '성인지 감수성'을 활용해 사안을 판단하는 태도는 원초적으로 평등한 입장에서 동등한 인간의 존엄을 고려한다는 의미가 되고, 결과적으로 길을 잃고 있는 행위자의 책임을 목적지로 인도하는 역할을 한다고 볼 수 있을 것이다. 다시 말해 '인간의 존엄'을 해석원리로 고려하는 것은 곧 '책임원칙'을 '공정하게' 적용하는 형법해석 방법론이 된다고 말할 수 있다.

우리는 빌 게이츠나 마이클 조던처럼 사회·경제적인 지위와 타고난 재능을 많이 가진 사람일 수도 있고, 종업원을 고용하는 입장이나 학생을 가르치는 입장에 놓일 수도 있다. 하지만 그와 정 반대의 처지에 있는 사람일 수도 있다. 그러므로 우리가 한 사회를 지도하는 '정의'란 무엇인가에 대해서 보편적 합의를 원한다면 원초적으로 평등한 입장에서 형벌권 행사의 기준점을 모색해 볼 필요가 있을 것이고, 이는 '정의로운 형법과 형사실무'가 나아가야 할 방향을 가늠하는 과정에서 유의미한 작업이 될 것이라고 생각한다.

3. 인간존엄성의 구현원리로서의 책임원칙

우리는 앞서 자유의지의 존재가 비단 도덕적 맥락에서 요청될 뿐만 아니라 과학적으로도 지지될 수 있는 근거가 있다는 사실을 확인하였다. 일반적으로 자유의지의 존재는 형벌과 책임비난의 전제조건으로 널리 받아들여지고 있다. 즉 적법하게 행위할 수 있었음에도 불구하고 불법을 결의한 데 대한 도덕적 비난이 가능하려면 행위자에게 자유의지가 온전히 구비되어 있을 것이 요청된다는 것이다. 여기에는 정당한 처벌과 도덕적 비난은 도덕적 죄책(guilt)을 함축하고, 죄책은 도덕적 책임(responsibility)을 함축하며, 도덕적 책임은 자유를 함축한[다]"는 규범적 판단[89]이 작용하고 있다. 이러한 논리적 요건이 충족되어야만 형벌이 단지 결과책임주의에 머물지 않고 "책임 없이는 형벌 없다"는 책임원칙에 부합되는 정당한 형벌이 된다고 여겨진다. 이는 오늘날 별다른 큰 이견 없이 거의 확고하게 정립되어 이론적, 실무적으로 명시적으로든 묵시적으로든 수용되고, 통용되고 있는 생각과 신념으로 형법(학)은 물론 법학일반의 존립기반이자, 대원칙이며, '정의로운 형법'을 위한 토대가 된다.

　　이러한 측면에서 보면 책임원칙은 형법에 있어서 인간의 존엄을 가장 직접적으로 구현하는 원칙이라 말할 수 있다. 형법학자이자 법철학자인 아르투어 카우프만은 "책임원칙은 인간의 자유와 유책성을, 그러므로 인간의 존엄성을 진지하게 생각한다. 바로 이런 근거에서 책임형법보다 더 인간적이고 자유주의적인 형법은 존재하지 않는다."[90]고 말한다. 전술한 바처럼 책임원칙은 자율적 인간을 전제한다. 이와 관련 헌법재판소는 "책임없는 자에게 형벌을 부과할 수 없다'는 형벌에 관한 책임주의는 형사법의 기본원리로서, 헌법상 법치국가의 원리에 내재하는 원리인 동시에, 국민 누구나 인간으로서의 존엄과 가치를 가지고 스스로의 책임에 따라 자신의 행동을 결정할 것을 보장하고 있는 헌법 제10조의 취지로부터 도출되는 원리이다."[91]라고 판시한 바 있다. 이 판례는 앞서 수차례 논급한 바와 유사한 방식으로 인간의 존엄성과 자율성이 밀접한 관계가 있음을 천명하고 있음을 확인할 수 있다. 행위자는 합리적 이성에 의해 행위의 옳고 그름을 분간할 수 있고, 자유로운 선택의 결과에 대해 책임을 질 수 있는 존엄한 존재이기 때문에, 형벌은 그 책임이 인정될 때에만, 혹은 그에 비례해서만 부과되어야 한다는 것이 형법상 책임원칙의 요체이다. 이처럼 책임원칙은 인간의 존엄을 구현하는 대원칙이라 할 수 있으며 그렇기 때문에 범법자라 하더라도 그 비난의 정도에 비례하여 책임을 묻고, 동일한 수준의 자율성을 갖춘 행위자라 하더라도 부수사정의 정상성 등 비난가능성의 정도에 따라 책임판단을 달리 하며, 책임능력이 결여된 자의 책임은 면제해 주고, 사형수나 흉악범이라 하더라도 동등한 배려와 존중을 받는 인간

---

89) 이 점에 대해서는 P.F. Strawson, "Freedom and Resentment", in: Free Will (Hackett Publishing Company, 2009), at 149.
90) 아르투어 카우프만/김영환 역, 앞의 글, 44면 참조.
91) 헌법재판소 2007.11.29. 2005헌가10.

으로 취급되어야 한다는 요청이 나온다.

　요컨대, 우리가 자유의지를 긍정할 수 있고, 이로부터 인간의 자율성을 신뢰할 수 있는 이상 인간의 존엄성이란 이념과 가치는 시대불변의 가치로 남을 것이며, 책임원칙은 이를 구현하는 형법상의 대원칙으로 자리매김되어 왔듯이, 앞으로도 그러할 것이다.

VI. 맺음말

　필자는 자유주의적 관점에서 칸트-센델 명제의 한계를 지적했고 자유의지의 존부에 대한 과학적 문제제기에 대해 적절한 해답을 제시할 수 있음을 보였다. 형법이 보편도덕에 기초해야 한다면, 과학적으로도 이해될 수 있는 규범이어야 함을 입론해 보고자 하였다. 고대는 물론 중세에도[92] 인간에게 과연 의지의 자유가 있는지 여부를 놓고 수많은 논쟁이 벌어져 왔고, 근대 이후 과학기술의 발달과 더불어 라플라스[93]처럼 과학적 관점에서의 결정론을 제시하는 견해가 자유의지 담론에서 상당한 영향력을 행사하고 있음은 주지의 사실이다. 그러나 과학자들의 '양심'은 여기에 안주하지 않고 이번에는 '도덕체계의 진실성'을 과학적으로 해명하기 위한 시도를 하기 시작했다. 필자는 그러한 선행연구 중에서 대표적인 신경과학적, 이론물리학적 연구를 제시해 봄으로써, 현대 과학의 입장이 결코 결정론적인 방향으로만 편향되어 있지는 않으며, 의지의 자유를 과학적으로 뒷받침하는 견해도 상당한 수준의 논거와 설득력을 지니고 있음을 보여주고자 하였다. 어느 쪽이 옳은지, 아직 완전히 판가름할 수 있는 단계는 아니겠지만, 우리가 과학자들의 그러한 도덕적 열망에 깊은 연대감과 찬사를 보낸다면, 앞으로 더욱 정치한 연구성과가 나올 수 있기를 기대하고 희망할 수 있을 것이라고 본다.

　하버마스가 주장하는 바와 같이 우리의 삶이 살만한 가치가 있다면, 그것은 우리가 도덕이 작동하는 삶의 형식 속에 놓여있기 때문일 것이다. 자유가 존재하고 보호받는 그러한 도덕체계 내에서만 인간의 존엄성은 빛을 발한다. 우리가 진정 존엄한 인간으로서 삶을

---

92) 중세의 자유의지 논쟁에 대해서는 홍기원, 법에 있어서 자유의지와 책임 (터닝포인트, 2018), 11면 이하 참조.

93) 18세기에 활동했던 프랑스의 수학자이자 천문학자로 그는 우리의 지성이 우주만물의 모든 것을 알 수 있을 만큼 전지하다면 천체의 움직임은 물론 작은 원자의 움직임까지도 하나의 공식으로 파악할 수 있을 것이라고 보았다. 이 가설에 의하면 자유의지는 설 자리를 잃는다. 그가 말한 전지전능한 지성을 라플라스의 악마(Laplace's Demon)라고 한다.

영위하고자 한다면, 우리가 지닌 형법의 모습도 도덕적이어야 하며, 이는 곧 책임원칙의 철저한 관철을 통해 인간의 존엄을 구현하는 방향으로 형법이 개선되어야 함을 뜻한다 할 것이다. 인간의 존엄에 기초한 이러한 프로젝트는 사실 오늘날 우리가 채택하고 있는 자유주의 이념에 의해 지도되고 있기도 하다.[94] 이러한 맥락에서 아르투어 카우프만이 남긴 말은 매우 의미심장하다.

> "나는 실질적인 책임형법의 이념을 포기하지 말 것을 단호하게 경고하는 바이다. 왜냐하면 책임사상과 함께 희생되는 것은 다름 아닌 형법의 자유주의 이념이기 때문이다."[95]

---

94) 물론 공동체주의적 형법관을 지녔다고 하더라도 인간의 존엄과 가치의 의미는 전혀 퇴색되지 않는다. 이에 대해서 류전철, 공동체주의 관점에서 형법이론의 새로운 구성을 위한 시도, 형사정책 제26권 제2호, 2014; 김정연, 공동체적 가치와 형사책임에 관한 논의 – 공동체주의적 책임에 대한 예비적 고찰 -, 이화여자대학교 법학논집 22권 4호, 2018 참조.
95) 아르투어 카우프만/김영환 역, 앞의 글, 28-29면.

[3] 자유의지와 형벌의 정당성

> "막대가 돌을 움직이고, 그 막대는 손에 의해 움직이고,
> 그 손은 인간이 움직인다."
> Aristotle, *Physics*, 256a

> "인간은 선택의 자유를 통해 선한 본성이 완성된다. 고로 악인은 그의 죄악으로 타락하게
> 되어 정당한 벌을 받는 반면, 정의로운 자는 그의 덕행으로 인해 마땅히 칭찬을 받는다."
> - Tatian, *Oratio ad Graecos*

Ⅰ. 자유의지는 형벌의 전제조건인가?

일반적으로 자유의지의 존재는 책임비난의 전제조건으로 널리 받아들여지고 있다. 즉 적법하게 행위할 수 있었음에도 불구하고 불법을 결의한 데 대한 도덕적 비난이 가능하려면 행위자에게 자유의지가 온전히 구비되어 있을 것이 요청된다는 것이다. 또 그래야만 형벌은 단순히 결과책임주의에 머물지 않고 "책임 없이는 형벌 없다"는 원칙에 부합되는 정당한 형벌이 된다고 여겨진다. 이는 오늘날 별다른 큰 이견 없이 거의 확고하게 정립되어 이론적, 실무적으로 명시적으로든 묵시적으로든 수용되고, 통용되고 있는 생각과 신념으로 형법(학)은 물론 법학일반의 존립기반이자, 대원칙이며, 일종의 도그마임은 주지의 사실이다.

그런데 언제부터인가 이러한 대전제에 대해 여러 진영에서 다양한 측면에서 의문을 제기하며 비판과 도전을 해오고 있다. 그 주된 취지는 "책임 없이는 형벌 없다"는 원칙이 사실은 그 존립기반이 매우 취약한 자유의지란 개념에 의존하고 있지 않느냐는 것이고, 또 그렇다면 형벌의 정당성도 상당히 훼손되지 않겠느냐는 것이다. 나아가 굳이 자유의지를 전제 하지 않더라도 형벌을 통한 개인행동의 조절이 가능하고 법익보호와 사회질서의 유지가 가능하다면 "비난 없는 형벌"도 가능하지 않겠느냐는 논의로까지 전개되고 있다. 사실상

"형법학과 형법실무는 그들의 기초가 해명불가능하다는 분명한 사실을 그냥 견뎌온" 것이고, 따라서 "자유와 책임 그리고 형벌의 문제는 해결되지 않은 채 미래의 형법이론과 형법실무로 넘어가고 말았다."는 양심적 자성의 목소리도 드높다.[1]

　　본고는 많은 회의적 비관론에도 불구하고 자유의지가 실천이성의 관점에서 볼 때 단지 요청될 뿐 아니라 명백히 실재하며[2] 책임과 비난의 전제조건이고 형벌을 정당화 해주는 기능을 한다는 점을 입론해 보고자 한다. 그리하여 형법학과 윤리학의 영역에서 자유의지는 여전히 존재의의가 있다는 점의 논증에 역점을 두겠지만, 다만 자유의지와 관련해 기존의 논의에서 잘 드러나지 않았던 부분들을 새롭게 조명해 보고 이를 통해 몇 가지 새로운 명제를 제시해 보고자 하는데 첫째, 신경과학자들이 비판하는 자유의지 개념과 형법학에서 요구되는 자유의지 개념은 상당히 다른 것이며, 둘째 자유의지가 비단 칸트가 말한 예지계, 실천적 이성의 측면에서만 관념할 수 있는 것이 아니라, 현상계(감성계)의 영역에서도 충분히 관념할 수 있고 실천적으로 유의미하게 기능할 수 있는 개념이라는 점을 논증해 보고자 한다.

---

1) 귄터 엘샤이트·빈프리트 하세머/배종대 역, "非難없는 刑罰", in: 책임형법론 (홍문사, 1995), 119-120면.
2) 윤리학자 폴 테일러 교수에 의하면 "윤리학의 전 영역에서 가장 중요하면서도 또한 가장 어려운 문제 중의 하나는 의지의 자유가 실재하는 것이냐 아니면 환상이냐 하는 것이다." 폴 테일러/김영진 역, 윤리학의 기본원리 (서광사, 2018) 참조. 본고에서 자유의지의 실재증명은 비록 엄격한 방식과 수준은 아닐지라도 (1) 결정론과의 양립가능성을 입론하고, (2) 형법적 논의에 요구되는 자유의지의 특수성을 구명함으로써 최소한 형법의 영역에서 형벌근거책임에 필요한 자유의지를 인정하는 데에는 큰 무리가 없다는 점을 보여주고자 한다. 다만, 책임이 선험적으로 확정되어 있어서, 그 부과대상이나 고려되는 형사제재 및 예방목적에 대한 고려와는 무관하게 독립하여 실재하는 것으로 이해하는 '책임실재주의(Schuldrealismus)'를 주장하려는 것은 아니다. 결론 부분에서 논급하겠지만, 책임이란 정신적 구조물은 그 형성배경에 있어서 가해자와 피해자, 그리고 처벌의 정도와 목적 등 다양한 합목적적 동인의 상호역학 속에서 발생한 것으로 보이기 때문이다. 요컨대 본고에서 "자유의지가 실재한다."는 의미는 그것이 인간의 한 부분이라거나 혹은 시공간에 존재하는 어떤 실체라는 의미가 아니라 그것은 결정론 과 무모순적이며, 인간의 믿음이나 욕구와 같은 지향적 상태(intentional states)처럼 어떤 심적 사태나 정신적 상태이지만, 실제로 인간의 행동을 이해하고 예측하는 데 매우 유용한 개념이라는 뜻이다. Marc V.P. Slors, "Intentional System Theory, Mental Causation and Empathic Resonance", Erkenntnis 67(2) (2007), at 323 참조.

II. 칸트의 자유의지론은 얼마나 강건하게 구축되어 있는가?

1. 칸트의 자유의지 개념에 대한 여러 갈래의 도전들

자유의지의 존부문제는 형법(학)의 초석과 같은 위상을 차지하는 문제임에도 불구하고 이와 관련해 그동안 적어도 국내 형법학계에서는 놀랍게도 이렇다 할 명시적인 입장을 찾아 볼 수 없고, 대다수 견해는 상당히 유보적이며 애매한 입장으로 일관하고 있다. 즉 자유의지는 "적극적으로 입증될 수는 없으며"[3], "엄격히 말해 '국가에 필요한 허구(staatsnotwendige Fiktion)'에 불과할 수 있으나"[4], "문명화·사회화·인간화 과정을 거쳐 사회문화적인 규범구조 안으로 편입된 것으로"[5], "자유와 책임은 불가분의 관계에 있는 것이기 때문에"[6], "시민들의 일반적인 경험에 비추어 볼 때 형법의 영역에서 인간에게 자유의지가 있는 것으로 취급해도 크게 무리를 범하는 것은 아니"[7]라는 것이다. "존재론적으로는 증명될 수 없지만, 규범적으로는 의미를 가질 수 있다."[8]는 말도 이와 같다.[9] 한 마디로 정리하자면 자유의지는 적극적으로 그 존부를 논할 수는 없지만 법의 적용이라는 실천적 측면에서 규범적으로 요청된다는 것이다. 다만 자유의지를 긍정한다고 해도 환경과 소질의 영향도 간과할 수 없으므로 절대적인 것이 아니라 상대적인 것으로 보아야 한다는 견해도 제시돼 있다.[10]

형법학자들을 비롯해 아마도 대부분의 법률전문가들이 이렇게 신중한 입장을 취하는 것은 이 개념 자체가 윤리학자와 철학자는 물론 과학자들 사이에서도 첨예한 대립을 보이는 '논쟁적' 개념이기 때문일 터이겠지만, 바로 그 애매한 태도 자체가 또 다른 비판의 대상이 되기도 한다. 즉 자연과학의 최신지식에 대한 엄밀한 검토와 수용도 없이, 일상 시민의 소박

---

3) 김일수·서보학, 새로쓴 형법총론 (박영사, 2006), 358면.
4) 배종대, 형법총론 (홍문사, 2013), 426면.
5) 박상기, 형법총론 (박영사, 2007), 219면.
6) 임웅, 형법총론 (법문사, 2009), 271면.
7) 신동운, 형법총론 (법문사, 2015), 360면.
8) 이재상, 형법총론 (박영사, 2009), 292면; 이재상·장영민·강동범, 형법총론 (박영사, 2017), 305면.
9) 필자는 오래 전 자유의지 문제와 관련해 직접적인 답은 아니지만 "자유의지를 전제하는 것은 우리의 삶의 형식(form of life)의 일부이다"라고 이를 긍정하는 입장을 밝힌 바 있다.
10) 오영근, 형법총론 (박영사, 2012), 398면. 패트리샤 처칠랜드도 지적하고 있듯이 오늘날 일반인들이 생각하는 자유의지는 바로 이러한 의미의 상대적 자유의지를 의미하는 것으로 보이며, 법(실무)분야의 경우도 마찬가지이다. 따라서 이를 굳이 '상대적' 자유의지라고 칭할 필요도 없을 것이다. 모든 것에 구애받지 않고 절대적 자유를 누리는 마법같은 자유의지를 생각한다면 그것은 환상에 불과할 것이다. 아르투어 카우프만도 절대적 자유의지는 무의미하다고 지적한다.

한 믿음과 심리학적 지식 정도에 기초해 형법(학)의 체계를 세우며, 행위자의 책임여부를 판단하는 것이 과연 정당화될 수 있느냐는 것이다.[11] "형법학은 결정론도 비결정론도 모두 입증이 불가능하고 형법적 체계도 역시 적어도 이러한 토대 없이도 인간의사자유의 경험적 확인을 통해서 정당화될 수밖에 없다는 '구세주 같은 원리'로써 모면하고 있다."는 비판도 같은 맥락이다.[12] 이는 흡사 형사소송에서 합리적 의심이 남아있는 증거에 기초해서 유죄판단을 내리는 것과 마찬가지라는 비난으로 생각된다.

그러면 우리는 이 지난한 문제의 해결을 위해 우선적으로 어디로 눈을 돌려보아야 할까? 관련해 많은 선행연구가 있지만 필자가 판단하기에도 그렇고, 이 분야의 연구에 있어서 선구자라고 할 수 있는 독일의 법철학자 아르투어 카우프만의 조언[13]에 따르자면, 역시 자유의지 개념에 지대한 공헌을 하였고 이 분야의 지도적 위치에 있는 칸트의 철학적 입장이다.[14]

카우프만의 지적처럼 자유개념에 관한 한 칸트의 통찰 뒤로 후퇴해서는 안 된다는 점에 깊이 공감하므로 칸트적 의미의 자유의지 개념을 현 시점, 그리고 형법학자의 시각에서 재조명해 보고[15] 이에 대한 도전과 비판적 관점들에 대해 검토해 본 후에 여전히 자유의지가 유의미한 형벌 정당화의 조건임을 입론해 보고자 한다.

논의에 앞서 필자가 보기에 적절한 자유의지 개념의 핵심표지를 카우프만의 입장을 따라서 제시하자면, 우선 자유의지가 원인과 동기, 근거도 없는 의지를 뜻하지 않는다. 이것은 '자의'나 '변덕'을 의미할 뿐이고 그것은 오히려 부자유의 한 형태이다. 자유로운 선택이란 항상 어떤 근거들에 의해 '결정되는' 선택이지 아무 근거 없는 변덕스러운 선택이 아니다. 이러한 맥락에는 자유의지는 일정부분 '결정성'을 함축한다. 다음으로 무엇이든 임의적으로 선택할 수 있다는 의미의 자유는 아무런 의미가 없다. 그것은 오히려 '무관계성', '길을

---

11) 김성룡, "형사법의 근본원칙을 다시 생각함", 경북대학교 법학논고 제58집, 2017, 343면.

12) 한스 요하임 히르쉬/하태훈 역, "책임원칙과 책임원칙의 형법적 기능", in: 책임형법론 (홍문사, 1995), 56면.

13) 아르투어 카우프만/김영환 역, 법철학 (나남, 2007), 505면과 520면 참조. 카우프만에 의하면 자유의지와 관련해 칸트의 이론보다 더 근원적이고 명료한 것은 없다고 한다.

14) 또한 자유의지에 대한 칸트의 입장은 여러 선행연구에서 곡해되거나 오해되고 있는 측면도 적지 않다고 보이므로 이 점에 대해서도 논급할 필요가 있다고 보며, 이와 관련해 본고의 논지전개상 필요한 부분에 국한시켜 언급해 보고자 한다.

15) 칸트의 자유개념은 다양한 이론적 맥락에서 재조명되기도 한다. 일례로 드워킨은 칸트의 자기입법, 즉 자율성 개념이 통합성을 필요로 하는데, 자율의 이념은 통합성을 통해 직접 증진되는 특별한 측면이 있기 때문이라고 한다. 로널드 드워킨/장영민 역, 법의 제국 (아카넷, 2004), 274면.

잃음', '탈세계성'을 의미한다.16) 이러한 의미에서 보면 자유의지가 될 수 있는 후보 중 매우 유망한 대상은 '자신의 이성의 힘으로 통찰력 있게 결정하는 능력', 다시 말해 '자기책임적 자기결정으로서의 자유'인 '자율'이 될 수 있을 것이다. 칸트가 바로 이러한 의미의 자유의지를 정립해 주었다.17)

일단 칸트 이론체계 내에서의 내적 정합성과 관련된 여러 세부 쟁점은 사상하고 칸트적 의미의 자유의지를 간단히 요약하자면, 우선 자유란 "인과계열의 원인성을 스스로 제공하여 어떤 상태를 자발적으로 개시할 수 있으면서(자발성으로서의 자유)18) 현상계에서의 감각적 충동의 강제와 경향성을 극복하고(소극적 자유) 보편적인 법칙에 따라19) 자기입법을 할 수 있는 자율성(자율로서의 자유)"을 의미하고, 자유의지란 그러한 의미의 자유를 실현하는 능력20)을 의미한다고 보면 큰 무리는 없을 듯하다.21)

이렇게 칸트가 구축한 의미의 자유의지 개념에 대한 가장 근본적인 비판은 필자가 보기에는 크게 세 가지 측면에서 찾아볼 수 있다.

---

16) 아르투어 카우프만/김영환 역, 앞의 책, 508-509면. 자유의지를 이렇게 이해하는 관점은 본고에서 다루는 여러 논자들의 이론에서도 간취될 수 있다.

17) 다만 칸트적 의미의 자유의지 개념은 기본적인 정립방향에 있어서는 타당하지만 다소 협소하다고 볼 수 있는데 이 점에 대해서는 결론 부분에서 후술하기로 한다.

18) 칸트는 이를 두고 "자기에서 자기를 결정하는 능력"이라고 표현하기도 한다. 잘 알려져 있듯이 우주론적 자유는 세계의 시초를 설명하려는 형이상학적 욕구로부터 만들어진 '선험적 이념'이라면, 자율적 자유는 도덕의 가능성을 정초하려는 실천적 욕구에서 만들어진 것이다. 이 우주론적 자유는 모든 인과계열, 즉 우주의 제1원인자라는 의미를 갖지만 자율적 자유는 도덕적 행위자가 실천이성에 따라 스스로 정한 도덕법칙에 스스로를 복종시킬 때 성립하는 자유이다. 이처럼 둘 다 '자유'로 통칭되지만, 양 자유가 서 있는 문제 지평은 상이하다는 점은 칸트의 자유개념을 검토하는 데 있어서 유의할 필요가 있다. 이 점에 대한 적절한 지적은 문성학, "선험적 자유에서 자율로서의 자유로", 철학연구 제94집, 2005, 122면 이하 참조.

19) 법칙에 따르는 것이 자유로운 이유는 "법칙은 부자유를 의미할 터인 우연에서 주체를 구하기" 때문이다. F. 카울바하/백종현 역, 칸트 비판철학의 형성과정과 체계 (서광사, 1992), 222면.

20) 칸트에 의하면 "의지란 어떤 법칙의 표상에 적합하게 행위를 규정하는 능력"이고, 역시 같은 맥락에서 "의지란 이성이 경향성에서 독립하여 실천적으로 필연이라고 인정하는 것 즉 선이라고 인정하는 것만을 선택하는 능력, 즉 실천이성 그 자체"다. 한편 칸트는 동물적 의지와 자유로운 의지 즉 인간의 의지를 구분하면서 전자는 '감성적으로 규정되는 의지'로 후자는 '감각적 충동으로부터 독립적이며 따라서 이성에 의하여 표상된 동기에 의하여 규정되는 의지'라고 설명하기도 한다.

21) 문성학 교수는 칸트가 입론한 자유를 우주론적 자유와 실천적 자유(소극적 자유와 자율로서의 자유)로 구분하면서, 이 중에 우주론적 자유와 자율로서의 자유는 자기 원인적으로 어떤 사태를 개시할 수 있는 자발성의 능력을 가졌다는 점에서 공통적인 요소를 갖고 있다고 한다. 문성학, 앞의 논문, 123면. 그리고 이 자유의 자발적 측면이 적극적 자유개념을 구성한다고 한다.

(1) 과연 칸트의 양립가능론은 타당한 논증인가?

가. 비판논거

첫째, 칸트는 비록 현상계의 자연법칙적 인과관계가 예지계의 자유원인성과 양립가능하다고 설명[22]하고 있지만 과연 이것이 가능하느냐는 것이다.[23]

먼저 칸트의 주장을 들어보자.

> "도덕적 명령은 인과법칙적으로는 불가능하더라도 마땅히 있어야 할 것이 발생하기를 요구한다. 자연의 만물은 법칙에 따라 움직인다. 오직 이성적 존재자만이 법칙의 표상에 따라, 즉 원리에 따라 행위하는 능력 즉 의지를 갖고 있다. 법칙으로부터 행위를 도출하기 위해서는 이성을 필요로 하기 때문에, 의지는 실천적 이성 외의 아무것도 아니다. 만약 이성이 의지를 결정하는 것이 필연적이라면, 객관적으로 필연이라고 인식되는 이성존재자의 행위는 주관적으로도 필연이다. 다시 말하면 의지란 이성이 경향성에서 독립하여 실천적으로 필연이라고 인정하는 것 즉 선이라고 인정하는 것만을 선택하는 능력이다."

---

22) 코스가드는 칸트이론을 '양립주의'로 기술하는 것에 대해 각별히 주의할 필요가 있다고 지적한다. 즉 양립주의는 대부분 동일한 관점에서(이론적이고 설명적인 관점에서) 자유와 결정론이 양립가능하다고 주장하는데, 칸트는 그렇게 하고 있지 않기 때문이라고 한다. Christine M. Korsgaard, Creating the Kingdom of Ends (Cambridge Univ. Press, 1996), at 187. 그녀에 의하면 "칸트철학에서 의지의 자유는 이론적으로 정립될 수 없다. 그것을 정립하는 것은 예지계에 대한 지식을 획득하는 것인데, 이는 우리가 가질 수 없는 어떤 것이다. 의지의 자유는 다만 실천적 요청으로서, 따라서 오직 실천적 관점에서만 주장된다." Christine M. Korsgaard, Ibid., at 174-175. 이러한 맥락에서 그녀는 칸트를 '실천적 양립주의자(practical compatibilism)'라고 규정하기도 한다. 칸트에 따르면 "이성의 사변적 사용의 관심은 최고의 선험적 원리들에까지 이르는 객관의 인식에 있고, 실천적 사용의 관심은 궁극적인 완전한 목적과 관련하여 의지를 규정하는 데 있다."고 하므로 코스가드의 지적은 분명 경청할 만하다. 하지만 칸트가 실천이성비판에서 '사변 이성과의 결합에서 순수 실천이성의 우위에 대하여'란 표제로 "비록 이성능력이 이론적 의도에서 어떤 명제들을 주장하여 확립하는 데 충분하지 않다 해도, 이 명제들이 그와 모순되지 않는다면, 바로 이 명제들을, 이것들이 순수이성의 실천적 관심에 불가분리적으로 속하자마자, (중략) 이 명제들을 사변이성으로서 그가 그의 권한 안에 가지고 있는 모든 것과 비교하여 **연결해보려고 해야만 한다**는 것이다. 그럼에도 유념해야 할 것은, 이런 일은 이론이성의 통찰이 아니라, 어떤 다른, 곧 **실천적 의도에서 이론이성 사용을 확장하는 것**[이다]. 그러므로 순수 사변이성과 순수 실천이성이 한 인식으로 결합함에 있어서, 이 결합이 선험적으로 이성 자신에 기초한, 그러니까 필연적인 것이라고 한다면, **실천이성이 우위를 갖는다**." 실천이성비판 V 120. 칸트에 의하면 우리는 실천이성의 관심과 사변이성의 관심을 모순되지 않게 연결해보려고 해야만 하고 이는 곧 '실천적 의도에서 이론이성 사용을 확장하는 것'이다. 그렇다면 자유와 결정론의 양립가능성 검토하는 작업은 칸트적 맥락에서도 충분히 의미 있고, '자유의지'의 정립을 위해 이론이성의 사용을 확장하는 작업으로 볼 수 있을 것이다.

23) 이 점에 대한 정치한 문제제기로는 문성학, "결정론과 자유의지론은 양립가능한가? 철학논총 제12집, 1996, 387면 이하 참조.

"현상계의 인과계열을 벗어날 것을 요구하는 당위는 이성에서 생겨난다. 따라서 이성의 본성은 '자발성'이고 이성의 자발성은 우리에게 자기입법적인 당위를 부과한다. 당위, 즉 도덕의 질서의 자연의 질서와는 전혀 다른 종류의 질서이다. 이 당위의 보편타당한 형식이 곧 정언명령이다. (1) 그런데 당위의 명령이 인간에게 행위를 요구할 때, 그 행위는 자연적 조건 아래서만 가능하다. 그러나 (2) 자연적 조건들은 행위자의 예지적 성격에 의한 내면적 결의까지 규정하지는 못한다. 왜냐하면 예지적 성격이 결단할 때 의거하게 되는 이성은 순수한 자발성으로서 감성적 제약, 즉 자연적 조건들로부터 독립해 있기 때문이다."[24]

요컨대 인간의 행위는 그 내면적 결의에 있어서는 자유이며, 그 현상적 측면에서는 인과법칙의 지배를 받으면서도 그 내면적 결의의 자유원인이 현상계의 인과계열을 절단하지 않는다는 것이다.

이에 대해 다음과 같은 반론이 제기되었다.

만일 어떤 사람이 도덕법칙에 대한 순수한 존경심에서 정언명령에 따라 거짓말을 하고 싶은 유혹을 극복했다고 했을 때, 칸트는 실천이성에 따라 자유가 실현된 동시에 자연적 인과계열도 절단되지 않았다고 주장하겠지만, 그 주장이 참이 되기 위해서는 거짓말의 유혹이라는 자연적 원인이 주어지면 거짓말을 해야만 "자연적 인과성이 절단되지 않았다"고 말할 수 있다는 것이다.[25]

나. 비판논거 검토

일응 타당해 보이는 지적이지만, 칸트가 현상계의 '인과법칙'을 말할 때 과연 그 인과법칙이 무엇을 의미하는 것인지 면밀히 살펴볼 필요가 있다. 칸트가 자연세계는 예외없이 인과법칙에 따라 규정된다고 말할 때 인과법칙은 "물리-화학적인 필연적 계기 관계뿐만 아니라, 심리-생물학적인 필연적 계기 관계까지 포함한다."[26] 그렇다면 상기 칸트 인용구 밑줄 그은 (1)에서 "당위의 명령이 인간에게 행위를 요구할 때, 그 행위는 자연적 조건 아래서만 가능하다."는 말의 뜻은 위 거짓말 사례에서도 보는 관점에 따라 충분히 '양립가능한' 해석이 가능하다. 즉, "마땅히 거짓말을 해서는 안 된다"는 당위의 명령으로부터 자연의 유혹 −이 경우 심리적인 계기로 분류하면− 을 극복하고 거짓말은 하지 않고 진실한 말을

---

24) 나를 의욕하도록 하는 자연적 근거가 아무리 많더라도, 이러한 것들은 당위를 산출할 수가 없고, 도저히 필연적이 되지 않는 항상 제약된 의욕만을 산출할 뿐이다.
25) 문성학, 앞의 논문, 396면.
26) 임마누엘 칸트/백종현 역, 실천이성비판 (아카넷, 2009), 357면.

했다고 해보자. 비록 심리적 인과계열은 단절되었다고 볼 수 있겠지만, 그 밖의 물리-화학적이고 생물학적인 인과계열들, 예컨대 진실한 말을 육체적 거동을 수반해 상대방에게 입과 혀를 통해 하는 데 필요한 계기들은 온전히 유지된다. 예컨대 심리적 계기라는 어떤 한 자연적 계기로부터 독립해 진실한 말을 할 경우 그러한 행동은 여전히 물리-화학적이고 생물학적인 인과관계에 의해 설명될 수 있다는 것이다. 여기서 논리의 핵심은 "현상계에서의 발생의 원인은 절대적으로 결정적인 것은 아니며"[27] 따라서 자유의지로서의 실천이성은 자연적 원인에 독립해서, 그 강제력과 영향력에 반하여 일련의 사건을 자기로부터 시작할 수 있는 원인성이 될 수 있다는 것이다. 이와 같은 맥락에서 백종현 교수는 다음과 같은 사례를 제시한다.

"전철에 탄 어떤 청년이 서 있는 노인에게서 자신이 앉아있던 좌석을 양보하는 경우를 생각해 보자. 이 사례에서 청년은 마음의 경향대로라면 그냥 눌러앉고 싶었지만, 이성의 명령에 의해 노약자에게 좌석을 양보했다. 그의 행동은 자연의 필연적 인과계열을 벗어나 있지만 그의 행동은 여전히 자연 안에서 일어난 한 사태이다. 즉 그는 전차의 좌석에서 몸을 일으켜 세워 넘어지지 않게 손잡이를 잡으면서 "여기 앉으십시오!"라고 혀를 통해 말하였다는 것이다. 즉 그의 행위는 비록 자연적 인과계열을 벗어난 자유의 원인성에 의한 것이지만 자연적 조건 하에서만 가능하다는 것이다. 결국 그의 행위는 자연물인 신체의 거동에 의해 수행되는바, 두 다리가 균형을 이루어야 하고, 전철의 이동 중 물리법칙에 따라 넘어지지 않게 손잡이를 꼭 잡아야 하며, 혀의 생물학적, 물리-화학적 발성과정에 의해 말을 해야만 가능해지기 때문이다."

정리하자면 저 청년의 자유의지에 따른 행동은 비록 자연의 경향성이 의도했던 방향으로는 아니지만 여전히 자연적 인과법칙 하에 이루어지고 있다는 것이다. 우리는 물리-화학적 법칙이나 생물학적 법칙이 인간과 동물, 무생물에게 보편적이며 뒤바뀔 수 없다는 사실을 잘 알고 있다. 그와 동시에 자연의 경향성, 예컨대 거짓말의 유혹이나 안락함의 욕구 등은 절대적으로 우리를 구속하지는 않는다는 점도 역시 잘 알고 있다.[28] 바로 그러하기

---

27) 임마누엘 칸트/백종현 역, 앞의 책, 같은 면.
28) 이러한 필자의 입장은 코스가드의 칸트 해석과도 일치한다. 그녀에 따르면 "우리는 행위를 현상으로 바라보는 한, 그것을 인과적으로 결정된(causally determined) 것으로 보아야지 단순한 욕망이나 경향성에 의해 반드시 결정된(necessarily as determined by mere desire and inclinations) 것으로 보아서는 안 된다."고 한다. 나아가 우리의 행위는 도덕적 숙고와 도덕적 열망에 의해 결정된 것으로 볼 수도 있다고 한다. Christine M. Korsgaard, *Ibid.*, at 210.

때문에 우리는 실천이성의 명령으로 자연의 경향성을 극복하면서도 자연법칙에 따라 행동을 할 수 있는 것이다. 헌데 그렇다면 칸트는 왜 군이 물리-화학적, 혹은 생물학적 자연법칙 외에 심리적 계기 역시 인과계열의 하나로 분류한 것일까? 여기서 칸트의 다음과 같은 언명을 음미해볼 필요가 있다.

> "생명이 없는 자연, 혹은 동물적 생명을 갖는 자연에 있어서 우리는 어떠한 능력도 감성적 제약을 받는 것으로 생각하는 이외의 다른 근거를 발견하지 않는다."

이 경우 '감성적 제약'은 곧 인과적 제약을 의미한다. 그러므로 동물이나 무생물들은 철두철미 인과법칙에만 종속되어 있고 도덕법칙과는 무관하다는 것이다.[29] 따라서 종합적으로 다시 해석해 보자면 칸트에 의하면 동물이나 무생물은 절대적으로 물리-화학적인, 혹은 심리-생물학적인 모든 측면에서의 인과법칙의 지배를 받지만 오직 인간만이 그 인과계열에 단절을 가져올 수 있는 예지적이고 인격적인 존재라는 의미로 해석된다. 달리 말하면 현상적 존재로서의 인간은 동물이나 무생물과 마찬가지로 철저하게 인과법칙의 지배를 받지만, 그와 동시에 인간은 예지적 존재이기도 하므로 현상적 욕구를 극복하고 실천이성에 따라 자발적 행동을 개시할 수 있다는 것이다. 이러한 해석이 타당하다면, 칸트의 양립가능론은 여전히 지지될 수 있을 것이다.

다만 혹자는 다음과 같이 반문할 수 있을 것이다. 만일 우리가 자연적 경향성이나 욕구에 따르지 않는 행위를 하는 계기는 도덕법칙의 명령에 의한 경우도 있지만 일상생활에서 더 빈번한 경우는 그러한 경향성이나 욕구를 스스로 조절할 수 있는 능력, 즉 모종의 또 다른 자유가 있기 때문이 아니냐는 것이다. 예컨대 인간은 진화적 동인에 의해 달고 기름진 음식을 즐기는 자연적 성향을 타고난다. 하지만 현대사회에서 대다수의 사람들은 이러한 욕구를 합리적으로 극복하고 제어하면서 산다. 마찬가지로 타인에 대한 공격적(폭력적) 성향도 자연적으로 주어진 자기보존 본능의 하나이다. 그러나 많은 사람들은 이러한 욕구를 다른 방식으로 분출하거나 나름의 준칙에 의해 조절하며 지낼 수 있다. 이런 경우에 군이 실천이성이나 정언명령 없이도 자연의 인과계열은 단절될 수 있다는 것이다. 이와 관련해 치좀은 다음과 같이 지적한다.[30]

---

29) 문성학, 앞의 논문(각주 22), 120면의 각주 5)번 참조.
30) Roderick Chisholm, "Human Freedom and the Self", in: Free Will (Hackett Publishing Company, 2009), at 181.

"우리들 각각은 행위의 순간 부동의 '제1의 운동자(prime mover unmoved)'가 된다. 행위를 하는 가운데 우리는 어떤 사건들의 발생원인이 되며, 그 어떤 것도 ─혹은 그 어떤 사람도─ 이러한 사건들의 발생원인인 우리에게 원인이 되지 못한다. 만약 우리가 이처럼 부동의 운동자라면, 그리고 만약 우리의 행위들 혹은 우리가 책임져야 하는 것들이 인과적으로 결정된 것이 아니라면, 그것들은 우리의 욕구들에 의해 인과적으로 결정되지 않는다. 이러이러한 욕구들과 믿음들이 제시되고 이러이러한 자극들이 주어지면, 행위자는 이러저러하게 행동할 것이라는 점이 인과적으로 필연적이다라고 주장할 수 없다."

요컨대 치좀에 의하면 "욕구나 동기의 경향성이 곧 필연성을 의미하는 것은 아니다"[31]는 것이고 이로부터 현상계(감성계)에서도 자유의지를 관념할 여지가 있다고 볼 수 있을 것이다. 이 점은 필자가 보기에 칸트가 '자유의지'의 개념적 범위와 관련해 간과한 측면으로 생각되는데, 현상계에 속한 인간에게도 모종의 '자유'를 관념할 수 있다는 것이다. 이 점에 대해서는 후술하기로 한다.

(2) 만일 실천이성 역시 신경프로세스의 일부라면?

가. 비판논거

다음으로 오늘날 칸트적 자유의지 개념이 당면한 보다 더 중대한 난관은 실천이성 자체가 현대의 주류 신경과학자들이 주장하는 '뇌-마음 동일론'의 연장선상에서 보면 뉴런의 발화에 의한 신경프로세스의 일부에 불과하다면 자연의 인과법칙을 벗어날 수 있는 예지적 차원에서의 자유의지는 완전히 소멸하고 말 것 아니냐는 비판이다.[32]

칸트와 유사하게 소위 '행위자 원인론(agent causation)'을 주장하는 치좀에게도 같은 맥락의 의문이 제기된 바 있다. 치좀의 이론을 간단히 설명하자면 인과성은 크게 두 범주로

---

31) 이 점에 대해서는 Roderick Chisholm, *Ibid*., at 182-184. 치좀에 의하면 "어떤 사건을 발생시키려는 유혹에 저항할 수는 있지만, 그것의 발생을 허용하려는 유혹에 저항할 수 없는 경우에 필연성을 갖지 않으면서 경향성을 띠게 된다." 치좀은 평소에는 우리의 욕구들이 필연성은 갖지 않지만 경향성을 띤다고 주장할 수 있다고 한다.

32) 비슷한 취지에서 토머스 네이글은 다음과 같이 언급한 바 있다. "만약 의지 그 자체의 근본적 작용들이 의지의 제어범위를 벗어난 선행적 상황의 산물이라면, 어떻게 우리가 그것들에 대해 책임질 수 있단 말인가? (중략) 그의 제어범위를 벗어난 것의 영향력에 주목하면, 결과적으로 책임의 주체인 자아는 단순한 사건의 배열로 흡수되어, 소멸하는 것처럼 보인다." 토머스 네이글, "도덕적 운수", in: 자유의지와 결정론의 철학적 논쟁(간디서원, 2004), 302-304면.

나눌 수 있는데 첫째, 어떤 한 사건이나 사태가 다른 사건이나 사태를 원인으로 가지는 경우 '외재적(transeunt) 인과성'이 있다고 하고, 둘째, 사건과는 구별되는(distinguished from an event) 어떤 행위자가 사건이나 사태의 원인이 되는 경우에 '내재적(immanent) 인과성'이 있다는 견해이다. 내재적 인과성의 사례는 아리스토텔레스가 '물리학'에서 찾을 수 있다고 한다. "이리하여 막대가 돌을 움직이고, 그 막대는 손에 의해 움직이고, 그 손은 인간이 움직인다(thus, a staff moves a stone, and is moved by a hand, which is moved by a man)."는 기술에는 외재적 인과성의 사례들로 분석될 수 있는 것들도 있지만 손동작의 원인은 행위자 자신이 될 수 있다는 것이다. 치좀은 여기서 손동작이 뇌 속에서 발생했던 어떤 사건들을 원인으로 갖는다고 말하는 것도 가능하지만, 뇌 속에서 발생한 사건들 중의 하나는 다른 어떤 사건을 원인으로 갖는 것이 아니라 행위자를 원인으로 가질 것이라는 점을 강조한다.[33]

그런데 치좀의 이론에 대해서는 다음과 같은 반론이 가능하다.

"만약 그 사람이 무엇인가를 한다면, 아리스토텔레스의 논의가 시사하듯이, 그가 한 것은 손을 움직이는 일이다. 그렇지만 확실히 그는 그의 뇌에 대해서 어떤 일도 하지 못한다. 그는 자신이 뇌를 가지고 있다는 사실조차 모를 수 있다. 그리고 만약 그가 뇌에 대해서 어떤 일도 하지 않으며, 그의 손동작이 뇌 속에서 발생한 그 무엇을 원인으로 갖는다면, '외재적 인과성'과 양립불가능한 것으로서 '내재적 인과성'을 채택하는 것은 무의미하다. 왜냐하면 모든 것이 사건들이나 사태들 간의 인과적 관계의 문제이기 때문이다."[34]

이 문제와 관련해 줄리언 바지니는 다음과 같이 말한다.

"따라서 문제는 결정론이 아니라, 물리학 분야에서 흔히 인과적 폐쇄(causal closure)라고 일컬어지는 것이다. 그에 따르면 모든 물리적 사건은 물리적 원인을 지니며, 양자물리학 (quantum physics)이든 카오스이론(chaos theory)이든 이 사실은 바뀌지 않는다. 신경세포는 다른 신경세포 때문에 활동하는 것이지 머릿속에 든 영혼 같은 혼령이 그렇게 하라고 시켜서가 아니다. (중략) 신경세포 발화의 유일한 원인은 물리적 원인이다. 바로 이 부분 때문에 사람들은 자유의지에 대해 걱정하게 된다. 결국 자유의지에 대한 과학적 회의주의의 뿌리는 결정론이 아니라 유물론(the root of scientific scepticism about free will is not determinism but materialism), 즉 모든 것은 물질로 이루어져 있다는 견해다. (중략) 특히 우리가 걱정하는 것은 실제로 우리를 움직이게 만드는 원인이 욕망, 믿음, 생각이 아니라

---

33) Roderick Chisholm, *Ibid.*, at 177.
34) Roderick Chisholm, *Ibid.*, at 177.

원자의 충돌이라는 사소한 물리적 과정이라는 점이다. 생각, 믿음, 욕망, 감정은 단순한 '부수현상(epiphenomena)'일 뿐 행동의 실질적 동인(real drivers of action)은 신경프로세스의 부산물(by-products of neural processes)에 불과하다는 것이다."[35]

특히 칸트와 관련해 백종현 교수는 다음과 같이 지적한다.

"누군가는 이른바 '예지적 원인'으로서의 '이성의 말'이라는 것도 두뇌 세포의 인과 연관적 운동으로 설명할 수 있으며, 그렇게 설명되어야 한다고 말하는지 모르겠다. 가령 (전철 사례) 그 청년은 전철 안에 서 있는 노인을 육안을 통해 보았고, 이 감각 내용이 두뇌에 전달되었으며, 그런 정보를 입수한 두뇌가 그에 대한 조처로서 이전부터 축적되어 있던 사회에 절이라는 정보기제에 따라 몸을 일으켜 세우고 양보의 말을 하게 한 것이라고."

또한 같은 맥락에서 김남호 교수는 지적한다.

"프랑크퍼트에 있어서 2차적 의지도 어디까지나 욕구에 속하다. 인간은 1차적 욕구를 반성적 자기평가 능력을 통해 욕구할지 혹은 하지 말아야 할지를 결정한다. 그러나 롯(G. Roth)과 같은 강한 결정론자들은 여전히 2차적 의지 역시 무의식적 메커니즘이 만들어낸 결과물이며, 의식적 반성행위는 (변연계 등) 두뇌활동의 부산물에 지나지 않는다고 주장하려 할 것이다. 또한 신경과학의 발전과 함께 약물 등과 같은 신경기술을 통해 의식적 내용을 조작하는 일이 가능해질 것이다."[36]

이상의 문제제기가 칸트적 자유의지 개념에 심각한 위협을 초래할 수 있는 이유는 순수 실천이성의 산물인 자유의지가 현상계 밖에서 작동하며 자연적 인과법칙의 지배를 받지 않는다는 점과 모순되기 때문이다. 현대 과학이 밝혀낸 바에 따르면 —아마도 칸트시대에는 명확히 알려지지 않았겠지만— 욕구와 추론, 의지 등 인간의 대부분의 의식적 활동은 두뇌의 신경프로세스로 설명될 수 있고, 그렇다면 의식적 숙고에 해당하는 실천이성의 활동 역시 자연적 인과법칙에 종속될 수밖에 없기 때문이다.

---

35) Julian Baggini, Freedom Regained (Granta, 2016), at 14-15.
36) 김남호, "강한 결정론과 그 대안으로서의 합리주의적 양립론", 인간연구 제33호, 2017, 161면 참조.

나. 비판논거 검토

A. 치좀의 견해

치좀은 반론에 대해 행위자가 자신의 뇌에 대해 무엇인가를 하지 못한다는 것은 맞는 말이지만, 그로부터 행위자가 그의 뇌 속에서 발생한 그 무엇의 내재적 원인이 아니었다는 결론은 나오지 않는다고 응수한다. 즉, 막대기를 잡고 무엇인가를 하려 할 때, 자신이 전혀 알지 못하고 의도하지도 않은 채 주변의 여러 공기입자들을 움직이고 많은 잔디 잎들을 그것들이 받고 있는 압력으로부터 풀어주며, 그림자를 이동하게 되는 등 "행위자가 하는 일이라고는 할 수 없는" 일이 발생하지만, 그는 분명 의도한 어떤 일을 한 것이고 따라서 그 일의 원인이 될 수 있는 것처럼, 뇌 속의 사건은 공기 입자들의 운동과 마찬가지로 막대를 잡는 과정에서 그가 발생시켰던 어떤 것일 수도 있다는 점에 주목하면[37] 비록 행위자가 뇌에 대해서 혹은 뇌와 관련하여 아무 일도 하지 않는다는 것이 맞는다고 할지라도 뇌 속의 사건은 공기 입자들의 운동과 마찬가지로 행위자가 막대를 잡는 과정에서 발생시킨 어떤 것일 수도 있기 때문이라고 한다.[38] 요점은 "누군가 A를 하는 경우(내재적 인과성에 의해) 그는 뇌 속에 어떤 사건을 발생시키고(he makes a certain cerebral event happen), 이 뇌 속 사건은(외재적 인과성에 의해) A가 발생하도록 한다는 것이다."

B. 백종현 교수의 견해

문제제기에 대해 백종현 교수는 당위는 자연적 근거로 설명될 수 없으며, 즉 사회예절이라는 (신경학적으로) 두뇌에 축적된 정보 자체가 어떻게 만들어졌는가를 물어야 한다고 반문한다. 즉 그것은 단순한 신경과정에 따른 정보가 아니며, 하나의 당위로서 오로지 실천이성의 판단과정에 따른 귀결로서 존재하기 때문에, 사회예절이라는 정보에 따른 행위는 결과적으로 순수 실천이성의 활동에 따른 산물이라는 것이다. 즉 사회예절이라는 두뇌 정보에 따르는 자연적 행위도 도덕적 행위가 될 수 있다는 의미로 보인다.

C. 김남호 교수의 견해

김남호 교수는 프랭크퍼트의 견해가 욕구의 위계는 구별했지만, 욕구의 근거(sources)를

---

37) 다만 차이가 있다면 공기 입자들의 운동의 발생원인은 막대운동인 반면, 뇌 속에서 발생한 사건은 막대 운동의 원인이라는 점이다.
38) Roderick Chisholm, *Ibid.*, at 178.

구별하지 못했다는 점에 주목해 반박논거를 제시한다. 즉 순수한 물리화학적, 생물학적 욕구에 의한 동기로서의 의지라면 그것은 신경프로세스의 일부에 불과하겠지만, 순수한 가치판단체계에 근거한 의지라면 그것은 이성을 통해 더 가치있는 것을 찾게끔 만들어주는 행위가 되어 순수 이성이 들어설 자리가 확보될 수 있다는 것이다. 요컨대 실천이성의 명령이나 가치판단의 과정은 신경프로세스로 설명될 수 없다는 의미로 보인다. 이는 자연적 욕구에 기초한 의지는 신경프로세스의 일부겠지만, 순수한 가치판단의 문제는 실천이성이 개입되는 다른 층위에 놓인다는 주장으로 생각된다.

D. 줄리언 바지니와 마이클 가자니가의 견해

상기 논급한 바와 같이 치좀은 자신의 견해에 대한 반론을 논박하며 뇌 속의 사건이 다른 사건이 아닌 행위자가 야기한 것으로(some cerebral event is caused not by any other event, but by the agent) 이해할 수 있다고 주장하였지만, 이는 관점에 따라서는 '인과성의 돌연한 중단'으로도 볼 여지가 있고 따라서 자칫 "과학을 부정해 물리학적 법칙을 웃음거리로 만드는" 이론으로 평가될 수도 있다는 점에서 '행위자가 뇌 속 사건을 야기하는 인과과정'에 대한 보다 '과학적 설명'이 요구된다고 하겠다. 이는 후술하듯 하향식 인과관계가 해명해 줄 수 있을 것이다.

아울러 백종현 교수와 김남호 교수의 해결책에도 적지 않은 문제가 있다고 생각한다. 문제의 핵심은 실천이성의 활동자체가 신경프로세스로 설명된다면, 인과법칙의 지배를 벗어난 칸트의 자유의지는 도대체 어디에서 찾을 수 있느냐는 것인데, 도덕규범 자체가 실천이성의 산물이므로 전철에서 노약자에게 자리를 양보하는 신경과정은 단순히 신경프로세스로 설명될 수 없다고 하는 주장이나, 가치판단은 실천이성이 개입하는 활동으로 단순한 신경프로세스 이상의 작업이라는 주장은 모두 "실천이성 자체가 신경프로세스라면?"라는 질문을 우회하고 있을 뿐 직접적인 해명을 해주지 못하고 있기 때문이다. 특히 김남억 교수는 프랭크퍼트가 욕구의 위계만 구별하고 각각의 근거를 구별하지 못했다고 주장하는바, 이는 프랭크퍼트의 본래 논지에서도 벗어나 있는 것으로 보인다. 프랭크퍼트의 입장에 의하면 "나는 인간의 2차적 의욕(second order volitions)들이 반드시 그 자신의 1차적 욕구(first order desires)에 대한 그의 도덕적 입장(moral stance)을 표현한다고 제안하려는 것이 아니다. 인간이 그의 1차적 욕구들을 평가하는 것이 도덕적 관점(view of morality)에서 유래하는 것이 아닐 수도 있다. 게다가 인간은 자신의 2차적 의욕의 형성에 있어서 변덕스럽기도 하고 무책임하기도 하며, 문제점에 대해 신중한 숙고를 하지 않을 수도 있다."[39] 따라서

그것이 순전히 실천이성에 의한 가치판단과정을 의미한다고 보기도 어렵다.[40)]

이에 대해서는 무엇보다 줄리언 바지니의 통찰에 주목할 필요가 있다. 그는 다음과 같이 지적한다.

> "의식에서 뇌가 핵심역할을 담당한다는 사실을 고려할 때, 우리가 어떤 결정을 내리기 전에 뇌에서 아무 일도 일어나지 않는다면 그거야말로 놀랄 일이 아니겠는가? 신경세포의 발화가 아니라면 달리 무엇이 생각을 가능하게 할 수 있다는 말인가? 그러나 아직 우리는 정신과 뇌의 관계를 이해하지 못하기 때문에, 둘의 관계를 어떤 식으로 말해야 할지 알 수 없다. 예를 들어 우리는 리벳의 실험을 설명할 때 '우리'가 인식하기 전에 '우리 뇌'가 결정한다는 식으로, 마치 뇌가 우리의 일부가 아닌 것처럼 말하기가 아주 쉽다. 이것은 '부분-전체 오류(mereological fallacy)',[41)] 즉 부분을 전체로 파악하는 오류의 한 형태다."[42)]

다시 말해 바지니에 의하면 리벳의 실험을 전혀 다른 방식으로 해석될 수 있는데, "우리의 결정은 우리를 위해 우리 뇌에 의해 이루어진다"는 것이다. 물론 바지니의 견해에 대해 다음과 같이 반박할 수 있을 것이다. 리벳의 실험상 시간적으로 선행하는 것은 무의식적 신경과정이었으므로 그것이 의식적 결정을 인과적으로 '야기한' 것이라고 말이다. 하지만 이는 단선적인 해석이다. 만일 우리의 모든 의식적 결정이 그에 상응하는 무의식적 신경과정에 순차적으로 '후행'하여 발생할 뿐, 이 두 가지 차원의 결정이 내용적으로 '항상' 일치할 수 있다면, 따라서 의식적인 사고의 자유선택은 시간차만 있을 뿐, 무의식적 선택과정과 동일한 것이다.[43)] 리벳과 유사한 실험을 통해[44)] 도출한 결론에 대해 베를린 베른슈타인

---

39) Harry Frankfurt, "Freedom of the Will and the Concept of a Person", in: Free Will (Hackett Publishing Company, 2009), at 204-205.

40) 게리 왓슨은 프랭크퍼트의 욕구위계이론에 대해 적확한 비판을 가하는데, 왓슨에 의하면 프랭크퍼트의 구분법은 플라톤의 영혼분할론과 유사하지만, 프랭크퍼트는 영혼을 고차적 의욕과 저차적 욕구로 구분하는 반면, 플라톤과 왓슨 자신은 행동을 유발하는 동기의 원천, 즉 그 원천이 이성인지 아니면 정념이나 갈망인지의 구분법에 따르고 있다고 한다. 게리 왓슨, "자유로운 행위", in: 자유의지와 결정론의 철학적 논쟁 (간디서원, 2004), 214-246면 참조.

41) '부분-전체 오류'란 신경과학자들이 범하기 쉬운 오류로서 예컨대 심리적 개념이나 속성들은 인간 전체에 귀속시켜야 비로소 의미를 갖는데, 이를 뇌나 뇌의 부분들로 귀속시키면 전혀 무의미해진다는 것이다. 이 개념에 대해서는 이을상, "신경과학이 철학적 반성을 필요로 하는 까닭은?", 철학논총 제81권, 2015, 181면 이하 참조.

42) Julian Baggini, Ibid., at 23.

43) 동일한 생각으로는 마이클 셔머/김명주 역, 도덕의 궤적 (바다출판사, 2018), 495면. 셔머는 다음과 같이 말한다. "내 뇌의 어느 영역이 선택을 내리든, 그러한 선택을 하는 것은 여전히 나-자유의지와 자기결정권을 지닌 존재-이다."

컴퓨터신경과학(Computational Neuroscience)센터의 신경과학자인 존 딜런 헤인즈는 "나의 의식적 의지는 나의 무의식적 의지와 일치한다. 이것은 동일한 과정이다(My conscious will is consistent with my unconscious will － it's the same process")."고 말했다.[45]

(신경)과학적 회의주의에 의하면 우리의 믿음, 욕구, 의도, 생각 등 의식적 사고는 신경학적 프로세스에 불과하므로 우리의 행동에 아무런 기여를 하지 못한다는 것인데, 다시 말해 "우리의 생각 등은 인과적 효능(causal efficacy)을 갖지 않는다."고 자유의지 회의론자들은 주장하지만 바지니에 의하면 리벳의 실험을 포함해 사람들의 의식적 사고와 행동 간에 아무런 관계가 없다는 사실을 증명한 실험은 지금껏 존재하지 않는다. 우리의 결정에 무의식적 신경과정이 개입되고 있음을 밝힌 여러 연구에도 불구하고 우리가 하는 행동의 대부분은 명백히 생각이나 이성과 신념에 기반한다는 것이다. 그는 다음과 같이 말한다.

"인간의 정신과 행동에 관해 논할 때 의식적 사고(conscious thought) 차원, 생화학적 뇌(biochemical brain) 차원, 그리고 기초물리학(fundamental physics) 차원에서 설명이 가능하다. 그런데 만일 어떤 일이 왜 일어나는지에 대한 유일하게 옳은 설명은 가장 근본적이고 낮은 수준에서 이루어져야 한다는 환원주의적 입장을 진지하게 받아들일 경우, 뇌과학은 행동에 대해 결코 '진정으로(really)' 설명하지 못할 것이다. 사건이 일이 왜 일어나는지에 대한 궁극적 환원주의적 설명(ultimate reductionist account)을 제공하는 분야는 심리학이나 신경과학이 아니라 물리학이다(Physics rather than psychology or neuroscience provides the ultimate reductionist account of why things happen)."[46]

그러나 바지니는 이러한 환원주의 패러다임이 잘못되었음을 지적한다. 현대과학에 의하면 "전체는 부분의 총합보다 크다." 즉 모든 것을 기본법칙으로 환원한다고 해서 이로부터 다시 전체 우주를 복원할 수는 없다는 것이다. "우리는 뇌가 어떻게 움직이는지 살펴볼 수 있고 소립자와 관련해 벌어지는 모든 현상을 이론적으로 설명할 수 있다. 그렇지만 입자의 움직임을 지배하는 법칙을 확인할 수 없으며, 뇌처럼 복잡한 기관에 입자들이 배열될

---

44) 이 실험은 기본적으로 리벳의 실험과 유사하나, 자기공명영상장치(fMRI)를 통해 관찰된 두뇌 부위는 리벳의 실험과 달리 전전두피질(prefrontal cortex)였고, 딜런에 의하면 리벳이 준비전위를 측정한 부위인 대뇌피질 표면은 거의 행동결정의 마지막단계에서 활성화되는 부위에 불과하고 최초의 결정(initial decision)을 수행하는 부위가 아니다. 따라서 딜런의 연구팀이 확인한 두뇌의 무의식적 결정과 의식적 행동결정 사이의 시간차이는 리벳의 경우보다 긴 7초로 나타났다.

45) Ewen Callaway, Brain scanner predicts your future moves, *13 New Scientist* (2008) 참조.

46) Julian Baggini, *Ibid.*, at 38.

때 어떤 일이 일어나는지를 이 법칙을 바탕으로 알아낼 수도 없다. 물리적 우주가 의식을 발생시키긴 하지만, 물리법칙은 의식과 관련해 어떠한 예측도 하지 않는다."

한 마디로 "전체 시스템은 시스템의 각 요소들의 작용을 아는 것만으로는 예측할 수 없는 방식으로 움직인다."는 것이다. 예컨대 양자물리학은 뉴턴물리학보다 더 근본적이지만, 뉴턴의 법칙을 해체해서 양자역학으로 대체할 수는 없다.[47]

마찬가지로 인지신경과학자 마이클 가자니가는 마음이 어떻게 작동하는지에 대해서 뇌과정만 연구해서는 예측할 수도, 이해할 수도 없다는 점을 지적한다. 그 이유는 마음과 의식은 뇌과정에 불과한 것으로부터 야기되는 '창발적 속성'인데 이런 과정들로 이루어진 복잡한 조직은 근본적 물리차원에서는 나타나지 않던 새로운 속성을 만들어내기 때문이다. 즉, 믿음, 생각, 욕구와 같은 정신의 상태는 모두 뇌의 활동으로부터 비롯되고, 결과적으로 그런 것들이 이런저런 방식으로 행동하려는 우리의 결정에 영향을 미칠 수 있으며, 또 영향을 미친다는 것이다.

가자니가는 다음과 같이 말한다.

"나는 뇌를 설명하는 이론가들, 그러니까 모든 정신이 아직 발견되지 않은 신경상태와 동일하다고 주장하는 신경환원주의자들이 이를 증명할 수 있다고 생각하지 않는다. 내 생각에 의식적 사고는 창발된 속성이다. 신경으로는 사고를 설명할 수 없다. 그저 소프트웨어와 하드웨어가 상호작용할 때 일어나는 일과 유사한 사고의 현실성이나 추상성을 입증할 뿐이다. 정신은 두뇌로부터 독립된 속성이면서 동시에 완전히 뇌에 종속된 속성인 것이다."

"창발을 이해하는 열쇠는 서로 다른 차원의 구조가 있다는 사실을 이해하는 것이다. 자동차만으로는, 자동차 부속만으로는 교통체증과 교통이라는 현상을 분석할 수 없다. 부분만으로는 알 수 없는 새로운 법칙이 발생한 것이다. 뇌도 마찬가지다. 뇌는 결정공식을 따르는 자동기계지만 뇌 하나만 떼어놓고 분석해서는 책임이라는 기능을 상상할 수 없다. 책임이란 사회적 교류에서 발생하는 삶의 차원에서 존재하며 사회적 교류에는 둘 이상의 두뇌가 필요하다. 둘 이상의 뇌가 상호작용할 때 예측불가능한 새로운 일들이 발생하고 그와 함께 새로운 규칙도 생겨난다. 원래 존재하지 않았지만 이처럼 새로운 규칙을 통해 얻은 두 가지 특성이 바로 책임과 자유다. 이 둘은 (결정론적) 뇌에서는 발견할 수 없다. 책임과 자유는 다수의 두뇌들에서, 그러니까 사람들 사이의 교류에서 발생한다."[48]

---

47) 독일의 형법학자 히르쉬도 이 점에 대한 인식을 통해 결정론적 사고방식이 다른 방향으로 나아갈 수 있는 가능성을 논급한 바 있다. 한스 요하임 히르쉬/하태훈 역, 앞의 논문, 71-72면 참조.
48) 이상의 내용은 마이클 가자니가/박인균 역, 뇌로부터의 자유 (추수밭, 2012), 199면과 207-208면.

바지니에 의하면 상기 최신과학의 입장은 "우리로 하여금 신념, 욕구, 의도 같은 것들을 불가사의하고 비물리적인 것으로 여기도록 하지 않으면서도, 그것들이 실제로 어떻게 무언가를 변화시킬 수 있는지 알려준다. (중략) 이것은 우리가 자유의지에 대해 생각할 때 명심해야 할 가장 중요한 과학적 사실이다. 뇌가 생각의 엔진이라면, 생각 자체는 아무것도 바꿀 수 없는 것처럼 보이기가 아주 쉽다. 복잡계이론은 어떤 이상하고 기괴하며 초자연적이고 비물리적인 의지나 영혼을 상정할 필요 없이, 이것이 어떻게 틀릴 수 있는지 증명한다. 생각, 믿음, 욕구가 상황을 일으키는 원인이 될 수 있다는 견해는 시대에 뒤떨어진 형이상학이 아니라 완전히 최신과학임(not outmoded metaphysics, but bang up-to-date science)을 보여주는 것이다."49)

요컨대 바지니의 견해에 따르면 이성적 숙고는 비록 신경적(혹은 물리적) 기반을 갖고 있다고 하더라도 그 자체로 독립적인 행동의 원인이 될 수 있다는 것이다.

아울러 바지니는 우리의 생각을 원인으로 파악하지 않으면서도 생각이 얼마나 인과적 효능이 있는지 이해하는 또 다른 방법도 제시한다. 소위 '원인과 이유'의 구분법이 그것이다. 그에 의하면 인간의 행동은 인과관계의 연쇄의 결과라고 단순히 주장할 수도 있지만, 행동은 분명 이유에 의해 초래되며, 그 이유를 이해하지 않고서는 누가 왜 특정한 행동을 하는지 제대로 이해할 수 없다. 예를 들어 내가 일어나서 불을 켠다면 불이 켜지는 원인은 내 신체의 거동과 손의 움직임, 그리고 스위치가 움직여 전류가 흐른 데 있지만, 내가 그렇게 행동한 이유는 어둠 속에서 원하는 물건을 찾고 싶었기 때문이다. "우리는 이유가 무엇인지 말할 때 행동의 원인을 규명하지는 않는다. 행동의 원인은 생리학적인 무언가가 되어야 하지만 이유는 그렇지 않다. 이유 역시 그 자체로 생리학적 대상 내지 기반을 지니고 있기는 하지만 이유는 원인과 다르다. 이유는 우리가 그 행동을 왜 하고 싶은지 설명하거나 확인한다."50)

바지니의 견해를 정리하자면, 인간의 행동은 이유에 근거하며, 그 이유에는 바로 특정한 이성적 숙고나 믿음, 욕구 등이 포함될 수 있다는 것이다. 이는 결과적으로는 전술한 비환원주의 패러다임과 같은 입장으로 해석할 수 있을 것이다.

결론적으로 줄리언 바지니는 "철학에 관한 지식이 없는 대다수 신경과학자와 그 옹호자들은 그들의 연구결과로 다룰 수 있는 범위 이상을 주장해왔다. 많은 사람들이 믿음과 행동의 물리적 신경적 원인을 발견하는 소위 신 라플라스 프로젝트에 열중하고 있다. 우리가

---

49) Julian Baggini, *Ibid.*, at 40-41.
50) Julian Baggini, *Ibid.*, at 41.

행동의 신경학적 원인을 찾을 경우 눈에 보이는 행동의 원인은 신경학적 원인뿐이며, 따라서 이것이 행동의 유일한 원인이라는 결론은 당연히 비논리적이고 비약이다"라고 하며 자유의지에 대한 (신경)과학의 도전은 과장된 것이라고 지적한다.[51]

E. 소결

필자는 칸트가 제시한 예지계/현상계의 구분법을 그대로 따르는 노선에서 최신과학의 입장과 상기 여러 철학적 통찰을 수용하여 이 문제에 대한 해법을 제시해 보고자 한다. 즉 예지계의 실천이성의 활동은 자연법칙적 인과계열을 벗어날 수 있지만, 결과적으로 자유의지에 따른 행동은 자연법칙적으로(물리-화학적, 생물학적 인과관계는 물론 미시적 차원에서 신경학적 인과프로세스)에 부합되게 설명될 수 있다는 것이다. 사실 거짓말의 유혹이나 안락함의 경향성 자체에 이미 신경학적 프로세스가 작동하고 있음은 자명한 사실이다. 욕구와 성향 자체가 뇌과학적으로는 신경활동의 산물이기 때문이다. 그럼에도 불구하고 그러한 자연적 욕구와 성향을 이성적 의지로 극복하는 기제는 그 자체도 물론 신경학적 프로세스의 산물이겠지만,[52] 우리에게 있는 조절능력이라는 또 다른 층위의 신경적 프로세스의 산물이면서, 순수 실천이성을 가동시키는 신경기제의 산물이기도 할 것이다. 즉, 순수 실천이성은 자연적 욕구와 경향성에 반하는 행동을 명령하고 있지만, 이 과정 역시 신경학적 프로세스 차원에서 자연적 인과계열 내에 가능하다는 것이다. 여기에는 어떤 논리적 모순도 없다. 인간의 자유의지는 군이 물리법칙으로부터 벗어날 필요가 없다는 것이다.

일찍이 무어(G.E. Moore)는 "(a) 그는 다르게 행위할 수 있었다."는 진술의 의미는 오로지 "(b) 만일 그가 다르게 행동하기로 선택했다면, 그는 다르게 행동했을 것이다."라는 뜻으로 분석될 수 있고, 그리고 이러한 사실은 모든 사건은 원인이 있다는 인과율 내지 결정론과 전혀 모순되지 않음을 언어분석 방식으로 논증하여 결정론과 자유의지의 양립가능성에 여러 시사점을 제공해 준 바 있다. (b)는 결정론과 양립가능하고, 만일 (a)와 (b)가 같은 의미라면 (a)도 결정론과 양립하기 때문이다.[53]

---

51) Julian Baggini, *Ibid.*, at 57.

52) 이 점에 대한 신경학적 증거에 대해서는 마이클 서머/김명주 역, 앞의 책, 498- 499면. 서머는 의도된 행동을 억제할 수 있는 의지를 '하지 않을 자유의지'로 보면서 '자유거부의지'라고 명명한다. 그는 관련 실험결과를 제시하며 "억제에 관여하는 신경망이 의사결정에 관여하는 신경망보다 상위에 있고, 이는 그러한 충동과 그 충동에 따라 내린 결정이 더 상위에 있는 의사결정 신경망들에 의해 번복될 수 있[다.]"고 말한다.

53) G.E. Moore, *Ethics* (Oxford Univ. Press, 1912), at 90. 이러한 무어의 논증에 대해 치좀은 (b)는 (a)가

같은 맥락에서 소위 마음-뇌 동일론의 입장에 서 있는 신경철학의 선구자인 패트리샤 처칠랜드 역시 다음과 같이 인상적인 말을 남겼다.[54]

"만일 자유의지는 환상이다라는 말이 의미하는 바가 우리가 숙고하고 선택하는 것을 가능하게 해주는 신경기제가 있으므로 우리는 자유의지를 가질 수 없다는 것이라면? 기가 막힐 노릇이다. 그렇다면 그들은 진정한 선택을 위해서는 무엇이 필요하다고 생각하는 것일까? 비물리적 영혼?"

그렇다면 자유의지가 구체적으로 어떻게 신경프로세스와 양립할 수 있다는 것일까? 이 점에 대해서 저명한 인지신경과학자이자 신경윤리학자인 마이클 가자니가는 다음과 같은 가능성을 보여준다.

"신경과학에서 하향식 인과관계란 정신적 상태가 신체의 상태에 영향을 미친다는 뜻이다. 거시 A 수준에서의 생각이 미시 B의 물리적 수준에서 신경세포에 영향을 줄 수 있다는 말이다. 이론생물학자 데이비드 크라카우어가 든 예를 보면, 우리가 컴퓨터 프로그래밍을 할 때, 전자(electrons)의 수준인 미시B 수준에서 프로그래밍 하는 것이 아니라 실제로 더 상위의 수준인 거시 A(예컨대 Lisp 프로그 래밍) 수준에서 한다는 것이다. 그러면 거시 A가 정보의 손실 없이 미시물리학으로 번역된다(compiled down). 즉, A가 B의 원인이 된다. 물론 A는 물리적으로는 B로 만들어졌고, 모든 단계의 번역은 B의 물리학을 통해 오로지 B에서 이루어진다."[55]

처칠랜드와 가자니가의 견해를 종합하면 우리의 욕구와 의지 등은 신경학적 기제를 통해 발현되며, 그렇다고 미시차원의 신경프로세스가 거시차원의 욕구와 의지를 인과적

틀렸음에도 불구하고 옳을 수 있음을 지적한 바 있다. 예컨대 어떤 살인자는 만일 그가 다르게 선택했다면 다르게 행동할 수도 있었던 사람이지만, 그럼에도 불구하고 그와 동시에 다르게 행동할 수 없었던 그런 사람이기도 하다는 것이다. 치좀의 견해에 대해서는 Roderick Chisholm, *Ibid.*, at 175-176.

54) 처칠랜드는 (그녀의 주장대로라면) 칸트류의 철학자들이 주장하는 반인과적 자유의지는 일반 대중의 자유의지 개념과는 동떨어진 것으로 보며 법률적, 일상적 맥락에서 유용하고 적절한 자유의지 개념은 '자기조절능력'으로서의 '자유의지' 개념이라고 주장한다. 패트리샤 처칠랜드/박제윤 역, 신경건드려보기 (철학과 현실사, 2014), 248면. 칸트가 반인과적 자유의지를 주장했다는 처칠랜드의 주장은 오해가 있다고 보인다. 칸트는 예지계에서의 자유가 자발성을 가질 수 있음을 입론했지만 동시에 현상계의 인과법칙과 양립가능함을 주장하고 있기 때문이다.

55) 이 부분의 내용은 마이클 가자니가의 원서를 참조했음을 밝혀둔다. Michael S. Gazzaniga, Who's in Charge? (HarperCollins, 2011), at 138-139.

으로 결정하는 것은 아니고, 욕구와 의지 등은 거시차원에서 타인과의 상호작용 속에서 독립된 법칙을 따르면서 하향식으로 신경프로세스에 인과적으로 영향을 줄 수 있다는 것이다.[56]

그렇다면 다음과 같이 정리할 수 있다. 우리에게는 두 가지 차원의 신경학적 프로세스가 있는데 하나는 자연적 욕구와 성향에 따르려는 것이고, 다른 하나는 이성적 자유의지에 따르려는 것이다. 이 둘은 모두 자연법칙적 인과관계에 의해 설명이 가능하지만, 전자는 동물적 성향(자기애의 준칙)을 우위에 둔 것이고, 후자는 인격적 결단(도덕성)을 우위에 둔 것이라는 차이가 있을 뿐이다. 어느 경우든(칸트라면 후자의 경우만 자유롭다고 보겠지만) 우리는 '자유롭게' 결정을 내리며, 그 신경학적 과정은 인과적으로 해명이 가능하다.

결정론이란 용어는 어떤 의미에서는 잘못된 것이다. 흔히 결정론의 의미는 엑스트롬(L.W. Ekstrom)이 잘 표현해 주듯 "어떤 행위자의 과거 사실이 그를 '물리적으로 가능한 유일한 특수한 상태인' 하나의 특정한 결단의 상태로 밀어붙이는(pushing)"[57] 식으로 이해되고 있지만, 어떤 현상계의 사건도 인과관계로 설명될 수 있을 뿐이지,[58] 항상 어느 쪽으로 '불가피하게' 결정되어 있다고는 말할 수 없다.[59] 만일 결정론이 그런 의미라면 그것은

---

56) 이와 유사한 맥락에서 물리학자인 카를로 로벨리는 다음과 같이 말한다. "자유롭다는 것이 우리의 행동이 자연의 법칙에 의해 제한되지 않음을 의미하지는 않습니다. 자유롭다는 것은 우리 뇌 안에서 작용하는 자연의 법칙에 의해 제한되는 것을 의미합니다. 자유로운 결정은 우리 뇌에 있는 수십억 개의 신경세포들 사이에서 활발하게 일어나는 상호작용의 결과에 의해 이루어집니다. 즉, 신경세포들의 상호작용이 우리의 판단을 정의할 때 우리의 자유로운 결정이 이루어지는 것입니다." 카를로 로벨리/김현주 역, 모든 순간의 물리학 (쌤앤파커스, 2016), 127- 128면.

57) 이처럼 인과적 결정론의 의미를 '밀어붙이기(pushing)'로 특징짓는 견해로는 L.W. Ekstrom, "Protecting Incompatibilist Freedom", *American Philosophical Quarterly 35(3)* (1998), at 284-285.

58) 필자와 정확히 같은 생각으로는 A.J. Ayer, "Freedom and Necessity", in: Free Will (Hackett Publishing Company, 2009), at 146-147. 에이어에 의하면 "결정론은 하나의 사건이 다른 사건의 효력 속에 어느 정도는 내재한다는 것을 시사하는 경향이 있기는 하지만, 실제로는 **이 두 사건들이 상호 연관된다는 것만을 의미**하기 때문이다. 그리고 이러한 맥락에서 같은 논지가 '필연성'이라는 단어와 심지어는 '원인'이라는 단어에까지 적용된다. (중략) 그러나 거듭 말하지만 한 유형의 사건이 발생되는 순간, 다른 유형의 사건도 앞의 사건과 시간적 관계 혹은 시간-공간적 관계 속에서 발생한다는 것만이 사실이다. 그 밖의 것은 모두 은유일 뿐이다. 인과성과 자유 사이에 어떤 대립이 존재한다고 생각하게 되는 것은 은유 때문이지 사실 때문은 아니다. (중략) 결정론이 의미하는 바가 적절한 일반법칙과 과거에 관한 일련의 특정한 사실로부터 일련의 미래의 사실을 연역하는 일이 원리적으로 가능하다는 것뿐이라면, 이것이 틀림 없기는 하지만, 내가 운명의 포로가 되는 것을 함축하지 않는다."

59) 최용철 교수도 적절하게 "우리의 당혹감은, 인간 행위를 포함하여 어떤 사건이든 그에 선행하는 원인에 의해 필연적으로 발생한다는 이론인 결정론이 모든 사건의 불가피성을 함축하는 것으로 이해되고 있다는 데서 비롯된다."고 지적한다. 최용철, "자유의지와 결정론의 철학적 논쟁", in: 자유의지와 결정론의 철학적 논쟁(간디서원, 2004), 21면. 동 문헌에 의하면 논리실증주의로 유명한 빈서클의 지도자인 모리

'숙명론'이 될 것이다. 유비적으로 형법상 인과관계와 객관적 귀속을 구분하는 사고방식은 바로 이 점을 잘 드러내 보여준다고 할 수 있다. 왜냐하면 행위와 결과 간에 합법칙적 조건관계가 인정된다고 해도 객관적 귀속이 부정되어 발생한 결과를 행위자의 작품으로 귀속시킬 수 없는 경우가 있다는 의미는 특정 행위와 결과 간에 인과적 연관성이 인정되더라도 그 행위로부터 결과가 반드시 결정되어 있지는 않다는 의미이기 때문이다. 다시 말해 인과적 연관성과 결정성은 구분되어야 할 개념이다.

(3) 만일 자유의지가 조작가능하다면?

저명한 칸트 연구자인 크리스틴 코스가드는 다음과 같은 흥미로운 주장을 한 바 있다.

"당신은 오늘 당신의 모든 움직임이 당신의 두뇌 속에 이식된 전자적 장치(electronic device implanted in your brain)에 의해서 프로그램화되어 있다는 것을 안다. 그런데 이 장치는 당신의 사고과정을 무시하지도, 당신의 움직임을 기계적으로 만들지도 않으며, 오히려 그것들을 통해서 작동한다. 즉 그것들이 당신의 생각을 결정할 것이다. (중략) 여기에서 중요한 것은 프로그램화되어 있는 것을 추측해서 그것과는 다르게 행동하려고 노력해도 당신이 무엇을 할 것인지를 결정하는 데 도움이 되지 않는다는 점이다. 그것은 단지 결정을 내리는 데 방해가 될 뿐이다. 어떤 것을 하기 위해서 단지 프로그램화되어 있다는 사실을 무시하고, 당신이 마치 자유로운 것처럼 무엇을 할 것인가를 결정하기만 하면 된다. 당신은 그 결정이 가짜라고 생각할 것이지만, 그것은 아무런 차이도 내지 않는다. 칸트가 이성이 자신을 의식하면서 판단을 내릴 때 다른 곳으로부터 지도를 받는 것은 도저히 생각할 수 없다고 말할 때, 핵심은 마치 내가 자유로운 것처럼 선택할 수밖에 없다는 점이다. 이것은 내가 스스로 완전히 결정되어 있다고 믿는 것과 절대적으로 양립가능함을 아는 것이 중요하다. 칸트가 말하고자 하는 요지는 결정에 필연적인 이론적 가정에 관한 것이 아니라, 다만 결정이 이루어지는 관점의 근본적인 특징에 관한 것이다."[60]

상기 코스가드의 주장은 설령 내가 두뇌 속의 전자장치에 의해 프로그램 된 상태라

츠 슐리크도 자유의지와 결정론의 문제에 대해 유사한 견해를 피력한다. "[이] 문제는 우리가 마땅히 해야 할 바를 규정하고 명령하는 '규범적' 규칙과 자연 속에서 발생하는 사건들을 기술할 목적으로 사용되는 '기술적' 법칙을 혼동함으로써, '강제'를 '법칙'자체의 속성으로 오해할 때 생긴[다]." 즉 심리학적 법칙이 인간의 행위를 기술할 뿐 인간으로 하여금 어떤 결단을 내리도록 강제하지 않듯이, 자연법칙의 본질은 그것이 모든 사실에 적용된다는 보편성을 의미할 뿐 어떤 강제성을 의미하지는 않는다는 것이다. 이 점에 대해서는, 최용철, 앞의 논문, 20면 참조.

60) Christine M. Korsgaard, *Ibid.*, at 162-163. 상기 인용구는 본문의 내용을 일부 발췌, 재편집한 것이다.

하더라도, "결정이 이루어지는 관점의 근본적 특징에 비추어 볼 때" 그 결정이 비록 가짜라고 생각할 지라도 나는 여전히 자유로운 것처럼 선택할 수밖에 없다는 것이다. 그런데 이 견해에 대해서는 자연스럽게 다음과 같은 의문이 떠오른다. 그렇다면 만일 실제로 우리의 의식 또는 자유의지가 현대과학의 기술적 도움을 받아 조작가능하다면 그것을 과연 진정한 자유의지라고 볼 수 있을 것인가? 또 그러한 조작은 도덕적으로 정당화될 수 있을까? 바로 이러한 문제의식의 극단에는 다음과 같은 견해가 있다. 유발 하라리는 '호모 데우스'에서 다음과 같이 말한다.

"(뇌의 감각영역과 보상영역에 전극이 이식된) 로봇 쥐는 - 상기 코스가드의 사례처럼 - 다른 누군가가 자신을 통제하고 있다고 느끼지도 않고, 자기 의지에 반하는 일을 강압적으로 하고 있다고 느끼지도 않는다. (중략) 인간을 대상으로 한 실험들은 인간 역시 쥐처럼 조종할 수 있다는 사실, 뇌의 적소를 자극해 사랑, 분노, 두려움, 우울 같은 복잡한 감정들을 일으키거나 없앨 수 있다는 사실을 보여준다. 최근 미국 육군은 사람들의 뇌에 컴퓨터칩을 이식하는 실험을 시작했는데, 이 방법으로 외상 후 스트레스 증후군을 겪는 병사들을 치료할 수 있기를 기대한다. (중략) '경두개 직류 자극기'로 불리는 이 헬멧에는 두피 외부에 부착하는 전극들이 달려있고, 그 전극들을 통해 약한 전자기파를 특정 뇌 영역으로 보내면 그 영역의 활성이 높아지거나 억제된다. 미국 육군은 훈련과 실전에서 병사들의 집중력과 전투능력을 향상시킬 수 있기를 희망하며 이 헬멧을 실험하는 중이다. (중략) 이 기술이 성숙한다면, 또는 뇌의 전기패턴을 조작하는 다른 방법이 발견된다면, 인간사회와 사람들에게 어떤 영향을 미칠까? 사람들은…자유주의 세계의 일상적인 목표를 달성하기 위해 자신들의 뇌 회로를 조작할 것이다. 즉 그런 조작을 통해 공부와 일을 더 효율적으로 한다든지, 게임과 취미에 더 몰입한다든지, 수학이나 축구 등 특정한 순간의 관심사에 집중할 수 있을 것이다. 하지만 그런 조작이 일상화되면 고객의 자유의지라는 것도 우리가 구매할 수 있는 또 하나의 제품이 될 것이다."[61]

하라리는 자유의지가 컴퓨터칩이나 경두개 직류자극기에 의해 조작됨으로써 강화되거나 더 나아가 상품이 될 수 있다는 점에 대한 문제의식을 보여주고 있다. 이러한 전망은 먼 미래의 일이 아니다. 소위 '인지능력 향상을 위한 뇌 과학기술'은 상당한 수준에 도달한 상태이고, 이를 허용할 것인지 여부에 대한 찬반논의가 마이클 센델 등 윤리학자는 물론 법률가들 간에도 이미 전개되고 있다. 부정론자들은 이 기술이 인간의 존엄성과 자율성을 훼손시키므로 비윤리적이라고 보는 반면, 긍정론자들은 누구나 새로운 기술로 탄생한 다양

---

61) 유발 하라리/김명주 역, 호모 데우스 (김영사, 2015), 393-398면 참조.

한 기회를 누릴 권리가 있으며 적절한 규제를 토대로 보급되면 많은 사람이 혜택을 누릴 수 있을 것이라고 낙관한다. 부정논거를 더 찾아보면 이 기술이 부유한 사람들에게만 독점될 경우의 형평성 문제, 그리고 기술적인 인지능력 향상이 '진정한 노력'의 가치를 훼손시킬 수 있다는 문제가 있다.62)

만일 뇌과학 기술이 허용된다면 칸트적 의미의 자유의지는 얼마나 가치를 잃게 될까? 도덕법칙에 대한 존경심과 의무감에서 비롯된 행위가 아니라 단지 뇌 조작기술에 의해 인도되어 결과적으로 도덕법칙에 부합되는 행위를 하게 된다면 이것은 칸트의 입장에서는 명백히 도덕적인 행위가 되지 못할 것이다. 하지만 만일 이 기술이 행위자의 도덕적 인지능력을 향상시킴으로써 자유의지의 발현을 돕는다면, 또 만일 그러한 인지능력이 떨어지는 행위자를 정상인의 수준으로 끌어올림으로써 정언명령에 따를 수 있도록 도와주는 역할을 한다면 그들의 행위는 어떻게 평가하는 것이 옳을까? 또 그들의 의지는 진정한 의미의 자유의지라고 볼 수 있을까? 아울러 어떤 사람은 유년기부터 이러한 기술의 혜택을 받아 평생 범죄를 저지르지 않고 좋은 덕성을 유지하며 살 수 있는 반면, 부의 불균형으로 인해 어떤 계층의 사람들은 범죄와 악덕의 유혹에 쉽게 빠져든다면 그 불공정함은 책임과 형벌을 논정하는 데 있어서 어떻게 고려해야 할까? 필자가 보기에 자유의지와 관련해 앞으로 논쟁이 진지하게 펼쳐져야 할 지점은 바로 여기에 있다고 생각한다.63)

---

62) 이상의 논의에 대해서는 윤진수·한상훈·안성조 편저, 법학에서 위험한 생각들 (법문사, 2018) 참조.

63) 비슷한 맥락에서 정신병질자, 즉 사이코패스의 '도덕적 판단능력의 부재'는 행위자의 타고난 도덕적 운(luck)의 하나로서 형법의 공정한 적용을 위해서 책임능력판단에 고려되어야 한다고 주장한 글로는, 안성조, "사이코패스의 형사책임능력", 형사법연구 제20권 제4호, 2008. 동 논문에 대한 공감을 표시하는 견해로는 이상돈, 형법강론 제2판 (박영사, 2017), 294면; 김동현, "인지과학의 관점에서 바라본 자유의지와 형사책임론의 문제", 서울대학교 법학 제51권 제4호, 2010, 304면. 또한 이러한 문제의식에서 파생될 수 있는 또 다른 쟁점은 뇌가 환경과 문화의 영향을 크게 받는 사실에 주목할 때 문화적 프로그래밍을 통해 독재자와 권력자들이 사람들의 뇌를 자신들의 구미에 맞게 바꾸려고 하는 시도에 어떻게 저항할 것인가의 문제이다. 이와 관련해 티모시 테일러는 "우리가 자유의지를 고수하는 것은 그것을 교묘한 방식으로 무력화하려는 권력자들에게 큰 위협이 된다."고 지적한다. 티모시 테일러, "뇌는 문화의 산물이다", in: 위험한 생각들 (갤리온, 2007), 83-87면.

III. 칸트의 자유의지와 형법의 해석

1. 타행위가능성과 자유의지

일반적으로 형법학에서 책임은 비난가능성으로 이해되며 이는 타행위가능성, 즉 적법하게 행위할 가능성이 있었음에도 불구하고 불법을 결의하고 행위한 데 대한 도덕적 비난가능성을 의미한다. 그리고 바로 여기서, 타행위가능성은 자유의지를 전제한 개념으로 널리 받아들여지고 있다. 자유의지가 없다면 행위 당시 다르게 행위할 수 있었다고 평가할 수 없고, 따라서 행위자에 대한 책임비난이 불가능해지거나 곤란해질 것이기 때문이다.

그런데 그동안 형법상 책임원칙과 자유의지의 존부에 대한 가장 집중적인 비판은 바로 이 '타행위가능성'에 초점이 맞추어져 있었다고 보아도 과언이 아니다. 그 논지는 크게 세 가지인데, 첫째, 책임은 자유를 전제로 하는데, 인간의 자유 즉 타행위가능성은 과학적으로 증명되지 않는다.[64] 둘째, 설령 그러한 자유가 이론적으로 구명되더라도 형사소송에서 특정한 행위자에 의해 실현된 자유를 확인하는 것은 불가능하다.[65] 셋째, 형사소송에서의 책임비난의 근거인 개인의 자유, 즉 타행위가능성이 입증될 수 없다면 책임척도는 평균인의 타행위가능성이 될 터인데, 이렇게 되면 평균적인 사람이라면 적법행위를 하였을 텐데(일반적 타행위가능성), 행위자는 그렇게 하지 않았다는 비난이 곧 책임이 된다. 이는 평균적인 규범으로부터 일탈함으로써 행위자는 비난을 받고 또한 책망을 받게 되는 결과를 가져오는 바, 여기서 평균인은 관념적 허구에 불과할 뿐이고, 결과적으로 책임비난의 근거가 자유의지의 남용과 오용에 있는 것이 아니라 기대되는 평균적 행동과 행위자의 실제 행동 간의 차이에 있게 되므로 결국 '자유의지'에 핵심인 실제적 타행위가능성은 무의미해 진다는 것이다.[66]

필자가 보기에 상기 비판은 전통적 의미의 책임원칙의 타당성과 유용성에 대한 반박논거로서 일반적인 자유의지 개념이 형법적 논의의 맥락에 놓이게 될 때 노정되는 문제점을 적실히 지적하고 있다는 점에서는 일응 타당하다고 생각된다. 하지만 형법적 논의에서 요구

---

64) 아르투어 카우프만/김영환 역, "형법상 책임원칙에 관한 시대불변의 성찰들", in: 책임형법론 (홍문사, 1995), 15면.
65) 귄터 엘샤이트·빈프리트 하세머/배종대 역, 앞의 논문, 123면.
66) 귄터 엘샤이트·빈프리트 하세머/배종대 역, 앞의 논문, 125-126면; 배종대, 형법총론 (홍문사, 2013), 430면.

되는 자유의지나 타행위가능성은 분명 일상적인 개념과는 구별이 되고, 또 구별해야 하는 개념이라는 사실에 주목해 보면 위 문제는 상당부분 자연스럽게 해소될 수 있다고 본다. 예컨대 형법은 책임능력을 사물변별능력과 행위통제능력으로 정의하고 있는데 일상적으로는 사물변별능력이 일반적으로 합리적 판단을 할 수 있는 능력으로 이해되지만, 범죄와 형벌과 관련해서는 옳고 그름, 즉 적법과 불법을 구별할 수 있는 능력인 시비변별능력을 의미하고, 행위통제능력 역시 일반적으로 행동을 합리적인 방식으로 조종할 수 있는 능력을 뜻하지만, 형법에서는 시비변별 판단에 따라서 자신의 행위를 법의 요구에 따르게 할 능력인 의사결정능력을 의미한다.[67] 이처럼 형법상의 용어들이 일상적 의미보다는 한정적으로 보다 특수한 외연을 지니고 있다는 점에 주목하면 타행위가능성 역시 그러한 관점에서 해석되어야 함은 자명해 보인다. 주지하다시피, 타행위가능성이란 일반적으로 이것이 아닌 저것을 선택하여 할 수 있는 가능성이 아니라 오로지 '적법행위의 가능성'으로 이해되고 있다. 간단히 말해서 형식적 표현과 달리 오로지 '적법하게 행위할 수 있는 가능성'이 행위자에게 있는가, 있다면 그럼에도 불구하고 불법을 결의한 데에 대해 책임비난을 가하겠다는 것이 형법의 태도인 것이다. 이러한 관점에 서서 타행위가능성을 바라보면, 칸트적 의미의 자유의지가 결코 "이것이든 저것이든 자유롭게 선택할 수 있는 의지"가 아니라 오로지 "실천이성의 능력에 의해 도덕법칙에 따르려는 의지", 선의지[68]라는 사실과 어떤 접점을 갖고 있음을 깨닫게 된다. 다시 말해 칸트적 의미에서 보면 자유의지가 있다는 것은 도덕적으로 행위할 수 있다는 것이고, 이를 가능케 해 주는 실천이성의 능력은 정상인 누구에게나 내재해 있는 것이므로 행위자를 도덕적으로 비난하게 되는 경우란 그러한 자유의지에 따라서 도덕적으로 행위할 수 있음에도 불구하고 그렇게 행위하지 않은 때가 될 것이다. 그렇다면 칸트에게 타행위가능성이란 도덕적으로 행위할 수 있는 가능성이고, 이는 정상적인 사람이 정상적인 상황에 있는 경우라면 누구에게나 열려있는 가능성으로 볼 수 있는 것이고 따라서 도덕적 비난의 근거가 될 수 있다. 이러한 논리 구조에 비추어 보면 형법상의 타행위가능성도 충분히 칸트적으로 재구성할 수 있는바, 다시 말해 정상적인 사람들은 실천이성의 관점에서 볼 때 누구에게나 자유의지가 있고,[69] 따라서 정상적인 상황이라면 언제나 적법하게

---

67) 신동운, 앞의 책, 374면.

68) 선의지란 보편화될 수 있는 준칙만을 법칙으로 채택하고, 경향성의 유혹을 물리치고 그렇게 채택된 법칙에 따라서 행동하려는 의지를 뜻한다. 그리고 그렇게 채택된 법칙에 대한 의식이 인간이라면 누구에게나 있다는 점에서 칸트는 그것을 실천이성의 사실이라고 부른다. 문성학, "선의지와 형식주의, 그리고 책임", 철학연구 제102집, 2007, 222면.

69) 칸트에 의하면 실천이성의 사실로부터 인간은 누구나 "자유가 있다"는 점이 증명된다고 한다. 실천이성

행위할 수 있는 가능성이 있으나 이때 만일 불법을 결의했다면 그 점에 대한 도덕적 비난이 가해져야 한다는 것이다. 만일 이러한 이해방식이 옳다면 타행위가능성에 대한 상기 비판들은 의미를 잃게 될 것이라고 생각한다. 분명 일반적인 행위자에게 적법행위가능성은 존재하며, 이는 누구에게나 전제되는 것이므로 이는 형사소송에서 굳이 입증될 필요가 없는 것이고, 따라서 굳이 평균적 타행위가능성이란 기준도 설정될 필요가 없을 것이기 때문이다. 반대로 말하면 실제적 타행위가능성은 형법적으로 전제되고 있고, 또 그러한 태도는 타당하다는 것이다.

칸트는 '너는 해야만 한다. 그러므로 너는 할 수 있다(Du kannst, denn du sollst)'는 유명한 말을 남겼다. 도덕적 명령은 자연의 경과 속에서는 결코 발생할 수 없는 일이 발생하기를 요구한다. 그러나 그것이 발생할 방도가 원천적으로 봉쇄되어 있다면, 도덕적 명령은 불합리한 명령일 것이며, 그런 불합리한 명령을 실천하려는 인간의 노력은 헛되고 어리석은 것이 될 것이다. 그러므로 도덕적 명령이 불합리한 것이 아닌 한, '너는 해야만 한다. 그러므로 너는 할 수 있다'는 것은 실천이성이 불가피하게 받아들이지 않을 수 없는 사실, 즉, 실천이성의 사실이다. 실천이성의 사실이란 "X+5 보다는 X+8 크다."는 것이 선천적 종합판단에 따른 '이론이성의 사실'이듯이, 실천이성을 가진 사람이라면 누구나 필연적으로 받아들일 수밖에 없는 의심할 수 없는 사실을 말한다. 이러한 맥락에서 보면 칸트의 '실천이성비판' 전체가 "'실천적 선천적 종합판단이 있다'는 실천이성의 사실에 기초해서 그 사실의 가능성 조건을 검토하는 방식으로 해명된 실천이성의 사실들의 체계"로 볼 수 있을 것이다.[70]

현상계에서 자연의 경향성에 유혹되기 쉬운 인간에게 도덕법칙은 의무이자 명령으로 주어지는데, 우리는 이것을 "따를 수 있음"이 전제된다. 이를 형법적으로 해석해 보자면,

---

의 사실이란 도덕법칙을 의지의 결정근거로서 의식하는 우리의 의식이다. 우리가 순수한 이론적 원칙들을 의식하는 것과 꼭 마찬가지로, 우리는 순수한 실천법칙들을 의식할 수 있다고 한다. 여기서 도덕법칙은 "우리가 의지에 대한 준칙을 구성하자마자" 우리에게 우리의 자유를 드러내 보여주는데, 우리의 자유가 드러난다는 것은 우리가 심지어 우리의 가장 강한 경향성에 저항할 수 있다는 점에서이며, 마땅히 저항해야 하는 경우가 있기 때문에 그것에 저항할 수 있다는 것이다. 실천이성비판 V 30. 이로부터 "도덕법칙은 자유의 인식근거이다"라는 칸트의 유명한 명제가 나온다.

70) 이상의 논지에 대해서는 문성학, "칸트 윤리학에서 실천이성의 사실", 철학연구 제90집, 2004, 124-125면 참조. 동 문헌에 따르면 실천이성의 사실은 두 가지 측면에서 설명될 수 있는데, 하나는 모든 도덕적 명령은 그 내용적 다양성에도 불구하고 "너는 마땅히 X를 해야만 한다."는 공통의 형식으로 주어진다는 사실이고, 다른 하나는 도덕법칙은 자의성과 특수성을 배제하는 방식으로 제정되어 한다는 사실이라고 한다. 이로부터 실천이성의 사실은 "실천이성을 지닌 사람이라면 누구나 받아들일 수밖에 없는 모든 실천철학적 원리"가 된다. 예컨대 "자유는 도덕법칙의 존재근거이고, 도덕법칙은 자유의 인식근거이다."라는 명제도 실천이성의 사실이 된다.

칸트의 자유의지론에 의하면 인간은 적법행위를 해야만 하고 "적법행위를 할 수 있다." 도덕률을 따르는 것은 실천이성의 관점에서 의무이자 명령인 것처럼, 현실의 법적 관점에서도 형법률의 금지규범을 따르는 것도 수범자로서의 의무이자 국가의 명령이다. 그리고 여하한 의무와 명령은 그 전제로서 그것을 준수할 수 있음이 전제되어 있다는 것은 분명 '실천이성의 사실'이다. 준수할 수 없는 법규는 애당초 규범으로서 실효성이 없을 것이기 때문이다. 그렇다면 칸트적 자유의지는 적법행위가능성을 함축한다고 말할 수 있고 이것은 누구에게나 내재되어 있는 것으로 전제된다 할 것이므로 칸트적 자유의지 개념 하에서 형법적 의미의 타행위가능성을 입론하는 것은 적절한 해석으로 보인다.

전술한 바와 같이 칸트는 실천이성의 관점에서 자유의지를 전제하고 있으나 법학자나 윤리학자들의 일반적인 이해방식과 달리 책임을 자유의지에 기초해 타행위가능성이 있었음에도 불구하고 그렇게 하지 않은 데 대한 비난으로서 규정하려는 적극적 시도를 하고 있는 것 같지는 않다.[71] 일반적으로 자유의지란 우리가 선과 악 중에서 선택할 때 사용하는 것을 말하며 이를 '도덕적 또는 중립적(moral or neutral) 자유'로 일컬을 수 있다면, '선한 혹은 이성적(good or rational) 자유'는 우리가 도덕적으로 행위할 때 사용하는 자유로 그것은 우리가 열정이나 욕구에 '종속되지(enslaved)' 않는다는 것이다. 주로 칸트가 의도한 자유가 이에 해당한다.[72] 그런데 칸트는 나아가 중립적 자유를 부정하기까지 한다. 칸트에 의하면 "자유는 이성적 주체가 자신의 법칙수립적인 이성에 반대되게 선택할 수 있다는 사실에 근거해서 결코 정립될 수 없다. 경험이 충분할 정도로 자주 이것이 발생함을 증명한다고 해도 그렇다."고 한다.[73] 요컨대 칸트적 관점에서 자유의지는 오로지 도덕법칙을 따르는 것이고 따라서 자유의지가 악행을 선택하는 것을 생각할 수 없다는 것이다.[74] 이러한 맥락에서 코스가

---

71) 코스가드의 칸트 해석에 따르면 우리는 자신과 타인에게 항상 책임을 물어야 한다. 그러나 그 이유는 예지적 자유(noumenal freedom)가 우리에게 이론적 사실로서 알려져 있기 때문이 아니다. 그것은 도덕법칙이 모든 인격에게 있는 인간성에 따를 수 있도록 우리에게 명령하는, 상대방에 대한 존중(respect) 때문이다. 우리가 서로에게 책임을 묻는 것은 그것이 인격으로서 서로간의 상호작용에 본질적이기 때문이다. Christine M. Korsgaard, *Ibid.*, at 212.

72) Christine M. Korsgaard, *Ibid.*, at 161-162.

73) 이를 두고 이로부터 혹자는 칸트가 자유와 도덕성의 그토록 엄격한 동일성을 견지함으로써 도덕적인 책임지움에 대한 자신의 설명을 포기할 수밖에 없다고 비판을 가하기도 한다. Christine M. Korsgaard, *Ibid.*, at 172.

74) 물론 견해에 따라서는 문성학 교수처럼 인간이 악행에 대해 책임을 지는 것은 정언명령을 따르기로 결정하지 않고 아니라 자기애의 준칙을 따르기로 선택하였기 때문이라고 보기도 한다. 문성학, "선의지와 형식주의, 그리고 책임", 철학연구 제102집, 2007 참조. 이와 관련해 아르투어 카우프만은 칸트의 자유의지에 깊이 천착하고 이를 형법적으로 수용하면서도 칸트의 자유의지 개념이 형법상의 타행위가

드는 중립적 자유란 칸트적 의미에서 보면 "선택을 모든 외적인 영향에서 독립적인 것으로 만드는" '소극적 자유'의 결과이거나 '모든 결정의 부재(absence of all determination)'라고 한다.[75] 또한 코스가드는 이성적 주체에게 도덕성은 자유의지의 본성적 조건이고 따라서 도덕성보다 경향성을 우선시하는 것은 이유없이 자신의 자유를 희생하는 격이 된다고 한다. 요컨대 중립적 자유에 의해 악덕을 선택하는 것은 경향성을 우선시 하는 것이고[76] 아무런 동기나 이유 없이 자신의 자유를 포기하는 '모든 결정의 부재'로 볼 수 있다는 것이다. 한 마디로 실천이성의 관점에서 악덕은 생각이 불가능하다는 것이 칸트의 견해이므로, 칸트는 별도로 중립적 자유를 논급할 필요가 없었다는 해명이다.

칸트에 의하면 자유의지는 실천이성의 요청이다.[77] 그런데 요청은 아무런 이론적, 설명적 역할을 하지 않는다. 따라서 중립적 자유의 한 형태인 '자유롭지만 악한 의지'는 비록 순수 실천이성의 관점에서는 생각 불가능하지만(unintelligible), 이론적으로는 불가능하지 않다.[78] 이론이성의 관점에서 보면 악을 행하거나 도덕적 의무를 회피하는 것은 너무나 쉽게 이해될 수 있다. 그러나 실천이성의 예지적 관점에서는 단순한 경향성의 대상을 위해 자유를 희생한다는 것은 전혀 생각할 수 없는 일이다. 거듭 말하지만 칸트에게 있어서 자유로운 행위란 그 태도가 내적 도덕법칙과 일치하는 데서 성립하는 것이다. 카울바하에 의하면 이것은 "나의 의사결정과 신의 의사결정이 동일하다"는 사상의 표명이기도 하다.[79]

능성과 부정합적일 수 있다는 점에 대해 특별한 관심을 보이지 않는다. 단지 "내가 자유롭게 명령(Gebot)에 찬반으로, 선과 악, 내 스스로를 위하거나 또는 거역해서 결정할 수 있다는 것이 관건이 된다."고 한다. 즉 실천이성의 명령에 거역하거나 따를 수 있는 자유가 있다는 설명인데, 하지만 일반적으로 이해되는 칸트적 의미의 자유의지란 곧 실천이성의 명령에 따르려는 의지이고, 여기에는 달리 선택의 여지를 관념할 수 없다. 카우프만의 견해에 대해서는 아르투어 카우프만/김영환 역, 앞의 책, 511-512면 참조.

75) 반면 적극적 자유의 개념은 "소극적 자유가 실제로 어떤 것을 선택할 것인가에 대한 질료적인 설명"을 의미한다. 따라서 칸트에 의하면 단일한 자유 개념이 존재하며, 도덕법칙이 그것의 유일한 적극적 개념이라고 한다. Christine M. Korsgaard, *Ibid.*, at 162.

76) 칸트 철학에서는 도덕법칙 내지 의무와 경향성은 항상 긴장 관계에 있다. 다만 칸트는 어떤 경우든 경향성은 추방되어야 한다고 보지는 않으며, 따라서 누군가 자신의 의무를 기꺼이 경향성에 따라 행하는 것은, 만약 그것이 단지 경향성으로 '인하여' 생긴 것만 아니라면 비도덕적인 것은 아니다. 다시 말해 경향성이 나의 의지결정에 수반할 수는 있는 것이다. 이에 대해서는 F. 카울바하/백종현 역, 앞의 책, 199면과 211면.

77) 실천이성비판 V 132.

78) Christine M. Korsgaard, *Ibid.*, at 173.

79) F. 카울바하/백종현 역, 앞의 책, 193면. 카울바하에 의하면 실천이성과 도덕법칙에 대한 칸트사상의 요체는 "자연과 마찬가지로 인간 주관에도 도덕적 기본구조가 갖추어져 있고, 이 기초 위에서 인간은 스스로 자기 자신의 필연적 내적 자연본성에 적합하게 하나의 도덕법칙을 표출하며 감정을 통해 스스

물론 칸트는 다음과 같이 직접적으로 타행위가능성을 책임비난의 근거로서 논급하는 듯 보이기도 한다.

"이성적 존재자는 그가 저지른 법칙에 어긋나는 모든 행위에 대해서, 비록 그것이 지나간 것의 현상으로 충분히 규정되고 그런 한에서 불가피하게 필연적인 것이라 할지라도 그는 그런 행위를 하지 않을 수도 있었다고 정당하게 말할 수 있다. 왜냐하면 그 행위는 그 행위가 규정한 모든 지나간 것과 함께 그 자신이 만드는 그의 성격의 유일한 현상에 속하고, 이 성격에 의해 그는 모든 감성에 독립적인 원인으로서의 자기에게 저 현상들의 원인성 자신을 돌리기 때문이다."[80]

"그들에게 부여된 그들 마음씨의 희망 없는 자연적 성질에도 불구하고 다른 사람들과 꼭 마찬가지로 책임이 있는 것처럼, 이런 질책이 충분한 근거가 있다고 여긴다. (중략) 그때 그들의 현상들은 태도의 한결같음으로 인해 자연 연관성을 알 수 있도록 해 주는 것이지만, 그러나 이 자연 연관성이 의지의 나쁜 성질을 필연적이도록 만드는 것은 아니고, 그것은 오히려 자유의지로 받아들인 악한 불변적 원칙들의 결과이며, 이런 원칙들이 의지를 더욱 더 비난받고 벌받아야 하는 것으로 만드는 것이다."[81]

요컨대 칸트적 의미의 자유의지는 실천적 관점에서 '이성적' 자유의지로만 규정되지만, 드물게 '중립적' 자유의지처럼 논급하기도 함으로써 혼동을 주고 있는 듯 보이기도 한다. 이와 관련해 코스가드의 말을 살펴볼 필요가 있다.

"인간의 삶은 자신의 성격이나 근본원리의 선택으로 간주된다. 칸트에 따르면 인간은 특정한 동인, 소위 말해서 행위 근거의 후보자로서 우리에게 나타나는 충동에 종속되어 있다. 그런 것들에는 도덕법칙에 대한 존경뿐만 아니라 욕구와 경향성이 있다. 칸트는 이런 동인들을 전적으로 무시할 정도로 우리가 자유로운 것은 아니라고 믿는다. 오히려 우리의 자유는 동인의 위상을 결정하는 능력, 즉 자기애가 도덕성에 의해 지배되는 것인지, 아니면 도덕성이 자기애에 종속될 것인지를 선택하는 능력에 그 본질이 있다."[82]

코스가드에 의하면 자기애의 준칙이나 도덕법칙 중 어느 것을 우위에 둘 것인가에 대한

로 그것을 의식할 수 있다."고 한다.
80) 실천이성비판 V 97-98.
81) 실천이성비판 V 100.
82) Christine M. Korsgaard, *Ibid*., at 202.

인간의 '근본적인(fundamental)' 선택[83]이 우리가 현상적인 행위를 책임지도록 만든다고 한다. 여기서 그녀는 '근본적 선택'이란 표현을 쓰고 있음에 주목할 필요가 있다. 즉 상기 인용구에서 칸트가 비록 중립적 의미의 자유의지도 인정하는 듯 보이는 언명을 하고는 있지만, 엄밀히 말하면 그것은 단순히 선과 악, 혹은 적법과 불법 사이의 선택이 아니라 그러한 결과를 낳게 되는 성격(character)이나 근본원칙 사이의 선택으로서 "우리가 마치 자신의 성격을 창조한 것처럼 생각해야 하며 또 실제로 그렇게 생각한다."는 측면을 강조함으로써 "어떻게 성격을 선택하는 일이 궁극적으로 행동을 낳게 되는지"와 관련하여 책임의 성격을 규정짓는 방식을 보여주고 있는 것이므로[84] 칸트 스스로 '중립적 자유'를 부정하는 언명을 한 것이나 '이성적 자유'로서의 자유의지 개념을 입론한 것과 모순되지 않게 정합적으로 해석될 수 있다고 보인다.

종합해 보자면, 칸트에 있어서 자유의지는 실천적 관점에서 보면 도덕법칙을 따르려는 선의지와 동일시되고 그러한 맥락에서 보면 형법상의 타행위가능성은 충분히 존재의의가 유지될 수 있다고 생각된다. 형법상의 타행위가능성은 행위자의 전체인격이나 성격형성과는 무관한 것으로 받아들여지고 있으므로[85] 타행위가능성을 언급한 듯 보이는 상기 칸트의 언명은 그와는 직접적 관련이 없는 것으로 해석하는 것이 바람직할 것이다.

2. 형사책임과 관련된 자유의지의 특수성

전술한 바처럼 칸트적 자유의지 하에 형법적 타행위가능성을 관념할 여지가 있다고 할 때, 한 가지 유의할 사항이 있다. 자유의지와 관련된 일반적 논의에서 '선택의 자유' 내지 '타행위가능성'은 허용된 사항 중에서 어느 것이라도 자유롭게 선택할 수 있음을 의미하는 데 반해, 형법적 의미의 자유의지는 허용된 것과 금지된 것 중에서, 다시 말해 적법과 불법 중에서 어느 것을 자유롭게 선택할 수 있느냐가 관건이 되는 것이므로 양자를 동일평면상에서 논할 수 없다. 흔히 신경과학자들이 논급하는 자유의지 부재의 사례는 이런 것이다. 식당에서 음식을 어떤 것을 주문할 것인지 갈등하는 상황이나, 오늘 아침에 일어나 가장 먼저 무엇을 할 것인지 고민하는 상황이다. 즉 대체로 비슷한 정도로 허용된 것들 사이의

---

83) 코스가드에 의하면 이 근본적인 선택은 "예지계에서 시간과 무관하게 일어[난다]."고 한다.
84) Christine M. Korsgaard, *Ibid.*, at 202-203.
85) 이 점에 대해서는 귄터 엘샤이트·빈프리트 하세머/배종대 역, 앞의 논문, 123-114면.

선택의 갈등상황이다. 다소 길지만 자유의지 부정론의 선두에 서 있는 미국의 신경과학자 샘 해리스의 주장을 소개하면 다음과 같다.

> "사실 나는 모두가 알 수 있도록 한 가지 실험을 해볼 작정이다. 이제부터 이 책이 끝날 때까지 내키는 대로 글을 쓸 것이다. 당연히 내가 쓰는 것은 무엇이든 내가 쓰기로 선택한 그 무엇이 될 것이다. 아무도 내가 이렇게 쓰도록 강요하지 않았다. 아무도 내게 주제를 지정하거나 특정 단어를 쓰도록 요구하지 않았다. 뿐만 아니라 '토끼'를 이 문장에 집어넣고 싶다면, 나는 그렇게 할 자유가 있다. (중략) 다름 아니라 '토끼'는 대체 어디서 나오는 걸까? 그 문장에 내가 '코끼리'를 넣지 않은 까닭은 뭘까? 나는 모른다. 물론 나는 '토끼'를 '코끼리'로 자유롭게 바꿀 수 있다. 하지만 그렇게 할 때 나는 그 이유를 어떻게 설명할 수 있을까? 두 가지 선택의 원인 모두를 나는 도저히 알 수가 없다."[86]

하지만 형법사책임과 관련된 자유의지는 그것들과 사뭇 다름에 유의할 필요가 있다. 굳이 칸트의 자유의지론에 기대지 않더라도 형법의 금지규범은 의무이자 명령이다. 그만큼 동기화 측면에서 있어서 여타의 갈등상황과는 상당히 다르다. 또한 그렇기 때문에 적법을 결의해야 하고 결의할 수 있었음에도 불구하고 불법의 택하기로 결의한다면 그것은 단지 타행위가능성 때문만이 아니라 의무와 명령의 위반이란 점에서 도덕적 비난가능성이 더 높아질 수밖에 없다. 예컨대 내가 어떤 물건을 두고 두 회사제품을 사이에서 고민을 하는데, 다른 모든 조건이 동일한데 한 회사는 윤리경영을 실천하는 곳이고, 다른 회사는 비윤리적 이윤추구에만 매진하는 곳이라고 한다면 당연히 전자의 제품을 구매하는 것이 옳은 행동이 겠지만, 이러한 상황에서 후자를 선택할 경우에 내게 가해지는 비난보다는 불법을 결의할 때 내게 가해지는 도덕적 비난의 정도가 훨씬 강할 수밖에 없다는 것이다. 이는 단순히 자유로운 선택의 차원을 넘어 불법의 결의, 즉 범죄는 의무와 명령의 위반이라는 속성이 더해지기 때문이다. 이러한 점에 착안하여 형법학자들 중에서 책임의 근거를 아예 타행위가 능성이 아니라 '의무의 객관적인 위반'이나 '다른 사람의 요구'로부터 재구성하려는 이론적 인 시도도 있다. 소위 '비난 없는 형벌'을 주장하는 하세머와 엘샤이트는 다음과 같이 말한다.

---

86) 샘 해리스, 자유의지는 없다 (시공사, 2012), 82-83면. 나는 내 행동의 궁극적 원인을 알 수 없다는 샘 해리스의 주장에 동의한다. 그러나 그렇다고 본고에서 입론하고 있는 자유의지가 부정되는 것은 아니 다. 특히 자유의지를 적법행위의 가능성으로 이해하면 더욱 그러하다. 그런 면에서 샘 해리스의 대단히 영리하지만 눈물겨운 논증은 애처롭기까지 하다.

"여기서 말하는 책임의 근거는 객관적인 의미의 책임을 말한다. 즉 범죄자의 개인적 행위가 능성이 아닌 어떤 의무의 객관적 위반이나 다른 사람의 요구로부터 나오는 책임을 말한다. 이것은 채권법의 채무개념과 매우 유사하다. 형법도 이와 같은 하나의 요구로 이해될 수 있다. 모든 시민에 대해 근거를 가지고 법률이 규정하며 제재를 구비한 요구로 생각할 수 있는 것이다. 이 요구는 법이 정한 영역을 지켜서 다른 사람의 이익을 침해하는 행위를 하지 않을 것을 내용으로 한다. 이런 방향에서 고찰한다면 형법적인 당위요구는 결코 자신의 윤리적 근거를 잃지 않을 뿐만 아니라 사회공학의 법률적기술적 도구로 전락하지도 않는다."87)

이와 관련해 목적적 행위론의 주창자인 한스 벨첼의 형사책임론에 주목할 필요가 있다. 벨첼은 자유의지의 개념과 관련해 칸트의 생각과 상당히 유사한 관점에서88) 다음과 같이 책임이론을 전개한다.

"인간은 동물과 달리 소극적으로는 생래적인 상태로부터 광범위하게 자유롭고, 적극적으로는 그의 행위의 정당성을 자신의 통찰력으로써 발견하고 설정할 수 있는 능력이 있고, 또한 그렇게 해야 할 책무를 가지고 있다고 한다. 즉 인간의 진리와 의미, 가치에 맞추어 그의 행위를 책임있게 조종해야 하는데, 인간 정신으로 하여금 이러한 규준에 구속해 두는 것이 야말로 결정적으로 인간의 적극적인 징표가 되는 것이며, '유기체로부터의 실존적인 자유와 해방'에 속하는 것이 된다고 한다. 인간은 인과적 강제를 의미와 가치에 의해 향도되는 조종으로 전환시키고, 이렇게 함으로써 그가 바른 결정 대신에 그릇 결정하였다는 데 대하여 책임을 질 수 있다."89)

요컨대 오로지 인간만이 인격으로서 모든 생물체 중에서 단순한 자연적 존재라면 극복할 수 없는 본능적 행태양식으로부터 벗어나 자유로운 의사에 의해 모든 새로운 현상계열을 스스로 개시하는 특권을 가지고 있다는 것이므로 벨첼에게 있어서 자유의사란 '의미에 맞게 자기결정을 할 수 있는 능력'을 뜻하고 여기서 자유는 '맹목적이고 무의미한 인과적 관계를 떠나 의미합치적인 자기결정을 하는 자유'가 된다. 따라서 칸트의 '이성적 자유' 개념처럼

---

87) 귄터 옐샤이트·빈프리트 하세머/배종대 역, 앞의 논문, 137-138면.
88) 이 점에 대한 지적으로는 신치재, "한스 벨첼의 인격책임론에 관한 소고", 법학논총 제23권, 1986, 95면 참조.
89) 벨첼의 책임이론에 대한 소개는 구모영, "자유의지와 형사책임", 동아법학 제18호, 1995 참조. 동 문헌에 의하면 "여기서 말하는 자유는 결코 어떤 상태를 말하는 것이 아니라 어떤 행동을 말하는 것으로 이는 충동으로부터 인과적 강제를 벗어나 의미합치적 자기규정에 이르는 행동이며, 이러한 행동이 없었을 때에는 책임이 문제된다."고 한다.

자유는 의미있는 것과 무의미한 것, 가치있는 것과 무가치한 것을 임의로 선택할 수 있는 가능성이 아니며, 오로지 '의미합치적 자기결정을 통해 자연적 충동의 인과적 강제로부터 해방되는 활동'으로서의 자유를 의미하는바, '악한 의사'란 가치에 반하는 충동에 인과적으로 의존하는 것이고, 그런 의미에서 '부자유로운 의사'가 된다.

벨첼의 자유의사 개념에 따르면 책임은 "의미합치적 자기결정을 할 수 있는 주체가 그러한 자기결정을 하지 않는 것"을 의미하고, 따라서 책임의 근거는 "악한 행동을 하기 위한 의미합치적 결의를 한 데 있는 것이 아니라 반가치적충동에 관여하고 의존하고 굴복했다는 데 있다."고 한다.[90]

상기 벨첼의 자유의사론은 칸트의 그것과 놀라울 정도로 유사한 측면이 많이 있음은 앞서 고찰한 바에 비추어 쉽게 이해할 수 있다. 오로지 선의지만을 자유의지로 보는 칸트의 입장과 맞닿아 있고, 그렇다면 책임의 근거도 "어떤 것이든 선택할 수 있다"는 의미의 '타행위가능성'이 아니라 적법행위를 결의하지 않고 자연적 충동에 굴복하였다는 점에서 찾고 있는 것이다. 벨첼은 책임을 "책임, 그 비난가능성은 공동사회질서의 의미에 맞는 요구에 따라서 결정하지 않고 그릇된 길로 선택한 것에 향해진다."고 규정하기도 하였던 바,[91] 이러한 생각은 상기 엘샤이트와 하세머의 구상으로도 이어진다.

물론 칸트나 벨첼의 책임근거와 엘샤이트와 하세머의 책임근거는 외견상으로는 유사하지만 실질에 있어서는 분명 차이가 있다. 전자는 도덕적 비난으로서의 책임을 인정하면서도 그에 더하여 의무와 명령의 위반으로서의 성격이 담겨있으나, 후자의 경우는 도덕적 '비난 없는 형벌'을 주장하면서 그보다는 공동체적 의무와 요구의 객관적 위반에서 책임비난의 근거를 찾고 있다는 점에 유의해야 할 것이다.

요컨대 자유의지에 기초한 형사책임의 근거는, 단지 타행위가능성에 있다고 보기는 어렵고, 그에 더하여 의무와 명령 또는 요구의 위반이라는 측면에서도 찾을 수 있다고 할 것인데, 이러한 책임구상은 칸트나 벨첼의 이론에서도 찾을 수 있으며, 그러한 맥락에서 보면 일반적으로 말해지는 책임비난의 근거로서의 '타행위가능성'과 형사책임의 근거로서의 '타행위가능성'은 후자가 근거지음의 기능에 있어서 그 자체로는 미약하다는 점을 지적

---

90) 이상의 내용은 신치재, 앞의 논문, 90-94면 참조. 동 문헌에 의하면 벨첼의 자유의사론은 하르트만의 그것에 대한 비판에서 나왔다고한다. 하르트만은 (벨첼처럼) 선 밖에 선택할 수 없는 자유는 이미 윤리적 자유가 아니고, 자유는 선의 선택이나 악의 선택에서 모두 가능한 것이라."라고 주장하였다. 동 문헌, 97면 참조.

91) 신치재, 앞의 논문, 102면.

해 두고자 한다. 즉 동기화의 측면에 있어서 자유의지가 어느 한 방향, 즉 적법의 방향으로 훨씬 강력하게 작용하고 있다고 보아야 하므로 그만큼 타행위가능성을 인정할 여지는 커지고 그만큼 책임비난을 면할 가능성은 줄어들게 된다. 간단히 말해 형법적 맥락에서 보면 행위자의 자유의지는 선택의 여지가 일반적인 선택의 상황에 비해서 상당히 축소된다고 보아야 할 것이다.

3. '자발성'으로서의 자유의지와 형법의 해석

형법은 강도죄와 공갈죄에 있어서 폭행과 협박의 정도를 구분하고 있다. 즉 공갈죄의 폭행 또는 협박은 사람의 의사 내지 자유를 제한하는 정도로 족하고, 반드시 상대방의 반항을 억압할 정도에 이를 것을 요하지 않는다는 점에서 강도죄의 그것과 구별된다.[92] 강도죄의 폭행과 협박은 상대방의 의사를 억압하여 반항을 불가능하게 할 정도에 이를 것을 요한다.[93] 그리고 이로부터 다양한 법리가 논리적으로 뒤따르는데 예컨대 강취한 타인의 신용카드로 현금을 인출하면 이 경우 점유배제가 소유자의 의사에 반하는 것이기 때문에 소유자 등의 사용승낙 자체가 존재하지 않는 것으로 평가되어 현금지급기 관리자의 의사에 반해 그의 점유를 침해한 것이 되어 절도죄가 성립하나, 만일 갈취한 현금카드로 동일한 행위를 하면, 비록 '하자있는 의사에 기해'[94] 교부받은 것이기는 하나 피해자의 '사용승낙'이 있다고 보아 현금지급기 관리자의 의사에 반하는 것은 아니므로 절도죄는 별도로 성립하지 않고 현금카드 자체의 갈취행위와 이를 사용한 현금지급기에서의 예금인출행위를 포괄하여 하나의 공갈죄가 성립한다고 한다.[95]

상기 판례의 태도에 비추어 보면 대법원은 (자유로운) 의사가 제한된 행위와 자유의사가 완전히 억압된 행위를 각각 구분하여 각기 다른 법적 평가를 하고 있는 것으로 보인다. 그런데 상기 판례에서 논급하고 있는 자유의사는 칸트적 의미에서 보면 '자발성'으로서의 자유의지 개념과 유사한 것으로 보인다. 즉 자발성이 부분적으로 침해된 행위와 완전히 비자발적 행위를 구분하는 것과 유사한 태도이기 때문이다. 달시 말해 '덜 자발적인 의사'와

---

92) 대법원 2001.3.23. 2001도359.
93) 대법원 2004.10.28. 2004도4437.
94) 이 말은 "자유로운 의사에 기하지 아니한" 경우를 뜻하는 것으로 해석될 수 있다. 이주원, 특별형법 (홍문사, 2016), 610면 참조.
95) 대법원 2007.5.10. 2007도1375.

'비자발적인 의사'를 구분하고 있는 것이다. 피해자의 측면에서 보면 '덜 자발적인 의사로 갈취당한' 현금카드에 대해서는 그래도 '사용승낙'이 있다고 보아 현금지급기 관리자의 점유를 침해하지는 않는다고 보는 반면, '비자발적 의사로' 강취당한' 카드에 대해서는 피해자의 사용승낙이 전혀 없으므로 현금지급기 관리자의 점유를 침해하는 것으로 법리를 구성하고 있다. 또한 행위자의 측면에서 보면 상대방의 자유를 일부 제약한 행위와 완전하게 억압한 행위로 구분할 수 있으며, 후자의 경우 상대적으로 '더 강한 자발성'이 있다고 평가해 전자에 비해서 더 중한 법정형을 부과하고 있는 것으로 해석할 여지도 있다고 본다.

상기 사례만 보더라도 형사실무에서 자유(로운) 의사는 단순히 형법적 의미의 책임여부를 논정하는 추상적, 의제적 개념에 머무는 것이 아니라 개별 구성요건의 성립여부와 형량을 판단하는 데 있어서도 매우 실질적인 기능을 하고 있다는 점에서 상당히 실질적이고 실천적인 개념이라고 말할 수 있을 것이다. 샘 해리스는 "자발적 행동과 비자발적 행동에는 차이가 있지만 그 차이는 자유의지라는 보편적 개념을 전혀 지지하지 못한다(더구나 자유의지에 의존하지도 않는다)."라고 주장한 바 있지만[96]에 자발성의 요소를 포함하고 있는 칸트적 의미의 자유의지 개념 하에서 판례의 용어법과 법리를 이해하는 것이 크게 무리가 없다면, 자발성의 판단에 있어서도 자유의지는 유용한 개념이 된다고 생각한다.

IV. 자유의지 없는 책임개념은 가능한가?

1. 현행 형법의 태도

자유의지와 책임에 대한 장구한 논쟁의 역사에도 불구하고 우리 대법원은 의외로 오래 전부터 '자유의지' 혹은 '자유의사', '자유로운 의사'라는 표현을 자연스럽게 사용하며 자유의지의 존재를 이미 전제하거나 법리적 판단에 유용한 개념으로 수용하고 있다. 예를 들어 대법원은 과거 "본조(형법 제10조)에서 말하는 사물을 판별할 능력 또는 의사를 결정할 능력은 자유의사를 전제로 한 의사결정의 능력에 관한 것"이라고 일찍이 판시[97]한 이래

---

96) 샘 해리스, 앞의 책, 21면. 이 말은 자유의지가 없어도 자발적 행위와 비자발적 행위는 구별될 수 있고 상이하게 평가될 수 있다는 것이다.
97) 대법원 1968. 4. 30. 선고 68도400 판결.

최근에는 "책임주의는 형사법의 대원칙이고, 사적 자치의 원칙 내지 자기책임의 원칙은 민사법의 대원칙이다. 이러한 대원칙을 관통하는 이념은 사람이 자유로운 의사에 따라 선택하여 행한 행위와 그 결과에 대해 스스로 구속되고 책임을 진다는 자유주의이다." "그동안 대법원은 사기죄는 타인을 기망하여 착오에 빠뜨리고 그 처분행위를 유발하여 재물, 재산상의 이득을 얻음으로써 성립하고, 그 처분행위는 재산적 처분행위로서 주관적으로는 피기망자에게 처분의사 즉 처분결과에 대한 인식 및 그 결과를 실현하려는 의사가 있어야 하고, 객관적으로는 이러한 의사에 지배된 행위가 있어야 한다고 해석하여 왔으며, 또한 피기망자가 자유의사로 직접 재산상의 손해를 초래하는 작위에 나아가거나 또는 부작위에 이른 것이 처분행위라고 해석함으로써 자유의사에 의한 행위임을 전제로 하여 채권을 행사하지 아니하는 부작위도 처분행위가 된다고 판시하였다."고 설시한 바 있다.[98] 또한 명시적으로 '자유의지'란 표현을 사용한 것으로는 "국가 등이 제조·판매한 담배에 표시상의 결함이 존재하는지 문제 된 사안에서, 언론보도와 법적 규제 등을 통하여 흡연이 폐를 포함한 호흡기에 암을 비롯한 각종 질환의 원인이 될 수 있다는 것이 담배소비자들을 포함한 사회 전반에 널리 인식되게 되었다고 보이는 점, 흡연을 시작하는 것은 물론이고 흡연을 계속할 것인지는 자유의지에 따른 선택의 문제로 보[인다]."[99]는 판결도 있다. 상기 판결들은 모두 '자유의지(의사)'의 존재를 긍인하면서 법적 판단에 전제하는 것으로 해석할 수 있을 것이다. 역시 책임주의를 강조하는 입장에서 인간의 자유의지를 긍정한 것으로 볼 수 있는 외국의 판례로는 1952년의 독일연방대법원 판결을 찾아볼 수 있다. 동 판결에 의하면 "형벌은 책임을 전제로 한다. 책임은 비난가능성이다(Strafe setzt Schuld voraus. Schuld ist Vorwerfbarkeit). 책임이라는 반가치 판단을 통해 행위자에게 그가 적법하지 않게 행위하였으며, 적법하게 행위하고 법을 결정할 수 있었음에도 불구하고 불법을 결정하였다는 점에 대하여 비난이 가해진다. 책임비난의 내적 근거는 인간은 자유롭고 책임을 질 수 있으며, 윤리적으로 자기결정을 할 수 있는 소질을 가지고 있어서 그렇기 때문에 법을 결정하고 불법을 결정하지 않을 수 있는 능력을 갖고 있다는 점[에 있다](Der innere Grund des Schuldvorwurfes liegt darin, daß der Mensch auf freie, verantwortliche, sittliche Selbstbestimmung angelegt und deshalb befähigt ist, sich für das Recht und gegen das Unrecht zu entscheiden können)."[100] 자유의지와 책임원칙에 관하여 양국 대법원의 판단은 대동소이한 것으로 보인다.

---

98) 대법원 2017. 2. 16. 선고 2016도13362 전원합의체 판결 중 반대의견에 대한 보충의견 참조.
99) 대법원 2014. 4. 10. 선고 2011다22092 판결.
100) BGHSt 2, 194.

그러면 이러한 실무의 태도와 비교해서 과연 현행 형법의 태도는 어떠한지 검토할 필요가 있을 것이다.

주지하다시피 형사법의 대원칙으로 널리 받아들여지고 있는 책임원칙(주의)은 '당황스럽게도' 현행법 어디에도 명문으로 규정되어 있지 않다. 형법전의 책임과 관련된 조문을 모두 찾아보아도 책임원칙은 보이지 않는다. 책임능력과 관련된 조문에서도 마찬가지다. 이처럼 명문의 규정이 없다고 하여 실정법적인 근거를 전혀 찾을 수 없는 것은 아닌데, 헌법재판소[101]와 학설[102]은 책임원칙은 인간의 존엄과 가치를 규정한 헌법 제10조에서 그 실정법적 근거를 찾을 수 있다는 해석론을 제시하고 있다.[103] 이러한 제반 사정으로부터 현행법은 과연 책임귀속과 형벌부과의 전제조건으로 자유의지나 자유의사를 요구하고 있는 것인지 자연스럽게 의문이 제기될 수밖에 없다.[104]

생각건대, 실정법이 모든 전제하고 있는 원리를 명시적으로 규정할 필요는 없을 것이다. 형법전에 규정되어 있지 않지만 해석상, 그리고 실무적으로 널리 통용되고 있는 원칙은 많다. '해악의 원칙(harm principle)'이나 '유추금지원칙'도 그중 하나다. 형사소송법에 '위법수집증거배제법칙(형소법 제308조의2)'이 명문화된 것은 그리 오래 전 일이 아니다. 책임원칙이 형법전에 명문화되어 있지 않은 이유는 다른 측면도 있겠지만 보는 관점에 따라서는 지극히 자명한 보편타당한 원칙이어서 그럴 수도 있다. 그렇다면 책임원칙이 함축하는 의지의 자유와 타행위가능성 역시 여전히, 그리고 확고하게 실질적 기능을 유지하고 있다고 판단하는 것도 무리는 아닐 것이다.

2. 새로운 책임개념 가능성

전술한 바와 같이 현행법이 명시적으로 선언하거나 요구하고 있지 않다면, 또 책임비난의 전제로서의 자유의지가 이론적으로 구명되기 극히 힘든 논란의 여지가 있는 개념이라면, 그 전제부터 불확정한 상태에 있는 비결정론에 근거한 자유의지를 근거로 행위자에게 도덕

---

101) 헌재 2007.11.29. 2005헌가10.
102) 신동운, 앞의 책, 358면.
103) 이러한 사정은 독일의 경우도 마찬가지다. Jeschek/Weigend, Lehrbuch des Strafrechts AT, 1996, S. 23.
104) 이러한 입장에 서 있는 글로는 김성룡, 앞의 논문, 344면 이하 참조. 동 문헌에 의하면 현행법의 책임능력 규정은 심신장애가 없는 자들은 모두 자유의사를 가졌다고 볼 수 있는가에 대해 침묵하고 있으며, 그 결과 행위자에게 자유의사가 결여된 경우라도 이로 인해 곧바로 책임무능력이나 책임감경의 사유가 되지는 않는 것으로 해석될 수 있다고 한다.

적 비난이 스며들어 있는 형벌을 부과하는 것은 부당하다는 입장[105]에서 여러 수정된 형태의 책임개념이 제안되고 있다. 세부적인 차이는 있지만 그 주된 공통된 특징을 추출하면 다음과 같은 요소로 구성된다.

(1) 비난 없는 형벌, 비난 없는 책임

일찍이 배종대 교수는 책임과 자유의지, 그리고 타행위가능성에 대해 결정론과 비결정론의 논쟁은 역사적 유물로서 그럼에도 형법이 인간의 보편적인 자유의지를 전제하는 것은 '국가에 필요한 허구'에 불과하다고 갈파하면서 다음과 같이 주장하였다.

> "평균인이라면 적법행위를 하였을 텐데(일반적 타행위가능성), 당신은 그렇게 하지 않았다는 비난이 곧 책임내용이 된다. 따라서 개인적 타행위가능성을 평가·판단하는 기준은 어디까지나 평균인의 일반적 타행위가능성이다. 행위자가 개인적 타행위가능성 때문에 비난이 가하여지지 않는다는 점에 주목할 필요가 있다. 왜냐하면 행위자의 개인적 타행위가능성을 알기 위해서는, 그러한 자유가 실제로 존재하였고, 그리고 그 자유가 그가 선택한 행위와 사이에 인식·측정가능하여야 하는데, 그것의 객관적 증명이란 불가능하기 때문이다. 결국 경험적 기준인 개인적 타행위가능성은 규범화된 기준인 일반적 타행위가능성으로 대체되고, 이것이 책임비난의 유일한 판단근거로 작용한다. (중략) 형벌은 책임을 전제로 하지만 그러나 책임 때문에 처벌되는 것은 아니다. 책임이 형벌의 근거가 되지는 않는다. 따라서 책임의 비난요소는 아무런 근거가 없을 뿐 아니라 도움도 되지 않는다. 비난은 객관적이고 중립적이어야 할 국가적 반작용을 감정적으로 만든다. 국가에 맡겨진 사명은 범죄에 대한 법치국가적 처리이지 감정적 비난은 아니다. 범죄에 대한 행위자의 상이한 내적 관여단계가 형벌에 반영되어야 한다는 비례의 요청은 헌법의 평등원칙과 부합한다."[106]

---

105) 예컨대 김성룡, 앞의 논문, 357면.
106) 배종대, 앞의 책, 429-436면 참조. 책임을 형벌근거적 책임이 아니라 형벌제한적 책임으로 보는 견해는 '공정으로서 정의(justice as fairness)'라는 관점에서 상당한 호소력이 있다. 왜냐하면 형벌근거적 책임개념은 형벌을 일종의 '도덕적 응분(moral desert)'로 간주하는 입장이라고 볼 수 있을 것인데, 롤즈에 의하면 '도덕적 응분'이라는 것은 타고난 배경이나 운의 영향의 측면을 고려할 때 임의적인 요소가 있고(본서의 [2] 참조), 따라서 거부하는 입장이기 때문이다. 롤즈에 의하면 형벌은 형벌의 목적은 사회적 협력의 공정한 조건의 안정(stability)과 그러한 협력의 상호성에 대한 확신(assurance)의 제공에 있고, 형벌의 강도는 해당 범법행위가 사회적 협력조건의 안정과 시민들의 확신에 어느 정도 영향을 주었는가에 따라서 결정된다고 한다. 이러한 롤즈적 책임개념에 비추어 보면, '비난가능성'이라는 '응분'의 요소에 지나치게 비중을 두는 것도 지양하는 것이 바람직할 것이다. 그런 면에서 비례성원칙으로 기존의 '비난가능성으로서의 책임'개념을 대체하려는 시도는 의미가 있으며 진지하게 음미되어야 할 주장이라고 생각한다.

요컨대 허구적 개념인 평균인의 타행위가능성을 전제로 책임비난을 가하는 것은 불합리하며, 이는 단지 비결정론, 즉 자유의지에 대한 믿음에서 기인하는 태도라고 비판한다. 따라서 책임은 형벌의 근거(소위 Begründungsschuld)가 아니라 형벌을 제한하는 수단(소위 Begrenzungsschuld)으로 보아야 하므로 종래의 '형벌 근거적' 책임원칙은 범죄에 대한 행위자의 내적 관여의 정도와 형벌 사이에 비례관계가 있어야 한다는 '형벌 제한적' 관점에서 '비례성 원칙'에 의해 대체되어야 한다는 것이다. 독일의 하세머와 엘샤이트도 이와 유사한 취지의 '비난 없는 형벌(Strafe ohne Vorwurf)'을 주장한 바 있다.[107] 다소 길지만 내용의 중요도를 감안해 소개하기로 한다.

"형법이론은 다른 학문과 달리 해명되지 않은 근본문제를 허용해서는 안된다. 타인의 권리에 침해를 근거지어야 하는 이론은 매우 강한 정당성을 가지지 않으면 안된다. 형벌은 책임을 전제한다는 명제에 대해 의심을 품는 사람은 없다. 책임은 자유 속에서만 가능하다. 따라서 법관은 책임을 확정하기 위해서는 각 사안마다 개인적 타행위가능성을 확인해야 할 필요가 있다. 그러나 이 문제는 결정주의와 비결정주의의 싸움에 휘말리게 되고, 언제나 그렇듯 증명가능한 확정을 내릴 수 있는 사안이 아니다. 형사소송에서 범죄자의 충동이 완전하게 밝혀지면 심리적 인과관계의 고리에 관한 지식을 그만큼 더 많이 얻을 수 있다. 그러나 그와 같은 사실이 규명되지 않는 한 법관은 별 고민없이 피고인에게 의사자유가 있는 것으로 믿고, 또 그것을 책임비난의 토대로 삼는 것이다. 그러나 아무리 인간의 자유를 증명하기 위해 노력해도 형사소송에서 자유를 —그것도 그때 그때 특정한 행위자에 의해 실현된 자유를— 확인하는 것은 불가능하다. 형법이론은 이런 문제를 극복하든지 문제점을 약화시키는 시도를 해야 한다. 그러한 시도의 하나는 '모든 형법책임은 개별행위책임(Einzeltatschuld)'는 명제를 들 수 있다. 이 이론은 행위자의 전체인격을 형사소송의 사실확정을부터 분리하고, 다만 현재 비난받는 행위를 통해 직접 독성을 보인 심리상태에만 집중한다. 하지만 심리적 요인은 범행 가운데 직접 나타나기보다는 행위자의 인격 속에 뿌리를 두고 그 속에서 형성된다는 점을 (고려하면), 이 이론은 책임문제에 항복한 것으로 보인다. 판결의 필수내용인 비난을 제외하더라도 형법에서 책임개념을 추방해야 할 필요는 없을 것 같다. 그런 사고에서도 부담의 근거는 여전히 범죄자의 책임일 수밖에 없을 것이다. 여기서 말하는 책임의 근거는 객관적인 의미의 책임을 말한다. 즉 범죄자의 개인적 행위가능성이 아닌 어떤 의무의 객관적 위반이나 다른 사람의 요구로부터 나오는 책임을 말한다. 이것은 채권법의 채무개념과 매우 유사하다. 형법도 이와 같은 하나의 요구로 이해될 수 있다. 모든 시민에 대해 근거를 가지고 법률이 규정하며 제재를 구비한 요구로 생각할 수

---

107) 귄터 엘샤이트·빈프리트 하세머/배종대 역, 앞의 논문, 119면 이하 참조. 이 점에 대해서는 구모영, 앞의 논문, 102면. 배종대 교수의 문제의식에 공감을 표하는 글로는, 김동현, 앞의 논문, 305면 참조.

있는 것이다. 이 요구는 법이 정한 영역을 지켜서 다른 사람의 이익을 침해하는 행위를 하지 않을 것을 내용으로 한다. 이런 방향에서 고찰한다면 형법적인 당위요구는 결코 자신의 윤리적 근거를 잃지 않을 뿐만 아니라 사회공학의 법률적기술적 도구로 전락하지도 않는다. 책임원칙을 이 세상의 땅바닥으로 내려놓으면, 책임원칙은 그 형벌제한사상을 통해 일반법원칙인 비례성원칙과 매우 가깝다는 점이 판명된다."108)

하세머와 엘샤이트의 논지를 요약하자면, 자유의지와 책임의 존재를 이론적으로나 형사소송에서 입증하는 것은 불가능하므로 종래의 책임원칙은 과감히 포기되거나 수정되어야 하며, 따라서 비난가능성으로서의 책임개념이 아니라 어떤 의무의 객관적 위반이나 타인의 요구로부터 나오는 책임개념으로 수정할 것을 제안하면서 이렇게 할 경우 책임원칙은 비례성원칙으로 대체될 수 있다는 것이다. 과학적 도전에 직면한 인간의 자유의지의 입증 불가능성의 문제를 극복하거나 그 심각성을 약화시키기 위해 가장 바람직한 방법, 현행 실무와 학설의 지배적 견해처럼 형법상의 책임을 '개별행위책임'으로 축소시키는 방식보다는 새로운 객관적 책임개념과, 책임원칙을 대체할 비례성원칙을 도입하는 것이 타당하다는 입장으로 보인다.

그렇다면 이와 같은 입장에 있는 과학자의 입장도 들어보자. 신경과학자인 데이비드 이글먼은 비난과 책임 같은 회고적 개념들을 완전히 포기해야 한다고 주장한다. 그에게 중요한 문제는 누가 혹은 무엇이 과거에 일어난 일 때문에 비난받아야 하는가가 아니라, 같은 일을 반복하지 않도록 하기 위해 어떻게 뇌를 재설계할 수 있는지 여부이다. 이러한 맥락에서 보면 '비난받아 마땅함(blameworthiness)'이란 개념은 필요하지 않다는 것이다.

"바람직한 처벌은 신경과학과 조화를 이루어야 한다. 그러기 위해서는 처벌을 일방적인 비난이 아닌, 공정한 접근법으로 대체해야 할 것이다. 먼저 신경 가소성, 즉 뇌의 회로변경 능력을 실험적으로 측정할 지표를 찾아보자. 전두엽이 완전히 발달하지 않은 십대, 행동을 교정할 수 있는 사람들에게 가혹한 처벌은 적절할 것이다. 그러나 전두엽 손상으로 전혀 사회화시킬 수 없는 사람은 다른 종류의 시설로 보내야 하지 않겠는가? 정신지체자나 정신분열증 환자도 마찬가지다. 그들을 처벌하는 것은 일부 사람들의 보복심리는 충족시킬지 몰라도 사회 입장에서는 그렇게 행동할 이유가 없다. (중략) 나는 '비난받아 마땅함'을 다시 정의하자고 말하고 싶지는 않다. 이를 법률용어에서 제거하자는 것이다."109)

---

108) 상이 인용구는 권터 엘샤이트·빈프리트 하세머/배종대 역, 앞의 논문, 119-149면의 내용을 발췌해 이해의 편의를 위해 재구성한 것임을 밝혀둔다.
109) 데이비드 이글먼/김소희 역, 인코그니코 (쌤앤파커스, 2011), 228-229면.

이와 유사한 입장은 철학자들에게서도 발견된다. 줄리언 바지니는 고대로부터 현재에 이르기까지 서구에서 펼쳐진 자유의지 논쟁을 폭넓게 검토하면서 다음과 같은 결론에 이른다.

> "비난을 그만두어서는 안 되며, 오히려 신중하게 이용해야 한다. 철학자 해나 피커드는 미움, 분노, 원망 그리고 이처럼 부정적 감정을 일으키는 감각과 관련된 '정서적(affective)' 비난을 피해야 한다고 주장한다. 행위주체성 장애를 보이는 환자들의 경우, 그들을 스스로 선택할 수 있는 책임 있는 행위주체로 대하는 것은 매우 중요하지만, 이들이 정서적으로 격렬한 비난을 받는다면 개선에 도움이 되지 않는다는 사실을 확인했다. 그래서 피커드는 '비난 없는 책임(responsibility without blame)'에 관심을 갖는다. 그녀가 비난없는 책임을 조건으로 지정할 때, 이것은 결국 '정서적 비난이 없는 책임'을 말한다. 이러한 의미의 책임은 '공정한 비난(detached blame)'을 함축한다. 공정한 비난은 '비난받을 만하다는 판단 혹은 믿음(a judgement or belief of blameworthiness)'이고 이로부터 제재로 이루어질 수 있다. 하지만 정서적 비난이라는 '감정적 가시(emotive sting)'를 드러내지는 않는다."110)

요컨대 바지니의 입장은 여전히 책임과 비난의 필요성은 인정하지만, 비난의 긍정적 효과를 담보하기 위해서는 공정한 비난은 필요하지만 정서적 비난은 지양되어야 한다는 주장이다.

(2) 자기조절능력으로서 자유의지

한편 전통적인 의미의 자유의지 개념을 수정하여 '자기조절능력'으로 대체할 것을 제안하는 견해도 등장하고 있다.

신경철학자인 패트리샤 처일랜드는 다음과 같이 말한다.

> "자유의지에는 완전히 다른 두 가지 뜻이 있다. 첫째, 전혀 인과적이지 않다는 것을 의미할 수 있다. 즉 자신의 목표, 정서, 동기, 지식, 혹은 그 어떤 것에 의해서도, 전혀 인과되지 않는다. 어떻게 해서든 자유의지는 이성에 의해서 어떤 결정을 창조적으로 내린다. 이것이 자유의지의 반인과적(contra-causal) 의미이다. 여기서 '반인과적'이라는 것은 실제로 자유의지는 어느 것에 의해서도, 혹은 적어도 뇌의 활동과 같은 어느 물리적인 것에 의해서도 인과되지 않는다는 철학적 이론을 반영한다. 이 입장에 따르면 의사결정은 인과적 선행에서 벗어나서, 즉 물리적 뇌작용과 상관없이, 창조적으로 만들어진다. 철학자 칸트는 대략적

---

110) 이하 바지니의 견해는 Julian Baggini, *Ibid.*, at 149.

으로 그러한 견해를 유지했으며, 칸트를 따르는 일부 현대 철학자들 또한 그러했다. 둘째, 일상적 의미로, 일반인들은 형법이 반인과적 의미에서 자유의지를 요구하지 않는다고 믿고 있다. 이성은 지각이고 정서이며, 기억이고 문제의 해답이며, 어떤 미래의 결과에 대한 평가이자 어떤 증거 가치에 대한 판단인바, 이러한 것들 중 어느 것이라도 이성이 될 수 있으며, 모든 그러한 것들은 거의 확실히 말해서, 물리적 뇌에서 나오는 여러 기능들을 포함한다. 자신의 행위를 의도하고, 자기가 무엇을 하는지 알고 있으며, 제정신이라면, 그리고 만약 그 결정이 강제되지 않은 것이라면, '자유의지'를 발휘한 것이다. 우리들은 자발적인, 강제되지 않은, 의도적 행위에 대한 전형이 무엇인지 상당히 잘 알며, 일상은 물론 법정에서도 명확한 의미로 의도적(intentional)이며 자발적(voluntary)이라는 범주를 사용한다. 이러한 의미는 법률적 맥락에서 사용되는 의미이기도 하다. "자유의지는 환상이다라는 주장은 반-인과적 자유의지가 환상임을 의미한다. 보통사람들은 자유의지가 반인과적이라고 생각하지 않는다. 자기조절은 분명히 환상이 아니다. 자기조절이 비록, 나이, 기질, 습관, 수면, 질병, 음식 및 신경계 작용에 영향을 미치는 많은 다른 요소들 등에 따라서 다양하게 달라진다 해도 그러하다. 그럼에도 불구하고 진화는, 고질적 충동행동을 도태시킴으로써 대체적으로 정상적인 뇌는 정상적으로 조절하도록 키워냈다."

처칠랜드의 견해에 따르면 '반인과적' 자유의지는 마법에 가까운 능력을 요구하는 것으로서 포기되어야 하며 '자기조절능력'으로서의 자유의지가 일상적으로, 또 법률적으로도 받아들여지고 있으므로 이를 채택해야 한다는 것이다. 나아가 자기조절능력이 일정한 신경기제를 토대로 한다고 하여 결정론과 양립 불가능해지는 것은 아니고, 오히려 신경기제를 토대로 해야만 자기조절능력이 발휘될 수 있다고 하여 '양립가능론'을 제안하고 있다.

다음으로 줄리언 바지니는 몇 가지 중요한 수정된 자유의지의 개념요소들을 제시한다.111) 첫째, 자유의지가 곧 타행위가능성을 함축하고 있음은 잘못된 믿음이다. 그 이유는 인간의 행동은 그의 성격이나 성향, 가치관, 역사 등을 기반으로 이루어지기 때문이다. 우리가 흔히 이 사실을 간과하고 행동이 선택적으로 이루어진다고 보는 이유는 행동할 때 성격이나 성향, 가치관 등으로부터 전혀 강요를 느끼지 않기 때문이라고 한다. 즉 선택을 만들어 낸 힘이 뚜렷하게 드러나지 않기 때문이라는 것이다. 따라서 우리는 언제든 실제로 선택한 것을 선택하도록 되어 있다고 볼 수 있으므로, 그러한 한에서 '타행위가능성'은 실제로는 매우 적다고 말할 수 있지만, 그것이 우리의 자유의지에 의한 선택이 미래의 일에 영향을 주지 못한다는 것은 아님에 유의해야 한다고 강조한다. 또 선택이 성격이나 가치관을 바탕으로 이루어지지 않는다면 선택은 한낱 변덕에 불과할 것이라는 점도 지적하며 '자유'와

---

111) 이하의 내용은 Julian Baggini, *Ibid.*, at 119-156의 내용을 발췌, 요약한 것이다.

'변덕'은 구별해야 한다고 한다. 둘째로 우리에게는 분명 어떤 의미에서 자신의 행동을 조절할 수 있는 자기통제력(self-control)이 있는데, 전통적으로 생각하는 막연한 의지의 자유가 아니라 이러한 자기통제역량이야말로 비난, 칭찬, 책임을 유지하기 위해 필요한 모든 것이다. 따라서 진정한 자유의지란 본질적으로 "모든 요소가, 변함없이, 원활하게 작동하는 건강한 통제 시스템"으로 간주하자고 제안한다. 요컨대 현실적 형태의 자유의지로는 우리를 자기 행동의 창시자가 아니라 다만 조절자가 되도록 요구하는 것으로 충분하다는 것이다. 셋째, 바지니는 책임의 핵심을 과거형 타행위가능성이 아니라 미래형으로 이해할 것을 제안한다. "다른 식으로 할 수 있었다."라는 과거시제를 "다른 식으로 할 수 있을 것이다"라는 미래시제로 바꾸자는 것이다. 왜냐하면 우리는 모든 사항을 고려한 결과 어떤 사람이 행동한 그 순간 다른 식으로는 할 수 없었다고 판단할 수 있지만 그들이 다른 식으로 행동했을 대안적 세계는 실제 존재한 세계에서 그리 멀리 있지 않음을 인정해야 하고, 따라서 사람들에게 책임을 물을 때 요점은 이미 지난 일을 돌이켜 평가하는 것이 아니라, 현재 그들의 모습을 있는 그대로 바라보고, 그들에게는 다른 식으로 행동하기 위해 이용할 수 있는 지식과 기술과 도구가 모두 갖추어져 있으므로, 앞으로 보다 바람직하게 행동할 수 있고 또 그래야만 한다는 사실을 깨닫게 하는 것이 중요하기 때문이라고 주장한다. 즉 누군가 자유의지가 있다는 것은 그들이 자신의 행동을 수정할 수 있다는 것이며, 그렇기 때문에 비난이 효과적이고 타당한 것이다. 요컨대 그의 생각의 핵심은,

"비난을 받아들이라는 것은 역사가 똑같이 반복될 경우, 잘못을 저질렀던 순간 다른 식으로 행동했을지 모른다는 형이상학적 요구를 하는 것이 아니다. 비난을 받아들이라는 것은 지식과 경험과 능력을 갖춘 성숙한 사람이라면 같은 상황에서 다른 식으로 행동할 수 있었고 행동했어야 한다는 의미다. 이것이 바로 우리가 중점을 두어야 할 생각이며, 장차 우리의 행동을 수정하게 만들 생각이다."

이어서 바지니는 강한 의미의 결정론은 잘못된 것임을 다음과 같이 논박한다.

"여기에는 강한 역설이 있다. 우리에게는 자유의지가 없고 우리는 의식 뒤에 숨은 원인의 꼭두각시라는 설명을 믿는 경우, 실제로 행동에 변화가 일어난다. 그런데 이 말은 그 자체로 의식적 믿음이 행동에 영향을 준다는 사실을 매우 분명하게 입증한다. 고로 우리의 의식적 숙고가 아무것도 변화시키지 않는다는 견해를 받아들이는 사람은 자신이 부인하는 바로 그것을 입증하는 셈이다."

이상의 내용을 종합하면, 인간의 행동은 어느 정도 성격과 성향, 가치관 등에 의해 '결정되어' 있기 때문에 전통적 의미의 책임과 자유의지가 전제하는 타행위가능성은 잘못된 것이지만, 자기조절능력으로서의 자유의지는 명백하게 존재하는 것이고 이러한 맥락의 자유의지 개념 하에서 타행위가능성은 과거에 달리 행위할 수 있었다는 점이 아니라고 다른 식으로 행동할 수 있을 것이다라는 개념으로 수정될 필요가 있으며, 따라서 책임비난의 의미는 지식과 경험 등이 성숙한 사람이라면 같은 상황에서 다른 식으로 행동할 수 있었고 그렇게 행동했어야 한다는 것이므로, 앞으로 보다 바람직하게 행동할 수 있고 또 그래야만 한다는 사실을 깨닫게 하는 것이 중요한데, 그러므로 책임비난은 여전히 행동의 수정을 위해 타당한 것이 된다는 것이 바지니의 주장이다.

(3) 소결

먼저 '비난 없는 형벌'로 축약되는 상기 견해는 자유의지의 입증불가능성과 평균적 타행위가능성의 부당성에 주목하며 여러 새로운 대안들을 제시해 주고 있지만, 본고의 입론이 옳다면, 적어도 칸트적 의미의 자유의지는 결정론과도 양립가능하고, 책임원칙은 물론 형법상의 주요 개념과 개별 법리에 정합적으로 수용하는데 별다른 무리가 없다고 보이므로 굳이 새로운 대안으로 나아가야 할 충분한 근거를 찾기 어렵다는 점에서 재고될 필요가 있다고 생각한다. 물론 자유의지에 기초한 비난가능성으로서 형벌근거적 책임개념에 경도되지 말고 형벌제한적 책임개념으로서 '비례성원칙'을 도입해 보자는 견해는 '도덕적 응분(moral desert)'이라는 요소보다는 '공정으로서 정의(justice as fairness)'라는 관점에 비추어 보면(본서의 [2] 참조) 현재의 책임개념에 대한 보완과 개선의 방향으로서 향후 충분히 재음미될 필요는 있을 것이다.

또한 '자기조절능력'으로서의 자유의지 개념을 제안하고 있는 견해들은 여러 신경과학적 사실에 기초하여 자유의 형이상학적 요소들을 제거하고 일상적으로 충분히 납득가능하고 수용가능하며 결정론과도 양립가능한 '현실적인 자유'를 제시해 보려고 하고 있으나, 결정론과의 양립가능성은 상기 검토한 바대로 크게 문제될 점이 없다고 생각되고, 자기조절능력을 자유의 핵심요소로 간주할 경우 전통적인 책임원칙과 어떻게 조화될 것인지 여러 의문을 남기게 된다는 점에서 역시 재고될 필요가 있을 것이다. 예컨대 모종의 결정론을 수용하면서 과거형 타행위가능성을 부정하고 미래형 타행위가능성을 제시하는 것은 단지 자기조절능력의 기능과 필요성을 부각시키는 방편일 뿐 별다른 의미가 없다고 할 것이고,

그럼에도 불구하고 바지니처럼 '비난'의 요소를 완전히 제거하지 못하고 미래의 '행위교정'을 촉진하기 위한 도구적 개념으로 남겨두는 것은 그 자체로 아직 '자유의지'의 미덕에 대한 믿음을 완전히 떨쳐버리고 있지 못함을 자인하는 것처럼 보인다. 아르투어 카우프만의 통찰력 있는 지적처럼 책임비난과 형벌이 행위자의 성격을 자극해서 법에 부합되도록 ㅡ 자기조절능력을 발휘하도록 ㅡ 영향을 주기 때문에 비로소 의미있고 필연적으로 보인다면 여기에는 이미 인간은 자유로운 존재라는 사실이 전제된다는 점을 잊어서는 안 된다.112)

3. 추측해 본 자유의지와 책임의 기원

이상 고찰해 본 바와 같이 자유의지와 책임에 대한 믿음이 여전히 우리의 규범적 삶과 인격적 상호작용에 필수적이고 유의미하며, 다른 대안을 찾기가 어려울 정도로 그토록 떨쳐버리기 어려울 만큼 근원적인 것들이라면 이들이 과연 어떻게 그러한 존재로 자리매김하게 되었는지 그 유래를 이론적으로나마 추적해 보는 것도 여러 측면에서 의미가 있을 것이다.113)

고대 철학자인 미하엘 프레데에 따르면 '의지의 자유(freedom of the will)'라는 표현은 철학자이자 기독교 신학자였던 타티안(Tatian)이라는 인물이 기원 후 2세기 무렵에 최초로 사용하기 시작했고, 이후 자유의지 개념은 기독교의 영향으로 보편화되었다고 한다.114) 타티안에 의하면 자유의지는 '악인이 정당하게 처벌받을 수 있기 위해서(in order that the badman maybe justly punished)' 요구되었다고 한다.115) 이 점은 매우 중요하다고 생각하는데, 악을 행한 자가 '정당하게' 처벌되기 위해서 자유의지가 요구되었다는 것은 악행을 저지른 자도 그에 대한 책임비난이 인정되지 않는다면 처벌의 정당성을 수긍할 수 없음을 함축하기 때문이다. 프레데도 기원 전의 자유의지나 책임개념에 대해서는 명확히 밝혀주지 못하고 있는데, 문헌적으로 접근하기 힘든 고대사회의 인간의 단면을 드러내 보여주는 데에는 진화론적 접근방법이 그나마 가장 적실성이 있을 것이다. 진화론적 관점에서 보면 자유의지도 자체도 진화의 한 결과물로 이해할 수 있을 것이라는 추측은 전부터 제기되어 왔다.116)

---

112) 아르투어 카우프만/김영환 역, 앞의 책, 515면 참조.
113) 흥미롭게도 칸트는 '추측해 본 인류역사의 기원'이란 글에서 인간이 본능의 지배를 받는 피조물에서 이성적인 존재로 발달하는 단계를 사변적으로 재구성해 본 바가 있다. 이에 대한 소개로는 Christine M. Korsgaard, *Ibid.*, at 112.
114) Michael Frede, A Free Will (Univ. of California Press, 2011), at 102-103.
115) Julian Baggini, *Ibid.,* at 79.
116) 김동현, 앞의 논문, 286면. 동 문헌은 자유의지의 발생사에 대한 진화론적 해명이 인간의 자유의지에

적응을 위해 자연선택이 자유의지를 디자인했다는 가설이다. 다만 그 세부적 논의는 아직까지 소개된 바가 없기 때문에 이하에서는 하나의 가설과 그에 대한 필자의 보충적 견해를 제시해 보고자 한다.

동서고금을 막론하고 응보(retribution)는 모든 문화에서 발견되며 마찬가지로 응보행위를 규율하는 규범과 믿음체계 역시 편재해 왔기 때문에 인간사회의 보편적 특성(human universals)으로 볼 수 있다. 그런데 보복(retaliation)은 어떤 의미에서는 명백히 비이성적인 것이다. 보복은 피해를 원상회복할 수도 없고 종종 매우 중대한 비용과 위험을 초래하기 때문이다. 그럼에도 불구하고 응보로서의 보복행위는 왜 그토록 편재하는 것일까? 칸트적 관점에서 보자면 응보나 처벌은 정언명령이고 실천이성은 누구에게나 내재해 있기 때문이라고 말할 수 있겠지만, 진화론자들은 그 나름의 이론적 관점에서 접근한 설명을 내놓고 있다.

진화론적 관점에 따르면 응보적 태도(attitudes)나 성향(dispositions)은 적응도를 높이는(fitness enhancing) 행동전략이거나 심리적 기제이기 때문에 자연선택된 것이다. 이 입장에 따르면 어떤 종류의 감정이나 태도는 사회적 협력(social coordination)을 향상시키는 행동을 동기화하기(motivate) 때문에 자연선택된다. 즉 그러한 감정들은 목전의 자기기익(immediate self-interest)을 거스르고 장기적으로 생존과 번식에 도움이 되는 행동을 동기화하기 때문에 특별한 가치가 있다. 이 관점에 따르면 응보적 감정도 상호 이타적인 행동을 동기화하기 때문에 선택된 것이다. 같은 맥락에서 분개심이나 죄책감 같은 감정도 장기적인 이득을 위해 목전의 자기이익이란 유혹을 거부하기 위해서 선택된 것으로 이해할 수 있다. 이러한 관점에 의하면 형벌의 기능도, '이타적 형벌(altruistic punishment)', 다시 말해 비용을 감수하

대한 직관적 확신을 보완해 주는 역할을 한다고 긍정적으로 해석한다. 반면 한스 벨첼은 자유의지가 '진화'의 산물이 아니며 오히려 생래적 행태의 광범위한 '퇴화'로 인해 형성되었다는 독특한 견해를 취하고 있다. 이 점에 대해서는 신치재, 앞의 논문, 90-91면 참조. 자유의지가 진화의 산물이라고 주장하는 대표자로는 대니얼 데닛이 있다. 그의 이론에 따르면 "자유의지는 인간의 많은 인지적 특징들에서 생긴다. 여기에는 자기 '자신을 의식'하고 타인도 그렇다고 의식하는 것, 이러한 사실을 전달할 수 있는 '상징적 언어', 수많은 신경자극들로부터 많은 행동옵션을 만들어낼 수 있는 '복잡한 신경회로', 타인들이 무엇을 생각하는지 이해할 수 있는 '마음이론', 옳고 그른 선택을 판단하는 '진화된 도덕감정' 등이 포함된다."고 한다. 이러한 인지적 특징들 덕분에 인간은 특정 순간에 열려 있는 많은 행동경로들의 결과를 평가할 수 있고 실제로 그렇게 하므로 이로부터 자유의지가 나온다는 것이다. 한 마디로 우리 조상들은 진화사를 통해 생존과 번식에 실질적으로 도움이 되는 방식의 행동을 선택했고, 이는 행동을 선택하는 신경구조의 진화로 이어졌다는 견해다. 데닛의 입장을 잘 정리해 주고 있는 문헌으로는 마이클 셔머/김명주 역, 앞의 책, 500-501면 참조.

며 비협력자를 처벌하는 형벌이라는 점에서 찾을 수 있으며 이로 인해 한 사회의 협력을 위한 규범체계가 안정화될 수 있다고 한다. 요컨대 세부적인 설명방식에 차이는 있지만 진화론적 관점에서 보자면 응보적 감정은 협력을 동기화하기 위한 수단으로 진화된 심리적 기제로 볼 수 있다.

그런데 상기 진화론적 설명방식에는 한 가지 논리적 연결고리가 빠져있다. 앞서 언급한 바와 같이 보복은 분명 단기적으로는 자기이익에 반할 수 있고 비용과 위험도 초래할 수 있다. 그렇다면 인간의 고도로 성숙된 인식능력은 두 가지 측면에서 자신에게서 솟아나는 응보감정에 대해 의문을 가질 수 있음은 자명하다. 하나는 과연 그 특별한 감정이 자신의 단기적 이익이란 측면에서 도움이 될 수 있느냐는 것이고, 다른 하나는 그 응보감정이 우리가 진실이라고 믿는 신념에 부합되느냐는 것이다. 다시 말해 인간의 정교한 인식능력은 응보적 감정과 그로 인한 행동을 자제시킴으로써 그 감정과 행동의 적응적 과업을 완수하지 못하게 만들 수 있다는 것이다. 이로부터 결국 적응문제(adaptive problem)[117]가 발생하는데, 응보적 행동은 여전히 장기적으로 사회적 협력을 강화함으로써 적응도를 높여주는 기제이지만, 인간이 지닌 성숙한 인식능력은 응보적으로 행동하지 않도록 만들기 때문이다. 따라서 인간은 자신의 인식능력으로 인한 적응도 감쇄효과를 상쇄할 만한 '그 무엇'을 필요로 하게 되었고, 타믈러 소머스에 의하면 '그 무엇'의 역할을 하는 것은 바로 '도덕적 책임에 대한 규범과 믿음(norms and beliefs about responsibility)'이라는 가치체계이다.[118] 다시 말해 누군가 비난과 처벌을 받아야 한다는 믿음은 자신의 분노와 같은 태도를 수반하면서 이를 통해 적응도를 높이게끔 응보적 감정을 일으키고 또 보복행동을 하도록 만든다는 것이다.

결론적으로 자유의지와 도덕적 책임 및 비난과 처벌에 대한 규범과 믿음은 행위자로 하여금 응보적 태도를 합리적인 것으로 받아들이게 만들어 주어서 응보적 태도와 적응적 행동 사이의 결합을 강화시키는 데 도움을 준다는 것이 소머스의 주장이다. 여기서 말하는 규범과 믿음체계란 "정당한 처벌과 도덕적 비난은 도덕적 죄책(guilt)을 함축하고, 죄책은 도덕적 책임(responsibility)을 함축하며, 도덕적 책임은 자유를 함축한[다]"는 규범적 판단의 논리적 연쇄[119]를 말한다고 볼 수 있고, 이것이 바로 응보적 태도를 합리적인 것으로 만들어

---

117) 적응형태란 눈, 두 손, 특정한 대상에 대한 공포나 욕구와 같은 심리적 성향처럼 자연선택과 성선택에 의해 진화된 결과물이며, 그 덕분에 유기체는 특정 문제를 해결할 수 있다. 적응형태 덕분에 해결할 수 있는 문제를 적응문제라고 한다. 적응문제는 곧 생존과 번식의 문제를 말한다.

118) 이상의 내용은 Tamler Sommers, Relative Justice (Princeton Univ. Press, 2012), at 36-38.

119) 이 점에 대해서는 P.F. Strawson, "Freedom and Resentment", in: Free Will (Hackett Publishing Company, 2009), at 149.

주는 '그 무엇(something else)'에 해당한다는 것이다.

'응보적 성향과 행동의 진화'에 대하여 소머스가 소개한 진화론적 설명방식은 필자가 일련의 연구작업을 통해 주장한 바 있는 사적 보복행위의 진화론적 이해방식과 거의 정확히 일치한다.[120] 다만 필자는 '받은 대로 되갚는' 원칙이라 할 수 있는 '팃포탯(Tit for Tat)'이라는 행동전략 내지 성향이 인류의 진화과정을 통해 '진화적으로 안정한 전략(evolutionarily stable strategy: ESS)'이 되었고, 이로부터 '동해보복적' 성향이 보편적 심리기제로 자리잡게 되었다고 입론한 점에서 '방법론적' 차이가 있을 뿐이다. 그의 주장에서 한 가지 주목할 만한 부분은 '응보적 성향내지 행동'이 '인간 지성의 능력'으로 인해 감쇄될 수 있으며 따라서 이를 상쇄하기 위해 '책임이라는 규범과 믿음'이 요구되었다고 논증한 점이다. 지성적 존재로서의 인간의 특수성으로 인해 우리는 자기 내면의 감정과 성향에 대해서도 반성적으로 성찰을 할 수 있고 이로 인해 응보적 성향과 행동이 억제되는 것을 막기 위해서 처벌, 죄책, 책임, 자유 등의 규범과 믿음의 체계가 생겨났다는 것이다. 이 과정에서 소블러는 명시적으로 논급하고 있지 않지만, 그 의중에는 책임 등의 신념체계 역시 진화의 산물이라는 논지가 함축되어 있다고 생각한다. 다만 그가 적절히 부연설명하지 못함으로써 다소의 혼란을 주는 이유는 자연선택에 의한 유기체의 행동적, 심리적 성향의 진화는 언급하면서 규범과 신념의 체계가 어떻게 진화할 수 있는가에 대해서 침묵하고 있기 때문일 것이다.

이해를 돕기 위해 부연하자면, 책임이라는 규범과 믿음의 체계는 자연선택을 통해 후대로 유전되는 생물학적 유전자는 아니지만, 소위 문화적 선택을 통해 널리 퍼져나갈 수 있는 문화적 유전자인 어떤 생각(idea)과 신념의 복합체라는 점에서 리처드 도킨스가 개념화한 바 있는 '밈컴플렉스(meme-complex)'의 하나로 볼 수 있을 것이다.[121] 어떤 밈이 선택되는 동인은 여러 가지가 있지만 그 대표적 동인 중의 하나는 바로 인간의 생존과 본능에 도움이 된다는 사실이다. 즉 책임이라는 규범과 믿음의 체계는 응보적 감정을 합리적으로 만들어 주고, 응보적 감정은 사회적으로 상호적 이타성을 촉진시켜 사회적 협력을 가능하게 하는 기능을 하여 궁극적으로 적응도를 높여주게 되므로, 이처럼 생존과 번식에 기여를 하는 밈컴플렉스이므로 문화적으로 선택되었다는 것이다. 물론 밈은 그것이 생물학적 적응도와

---

120) 필자의 연구를 한데 엮은 것으로는 안성조, 현대 형법학 제2권 (경인문화사, 2016). 법과 진화론의 관계에 대한 폭넓은 연구방향과 방법론의 제시로는 김혜경·안성조·양천수·윤진수·한상훈, 법과 진화론 (법문사, 2016).

121) 밈이론에 대한 폭넓은 설명으로는 수전 블랙모어/김명남 역, 밈 (바다출판사, 2010). 밈복제가 성공적이기 위한 다양한 조건에 대해서는 안성조, 앞의 책, 256면 이하 참조.

무관하게 선택되기도 하지만, 소블러는 책임개념이 생물학적 적응도를 향상시키는 과업에 도움이 되므로 선택되었다는 흥미로운 주장을 하고 있는 것이다.122)

소블러의 주장은 필자에게는 특히 인상적인데, 그 이유는 오랜 전부터 그와 유사한 생각을 갖고 있었기 때문이다. 우리는 왜 책임이라는 '삶의 형식(form of life)' 속에서 살 수밖에 없을까? 왜 우리는 책임을 지고, 지우는 삶의 형식을 벗어날 수 없는 것일까? 이에 대해 다양한 배경설명이 필요하겠지만 다른 지면에서 다루어 보기로 하고, 우선 진화적 관점에서 책임이라는 규범체계가 필요하게 된 이유를 설명해 보기로 하자. 필자의 생각은 소블러의 그것과 착상은 같지만 방향은 다르다.

팃포탯이라는, 혹은 동해보복적 성향이 자연선택되었다고 할 때, 이로부터 발생하게 되는 적응문제는 필자가 보기에는 인간 지성의 간섭으로 인해 발생한다기 보다는 동해보복 이라는 인간들 사이의 사적 보복이 벌어지는 실제적인 맥락에서 기인한다. 이론적으로 보면 팃포탯이라는 동해보복의 성향이 적응도를 높이는 기제이므로 진화했다는 논리는 명쾌해 보이지만 소블러는 실제로 응보적 성향이 적절히 작동하기 위해서는 보복을 가하는 피해자 가 감수하게 되는 단기적 불이익이나 위험이란 측면을 고려할 때 책임이라는 규범체계가 필요할 것이라는 점을 적절히 논구해 내고 있다고 생각한다. 즉 소블러는 주로 응보적 행동 을 취하는 자의 입장에서 책임개념의 역할을 부각시키고 있다면, 필자가 주목한 바는 애초 에 타인의 법익을 침해한 가해자의 입장에서 책임의 역할이 중요할 것이라는 사실이다. 간단히 설명하자면, 만일 고대 근동지역의 어느 마을에서 갑이 을을 고의로 살해하였다. 그러면 통상 을의 친족 중 가장 가까운 성인 남성이 갑에게 '피의 보복(blood feud)'을 가한 다. 형식적으로는 별 문제가 없어 보이는 시나리오지만, 실제로 이러한 상황이 발생하면 과연 그 어떤 가해자가 순순히 피해자측의 보복을 받아들이겠는가? 실제로 관련 전거에 의하면 보복을 할 만한 신체적, 물리적 능력이 없어서 보복을 못 하는 경우도 있었고, 보복 을 하다가 오히려 가해자로부터 공격을 당하는 경우도 있었다.123) 이 말은 팃포탯의 행동원

---

122) 물론 소블러의 주장이 후성규칙(epigenetic rules)을 통해 책임이라는 규범과 믿음의 가치체계가 진화 했음을 전제하고 있다고 볼 여지도 있을 것이다. 후성규칙은 문화의 진화를 어느 방향으로 정향시켜 유전자와 문화를 연결시켜 주는 '정신발달의 유전적 규칙성'을 말한다. 그러나 후성규칙의 문화에 대 한 영향력은 제한적이라는 점을 고려할 때 책임은 순전한 '자연선택'의 결과라기보다는 '유전자-문화 공진화(co-evolution)'의 산물이거나 어쩌면 전적으로 '문화적 선택'의 산물이라고 설명하는 것이 더 유망해 보인다. 이러한 생각을 지지해 주는 글로는 정상모, "유전자와 문화: 후성규칙의 덫", 철학논총 제56집, 2009 참조.

123) 이러한 사례들과 함께 고대 근동지역의 사적 보복관습을 폭넓게 다루고 있는 문헌으로는 안성조, 현대

리가 적절히 작동하기 위해서는 가해자의 입장에서 자신의 죄책에 대해 책임을 인식하고 돌아올 결과를 감수하려는 태도가 있지 않으면 안 된다. 그렇지 않으면 '보복의 악순환'으로 인해 공동체는 붕괴되고 만다. 물론 바로 이 '보복의 악순환'을 방지하기 위해 '탈리오 법칙'이 형성된 것이기는 하지만, 그렇다 하더라도 실제로 복수의 집행현장에서 일정한 신념에 기초한 규범체계가 작동하지 않으면 '동해보복'은 형식적인 원리에 그치고 말 것이다. 바로 여기서 가해자 스스로 자신의 행위에 대한 책임을 통감하면서, 스트로슨의 표현을 빌리자면 처벌을 '그에 마땅한(due)' 또는 '정당한(just)' 것으로 받아들이려는 태도가 요구된다고 할 것이고,[124] 이를 요구하는 규범체계가 작동해야 한다는 것이다. 그것이 바로 책임이다. 이러한 관점에서 보자면 책임개념은 적응적 기제로서의 '응보적 성향'이 보다 잘 작동하기 위해 필요한 '그 무엇'을 구성하는 규범과 신념의 체계이다. 결론은 소블러와 같지만 관심의 방향은 피해자측이 아닌 가해자에 놓여 있다는 점에서 다르다. 종합하자면 피해자측의 응보적 성향을 감쇄하는 요인을 제거하기 위해서도 —비록 단기적으로는 불이익이나 위험부담은 있겠지만 반드시 정의를 실현하겠다는 합리적 동기를 불러일으킨다는 점에서— 책임은 필요하고, 가해자 역시 피해자측의 처벌을 그에 마땅하고 정당한 것으로 수용하게 함으로써 '보복의 악순환'이란 적응문제로부터 벗어나게 해 준다는 점에서도 책임은 필요하다고 본다.

여기서 필자의 접근방식이 소블러의 방식과 두드러진 차이점을 가져오는 바를 논해 보고자 한다. 소블러는 책임개념이 필요하고 진화하게 된 이유를 부분적으로 설명해 주기는 하지만, 정작 본고에서 핵심적인 주제인 '자유의지'에 대해서는 별다른 해명을 해 주지 못한다. 하지만 필자의 관점에서 책임개념의 유래에 접근을 해 보면 왜 그토록 '자유의지'가 책임과 관련해 중요한 것인지 바라볼 수 있는 하나의 '이론적 창'을 얻게 된다. 또 간단히 설명해 보자. 만일 우리의 규범체계가 가해자로 하여금 자신의 행위에 책임을 져야 한다고 요구한다면, 이를 가장 효과적으로 요구할 수 있는 방법은 무엇일까? 그것은 분명 "가해자 자신에게서 비롯된, 결과를 그에게 귀속시킬 수밖에 없는 '그 무엇' 때문에 그러하다"는 논리적 형식을 갖추고 있어야 함은 자명할 것이다. 그렇지 않고서는 달리 가해자를 설득력 있게 납득시킬 방법은 존재하지 않거나, 있다 하더라도 부차적일 것이다. 바로 이 지점에서 우리가 인류의 역사와 문화를 통해 알고 있는 모든 가치체계 중에서 '자유의지'를 대체할 만한 것을 찾을 수 있을까? 만약 그런 것이 없다면, 어떻게 '자유의지'가, 책임개념을 구성하

형법학 제1권 (경인문화사, 2011), 33-65면 참조.
124) P.F. Strawson, *Ibid.*, at 168.

는 핵심적 요소의 하나로서 규범적으로 요청될 수밖에 없는지에 대해 적용문제의 관점에서 그 유래를 추론해 볼 수 있을 것이고 그와 함께 책임과 형벌의 여러 전제조건 중에서 '자유의지'의 고유한 위상을 자리매김해 볼 수 있을 것이다. 만일 이러한 입론이 옳다면, 어째서 '책임과 자유의지'의 필연적 연관관계를 부정하는 도덕이론[125]보다, 그 둘 간의 논리필연적, 실천적 연관성을 지지하는 이론이 오늘날까지 상대적으로 더 보편적인 것으로 받아들여지고 있고, 법학의 영역에서도 여전히 굳건하게 자리잡고 있는지를 해명해 줄 수 있을 것이다. 이 점과 관련해 아르투어 카우프만의 다음과 같은 성찰은 경청해야 할 것이다.

> "'비난 없는 형벌'은 형벌을 받는 자 스스로가 이해하지 못한다는 점이다. 만약 사람들이 범죄행위를 저지른 자에게 그 행위로 인한 책임이나 비난을 가하지 않기로 한다면, 그 범죄자는 아마도 모든 형사제재를 부당하다고 느낄 뿐만 아니라, 더 나아가 의심할 바 없이 재사회화에 협력할 용의도 갖지 않을 것이다. 많은 경우 비난이 치유적인 효과를 갖는다는 것은 확실하다. 그것이 오늘날 일반적이지 않다고 해서 이 점으로부터 책임형법을 폐지한다는 주장이 추론될 수는 없다. 오히려 행위자가 피해자와 사회에 대한 책임을 감지할 수 있도록 행형을 고치자는 요구만이 도출될 뿐이다."[126]

---

125) '자유의지'가 '타행위가능성'을 함축하는 책임이론이 책임비난을 감수해야 할 가해자의 입장에서는 더 설득력이 있을 것이므로, 이러한 연관관계를 부정하는 책임이론이 왜 그토록 격렬한 논쟁의 표적이 되기 쉬운지도 추측할 수 있다. 예컨대 프랑크푸르트에 의하면, "도덕적 책임과 의지의 자유 사이의 관계는 매우 광범위하게 오해되어 왔다. 행위자에게 도덕적 책임이 인정되는 조건이, 오로지 그가 행위시 의지가 자유로울 때라는 것은 옳지 않다."고 한다. 누군가 도덕적으로 책임이 있다는 것이 곧 그가 자신이 원했던 어떤 의지라도(whatever will he wanted) 소유할 수 있음을 함축하지는 않는다는 것이다. 나아가 그는 "누군가 자신이 하기를 원했던 일을 했고, 그 일을 한 이유는 그가 그 일을 하기를 원했기 때문이고, 그 일을 하도록 동기 유발한 의지는, 그가 원했던 의지였기 때문에, 그의 의지였다고 가정해 보자. 그렇다면 그는 자기의 자유의지에 따라(of his own free will) 자유롭게 행위했던 것이다. 그가 다르게 행동할 수 있었다고 가정하더라도 그는 다르게 행위하지는 않았을 것이다. 그리고 설령 그가 다른 의지를 가질 수 있었다고 가정하더라도, 그는 다른 의지를 원하지는 않았을 것이다."라는 논지를 펼친다. 이에 대해서는 Harry Frankfurt, *Ibid.*, at 210. 잘 알려져 있듯 프랑크푸르트는 누군가에게 도덕적 책임을 묻기 위해서는 그에게 타행위가능성이 있어야 한다는 이른바 '대안가능성 원리(principle of alternate possibilities)'가 틀렸음을 주장하며 결정론과 도덕적 책임이 양립가능하다고 주장한다. 이에 대해서는 Harry Frankfurt, "Alternate Possibilities and Moral Responsibility", in: Free Will (Hackett Publishing Company, 2009), at 185-195. 프랑크푸르트의 이론에 대한 다양한 갈래의 비판에 대해서는 홍지호, "프랑크푸르트식 사례는 양립가능론에 도움을 줄 수 있는가?", 철학연구 제77집, 2007과 최승락, "자유의지와 결정론 문제에 있어 프랑크푸르트의 양립가능론에 대한 비판: 대안가능성 원리를 중심으로", 호원논집 제21권, 2014 참조.
126) 아르투어 카우프만/김영환 역, 앞의 논문, 33면.

V. 맺음말

1. 몇 가지 비교와 검토

(1) 칸트, 치좀, 프랭크퍼트의 자유의지론의 비교

이제 자유의지론과 관련된 몇 가지 견해를 비교, 검토하면서 논의를 마무리 하고자 한다.

본고는 칸트의 자유의지론에서 출발하여, "자발적이고 자연의 욕구과 경향성을 극복할 수 있으며, 자율적으로 자기결정을 할 수 있는 능력"으로서 칸트적 자유의지 개념이 여러 도전에도 불구하고 정립가능하며, 형법상의 책임개념의 구성과 관련해 상당히 정합적으로 해석될 수 있는 유의미한 논의의 단초들을 제공해 주고 있다고 논증하였다. 하지만 칸트의 자유의지 개념은 실천이성의 능력에 기초한 선의지로 이해됨으로써 예지계는 물론 현상계에도 속한 총체적 인격체로서의 인간의 자유의지를 모두 포괄하기에는 다소 불만족스럽다는 점을 서두에 언급한 바 있다. 아울러 칸트가 자유의지를 선의지로만 국한하면서 그럼에도 불구하고 자신의 성격을 형성하게 되는 자기애의 준칙과 도덕성의 준칙 중 양자택일을 하는 '자유의지'를 언급함으로써 전자와 다른 이 개념의 성격에 대하여 의문을 남기고 있음을 지적한 바 있다.

우선 칸트의 자유의지론과 핵심 생각을 공유하는 치좀의 견해를 보자.

치좀은 전술한 바와 같이 '내재적 인과성'이란 개념을 가져와 소위 '행위자 원인론(agent causation)'을 입론함으로써 행위자 자신이 부동의 제1 운동자가 됨으로써 자연계의 인과계열의 한 원인이 될 수 있음을 논증하였다.

칸트와 비교해 보면 '자발성'으로서의 자유라는 측면에서 결정론과 양립가능성을 입론하고 있다는 점에서 유사하다. 다만 치좀은 자연의 경향성을 극복하는 능력으로서의 자유의지나, 자율로서의 자유에 대해서는 언급하지 않고 있다. 바로 이 점 때문에 치좀의 견해에 대해 프랭크퍼트는 다음과 같이 비판한다.

"치좀에 의하면 사람이 자유로운 행위를 수행할 때마다 그 행위는 신비롭다. 행위의 순간 우리 각자는 부동의 제1 운동자가 된다. 이러한 설명은 인간 이하의 종에 속하는 동물들이 여기서 정의내리는 자유를 향유한다는 것을 의심하게 하는 어떤 근거도 제시하지 못한다. 치좀은 인간이 손을 움직일 때 기적을 행한다는 것을 토끼가 발을 움직일 때 기적을 행한다는 것에 비해 좀 더 그럴 듯하게 만들 어떤 사항도 언급하지 않는다."127)

　　요컨대 치좀의 이론은 인간의 행위가 자연인과계열의 원인이 될 수 있다는 점을 내재적 인과성 개념을 통해 입론했지만, 같은 논리라면 토끼와 같은 동물들의 행위도 부동의 제1 운동자, 즉 자유로운 행위자가 될 수 있다는 반론인 것이다. 주지하다시피 칸트의 자유의지 론은 이러한 비판에 맞설 수 있는 논지를 갖추고 있다. 동물과 달리 인간은 자연의 경향성을 벗어날 수 있고 이성의 능력으로 보편적 법칙을 세우고 따를 수 있기 때문이다. 여기서 프랭크퍼트의 지적은 중요한 사실을 하나 일깨워 주는데, 만일 치좀의 이론이 옳다면 자유 는 굳이 칸트처럼 실천이성을 요구하지 않는다. 우리가 반드시 도덕적으로 행위할 때만 자유로운 존재인 것은 아니라는 것이다. 이 점은 바로 칸트와 구별되는 지점이다.

　　프랭크퍼트는 치좀 이론의 난점, 즉 동물과 구별되는 인간 고유의 자유의지를 입론하기 위해서 1차적 욕구와 2차적 욕구 및 의욕을 구분하는 자유이론을 정초한다. 물론 칸트와는 전혀 다른 방식이다. 그에 따르면 인간과 다른 생물체 사이의 하나의 본질적 차이는 인간의 의지구조 내에서 발견될 수 있다고 한다. 그의 이론에 의하면 인간이나 동물이나 단순히 이것 혹은 저것을 하거나 하지 않으려는 욕구를 가지는데 이를 '1차적 욕구'라고 한다. 반면 인간에게 고유한 특질은 2차적 욕구와 2차적 의욕을 형성할 수 있다는 점에 있다. 전자는 어떤 욕구나 동기를 갖기를(혹은 갖지 않기를) 원하는 욕구를 뜻한다. 후자는 2차적 욕구 중에서 어떤 욕구나 동기가 자신의 의지가 되기를 원하는 경우를 말한다. 예를 들어 약물중 독자를 치료하는 의사가 단지 중독환자들의 욕구가 어떤 것인지 더욱 잘 이해하기 위해서 약물에의 욕구를 원한다고 할 때에 이 의사는 약물복용의 욕구를 원하고는 있지만 실제로는 약물을 복용하지 않으려는 분명한 욕구를 가지고 있는 것이다. 따라서 그의 2차적 욕구는 그의 의지가 되어야 하는 욕구는 아니라고 볼 수 있는데 그가 원하는 바는 오로지 약물에 대한 욕구를 감식하는 데 있기 때문이다. 따라서 약물복용의 욕구를 갖고자 하는 그의 2차적 욕구는 실제로 그가 약물복용의 1차적 욕구를 가지고 있음을 함축하지 않는다.

　　반면 2차적 욕구 중에서 자신이 원하는 1차적 욕구가 그의 의지가 되기를 바라는 욕구 가 될 때, 이를 2차적 의욕이라 한다. 이 경우 그는 X를 하려는 욕구가 단순히 그로 하여금 동기를 유발하는 욕구들 중 하나이기를 원하는 데 그치지 않고, 그 욕구가 실질적으로 행동 하지 않을 수 없도록 만드는 실질적 욕구가 되기를 원한다. 이 경우 그는 X가 그의 의지가

---

127) Harry Frankfurt, *Ibid.*, at 209-210.

되기를 원하는 것이며, 따라서 X를 하기를 원하는 1차적 욕구를 원하는 그의 2차적 욕구는 이미 X를 하려는 욕구를 가지고 있음을 함축한다.

프랭크퍼트에 의하면 2차적 욕구는 갖지만 2차적 의욕을 전혀 갖지 않는 행위자도 있을 수 있는데, 그는 그러한 행위자를 '방종체(wanton)'라고 부른다. 방종체의 본질적인 특징은 그가 그 자신의 의지에 관해 주의를 기울이지 않는다는 점에 있다. 여기에는 일부 성인들과 어린아이들, 그리고 동물이 포함될 수 있다고 한다. 방종체가 2차적 의욕을 갖지 않는다고 하여서 1차적 욕구에 따라 무분별하게 곧바로 행위를 이행함을 의미하지는 않는다. 방종체 도 어떤 고차원의 합리적 사고능력으로 자신의 행위에 대해 추리하거나 숙고할 수 있기 때문이다. 다만 방종체는 합리적 인간과 달리 자신이 욕구 그 자체가 바람직한 것인가에 대해 관심을 갖지 않는다. 그는 자신의 의지가 어떤 것이어야 하는지의 문제를 도외시한다.

프랭크퍼트는 2차적 의욕의 형성능력 외에 인간의 고유한 특징은 의지의 자유를 향유할 수 있느냐에 있다고 한다. 의지의 자유는 행위의 자유와는 구별된다. 행위의 자유는 "자신이 하기를 원하는 것을 할 자유이다." 반면에 의지의 자유가 있다는 것은 "자신의 1차적 욕구를 갖기를 원하는 것을 의욕하는 데(to want to what he wants to want) 자유롭다는 것"을 의미한다. 다시 말해 2차적 의욕을 형성하는 데 자유로운 것을 의미하는 것으로 볼 수 있으며 이는 곧 자신이 의지하기를 원하는 바를 의지하는 데 자유롭다는 것, 또는 자신이 원하는 의지를 갖는데 자유롭다는 것을 의미한다. 요컨대 인간의 고유한 특징으로서 의지의 자유는, 그 의지가 자신이 갖기를 원하는 의지인지 여부에 달려 있는 것이다. 따라서 약물중독자 중에서 자신의 중독상태를 혐오하면서 약물복용의 욕구를 극복하기 위해 분투하지만 매번 약물복용의 욕구에 굴복하는 자가 있다면 그의 약물복용은 "자신의 자유의지에서 나오는 것이 아니다"라고 말할 수 있게 된다. 결론적으로 인간이 의지의 자유를 발휘한다는 것은 2차적 의욕에 대한 자신의 의지의 순응(conformity)을 확보하는 데 달려있다. 즉 자유의지의 향유는 2차적 혹은 그 이상의 고차적 욕구의 만족을 의미한다. 따라서 의지의 자유가 없는 경우란, 자신의 의지와 2차적 의욕 사이에 괴리가 있거나 그들 간의 일치가 노력이 아닌 우연에 달려 있는 경우가 된다. 방종체는 2차적 의욕을 전혀 갖지 못하므로 자유의지는 문제조차 되지 않는다.[128] 다소 상세하게 프랭크퍼트의 자유의지론을 소개한 것은 칸트의 자유의지와 대비시킬 필요가 있어서이기도 하지만, 그의 생각 중에는 칸트가 명시적으로 해명하지 않고 있는 부분, 즉 선의지와 근본악 중에서 악을 선택하는 결단을 내리는 '자유의

---

128) 이상의 내용은 Harry Frankfurt, *Ibid.*, at 198-208 참조.

지'는 어떤 성질의 것으로 보아야 할 것이지를 해명해 줄 수 있다고 보기 때문이다.

먼저 칸트와 비교해 보자면, 칸트는 욕구의 위계에 대해서는 일단 언급한 바가 없고, 단지 '동인(Triebfeder)'이란 용어를 자유로운 사람이 선택한 것들 중에 근거가 될 만한 것과의 관계를 가리키기 위해 사용한다. 여기에는 욕구와 경향성은 물론 도덕법칙에 대한 존경심도 포함된다. 그렇다면 동인은 프랭크퍼트의 이론에 의하면 대략 1차적 욕구에 상응하는 개념이라고 보면 큰 무리는 없을 것 같다. 칸트에 의하면 자유의지는 오로지 선의지인데, 선의지는 도덕법에 대한 존경심에서 비롯된다는 점에서 2차적 의욕을 형성할 수 있는 의지의 하나가 된다. 다만 프랭크퍼트는 2차적 의욕의 형성이 반드시 1차적 욕구에 대한 도덕적 입장을 표현하는 것은 아니라고 주장하므로, 선의지뿐만 아니라 자기애의 준칙과 같은 소위 '근본악'도 2차적 의욕을 형성할 수 있는 또 다른 의지가 될 수 있다. 그러므로 프랭크퍼트의 자유의지에 의하면 인간은 선의지도 근본악도 자유로운 선택이 가능하며, 칸트가 "자유의지로 받아들인 악한 불변적 원칙들의 결과이며, 이런 원칙들이 의지를 더욱더 비난받고 벌받아야 할 것으로 만드는 것이다."라고 말할 때의 '자유의지'는 칸트적 의미의 자유의지라기보다는 오히려 프랭크퍼트식 자유의지의 성격이 있음을 밝혀 두고자 한다.

(2) 선의지를 넘어선 자유의지의 가능성 전망

오늘날 자유의지와 관련된 대부분의 논의에서 '자유의지'의 의미는 칸트처럼 '선의지'로 국한되지 않는다. 전술한 바와 같이 치좀이나 프랭크퍼트처럼 그 이상의 외연을 갖는 경우가 많다. 이 점은 하르트만이 지적하듯 오직 선만을 선택할 수 있는 의지는 이미 자유의지가 아니지만, 칸트나 벨첼의 입장에서는 그 자체로 자연의 경향성을 극복한 것이므로 자유의지로 볼 수 있다는 역설을 고려하면 논쟁의 여지가 남는 부분이다. 칸트나 벨첼이 자유의지의 개념을 그와 같이 제한적으로 규정한 데에는 나름의 중요한 이유가 있을 것이지만, 무엇보다도 그러한 자유의지 개념은 일상적인, 그리고 윤리학이나 철학, 신경과학 계통에서 널리 통용되는 그것과 상당한 괴리가 있다는 점에서 재검토될 필요가 있다고 본다.[129] 더구나 앞서 검토해 본 바와 같이 대법원은 비단 형법상 책임능력과 관련된 자유의지만을 언급하는 데 그치지 않고, 앞서 검토한 바와 같이 '자발성'으로서의 자유의지라든지, 재산적

---

129) 자연주의적 윤리학의 관점에 서 있는 마크 존슨에 의하면 심지어 '실천이성의 능력'이나 '자유의지'는 없다고 단언한다. 마크 존슨/노양진 역, 인간의 도덕 (서광사, 2017), 60면 이하 참조. 책임원칙과 자연주의 윤리학의 양립가능성에 대해서는 후속연구를 기약하기로 한다.

처분행위는 자유로운 의사에 기한 것이라든지[130], 흡연을 할 것인지 말 것인지는 자유의지의 선택에 맡겨져 있다는 것을 논급하고 있는바[131], 이러한 용어법은 칸트적 의미의 '이성적' 자유의지의 외연을 넘어서는 것이므로 자유의지 개념의 의미폭을 넓히는 방법을 강구할 필요가 있을 것이다.

먼저 치좀의 행위자 원인론은 인간의 행동은 이성에 기초한 것이든 아니든 그 자체로 자연인과계열의 한 원인이 될 수 있음을 적절히 시사해 주고 있다. 또한 본고에서 입론한 바와 같이 그러한 이론은 자연과학적 관점과도 양립할 수 있다. 그렇다면 굳이 칸트처럼 오로지 예지계에 속한 인간만이 자유의지를 향유할 수 있다고 보는 것은 그 논리필연성에 대해 계속적인 의구심을 남기게 될 것이라고 본다. 칸트가 자유를 부인할 수 없는 실천이성의 사실이라고 보는 것처럼, 건전한 통제능력을 구비한 인간이라면 누구나 감정이나 충동, 욕구의 조절에 있어서도 일정한 수준의 자유를 관념할 수 있다는 점은 패트리샤 처칠랜드나 줄리언 바지니의 견해처럼 신경과학적인 사실에 해당한다. 또한 칸트는 자연의 경향성을 극복할 수 있는 인간 고유의 능력에서 소극적 자유의 의미를 찾았지만, 프랭크퍼트는 반드시 도덕적 숙고에 기반하지 않더라도 자유의지를 정초할 수 있는 이론적 구상을 보여주었다는 점을 고려하면 자유의지의 문제는 단지 '이성'의 영역이 아니라 총체적 인격체로서의 "인간이 자유로운가?"의 문제로[132] 보는 것이 적절하다고 생각한다.

다만 만일 자유의지의 외연이 이렇게 넓어지게 될 경우 형법상의 책임원칙의 정립에 어떠한 영향을 주게 될 것인지가 문제될 것이다. 본고에서는 형법상 책임비난의 근거로서의 타행위가능성은, 오로지 적법행위의 가능성의 문제로 대체될 수 있고 그러한 한에서 칸트적 자유의지 개념은 형법상 책임원칙을 정립하는 데 있어서 매우 정합적으로 유의미한 기여를 할 수 있다고 주장하였다. 그런데 자유의지의 개념이 달라질 경우, 즉 총체적 인격체로서의 인간이 갖는 자유의지가 형법학의 영역에서 재검토될 경우 다시 책임원칙에 대한 회의론이 제기되는 것은 아닌지 의문이 들 수 있다. 즉 형법상의 타행위가능성은 또다시 입증곤란의 문제에 직면하게 되지 않겠느냐는 것이다. 하지만 자유의지 개념의 변천은 형법상 타행위가능성의 의미론적 변화를 수반하지 않는다고 보는 것이 타당하다. 왜냐하면 형법상 책임능력을 구성하는 사물변별능력과 의사결정능력이 특수한 의미를 갖게 됨은 여전히 그대로 유지되듯이, 타행위가능성도 역시 적법행위의 가능성이란 특수한 의미로 해석되어야 함은 자유

---

130) 대법원 2017. 2. 16. 선고 2016도13362 전원합의체 판결 중 반대의견에 대한 보충의견 참조.
131) 대법원 2014. 4. 10. 선고 2011다22092 판결.
132) Roderick Chisholm, *Ibid*., at 180.

의지의 개념변천과는 전혀 무관하기 때문이다. 그리고 '총체적 인격체로서의 인간의 자유의지'가 관건이 되더라도 여전히 칸트가 남긴 지적 유산들, 즉 실천이성의 사실로서 '자유와 책임'은 우리의 법체계와 도덕적 관행에 의미있게 다가오기 때문이다.

2. 글을 마무리하며

일찍이 유기천 교수는 "법에서 무의식의 역할의 인정은 그 자체 무의식적인 것이기 때문에, 그것은 종종 비이성적으로 작동한다(since in law the recognition of the role of the Unconscious is itself unconscious, it often operates irrationally)."고 경계하면서, 무의식적으로 직관적으로 옳은 판단을 탐색하는 것보다는 과학적 지식이 뒷받침되어 도달한 의식적인 방침이 자유사회의 형법 '운용의 묘(妙)'의 핵심이라고 말한 바 있다.[133] 형법이 무의식을 이미 무의식적으로 고려하고 있는 상황에서 이 무의식을 과학적 논의의 지평, 즉 입체심리학의 인식지평으로 가져와 이를 '의식적으로' 고려하는 것이 형법의 해석과 적용에 있어서 바람직하다는 것이다.[134]

본고에서 필자가 검토한 '자유의지'의 역할도 오랜 세월 '무의식적으로' 형법의 해석과 적용에 있어서 직관적으로 인정되어 왔고, 또한 앞으로도 그러할 것이라는 점에서 유기천 교수가 논급한 '무의식'의 처지와 크게 다를 바 없다고 생각한다. 그렇다면 그동안 당연히 전제되어 왔던 자유의지 개념을 본격적으로 이론적, 과학적 논의의 지평으로 가져와 여러 차원에서 그 의의를 해명해 보는 작업은 실천적으로 '자유사회'의 형법의 운용에 있어서 바람직한 결과를 가져다 줄 것이라고 생각한다.

덧붙여 자유의지가 형벌의 정당성을 근거짓는 주요한 개념이 된다 하더라도 자유의지에 기초한 비난가능성으로서 형벌근거적 책임개념에 경도되지 말고 형벌제한적 책임개념으로서 '비례성원칙'을 도입해 보자는 견해는 '도덕적 응분(moral desert)'이라는 '임의적' 요소[135]보다는 '공정으로서의 정의(justice as fairness)'라는 관점에 비추어 보면(본서 [1]과 [2]

---

133) Paul K. Ryu/Hellen Silving, "Towards a Rational System of Criminal Law", 서울대학교 법학 제4권 제1호, 1962, 23-24면.

134) 장영민, "월송 유기천 교수의 형법관에 대한 토론문", in: 다시 유기천을 생각한다 (법문사, 2015), 233면 참조.

135) 간단히 말해 '능력주의(meritocracy)'에도 문제점이 있는 것처럼, 형벌을 받아 마땅하다는 '도덕적 응분'이란 개념에도 임의적 요소가 개입되어 있다는 것이다. '공정으로서 정의'이론은 이 점을 적절히 일깨워 준다.

참조) 현재의 전통적 책임개념에 대한 보완과 개선의 방향으로 향후 충분히 재음미될 필요
는 있을 것이다.136)

---

136) 이러한 맥락에서 롤즈는 "책임원칙(principle of responsibility)은 형벌이 일차적으로 응보나 비난이라
는 개념에 기초해 있지 않다"고 하는데, 그 이유는 형벌은 자유 그 자체를 위한 것(for the sake of
liberty itself)이기 때문이라고 한다. John Rawls, A Theory of Justice (Harvard Univ. Press, 2011), at
212.

[4] 책임과 응보의 과학적 토대
−물리적 결정론은 왜 과학적으로 지지될 수 없는가?−

[보충글]

　아래의 글은 2018년 출간된 『법학에서 위험한 생각들』이란 책에 수록된 필자의 원고인 "도킨스의 틀린 생각"을 제목을 바꾸고 내용을 일부 수정, 가필한 것이다. 앞서 수록된 [3] "자유의지와 형벌의 정당성"과 거의 유사한 시점에 완성된 글로서 상당부분 공통된 문제의식과 논거를 포함하고 있기는 하지만, 앞의 글에는 전혀 다루어지지 않았던 논의도 포함되어 있어서 결과적으로 '자유의지와 형사책임'의 문제를 포괄적이고 심층적으로 이해하는 데 있어서 상보적으로 독자들의 이해에 기여해 줄 수 있으리라 믿는다.[1]

　저명한 법철학자인 로널드 드워킨은 자유의지와 책임의 문제에 대해 일찍이 흥미로운 견해를 피력한 바 있다. 본서의 입장과 선명하게 대비되어 독자들의 이해에 도움이 되리라 생각되어서 간단히 그 주장의 요지를 말하면 다음과 같다. 일반적으로 책임은 외부의 힘에 영향을 받지 않고, 자유의지가 행위의 시원적인(originating) 원인으로 작용할 때에만 정당하게 부과될 수 있다고 여겨지지만(인과적 통제이론), 드워킨에 따르면 인과적 통제이론은 우리의 건전한 직관에는 부합되지만, 이를 지지해 주는 다른 합리적인 논변이 부재하며, 더 나아가 결정론의 위협에 취약하다는 점에서 다른 대안을 찾는 것이 바람직하다고 한다. 그는 다른 대안으로서 '능력 통제이론'을 주장한다. 이에 따르면 행위에 책임을 진다는 것은 행위자가 자신이 외부 세계에 대해 올바르게 인식하면서 자신의 '인격, 욕망, 신념 등에 따라 의식적으로 결정을 내릴 수 있는 능력'이 있기 때문이라고 한다. 우리의 결정은 진정한 사실이며 그 자체로 중요하고 인과적 설명에 의존하지 않는데, 왜냐하면 자신의 '삶의 가치는 그 결정이 얼마나 좋은 결정인가에 달려있기 때문이라고 한다. 다시 말해 삶의 가치는

---

1) 이 문제에 대한 또 다른 측면의 인식의 지평을 넓혀주는 보충적 문헌을 보고자 한다면, 안성조, 인간의 존엄과 책임원칙, in: 인간 존엄과 가치의 형사사법적 실현(한국형사정책연구원, 2019) 참조.

결정의 품격에 의존하지 그 결정의 머나먼 혹은 우리에게 알려지지 않은 인과적 연혁에 의존하지 않는다는 것이다. 이 원리에 따르면 최소한의 기본적 인지적 능력과, 규범에 자신의 결정을 일치시킬 수 있는 행위통제능력만 있으면 행위자는 책임을 면하지 못한다고 한다. 드워킨은 말한다. "우리가 능력의 원리를 우리의 책임체계의 윤리적 정초로 수용한다면, 우리 뇌 속의 전자역학에 대한 최첨단의 발견들을 두려움 없이 무한한 호기심만 가지고 지켜볼 수 있다."고 요컨대 능력의 원리가 일정한 능력을 책임의 핵심요소로 만드는 이유는 "잘 살아야 할 전반적인 윤리적 책임에 비추어서 책임의 조건을 정하기 때문"이라는 것이다. 이 원리는 행위자가 삶의 어떤 과제, 이를테면 '법준수'라는 과제를 수행할 능력이 있을 때에만 그 과제가 유효하다는 통찰에 기초하고 있다. 그러한 최소한의 기본적 인지적 능력과 제어능력이 없다면 그 과제(법준수)를 달성하지 못한 데 대해 책임을 물을 수 없다. 여기에 인과적 관점은 개입될 여지도 필요도 전혀 없다. 이로써 결정론은 책임과 양립가능해진다고 드워킨은 주장한다. 그의 일관된 주장인 '가치의 독립성' 테제와 '가치의 통일성' 테제에 따르면 어렵지 않게 예견될 수 있는 입장이기도 하다. 즉 사실과 독립되어 있고, 정합적으로 상호 의존하고 있는 가치의 체계들 간의 통일적인 해석에 비추어 볼 때 '능력 통제이론'이 더 나은 견해라는 것이다. 간단히 말해 여러 층위의 상호 밀접한 규범적 논거들과 정합적으로 해석되면서 그로부터 지지를 받는 이론은 바로 '능력 통제이론'이라고 한다.

요컨대 자유와 책임은 우리에게 주어진 삶의 형식과, 우리가 지닌 도덕체계에 정합적으로 잘 들어맞기 때문에 '내재적으로' 정당화될 수 있다는 뜻으로 필자는 드워킨의 입장을 이해한다. 이에 대한 '외부로부터의' 과학적 회의주의나 결정론의 위협은 설령 그것이 사실이라고 할지라도 그저 호기심 가득한 관심의 대상일 뿐이라는 것이다. 그는 말한다. "만일 결정론이 참이면, 우리의 삶의 방식은 부조리하다고 생각해야 할까?" 아니라는 것이 그의 답변이다.[2]

이상의 드워킨의 논변은 매우 설득력 있고, 대중적 호소력도 있으며 대안 없이 회의론과 비관론을 제기하는 일부 결정론자들에 대해 깊은 성찰과 반성의 계기를 마련해준다는 점에서 매우 가치 있고 주목할 만한 견해라고 생각한다. 또한 상당수 영향력 있는 학자들도 수긍하는 입장임에 분명할 것이다. 그런데 그의 논변에서 간과되고 있거나, 다소 미진하게 다루어지고 있는 쟁점이 하나 있다. 그는 비록 결정론이 참이라 하더라도 우리의 도덕적 관행이 부조리해 지는 것은 아니라고 입론하고 있지만, 만일 비결정론이 참이면 우리의

---

2) 이상의 드워킨의 입장은 로널드 드워킨/박경신 역, 정의론 (민음사, 2015), 354-399면 참조.

도덕적 관행은 더욱 진실해진다는 점에 대해서는 관심을 보이지 않는다. 이와 관련해 과학적 결정론자의 대표자라 할 수 있는 리처드 도킨스는 다음과 같이 말한다. "우리는 왜 앞서 말한 것처럼 범죄자를 수리와 교체가 필요한 고장 난 기계로 다루어야 한다는 결론을 받아들이는 것이 거의 불가능하다고 느끼는 것일까? 아마도 그것은 비난과 책임은 물론 사실은 선과 악 같은 정신적 구성물이 다윈식 진화에 의해 장구한 세월을 거쳐 우리 인간의 두뇌에 자리잡고 있기 때문이다. 즉, 비난과 책임은, 이 세상에서 과연 무엇이 벌어지고 있는지에 대한 더 진실에 가까운 분석을 짧게 단축시켜 주는 수단으로서 우리의 두뇌에 자리잡은 '지향적 행위자(intentional agent)'라는 '쓸모 있는 허구'의 한 단면이다." 다소 난해한 이 말의 상세한 의미에 대해서는 아래의 글에서 확인해 보기를 바라면서, 여기서 간단히 지적해 두고자 하는 바는, 결정론에 도덕적으로 의미있는 주장이 들어있다면, 자유와 책임이라는 '도덕적 가치체계의 진실성'에 대해 회의를 제기하고 있다는 점이다. 도킨스 자신도 드워킨과 마찬가지로 우리가 언젠가 과학적 진실을 깨닫게 됨으로써 결정론이 궁극적으로 참이라고 밝혀지더라도 우리는 현재의 도덕적 관행이 바뀌지 않고 그대로 유지할 것이라고 전망한다는 점에서 같은 입장이다. 그럼에도 불구하고 그는 도덕적 관행이 과연 진실한 것인지 과학적으로는 의문이라는 견해를 피력하고 있는 것이다. 요컨대 드워킨이 옳더라도 결정론은 '자유와 책임'이라는 도덕적 관행의 가치를 떨어트릴 수 있는 호소력이 있다는 점에서 도덕적 관점에서 경청할 만한 가치가 있다.[3] 그러한 관행의 진실성에 대한 의문이 남기 때문이다. 그로 인해 우리의 삶이 부조리해지는 것은 아니겠지만, 만일 비결정론이 옳다면 우리의 도덕적 삶은 더욱 진실한 것으로 여겨질 수 있다. 따라서 자유의지 문제는 법적, 도덕적 담론에서 보다 적극적인 탐구와 논의의 대상이 되어야 하고 우리가 더 좋은 삶을 위해서라면 이 문제를 회피해 가서는 안 된다고 볼 수 있다. 드워킨도 자신의 '능력 통제이론'이 '인과적 통제이론'의 입장에서 보면 '회피적'일 수 있음을 잘 알고 있다.[4] 그럼에도 불구하고 '비결정론'의 가능성에 대해서는 적극적인 검토를 하고 있지 않은 것은 어쩌면 그의 말 그대로 "이 이론들을 과학적으로 판단할 능력이 없[기]" 때문일 것이다. 하지만 그로 인해 현재의 도덕적 관행이 도덕체계 '외부로부터의 전지적 관점'에 의하더라도 정당한 것으로 판명될 수 있고, 따라서 더욱 진실한 가치가 있는 것으로 드러날 수 있다는 점이

---

3) 이와 관련해 론 풀러는 다음과 같은 지적은 참고해 둘 만한다. "인간에게는 책임 있는 행동을 할 수 있는 능력이 없다는 견해가 받아들여진다면, 법의 도덕성은 그 의의를 잃게 된다." 론 풀러/박은정 역, 법의 도덕성 (서울대학교출판문화원, 2015), 230면 참조.
4) 로널드 드워킨/박경신 역, 앞의 책, 367면.

논의과정에서 간과되고 있음은 아쉬운 부분이다. 다시 말해, 결정론과 자유의지가 그저 양립가능한 것이 아니라, 과학적으로 볼 때, 결정론이 참이 아니기 때문에 자유의지는 온전히 옹호될 수 있다는 논의도 자유의지 담론에서 중요하다는 것이다.

바로 이러한 맥락에서 이 글의 입장은 드워킨과 다르다. 필자가 보기에 오늘날 자유의지를 가장 크게 위협하는 논거로 판단되는 과학적 결정론의 가장 근원적 버전이라 할 수 있는 물리적 결정론은, 인간의 모든 행동과 의식적 결정이 물리적 수준으로 환원될 수 있다는 '물리적 환원주의'라는 잘못된 가설에 입각해 있기 때문에 틀린 것이며, 실제로 믿음과 욕구, 의지와 같은 인간의 정신적 속성은 그 자체로 '실재하는 패턴'이며 행동을 초래할 수 있는 '인과적 힘'이 있다. 이 점에서 드워킨과 다른 방식으로 '자유의지와 책임'의 문제를 다루며 조금 더 적극적으로 도덕체계의 진실성을 옹호하고 있다는 측면에서 독자들이 흥미롭게 이 글을 읽어주기를 바란다.

또 하나 본고에서 다루고 있는 중요한 논점이 있다면, 그것은 본서의 다른 장에서 논급하고 있는 이른바 자연주의적 윤리학설들로 분류할 수 있는 견해들, 예컨대 도덕의 생래적 성격을 주장하는 진화윤리학 등은 우리의 삶에서 도덕적으로 중요한 실천적 관행, 즉 자유와 책임의 문제를 적절히 해명해 내지 못하고 있다는 점에서 한계점이 노정되어 있다는 사실을 밝히고 있다는 것이다. 다시 말해 정당한 응보라든지 동정심이나 이타성 등 도덕의 구성물에 대해 본성으로서 혹은 성향으로서의 성격은 잘 구명해 내고는 있지만, 우리가 왜 의무감을 지니고 때로는 책임을 져야만 하는가에 대한 원리적인 해명은 결여되어 있다는 것이다. 물론 마이클 토마셀로와 같은 문화진화론적 이론은 다른 자연주의적 윤리학설과 달리 '상호의존가설'에 의해 인간의 도덕이 '협력'을 위해 진화해 왔다는 관점에서 다른 동물과 달리 '우리(We)'라는 개념을 발전시킬 수 있었고 이로 인해 나와 타인의 동등한 가치를 상호 인정하게 되었으며, 따라서 나 또는 타인의 역할이상에 대한 상호 '기대'에 어긋날 경우 그에 상응하는 책임을 묻고, 책임을 지는 도덕적 관행이 탄생했다고 설명하며 이로부터 모종의 '의무감'이 싹트게 되었다는 가설을 내세우고 있지만,5) 이러한 설명방식에서도 여전히 충분하게 해명되지 않고 있는 부분이 있다. 그것은 바로 우리가 어떤 때에 어느 정도로 '책임'을 지는 것이 정당화 되는가에 대해 침묵한다는 점이다. 이와 관련해 칸트는 이미 오래 전에 본성과 성향 등 자연적 근거에 의한 의지의 추동은 결코 당위를 산출할 수 없다고 역설한 바 있다. 예컨대 어떤 상황에서 동정심과 같은 도덕적 성향에

---

5) 마이클 토마셀로/유강은 역, 도덕의 기원 (이데아, 2018) 참조

의한 행동은 결코 필연적 도덕법칙(정언명령)에 따른 행위와 같은 도덕적 위상과 가치를 지닐 수 없다는 것이다. 자유의지에 따른 행위가 아니기 때문이다. 이처럼 칸트의 윤리학체계에서는 인간의 본성, 성향, 소질 등과 자유(의지)와 책임의 관계가 명확하게 고찰되고 있다는 점에서 자연주의적 윤리학설과 대비를 이룬다. 짧은 분량의 글이라서 충분하지는 않겠지만, 이 글을 통해서 독자들이 그 차이를 명확히 인식하는 계기가 마련될 수 있기를 희망한다.

Ⅰ. 범죄자는 고장 난 기계일까?

지금으로부터 10여 년 전 대중적으로도 유명한 진화생물학자 리처드 도킨스는 "베이즐의 차를 때리는 것을 모두 다 멈추자(Let's all stop beating Basil's car)"라는 짧은 글에서 "도덕원칙으로서 응보는 인간행동에 관한 과학적 관점과 양립할 수 없다"는, 당시로서는 매우 도발적으로 보일 수 있는 주장을 펼친 바 있다. (형)법과 도덕, 나아가 법체계 전반의 권위에 대한 전면적인 도전으로 받아들여질 수 있는 위험한 명제를 제시한 것이다. 그의 글은 엣지(Edge) 재단 홈페이지의 2006년도 연례 질문6)에 게재되어 있고, 여기에 실린 110여 명 저자들의 글을 편집, 번역해 국내에 단행본으로 출간한 책 '위험한 생각들'에도 수록돼 있다.7) 그런데 흥미롭게도 도킨스의 이 글은 같은 방식으로 영국과 미국 등의 몇몇 출판사에서 출간한 'What is your dangerous idea?'라는 제목의 영문원서에는 수록되어 있지 않은데, 일반 독자들은 물론 해당 분야의 전문가들 중에서도 이 사실을 아는 사람은 거의 없는 듯하다.

도킨스의 글은 여러 측면에서 도발적이다. 특히 필자에게 더 그렇게 느껴진 것은 1차적으로는 명백히 법관이나 법학자 등 법률가들을 겨냥해 응답을 끌어내려는 의도를 품고 있다고 보였기 때문이었다. 그럼에도 불구하고 외국과 달리 국내 법학계에서는 아직 이렇다 할 반응이 없다는 점은 매우 의아스러운 부분이다.

---

6) 엣지는 해마다 전 세계의 저명한 전문가들에게 특정한 주제의 질문을 던지고, 그들로부터 관련 논문을 받아 편집한 '세계질문센터'라는 특집을 홈페이지에 게재하는데, 참고로 2015년의 질문은 "생각하는 기계에 대해 당신은 어떻게 생각하는가?(What do you think about machines that think?)"고, 2006년의 질문이 바로 "당신의 위험한 생각은 무엇인가?(What is your dangerous idea?)"이다.
7) 존 브록만 편집/이영기 역, 위험한 생각들 (갤리온, 2007). 한국어판 책에서 그의 글 제목은 "유전자가 아니라, 범죄자의 유전자를 벌하라"로 번역되어 있다.

우선 나는 두 가지 점이 궁금했다. 첫째, 도킨스는 과연 어떤 근거에서 그와 같은 대담한 주장을 펼칠 수 있었던 것일까? 둘째, 그의 글은 어떤 이유에서 영미에서 출간된 원서에서는 수록되어 있지 않은 것일까?

　　순서를 바꾸어 먼저 두 번째 질문에 대해서 생각해 보기로 하자. 만일 독자들이 이 사실을 알게 되었다면 어떤 생각들을 떠올렸을까? 아마도 출판사측의 독자적인 결정이라든지 그 밖의 어떤 불가피한 사유가 있지 않았겠느냐는 등 다양한 추측이 가능할 것이다. 그런데 나는 직감적으로 도킨스가 자신의 주장을 즉각 철회한 것이 아닌가 하는 생각이 들었다. 학문적 직역에서는 이미 공간된 글이라도 이후 신념이 변하거나 정당한 반론을 접하게 되면 이를 어떠한 방식으로든 철회하는 편이 양심적인 태도로 평가될 수 있기 때문이다. 그에 대한 세간의 시선은 매우 다양하지만, 여러 저서를 통해 보여준 진화생물학자로서, 또한 탁월한 저술가로서의 면모에 비추어 볼 때 상기 글은 상대적으로 논리적 허점이 많아 보였기 때문에 더욱 그러한 생각을 하게 되었던 것이다. 다만 이러한 추정을 뒷받침할 만한 근거가 필요했고, 이를 찾기 위해 한동안 수소문을 한 끝에 필자의 생각이 옳았음을 확인할 수 있었다. 나의 궁금증을 시원하게 해소시켜 준 인물은 도킨스의 학문적 동료이자 저명한 미국 철학자인 대니얼 데닛이었다. 그는 이메일로 "당신의 생각이 옳다. 도킨스와 나는 그 문제에 대해 거듭 의견을 나누었고, 그는 범죄자를 베이즐 폴티의 고장난 차에 비유한 자신의 직관이 아주 정확한 것은 아니었다는 결론을 내렸다."라는 회신을 보내주었다. 결국 도킨스는 범죄자를 영국 TV 시트콤에 출연한[8] 베이즐 폴티(Basil Fawlty)의 고장난 차에 비유한 직관은 적절하지 못했음을 시인했다는 것이다. 그렇기 때문에 그는 그 글을 기고한 것을 후회하였고, 철회하려고 노력했으나 엣지 홈페이지에서 글을 내리는 데는 실패했는데 다만 그 결실로서 영미에서 출간된 단행본에는 수록되지 않게 되었다는 것이다.[9] 그런데 데닛의 회신 내용을 받아들이는 데 있어서 유의할 점이 있다. 그가 "아주 정확한 것은 아니었다."고 신중하게 표현하고 있는 것으로 미루어 볼 때, 도킨스는 자신의 주장을 전면적으로 철회한 것은 아니고, 글에서 일부 비유가 적절하지 못했음을 뒤늦게 알게 되었다는 정도로 이해하는 편이 더 타당할 것이다.

　　그렇다면 과연 도킨스는 어떤 점에서 자신의 비유가 잘못되었음을 시인할 수밖에 없었

---

8) 영국 TV의 시트콤 주인공인 베이즐 폴티는 자신의 차가 고장 나서 출발하지 못하자 차에게 경고를 한 후 그래도 움직이지 않자 나뭇가지로 차를 거의 망가질 정도로 때린다.
9) 이 내용은 대니얼 데닛의 글 "Some Observations on the Psychology of Thinking About Free Will", in: *Are We Free? Psychology and Free Will* (Oxford Univ. Press, 2008), 253면에 수록되어 있다.

을까? 이에 대해서는 첫 번째 질문에 대해 검토해 보면서 함께 살펴보도록 하겠다.

　　도킨스 주장은 이런 것이다. "도덕원칙으로서 응보(retribution)는 인간 행동에 관한 과학적 관점과 양립불가능하다. 과학자로서, 우리는 인간의 뇌가 인간이 만든 컴퓨터만큼 동일한 방식으로는 아니겠지만, 확실히 물리법칙의 지배를 받는다는 사실을 믿는다. 우리는 컴퓨터가 오작동할 때 컴퓨터를 처벌하지는 않는다. 하드웨어든 소프트웨어든 우리는 문제점을 찾아내 손상된 부품을 대체하는 방식으로 수리한다. 우리는 왜 살인범이나 강간범과 같은 '결함 있는 사람(defective man)'에게는 이와 동일한 방식으로 반응하지 못하는 것일까? 우리는 왜 베이즐 폴티를 비웃듯이 범죄자를 처벌하는 법관을 진정 비웃지 못하는 것일까? 살인자나 강간범은 결함 있는 부품이 있는 기계가 아닐까? 아니면 결함 있는 양육, 결함 있는 교육, 결함 있는 유전자는? 비난이나 책임과 같은 개념은 범법자들이 관련된 곳이면 어디든 자유롭게 퍼져나간다. 그러나 우리의 신경계에 관한 진정 과학적이고 기계론적(truly scientific, mechanistic) 관점은 책임이란 생각을, 감경되었든 아니든, 무의미한(nonsense) 것으로 만든다. 아무리 중한 범죄라 할지라도, 그것은 원칙적으로 피고인의 생리(physiology)와 유전(heredity), 그리고 환경(environment)이라는 선행조건의 탓으로 돌려져야 한다. 비난과 책임의 정도를 결정하는 법원의 심리는 폴티(Fawlty)의 자동차처럼 고장 난(faulty) 사람에게는 무의미한 것이 아닐까?"

　　이상의 도킨스의 주장은 분명 나름의 호소력은 있다. 또한 스스로 '과학자로서 우리는' 이라고 지칭하듯이 실제로 상당수 과학자들이 공유하는 생각이기도 하다. 그리고 그동안 너무나 당연시 해왔던 범죄자에 대한 비난과 책임이라는 규범적 관행에 대해 과학자로서 비판적으로 의문을 제기하고 있다는 점에서 분명 경청할 만한 가치가 있다. 하지만 건전한 상식과 직관을 가진 독자라면 아마도 대부분 그의 논지에 어딘가 석연치 않은 점이 있다고 느낄 것이다. 글의 어느 대목이 그런 인상을 주는 것일까? 먼저 도킨스의 지지자이건, 적대적 비판자이건 그가 일찍이 자신의 유명한 저서인 '이기적 유전자'[10)에서 인간을 비롯한 모든 동식물 등 유기체를 유전자가 스스로의 보호를 위해 만들어낸 '생존기계(survival machine)'라고 규정한 대목을 떠올릴 수 있을 것이다. 이러한 발상은 위 글에서 범죄자를 '결함 있는 기계'로 보는 관점으로 이어진다. 그는 "신경계에 관한 진정 과학적이고 기계론적 관점은 책임이란 생각을, 감경되었든 아니든, 무의미한 것으로 만든다."고 역설한다. 이

---

10) Richard Dawkins, The Selfish Gene (Oxford Univ. Press, 2006), at 19. 그는 태초의 원시수프에서 "살아남은 복제자는 자신이 들어가 살 수 있는 생존기계를 만든 것들이었다."고 주장한다.

말은 무슨 의미일까? 약간의 교양이 있는 독자라면 파악했겠지만 여기서 말하는 '진정 과학적이고 기계론적 관점'은 '결정론(determinism)'을 뜻한다. 비록 도킨스는 결정론이란 말을 직접 사용하고 있지 않고 어쩌면 그 자신은 결정론의 관점에 서 있다고 인정하고 싶지 않을지도 모르겠지만, 그의 논지는 결정론과 핵심적인 생각을 공유한다. 결정론은 인간의 행동은 인과적으로 결정되어 있다는 입장으로서 그에 대해 비난을 가하거나 책임을 묻는 것은 무의미하다는 견해와 쉽게 결합한다. 일반적으로 책임비난이나 형벌은 인간의 '자유의지(free will)'에 따른 의사결정을 전제한다. 그런데 도킨스는 생리, 유전, 환경이 인간의 행동을 결정한다고 생각하고 있으므로, 인간의 행동이 전적으로 결정되어 있다면 그러한 것들이 무의미해질 수밖에 없다. 이런 맥락에서 보면 도킨스가 말한 '도덕원칙으로서의 응보[11]와 과학적 관점의 양립불가능성'은 '자유의지와 과학적 결정론의 양립불가능성'으로 재해석될 수도 있다.

어쨌든 그의 주장이 독자 일반에게 호소력 있게 다가오면서도 거부감도 불러일으키는 것은 바로 '자유의지와 결정론의 대립'이라는, 오랜 세월 치열하게 전개된 지적 논쟁의 전장(戰場)에서 일방적으로 '결정론'의 편을 들어주고 있기 때문일 것이다.

오늘날 자유의지와 결정론이라는 주제는 비단 전문적인 철학자와 윤리학자, 법학자 또는 과학자들 사이에서만 다루어지는 테마가 결코 아니다. 어느 정도 지식과 교양이 있는 독자들이라면 누구나 한번쯤은 고민해 봤을 만큼, 영화와 교양서적은 물론 일상에서도 흔히 접할 수 있는 이율배반(二律背反)의 한 사례이다. 저 유명한 철학자 칸트만 고투했던 문제는 아니라는 뜻이다. 그러므로 도킨스가 베이즐 폴티의 차에 범죄자, 즉 결함 있는 인간을 빗대어 책임과 처벌의 부당성을 주장하는 것은 상식적인 독자들이라면 쉽게 수긍하기 어려울 것이다. 이것은 어떤 관점을 취하느냐의 문제이고, 그와 생각이 다른 사람도 분명 많을 것이다. 하지만 그의 주장은 어떤 맥락에서는 분명 호소력 있게 다가오는 것도 사실이다.

왜냐하면 전통적 규범과 관행은 물론 현행법 역시 특수한 부류의 행위자들, 예컨대 정신병자 등에 대해서는 완전한 책임능력을 부여하지 않고 비난과 책임을 제한하면서 형벌 감면의 효과나 보안처분 등 그에 합당한 제도를 마련해 두고 있다는 점에서 도킨스의 주장은 분명 일리가 있어 보인다. 그러한 부류의 범죄자들에게 비난을 가하고 책임을 지우는 것은 무의미하다. 이른바 '자유의지'가 제대로 작동하지 않는 자들이기 때문이다. 따라서

---

11) '응보(應報)'란, 비단 보복이나 형벌뿐 아니라 칭찬과 보상 등 '응분의 대가를 받거나 치르게 하는 것' 일체를 포괄한다고 볼 수 있지만, 여기서는 도킨스 글의 맥락상 범죄자에 대한 책임비난과 형벌을 의미한다.

도킨스의 베이즐 폴티 직관은 바로 그 부분에서는 타당한 측면이 있다. 그러한 범죄자들은 관리와 치료의 대상이지 분명 처벌의 대상은 아니다. 형법적으로 "책임은 비난가능성"이므로 그들은 적법행위의 가능성이 없어서 도덕적으로 비난할 수 없는, 따라서 책임이 인정되지 않는 사람들이라고 평가된다.

그렇다면 도킨스가 자신의 직관이 완전히 정확하지 않았다고 시인한 부분은 어쩌면 베이즐 폴티 직관을 범죄자 일반으로 부주의하게 확대적용한 데 있다고 볼 수 있을 것이다. 하지만 필자가 보기에 그의 주장에는 상식적 이해의 수준을 넘어서는 상당히 전문적 이해를 요하는 복잡한 측면이 있기 때문에 보다 면밀한 검토가 필요하다고 본다. 이 점에 대해 살펴보기로 하자.

II. 책임과 비난은 단지 쓸모 있는 허구적 구성물에 불과한 것일까?

도킨스는 다음과 같이 말한다. "사람들에게 왜 중범죄를 사형이나 장기형에 처할 것을 지지하느냐고 묻는다면 그 이유는 대체로 응보와 관련된다. 예방과 갱생과 같은 이유도 들 수 있겠지만, 본심은 분명 악행에 대한 보복(payback)이라는 점에 있는 것이다. 우리 인간은 왜 앞서 말한 것처럼 범죄자를 수리와 교체가 필요한 고장 난 기계로 다루어야 한다는 결론을 받아들이는 것이 거의 불가능하다고 느끼는 것일까? 아마도 그것은 비난과 책임은 물론 사실은 선과 악 같은 정신적 구성물이 다윈식 진화에 의해 장구한 세월을 거쳐 우리 인간의 두뇌에 자리잡고 있기 때문이다. 즉, 비난과 책임은, 이 세상에서 과연 무엇이 벌어지고 있는지에 대한 더 진실에 가까운 분석을 짧게 단축시켜 주는 수단으로서(as a means of short-cutting a truer analysis of what is going on in the world) 우리의 두뇌에 자리잡은 '지향적 행위자(intentional agent)'라는 '쓸모 있는 허구(useful fiction)'의 한 단면이다."

다소 난해해 보이는 위 주장에 의하면 앞서 논의한 바와 같이 우리가 범죄자를 결함 있는 기계로 보아야 하는 것이 타당함에도 불구하고 그렇게 하지 못하고 반드시 범죄자에게는 응보를 가해야 한다고 생각하는 이유는 진화에 의해 우리의 두뇌 속에 자리잡은 비난과 책임, 선과 악이라는 정신적 구성물, 나아가 지향적 행위자라는 유용한 허구의 작동 때문이라는 것이다. 일단 우리의 본성에는 악행을 저지른 자에게 보복을 가하려는 뿌리깊은 응보적 성향이 있다는 사실을 함축하고 있다는 점에서 상기 주장은 진화심리학적 관점에 서 있음을 파악하기는 어렵지 않다. 다만 '비난과 책임'이라는 정신적 구성물이 '지향적 행위자라는 유용한 허구'의 한 단면이라는 그의 주장은 관련 배경지식에 대한 검토가 필요한 부분이다.

우선 인간의 응보적 성향은 너무나 근원적이어서 여기에는 진화적 토대가 있다는 점은 굳이 진화심리학이나 진화생물학의 여러 연구결과를 일일이 거시하지 않더라도[12] 동서고금(東西古今)의 인류 사회에서 사적 보복관습이 편재해 왔고[13] 그것이 오늘날에도 공형벌(公刑罰)이라는 제도화된 모습으로 온전하게 유지되고 있다는 사실만 보더라도 쉽게 간취할 수 있는 부분이다. 달고 기름진 음식에 대한 선호라든지 뱀이나 맹수에 대한 본능적 두려움처럼 인간은 가해자에 대해 보복을 가하려는 본성을 타고난다. 그것이 생존과 번식이라는 적응문제를 해결하는데 유리한 심리적 기제여서 자연선택되었기 때문이다. 이러한 맥락에서 도킨스는 그와 같은 인간의 본성이 인간행동에 관한 '과학적 진실'이 밝혀져 감에 따라 결국 극복 내지 계몽되어야 할 반성적 성찰의 대상이라는 견해를 제시하고 있다고 볼 여지도 있을 것이다. 수렵채집기의 원시조상에게는 매우 유용했던 달고 기름진 음식에 대한 선호가 오늘날에는 극복의 대상이 된 것처럼 말이다.

그런데 흥미로운 점은 그가 사람들이 응보적 성향을 떨쳐버리지 못하는 이유에 대해 "그것이 진화된 심리적 기제로서 마음에 자리잡고 있기 때문이다."라고 답하는 대신 "비난과 책임이라는 정신적 구성물이 다원적 진화에 의해 두뇌에 자리잡고 있기 때문"이라고 분석하고 있다는 사실이다. 전자의 해답이 독자들에게 상식적으로 이해가 더 쉬운 설명방식이고, 도킨스도 이를 모를 리가 없을 터인데, 후자의 방식으로 해답을 제시한 이유는 무엇일까? 이에 대한 답을 찾기 위해 일단 진화에 의해 비난과 책임이라는 정신적 구성물이 두뇌에 자리잡게 되었다는 주장의 의미를 해명해 볼 필요가 있을 것이다.

진화론적 관점에 따르면 응보적 감정과 태도나 성향은 적응도를 높여주는 심리적 특질이기 때문에 자연선택된 것이다. 즉 응보적 행동은 공동체 내에서 배신자를 억제하고 상호이타성을 촉진하여 장기적으로 볼 때 사회적 협력을 강화하는 역할을 하는데, 그러한 행동을 동기화하기 위해서는 응보적 감정과 태도 및 성향이 유용했고, 따라서 이들이 자연선택된 것이라고 본다. 그런데 어떤 행동이 실천에 옮겨지는 복잡한 맥락과 지성적 존재로서 인간의 특성은 보복행동의 감행에 일정한 제약조건을 가한다. 우선 응보행동에는 비용과 위험이 따르기 마련이다. 잘 생각해 보라. 가만히 앉아서 보복을 당하는 자가 어디 있겠는

---

12) 이러한 연구결과를 소개하고 있는 안성조, 현대 형법학 제2권 (경인문화사, 2016) 참조
13) 고대 근동지역에서의 혈족에 의한 '피의 보복(blood-feud)' 관습을 상세히 소개하고 있는 문헌으로는 안성조, 현대 형법학 제1권 (경인문화사, 2011) 참조.

가? 그리고 보복은 단기적 이익과 불일치할 수도 있다. 보복에 드는 비용이 그로 인한 이득보다 클 경우 누가 보복행동을 쉽게 하겠는가? 다음으로 만약 진화론이 옳다면, 인간에게 특유한 고도의 지적 능력, 즉 자신의 지향적 상태를 성찰적으로 들여다볼 수 있는 사고능력은 인간의 다른 특질들과 함께 진화의 역사 속에서 함께 발달해 온 것으로 볼 수 있는데, 그 과정에서 고도의 인지능력은 자신의 응보감정, 태도, 성향에 대해 의심의 눈으로 그것이 과연 진실에 부합되는지 비판적으로 성찰할 수 있으므로 이 역시 응보적 행동을 억제하게 만들 수 있었을 것이다.14) 도킨스의 글을 보라. 바로 그가 이처럼 과학적 성찰을 통해 보복행동이 덧없다고 비판하고 있지 않은가?

이렇듯 인간의 응보적 성향이 적응적 이익이 있어서 진화해 왔다고 하여도 보복을 감행하는 현실적 맥락의 복잡함과 고도로 발달한 인간의 사고능력은 이를 억제하도록 만들어 적응도를 감쇄시킬 위험을 낳게 된다면, 자연선택은 그러한 감쇄효과를 상쇄할 만한, 다시 말해 인간의 응보적 성향을 합리적인 것으로 수용할 수 있게 만들어 주는 '그 무엇'을 요구하게 될 것이다. '그 무엇'에 해당하는 것은 응보적 감정과 태도와 성향은 물론 그로부터 동기화된 응보행동을 정당한 것으로 만들어 주는 기능을 해야 할 것이다. 일반적으로 인간의 어떤 행동을 정당한 것으로 만들어주는 것은 믿음과 규범과 가치의 체계이다. 따라서 응보적 성향이 단지 칸트가 말한 자연적 경향성15)의 하나에 머물지 않고 보편타당한 도덕원

---

14) 이러한 지적으로는 Tamler Sommers, Relative Justice (Princeton Univ. Press, 2012), at 36-38.

15) 본성, 소질, 성향, 본능, 경향성 등은 일상적으로든 학술적으로든 자주 사용하지만 다소 주의가 필요한 용어이기도 하다. 예컨대 에드워드 윌슨은 인간의 본성은 곧 '후성규칙(epigenetic rules)', 즉 정신발달의 유전적 규칙성이라고 규정한다. 칸트는 과학자들 혹은 철학자들의 통상적 용법과도 다르게 정의하므로 더욱 주의를 요한다. 칸트는 우선 인간이 본성적으로 선하거나 악하다고 말할 때의 본성(Natur)은 순전한 '자연적 추동'을 의미하는 것이 아니라 '자유를 사용하는 주관적 근거'로 규정한다. 왜냐하면 만일 본성이 순전히 자연적 원인에 의해 규정되는 것이라면 인간이 선을 추구하거나 악을 추구하는 것 모두 '인과적 현상'에 불과하므로 이에 대해 도덕적 평가를 내려 책임을 물을 수 없게 되기 때문이다. 그는 인간의 본성 안에는 선의 근원적 소질로서 '동물성·인간성·인격성'이 있고 악에의 성향으로 '허약성·불순성·사악성'이 있다고 한다. 선의 소질과 악에의 성향은 '자유를 사용하는 주관적 근거'가 되며 이로부터 선하거나 악한 마음씨(Gesinnung) 및 준칙이 유래한다. 칸트에 의하면 '소질(Anlage)'이란 '어떤 존재자에게 필요한 구성요소인 동시에 그러한 존재자이기 위한 그 구성요소들의 결합의 형식'이고, '성향'은 경향성(습성적 욕구)을 가능하게 하는 주관적 근거이다. 그는 성향과 경향성의 중간에 '본능'이 있는데 이는 어떤 것을 행하거나 향유하고자 하는 필요욕구라고 정의한다. 이상의 내용은 이마뉴엘 칸트/신옥희 역, 이성의 한계 안에서의 종교 (이화여대 출판부, 2015), 25-39면과 이상익, 본성과 본능－서양 人性論史의 재조명－(서강대 출판부, 2016), 205면 이하. 한편 백종현 교수는 상기 언급한 성향(propensio)을 '성벽'으로 번역하고 있다. 칸트의 인간 본성론이 함축하는 바는 인간에게 도덕적으로 선한 본성 및 소질이 있다고 하더라도, 인간은 그것만으로는 아직 선한 것이 아니며, 이를 통해 악으로의 자연본성적 성향을 극복하고 도덕법칙을 따르려는 준칙을 채택하려는 자유의지(선의지)

칙으로 승격되어 우리에게 도덕법칙으로 작용하기 위해서는 이를 원리적으로 근거지울 수 있는 믿음과 규범의 체계가 필요한 바, 그것은 바로 도킨스가 우리의 두뇌에 자리잡은 '정신적 구성물'이라고 규정한 책임과 비난이라는 믿음과 규범의 가치체계인 것이다. 그렇다면 도킨스는 '책임과 비난에 기초한 도덕원칙으로서 응보'16)라는 규범 및 가치체계가 자연선택이 만들어 낸17) '유용한 허구'에 불과하다고 비판하면서 '도덕적 가치체계의 진실성'에 도전을 하고 있는 것이다. 즉, 정확히 말하면 그가 겨냥하고 있는 것은 '도덕원칙으로서의 응보'이지 단순한 '응보적 성향'이 아닌 것이다.

그렇다면 과연 도킨스의 말대로 책임과 비난은 단지 적응도를 높이기 위해 인간의 두뇌에 자리잡은 '허구적 구성물'에 불과한 것일까? 그는 왜 그러한 규범체계를 허구라고 말하

를 능동적으로 행사해야만 선해질 수 있다는 점이다. 다시 말해 선한 본성이나 소질에 함유된 동기를 자신의 준칙으로 자유롭게 선택하느냐 않느냐에 의해 선하게도 되고 악하게도 되며 따라서 그에 대해 책임을 물을 수 있다는 것이다. 임마누엘 칸트/백종현 역, 이성의 한계 안에서의 종교 (아카넷, 2015), 38면과 208면 참조 이처럼 칸트에게서는 본성, 성향, 소질 등과 자유(의지) 및 책임의 관계가 명확하게 고찰되고 있는 반면, 필자가 보기에 '도덕의 생래성'을 주장하는 진화이론이나 윤리학 등은 이 점에 대한 면밀한 관심과 검토가 없거나 부족하다고 생각된다. 이는 다윈 자신은 물론이고 이러한 관점에서 있는 현대의 이론가들인 에드워드 윌슨, 마크 하우저, 조너선 하이트, 조슈아 그린 등도 별반 다르지 않다. 도킨스도 마찬가지다. 그는 인간의 상호적 이타성의 진화를 다루고 있는 정치학자 로버트 액설로드의 저서 '협력의 진화' 추천의 글에서 밝히고 있듯이 "자연선택된 뿌리깊은 이기심으로부터, 굳이 의도하지 않아도 거의 형제애나 다름없는 우애가 실제로 생겨난다. 이것이 액설로드의 비범한 책이 주는 고무적인 메시지이다."고 말하며 그 책의 의의에 대해 '순진한 낙관론이 아니라 믿음직한 낙관론'이라고 평가하지만, 칸트적 의미의 본성과 도덕 및 책임의 문제에 비추어 보면 이는 순진한 낙관론의 '다른 버전'에 불과해 보인다. 로버트 액설로드/이경식 역, 협력의 진화 (마루벌, 2016), 추천의 글 참조. 한편 칸트와는 다른 노선이지만, 생래적 도덕성이 어떻게 진정 합당한(reasonable) 것이 될 수 있는가를 자연주의적 윤리학의 관점에서 고찰하고 있는 문헌으로는 마크 존슨/노양진 역, 인간의 도덕 (서광사, 2017) 참조.

16) 응보는 왜 도덕원칙인가? 칸트에 의하면 응보나 처벌은 정언명령이다. 또한 만일 응보를 상대방에 대한 책임을 묻는 일체의 행위로 포괄적으로 규정한다면, 저명한 칸트 연구자인 크리스틴 코스가드의 칸트 해석에 따르면 우리는 자신과 타인에게 항상 책임을 물어야 한다. 그 이유는 도덕법칙이 모든 인격에게 있는 인간성에 따를 수 있도록 우리에게 명령하는, 상대방에 대한 존중(respect) 때문이다. 이 점에 대해서는 Christine M. Korsgaard, Creating the Kingdom of Ends (Cambridge Univ. Press, 1996), at 212.

17) 도킨스는 책임과 응보의 규범 및 가치체계가 자연선택에 의해 진화했다고 보고 있는데, 이는 문화도 후성규칙을 통해 유전자의 영향을 받는다는 점에서는 타당하지만(후성규칙은 그것을 산출하는 유전자가 선택되고 진화하는 것과 동일한 방식으로 선택되고 진화하므로), 후성규칙의 문화에 대한 영향의 한계를 고려하면 규범이나 가치체계는 단순히 '자연선택'의 산물이라기보다 '문화적 선택'의 산물로 보는 것이 더 타당할 것이다. 후성규칙(epigenetic rules)이란 문화의 진화를 어느 방향으로 편향시켜 유전자와 문화를 연결시켜 주는 '정신발달의 유전적 규칙성'을 말한다. 윌슨에 의하면 후성규칙이란 "세상을 특정한 방식으로 보게 만들고, 특정한 행동을 더 잘 배우게 만드는 신경형질"을 의미한다. 에드워드 윌슨/최재천·장대익 역, 통섭 – 지식의 대통합 –(사이언스북스, 2005), 268면 참조.

는 것일까? 그것은 전술한 바와 같이 그가 인간행동을 과학적이고 기계론적으로 설명하는 것이 가장 진실에 부합된다고 생각하기 때문이다. 즉 범죄자를 고장 난 기계로 보는 관점을 취하는 이상 비난과 책임은 현실의 법과 도덕을 합리화시키는 허구적 구성물에 불과하다. 비난과 책임은 자유의지를 전제하지 않고는 무의미한 개념인데, 기계론적으로 결정된 세계라면 자유의지는 실제로는 존재하지 않으며, 따라서 그에 기초한 비난과 책임은 허구적 '믿음'에 불과할 것이기 때문이다. 그런데 과연 자유의지는 정말 허구에 불과한 것일까? 이 문제를 본격적으로 다루어 보기에 앞서 도킨스가 사용한 '지향적 행위자라는 쓸모 있는 허구'라는 표현에 주목해 볼 필요가 있다.

　　'지향적 행위자'라든지 '지향성(intentionality)'은 상당한 배경지식을 요하는 전문적인 철학용어이다. 그것은 일상적으로 '의도'로 번역되지만 그와는 다른 개념으로서 무엇을 '향함(directedness)' 내지 무엇에 '관함(aboutness)'이란 의미이다. 예컨대 우리가 뮤지컬을 보려고 '의도'한다고 말할 때 그 의도하는 것에 따르는 믿음, 바람, 희망, 두려움, 호와 불호, 지각 등은 모두 지향적 현상들이다.[18] 진화생물학자인 도킨스가 저 용어를 자신의 논지전개에 자연스럽게 사용하고 있음을 보면, 그와 절친한 학문적 동료인 대니얼 데닛의 영향을 엿볼 수 있다. 데닛은 '지향성'이란 용어를 '지향적 자세(intentional stance)'란 개념과 결부시킨 장본인이기도 하다. 데닛에 의하면 우리는 대개 우리가 해석하려는 어떤 대상들에게, 그것이 인간이든 동물이든 아니면 로봇이든, 우리와 같은 마음(minds)을 부여하곤 한다. 지향적 자세[19]란 어떤 대상에 대해 그것이 마치 일정한 목적을 갖고, 세계에 대한 인식과 이해를 바탕으로 한 믿음(beliefs)과 욕구(desires)에 따라서 행동을 선택하는 합리적 행위자라는 전제 하에 그것의 행동을 해석하는 전략을 의미한다. 한 마디로 어떤 대상의 행동을 예측하기 위해 그것을 합리적 행위자로 간주하는 전략을 말한다. 지향적 자세로 대상의 행동이 잘 예측되면, 그 대상은 '지향계(intentional system)'로 볼 수 있다. 지향계는 지향적 자세에 의해 행동이 예측되고 규명되는 존재이며, 데닛에 의하면 인간은 물론, 동식물과 체스 컴퓨터 등도 각각 정도의 차이는 있지만 지향계로 볼 수 있다.[20]

　　데닛의 지향계 이론으로부터 도킨스가 어째서 책임과 비난이 지향적 행위자라는 쓸모 있는 허구의 한 단면이라고 말하고 있는지 가늠할 수 있는 단서를 발견하게 된다. 우선

18) 이 용어는 19세기 말 독일의 철학자 브렌타노(F. Brentano)가 마음 혹은 정신현상의 특성을 설명하기 위해 도입한 용어이다.
19) 지향적 태도나 지향적 관점으로도 번역될 수 있다.
20) 대니얼 데닛/이희재 역, 마음의 진화 (사이언스 북스, 2006), 71면.

'쓸모 있다'는 것은 우리가 지향적 자세를 취해봄으로써 타인 혹은 동식물과 로봇의 행동을 예측할 수 있기 때문이다. 다만 '허구'라는 것은 지향적 자세가 예컨대 동식물과 로봇 등을 합리적 행위자로 '가정'할 뿐 실제로 그러하다는 뜻은 아니기 때문이다. 그런데 도킨스는 왜 인간에 대해서조차도 타인을 지향적 행위자로 해석하는 것이 '허구'라고 보는 것일까? 그것은 데닛의 이론을 조금 더 들여다보면 이해가 된다. 대상의 행동에 대한 예측전략에는 지향적 자세만 있는 것은 결코 아니다. 우리는 던진 공의 운동이나 뿌린 씨앗이 언제 어떤 과실을 맺을 것인가에 대한 예측을 위해서는 다른 종류의 자세를 취하곤 한다. 그중의 하나가 물리적 자세(physical stance)이며 이는 물리학의 법칙에 따라 어떤 대상의 행동을 예측하는 것이고, 다른 하나는 설계적 자세(design stance)로서 어떤 대상이 특정한 구조로 설계되어 있으며 그 구조와 설계대로 작동할 것이라고 예측하는 전략을 말한다. 전자의 예로는 상기 던진 공의 운동을, 후자의 예로는 씨앗의 생장과정을 들 수 있을 것이다. 예측은 패턴의 인식으로 가능해진다. 대개 하나의 대상은 두 개 이상의 패턴 인식방법, 예측전략에 의해 해석될 수 있지만, 각각의 전략은 각각의 대상에 따라서 가장 좋은 전략이 어느 것인지 결정된다. 예컨대 체스 컴퓨터는 물리적 자세는 물론 설계적 자세에 의해서도 해석가능하지만, 게임에서 이기기 위한 최선의 전략은 그 컴퓨터를 게임에서 이기기 위해 가장 유리한 수를 두려는 합리적 행위자로 간주하는 지향적 자세가 된다. 지향적 자세는 다른 자세들에 비해 패턴인식을 가장 신속하게 효율적으로 할 수 있는 예측전략이라는 특징이 있다.

상기 데닛의 이론에 입각해 본다면 도킨스가 '이 세상에서 과연 무엇이 벌어지고 있는지에 대한 더 진실에 가까운 분석을 짧게 단축시켜 주는 수단으로서' '지향적 행위자'는 우리의 두뇌에 자리잡은 '쓸모 있는 허구'라고 규정한 근거를 어렵지 않게 파악할 수 있게 된다. 과학자로서 도킨스가 보기에는 인간의 행동에 대한 가장 진실에 가까운 분석은 물리적 자세에 입각한 해석일 것이다. 그렇기 때문에 비록 지향적 자세에 입각해 타인의 행동을 해석하는 예측기법이, 긴 시간과 노력을 요하는 물리적 자세보다 훨씬 효율적이어서 자연선택에 의해 우리의 두뇌에 자리잡았다고 하더라도[21] 그것이 의존하는 패턴인식방법, 즉 인간은 믿음이나 욕구와 같은 지향적 상태(intentional states)를 지닌 합리적 행위자라는 가정은 어디까지나 허구에 불과한 것이 된다. 예컨대 체스 컴퓨터를 물리적 법칙 수준에서 분석해 가면서 게임에 임하면 시간적 제약 때문에 질 것은 자명하므로 따라서 지향적 자세로 대응

---

21) 지향적 자세가 자연선택에 의해 우리 두뇌에 자리잡았다는 말은 어떤 종류의 인지능력 혹은 특정한 인지적 태도가 자연선택되었다는 의미로 해석할 수 있을 것이다. 이 점에 대해서는 마이클 토마셀로/이정원 역, 생각의 기원 (이데아, 2017) 24면 이하 참조.

을 하는 것이 가장 효과적인 전략이지만, 그렇다고 실제로 체스 컴퓨터에게 목표와 믿음과 욕구가 있는 것은 아니므로 그것을 합리적 행위자로 보는 것은 단지 '쓸모 있는 허구'가 되는 것이다. 유사한 맥락에서 비록 인간은 실제로 지향적 상태를 지니고 있다는 점에서는 체스 컴퓨터와 다르지만, 우리가 지향적 자세에 입각해 잘못을 저지른 자를 비난하고 책임을 물을 때, 그러한 판단의 전제가 되는 자유의지는 과학적 결정론에 비추어 볼 때 존립할 수 없으므로 타인에 대해 지향적 자세를 취해 그를 비난하고 책임을 지우는 것도 역시 유용한 허구에 불과하다는 것이 도킨스의 입장인 것이다.

이상 고찰한 바를 정리해 보자면, 도킨스가 보기에 인간을 자유로운 선택을 할 수 있는 합리적 행위자로 간주하는 것은 분명 행동을 예측하는데 있어서 유용하고 효과가 있지만 가장 진실한 관점이라 할 수 있는 과학적 기계론에 입각한 물리적 자세에 비추어 보면 이는 단지 계산을 단축시켜 주는 효율적 예측기법으로 허구에 불과하다. 그리고 그러한 허구에 기초한 책임과 비난이라는 규범체계 역시 우리의 두뇌에 자리잡은 허구적 구성물에 불과한 것이 된다.

자, 그렇다면 이제 도킨스가 왜 그토록 대담한 주장을 하게 되었는지 이론적 근거를 가늠해 볼 수 있게 되었다. 그러면 이제 다시 다음의 주제, 자유의지에 논의의 초점을 맞추어 보기로 하자.

III. 자유의지와 결정론, 그리고 책임

자유의지에 천착하기 시작하면, 누구나 궁금해 지는 점이 하나 있다. 자유의지란 말은 과연 언제부터 어떤 의미로 사용되기 시작했을까? 고대인들도 과연 이 용어를 사용했을까? 찾아볼 수 있는 관련 기록과 문헌에 의하면 기원 후 2세기 무렵의 어느 신학자가 최초로 사용하기 시작했다고 한다. 그 이후 기독교의 영향으로 '자유의지'란 개념은 책임과 비난과 처벌의 기초로서 널리 인식, 확산되어 왔고,[22] 오늘날 형법학에서도 형벌의 근거로서의 책임은 행위자가 적법하게 행동할 수 있었음에도 불구하고 그렇게 선택하지 않았다는데 대한 도덕적 비난가능성에서 찾는 입장이 일반적이다. 물론 형법학설 중에는 자유의지를 환상에 불과한 것으로 평가하면서 다른 방식으로 형사책임의 기초를 세우려는 입장인 신파(新派),

---

22) Michael Frede, A Free Will (Univ. of California Press, 2011), at 102-103.

소위 실증주의 학파의 이론도 있다. 현대의 형법학자들은 대체로 자유의지의 실천적 기능에 대해서는 긍정을 하면서도 자유의지의 실체에 대해서는 신중히 접근하는 편인데, 요컨대 적극적으로 입증될 수는 없으며, 단지 '국가에 필요한 허구(staatsnotwendige Fiktion)'에 불과할 수 있으나, 시민들의 일반적인 경험에 비추어 볼 때 형법의 영역에서 인간에게 자유의지가 있는 것으로 취급해도 크게 무리를 범하는 것은 아니며, 따라서 존재론적으로는 증명될 수 없지만, 규범적으로는 의미를 가질 수 있다는 입장을 취하고 있다.23) 어떻게 보면 자유의지 긍정론과 부정론의 경계지점에서 애매한 태도를 취하고 있다고 볼 여지도 있겠으나 일반적으로 법률가들은 과학이나 철학, 신학 등 타학문분과 영역에서 논쟁이 첨예한 사안들에 대해서는 '중립적 입장'을 취할 수밖에 없고, 또 그렇게 하는 것을 미덕으로 여기고 있으므로, 상기 형법학자들의 견해를 그리 이해 못할 바는 아닐 것이라고 생각한다.24)

그런데 여기서 비난과 책임을 '유용한 허구'라고 보는 도킨스의 입장이나 상기 형법학자들의 입장이 사실상 같은 것이 아닌가 하는 의문이 들 수 있을 것이다. 유사하지만 분명한 차이가 있다. 형법학자들을 비롯한 대부분 법률가들은 책임비난을 긍정하며 형벌의 근거로서 인정한다. 반면에 도킨스는 응보로서의 책임비난과 형벌을 언젠가 극복되어야 할 계몽의 대상으로 본다. 또한 이 문제에 대해 법률가들이 중립적 입장을 취하는 이유 중 하나는 대체로 어느 한쪽 입장의 당부에 대해 자신의 전문영역이 아닌 이상 '이론적' 확신이 없기 때문일 터인데, 반면 도킨스는 과학자로서 결정론에 대한 나름의 근거에 기초한 확신을 갖고 있다는 점이다. 어쨌거나 이하에서는 자유의지가 과연 그렇게 불안하고 불완전한 지위

---

23) 이상의 견해에 대해서는 대표적으로 김일수·서보학, 새로쓴 형법총론 (박영사, 2006); 박상기, 형법총론 (박영사, 2007), 219면; 배종대, 형법총론 (홍문사, 2013), 426면; 임웅, 형법총론 (법문사, 2009), 271면; 신동운, 형법총론 (법문사, 2015), 360면; 이재상·장영민·강동범, 형법총론 (박영사, 2017), 305면; 오영근, 형법총론 (박영사, 2012), 398면; 귄터 엘샤이트·빈프리트 하세머/배종대 역, "非難 없는 刑罰", in: 책임형법론 (홍문사, 1995), 119면 이하 참조..

24) 법학자들의 이러한 신중한 태도에 비해 국내외의 최고법원 판례 중 일부는 '자유의사', '자유의지' 등의 용어를 사용함으로써 명시적으로 자유의지를 긍정하는 입장을 취하고 있다. 예컨대 대법원 1968. 4. 30. 선고 68도400 판결(형법 제10조에서 말하는 사물을 판별할 능력 또는 의사를 결정할 능력은 자유의사를 전제로 한 의사결정의 능력에 관한 것이다); 대법원 2014. 4. 10. 선고 2011다22092 판결(흡연을 시작하는 것은 물론이고 흡연을 계속할 것인지는 자유의지에 따른 선택의 문제로 보[인다]). 그리고 BGH 2, 194, 200(Der innere Grund des Schuldvorwurfes liegt darin, daß der Mensch auf freie, verantwortliche, sittliche Selbstbestimmung angelegt und deshalb befähigt ist, sich für das Recht und gegen das Unrecht zu entscheiden können) 및 332 U.S. 596 (1948)(The court instructed the jury to disregard the confession if it found that he did not make the confession voluntarily and of his free will).

와 토대 위에 서 있는 개념인지, 현대과학의 관점에 입각해 볼 때에도 결정론이 과연 타당성을 유지할 수 있을 것인지 검토해 보기로 한다.

임마누엘 칸트에 의하면 자유는 크게 세 가지 층위에서 그 성격이 드러난다. 첫째, 스스로가 인과계열의 한 원인이 된다는 '자발성'으로서의 자유, 둘째, 현상계에서의 감각적 충동의 강제와 경향성을 극복하고 도덕적으로 옳은 행동을 할 수 있는 '선의지'로서의 자유, 그리고 마지막으로 보편타당한 도덕법칙을 스스로 세우고 따를 수 있는 '자율성'으로서의 자유가 그것이다. 그는 인간에게 실천이성에 의해 바로 그와 같은 자유를 실현할 수 있는 능력, 즉 자유의지가 있다고 한다.[25] 자유의지를 오로지 선을 행하려는 의지로 국한시키지만 않는다면 칸트가 말한 자유의지는 자발적으로, 유혹 등에 구애받지 않고, 자신이 세운 준칙을 따를 수 있는 능력이라는 점에서 오늘날 일반적으로 논의되고 있는 자유의지 개념에 잘 부합된다고 보아도 될 것이다. 그런데 주지하다시피 결정론은 이러한 자유의지가 불가능하다고 본다. 칸트는 비록 현상계(現象界), 즉 우리가 일상적으로 경험하는 감성적 세계의 인과법칙으로부터 벗어날 수 있는 자유의지를 예지계(睿智界)에서 가지고 있다는 논리를 폄으로써 우리가 현상계의 인과법칙으로부터 어떻게 자유로울 수 있는지, 그와 동시에 그 인과법칙과 자유의지가 어떻게 양립가능한지를 탁월하게 잘 해명해 주었지만, 결정론, 특히 도킨스식의 과학적 결정론은 칸트의 그러한 논지에도 치명적인 위협을 가할 수 있다.

칸트는 예지계에서 실천이성에 의해 자유의지의 발현이 가능하다고 말한다. 하지만 현대 과학의 주류적 견해에 의하면 인간의 인지와 의지작용 역시 신경적 토대를 기반으로 하고 있다. 신경적 토대란 간단히 말해 뉴런의 발화에 의한 신경프로세스를 의미한다. 만일 이 견해가 옳다면, 칸트가 현상계로부터 '구원해 낸' 자유의지는 또 다른 라플라스의 악마[26]를 만나게 된다. 그 이유는 바로 실천이성의 활동 역시 신경과학적으로 보면 뉴런의 발화에 의한 자연적 인과법칙 하에 설명이 될 수 있기 때문이다. 요컨대 칸트는 실천이성은 자연의 인과법칙으로부터 자유롭게 도덕적 결정을 내릴 수 있다고 보지만, 현대과학의 관점에 의하면 실천이성 역시 신경프로세스라는 자연의 인과계열 내에 위치해 있고 따라서 자유의지가 설 자리는 없다는 것이다. 도킨스가 역설한 바, "과학자로서, 우리는 인간의 뇌가 인간이

---

25) 이상 칸트의 자유개념과 자유의지론에 대해서는 임마누엘 칸트/백종현 역, 순수이성비판 1 (아카넷, 2008)과 임마누엘 칸트/백종현 역, 실천이성비판 (아카넷, 2012)를 참조.
26) 18세기에 활동했던 프랑스의 수학자이자 천문학자로 그는 우리의 지성이 우주만물의 모든 것을 알 수 있을 만큼 전지하다면 천체의 움직임은 물론 작은 원자의 움직임까지도 하나의 공식으로 파악할 수 있을 것이라고 보았다. 이 가설에 의하면 자유의지는 설 자리를 잃는다. 그가 말한 전지전능한 지성을 라플라스의 악마(Laplace's Demon)이라고 한다.

만든 컴퓨터만큼 동일한 방식으로는 아니겠지만, 확실히 물리법칙의 지배를 받는다는 사실을 믿는다."는 주장도 바로 이러한 신경과학적 지식에 기초한 것으로 볼 수 있다. 한 마디로 모든 물리적 사건은 물리적 원인을 지니듯, 신경세포는 다른 신경세포 때문에 활동한다는 것이고, 이처럼 뉴런의 발화가 물리적 원인을 갖는다면 인간의 의식적 인지와 의지작용 역시 물리적 인과계열 내에 놓일 수밖에 없다.

여기까지 보면, 결정론의 승리다. 칸트의 탁월한 통찰력과 우리의 일상적인 확고한 믿음에도 불구하고 자유의지는 이제, 과거 화학이론에 통용되었던 플로지스톤(phlogiston)처럼 소멸될 위기에 있는 것이다. 인간의 행동을 설명하기 위해 더 이상 필요 없는 개념이 될 위기에 처해 있다는 뜻이다. 하지만 현대 과학자들과 철학자들은 여기서 한 걸음 더 나아간다.

일찍이 분석철학자 무어(G.E. Moore)는 우리가 자유의지의 의미를 통상 타행위 가능성이 있다는 뜻으로 이해한다면 "그는 다르게 행위할 수 있었다."는 진술의 의미는 오로지 "만일 그가 다르게 행동하기로 선택했다면, 그는 다르게 행동했을 것이다."라는 뜻으로 분석될 수 있고, 그리고 이러한 사실은 모든 사건은 원인이 있다는 인과율 내지 결정론과 전혀 모순되지 않는다고 주장한 바 있다. 자유의지가 과학적 결정론과 양립할 수 있는 하나의 가능성을 보여준 것이다.27)

미국의 저명한 현대 철학자인 로데릭 치좀은 아리스토텔레스를 인용하며 다음과 같은 예를 든다. "이리하여 막대가 돌을 움직이고, 그 막대는 손에 의해 움직이고, 그 손은 인간이 움직인다."28) 이 간단한 사태들의 묘사에서 돌의 움직임과 막대의 움직임, 나아가 손동작과 인간 사이에는 '외재적(transeunt)' 인과성이 있음은 분명하나, 여기서 궁극적으로 손동작의 원인은 행위자 자신에게 있다는 사실에 주목한다. 그는 어떤 행위자가 사건이나 사태의 원인이 되는 경우에 '내재적(immanent) 인과성'이 있다고 한다. 요점은 만일 행위자 자신도 뇌 속의 사건을 지배할 수는 없고, 따라서 그 역시 외재적 인과성의 범주인 신경프로세스의 영향을 받는 것이 아니냐고 반문한다면, "누군가 A를 하는 경우, 내재적 인과성에 의해, 그는 뇌 속에 어떤 사건을 발생시키고, 이 뇌 속 사건은, 외재적 인과성에 의해, A가 발생하도록 한다는 것이다." 다시 말해 행위자 자신이 곧 신경프로세스의 한 원인이 된다는 것이다.29) 논리적으로도, 직관적으로도 명쾌해 보이지만, 과연 어떻게 행위자가 자신의 뇌 속

---

27) G.E. Moore, *Ethics* (Oxford Univ. Press, 1912), at 90.
28) Aristotle, *Physics,* 256a.
29) Roderick Chisholm, "Human Freedom and the Self", in: Free Will (Hackett Publishing Company, 2009), at 177-178.

사건의 원인이 된다는 것일까? 우리는 흔히 뇌 속의 사건이 행동에 영향을 주는 '상향식' 인과관계에만 익숙해져 있어서 그 역은 거의 생각하지 못하는 경향이 있다. 따라서 행위자가 뇌 속 사건의 원인이 된다는 설명이 잘 와 닿지 않는다. 하지만 인과관계에는 '하향식' 인과관계도 있다.

저명한 인지신경과학자이자 신경윤리학자인 마이클 가자니가는 다음과 같이 말한다. "신경과학에서 하향식 인과관계(downward causation)란 정신적 상태가 신체의 상태에 영향을 미친다(a mental state affects a physical state)는 뜻이다. 거시(巨視) A 수준에서의 어떤 생각이 미시(微視) B의 물리적 수준에서 신경세포에 영향을 줄 수 있다는 말이다. 이론생물학자 데이비드 크라카우어가 든 예를 보면, 우리가 컴퓨터 프로그래밍을 할 때, 전자(electron)의 수준인 미시 B의 수준에서 프로그래밍하는 것이 아니라 실제로 더 상위의 수준인 거시 A(예컨대 Lisp 프로그래밍) 수준에서 한다는 것이다. 그러면 거시 A가 정보의 손실 없이 미시물리학으로 번역된다(compiled down). 즉, A가 B의 원인이 된다. 물론 A는 물리적으로는 B로 만들어졌고 모든 단계의 번역은 B의 물리학을 통해 오로지 B에서 이루어진다. (뇌 혹은 마음과 관련시켜 보면) 더욱 심오한 사실은 이러한 상위 수준이 없다면 우리는 의사소통을 할 수 없다는 점이다. 왜냐하면 말을 하기 위해서, 마음의 번역기(mind compiler)가 작동하는 대신, 움직이고 싶은 모든 입자를 특정해야 하기 때문이다."[30] 요컨대 믿음, 생각, 욕구와 같은 정신의 상태는 모두 뇌의 활동으로부터 비롯되지만, 하향식으로 뇌의 활동에 영향을 줄 수 있고, 결과적으로 그런 것들이 이런저런 방식으로 행동하려는 우리의 결정에 영향을 미친다는 것이다. 다시 말해 생각이나 믿음, 욕구가 그 자체로 어떤 사태를 발생시키는 원인이 될 수 있다는 의미이다.[31]

유사한 맥락에서 심리철학과 언어철학의 권위자인 존 설도 다음과 같이 말한다. "의식은 상위수준에서의 뇌가 보이는 생물학적 특질이다. 뇌에는 신경(신경교세포, 신경전달물질, 혈류 등과 함께) 말고는 없지만 뇌가 보이는 의식이라는 특질은 단위 신경수준에 영향을 미친다. 또한 개별 분자의 움직임이 원인이 되어 (바퀴의) 고형성(solidity)을 형성하듯 개별 신경의 활동이 원인이 되어 의식을 형성한다. 의식이 몸을 움직이게 할 수 있다고 말할

---

30) Michael S. Gazzaniga, Who's in Charge? (HarperCollins, 2011), at 138-139.

31) 이러한 하향적 인과관계를 보다 체계적으로 정치하게 입론하고 있는 문헌으로는 P.U.Tse, "Free Will unleashed", *New Scientist 218* (2013) P.U.Tse, *The Neural Basis of Free Will: Criterial Causation* (The MIT Press, 2013) 참조. 체(Tse)는 미국 다트머스 대학의 인지신경과학 교수이다. 체의 이론에 대해서는 안성조, 인간의 존엄과 책임원칙, in: 인간 존엄과 가치의 형사사법적 실현(한국형사정책연구원, 2019), 126-127면 참조.

때 우리가 정작 말하고 있는 것은, 신경구조가 몸을 움직인다는 것이다. 그런데 신경구조가 그 방식으로 몸을 움직일 수 있는 것은, 신경구조가 바로 그 의식상태에 처해 있기 때문이다. 고형성이 바퀴의 특질인 것처럼, 의식은 뇌의 특질이다."[32]

신경철학의 선구자인 패트리샤 처칠랜드 역시 다음과 같이 인상적인 말을 남겼다.[33] "만일 자유의지는 환상이다라는 말이 의미하는 바가 우리가 숙고하고 선택하는 것을 가능하게 해주는 신경기제가 있으므로 우리는 자유의지를 가질 수 없다는 것이라면? 기가 막힐 노릇이다. 그렇다면 그들은 진정한 선택을 위해서는 무엇이 필요하다고 생각하는 것일까? 비물리적 영혼?"

그렇다면 치좀의 행위자-원인론(agent-causation)이 어떻게 가능해 지는지 이론적으로도 설명이 가능해진다. 가자니가와 설, 처칠랜드의 견해를 종합해 볼 때, 인간의 자유의지는 비록 신경학적 기제를 통해 발현되는 것은 분명하지만 그렇다고 미시차원의 신경프로세스가 거시차원의 인간의 행동을 결정하는 것은 아니고, 자신과 타인의 목표와 믿음과 욕구 등을 고려하여 거시차원에서 발현된 자유의지가 하향식으로 신경프로세스에 영향을 주면서 우리의 행동을 결정한다는 것이다.

자, 이정도면 이제 우리 자신이 어떻게 행위자-원인이 될 수 있는지 이론적 배경을 어느 정도 갖추게 되었다. 우리는 자유의지가 신경과학적 인과관계 하에 놓여있어도 여전히 의미 있고 유용한 개념이 될 수 있다는 것을 알 수 있다.

조금 다른 측면에서 한 가지 더, 도킨스의 주장에서 지나치다고 생각되는 점을 짚고 넘어가 보기로 하자. 전술한 바대로 도킨스는 인간의 행동은 물리법칙 하에 설명되는 것이 가장 진실에 부합된다고 믿고 있다. 데닛의 물리적 자세도 바로 이러한 관점과 연관된다. 그런데 과연 인간의 행동이 전적으로 물리법칙에 의해 해석되거나 예측될 수 있을까? 그것은 '무제약적 자유의지'가 정말 환상에 불과하듯, 과학자들의 '과대망상'은 아닐까? 이에 대해 노벨 물리학상 수상자 필립 앤더슨은 이러한 환원주의 패러다임이 잘못되었음을 지적한다. 그는 "환원주의 가설(the reductionist hypothesis)은 결코 구성주의 가설(the constructionist hypothesis)을 함축하지 않는다. 즉 모든 것을 단순한 기본법칙으로 환원할 수 있는 능력이 그 법칙으로부터 출발해 우주를 복원할 수 있는 능력을 함축하지 않는다."고 한다. 그 이유는 예컨대 입자물리학에서 고체물리학으로, 분자생물학에서 세포생물학으로 그 복잡성

---

32) 존 설/강신욱 역, 신경생물학과 인간의 자유 (궁리, 2010), 70-71면.
33) 패트리샤 처칠랜드/박제윤 역, 신경 건드려 보기 (철학과 현실사, 2014), 248면.

(complexity)의 단계마다 전적으로 상이한 성질이 나타나는바, 그에 따라서 전적으로 새로운 법칙과 개념, 그리고 일반화가 필요하기 때문이라고 한다. 요컨대 심리학은 생물학의 법칙으로, 생물학은 화학의 법칙으로 환원될 수 없다는 것이다.[34]

앤더슨의 견해를 지지하며 영국의 철학자 줄리언 바지니는 다음과 같이 말한다. 현대과학은 점점 더 "전체는 부분의 총합보다 크다."는 명제를 확증해 주고 있으며, "당신은 뇌가 어떻게 작동하는지 살펴볼 수 있고 이론상으로는 소립자와 관련해 벌어지는 모든 현상을 기술할 수 있다. 그렇지만 입자의 움직임을 지배하는 법칙을 살펴보는 것만으로는 이 법칙을 바탕으로 뇌처럼 복잡한 기관에 입자들이 배열될 때 어떤 일이 일어나는지를 알아낼 수도 없다. 물리적 우주가 의식을 발생시키긴 하지만, 물리법칙은 의식을 예측 하지 않는다 (The laws of physics do not predict consciousness)."[35]

유사한 맥락에서 마이클 가자니가는 마음이 어떻게 작동하는지에 대해서 뇌의 신경프로세스만 연구해서는 예측할 수도, 이해할 수도 없다는 점을 지적한다. 그 이유는 마음과 의식은 뇌의 신경프로세스로부터 야기되는 '창발적 속성(emergent properties)'인데 이는 근본적인 물리적 수준에서는 나타나지 않던 새로운 속성이기 때문이다. 그는 다음과 같이 말한다. "나는 뇌상태(brain-state) 이론가들, 즉 모든 정신상태(mental state)가 아직 발견되지 않은 신경상태(neural state)와 동일하다고 주장하는 신경환원주의자(neural reductionist)들이 신경과 관련된 미시적 정보로부터 의시적인 사고나 심리를 예측할 수 있는 결정론적 모델을 증명할 수 있다고 생각하지 않는다. 내 생각에 의식적 사고는 창발된 속성이기 때문이다."

상기 견해들을 종합해 보자면, 인간의 행동에 대해 마음과 의식의 수준, 뇌와 신경의 수준, 물리적 수준에서 각각 일정부분 설명이 가능하겠지만, 이를 각 수준에서 전자를 후자의 수준으로 환원시켜 설명하는 것은 불가능하다는 것이다. 이 각각의 설명 중에 어느 것이 제대로 된 타당한 설명인지는 절대적인 것이 아니라 우리가 무엇을 이해하려고 하는지에 달려 있다. 예컨대 폴이 제인과 결혼하려는 이유는 뇌와 신경의 수준이나 물리법칙으로는 설명하기에 부적합하다. 결론적으로 말해, 앞서 논급한 바 있는 '하향식 인과관계'란 개념과 연관시켜 보면, 인간의 행동은 신경활동에서 창발한 정신적 상태, 즉 믿음과 의식적 사고와 욕구 등이 두뇌의 활동을 하향식으로 통제하면서 이루어진 결과라는 점에서, 이를 전적으로 물리적 수준으로 환원시켜 설명할 수는 없다.

---

34) Philip W. Anderson, "More Is Different", *177 Science 393* (1972), at 393. 이 논문의 제목은 "더 많은(복잡한) 것은 다른 것이다" 정도로 이해하면 될 것이다.

35) Julian Baggini, *Freedom Regained* (Granta, 2016), at 38-40.

덧붙여, 필자가 보기에 도킨스식 물리적 환원주의는 결정론을 함축하는바, 만일 결정론의 의미가, 단지 인과적 연관성이 있다는 의미를 넘어서 어떤 행위자의 과거사실이 그를 "물리적으로 가능한 유일한 특정한 상태로 밀어붙여(pushing), 단 하나의 미래가 결정되어 있다"는 견해를 뜻한다면 물리적 환원주의는 극복하기 매우 어려운 난관에 부딪치게 된다. 아인슈타인의 일반상대성이론과 더불어 20세기 물리학의 두 기둥 중 하나인 양자역학은 그러한 의미의 결정론과 양립할 수 없기 때문이다.[36] 물리학자 카를로 로벨리는 양자역학의 함의에 대해 "원자 수준에서는 우연이 작동하고 있으며, 뉴턴 물리학과 달리 초기 데이터로부터 미래를 정확히 예측할 수 없고, 단지 확률만을 계산할 수 있다."고 말한다. 요컨대 미래는 과거에 의해 하나로 결정되지 않는다는 것이다.[37] 이러한 관점에서 보면 물리적 환원주의에 따라 가장 근본적인 수준이라 할 수 있는 뉴런을 구성하는 물리적 입자단위로까지 내려가 보더라도 뉴런의 미시적 차원에서는 결정성이 부재할 수밖에 없고, 따라서 인간 행동의 물리적 예측은 성취될 수 없는 목표가 될 것이다.

이처럼 물리적 환원주의는 잘못된 것이며 인간의 정신적 속성들이 뇌의 신경과정으로 환원될 수 없는 창발저거 속성이고 그 자체로 행동의 원인이 될 수 있다는 견해는 사실 데닛의 지향계 이론에도 암시되어 있다. 데닛에 의하면 물리적이든 지향적이든 각각의 자세에 의해 파악된 패턴은 동일한 대상에 대한 것이라 할지라도 서로 내용적으로는 다를 수 있지만 모두 '실재하는(real)' 것이라고 한다. 다시 말해 타인의 행동에 대해 지향적 자세를 취함으로써 파악되는 패턴, 즉 믿음이나 욕구와 같은 그의 지향적 상태는 그에 대해 물리적 자세를 취함으로써 인식할 수 있는 패턴과 마찬가지로 '실재하는 패턴(real pattern)'으로 보아야 한다는 것이다.[38] 그의 주장은 자칭 소위 '정신적 실재론자'의 입장으로서 그에 따르면, 믿음이나 욕구는 물리학에서 '중력의 중심(a centre of gravity)'처럼 가상의 지점을 지칭하는 개념처럼 어떤 실체나 대상은 아니지만 어떤 대상의 행동(또는 운동)을 매우 정확한

---

36) 양자역학을 원용해 인간의 의식에는 본질적으로 비컴퓨팅적인 요소가 있으며, 따라서 우리의 두뇌의 신경활동에서 자유의지가 물리적으로 출현 가능하다고 논증하고 있는 문헌으로는 로저 펜로즈/노태복 역, 마음의 그림자 (승산, 2014) 참조. 펜로즈는 옥스퍼드 대학의 이론물리학 교수이다. 자유의지가 양자역학적으로 입론이 가능하다는 그의 이론에 대한 소개로는 안성조, 앞의 글(인간의 존엄과 책임원칙), 128-131면 참조.

37) 카를로 로벨리/김정훈 역, 보이는 세상은 실재가 아니다 (쌤앤파커스, 2018), 111-137면. 동 문헌에 따르면 거시적 세계에서 결정성이 나타나는 이유는 "이런 우연이, 이런 미시적 우발성이 만들어내는 변동이 일상생활에서 알아차리기에 너무 작다는 사실 때문"이라고 한다.

38) Daniel C. Dennett, "Real Patterns", 88 The Journal of Philosophy 27 (1991), at 49.

정도로 기술하고 예측할 수 있게 유용한 정보를 주는 개념이라는 점에서 '실재한다'고 한다. 달리 말하면 믿음과 욕구는 총체로서 인간의 어떤 '상태'이지 그의 '일부분'은 아니라는 뜻이다. 사람들은 실제로 무언가를 믿으며, 이는 실제로 피로감를 느끼는 것과 마찬가지이다.[39] 따라서 결국 만일 인간의 행동을 물리적 자세에 입각해서만 이해하려 한다면 지향적 자세에 의해서만 파악될 수 있는 실재하는 패턴을 보지 못하게 된다. 설령 예측은 되더라도 인간 행동에 대한 진정한 이해와 해석이 될 수 없다는 것이다. 이러한 맥락에서 바지니는 지향적 자세가 타인의 행동을 예측하는데 효과적인 이유에 대해 그것은 우리 인간이 '실제로' 생각하고 결정하고 의도하기 때문이라고 한다. '믿음'과 '욕구' 및 '의도'와 같은 지향적 상태는 분명 실재한다는 것이다.

이상의 논의를 정리해 보자. 필립 앤더슨과 마이클 가자니가, 그리고 줄리언 바지니와 대니엘 데닛 등의 견해에 비추어 보면 인간의 행동은 물리적 수준으로 환원이 불가능한, 지향적 속성을 지닌 마음과 의식의 구성물들, 즉 믿음과 욕구, 의지, 사고 등이 타인의 지향적 상태와 상호작용한 결과로 이해할 수 있고, 비난과 책임, 도덕원칙으로서 응보도 바로 이러한 수준에서 이해될 때 참된 의미를 가질 수 있다. 따라서 이를 전적으로 뇌의 신경프로세스나 뉴런을 구성하는 입자들 간 물리법칙 수준으로 환원시켜 분석하려는 시도는 과학적으로도 지지받기 어려울 뿐만 아니라, 설령 가능하다고 하더라도 그러한 환원적 설명은 우리의 삶에 명백하게 실재하고, 실제로 작동하고 있는 것들에 대해 부당하게 눈을 감게 만들어 행동의 옳고 그름, 그리고 책임여부 등을 판단하는 데 필요한 적절한 수준의 정보와 패턴을 제시해 주지 못한다는 점에서 인간행동에 대한 진정하고 합당한 해석이 되기 어렵다. 범죄자는 왜 단지 '고장 난 기계처럼' 다루어질 수 없는 것일까? 응보와 책임은 왜 결코 초연하게 다룰 수 없을 만큼 우리의 삶과 '맞물려 있고' 또 그토록 '진지하게' 느껴지는 것일까? 아마도 그것은 '쓸모 있는 허구(useful fiction)'의 한 단면이 아니라, 인간에게 고유한 '삶의 형식(form of life)'의 한 단면이기 때문일 것이다.

---

39) 이 점에 대해서는 Marc V.P. Slors, "Intentional System Theory, Mental Causation and Empathic Resonance", *Erkenntniss* 67(2) (2007), at 323. 네덜란드 라드바우드 대학의 심리철학 및 언어철학 교수인 Slors에 따르면 지향적 자세와 관련된 데닛의 입장은 비트겐슈타인과 라일(Ryle), 콰인(Quine)의 여향을 받은 것이라고 한다. 참고로 Slors는 데닛의 입장이 정신적 상태의 실재성을 옹호하는 다른 엄격한 실재론보다는 온건한 실재론(mild realism)이라고 평가하는데, 그 주된 이유는 데닛은 정신적 상태가 행위를 야기시킬 수 있는 '인과적 효능(causal efficacy)'이 있다고 보는 '정신의 인과성(mental causation)'를 직접적으로 주장하지는 않고 있기 때문이라고 한다. 그러한 측면에서 데닛의 지향성 이론은 '실재론 겸 해석주의(realism cum interpretationism)'로 평가된다.

그렇다면 이제 결론을 내릴 때가 된 것 같다. 분명 필자의 생각에도 어디엔가 오류나 오해가 있을 것이다. 또한 개인적으로 본서에서 논급한 견해들과 관련된 현대의 과학이론들 간의 내적 정합성에 대해 약간의 의문도 남아 있다.

하지만 나는 이제 이 글을 읽고 있는 독자들이 자유의지와 결정론 사이의 오랜 논쟁에서 가장 핵심적인 대립양상이 어떤 것인지 충분히 이해하였고 또 그로부터 도킨스의 생각이 어디에서부터 무엇이 잘못되었는지 스스로 가늠할 수 있게 되었으리라고 생각한다.

도킨스는 자신의 글을 다음과 같이 마무리한다. "나의 위험한 생각은 우리가 결국 이러한 과학적 진실을 깨닫게 됨으로써 책임과 비난을 그만두고 심지어 그것들을 조소하게 되리란 것이다. 베이즐 폴티가 자신의 차를 때릴 때 그를 비웃듯이. 하지만 나는 결코 그러한 수준의 계몽에까지 도달할 것 같지 않다는 점이 두렵다."고.

그가 그러한 수준의 계몽에 다다를 수 없는 이유에 대해 우리는 이렇게 답할 수 있다. 그것은 "도덕원칙으로서 응보는 인간행동에 관한 과학적 관점과 양립불가능하지 않기 때문"이라고.

CHAPTER II
법의 지배와 형법의 해석

[5] 법적 불확정성과 법의 지배

Ⅰ. 문제제기 및 논의구도

드워킨은 '법의 제국'에서 다양한 법적 논거가 첨예하게 경합하여 확정적 해결이 어려운, 널리 알려진 하드케이스(hard case) 몇 가지를 소개한 바 있다.[1] 주지하다시피 각 사안의 해결과정에서 주장된 상반되는 법적 논거들은 모두다 일견 상당한 설득력이 있었으며 어느 하나의 논거만이 유일하게 특정한 결과를 결정적으로 정당화 해 주지는 못했던 것으로 보인다. 그럼에도 불구하고 대법원은 당사자 일방의 논거를 인용해 그에게 승소판결을 내려야만 했다. 이 경우에 패소한 타방 당사자는 과연 재판의 결과에 대해서 어떠한 생각을 가질 수 있을까? 우선은 법적 논거가 팽팽히 맞서는 상황에 직면해 법체계의 불확정성에 놀라움을 느낄 수 있을 것이다. 법이란 분쟁이 발생할 때, 이를 소송 당사자에게 명확한 기준에 의해 옳고 그름을 가려 설득력 있게 해결해 주는 분쟁해결의 수단이라고 생각해 왔었던바, 명확한 법리적 기준도, 어째서 자신이 아닌 승소자 측의 주장이 받아들여졌는가에 대해서 충분히 납득할 만한 이유 설시도 없이 패소하게 되었기 때문이다. 따라서 법체계와 판결의 정당성(legitimacy)에 의구심을 느낄 수 있다고 본다. 나아가 그러한 판결을 강제하는, 특히 형사재판의 경우에는 더욱 더, 국가권력의 정당성에 대해서도 역시 회의를 품을 수 있다고 본다. 이는 결국 자신이 '법의 지배'를 받고 있는가에 대한 물음으로까지 자연스럽게 이어질 수 있으며, 본고에서 다루고자 하는 주제가 바로 이러한 '법적 불확정성'이 야기될 때 '법의 지배' 혹은 '법치주의'[2]란 정치철학적 이념이 어떻게 구현될 수 있는가의 문제이다.

일반적으로 자유주의 정치체제 하에서 '법의 지배(rule of law)'란 이념이 실현되기 위해서는 법의 해석과 적용의 결과는 예측가능해야 한다. 자유주의는 권력분립을 요구하고 따라

---

1) 예를 들어 엘머사건, 민물달팽이농어사건, 맥러플린사건, 브라운 사건 등이 그것이다. 이에 대해서는 로널드 드워킨(Ronald Dworkin)/장영민 역, 법의 제국(Law's Empire) (아카넷, 2004), 33-53면 참조.
2) 본 장에서는 '법치'와 '법의 지배'를 유사한 의미로 보고 혼용하기로 한다.

서 입법자가 입안한 법률은 명확성을 지니고 있어야 하며 그래야만 모든 국가기관과 시민은 자신에게 허용되는 행동의 범위를 정확히 이해하고 금지되는 행위를 회피함으로써 법을 준수할 수 있게 되기 때문이다.[3] 이와 같은 예측가능성이 확보될 수 있기 위해서는 무엇보다 법의 해석과 적용에 있어서 "법은 과학이며, 법적 추론은 기계적으로 명료하게 결정될 수 있다"고 보는 '형식주의(formalism)'적 사고방식이 기본적으로 전제된다면 가장 수월할 것이며, 바로 이 점에서 '법의 지배'와 '형식주의'는 상호 긴밀히 접착된 개념이라고 볼 수 있을 것이다.[4]

이처럼 '법의 지배'가 기본적으로 '형식주의'와 근친적 개념[5]이라고 볼 때, 20세기 초반 무렵부터 형식주의의 문제점을 지적하며 미국에서 태동한 법현실주의(legal realism)와 그 이론적 계승자인 비판법학운동(critical legal studies)은, 결과적으로 '법의 지배'에 대해 심각한 회의주의적 문제를 제기하게 된다.[6] 이 진영에서는 법적용의 결과는 결코 형식주의적으로만 결정되는 것이 아니고, 법이 아닌 그 밖의 다른 요소에 좌우될 수 있으며, 따라서 법적 추론은 단 하나의 정답에 도달하지 못하고, 경우에 따라서는 심지어 상호 모순되는 두 개 이상의 결론에 도달할 수 있다는 소위 '법적 불확정성 테제(legal Indeterminacy thesis)'를 제기하였던 것이다.[7]

자유주의 정치철학 하의 '법의 지배'와 관련하여 '불확정성 논변'은 중요한 의미를 가질 수 있다. 왜냐하면 '법의 지배'가 전제하는 '형식주의'에 따르면 국가기관들과 시민은 어떠한 행위가 법적으로 규제되는가를 명확히 예측할 수 있어야 하는바, 만일 법의 해석과 적용

---

3) 이에 대해서는 Jules L. Coleman & Brian Leiter, Determinacy, Objectivity, and Authority, in: Andrei Marmor (ed.), Law and Interpretation (Oxford University Press, 1997), 229-232면.

4) 동지의 견해로 Margaret Jane Radin, Reconsidering the Rule of Law, 69 B.U. L. Rev. 781 (1989), 795-796면 참조. 특히 라딘은 전통적인 형식주의와 법의 지배가 정치철학적으로 자유주의적 전통의 영향 하에 밀접히 연관되어 있음을 논증하고 있다.

5) '근친적 개념'은 비트겐슈타인의 용어로서, 두 용어가 서로 근친적이라는 것은 마치 사촌(Vetter) 간의 관계처럼 어느 한 용어의 사용법을 가르칠 경우, 그로써 다른 한 용어의 사용도 배우게 된다고 한다. 예컨대 비트겐슈타인에 따르면 '일치(Übereinstimmung)'와 '규칙(Regel)'은 근친적이다. 이에 대해서는 Ludwig Wittgenstein Werkausgabe Band I (2 Aufl. Suhrkamp, 1995), 352면 §224 참조.

6) 이 과정에 대해서는 Brian Z. Tamanaha, On the Rule of Law—History, Politics, Theory (Cambridge University Press, 2005), 77-90면 참조. 그러나 법현실주의자 또는 비판법학자들이 반드시 법적 불확정성 논변을 통해 법의 지배에 회의를 제기했던 것은 아니다. 즉 그들도 법적 불확정성과 법의 지배는 양립가능하다고 보기도 하였던 것이다. 이 점에 대해서는 Jules L. Coleman & Brian Leiter, 앞의 논문, 215면 참조.

7) Brian Z. Tamanaha, 앞의 책, 86면 참조.

이 불확정적이라면, 법은 수범자들에 대한 행위규범으로서의 효력을 상실할 것이고, 결국 '법의 지배'라는 정치철학적 이념은 결코 실현될 수 없을 것이기 때문이다.[8] 나아가 국가권력에 의한 법적 강제력의 행사가 정당화되기 위해서는 판결에 정당한 근거가 제시될 것이 요구되는바, 만일에 법적 불확정성이 근거의 제시가 불확정적이라는 의미로 이해될 수 있다면, 이 역시 자유주의적 '법의 지배' 구상을 심각하게 훼손시킬 수 있기 때문이다.[9] 특히 본서 [1]에서 원초적 입장에서 합의된 원칙의 하나인 법의 지배가 그 존립기반을 잃게 될 상황에 처할 수 있다.

그런데 과연, '법적 불확정성 테제'는 '법의 지배' 이념을 심각하게 훼손시키는가? 바로 이 점을 두고 영미권의 법(철)학계에서는 다양한 논의가 전개되어 왔다. 본고에서는 그동안 '법의 지배'와 '법적 불확정성'의 상호연관성에 대한 논의를 소개하고 이를 토대로 몇 가지 새로운 논점과 결론을 제시해 보고자 한다.

II. 법적 불확정성 테제

1. 법적 불확정성의 의미와 유형

법적 불확정성 테제(legal indeterminacy thesis)란 일반적으로 법적 사안에 단 하나의 정답이 존재하지 않는다는 것을 의미한다. 즉, 법의 해석과 적용은 심지어 두 개 이상의 상호 모순되는 결론에 도달하기도 한다는 것이다.[10] 전술한 드워킨의 사례들이 대표적이라고 할 수 있다. 불확정성은 '근거의 불확정성(indeterminacy of reasons)'과 '원인의 불확정성(indeterminacy of causes)'으로 나눌 수 있다. 판결의 정당성은 근거에 의해 판단할 수 있다. 정당화는 근거에 의존하기 때문이다. 근거의 불확정성이란 사안의 결과와 이를 정당화해 주는 법적 근거 사이의 문제로서 사안의 결과를 정당화해 주기에 법적 근거가 불충분함을

---

8) 이 점에 대해서는 Mark V. Tushnet, Defending the Indeterminacy Thesis, in: Brian Bix (ed.), Analyzing Law (Oxford University Press, 1998), 232면 참조.
9) Jules L. Coleman & Brian Leiter, 앞의 논문, 229면. 아울러 법적 불확정성은 판결의 정당성 문제까지 불러일으킬 수 있다. 이 점에 대해서는 Ken Kress, Legal Indeterminacy, in: Dennis Patterson (ed.), Philosophy of Law and Legal Theory—An Anthology (Malden, MA: Blackwell, 2003), 77면 참조.
10) Timothy A.O. Endicott, Linguistic Indeterminacy, 16 Oxford Journal *of Legal Studies 667* (1996), 669면; Brian Z. Tamanaha, 앞의 책, 86면 참조.

뜻한다. 한편 결과에 대한 인과적 설명은 그 원인을 밝혀냄으로써 가능하다. 원인의 불확정성이란 법관이 결정에 이르게 된 과정에 대한 인과적 설명의 문제로서, 법적 근거가 사안의 결정에 대한 원인이 되기에는 불충분함을 뜻한다.[11] 다시 말해 원인의 불확정성은 해당 판결이 일련의 법적 근거만으로는 충분한 예측이 불가능할 때 발생하며, 이 경우에 법적 근거는 판결에 대하여 인과적으로 불확정적(causally indeterminate)인 관계에 있다고 한다. 요컨대 법적 근거의 불확정성테제는 법적 근거가 결정을 정당화하기에 불충분하다는 주장이고, 원인의 불확정성테제는 결정과 원인 사이의 인과성을 설명하기에 불충분하다는 주장인 것이다. 이 중에서 일반적으로 법적 불확정성테제라고 하면 전자를 의미한다. 법적 근거가 불확정적이더라도, 법관이 결정에 이르게 된 법적 근거 외의 원인을 밝혀냄으로써 판결의 예측가능성을 확보할 수 있으므로 인과적 확정성은 획득가능하기 때문이다. 즉, 원인의 불확정성은 판결의 예측가능성에 큰 위해요소가 되지 못한다는 것이다. 법적 근거는 두 가지 요소의 복합체이다. 첫째 요소는 유효하고 구속력 있는 법의 원천(legal sources)이고, 둘째 요소는 그러한 법의 원천에 정당하게 실행할 수 있는 일련의 해석작업(interpretive operation)과, 관련된 법과 주어진 사실에 실행할 수 있는 이성적 작업(rational operation)이다. 유효한 법의 원천에는 기본적으로 제정법과 선례가 있고, 전형적인 해석작업 및 이성적 작업에는 해석규칙과 연역 및 유추 등의 법적 추론(legal reasoning)이 포함된다. 종합해 보자면 법적 근거란, 사안의 해결을 위해서 원용이 가능한 다양한 법원(法源)들만을 지칭하는 것이 아니라 그러한 원천들에 대해 해석규칙과 법적 추론을 동원하는 일체의 논증작업까지 모두를 통칭하는 것이다. 정리해 보자면, 이처럼 법적 근거들은 그 실질적인 내용들이 존재함에도 불구하고, 법적 결정을 충분히 정당화하기에 필요한 '능력'이 없다는 주장이 바로 법적 불확정성테제이다.[12]

　　법적 불확정성테제는 다음과 같은 네 가지 주장으로 정식화할 수 있다. 첫째, 일련의 법적 근거들(the set of legal reasons)은 어떠한 결과도 보장(warrant)하기에 불충분하다. 둘째, 일련의 법적 근거들은 어떠한 결과라도 보장하기에 충분하다. 셋째, 일련의 법적 논거들은 개별 사안에 있어서 단 하나의 결과만을 유일하게 보장 또는 정당화해 주지 못한다. 넷째, 일련의 법적 논거들은 중요하거나 결정이 어려운 사안(important or hard cases)에서는 단 하나의 결과만을 유일하게 보장 또는 정당화해 주지 못한다.[13] 이 중에서 첫째 주장은 지나

---

11) 이러한 구분방식으로는 Jules L. Coleman & Brian Leiter, 앞의 논문, 212면 참조.
12) Jules L. Coleman & Brian Leiter, 앞의 논문, 213면.
13) 이상의 네 가지 구분방식으로는 Jules L. Coleman & Brian Leiter, 앞의 논문, 213-215면.

친 것으로 보이며, 이보다 다소 완화된 형태가 둘째 주장이기는 하지만, 이 역시 법관이 어떠한 결정이든 내릴 수 있다고 보는 점에서 법의 권위를 무너뜨리게 되므로 온당하지 못하다. 게다가 심지어 이 두 명제가 옳다고 믿는 법적 불확정론자들도 불확정성이 정당한 법의 지배에 중대한 위협이 된다는 점을 논증하기 위해 두 명제가 반드시 참일 필요는 없다고 본다.[14] 셋째 주장은 법적 논거를 통해서, 물론 모든 사안에서는 아니더라도, 단 하나의 정답에 도달할 수 있다는 드워킨의 정답테제(right answer thesis)에 상치되는 주장으로서[15] 불확정성을 주장하는 학자들은 설령 법적 논거를 통해 단 하나의 결론에 도달할 수 있다 하더라도, 상소심 재판과 같이 중요하거나 논란의 여지가 많은 사안에 있어서는 분명 단 하나의 정답에 도달하지 못한다는 취지에서, 바로 넷째 주장을 제기할 수 있다.[16]

넷째 주장은 (하트와 같은) 법실증주의자들의 입장을 대변해 준다. 왜냐하면 그들은 결정이 쉬운 사안(easy case)과 결정이 어려운 사안(hard case)을 구분하였던바,[17] 전자의 경우 결론이 확정적(determinate)으로 도출되지만, 후자의 경우는 법적 논거만으로는 결론을 도출하는 데 불충분하기 때문에 법관의 재량이 필요하다고 설명했기 때문이다.[18] 여기서 불확정론자들과 실증주의자들, 그리고 드워킨 사이의 견해 차이와 일치점을 확인할 수 있

---

14) 이 점에 대한 지적으로는 Jules L. Coleman & Brian Leiter, 앞의 논문, 213-214면.

15) 이 점에 대한 지적으로는 Jules L. Coleman & Brian Leiter, 앞의 논문, 214면 참조. 그러나 콜만과 라이터에 의하면, 드워킨도 현재는 모든 케이스에 정답이 있다고까지 주장하지는 않는다고 한다. 왜냐하면 초기의 드워킨은 '권리 존중론(Taking Rights Seriously)'을 통해 권리중심의 이론을 전개함으로써 소송 당사자에게는 선재하는(pre-existing) 권리가 존재한다면 판결은 바로 이 권리를 확정하는 것이며 따라서 그러한 권리가 존재한 모든 사안에서는 정답을 찾을 수 있다고 주장했지만, 이후 '법의 제국(Law's Empire)'에서는 그러한 입장을 다소 완화했다는 것이다. 물론 이러한 드워킨 해석은 자신들의 생각이며 드워킨이 명백히 말한 것은 아니라고 조심스러운 입장을 보인다. 한편 드워킨은 최근 새로운 저서 'Ronald Dworkin, Justice for Hedgehogs(Cambridge, Mass.: Belknap Press of Harvard University Press, 2011)'에서 자신의 정답테제를 다시 맹렬히 옹호하고 있어 주목을 끈다.

16) Jules L. Coleman & Brian Leiter, 앞의 논문, 215면.

17) H.L.A. Hart, Positivism and the Separation of Law and Morals, 71 Harvard Law Review 593 (1958), 607-608면 참조. 하트의 중심부/주변부 개념에 대한 설명으로는 Anthony J. Sebok, Finding Wittgenstein at the Core of the Rule of Recognition, 52 S.M.U. L. Rev. 75 (1999), 75면, 85면, 91면 참조. 특히 91면에 따르면 하트는 오로지 주변부 사례와 관련해서만 '해석(interpretation)'이란 말을 사용했다고 한다.

18) 하트가 이처럼 중심부/주변부 개념을 도입한 이유는 법의 적용은 논리적 연역(logical deduction)에 의한 규칙의 적용만으로 가능한 것이 아니고 정책적 판단, 즉 사법 재량이 개입하기 마련이라고 주장하는 법현실주의자 내지는 규칙회의론자들의 비판을 일부 수용하면서도 모든 사안이 사법 재량을 요구하는 것이 아니라는 점을 입증함으로써 자신의 법실증주의를 옹호함에 있다. 이 점에 대해서는 Anthony J. Sebok, 앞의 논문, 85-87면, 특히 87면 참조; 허버트 하트(H.L.A. Hart)/오병선 역, 법의 개념(The Concept of Law) (아카넷, 2002), 418-419면(역자해설) 참조.

다. 불확정론자와 드워킨은 만일 넷째 주장이 옳다면 법의 권위에 심각한 문제를 초래할 수 있다는 점에서 일치하겠지만, 불확정론자들은 이 주장이 실제로 옳다고 간주한 반면, 드워킨은 이 주장은 대부분의 경우 틀린 것으로 본 점에 있어서는 분명 차이가 있다. 또한 실증주의자들과 불확정론자들은 넷째 주장이 옳다고 본 점에서는 일치하지만, 실증주의자들은 그러한 불확정성은 법의 권위와 양립할 수 있다고 본 반면, 불확정론자들은 법의 권위를 훼손시키게 된다고 본 점에서 차이가 있다고 정리할 수 있을 것이다.[19]

2. 불확정성의 발생연원

법의 불확정성이 발생하는 층위는 크게 두 가지로 나누어 볼 수 있다. 그 하나는 법 고유의 특성에서 비롯되는 특수한 것이고, 다른 하나는 법의 언어적 성질에서 비롯되는 일반적인 것이다. 이중에 법에 특유한 불확정성의 원인은 다음과 같다. 첫째 기본적으로 법의 원천들 간에 상호 모순과 충돌이 존재하며, 따라서 그로부터 도출되는 결론 역시 상충할 수 있기 때문에 불확정성이 발생하게 된다. 그렇기 때문에 그러한 법적 원천들로부터 어떠한 법적 결과든 도출될 수 있게 된다. 이처럼 법적 결론이 상호 모순되는 법의 원천들로부터 도출될 수 있다면, 전술한 법적 불확정성의 유형 중에서 둘째, 셋째, 넷째 유형의 불확정성이 발생할 수 있는 것이다.[20] 다음으로 법에 특유한 불확정성의 두 번째 원인으로서는 일련의 법적 근거들이 너무 부족하거나 너무 넘쳐난다는 점이 지적된다. 해당 사안에 대한 법적 근거가 부족한 경우, 예컨대 법원[21]이 부족하거나 해석규칙 또는 추론방식 등이 발달해 있지 않다면 법관들은 사법재량을 통해 법 외적 근거를 동원하여 사안의 해결을 도모하게 된다. 이는 특히 법의 원천이나 해석규칙 및 추론방법이 풍부하게 발달하지 못한 사회에서는 더욱 현저한 특징이라고 볼 수 있을 것이다. 그러므로 이를 극복하기 위해서는 다양한 법의 원천들을 찾아내 법적 근거로 채택할 필요가 있는데, 여기서 하나의 역설이 발생한다. 법의 원천이 풍부해질수록 법관이 원용할 수 있는 법원은 다양해질 것이고 따라서 해당 사안에 적용될 수 있는 단 하나의 법원을 확정할 수 없게 되는 불확정성이 발생하기 때문이다.[22] 즉, 법의 원천이 풍부해지게 되면 판결을 정당화 해 주는 유일한 법원은 존재할 수

---

19) 이러한 설명으로는 Jules L. Coleman & Brian Leiter, 앞의 논문, 215면.
20) Jules L. Coleman & Brian Leiter, 앞의 논문, 216-218면.
21) 본고에서는 콜만과 리터의 용어 사용법과 문맥을 고려하여 'legal reasons'을 '법적 근거'로, 'legal sources'를 '법의 원천(법원)'으로 번역하였다.

없게 된다는 불확정성에 봉착하게 되는 것이다. 이처럼 법에 특유한 두 가지 불확정성의 발생 연원으로 인해 법적 불확정성은 결코 완전히 제거될 수는 없다.

다음으로는 법적 불확정성의 보다 일반적인 발생 연원으로서 언어적 모호성이 있다. 모든 자연언어(natural language)[23]는 모호한 술어(vague predicates)와 가족유사적 개념을 포함한다. 이는 법률언어도 마찬가지임은 자명하다. 예컨대 "머리숱이 적으면 대머리이다"거나 "정당한 보상", "적법절차" 등이 바로 그러한 술어와 개념들이다. 이러한 통찰은 일찍이 하트(H.L.A. Hart)가 주창한 바 있는 개념의 중심부(core)와 주변부(penumbra)의 구분을 통해 널리 알려져 있다. 이러한 구분방식에 따르면 중심부 사례(core case)에서는 법관은 확정적으로 법규칙을 적용할 수 있지만, 주변부 사례(penumbra case)에서는 법규칙의 해석과 적용이 불확정적이기 때문에 법관은 재량권을 행사하게 된다고 주장한다. 이에 대해 드워킨은 법적 구속력이 있는 도덕원리(moral principles)를 원용함으로써 법관의 사법재량의 범위는 현저히 축소될 수 있다고 주장한바 있다. 그러나 드워킨식의 주장도 불확정성을 완전히 제거할 수는 없는데, 왜냐하면 도덕원리들이 포함하고 있는 '정당한(just)', '공정한(fair)', 그리고 '평등한(equal)'이라는 단어들 자체도 모호하기는 마찬가지이기 때문이다.[24] 특히 다원화된 사회에서 다양한 도덕 원리들이 서로 경합하는 경우에는 더욱 그러하다고 볼 수 있을 것이다.[25]

법적 불확정성의 일반적인 연원으로서의 언어적 모호성은 좀 더 극단적으로는 '의미회의론(semantic scepticism)'으로까지 전개되기도 하였다. 이는 한 마디로 언어의 의미는 항상 확정될 수 없다는 주장이다. 과연 이러한 주장은 얼마나 수용 가능한 것인지 이하 본고에서는 법적 불확정성의 일반적 원인으로서의 언어적 모호성에 대해 비판적으로 검토해 보기로 한다. 또한 관련하여 비트겐슈타인의 '규칙 따르기 고찰'이 '법의 지배'에 갖는 의의는 무엇인지도 함께 살펴보기로 한다.

---

22) Jules L. Coleman & Brian Leiter, 앞의 논문, 218면.
23) '자연언어'란 언어적 모호성을 제거한 '인공언어(artificial language)'의 상대어이다.
24) 이상의 설명과 지적으로는 Jules L. Coleman & Brian Leiter, 앞의 논문, 216- 217면 참조.
25) 이러한 지적으로는 Brian Z. Tamanaha, 앞의 책, 81-82면 참조. 역시 같은 문제점을 지적하는 견해로는, Andrew Altman, Legal Realism, Critical Legal Studies, and Dworkin, *15 Philosophy and Public Affairs 205* (1986), 205면과 227-235면 참조. 이밖에도 드워킨의 법원리에 대한 종합적이고 체계적인 비판으로는 Larry Alexander & Ken Kress, Against Legal Principles, in: Andrei Marmor (ed.), Law and Interpretation (Oxford University Press, 1997), 279-327면 참조.

III. 규칙회의주의와 법의 지배

1. 규칙회의주의와 그에 대한 평가

의미회의주의란, 언어자체가 근본적으로 불확정적이기 때문에 한 단어의 의미를 확정해 주는 어떠한 객관적인 사실(fact)도 존재하지 않는다는 식의 논변을 말한다. 즉 한 단어의 의미가 "A+1"이나 "A-1" 또는 "A+B" 등의 그 밖의 무한한 어떤 것이 아니라 바로 "A"를 의미한다는 점을 입증해 주는 그 어떠한 사실도 존재하지 않는다는 주장인 것이다.[26] 의미를 고정시켜 주는 언어사용규칙은 불확정적이라는 것인데, 이와 같은 주장은 대표적으로 크립키가 비트겐슈타인을 규칙회의론자로 해석하면서 제기되었다. 규칙회의주의란 어떠한 규칙도 새로운 상황에 적용될 때에는 그 자체로는 어떻게 적용되는 것이 올바른가에 대해 확정성을 담보해 주지 못한다는 식의 회의론적 주장을 뜻한다. 이에 따르면 언어사용규칙 역시 언어의 의미를 확정해 주지 못한다. 예를 들어 한 의미회의론자가 지구에서 개와 고양이의 의미를 구분해 부르지만, 어느 날 달에 착륙해서 함께 데리고 간 개와 고양이를 보고, 이 둘을 구분하지 않고 통칭해 '개양이'라고 부르며, 자신은 개와 고양이의 의미를 화성에서는 이와 같이 사용하는 규칙을 따르고 있었다고 주장할 수 있다는 것이다. 이런 식의 회의론적 논변에 대해서는 앞 장에서 상세히 다루었으므로, 여기서는 그에 대한 평가를 중심으로 간략히 살펴보기로 한다.

크립키의 비트겐슈타인 해석이 틀렸음은 많은 학자들에 의해 지적되고 있다. 즉, 비트겐슈타인은 규칙회의론자가 아니라는 것이다. 이 점에 대해서 우리는 앞 장에서 스캇 허쇼비츠의 비판을 통해 충분히 검토해 보았다.

그런데 설령 크립키의 해석이 옳다고 하더라도 그러한 해석이 법이 극도로 불확정적이라는 논변의 근거가 될 수는 없다. 흔히 법적 불확정성을 주장하는 학자들은 크립키를 원용

---

26) Jules L. Coleman & Brian Leiter, 앞의 논문, 219면 참조. 단, 콜만과 라이터는 의미회의주의를 소개함에 있어서 다른 학자들은 크립키의 비트겐슈타인의 '규칙 따르기 고찰'에 대한 해석을 논급하는 데 반해, 크립키의 비트겐슈타인의 '사적 언어(private language)' 논변에 대한 해석을 논급하고 있음에 차이가 있다. 크립키의 비트겐슈타인 해석에 따르면 "규칙 따르기가 공동체적"이기 때문에 공동체에 의존하지 않는 "사적 언어는 존립할 수 없다"는 비트겐슈타인의 주장이 나올 수밖에 없다고 이해되는바, 적어도 크립키의 해석에 따르면 양자는 서로 같은 맥락의 논의이기 때문에 이는 문제되지 않는다. 이 점에 대한 정확한 지적으로는 남기창, 크루소의 언어는 사적 언어인가?, 「언어철학연구 L」(현암사, 1995), 224-225면 참조.

하며 언어가 극도로 불확정적이므로 법언어(legal language)는 더욱 더(a fortiori) 불확정적일 수밖에 없다는 식의 주장을 한다.[27] 그러나 크립키의 해석을 주의 깊게 보면, 결과적으로 크립키는 언어의 의미가 공동체의 관행에 의해서 확정될 수 있다고 보고 있다. 따라서 규칙 따르기 고찰에 대한 재해석을 통해 제기된 크립키의 의미회의론은 법적 불확정성과 그다지 큰 관련이 없다고 결론지을 수 있을 것이다.[28]

다만 여기서 한 가지 주의할 점은 언어의 의미가 확정가능하다고 하더라도 바로 이 사실로부터 곧바로 법언어, 즉 법문의 뜻 역시 확정가능하다는 결론은 도출할 수는 없다는 점이다. 이 점은 언어가 불확정적이라면, 법언어는 더욱 더(a fortiori) 불확정적이라는 결론을 도출할 수 있는 것과 대비된다고 볼 수 있다. 전술한 바와 같이 크립키는 그의 회의적 해결책을 통해 규칙 따르기를 가능케 해 주는 것은 '진리조건'이 아니라 '주장가능성 조건', 다시 말해 공동체의 관행이라고 주장하였다. 그리하여 결과적으로 규칙의 의미확정은 가능하다는 것이다. 바로 이 점은 비트겐슈타인이 규칙 따르기에는 '해석'이 불필요하다고 본 것과 같은 결론이라고 볼 수 있다. '해석'없이 우리는 관행적으로 규칙을 따를 수 있다는 것이다. 안드레이 마머는 비트겐슈타인의 규칙에 대한 통찰은 법규에도 그대로 유효하게 적용될 수 있다고 주장한 바 있다. 다시 말해 규칙의 의미가 확정 가능하다면 법의 의미도 '해석'없이 충분히 확정가능하다는 것이다. 이 점과 관련하여 허쇼비츠는 우선 '해석'에 대

---

27) Jules L. Coleman & Brian Leiter, 앞의 논문, 221면.
28) 이러한 견해로 Jules L. Coleman & Brian Leiter, 앞의 논문, 222면 참조. 그렇다면 여기서 한 가지 의문이 제기될 수 있다고 본다. 과연 비트겐슈타인과 크립키의 규칙 따르기에 대한 결론의 일치점과 차이점은 무엇인가? 왜냐하면 비트겐슈타인도 크립키도 결과적으로는 규칙 따르기가 가능하다는, 다시 말해 의미의 확정이 가능하다는 점에 대해서는 동의하고 있기 때문이다. 그러나 비트겐슈타인의 경우는 우리가 규칙을 따르고 있다는 것을 의심한다는 것은 무의미하다고 보았던 반면, 크립키는 회의론적 입장을 취하며 규칙을 따르고 있는지 의심하는 것은 가능하다고 보았던 사실에 중요한 차이가 있다. 비트겐슈타인과 크립키는 규칙 따르기를 정당화해주는 '진리조건'은 없다는 점에서 일치를 보이지만, 전자는 그와 같은 '진리조건'이나 그 밖의 '정당화 조건'을 찾을 필요도 없고, 그러한 조건이 없어도 규칙 따르기는 '의심의 여지없이' 가능하다고 보았던 반면에, 크립키는 그러한 '진리조건'은 없기 때문에 '주장가능성 조건'이라는 새로운 정당화 근거를 통해서 회의적인 방법을 통해서나마 규칙 따르기가 정당화될 수 있다고 보았던 점에서 이해방식상의 큰 차이가 있는 것이다. 전자는 규칙 따르기에 '근거'나 '해석'이 불필요하다고 보았지만, 후자는 이와 반대로 필요하다고 보았던 점에서 이러한 상이한 결론이 도출되는 것이다. 즉, 비트겐슈타인에게는 '규칙 따르기'를 정당화해 줄 수 있는 '근거'나 '해석'으로서의 '플라톤적인 그림(platonic picture)'은 불필요한 것이다. 요컨대 비트겐슈타인에게는 규칙 따르기에 정당화 근거나 설명을 요구하는 태도는 어리석은 일이라는 것이다. 이 점에 대한 상세한 지적으로는 남기창, 크루소의 언어는 사적 언어인가?, 「언어철학연구 I」 (현암사, 1995), 243-245면; Jules L. Coleman & Brian Leiter, 앞의 논문, 222-223면 참조.

한 마머의 사용법과 비트겐슈타인의 사용법이 다르다는 점을 지적해 주었다. 그는 우선 PI §201의 세 번째 단락을 제시하며 동 개소에서 비트겐슈타인은 '해석'의 의미를 제한적으로만 사용하고 있음을 지적한다. 즉 비트겐슈타인에 따르면 '해석'이란 "어떤 하나의 규칙에 대한 표현을 다른 하나로 대체하는 것"이다. 그런데 우리는 어떤 '그림'을 해석할 때 그 그림을 다른 그림으로 대체하지 않는다. 마찬가지로 법률 해석은 비트겐슈타인의 그것과는 다르다. 법률 해석은 법률의 표현을 다른 것으로 대체하는 행위에 제한되지 않는다(물론 그런 경우도 있겠지만). 그럼에도 불구하고 마머가 비트겐슈타인의 '해석'을 법률 '해석'과 동일한 차원에서 본 것은 비트겐슈타인에 대한 오독(over-reading)이라는 것이다.

그리고 허쇼비츠에 의하면 마머의 주장은 보다 근본적인 결함을 안고 있다. 비트겐슈타인이 "규칙 따르기에는 해석이 필요하지 않다"는 주장을 할 때 예를 든 규칙은 수학이나 언어의 활용과 같은 것들이며, 그러한 규칙들은 기본적으로 비반성적인 성격을 지닌다. 즉 그러한 규칙을 따름에 있어서는 대체적으로 정당화나 근거가 요구되지 않는다는 것이다. 이에 반해 법의 적용은 하나의 반성적인, 그것도 가장 반성적인 작업이다. 우리는 법률을 적용할 때 정당화와 근거를 제시하며, 항상 그것이 올바르게 적용되고 있는지 되묻곤 한다. 그렇기 때문에 법규와 비트겐슈타인의 규칙을 동일시할 수 없다는 것이다. 물론 법은 언어로 구성되어 있다는 점에서 비트겐슈타인의 통찰을 가져올 여지가 없지는 않지만, 그럼에도 불구하고 법의 반성적 성격상 언어로서의 특성이 법에 적용될 가능성은 극히 적다는 것이 허쇼비츠가 일깨우고자 하는 바의 핵심이다. 요컨대 규칙의 의미가 '해석'없이 확정가능하다고 하더라도, 법규의 의미도 그처럼 확정가능하다는 결론은 재고의 여지가 있다고 본다. 이상의 고찰이 주는 교훈은 비트겐슈타인이 논급한 규칙과 법규칙을 동일한 의미로 생각하는 것은 명백한 범주오류라는 것이다.[29] 이 점과 관련해서는 다음의 라딘의 주장을 비판적으로 검토해 보면서 상세히 다루어 보기로 한다.

---

29) 콜만과 라이터는 크립키의 해석이 결과적으로 의미는 공동체적 관행에 의해 확정가능하다는 주장을 하고 있다고 보면서도 이로부터 법규의 의미도 확정가능하다는 결론을 도출해 내지는 않고 있다. Jules L. Coleman & Brian Leiter, 앞의 논문, 222-223면 참조.

2. 규칙회의주의와 법의 지배

(1) 법의 지배와 형식주의

마거릿 라딘(Margaret Jane Radin)은 비트겐슈타인을 규칙회의주의자로 보고 "비트겐슈타인에 따르면 규칙은 사회적 관행이며, 따라서 관행에 있어서 공동체의 일치(community agreement in practice)가 있을 때에만 존재할 수 있다"고 해석하면서[30] 그러한 해석이 전통적 '법의 지배' 관념에 지닐 수 있는 함의를 제시한 바 있다. 라딘에 의하면 법의 지배는 자유주의적 전통 하에서 볼 때, 형식주의와 밀접하게 접착된 개념이다.[31] 왜냐하면 자유주의적 구상 하에서 법관은 법을 적용하는 의무를 가지고 있지, 법을 제정하는 권한을 가지고 있지는 않은바, 만일 법률이 형식주의적 이념대로 논리적이고 분석적으로 적용될 수 없다면 법관은 개인적인 재량을 행사하게 될 것이고, 이는 곧 어느 개인이 아닌 법에 의한 지배라는 자유주의적 법치개념[32]을 심각하게 훼손시키기 때문이다.[33] 즉, 형식주의적 법적용의 실패는 법체계의 효율성을 떨어트리고, 수범자의 자유를 침해하게 되며, 결국 법관에게 '자의적 권력'을 부여함으로써 민주주의의 토대를 침식하게 된다는 것이다.[34]

(2) 법에 대한 형식주의적 이해방식과 비트겐슈타인의 규칙

주지하다시피, 법에 대한 형식주의적 이해방식에 따르자면 개별 사안에 있어서 단 하나의 결론이 규칙으로부터 '연역될(deduced)' 수 있으며 그와 같은 규칙적용 과정은 '분석적(analytical)'인 것이다. 다시 말해 규칙과 그 적용의 관계는 '형식적'으로 결정되어 있다는

---

30) Margaret Jane Radin, Reconsidering the Rule of Law, *69 B.U. L. Rev.* 781 (1989), 782-783면 참조.
31) Margaret Jane Radin, 앞의 논문, 795-796면 참조.
32) '법의 지배(rule of law)'와 '법치국가(Rechtsstaat)' 개념은 역사적 형성배경과 구성요소에 있어서 다소의 차이를 보이지만(김도균, 근대 법치주의의 사상적 기초, 「법치주의의 기초」, 서울대학교출판부, 2006, 3면), 본고는 양자를 유사한 개념으로 보고 혼용하기로 한다. 주지하다시피 형법해석의 지도원리인 죄형법정주의는 바로 이 법치이념에서 유래한다.
33) Margaret Jane Radin, 앞의 논문, 791면과 795-796면 참조.
34) Margaret Jane Radin, 앞의 논문, 796면. 라딘에 의하면 롤즈나 홉스의 자유주의적 법치구상에 비추어 볼 때, 리바이어던(Leviathan)으로서의 정부가 필요하면서도 그에 대한 권력행사의 제한도 역시 필요하기 때문에, 사법부를 구성하는 법관 역시 철저하게 입법자가 입안한 법률을 적용하는 역할만 해야 하는 바, 형식주의는 이를 뒷받침해 준다고 설명한다. 롤즈와 홉스의 자유주의적 법치구상에 대해서는, Margaret Jane Radin, 앞의 논문, 788-790면과 796-797면 참조.

것이다.[35] 또한 형식주의에 의하면 법에 대한 논리적, 분석적 토대가 되는 최상의 원리들 (first principles)은 우리의 정신과 무관하게 독립적으로 실재한다고 본다. 예를 들어 자연법 이론이 바로 이러한 입장에 있다고 볼 수 있다.[36] 다음으로 하트의 중심부/주변부 구분에 있어서 주지하다시피 주변부의 경우 법관은 입법을 하게 되지만 적어도 중심부에 있어서 법관은 해당 사안에 대한 법규로부터의 형식적 연역이 가능한바, 이러한 형식주의적 추론이 가능한 이유는, 개별 사안의 사실관계가 법문의 의미에 연역적으로 포섭될 수 있기 때문인데, 이로부터 형식주의는 일정한 언어이론, 소위 지시적 의미론(theory of reference)을 전제로 하고 있다고 볼 수 있다.

즉, 적어도 중심적 의미를 갖는 법문에 있어서는, 예를 들어 '탈 것'의 경우, 탈 것의 중심적 의미에 포섭되는 대상은 '자동차'와 '버스' 등의 사례군이 이미 지시적으로 결정되어 있다는 것이다.[37] 끝으로 형식주의적 법이해에 따르자면 법은 개별 사안에 앞서 이미 선재(先在)하는 것으로 인식되어진다. 다시 말해 개별 사안에 대한 법규의 적용은 이미 법규 그 자체에 내재해 있다는 것이다. 예를 들어 "21세 미만 술집 출입금지"라는 법규가 있을 때, 만일 샐리가 자신의 16세 생일에 어느 술집에 있을 경우 샐리는 술집에서 나가야 된다는 결론은, 규칙 자체로부터 직접 도출되는 것이지, 그 규칙이 예전에 어떻게 적용되었는지 여부나 기타의 환경적 요소와는 전혀 무관하다는 것이다.[38]

요컨대 법에 대한 형식주의적 이해방식에 따르자면, 법은 지시적 의미론을 토대로 하여 객관적인 연역과 분석작업을 통해 개별 사안에 적용될 수 있으며, 그러한 개별사안에 대한 적용여부가 그 적용에 앞서 이미 결정되어 있는, 사안과 독립적인 실재라고 볼 수 있을 것이다.

(3) 라딘의 비트겐슈타인 해석

규칙에 대한 비트겐슈타인의 통찰은 형식주의적 이해방식과는 상이하다. 전술한 바와 같이 이미 라딘이 잘 지적하였듯 비트겐슈타인에 따르면 규칙은 사회적 관행이며, 따라서 관행에 있어서 공동체의 일치가(community agreement in practice) 있을 때에만 존재할 수

---

35) Margaret Jane Radin, 앞의 논문, 793면.
36) Margaret Jane Radin, 앞의 논문, 793면 참조.
37) Margaret Jane Radin, 앞의 논문, 794면 참조.
38) Margaret Jane Radin, 앞의 논문, 795면 참조.

있다. 부연하자면 규칙은 그 실제의 사용, 즉 사람들 간의 반복되는 적용인 관행과 분리되어 존재할 수 없다는 것이다.[39] 요컨대 규칙은 그것이 사용되는 사회적 맥락과 독립적으로 존재할 수 없다는 것이 비트겐슈타인의 '규칙 따르기 고찰'의 결론인 것이다. 형식주의적 이해방식과 비교해 볼 때, 가장 두드러진 차이점은 비트겐슈타인은 사람들 간의 행동방식의 일치가 있어야만 규칙이 존재한다고 보았다는 점이다. 다시 말해 형식주의는 규칙이 개별 사안의 적용에 선재(pre-existing)한다고 주장한 것에 반해, 비트겐슈타인은 공동체의 관행에 의해 따를 때에만 존재한다고 반대의 주장을 전개한 것이다.[40]

　　이처럼 비트겐슈타인은 규칙에 대해서 전통적 법치이념과 다른 생각을 갖고 있었던 바, 그 핵심적인 생각은 규칙은 스스로의 적용범위를 확정하지 못한다는 것이다. 그러나 규칙에 대한 이해방식을 이와 같이 바꾼다고 하더라도 비트겐슈타인의 규칙은 명백하게 논란의 여지없이 적용된다는 점에서 전통적인 법치이념과 형식주의가 전제하는 규칙개념과 별다른 차이는 존재하지 않는다. 즉, 형식주의적 규칙모델은 비트겐슈타인 식으로 재해석하더라도 결과적으로 유의미한 차이점을 지니지 못한다는 것이다.[41] 예컨대 중심부 사례의 경우 규칙이 개별 사안에 형식주의적으로 적용될 수 있다는 견해는 비트겐슈타인 식으로 재해석될 수 있다. 중심부 의미가 논란의 여지없이 확정적인 것은, 비트겐슈타인의 규칙이 논란의 여지없이 관행적으로 따를 수 있는 것과 유사하기 때문이다. 즉 중심부 의미나 비트겐슈타인의 규칙은 공동체 구성원들 간의 '일치(agreement)'가 있다는 점에서 동일하다는 것이다. 이와 같은 관점에서 보면, 중심부 사례에서 법규의 적용이 사회적 맥락이나 과거의 적용여부와 무관하게 형식주의적으로 연역과 분석을 통해 이루어진다고 설명하는 대신 논란의 여지가 없는 법적 추론이라는 하나의 지속적인 법적 관행에 의해 이루어진다고 설명할 수 있기 때문이다.[42] 요컨대, 비트겐슈타인의 규칙은 적어도 중심부 사례에 있어서는 형식주의적 규칙개념과 실천적인 차이를 가져올 수 없다. 게다가 규칙에 대한 비트겐슈타인 식의 통찰이 법에도 무리없이 적용된다고 보기도 힘든데, 왜냐하면 주변부 사례나 해결이 어려운 사례의 경우에 있어서는 비트겐슈타인의 규칙과 달리 그 적용상의 불일치와 논란이 발생하기 때문이다.[43] 그러나 이러한 결론은 비트겐슈타인을 지나치게 협소하게 해석하였

---

39) Margaret Jane Radin, 앞의 논문, 801면 참조.
40) Margaret Jane Radin, 앞의 논문, 800면과 807면 참조.
41) Margaret Jane Radin, 앞의 논문, 801면.
42) Margaret Jane Radin, 앞의 논문, 802-803면 참조.
43) Margaret Jane Radin, 앞의 논문, 803-804면 참조.

기 때문에 발생한 것이고, 규칙에 대한 비트겐슈타인의 통찰은 다른 방식으로 재해석될 수 있다고 라딘은 주장한다.

라딘에 의하면 비트겐슈타인의 규칙 따르기 고찰은 다음과 같이 해석될 수 있다.

첫째, 규칙의 적용과 제정은 상호 접착(coalesce)된 개념이다. 둘째, 규칙과 그것이 적용되는 개별사안 역시 상호 독립적이지 않다. 셋째, 규칙은 단순히 특정한 입법행위에 의해 확정되는 것이 아니라 삶의 형식(form of life)[44]에 의존하며 따라서 근본적으로 변할 수 있는 것이다. 요컨대 규칙의 적용과 제정은 서로 확연히 구분될 수 없으며, 규칙은 공동체의 구성원들이 규칙을 이해하고 스스로 그것의 적용을 받는다고 승인하는 경우에만 존재할 수 있다는 것이다.[45]

라딘은 이러한 규칙이해방식에 따르면 하트의 일차적 규칙과 이차적 규칙의 구분방식은 재고될 필요가 있다고 주장한다. 하트에 의하면 일차적 규칙은 수범자들이 그것을 준수하거나 준수하지 않거나 관계없이 항상 효력을 지니고, 이차적 규칙은 법공동체의 관행 속에 존재하지만,[46] 비트겐슈타인의 통찰에 따르면 그러한 차이는 그렇게 뚜렷한 것이 아니라는 것이다. 즉, 일차적 규칙도 역시 공동체의 준수와 관행이 없으면 그 존재의의가 사라지게 된다는 것이다.[47] 이처럼 규칙은 그 규칙을 준수하고 승인하는 사회적 관행에 의존하기 때문에, 법에 있어서도 규칙을 어떻게 적용할 것인지는 근본적으로 법관이나 법적 행위자(legal actors)들의 행위뿐만 아니라 당해 사안에 관련된 법적 행위자 스스로 자신의 행동을 예측함으로써 파악할 수 있는바, 규칙적용에 대한 이러한 그림은 전통적 형식주의가 전제하는 규칙관과 매우 상이한 것이라는 것이 라딘의 주장이다.

이어서 라딘은 규칙에 대한 이러한 이해방식을 좀 더 확대 적용하면 법과 나아가 법의 지배에 대한 이해방식도 다음과 같이 바뀔 수 있다고 주장한다.

우선 법적 규칙의 존재는 입법자 또는 기타 유권기관의 활동에 의해 확정되는 것이 아니고 사회적 맥락, 즉 삶의 형식에 의해 결정된다. 따라서 무엇이 규칙인지 확인하기 위해서는, 관행이 무엇인지 살펴보면(look and see) 되는 것이다. 따라서 규칙에 따른 법관의 판결은 반드시 입법자의 의사에 부합될 필요는 없지만 법공동체 전체의 의사에는 부합되어

---

44) '삶의 형식'에 대해서는 앞 장의 각주 129)번 참조

45) 이상의 내용에 대해서는 Margaret Jane Radin, 앞의 논문, 807면 참조.

46) 승인규칙은 비트겐슈타인의 규칙처럼 관행에 의해 적용된다는 동지의 견해로는 Anthony J. Sebok, Finding Wittgenstein at the Core of the Rule of Recognition, 52 S.M.U. L. Rev. 75 (1999), 105-106면 참조.

47) Margaret Jane Radin, 앞의 논문, 807면 하단 참조.

야 한다는 것이다. 결국 라딘의 이해방식에 의하면 규칙은 법의 모습은 입법이나 행정청의 활동에 의해서가 아니라 사회적 맥락과 합의에 의해서 변할 수 있다는 것이다.[48]

다음으로 라딘에 의하면 전통적 '법의 지배' 개념은 "사람이 아닌 법에 의한 지배"라는 의미를 지니고 있었던 바, 따라서 법관이나 사법경찰관, 공무원 등은 단지 이미 선재하는 법을 형식적으로 적용만 하는 도구적 기능을 하는 관리일 뿐, 그들 스스로 지배한다는 의미는 없었다. 한 마디로 법을 제정하는 입법기능과 이를 적용·집행하는 사법·집행기능은 명백히 구분되는 개념이었던 것이다. 그러나 라딘의 이해방식에 따르면 법공동체 구성원들은 하나의 전체로서의(holistic) 해석공동체(interpretive community)를 구성하고 있으며, 이들은 각각 단순히 법을 제정, 적용 및 집행하는 고유한 기능만을 담당하는 것이 아니라 그 사회의 관행과 더불어 더 나은 사회에 대한 비전까지 고려하여 최선의 도덕적 선택을 해야 하는 의무를 지닌 존재라고 한다.[49] 이처럼 전통적 삼권분립의 이상도 수정될 필요가 있다고 보면서 나아가 형식주의의 핵심을 이루는 법률의 명확성의 원칙도 재해석하여 법률의 명확성이란 관행상 사회적으로 확고히 받아들여지는 일치가 존재할 때에만(strong social agreement exists in practice) 성립하는 개념이라고 주장한다.[50]

(4) 법의 지배에 대한 라딘의 재해석에 대한 평가

라딘의 비트겐슈타인 해석과 그러한 해석이 '법의 지배'에 가질 수 있는 의의에 대해서는 전술한 바와 같다. 요약하자면, 규칙 따르기는 공동체적이며 따라서 법을 포함한 모든 규칙은 형식주의적으로 그 의미가 확정될 수 없고 공동체의 관행에 일치하는 경우에만 적용이 가능하다는 것이다. 나아가 법관은 법을 단순히 형식주의적으로 적용하는 '법 적용의 도구'가 아니라 현재의 관행과 보나 나은 사회에 대한 비전 등의 사회적 맥락을 모두 고려하여 최선의 도덕적 선택을 하는 주체라는 것이 라딘의 주장인 것이다. 이러한 라딘의 주장에 대해 다음과 같은 비판이 제기된다.

첫째, 규칙 따르기가 반드시 공동체적인 것만은 아니라는 것이다. 예컨대 누군가 평범한 고양이 한 마리를 기르며 다른 사람들과 떨어져 혼자 살고 있을 때, 그 사람은 자신의

---

48) Margaret Jane Radin, 앞의 논문, 808-809면 참조.
49) Margaret Jane Radin, 앞의 논문, 810-817면. 라딘은 이와 같은 자신의 주장을 입론하기 위해 해석학 이론을 원용하기도 한다.
50) Margaret Jane Radin, 앞의 논문, 815면.

고양이를 혼자서 '페르시아 고양이'라고 명명할 수 있으며, 그는 공동체적 관행과 무관하게 일정한 언어규칙, 즉 평범한 자신의 고양이를 '페르시아 고양이'라고 부르는 규칙을 따른다고 볼 수 있다는 것이다.[51] 또 비트겐슈타인 자신은 공동체에 의존하는 규칙 따르기만 가능하다는 주장을 하지는 않았다는 견해도 있다. 예컨대 맥긴(McGinn)에 의하면 PI §198-§202에서 비트겐슈타인은 '관습', '관행', '사용' 등의 용어를 사용하면서 반드시 '사회적' 또는 '공동체의'라는 어구로 한정하여 수식하지 않았다는 점을 지적한다. 즉 비트겐슈타인이 공동체적인 규칙 따르기 개념을 주장할 의도였다면 분명 그러한 수식어구를 삽입했을 것이란 지적이다.[52] 이와 유사한 맥락에서 앞서 살펴본 바와 같이 마머는 비트겐슈타인적 의미의 관습(관행)은 그것을 사용하는 사람의 수가 많음을 뜻하는 것이 아니라 그것을 사용하는 경우가 많음(multiplicity of occasions of use)을 말한다고 주장한 바 있다. 노래에 비유하자면, 관행은 어떤 노래를 혼자서 부르지 않고 여럿이 합창한다고 해서 형성되는 것이 아니라, 노래를 부를 때 따라야 할 악보(score)와 같은 개념이라는 것이다.[53] 다시 말해 규칙을 따른다는 것이 반드시 공동체적인 것만은 아니라는 것이다.

둘째, 라딘은 크립키처럼 비트겐슈타인을 회의론자로 해석하면서 이로부터 입론된 규

---

51) 이 점에 대한 지적으로는 Timothy A.O. Endicott, Linguistic Indeterminacy, *16 Oxford Journal of Legal Studies 667* (1996), 692면 참조. 엔디콧 교수는 이러한 지적을 하면서 명시적으로 비트겐슈타인의 사적 언어(private language) 논변을 언급하지는 않았지만, 이는 분명 관련된 문제이다. 예컨대 태어나면서부터 무인도에서 홀로 자라온 가상의 인물 로빈슨 크루소가 있다고 가정할 때, 과연 크루소는 언어를 사용할 수 있는가라는 문제가 언어철학적으로 논란의 대상이 되어 왔다. 크루소 규칙을 따를 수 있느냐는 것이다. 비트겐슈타인은 사적 언어는 불가능하다고 보았고, 크립키는 규칙 따르기가 공동체적이라고 주장했지만, 이로부터 비트겐슈타인과 크립키가 크루소의 규칙 따르기는 불가능하다고 보았다는 결론은 도출되지 않는다고 한다. 왜냐하면 사적 언어란 "그 언어의 사용자만이 가질 수 있는 직접적이며 사적(私的)인 감각들을 지칭하는 낱말들로 이루어진 언어로서(PI §243), 따라서 그 언어 사용자 이외의 그 누구도 경험할 수도, 이해할 수도 없는" 것이며 그러한 언어가 불가능한 이유는 공동체와 격리되어 있기 때문이 아니라 공적(公的)인 대상들과 격리되어 있기 때문인바, 단순히 공동체와 격리된 크루소의 규칙 따르기가 가능한지의 여부는 사적 언어 가능성과는 논의의 층위가 다른 문제이기 때문이다. 따라서 비트겐슈타인도 크립키도 크루소의 규칙 따르기 역시 불가능하다고 보았을 것이라는 논거를 찾기는 어렵다고 한다. 이 점에 대해서는 남기창, 규칙 따르기의 여러 유형, 철학적 분석 제12권, 2005, 77-98면 참조. 엔디콧 교수는 바로 이처럼 개인의 규칙 따르기가 가능한 적실한 예를 보여 주고 있다고 생각된다. 특히 남기창 교수에 따르면 사적 언어가 불가능하다는 비트겐슈타인의 주장이 크루소의 언어가 불가능하다는 것을 함축하지는 않는다고 보는 것이 옳으며, 이는 맥긴과 백커(Backer), 핵커(Hacker) 등도 같은 입장이라고 한다. 이에 대해서는 남기창, 앞의 논문(크루소의 언어는 사적 언어인가?), 214-215면과 230면, 특히 248-249면 참조.

52) C. McGinn, Wittgenstein on Meaning (Oxford; New York: B. Blackwell, 1984), 78면 참조.

53) Andrei Marmor, Interpretation and Legal Theory (Rev. 2nd ed., Oxford: Hart, 2005), 115면 참조.

칙회의론을, 전통적 형식주의를 논박하기 위한 도구로 활용하는바, 이와 같은 논리구성은 불필요하다는 지적이 있다. 라딘에 따르자면 형식주의는 규칙이 연역적으로 적용될 수 있다고 한다. 규칙이 연역적으로 적용될 수 있다는 의미가 만일 "공원에서 탈 것 금지"라는 법규가 있을 때, 이러한 법문이 대전제가 되고, 모토 사이클 운전자의 경우라는 개별 사안이 소전제가 되어, '모토 사이클'이 '탈 것'에 자동적으로 포섭되는 형식적인 과정을 지적한 것이라면 형식주의가 연역적 사고과정을 전제한다는 것에 대한 라딘의 이해방식은 옳다고 볼 수 있다. 그러나 또 다른 측면에서 살펴보면, 모토 사이클을 탈 것으로 보는 과정에는, 그 실질에 있어 연역적 사고과정이 개입되지 않는다. 그것이 만약 연역적 사고과정이라면 연역은 전제(premises)를 요구하기 마련이고, 그렇다면 "탈 것은 이러저러한 특징을 지닌다"라는 전제가 필요할 것이다. 이때 '이러저러한 특징' 역시 그러한 특징을 규정해 주는 또 다른 전제를 필요로 할 것이고 이러한 식으로 연역적 사고의 과정은 끝이 없는 '무한 퇴행(absurd regress)'에 빠져버리고 만다. 따라서 형식주의가 연역적 사고과정을 요구한다는 라딘의 전제는 잘못된 것이라고 볼 수 있으며, 그러한 잘못된 전제를 논박하기 위해 비트겐슈타인을 회의주의자로 해석한 것도 결국 무의미한 시도라는 것이다.[54]

셋째, 라딘은 규칙 따르기가 공동체적이라는 비트겐슈타인 해석으로부터 궁극적으로 법관의 도덕적 책무를 강조하려 했던바, 그러한 주장은 군이 규칙회의주의를 원용하지 않아도 충분히 가능하다는 비판이 제기될 수 있다. 전술한 바대로 라딘의 이해방식에 따르면 법공동체 구성원들은 하나의 전체로서의(holistic) 해석공동체(interpretive community)를 구성하고 있으며, 이들은 각각 단순히 법을 제정, 적용 및 집행하는 고유한 기능만을 담당하는 것이 아니라 그 사회의 관행과 더불어 더 나은 사회에 대한 비전까지 고려하여 최선의 도덕적 선택을 해야 하는 책무를 지닌 존재이다. 따라서 법관 역시 단순히 기계적으로 법을 적용하는 도구적인 존재가 아니라 바람직한 사회를 위해 독자적으로 도덕적 결단을 내려야 하는 책무를 지닌 해석공동체의 주체인 것이다. 그러나 법관이 법을 해석, 적용, 변경, 축소, 확장, 무효화하는 권한을 행사함에 있어서 사회에 대한 자신의 도덕적 책무를 의식하고 있어야 한다는 주장은 군이 규칙회의주의를 원용하지 않더라도 충분히 제시될 수 있다는 것이다.[55]

끝으로 필자가 지적하고자 하는 바는, 규칙에 대한 비트겐슈타인의 통찰로부터 법의

---

54) 이러한 지적으로는 Timothy A.O. Endicott, 앞의 논문, 692면 참조.
55) Timothy A.O. Endicott, 앞의 논문, 693면 참조.

지배에 대한 함의를 이끌어 내는 라딘의 논증방식 역시 전형적인 '범주오류'에 해당된다는 점이다. 비트겐슈타인의 규칙과 법규칙은 엄연히 논의의 층위가 다른 두 개의 별개의 규칙이라는 점을 여기서 상세히 재론할 필요는 없을 것이다. 그럼에도 불구하고 라딘이 비트겐슈타인을 회의론자로 해석하고, 그러한 해석을 통해 법의 해석과 적용, 나아가 '법의 지배'에까지 '공동체적 규칙개념'을 확대 적용하여, '해석공동체'와 '법관의 도덕적 책무'를 입론하려 했던 점은 그 구상의 옳고 그름을 떠나서 명백한 '범주오류'라는 비판으로부터 결코 자유로울 수 없다고 본다.[56] 예를 들어 만일 라딘의 해석처럼 규칙 따르기가 공동체적이라고 할지라도, 이와 같은 통찰이 법에 적용될 여지는 적은데, 왜냐하면 가령 외국인이 우리나라에 체류하게 될 경우, 그는 우리나라의 법적 관행에 구성적으로 참여한 적도 없고, 또 그러한 관행을 잘 알지 못하더라도 우리나라 법률의 적용을 받을 수 있다는 엄연한 사실을 직시해 보면, 과연 라딘처럼 규칙의 적용관행에 앞서 선재하는 규칙이 존재할 수 없다고 단언할 수 있는지 의문이다. 이 경우 외국인에게는 분명 적용관행에 선행해 존재하는 법률이 존재하고 있기 때문이다.

IV. 법의 불확정성과 법치의 구현가능성

이상 살펴본 바와 같이 법적 불확정을 지지하는 논변 중에서 극단적인 의미론적 불확정성을 주장하는 입장은 분명 그 논거의 타당성이 결여되어 있다고 판단된다. 그럼에도 불구하고 법적 불확정성의 존재를 전면적으로 부정할 수도 없음은 자명해 보인다.[57] 그렇다면

---

56) 라딘처럼 비트겐슈타인을 회의주의자로 해석한 크립키의 입장을 법철학적으로 전폭 수용하는 입장으로는 Charles M. Yablon, Law and Metaphysics, *96 Yale Law Journal 613* (1987); Ross Charnock, Lexical Indeterminacy: Contextualism and Rule-Following in Common Law Adjudication, in: Anne Wagner, Wouter Werner, & Deborach Cao (eds.) Interpretation, Law and The Construction of Meaning (Dordrecht, The Netherlands: Springer, 2007). 한편 크립키를 원용함이 없이 독자적으로 비트겐슈타인을 회의론자로 해석하는 Mark V. Tushnet, Following the Rule Laid Down: A Critique of Interpretivism and Neutral Principles, *96 Harvard Law Review 781* (1982). 반면에 크립키의 비트겐슈타인 해석과 야블론의 입장을 직접적으로 반박한 논문으로는 Jes Bjarup, Kripke's Case: Some Remarks on Rules, their Interpretation and Application, *Rechtstheorie 19* (1988) 참조. 스웨덴 스톡홀름 대학의 예스야륩(Jes Bjarup) 교수는 이 논문에서 크립키의 비트겐슈타인 해석은 틀렸으며, 야블론이 크립키의 해석을 법(철)학적으로 그대로 수용한 것도 역시 오류라고 정면으로 논박하고 있다.
57) 동지의 견해로 Jules L. Coleman & Brian Leiter, 앞의 논문, 228면 참조.

'법의 지배'와 관련하여 '법적 불확정성'은 어떠한 문제를 야기하는가? 일단 '법적 불확정성'은 '법의 지배'와 관련하여 일견 다음과 같은 문제를 야기할 수 있다고 어렵지 않게 생각해 볼 수 있을 것이다.

우선 법이 불확정적이라면 수범자들은 자신들에게 허용되는 행동의 범위를 예측할 수 없게 되어, 법은 수범자들에 대한 행위규범으로서의 기능을 잃게 될 것이다. 둘째, 법적 추론의 결과, 즉 판결이 일련의 법적 논거에 의해 정당화 될 수 없다면, 사법적 결정을 강제하기 위한 대한 국가의 공권력의 행사 역시 정당화 될 수 없다.

셋째, 입법부가 만든 법률을 적용함에 있어서, 법관은 재량을 동원해서는 안 되고 이를 단순히 적용해야만 판결의 민주적 정당성은 확보될 수 있는바, 만일 법체계가 불확정적이라면 법관은 법외적 논거를 원용해야 하고 따라서 민주적 정당성이 훼손될 수 있다. 그리하여 법적 불확정성은 '정당한 법의 지배(legitimate governance by law)'라는 정치철학적 이념을 크게 훼손시키게 된다고 볼 수 있을 것이다.[58] 이하 본고에서는 법적 불확정성이 법의 지배에 가져올 수 있는 이러한 문제점에 대해서 차례로 검토해 보기로 한다.

1. 예측가능성과 법의 지배

전술한 바와 같이, 법이 수범자들에게 행위규범으로서의 기능을 가지려면, 다시 말해 법이 시민들에게 허용되는 행동의 범위를 자각시켜 주는 경고적 기능을 가지려면, 예측가능성(predictability)을 지녀야 한다. 일련의 법적 근거가 판결의 결과를 예측할 수 있게 해 주는 경우도 분명 있을 수 있다. 이때에는 법적 근거가 일종의 원인(cause)의 역할을 하기 때문이다.[59] 그러나 만일 법적 근거들이 법관의 결정을 예측하는데 불충분하다면, 바로 이 경우 그 법적 근거는 인과적으로 불확정적인(causally indeterminate) 것이 된다. 법현실주의자들은 법적 근거들은 인과적으로 불확정적이라고 주장한다. 이는 그들의 슬로건인 "판사가 말하는 바가 곧 법이다" 또는 "법은 개별 사안에서 판사가 행하려는 바에 대한 예측이다"라는 구호 속에 잘 드러나 있다. 그럼에도 불구하고 법현실주의자들은 법적 근거들의 인과적 불확정성이 법의 지배 가능성에 문제를 야기한다고 생각하지는 않는 것으로 보인다. 왜냐하면 법적

---

58) Jules L. Coleman & Brian Leiter, 앞의 논문, 228-229면 참조.
59) Jules L. Coleman & Brian Leiter, 앞의 논문, 229-230면. 관련 문헌으로는 Donald Davidson, Action, Reasons and Causes, in: Donald Davidson, Essays on Actions and Event (Oxford University Press, 2001, Originally published 1980), 3-19면 참조.

근거의 인과적 불확정성에도 불구하고 그들은 심리학적, 사회학적 요소의 분석을 통해 법관의 판결을 예측할 수 있다고 보기 때문이다. 다시 말해 법의 경고적 기능에 중요한 것은 '예측가능성'이지 '확정성'이 아니기 때문에 법관의 판결이 불확정적이더라도 만일 그것이 예측가능하다면 '법의 지배'에는 별다른 문제를 초래하지 않는다는 것이다.[60]

흔히 법적 불확정성은 자유주의적 전통 하에서의 개인의 사적 자치(autonomy)를 침해할 수 있는 것으로 생각되기도 한다. 자유주의적 구상에 따르면 공동체의 개별 구성원들은 안정되고, 예측가능한 사회적 구조(frameworks) 하에서만 자신의 계획과 희망을 자유롭게 실현시킬 수 있다. 이러한 구조 하에서만 구성원들은 장기적인 계획과 목표를 설정하고 안정된 투자를 통해 수익을 창출할 수 있는 것이다. 이처럼 개개인이 신뢰할 만한 기대를 형성할 수 있고 합리적 투자가 가능할 수 있기 위해서는 일견 법적 결과에 대한 확정성이 요구된다고 볼 수도 있을 것이다. 그러나 개인의 사적 자치를 위해 요구되는 것은 사전적으로 판결을 예측하여 법이 요구하는 바를 충실히 따름으로써 기대의 안정성을 유지하는 것이지 판결에 대한 법적 확정성이 요구되는 것은 아니다. 다시 말해 사적 자치를 위해 요구되는 것도 역시 예측가능성이지 법적 확정성은 아니라는 것이다. 따라서 불확정적인 판결이더라도 예측가능하다면 이는 사적 자치, 나아가 자유주의적 구상을 훼손시키지는 않는다고 볼 수 있을 것이다.[61]

그렇다면 과연 판결의 예측가능성은 어떠한 방법에 의해 확보될 수 있는 것일까? 법현실주의자들에 의하면 판결에 대한 신뢰할 만한 예측은 프로이트의 정신분석이론이나 왓슨(J. Watson)의 행동주의(behaviourism) 등 사회과학이론에 의해 획득될 수 있다고 한다.[62] 그러나 정신분석이론이나 행동주의 등의 사회과학이론이 판결의 예측에 완전무결한 이론라고 보기는 힘들 것이다. 오히려 그처럼 완전무결한 사회과학이론은 존재할 수 없다고 봄이 옳을 것이다. 설령 그러한 이론이 실제로 존재했다고 하더라도, 평범한 시민이 알 수 있을 정도로 충분히 전파되어 있지 않다면 역시 예측가능성은 확보되지 못한다. 그리고 그러한 이론에 충분하게 알려져 있어서 법관들이 이를 잘 알고 있다면 법관들은 오히려 그 이론과 반대로 판결을 하여 예측가능성을 훼손시킬 가능성도 있다. 따라서 예측가능성과 관련해 다음과 같은 문제들이 제기된다. 첫째, 판결에 대한 정확한 예측이 요구하는 완전무결한 사회과학이론의 존재가능성은 불투명하다. 둘째, 설령 그러한 이론이 존재한다고 하더라도

---

60) Jules L. Coleman & Brian Leiter, 앞의 논문, 230-231면.
61) Jules L. Coleman & Brian Leiter, 앞의 논문, 231-232면.
62) Jules L. Coleman & Brian Leiter, 앞의 논문, 232면.

활용이 불가능할 수 있다. 셋째, 설령 활용이 가능하다 하더라도 그 결과 그 이론과는 정반대의 결과를 초래할 수 있다.[63]

우선 첫째 문제와 관련하여 법률가들은 완전무결한 사회과학이론을 모르더라도, 그들 나름대로의 비공식적인 심리학적, 정치적, 문화적 지식을 동원해 민속사회과학이론(folk social-scientific theory)을 통해서 상당히 높은 정도의 정확도를 가지고 법관의 판결을 예측할 수 있다는 점이 지적될 수 있다. 예컨대 비판법학자들이나 페미니스트들에 의하면 판결은 재산과 성, 인종과 문화적 습속, 그리고 이데올로기 등의 영향을 받는다는 것이다. 둘째 문제와 관련해서는 일반 시민들이 완전무결한 사회과학이론을 모르더라도, 그들 역시 법률가들과 마찬가지로 그들 나름의 비공식적인 예측방법을 습득하고 있다는 점이 지적될 수 있다. 만일 그들이 그러한 예측방법을 잘 모를 경우에는, 그러한 민속이론(folk theory)에 정통한 다른 사람에게 상담을 통해 조언을 구할 수 있기 때문에 결국 사회과학적 예측이론이 일반인에게 잘 알려져 있지 않다 하더라도 판결의 예측가능성은 확보될 수 있다고 한다.[64] 끝으로 만일 완전무결한 사회과학적 예측이론이 법관들에게 잘 알려져 있다면 법관들은 오히려 그러한 예측과는 반대되는 근거를 원용해 판결을 하게 된다는 문제는, 모든 예측모델이 반드시 법관으로 하여금 반대의 판결을 내리도록 만들지는 않는다는 점이 지적될 수 있다. 예컨대 법관들에게 "법관들은 배가 고플 때 식사를 한다."는 예측모델이 알려진다고 하여 배가 고프지도 않은데 식사를 하거나 배가 고픈데도 식사를 하지 않게 되지는 않는다는 것이다. 요컨대 판결에 대한 예측이 가능하기 위해서는 반드시 완전무결한 사회과학적 예측이론이 필요한 것은 아니며, 단지 대부분의 법률가와 시민들이 알고 있는 민속이론만으로도 법관의 판결에 대한 예측가능성은 충분히 확보될 수 있다. 아울러 법관들이 그러한 예측이론을 잘 알게 되었다 하더라도 그로부터 항상 그러한 예측에 상반되는 판결을 내리게 되지는 않는다. 결국 판결의 예측가능성은 확보될 수 있다는 것이다.[65]

2. 법의 불확정성과 국가 강제력 행사의 정당화 문제

다음으로 '법의 지배'의 또 다른 요건인 강제력 행사의 정당화 문제를 살펴보기로 한다.

---

63) Jules L. Coleman & Brian Leiter, 앞의 논문, 233면.
64) Jules L. Coleman & Brian Leiter, 앞의 논문, 234면.
65) Jules L. Coleman & Brian Leiter, 앞의 논문, 234-235면. 이러한 결론에 동조하는 견해로 Mark V. Tushnet, 앞의 논문, 232면 참조.

판결의 강제적 집행은 단순히 법적 결과에 대한 예측가능성이 확보되었다고 정당화되는 것은 아니다.[66] 즉 예측가능하더라도 정당화되지 않는 판결은, 강제적으로 집행할 수 있는 정당성을 지니지 못하는 것이다. 따라서 국가의 강제력 행사는 예측가능성 이외의 또 다른 정당화 근거를 요구하며, 그것은 바로 판결이 단 하나의 확정적인 법적 논거에 의해서 정당화되어야 한다는 사실이다.[67] 이러한 맥락에서 법적 불확정성은, 법적 논거에 의한 판결의 정당화를 곤란하게 만든다는 점에서 일견 '법의 지배' 이념을 훼손시킨다고 생각할 수도 있음은 전술한 바와 같다. 그러나 엄밀히 말해, 국가 공권력 행사의 정당화를 위해 필요한 것은 판결이 일련의 법적 근거에 의해 정당화될 수 있는가에 달려 있는 것이지, 그 판결이 단 하나의 유일한 법적 근거에 의해 정당화될 것을 요구하는 것은 아니다. 즉, 강제력의 행사는 보장(warrant)을 요구하는 것이지, 유일성(uniqueness)을 요구하는 것이 아니라는 것이다.[68]

판결에 대한 강제력 행사를 이와 같이 정당화할 수 있다고 하더라도 이에 대해 다음과 같은 반론이 제기될 수 있다. 피고에게 유리한 일련의 법적 근거에 의해 소송에서 패소한 원고가 당해 사안에서 만일 승소할 수도 있었을 것이라고 생각하는 경우에 소송 당사자인 원고는 국가의 강제력 행사가 불공정하다고 생각할 수 있다는 것이다. 물론 이와 같은 문제 제기는 타당하다고 볼 수 있다. 그러나 상충되는 규범들 간에도 어느 정도는 가치의 우열을 가릴 수 있기 때문에[69] 정당화라는 개념이 정도의 차이를 갖는(ordinal) 개념임을 고려하면 이 문제는 충분히 해소될 수 있다. 왜냐하면 위 사안에서 설령 원고와 피고 모두 일정한 법적 논거에 의해 유리한 판결을 받을 수 있었다고 하더라도, 결론적으로 동 사안은 피고에게 유리한 판결이 법적 논거에 의해 더욱 더 지지될 수 있는 경우라고 볼 수 있기 때문이다.[70]

그러나 보다 심각한 문제는 다음과 같은 경우에 발생한다. 만일 소송 당사자 간의 원용가능한 일련의 법적 논거가 상호 우열을 가리기 힘들 정도로 팽팽히 맞서는 경우, 다시 말해 양 당사자가 모두 일련의 법적 논거에 의해 동등하게 보장될 수 있는(equally warranted) 경우에 동 사안에서 패소한 원고는 분명 자신이 패소한 정당한 근거에 대해 의문을 제기할 수 있다. 바로 이 경우에 보다 심각한 판결의 불공정 문제가 발생한다는 것이다. 예컨대

---

66) Jules L. Coleman & Brian Leiter, 앞의 논문, 236면.
67) Jules L. Coleman & Brian Leiter, 앞의 논문, 241면. 콜만과 라이터 교수는 이 논문에서 자유주의 (liberalism)는 법적 확정성을 요구한다고 주장하는 입장에 대한 소개와 비판을 하고 있다.
68) Jules L. Coleman & Brian Leiter, 앞의 논문, 237면.
69) 이 점에 대해서는 Jules L. Coleman & Brian Leiter, 앞의 논문, 227면.
70) Jules L. Coleman & Brian Leiter, 앞의 논문, 237면.

대립되는 법적 논거들이 통약불가능해(incommensurable) 공통된 기준을 통해 가치의 우열을 가리기 힘든 경우가 대체로 그렇다고 볼 수 있을 것이다.71) 그렇지만 이 경우에도 우선 주목해야 할 점은, 비록 양 당사자의 법적 논거가 동등한 정도로 팽팽히 맞서고 있어 어느 판 당사자의 편을 들어 주기가 어렵다고 하더라도, 피고에게 승소판결을 내린 법관의 판단은 근거가 없다거나, 불합리하여 자의적이라는 비판을 할 수는 없다는 점이다. 왜냐하면 이 경우에도 법관은 일정한 정당화 근거(justifying reason)는 가지고 있으며, 다만 양 당사자의 법적 논거 간 우열을 가려주는 결정적인 근거(conclusory reason)를 갖고 있지 못할 뿐이기 때문이다.

이처럼 양 당사자 간의 법적 논거가 한 치의 양보도 없이 충돌할 때에는 다음과 같은 점에 주목할 필요가 있다. 그것은 판결을 정당화해주는 법적 근거와 국가의 강제력 행사에 권위를 부여해 주는 근거는 다르다는 사실이다.72) 판결의 강제적인 집행을 위해서는 전자가 요구됨은 분명하지만, 전자와 후자가 일치하지는 않는다. 법적 논거의 범위는 승인규칙(rule of recognition)이나 구속력 있는 법원과 관행들(binding sources and conventions)이 결정해 주지만, 국가의 강제력 행사에 대한 정당화 근거(legitimate reasons)의 범위는, 국가가 자신의 권위를 완전히 강제할 수 있는 영역에 관한 정치학 이론(political theory)이 결정해 주기 때문이다. 따라서 이러한 정치학 이론에 따르면, 법관은 법적 논거 이외의 근거를 통해 판결을 내릴 수 있는 권위를 부여받을 수 있다. 그러한 논거는 법관의 재량권에 속하게 된다. 바로 이와 같은 법관의 재량권이 전술한 문제, 즉 양 당사의 법적 논거가 팽팽히 맞설 때, 이를 해결해 주는 논거가 되는 것이다. 그리고 현존하는 법적 관행에 따르더라도 법적 논거가 불확정적일 때에는 사안의 해결을 위해 법관은 법외적 논거(extra-legal reasons)를 원용할 권한이 부여되어 있음은 주지의 사실이다.73)

물론 이 경우에도 패소한 원고는 불만족스러울 수 있다. 왜냐하면 설령 법관이 재량권을 행사하여 법 이외의 논거를 원용해 피고에게 승소판결을 내렸다고 할 때, 원고에게 유리한 법 외적 논거를 원용할 여지도 충분히 존재할 수 있기 때문이다. 이와 같은 문제제기에 대해서는 두 가지 답변이 가능하다. 우선 무엇보다 일정한 사안에 있어서는 양 당사자가 모두 공유하고 있는 문화적 규범(cultural norms)과 관행이 존재할 수 있을 것이고, 사안과 관련하여 양 당사자가 이러한 규범과 관행을 승인하고 따를 수 있다면, 위와 같은 경우에

---

71) 이 점에 대해서는 Jules L. Coleman & Brian Leiter, 앞의 논문, 227면.
72) Jules L. Coleman & Brian Leiter, 앞의 논문, 238면.
73) Jules L. Coleman & Brian Leiter, 앞의 논문, 239면.

문화적 규범과 관행에 의해 하나의 결론이 더욱 올바른 것으로 채택될 수 있다는 것이다. 즉, 일정한 사안에 있어서는 문화적 규범과 관행에 의해 법관의 재량권 행사는 패소자에게 별다른 불만이 없이 정당화 될 수 있다는 것이다. 다음으로 가능한 또 다른 논변은, 위와 같이 법적인 논거가 양 당사가 간에 팽팽히 맞서는 사안에서 만일 법관이 피고가 아닌 원고승소 판결을 내린다면, 원고 역시 피고와 마찬가지로 동일한 취지의 이의를 제기하게 될 것이라는 우려감에서 도출된다. 우리가 일정한 공식적인 분쟁해결의 시스템을 선택한 이상 소송에서 승자와 패자는 당연히 구분되기 마련이다. 따라서 일정한 논거에 의한 판결이, 판결이 없는 것보다는 바람직하듯이, 일정한 권위에 의한 판결 역시 판결이 없는 것보다는 낫다는 것이다.[74] 그것은 비록 법관의 재량에 대한 패소자의 불만이 어느 정도 존속할 수 있다 하더라도, 국가권위의 강제에 관한 정치학 이론의 관점에서 볼 때, 유효한 가치판단이다.[75]

3. 불확정성과 판결의 정당성

지금까지 법적 불확정성이 문제되는 이유를 살펴보았지만, 그 무엇보다도 법적 불확정성 논변이 지적하려는 바는 법이 불확정적이면 재판의 민주적 정당성이 침해될 수 있다는 점이 비판법학자들에 의해 지적된바 있다.[76]

많은 법학자들에 의하면 사법판단의 정당성은 법관이 법을 제정하지 않고 법을 적용만 하는지 여부에 달려 있다고 한다. 즉, 법관의 판단이 철저하게 제한된 범위 내에서 이루어질 때에만 판결의 정당성은 확보된다는 것이다.[77] 그리고 판결이 정당하다면, 일응(prima facie) 시민들은 그 판결에 복종할 도덕적 의무를 지게 된다.[78] 비판법학자들은 법이 불확정적이기 때문에 법관은 재량권을 행사할 수밖에 없고, 따라서 법은 정당성을 잃게 된다고 주장한다.[79] 비판법학자들의 이와 같은 주장은 다음과 같이 전개된다. 우선 비판법학자들은 판결

---

74) Jules L. Coleman & Brian Leiter, 앞의 논문, 239-240면.
75) 이는 롤즈의 페어플레이 원칙(principle of fair play)에서도 도출되는 결론과 유사하다고 판단된다.
76) Ken Kress, Legal Indeterminacy, in: Dennis Patterson (ed.), Philosophy of Law and Legal Theory - An Anthology (Malden, MA : Blackwell, 2003), 254면과 Mark V. Tushnet, 앞의 책 참조.
77) Owen M. Fiss, Objectivity and Interpretation, *34 Stanford Law Review 739* (1982), 739와 749면 참조.
78) Joseph Raz, The Morality of Freedom (Oxford University Press, 1986), 100-101면 참조.
79) 예컨대, Joseph Singer, The Player and The Cards: Nihilism and Legal Theory, *94 Yale Law Journal 1* (1984), 12면 참조.

의 정당성을 설명해 주는 자유주의 법이론을 다음과 같이 정식화한다.[80]

(1) 시민들은 입법자들에 의해 정식으로(duly) 제정된 법률에 동의하였고, 그러므로 그 법률에 복종할 의무가 있다.
(2) 법관들이 입법부가 제정한 법률을 '적용'한다면 (1)의 결과로서 시민들은 법관의 판결에 복종할 의무가 있다.
(3) 모든 사법 판단은 정식으로 제정된 성문법규의 '적용'이다.
(4) 따라서 시민들은 법관의 판결에 복종할 의무가 있다.

비판법학자들은 위에서 (3)이 잘못되었기 때문에 (4)가 논리적으로 입증되지 않는다고 주장한다. 왜냐하면 법은 불확정적이기 때문에 법관은 단순히 법을 적용하는 임무에 그치지 않고 스스로 입법을 하게 되기 때문이라는 것이다.[81] 비록 하트는 법적 사안을 확정성이 지배하는 중심부 사례와 불확정성이 지배하는 주변부 사례로 구분하였지만, 극단적인 형태의 불확정성을 주장하는 학자들은 중심부 사례란 거의 존재하지 않는다고까지 주장하며 판결의 정당성에 회의적 입장을 제기한다.[82]

그러나 이에 대해서는 다음과 같은 반론이 제기될 수 있다.

우선 (1)의 전제가 잘못되었다는 것이다. 왜냐하면 특정한 정부관료 등을 제외하곤 대부분의 일반시민들은 실제로 동의를 하지 않았기 때문이다.[83] 따라서 '동의'라는 근거를 통해 시민들의 법에 대한 일반적인 복종의무를 논증하는 방식은 틀렸다는 것이다. 오늘날 지배적인 견해에 따르면 그 어떤 단 하나의 근거만으로는 법에 대한 일반적인 복종의무를 입론할 수 없다고 한다.[84] 오히려 그와는 반대로 각각의 개별적 근거들은 관련된 특수한 영역에 있어서만 시민들의 법에 대한 복종의무를 정당화시켜 줄 수 있을 뿐이라는 것이 오늘날의 정설이라고 한다.[85] 아울러 켄 크레스에 의하면 그러한 근거를 통해 법에 대한 복종의무가 발생한다고 할 때, 그러한 의무가 반드시 확정적인 법에 대한 복종의무만을 가리킨다는

---

80) 이러한 정식화에 대해서는 Ken Kress, 앞의 논문, 256면 참조.
81) Ken Kress, 앞의 논문, 255-256면 참조.
82) Ken Kress, 앞의 논문, 255면 참조.
83) Ken Kress, 앞의 논문, 256면.
84) 이 점에 대한 지적으로는 Ken Kress, 앞의 논문, 256면. 관련 문헌으로는 A. Simmons, Moral Principles and Political Obligations (Princeton University Press, 1979), 191면 참조.
85) Joseph Raz, The Authority of Law (Oxford University Press, 1979), 233-249면; A. Simmons, 앞의 책, 191-195면; L. Green, The Authority of The State (Oxford University Press, 1988).

필연성은 존재하지 않는다.[86]

　예컨대, 동의의 경우 대다수 시민들이 법일반에 대해서 자발적인 동의를 하지는 않았겠지만, 정부 관료들처럼 적어도 관련된 특수한 영역의 법에 대해서는 동의를 한 경우도 있을 것이다. 그리고 과연 이 때 시민들이나 정부관료의 동의가 확정적인 법에 대한 동의만을 뜻한다고 볼 이유는 없다. 이는 물론 경험적으로 입증될 문제이겠지만, 대부분의 경우 그들의 동의는 불확정적인 경우까지 포함하여 확정적인 법에 대한 동의 모두를 의미하고 있다고 봄이 옳을 것이다. 그리고 이는 루소(Rousseau) 식으로 거주(residence)에 의해 국가에 대한 묵시적 동의를 하고 있다는 논변을 취하더라도 마찬가지라고 볼 수 있다. 물론 거주자가 마지못해 거주하고 있는 경우가 있을 수 있기 때문에[87] 루소식의 묵시적 동의는 인정할 수 없다 하더라도 예컨대 여권을 받은 외국인 방문객의 경우에는 분명 묵시적 동의가 있다고 볼 수 있을 것이고 이 때 그가 오로지 확정적인 법에만 동의했다는 사실은 찾기 힘들 것이다.[88]

　다음과 같은 논변도 가능하다. 페어플레이 원칙(principle of fair play)에 의하면 사회적 협력(social cooperation)체제로부터 이익을 향유하는 자는 그러한 체제가 주는 제약도 감수해야 한다. 이 경우 법에 동의하는 경우와는 달리 시민이 자발적으로 사회적 협력체제가 부여하는 제약에 동의하는 것이 아니기 때문에, 복종의무의 범위는 시민 스스로의 복종의사에 달려 있는 것이 아니라 사회적 협력체제의 약속(terms)에 따라 결정된다. 따라서 이 경우에 사회적 협력체제는 시민으로 하여금 불확정적인 재판의 결과를, 그것이 전적으로 부당하지는 않다면, 감수하도록 하는 정당한 의무를 부과할 수 있다고 한다. 결국 페어플레이 원칙에 의하면 불확정적인 판결도 정당성을 확보할 수 있다는 것이다.[89]

　라즈의 '정상적 정당화 논변(normal justification thesis)'도 불확정적인 판결이 정당성을 지닐 수 있다는 근거가 될 수 있다. 라즈에 의하면, 시민이 그 스스로 가장 적합한 근거가 요구하는 것이 무엇인지를 판단하기보다는 일정한 권위적 명령에 따라서 행동하는 것이 곧 자신에게 가장 적합한 근거가 요구하는 행동을 할 가능성이 더 크다면 바로 그 경우에 권위는 시민의 개인적 판단에 우월하게 정당화될 수 있다고 한다. 이러한 논변에 의하면

---

86) Ken Kress, 앞의 논문, 257면.
87) 이 점에 대해서는 David Hume, On the Original Contract, in David Hume, Essays: Moral, Political, and Literary (Indianapolis: Liberty Classics, 1985), 32면.
88) Ken Kress, 앞의 논문, 257면.
89) Ken Kress, 앞의 논문, 257면. 관련 문헌으로는 John Rawls, A Theory of Justice (Harvard University Press, 1971), 342-350면 참조.

법적 불확정성이 두드러진 사안에 있어서 시민은 전문적이고 공평무사하며, 경험 많은 법원에 의존하는 것이 스스로의 조야한(untutored) 판단에 의존하는 것 보다는 낫기 때문에 법관의 판결은 불확정적이더라도 정당성을 획득하게 된다. 더욱이 이 경우는 법적 불확정성이 판결의 정당성을 훼손시키는 것이 아니라 오히려 그 반대로 법원 판결의 정당성과 법에 대한 복종의무를 더욱 증진시키게 된다고 볼 수 있을 것이다.[90]

이상 살펴본 바와 같이, 비판법학자들은 법적 불확정성이 판결의 정당성을 훼손시켜 법에 대한 복종의무를 면제시키게 된다고 주장했지만, 크레스가 잘 보여주었듯 판결의 정당성은 비판법학자들이 주장하는 것처럼 단순히 동의에서만 도출되는 것은 아니고, 또 설령 동의에서 도출된다고 하더라도, 법에 대한 복종의무의 다양한 근거를 검토해 볼 때, 법적 불확정성은 판결의 정당성과 양립가능한 개념이라고 볼 수 있을 것이다.[91]

V. 맺음말

지금까지 '법의 불확정성'과 '법치'가 양립가능한가라는 물음에 답하기 위해 장황하게 설명하였지만, 우리는 직관적으로 법이 어느 정도 불확정적이더라도 이는 곧 법치가 실패했다고, 다시 말해 법의 지배가 존재하지 않는다고는 쉽게 생각하지 않는다. 또 정도의 차이와, 개인적 차이는 있겠지만 법 문외한인 평범한 시민들도 법이 다양하게 해석될 수 있음은 경험적으로 잘 알고 있다. 이는 곧 법치와 법적 불확정성의 문제가 일상생활에서 큰 이슈로 잘 떠오르지 않는 이유일 것이다.

그러나 만일 우리가 소송당사자, 특히 형사재판의 피고인이 될 경우에는 상황이 달라진다. 법률이 어떻게 해석되고 적용되느냐에 따라서 피고인의 지위는 천양지차를 보이게 될 것이기 때문이다.

법적 불확정성이 현저하게 드러나 우리 학계의 주목을 끌었던 사안으로 이른바 "과수원 실화사건"[92]이 있다. 여기서 동 사안의 사실관계와 관련조문을 상세하게 논급할 필요는 없을 것이다. 사안의 쟁점은 형법 제170조 2항이 "자기의 소유에 속하는 제166조 또는 제167

---

90) Joseph Raz, 앞의 책(*The Morality of Freedom*), 53면 참조.
91) 켄 크레스는 상기의 논변 이외에도, '형제애(fraternity)'나 '공리주의' 논변 등을 차례로 검토하고 있지만, 본고에서는 논의의 중요도와 지면관계상 위의 논거만을 제시하기로 한다.
92) 대법원 1994.12.20. 선고, 94모32 전원합의체결정.

조에 기재한 물건을 소훼하여 공동의 위험을 발생하게 한 자'라는 법문에서 '자기의 소유에 속하는'이라는 수식어구가 제166조에만 걸리는지 아니면 제167조에까지 걸리는지에 놓여 있었다. 만일 167조에까지 걸린다면 타인의 소유에 속하는 제167조에 기재한 물건을 소훼한 피고인은 제1심과 원심법원의 결정처럼 처벌규정의 불비로 무죄가 되는 사안이었다. 그러나 대법원 다수의견은 제166조와 제167조 등의 방화죄의 관련 조문들이 타인소유의 물건에 대한 방화를 자기소유의 물건에 비하여 보다 완화된 요건으로, 즉 공공의 위험발생을 요구하지 않으면서도 보다 중한 법정형으로 처벌하고 있음을 지적하면서, 나아가 제170조 1항과 2항의 관계 등을 전체적, 종합적으로 해석하여 자기소유의 물건에 대한 실화를 처벌하면서 타인소유 물건에 대한 실화죄를 처벌하지 않는다면 이는 명백하게 불합리라고 설시하였다. 이에 대법원 소수의견은 타인소유 물건에 대한 실화에 대한 처벌의 필요성은 인정하면서도 이는 "법의 개정을 통하여 충족시켜야 할 것"이라고 지적하면서, "자기의 소유에 속하는 제166조 또는 제167조에 기재한 물건"을 "자기의 소유에 속하는 제166조에 기재한 물건 또는 자기나 타인의 소유에 속하는 제167조에 기재한 물건"으로 해석하는 것은 죄형법정주의의 원칙, 특히 유추해석금지의 원칙에 반한다고 판시하였다.[93]

동 사안은 "또는"이라는 접속어 해석의 언어적 불확정성에 대한 문제로부터 시작하여 대법원 다수의견의 "전체적, 종합적 해석방법"이라는 논거와 "죄형법정주의의 원칙, 특히 유추해석금지원칙"이라는 법적 논거가 상충한, 다양한 형태의 불확정성이 복합적으로 작용한 대표적인 케이스라고 볼 수 있을 것이다. 대법원 다수의견에 찬성하는 학계의 논거로서 "법전편찬상의 과오"가 있는 경우는 해석을 통한 보정이 가능하다는 주장이 추가되었고,[94] 다수의견처럼 "또는"을 "분리어"로 해석하는 것은 명백히 "금지되는 유추"라는 견해도 제시되어[95] 소수의견 및 제1심과 원심의 결정에 다시 힘을 부여해 주기도 하였다. 그렇다면 과연 동 사안에서 발생한 법적 불확정성은 어떻게 해결되었다고 볼 수 있을 것인가? 대법원 다수의견과 소수의견이 제시한 법적 논거 이외에도 학계에서 새롭게 추가한 논거까지 고려하면 우열을 가리기 힘들 정도로 첨예하게 맞서는 법적 논거들의 경합이 있었다. 결과적으로 다수의견의 논거가 채택되었다는 점에서, 다수의견의 논거와 아울러 이후 학계에서 추가

---

93) 동 조문을 둘러싼 학설대립은 현재는 형법개정으로 제170조 제2항이 "과실로 자기 소유인 제166조의 물건 또는 제167조에 기재한 물건을 불태워 공공의 위험을 발생하게 한 자도 제1항의 형에 처한다."고 의미를 명확히 함으로써 역사적 논쟁으로서의 의의만 남게 되었다.

94) 이에 대해서는 신동운, 판례백선형법총론, 2006, 32-35면 참조. 역시 대법원 다수의견을 지지한 가장 최신의 견해로는, 최봉경, 편집상의 오류, 서울대학교 법학 제48권 제1호, 2007, 351-354면 참조.

95) 김영환, 법률해석의 한계, 형사판례연구, 제4집, 1996, 1면 이하 참조.

된 '편집과오' 등의 법적 논거가 소수의견 및 그 지지논거보다 결론을 정당화하는데 있어서 보다 우위에 있었다고 볼 수도 있을 것이다. 아니면 쌍방의 논거가 우열을 가리기 힘든 법적 불확정성을 야기한 상황이었지만, 결국은 법관의 재량에 의해서 '해소'되었다고 볼 수도 있을 것이다. 그 어떤 경우이든 중요한 사실은 동 사안에서 분명히 '법치'가 구현되었고, 피고인은 '법의 지배'를 받았다는 점일 것이다.[96]

비단 위 "과수원 실화사건"뿐만 아니라 대부분의 실정법의 해석에 있어서도 법적 불확정성이 현저하게 나타난다고 볼 수 있다. 각 조문을 둘러싼 수많은 학설대립과 해석론이 이를 여실히 입증해 준다 하겠다. 예컨대 '과실범의 공동정범'을 인정할 것인가의 문제는 현재까지도 논자들 간에 첨예한 대립이 지속되고 있는바[97] 형법 도그마틱상의 복잡다기한 논변들과 과실범의 공동정범을 인정해야 할 실익 등의 법정책적 차원의 논거들까지 망라되어 양 진영의 상쟁(相爭)하는 법적 논거를 형성하고 있듯이, 이 역시 법적 불확정성이 극명히 드러나는 문제라고 볼 수 있을 것이다.[98] 또 다른 예로서 형법학계에는 형법 제16조 '법률의 착오'에서 법률의 부지를 제외시키는 대법원의 해석론을 둘러싸고 다양한 비판이 전개되었던바, 이는 "법률의 부지는 용서받지 못한다"는 로마법 이래의 전통적 법원칙에 내재한 가치를 우선시할 것인가 아니면 "비난가능성이 없는 행위자에게는 형사책임을 지울 수 없다"는 형법상의 책임원칙을 우선시할 것인가라는 법적 논거들 간의 첨예한 대립이 문제 상황을 이해하고 해결하기 위한 관건이 되는 것이다.[99]

법적 불확정성의 발생은 비교적 단순하여 명확해 보이는 각론상의 문제에 있어서도

---

96) 과연 어떠한 경우에 일방의 법적 논거가 우위에 있고, 아니면 쌍방의 법적 논거가 대등하다고 판단할 수 있는지 여부는 어느 쪽 논거가 더 정합적인 수준인지 여부, 즉 '논박불가능성(반성적 평형)'이란 표지에 의해 해결될 것이다. 논거가 누구나 이해가 가능한 형태로 제시된다면, 누구든지 그 논거의 질을 비교해 우위를 결정할 수 있다. 어떤 상반되는 주장 중에 어느 쪽을 따를 것인지는 개인적 선호와 가치관에 의해 좌우될 수 있지만 그 주장의 논거의 질을 평가하는 것은 사물의 크기나 색깔을 비교하는 것과 같다. 거기에는 불일치가 존재하지 않는다. 더 나은 것과 그렇지 못한 것의 판단은 삶의 형식의 일부이기 때문이다.
97) 과실범의 공동정범을 부정하는 통설에 대해 이를 긍정하는 유력한 견해로는, 이용식, 과실범의 공동정범, 형사판례연구[7], 1999, 81면 이하; 이재상, 과실범의 공동정범, 형사법연구 제14호, 2000, 215면 이하 참조.
98) '과실범의 공동정범'이 법적 불확정성이 두드러진 문제영역임에도 불구하고 과실범의 공동정범에 대한 긍정론의 논거가 부정론의 논거보다 타당하고 설득력이 있으며 따라서 '논거의 우위성'에 기초하여 과실범의 공동정범을 긍정할 수 있음을 입론하는 견해로는 안성조, 과실범의 공동정범, 형사법연구 제19권 제3호(하권), 2007, 587-618면 참조.
99) 이에 관해서는 안성조, 형법상 법률의 착오론 (경인문화사, 2006) 참조.

예외는 아니다. 예컨대 남편 부재중 처의 동의를 얻어 집에 들어간 상간자에게 주거침입죄가 성립하는지 여부,[100] 부동산 실권리자명의 등기에 관한 법률을 위반하여 명의신탁자가 그 소유인 부동산의 등기명의를 명의수탁자에게 이전하는 이른바 양자 간 명의신탁의 경우, 명의수탁자가 명의신탁자에 대한 관계에서 '타인의 재물을 보관하는 자'의 지위에 있는지 여부,[101] 장물취득죄의 기판력이 강도상해죄에 미치는지 여부[102] 등에 있어서는 여전히 어느 하나의 법적 논거에 의해 확답이 결정되어 있지 못한 처지이다. 나아가 위임금액을 초과하여 현금을 인출한 경우에 컴퓨터등사용사기죄가 성립하는지 여부 등 역시 견해대립이 첨예하다. 이렇듯 총·각론을 막론하고 법적 불확정성은 거의 모든 영역에 편재해 있다고 보아도 큰 무리는 아닐 것이며, 그리고 이와 같은 사정은 다른 법역과 법체계에서도 마찬가지일 것으로 사료된다. 그럼에도 불구하고 우리는 '법의 지배'를 온전히 받고 있다고 생각한다. 그 이유는 무엇일까? 우선은 아마도 '법의 불확정성'이 '법치'와 양립할 수 있다는, 앞서 다룬 논증들이 타당하기 때문이기도 할 것이다. 아울러 '법적 불확정성' 다시 말해 '법적 논거들의 대립'이 존재한다는 사실은, 바꿔 생각하면, 그만큼 법공동체 구성원들이 법의 해석과 적용에 신중을 기하고 있기 때문이라고 해석할 수 있다는 것이다. 수많은 해석론의 대립과 법원과 학계의 첨예한 견해대립, 그리고 법해석에 있어서의 다양한 가치관과 법적 원리의 충돌은, 비판법학자들의 주장처럼 법의 권위를 훼손시키는 것이라기보다는 오히려 모든 법적 분쟁의 해결과정에 있어서 "가장 뛰어난 이성적 판단을 가리는 경쟁"이 요구되어 왔고, 또 요구된다는 사실을 방증하는 것이라고 본다. 법적 불확정성을 이러한 견지에서

---

100) 대법원은 과거에 일관하여 주거침입죄의 성립을 긍정하였으나 최근 전원합의체판결을 통해 피고인이 피해자의 부재중에 피해자의 처로부터 현실적인 승낙을 받아 통상적인 출입방법에 따라 주거에 들어간 경우에 주거의 사실상 평온상태를 해치는 행위태양으로 주거에 들어간 것이 아니어서 주거에 침입한 것으로 볼 수 없고, 설령 피고인의 출입이 부재중인 피해자의 추정적 의사에 반하더라도 주거침입죄는 성립하지 않는다고 판례를 변경하였다(대법원 2021. 9. 9. 선고 2020도12630 전원합의체판결)

101) 대법원은 과거에 이러한 경우 횡령죄의 성립을 인정하였으나 최근 전원합의체판결로 횡령죄가 성립하지 않는다고 판례를 변경하였다(대법원 2021. 2. 18. 선고 2016도18761 전원합의체판결).

102) 대법원은 과거에는 공소사실의 동일성을 전법률적 기본적 사실동일설에 입각해 판단해 왔으나, 전원합의체판결을 통해 "(공소)사실의 동일성이 갖는 법률적 기능을 염두에 두고, 피고인의 행위와 그 사회적인 사실관계를 기본으로 하되 그 '규범적 요소도 고려에 넣어' 판단해야 할 것"이라고 하여 판례의 입장을 변경하면서 장물취득죄와 강도상해죄는 행위의 태양이나 법익도 다르고 죄질에도 현저한 차이가 있어 동일성이 인정되지 않으므로 장물취득죄의 기판력이 강도상해죄에 미치지 않는다고 판시하였다(대법원 1994.3.22. 선고 93도2080 전원합의체판결). 동 판례의 당부에 대한 학계와 실무의 찬반논쟁은 현재까지 계속 진행 중이다. 동 판례에 대한 찬성의 입장에서 법리적, 비교법적으로 상세히 분석하고 있는 글로는 윤진수, 장물취득죄의 기판력이 강도상해죄에 미치는지 여부, 판례의 무게 (박영사, 2020), 292면 이하 참조.

바라볼 수 있다면, 법적 불확정성은 "개인의 자의적 판단이 아닌 이성적인 법에 의한 판단"
이라는 법치이념의 '중심부 의미'를 전혀 훼손시키지 않는다고 볼 수 있을 것이다.

　　요컨대 '확정적인' 법의 지배뿐만 아니라 '불확정적인' 법의 지배도 가능한 것이다.

[6] 법문의 가능한 의미의 실재론적 의의
-'법문의 가능한 의미'를 중심으로-

Ⅰ. "법문의 가능한 의미"는 확정 가능한가?

로마의 12표법(Zwölftafelgesetz)에 의하면 네발 달린 짐승(Vierfüßers)의 소유자는 그 짐승의 야성(Wildheit)으로 인해 야기된 손해를 배상해야 할 책임이 있다. 그렇다면 두발 달린 짐승, 예컨대 아프리카의 타조가 그 야성으로 끼친 손해에 대하여 소유자의 책임을 인정할 수 있을 것인가? 이에 대해 파울루스(Paulus, Digesta 9.1.4.)는 유추(Analogieschluß)를 통해 네발 달린 짐승뿐만 아니라 다른 짐승이 손해를 입힌 경우에도 소를 제기할 수 있다고 해석하며, 동물적 본성으로 인해 특히 중대한 손해를 쉽게 야기할 수 있는 생물의 경우 책임을 인정하려는 것이 본 조항의 법정책적 목적이므로 이러한 추론은 정당하고 주장하였다. 엥기쉬(K. Engisch)는 이 사례에 대해, 유추추론과 반대추론(Umkehrschluß) 사이의 우위를 순수논리적으로는 결정할 수 없고, 일정한 목적론과 결합되어야 함을 보여주는 사례로 평가하면서도, 법문의 가능한 의미(möglicher Wortsinn)를 해석의 한계로 설정할 경우 어의로는 한계가 있으므로 아무리 최대한 노력을 하여도 타조를 네발 달린 짐승의 개념에 포함시킬 수 없다는 점을 인정한다.[1]

형법상 유추금지는 이미 고전적 주제이다.[2] 그러나 이를 둘러싼 첨예한 논쟁은 계속되고 있다. 그 이유는 무엇보다도 "허용되는 확장해석"과 "금지되는 유추해석"의 한계를 지우는 "법문의 가능한 의미(möglicher Wortsinn)" 또는 "법문의 한계(Wortlautsgrenze)"가 과연 확정될 수 있는가에 대한 논란이 종식되고 있지 않기 때문이라고 본다. 법문의 가능한 의미가 확정 가능하다고 보는 입장에서는[3] 형법해석의 한계가 이 실질적인 기준에 의해 설정될

---

1) 이 사례는 에네케루스(L. Enneccerus)와 바르톨로메직(H. Bartholomeyczik)이 소개한 바 있고, 칼 엥기쉬가 그의 저서 "법적 사고의 입문(Einführung in das juristische Denken)"에서 다루고 있는 것이다. Karl Engisch, Einführung in das juristische Denken (Stuttgart: W. Kohlhammer, 1956), 144면 이하.
2) 이에 대한 우리 학계의 고전적 문헌으로는 신동운 외, 법률해석의 한계 (법문사, 2000) 참조.
3) 신동운, 형벌법규의 흠결과 해석에 의한 보정의 한계, 법률해석의 한계, 10-11면; 김영환, 형법해석의

수 있다고 보는 반면, 이를 불확정적이라고 보는 회의론적 입장에서는 유추금지 원칙이란 기껏해야 법치국가적 형법해석을 실현하려는 "법관의 직업에토스"일 뿐,[4] 사후적 심사를 가능하게 해 주는 '외재적 기준'은 될 수 없으므로 이 기준을 과감히 포기하고 그 대신 방법론상 대화원칙을 도입하거나 목적중심적 법해석론[5]을 활용할 것을 제안한다.[6]

　"법문의 가능한 의미"를 둘러싸고 벌어진 형법해석 논쟁은 실재론과 반실재론의 오래된 대립양상과도 밀접한 관련이 있다. 잘 알려진 정의에 의하면 실재론(realism)이란, 다양한 층위의 정의가 가능하겠지만, 기본입장은 "세계는 정신독립적 대상들의 확정된 총체로 이루어져 있다."[7]는 것이다. 이를 의미론과 관련시켜 보면 한 낱말의 지시체나 어떤 명제의 참값이 우리의 정신과는 독립적인, 객관적으로 고정된 대상과 사실에 의해서 결정될 수 있다고 보는 철학적 입장이다. 즉, 어떤 낱말이나 명제의 진리치는 우리가 그것을 알든 모르든 간에 그 낱말과 명제를 참으로 만드는 조건에 의해 결정되어 있고 바로 그렇게 결정되어 있는 조건이 그 낱말과 명제의 의미라고 보는 것이다. 이러한 입장을 실재론적 의미론 또는 의미 실재론이라고도 한다. 이를 법해석에 원용하면 법해석에 "법문의 가능한 의미"를 확정지을 수 있는 외재적 기준을 입론할 수 있을 것이다.[8] 반면에 반실재론은 그러한 독립적인 고정된 실재는 없으며, 우리가 인식하는 세계는 오로지 주관이 작용하여 창조해 낸 인위적 구성물에 불과하다는 입장이다. 이러한 맥락에서 보면 해석자의 주관을 떠나 "법문의 가능한 의미"를 객관적으로 확정해 주는 그 어떠한 외재적인 기준도 인정하기 힘들 것이고, 따라서 회의론적 입장에서 법해석 문제를 바라보게 된다.[9] 실재론에서 다루어지는 또 다른

　　한계 – 허용된 해석과 금지된 유추와의 상관관계, 「법률해석의 한계」, 28-36면; 김영환, 형법상 해석과 유추의 한계, 「법률해석의 한계」, 94- 98면; 김대휘, 형법해석의 한계와 법방법론, 「법률해석의 한계」, 140-141면.

4)　이상돈, 형법해석의 한계, 「법률해석의 한계」, 89면; 이상돈, 형법상 유추금지의 대화이론적 재구성, 형사법연구 제5권, 1992, 10-21면.

5)　최봉철, 문언중심적 법해석론, 「법률해석의 한계」, 173-178면과 역시 동지의 허일태, 형법상 해석원칙과 그 한계, 형사판례연구 제13호, 2005 참조.

6)　이러한 입장에 서 있는 삭스(Sax), 카우프만(Kaufmann), 하세머(Hassemer) 등 독일 학자들의 견해에 대한 소개로는 김영환, 형법해석의 한계 – 허용된 해석과 금지된 유추와의 상관관계, 「법률해석의 한계」, 29-30면; 김학태, 법률해석의 한계, 외법논집 제22집, 2006, 182-185면 참조. 김학태 교수는 "법문의 가능한 의미"가 법관이 법해석을 하기 전에 이미 확정되어 있어 법관이 단지 이를 발견하는 것으로 족한지, 아니면 법관의 법해석을 통해서 비로소 형성되는 것인지 불분명하다고 지적하고 있다.

7)　"The world consists of some fixed totality of mind-independent objects."

8)　실재론의 입장을 법해석에 도입하는 견해로는, Michael S. Moore, Natural Law Theory of Interpretation, *58 S. Cal. L. Rev. 277* (1985) 참조.

9)　Michael S. Moore, 앞의 논문, 270-280면 참조.

분야로서 도덕 실재론(moral realism)이란 논의가 있다. 도덕 실재론이란 사실 명제의 진위여부가 확정되는 방식과 유사하게 도덕 명제의 진리치도 우리의 정신과 독립적인 도덕 사실(moral fact)에 의해서 결정될 수 있다고 보는 입장이다. '법문'은 '언어'로 구성되어 있고, "법적 논란은 그 핵심 쟁점에 있어서 도덕원리(moral principle)와 관련된다."는 드워킨의 명제10)를 고려한다면, 실재론적 의미론과 도덕 실재론은 모두 법의 해석에 있어서 필요한 논의들이겠으나, 본고에서는 "법문의 가능한 의미"의 확정과 보다 밀접하게 관련되어 있다고 판단되는 '실재론적 의미론'에 국한시켜 고찰해 보고자 한다.11)

이하 본고에서는 '내재적 실재론(internal realism)'12)을 중심으로 현대 철학이 도달해 있는 실재론의 최신 연구 성과를 비판적으로 검토해 보고 이를 토대로 "법문의 가능한 의미"가 어떠한 방식으로 형법해석의 한계로 설정될 수 있는가를 검토해 보기로 한다.

---

10) Ronald Dworkin, Taking Rights Seriously (Harvard University Press, 1978), 7면. 물론 이 때의 도덕은 법관의 개인적 윤리관을 의미하는 것이 아니라 공동체의 법과 제도에 내재하는 정치도덕(political morality)이다. 이 점에 대한 지적으로는 김도균, 권리의 문법 – 도덕적 권리·인권·법적 권리 (박영사, 2008), 198면 참조.

11) 물론 향후 '도덕 실재론'에 대한 논의가 보완되어야 할 것이다. 왜냐하면 "법문의 가능한 의미"가 고정될 수 있다는 실재론적 주장은 자칫 "법률로 규정된 것은 뒤바뀔 수 없다"든지 "악법도 법이다"라는 식의 법실증주의적 사고로 흐를 위험이 있기 때문이다. 우리나라의 실정법 해석과 관련해 이러한 문제의식을 잘 보여주는 글로는 신동운 편저, 유병진 법률논집: 재판관의 고민 (법문사, 2008), 391-403면; 김도균, 한국 법체계에서 자연법론의 형성과 발전, 법철학연구 제11권 제2호, 2008, 192-200면 참조. 실정법개념의 한계와 비실증주의적 법개념 내지 자연법의 필요성에 대한 근원적인 문제의식으로는 박은정, 자연법의 문제들 (세창출판사, 2008), 9-12면과 60-66면 참조. 그러나 본고에서 '의미 실재론'을 다루는 의도는 실증주의를 옹호하려는 데 있지 않다. 본고의 목적은 형법상 금지되는 '유추'와 허용되는 '해석'의 구분기준을 제시하고자 함에 있으며, 그 과정에서 부수적으로 '법문의 실재론적 의미 확정'이 사회·현실적으로 일면 부당한 결과를 초래하게 되는 문제가 발생할 수도 있겠으나, 이는 '자연법론' 또는 '도덕 실재론' 차원에서 해결해야 할 문제이며, 본고에서 '의미 실재론'을 통해 다루고자 하는 '유추와 해석'의 논의 범위를 넘어선다.

12) '형이상학적 실재론'에 대비되는 퍼트남의 '내재적 실재론'에 대한 상세한 소개로는 Mark Quentin Gardiner, Semantic Challenge to Realism: Dummett and Putnam (University of Toronto Press, 2000), 139-218면; Drew Khlentzos, Naturalistic Realism and the Antirealist Challenge (The MIT Press, 2004), 187-206면 참조.

II. 중심부 사례와 주변부 사례

1. 법문의 가능한 의미가 명백한 사례들

"법문의 가능한 의미"는 불확정적이라는 회의론자들의 견해에도 불구하고 상당수 사례는 분명 "법문의 가능한 의미"에 대한 확정이 가능하다. 하트(H.L.A. Hart)의 중심부(core) 사례와 주변부(penumbra) 사례의 구분에 비추어 보면, 일정한 사례는 분명 법문의 외연에 명확히 포섭된다.[13] 예컨대 "소, 돼지, 말, 양'이란 법문의 외연을 아무리 넓혀도 이에 "염소"는 포함될 수 없는바, 이와 같은 사례의 경우[14] 법문의 가능한 의미는 해석의 한계를 설정하는 기능을 충실히 다할 수 있다. 따라서 회의론자들의 지적은 포섭여부가 불분명한 경계 사례에 대한 문제제기로 보는 것이 타당할 것이다.

법문의 가능한 의미가 불분명한, 널리 논급되는 하드케이스로서 "공원에서는 탈 것(vehicle)을 금지함"이라는 법문이 있다. 하트는 이 경우 '탈 것'에는 자동차는 분명히 포함되지만, 자전거나 롤러스케이트는 법규의 적용여부가 불투명해 사법재량이 요구되는 주변부 사례가 된다고 지적한 바 있다. 이에 대해 풀러는 하트의 "해석이 불필요한" 중심부, 그리고 "법관의 재량이 요구되는" 주변부라는 구분은 타당하지 못하며, 예컨대 만일 2차대전에 사용된 기념물 지프가 공원에 전시되어 있다면 입법목적을 고려할 때만, 즉 적절한 해석을 통하여서만 중심부 사례가 될 수 있다고 지적하였다. 나아가 풀러는 "모든 개선사항(all improvements)은 (   )에게 즉시 보고되어야 한다."는 법문이 있을 때, 하트의 중심부/주변부 구분론에 따르면 이 미완결의 법문만 가지고도 '개선사항'의 표준적 경우들을 충분히 알수 있다고 주장하겠지만, 사실은 그와 달리 괄호 안의 대상이 확정되어야만 법문의 목적이 드러나 해석이 가능해 진다고 논박한다.[15] 이에 대해 샤우어는 풀러가 법문의 의미 확정에 있어서 맥락(context)의 중요성을 과장했다고 비판하였다. 즉, 앞서 논급한 '염소'나 '탈 것'

---

13) H.L.A. Hart, Positivism and the Separation of Law and Morals, *71 Harvard Law Review 593* (1958), 607-608면.

14) 축산물가공처리법 제2조는 위생적인 육류공급을 위해 "소, 돼지, 말, 양, 닭, 오리 기타 대통령령으로 정하는 동물"을 위생처리시설이 아닌 장소에서 도축한 자는 3년 이하의 징역에 처한다."라고 규정하고 있는바, 대법원은 동 조문을 근거로 유추해석 해 흑염소를 야산에서 도축한 자를 처벌하는 것은 죄형법정주의에 반하는 것이라고 판시하였다(대법원 1977.9.28. 선고 77도405).

15) Lon L. Fuller, Positivism and Fidelity to Law − A Reply to Professor Hart, in: Dennis Patterson (ed.), Philosophy of Law and Legal Theory (Malden, MA: Blackwell, 2003), 109면.

은 관련된 맥락을 전혀 모르더라도 확실한 중심부 의미를 지니며, 따라서 풀러가 예로 든, 기념물 지프가 '탈 것'에 포함되는 것은 명백하나, 다만 동 사례는 "규칙의 엄격한 적용은 때때로 불합리한 결과를 낳거나 또는 적어도 규칙의 목적에 부합되지 않는 결과를 초래한다."는 교훈을 줄 뿐이라는 것이다.[16] 마머 역시 풀러를 비판하며, 그가 논급하는 "개선사항"은 맥락이 존재하지 않을 경우 표준적인 경우(standard instance)를 가질 수 없다고 볼 것이 아니라 오히려 다양한 맥락에서 각각의 표준적 경우를 가지는 것으로 볼 수 있다고 적절히 지적한 바 있다.[17] 빅스도 풀러의 입장을 논박했던바, 하트도 법의 해석에는 입법목적에 대한 고려가 필요하다는 풀러의 생각에 반대하지는 않을 것이고, 그러나 입법목적을 고려하더라도 사법재량의 여지는 발생한다는 것이 바로 하트의 생각이라는 것이다. 입법자가 법률을 기초하면서 상정하는 것은 중심부 사례, 즉 표준적 경우들이기 때문에 미처 염두에 두지 못한 경우가 언제나 발생할 수 있기 때문이다.[18]

이상 언급한 논쟁은 무엇보다도 하트가 중심부 사례의 표준적 경우들이 어떻게 확정되는가에 대해 어떠한 통일적인 설명도 해주고 있지 않기 때문에 발생한 것으로 보인다. 그는 다만 "중심부 사례란 유사한 맥락에서 항상 빈발하여 우리에게 친숙한 것들(the familiar ones, constantly recurring in similar contexts)"이라고 설명할 뿐이다. 서복은 하트의 구분법이 비트겐슈타인의 가족유사성 개념을 원용한 것이라고 이론적 설명을 시도한 바 있다. 즉 하트가 말한 중심부 사례의 표준적 경우들, 예컨대 '탈 것' 사례의 버스나 택시, 그리고 스포츠카나 리무진 등에는 공통된 하나의 특징은 발견되지 않지만, 이들을 표준적 경우들로 묶을 수 있는 서로 교차하면서 발생하는 유사성, 즉 가족유사성[19]은 찾아볼 수 있다는 것이다.[20] 그러나 풀러는 이러한 느슨한 기준에 만족하지 못할 것이다. 예컨대 '가족유사성'에 비추어 보면, '탈 것'에 자동차는 물론이고 오토바이나 자전거도 포함될 수 있다. 그러나 동 법문의 목적에 비추어 보면 자전거, 특히 어린이용 세발자전거는 출입이 허용될 것이기

---

16) Frederick Schauer, Playing by the Rules (Oxford University Press, 1991), 55-59면.

17) Andrei Marmor, Interpretation and Legal Theory (Rev. 2nd ed., Oxford: Hart, 2005), 102-103면.

18) Brian Bix, The Application(and Mis-Application) of Wittgenstein's Rule-Following Consideration to Legal Theory in: Brian Bix (ed.), Law, Language and Legal Determinacy (Oxford University Press, 1993), 29면.

19) 가족 구성원들을 단일한 공통점으로 묶을 수는 없지만 그들 간에는 체구나 용모, 눈매나 눈빛, 걸음걸이, 기질 등의 겹치고 엇갈리며 크고 작은 다양한 유사성을 찾아볼 수 있다. 비트겐슈타인은 이를 가족유사성이라고 칭했다.

20) Anthony J. Sebok, Finding Wittgenstein at the Core of the Rule of Recognition, 52 S.M.U. L. Rev. 75 (1999), 91면의 각주 96) 참조.

때문이다. 그러므로 '가족유사성'에 의존해 법문의 표준적 경우를 판별해 낸다는 것은 쉽지 않은 작업일 것이다.

그럼에도 불구하고 일정한 사안은 분명 "법문의 가능한 의미"에 대한 확정이 가능하다. 예컨대 서울시내 공원을 가게 되면 애완동물과 자동차의 출입을 제한하는 다음과 같은 경고 문을 볼 수 있다. "도시공원및녹지등에관한법률" 제49조 제2항의 2에 의거 "동반한 애완견 을 통제할 수 있는 줄을 착용시키지 아니하고 도시공원 또는 도시자연공원구역에 입장하는 행위"는 금지되며 위반 시 10만원 이하의 과태료가 부과된다. 동 법문에 의하면 분명 "줄을 달지 않은 애완견"의 동반입장만을 금지하므로, 기타의 다른 '애완동물'은 출입이 가능할 것이다. 아니 "법문의 가능한 의미"에 따라 그렇게 해석할 수밖에 없다. 역시 동법률시행령 제50조의 5에 의거 "이륜 이상의 바퀴가 있는 동력장치를 이용하여 차도 외의 장소에 출입 하는 행위"는 금지된다. 이 경우도 막연히 "탈 것 금지"라는 법문과는 달리 "이륜 이상의 바퀴가 있는 동력장치"라고 규정되어 있기 때문에 오토바이 등의 원동기장치 자전거와 자 동차만을 금지하고 일반적인 자전거는 출입이 허용될 것이다. 이렇듯 법문은 그 규정형식을 어떻게 취하고 있느냐에 따라서 의미 확정이 충분히 가능하고 또 그러한 사례는 얼마든지 존재한다.

2. 법의 불확정성과 경계 사례

그러나 회의론자들의 지적은, 분명 어떤 경계 사례에 있어서는 법이 하나의 결론을 제공해 주지 못하고 불확정적이라는 점에 있어서는 옳다. 법적 추론에 있어서 불확정성이 발생하는 원인은 일반적으로 언어적 모호성 때문이다.[21] 법문의 표현이 모호하다고 하여 언제나 불확정성이 초래되는 것은 아니지만, 경계 사례는 대부분 모호성 때문에 발생한 다.[22] 그렇다면 "법문의 가능한 의미"가 형법해석의 한계로 기능할 수 있는지의 여부는 과연 '모호성'의 정도가 그 한계를 무너뜨릴 정도인가 아닌가의 문제로 귀착된다고도 볼 수 있을 것이다.

그러나 이러한 문제설정은 제한적으로만 타당하다. "법문의 가능한 의미"를 법문의 '일 상적' 또는 '표준적' 의미를 넘어 바로 그러한 모호성의 문제를 안고 있는 주변부(penumbra)

---

21) 안성조, 법적 불확정성과 법의 지배, 법철학연구 제10권 제2호, 2007, 68면.
22) 김혁기, 법의 불확정성 연구, 서울대학교 박사학위논문, 2009, 131-132면.

를 '해석'에 의해 해당 법문에 포섭할 수 있는 "부여 가능한 의미"로 보게 되면,[23] 주변부 영역은 직업법관의 관점에 의해서건 일반 시민의 소박한 언어감각에 의해서건 해당 법문의 적용여부가 모호하기는 마찬가지이기 때문에 '처벌의 중대한 흠결'이나 '법전편찬상의 과오'가 있다면 목적론적으로 확장 또는 축소해석하더라도 해석의 한 방법으로서 정당성을 상실하지 않을 것이다. 이 경우 "유추금지"란 바로 그러한 "법문의 부여 가능한 의미"를 '명백히' 넘어서는 해석을 금지하는 형법해석의 원칙인 것이다. 예컨대 '탈 것'에 자전거나 롤러스케이트가 포함되는지 여부는 '모호'하지만, 그렇다 하더라도 일정한 처벌 필요성이나 정책적 목적에 의해 이를 포함시켜 해석하는 것은 "법문의 부여 가능한 의미"를 넘지 않는 확장해석이 된다는 것이 '유추금지'에 내포된 죄형법정주의의 정신인 것이다. 같은 맥락에서 '소, 돼지, 말, 양'에 '염소'를 포함시킬 수 없다거나, '목줄을 달지 않은 개'에 '목줄을 달지 않은 토끼나 고양이'까지 포함시켜서는 안 된다는 것은 바로 "법문의 부여 가능한 의미"를 명백히 넘어선 해석은 유추해석으로서 허용될 수 없다는 것이 죄형법정주의의 결론인 것이다.

　　문제는 "법문의 가능한 의미"를 문언의 '일상적' 또는 '표준적' 의미와 동일하게 볼 때에 발생한다.[24] 이와 관련된 고전적 사례로서 '실화죄 사건'에서 접속어 '또는'이 '연결어'인지 '분리어'인지 일상언어적으로는 확정이 불가능하다는 논변이 대표적이다. 역시 "탈 것 금지" 사례에서 과연 '탈 것'의 '표준적' 의미에 오토바이까지만 포함될 것인지, 자전거나 롤러스케이트도 포함될 것인지도 논란이 될 수 있다. 그렇다면 이 경우에는 "법문의 가능한 의미"의 확정이 불가능한 것일까?[25]

---

23) 이것은 '실화죄' 판결에서 대법원 다수의견이 취한 견해이다. 즉, '일상적', '표준적' 의미는 개념의 중심부에 해당하고, '부여 가능한' 의미는 개념의 주변부까지를 포함하는 것이다.

24) 흥미로운 점은 "법문의 가능한 한계"의 해석기준으로서의 기능에 회의적인 입장들은 모두 동 표지를 문언의 '일상적', '보통의', 또는 '표준적' 의미로만 이해하려 든다는 것이다. 이는 동 표지가 두 가지 뜻으로 해석될 수 있음을 명확히 인식하고 있는 경우에도 마찬가지이다. 이상돈, 형법해석의 한계, 「법률해석의 한계」, 64-65면; 최봉철, 문언중심적 법해석론, 「법률해석의 한계」, 177면.

25) 반드시 그렇지만은 않다고 본다. 단, 이 경우에는 일정한 개념틀 내에서의 정답만을 논할 수 있을 것이다. 즉, 일정한 해석방법론, 즉 목적론적 해석방법론 하에서는 오토바이까지만이 금지된다고 볼 수 있을 것이다. 이러한 개념틀을 전제하지 않고 "일상적·표준적 의미"가 무엇이냐고 묻는 것은 그 자체로 "오도된 질문"이며, 그 자체로는 "신도 해결할 수 없는" 문제일 것이다.

3. 의미의 고정가능성

법문의 표준적 의미가 일상언어적으로 확정이 불가능하다는 회의론자들의 지적은 타당한 측면이 있다. 그러나 풀러의 비판에 대한 샤우어와 마머의 지적에서 볼 수 있듯이 그러한 회의적 관점이 지나치게 과장되어서는 안 될 것이다. 분명 많은 경우 법문의 중심부 의미는 확정이 가능하다. 또 일견 중심부 의미가 없다고 생각되는 사례의 경우는 맥락에 따라 각각의 중심부 의미가 존재한다고 볼 수도 있다. 이처럼 단어들이 의미론적으로 지각적 원형들(perceptual prototypes)과 연계되어 있다는 점은 널리 지지를 받아 온 견해이기도 하다.[26] 포더(Jerry A. Fodor)는 이를 "기본적 지각 범주(basic perceptual category)"라고 말한다. 예를 들어 "푸들, 개, 포유류, 동물, 물리적 대상"이라는 범주의 위계가 있을 때, 각 대상의 외연은 상위 범주로 올라갈수록 많아진다. 이중 특정 범주를 충족시키는 것은 무엇이든지 그보다 상위의 범주를 충족시킨다. 포더에 의하면 "기본적 지각 범주"란 이 중에서 심리적으로 특별한 중요성을 갖는 것이다. 그것은 바로 '개'라는 범주이다. 그 이유는 기본적 범주의 단어는 가장 빈번히 사용되는 어휘이며(higher frequency lexical item), 또 그 단어는 다른 범주의 단어를 알기 전에 배우게 되는 경향이 있다. '개'라는 단어는 '푸들'이란 단어를 모르는 어린이에게 지시적으로(ostensively) 가르칠 수 있지만, '개'를 모르는 어린이에게 '푸들'을 지시적 정의(ostensive definition)에 의해 가르칠 수는 없다. 또한 '개'와 동일한 수준의 범주에 있는 다른 동물들을 모르는 사람에게 '동물'을 지시적으로 가르칠 수도 없다. 이렇듯 포더에 의하면 우리는 '개'의 지각적 원형을 가지고 있으며, 그 종류나 상위 범주를 모르더라도 우리가 만나게 된 동물이 그러한 지각적 원형과 일치한다고 인식할 수 있다.[27] 이를 "목줄을 달지 않은 애완견" 금지라는 법문에 비추어 보면, '개'와 동일한 범주에 있는 '고양이'는 분명 '지각적 원형'이 다르며, 따라서 이 법문의 적용이 배제된다고 보아야 한다. 또 "공원에서 탈 것 금지" 사례의 경우, 우리는 '탈 것'이란 상위범주의 외연이 미치는 범위를 정확히 모르더라도 그보다 하위범주에 속하는 '자동차', '오토바이', '자전거' 등에 대한 지각적 원형은 분명히 가지고 있다. 다만, 이 사례에서는 그 하위범주에 속하는 대상들 중

---

26) Hilary Putnam, Representation and Reality (The MIT Press, 1988), 43-44면. 퍼트남은 이를 '고정화된 유형(stereotypes)'이라고도 부른다. 무어는 하트의 중심부/주변부 이론과 유사하게 언어공동체의 지배적 관행에 의해 적용이 확실한 모범례가 정해질 수 있다는 이론을 '모범사례이론(paradigm case theory)'이라고 부른다. 이에 대해 Michael S. Moore, 앞의 논문, 295-296면.
27) Jerry A. Fodor, The Modularity of Mind (The MIT Press, 1996), 94-97면.

예컨대 '롤러스케이트'나 '유모차'가 있을 때, 그 '지각적 원형'이 분명하다 하더라도, 과연 이것들까지 '탈 것'의 범주에 포함시킬 수 있느냐, 아울러 '자전거'가 탈 것의 범주에 분명 속한다 하더라도 이를 금지하는 것이 과연 규범적으로 타당한 지 여부가 문제시되고 있는 것이다. 요컨대 하위범주의 '자동차'와 달리 '탈 것'의 '지각적 원형'이 불명확하다는 것과, 공원의 안전에 무해한 '자전거'를 '탈 것'에 포함시키는 것이 의미론적으로는 타당하겠으나 규범적으로도 타당하냐는 논란인 것이다.28) 따라서 "법문의 가능한 의미"가 불확정적이라는 지적은 이러한 경우에 한해 제한적으로만 타당하다고 볼 수 있을 것이다.

포더에 의하면 지각적 원형은 모양이나 색깔, 또는 움직임 등의 시각적으로 관찰가능한 속성에 의해 결정된다.29) 이 지각적 원형은 단순히 정신적 심상(image)이나 언어로서의 한 고정화된 유형(stereotype)이 아니라 그보다 훨씬 배후에 있는 심층적인 어떤 것이다. 비유컨대 온도계가 온도에 대한 개념을 지니지 않고도 온도를 '인식'할 수 있듯이 우리의 시각체계 속에 있는 어떠한 '패턴 인식장치'로서의 지각적 원형은 개의 개념을 갖지 않고도 개의 형태와 관련된 어떤 것을 인식할 수 있다는 것이다.30) 그러나 퍼트남에 의하면 한 낱말의 의미가 전적으로 지각적 원형에 의해 결정되는 것은 아니다. 예를 들어 우리의 지각적 원형은 형태적으로 매우 유사한 '너도밤나무'와 '느릅나무'에 대해 동일한 의미를 부여하겠지만, 그럼에도 불구하고 양자의 의미는 분명히 구분된다는 것이다. 즉, 의미는 단지 "머리 속에 있지 않다"는 것이다. 이처럼 의미가 단순히 지각적 원형에 의해 결정되지 않는다는 점은 설령 지각적 원형이 불명확하더라도 의미는 확정될 수 있다는 함축을 품고 있다. 그러므로 지나친 의미회의론에서 벗어나 "법문의 가능한 의미"를 유의미한 표지로 '복원'시키기 위해서는 언어의 '의미'를 '외재적 기준'에 의해 객관적으로 '고정'시키기 위한 이론적 시도를 고찰해 볼 필요가 있을 것이다. 이하에서는 현대의 대표적 실재론자인 힐러리 퍼트남의 의미론을 통해 의미의 고정이 어떻게 가능한지 검토해 보기로 한다.

---

28) 하트는 필자와 달리 자전거의 경우도 '주변부'로 보고 있다. 그 이유는 아마도 하트는 '의미론적' 주변부가 아닌 '규범 적용상의' 주변부에 주목하고 있기 때문일 것이다.
29) Jerry A. Fodor, 앞의 책, 97면.
30) Hilary Putnam, 앞의 책, 43-44면.

III. 의미에 관한 실재론적 고찰

1. 내재적 실재론

퍼트남은 형이상학적 실재론(metaphysical realism)이 우리가 이해할 수 없는 '마술적 지시이론(magical theory of reference)'에 기초한 '신적 관점(God's Eye point of view)'을 전제하고 있다는 점을 저 유명한 "통 속의 뇌(Brains in a vat)" 논증을 통해 비판하며 내재적 실재론을 옹호한다. 통속의 뇌 논증은 다음과 같은 가상적 상황을 설정하며 시작한다.

> "어떤 사람이(나 자신이라고 생각해도 좋다) 사악한 과학자에 의해 뇌가 분리되어 생존이 가능한 통속에 집어넣어졌다고 하자. 이 뇌의 신경조식은 초과학적(super-scientific) 컴퓨터에 연결되어 이 컴퓨터가 그 사람으로 하여금 모든 것이 정상적인 듯이 보이는 환각을 일으키도록 한다고 하자. 사람과 사물들 모든 것이 실재하는 듯 보이지만, 그 사람이 경험하는 모든 것은 컴퓨터에서 신경세포로 이어지는 전자자극의 결과이다. 두뇌 하나가 아니라 모든 인간이 통속의 두뇌라고 상상할 수도 있다. 어쩌면 사악한 과학자는 존재하지도 않고, 우주는 온통 두뇌와 신경조직으로 가득 찬 통만을 만들어 내는 자동기계(automatic machinery)로 구성되어 있어, 우리로 하여금 서로 무관한 각각의 서로 다른 환각이 아니라 하나의 집단적인 환각을 일으켜 상호 의사소통이 가능하도록 만들어 졌다고 가정할 수도 있다."[31]

퍼트남에 의하면 통속의 뇌는 자신이 통속의 뇌라고 생각하거나 말할 수 없다. 예를 들어 한 마리 개미가 모래 위를 기어가다가 우연히 윈스턴 처칠을 모양을 그리게 되어도 우리는 개미가 모래 위에 그린 그림이 윈스턴 처칠을 표상한다고 말할 수 없다. 개미에게 처칠을 직접 보았고, 처칠의 그림을 그릴 수 있는 '지능'과 처칠을 그릴 '의도'가 없었다면 모래그림 그 자체는 처칠을 표상하거나(represent) 지시할(refer) 수 없기 때문이다. 이처럼 우리가 특정한 사물, 예컨대 사과나 집을 지각할 수 있고, 다루거나 매매할 수도 있어야만, 다시 말해 대상과 인과적 상호작용(causal interaction)[32]을 할 수 있어야만 우리는 기호나 말로써 그 대상을 지시하거나 표상할 수 있는 것이다.[33] 인과적 상호작용이 없다면 우리가

---

31) Hilary Putnam, Reason, Truth and History (Cambridge University Press, 1981), 6-7면.
32) 여기서 '인과적(causal)'이라는 말의 의미는 예컨대 내 마음 속의 '저 사과'라는 생각이 바로 저 사과에 대한 표상이 될 수 있는 것은, 나의 심적 표상이 저 사과에 의해 '야기된(caused)' 것이기 때문이다.
33) 퍼트남은 예컨대 사과에 대한 경험에 기초해 "나는 사과를 본다"와 같은 말을 할 수 있게 해 주는

하는 말은 무의미해 진다. 예컨대 '통 속의 뇌'의 뇌는 모든 실재의 사물들이 사라져 버린다 해도 계속 환각을 보며 말하게 될 것이기 때문이다. 통 속의 뇌가 말하는 바는 실재의 통속의 뇌를 지시할 수 없다. 단지 컴퓨터에 의해 프로그램화된 감각 자극들만을 지시할 수 있을 뿐이다. 따라서 '통속의 뇌'의 경우 자신을 통속의 뇌라고 의미 있게 말하거나 생각할 수 있으려면, 통속의 뇌가 통 밖으로 나가 자신이 생각한 통속의 뇌에 대한 심상과 실재적인 상태에 있는 자신의 통속의 뇌와의 인과적 상호작용을 통해 지시 관계를 형성할 수 있어야 한다. 그러나 가정에 의해 통속의 뇌는 스스로 그렇게 할 수 있는 능력이 없다. 이것이 가능하다는 것은 '신적 관점'에서 '마술적 지시'가 가능하다는 점을 인정한다는 것이고 따라서 통속의 뇌는 자신이 통속의 뇌라고 "의미 있게" 말할 수 없다는 것이다. 부연하자면 우리가 실제로 통 속의 뇌라 한다면, 우리가 "우리는 통 속의 뇌이다"라는 말로 의미하는 바는 "우리가 컴퓨터에 의해 조작된 이미지 속의 통에 들어 있는 뇌라는 것"이다. 그러나 우리가 이미지 속의 통에 들어 있는 뇌가 아니라는 점도 우리는 통 속의 뇌라는 가정의 일부를 차지한다. 한 마디로 말해서 우리가 만일 통속의 뇌라고 가정한다면, 우리가 "우리는 통 속의 뇌이다"라는 명제를 생각하거나 말할 때, 이 명제는 거짓이 된다.34) "우리가 통속의 뇌라는 가정"은 마치 내가 "나는 존재하지 않는다"는 명제를 생각하거나 말할 때 이 명제가 거짓이 되는 것처럼 자기 반박적인(self-refuting) 성격의 가정이기 때문이다.35)

이상 '통속의 뇌' 논증을 통해 우리의 정신적 표상과 정신 밖에 존재하는 대상 간의 지시 관계에 대한 인식론적 해명의 필요성을 제기한다. 해명되지 않은 지시 관계에 기초하여 용어와 지시 대상 간의 대응관계를 전제하는 입장을 퍼트남은 형이상학적 실재론이라고 설명한다. 그는 형이상학적 실재론은 이처럼 해명되지 않은 '마술적 지시이론(magical theory of reference)'에 근거하고 있으며, 따라서 마치 어떤 방식인지 알지 못하는 문제를 풀기 위해

'언어유입규칙(language entry rules)'과 언어로 표현된 결정(예컨대 나는 사과를 몇 개 사려고 한다)에 근거해 말하는 행위 이외의 다른 행위를 유발시키는 '언어방출규칙(language exit rules)'이 모두 있어야 만 지시와 표상이 가능하다고 본다. Hilary Putnam, 앞의 책, 11면.

34) Hilary Putnam, 앞의 책, 15면.

35) Hilary Putnam, 앞의 책, 7-8면. '자기 반박적(self-refuting)' 가정이라 함은 그것이 참이면 동시에 거짓도 함축되어 있는 가정을 말한다. 예컨대 "모든 일반적 진술은 거짓이다"라는 명제가 바로 그러한 것이다. 또한 어떤 명제가 생각되거나 언표될 경우에 거짓을 함축하게 될 때에도 그 명제는 '자기 반박적'이라 한다. 예컨대 "나는 존재하지 않는다"는 명제가 바로 그러하다. 이 명제가 어떤 나이든지 간에 '나'에 의해 생각되었다면 곧 생각하는 '나'의 존재를 요청하는 것이고 따라서 '자기 반박적'인 명제가 되기 때문이다. 이와 마찬가지로 "나는 통속의 뇌이다"라고 생각하기 위해서는 내가 통속의 뇌가 아니어야 한다. 따라서 "나는 통속의 뇌다"라는 명제는 '자기 반박적'이다.

무엇인지 알지 못하는 것의 존재를 믿는 것과 같다고 비판하였던 것이다.36)

퍼트남은 전통적으로 객관주의가 모종의 실재론적 신념, 즉 형이상학적 실재론에 근거하고 있으며, 이 형이상학적 신념은 세계가 정신독립적인 대상들의 어떤 고정된 총체에 의해 구성된다는 것을 전제로 하고 있다고 본다. 형이상학적 실재론에 의하면 진리란 단어 또는 명제와 정신 독립적인 사물간의 대응관계다. 반면에 상대주의는 반실재론적 신념과 밀접하게 관련되어 있으며, 이는 모든 것이 주관적이라는 주장에 근거하고 있다. 그는 진리 개념이 합리성(rationality) 개념과 밀접한 연관이 있다고 보며, 무엇이 합리적인지를 규정해 주는 역사 초월적인 불변의 법칙(ahistorical unchanging canon)이 존재한다고 보는 객관적 관점을 "이성은 역사적으로 진화한다(our conceptions of reason evolve in history)"는 점에서 잘못된 것으로 보고, 그렇다고 "이성은 무엇이든지 될 수 있다(reason itself can be or evolve into anything)"는 식의 상대주의(주관적 관점)도 옳지 않다는 점을 지적하며 이러한 이분법을 시대착오적인 것으로 보고 모두 논박한다. 그가 옹호하는 내재적 실재론은 진리가 정신 독립적인 대상들과의 대응관계에 의해 결정된다는 명제를 받아들이지 않는다. 그렇다고 "무엇이든 된다(anything goes)"는 식의 상대주의도 거부한다. 퍼트남을 비롯해 내적(internal) 관점을 취하는 자들은 세계에 대한 한 개 이상의 '참된(true)' 이론 또는 기술(description)이 있다고 본다. 이 관점에서는 진리란 일종의 "이상화된 합리적 수용가능성(idealized rational acceptability)"이라고 본다. 즉 진리란 정신과 독립된 '사태(states of affairs)'와의 대응관계가 아니라 "우리의 믿음들 상호간의 그리고 믿음과 우리의 믿음체계 속에서 표상된 우리의 경험과의 이상적 정합성(ideal coherence)"이라는 것이다.37) 요컨대 내재적 실재론은 정신이

---

36) 한편 퍼트남의 '통속의 뇌' 논증이 우리가 통 속의 뇌 아님을 증명하는데 실패했다고 지적하는 인상적인 논문으로는 김도식, 퍼트남의 '통 속의 뇌' 논증에 대한 비판적 고찰, 「언어·표상·세계」 (철학과 현실사, 1999), 246-268면.

37) 퍼트남은 진리와 합리성(rationality) 간에 밀접한 연관이 있다고 본다. 어떤 것이 사실(fact)로서 수용되기 위한 유일한 척도(only criterion)는 그것이 합리적인 것으로 받아들여 질 수 있느냐에 달려 있다는 것이다. 즉 어떤 그림이 아름답다는 점이 합리적으로 수용가능하다면, 그것은 그 그림이 아름답다는 사실이 될 수 있다는 것이다. 진리 개념을 이와 같이 파악한다면 가치 사실(value fact)도 존재할 수 있다. 그러나 합리적 수용가능성(rational accetability)과 진리 개념은 구분되는 개념이다. "어떤 진술이 어떤 시점에서 합리적으로 수용된다고 반드시 참인 것은 아니다(A statement can be rationally acceptable at a time but not true)." 합리적 수용가능성은 역사적으로 변할 수 있으나 진리는 변할 수 없기 때문이다. 이 점은 퍼트남이 실재론적 관점을 취하고 있음을 잘 보여주며, 그의 논의에서 일관되게 유지된다. Hilary Putnam, 앞의 책, x면. 참조. 다시 말해 퍼트남이 거부하는 것은 "진리를 알기 위해서는 정신 독립적인 대상들의 총체로써 구성된 세계와의 대응관계를 발견해야 한다"는 입장이지, "세계는 그것을 기술하는 사람의 관심과 독립적으로 있는 그대로 존재한다"는 실재론의 입장은 여전히

세계를 모사한다든가(실재론) 정신이 세계를 만든다는 것(반실재론)이 아니라 "정신과 세계가 공동으로 정신과 세계를 만들어 낸다(the mind and the world jointly make up the mind and the world)."[38]는 입장인 것이다.[39]

퍼트남은 자신의 내재적 실재론을 토대로 그의 내재적 지시론을 발전시킨다. 내재적 지시론에 따르면 우리는 우리의 개념적 틀을 통해서 외부의 대상과 상호작용하고, 정신 독립적 대상 자체를 지시하는 것이 아니라, 정신 의존적인 우리의 대상을 지시하기 때문에 지시가 가능하다. 다시 말해, 대상들이 정신 독립적으로 존재하는 것이 아니라, 우리의 개념화 작용에 의해서 대상 자체로부터 주어진 경험적 유입물들로부터 형성되는 것이기 때문에 우리는 그 대상을 본래적으로 지시할 수 있다. 외부 세계로부터의 경험적 유입물과 우리의 개념화 행위라는 두 전제조건들이 만족될 때, 그리고 오직 그 때에만 우리는 단어나 사고 기호를 이용해 외부 대상을 지시할 수 있다고 본다.[40]

수용하고 있는 것이다. 한 마디로 퍼트남은 "정신이 개입된 세계"와 "정신이 만들어낸 세계"를 명확히 구분하고 있는 것이다. 그렇기 때문에 그의 이론은 '내재적'이지만 '실재론'의 범주에 들어가는 것이다.

38) 퍼트남은 진리에 대한 객관주의/주관주의의 이분법을 타파하는 것이 자신의 이론의 목표라고 설명하고 있다. Hilary Putnam, 앞의 책, ix-xi면과 49-50면.

39) 퍼트남과 달리 반실재론과 상대주의 간의 밀접한 연관성을 부정하는 견해로는 A.C Grayling/이윤일 역, 철학적 논리학(An introduction to philosophical logic) (선학사, 2005), 472-485면 참조.

40) 나는 퍼트남의 '통 속의 뇌' 논증이 플라톤의 "동굴의 비유"가 부적절함을 지적하는 논변이라고 생각한다. 즉, 우리가 실제로 동굴 속의 죄수라면, 우리는 "동굴의 비유"를 "의미 있게" 생각하거나 지시할 수 없다는 것이다. 우리가 생각하는 동굴 속 죄수는 실제의 동굴 속 죄수를 지시할 수 없다. 다시 말해 동굴 밖의 '실재'는 우리의 인식범위를 '영원히' 넘어선 대상이라는 것이다. 따라서 퍼트남의 내재적 실재론에 의하면 "동굴의 비유"는 다음과 같이 변형되어야 한다. 죄수들은 동굴 밖에서 그 밑면을 자신들이 바라보고 있는 벽을 향한 채 어떤 원기둥이 굴러가든, 그 밑면과 같은 크기의 공이 굴러가든 '동일한 것'이 움직였다고 생각할 것이다. 이 때, 원기둥과 공의 '물 자체적' 차이를 파악하는 것은 죄수들의 인식능력을 영원히 넘어서는 것이다. 동굴 벽에 비친 그림자들은 물 자체의 사물들(형이상학적 실재)로부터의 '경험적 유입물'과 쇠사슬로 인해 제한된 관점, 즉 우리의 '개념적 틀'에 의해 형성된 현상에 비유될 수 있을 것이다. 만일 우리가 그러한 인식적 제약을 갖고 태어났다면, 원기둥과 공은 "정신 독립적으로" '원기둥 자체' 또는 '공 자체'로서의 그 자신의 신분을 드러내는 대상들이 아니라, 단지 우리의 제한된 개념틀 내에서만 "정신 의존적으로" 오로지 '둥근 것'이라는 신분을 드러내는 대상일 뿐이라는 것이다. 퍼트남에 의하면 대상들을 어떤 종류로 분류하는 것은 세계 자체가 아니라 바로 '사유자' 자신이다. 이상의 변형된 동굴의 비유에 대한 탁월한 착상으로는 김영정, 언어·논리·존재 (철학과 현실사, 1999), 91면 참조.

2. '의미'의 의미

(1) 전통적 의미이론 논박

일반적으로 한 단어의 의미는 내포와 외연을 갖는 것으로 이해된다. 아리스토텔레스로 부터 존 스튜어트 밀, 그리고 프레게, 럿셀, 서얼 등의 전통적 의미이론가들은 한 단어 W의 의미가 바로 내포(속성)들의 논리적 합(logical sum)이라고 보았다. 예컨대 '물'의 의미는 "무색+무취+투명+갈증해소+겨울철에 얼음이 되는 성질+대기 중에서 비가 되어 내림+---"로 분석된다. 그러나 퍼트남에 의하면 단어의 의미는 한 개인이 그 단어의 속성에 대해 알고 있는 것, 즉 그의 정신적 표상에 의해 결정되지 않는다. 다시 말해 내포의 연언이 한 단어의 외연을 결정하지 않는다는 것이다. 퍼트남은 이를 논증하기 위해 그의 유명한 "쌍둥이 지구 (Twin Earth) 논변"을 제시한다.[41]

"은하계 어딘가에서 우리가 살고 있는 지구와 모든 면에서 동일한 쌍둥이 지구가 발견되었 다고 하자. 쌍둥이 지구는 우리의 지구와 동일해 보이는 사물들로 구성되어 있다. 그곳에는 우리와 같은 말을 하는 유사한 인간(Doppelgänger; an identical copy)이 살고 있다. 이 때 지구의 한 우주선이 쌍둥이 지구를 방문하여 다음과 같은 내용을 보고하였다. 쌍둥이 지구 에 물이 있다. 그것은 지구의 물맛과 동일하고 갈증을 해소해 주고, 바다, 호수에 가득 차 있으며, 우리 지구에서처럼 비로 내린다. 그런데 이 우주선이 쌍둥이 지구에서 물이라고 발 견한 것을 가져와서, 그 원소를 검사해 보니, 그 분자식이 매우 길고 복잡한 - 그러나 간 단히 표시하자면 - 'XYZ'였다. 이 경우 쌍둥이 지구에 다녀 온 우주비행사의 정신적 표 상에는 지구의 물(H2O)과 쌍둥이 지구의 물(XYZ)의 내용이 동일하다. 만일 그 비행사가 물의 분자구조에 대한 전문적 지식을 갖고 있지 않았다면 전통적 의미론에 따라서 이 경우 정신적 표상이 동일하기 때문에 그 지시체도 동일하다고 결론지어야 한다. 그러나 퍼트남 에 의하면 지구의 물(H2O)과 쌍둥이 지구의 물(XYZ)는 분명히 그 외연이 다르다. 두 경우 지시체가 다른 이유는 바로 지시되는 '물질자체(stuff)'가 다르기 때문이다."[42]

---

41) Hilary Putnam, The Meaning of 'Meaning', in: Mind, Language and Reality: Philosophical Papers, Vol.2 (Cambridge University Press, 1975), 223-227면 참조. 쌍둥이 지구 논변은 퍼트남의 "의미의 의미"에 처음 등장하며 이후, Hilary Putnam, Representation and Reality (The MIT Press, 1988), 30-33면과 Hilary Putnam, Reason, Truth and History (Cambridge University Press, 1981), 21-25면에서도 줄곧 전 개된다.

42) 이처럼 지구의 물(H2O)과 쌍둥이 지구의 물(XYZ)의 의미가 다르다고 해서 양 지구인들 간의 정상적인 의사소통이 불가능해지는 것은 아니다. 가령 지구인이 쌍둥이 지구에 가서도, '물(water)'이란 단어로써 쌍둥이 지구의 물을 지시할 수 있기 때문이다. 예를 들어 기나긴 우주여행 끝에 쌍둥이 지구에 도착한

(2) 언어적 노동분업

퍼트남에 의하면 '지시'란 사회적 현상이다. 예컨대 혹자는 '금'에 대해 평범한 문외한들은 '금'의 의미를 실제로 아는 것이 아니라 그 '부분적' 의미만을 안다고 생각할 수 있다. 그렇다면 단어 '금'의 전체 의미는 무엇인가? "원자번호 79를 가진 원소"라는 것은 그 정답이 될 수 없다. 왜냐하면 금의 원자번호가 79라는 것을 아는 화학자는 단어 '금'의 의미에 대해 단지 보다 많은 지식을 알고 있을 뿐이기 때문이다. 금인지 여부를 가리는 다양한 시험 방법들을 알고 있는 보석상들만 금의 전체의미를 알고, 문외한들이나 혹은 원자번호는 알지만 보석상들의 시험방법을 모르는 과학자들은 금의 부분적 의미만을 알고 있다는 것도 기이한 견해다. 전통적 의미이론의 관점에서 볼 때, 금에 대한 일반인의 정신적 표상은 "노란 색의 귀중한 금속"이다. 그러나 이것만으로는 '금'의 지시대상을 정확히 선별해 내지 못한다. 그 형태와 크기가 유사한 '참새'와 '울새' 또는 '느릅나무'와 '너도밤나무'가 정신적 표상만으로는 구분될 수 없는 것과 같은 이유에서이다. 그럼에도 불구하고 우리는 '금'이라는 말을 이해하고 사용하는데 어려움이 없다. 달리 말해 우리가 사용하는 '금'이란 단어가 정확히 그 지시대상을 지시하는데 대해 의심의 여지가 없다. 어떻게 이것이 가능한가?

우리 사회에서 어떤 사람은 예물 금반지를 만드는 일을 하고, 어떤 이는 금을 사고, 파는 일을 하며, 또 어떤 사람은 금인지 아닌지 여부를 판별하는 일을 한다. 이들은 단지 각자의 본분에 충실하면 되고, 서로의 역할까지 해야 할 필요는 없다. 바로 이러한 상황들이 언어 분업을 일으킨다. 만일 금인지 여부가 의심스러운 경우에는 전문가의 판정 결과에 의존하면 된다. 따라서 전문가들이 금을 인식하는 방법은, 언어 공동체의 각 개인에 의해 소유되지는 않더라도 바로 전문가에 의해 그 언어 공동체에 귀속된다. 그러므로 만일 금의 화학적 구조에 대해 새롭게 알려진 사실이 있다고 할 때, 그 사실이 금이라는 말을 사용하는 대다수 화자에게 알려지지 않았더라도, '금'의 사회적 의미의 일부분이 된다. 요컨대 한 단어에 대한 언어분업이 있을 경우, 그 언어 공동체의 평균화자는 그 말의 외연을 고정시키는 어떤 것도 습득하지 않더라도, 그 단어의 외연은 사회적으로 고정된다는 것이다. 즉,

---

지구인이 갈증 해소를 위해 '물'을 달라고 했을 때, 이때의 물은 어의적으로는 지구의 물을 지시하지만, 쌍둥이 지구인들은 아무 어려움 없이 지구인의 의도를 읽고 쌍둥이 지구의 물을 내줄 수 있다. 단어가 지시하는 대상(what a term refers to)과 화자가 그 단어로써 지시하고자 하는 대상(what one uses it to refer to)은 구분될 수 있는바, 지구인과 쌍둥이 지구인은 상호 간의 지시적 의도(referential intention)를 파악함으로써 동일한 대상에 대해 의사소통을 할 수 있다. 이 점에 대한 적확한 지적으로는 Heimir Geirsson, Moral Twin-Earth and Semantic Moral Realism, *62 Erkenntnis 353* (2005), 359-361면 참조.

사회에는 언어적 노동의 분업이 있고, 언어는 본질적으로 개별적인 활동이 아니라 협동적인 활동이며 따라서 지시대상(외연)은 사회적으로 고정되는 것이지 개인의 정신 속에 있는 조건들이나 대상들에 의해 결정되는 것이 아니라고 퍼트남은 지적한다. 이는 쌍둥이 지구의 예에서 지구의 물과 쌍둥이 지구의 물이 전문가에 의해 구분될 수 있다는 것과도 일맥상통한다.[43]

(3) 환경의 기여

퍼트남은 쌍둥이 지구 논변을 통해 '물'의 지시대상이 '물질 자체'에 의해 부분적으로 고정되는 방식을 보여주었다. 이 사고실험에서 지구와 쌍둥이 지구의 유일한 차이는 그 화학적 분자구조이다. 그렇다면 그러한 분자구조가 발견되기 전에는 지구의 물과 쌍둥이 지구의 물이 지시하는 대상이 동일하다고 보아야 하는가? 이에 대해 퍼트남은 물의 분자구조를 밝힐 수 없었던 1750년에조차도 지구의 물과 쌍둥이 지구의 물은 다른 지시대상을 가지고 있었다고 본다. 비록 그 당시 지구와 쌍둥이 지구 사람들의 '물'에 대한 정신적 표상은 동일한 것일 수 있더라도 '물질 자체'가 달랐기 때문에 그 지시대상은 다를 수밖에 없다고 한다. 즉 이것은 '환경 자체'에 의해 지시대상이 부분적으로 고정된다는 주장을 담고 있다. 퍼트남은 이를 '환경의 기여'라고 부른다. 그런데 분명히 1750년의 지구인과 쌍둥이 지구인에게는 물의 분자구조가 알려져 있지 않았다. 그럼에도 불구하고 퍼트남은 어떻게 양자 간의 차이가 있었다고 주장하는 것인가? 퍼트남에 의하면 지구의 물과 쌍둥이 지구의 물이 '물질 자체'에 있어서 차이가 있다면 비록 그 분자구조가 알려져 있지 않다 하더라도 양자 간의 차이를 드러내 줄 수 있는 어떤 제3의 물질이 존재해야 한다고 본다. 예컨대 물이 어떤 물질 S와 혼합되면 화학반응을 일으켜 노란 침전물을 만드는 반면, 쌍둥이 지구의 물은 S와 혼합되면 폭발을 일으키는 그러한 S가 존재할 수 있으며, 이러한 현상은 설령 물의 분자구조를 모르더라도 지구의 물과 쌍둥이 지구의 물이 다른 두 물질이라는 것을 보여준다는 것이다. 다만 1750년에 지구인과 쌍둥이 지구인은 이 사실을 모르고 있었을 뿐이며, 따라서 물에 대한 정신적 표상은 동일했지만, 그럼에도 불구하고 지시대상이 달랐다는 것이다. 요컨대 이러한 차이점은 1750년대의 지구인과 쌍둥이 지구인들에게서 '이상적' 또는 '충분히 좋은' 인식적 상황 하에서는 "입증될 수 있었다"는 것이다.[44]

---

43) Hilary Putnam, 앞의 책(Representation and Reality), 30-33면.
44) Hilary Putnam, 앞의 책, 33-34면. 분자구조가 밝혀지지 않았던 과거나 현재나 물의 의미에는 변함이

퍼트남은 '환경의 기여'에 의해 지구의 물과 쌍둥이 지구의 물을 구분할 수 있는 이유를 '맥락의존지시성(indexicality)'[45]에 의해 부연한다. 즉, 우리가 지구의 물을 쌍둥이 지구의 물로부터 구별하게 해 주는 어떤 '속성'이 있다는 것이다. 그 속성은 "우리 환경으로부터 얻은 어떠한 다른 샘플의 순수한 물과도 똑같이 작용함"이라는 속성이다. 예를 들어 우리가 단어 '물'의 의미를 가르칠 때, 우리는 어떤 샘플에 초점을 맞추며, 이 샘플들과 동일하게 작용하지 않는 물질은 동일한 물질로 간주하지 않는다. 이 때 "이것과 매우 같음"이라는 속성은 쌍둥이 지구에서 '물'의 의미를 역시 동일한 방식으로 가르칠 때 요구되는 속성과는 다른 것이다. 왜냐하면 '이것', '여기', '지금' 등의 단어들을 포함하고 있는 속성 용어들은 사용하는 상황이 따를 때에는 다른 속성들을 지시할 수 있기 때문이다. 가령 "이 버스의 운전수"라는 정신적 표상은 두 사람의 머릿속에서 질적으로는 동일한 대상을 지지할 수 있지만, 분명 서로 다른 개인들을 지시할 수 있기 때문이다. 지구의 물과 쌍둥이 지구의 물이 다른 두 공동체에 속한 화자들의 머릿속에 있는 동일한 정신적 표상들과 연계되지만, 그럼에도 불구하고 여전히 다른 물질들을 지시하게 되는 것은 바로 이 "맥락의존지시성" 때문이라는 것이다.[46]

요컨대 환경 자체가 화자나 공동체가 사용하는 단어의 지시를 고정하는 데 중요한 역할을 담당한다.

없다는 점을 퍼트남은 다음과 같이 설명한다. 예컨대 퍼트남은 어린 시절 금발의 곱슬머리와 프랑스 이름을 가진, 그리고 영어가 아닌 프랑스어를 사용하는 사람이었다. 현재는 성긴 회색머리와 힐러리 퍼트남이라는 영어이름, 그리고 영어를 사용하지만, 그럼에도 불구하고 누구나 그를 과거로부터 현재까지 동일한 사람으로 본다는 것이다. 나아가 이처럼 변화 속에서도 의미의 동일성을 보존해 주는 충분한 연속성(continuity)이 있는지 여부를 결정할 수 있도록 해 주는 것은 '실천적 관행(practice)'이라고 설명한다. 또한 그는 '물'의 의미가 변해 왔다고 보는 것은 우리의 '직관(our intuition)'에도 반할 뿐만 아니라 의미의 '해석상의 관용원리'에 의해 의미의 동일성을 최대한 보존해야 한다는 '해석원리(interpretive principle)'에도 어긋난다고 본다. 이에 대해서는 앞의 책, 11면과 17면.

45) 'Indexical'에 대해 '색인적' 또는 '지표적'이라는 번역어가 널리 사용되나, '맥락의존적'이라는 번역이 보다 의미 전달에 적절하다고 본다. 무어에 의하면 '맥락의존적 표현(Indexical expression)'이란 '나(I)'란 단어와 같이 맥락에 따라서 지시가 변하는 표현(expressions whose reference changes from context to context)을 말한다. Michael S. Moore, 앞의 논문, 290면의 각주 22) 참조.

46) 퍼트남은 맥락의존지시성에 의한 설명방식이 크립키가 이름과 필연에서 시도한 것처럼 "어떻게 지시대상이 고정되는가의 문제를 그 용어들의 개념적 내용의 문제로부터 분리시키고자 하는 것"이라고 밝히고 있다. 이에 대해서는 Hilary Putnam, 앞의 책, 38면 참조. 크립키가 설명한 방식이란 "인과적 지시론"을 말한다. 다만 크립키는 고유명사의 지시가 어떻게 고정될 수 있는가에 국한시켜 이 방식을 적용함에 비해, 퍼트남은 물과 고양이 같은 자연종 명사를 비롯해 우유 등의 일반명사에까지 확대시키려 하고 있는 듯 보인다.

(4) 인과적 지시론

퍼트남과 마찬가지로 크립키(S. Kripke)는 대상의 속성에 대한 화자의 신념과 지식만으로는 의미를 확정지을 수 없다는 입장을 취하며 전통적 의미이론과는 다른 입장을 피력한다. 특히 그는 고유명사의 경우 속성에 의해 정의를 내릴 수 없다고 본다. 예컨대 총각을 결혼하지 않은 남자로 정의하듯이, 이순신을 임진왜란 당시 거북선을 발명하여 왜적을 물리친 장군으로 정의한다면, 거북선의 발명이나 해전의 승리는 이순신 장군의 필연적이고 선험적인 속성이 될 것이다. 그러나 이는 명백히 오류다. 왜냐하면 어떤 군인이 거북선을 발명해 왜군을 물리쳤기 때문에 이순신이 된 것이 아니라, 이순신이 미리 존재하여 그런 공적을 남긴 것이기 때문이다. 다시 말해 이순신이 태어날 때 이미 운명적으로 그런 일들을 하도록 결정되어 있던 것이 아니라, 단지 태어나서 우연적으로 그런 업적을 이룬 것이기 때문이다. 즉 우리가 이순신의 업적을 선험적으로 알기란 불가능하며, 따라서 단일한 속성들이 필연적이지 않은 것과 마찬가지로, 그러한 속성들의 논리적인 연접에 의한 정의도 역시 필연적이지 않다. 그런데도 우리는 일상적으로 타인과의 의사소통에서 이름을 통해 이순신을 지시할 수 있다.[47] 그렇다면 도대체 무엇이 이름으로 하여금 하나의 대상을 가려내고 그것을 피칭체로 확정되도록 만드는 것일까?

이에 대해 크립키는 '인과적 지시론(causal theory of reference)'을 제시한다. 크립키에 의하면 '지시(reference)'는 언어공동체와 단절되어서는 설명하기 힘든 현상이다. 다시 말해 고유명사의 사용은 보다 공적이고 사회적이며 역사적인 언어행위를 전제하지 않을 수 없다는 것이다. 예컨대 화자가 어떤 이름을 사용할 때, 언어공동체와 단절된 개인이 그 사용의 역사를 무시하고, 자신만의 사적 언어로 그 이름을 사용한다고 보기는 어렵다. 그보다 화자가 언어 공동체의 일원으로서 고유명사가 사용되어 온 역사적 맥락 속에서, 다른 화자들과 공유하고 있는 공적 언어로, 그 고유명사를 사용한다고 생각하는 것이 보다 타당할 것이다. 한 마디로 '지시'를 설명하기 위해 일종의 '의사소통의 연쇄고리'가 필요하다는 지적이다.

가령 '쇄'가 어떤 이름을 사용하는 것을 '적'이 처음 보고 배운 후, '쇄'가 그 이름으로 지시했던 것과 동일한 대상을 지시할 의도로 그 이름을 사용하면, '적'의 이름 사용은 '쇄'의 사용에서 비롯되었다는 점에서, '쇄'의 사용과 '인과적으로' 연결된다. 또 '쇄'의 사용은, '쇄'가 그 사용법을 '연'에게서 처음 배웠다면, '연'의 사용과 인과적 연결관계를 형성하게

---

47) 크립키는 '괴델(Kurt Gödel)'의 예를 들고 있으나 논의 편의상 본고에서는 '이순신'의 예를 들었다.

된다. 이러한 방식으로 '연', '쇄', '적' 간의 고유명사 사용자들 사이에 인과적 연결의 사슬이 형성되는데, 그 사슬의 마지막 연결고리는 처음으로 대상에 이름을 부여하는 '명명식(命名式; initial baptism)'이다. 즉, 명명 당시의 직접적인 지시가 '적'의 현재 지시로 '인과적으로' 전달됨으로써, '적'은 결국 최초의 명명에 의해 고정된 그 대상을 지시할 수 있게 된다는 것이다. 요컨대 '인과적 지시론'에 의하면, 우리가 어떤 이름을 사용하여 대상을 지시할 수 있는 것은, 우리의 지식이나 정신적 표상이 그 대상을 가려내기 때문이 아니라, 우리가 그 이름으로 대상을 가리킬 수 있었거나 현재 가리키고 있는 다른 사람들과 인과적으로 연결되어 있기 때문이라는 것이다.[48]

고유명사에 대한 크립키의 설명과 유사하게 퍼트남은 자연종(natural kind) 명사의 지시 고정현상에 대해 '인과적 지시론'으로써 해명을 시도한다.

예를 들어 어떤 한 이론용어, 즉, 온도나 전하(electrical charge)와 같은 물리량(physical magnitude)을 지칭하는 용어를 처음으로 도입하여 사용하는 과학자는 어떤 방식으로, 어떤 효과들을 야기하는 원인으로서의 이론적 대상을 경험적으로 탐구하여, 이론용어가 지시하는 이론적 대상에 대한 정보로서 "근사적으로 참인 한정 기술어(approximately correct definite description)"[49]들을 제공한다. 바로 이러한 한정 기술어들이 이론적 대상들에 대한 인과적 연결고리의 역할을 담당하게 된다고 한다. 비전문가인 제3자는 그러한 방식으로 제공된 정보들에 근거해 이론용어를 사용할 수 있다. 이 때 내가 그러한 이론용어를 처음으로 사용할 수 있게 되는 계기는 일정한 '도입사건(introducing event)'에 의해 주어진다. 이는 크립키의 최초의 명명식과 같은 것이며, 제3자가 나중에도 이러한 용어를 사용하게 될 수 있는 것은 바로 그 도입사건과 인과적으로 연결되기 때문이다. 다만 이 때, 도입 사건은 전문가들이 제공한 기술구들에 대해 인과적으로 연결되어야 한다. 이처럼 비전문가인 제3자들이 어떤 자연종 명사를 사용하게 될 때, 그 명사가 지시하는 대상은 전문가가 제공한 정보에 인과적으로 연결된다는 것이다. 그리고 이러한 의미에서 자연종 명사는 고유명사와 다르게 인과적 기술구들에 의해 지시체가 고정되어 사용될 수 있다. 예를 들어 우리는 금인지 여부를 확인하기 위해 금은방 전문가에게 의뢰한다. 다시 말해 우리는 '금'의 지시관계를 확인할

---

48) Saul A. Kripke, Naming and Necessity (Harvard University Press, 1980), 71-105면. 특히 95-97면.
49) 한정 기술어란, 고유명사(proper name)가 특정한 하나의 개별적 대상을 지시하는 하나의 명사인 것과 달리, 사물의 어떤 속성을 기술하는 두 개 이상의 단어로 구성되어 있으며, 특정한 하나의 대상을 지시하는 기술구를 말한다. 예컨대 "거북선을 처음 만든 사람", 또는 "미국 최초의 흑인 대통령" 등이 한정 기술어이다.

수 있는 전문가가 제공해 주는 한정 기술어들에 인과적으로 연결될 때에만, 그 금속을 금이라고 이해하고 인정하게 되는 것이다. 따라서 자연종 명사처럼 지시 관계가 고정된 대상은 그것을 설명하는 이론이 다르더라도 그것의 지시체에 대해서는 동일한 자연종 명사를 사용할 수 있다. 예컨대 과거 '전자(electron)'와 '식물'에 대한 설명방식과 믿음들은 현재와 달랐을 테지만 그러한 이론상의 변화 속에서도 각각의 명칭의 지시대상은 동일했다고 보아야 하기 때문이다. 즉 자연종 명사가 지시하는 대상은 그 대상에 관한 정보들을 제공하는 이론과는 독립적이라는 의미에서 이론-초월적(trans-theoretic)이라고 볼 수 있다.[50]

1900년대 이론에서 보어(N. Bohr)는 "전자들이 핵 주위를 돌고 궤도를 가지고 있다."고 설명했던 반면, 1934년의 이론은 "전자는 결코 궤도를 갖지 않으며, 위치와 운동량을 동시에 갖지 않는다."고 말한다. 또한 현재 우리가 '식물'이라고 부르는 자연종들은 엽록소를 갖고 있고, 광합성을 한다고 믿고 있지만, 이러한 것들은 과거에는 알려지지 않았던 사실들이다. 이론과 믿음의 변화에도 불구하고 우리는 '전자'와 '식물'의 지시대상이 변했다고 말하지는 않는다. 대상에 대한 '믿음'이 변하는 것이지, 그 '의미'는 변하지 않는 것으로 보아야 하기 때문이다. 이처럼 '전자'나 '식물'을 역사적으로 동일한 의미가 보존되는 것으로 보려는 결정은 해석에 있어서 '관용(charity)' 또는 '의심스러운 것에 대한 선해(benefit of the doubt)'를 통해 이루어 질 수 있다. 예컨대 우리는 1900년대 보어가 '전자'라고 불렀던 것이 현재의 우리가 '전자'라고 부르는 것을 지시한다고 해석해야만, 그의 1900년대 믿음들 중 적어도 약간을 '참'이 되도록 만드는 것이며, 만일 그가 "존재하지 않는 대상"을 지시하고 있었다고 해석한다면 1900년대 그의 믿음 모두를 틀린 것으로 폐기해 버리는 것이 된다. 만일 200년 전 '식물'이라는 단어를 그 당시 믿음에서의 차이점에도 불구하고 현재의 '식물'과 동일한 것으로 보지 않는다면, 200년 전 사람은 우리와는 "다른 세계에 살았던(lived in a different world)" 것이 되며, 만일 이처럼 그들의 개념이 오늘날 우리의 개념과 '불가공약적(incommensurable)'이라면, 그것은 우리가 200년 전에 기록된 일상적 어의(ordinary letter)조차 해석할 수 없음을 함축한다. 그러므로 모든 해석에는 "해석상의 관용(charity in interpretation)"이 요구되며, 믿음에서의 약간의 차이는 항상 삭감(discount)해야 한다. 퍼트남은 이처럼 믿음을 고정시키고 정당화하는(belief fixation and justification) 일상적인 절차들을 통해 의미가 보존되는 방식으로 서로를 해석하지 않으면 '의미'란 개념은 비판적 기능을 할 수가 없다고 지적한다. 즉, 논리학에서 "의미의 동일성 개념"이 한 용어를 어느 곳에서 어떤 의미로 쓰고, 동시에 동일한 논변의 다른 곳에서는 다른 의미로 애매하게 사용하는 것을 '오류(fallacy)'로 판정해 주는 기능을 하듯이, 만일 우리가 의미를 보존

---

50) Hilary Putnam, Explanation and Reference, in: Mind, Language and Reality: Philosophical Papers Vol.2 (Cambridge University Press, 1975), 198-202면.

하는 방식으로 해석하지 않으면, 기존의 이론을 수정하는 모든 과학자는 매번 '다른 의미'를 사용하는 격이 되므로, 바로 그러한 '애매성의 오류(guilty of equivocation)'를 범한다고 보아야 하기 때문이다. 요컨대 퍼트남에 의하면 해석은 규범적인 제약조건에 의존하고 있으며, 따라서 의미란 "규범적 개념(normative notion)"이다. Hilary Putnam, 앞의 책, 1988, 11-15면. 무어는 유사한 맥락에서 과거에 사람들은 심폐기능이 정지하고 의식이 상실되면 사람이 '사망(death)'했다고 보았었고, 오늘날 과학의 발달로 두뇌기능과 소생술(revivability)의 발견으로 '사망시기'에게 대한 법적 견해가 바뀌어 가고 있지만(소위 '뇌사설'), 그럼에도 불구하고 과거로부터 현재까지 '죽음' 또는 '사망'은 언제나 동일한 '자연적 사태(natural kind of event; naturally occurring kind of event)'를 의미하는 것으로 보아야 하며, 그 이유는 과거의 사람들이 '죽음' 또는 '사망'란 단어를 사용할 때 지니고 있던 '언어적 의도(linguistic intention)'는 현재 우리의 언어적 의도와 일치하기 때문인바, 즉 만약 그들도 '뇌사'나 '소생술'을 알았더라면 단지 '심폐기능'이 정지하고 '의식'이 상실된 사람을 '죽었다고' 보지는 않을 것이기 때문이라고 주장한다. Michael S. Moore, 앞의 논문, 297-298면. 의미가 동일하게 보존되는 것으로 보아야 하는 용어로는 '전자'나 '식물', 그리고 '사망' 외에 보다 더 적실한 예로서 '지구(Earth)'를 떠올리면 될 것이다. 고대나 중세의 사람들은 '지구'에 대해 다른 믿음과 지식(예컨대 평평하다는 생각)을 갖고 있었지만 그럼에도 불구하고 '지구'의 '의미'는 동일하다고 보아야 한다.

3. 내재적 지시론의 법해석 방법론적 의의

퍼트남의 의미이론에서 강조되는 "언어적 노동의 분업"과 "환경의 기여"는 내재적 지시론과 밀접한 연관이 있다. 내재적 지시론이란 퍼트남의 내재적 실재론을 의미이론에 적용한 것이다. 간단히 말해 한 낱말이나 명제가 정신 독립적인 '대상들'을 지시하는 것이 아니고, 그 사용자들의 개념적 틀 내에서만 특정한 대상들을 지시할 수 있다는 이론이다. 다시 말해 우리의 정신적 표상들이 경험적 유입물들에 의해 야기되고 우리의 개념화에 의해 충분하게 정립된 개념들을 형성할 때, 그 표상들은 특정한 대상들을 지시할 수 있다는 것이다. 이 때 세계로부터 경험적 유입물을 얻게 되는 특정한 방식을 퍼트남은 '인과적 상호작용'이라고 설명한다. 예컨대 사람들이 나무와 같은 사물들과의 '직접적 인과관계'나 나무를 기술할 수 있는 어떤 것들과의 '간접적 인과관계'가 없다면 사물들을 지시할 수 없다.[51] 나아가 그는 지시의 전제조건으로서 우리의 '개념화 작용'이 필요하다고 본다. 내재적 지시론에 있어서 "기호가 누구에 의해 어떻게 사용되는지와 관계없이 대상에 본래적으로 대응하는

---

51) Hilary Putnam, Reason, Truth and History (Cambridge University Press, 1981), 16-17면.

것은 아니다(signs do not intrinsically correspond to objects)." 하지만 특정한 사용자들의 집단에 의해 특정한 방식으로 실제 사용되는 기호는 그 사용자들의 개념틀 내에서 특정한 대상에 대응될 수 있다. "'대상들'은 개념적 틀과 독립적으로 존재하지 않는다('Objects' do not exist independently of conceptual schemes)."[52] 우리가 세계를 이러한 또는 저러한 방식의 틀로 기술(description)하려고 할 때, 우리는 세계를 대상들로 나누게 되며, 그 대상들과 기호들은 공히 그러한 특정의 기술 방식에 내재적(internal)이기 때문에 무엇과 무엇이 대응하는지 말하는 것이 가능해 진다고 한다.[53] 이것이 퍼트남이 말하는 내재적 지시론의 구조이다.

퍼트남의 의미이론에서 환경의 기여요소란 내재적 지시론에서 경험적 유입물의 전제조건에 해당한다. 퍼트남에게 있어서 의미란 외부 세계로부터 주어진 경험적 유입물들의 토대 위에서 형성된 개념이므로 단순히 정신적 존재일 수만은 없는 것이다. 이는 의미의 고정에 기여하는 일정한 외재적 한계가 있다는 뜻이기도 하다. 예컨대, 지구의 물은 쌍둥이 지구의 물까지 지시할 수는 없으며, 마찬가지로 지구의 고양이는, 지구의 고양이와 교배가 불가능한 쌍둥이 지구의 고양이까지 의미할 수는 없다는 것이다. 그렇다고 의미가 정신독립적으로 외부 세계의 대상들 자체를 지시할 수 있는 것도 아니다. 내재적 지시론에 의하면, 단어의 외연은 외부 대상들 자체가 아니라 우리가 만든 개념적 틀들 내에서 개념화된 대상들을 지시하는 것이다. 이러한 개념화 작용의 역할을 하는 것이 바로 언어적 노동의 분업요소이다. 언어의 의미는 언어적 노동의 분업에 의해 수행된 우리의 개념화 작용에 의해 사회적으로 고정되는 것이다. 예컨대 근대 화학이 발달하지 이전인 1750년대에는 전문가들조차 '물'의 분자구조를 모르고 있었다. 따라서 이때의 '물'의 의미는 H2O라는 외연을 가질 수 없었다. 마찬가지로 '금'의 원자번호가 79라는 사실이 알려지기 전까지는 금의 외연은 분명 현재와는 달랐던 것이다. 이처럼 '언어적 노동의 분업'은 개념적 틀들에 따라 사회적으로 수행되는 개념화 작용의 전제조건에 해당한다고 볼 수 있을 것이다.[54]

그렇다면 이제, 퍼트남의 의미이론은 법의 해석에 있어서 어떠한 의의를 지닐 수 있는지 살펴 볼 차례이다.

우선 "환경의 기여요소"에서 확인할 수 있듯이, "법문의 가능한 의미"는 분명 넘을 수 없는 외재적 한계가 있다고 본다. 분명 법해석에 있어서도 외재적 한계로는 퍼트남이 말한

---

52) Hilary Putnam, 앞의 책, 51-53면.
53) 퍼트남의 내재적 지시론에 대한 소개로는 김영정, 내재적 실재론에 있어서 칸트적 요소, 실재론과 관념론: 현대 분석철학 논쟁(철학과 현실사, 1993), 124-137면 참조.
54) 퍼트남의 의미이론과 내재적 지시론의 상관성에 대해서는 김영정, 앞의 책(언어·논리·존재), 91면 참조.

'물질자체'라는 환경적 요소도 분명 기여하는 바가 있을 것이다. 그러나 다른 한편 '탈 것 금지'라는 애매하기로 악명 높은 사례에서조차 우리는 '탈 것'의 의미를 임의로 확장하거나 제한할 수는 없다는 점에 주목할 필요가 있다고 본다. 이를테면 쌍둥이 지구에서는 사람들이 짐까지 함께 실을 수 있는 것만을 '탈 것'이라고 부른다든지, 올라타서 놀 수 있는 놀이기구에만 '탈 것'이라는 명칭을 붙인다면 이는 우리가 살고 있는 이 세계에서의 언어관행과 매우 다르며, 따라서 우리는 '탈 것'을 해석함에 있어서 "짐까지 함께 실을 수 있는 것"만 의미한다든지, "올라탈 수 있는 놀이기구"만 뜻하는 것으로 임의로 외연을 고정시킬 수는 없다. 지구와 쌍둥이 지구의 환경적 요인에 의해 '탈 것'의 지시대상, 즉 외연이 달라진다는 것이다. 물론 여기서 '환경적 요인'은 퍼트남이 든 '물'과 달리 '물질 자체'의 차이가 아니라 '언어 관행'의 차이다. 우리가 일상적으로 사용하는 단어의 의미는 이 세계에서 형성된 언어관행을 벗어날 수 없다.[55) 쌍둥이 지구에는 다른 언어관행이 있다고 하더라도 지구에서의 의미는 지구의 언어관행에 의해 제한된다. 따라서 법해석의 경우 '물질자체'와 '언어관행' 모두 언어의 의미를 부분적으로 고정시키는 환경적 요인이 될 수 있다고 본다.[56)

다음으로 "법문의 가능한 의미"의 확정에 있어서 "언어적 노동 분업"이 고려되어야 한다는 점을 퍼트남의 내재적 지시론은 말해준다. '탈 것'의 외연은 일정한 '개념틀'과 독립적인 외부의 대상을 지시하는 것이 아니라, 전문가들에 의해 형성된 '개념틀' 내에서 허용 가능한 대상만을 지시하는 것으로 보아야 한다. 비유적으로 설명하자면, 비전문가들이 '금'과 '가짜 금'을 구분하지 못하고 일상적으로 사용할 수 있듯이, '탈 것'의 일상적 의미는 자동차부터 세발자전거에 이르기까지 다양한 외연을 가질 수 있겠지만, 법률 전문가들에 의해 '목적론적 해석'이 가해진다면 공원에서 금지되는 '탈 것'에는 세발자전거는 제외될 수가 있는 것이다. 즉 일정한 해석방식을 채택할 경우, 이는 하나의 개념틀을 형성하고, '탈 것'의 의미는 이 개념틀 내에서 고정되며 이것이 바로 "공원에서 탈 것 금지"란 법규의

---

55) 단, 여기서 '언어관행'의 역할이 중요하다고 하여, '관행'이 곧 '의미'를 결정한다는 뜻은 아니다. 만일 관행이 의미를 결정한다면, 과거의 관행과 현재의 관행이 뒤바뀐 경우(예컨대 전술한 '사망시기'를 규정짓는 관행처럼) '의미의 변화'가 있었다고 말해야 하며, 이는 '실재론적 의미론'이 취하는 태도에 반하기 때문이다. 이 점에 대해서는 Michael S. Moore, 앞의 논문, 295-301면.

56) 퍼트남 역시 '우유'의 예를 들며 '우유'는 혼합물이기 때문에 '물'처럼 어떠한 샘플에 대해서도 동일한 작용을 보이지는 않겠지만, 그러나 우리가 "정상적인 우유"에서 발견하는 구성물에 의해 최소 50%가 구성되지 않은 물질은 "진정한 우유"가 아니라고 말해야 한다고 지적하는바(오히려 그것이 "우유를 포함하는 물질"이라고 봐야 한다), 이 경우 퍼트남은 우유의 의미가 순전히 '물질 자체'에 의해 고정된다기보다는 일정한 '언어관행'의 역할을 고려하고 있는 것으로 보인다.

사회적 의미가 되는 것이다. 다시 말해, 해당 법문의 의미는 법률전문가들이 이를 인식하는 방식, 즉 일정한 해석방식 하에서 고정될 수 있다. 이처럼 법문을 인식하는 일정한 개념틀, 즉 해석방식을 전제로 하지 않고 정신독립적인 객관적 세계에 대응하는 법문의 의미는 존재할 수 없다는 것이 내재적 지시론의 함의인 것이다. 그러한 개념틀을 전제하지 않고 법문의 가능한 의미를 확정하려는 시도는 "신도 해결할 수 없는 문제"인 것이다.57)

끝으로 낱말이 지니는 의미의 고정에 있어서 '인과적 지시론'이 갖는 함의를 살펴볼 차례이다. 크립키든 퍼트남이든 고유명사나 자연종 명사가 '명명식' 또는 '도입 사건'에 의해 그 지시가 역사적 또는 인과적으로 고정될 수 있다고 보고 있다. 그러나 인과적 지시론에 대해서는 다음과 같은 문제점이 제기된다. 인과적 지시론이 전제하는 인과사슬은 단선적이어서, 만일 중간에 피칭체가 바뀌게 되면 지시 역시 바뀌어야 하지만, 인과사슬은 과거의 대상에 묶여 있어서 새로운 대상에 연결시키지 못한다는 것이다. 예컨대 '마다가스카 (Madagascar)'는 원래 아프리카 원주민들이 아프리카 대륙의 일부를 지칭하기 위해 사용했던 이름인데, 마르코 폴로가 말레이시아 또는 아랍 상인들이 전하는 소문을 오해하여, 아프리카 남동쪽의 한 섬(현재의 마다가스카)을 가리킨다고 생각했던바, 그는 '마다가스카'를 새로운 용법으로 사용하기 시작했고, 그의 새 용법은 점차 널리 인정받아 결국 과거의 용법은 사라져, 그것이 새로운 피칭체(현재의 섬 마다가스카)를 지시하게 된 경우가 바로 그것이다.58) 크립키는 이에 대해 마다가스카의 현재 용법은 역사적 연결(historical connection)을 뒤엎을 만큼 널리 받아들여지고 있음을 인정하면서, 원주민들이 마다가스카를 어떤 신화적 지역을 지칭하기 위해 사용했었다 하더라도 똑같은 일이 발생할 수 있다고 지적한다. 즉, 실제 지시체는 다른 실제의 지시체로 바뀔 수 있고, 가상의 지시체가 실제의 지시체로, 또 그 반대 현상도 일어날 수 있다고 본다. 이와 같은 모든 경우에는 주어진 대상(given entity)를 지시하려는 현재의 의도가 '역사적 전승의 사슬(historical chain of transmission)'을 통해 지시체를 보존하려는 원래의 의도를 무시하게(overrides) 된다. 그 이유는 고유명사 사용의 '두드

---

57) 무어는 전술한 '사망(death)'의 예에서 가령 '영구적 의식불명상태이지만 심폐기능은 살아있는' 사람의 경우에는 '관행(규약)적 기준(conventional indicators)'으로는 사망여부를 판정할 수 없어서 판단이 모호한(vague) 사례가 되겠지만, '실재론적 의미론'에 의하면 '최선의 과학이론'을 통해 이러한 '주변부 (penumbra)'가 제거될 수 있다고 주장하나, 이것은 '죽음' 또는 '사망'과 같은 제한된 경우에는 타당할지 몰라도 위의 '탈 것' 사례처럼 '과학적 발견'이 해결할 수 없는 사례에 있어서는 그러한 시도는 무망 (無望)하다고 본다. Michael S. Moore, 앞의 논문, 308면.

58) Gareth Evans, The Causal Theory of Names, in: Gareth Evans(ed.). Collected Papers (Oxford University Press, 1985), 11면.

러지게 사회적인 성격(predominantly social character)'에 의해 설명될 수 있다고 본다.[59] 다시 말해 고유명사의 사용은 비록 어떤 개인의 '명명식'에 인과적으로 연결되는 것은 사실이나, 그렇다고 개인의 임의적 결정으로 이루어지는 것은 아니고, 사회의 일반적 경향과 추세의 영향에 의해 제한을 받는다는 것이다.[60]

역사적 인과사슬의 단절에 대한 크립키의 해명이 다소 모호하기는 하지만, 인과적 지시론 기본전제는 여전히 타당하다고 본다. 왜냐하면, 이 경우 마르코 폴로의 '새로운 명명식'이 있었고, 이것이 기존의 언어관행을 뒤엎을 만큼 선호되고 또 사회적으로 널리 받아들여져, 이 사건을 기점으로 새로운 인과사슬이 형성된 것으로 설명할 수 있기 때문이다.

'인과적 지시'의 단절은 퍼트남이 말한 이론명사에서도 발생할 수 있다. 예컨대 과거에 '사이코패스'는 어떤 동기에 의해서건 반사회적 행동을 일삼는 행위자를 지칭하는 용어였다. 따라서 정신병이나 신경증에서 비롯된 반사회적 행위자도 사이코패스로 분류될 수 있었다. 이를테면 조울증(manic-depressive psychosis)이나 경조증(hypomania)[61] 환자도 사이코패스로 분류될 수 있었던 것이다. 그러나 어느 시점부터인가 사이코패스는 행동의 측면에서뿐 아니라 그 정신병리적 상태까지 고려하여 '공감능력의 결여', '양심과 죄책감의 결여', 또한 '무절제와 충동성' 등의 보다 세분화된 기준을 모두 충족시키는 자만을 지칭하게 되었다.[62] 전술한 인과적 지시론과 인과적 지시의 단절 문제는 "법문의 가능한 의미"를 확정짓는 데 있어서도 매우 중요한 의미를 가질 수 있다고 본다. 형법상 많은 전문 용어들은 상당한 기간을 통해 의미의 변천을 겪어 왔다. 예컨대 형법적 논의에 빈번하게 사용되는 '고의'라는 개념조차 고전적 범죄체계 하에서는 책임의 요소로 파악되어 '위법성의 인식'까지 포함하는 개념이었다가 목적적 범죄체계 이후 현대적 범죄체계에 이르러서는 '위법성의 인식'은 고의와는 구분되는 별도의 '책임요소'로 인정되기에 이르렀다. 이러한 '의미의 변천'을 정확하게 확인하기 위해서는 학설사나 판례연혁의 검토를 통해 유의미한 '명명식' 또는 '도입 사건'을 밝혀내야만 한다. 즉, '법문'의 개념형성에 대한 '역사적 고찰'이 필요하다는 것이다. 이처럼

---

59) Saul A. Kripke, 앞의 논문, 163-164면.

60) 이러한 해석으로 김보현, 인과적 지시론과 고유명사의 지시변화, 철학연구 제72집, 1999, 200면 참조.

61) 경조증이란 고양되고(elevated) 불안정한(irritable) 기분이 지속되고, 사고와 행동도 그러한 증세를 말한다.

62) 참조할 만한 문헌으로는 Ben Karpman, The Myth of the Psychopathic Personality, *104 American Journal of Psychiatry 523* (1948), 523-534면. 벤 카프만은 정신병과 신경증에서 비롯된 반사회적 행위자는 2차적 사이코패스(secondary psychopath)로 분류하며 이를 사이코패스 개념에서 제외할 것을 주장한다.

'역사적 고찰'을 통한 '인과적 지시체'의 확인 없이 "법문의 가능한 의미"를 논하려는 것은 '개념적 혼란의 미궁'을 벗어나려는 것처럼 가망 없는 시도라고 본다.[63]

Ⅳ. 몇 가지 사례의 검토

1. '또는' 사건

유추와 해석에 관한 고전적 사례로 소위 '실화죄' 사건(대법원 1994. 12.20. 선고, 94모32 전원합의체결정)이 있다.[64] 이 사례의 주된 쟁점 중 하나는 과연 접속어 '또는'이 '연결어'인지 '분리어'인지에 초점이 맞추어져 있었다. 따라서 본고의 논의 목적상 동 사건을 '또는' 사건으로 부르는 것이 보다 적합할 것이다. 접속어 '또는'은 "법문의 가능한 의미"의 실질적 판단기준을 "문언의 부여 가능한 의미"[65]가 아니라 "일상적·표준적 의미"로 볼 경우 확정이 불가능하다.[66]

이와 달리 접속어 '또는'은 누가 보더라도 '연결어'의 의미를 갖는다는 견해가 있다. 예컨대 "누가 '내 민법책과 형법책'이라는 말을 내 민법책과 나와 타인이 가지고 있는 형법책이라고 이해하겠느냐?"는 것이다.[67] 그러나 이 예문이 다음과 같은 상황에서 사용되었다면 어떠한가? 민법저서를 낸 어느 민법교수가 조교에게 도서관에서 "내 민법책과 형법책"을 대출해 오라고 부탁한 경우 또는 자기 소유의 민법책과 형법책, 그리고 친구에게서 빌리기로 한 형법책을 실수로 그 친구 집에 두고 온 어느 법대생이 친구에게 전화를 걸어 내일 학교에 올 때 "내 민법책과 형법책"을 가져다 달라고 부탁한 경우에 있어서 상호 간의 기대와

---

63) 자연종 명사뿐만 아니라 인공종 용어(artifactual term)에까지 '인과적 지시론'이 확대 적용될 수 있다는 견해로는, Michael Devitt & Kim Sterelny, Language and Reality: An Introduction to the Philosophy of Language (The MIT Press, 1999), 93-96면. 이는 힐러리 퍼트남의 견해이기도 하다.

64) 동 조문을 둘러싼 학설대립은 현재는 형법개정으로 제170조 제2항이 "과실로 자기 소유인 제166조의 물건 또는 제167조에 기재한 물건을 불태워 공공의 위험을 발생하게 한 자도 제1항의 형에 처한다."고 의미를 명확히 함으로써 역사적 논쟁으로서의 의의만 남게 되었지만, 실재론적 법해석과 관련해 유의미한 문제의식을 제공해주는 관계로 여기서 소개하기로 한다.

65) 이러한 표현법으로는 신동운, 형벌법규의 흠결과 해석에 의한 보정의 한계, 「법률해석의 한계」, 19면 참조.

66) 동지의 이상돈, 형법해석의 한계, 「법률해석의 한계」, 64-65면 참조.

67) 김영환, 법학방법론의 관점에서 본 유추와 목적론적 축소, 2009년 한국법철학회 춘계학술대회 발표문, 9면(발표문 자료집에 수록되지 않고 별도 제출됨).

믿음의 체계를 떠나 단순히 "내 민법책과 형법책"이라는 문언만으로는 그 의미를 제대로 파악할 수 없다.

일상언어적으로도 '연결어'의 의미와 '분리어'의 의미가 모두 있기 때문이다. 언어철학적으로 보더라도 접속어는 그 지시체가 결정되어 있지 않기 때문에 다른 낱말과 달리 지시적 의미론에 의한 의미의 확정이 용이하지 않다. 왜냐하면 지시적 의미론을 옹호하는 사람들은 의미의 최소 단위가 낱말이라고 보며, 그 낱말의 의미는 그 낱말이 지시하는 대상에 의해 주어진다고 생각하는바, 접속어에는 그 지시대상이 없기 때문이다.[68] 그러므로 이 경우에는 '총체론적 의미론'을 따를 수밖에 없다고 본다. 총체론적 의미론(meaning holism)이란 문장의 의미가 그 문장을 구성하는 각각의 낱말의 의미에 의존하는 것이 아니고, 전체적인 의미의 그물망으로서의 믿음에 의존한다는 것이다. 가령 '또는' 이란 표현이 동일한 방식으로 상업광고에 쓰였을 때와 법문에 쓰였을 때, 그리고 기타 다른 목적의 표현에 쓰였을 때의 일반 시민의 해석은 각기 다를 수 있다.[69] 예컨대 "예쁜 캐릭터가 그려진 남학생용 또는 여학생용 가방 판매"라는 상업광고가 있을 때, 우리는 누구나 '또는'을 '연결어'로 해석할 것이다.[70] 반면에 신입사원 입사지원서류에 "외국에서의 어학연수 또는 MBA 취득 경력"이라는 기재란이 있을 때 누구나 '또는'을 분리어로 해석할 것이다. 그렇다면 형법 제170조 제2항의 "자기의 소유에 속하는 제166조 또는 제167조에 기재한 물건"의 경우에도 동 법문의 의미를 명료하게 해 주는 "전체적인 의미의 그물망으로서의 믿음"을 확인할 필요가 있다. "우리가 기대하는 바는 믿음들의 전체 그물조직(whole network of beliefs)에 의존해 있기" 때문이다.[71] 바로 이 점에서 대법원이 전체적·종합적 해석론을 채택해 '또는'을 '분리어'로 해석한 것은 올바른 해석방법이라고 평가할 수 있을 것이다. 이와 같이 '또는'과 같은 접속어처럼 지시에 의해 의미를 고정시킬 수 없는 낱말의 경우에는 "법문의 가능한 의미"를 "전체론적(holistic)" 방식으로 해석하는 것이 타당하다고 본다.[72]

---

68) 예컨대 러셀처럼 "한 낱말의 의미는 그것들이 세계 내에서 가리키는 어떤 대상"이라는 '지시적 의미이론'은 일정한 수정이 요구되는바, 왜냐하면 '그러나'와 같은 접속어는 세계 속에(사과나 들판이 있는 것처럼) 그 낱말에 대응하는 대상이 존재하지 않기 때문이다. 이에 대한 설명으로는 A.C Grayling/이윤일 역, 앞의 책, 293-294면. 그러나 무어는 '접속어'의 경우에도 논리적 진리(logical truth)에 대한 최선의 이론(best theory)에 기초해 '실재론적 의미론'이 적용될 수 있다고 보고 있다. Michael S. Moore, 앞의 논문, 300-301면.

69) 비슷한 견해로 Brian Bix, Law, Language and Legal Determinacy (Oxford University Press, 1993), 19면.

70) 이 사례는 최봉철, 현대법철학 (법문사, 2007), 277면의 예문을 응용한 것이다.

71) Hilary Putnam, 앞의 책(*Representation and Reality*), 8-11면.

2. '콜밴' 사건

다음으로 주목하고자 하는 비교적 최신의 사례로는 '콜밴' 사건(대법원 2004.11.18. 선고, 2004도1228 전원합의체 판결)이 있다. 이 사례의 쟁점은 여객자동차운송사업면허를 받거나 등록을 하지 아니한 채 화물자동차로 형식승인을 받고 등록된 콜밴을 이용해 유상으로 여객을 운송하는 행위가 여객자동차운수사업법(이하 '법'으로 표기함) 제81조 제1호[73]에 해당하는지 여부이다. 대법원 다수의견에 의하면 법 제2조 제1호의 정의규정에 의하면 동법 사용되는 '자동차'는 자동차관리법 제3조의 규정에 의한 승용차 및 승합자동차만을 의미하는 것이므로, 화물자동차로 등록된 콜밴을 이용한 무면허 운송행위는 제81조 제1호에 해당하지 않는다고 보며, 비록 법이 개정되는 과정에서 과거 화물자동차 등을 이용한 무면허 여객유상운송행위를 처벌하다가 입법의 불비로 이에 대한 처벌규정을 빠뜨린 '입법과오'를 인정할 충분한 이유가 있다 하더라도 법 제2조에서 위와 같은 정의규정을 두고 있는 이상, 동법 제81조 제호의 처벌조항을 "문언의 가능한 의미"를 넘어서까지 유추하여 화물자동차 등을 사용한 여객유상운송행위까지 처벌할 수 있다는 사고는 죄형법정주의에 어긋난다고 보았다. 이에 대해 대법원 소수의견과 동 판례에 대한 비판론은 "법 개정상의 입법과오가 명백하고, 처벌의 부당한 흠결이 생기며, '형식상' 화물차로 등록되어 있다 하더라도 '실질적인' 기능과 구조를 고려할 때 콜밴은 '승용겸 화물형'인 승용차로 보는 것이 타당하며, 콜밴을 승용차로 인정하는 것은 국민일반의 자연스러운 통념에도 일치하는바, 화물자동차를 이용한 무면허 여객유상운송행위를 법 제81조 제1호 위반죄로 처벌하거나, 콜밴을 '화물자동차'가 아니라 '승용겸 화물형'의 승용차로 보아 역시 법 제81조 제1호 위반죄로 의율하는 것은 법문의 가능한 의미를 넘지 않는 전체적·종합적 해석방법으로서 죄형법정주의가 경계하는 유추해석에 해당하지 않는다."고 다수의견을 논박하였다.[74]

---

72) 법해석에 있어 '전체론적 방식'이란 일단 법문의 '일상적·표준적' 의미를 출발점으로 삼되, 다른 유사개념의 의미내용이라든지, 입법연혁, 다른 형벌법규들과의 논리적 관련성, 입법취지 등을 종합적으로 고려하여 구체적 형벌법규를 해석하는 것을 뜻한다고 볼 수도 있을 것이다. 이러한 방식에 따라 수행된 해석의 결과는 언제나 확장해석이 되는 것은 아니고 경우에 따라서는 제한적 해석이 될 수도 있다. 이 점에 대한 적확한 지적으로는 신동운, 형벌법규의 흠결과 해석에 의한 보정의 한계, 「법률해석의 한계」, 13면 참조.

73) 여객자동차운수사업법 제81조: 다음 각 호의 1에 해당하는 자는 2년 이하의 징역 또는 2천만원 이하의 벌금에 처한다.
1. 제5조 제1항의 규정에 의한 면허를 받지 아니하거나 등록을 하지 아니하고 여객자동차운송사업을 경영한 자

'콜밴' 사건은 '또는' 사건과는 대법원 다수의견과 소수의견이 뒤바뀐 흥미로운 사건이다. '또는' 사건에서는 다수의견이 "법문의 가능한 의미를 넘지 않는" 전체적·종합적 해석방법에 의한 처벌을 주장한 반면, '콜밴' 사건에서는 반대로 소수의견이 그와 같은 논지로 처벌을 주장하였다. 양 사건은 "법문의 가능한 의미"의 실재론적 의의를 잘 부각시켜 주는 사안들이다. 전술한 바와 같이 '또는' 사건의 경우 법문의 일상적·표준적 의미조차 불확정적이다. 실재론적으로 볼 때, '접속어'인 '또는'의 지시체가 존재하지 않기 때문이다. 그렇기 때문에 '총체론적 해석'을 통해 법문의 가능한 의미를 다수의견처럼 확장시키는 것이 허용된다고 볼 수 있다. 그러나 '콜밴' 사건은 경우가 다르다고 본다. '화물자동차'의 의미는 아무리 그 외연을 확장시켜도 '승용차'나 '승합차'가 될 수 없음은 자명하다. 비록 '콜밴'의 기능·구조적 실질이 '승용겸 화물형' 승용차라 하더라도 법적으로 화물자동차로 등록된 이상, 법의 정의규정에 따라 '승용차'와 '승합차'의 범주에서는 제외는 것이 타당하다. 소수 의견은 국민일반의 통념과 전체적·종합적 해석방법을 거론하며 화물자동차도 처벌되어야 한다든지, 콜밴을 승용차로 보아야 한다고 주장하였지만, 법적으로 '화물자동차'로 등록되어 있고 '화물자동차'의 지시체가 너무나 명백한 이상 이를 목적론적 해석에 의해 처벌이 가능하다고 본다거나 법 제2조의 '승용차'나 '승합차'에 해당한다고 보는 것은 바로 "법률 없으면 범죄도 없고, 형벌도 없다(nullum crimen, nulla poena sine lege)"는 죄형법정주의의 정신에 반하는 '유추해석'에 해당한다 할 것이다.

물론 이 사례를 법에 의한 '규약적 정의(conventional definition)'와 '자연적 의미'가 상충된 사례로 볼 여지도 있을 것이다. 즉 법에 의해 '화물차'로 규정되었지만, 그 실질적 의미가 '승용차'인 콜밴의 경우 어느 의미를 중시해야 하느냐의 문제라는 것이다. 이와 관련해 참고할 만한 사례로 무어는 다음과 같은 가상 사례를 소개한 바 있다.

Regina v. Ojibway 사건에서 피고인은 '작은 새 보호법(Small Bird Act)'을 위반한 혐의로 기소되었다. 이 법에 의하면 어떠한 작은 새라도 죽이는 것은 금지된다. 이 사안의 쟁점은 피고인이 총으로 죽인 '등 위에 솜털 베개를 얹은 조랑말(a pony with a downy pillow on its back)'이 동 법규의 적용을 받느냐는 것이다. 새의 일상적·자연적 의미로는 조랑말이 포함되지 않는 것이 자명하지만, 문제는 동 법규에 의하면 '새'란 "깃털을 가진 두 발 동물(two-legged animal covered with feathers)"로 정의되고 있다는 점에서 발생한다. 법원은 동 법규의 '새'에 위 '조랑말'이 해당된다고 해석해 피고인에게 유죄를 선고하였다. 판결 이유

---

74) 허일태, 형법상 해석원칙과 그 한계, 형사판례연구 제13호, 2005, 25-52면 참조.

는 첫째, 조랑말은 동물이고, 둘째, 네 발 달린 동물은 반드시 두 발을 가지고 있으며, 셋째, 등에 솜털을 얹고 있기 때문이라는 것이다. 아울러 법원은 깃털이 인공적인 것이든 자연적인 것이든 문제되지 않는다고 보았던바, 그 이유는 새의 경우도 깃털이 뽑힌 후 다시 접착제로 붙인다 하더라도 여전히 새이기 때문이라고 하였다. 이에 변호인은 조랑말의 경우 첫째, 말울음 소리를 내고, 둘째, 사람들이 탈 수 있으며, 셋째, 편자(horseshoes)가 박혀 있는데다, 넷째, 만일 총을 쏘기 전에 등에 얹은 솜털 베개가 내려졌다면 이는 새가 아닐 것이고, 따라서 이 사안에서 조랑말은 새로 보아서는 안 된다고 주장하였다. 이에 대하여 법원은 '작은 새 보호법'의 '새'에 대한 정의는 그 짐승이 어떤 소리를 내건, 사람들이 이를 어떻게 사용하건, 무엇을 착용하고 있건 무관심하고, 또한 새는 깃털을 잃어도 여전히 새로 보아야 한다며 변호인의 주장을 이유 없다고 배척하였다.[75]

이 가상 사례에 대해 무어는 명백한 법적 정의규정에도 불구하고 자연적 의미를 무시해서는 안 된다고 보며, 법관은 법적 정의를 올바르게 적용하기 위해서라도 자연적 의미를 인식하고 있어야 하고, 만일 법적 정의와 자연적 의미에 반할 때에는 그 정의를 무시하는 것은 당연하다고 주장한다.[76] 한 마디로 '자연적 의미'가 '법적 정의규정'에 우선한다는 것이다. 그러나 무어의 주장은 형법 해석에 수용하기에는 무리가 있다. 왜냐하면 그의 주장은 "범죄와 형벌은 성문의 법률에 의하여 규정되어 있지 않으면 안 된다(法律主義)"는 죄형법정주의에 반하기 때문이다. 즉, 적어도 형법 해석에 있어서는 '법적 정의'가 '자연적 의미'에 우선한다고 보는 것이 옳다. 따라서 오히려 이 사례는 "공원에서 탈 것 금지" 사례에 대한 하트와 풀러의 논쟁에서 샤우어가 적절히 지적하였듯이, "법규의 엄격한 적용은 때때로 불합리한 결과를 낳는다"는 교훈을 상기시키는 경우로 이해하는 것이 보다 적절할 것이다. 따라서 이 경우에는 목적론적 해석을 통해 새의 정의규정에서 조랑말을 제외시키는 것이 타당하다고 본다. 이는 피고인에게 유리한 해석으로 형법적으로 정당한 해석방법이다.[77]

---

75) Michael S. Moore, 앞의 논문, 329-330면.
76) Michael S. Moore, 앞의 논문, 331면.
77) 다만, 무어의 주장은 '자연적 의미'의 확정에 있어서 '관행(규약)주의(conventionalism)'와 '실재론 (realism)' 상충할 경우 '실재론'의 입장이 옳다고 보는 점에 있어서는 본고의 논지에 부합된다. 예컨대 전술한 '사망(death)'의 의미를 고려해 보라. Michael S. Moore, 앞의 논문, 291-301면.

3. "성전환자 강간" 사건

우리 대법원 판결에서 '실재론적 해석방법'이 일부 수용되고 있음을 잘 보여주는 사례로 "성전환자 강간" 사건(대법원 1996.6.11. 선고 96도791 판결)이 있다. 형법 제297조는 "폭행 또는 협박으로 부녀를 강간한 자"라고 하여 강간죄의 객체를 '부녀'에 한정시키고 있다. 부녀란, 대법원의 정의에 따라 "성년이든 미성년이든, 기혼이든 미혼이든 불문하며 이는 곧 여자"를 가리키는 것이다. 한 마디로 '부녀'란 '여자'이다. 이러한 의미에서 '부녀'는 퍼트남이 말한 '자연종(natural kind) 명사'이다. 자연종 명사란 교수, 자동차, 노트북처럼 인공물의 범주에 속하는 것들과 달리, 물, 금, 고양이처럼 자연적으로 존재하는 물질, 즉 물리적 대상을 지칭하는 명사를 말한다.[78] 전술한 바와 같이 퍼트남은 모든 자연종 명사들의 의미는 그 본질적 구조에 의해(예컨대 물은 H2O) 고정적이라고 본다. 그렇다면 자연종 명사인 '부녀'의 의미 역시 고정적이라고 할 수 있다. 이와 관련 대법원은 "무릇 사람에 있어서 남자, 여자라는 성의 분화는 정자와 난자가 수정된 후 태아의 형성 초기에 성염색체의 구성(정상적인 경우 남성은 XY, 여성은 XX)에 의하여 이루어지고, 발생과정이 진행됨에 따라 각 성염색체의 구성에 맞추어 내부생식기인 고환 또는 난소 등의 해당 성선이 형성되고, 이어서 호르몬의 분비와 함께 음경 또는 질, 음순 등의 외부성기가 발달하며, 출생 후에는 타고난 성선과 외부성기 및 교육 등에 의하여 심리적, 정신적인 성이 형성되는 것이다. 그러므로 형법 제297조에서 말하는 부녀, 즉 여자에 해당하는지의 여부도 위 발생학적인 성인 성염색체의 구성을 기본적인 요소로 하여 성선, 외부성기를 비롯한 신체의 외관은 물론이고 심리적, 정신적인 성, 그리고 사회생활에서 수행하는 주관적, 개인적인 성역할(성전환의 경우에는 그 전후를 포함하여) 및 이에 대한 일반인의 평가나 태도 등 모든 요소를 종합적으로 고려하여 사회통념에 따라 결정하여야 할 것이다."고 보면서 "여성으로의 성전환 수술을 받음으로써 여성으로서의 질 구조를 갖추고 있고 유방이 발달하는 등 외관상으로는 여성적인 신체구조를 갖추게 되어 보통의 여자와 같이 남자와 성생활을 할 수 있으며 성적쾌감까지 느끼고 있으나 여성의 내부성기인 난소와 자궁이 없기 때문에 임신 및 출산은 불가능한 상태라는 것이다. (중략) 외견상 여성으로서의 체형을 갖추고 성격도 여성화되어 개인적으로 여성으로서의 생활을 영위해 가고 있다 할지라도, 기본적인 요소인 성염색체의 구성이나 본래의 내·외부성기의 구조, 정상적인 남자로서 생활한 기간, 성전환 수술을 한

---

78) A.C Grayling/이윤일 역, 앞의 책, 305-309면 참조.

경위, 시기 및 수술 후에도 여성으로서의 생식능력은 없는 점, 그리고 이에 대한 사회 일반인의 평가와 태도 등 여러 요소를 종합적으로 고려하여 보면 위 피해자를 사회통념상 여자로 볼 수는 없다 할 것이다."고 판시한 바 있다.

요컨대 대법원의 입장은 '여자'에 해당하는지 여부를 검토함에 있어서 심리적·정신적인 성과 성역할, 그리고 일반인의 평가나 태도 등을 종합적으로 고려하여야 한다고 설시하면서도 성염색체나 성선, 그리고 생식능력 등 "생물학적 구조 자체"를 중요하게 고려하고 있는 것으로 볼 수 있을 것이다. 즉, '부녀'가 '자연종' 명사라는 점을 고려하여 최대한 '물질 자체'의 차이에서 기인한 '환경적 요소'의 역할을 존중하려는 것으로서 대법원의 태도는 의미의 객관성을 보존하기 위한 "실재론적 해석"의 시도로서 높이 평가할 만하다 할 것이다.

그러나 이후 대법원은 "성전환증을 가진 사람의 경우에도, 남성 또는 여성 중 어느한쪽의 성염색체를 보유하고 있고 그 염색체와 일치하는 생식기와 성기가 형성·발달되어출생하지만 출생 당시에는 아직 그 사람의 정신적·사회적인 의미에서의 성을 인지할 수없으므로, 사회통념상 그 출생 당시에는 생물학적인 신체적 성징에 따라 법률적인 성이평가될 것이다. 그러나 출생 후의 성장에 따라 일관되게 출생 당시의 생물학적인 성에 대한불일치감 및 위화감·혐오감을 갖고 반대의 성에 귀속감을 느끼면서 반대의 성으로서의 역할을 수행하며 성기를 포함한 신체 외관 역시 반대의 성으로서 형성하기를 강력히 원하여,정신과적으로 성전환증의 진단을 받고 상당기간 정신과적 치료나 호르몬 치료 등을 실시하여도 여전히 위 증세가 치유되지 않고 반대의 성에 대한 정신적·사회적 적응이 이루어짐에따라 일반적인 의학적 기준에 의하여 성전환수술을 받고 반대 성으로서의 외부 성기를 비롯한 신체를 갖추고, 나아가 전환된 신체에 따른 성을 가진 사람으로서 만족감을 느끼고 공고한 성정체성의 인식 아래 그 성에 맞춘 의복, 두발 등의 외관을 하고 성관계 등 개인적인영역 및 직업 등 사회적인 영역에서 모두 전환된 성으로서의 역할을 수행함으로써 주위사람들로부터도 그 성으로서 인식되고 있으며, 전환된 성을 그 사람의 성이라고 보더라도다른 사람들과의 신분관계에 중대한 변동을 초래하거나 사회에 부정적인 영향을 주지 아니하여 사회적으로 허용된다고 볼 수 있다면, 이러한 여러 사정을 종합적으로 고려하여 앞서본 사람의 성에 대한 평가 기준에 비추어 사회통념상 신체적으로 전환된 성을 갖추고 있다고 인정될 수 있는 경우가 있다 할 것이며, 이와 같은 성전환자(아래에서 말하는 성전환자는이러한 성전환자를 뜻한다)는 출생시와는 달리 전환된 성이 법률적으로도 그 성전환자의성이라고 평가받을 수 있을 것이다."고 판시하여 성전환자에게 '호적정정'을 통해 전환된성을 인정받을 수 있는 길을 열어주는 취지의 판결(대법원 2006.6.22 선고 자2004스42 전원합의체 판결)을 하였다. 동 판결은 강간죄의 객체를 '부녀'에 국한시킨 기존의 '실재론적' 해석방식에 일견 배치되는 듯 볼 여지가 있으나 정확히 살펴보면 일관성이 유지되고 있다. 즉 2006년 판결은 성전환자에게 '호적정정'을 통해 '전환된 성'으로 인정받을 수 있는 법적 절차를 제공하려는 것이지, 생물학적으로 보존되고 있는 '여성' 또는 '남성'의 의미를 '성전환'자라는 이유로 각각 '반대 성'으로 볼 수 있다는 뜻은 아니다. 다시 말해 '호적정정'을 통해 '전환된 성'으로 인정받으면 그 때부터는 그 '전환된 성'의 의미를 갖게 된다는 것이다. 예컨대 '남성'의 의미는 생물학적으로 보존되지만, 일단 '호적정정'을 통해 '여성'으로 법률적 성이 변경되면, 그 때부터는 '여성'의 법률적·사회적 의미를 갖게 된다는 것이다. 이는 앞의 '콜밴' 사건에서 콜밴이 화물자동차로 등록된 이상, 그 실질이 '승용겸 화물형' 승용차라 하더라도 법적으로는 '화물자동차'의 의미를 지닐 수밖에 없는 것과 동일하다. 이 점을 보다 명확히 해 주는 하급심 판례로서 "강간죄가 강제추행죄에 비하여 엄하게 처벌되는 입법취지의 근저에는 모성보호, 즉 추상적이나마 수태의 가능성이 있는 부녀를 더 보호하고자 하는 취지가 포함되어 있고, 현재의 의학수준에 비추어 성전환수술 후 육체적으로 반대의 성이 갖는 해부학적인 성의 구조를 완벽하게 재현할 수 없는 실정인 점 등을 고려하면, 피해자가 성염색체나 외부성기 등 육체적인 성별에는 이상이 없는데도 성자아의 혼란을 겪은 나머지 부득이 외과적인 수술로서 환자가 바라는 반대적인 성이 지니는 일부 해부학적인 성기의 외관을 갖추었다고 하더라도, 따로 호적정정 등 성별을 확정하는 절차를 거치지 아니한 이상 그 상태만으로 강간죄의 '부녀'라고 단정할 수는 없다."는 논지의 해석론(서울지방법원 1995.10.11 선고 95고합516 판결)을 참조할 수 있을 것이다. 요컨대, 성전환자가 '법적 절차'를 거쳐 성이 전환된 이후에는 남성은 '부녀'가 되며, 따라서 강간죄의 객체가 될 수 있다는 것이다. 퍼트남식으로 말하자면, 성전환자가 보유한 '성(性)'은 그 의미 확정에 있어서 '언어적 노동분업'을 통해 법률전문가들로부터 '여성'으로 판정된 경우에는 그 사람의 성은 사회적으로 '여성'으로 고정될 수 있다는 것이다. 이것은 예를 들어 어느 가능세계[79]에서 '금'이 변질되어 '플래티넘'이 될 수 있다고 할 때, 전문가에 의해 원래 '금'으로 판정되었던 대상의 의미가 역시 전문가에 의해 '플래티넘'으로 변할 수 있다는 것이다.

　　다만 생물학적으로 여전히 '여성'의 의미가 보존되는 사람을, 법률전문가의 판정에 의

---

79) 가능세계(possible worlds)란 현실세계에 대한 반사실적 상황을 기술함으로써 구성되는 세계이다. 그렇다고 현실세계에 대한 지시 내용과 독립적인 존재유형을 가진 세계는 아니다. 가능세계는 그 구성요소가 현실세계의 구성요소와 다르거나, 구성요소가 같다면 속성이나 관계가 현실세계와 다를 뿐이다. 요컨대 가능세계는 '발견'되는 것이 아니라 '규정'되는 것이며, 현실세계로부터 출발한 '반사실적 상황'이다.

한 '호적정정'을 통해 '남성'으로 의미를 전환하는 것이 '물질 자체'의 차이를 강조하는 퍼트 남의 입장과는 모순되는 것이 아닌지 의문이 제기될 수 있다. 그러나 퍼트남이 '물질 자체' 를 강조하는 것은 '의미 확정'에 있어서 일정한 '환경적 요인'이라는 외재적 기준을 최대한 고려하려는 것이지 그 자체가 절대적 기준은 될 수 없다. 왜냐하면 가령 물이나 금의 경우에 있어서도 분자구조나 성분이 새롭게 발견되거나 과학이 더 발달하면 더욱 세분화 될 여지가 있기 때문이다.[80] 판례는 '호적정정'에 의해 '여성'을 '남성'으로 의미 전환시킬 수 있도록 허용하면서 여전히 그 기준으로 '성전환 수술'이라는 신체의 구조변경을 요구하고 있는바, 이는 퍼트남식의 '환경적 요인'을 충분히 반영하는 해석론으로 볼 수 있을 것이다.

또 다른 반론으로서 만일 충분히 성전환 요건을 갖추었음에도 불구하고 '호적정정' 절 차를 통해 성이 전환되지 않은 상태에서 강간을 당한 성전환 여성의 경우 '강간죄'의 적용이 불가능하다고 보는 것은 부당하지 않느냐는 비판이 제기될 수 있다고 본다. '실질'과 '형식' 의 괴리가 크다는 것이다. 그러나 우리가 '법문의 가능한 의미'을 최대한 사회적으로 '고정' 시키고자 한다면, 그리고 의미의 객관성을 최대한 보존하고자 한다면 이와 같은 해석론은 불가피할 뿐만 아니라 '법적 관행'에 비추어 보아도 타당하다고 본다. 법에 의해 사회적으로 '의미'가 확정되기 전까지는 법률적 혜택을 받지 못하거나 제한적으로 받을 수 있는 경우는 얼마든지 있기 때문이다.[81] 그러므로 전술한 세 개의 판례는 "실재론적 의미론"을 취하고 있는 일관된 해석론으로 볼 수 있을 것이다.[82]

---

80) 이 점은 퍼트남의 의미이론에 대한 더밋(Dummett)의 지적이기도 하다. Michael Dummett, The Social Character of Meaning, in: Michael Dummett, Truth and Other Enigmas (Harvard University Press, 1978), 427-429면.

81) 예컨대, 사실혼(事實婚)과 법률혼(法律婚)에 대한 법적 효과의 차이를 보라.

82) 단, 성전환자들의 '사회적 성'을 보다 더 존중해야 할 필요가 있다는 논변이 다양한 형태로 제기될 수 있을 것이다. 그러나 앞서 밝힌 바와 같이 본고의 목적은 '의미 실재론'의 관점에서 "법문의 가능한 의미"를 밝히려는 데 있는 것이므로, 이 문제는 '도덕 실재론' 차원에서 별도의 검토가 필요하다고 본 다. 물론 '의미실재론'의 입장에서도 성전환자들의 '성(性)' 확정이 전적으로 '생물학적 특성'에 의해 결정된다고 보는 것은 아니라는 점에 유의할 필요가 있을 것이다. 전술한 바와 같이 의미의 고정에 기여하는 '환경적 요인'은 단지 '물질 자체'뿐만 아니라 이미 사회적으로 굳어진 '관행'일 수도 있으며, 후술하듯이(맺음말 참조) 의미의 변천을 가능케 하는 데 있어서 단지 '전문가의 판정'뿐만 아니라 한 사회의 '지배적 선호'도 중요한 역할을 담당할 수 있기 때문이다. 그러므로 의미의 확정에 있어서 때로 는 전문가와 일반시민 간의 '판단의 일치' 내지 '소통'과 '교감'이 필요하다고 볼 수 있을 것이다. 이와 관련하여 최근 대법원은 흥미롭게도 성전환자에 대한 강간죄의 성립을 인정하는 판례를 내놓았다(대법 원 2009.9.10.선고 2009도3580). 대법원은 "원심이 유지한 제1심판결의 이유에 의하면, 남성으로 태어 난 피해자는 성장기부터 남성에 대한 불일치감과 여성으로서의 귀속감을 나타내면서 따돌림을 당하였 고, 사춘기에 이르러 여성으로서의 분명한 성정체성이 형성되기 시작하면서 이를 감당하지 못하여 집

4. "현금 초과인출" 사건

법의 해석과 적용에 있어서 언어적 노동 분업이 반드시 필요한 이유는 많은 경우 법문의 의미는 시민 일반의 지식과 언어관행으로는 파악하기 어렵기 때문일 것이다. 바로 이점을 고려하여 법계(法系)를 막론하고 각 나라의 법에는 "법의 부지는 용서받지 못한다."는 법리가, 규율 방식의 차이는 있지만 반드시 존재하고 있는 것이라고 본다. 즉, 대부분의

을 떠나게 된 사실, 피해자는 24세이던 1974년경 성전환수술을 결심하고 정신과 병원에서 정밀진단과 심리치료, 관찰을 거쳐 성전환증이라는 확진을 받은 다음, 성형외과에서 남성의 성기와 음낭을 제거하고 여성의 질 등 외부성기를 형성하는 수술을 받고 이후 상당기간 호르몬 요법의 시술을 받았으며, 2차로 일본 오사카현 이마사토에 있는 한 성형외과병원에서 가슴형성수술을 받은 바 있고, 3차로는 1998.2. 부산에 있는 [한] 성형외과에서, 2000년경에 이르러 태국의 한 병원에서 각 가슴보강수술과 질확장수술을 받은 사실, 피해자는 남성 또는 여성으로서 자녀를 출산한 경험이 없고 생식기능 또한 존재하지 아니하나, 성전환수술 후 여성으로서의 성생활에 전혀 지장이 없으며, 특히 피해자의 사정을 이해하는 남성과 과거 10여 년간 동거하며 지속적으로 성관계를 영위함에 아무런 문제가 없었고, 성적 만족도 또한 이상이 없는 사실, 피해자는 여성으로서의 신체와 외관을 갖추고 있을 뿐만 아니라 여성으로서의 성적 정체성도 확고하고 자신이 여성임에 만족하고 있으며, 피해자의 가족들과도 가출 후 10년이 지나면서부터 소식을 주고받으며 관계가 유지되어 왔고, 현재 살아 있는 가족들이 피해자의 처지와 사정을 잘 이해하여 관계가 개선된 사실, 피해자는 성전환수술 후 30여 년간 여성 무용수로서 국내와 국외를 오가며 활동하여 왔는데, 피해자가 국내에 거주할 때는 주로 부산시 소재 일정 지역에 30년 가까이 주거를 정하여 살면서 주민들과는 여성으로서 오랜 세월 동안 친분을 유지하여 온 사실을 각 알 수 있는바, 위와 같은 사정을 종합하여 보면, 피해자는 성장기부터 남성에 대한 불일치감과 여성으로의 귀속감을 나타내었고, 성인이 된 후 의사의 진단 아래 성전환수술을 받아 여성의 외부 성기와 신체 외관을 갖추었고, 수술 이후 30여 년간 여성으로 살아오면서 현재도 여성으로서의 성정체성이 확고하여 남성으로 재 전환할 가능성이 현저히 낮고, 개인생활이나 사회생활에서도 여성으로 인식되어, 결국 사회통념상 여성으로 평가되는 성전환자에 해당한다고 봄이 상당하고, 이 사건 피고인도 피해자를 여성으로 인식하여 강간범행을 저질렀다. 따라서 위와 같은 제반사정을 고려하여 성전환자인 이 사건 피해자를 법률상 여성으로 보고 강간죄의 객체가 된다고 한 제1심판결을 유지한 원심의 판단은 적법하고, 거기에 강간죄의 객체인 부녀의 해석에 관한 법리오해의 위법이 없다"고 판시하였다. 동 판결은 남녀의 성별을 결정함에 있어서 단지 생물학적 차이에만 주목하지 않고, 법률전문가와 일반시민 간의 '소통'과 '교감', 다시 말해 '사회적 성'을 존중하는 '관행'과 '지배적 선호'를 좀 더 고려했다는 점에 있어서는 일단 긍정적으로 평가할 만하다. 그러나 전환된 성으로 인정받기 위한 명확한 요건, 예컨대 성적 귀속감의 정도나 성전환자로 지낸 기간 등을 충분히 제시하지 못했다는 점, 성전환자의 호적정정 허가에 대해 장래적 효력을 부여한 기존 결정의 취지(대법원 2006.6.22.선고 2004스42 전원합의체 결정)에 배치될 우려가 있다는 점, 나아가 만일 대법원의 판단대로라면 어느 미래에 유전자 조작을 통한 복제인간의 출현이 가능한 시점에 이르러 과연 이들도 사회적 통념이 허용된다면 우리와 동등한 존엄과 가치, 그리고 기본권을 지닌 진정한 의미의 인간으로 봐야 할 것인가라는 의문을 제기할 수 있는바, 이러한 점에 대한 윤리적·실재론적인 측면의 근거제시가 전혀 보이지 않는다는 점에서 많은 논란의 소지를 남기고 있다. 물론 현행형법 조문은 강간죄의 객체를 '부녀'가 아닌 '사람'으로 개정하여 이 논란을 입법론적으로 해결하였다.

법체계에서는 '법률의 착오'를 용서할 것인가에 대해 엄격한 태도를 취하고 있고, 용서하는 경우에 있어서도 반드시 변호사 등 법률전문가에게 조회하는 등의 노력을 다하였을 것을, 즉 착오에 '정당한 이유'가 존재할 것을 요구하고 있기 때문이다.

"법문의 가능한 의미"가 일상언어적으로 확정되기 어려운, 법률가의 전문적 판단이 요구되었던 사안으로 '현금 초과인출' 사건이 있다(대법원 2006.3.24. 선고 2005도3516 판결). 사건의 개요는 "현금카드 소유자로부터 20,000원의 인출을 부탁받은 사람이 50,000원을 인출하여 그 중 20,000원만 피해자에게 건네주고 나머지 30,000원을 취득한 것"으로 줄일 수 있다. 이에 검사는 피고인이 컴퓨터 등 정보처리장치에 권한 없이 정보를 입력하여 30,000원 상당의 재산상 이익을 취득했다고 보아 컴퓨터등사용사기죄로 공소를 제기하였다. 제1심 법원은 "우리 형법은 재산범죄의 객체가 재물인지 재산상의 이익인지에 따라 이를 재물죄와 이득죄로 명시하여 규정하고 있는데, 형법 제347조의2는 컴퓨터사용사기죄의 객체를 재물이 아닌 재산상의 이익으로만 한정하여 규정하고 있으므로, 타인의 신용카드로 현금자동지급기에서 현금을 인출하는 행위가 재물에 관한 범죄임이 분명한 이상 이를 위 컴퓨터등사용사기죄로 처벌할 수는 없다"고 판시하여 컴퓨터등사용사기죄에 대하여 무죄를 선고하였다. 이 판결에 대해 검사는 항소하면서 법원에 공소장변경을 신청하였고 법원은 이를 허가하였다. 변경된 공소사실에 의하면 검사는 피고인이 30,000원의 재산상 이익을 취득한 것이 아니라 30,000원을 절취한 것으로 보았다. 그러나 원심법원은 이에 대해서도 무죄를 선고하였다. "절도죄에 있어서 절취란 재물의 점유자의 의사에 반하여 그 점유자의 지배를 배제하고 자신의 지배를 옮겨놓는 행위를 의미하는 것인데, 현금지급기는 은행 등 금융기관과 예금자 사이의 약정에 따라 예금자가 은행 등이 지정해 준 비밀번호 등 정보를 입력하면 일정한 컴퓨터프로그램에 따라 그 정보를 자동처리하는 것이고, 현금지급기에 삽입된 현금카드와 입력된 비밀번호 등 정보가 정확하기만 하면 현금지급기의 카드의 사용자가 누구이든지 간에 인출가능한 한도 내에서 예금이 인출되는 특성을 지니고 있는 것이므로, 그 인출자가 현금카드 소유자의 승낙에 의하여 일단 현금카드를 사용할 권한을 부여받았다면, 그 승낙의 의사표시가 설사 하자있는 것이라고 하더라도 현금지급기 관리자인 은행 등으로서는 현금카드 소유자의 계산으로 적법하게 예금을 지급할 수밖에 없는 것이므로, 현금카드를 절취한 때와 같이 현금카드 자체를 사용할 권한이 없는 경우와 달리 피고인이 예금명의인인 공소외인으로부터 위 현금카드를 사용할 권한을 일응 부여받은 이상 이를 기화로 그 위임범위를 벗어나 추가로 금원을 인출하였다고 하더라도 현금지급기 관리자로서는 예금명의인의 계산으로 인출자에게 적법하게 현금을 지급할 수밖에 없는 것이고, 따라서 이러한 경우 현금지급기 관리자에게 예금명의인과 그로부터 현금 인출을 위임받은 자 사이의 내부적인 위임관계까지 관여해 그 위임받은 범위를 초과하는 금액에 대하여는 그 인출행위를 승낙하지 않겠다는 의사까지 있다고 보기는 어렵다. 따라서 위 현금인출 행위가 현금지급기 관리자의 의사에 반하여 그가 점유하고 있는 현금을 절취한 경우에 해당한다고 볼 수 없고, 달리 위 현금인출이 그 관리자의 의사에 반하여서 이루어졌다고 볼 증거가 없다."[83]는 것이 그 논거이다.

이에 검사는 "현금카드를 절취하여 현금인출을 하는 경우와 본 사건의 경우를 달리 볼 합리적인 이유가 없다."며 절도죄를 인정해야 한다는 취지로 상고하였고, 대법원은 "예금주인 현금카드 소유자로부터 일정한 금액의 현금을 인출해 오라는 부탁을 받으면서 이와 함께 현금카드를 건네받은 것을 기화로 그 위임을 받은 금액을 초과하여 현금을 인출하는 방법으로 그 차액 상당을 위법하게 이득할 의사로 현금자동지급기에 그 초과된 금액이 인출되도록 입력하여 그 초과된 금액의 현금을 인출한 경우에는 그 인출된 현금에 대한 점유를 취득함으로써 이 때에 그 인출한 현금 총액 중 인출을 위임받은 금액을 넘는 부분의 비율에 상당하는 재산상 이익을 취득한 것"으로 보고 형법 제347조의2에 규정된 '컴퓨터등 정보처리장치에 권한 없이 정보를 입력하여 정보처리를 하게 함으로써 재산상의 이익을 취득'하는 행위로서 컴퓨터 등 사용사기죄에 해당된다고 판시하면서, 유죄의 취지로 이 사건을 원심법원에 파기환송하였다.

이 사안의 핵심 쟁점은 "현금 초과인출" 행위를 어느 법문에 포섭시킬 것이냐의 문제다. 절도죄의 '절취'의 외연에 해당하는 것인지 컴퓨터등사용사기죄의 '재산상 이익'에 해당하는 것인지가 문제해결의 관건인 것이다. 대법원은 일관되게 재산범죄의 객체로 재물과 재산상의 이익을 명확히 구분하며, 컴퓨터등사용사기죄의 객체는 재산상의 이익이라고 보고 있다. 따라서 현금은 재물이지 재산상의 이익이 아닌 이상 타인명의 신용카드를 부정하게 사용해 현금을 인출한 행위는 절도에 해당하며 컴퓨터등사용사기죄는 될 수 없다고 판시하고 있다(대법원 1995.7.28. 선고 95도997; 2002.7.12. 선고 2002도2134; 대법원 2003.5.13. 선고 2003도1178). 그렇다면 기존의 일관된 입장에 따라 "현금 초과인출" 사건도 절도죄로 의율해야 할 것인데, 대상판결은 그렇게 보고 있지 않다. 그 대신 다소 모호하게 "초과된 금액의 현금을 인출한 경우에는 그 인출된 현금에 대한 점유를 취득함으로써 이 때에 그 인출한 현금 총액 중 인출을 위임받은 금액을 넘는 부분의 비율에 상당하는 재산상 이익을 취득한

---

83) 청주지방법원 2005.5.18. 선고 2004노1160 판결.

것"이라고 설시하고 있을 뿐이다. 과연 대법원 판례의 입장을 어떻게 이해해야 하는 것인지가 문제의 핵심이다.

필자는 여기서 대상판결에 대한 다양한 비판논거와 해석론을 일일이 상론할 생각은 없다.[84] 다만 대법원이 취하고 있는 일관된 입장 내에서 '단순 현금 인출'과 '현금 초과 인출'을 달리 보아야 하는 이유에 초점을 맞추고자 한다. 그리고 바로 이 점에서 대법원이 '사태'의 동일성과 차이점을 파악하는 데에도 '실재론적 관점'을 견지하고 있음을 보이고자 한다. 앞서 살펴본 바대로 대법원은 자연종 명사와 같은 '사물'의 동일성을 판별하는데 있어서 물질 자체 의한 '구조적 차이'를 고려하고 있다. 퍼트남식으로 말하자면 사물의 외연은 '숨은 구조(hidden structures)'에 의해 확정될 수 있다는 것이다. 마찬가지로 대법원은 법적으로 중요한 '법적 사태(Rechtssachverhalt)'의 이동(異同)을 판단하는 데도 그러한 관점을 견지하고 있는 것으로 보인다. 그렇다면 과연 대법원이 보고 있는 두 경우의 차이는 무엇인가?

가장 큰 차이점은 전체 인출금액에 대한 소유권의 인정여부와 그로부터 발생하는 현금의 현실적 귀속상태이다. '단순 현금 인출'의 경우에는 인출한 전액이 — 불법적인 방법이기는 하더라도 특정되어 — 곧바로 피고인 소유가 된다. 반면 '초과 인출'의 경우에는 인출한 금액 50,000원 전체에 대한 점유는 취득했지만, 그 중 20,000원에 대해서는 불법영득의사가 없고 나머지 30,000원에 대해서만 소유권이 인정될 것이다. 그런데 50,000원 중 공소외인에게 돌려 줄 20,000원이 구체적으로 분할되어 특정되기 전까지는 30,000원은 여전히 특정이 되지 않아 재물로 볼 수 없고, 따라서 이는 현실적으로 피고인의 소유가 아니라 그것을 취득할 수 있는 '잠재적 이익'이 피고인에게 귀속된다고 보는 것이 타당할 것이다. 바로 이 점에서 대법원은 "인출한 금액 현금 총액 중 인출을 위임받은 금액을 넘는 부분의 비율에 상당하는 재산상 이익을 취득한 것"으로 보고 있는 것이다.[85]

---

84) 사실 이 사안에서 논란이 되었던 핵심 쟁점 중 하나는 '재물'과 '재산상 이익'의 관계를 확정하는 것이었다. 그러나 판례는 물론 여러 판례평석에서도 이 양자의 관계에 대한 면밀한 '연혁적 고찰'이 없이 전개되고 있다. 이 점은 매우 우려스러운 부분이다. 앞서도 지적하였지만, '법문'의 '역사적·인과적 의미'를 확인하지 않은 채 논의를 한다는 것은 혼란만 가중시킬 수 있기 때문이다. 이 점에서 조문 제정과정에 대한 연혁적 고찰을 통해 재물과 재산상의 이익의 관계를 상호 배척적이며 택일적인 관계로 보는 논문으로 신동운, 횡령죄와 배임죄의 관계, 한국형사법학의 새로운 지평(유일당 오선주 교수 정년기념 논문집), 2001, 320-328면 참조.

85) "피고인이 취득한 50,000원은 구체적인 분할이 다시 이루어지기 전까지는 공소외인과 피고인의 공유관계로 보아야 하고, 따라서 피고인이 취득한 소유권은 적어도 이 단계에서는 위 50,000원 전체에 대한 30,000원 상당의 공유지분권으로 이해하여야 하지, 아직 구체적으로 특정, 분할되지 아니한 10,000원권 낱장 3장 자체에 대한 소유권이라고 할 수 없다."는 견해도 있다. 이동신, 예금주인 현금카드 소유자로

이 판결에 대해 컴퓨터등사용사기죄의 객체인 '재산상의 이익'에 '재물'인 '현금'까지 포함시킴으로써 "법문의 가능한 의미"를 넘어선 유추해석이라는 비판이 제기되기도 하였다.[86] 그러나 우리가 대법원의 입장을 실재론적 의미론을 취하는 것으로 해석하는 이상, 동 판결은 초과 인출된 현금을 재물로 보고 있지 않으며, '잠재적 이익'으로 보고 있는바, 이러한 해석론은 '재산상의 이익'의 가능한 의미를 벗어나지 않는다고 해야 할 것이다.

V. 맺음말: 내재적 지시론의 법해석상 의의와 한계

이상 본고에서는 힐러리 퍼트남의 내재적 실재론을 중심으로, "법문의 가능한 의미"가 실재론적으로 어떤 의의를 지닐 수 있는가를 검토해 보았다. 이를 간단히 정리하자면 다음과 같다.

1. "법문의 부여 가능한 의미"와 "법문의 일상적·표준적 의미"는 구분될 수 있다.

2. "법문의 가능한 의미"를 곧 "법문의 일상적·표준적 의미"로 보더라도 실재론적 의미론에 의해 의미의 확정이 가능하다. 실재론적 의미론에 의하면 낱말의 의미는 '환경적 요소'와 '언어적 노동분업'에 의해 고정될 수 있기 때문이다.

3. 따라서 "법문의 가능한 의미"는 형법해석의 한계를 설정하는 기능을 담당할 수 있다.

4. 대법원 판례도 일부 실재론적 의미론의 관점에서 법해석을 시도하고 있다고 보인다.

언어의 의미가 결정되고 보존되는 방식은 산에 등산로가 나는 과정과 유사하다고 본다. 우선 어느 주도적 인물이(또는 집단이) 등산로를 개척하려는 노력을 기울일 것이다(전문가에 의한 언어적 노동분업 및 명명식). 이 과정에서 그의 개인적 선호, 의지, 목적, 능력 및

부터 일정액의 현금을 인출해 오라는 부탁과 함께 현금카드를 건네받아 그 위임받은 금액을 초과한 현금을 인출한 행위가 컴퓨터등사용사기죄를 구성하는지 여부, 대법원판례해설, 2006년 상반기(통권 제62호), 410-411면 참조.
86) 손동권, 형법각론, 2005, 389면.

판단이 반영되게 마련이다(개념틀의 형성 및 개념화 작용). 그가 공들여 만든 길이 등산객들에 의해 널리 선호되고 애용되면(관행의 형성) 그 길은 등산로로서 널리 인정받아 확정이 될 것이다. 단, 등산로가 결정되는 과정에 주도적 인물의 역할이 중요하다고 하여 전적으로 그에 의해 임의대로 결정될 수 있는 것은 아니다. 우선 산세나 지형의 영향을 받아 가급적 단거리 또는 오르기 쉬운 길로 인도될 것이다. 또 자연경관의 영향도 있을 것이다(환경의 기여). 그리고 난 후에 등산객들이 지배적으로 그 길을 선호해야 한다. 주도적 인물이나 등산객들은 처음에는 그 등산로가 가장 단거리라고 생각했으나 시간이 흐른 뒤 새로운 사실이 밝혀짐에 따라 가장 오르기 쉬운 경로 또는 경관이 가장 빼어난 길이라는 사실을 깨닫게 될 수도 있다(과학의 발달에 따른 믿음과 지식의 변천). 다만 어떤 이해방식에 의하든 그 길은 그 산의 등산로로 동일성이 유지된다(역사적으로 의미의 동일성 보존). 이처럼 '산의 지세'나 '자연경관', '다수의 선호로부터 형성된 관행', 그리고 '주도적 인물의 노력'이 복합적으로 작용해야 비로소 등산로가 하나의 길로서 확정될 수 있다. 물론 경우에 따라서는 또 다른 주도적 인물의 노력에 의해 보다 오르기 쉬운 길 또는 더욱 경관이 빼어난 길(새로운 명명식과 언어적 노동분업)이 더 생길 수도 있다. 그리고 이 여러 개의 등산로가 병존할 것이냐 아니면 이전 등산로는 사장되고 새로운 등산로만 남게 될 것이냐는(새로운 인과적 의미사슬의 형성) 전적으로 등산객들의 지배적 선호(관행)에 달려 있다고 볼 수 있을 것이다. 이상은 퍼트남이 언어의 의미가 고정되고 보존되는 방식을 '환경의 기여'와 '언어적 노동분업', 그리고 '인과적 지시론'으로 설명한 것과 크게 다르지 않다고 본다. 언어의 의미는 환경의 영향 하에 있기 때문에 임의대로 결정될 수 없지만, 우리들 중 누군가 주도적 인물이 설정해 놓은 '개념적 틀'과 '개념화 작용'에 의해 영향을 받아 형성되고 보존되는 과정을 거친다. 이것이 바로 내재적 실재론이 뜻하는 바이며, "법문의 가능한 의미"도 바로 이와 같은 방식으로 형성·유지된다고 볼 수 있을 것이다.

내재적 지시론은 분명 낱말 단위의 의미 확정에 있어서는 타당한 측면이 있다고 보인다. 퍼트남이 형이상학적 실재론을 논박하기 위해 고안한 "통속의 뇌" 논증은 분명히 낱말 차원의 지시가 어떻게 '마술적'이 아닌 '내재적' 방식으로 가능한가를 보여주고 있기 때문이다. 그러나 명제단위의 의미 확정에 있어서도 내재적 지시론이 타당하다고 단정하기는 힘들다. 필자는 다른 곳에서[87] 괴델정리를 원용하여 법명제 중에서도 "직관적으로 참이지만" 공리적인 방법으로는 참인지 거짓인지 결정불가능한 법명제가 존재할 수 있음을 보인 바

---

87) 안성조, 괴델정리의 법이론적 함의, 서울대학교 법학 제49권 제4호, 2008, 692- 698면 참조.

있다. 이는 '명제단위'의 '법문'의 해석에 있어서는 연역적 추론방식과는 다른 방식에 의해 진위 여부를 가릴 수 있는 방법론이 필요함을 역설해 준다. 즉, 내재적 지시론은 일정한 '개념틀' 내에서만 참과 거짓을 논단할 수 있다고 보지만, 그러한 '개념틀' 내에서도 결정할 수 없는 '참'인 명제가 존재할 수 있다는 것이다. 이는 "법문의 가능한 의미"를 '낱말' 단위로 결정하는 경우에 있어서는 '내재적 지시론'이 타당하다고 볼 수 있겠으나, '명제' 단위로 결정해야 하는 경우에 있어서는 '형이상학적 실재론'이나 '도덕 실재론', 그리고 '자연법론'에 기초한 논의가 필요할 수도 있다는 뜻이다. 또한 낱말단위 '법문'이라도 모든 경우에 내재적 지시론이 타당하게 적용될 수 있을 것인지 여부도 아직 미지수다.[88] 이에 대한 추가적인 검토가 필요하다고 본다. 이상의 논의로부터 다음과 같은 결론을 얻는다.

5. "법문의 가능한 의미"은 '낱말' 단위의 법문인 경우 내재적 지시론에 의해 실재론적 확정이 가능하지만, '명제' 단위의 법문의 경우에는 '형이상학적 실재론'이나 '도덕 실재론' 및 '자연법론'에 기초한 논의가 검토될 필요가 있다. 또한 모든 낱말 단위 '법문'에 있어서도 그 의미를 확정함에 있어 내재적 지시론이 타당하게 적용될 수 있는지 추가적으로 논의되어야 한다.

필자는 힐러리 퍼트남의 내재적 지시론과 마이클 무어의 실재론적 법해석을 중심으로 논의를 전개하였다. 본고의 입장과 공통점이라면 모두 '실재론적(realistic)' 관점을 취하고 있다는 것이다. 즉, 정신과 주관에 의해 쉽게 변하지 않는 객관적이고 외재적인 기준에 의해 "언어의 의미" 또는 "법문의 가능한 의미"가 결정되고 보존되는 과정을 설명하려는 시도를 하고 있는 것이다. 여기서 무어나 퍼트남의 입장과 필자의 견해의 차이점을 밝혀 두는 것이 논지의 정확한 이해를 돕기 위해 필요하다고 본다. 우선 무어는 관행적으로 법문의 의미를 확정하기 어려운 경우에도 '최선의 과학이론' 또는 '최선의 이론(best theory)'에 의해 의미의 확정이 가능하다고 본다. 접속어의 경우도 마찬가지라고 주장한다. 그러나 이러한 주장은 지나치다고 생각한다. 가령 "공원에서 탈 것 금지"라는 법문이 과연 '최선의 과학이론'에 의해 확정될 수 있을까? 또 접속어 '또는'이 '논리적 진리에 관한 최선의 이론'에 의해 그 의미를 명확하게 드러낼 수 있을까? 둘 다 아니라고 본다. 먼저 "탈 것 금지"는 전술한

---

88) 동일한 문제의식으로는 Michael S. Moore, 앞의 논문, 300-301면과 322-328면 참조. 무어는 이에 대해 긍정적인 입장을 취하고 있는 듯 보인다.

바와 같이 일정한 개념틀, 즉 어떠한 해석방법론을 취하느냐에 따라 외연이 결정되는 문제지 '최선의 과학이론'이 해결해 줄 수 있는 문제가 아니다. '또는'의 경우 무어는 '논리적 진리에 관한 최선의 이론'이 해결해 줄 수 있다고 보고 있지만, '또는' 사건을 둘러싼 다수의 견과 소수의견, 그리고 다양한 층위의 해석론들의 대립을 보면 이는 단순한 '논리'의 문제가 아님을 우리는 잘 알고 있으며 굳이 상론할 필요는 없을 것이다. 따라서 필자는 무어의 위 주장에는 동의하지 않는다.

퍼트남은 언어의 의미가 '환경의 기여'와 '언어적 노동분업' 그리고 '인과적 지시'에 의해 '공시적', '통시적'으로 고정되고 보존될 수 있다고 설명하고 있다. 그런데 '언어적 노동분업'이나 '인과적 지시'에 있어서 '전문가의 판정'과 '명명식'이 사회적으로 자연히 받아들여지는 것으로 보는 듯하다. 다시 말해 '전문가의 판정'과 '명명식'이 있으면 그 의미가 곧 사회적인 '의미'로 확정 된다고 보고 있다. 그러나 이 견해는 매우 '단선적'이다. 우선 인과적 지시론에 대한 에반스의 지적에서 볼 수 있듯이 '마다가스카'의 의미는 우연적이든 의도적이든 '새로운 명명식'에 의해 변할 수 있다. 또한 '전문가의 판정'도 반드시 일치하리란 보장은 없다. 따라서 그의 견해처럼 의미가 '명명식'과 '전문가의 판정'에 의해 '사회적으로' 고정된다고 본다면, '새로운 명명식'과 '전문가 판정의 불일치' 문제를 해명해 줄 필요가 있을 것이다. 그 해답은 바로 '지배적 선호'에서 찾을 수 있다고 본다. '관행'이라고 부를 수도 있을 것이다. 즉, '새로운 명명식'이 있다고 하여 반드시 의미가 변한다는 보장은 없다. 의미가 변하기 위해서는 새로운 의미부여에 대해 한 사회의 '지배적 선호'가 있어야 한다. 마찬가지로 '전문가의 판정'은 다양하고 불일치할 수도 있지만, 그 중에서 '어느 의미'가 '사회적 의미'로 살아남아 통용되는 것은 바로 그 의미에 대한 '지배적 선호'가 있기 때문이다.

실재론적 관점을 취하는 한, 의미는 '규범적' 성격을 띤다. 의미회의론자는 덧셈을 자의적으로 해석해 "68+57=5"라고 주장할 수 있으나[89] 이러한 용법은 '덧셈'의 '의미'가 될 수 없다. 단, '의미'가 사회적으로 형성되는 과정에서 한 사회의 '지배적 선호'도 중요한 역할을 담당한다.

---

89) 이는 규칙회의주의(Rule-Scepticism)와 관련된 예이다. 이에 대해서는 안성조, 법적 불확정성과 법의 지배, 법철학연구 제10권 제2호, 2007, 70-81면 참조.

[7] 괴델정리의 법이론적 함의

I. 괴델정리의 지성사적 배경과 의의

1999년 타임지는 지난 20세기를 빛낸 가장 뛰어난 과학자와 사상가의 한 사람으로 쿠르트 괴델(Kurt Gödel)을 선정하였다.[1] 타임지를 통해 알려지기 전부터 사실 괴델과 그의 정리는 서구 지성계를 중심으로 널리 논급되어 오고 있었다. 그러나 법학계에는 거의 알려진 바가 없어 비교적 최근까지도 동서양을 막론하고 그 또는 그의 이론에 주목한 논의는 상대적으로 드문 형편이다.[2]

괴델은 1906년 현재의 체코슬로바키아의 중부 도시인 브루노에서 태어났다. 그의 부모는 모두 독일계였으며, 그가 태어난 도시는 그 당시 합스부르크왕국의 섬유산업의 중심지였다. 열 살 때부터 수학과 물리학에 흥미를 보인 괴델은 1924년 빈대학에 입학하여 물리학을 전공하였으나, "정확성에 대한 흥미에 이끌려" 1926년에는 전공을 수학을 바꾸었고, 이후 1928년에는 수리논리학을 공부하였다. 괴델은 철학적으로 플라톤주의자로 잘 알려져 있는데, 그의 철학적 토대는 빈대학 하인리히 곰페르츠 교수[3]의 철학사 강의를 들으면서 형성된 것이라고 한다. 괴델은 빈대학 재학 중 '논리실증주의(logical positivism)'로 유명한 빈서클(Vienna circle)의 초청[4]을 받아 1926년부터 1928년까지 매주 정기적으로 이 모임에 참석하

---

1) 타임지는 "The Most Important People of the Century"라는 표제 하에 정치·혁명가, 예술·연예인, 영웅 및 상징적 인물(Heroes & Icons) 등 총 다섯 분야에서 각 20인씩 총 100명을 선정하였으며, 이 중에서 전 분야를 통틀어 20세기 최고의 대표인물로는 아인슈타인이 꼽혔고, 기타 처칠, 간디, 케네디, 펠레, 비틀즈, 빌게이츠 등이 이 반열에 올랐다. The Times (March 29, 1999).

2) 독일의 경우 Eckehart Köhler, Wie Gödel Kelsens Rechtspositivismus widerlegen würde, in: Clemens Jabloner & Friedrich Stadler(Hrsg.), Logischer Empirismus und Reine Rechtslehre (Wien: Springer, 2001) 정도가 눈에 띈다. 이 논문과 책에 대한 서평으로는 심헌섭, Logischer Empirismus und Reine Rechtslehre, 서울대학교 법학 제43권 제1호, 2002, 487-493면 참조.

3) 곰페르츠 교수의 부친인 테오도르(Theodore)는 고대철학 분야의 저명한 교수였다.

4) 빈서클은 초청받은 자들만 참석할 수 있었다. 저명한 철학자 칼 포퍼(Karl Popper)도 이 모임의 초청을 받지 못했으나, 괴델은 이미 학부시절에 자신의 수리논리학 지도교수인 한스 한(Hans Hahn)의 소개로 초청을 받았다. 괴델 이외에도 프리드히 바이스만(Friedrich Waismann), 허버트 파이글(Herbert Feigl), 그리고 카를 멩거(Karl Menger) 등이 학생시절에 초청을 받았다. 이 중 파이글은 후일 "논리실증주의의

였다. 이 모임에 참석하면서도 괴델은 다른 참석자들과는 달리 "경험적으로 검증될 수 없는 모든 명제는 무의미하다"는 논리실증주의자들의 신념에 동조하지 않았으며, 오히려 1928년부터는 빈서클의 핵심신조를 반증할 수 있는 불완전성정리의 증명에 착수해, 1930년 초수학(metamathematics)에 관한 학회에 참석하여, 20세기의 가장 중요한 수학적 정리로 일컬어지는 '불완전성정리(Incompleteness Theorem)'를 발표하였다. 이후 괴델은 1952년에 하버드대학교에서 명예 박사학위를 수여받았고 1953년에는 프린스턴 고등과학원의 영구멤버가 되었다. 젊은 시절부터 편집증에 시달렸던 괴델은 증세가 악화되어 음식에 독이 있다고 거부하기 시작하였고 마침내 영양실조와 굶주림으로 1978년 72세에 프린스턴병원에서 일생을 마감하였다.5)

괴델이 증명한 불완전성정리란 한 마디로 말해, 매우 단순한 형식체계, 예컨대 산술체계6) 내에서조차 "직관적으로 참이지만" 그 체계 내의 공리적 방법7)으로는 참값을 유도해낼 수 없는 산술적 명제가 반드시 존재한다는 것이다. 즉, 정수론(number theory)8)에 관한 어떠한 형식체계에도 그 체계 내에서는 참인지 거짓인지 결정할 수 없는 명제가 존재한다는 증명이다. 달리 말하면 단순한 정수조차도 완전한 공리화가 불가능하다는 것이다. 그렇기 때문에 이를 "불완전성정리"라고 말한다.9) 참이지만 증명불가능한 산술적 명제의 예를 하

기원과 정신"이란 글을 남겼다.

5) 이상 괴델의 생애와 사상에 대해서는 Rebecca Goldstein, Incompleteness: The Proof and Paradox of Kurt Gödel (New York: W.W. Norton), 2005; Hao Wang, From Mathematics to Philosophy (London; New York: Routledge & Kegan Paul, 1974)를 주로 참조하였다.

6) 산술은 자연수의 구조를 다루며, 덧셈과 곱셈이라는 연산과 연수관계(連數關係; successor relation)에서 출발한다. 이 때 연수관계란 어떤 자연수 'n'이 주어졌을 때 순서에 따라 '바로 다음 수'인 'n+1'을 얻게 해 주는 관계를 말한다. 뺄셈과 나눗셈을 비롯한 다른 모든 산술적 연산들은 '덧셈', '곱셈', 그리고 '연수관계'로부터 정의할 수 있다. 자연수에 대한 대표적 공리로는 이탈리아 수학자 페아노(G. Peano)가 제안한 페아노의 공리(Peano's axioms)가 있다. 페아노의 공리는 1) 1은 자연수이다. 2) 모든 자연수 'n'은 그 다음 자연수 'ń'을 갖는다. 3) 1은 어떤 자연수의 연수(다음 수)도 아니다. 4) 두 자연수의 연수들이 같다면 두 수는 서로 같다. 5) 어떤 자연수들의 집합이 1을 포함하고 모든 원소에 대해 그 다음수를 항상 포함한다면 그 집합은 자연수 집합이다. "1+1=2"라는 산술적 명제도 바로 이 페아노의 공리를 통해 연역적으로 증명할 수 있으며, 그 증명과정은 생략한다.

7) 공리적 방법이란 어떤 명제를 증명할 필요가 없는 공리 또는 공준으로 인정하고, 그런 공리를 바탕으로 정리라 알려진 다른 명제를 도출하는 방법을 말한다. 공리는 수학의 '기초'이며, 정리는 상위구조(superstructure)로서 논리학의 원리에 따라 "공리로부터 유도"된다. Ernest Nagel & James R. Newman, Gödel's Proof, (Revised ed., New York University Press, 2001), 3면.

8) 정수론이란 정수들 간의 관계(relationships of integers)를 다루는 수학의 한 분야이다.

9) 괴델의 불완전성정리는 원래 상기의 정리(이를 제1불완전성정리라 한다)와 함께 이의 따름정리(corollary)로서 "수론에 적합한 어떠한 형식체계의 무모순성은 그 체계 안에서는 증명할 수 없다(제2불

나 들자면 '골드바흐의 추측(Goldbach's conjecture)'이 있다. 골드바흐의 추측이란 "2보다 큰 모든 짝수는 두 소수의 합으로 나타낼 수 있다"는 정리다.[10] 두 소수의 합이 아닌 짝수는 찾아볼 수 없기 때문에, 이 정리는 분명 직관적으로 참이지만, 산술의 공리에서는 이를 증명할 수 없기 때문에, 바로 참이지만 증명불가능한 산술적 명제의 한 예가 될 수 있다.[11]

괴델정리는 인류 최초의 과학 또는 학문이 싹튼 이후 장구(長久)한 지성사에 걸쳐 지식의 엄밀성과 확실성을 추구하는 과정에서 탄생했다. 고대 그리스 초창기 이래 수학적 지식은 인간이 가진 지식들 가운데 가장 확실한 것으로 여겨져 왔다. 연역을 통한 공리적 방법(axiomatic method)은 선험적이기 때문에 어떠한 경험에 의해서도 반박될 수 없고,[12] 따라서 가장 확실하고 명증한 무류적(無謬的) 지식의 토대가 된다고 믿어져 왔던 것이다. 기하학의 공리가 그 대표적인 예이다.

그러나 수학적 지식과 공리적 방법에 대한 확고한 믿음은 19세기 무렵 무너지기 시작했다. 그 결정적인 이유는, 직관적으로 볼 때 너무나 자명한 것으로 여겨져 온 '공리계 자체'의 '진실성'이 흔들리게 되었기 때문이다. 예컨대 유클리드 기하학의 5개 공리 중에서 평행선 공리[13]는 자명하지 않다는 점이 지적되었는데, 그 이유는 다른 4개의 공리는 제한된 공간을

완전성정리)"의 두 가지이다. 단, 논의 목적과 편의상 이하 본고에서 괴델정리라 하면 제1불완전성정리를 지칭하는 것으로 한다.

10) 예컨대, 6=3+3, 8=5+3, 10=5+5, 100=97+3 … 등이 있다.

11) 다만 골드바흐의 추측이 괴델정리의 맥락에서 "결정불가능한" 명제인지, 단순히 "증명되지 않고" 있는 명제인지는 아직 명확하지 않다. 보다 적실한 결정불가능한 명제의 예로는 로저 펜로즈(Roger Penrose) 외 3인/김성원·최경회 역, 우주·양자·마음(The Large, the Small, and the Human Mind) (2002, 사이언스북스), 227면 이하 참조. 펜로즈에 의하면 "굿스타인 정리"는 "수학적 귀납법"만으로는 증명할 수 없지만 '직관적으로 참'인 명제이다.

12) 예컨대 어떠한 경험도 "3+7=10"이라는 결론을 뒤집을 수 없다. 특정 물건을 각각 3개와 7개를 샀는데 9개가 있다면, 물건의 숫자를 다시 세어야 하며, 설령 10개의 물방울이 모여 1개가 된다 하더라도 이는 "3+7=10"이라는 수학적 결론을 뒤엎을 수 없다. 즉, 선험적인 수학지식은 진리를 판단하는 준거이며, 결코 그 역할은 바뀔 수 없다.

13) 단순히 말해, 직선 밖의 임의의 한 점을 지나 이 직선에 평행인(다시 말해 서로 만나지 않는) 직선은 오직 하나만 존재한다는 공리이다. 유클리드 자신도 이 공리를 만족스럽게 여기지 않았다고 하는데, 그 이유는 이 공리가 무한을 언급하고(reference to infinity) 있기 때문이다. 예컨대 공간에서 유한한 영역을 상정할 경우 어떤 직선 밖의 한 점을 지나 이 직선에 평행인(만나지 않는) 직선을 얼마든지 그을 수 있다. 그러므로 평행선 공리는 오직 무한대를 상정할 때만 타당하다. 이 점에 대해서는 Rebecca Goldstein, 앞의 책, 130면의 각주 2)와 Ernest Nagel & James R. Newman, 앞의 책, 8면의 각주 1) 참조. 이 평행선 공리는 유클리드 기하학원론의 다섯 번째 공준 즉, "두 직선이 다른 한 직선을 만나 생기는 두 교각(같은 쪽)의 합이 180도보다 작으면 두 직선을 두 교각이 있는 쪽으로 무한히 연장하면 반드시 교차한다"는 공준과 동치인 공리로서 플레이페어(Playfair)에 의해 발견된 것이다.

상정하고 있기 때문에 누구나 눈으로 확인할 수 있는 반면, 평행선 공리는 무한대를 상정하고 있는바, 무한에 대한 인간의 직관은 명백하지 않기 때문이다. 이 공리가 참임을 증명하기 위해 다른 네 공리로부터 이 공리를 유도하려 했던 모든 시도는 실패하였고, 오히려 평행선 공리가 부정될 수 있는 새로운 공간[14]에 적용되는 비유클리드 기하학이 등장하게 됨으로써 명징적인 공리체계를 확립하는데 기초가 되는 수학적 직관도 '자명성'을 담보하기에는 매우 취약하다는 결론에 이르게 된다. 집합론에서도 이러한 확신이 흔들리기 시작한다. 버트란트 러셀(Bertrand Russel)은 집합론에서 역설이 발생한다는 사실을 발견했다. 간단히 말하면 "자신의 원소가 아닌 모든 집합들의 집합"이 있을 때, 이 집합은 자신의 원소이기도 하고 자신의 원소가 아니기도 한 모순된 집합이 되어버린다는 것이다. 이것은 수학에 쓰이는 공리로부터의 연역적 추론이라는 표준적 방법이 매우 취약하다는 것을 보여준다. "이 문장은 거짓이다"와 같은 역설이 일상 언어에서도 발생할 수 있듯이, 그 '의미론적 내용'이 완전히 제거되지 않는 한 집합론과 같은 단순한 수론체계에 있어서도 역설의 발생을 막을 수가 없다는 인식을 하게 되었던 것이다.[15]

　　이처럼 인간의 직관이 매우 간단한 수학적 공리체계에 있어서조차 틀릴 수 있고, 집합론과 같은 단순한 수론체계에서도 역설이 발생할 수 있다는 사실이 밝혀지면서, 수학자들은 수학적 논의의 엄밀성과 확실성을 획득하기 위해 직관과 의미론적 내용을 모두 제거한 공리체계를 구축하려는 노력을 기울이게 된다. 이처럼 직관에 대한 호소와 의미론적 내용을 완전히 제거한 공리체계를 '형식체계(formal system)'라고 한다. 형식체계는 어떤 의미를 지닌 상징들이 아니라 완전히 무의미한 기호들로 구성되며, 이 기호들의 의의는 오로지 각 기호들 사이의 관계에 대해 정해 놓은 규칙에 의하여 정의될 뿐이다. 모든 의미가 제거되기 전의 공리체계는 예컨대 수론에 대한 산술체계나, 집합에 대한 집합론, 또는 공간에 대한 기하학에 관한 것으로 이해되지만, 형식체계는 그야말로 그 어떤 것에 대한 것도 아니다.

---

14) 예컨대 구면에서는 직선 밖의 임의의 한 점을 지나는 직선은 이 직선과 반드시 만나게 된다. 그것들은 모두 직선이어야 하기 때문이다.

15) 러셀은 수론에서 이러한 역설의 발생을 원천적으로 불가능하게 만들기 위해 산술체계로부터 의미론적 내용을 모두 제거하려는 노력, 즉 산술의 형식화(dogmatic in form)를 위한 작업을 화이트헤드와 공동으로 추진했던 바, 그 노력의 결실이 바로 저 유명한 '수학의 원리(PRINCIPIA MATHEMATICA)'이다. 이 책의 서문에서 두 저자는 완전한 연역체계(deductive system)를 구상하고 있으며, 만족스런 해결을 얻었다고 자평하고 있다. Alfred North Whitehead & Bertrand Russel, PRINCIPIA MATHEMATICA Vol. I (2nd ed., Cambridge University Press, 1927), v면 참조. 그러나 후술하겠지만 괴델의 불완전성정리에 의해 '수학의 원리'의 원대한 목표는 성취될 수 없다는 점이 밝혀졌다.

그렇기 때문에 형식체계를 논할 경우에는 수나 집합이나 공간에 관한 직관에 호소할 필요가 전혀 없다. 이는 수학적 직관에의 의존을 탈피하기 위한 것이며, 이렇게 함으로써 수학적 활동을 어떤 상상력이나 독창성도 필요 없는 순전히 기계적인 과정으로 전환시키게 되는 것이다. 이처럼 형식화된 공리체계가 무모순적이고 수학의 모든 진리를 증명하는데 적합한 것으로 밝혀진다면 수학의 확실성이 확고하게 정초될 수 있다는 신념 하에 수학에서 모든 직관을 추방해야 한다고 주장하는 견해를 '형식주의(formalism)'라고 한다. 이러한 입장의 선봉에 다비드 힐베르트가 있었다. 그는 수학의 여러 분야를 체계적으로 형식화할 것을 제안하였으며, 이처럼 수학에 있어서 연역체계를 완전히(complete) 형식화(formalization)하려는 시도를 '힐베르트 프로그램(Hilbert program)'이라고 한다.

그러나 괴델의 불완전성정리가 의미하는 것은 바로 이러한 힐베르트 프로그램이 성취 불가능하다는 것이다. 즉, 직관적 요소를 제거한 산술의 형식체계 내에서조차 "직관적으로는 참이지만", 그 참과 거짓을 결정할 할 수 없는 산술적 명제가 존재한다는 것은 역설적으로 "직관에의 호소"는 결코 완전히 제거될 수 없음을 보여준 것이다.

현재까지 괴델정리의 철학적 함의에 대해서는 다양한 견해가 쏟아져 나오고 있다. 1961년에 옥스퍼드의 존 루카스는 괴델정리와 지성의 본질 사이의 관계에 대해 다음과 같이 말했다.

"내가 보기에 괴델의 정리는 기계론(Mechanism)이 오류임을 증명한 것 같으며, 따라서 정신(Minds)은 기계로 설명될 수 없다는 뜻인 것 같다. 그리고 많은 사람들이 이에 동의하는 것 같다. 내가 이 문제를 제기했던 거의 모든 수리논리학자들은, 비슷한 생각을 털어 놓았다(confessed). 그러나 그들은 모든 반론에 대한 충분한 답변이 주어져 논쟁이 정리될 때까지 자신의 입장을 단정적으로 내세우기를 꺼려했다."[16]

한편 역시 옥스퍼드의 수학자인 로저 펜로즈는 다음과 같이 논평했다.

"괴델정리는 자체만으로도 충분히 주목할 만한 업적이다. 하지만 그의 결과는 그 자체의 의미를 넘어 인간의 이해와 통찰은 어떤 계산적 규칙들의 집합(any set of computational rules)으로도 환원될 수 없음을 보여주는 강력한 논거가 될 수 있다. (중략) 또한 괴델의 정리는 오늘날 우리가 갖고 있는 컴퓨터에 대한 이해에 비추어 볼 때, 인간의 사고(human thinking)에는 컴퓨터로는 도저히 이룰 수 없는 것들이 있다는 나의 논변을 지지해 주는 이

---

16) John R. Lucas, Minds, Machines, and Gödel, *36 Philosophy 112* (1961), 112면.

론적 토대를 제공해 준다."17)

그러나 괴델 자신은 자신의 정리로부터 인간 정신의 본질에 관한 결론을 도출해 내는
데 훨씬 신중한 태도를 취했다. 이 점은 괴델이 1951년에 한 어느 강연 내용에 잘 나타난다.
그는 "정신과 기계(Minds and Machines)"에 대하여 다음과 같이 논급했다.18)

> "인간의 정신(human mind)은 모든 수학적 직관을 정식화(formulating) 또는 기계적 절차화
> (mechanizing) 할 수 없다. (중략) 수학적 직관도 일종의 기계라는 점을 증명할 수 있는 정
> 리가 존재할 수도 있을 것이다(경험적으로 발견될 수도 있을 것이다). 그러나 그러한 정리
> 가 존재한다는 사실은 참이라고 증명될 수 없[다] (cannot be proved to be so)."

> "두 번째 결론은 다음과 같은 선언적(選言的) 판단(disjunction)이다. 즉, 인간의 정신이 모
> 든 기계를 초월하거나 ― 좀 더 정확히는 인간의 정신은 수론의 문제들(number theoretical
> questions)을 어떠한 기계보다도 더 많이 결정할 수 있거나 ― 아니면 인간 정신으로도 결
> 정할 수 없는 수론의 문제들이 있거나 둘 중 하나이다."

전술한 괴델 자신의 입장은 루카스나 펜로즈의 견해보다 훨씬 절제되어 있다. 즉, 인간
의 정신이 기계가 결정할 수 없는 문제를 해결할 수 있다고 보는 점에서는 두 사람의 입장과
동일하지만, 기계를 뛰어 넘을 수 있는 인간의 정신능력, 다시 말해 직관조차도 어쩌면 기계
일 수 있다는 가능성을 열어 두고 있기 때문이다. 이는 곧 직관도 일정한 규칙에 따라 결정
되는 기계적 과정에 지나지 않을 수 있다는 것을 의미한다. 다만 인간의 직관이 기계적
과정일 수 있다는 증명은 가능하지 않다는 견해도 함께 피력하고 있다.19)

---

17) Roger Penrose, Shadows of the Mind: A Search for the Missing Science of Consciousness (Oxford University Press, 1994), 65면.
18) Hao Wang, 앞의 책, 324면.
19) 만일 직관이 기계적 과정의 하나라면, "직관은 기계적 과정이다"라거나 "직관은 기계적 과정이 아니다"
라는 판단은 모두 직관 내에서는 판단이 불가능한 명제들이기 때문이다. 아울러 "직관이 기계일 가능성
도 있다"는 괴델의 신중한 견해에 있어서 '기계'는 모든 수학자들의 기계적 판단과정에 동일하게 적용
될 수 있는 보편적 형식체계(universal formal system)를 지칭하는 것임에 유의할 필요가 있을 것이다.
수학자를 비롯해 누구나 각각의 상이한 직관적 사고패턴(algorithm)을 지닐 수 있음은 분명하기 때문이
다. 이 점에 대해서는 Roger Penrose, The Emperor's New Mind (Oxford University Press, 1989),
535-536면 참조. 동 문헌에서 펜로즈는 수학적 직관에 상응하는 '보편적 형식체계'가 존재한다 하더라
도 이는 너무 복잡하고 모호해서 그 자체의 진위여부를 판별할 수 없고, 따라서 '참(truth)'에 대한 확신
을 줄 수 없다고 한다. 이는 직관이 수학적 '참'을 결정해 줄 수 있다는 전제에 모순이므로, 직관은
본래적으로 '비기계적 성격(non-algorithmic nature)'을 지닐 수밖에 없다고 논증하고 있다.

요컨대 "정신과 기계"에 관한 괴델 자신의 입장은 인간의 정신이 기계를 초월해 있거나, 아니면 정신조차 일종의 기계이거나 둘 중의 하나라는 선언명제(disjunctive proposition)의 형식을 취하고 있다고 보는 것이 정확할 듯 보인다.[20]

II. 불완전성과 불확정성: 괴델정리의 법적 논의로의 도입

1. 법적 불확정성의 근거로서 괴델정리

법적 논의에 있어서 괴델정리가 원용되기 시작한 것은 미국의 비판법학자들에 의해서였다. 잘 알려져 있다시피 이들은 "법은 과학이며, 법적 추론은 기계적으로 명료하게 결정될 수 있다"고 보는 법형식주의를 강력하게 논박하고 부정하는 입장이다. 이들은 법현실주의의 이론적 계승자로서 법적용의 결과는 결코 형식주의적으로만 결정되는 것이 아니고, 법이 아닌 그 밖의 다른 요소에 좌우될 수 있으며, 따라서 법적 추론은 단 하나의 정답에 도달할 수 없고, 경우에 따라서는 심지어 상호 모순되는 두 개 이상의 결론에 도달할 수 있다는 이른바 '법적 불확정성 테제'를 주장하였다. 법현실주의자들이 주로 실천적 측면에서 법의 불확정성을 논급했던 반면, 비판법학진영에서는 보다 철저하게 이론적인 차원의 논거를 제시했다. 이들은 특히 언어적 모호성을 통해 불확정성 논변을 입론하였던바, 언어의 주관적이고 부정확한 속성으로 인해 언어에 의존하는 법 역시 그러한 모호성을 공유할 수밖에 없다는 식의 논변을 전개하였다. 나아가 이들은 괴델의 불완전성정리로부터, 설령 법으로부터 언어적 모호성이 완전히 제거될 수 있다 하여도 법은 본래적으로 불확정적일 수밖에 없다(the law still must prove inherently indeterminate)는 논증을 할 수 있게 된다.[21] 한 마디로 괴델의 불완전성정리는 비판법학자들의 법적 불확정성 논변에 결정적인 이론적 근거를 제시해 준다는 것이다. 예컨대 앤소니 다마토(Anthony D'Amato)와 존 파라고(John M. Farago)

---

20) 그러나 설령 직관이 기계적 과정의 일종에 불과하다 할지라도, 직관은 분명 어떠한 공리체계보다도 많은 것을 결정할 능력이 있다는 점을 간과해서는 안 될 것이다. 이것이 바로 괴델정리의 직접적 함의이기 때문이다.

21) 이에 대해서는 Mark R. Brown & Andrew C. Greenberg, On Formally Undecidable Propositions of Law: Legal Indeterminacy and the Implications of Metamathematics, *43 Hastings L.J. 1439* (1992), 1439-1441면 참조.

는 괴델의 불완전성정리가 법에 있어서 입증도 반증도 불가능한 명제가 무한한 정도로 존재한다는 사실을 증명해 준다고 주장하였다.[22]

그러나 괴델정리는 수학, 좀 더 정확히는 수론의 형식체계에 관한 정리이다. 비록 수학적인 체계와 법적 체계가 일정한 유사성을 지닌다고는 하지만 수론에 관한 정리로부터 곧바로 법적 함의를 이끌어 내기 위해서는 분명 신중하고 엄밀한 별도의 논증을 필요로 한다고 볼 수 있을 것이다. 바로 이와 같은 맥락에서 켄 크레스는 뢰벤하임-스콜렘 정리(Löwenheim-Skolem Theorem)와 같은 수학적 증명은 법률 영어(legal English)에는 적용될 수 없다고 적절히 지적했던바, 그에 따르면 수학적 용어의 의미는 그에 상응하는 법률 용어(legal homonyms)와는 의미가 상이하기 때문이라고 한다.[23] 한편 존 로저스와 로버트 몰존은 이러한 논박의 정도를 다소 완화시켜, 괴델정리가 법체계에도 매우 유관성이 있는(germane) 것은 사실이지만, 다만 이는 동일한 법으로부터 법이 어떠한 결과라도 도출해 낼 수 있을 만큼 극도로 불확정적이라는 함축을 담고 있는 것이 아니라 단지 한정된 범위 내에서의 선택지를 허용하고 있을 뿐이라는 온건한 반론을 펴기도 하였다.[24]

2. 괴델정리의 법적 논의로의 적용가능성에 대한 증명

그렇다면 과연 괴델정리가 법적 논의에 적용될 수 있다는 증명은 어떻게 가능한지 검토해 볼 필요가 있을 것이다.

직관적으로 볼 때, 괴델정리가 수론과 같이 제한되고 엄밀한 체계에 적용될 수 있다면 그보다 훨씬 넓고 복잡한 체계인 법에는 당연히(a fortiori) 적용될 수 있을 것으로 생각할 여지도 있다. 괴델정리는, 예컨대 "이 명제는 증명불가능하다"처럼 자기기술(self-description)이 가능할 만큼 충분히 복잡한(sufficiently complex) 체계에서는 적용될 수 있는바, 단순한 수론체계조차도 이러한 자기기술을 허용한다면, 이보다 훨씬 풍부한 표현이 가능한 법규칙

---

22) Anthony D'Amato, Can Legislatures Constrain Judicial Interpretation of Statutes?, 75 Virginia Law Review 561 (1989), 597면; John M. Farago, Intractable Cases: The Role of Uncertainty in the Concept of Law, 55 New York University Law Review 195 (1980), 226-229면 참조.

23) Ken Kress, A Preface to Epistemological Indeterminacy, 85 Northwestern University Law Review 134 (1990), 144-145면. 켄 크레스는 괴델정리를 명시적으로 논급하고 있지 않지만, 그의 논의맥락에 비춰 볼 때 충분히 괴델의 불완전성정리도 법에는 적용될 수 없다고 보고 있다고 판단된다.

24) John M. Rogers & Robert E. Molzon, Some Lessons about the Law from Self-Referential Problems in Mathematics, 90 Michigan Law Review 992 (1992), 1008면과 1021-1022면 참조.

들은 당연히 자기 자신을 기술할 수 있을 만큼 충분히 복잡하다고 볼 수 있기 때문에 이러한 직관은 분명 타당한 측면이 있다.[25] 그러나 전술한 바와 같이 아무리 자명해 보이는 직관도 틀릴 수 있다. 그렇기 때문에 괴델정리를 원용해 법체계의 불확정성을 입론하기 위해서는 괴델정리가 법체계에도 적용될 수 있는지에 대하여 매우 엄밀한 논증이 선행되어야 할 것이다.[26]

이를 위해서는 크게 세 가지 방법론이 강구될 수 있다.

첫째는 괴델이 증명한 방식[27]에 따라서 법체계의 불완전성을 직접적으로 증명하는 것

---

25) John M. Rogers & Robert E. Molzon, 앞의 논문, 1009면 참조. 괴델의 불완전성정리는 원래 자기지시 (self-reference)와 이로부터 발생하는 역설(paradox)과 밀접한 연관이 있다. 즉, 자기기술 (self-description)을 허용할 만큼 충분히 복잡하고 무모순적인 체계라면 역설적 명제가 만들어질 수 있기 때문이다. 앞의 논문, 1010면 참조. 동양에서도 불교논리학은 일찍이 이러한 역설을 발견하고 이를 극복하려는 노력을 기울여 왔다. 예컨대 "모든 것은 무상하다"는 불교적 명제가 그러하다. 불교에서는 이를 '자어상위(自語相違)'라 한다. 이에 대해서는 김상일, 괴델의 불완전성정리로 풀어 본 원효(元曉) 의 판비량론(判比量論)(지식산업사, 2003), 74면 이하. 다만 보다 정확히 말하자면, 후술하듯이(각주 27 참조) 괴델명제 G의 결정불가능성은 첫째, G가 자기지시적 명제일 것 둘째, G가 자기 자신의 증명불가 능성을 주장해야 할 것이 모두 충족되어야 발생한다. 이 점에 대한 적확한 지적으로는 이종권, Gödel의 증명에서의 對角線論法, 철학논구 제8권, 1980, 35면 참조.

26) 이 점은 많은 학자들로부터 누누이 지적되어 왔다. 대표적으로 지라도 스팬은 "The differences between formal logical systems and our less rigorous legal system are substantial enough that it is probably not useful to attempt a direct application of Gödel's theorem to legal or philosophical analysis"라고 지적하고 있다. Girardeau A. Spann, Secret Rights, 71 Minnesota Law Review 669 (1987), 698-699면.

27) 괴델의 증명은 전반적 구도는 다음과 같다. 다음과 같은 명제 G가 있다고 하자. G: G는 이 체계 내에서는 증명불가능하다. 그렇다면 G의 부정~G는 다음과 같다. ~G: G는 이 체계 내에서는 증명가능하다. 만일 G가 증명가능하다면, G의 부정명제 ~G는 참이다. 그리고 어떤 명제의 부정이 참이면, 그 명제는 거짓이므로 G가 증명가능하다면, G는 거짓이다. 그러나 G가 증명가능하다면, 이는 G가 참이란 뜻이다. 이 체계가 무모순적인 체계라고 가정할 때(만일 모순적 체계이면 G도 ~G도 증명가능하기 때문에), G 가 증명가능하면 G는 참이면서 동시에 거짓이다. 이것은 모순이며, 따라서 G는 증명불가능하다는 것을 뜻한다. 결국 이 체계가 무모순적이면, G는 이 체계 내에서는 증명불가능하다. 그런데 이러한 결론은 결국 명제 G 그 자체이다. 그러므로 G는 참인 명제이다. G가 참이라는 점이 이 체계 내에서는 증명되 지 않지만, 체계를 넘어서 들여다 볼 수 있는 '직관'에 의해 확인된다. 요컨대, 직관적으로 참이지만, 체계 내에서는 증명할 수 없는 명제가 존재한다는 것이다. 괴델은 이 증명과정에서 명제 G를 이른바 '괴델기수법'에 의해 산술명제로 전환시킴으로써 산술체계 내에서 참이지만 증명불가능한 명제가 존재 한다는 사실을 증명한 것이다. '괴델기수법'은 대략적으로 말하자면, 명제 G의 문장을 논리 기호들만으 로 나타내 '형식체계화'하고, 이 논리 기호들에 일정한 수를 부여함으로써 결국 산술만으로 이루어진 명제로 전환시키는 것이다. 즉, 명제 G를 형식체계의 명제로 바꾸고, 또다시 이를 산술명제로 나타내는 것이다. 예컨대, 다음과 같은 논리 기호 "부정(not; ~)"에는 1을, "만일 … 그러면 …(if… then…)"에는 2를, "변수(variable; x)"에는 3을, 그리고 "등호(equals; =)"에는 4를 부여하는 것 등이다. 이렇게 함으로 써 명제 G는 형식화된 논리기호만으로 표기될 수 있으며, 이 형식화된 명제는 또다시 산술명제로 전환 이 가능한 것이다. 그러므로 전술한 명제 G에 대한 결론 "직관적으로 참이지만 체계 내에서는 증명할

이다. 그러나 결론적으로 이것은 사실상 불가능하다. 괴델의 산술체계의 불완전성을 증명하기 위해 다수의 기호식과 증명규칙을 사용했던바, 그 증명과정은 대단히 복잡하기 때문에 만일 간단한 산술체계가 아닌 법체계의 불완전성을 괴델의 방식을 따라 증명하기 위해서는 신적인 노력(herculean effort)이 필요할 것이기 때문이다.

둘째는 산술의 명제를 기술적 방법을 동원해 그에 상응하는 법명제로 표현하거나 법적 사례로 표현함으로써 산술체계의 불완전성으로부터 법체계 또는 법적 사례의 불완전성을 입론하는 것이다.[28] 그러나 이 방법에 대해서는 산술명제와 법명제의 상호전환을 위한 기술적 방법의 어려움은 차치하고, 설령 이러한 방법이 가능하다 할지라도 이것만 가지고는 법체계 일반의 불완전성은 입론될 수 없기 때문에 역시 한계가 있다고 볼 수 있다. 왜냐하면 괴델의 정리는 어떠한 산술체계에서도 적용될 수 있지만,[29] 산술명제를 전환해 구축한 특정한 법체계가 다른 법체계로까지 확장될 수 있는지는 불확실하고 별도의 또 다른 증명을 요구하기 때문이다.[30]

마지막으로 차선책이지만 강구될 수 있는 방법은 "특정한 법적 맥락에서 불확정적인 법명제(an indeterminate legal proposition within a specific legal context)"를 만들어 보는 것이다. 즉, 괴델이 사용했던 증명방식과 마찬가지로 "G는 이 체계 내에서는 증명불가능하다"처럼 "이 명제가 불확정적 법명제로 제시될 때에는 법은 이 명제가 참이라고 결정할 수 없다"는 법명제를 만들고, 이것이 곧 자신을 포함하는 법적 사례의 자기지시적 구조를 "반영(mirror)"[31]하도록 하여, 이 명제의 증명불가능성으로부터 주어진 법적 사례의 불확정성을

수 없는 명제가 존재한다"는 "산술을 포함하는 형식체계 내에서는 직관적으로 참이지만 증명할 수 없는 명제가 존재한다"는 결론으로 전환되는 것이다. 이것이 괴델의 제1불완전성정리이며, 괴델은 더 나아가 산술을 포함하는 어떠한 형식체계에서도, 예컨대 공리를 추가해 G를 형식적으로 유도할 수 있는 새로운 형식체계를 만든다 하더라도, 똑같은 결론이 가능함을 증명하였다.

28) 이러한 가능성은 다음과 같을 것이다. 예컨대, 산술의 표현도구인 각 숫자에 그에 대응하는 법개념과 규칙을 부여하여, 가령 "2: 원고, 3: 피고, 8: 승소하다, 10: 패소하다"라고 하고, 이 법체계에는 "원고는 패소한다"는 공리가 지배한다고 가정한다면 "원고가 패소하다"라는 법명제는 "2(원고)×5=10(패소하다)"라는 산술적 명제로 전환시킬 수 있으며, 피고가 승소하게 될 것이므로 "3(피고)+5=8(승소하다)"이라는 명제로 표현할 수도 있다. 법명제의 논리적 관계가 산술적 관계로 전환된 것이다. 따라서 "원고가 패소한다"라는 법명제는 공리에 의해서도 증명이 가능하지만 "2×5=10" 또는 "3+5=8"이라는 산술을 통해서도 증명할 수 있다. 이는 괴델이 자신의 증명을 위해 "=", "~" 등의 일정한 부호와 "x, y" 등의 변수에 일정한 수(괴델수)를 부여한 것과 유사한 방식이다.

29) 이 점은 괴델정리의 중요한 내용 중의 하나이다. 즉, 산술의 공리체계를 수정하거나 무한히 확장시켜 보아도 이 새로운 공리계 내에서도 형식적으로 연역할 수 없는 산술적 참명제가 존재한다는 점을 괴델은 증명했다. Ernest Nagel & James R. Newman, 앞의 책, 59면 참조.

30) Mark R. Brown & Andrew C. Greenberg, 앞의 논문, 1474면.

입론할 수 있도록 상황을 설정하는 것이다. 비록 이것은 완전한 증명은 아니며, 단지 미시적 (microcosmic) 접근방법에 불과하지만 법은 본래적으로 불확정적이라는 결론을 도출해 낼 수 있다. 그 방법은 다음과 같다.[32]

우선 다음과 같은 사례를 설정할 수 있다.

> 실제사례) 형식주의자인 랑델르(Langdelle) 교수는 자신의 비판적 학생인 구르델(Kurt Gurdelle)과 법의 불확정성 문제를 해결하기 위한 계약을 맺는다.[33] 계약조건은 다음과 같다. 랑델르는 만일 구르델이 불확정적인 법명제를 포함하는 불확정적인 가상의 사례를 만들어 오면 100달러를 주기로 약속하였다. 괴델은 랑델의 제시조건을 승낙하고 그러한 사례를 만들기 위해 떠난다. 이후 구르델은 자신이 그러한 사례를 찾았다고 확신하면서 이를 랑델르에게 제시하고 100달러를 청구한다. 그러나 랑델르는 그 증명이 "터무니없고 기묘하다(preposterous)"고 보아, 이를 거부한다.

물론 이 경우 구르델은 랑델르를 상대로 계약위반에 대해 소를 제기할 수 있고 이 소송에서 승패의 관건은 과연 구르델이 계약조건대로 불확정적인 사례를 찾아 왔느냐는 것이며, 다시 말해 구르델이 제시한 사례가 법에 의해 하나의 확정적인 결론에 도달할 수 있느냐, 없느냐의 여부인 것이다.

구르델은 다음과 같은 가정적 사례(hypothetical case) "비판적 학생 대 형식주의 교수 (Critical Student v. Formalist Professor case)"를 고안해 낸다.

> 가상사례) 형식주의자인 가상의 법대 교수가 또한 가상의 학생과 법의 불확정성 문제를 해결하기 위해 계약을 맺는다. 교수는 만일 그 학생이 법에 의해 결정될 수 없는, 불확정적인 법명제를 포함하는 불확정적인 사례(indeterminate case containing a legal proposition that cannot be resolved under the law)를 찾아오면 100달러를 주겠다고 약속한다. 학생은 그러한 사례를 만들어 내기 위해 급히 떠나고 결국 찾아내어 교수에게 제시하였지만, 교수는 그 증명이 "터무니없고 기묘하다"고 여겨 돈을 주기를 거부한다.

---

31) 전문용어로는 '寫像(mapping)'이라고 한다.
32) 이하의 증명은 Mark R. Brown & Andrew C. Greenberg, 앞의 논문, 1477-1480면을 참조해 좀 더 이해하기 쉽도록 필자가 약간의 변형을 가해 재구성한 것이다.
33) 이 명칭은 물론 대표적 법형식주의인 랑델(Langdell)과 비판법학자(Critical Legal Scholars), 그리고 괴델의 이름에서 약간 변형시켜 따온 것이다.

위 두 사례는 동일하며, 따라서 가상사례는 "이 문장은 거짓이다"라는 명제처럼[34] 일종의 자기지시적 성격을 지니고 있다.[35] 그리고 가상사례에 대한 법관의 결정은 곧 실제사례의 결과를 결정한다. 위 두 사례에서 쟁점이 되는 것은 가상의 학생이 제시한 증명이 참인지 거짓인지의 문제이며, 과연 이를 결정할 수 있느냐가 문제해결의 관건이다. 가상사례를 통해 구르델은 가상의 학생이 제시한 증명이 참이라는 점을 결정할 수 없는 사례를 제시하고 있는 것이다. 그런데 가상학생이 제시한 증명은 곧 실제사례에서 구르델 자신이 제시한 증명이다. 그러므로 이 가상사례의 자기지시적 구조는 다음과 같이 표현할 수 있다.

> 구르델의 증명: "이 증명이 불확정적 사례의 증명으로 제시될 때에는 이 증명이 참이라고 결정할 수 없다."[36]

가상사례의 자기지시적 구조를 그대로 반영할 수 있는 법명제를 만들면 다음과 같다. 그리고 가상의 학생이 이를 불확정적 법명제로 제시한다고 가정하자.

> 법명제 1) "이 명제가 불확정적 법명제로 제시될 때에는 법은 이 명제가 참이라고 결정할 수 없다."[37]

법관은 이 명제가 법에 의해 참 또는 거짓으로 결정될 수 있다고 전제하며 판결을 내리고자 할 때 다음과 같은 딜레마에 빠지게 된다. 우선 만일 법이 이 명제를 참으로 결정할

---

34) 가상사례의 자기지시적 구조는 정확히는 "이 문장은 거짓이다"의 '콰인화'된 명제의 구조에 더 가깝다. 이에 대해서는 후술하는 '콰인화'를 참조할 것.

35) "이 문장은 거짓이다"라는 명제와 크레타 인이 주장한 "모든 크레타 인은 거짓말쟁이다"라는 명제는 모두 역설을 낳지만 중요한 차이가 있다. 전자는 주어진 명제를 참으로 가정하거나 거짓으로 가정하거나 항상 역설이 생기지만, 후자는 그 명제를 참이라고 가정할 경우에만 역설이 발생한다. 왜냐하면 만일 그 명제가 거짓이라면 "어떤 크레타 인은 거짓말쟁이가 아니다"라는 뜻이 되므로 "어떤 크레타 인"은 그 말을 한 크레타 인 자신이 될 수도 있고 아닐 수도 있기 때문이다. 이 크레타 인은 철학자 에피메니데스를 가리키며 흔히 후자는 에피메니데스의 역설로 불린다. 후자와 같은 유형의 역설을 부분적 또는 불완전한 역설로 볼 수 있을 것이다. 이 점에 대한 상세한 설명으로는 야마오카 에쓰로(山岡悦郎)/안소현 역, 거짓말쟁이의 역설(うそつきのパラドックス) (영림카디널, 2004), 24-27면.

36) 가상사례의 자기지시적 구조는 "'는 증명은 그 인용이 앞에 나오면 참이라고 결정할 수 없는 증명이 발생한다'는 증명은 그 인용이 앞에 나오면 참이라고 결정할 수 없는 증명이 발생한다"로 '콰인화'시킬 수 있을 것이다.

37) "The law does not compel a determination that this proposition is true when it is offered as an instance of an indeterminate proposition of the law."

경우, 이 명제가 법에 관해 주장하는 바는 참일 것이며, 그렇다면 이 명제의 주장에 따라 법은 이 명제가 참이라고 결정할 수 없는 바, 법관은 결국 법이 이 명제가 참이라고 결정할 수 없을 때 이 명제가 참이라고 결정해야 하므로 이는 명백히 모순이다. 반면 만일 이 명제가 법에 의해 거짓이라고 결정될 경우, 이 명제가 법에 관해 주장하는 바의 부정이 참이 될 것이며, 이 명제의 부정은 법이 이 명제를 참이라고 결정할 수 있을 때 이 명제가 거짓이라고 결정해야 한다는 것인바, 이 역시 모순이다. "이 법체계가 무모순적이라면" 더 이상의 다른 결론은 도출될 수 없는 바, 결국 이 명제는 법에 의해 참과 거짓의 결정이 불가능한 불확정적 법명제인 것이다.

다만 이때 법명제가 불확정적인 이유는 법의 불확정성 그 자체 때문이 아니라 "이 진술은 거짓이다(This statement is false)"와 같이 "이 진술(This statement)" 등의 자기지시적 표현을 사용함으로써 언어사용의 혼동에서 비롯된 것이다.[38] 따라서 위 법명제를 이러한 언어적 혼동이 없는 불확정적 법명제로 전환할 필요가 있는데, 다음과 같은 법명제가 가능하다.[39]

> 법명제 2) "는 그 인용구가 앞에 나오면, 법이 참이라고 결정할 수 없는 명제가 발생한다"는 그 인용구가 앞에 나오면, 법이 참이라고 결정할 수 없는 명제가 발생한다.[40]

다소 복잡한 이 명제를 이해하기 위해서는 콰인(W.V. Quine)의 역설에 대한 검토가 필요하다. 콰인은 전술한 "이 진술은 거짓이다"와 같은 역설이 "이(this)"라는 애매한 지시어가 사용되었기 때문임을 지적하면서, "이 진술은 거짓이다"를 다음과 같이 바꾸었다.

> 콰인명제 1) "는 그 인용이 앞에 나오면 거짓이 발생한다"는 그 인용이 앞에 나오면 거짓이 발생한다("Yields a falsehood when appended to its own quotation" yields a falsehood when appended to its own quotation).

콰인명제 1)은 이해의 편의상 다음과 같이 풀어서 쓸 수가 있다.

---

38) Mark R. Brown & Andrew C. Greenberg, Ibid., p.1479.
39) 이 증명과정에서 '콰인화'가 필요한 이유는 괴델정리의 증명과정에서 명제 G를 언어적 애매성이 없는 형식적 기호로 대체한 것과 같은 맥락이다.
40) "'yield a statement for which the law does not compel a finding that it is true, when appended to its quotation' yields a statement for which the law does not compel a finding that it is true, when appended to its quotation."

콰인명제 2) "는 그 인용이 앞에 나오면 거짓이 발생한다"라는 문구 앞에 그 문구를 인용한 문장은 거짓이다.

콰인명제 2)에서 "'는 그 인용이 앞에 나오면 거짓이 발생한다'라는 문구 앞에 그 문구를 인용한 문장"은 결국 콰인명제 2) 자신이다. 요컨대 콰인명제 2)는 "콰인명제 2)는 거짓이다"라고 서술하고 있는 것이며, 이는 곧 "이 진술은 거짓이다"라는 명제처럼 자기지시적이며 역설적인 명제인 것이다. 그리고 콰인처럼 명제를 바꾸는 것을 '콰인화'라고 한다. 콰인은 "이 진술은 거짓이다"와 같은 자기지시적 명제를 '콰인화'하여 '이(this)' 등의 구절을 제거하더라도 역설이 발생할 수 있음을 증명해 주었다.[41]

법명제 2)는 소위 법명제 1)을 '콰인화'한 것이며, 전술한 바와 같이 결정 불가능한 명제로부터 "이 문장" 등의 자기지시적 표현을 제거하더라도 역시 동일한 역설이 발생한다. 즉, 법명제 1)에서 자기지시적 표현을 모두 제거하여 법명제 2)처럼 바꾸어도 여전히 동일한 역설이 발생한다는 것이다.

이상의 증명으로부터 다음과 같은 결론을 이끌어 낼 수 있다.

전술한 사례는 법이 불확정적이라는 사실을 증명해 준다. 법관은 법이 일정한 법명제의 진위를 결정해 줄 수 있다는 전제하에 그 명제가 참인 경우와 거짓인 경우를 모두 검토해 보았지만 결국 역설이 발생하였던 바, 그 이유는 법이 모든 법명제의 진위를 결정해 줄 수 있다는, 즉 법이 확정적이라는 전제가 틀렸기 때문이다. 다만 이러한 결론에는 일정한 제한이 있다. 앞서 증명한 것은 일정한 조건의 성취를 요구하는, 무모순적인 계약법적 체계 내에서는 법이 불확정적이라는 것이다. 따라서 다른 법체계의 불확정성은 별도의 증명이 필요할 것이다. 예컨대 형사법체계에서의 불확정성은 불확정적 형사사례와 법명제의 고안을 통해서 입론될 수 있을 것이다.[42]

---

41) Willard van Orman Quine, Pursuit of Truth (Harvard University Press, 1990), 81-84면. 야마오카 에쓰로 (山岡悅郞)/안소현 역, 앞의 책, 199-122면 참조.
42) Mark R. Brown & Andrew C. Greenberg, 앞의 논문, 1480면.

III. 플라톤주의와 괴델정리

1. 수학적 플라톤주의와 괴델

괴델은 수학에 있어서 '플라톤주의자'로 잘 알려져 있다. 일반적으로 플라톤주의란 '경험주의'에 반대되는 입장으로서 인간의 경험을 벗어나 존재하는 '객관적 실체'의 존재를 긍정하는 철학적 입장을 말한다. 플라톤은 그러한 객관적 실체를 '형상' 또는 '이데아'라고 불렀다. 이데아는 존재하는 모든 대상들의 전제로서 그 스스로는 모든 변화로부터 벗어나 있고, 그렇기 때문에 진실로 존재하는 것이며, 이데아 이외의 감각적인 개별적 사물들과 구분된다. 즉, 이데아는 모든 존재의 원초적 형태이며 이에 반해 현실의 개개의 사물들은 이데아에 참여하거나 이데아를 모방하는 한에서만 존재하게 된다고 한다. 나아가 플라톤은 이데아는 오류가 불가능한 완전한 지식인 데 비해 감각세계의 사물들은 불확실하고 오류를 범할 수 있는 주장의 대상일 뿐이라고 보았다. 다시 말해 이데아는 개별적인 경험에 관계없이 가장 보편타당한 인식대상이고, 이데아의 내용은 절대적 확실성을 지닌 영원한 이성진리(Vernunft- wahrheiten)라는 것이다.[43] 그리고 플라톤은 이성적 사유에 의해 이데아를 인식할 수 있음을 분명히 하였다.[44]

플라톤적 관점을 수학에 적용해 수학적 실체의 객관적 존재를 추구하는 관점을 가리켜 '수학적 실재론' 또는 '수학적 플라톤주의'라고 한다. 수학적 플라톤주의는 "인간은 만물의 척도다"라는 고대 소피스트들의 명제에 반대하며, 수학적 진리는 일체의 인간적 행위와는 무관하게 결정된다는 입장을 견지한다. 이 입장에 따르면, 수학적 진리는 수학적 실체(reality of mathematics), 즉 비록 추상적이긴 하지만 그 실체를 구성하는 수나 집합과 같은 실체적 요소들(real entities)의 성질에 의해 결정된다고 한다. 간단히 말해 수학적 진리는 플라톤의 '형상' 또는 '이데아' 개념처럼 경험적인 대상을 넘어 이들로부터 독립해 있는, 초월적이고 객관적인 형이상학적 공간에 존재하며, 따라서 수학적 진리는 '발견'되는 것이지 결코 인간에 의해 '창조'되는 것이 아니라고 본다.[45]

---

43) 이에 대해서는, 한스벨첼(Hans Welzel)/박은정 역, 자연법과 실질적 정의(Naturrecht und Materiale Gerechtigkeit) (삼영사, 2002), 38면 참조.

44) 남경희, 플라톤: 서양철학의 기원과 토대 (아카넷, 2007), 19면 참조. 단, 플라톤의 '동굴의 비유'는 이데아의 인식이 결코 용이하지 않은 노력을 필요로 함을 잘 보여준다.

45) Rebecca Goldstein, 앞의 책, 44-47면.

괴델은 바로 이러한 '수학적 플라톤주의'의 신봉자였던 것이다.[46) 그런데 전술한 바와 같이 괴델은 논리실증주의자들의 모임인 빈서클의 일원이었다. 이처럼 괴델이 실증주의자들과 교류하였다는 사실에 비추어 그 역시 실증주의자였고, 괴델정리도 논리실증주의를 표방하는 정리라고 해석하는 견해가 있다.[47) 예컨대 데이비드 에드몬드와 존 아이디노는 그들이 펴낸 "Wittgenstein's Poker"에서 별다른 근거도 없이 괴델정리에서도 빈서클의 목소리가 울려퍼진다고 평가하였다.[48) 또한 빈서클의 일원이자 저명한 철학자인 카르납도 "괴델의 정리는 빈서클의 입장을 옹호하는 것이며, 괴델의 방법을 이용하면 메타논리(metalogic)도 산술화와 정식화가 가능한바, 이로써 모든 형이상학적 요소를 제거하려는 빈서클의 계획을 실현가능하게 해 준 것이다"라고 평가하였다고 한다.[49) 그러나 이러한 평가는 완전히 잘못된 것이며, 괴델정리의 법이론적 의의를 이해하는데 있어서도 분명히 재검토되어야 할 부분이다. 이하에서는 논리실증주의의 기원과 그 철학적 지향점을 검토해 보고, 그것이 플라톤주의와 다른 점을 확인한 뒤, 괴델정리의 법이론적 의의를 논구해 보고자 한다.

2. 논리실증주의와 빈서클

20세기 초반 플라톤적 사고방식을 거부하고 반형이상학적 관점을 명백히 천명하며 등장한 사상사조로서 '논리실증주의'가 있다. 이들은 형이상학적 사변, 특히 선험적이고 초월적인 유형의 사변에 철저하게 반대했으며, 경험과학적 방법론을 동원하여 철학적 연구의 전통적 방식에 뿌리박혀 있는 신비적 모호성과 형이상학적 경향을 일소하려 하였다. 이들은 종종 '논리경험주의(logical empiricism)' 또는 '급진적 경험주의(radical empiricism)'라고도 불린다. 이들이 일종의 경험주의로 이해되는 것은 경험에 의한 과학적·실증적 방법에 의해 지식의 한계를 찾고자 한 데이비드 흄과 콩트의 정신을 이어받고 있기 때문이다.[50) 이들은

---

46) 쾰러도 이 점을 명확히 지적하고 있다. "Der wichtigste gegenwärtige Platonist im Gebiete der Mathematik war zweifellos Kurt Gödel." Eckehart Köhler, 앞의 논문, 245면.

47) 심지어 전 세계적으로 널리 알려진 슈퇴리히(Hans J. Störig)의 '세계철학사(Kleine Weltgeschichte der Philosophie)'에서도 괴델을 "논리실증주의를 표방한 빈서클에 속한" 인물로만 기술함으로써 충분히 이러한 그릇된 해석을 불러일으킬 소지를 남기고 있다. 한스 요하임 슈퇴리히(Hans J. Störig)/박민수 역, 세계철학사(Kleine Weltgeschichte der Philosophie) (이룸, 2008), 1038-1039면 참조.

48) David Edmonds & John Eidinow, Wittgenstein's Poker (New York: Ecco, 2001), 163면.

49) Rebecca Goldstein, 앞의 책, 104면의 각주 17)을 참조.

'지식'에 관한 경험주의자들의 이론을 '의미'에 관한 이론으로 전환시켰다. 경험주의자들은 지식의 진위는 경험적 수단을 통해서만 판별이 가능하다고 보았듯이, 논리실증주의자들은 명제는 그 진위가 경험적으로 검증가능한 경우에만 '유의미'하고 검증불가능한 초경험적인 명제는 '무의미(nonsensical)'한 것으로 보아 철저히 배척하였던 것이다. 이처럼 이들은 경험적으로 검증가능한 명제[51])와 무의미한 명제[52])를 철저하게 구분하였던바, 경험적 검증과 관계없이 개념 자체에 의해 선험적으로 진위가 결정되는 순수 수학적 명제나 논리학의 '항진명제(tautology)'는 그러한 구분에서 제외하였다. '논리실증주의'란 명칭 앞에 붙은 '논리(logical)'는, 바로 이처럼 논리실증주의자들이 순수 수학적 명제와 같은 논리적 명제를 유의미한 명제와 무의미한 명제라는 이분법적 구도에서 제외시켰다는 점을 강조하기 위해서라고 한다.[53]) 즉, 이들에 의하면 수학적 명제에는 '서술적 내용(descriptive content)'이 없기 때문에 경험적으로 검증할 수 없고, 오로지 그 진위는 수학 자체의 개념과 정의, 그리고 추론규칙 등에 의해 증명될 뿐이라고 본다. 한 마디로 수학은 '구문론적(syntactic)'이라는 것이다. "수학이 구문론적이다"라고 이해하게 되면 수학적 명제의 진위는 형식체계의 구문론, 즉 정해진 수학적 규칙에 따라 판명되게 된다. 따라서 논리실증주의자들은 골드바흐의 추측에 대해 "2보다 큰 모든 짝수는 어떤 두 소수의 합이다"라고 형식체계 내에서 증명되지 못하면 '참'이 아니지만, 수학적 실재론, 또는 플라톤주의자들은 설령 증명하지 못했을 지라도, 두 소수의 합으로 표현되지 않는 2보다 큰 짝수가 없다면 이 명제는 '참'이다. 바로 이 점이 수학적 플라톤주의와 논리실증주의의 큰 차이점인 것이다.[54])

논리실증주의는 괴델이 공부하던 오스트리아의 빈대학에서 태동하였다. 당시 빈에는 선도적인 지식인들을 중심으로 정기적으로 일정한 주제에 관해 진지한 논의를 나누는 토론 그룹이 많았으며, 그 중에서 철학자 모리츠 슐리크(Moritz Schlick)를 중심으로 하는 서클이 가장 두각을 나타내어, 처음에는 '슐리크 서클'이라고 불리다가 후일 저 유명한 '빈서클'로

---

50) 이러한 평가로는 Herbert Feigl, 논리실증주의의 기원과 정신, 「쿤의 주제들: 비판과 대응(조인래 편역)」 (이화여자대학교 출판부, 1997), 19-21면 참조. 원전은 "The Origin and Spirit of Logical Positivism", in: P. Achinstein & S. Barker(eds.), The Legacy of Logical Positivism (Johns Hopkins University Press, 1969) 참조.

51) 경험적으로 검증가능한 명제란 예컨대 "버락 오바마는 흑인이며 미국의 대통령 당선자이다"처럼 실제 사실에 비추어 그 진위의 판명이 가능한 명제를 말한다.

52) 이들의 관점에서 무의미한 명제란 대표적으로 "신은 존재한다"가 있다. 경험적으로 검증할 수 없기 때문이다. 같은 이유로 "신은 존재하지 않는다"도 무의미한 명제가 된다.

53) Rebecca Goldstein, 앞의 책, 85면.

54) 앞의 책, 86-87면.

알려지게 된다. 이 그룹은 다양한 사상가들로 구성되었는데, 철학자인 루돌프 카르납, 사회학자이며 경제학자인 오토 노이라트, 수학자인 한스 한, 프리드리히 바이스만, 허버트 파이글, 카를 멩거 등이 그 주역이었다. 이들은 처음에는 빈의 한 카페에서 모이다가, 1924년부터 모임을 정식화하여 당시 빈대학의 수학과 물리학 연구소들이 들어선 건물 지하의 한 방에서 모임을 개최하였다. 한번 모임에는 20명 이하의 멤버들이 참석했으며, 가끔 외부에서도 참관을 하였는데 대표적 인물로는 헝가리 출신의 수학자이며 게임이론을 개발한 장본인인 폰 노이만과 하버드대학의 분석철학자인 콰인, 영국의 철학자 에이어, 그리고 폴란드의 논리학자인 타르스키 등이 대표적이다. 이들은 괴델을 제외하고는 거의 모두 실증주의적 관점을 취하고 있었다.

빈서클에 가장 큰 영향력을 발휘한 사람은 그 서클의 멤버가 아닌 비트겐슈타인이었다.[55] 특히 이 서클의 지도자인 슐리크는 비트겐슈타인에게 매우 헌신적이었고,[56] 그를 정기적으로 만났다. 빈서클은 슐리크와 한스 한의 요청에 따라 이 모임에 참여한 기하학자 쿠르트 라이데마스터의 제안에 따라서 1924 또는 1925년 무렵부터 1년에 걸쳐 비트겐슈타인의 '논리철학논고'를 두 번이나 통독하였다. 빈의 실증주의자들은 '논리철학논고'가 그들이 추구하는 실증주의적 관점에 새롭고 순수한 기초를 제시해 준다고 믿었던 것이다.[57] 예컨대 논고 4.003은 그들의 근본신념과 완벽하게 부합되고 있다고 보았다.

"철학 저술들에 나오는 대부분의 명제와 질문들은 오류라기보다는 무의미하다. 따라서 우리는 이런 종류의 질문들에 아무런 답도 할 수 없으며 단지 무의미하다고 지적할 수 있을 뿐이다."[58]

나아가 빈서클은 논리철학논고의 마지막 명제 즉, "말할 수 없는 것에 대해서는 침묵해

---

55) 이 점은 알렌 자닉(Allan Janik)과 스티븐 툴민(Stephen Toulmin)이 지은 "Wittgensteins's Vienna(London, 1973)"라는 책과 이 책의 제목만 보아도 감지할 수 있다. 우리나라에는 "빈, 비트겐슈타인, 그 세기말의 풍경"이란 제목으로 번역서가 출간되어 있다. 비트겐슈타인은 빈서클의 명예회원이었고, 정신적 지도자로 존경을 받았지만, 그 자신은 정식 회원이 되는 것을 거절했다고 한다. 이에 대해서는 David Edmonds & John Eidinow, 앞의 책, 149면.
56) 이러한 평가는 이 서클의 주된 멤버의 한 사람인 파이글이 내린 것이다. Herbert Feigl, 앞의 책, 20면.
57) Rebecca Goldstein, 앞의 책, 97-98면.
58) 4.003 "Die meisten Sätz und Fragen, welche über philosophische Dinge geschrieben worden sind, sind nicht falsch, sondern unsinnig. Wir können daher Fragen dieser Art Überhaupt nicht beantworten, sondern nur ihre Unsinnigkeit feststellen."

야 한다(Wovon man nicht sprechen kann, darüber muß man schweigen)"는 구절에 대해 "말할 수 있는 것을 초월한 곳에는 아무것도 존재하지 않는다"고 주장하는 것으로 이해했다.[59]

그러나 비트겐슈타인은 자신이 실증주의자로 비치지만 결코 아니라고 주장했으며,[60] 빈서클이 자신을 억지로 그들의 관점에 짜 맞춰 해석하는 것(fitting him to the procrustean bed of their precision)에 대해 분노를 터뜨리곤 하였다고 한다.[61] 즉 비트겐슈타인은 "말할 수 없는 것"들이 실재한다고 보았으며,[62] 다만 논고의 마지막 명제를 통해 이는 언표가 불가능하다고 선언했을 뿐인데, 실증주의자들이 이를 자신들의 관점에 따라서 왜곡하여 해석하여 '실증주의자'로 '낙인'을 찍는 것에 대해 분개했다는 것이다.[63] 비트겐슈타인은 논고의 출판과정에서 그 책의 주제에 대해 설명한 어느 서신에서 다음과 같이 말했다고 한다.

"이 책의 요점은 윤리적인 것입니다. (중략) 서문과 결론을 읽어 주시기 바랍니다. 왜냐하면 그 내용이 이 책의 요점에 관한 가장 직접적인 표현을 포함하고 있기 때문입니다."[64]

서신의 내용에 따르면 논고의 주제는 명백히 '윤리적'인 것이다. 실증주의자들의 해석

---

59) 이 점에 대해서는 박영식, 비트겐슈타인 연구 : 「논리철학논고」의 해명 (현암사, 1998), 169면 참조.
60) 이 점은 비트겐슈타인이 자신의 전기철학에서 중요한 역할을 하는 '대상(Gegenstand; object)'이란 개념을 플라톤의 '형상' 개념과 유사한 것이라고 밝힌 바에서도 잘 드러난다. PI § 48 "Diese Urelemente waren auch Russel's 'individuals', und auch meine 'Gegenstande'(러셀의 '개별자들'도 나의 '대상들'도 이러한 원소들 — 텍스트 문맥상 플라톤의 형상을 지칭함 — 이었다.)."
61) 비트겐슈타인과 빈서클 간의 견해 대립으로 인한 '불화'와 그로 인한 '결별'은 널리 알려진 사실이다. 이 점에 대해서는 알렌 자닉·스티븐 툴민(Allan Janik & Stephen Toulmin)/석기용 역, 빈, 비트겐슈타인, 그 세기말의 풍경(Wittgensteins's Vienna) (이제이북스, 2005), 349-365면 참조. 특히 361면. 또한 Rebecca Goldstein, 앞의 책, 106-108면 참조.
62) 박영식, 앞의 책, 168-169면 참조. 동 문헌에 따르면 논리실증주의자들은 명제의 검증원리에 어떠한 제한도 설정하지 않고, 이 원리의 적용을 넘어서는 초월적인 대상의 존재를 인정하지 않지만, 비트겐슈타인은 언표할 수 없고, 세계를 초월해 있는 존재를 인정하고 있다는 점에서 차이가 있다고 한다. 동지의 견해로 Rebecca Goldstein, 앞의 책, 106면과 191-192면 참조.
63) '말할(gesagt) 수 있는 것', 다시 말해 언표(言表)될 수 있는 것과, 말할 수 없지만 단지 '보여질(gezeigt) 수 있는 것'의 구분은 비트겐슈타인이 '논고'에서 일관되게 강조하고 있다. M. 뮤니츠(Milton K. Munitz)/박영태 역, 현대분석철학(Contemporary Analytic Philosophy) (서광사, 1997), 370면 참조 이때 말할 수 없는 것들이란 '논리적 형식', '철학의 본성', '윤리학', '삶의 의미의 문제' 등이 있다. 앞의 책, 369-400면.
64) Paul Engelmann, Letters from Ludwig Wittgenstein, with a Memoir (University of California Press, 1969), 143-144면.

과는 달리 비트겐슈타인은 '언표될 수 없는 것'의 존재와 가치를 인정하고 있는 것이다.[65] 이 점은 1929년에서 1930년 무렵, 비트겐슈타인이 'The heretics'라는 한 모임에서 강연한 '윤리학 강연(A Lecture on Ethics)'에서 더욱 분명히 드러난다.[66]

> "내 모든 성향(My whole tendency), 그리고 내가 믿건대, 윤리학이나 종교에 대해 쓰고 말하려고 시도해 보았을 모든 사람들의 성향은 언어의 한계를 벗어나려는 것이었습니다. 그러나 이처럼 우리를 가두고 있는 언어의 한계를 넘어서려는 것은, 단언컨대 가망 없는 시도입니다. 윤리학은, 그것이 삶의 궁극적 의미와 절대적 선, 그리고 절대적 가치에 대해 무언가 말하고자 하는 욕구에서 출발하는 한, 절대로 과학이 될 수 없습니다. 윤리학이 말하는 것은 어떤 의미에서도 우리의 지식에 더해주는 바가 없습니다. 그러나 윤리학은 인간의 정신에 내재한 일정한 성향에 대한 기록(document)이며, 따라서 나로서는 윤리학을 진실로 존중하지 않을 수 없고, 결코 윤리학에 조소(嘲笑)를 보내지 않을 것입니다."[67]

강연의 마지막 구절인 위 인용구를 보면, 비트겐슈타인은 윤리학에 강력히 사로잡혀 있었음을 시인하고 있으며, 비록 윤리학이 언어의 한계를 벗어나 과학이 될 수 없다 하더라도 비트겐슈타인 자신은 인간의 정신에 내재한 일정한 성향으로서의 윤리학을 진실로 존중하지 않을 수 없다고 고백하고 있음을 확인하게 된다. 다시 말해 비트겐슈타인에게 윤리는 매우 중요하며 가치 있는 존재란 뜻이다. 비록 윤리는 우리의 지식에 더해주는 바가 없는 초월적인 대상이지만 존중할 수밖에 없다는 것이다.[68]

---

65) 신오현, 비트겐슈타인과 스피노자의 비교연구, 「비트겐슈타인과 분석철학의 전개(한국분석철학회 편)」, (철학과 현실사, 1992), 75-76면; 남경희, 비트겐슈타인과 현대 철학의 언어적 전회 (이화여자대학교 출판부, 2005), 51-52면 참조.

66) 캠브리지에서 행한 이 강연의 원고에는 원래 제목이 없었으며, 이 강연은 비트겐슈타인의 생애 유일한 대중강연이었다고 한다.

67) Ludwig Wittgenstein, A Lecture on Ethics, 74 The Philosophical Review 3 (1965), 12면.

68) 비트겐슈타인이 윤리학을 '말할 수 없는 것'으로 보는 이유는 다음과 같다. 비트겐슈타인은 윤리학이 선(善)에 대한 탐구이며, 삶의 의미와 가치에 대한 탐구이고, 삶의 올바른 길에 대한 탐구라고 규정한다. 윤리학은 미학(美學)의 본질적인 부분을 포괄하는 넓은 의미로 사용될 수 있으며, 윤리학과 미학을 동일한 것으로 본다. 바로 이 점에서 윤리학은 분명 '사실'의 문제가 아니라 '가치'의 문제임을 알 수 있다. '사실'에 관한 명제는 논리실증주의자들의 주장처럼 '경험'에 의해 검증 가능하지만 '가치'에 관한 명제는 '사실화(factualized)'될 수 없기 때문에 검증 불가능하고 따라서 무의미한 명제가 된다. 가치는 세계 속에 있는 것이 아니고 세계의 바깥에, 세계를 초월하여 존재하기 때문에 이것은 검증 가능한 사실적 명제에 의해 기술될 수 없으므로 참과 거짓을 판명할 수 없는 무의미한 명제가 되기 때문이다. 단, 비트겐슈타인은 윤리적 명제를 두 종류로 나눈다. 그 하나는 상대적 의미의 윤리적 명제이고 다른 하나는 절대적 명제이다. 상대적 의미의 윤리적 명제란 "이것은 좋은(good) 의자다", "이 길은 빈으로 가는 바른(right) 길이다"처럼 일정한 목적과 관련되어 있고, 강제성이 없으며, 사실적 명제로 환원될

일반적으로 비트겐슈타인은 자신의 후기 저작인 '철학적 탐구'를 통해 '논고'에서 전개한 자신의 전기사상을 상당부분 수정하면서 플라톤주의를 강력하게 비판한 것으로 잘 알려져 있으나, 적어도 전기 비트겐슈타인은 서양철학사의 주류를 형성해 온 플라토니즘(Platonism)의 영향을 벗어나지 못하고 있다는 평가가 지배적이다.[69] 적어도 전기 비트겐슈타인은 일정부분 논리실증주의자들과 동일한 생각을 공유하면서도 '언표될 수 없는 것'의 존재를 인정하고 또 그것을 중요하게 여기는 '초월적' 철학자였다는 것이다.[70]

요컨대 비트겐슈타인은 말할 수 있는 것을 제한했다는 점에 있어서 실증주의와 양립가능한 원리를 제공하였으면서도, 동시에 그들과는 달리 말할 수 없는 것이 실제로 존재하고 또 더 중요하다고 보았다는 점에 있어서는 큰 견해 차이를 지녔던 것이다. 이상 논리실증주의의 기원과 정신에 대해 살펴본 바와 같이 괴델은 분명히 이들과는 다른 사고방식을 가지고 있었다고 보아야 할 것이다. 왜냐하면 괴델정리는 분명 '증명할 수 없는' 참인 명제의 존재를 인정하고 있는 반면, 논리실증주의자들은 '검증 불가능한' 명제의 존재를 인정하고 있지 않기 때문이다. 한편 빈서클에 심원한 영향을 끼친 비트겐슈타인은 '말할 수 없는 것', 즉 검증 불가능한 존재를 인정했다는 점에 있어서는 오히려 괴델과 유사한 사상을 공유하고 있었다고 정리할 수 있을 것이다. 따라서 논고의 마지막 명제, 즉 "말할 수 없는 것에 대해서는 침묵해야 한다"는 이러한 맥락에서 괴델 불완전성정리의 비트겐슈타인 버전이라고 볼 수 있을 것이다.[71]

수 있는 명제를 말한다. 예컨대 "이 길은 빈으로 가는 바른 길이다"라는 명제는 '거리'나 '길의 상태', 또는 '주변의 경치' 등의 특정한 목적에 따라서 '바른'의 뜻이 달라질 수 있으며, 만일 '거리'가 목적이라면 이 명제는 "이 길은 빈으로 가는 최단거리의 길이다"라는 사실적 명제로 환원이 가능한 것이다. 그리고 이 말을 들은 행인이 그 길로 가지 않더라도 그를 윤리적으로 비난할 수는 없다. 그러므로 비트겐슈타인에게 상대적 의미의 윤리적 명제는 윤리적 명제가 아니다. 반면 절대적 의미의 윤리적 명제로는 "그는 선한(good) 사람이다" 또는 "이것은 삶의 바른 길이다" 등의 명제가 있다. 절대적 의미의 '바른 길'은 누구나 반드시 가야 할 길이고, 그 길로 가지 않으면 죄책감과 부끄러움을 느껴야 하는 그런 길이다. 이는 특정한 목적과 무관하고, 강제성이 있으며, 사실적 명제로 환원되지 않는 명제들인 것이다. 이때 절대적 의미의 윤리적 명제의 성격은 예컨대 "나는 절대로 안전하다(Nothing can injure me)"처럼 절대적 가치를 지닌 경험을 나타내는 명제와 마찬가지로 무의미하다는 것이다. "나는 절대로 안전하다"는 명제는 곧 "나는 나를 보호하는 신의 품에 있다"라는 명제와 같으며, 이는 경험적으로 검증가능한 세계를 초월해 있는, 따라서 언어의 한계를 넘어선 명제이기 때문이다. 이상의 내용에 대해서는 Ludwig Wittgenstein, A Lecture on Ethics, 앞의 글, 3-12. 박영식, 앞의 책, 227-244면 참조.

69) 대표적으로 남경희, 앞의 책, 6, 96면 참조.
70) 알렌 자닉·스티븐 툴민(Allan Janik & Stephen Toulmin)/석기용 역, 앞의 책, 364면. 이 점에 대한 정치한 논증으로는 M. 뮤니츠(Milton K. Munitz)/박영태 역, 앞의 책, 325-334면 참조.
71) 이러한 평가로는 Rebecca Goldstein, 앞의 책, 119면.

3. 플라톤주의와 자연법

괴델은 '실증주의자들의 전당'이라 할 수 있는 빈서클에 속해 있었으면서도 스스로는 플라톤주의적 신념을 고수하였다. 그리고 그의 신념은 자신의 수학적 증명을 통해 드러난다. "직관상 산술적으로 참이지만 그 체계 내에서는 증명할 수 없는 명제가 존재한다"는 괴델의 증명은 인간이 구축한 체계에 의해서는 증명할 수 없지만 참인 수학적 실체가 분명 존재함을 보여주고 있다. 나아가 그 증명은 수학을 이해하는 인간의 정신(minds)은 인간이 구축한 체계의 한계를 벗어나 독립적으로 존재하는 추상적 실체를 인식할 수 있다는 플라톤적 신념을 강력히 옹호하고 있는 것이다.[72]

괴델의 정리는 법이론적으로 "직관상 '법'이지만 해당 법체계 내에서는 증명할 수 없는 법명제가 존재한다"로 전환될 수 있을 것이다.[73] 이 두 명제는 모두 "직관적으로 참이지만 주어진 산술 또는 법의 형식체계 내에서 증명할 수 없는 명제가 존재한다"는 것이고, 따라서 법적 추론에 있어서도 '직관'의 역할이 중요함은 전술한 바와 같다. 그러나 여기서 간과되어서는 안 될 점은 바로 그러한 참인 명제가 "존재한다"는 것이다. 즉, 법에 있어서도 '일정한 법체계' 내에서는 증명할 수 없지만 그것이 법적으로 참인 법명제가 존재한다는 것이다. 규범적 직관은 개인마다 다를 수 있지만, 그럼에도 불구하고 분명 해당 법체계 내에서 옳은 법은 존재하며 인식할 수 있다는 것이다. 다만 이때의 '옳은 법'은 '해당 법체계' 내에서 타당한 법이라는 점에 주의할 필요가 있을 것이다. 다시 말해, 만일 해당 법체계가 '전제적' 법체계라면 '전제적 성격의 법'이 옳은 법이 될 것이고, '민주적' 법체계라면 '민주적 성격의 법'이 옳은 법이 된다는 것이다. 왜냐하면 괴델정리에 의하면 산술체계 내에선 공리적으로 도출될 수 있는 명제의 '참'과 참이지만 공리적으로 증명될 수 없는 명제의 '참'은 질적으로 동일한 성격이어야 하는바, 만일 '옳은 법'이 보편타당하게 참인 법을 뜻한다면 '전제적 성격'의 법체계에서 공리적으로 도출되는 법과 그것이 참이지만 증명될 수 없는 보편타당한 법의 성격은 다르게 될 것이기 때문이다. 즉, 증명할 수 없지만 '옳은 법'은 해당 법체계, 나아가 해당 정체(政體)의 성격과 무관하게 '옳은' 법이 아니라는 점에 유의할 필요가 있다.[74] 이 점은 특히 중요한데, 원초적 입장으로부터 정의의 두 원칙을 도출해 내는 롤즈의

---

72) Rebecca Goldstein, 앞의 책, 50-51면.

73) "'참(truth)'이지만을 '법(law)'이지만"으로 전환할 수 있다는 아이디어로는 John M. Rogers & Robert E. Molzon, 앞의 논문, 998-999면.

74) 참고로 하트가 논급한 '승인율(rule of recognition)'도 통치구조에 따라서 '전제적 승인율', '과두적 승인

구상이나 형법상의 근본원칙들을 도출해 내는 본고의 입장(본서 [1] 참조)은 모두 자유민주주의 법치국가의 공적 문화에서 발견되는, 시민들 사이에 공유되는 특정한 인간관과 사회관을 정의의 원칙을 도출해 내는 판단의 고정점으로 전제하고 있기 때문이다.[75]

주지하다시피 전술한 플라톤의 이데아론은 윤리학으로까지 연장된다. 플라톤에 의하면 인간의 삶의 다양한 활동들이 어떠한 이념에 의해 규제되고 있다. 비록 삶과 행동에 모습을 부여하고 내용을 형성하는 무수히 많은 믿음과 생각들이 산발적이고 단편적이며, 서로 상이할 수 있지만, 이들은 어떤 식으로건 상호 연관되어 있으며, 나아가 어떤 위계를 이루고 있다고 본다. 바로 이러한 위계의 정점에 최상위의 이념이 존재하며, 플라톤은 이를 "선의 이데아"라고 불렀다.[76] 즉, 우리의 삶을 향도하는 최고의 원리로서 '선의 이데아'가 존재한다는 것이다.[77] 플라톤의 이러한 신념, 즉 "언제나 모든 사람에게 타당하고 이성에 의해 알 수 있는 도덕적 원리들이 존재한다"는 신념은 '자연법(自然法)' 사상으로까지 발전한다.[78] 자연법에 대한 다양한 정의가 가능하겠지만, 레오 스트라우스(Leo Strauss)에 의하면 "자연법이란 옳고 그른 것을 결정하며, 그 본성상, 언제 어디서나 힘을 지니거나 또 타당한 법을 의미한다."[79] 자연법은 그 자체로 올바른 선택의 표준, 규범적 표준이기 때문에 구속력이 있다.[80] 플라톤은 "법률(Nomoi)"에서 올바른 법은 존재하지 않으며 단지 부족들의 합의와 관습, 그리고 그들의 논의에 의해서 끊임없이 변하는 것이라는 입장을 비판하였다.[81]

율', 그리고 '민주적 승인율' 등으로 구분될 수 있다. 이 점에 대해서는 김도균, 근대 법치주의의 사상적 기초, 「법치주의의 기초」(서울대학교출판부, 2006), 112-113면 참조. 또한 이때의 '옳은 법'은 민법, 형법, 상법, 노동법, 행정법, 소송법 등 개별 법률의 고유한 성격과도 무관하지 않을 것이다.

75) 롤즈는 정치적 구성주의에 의해 우리의 자유민주사회의 공적인 정치적 문화에 내재해 있는 인간관(자유롭고 평등한 도덕적 존재로서의 시민) 및 사회관(공정한 협력체계로서 질서정연한 안정된 사회)으로부터 우리가 모두 공유할 수 있는 정의의 제1원칙을 구성해 낸다. 이 점에 대해서는 John Rawls, Kantian Constructivism in Moral Theory, The Journal of Philosophy, vol.77(1980), 516면 이하. 다시 말해 그러한 인간관과 사회관은 자유민주사회의 정치문화에 기대어 숙고된 판단(considered judgement)을 함으로써 얻게 되는 도덕적 직관으로 원초적 입장의 전제와 조건이 된다. 롤즈의 표현을 빌리면, 그것은 정의의 원칙을 도출하기 위해 필요한 전제로서 시민들 사이에 공유되는 하나의 고정점(fixed point)이다.

76) 남경희, 앞의 책, 200-201면 참조.

77) 이처럼 행위를 올바른 방향을 지도해 주는 '선의 이데아'는 비트겐슈타인적 표현으로는 '철학적 최상급(philosophischer superlativ)'이라고 부를 수 있을 것이다. PI §192 참조.

78) R. F. Stalley, An Introduction to Plato's Laws, Indianapolis (IN: Hackett, 1983), 33-34면.

79) Leo Strauss, Studies in Platonic Political Philosophy (The University of Chicago Press, 1983), 137면.

80) 오병선, 최고재판소 판결에서 법철학적 정당화와 법이념의 갈등조정, 법철학연구 제10권 제1호, 2007, 21면 참조.

81) Nomoi 888e-890d. 다만 플라톤은 '국가·정체(Politeia)'와 '정치가(Politikos)'에서는 아르케(archē; arkhé)

나아가 자연법에서 요구되는 덕행의 일반적 유형은 모든 사람들에게 똑같다고 보았으며, 따라서 입법자는 입법을 함에 있어서 자연법의 요구에 부합되도록 해야 한다고 주장했던바, 플라톤은 "서양에 있어서 정밀하고 일관된 자연법이론을 완성한 최초의 철학자"라는 평가도 받고 있다.82)

요컨대 플라톤은 법에 있어서도 '이데아론'을 관철시켜 '자연법론'을 선구적으로 발전시킨 장본인이라고 볼 수 있을 것이다.83) 이를 '수학적 플라톤주의'에 대비시켜 '법적 플라톤주의'라고 명명할 수 있다고 본다. 플라톤의 자연법론은 법적 맥락에서 이해하자면, 실제로 다양한 법과 관습, 그리고 규범들이 존재하지만 이들은 궁극의 규범적 실체인 자연법의 불완전한 모상(模相)에 불과하다는 것이다. 이를 괴델정리의 맥락에서 보면, "직관상 그것이 자연법이지만, 증명할 수 없는 자연법적 명제가 존재한다"는 정리가 도출될 수 있을 것이다. 예컨대 헌법 제10조의 "인간(人間)으로서의 존엄(尊嚴)과 가치(價値)"는 그 의미와 기본권성(基本權性)에 대해서 논자에 따라 이해방식의 차이는 있겠지만 자연법적 성격을 띠는 규정이라는 점은 널리 받아들여지고 있다. 이 명제의 타당성은 자명하며, 그 어떤 공리로부터도 연역되지 않는다.84) 물론 본고에서(본서 [2] 참조) 앞서 살펴본 바와 같이 순수한 절차적 방법에 의해서 합의될 수는 있는 명제일 것이다. 이러한 맥락에서 직관적으로 자연법임이 명백하지만, 증명할 수 없는 자연법적 명제라고 말할 수 있다. 다만 여기서 "직관상 자연

를 절대시 하였고, '법률(Nomoi)'에서는 법률의 전능함을 강조하고 있다. 아르케는 권력, 주권, 통치권, 군주권 등을 의미한다. 아르케의 개념에 대해서는 장 피에르 베르낭(Jean Pierre Vernant)/김재홍 역, 그리스 사유의 기원(Les Origines de la pensee grecque) (길, 2006, 원전은 1962년 파리에서 출간), 13면과 66면 참조. 플라톤 사상에서 나타나는 아르케와 법률의 갈등은 이들이 모두 권력, 법률, 관습의 유일한 기준인 '선의 이데아'에 귀속됨으로써 해소될 수 있다고 한다. 이에 대해서는 쟈클린 보르드(Jacqueline Bordes)/나정원 역, 폴리테이아: 고대 그리스 시민권론과 정치체제론(Politeia : dans la pensee Grecque jusqu'a Aristote) (대우학술총서, 2000, 원전은 1982년 파리에서 출간), 599면 참조.

82) J. Wild, Plato's Modern Enemies and the Theory of Natural Law (The University of Chicago Press, 1971), 155-156면.

83) 벨첼은 플라톤이 선험적 법이론의 기초를 놓았다고 평가한다. 한스벨첼(Hans Welzel)/박은정 역, 앞의 책, 47면.

84) 김철수, 헌법학원론, 2007, 482면; 장영수, 헌법학, 2007, 566면; 허영, 한국헌법학, 2004, 313면. 학자들에 따라서 "근본규범(根本規範)" 또는 "무조건적으로 받아들여야 할 擬制" 등으로 표현하기도 한다. 헌재의 입장도 이와 크게 다르지 않다고 본다. 헌재 2006.6.1. 98헌마216; 헌재 1992.10.1. 91헌마31; 헌재 1992.4.14. 90헌마82 참조. 같은 맥락에서 자연법은 연역적으로 '추론'될 수 없고, '발견'될 수 있을 뿐이라는 견해로는 존 하트 일리(John Hart Ely)/전원열 역, 민주주의와 법원의 위헌심사(Democracy and distrust : a theory of judicial review) (나남, 2006), 135-149면 참조.

법이지만"이라는 부분이 중요한데, 왜냐하면 규범적 직관은 수학적 직관과는 달리 다양하고 상이한 판단이 가능하기 때문이다.[85] 이성에 의해 영원불멸의 불변하는 형상, 곧 이데아를 인식할 수 있다고 주장했던 플라톤이었지만, 그가 제시한 자연법은 현대적 관점에서 볼 때 매우 불평등하고 불합리한 모습을 띠고 있었다는 점을 고려하면 더욱 그러하다 할 것이다.[86]

Ⅳ. 괴델정리의 법이론적 함의

1. 법이론적 함의

(1) 법적 결정에 있어서 직관의 역할과 중요성

앞서 증명했듯이 괴델정리는 법이론적으로도 유의미하다. 즉 괴델정리에 의하면 법은 모든 분쟁을 기계적 절차에 따라서 형식적으로 해결할 수는 없다는 점을 함축한다. 법은 언어적 모호성 또는 체계 내의 모순 등으로 인해 완전히 확정적일 수는 없고, 설령 그러한 모호성과 모순이 제거된 완전히 무모순적 법체계가 구축될 수 있다고 하더라도 일정한 불확정성을 본래적으로(inherently) 지닐 수밖에 없기 때문이다. 따라서 법적 판단에 있어서 분명 '통찰'과 '직관'이 필요하며, 그렇기 때문에 법적 분쟁의 해결을 위해서는 보다 '현명한' 법률가와 법관을 요구할 수밖에 없게 된다. 다만 법이 불확정적이라는 명제는 제한적으로 이해될 필요가 있다고 본다. 즉, 법은 아무 것도 확정할 수 없다는 식의 '급진적 불확정성 테제(radical indeterminacy thesis)'는 사실과 다르며, 타당하지 않다. 왜냐하면 모든 불확정적인 법적 사안을 보더라도 비록 법은 그 해석방법론상 다양한 선택지를 허용하고 있지만,

---

85) 이때의 직관은 자유민주주의 법치국가의 공적 문화에서 시민들 사이에 공유되는 규범적 확신을 지칭한다고 봄이 타당할 것이다. 앞의 각주 75) 참조.

86) 플라톤의 자연법론의 한계에 대한 지적으로는 박종현, 헬라스 사상의 심층 (서광사, 2001), 276-278면 참조. 예컨대 플라톤은 남녀차별과 노예제도를 긍정했다. 자연법에 대한 직관이 다를 수 있다는 동지의 견해와 관련 사례의 소개로는 존 하트 일리(John Hart Ely)/전원열 역, 앞의 책, 144면. 그러나 존 하트 일리는 자연법에 대한 직관이 다르다는 점이 곧 자연법이 존재하지 않는다는 근거로 원용될 수는 없다고 적확히 지적한다. 그는 "도덕적 진리는 없다는 점을 증명하기 위하여, 전혀 다른 아돌프 히틀러의 도덕성을 원용하는 것은 지구의 모양에 관하여 정확한 입장은 없다는 점을 증명하기 위하여 '지구가 평면이라고 주장하는 사람들의 협회'의 견해를 원용하는 것과 마찬가지로 공정하지 못하다"고 논박한다. 같은 책, 146면 참조.

허용되는 것보다 훨씬 많은 수의, 거의 무한에 가까운 선택지를 불허하고 있음은 명백하기 때문이다.87) 요컨대 법이 불확정적이라는 테제는 제한된 선택지 내에서의 불확정성을 의미한다.

그런데 과연 괴델정리는 랑델르와 구르델 사례와 같이 자기지시적인 사례 이외의 사례에도 함의를 지닐 수 있는가라는 문제가 제기될 수 있다. 괴델의 불완전성정리는 기본적으로 '자기지시'가 가능한 체계에서 적용되기 때문이다.88) 예컨대 만일 완전히 형식적이고 (formal) 무모순적이며(consistent) 완전한(complete) 법체계가 구축될 수 있다면 여기에는 인간의 직관이 불필요하지 않겠느냐는 것이다. 그러나 전술한 바와 같이 괴델정리는 연역체계의 완전한 형식화를 추구한 힐베르트프로그램이 불가능함을 의미하기 때문에 법적 결정과정의 완전한 형식화는 불가능하다. 설령 그러한 알고리즘적 절차를 갖춘 법체계가 구축된다 하더라도 이는 거의 무용하다는 지적도 있다. 즉, 이론적으로 기계적인 법적용절차가 구축될 수 있다 하더라도, 그 과정을 컴퓨터로 처리하는 데에는 거의 무한에 가까운 시간이 소요된다는 것이다.89) 따라서 법적 분쟁의 해결에 있어서 직관은 언제나 요구된다고 볼 수 있을 것이다.90)

다음과 같은 질문도 가능하다. 그렇다면 직관이 필요하다고 볼 때, 과연 그 필요한 직관의 정도가 어느 만큼이냐는 것이다. 예를 들면 법적 사안의 해결에 있어서 직관이 필요하다고 하더라도 일반적으로 그것은 형식논리(formal logic)보다는 적게 요구된다고 볼 수 있다. 즉, 법적 추론절차에 있어서 직관적 판단은 형식논리에 의한 판단보다는 적게 필요하다는 것이다. 또한 상대적으로 직관이 적게 요구되는 케이스와 많이 요구되는 케이스를 구분할 수 있겠느냐는 질문도 제기될 수 있다. 즉, 하드케이스(hard case)와 이지케이스(easy case)가

---

87) John M. Rogers & Robert E. Molzon, 앞의 논문, 1008-1009면. 로저스와 몰존에 의하면 법이 허용하는 선택지의 범위는 특히 헌법해석의 경우 해당 정체(政體, polity)에 의해 결정될 수 있다고 한다.

88) 그러나 '자기지시'적 명제가 언제나 체계 내에서 모순을 발생시키는 것은 아니다. 예컨대 '법률의 착오' 조문은 분명 자기지시적 법명제이지만 그 해석상 법체계 내에 아무런 역설을 초래하지 않으며 무해하다. 이처럼 '자기지시적 법명제'이지만 무해한 조문들과, 또 '자기지시'로 인해 역설을 초래하는 실제의 법명제들에 대해서는 John M. Rogers & Robert E. Molzon, 앞의 논문, 1010-1016면 참조.

89) 예컨대 10개의 알파벳으로 이루어진 40자의 가능한 문자열은 총 1,040개가 있으며, 그러한 모든 문자열들을 초당 1,000개의 속도로 컴퓨터 처리한다 하더라도 소요되는 총 시간은 "three octillion centuries"가 넘는다고 한다. 'octillion'은 10의 27승이다. Mark R. Brown & Andrew C. Greenberg, 앞의 논문, 각주 139) 참조.

90) 법적 결정에 있어서 직관의 중요성과 필요성을 긍정하는 동지의 견해로는 권영준, 민사재판에 있어서 이론, 법리, 실무, 서울대학교 법학 제49권 제3호, 2008, 340-347면 참조.

명확히 구분될 수 있느냐는 것이다. 적어도 직관의 '정도(degree)'만을 가지고 이상의 질문을 제기한다면, 이는 답하기에 매우 어려운 문제이다. 왜냐하면 직관의 가치와 정도를 측정하는 것은 기계적인 일(algorithmic task)이 아니기 때문이다.[91] 이렇듯 직관의 가치(value)는 기계적 절차에 따라서 양적으로 평가될 수 없기 때문에 하드케이스와 이지케이스에 필요한 직관의 정도를 비교하는 것은 객관적으로는 불가능하다고 본다.[92]

이를 잘 입증해 주는 케이스로, 예컨대 미국헌법 제2조는 대통령은 35세 이상이어야 한다는 규정이 있는데,[93] 29세의 후보자가 대통령이 되고자 대선에 출마하는 경우에 이는 당연히 이지케이스가 되는가의 문제가 있다. 미국헌법 제2조는 하나의 확정적 결론을 제시해 주지 못한다. 왜냐하면 논자에 따라서는 헌법 기초자의 의도는 단지 미성숙한 후보자를 배제하려는 것이었다거나, 또는 수정헌법 제5조나 14조에서 연령차별을 금지하고 있다는 논거를 제시할 수 있기 때문이다. 따라서 법관은 가장 설득력 있는 논거를 '직관'에 의해 결정해야 한다. 이처럼 매우 자명해 보이는 사례조차도 형식적인 절차로는 단지 일정한 지침(guide)만이 제공될 뿐, 그것만으로는 사례를 확정할 수 없고, 따라서 궁극적으로 법관의 '직관'이 요구된다고 볼 수 있을 것이다. 또한 '직관의 정도'에 따라서 하드케이스와 이지케이스가 구분된다면, 이 사안에서의 법관에게 필요한 직관의 정도는 '기계적으로 측정될 수 없기 때문에' 이 사안을 두고 하드케이스인지 이지케이스인지 구분하는 문제는 판단이 어렵다고 볼 것이다.[94]

(2) 규칙 따르기와 뢰벤하임-스콜렘 정리

괴델정리와 마찬가지로 법적 불확정성을 입론하기 위해 널리 원용되는 논변 중의 하나로 규칙 따르기 논변이라는 것이 있다. 간단히 말해, "2, 4, 6, …"으로 전개되는 수열이

---

91) 전술한 바대로 괴델 자신도 인정하고 있듯이 직관은 기계화 될 수 없으며, 설령 기계화가 가능하더라도 이를 증명할 수 없기 때문이다. 직관이 기계화 될 수 없다는 논증으로는 Roger Penrose, 앞의 책(*The Emperor's New Mind*), 538-541 참조.

92) 그러나 이로부터 하드케이스와 이지케이스의 구분이 불가능하다는 것은 아니다.

93) U.S. CONST. art. II. § 1, cl. 5. "No Person except a natural born Citizen, or a Citizen of the United States, at the time of the Adoption of this Constitution, shall be eligible to the Office of President; neither shall any Person be eligible to that Office who shall not have attained to the Age of thirty five Years, and been fourteen Years a Resident within the United States."

94) 이 사례의 소개와 상세한 논의로는 Mark R. Brown & Andrew C. Greenberg, 앞의 논문, 1482-1484면 참조.

있을 때, 그 다음에 올 수 있는 수는 무한하게 많고 불확정적이라는 것이다. 이는 비트겐슈타인이 그의 책 철학적 탐구(Philosophical Investigation: PI)에서 제기했고,[95] 비트겐슈타인을 회의론자로 해석한 크립키(Saul A. Kripke)에 의해서 논의가 촉발되었으며,[96] 이를 법이론에 수용한 일단의 학자들에 의해 '법적 불확정성'의 근거로 널리 인용되어 왔던 것이다.[97] 그러나 규칙 따르기에 대한 크립키의 비트겐슈타인 해석은 틀렸으며,[98] 비트겐슈타인이 말한 규칙(Regel)과 법규칙은 명백히 범주가 다른 차원의 것임에도 불구하고, 규칙 따르기 논변을 법(철)학 논의에 직접적으로 수용한 것도 오류라는 점은 널리 지적되어 왔다.[99]

　　규칙 따르기 논변은 크립키식의 규칙회의주의[100] 형태로만 전개된 것은 아니다. 규칙 따르기 논변을 근거로 한 법적 불확정성의 입론은 정교한 논리학상의 정리에 의해서도 지지되어 왔다. 그 예가 바로 뢰벤하임-스콜렘 정리다. 뢰벤하임-스콜렘 정리란 수열과 관련시켜 말하면, 어떠한 유한한 수열이 주어질 때, 그 다음의 수를 결정해 주는 무한한 수의 공식이 존재한다는 정리이다.[101] 터쉬넷과 다마토는 "2, 4, 6, …" 다음에 올 수를 결정해 주는 단

---

95) PI §185, §201 참조.

96) Saul A. Kripke, Wittgenstein on Rules and Private Language (Harvard University Press, 1982), 8면 이하. 크립키에 의하면 비단 수열뿐만 아니라 덧셈규칙도 무한히 다양하게 해석될 수 있으며, 따라서 68+57=5라는 명제도 정당화될 수 있다고 한다. 왜냐하면 이 경우 규칙회의론자는 덧셈규칙을 다음과 같이 이해할 수 있기 때문이다. 즉, "X $\oplus$ Y= X + Y, if X, Y < 57 and X $\oplus$ Y = 5, otherwise." 앞의 책, 8-9면.

97) 크립키의 규칙 따르기 해석을 근거로 법적 불확정성을 입론하는 학자들로는 대표적으로 Charles M. Yablon, Law and Metaphysics, 96 Yale Law Journal 613 (1987); Ross Charnock, Lexical Indeterminacy: Contextualism and Rule- Following in Common Law Adjudication, in: Anne Wagner, Wouter Werner, & Deborach Cao (eds.) Interpretation, Law and The Construction of Meaning (Dordrecht, The Netherlands: Springer, 2007) 참조.

98) 이 점은 철학계에서도 널리 받아들여지고 있다고 한다. 다만 그럼에도 불구하고 크립키의 비트겐슈타인 해석은 그 논증방식이 매우 독창적이어서 크립키에 대한 연구는 지속적으로 전개되고 있다고 한다. 이 점에 대해서는 솔 A. 크립키(Saul A. Kripke)/남기창 역, 비트겐슈타인 규칙과 사적 언어 (Wittgenstein on Rules and Private Language) (철학과 현실사, 2008), 5면의 '옮긴이의 글' 참조.

99) 대표적으로 Jes Bjarup, Kripke's Case: Some Remarks on Rules, their Interpretation and Application, *Rechtstheorie 19* (1988), 49면; Christian Zapf & Eben Moglen, Linguistic Indeterminacy and the Rule of Law: On the Perils of Misunderstanding Wittgenstein, *84 Geo. L.J. 485* (1996), 500면. 역시 같은 지적을 하는 최신의 문헌으로는 Scott Hershovitz, Wittgenstein on Rules: The Phantom Menace, *22 Oxford Journal of Legal Studies 619* (2002) 참조. 동지의 안성조, 법적 불확정성과 법의 지배, 법철학연구 제10권 제2호, 2007, 69-88면 참조.

100) 규칙회의주의란 어떠한 규칙도 새로운 상황에 적용될 때에는 그 자체로는 어떻게 적용되는 것이 올바른가에 대해 확정성(determinacy)을 담보해 주지 못한다는 식의 회의론적 주장을 뜻한다.

101) 다음과 같이 표현된다. "A formula may be valid in every domain comprising only finitely many of the natural numbers". 뢰벤하임-스콜렘 정리는 일차논리 언어에서 문장의 해석의 영역의 크기와 관련

하나의 공식은 존재하지 않는다고 주장하였고,[102] 특히 다마토는 뢰벤하임-스콜렘 정리에 비추어 볼 때, 정수로 전개되는 수열보다 훨씬 풍부한 표현이 가능한(more expressive) 법률언어에 있어서는 주어진 법명제를 해석할 수 있는 공식이 더 많이 주어질 수 있다고 주장하였다.[103]

뢰벤하임-스콜렘 정리도 괴델정리처럼 법체계에도 적용될 수 있을 것이라는 주장인 것이다. 그러나 켄 크레스가 적확히 지적하였듯이 뢰벤하임-스콜렘 정리는 오직 일차형식체계(first order formal system)[104]에서만 적용될 수 있다. 일차술어논리(first order predicate logic)는 정량화된 문장을 형식화하는 논리로서 대상(objects)에 대한 명제와 같이 대상의 성질(properties)을 기술하지는 못한다. 그것은 이차술어논리(second order predicate logic)에 의해 가능하기 때문이다. 그런데 법률언어는 이차체계(second order system)이다. 그러므로 뢰벤하임-스콜렘 정리는 법에 필연적으로 적용될 수는 없다.[105] 요컨대, 유한수열의 다음 수를 확정해 주는 공식이 오직 단 하나만 있는 것은 아니라는 지적은 타당한 측면이 있다고 볼 수 있지만, 이 점을 뢰벤하임-스콜렘 정리를 원용해 일반화하는 것은 잘못된 것이며,[106] 이는 괴델정리가 법체계에의 불확정성을 위해 원용될 수 있다는 것과 차이가 있다.

있는 논의들을 모아 놓은 것이다. 뢰벤하임의 정리와 이를 더욱 확장시킨 스콜렘의 정리를 지칭한다. 이 점에 대해서는 Encyclopedia of Philosophy Vol. 5 (2nd ed., Thomson Gale, 2006), 470-471면 참조.

102) 이 점에 대해서는 Mark V. Tushnet, Following the Rules Laid Down: A Critique of Interpretivism and Neutral Principles, *96 Harvard Law Review 781* (1983), 781면과 822면; D'Amato, 앞의 논문, 597면의 각주 96) 참조.

103) Anthony D'Amato, Pragmatic Indeterminacy, 85 Nw. U. L. Rev. 148 (1990), 176면.

104) 일차형식체계에서는 언어에 의해 개별적 대상(individual objects)만을 기술할 수 있는 체계를 말한다. 반면 이차형식체계에서는 언어에 의해 개별적 대상의 성질(properties)과 집합(sets)을 표현할 수 있다. 뢰벤하임-스콜렘 정리는 이차형식체계에는 적용될 수 없다(the corollary of Löwenheim-Skolem theorems fails for second order logic). 이 점에 대한 증명으로는 George Boolos & John Burgess & Richard Jeffrey, Computability and Logic, (4th ed., Cambridge University. Press, 2002), 282-283면.

105) Ken Kress, 앞의 논문, 144-145면.

106) 그럼에도 불구하고 이러한 유형의 오류는 저명한 철학자들에게서조차 종종 발생한다. 예컨대 힐러리 퍼트남(Hilary Putnam)은 그의 책 '이성, 진리, 역사'에서 뢰벤하임-스콜렘 정리가 비트겐슈타인의 철학적 탐구의 몇몇 논변, 즉 규칙 따르기 논변과 어떤 연관이 있음을 직관적으로 알아차렸다(suddenly saw the connection)고 말하고 있으며(Reason, Truth and History, Cambridge University Press, 1981, 7면과 67면), 나아가 이 정리를 형이상학적 실재론을 논박하는 근거로 원용한다(Hilary Putnam, Models and Reality, in: Realism and Reason: Philosophical Papers Vol.3, Cambridge University Press, 2002, 11-17면). 그러나 이러한 시도에 대해서 이언 해킹은 형이상학적 실재론을 논박하기 위해 뢰벤하임-스콜렘 정리를 원용하는 것은 오류라고 적확히 지적한다. 왜냐하면 이 정리는 일차형식논리에만 적용되는 것이므로, 이는 일상 영어가 사용되는 언어철학 전반에 확장될 수는 없기 때문이다. Ian Hacking, Representing and Intervening (Cambridge University Press, 1983), 92-111면.

이처럼 뢰벤하임-스콜렘 정리는 괴델정리와는 달리 법체계에 적용될 수 없다는 결론은 수학적·논리학적 정리나 철학적 논의를 법이론에 응용하는 데 있어서 보다 신중을 기할 필요가 있다는 반성의 계기를 마련해 준다고 본다. 전술한 규칙 따르기 논변에 있어서도 비트겐슈타인의 규칙에 대한 언명을 법이론에 그대로 수용하는 것이 과연 타당한 것인지 되묻지 않을 수 없듯이, 수학·논리학상의 정리도 그로부터 법이론적 함축을 도출해 내기 위해서는 보다 엄밀한 증명과 논증이 필요하다고 본다. 이것이 괴델정리의 또 다른 중요한 법이론적 의의다.

(3) 직관에 의한 불확정 사안의 확정 가능성

전술한 바와 같이 필요한 직관의 정도를 기계적으로 결정해 줄 수 있는 방법은 존재하지 않는다. 그렇다면 "2, 4, 6, …"의 수열에서 다음에 오는 수가 "8"이든 "10"이든 "125"이든 어느 것이 더 객관적으로 타당한지는 결정할 수 없다. 그러나 비록 직관이 측정 불가능한 대상이라 할지라도 직관에 의한 '해석의 질(quality)'을 판단할 수 있는 '직관적' 방법이 없는 것은 아니다. 직관적으로 볼 때, 분명 어느 한 해석은 다른 해석보다 나은 경우가 있다. 예컨대 위 수열에서는 "8"이 그렇고, 미국헌법 제2조의 해석 사례에서는 "29세의 후보자"는 출마할 수 없다는 것이 바로 그 답이다. 그 이유는 크게 두 가지로 설명될 수 있다. 첫째는 일종의 "사회화(socialization)"에 의해 설명이 가능하다. "8"이란 답이 일반적으로 사회가 인정하는 답이기 때문이라는 것이다.[107] 이와 비슷한 일종의 "경험(experience)"에 근거한 설명방식도 가능하다. 동일한 문제를 지속적으로 접하게 되면, 어느 답이 유용하고, 어느 답이 무용한지 알 수 있게 되며, 축적된 경험에 의해 무의식적으로 예전에 선택했던 유용한 답을 다시 선택하게 된다는 것이다.[108] "사회화"와 "경험"에 의한 설명방식은 일종의 "관행"에 의한 설명방식이라고 볼 수 있을 것이다.

---

107) 이는 규칙 따르기가 '공동체적 관행'에 의해 확정될 수 있다고 주장한 크립키의 해결방식과 유사하다. 크립키에 의하면 규칙 따르기를 정당화 해 주는 것은 어떤 사실이(진리조건) 아니라 그것이 어떠한 조건하에서 적절히 주장될 수 있으며 또 그러한 행위가 우리의 삶에서 어떠한 역할을 하는가(주장가능성조건)에 의해 정당화 될 수 있다고 본다. 진리조건이란 예컨대 "Guido가 방 안에 있다"는 문장이 참일 수 있는 진리조건은 실제로 Guido가 방 안에 있을 때 충족되며, 크립키에 의하면 규칙 따르기에 대한 그러한 진리조건은 존재하지 않는다. 이상의 내용에 대해서는 Saul A. Kripke, 앞의 책, 61-86면; Charles M. Yablon, 앞의 논문, 629면; Jules L. Coleman & Brian Leiter, Determinacy, Objectivity, and Authority, in: Andrei Marmor (ed.), Law and Interpretation (Oxford University Press, 1997), 219면.
108) Roger Penrose, 앞의 책, 534면.

또 다른 설명방식으로는 자연선택(natural selection)설이 있다. 이 설명에 따르면, 어떤 직관에 의한 선택은 다른 선택보다 나은데, 그 이유는 그러한 선택이 그 선택자로 하여금 성공적으로 살아남을(survive and prosper) 수 있게 해 주기 때문이라는 것이다. 호프스태터 (D. Hofstadter)에 의하면 자연선택에 의해서 좋은 판단 메커니즘은 살아남고, 나쁜 메커니즘은 사라진다고 한다.[109] 이는 법률가들의 법적 판단에 있어서도 타당하게 적용될 수 있으며[110] 따라서 직관적 선택의 문제는 단순한 기호의 문제가 아니며, 생사(生死)의 갈림길을 결정해 주는 '적자생존(適者生存)'적 성격을 갖는다는 것이다. 이러한 자연선택은 의식적 판단절차(algorithms of conscious judgement)를 진화시키며, 나아가 이렇게 진화된 판단절차는 다른 판단절차의 타당성도 '직관적으로' 판단할 수 있다고 한다.[111] 요컨대 "8"이란 답이 "125"보다 본래적으로 우월한 것은 아니지만, "8"을 선택하는 것이 더 나은 이유는, 보다 성공적으로 살아남을 가능성이 더 크기 때문이라고 볼 수 있다.

전술한 두 설명방식은 직관의 작용방식을 설명해 주는 데 있어 분명 타당한 측면이 있다. 이는 특히 앞서 예로 든 수열과 같이 비교적 단순한 사안에서는 직관에 의한 사안의 확정을 설명해 주는 데 적합해 보인다. 그러나 대통령 후보자의 제한연령과 같은 법적 사례에 있어서 직관의 작용방식을 설명해 주기에는 충분하지 못하다. 왜냐하면 연령판단과 같은 문제는 일견 수열의 문제처럼 단순히 관행적인 판단으로 확정될 수 있어 보이지만, 그것이 헌법에 의해 허용되는 대통령 후보자의 연령판단이라는 법적 사안을 구성하게 되면 설득력 있는 논거와 정당화가 필요하게 되기 때문이다. 물론 가장 설득력 있는 논거를 직관적으로 선택함에 있어서는 관행이나 자연선택적 고려가 작용할 수 있겠지만 이는 판결의 근거로서 충분하다고도, 또한 적실하다고도 볼 수 없다. 일반적으로 판결의 정당한 근거로서 "직관적으로 그러하다"는 논거는 통용될 수 없는바, 법적 판단은 단순히 '관행'과 '자연선택'에 부합되는 것만으로는 지지될 수 없는, '정당화(justification)'와 '근거(reason)'를 요구하는 '반성적인(reflective)', 그것도 가장 반성적인 작업이기 때문이다.[112] 후술하는 바와 같이 법적 직관

---

109) Douglas R. Hofstadter, Metamagical Themas: Questing for the Essence of Mind and Pattern (New York: Basic Books, 1985), 577면.

110) 앞의 책, 576면.

111) 그러나 펜로즈는 이러한 자연선택설을 믿기 힘들다고 보는데, 그 이유는 자연선택과정은 오직 판단의 결과(output of the algorithms)에만 작용하며, 그러한 판단을 내리는 기초가 되는 생각(the ideas underlying the actions of the algorithms)에는 작용할 수 없기 때문이라고 지적한다. Roger Penrose, 앞의 책, 536면. 펜로즈의 지적은 타당하지만 전적으로 동의할 수는 없다. 왜냐하면 일반적으로 직관적 판단과정에서도 이미 결과에 대한 고려가 어느 정도 선행하기 때문이다.

112) Scott Hershovitz, 앞의 논문, 636면.

은 반드시 '논박불가능성' 내지 '반성적 평형(reflective equilibrium)'이라는 테스트를 통과해야만 정당성을 얻을 수 있다.

2. 사례의 검토: 직관의 작용방식과 정당화

이상 괴델정리의 법이론적 함의로서 직관의 역할과 중요성을 살펴보았다. 그리고 직관이 필요하다고 볼 때, 불확정적 사안을 확정해 주는 직관의 작용방식을 '관행'과 '자연선택'의 측면에서 설명이 가능함을 제시해 보았다. 아울러 그러한 설명방식이 법적 판단을 정당화 하는데 있어서 불충분하다는 점을 지적했던바, 실제 사례를 통해 이를 확인해 보기로 한다. 나아가 직관의 바람직한 통제방법도 논급해 보기로 한다.

(1) 헌법상 사후체포영장 해석론: 법적 직관의 작용방식

최근 형사법학계에서는 형사소송법의 개정을 전후하여 '긴급체포제도'에 대한 해석논쟁이 활발히 전개된 바 있다. 그 논의의 층위는 다양하지만 본고에서는 헌법 제12조 제3항의 해석을 둘러싼 해석론의 대립에 국한시켜 살펴보기로 한다.

헌법 제12조 제3항은 "체포·구속·압수 또는 수색을 할 때에는 적법한 절차에 따라 검사의 신청에 의하여 법관이 발부한 영장을 제시하여야 한다. 다만, 현행범인인 경우와 장기 3년 이상의 형에 해당하는 죄를 범하고 도피 또는 증거인멸의 염려가 있는 때에는 사후에 영장을 청구할 수 있다"고 규정하고 있다. 주지하다시피 동 조문은 본문과 단서에 '영장주의'와 '영장주의의 예외'를 각각 규정하고 있다. 이에 형사소송법은 긴급체포 후 구속의 사유가 있는 경우 구속영장을 청구하면 족하도록 규정하고 있다.[113] 긴급체포에 관한 동 형사소송법 규정이 위헌논란을 불러일으킨 이유는, 긴급체포 후 명시적으로 체포영장까지

---

113) 제200조의3 제1항 "검사 또는 사법경찰관은 피의자가 사형·무기 또는 장기 3년 이상의 징역이나 금고에 해당하는 죄를 범하였다고 의심할 만한 상당한 이유가 있고, 다음 각 호의 어느 하나에 해당하는 사유가 있는 경우에 긴급을 요하여 지방법원판사의 체포영장을 받을 수 없는 때에는 그 사유를 알리고 영장 없이 피의자를 체포할 수 있다. 이 경우 긴급을 요한다 함은 피의자를 우연히 발견한 경우 등과 같이 체포영장을 받을 시간적 여유가 없는 때를 말한다." 제200조의4 제1항 "검사 또는 사법경찰관이 제200조의3의 규정에 의하여 피의자를 체포한 경우 피의자를 구속하고자 할 때에는 지체 없이 검사는 관할지방법원판사에게 구속영장을 청구하여야 하고, 사법경찰관은 검사에게 신청하여 검사의 청구로 관할지방법원판사에게 구속영장을 청구하여야 한다. 이 경우 구속영장은 피의자를 체포한 때부터 48시간 이내에 청구하여야 하며, 제200조의3 제3항에 따른 긴급체포서를 첨부하여야 한다."

요구하고 있지는 않기 때문에 긴급체포 후 48시간 동안 사실상 무영장체포가 가능해진다는 비판이 제기되었기 때문이다. 예컨대 만일 긴급체포 후 구속의 필요가 없어 석방한 경우에는 법관의 통제가 전무하다는 점이 위헌의 소지를 키운 것이다.

이에 대해 표준적인 헌법해석론은 "헌법이 사후에 영장을 청구할 수 있도록 규정한 것은 재량형식으로 규정한 것이 아니라 원칙과 예외의 표현형식이며, 본문과 단서에서 동일한 표현으로 규정하고 있는 '영장'을 동일한 규범적 의미로 해석해야 하므로 본문의 '영장'은 체포영장과 구속영장을 의미하는 것으로 해석하면서 단서의 '영장'을 현행범체포나 긴급체포 후 구속할 경우에 청구하는 사후 구속영장을 의미하는 것으로 해석해서는 안 된다"고 보고 있다.114) 형법학계의 지배적 견해도 이와 다르지 않다.115) 즉, 긴급체포 후에는 반드시 사후체포영장이 요구된다는 것이다.116)

그러나 표준적, 지배적 해석론처럼 과연 헌법 제12조 제3항의 의미가 연역적으로 '자명하게' 도출될 수 있는지는 분명 의문의 여지가 있다.117) 비교법적으로 볼 때, 독일 헌법조문도 우리 헌법과 마찬가지로 피체포자에 대하여 지체없이 사후에 법관의 결정을 받도록 규정하고 있지만, 계속구금의 필요가 없어 석방한 경우는 법관의 사후결정을 받을 필요가 없는 것으로 해석되고 있다는 점에 비추어 봐도 "사후에 영장을 받을 수 있다"는 우리 헌법조문을 "계속구금의 필요가 없어 석방한 경우까지 반드시 청구하여야 한다"고 해석해야 할 '논리필연적 당위성'은 없다고 본다.118) 동 조문의 해석을 둘러싼 정책적 논거의 대립도 자명하게 우열이 가려지지는 않는다. '체포영장 요구론'에서는 '긴급체포제도의 남용가능성과 그로 인한 기본권 침해'를 지적하는 반면, '체포영장 불요론'에서는 '수사의 효율성, 외국의 긴급체포제도와의 불균형' 등에 비추어 볼 때 '과잉입법론'이 될 수 있다고 논박한다.119)

동 사안은 해석론상 그리고 정책적으로도 규범적 가치판단의 대립이 첨예하여 쉽게 결정하기 힘든 불확정적 사안의 하나임은 분명하다. 그러나 이 경우 하나의 해석론을 법관

---

114) 이효원, 대한민국 헌법과 검찰·검사—인신구속제도의 헌법적 원리를 중심으로—, 대한민국 검찰 60주년 기념 국제학술 심포지움, 2008, 46-47면 참조.
115) 신동운, 신형사소송법, 2008, 203면. 역시 동지의 견해로, 조국, 위법수집증거배제법칙 (박영사, 2005), 206면 참조.
116) 이 점은 긴급체포 후 구속의 필요가 없어 석방한 경우에도 마찬가지라고 본다.
117) 이 점에 대한 지적으로는 안성조, 인신구속제도와 헌법해석의 묘(妙), 대한민국 검찰 60주년 기념 국제학술 심포지움, 2008, 75-77면 참조. 이 글은 검찰 60주년 학술회의에서의 토론문이다.
118) 이완규, 형사소송법 특강 (법문사, 2006), 184-185면. 역시 동지의 견해로는 안성수, 영미의 체포, 구속제도에 비추어 본 우리 제도의 문제점과 보완방안, 「구속제도와 영장항고」(법문사, 2007), 171면 참조.
119) 안성조, 앞의 글, 77면 참조.

에게 결정하라고 한다면 어느 입장이 더 선호될 것인가? '관행'의 측면에서 보면 표준적·지배적 해석론을 따르는 것이 보다 '적합할' 것이다. 또한 '자연선택설'의 입장에서 보더라도 법관의 직관은 표준적·지배적 해석론으로 기울 가능성이 크다. 그렇지만 법관은 판결을 함에 있어서 최소한의 정당화 근거를 제시해야 한다. 그런데 '관행'과 '자연선택'을 고려해 직관적으로 표준적·지배적 해석론을 따랐다는 사실을 판결의 정당화 근거로 제시할 수는 없다. 그러므로 실제로 법관이 그러한 직관적 판단을 따랐다면 판결문의 이유설시를 위해 표준적·지배적 해석론을 원용할 수밖에 없을 것이다.[120] 즉, 자신이 직관적으로 선택한 해석론을 판결의 논거로서 제시하는 방식을 취하게 된다는 것이다.[121] 그런데 전술한 바와 같이 표준적·지배적 해석론에 대해서는 다양한 층위의 반론이 제시되어 있다. 따라서 법관의 결정이 정당화 될 수 있으려면, 표준적·지배적 해석론이 반대 논거들의 결함을 충분히 논박할 수 있어야 한다. 만일 그렇지 않다면 법관의 결정은 정당화 될 수 없다. 즉, 법관의 직관은 그 작용방식에 있어서 단순히 '관행'과 '적자생존'의 차원을 넘어 '정당화의 요구'를 고려하지 않을 수 없다는 것이다.

이 점은 법관이 언제나 관행에 따라, 또는 성공적으로 살아남을 수 있는 판결만을 내릴 것이라고 단정할 수는 없고, 실제로도 그렇지 않다는 점에서도 확인할 수 있다. 특히 하드케이스에서 볼 수 있는 다수의견과 소수의견의 대립, 그리고 판례의 변경 등이 이러한 사실을 여실히 입증해 준다. 이는 법관의 직관이 보다 복잡한 메커니즘에 따라서 움직임을 증명해 주는 것이고, 직관은 형식적으로 '기계화'될 수 없다는 괴델의 신념을 잘 입증해 준다고도 볼 수 있을 것이다. 그런데 괴델의 또 다른 신념에 의하면 인간의 직관에 의해서도 결정할 수 없는 문제들이 존재할 수 있다. 다시 말해 주어진 체계를 벗어나 직관에 의존해서도 참값을 결정할 수 없는 '진리'가 존재할 수 있다는 것이다. 만일 괴델의 신념이 옳다면 궁극적으로 법관의 직관은 어떻게 정당화 될 수 있는가? 이하 과실범의 공동정범 사례를 통해 그 한 가능성을 입론해 보기로 한다.

---

120) 물론 원용의 방식은 선택한 해석론을 그대로 '직접 원용'하거나 아니면 법관의 견해와 실무 감각을 반영해 일부 논지를 가감(加減)해 변형시키는 '간접 원용'이 모두 가능하다. 대부분의 판결문은 후자의 방식을 취하고 있다고 본다.

121) 이러한 예로는 이하 각주 132)의 과실범의 공동정범 관련 판례의 '직관적 구조'에 대한 분석 참조.

(2) 과실범의 공동정범 사례: 논거의 정당화 조건

형법 해석상 법적 불확정성이 두드러진 영역으로서 '과실범의 공동정범'이 있다. 형법 제30조는 "2인 이상이 공동하여 죄를 범한 때에는 각자를 그 죄의 정범으로 처벌한다"고 규정하고 있다. 이에 대해 우리학계의 다수견해는 '고의 공동정범'만을 규정하고 있다고 보는 반면, 최근의 유력설은 동 조문은 '과실 공동정범'까지 처벌할 수 있게 입안된 것이라고 본다. 대법원 판례도 초기에는 "과실에 있어서는 의사연락의 관념을 논할 수 없으므로 고의범과 같이 공동정범이 있을 수 없[다]"고 판시해 과실범의 공동정범을 부정하는 입장이었다가,[122] 1962년 이후 판례를 변경하여 "형법 제30조에 '공동하여 죄를 범한 때'의 '죄'는 고의범이냐 과실범이냐를 불문한다고 해석하여야 할 것이며 따라서 공동정범의 주관적 요건인 공동의 의사도 고의를 공동으로 가질 의사임을 필요로 하지 않고 고의행위이고 과실행위이고 간에 그 행위를 공동으로 할 의사이면 족하다고 할 것이므로 2인 이상이 어떠한 과실행위를 서로의 의사연락 아래 범죄되는 결과를 발생케 한 것이라면 여기에 과실범의 공동정범이 성립되는 것이다"고 설시한[123] 이래 과실범의 공동정범을 인정해 오고 있다.

편견없이 형법 제30조를 문리적으로 해석해 보면 과연 고의 공동정범만을 규정한 것인지 과실 공동정범까지 처벌할 수 있도록 규정한 것인지 불명확하다. 또한 과실범도그마틱과 공동정범도그마틱을 어떻게 구성하느냐에 따라 과실공동정범을 긍정할 수도 있고 부정할 수도 있다.[124] 이렇듯 과실범의 공동정범 인정문제는 법조문과 형법도그마틱체계 내에서는 확정될 수 없고,[125] 그렇다면 형법체계 외의 정책적 논거를 검토할 필요가 있을 것이다. 만일 정책적 논거가 결정적으로 어느 한 입장을 지지해 줄 수 있다면 과실범의 공동정범 문제는 일단락될 수도 있을 것이다. 그러나 정책적 논거는 대개 직관적 판단이 첨예하게 대립하여 어느 일방의 논거가 결정적으로 타당하다고 말하기는 어렵다. 과실범의 공동정범

---

122) 대법원 1956.12.21. 4289형상276.
123) 대법원 1962.3.29. 4294형상598.
124) 과실 공동정범을 긍정하는 대표적 문헌으로는 이용식, 과실범의 공동정범, 형사판례연구[7], 1999, 81면 이하; 이재상, 과실범의 공동정범, 형사법연구 제14호, 2000, 215면 이하 참조.
125) 단, 이 경우 과실 공동정범의 긍정여부가 법적 추론에 의해 확정적으로 연역되지 않는 것은 '조문의 다의적 해석가능성'과 '형법도그마틱체계의 모순적 성격' 때문이지 형법체계 내의 '불완전성' 때문은 아니라고 본다. 즉, 이 문제가 불확정적인 이유는 우선 언어적 다의성 때문이고, 다음으로는 형법도그마틱의 체계내적 모순, 즉, '과실범'도그마틱을 중심으로 이론구성 하느냐, 아니면 '공동정범'도그마틱을 우선시하느냐에 따라 결론이 달라질 수 있기 때문이라는 것이다. 모순된 체계는 상반된 결론을 모두 허용한다.

에 대한 정책적 논거의 대립도 이와 다르지 않다.126) 그렇다면 과실범의 공동정범 인정여부는 과연 어떻게 확정될 수 있을 것인가?

　　일반적으로 사안이 불확정적이라도 상충하는 논거의 우열은 가려지게 마련이다. 즉, 논거에 의한 정당화는 정도의 차이가 있는(ordinal) 개념이라는 것이다. 따라서 어느 일방의 입장을 타방에 비해 '더욱' 정당화 할 수 있는 논거가 제시될 수 있다. 그러므로 불확정적 사안에서 어느 한 입장이 정당화 될 수 있기 위해서는 무엇보다 상대측의 논거를 남김없이 논박할 수 있어야 할 것이다. 만일 긍정론이 정당하다면 부정론의 논거를 모두 적실히 논박할 수 있어야 한다.127) 동시에 긍정론의 논거가 부정론자에 의해 적실히 논박될 수 없어야 한다. 그래야만 '논거의 우위성'에 기초해 긍정론이 정당하게 옹호될 수 있기 때문이다. 이렇듯 상대측 논거를 모두 논박하고 자신의 논거가 더 이상 논박불가능할 때 법적 논거는 정당화 될 수 있다.128) 그러므로 논거의 정당화는 더 이상의 논박이 가능하지 않은 '논박불가능성'129)에서 찾을 수 있다고 본다.130) 이는 직관적 판단의 정당화에 있어서도 마찬가지라고 보며 이하에서는 직관의 합리적 통제방법과 궁극적 정당화 가능성을 살펴보기로 한다.

---

126) 조문해석상, 도그마틱상, 그리고 정책적 논거의 대립에 대한 상세한 검토로는 안성조, 과실범의 공동정범, 형사법연구 제19권 제3호(하권), 2007, 588-599면 참조. 특히 정책적 논거의 대립에 대해서는 590-597면 참조.

127) 필자는 위 논문에서 과실범의 공동정범을 부정하는 다양한 층위에서 제시된 거의 모든 논거를 논박하면서, 이를 긍정하는 것이 '인간의 공존'을 위해 필요한 행위의 준칙을 존중하는 것이며, 보다 '인간적'이고 '안전한' 사회를 만들기 위해 바람직하다는 점을 입론한 바 있다.

128) 논의의 층위가 다르기는 하지만 비슷한 생각은 칼 포퍼에게서도 찾아볼 수 있다. 그는 "이론을 제시하여 그러한 이론이 틀렸다는 것을 보여주기 위하여 최선을 다하고 이러한 비판적인 시도가 성공을 거두지 못했을 경우에는 그 이론들을 잠정적으로 수용하는, 추측과 논박의 방법보다 더 합리적인 절차는 없[다]"고 말한다. 이에 대해서는 칼 포퍼(Karl R. Popper)/이한구 역, 추측과 논박(Conjectures and refutations: the growth of scientific knowledge) 제2권 (민음사, 2001, 원전은 1963년 초판발행), 110면 참조.

129) 필자가 사용하는 '논박불가능성'이란 그 자체로 오류가 없거나 반대 논거로부터 적실한 방어가 가능해 더 이상의 논박이 불가능하다는 뜻이지 논거의 성격이 비경험적이거나 형이상학적이어서 적실한 논박이 원천적으로 불가능하다는 뜻이 아님에 유의할 필요가 있다. 칼 포퍼는 이론의 과학적 지위에 대한 기준은 그 이론에 대한 검증가능성 또는 논박가능성에 놓여 있다고 주장하면서 비과학적 이론은 원천적으로 논박이 불가능하다는 뜻에서 '논박불가능성(irrefutability)'이란 용어를 사용하고 있다. 칼 포퍼(Karl R. Popper)/이한구 역, 앞의 책, 82-91면 참조. 개념상의 차이에도 불구하고 포퍼의 생각은 법적 논거도 검증과 논박이 가능한 형태로 제시될 필요가 있다는 점에서 본고의 논지에도 유의미한 함축을 지니고 있다고 본다.

130) 유사한 입장의 문헌으로 Jules L. Coleman & Brian Leiter, 앞의 논문, 227-237면. 이러한 맥락에서 볼 때, 설득력 있는 반대논거가 제시되었음에 불구하고 이를 충분히 재반박하지 못하거나 하지 않고 있는 견해는 정당화되지 못한다.

(3) 직관의 합리적 통제방법: 논박불가능성(반성적 평형)과 열린 태도

헌법 제10조의 "인간(人間)으로서의 존엄(尊嚴)과 가치(價值)"처럼 직관적으로 자연법적 명제임을 분명히 판단할 수 있는 경우도 있지만, 앞서 살펴본 바와 같이 대개의 경우 규범적 직관은 개인차가 있게 마련이다. 여기에서 상충하는 직관의 대립은 어떻게 해소될 수 있을 것인지의 문제가 제기된다. 직관은 빠르지만 언제든지 오류를 범할 수 있고 또한 속단(速斷)에 이를 수도 있다. 또한 괴델의 한 신념에 따르면 직관으로도 해결할 수 없는 문제도 존재할 수 있다. 따라서 법적 판단에 있어서 직관을 정당화 할 수 있는 방법이 요구된다.[131]

우선 법관의 직관은 판결을 내릴 경우 현행 사법시스템 하에서 상급심의 통제를 받게 된다. 물론 1차적으로는 기존의 상급심 판례나 오랜 관행에 의해 확립된 법리의 영향 하에서 작용할 것이다. 또한 관련 학설과 이론의 영향도 무시할 수는 없을 것이다.[132] 그렇다면 상급심 법관의 직관은 어떻게 통제될 수 있는가? 상급심 법관의 직관도 우선적으로는 선례나 학설과 이론에 영향 하에서 작용할 수밖에 없을 것이다. 다만 법관은 궁극적으로는 헌법 제103조의 '양심'에 따라서 사법재량을 행사할 수 있다. 그러나 가치의 우열을 가리기 힘들어 법관의 '양심'으로도 결정하기 힘든 불확정적 사안은 분명 존재할 수 있다.[133] 이 경우 법관의 직관이 단순한 '선택'이나 '결단'이 아닌 '정당한 근거'로서 작용하기 위해서는 어떠한 합리적 통제 방법이 가능할 것인가? 이는 바로 앞서 논급한 '논박(불)가능성'이라고 본다. 법관의 직관은 판결문에 반영되게 마련이다.[134] 만일 그 판결의 논거[135]가 충분히 또한

---

131) 직관의 힘을 긍정함과 동시에 그 위험, 즉 오류에 이를 수 있는 가능성을 풍부한 사례를 통해 제시해 주고 있는 문헌으로는 David G. Myers, Intuition: Its Powers and Perils (Yale University Press, 2002) 참조.

132) 권영준, 앞의 논문, 346면 참조.

133) Jules L. Coleman & Brian Leiter, 앞의 논문, 237-140면. 콜만과 라이터에 의하면, 법적 논거의 우열에 의해 결정이 불가능해 사법재량이 요구될 정도로 불확정적인 사안에서는, 법관의 권위에 의해 사법재량을 행사하는 것이 분쟁해결 과정에서 판결을 못 내리는 것보다는 낫기 때문에 그 자체로 정당화될 수도 있고, 비록 사법재량이라 하더라도 그 재량의 내용을 구성하는 법 외적 논거가 문화적 규범(cultural norm)과 관행에 의해 우열이 가려질 수 있기 때문에 역시 '논거의 우위성'에 기초한 정당화가 가능하다고 한다.

134) 예컨대 앞서 과실범의 공동정범을 부정하는 대법원 판례와 긍정하는 판례는 형법 제30조의 "2인 이상이 공동하여 죄를 범한 때"의 '죄'를 전자는 '고의범'으로만 해석하고 후자는 '과실범도 포함되는 것'으로 해석해 이에 따라 공동정범의 주관적 요건인 '공동의 의사'를 각각 달리 해석하고 있는바, 왜 '고의범'으로만 보아야 하는지, 아니면 '과실범도 포함되는 것'으로 볼 수 있는지에 대해서 정당한 근거를 제시하지 않고 있다. 이는 상이한 판결의 전제가 되는 '죄'의 해석에 있어서 각각의 상이한 '직

적실히 '논박가능한' 것이면 법관의 직관은 틀렸다고 볼 수 있을 것이다. 즉, 법관이 제시한 논거가 논박의 여지가 없거나 예상되는 반론을 충분히 재반박할 수 있을 때에만 직관은 정당화될 수 있다고 본다.136)

그런데 여기서 논박불가능성, 즉 논박불가능한 상태가 무엇을 말하는지 보다 구체화될 필요가 있을 것이다. 그것은 그 본질에 있어서 일찍이 롤즈가 제안했고, 다니엘이 발전시킨 '넓은 반성적 평형(wide reflective equilibrium)'을 의미하는 것으로 볼 수 있다. 넓은 반성적 평형이란 어떤 특정인이 갖고 있는 정렬된 세 가지 믿음의 묶음이 있을 때, 즉 (1) 도덕적 숙고판단들(a set of considered moral judgements)과 도덕적 원리들(a set of moral principles), 그리고 배경이론들(a set of background theories)이 있을 때 그들 사이에서 정합성을 획득하려는 시도(an attempt to produce coherence)를 뜻한다.137) 여기서 배경이론이란 경합하는 도덕원칙들 사이에 상대적인 강점과 약점을 찾아내 보여주는 추론과 논증의 배경이 되는 이론이다. 만일 어떤 도덕적 행위자(moral agent)가 한 사안에 대해 충분한 정보를 갖고 침착하게 내린 숙고된 도덕적 판단이 있을 때 그는 자신의 판단을 지지해 주는 도덕원칙들과 비교·검토, 상호조정을 통해 나름의 타당한 결론에 도달할 수 있다. 이를 '좁은 반성적 평형(reflective equilibrium)'이라고 한다. 여기에서 한 걸음 더 나아가 그러한 결론의 객관성을 더 확보하기 위해 배경이론에 대한 검토와 조정의 과정까지 거쳐서 얻게 되는 결정을 '넓은 반성적 평형'이라고 한다. 당연히 넓은 반성적 평형이 좁은 반성적 평형보다 합당한 근거로 받아들여질 가능성이 클 것이다.

그렇다면 여기에다 도덕적 행위자 대신 법관을 대입해 보자. 법관이 개별 사안에 대해 갖게 되는 법적 직관은, 제반 법원칙과 도그마틱, 학설과 법리 등과 비교해 좁은 반성적 평형에 이른다. 예컨대 형사법의 경우 죄형법정주의, 비례성원칙, 적법절차원칙, 이중처벌금지원칙 등 근본원칙은 물론 사안과 관련된 도그마틱과 판례, 학설을 비교, 검토, 조정하며 반성적 평형에 도달할 수 있다. 더 나아가 그 사안의 해결과 관련된 배경이론이 있다면

관'에 기초하고 있기 때문이며, 이로부터 과실범의 공동정범 인정여부에 관한 법관의 결정에 있어서 작용한 규범적 '직관'의 일면을 엿볼 수 있게 된다. 두 판결문에 반영된 법관의 '직관'은 각각 지지하는 부정논거(범죄공동설 등) 또는 긍정논거(행위공동설 등)의 '논박불가능성'을 통해 정당화 될 수 있을 것이다.

135) 여기서 판결의 논거란 판결문에 명시적으로 설시된 논거 이외에 법관의 직관을 지지해 주는, 묵시적으로 판결에 반영되어 있는 다양한 층위의 관련논거를 통칭하는 것이다.

136) 이는 학설과 이론의 정립과정에서 작용하는 직관의 경우도 마찬가지라고 본다.

137) Norman Daniels, "Wide Reflective Equilibrium and Theory Acceptance in Ethics", The Journal of Philosophy 76(5), 1979, 258면.

그에 대한 검토와 조정을 거쳐 넓은 반성적 평형에 도달할 수 있을 것이다. 책임원칙과 관련해 보면 칸트의 자유의지론이나 롤즈의 운의 평등주의(luck egalitarianism)가 가능한 배경이론에 해당할 것이고(본서 [2] 참조), 형법해석과 관련해서는 해석학(Hermeneutik)과 의미실재론(본서 [6] 참조) 등이 이에 해당할 수 있다.[138]

그러나 직관에 의한 규범적 판단이 '논박불가능'한 상태, 즉 반성적 평형에 이르러 정당성을 획득했다고 하더라도 이것이 반드시 '궁극적 정당성'을 의미하지는 않을 것이다. 괴델의 신념처럼 직관에 의해서도 해결할 수 없는 문제가 존재한다면, '논박불가능성'에 의해 정당화된 법명제는 어디까지나 '잠정적 정당성'만을 지닐 수 있을 것이기 때문이다. 달리 말하면, 반성적 평형이 형성되는 지점은 고정되어 있지 않으며, '더 넓은 수준의 반성적 평형'의 여지가 남을 수 있다는 것이다.[139]

이 점은 특히 형법상 '법률의 착오'를 둘러싼 유구한 논쟁사에 비추어 볼 때 더욱 그러하다. 東西古今을 통해 법률의 착오를 행위자에게 유리한 요소로 고려할 것인가 말 것인가의 문제는 오랜 세월동안 다투어져 왔지만 현재까지 법계별, 국가별은 물론 학계와 실무계 간에도 광범위한 합의에는 이르고 있지 못한 듯 보인다. 형법상의 근본원칙의 하나인 책임원칙에 따르면 행위자에게 정당한 이유가 있는, 즉 위법성의 인식가능성이 없는 법률의 착오는 책임이 조각되어야 하지만(본서 [26], [27] 참조), "법률의 부지는 용서받지 못한다"는 전통적 법원칙이 여전히 이에 맞서고 있는 것이다. 따라서 상반되는 두 규범적 사고방식이 상호교섭과 대립의 과정을 거치며 상호 수용과 조정을 통해 현재까지 이어져 오고 있는,

---

138) 예컨대 원초적 입장에서 형법의 근본원칙(법익보호원칙, 죄형법정주의 등)을 선택한 당사자들은 형법해석의 원칙으로 유추금지원칙에도 합의한 것으로 볼 수 있다. 그런데 이 원칙은 각자의 규범적 직관에 따라서 이를 긍정 또는 부정하는 입장으로 나뉠 수 있는데 법의 불확정성을 지지하는 언어이론(의미회의론 등)은 유추금지원칙을 부정하는 논거를 제시할 것이고, 의미실재론과 같은 배경이론은 동 원칙을 긍정하는 논거를 제시해줄 수 있을 것(본서 [6] 참조)이다. 요컨대, 유추금지원칙을 지지하는 법적 직관은 특정한 배경이론에 의해 반성적 평형에 도달할 수 있을 것이다. 참고로 드워킨은 원초적 입장의 시민(의 대표)들에게 정의의 일반원칙을 선택한 후 이에 더하여 '합법성의 관념(a conception of legality)'에 대해서 실증주의(positivism)와 해석주의(interpretivism) 중 어느 편을 선택할 것인지 합의할 것을 요구하는 사고실험을 펼치기도 한다. Ronald Dworkin, Rawls and the Law, 72 Fordham L. Rev. 1387(2004), 1392면 이하 참조.

139) 우리의 직관적인 도덕적 사고의 구조, 기원, 한계를 이해해야 할 필요성을 논급하며 반성적 평형의 과정에 자연과학적 이해를 추가해 '이중의 넓은 반성적 평형(double wide equilibrium)'을 주장하는 견해로는 Joshua D. Green, Beyond Point and Shoot Morality: Why Cognitive (Neuro) Science Matters for Ethics, Ethics, 124-4(2014), at 726; 동일저자, Solving the Trolly Problem, in: Justin Sytsma & Wesley Buckwalter(eds.), A Companion to Experimental Philosophy(New York: Wiley Blackwell, 2016), at 176.

반성적 평형의 한 증좌로 볼 수 있을 것이다.140) 비록 단편적 예이기는 하나, 형법상 법률의 착오법리가 수정을 거치며 형성되어 온 역사에 비추어 볼 때, 직관에 의한 규범적 판단이 논박불가능성에 의해 정당화될 수 있다 하더라도 법관은 자신의 규범적 판단에 대해 '확신'을 갖기보다는 항상 '열린 태도'를 견지할 필요가 있을 것이다. 즉 법적 결정에 개입된 직관의 궁극적 정당화는 항상 오류의 가능성과 더 넓은 반성적 평형의 가능성을 열어 놓고 자신의 결정을 경계의 눈으로 바라보며, 판결의 정당성과 무류성(無謬性)을 끝까지 추구하려는 법관의 내적 태도에 달려 있다고 할 것이다.141) 이것이 괴델정리의 법이론적 함의이다.

---

140) 예컨대 로마법에서는 "법률의 부지는 용서받지 못한다"는 전통적 법원칙이 통용되었지만, 이탈리아의 경우 법률의 착오에 대한 두 가지 해결방식, 즉 이를 인정하려는 전통과 고려하지 않으려는 전통은 모두 오랜 전통을 지녀왔다고 한다. 또한 당률에 비추어 볼 때, 전통 중국법은 법률의 착오를 고려하지 않았던 것으로 보이나 중국법계 국가라도 중화민국의 경우 1935년 형법에 '법률의 착오' 조문을 명문화했지만 1975년 중화인민공화국 형법은 '법률의 착오' 조문을 명문화하지 않았고 현재까지도 두고 있지 않으며, 캐나다의 경우 로마법상의 전통적 법원칙이 주류를 이루는 'Common Law' 계통의 국가임에도 불구하고 연방최고법원은 1982년 'R v. Macdougall case' 이래로 법률의 착오를 항변사유로 인정해 오다가 1995년 'R v. Jorgenson case'에서는 다시 인정하지 않는 방향으로 판례를 변경하였다. 반면 일본의 경우는 현행 형법 제38조 제3항은 법률의 착오는 범의의 성립에 영향을 미치지 못한다고 명시하고 있고 최고재판소 판례 역시 위법성인식불요설을 지지하고 있으나 위법성인식불요설을 극복하기 위한 다양한 해석론이 제시된 바 있다. 이에 대한 풍부한 사례의 소개와 비교·역사적 논증으로는 안성조, 형법상 법률의 착오론 (경인문화사, 2008), 343-397면 참조.

141) 이는 비록 괴델정리로부터 도출되는 직접적 함의는 아니라고 할지라도 "직관으로도 해결할 수 없는 문제가 존재할 수 있다"는 괴델의 한 신념으로부터 배울 수 있는 교훈임은 명백하다 할 것이다. 그러나 만일 법관에게 '자연법(自然法)'을 발견해서 이를 적용해야 할 도덕적 의무가 있다면, 자연법론을 옹호해 주는 괴델정리의 함의로부터, 법관에게 '열린 태도'가 요구된다고 입론할 수 있을 것이다. 물론 이때의 자연법은 전술한 바와 같이 특정한 정체(政體)를 전제로 한 것임에 유의할 필요가 있을 것이다. 한편 네이겔과 뉴만은 괴델정리에 대해, 공리적으로 해결될 수 없는 문제가 전적으로 '신비스러운 직관(mystic intuition)'을 통해서만 해결될 수 있다는 것으로 이해해서는 안 된다고 지적한다. 왜냐하면 주어진 공리로부터 형식적으로 추론될 수 없었던 수학적 명제가 '비형식적인' 초수학적 (metamathematical) 추론에 의해 증명된 예들이 있기 때문이다. 따라서 괴델정리는 "인간의 추론능력에 피할 수 없는(ineluctable) 한계가 있다는 것을 뜻하지 않는다. 그보다는 인간 지성의 원천(resources of the human intellect)이 이제까지 완전히 형식화된 적은 없었고, 또한 그렇게 될 수도 없다는 것을 의미하며, 따라서 새로운 증명원리가 끊임없이 창안되고 발견될 것이라는 전망을 품게 해 준다." 이에 대해서는 Ernest Nagel & James R. Newman, 앞의 책, 112면. 네이겔과 뉴만의 지적은 분명 일리가 있다고 보며, 그렇다면 법학에 있어서 초수학적 추론에 상응하는 방법론은 무엇이며, 또한 가능한 것인지 논구될 필요가 있을 것이다. 필자는 이에 대해 잠정적으로 넓은 반성적 평형을 한 방법론으로 제시해 보고자 한다. 어떤 법명제의 정당성은 그러한 결론에 이르는 법적 직관이 판례와 도그마틱, 그리고 근본원칙 및 배경이론을 오가며 비교, 검토, 조정을 거치는 교호적 과정속에서 정합적으로 구성된다고 말할 수 있을 것이기 때문이다.

V. 맺음말

이상 본고에서 논의한 내용을 간추리면 다음과 같다.

1. 괴델의 불완전성정리는 법체계의 불확정성을 입론하는 데에도 원용될 수 있다.

2. 따라서 언어적 모호성과 체계내적 모순이 완전히 제거된 무모순적인 법체계가 구축될 수 있다 하더라도 법은 본래적으로 불확정적이다(inherently indeterminate).

3. 다만 법의 불확정성은 그 무엇도 확정할 수 없다는 '극단적(radical) 불확정성'을 의미하는 것은 아니고 단지 제한된 선택지 내에서의 불확정성을 의미한다.

4. 괴델정리에 의하면 법적 추론절차에 있어서도 항상 '직관'의 역할이 중요하다. 즉, 불확정적 사안의 확정을 위해서는 법관에게도 '직관'의 활용이 요구된다.

5. 법적 결정에 작용한 법관의 직관은 통제될 필요가 있으며, 잠정적으로는 논거의 '논박(불)가능성', 즉 반성적 평형에 의해서, 궁극적으로는 더 넓은 반성적 평형의 가능성을 열어두는 법관의 '열린 태도'에 의해 정당화될 수 있다.

6. 괴델정리는 플라톤주의에 토대를 두고 있으며, 자연법론을 옹호해 준다.

7. 괴델정리와 달리 뢰벤하임-스콜렘 정리는 법체계에는 적용될 수 없으며, 바로 이 점은 수학·철학 등 법 외적 논의를 법에 도입·적용하는 데 있어서는 신중을 기해야 한다는 것을 의미한다.

CHAPTER Ⅲ
단체책임론

[8] 미국 판례상 집단인식의 법리와 의도적 인식회피

Ⅰ. 기본개념과 문제의 제기

1. 집단인식의 법리와 의도적 인식회피의 개념

미국 판례에 의해 형성, 발달한 "집단인식의 법리(collective knowledge doctrine)"란, 법인 종업원의 개별 인식들이 합해지면, 비록 그 각각의 인식은 처벌할 수 없는 무책한(innocent) 것이라 하더라도 법인의 주관적 범죄성립요소인 범의(mens rea)를 구성할 수 있다는 법리이다. 예를 들어 어느 회사의 A라는 종업원은 새로 고용될 회사직원이 미성년자라는 사실을 서류기록을 통해 알고 있었으나 어느 부서에 배치될지는 몰랐고, B라는 종업원은 그 신입직원이 미성년자라는 사실은 몰랐지만 매우 위험스러운 업무를 담당하고 있다는 사실은 알고 있었으며, C라는 종업원은 그 신입직원의 존재는 물론 채용여부도 모르고 있었는데, 미성년자를 그러한 위험스러운 업무에 고용하는 것은 불법이라는 사실을 알고 있었다고 할 때, A, B, C 각각의 인식은 전혀 책임 없는 무책한 인식(innocent knowledge) 임에도 불구하고 회사는 그 모든 것을 알고 있었던 것으로 간주되어 처벌될 수 있다는 법리인 것이다.[1] 그런데 모든 종류의 무책한 인식이 단순히 합쳐진다고 해서 법인자체에 범죄사실의 인식이 있었

---

1) '집단적 인식(collective knowledge)'이란 개념은 프랑스의 사회학자 모리스 알박스(Maurice Halbwachs)가 주창한 개념인 '집단적 기억(memoire collective; collective memory)'의 영향을 받은 것으로 보인다. 이러한 분석으로는 Eli Lederman, Models for Imposing Corporate Criminal Liability: From Adaptation and Imitation Toward Aggregation and The Search for Self-Identity, *4 Buff. Crim. L. Rev. 641* (2000), 664면. 한 민족이나 한 사회, 혹은 사회 집단이 공통적으로 겪은 역사적 경험은 그것을 직접 체험한 개개인의 생애를 넘어 집단적으로 보존, 기억되는데 이를 집단적 기억이라고 한다. '집단적 인식 (collective knowledge, aggregate knowledge)'을 통해 법인의 책임을 인정한 선도적 판결로는 Inland Freight Lines v. United States, 191 F.2d 313(10th Cir. 1951); United States v. T.I.M.E.-D.C., Inc., 381 F. Supp. 730 (W.D. Va. 1974) ; United States v. Bank of New England, N.A., 821 F.2d 844(1st Cir. 1987) 등이 있다.

다고 간주할 수는 없다. 만일 집단인식의 법리가 이와 같다면 종업원의 무책한 부분적 인식 하에 저지른 모든 기업범죄는 법인의 책임이 될 것이기 때문이다. 따라서 그것이 범죄사실의 인식으로서 인정되기 위해서는 종업원 개개인의 인식의 총합에 반드시 구성요건적 사실에 대한 인식뿐만 아니라 법규위반사실에 대한 인식도 포함되어야 한다. 좀 더 정확히 설명하자면, 그것이 합해져 법인의 범의를 인정하게 되는 '무책한 인식'이란 "전체 범죄사실의 인식"에 필요한 어느 한 국면(facet)이라고 볼 수 있다. 예컨대 기준치 이상의 환경오염물질을 배출한 어느 기업의 법인책임은 다음과 같은 방법에 의해 구성된다. 그 회사 종업원 중 누군가가 어느 물질이 기준치 이상의 환경오염물질이라는 사실을 알고 있고(facet 1), 다른 누군가는 그 물질의 배출사실을 알고 있었으며(facet 2), 또 다른 누군가는 그러한 행위가 위법하다는 사실을 알고 있는 경우(facet 3), 각각의 종업원의 인식은 합쳐져서 회사의 인식으로 집단적으로 귀속돼 그 회사는 환경오염물질의 불법배출사실을 알고 있는 것이 된다(facet 1+2+3=회사의 범죄사실의 인식). 이 법리는 유책한 종업원을 확정할 수 없는 경우에도 법인에게 형사책임을 인정할 수 있게 해 주는 바, 다수의 판례에 의해 인정되고 있는 최근의 판례경향이고,[2] 따라서 현실적으로 미국 내에서 기업활동을 하고 있는 외국 기업들이라면 분명히 유념하고 있어야 할 법리이다.[3] 최근 우리나라에서도 법인 고유의 범죄의사를 인정해 법인의 형사책임을 구성하려는 논의가 활발히 전개되고 있으며, 그 중 상당수 문헌이 주목하고 있는 것도 바로 이 집단인식의 법리이다.

우리는 앞 장에서 집단인식의 법리에 대한 몇 가지 오해되고 있는 측면을 확인하고, 보다 명확한 개념과 리딩케이스의 정확한 사실관계를 제시해본 바 있다. 이번 장에서는 여기서 한 걸음 더 나아가 집단인식의 법리가 기초하고 있는 원리적 토대에 대하여 미국 내에서 대립되고 있는 상반된 견해를 비판적으로 검토해 봄으로써 동 법리에 대한 이해의 폭을 한층 넓혀 법인의 형사책임에 관한 국내 논의에 유용한 시사점을 제공해 보고자 한다.

미국 내 대부분의 주석가들은 집단인식의 법리가 그 자체로 독자적(stand-alone) 법리라고 해석하고 있으나,[4] 이와 달리 집단인식의 법리는 그 자체로는 불완전한 것이기 때문에 전체 범죄사실의 한 국면을 인식하고 있는 종업원이 다른 종업원들이 인식하고 있는 사실에

---

2) Ann Foerschler, Corporate Criminal Intent: Toward a Better Understanding of Corporate Misconduct, *78 Cal. L. Rev. 1287* (1990), 1304-1305면.

3) 이러한 지적으로는 Martin J. Weinstein & Patricia Bennett Ball, Criminal Law's Greatest Mystery Thriller: Corporate Guilt through Collective Knowledge, *29 New Eng. L. Rev. 65* (1994), 90-91면.

4) 이 점에 대해서는 Michael Viano & Jenny R. Arnold, Corporate Criminal Liability, *43 Am. Crim. L. Rev.311* (2006), 320면.

대해 "의도적 인식회피(willful blindness)"가 있다는 점이 사실관계에 드러난 경우에만 이 법리가 위헌의 소지 없이 적용될 수 있는 법리라고 주장하는 견해가 있다.[5] 다시 말해 집단 인식의 법리는 의도적 인식회피와 결합될 때에만 정당하게 적용될 수 있으며 실제로 이 법리가 적용된 기존의 선도적 사례들에도 의도적 인식회피가 사실관계에 노정되어 있었다는 것이다. 의도적 인식회피란, "범죄의 요소가 되는 사실에 대한 적극적 인식을 의식적으로 회피하려는 노력(a conscious effort to avoid positive knowledge of a fact which is an element of an offense charged)"을 의미한다.[6] 예컨대 어느 운송업자가 많은 돈을 받고 화물을 멕시코에서 미국으로 운송하기로 했을 때, 그는 화물에 마약이 포함되어 있는지 확신할 수는 없었지만, 그러한 가능성은 인식하고 있었고, 그럼에도 불구하고 확인하지 않기로 결정을 내린 경우를 말한다.[7] 다만 마약의 포함여부를 확인하지 않은 것만으로는 의도적 인식의 회피가 되지 못하고, 그가 운송하는 화물에 마약이 포함될 수 있다고 믿을 만한 근거가 있어야만 한다.[8] 그렇게 무지의 상태가 되기로 결정함으로써 피고인은 범죄사실에 대한 적극적 인식이 없었음을 항변할 수 있게 된다. 그러나 법원은 만일 피고인이 의도적으로 사실인식을 회피했음이 입증된 때에는 이는 법을 잠탈(circumvent)하려는 시도로 보아 사실에 대한 인식이 있었던 것으로 간주한다. 즉, 피고인은 사실에 대한 인식이 없었음에도 불구하고 이를 인식하고(knowingly) 범죄를 저지른 것이 된다.[9] 이 법리의 정당화 근거는 의도적 인식회피

---

5) 이에 대해서는 Thomas A. Hagemann & Joseph Grinstein, The Mythology of Aggregate Corporate Knowledge: A Deconstruction, 65 Geo. Wash. L. Rev. 210 (1997), 228면; Anthony Ragozino, Note, Replacing the Collective Knowledge Doctrine with a Better Theory for Establishing Corporate Mens Rea: The Duty Stratification Approach, 24 Sw. U. L. Rev. 423 (1995).

6) 악의적 회피는 의도적 무지(deliberate blindness, deliberate ignorance, willful ignorance), 의도적 무관심 (deliberate indifference), 의식적 회피(conscious avoidance) 등으로도 알려져 있으나, 본고에서는 의도적 인식회피가 가장 적절하다고 생각되어 이 번역어를 채택하고자 한다.

7) Arnold H. Loewy, Criminal Law (4th ed., St. Paul, Minn.: Thomson/West, 2003), 128면.

8) 이와 관련된 판례로는 U.S. v. Campbell, 777 F. Supp. 1259(W.D.N.C.1991), aff'd in part and rev'd in part, 1992 U.S. App. LEXIS 23805(4th Cir. 1992)를 참조할 것. 동 사건에서 피고인인 부동산중개업자의 인식과 관련해, 고객의 생활방식이 비정상적이고, 특이한 습관을 갖고 있다는 사실을 알고 있다는 것만으로는 그 고객의 불법활동 가능성을 인식하였다고 볼 수 없고, 또한 지역사회에서 마약밀매자로 소문나 있다는 것만으로는 피고인의 인식을 추정할 수 없다고 판시함으로써 의도적 인식회피 법리에 대한 한계를 제시하고 있다.

9) 예컨대 United States v. Restrepo-Granda, 575 F.2d 524, 528 (5th Cir. 1978)에서 법원은 만일 피고인이 불법행위가 존재할 것이라는 매우 높은 가능성을 주관적으로 인식하고 있었고, 그러한 불법행위에 대한 인식을 의도적으로 회피하려 했음(purposely contrived to avoid learning of the illegal conduct)이 입증된 경우 범죄성립에 필요한 인식(knowledge)이 있었던 것으로 본다고 판시하였다.

나 적극적 인식은 똑같이 유책하기(equally culpable) 때문이라고 한다. 한 마디로 행위자는 그 사실을 인식하였더라도 범행을 저질렀을 것이기 때문이라는 것이다.[10]

2. 법인에게 의도적 인식회피가 있어야만 하는가?

집단인식의 법리가 적용되려면 의도적 인식회피가 전제되어야 한다는 것은 법인의 범의를 인정함에 있어서 단순히 다수 종업원의 무책한 인식의 총합이 법인에게 귀속되어 법인을 유책하게 만드는 것이 아니라, 법인의 각 종업원에게 범죄사실에 대한 인식의 충분한 가능성이 있었음에도 불구하고 이를 의도적으로 회피했다는 점이 입증되어야만 집단인식에 의해 법인책임을 귀속시킬 수 있다는 의미이다.

그렇다면 과연 집단인식 법리는 범의를 입증하기 위한 독자적 법리인가 아니면 그보다는 각 종업원의 의도적 인식회피가 입증될 경우에만 비로소 의미를 가질 수 있는 법리인 것인가? 이하 본고에서는 두 입장의 타당성을 검토하기 위해 집단인식의 법리를 인정한 대표적 리딩케이스를 분석 대상으로 삼아 각 사례의 사실관계에 의도적 인식회피를 인정할 만한 요소가 있었는지 면밀히 검토해 보고(Ⅱ), 이 법리가 독자적 법리라는 견해를 동 법리의 형성배경을 통해 살펴본 뒤(Ⅲ), 의도적 인식회피가 반드시 전제되어야 한다는 주장의 당부를 가려보고자 한다. 결론적으로는 집단인식의 법리가 인정된 사례의 경우 법인 종업원에게 의도적 인식회피가 있는 것으로 해석될 소지도 있지만, 반드시 그렇지는 않다는 점을 논증하며, 조직모델을 통해 새로운 대안적 해석론을 제시할 것이다(Ⅳ). 마지막으로 동 법리가 지닌 법이론적 한계를 지적함으로써 향후 연구 과제를 남겨 두고자 한다(Ⅴ).

Ⅱ. 리딩케이스의 검토

일반적으로 집단인식의 법리가 확립된 선도적 판례로는 Inland Freight Lines v. United States Case(1951)와 United States v. T.I.M.E.- D.C., Inc. Case(1974), 그리고 United States v. Bank of New England Case(1987)가 널리 논급되고 있다. 세 개의 사례를 차례로 검토해 보기로 한다.

---

10) U.S. v. Jewell, 532 F.2d 697 (9th Cir. 1976) 700; Arnold H. Loewy, 앞의 책, 128면.

1. Inland Freight Lines v. United States

이 사건의 사실관계와 판결요지는 아래와 같다.

당시 주간통상법(Interstate Commerce Act)에 의하면 자동차 운수업자가 알면서(knowingly), 의도적으로(willfully) 허위 기록을 작성하거나 보존하는 것을 경범죄(misdemeanor)로 규정하고 있었다. 공소사실에 따르면 어떤 운전기사들이 자신들의 운행시간과 결근시간을 일지(log books)와 운행보고서(travel reports)에 틀리게 기록하였다. 그러나 운수회사의 그 어떤 종업원도 일지와 운행보고서의 불일치를 알고 있지 못했다. 이에 대해 법원은 만일 적어도 어느 한 직원이 일지의 내용을 알았고 또 다른 직원은 운행보고서의 내용을 알고 있었다면, 두 직원의 인식은 집단적으로(collectively) 회사에 귀속된다고 보았다.[11] 비록 항소심에서 파기 되기는 하였지만 이 판결은 회사의 인식이, 그 종업원들이 주요 사실(key facts)에 대해 집단 적으로 가진 인식을 증명함으로써 입증될 수 있다고 보았다는 점에서 집단인식의 법리를 발전시키는데 있어서 중대한 이론적 첫발을 내디딘 판례로 평가된다.[12]

집단인식의 법리가 악의적 회피와 결합되어야만 정당하게 적용될 수 있다고 보는 입장 (이하 '결합론'으로 칭함)에서는 이 사례에도 회사 종업원의 의도적 인식회피가 있다고 해석 한다. 예컨대 제1심에서 법관은 배심원들에게 다음과 같이 설시하였다. "만일 회사가 정을 알면서 틀린 일지를 받아들였거나, 오류유무에 대한 조사 없이 받아들인 경우에는, 감독의 무(duty of inspection)를 다했더라면 일지의 오류는 발견될 수 있었을 것이기 때문에, 그 회사는 유죄가 된다."[13] 이에 대해 결합론자들은 회사는 일지와 운행보고서의 불일치를 확인·감독할 의무가 있음에도 불구하고 이를 이행하지 않은 경우, 이것은 알면서도 틀린 일지를 받아들인 것과 마찬가지로 간주된다는 취지의 설시를 한 것이라고 주장한다.

2. United States v. T.I.M.E.-D.C.

이 사례에서 배차원들은 회사의 새로운 병가(sick-leave) 정책을 운송기사들에게 고지할 책임이 있었다. 새 정책에 따르면 병가를 내기 위해서는 의료진단서를 제출해야만 하고,

---

11) Inland Freight Lines v. United States, 191 F.2D 313 (10th Cir. 1951) 313-316.
12) 이러한 평가로는 Martin J. Weinstein & Patricia Bennett Ball, 앞의 논문, 71면.
13) Inland Freight Lines, 191 F.2D 316.

만일 진단서 없이 병가를 내면 면책 받지 못하고 고용상의 불이익을 입게 되어 있었다. 이 정책은 불완전하고 모호한 정보를 기사들에게 고지함으로써 종업원들의 치솟는 결근율을 낮추려는 의도로 회사에 의해 고안된 것이었다. 관련 증거에 의하면 두 명의 운송기사가 처음에 병결을 전화로 알렸으나, 배차원들이 그들의 결근은 면책 받지 못할 것이라고 알려주자, 고용상의 불이익을 염려한 두 기사들은 결근신청을 철회하고 몸이 안 좋은 상태에서 운송업무를 했다. 그런데 주간통상법에 의하면 운송업자와 그 운송기사들이 운송능력에 장애가 있는 상태 하, 또는 그들의 운송능력에 장애를 줄 수 있는 환경 하에서 운전을 함으로써 운행을 불안전하게 만드는 것은 경범죄로 규정되어 있었다. 입증된 증거에 따르면 그 두 명의 운송기사들은 배차원들로부터 결코 공식적으로 또는 명시적으로 새로운 병가정책에 대해 고지 받은 적이 없었다. 이에 대해 운수회사는 비록 주간통상법이 운송능력에 장애가 있는 자의 운송업무를 금지한다는 점을 알고 있었지만, 두 운송기사들이 병가를 철회하고 정상업무에 들어갔기 때문에 그들이 병이 있었다는 사실은 몰랐다고 항변하였다. 그러나 법원은 회사 측의 주장을 배척하고 회사가 자신들이 병든 운송기사를 사용하고 있다는 사실을 충분히 인식하고 있었다고 설시하였다. 그 이유는 비록 운송기사들이 병가신청을 철회했다고 하여도, 배차원들은 분명히 그들이 병에 걸렸다는 사실을 고지 받아 이를 알고 있었기 때문이라고 하였다. 즉, 배차원들은 병든 기사들을 운송업무에 사용하고 있다는 인식을 지니고 있었고, 이러한 인식은 그러한 행위를 금지하고 있는 주간통상법의 내용을 알고 있는 회사 내의 다른 종업원들의 인식과 결합되면 회사의 인식이 된다는 것이다.[14] 이 사례 역시 Inland Freight Lines v. United States와 마찬가지로 회사 종업원들의 무책한 인식이 범죄사실의 인식에 필요한 각각의 단계를 충족시킬 때 그 총합은 곧 회사의 인식으로 귀속될 수 있다고 본 점에서 전형적인 집단인식 법리의 맹아로 평가되고 있다.[15]

결합론자들은 이 사례에도 운수회사에 악의적 회피가 있다고 본다. 왜냐하면 이 사례에서 회사는 새로운 병가정책이 병가신청을 억제하는 효과가 있을 것이라는 점을 알았거나 알고 있어야 했고, 따라서 운수회사는 기사들에게 병이 있다는 사실을 기술적으로 (technically) 모른 채, 그들을 영업에 투입하려는 의도를 가지고 있었던 것이기 때문이다.[16]

---

14) United States v. T.I.M.E.-D.C., Inc., 381 F. Supp. 730 (W.D. Va. 1974) 730- 741.

15) 이후에도 집단인식의 법리가 직·간접적으로 원용된 판례로는 United States v. Osorio, 929 F.2d 753, 761 (1st Cir. 1991); United States v. Ortiz de Zevallos, 748 F. Supp. 1569, 1576 n.7 (S.D. Fla. 1990); United States v. Shortt Accountancy Corp., 785 F.2d 1448 (9th Cir. 1986); United States v. Sawyer Transp., Inc., 337 F. Supp. 29 (D. Minn. 1971) 등이 있다.

16) T.I.M.E.-D.C., Inc., 381 F. Supp. 739-740; Thomas A. Hagemann & Joseph Grinstein, 앞의 논문,

따라서 회사의 새 병가정책은 병이 있지만 진단서를 받아 오지 못한 기사들에게 눈을 감으려는 의도적 시도(deliberate attempt to turn a blind eye to)를 드러내는 것으로 볼 수 있다는 것이다. 법원도 피고 회사는 결근율을 낮추기 위해 새로운 병가정책에 대해 상세하게 충분히 설명하는 것을 금지했고, 그렇게 함으로써 병들거나 피로한 기사의 운송업무를 금지하는 관련 법규를 의도적으로 무시했다고 설시했다.[17]

3. United States v. Bank of New England

집단인식의 법리를 확정적으로 인정한 사례로 가장 보편적으로 인용되는 것으로는 United States v. Bank of New England가 있다. 사실관계와 판시내용은 아래와 같다.

맥도너프라는 은행 고객이 1983년 5월부터 1984년 7월 사이에 총 31번에 걸쳐 뉴잉글랜드 은행의 프루덴셜 지점을 방문해 5,000달러에서 9,000달러에 달하는 복수의 수표를, 어느 한명의 은행 창구직원에게 동시에 제시하고 10,000달러 이상의 현금을 인출했다. 그 당시 현금거래보고법에 의하면 10,000달러 이상의 현금거래가 있을 경우 15일 이내에 현금거래보고서(CTRs)를 작성하도록 되어 있었다.[18] 분명 각각의 수표는 10,000달러 이하의 금액이었지만, 매번 인출한 현금총액은 10,000달러 이상으로 현금거래보고서의 작성대상이었음에도 불구하고 은행은 보고서를 작성하지 않았다. 이에 대해 제1심법원은 은행 종업원의 인식의 총합은 은행에 귀속될 수 있다고 설시하며, "만일 A 직원이 현금거래보고요건의 어느 한 국면(one facet)을 알고 있고, B라는 직원은 그 요건의 다른 국면을 알고 있으며(another facet), 그리고 은행직원 C는 세 번째 국면을 알고 있다면, 은행은 그 모든 단계를 알고 있는 것이라고 판시하였다. 따라서 설령 (각각 10,000달러에 미치지 못하는) 복수의 수표가 사용되었다 하더라도, 만일 어느 종업원이 자신의 업무상 그 경우 현금거래보고서가 작성되었어야 한다는 점을 알고 있었다면 은행은 그것을 알고 있었던 것으로 간주된다. 마찬가지로 만일 각각의 여러 종업원이 현금거래보고요건의 일부를 알고 있었고, 그러한 인식의 총합이 현금거래보고요건이 모두 충족되었다는 사실에 이른다면, 은행은 그것을

229-230면.

17) T.I.M.E.-D.C., Inc., 381 F. Supp. 736-737.

18) 주지하다시피 현금거래보고제도(CTR)는 자금세탁(money laundering) 방지를 위해 도입된 것으로, 미국뿐만 아니라 각국의 자금세탁방지관련 법규에 입법화 되어 있다. 이 점에 대해서는 조균석, 자금세정규제론 (經進社, 1993), 131면 이하 참조.

알고 있었던 것으로 간주된다." 즉, 비록 현금을 인출해 준 창구직원이 복수 수표에 의한 10,000달러 이상의 현금인출이 현금거래보고법의 규제대상이라는 점을 몰랐다 하더라도 최소한 10,000달러 이상의 현금인출을 한 사실은 알고 있었고, 또한 어느 은행직원은 그와 같은 현금인출이 현금거래보고서의 작성대상이라는 사실을 알고 있었다면 은행직원들의 인식의 총합은 현금거래보고법을 위반한 사실에 대한 은행자신의 인식이 된다고 판시하였다.[19] 현금인출을 담당한 창구직원은 10,000달러 넘는 금액의 거래가 있었던 사실을 알고 있었으나, 10,000달러 미만의 복수의 수표에 의한 그와 같은 거래가 현금거래보고법의 규제대상이라는 사실을 모르고 있었지만, 관련 증거에 의하면 분명 어느 직원은 그러한 거래라도 현금거래보고서를 작성해야 한다는 점을 충분히 인식하고 있었기 때문에 은행 종업원들의 인식의 총합은 은행의 범죄사실의 인식이 될 수 있다는 것이다.

　이 사례의 제1심에서 법원은 배심원들에게 다음과 같이 설시하였다. 은행은 기관(institution)이자, 조직(organization)으로서 일정한 책임이 있다. 그렇기 때문에 은행은 현금거래보고서의 요건을 인지하고 있어야 하고, 또 이를 준수해야 한다. 이 점을 의식적으로 회피했는지 여부를 배심원은 판정해야 한다. 은행이 유죄임을 입증하려면 보고서를 작성하지 않은 것이 은행의 "악의적인 조직적 무관심(flagrant organizational indifference)"의 결과라는 사실을 입증해야 한다. 이러한 점에 비추어 볼 때, 배심원들은 은행이 직원들에게 관련 법규를 고지하려는 노력을 기울였는지, 또 직원들에 대한 준법감시 노력을 기울였는지, 현금이 복수의 수표에 의해 인출되었던 기간 동안 얻게 된 다양한 정보에 적절히 대처했는지, 은행의 정책을 어떻게 수행했는지 등을 검토해 보아야 한다. 그리하여 만일 은행 직원이 자신의 직무범위 내에서 현금거래보고서 작성을 의도적으로 하지 않았거나, 은행(직원)이 악의적으로 자신의 의무에 무관심했다면, 은행은 의도적으로 보고서를 작성하지 않은 것으로 간주된다.[20] 한 마디로, 의도적 무관심은 곧 의도(willfulness)를 입증할 수 있는 허용 가능한 수단(permissible means)이 될 수 있다는 것이다.[21] 결론적으로 법원은 다음과 같이 판시하였다. "맥도너프의 은행거래 방식이 일정기간 상습적인 것이었고, 그의 거래가 보고할 수 있는 성격의 것이라는 점을 알려주는 정보가 많았기 때문에, 이로부터 불거지는 의혹들이 있었다면, 은행직원들은 최소한 맥도너프의 거래가 과연 보고할 만한 것인지 문의해 보았어야 함에도 불구하고 그러지 않았던바, 이는 현금거래보고법이 부과하는 금지의무에 대해 악의

---

19) United States v. Bank of New England, N.A., 821 F.2d 844 (1st Cir. 1987) 844-857.

20) Bank of New England, N.A., 821 F.2d 855.

21) Bank of New England, N.A., 821 F.2d 855-857.

적 무관심이 있었던 것으로 배심원들을 평결할 수 있다."[22] 한 마디로 말하자면, 은행의 책임은 "죄가 될 만한 정보(inculpatory information)"에 대해 의식적으로 회피했거나 악의적으로 무관심했다는 데에서 찾을 수 있다는 것이다.[23]

결합론자들은 이러한 판시내용을 근거로 위 사례도 은행의 의도적 인식의 회피가 있었던 대표적 사례로 해석한다. 바로 그렇기 때문에 집단인식도 의미를 지닐 수 있다는 것이다. 즉, 이 사례에서 종업원들의 집단인식은, 만일 그것이 필요하고 정당하다면, 형사책임을 면하기 위한 은행의 의식적 노력을 수포로 만들기 위해(to defeat the Bank's conscious attempts to avoid criminal liability) 인정되었을 뿐이라는 것이다.[24]

이상 집단인식의 법리를 인정한 선도적 판례를 분석 대상으로 하여 과연 사례에 회사법인의 의도적 인식회피가 있었는지 여부를 검토해 보았다. 결합론자들의 주장처럼 세 개의 사례 모두 일견 의도적 인식회피가 있었다고 해석할 소지는 있다고 보인다. 다만 과연 판례의 취지가 "집단인식의 법리에는 의도적 인식의 회피가 요구된다는 것"으로 반드시 해석할 필요가 있는지는 의문이다. 왜냐하면 위 판례들은 관점에 따라서는 회사의 일정한 내부관행이나 운영절차 및 정책을 그 법인 자체의 의사로 보고 이에 대해 책임을 추궁한 것으로 해석할 여지도 충분히 있기 때문이다. 사례는 보는 이의 관점에 따라서 달리 해석될 수 있는 것이다. 이하에서는 최근 법인 고유의 의사를 이론적으로 재구성하려는 여러 시도 중에서 '조직모델'의 관점을 살펴보고, 집단인식의 법리가 바로 조직모델을 반영한 것이라는 사실을 논증해 보기로 한다. 이를 위해 우선 집단인식의 법리가 태동할 수밖에 없었던 배경을 검토해 보기로 한다. 집단인식 법리의 형성배경은 집단인식의 법리가 고유한 원리를 토대로 한 독자적 법리라는 견해는 물론, 조직모델이 고안된 이유와도 무관하지 않기 때문이다.

III. 집단인식 법리의 형성배경

집단인식의 법리가 형성·발전된 배경에 대해서는 두 가지 설명이 제시되어 있다.
우선 사회경제적인 배경을 들 수 있다. 일찍이 폴란드 출신의 사회학자인 지그문트

---

22) Bank of New England, N.A., 821 F.2d 857.
23) Bank of New England, N.A., 821 F.2d 857.
24) Thomas A. Hagemann & Joseph Grinstein, 앞의 논문, 224-226면.

바우만(Zygmunt Bauman)은 현대사회에서 발생한 결과에 대한 도덕적 책임귀속의 불확실성이 발생하게 된 이유를 다음과 같이 분석한 바 있다. "분업과 전문화로 인해 다수의 사람들이 관여하는 모든 일에서 그들 각자는 전체업무의 작은 일부만 수행한다. 실제로 관련된 사람이 너무 많아서 그 누구도 발생한 결과에 대한 책임을 합리적이고 설득력 있게 주장하거나 떠맡을 수 없다. 죄인 없는 죄, 범인 없는 범죄, 범인 없는 책임이 발생한다(guilt without culprit)! 즉, 결과에 대한 책임은 떠다니게(floating) 되고, 책임소재를 파악할 수 없다."[25] 바우만의 통찰은 기업에서 발생하는 범죄에 대해서도 유효한 진단이다. 미국처럼 시장경제가 고도로 성숙한 나라에서는 이러한 독자적인 법리에 의한 기업규제의 필요성이 커질 수밖에 없다는 것이다. 즉, 미국 내 기업, 특히 다국적 기업의 경우는 수천 명의 종업원을 고용하고 있을 뿐만 아니라 업무를 독립적인 개별 부서에 위임함으로써 기업조직의 기능을 분권화(decentralize) 시키고 있기 때문에,[26] 그 규모와 복잡성이 증대하여 만일 기업 내 범죄가 발생하더라도 그 관련 책임자를 색출해 내는 데 수개월에서 수년이 소요되는 지경에 이르렀다는 것이다. 예컨대 회사 내 어느 부서가 과세기록을 작성하는 업무에 대해서 고유한 권한이 있다고 하더라도 사실상 법인의 소득신고서에 기재된 모든 내용은 또 다른 부서에 의해 작성되는 경우가 있다는 것이다. 극단적으로는 회사 내 한 부서가, 수천마일 떨어진 곳에 위치한 독립적인 부서에 의해 제공된 정보에 전적으로 의존해 신용대출을 신청하는 경우도 있을 것이다. 이처럼 기업 내부의 의사결정과정이 복잡하고 분권화된 위계구조에 의해 조직적으로 이루어질 경우, 기업 경영진의 일부가 외국의 정치인에게 뇌물을 전달해 주기로 결정을 내린 때에, 다른 부서의 사원들이 그러한 뇌물지급에 대해 궁극적 책임을 지는 일도 발생할 수 있게 된다. 시장경제가 고도화됨에 따라 바야흐로 미국법원은, 기업조직이 자신

---

25) Zygmunt Bauman, Postmodern Ethics (Cambridge, Mass.: Blackwell Publishers, 1994), 18-19면. 바우만은 영국 리즈대학 사회학 교수를 역임했고, 근대성과 홀로코스트, 탈근대성과 소비주의, 윤리학 등에 탁월한 업적을 남겼다.

26) 예컨대 현대의 많은 기업들은 개별 사업부가 책임경영을 할 수 있도록 개별 사업부장에게 권한을 위임하는 사업부제 조직구조를 채택하고 있다. 권한의 대규모 위임은 사업부의 자발적인 경영을 촉진시키고 빠른 의사결정을 가능하게 하여 책임경영을 할 수 있는 장점이 있는 반면, 각각의 사업부가 다른 사업부와 자원 공유나 기술이전과 같은 협력관계가 어려워지고, 사업부끼리 불필요한 경쟁관계가 될 위험도 있다. 이처럼 개별 사업부가 지나치게 독립적으로 운영되어, 사업단위 간 자원 및 지식, 정보의 공유 같은 협력관계가 없어지는 것을 전문용어로 '사일로(silo)' 라고 한다. 현대 기업의 이러한 특성에 대해서는 장세진, 삼성과 소니 (살림, 2008), 233면 이하 참조. 서로 다른 전문성을 가진 조직을 통일적으로 운영할 수는 없기 때문에 사일로는 현대 기업조직에 필수적인 측면도 있고 또 경영의 본질이기도 하지만, 이는 분명 기업범죄에 악용될 소지도 있다.

의 의사결정 메커니즘이 복잡화, 분권화 된 점을 이용해, 기업 내 각 부서 간 정보가 상호 영향을 미치지 않도록 부서조직을 엄격히 업무적으로 분화시킬 수 있는 고유한 능력 (capacity to compartmentalize information)을 갖추게 되었다는 점을 인식하기 시작하였고,[27] 그 결과 한 기업 내 여러 직원들의 집단적 인식이 기업의 고의로 인정될 수 있다고 법리구성 을 할 수 있게 된 것이다. 요컨대, 기업조직의 고도발달로 인해 기업 내 부서 간 업무가 엄격하게 분리되어 자율적 체계를 갖추게 됨에 따라 기업은 각 부서별 상호간 인식의 공유 가 없어도 정상적인 업무를 수행할 수 있듯이 각 부서 종업원들의 상호 무관한 개별적 인식의 총합을 통해서도 범죄사실을 인식하고 범죄를 저지를 수 있게 되었다는 것이다. 바로 이 점은 집단인식의 법리가 고유한 원리를 토대로 형성된 독립된 법리라는 주장을 뒷받침해 준다.[28] 즉, 집단인식의 법리는 현대 기업조직에서 빈번하게 발생할 수 있는 '조직 적 무책임(organisierte Unverantwortlichkeit)'을 방지하려는, 고유의 원리 위에 형성된 독자적 법리라는 것이다.

다음으로는 기업의 형사책임에 관하여 미국 내에서 전개되어 온 고유한 이론적 배경이 있다. 전통적으로 미국 법원은 대위책임(vicarious liability)에 입각하여 기업의 형사책임을 인정해 왔다. 즉, 회사 종업원이 그의 직무범위 내 또는 직무수행 중에 기업의 이익을 위해 저지른 행위에 대한 책임은 해당 기업에 귀속될 수 있다는 것이다. 그러한 사고방식의 원류 는 불법행위의 영역에서 종업원의 직무범위 내의 행위에 대해 법인이 손해배상책임을 지는 사용자책임의 법리(Respondeat superior)에서 유래하고 있었다.[29] 미국법상 대위책임이 인정 되기 위해서는 그 전제로서 종업원의 범의가 인정되어야 한다. 그러나 전술한 바와 같이 시장경제가 고도화되어감에 따라 기업조직은 권한을 분배하고, 역할과 책임, 그리고 관련 정보의 흐름(associated information flow)을 분산시킴으로써[30] 더욱 전문화, 분권화, 위계화될

---

27) 이러한 업무적 분화로 인해 발생한 결과에 대한 책임자를 찾아내기 어려워진다. 같은 맥락에서 역할 전문화, 불완전한 정보, 조직 문화, 불복종을 처벌하는 경영진의 능력 등이 어우러져 기업의 조직적 무책임의 결과가 초래된다고 지적하는 견해는 J. Tomkins, B. Victor, & R. Adler, Psycholegal Aspects of Organizational Behaviour: Assessing and Controlling Risk, in: D.K. Kagehiro & W.S. Laufer (eds.), Handbook of Psychology and Law (New York: Springer-Verlag, 1992), 523-541면.

28) Martin J. Weinstein & Patricia Bennett Ball, 앞의 논문, 66-70면.

29) 물론 카먼로 국가들도 처음부터 대위책임의 원칙이나 사용자책임의 법리를 형사적 법리로 인정해 왔던 것은 아니다. 영국의 경우 이러한 법리가 형사적 법리로도 인정되기 시작한 것은 18세기 이후이다. 이 에 대해서는 Amanda Pinto & Martin Evans, Corporate Criminal Liability (London: Sweet & Maxwell, 2003), 17-24면.

30) 현대 기업조직의 전문화, 분권화, 위계화에 대해서는 J. Tomkins, B. Victor, & R. Adler, Psycholegal

수밖에 없고, 따라서 누가 발생한 결과에 대해 책임있는 종업원인지 찾아내는 것이 점점 더 어려워지게 된다.

예를 들어 천문학적인 손해배상으로 유명한 미국의 달콘실드(Dalkon Shield) 사건[31]에서 판사는 달콘실드의 제조업체인 A.H. 로빈스 내에서 정확히 누구의 책임인지 판단하기가 불가능하다고 밝혔다. 왜냐하면 달콘실드의 프로젝트 매니저는 피임기구의 안전성 문제가 의료부서 책임이라고 설명했던 반면 의료부서의 대표자는 품질관리부서가 맡아야 할 문제라고 설명했고, 또 품질관리 부서 대표자는 프로젝트 매니저가 그 문제에 대한 결정권한을 갖고 있다고 말하였기 때문이다. 이는 곧 각 부서 담당자들이 발생한 결과에 대해 자신들의 법적 책임유무를 명확히 판단 할 수 있는 위치에 있다고 볼 수 있을 만큼 충분한 정보를 갖고 있지 못하다는 뜻이다. 현대 관료제적 기업조직은 기능적 부서라인에 따라 정보를 분여한다(bureaucratic organizations parcel out information along functional lines).[32] 따라서 책임은 분산될 수밖에 없다. 이처럼 역할이 전문화되고 정보가 분여돼 있는 기업조직에서는 구성원들이 회사의 이름하에(in the name of corporations) 업무를 수행한 것이 결국 범죄를 저지르는 결과를 가져오게 되더라도 그들을 비난할 수 없다.[33]

이렇게 될 경우 기업의 형사책임을 묻기가 어려워지는 바, 이러한 난점을 극복하기 위해 집단인식의 법리가 탄생할 수밖에 없었다는 것이다.[34]

Aspects of Organizational Behaviour: Assessing and Controlling Risk, in: D.K. Kagehiro & W.S. Laufer (eds.), Handbook of Psychology and Law (New York: Springer-Verlag, 1992), 528-529면 참조.

31) 자궁 내 피임기구로 이 기구를 사용한 여성들 중에서 수천 명이 불임, 유산 및 사망에 이르는 심각한 피해를 입었다. 이 사건의 배경과 사실관계 및 소송결과와 이에 대한 기업 윤리적 분석과 평가로는 로버트 F. 하틀리(Robert F. Hartley)/e매니지먼트(주) 역, 윤리경영(Business Ethics: mistakes and successes) (21세기 북스, 2006), 326-342면 참조.

32) Palmer v. A.H. Robins Co., 684 P.2d 187 (Colo. 1984). 이 사건에 대한 이와 같은 평가로 David Luban, Lawyers and Justice (Princeton University Press, 1989), 123-124면.

33) Herbert C. Kelman & V. Lee Hamilton, Crimes of Obedience: toward a social psychology of authority and responsibility(New Haven: Yale University Press, 1989), 195-210면 참조.

34) 이 점에 대해서는 Ann Foerschler, 앞의 논문, 1297-1298면. 동 문헌에 의하면 현대사회에서 회사는, 자신의 업무를 처리하기 위해, 이를 나누어 전담할 하위부서로 이관시키는 고도로 복잡한 조직구조를 갖추게 되었고, 이러한 구조 하에서는 유책한 개인을 찾아낸다는 것이 거의 불가능하기 때문에 미국법원은 집단인식의 원리를 통해 유책한 개인을 찾을 수 없더라도 종업원의 인식의 총합이 회사의 인식이 될 수 있다는 법리구성을 하게 된 것이라고 평가한다. Ann Foerschler, 앞의 논문, 1304-1306면; 역시 동지의 송기동, 앞의 논문, 44-48면 참조.

Ⅳ. 집단인식의 법리와 조직모델

1. 조직이론의 특성과 의의

조직모델에 따르면 회사의 성격은 단순한 사업가들의 집단도 아니고, 그렇다고 막스 베버식으로 위계적 구조에 의해 단일한 목표를 추구하는 관료제(Bureaucracy)모델로도 설명하기 힘들다. 왜냐하면 그러한 모델들은 조직의 복잡성이 크지 않을 때에는 들어맞을지 모르지만, 고도로 복잡해진 조직의 경우에는 더 이상 타당하지 않기 때문이다. 조직모델은 이러한 설명방식 대신 회사를 "지능을 가진 기계"로서의 조직(organization)으로 설명하는 이론이다.[35]

조직모델(organizational model)은 법인의 활동을 법인 구성원 개인들의 선택의 집합이라기보다는 법인의 조직구조적 산물(product of the organizational structure)로 본다. 즉, 조직은 개인들의 집합이라기보다는 활동들의 집합(collection of activities)이라는 것이다.[36] 따라서 법인의 목적과 결정은 법인 내 어느 특정 개인의 목적이나 결정과 반드시 일치하는 것은 아니다. 조직이론은 법인을 하나의 개인처럼 취급하는 전체론적(holistic) 관점도 거부한다. 전체론적 관점은 회사를 이윤극대화를 추구하는 이성적 행위자로서 하나의 의사결정 단위로(single decisionmaking unit) 파악하지만,[37] 회사라고 항상 이윤을 극대화하는 행동을 하지는 않으며, 따라서 이러한 모델은 비현실적이라고 보기 때문이다.[38] 다시 말해 법인을 단순한 개인들의 집합으로 보는 것도 잘못이지만, 법인을 단일한 의사를 지닌 하나의 이성적 행위자로 보는 것도 실제에 부합되지 않는다는 것이다. 이 이론은 법인의 복잡한 성격을 총체적으로 파악하기 위해 법인 내부의 '의사결정절차'에 대한 이해가 필요하다고 본다.[39] 따라서 조직이론은 법인의 의사(corporate intent)를 구명해 내는데 있어서 개별적 법인 구성

---

35) M. Dan Cohen, Rights, Persons, and Organizations: A Legal Theory for Bureaucratic Society (Berkeley: University of California Press, 1986), 16-25면.

36) M. Dan Cohen, 앞의 책, 35면.

37) G. Allison, Essence of Decision: Explaining the Cubean Missile Crisis (Boston: Little, Brown and Company), 1971, 32-33면.

38) C. Stone, Where the Law Ends: The Social Control of Corporate Behaviour, (New York: Harper & Row), 1975, 38-39면.

39) Simeon M. Kriesberg, Decisionmaking Models and the Control of Corporate Crime, 85 *YALE L.J. 1091* (1976), 1976면.

원의 의사로든 단일한 인격체로서의 법인자체의 의사로든, 그 어떤 종류의 환원주의도 시도하지 않는다. 그 대신 법인의 조직구조상의 특성에 주목한다. 잘 알려진 조직모델로는 다음과 같은 두 가지 모델이 있다.

우선 조직적 절차모델(organizational process model)은 조직 내 업무의 전문적 분담(task specialization)이란 개념을 토대로, 조직 내부의 복잡한 업무가 다루기 쉬운 하부문제로 분리되고, 이는 조직 내부의 하위부서에 이관돼 처리되는 과정에 주목한다. 회사들의 경우 각각의 부서는 독립적인 결과물을 산출하므로 회사의 활동이란 결국 이러한 개별 부서의 의사결정을 종합하여 부분적 조정을 거친 결과(result of the partial coordination of all of these incremental decisions)이다.[40] 이와 같은 의사결정메커니즘 하에서는 회사 내에 책임이 분산되며, 따라서 책임소재를 명확히 해 책임자를 가려내는 것이 어려워진다.[41] 즉, 이러한 의사결정구조 하에서 법인범죄가 발생했다면, 유책한 개인이나 의사결정단위를 찾아내는 것은 거의 불가능해 진다.

다음으로 관료적 정략모델(bureaucratic politics model)은 게임이론(game theory)을 토대로 회사의 의사결정과정을 개인들 간의 협상절차(bargaining process among individuals)로 이해하려는 이론이다. 관료적 정략모델은 회사 내부의 의사결정이 정치적 협상결과라는 관점을 취한다. 때때로 특정 개인의 목표가 관철될 수도 있지만, 그보다 그 어떤 특정 개인의 목표와도 일치하지 않는 협상결과에 도달하는 경우가 더 많다.[42] 한 마디로 회사와 같은 조직에서는 목표에 대한 명백한 합의는 존재하지 않는다는 것이다. 조직적 절차모델과 마찬가지로 관료적 정략모델은 법인의 활동을 어떤 특정 개인의 행위로 환원시키려 하지 않는다. 또한 회사의 활동결과 범죄가 발생한 경우, 유책한 개인을 찾아내는 것은 거의 불가능하다고 본다.

이상 살펴본 바와 같이 조직모델은 법인의 의사와 활동을 법인 내부의 특정 개인의 의사나 행동으로 환원시키는 것이, 불가능하지는 않더라도, 매우 어렵다는 사실을 잘 해명해 주고 있다. 법인의 정책과 활동은 종종 그 구성원 개인들의 선택의 단순한 총합 이상이다. 또 많은 경우 법인의 활동은 구성원 개인들의 선택과, 회사 내에는 자주 발생하는 특정 문제를 처리하기 위한 표준운영절차(standard operating procedures; SOPs),[43] 그리고 조직의

---

40) J. March & H. Simon, Organizations (New York: John Wiley & Sons, 1958), 158-161면과 190면.

41) K. Brickey, Rethinking Corporate Liability Under the Model Penal Code, *19 RUTGERS L.J. 593* (1988), 625-626면.

42) M. Dan Cohen, 앞의 책, 33면; G. Allison, 앞의 책, 145면.

구조 자체, 이 모든 것의 상호작용에 의존한다. 결론적으로 법인의 정책과 행동은 법인의 조직구조 전체(corporate structure as a whole)로 귀속되어야 하며, 개념적으로 법인 내부의 구성원 개인들의 의사와는 독립적인 것으로 보아야 한다는 것이 조직모델의 입장이다.[44) 다시 말해 조직모델은 법인의 조직구조 자체를 의사를 지닌 행위주체로 보아야 한다는 이론인 것이다.[45)

2. 조직모델과 법인 고유의사의 재구성

조직모델은 회사의 정책과 내부적 관행 및 표준운영절차에 초점을 맞춘다. 다시 말해 조직모델이 강조하는 회사 고유의 의사란 그 회사의 정책과 관행 및 운영절차에 의해 관념할 수 있다는 것이다. 전술한 바와 같이 회사법인의 의사결정과정이 어느 특정 개인의 의사를 그대로 반영한 것이라기보다는 표준운영절차 및 정략적 협상 등이 상호작용하여 이루어진다. 따라서 회사 고유의사란 회사의 조직적 구조 전체에 의해 결정된다. 그러므로 회사의 정책은 물론 내부적 관행과 표준운영절차는 모두 회사 고유의 의사로 평가할 수 있다고 한다. 실제로 미국 법원이 법인의 정책을 '제도로서 고의(institutional intent)'로 파악한 이래[46) 회사의 정책에 초점을 맞춰 법인에 대한 비난가능성(blameworthiness)과 형사책임을 인정할 수 있다는 학설과[47) 판례가 꾸준히 전개되어 왔다. 이 점에서 특히 집단인식의 법리

---

43) 표준운영절차란 친숙하고 일상적인 문제들, 예컨대 고객의 불만을 해결하거나, 제품의 품질을 지속적으로 관리하고, 폐기물을 처리할 때 참고하도록 마련된 문제해결절차를 말한다. 이들 중 어떤 것들은 회사 중역들로 구성된 관련 위원회가 입안해 만들어진 것일 수도 있고, 단지 관습에 의해 생겨난 규칙으로 특별한 지시 없이 관행적으로 인정된 것일 수도 있다. 이에 대해서 Simeon M. Kriesberg, Decisionmaking Models and the Control of Corporate Crime, *85 YALE L.J. 1091* (1976), 1102면 참조. 어느 경우이건 표준운영절차는 집단적 산출물(collective product)이라는 특성을 지닌다. 이 점에 대해 Brent Fisse & John Braithwaite, Corporations, Crimes and Accountability (Cambridge University Press, 1993), 102면 참조. 명문화된 표준운영절차의 예로는 상충되는 이해관계의 해결, 임직원의 외부활동 제한, 선물과 접대, 고객정보와 비밀보장, 성희롱, 부정방지 등의 내용을 담고 있는 기업 내 윤리 및 행동강령(written code of ethics/conduct)을 들 수 있을 것이다. 이에 대해서는 토비 비숍·프랭크 히도스키(Toby J.F. Bishop & Frank E. Hydoski)/딜로이트 안진회계법인 역, 성공기업의 위험관리(Corporate Resiliency) (FKI미디어, 2010), 136면 이하 참조.
44) 조직모델을 주장하는 입장에서는 회사조직을 조직적 지능을 지닌 지향적 시스템(intentional system with organizational intelligence)이라고 규정하기도 한다. M. Dan Cohen, 앞의 책, 34면.
45) M. Dan Cohen, 앞의 책, 34면.
46) Keyes v. School District No. 1, 413 U.S. 189 (1973); Oliver v. Michigan State Bd. of Educ, 508 F.2d 178 (6th Cir. 1974).

는 조직모델의 관점을 적절히 반영하고 있는 것으로 보인다.[48] 예컨대 전술한 United States v. Bank of New England를 분석모델로 삼자면, 이 사례에서 법원은 "회사는 특정한 직무와 운영에 대해 (이를 좀 더 쉽게 처리할 수 있는) 보다 작은 단위부서로 업무를 이관·분담시킴으로써, (종업원들의) 인식(knowledge)을 업무적으로 분화시킨다(compartmentalize). 그 작은 단위부서의 (인식의) 총합은 바로 그 특정한 운영에 대한 회사의 인식이 된다. 그 특정한 운영의 어느 한 단계를 수행하는 종업원이 그 운영의 다른 단계를 수행하는 종업원의 활동을 아느냐의 여부는 중요하지 않다."고 덧붙였다.[49] 이러한 법리는 조직모델, 특히 조직적 절차모델의 입장을 수용한 것으로 볼 수 있다. 조직적 절차모델에 의하면 조직 내부의 복잡한 업무는 보다 다루기 쉬운 하부문제로 분리되고, 이는 조직 내부의 하위부서에 이관 돼 처리되는 과정을 겪는다. 회사들의 경우 각각의 부서는 독립적인 결과물을 산출한다. 그러므로 이와 같은 의사결정메커니즘 하에서는 회사 내부에서 책임이 분산되며, 따라서 책임소재를 명확히 해 책임자를 가려내는 것이 어려워진다. 그렇기 때문에 종업원들의 무책한 인식의 총합이 곧 회사 자신의 인식이 된다고 간주하는 것이다. 더욱이 이 사례는 회사의 내부 관행 및 표준운영절차를 책임비난이 가능한 회사의 의사로 파악한 대표적 사례이기도 하다. 동 사례에서 은행의 의사가 비난 가능한 것은 31번에 걸쳐서 동일한 방식의 현금인출 행위가 있어도 이에 대한 현금거래보고서를 작성하지 않았던 바, 이는 곧 회사의 내부 관행 또는 표준운영절차로 볼 수 있고, 바로 이러한 관행과 절차가 관련법규를 명시적으로 위반하고 있었기 때문이다.[50] 그렇다면 집단인식의 법리는 조직모델의 관점을 잘 반영하고 있다고 평가할 수 있을 것이다.

3. 조직모델에서 범의 성립의 세 가지 요건

조직모델에 따라 조직구조적 특성을 법인 고유의 의사로 볼 수 있다 하더라도 과연 어떤 경우에 그 의사가 범의를 구성하게 되는지 구명될 필요가 있다. 이에 대해서는 세 가지 경우를 상정해 볼 수 있다. 첫째, 조직구조적 특성에 비롯된 회사정책이나 내부관행

---

47) Seth F. Kreimer, Note, Reading the Mind of the School Board: Segregative Intent and the De Facto/De Jure Distinction, *86 YALE L.J. 317* (1976), 333-334면.

48) 동지의 Ann Foerschler, 앞의 논문, 1305-1306면.

49) Bank of New England, N.A., 821 F.2d 856.

50) Bank of New England, N.A., 821 F.2d 848.

및 표준운영절차가 명시적으로 관련법규를 위반하는 때이다. 예컨대 United States v. Bank of New England 사례처럼 31번에 걸쳐서 복수 수표에 의해 한도를 초과한 현금인출을 허용한 것은 회사의 표준운영절차가 법규를 명시적으로 위반한 것으로 평가할 수 있을 것이다. 둘째, 그 정책이나 관행 및 운영절차가 회사 종업원의 범법행위를 초래할 가능성이 상당히 높음(reasonably foreseeable)에도 불구하고 이를 의도적으로 무시한 경우이다. 이 경우는 United States v. T.I.M.E.-D.C. 사례에서 찾아볼 수 있다. 이 사례에서 운수회사는 결근률을 낮추기 위해 새로운 병가정책을 개발해 실시했던 바, 결과적으로 결근률을 낮추기 위해서는 배차원들로 하여금 그 정책을 기사들에게 상세히 설명하지 못하게끔 하여 병으로 신체적 능력이 저하된 기사를 운송업무에 투입함으로써 주간통상법을 위반하게끔 만들 가능성이 높았기 때문이다. 회사의 병가정책 자체가 통상법을 위반한 것은 아니었지만, 종업원의 위반행위를 초래할 가능성을 상당히 높았음에도 불구하고 회사는 이에 무관심했다는 것이다. 마지막으로 회사의 정책과 관행 및 운영절차가 종업원의 법규위반에 대한 확인 및 감독의무를 의도적으로 또는 과실에 의해 내부적으로 강제하고 있지 않은 경우이다. 한 마디로 준법감시의무를 다하지 않고 있는 경우를 말한다. 이 경우 의도적으로 감독의무를 강제하지 않는 경우는 회사가 종업원의 위법행위로부터 이익을 얻기 위해서이다. 반면 과실에 의한 경우는 감독과실로 인해 종업원의 위법행위가 발생한 경우를 뜻한다.[51] 준법감시의무를 다하지 않은 법인의 책임이 인정된 예로는 전술한 Inland Freight Lines v. United States 사건을 들 수 있을 것이다.[52]

이렇게 본다면, 집단인식의 법리는 변화하는 기업구조에 수용하여 조직모델상의 범죄

---

51) 감독과실로 법인의 책임을 묻는 형식은 현행 양벌규정에서도 찾아볼 수 있다. 주지하다시피 "법인, 단체의 대표자나 대리인, 종업원이 저지른 위법행위에 대해 책임유무를 묻지 않고 양벌규정에 의해 법인 또는 대표이사를 처벌하는 것은 책임주의에 어긋난다."는 헌법재판소의 위헌결정으로 인하여 양벌규정의 개정이 불가피해짐에 따라 법무부는 양벌규정의 개선을 추진하게 되었다. 법무부가 추진하는 양벌규정의 개선안의 주요 내용은 업무주 처벌에 대하여 면책사유 등 아무런 조건을 두지 않은 양벌규정 단서에 업무주가 범죄행위를 방지하기 위한 관리 및 감독의무를 다한 경우에는 책임을 면제하는 면책규정을 두어 책임주의를 관철시키는 것이다. 개정된 양벌규정 하나를 소개하면, 자격기본법상 양벌규정에 해당하는 제42조는 "법인 또는 단체의 대표자나 법인·단체 또는 개인의 대리인, 사용인, 그 밖의 종업원이 그 법인·단체 또는 개인의 업무에 관하여 제000조의 어느 하나의 위반행위를 하면 그 행위자를 벌하는 외에 그 법인·단체 또는 개인에게도 해당 조문의 벌금형을 과한다. 다만, 법인·단체 또는 개인이 그 위반행위를 방지하기 위하여 해당 업무에 관하여 상당한 주의와 감독을 게을리 하지 아니한 경우에는 그러하지 아니하다."로 개정되었다.

52) 이상의 세 가지 요건은 Ann Foerschler, 앞의 논문, 1306-1311면에서 포쉴러가 제시한 요건을 수정, 응용한 것임을 밝혀둔다.

성립의 세 요건을 반영한 것으로서 해석할 수 있을 것이다. 이 법리를 반드시 의도적 인식회피가 사실관계에 전제되어야만 성립하는 것으로 이해할 필요는 없다. 사실 전술한 세 개의 리딩케이스들 중에서 종업원의 의도적 인식회피가 사실관계에 반드시 전제되어 있다고 보아야 할 당위성이 있는 것은 없다. 세 경우 모두 단순히 과실로 인해 각 종업원들에게 범죄사실의 인식이 없었다고 해석해도 무방하기 때문이다. 반드시 각 경우에 의도적인 인식의 회피가 있었다고 보아야 할 필요는 없다는 것이다.[53] 예컨대 Inland Freight Lines v. United States의 경우 의도적 인식의 회피가 있었다고 보려면 누군가 일지의 오류 가능성을 충분히 인식하고 있어야 하나, 단지 한 종업원이 일지의 내용을 알고 있었고, 다른 한 종업원은 운행보고서의 내용을 알고 있었다는 사실만으로는, 그들이 비록 같은 회사에 소속되어 있다 하더라도, 그러한 일이 상습적으로 발생하지 않은 이상, 일지의 오류 가능성을 충분히 알고 있었다고 보기는 어렵다.[54] 이외에 두 사례의 경우도 각 종업원에게 의도적인 인식의 회피가 있었다고 보아야 할 당위성은 분명 없다.

이상 검토해 본 바와 같이 집단인식의 법리를 인정한 리딩케이스들은 조직모델에 의해 법리적 토대가 설명될 수 있다고 본다. 의도적 인식회피가 전제되어야만 동 법리가 정당하게 설명될 수 있다는 견해가 있으나, 이는 다소 무리한 해석이라고 판단된다. 끝으로 결합론자들은 악의적 회피가 전제되지 않은 집단인식의 법리는 위헌의 소지가 있다고 주장하는바, 이 점에 대해 검토해 보기로 한다.

4. 위헌론에 대한 검토

미국판례상 최소한 인식(knowledge)이라는 범의를 요구하는 범죄는 단순히 과실(negligence)에 의해서는 저질러질 수 없다는 것은 확립된 원칙이다.[55] 그런데 집단인식의 법리가 적용된 사례들 중, Inland Freight Lines v. United States 사례와 같은 경우 주간통상법에 의하면 자동차 운수업자가 인식하고 있으면서(knowingly), 의도적으로(willfully) 허위 기록을 작성하거나 보존하는 것을 경범죄로 규정하고 있었다. 즉, 법규가 명시적으로 인식과

---

53) Eli Lederman, 앞의 논문, 671면.

54) 전술한 바와 같이 의도적 인식회피의 법리가 적용되기 위해서는 불법의 가능성에 대한 믿을 만한 근거가 있어야 한다.

55) Browder v. United States, 312 U.S. 335, 341 (1941); United States v. Crippen, 570 F.2d 535, 538 (5th Cir. 1978).

의도를 범죄성립에 필요한 범의로 요구하고 있는 것이다. 그럼에도 불구하고 법원은 집단인식의 법리를 통해 회사의 책임을 인정하였던바, 회사의 책임이란 이 경우 일지와 운행보고서 간의 불일치를 조사함으로써 그러한 잘못을 방지해야할 의무를 해태한, 일종의 감독의무의 불이행에서 초래된 과실책임(negligence)인 것이다. 즉, 관련 법규의 범죄의 성립에 인식과 의도를 요하고 있음에도 불구하고 법원은 사실상 과실만으로 회사의 범죄성립을 인정하였던 것이다.56) 따라서 결합론자들은 이 사례의 경우 만일 집단인식의 법리가 악의적 회피와 결합되지 않는다면 법원이 판결에 의해 의회가 명시적으로 규정한 법규를 폐기하는(judicial abrogation) 결과를 가져오게 되는 바, 이는 헌법상 권력분립의 원칙에 반하는 흠을 안게 된다고 주장한다.57) 더 나아가 집단인식의 법리를 철저히 관철하면, 회사가 그 종업원에 감독의무를 충실히 이행했음에도 불구하고 우연한 사정에 의해 범죄가 발생한 경우까지도, 다시 말해 회사에 그 어떠한 범의를 찾을 수 없는 경우에까지도 회사는 형사책임을 져야 한다는 부당함이 노정된다는 점도 법리적 문제점으로 지적될 수 있다고 한다.58) 바로 그렇기 때문에 악의적 회피와 결합되지 않은 집단인식만으로는 합헌적이고 정당한 법리가 될 수 없다는 것이다.

그러나 이러한 논변에 대해서는 다음과 같은 반론이 가능하다. 우선 입법자가 말하는 인식과 의도는 법인과 자연인에게 각각 다른 뜻으로 사용된다는 것이다. 앞서 살펴 본 조직모델에 의하면 법인 고유의 의사란 조직구조적 특성 자체에서 비롯된 정책이나 관행 및 표준운영절차 등으로 설명할 수 있다. 이러한 것들은 조직모델이 밝혀주었듯, 어느 종업원 개인의 의사도 아니고, 단순히 종업원들의 의사의 총합도 아니다. 그렇다고 법인을 단일한 의사를 지닌 이성적 행위자로 보는 것도 실제에 부합되지 않는다. 그러므로 법인의 의사를 자연인의 의사, 즉 일반적의 의미의 고의 나 과실과 동일시된다고 보기는 힘들다. 이러한 관점에서 보면 집단인식의 법리에서 말하는 인식의 집합은(collectivization) 단지 법인의 범의를 입증하기 위한 방법(methodology of proof)일 뿐이고, 따라서 자연인에 대한 고의나

---

56) 사실 범죄성립에 필요한 범의를 의도가 아닌 과실로 축소시켰다는 점은 동 판결이 항소심에서 파기된 이유이기도 했다(The convictions were reversed, with the appellate court finding that the jury charge had, in effect, reduced the requisite mens rea from willfulness to negligence). Inland Freight, 191 F.2d 316. 또한 유사한 맥락에서 회사 측은 설령 종업원들의 집단인식(collective knowledge)에 의해 회사의 인식(knowledge)가 입증되었다 하더라도, 여전히 의도(willfulness)는 입증되지 않았다고 항소심에서 항변하였다. 한 마디로, 의도까지 요구하는 범죄를 인식만으로 인정하였다는 것이다. 이 점은 Inland Freight Lines, 191 F.2D 314-316.

57) 이러한 지적으로는 Thomas A. Hagemann & Joseph Grinstein, 앞의 논문, 238-239면.

58) Thomas A. Hagemann & Joseph Grinstein, 앞의 논문, 239면.

과실의 입증방법과는 다른 방식을 통해서 결과적으로 입법자가 설정한 '인식'과 '의도'를 입증하는 것으로 해석할 수 있다고 본다.[59] 또 다른 반론으로는 조직모델에 따라 회사의 정책과 관행 및 표준운영절차 등을 법인 고유의 의사로 볼 수 있다면, 자연인에게 있어서의 고의와 과실처럼 그 경중을 구분하기 위해서는 그러한 정책과 관행 및 표준운영절차 등이 법규위반에 기여하는 방식과 정도, 또는 얼마나 오래 유지되었는지 등으로 판정할 수 있을 것이다. 이렇게 본다면 입법자가 설정한 인식과 의도, 또는 과실이란 표지는 법인의 의사를 판단함에 있어서는 명목적인 것이 되며, 따라서 위헌론은 결정적인 문제점이 될 수는 없다고 생각한다.[60]

다음으로 의도적 인식회피와 결합되지 않은 집단인식의 법리는 회사가 그 종업원에 감독의무를 충실히 이행했음에도 불구하고 우연한 사정에 의해 범죄가 발생한 경우까지 회사가 형사책임을 지게 만든다는 반론에 대해 살펴보건대, 이는 일회성 범죄가 종업원들의 집단적 인식에 의해 저질러진 경우에는 분명 타당한 지적이다. 이 경우 우연한 사정에 의해 종업원들의 과실로 저질러진 범죄를 회사에 귀속시킬 수는 없을 것이다. 또한 조직모델의 관점에서 보더라도, 이처럼 종업원들의 우연한 과실에 의해 범죄가 저질러진 경우 법인 고유의 범의가 정책이나 내부관행 및 표준운영절차 등을 통해 외부로 표출되고 있다고도 보기 힘들 것이고, 따라서 집단인식의 법리가 적용될 여지는 없다고 본다. 집단인식의 법리가 조직모델의 관점을 수용하고 있는 것이라는 본고의 입론이 타당하다면, 우연한 사정에 의해 범죄가 발생한 경우까지 회사가 형사책임을 지게 되는 경우는 없을 것이다.

V. 맺음말

앞서 살펴보았듯이 집단인식의 법리는 조직모델을 반영하고 있는 것으로 보인다.[61] 예컨대 앞서 논급한 United States v. Bank of New England 사건에서 법원은 "회사는 특정한 직무와 운영에 있어 (이를 좀 더 쉽게 처리할 수 있는) 보다 작은 단위부서로 업무를 이관·분담시킴으로써, (종업원들의) 인식(knowledge)을 업무적으로 분화시킨다(compartmentalize). 그 작은 단위부서의 (인식의) 총합은 바로 그 특정한 운영에 대한 회사의 인식이 된다. 그

---

59) Thomas A. Hagemann & Joseph Grinstein, 앞의 논문, 240면.
60) 물론 궁극적으로는 입법론적 해결이 필요하다고 본다.
61) 동지의 견해로는 Ann Foerschler, 앞의 논문, 1305면.

특정한 운영의 어느 한 단계를 수행하는 종업원이 그 운영의 다른 단계를 수행하는 종업원의 활동을 아느냐의 여부는 중요하지 않다."고 설시했던바,[62] 이는 조직모델, 특히 조직적 절차모델의 통찰을 수용한 것으로 평가할 수 있다. 조직적 절차모델에 의하면 조직 내부의 복잡한 업무는 보다 다루기 쉬운 하부문제로 분리되고, 이는 조직 내부의 하위부서에 이관돼 처리되는 과정을 겪는다. 회사들의 경우 각각의 부서는 독립적인 결과물을 산출한다. 그러므로 이와 같은 의사결정메커니즘 하에서는 회사 내부에서 책임이 분산되며, 따라서 책임소재를 명확히 해 책임자를 가려내는 것이 어려워진다. 그렇기 때문에 종업원들의 무책한 인식의 총합이 회사 자신의 인식이 된다고 법리 구성하는 것이다. 또한 위 사례는 회사의 정책 및 내부 관행을 책임비난이 가능한 회사의 의사로 파악한 대표적 사례이기도 하다. 동 사례에서 회사의 의사가 비난가능한 것은 31번에 걸쳐서 동일한 방식의 현금인출 행위가 있어도 이에 대한 통화거래보고서를 작성하지 않았던 바, 이는 곧 회사의 내부 관행 또는 표준운영절차로 볼 수 있고, 바로 이 관행 및 절차가 관련법규를 직접적으로 위반하고 있었기 때문이다.[63] 이처럼 집단인식의 법리가 조직모델을 반영한 것으로 볼 수 있다면, 조직모델에 의해 재구성된 법인 고유의 의사, 즉 회사의 정책이나 내부관행, 표준운영절차 등에 주목할 필요가 있을 것이다. 입법적으로 법인의 형사책임을 명문에 의해 인정하게 되더라도, 법인 고유의 의사를 어떤 기준으로 판단할 것인지는 논란의 여지가 많은 문제이다. 조직모델은 바로 이 점에 대한 나름의 해결방안을 제시해 주고 있다고 본다. United States v. Bank of New England 사건처럼, 집단인식의 법리가 적용된 사례들은, 법인 고유의 의사는 내부 관행이나 표준운영절차를 통해 드러나게 된다. 또 United States v. T.I.M.E.-D.C. 사건처럼 회사의 정책이, 직접적으로 관련법규를 위반하는 것은 아니더라도, 종업원의 법규위반행위를 초래할 예측가능성을 내포한 경우도 있다. 그렇다면 회사의 정책이나 내부관행, 표준운영절차가 법을 직접적으로 위반하거나, 종업원의 위법행위를 초래할 상당한 예측가능성이 있으면(reasonably foreseeable) 이를 법인의 범의로 볼 수 있을 것이다.[64] 마찬가지로 Inland Freight Lines v. United States 사건의 경우, 법원은 제1심에서 회사는 일지와 운행보고서의 불일치를 확인·감독할 의무가 있음에도 불구하고 이를 이행하지 않은 경우, 이것은 정을 알면서도 틀린 일지를 용인하는 것과 마찬가지로 간주된다는 취지의 설시를 했던바,[65] 만일 회사의 정책이나 관행에 의해 감독의무가 이행되지 않았다면 이 경우에도 법인

---

62) Bank of New England, N.A., 821 F.2d 856.
63) Bank of New England, N.A., 821 F.2d 848.
64) Ann Foerschler, 앞의 논문, 1306-1310면.

의 범의를 인정할 수 있다고 본다.

이상의 논의로부터 다음과 같은 결론을 도출할 수 있다. 집단인식의 법리는 조직모델의 관점을 반영하고 있다. 다시 말해 이 법리는 회사의 정책과 관행 등이 법인 고유의 범의를 드러내고 있는 사실관계와 결부되어 있다는 것이다. 그러므로 단지 종업원의 무책한 인식의 총합이 범죄사실에 대한 인식을 구성한다고 하여 법인책임을 인정할 수 있는 것이 아니라, 반드시 회사의 정책이나 관행 등을 통해 법인의 범의가 표현되고 있음이 입증되어야 한다. 또한 종업원의 무책한 인식의 총합이 범죄사실에 대한 인식을 포함하지 못하고 있는 경우에는 이 법리가 적용될 여지가 없음은 전술한 바와 같다. 그렇다면 집단인식의 법리는 두 가지 제한요건 속에서만 적용이 가능한 법리이다. 첫째는 종업원의 무책한 인식의 총합이 범죄사실에 대한 인식을 구성해야 하고, 둘째로 회사의 정책이나 관행 및 표준운영절차를 통해 법인 고유의 범의가 드러나고 있음이 입증되어야 한다.

이상 미국 판례상 형성, 발달되어 온 집단인식의 법리에 대한 결합론의 입장을 비판적으로 검토해 보았다. 결론은 동 법리가 반드시 의도적 인식회피와 결합되지 않아도 성립할 수 있다는 것이다. 즉, 법인 구성원에게 의도적 인식회피가 인정되지 않아도 집단인식에 의한 법인책임은 인정될 수 있다. 그 대신 이 경우에 법인 고유의 범의가 정책이나 내부관행 및 표준운영절차 등을 통해 외부로 표출되고 있음이 입증되어야 한다는 점을 조직모델을 통해 제시해 보았다. 집단인식에 의해 법인의 형사책임을 인정하는 원리를 제한할 수 있는 조직모델적 대안을 제시해 본 것이다.

물론 집단인식의 법리가 그 자체로 독자적 원리에 기초한 법리라고 하더라도 동 법리가 전제하고 있는 독자적 원리 자체의 정당성에 대한 의문은 여전히 남아있다. 예를 들어 집단인식의 법리는 개별 종업원의 인식을 법인이 종합할 수 있는 능력이 있다고 전제하고 있으나, 이는 자연인처럼 살아있는 유기체의 경우에는 가능할지 몰라도 법인이란 집단적 실체에 그러한 능력이 있다고 보는 것은 분명 과도한 인격화(over- personification)라는 비판을 벗어날 수 없을 것이다. 게다가 설령 법인에게 그러한 능력이 있다고 하더라도 조직모델에 의해 재구성된 법인 고유의 의사라는 것이 과연 윤리적 비난이 가능한 자연인의 의사와 동일한 인격적 실체로 볼 수 있는지도 여전히 의문이다. 조직모델은 법인에게 자연인의 의사와는 다른 고유한 의사가 존재함을 일깨워 주고는 있지만, 정확히 말하자면 이는 어디까지나 자연인의 의사와는 독립된 고유한 의사결정방식이 존재함을 논증해 준 것이지, 더 나아가

---

65) Inland Freight Lines, 191 F.2D 316.

그 의사결정과정에 윤리적 비난이 가능한 인격적 실체가 내재하고 있음을 입증하고 있는 것은 결코 아니다. 그렇다면 결국 집단인식의 법리와 조직모델을 통해 법인에게 형사책임을 인정하려는 시도와 법리는 과도한 의인화에 기초한 과잉범죄화(over-criminalization)가 될 것이라는 우려를 불식시킬 수는 없을 것이다.66) 그러므로 법인의 범죄능력을 형법의 일반이론과 정합적인 방식으로 긍정하기 위해서는 앞서 논급한 집단인식의 법리나 조직이론 외에 보다 적실한 배경이론이 요구된다고 하겠다(본서 [9] 참조).

---

66) Eli Lederman, 앞의 논문, 673-674면. 동지의 Alan Norrie, Crime, Reason and History: A Critical Introduction to Criminal Law (Cambridge University Press, 2006), 95면.

[9] 플레처의 집단책임론에 대한 비판적 재론

Ⅰ. 집단책임론에 대한 몇 가지 반론

미국의 형법학자 플레처(George G. Fletcher)가 주창한 집단책임(collective guilt) 이론[1]이 최근 국내·외 학계에서 다각도로 검토되고 있다.[2] 근대 이후 형법상 책임은 개인책임이 원칙이지만 이제 바야흐로 집단책임이 본격적인 학문적 논쟁의 수면위로 부상하고 있는 것이다. 물론 집단책임이 플레처에게서 처음 인식된 것은 아니다. 여러 형태의 집단책임론이 이전부터 꾸준히 논의되어 왔으나,[3] 플레처와 같은 주장을 한 경우는 거의 찾아볼 수

---

1) 잘 알려져 있다시피, 플레처는 이 이론을 2001년 예일대 로스쿨의 스토스 강연을 통해 처음 주창하였고, 이후 그의 강연원고를 수정한 논문(George P. Fletcher, The Storrs Lectures: Liberals and Romantics at War: The Problem of Collective Guilt, *111 Yale Law Journal 1499*, 2002)과 저서(George P. Fletcher, Romantics at War: Glory and Guilt in the Age of Terrorism, Princeton; Oxford: Princeton University Press, 2002)가 출간되었다.

2) William B. Michael, Romanticizing Guilt, 112 Yale L.J. 1625 (2003); Herbert Morris, George Fletcher and Collective Guilt: A Critical Commentary on the 2001 Storrs Lectures, *78 Notre Dame L. Rev. 731* (2003); David N. Cassuto, Crime, War & Romanticism: Arthur Andersen and the Nature of Entity Guilt, *13 Va. J. Soc. Pol'y & L. 179* (2006). 우리나라의 경우 조병선, 형법에서 행위자의 특정: 개인책임과 단체책임, 서울대학교 법학 제50권 제2호, 2009 참조.

3) 예컨대 칼 야스퍼스(Karl Jaspers)는 그의 저서 "The Question of German Guilt(E. B. Ashton trans., 1947)"에서, 책임(guilt)을 형법적, 도덕적, 정치적, 형이상학적 차원의 책임으로 분류하였다. 그는 일정한 그룹의 집단책임을 긍정하면서도, 유대인 대학살에 대한 독일의 집단책임(German guilt)은 부정하였다. 그 이유는 첫째, 독일인(German nation)이라는 집단의 경계(contours)가 불확실하기 때문이고, 둘째, 역사적으로 볼 때, 집단책임은 반유대주의(anti-Semitism)와 같은 해악을 낳았기 때문이다. 즉, 유대인 대학살에 대한 독일의 집단책임을 묻는 것은, 마치 유대인이 예수의 십자가 처형에 협조한 것에 대해 유대인 전체의 죄책을 묻는 것과 같다는 것이다. 플레처는 칼 야스퍼스의 견해에 대해, 독일인의 경계가 분명하지 않다는 주장에 대해서는 반대하지만, 독일의 집단책임을 인정하는 것은 결국 반유대주의를 되풀이하는 과오를 범하는 것이라는 지적은 수용하여, 집단책임은 결코 개인을 통해 유전되지 않는다는 이론적 탈출구를 찾는다. 다시 말해 집단책임이 곧 그 구성원 모두의 개인책임을 의미하지는 않는다는 것이다. 한편 이 밖에 일정한 단체나 조직의 집단책임을 인정하는 견해는 주로 법인의 형사책임(corporate criminal liability)과 관련하여 폭넓게 논의되어 오고 있다. 대표적인 논문을 두 편 소개하자면 Martin J. Weinstein & Patricia Bennett Ball, Criminal Law's Greatest Mystery Thriller: Corporate

없다는 점에서 그의 이론의 독창성과 가치를 찾을 수 있다 할 것이다. 하지만 이론이 독창적인 만큼 그 수용과정이 결코 순탄하지만은 않은 듯 보이며, 관련 학계로부터 다각도로 비판을 받아 왔던 바, 이하 본고에서는 플레처의 주장에 대한 몇 가지 주요 반론을, 형사법적 측면에만 국한하여 특히 모리스(Morris) 교수의 비판적 논평을 중심으로 검토해 보기로 한다. 나아가 플레처의 집단책임론이 법인책임의 재구성에 어떠한 역할을 할 수 있는지도 다루어 보고자 한다.

1. 집단의 책임을 입론함에 있어서 반드시 낭만주의를 원용할 필요가 있는가?

미국의 저명한 법철학자이자 형법학자인 허버트 모리스는 2003년에 발표한 논문, "플레처와 집단책임: 2001년 스토스 강연에 대한 비판적 논평"에서 플레처의 집단책임론에 대해 몇 가지 중요한 문제점을 지적하였다.

우선 그는 집단책임을 인정함에 있어서 반드시 낭만주의를 끌어올 필요가 없다고 말한다. 예를 들어 법인의 형사책임(corporate criminal liability)은 굳이 낭만주의가 아닌 자유주의적 관점 하에서도 개념적으로 얼마든지 인정될 수 있다는 것이다. 즉, 로스쿨 교수진이라든지 정부와 같은 집단적 실체(collective entities)에 대해서도 우리는 다양한 속성을 부여할 수 있으며, 따라서 자유주의자인 로스쿨 교수도 그가 속한 로스쿨 교수진 전체가 어리석게 또는 부정하게 행동했다고 생각할 수 있다고 한다. 이런 경우에도 책임귀속(attribution of guilt)에 전혀 문제가 없는데, 왜냐하면 자유주의적 관점에서도, 개인책임에 기초해서 정부 (government)나 각 부처(department)가 위법한 행위를 할 경우, 그에 대한 책임을 묻는 것이 불가능하지 않기 때문이다.[4] 이 점은 특히 자유주의자건 낭만주의자건 개인 행위자의 책임으로부터 집단책임을 도출해내는 데 있어서 그 행위자 개인이 단순히 집단의 구성원이라는 사실만으로는 부족하고 그 집단을 대표하는 능력(capacity as a representative of the collective)이 요구된다는 점에 비추어 볼 때, 낭만주의와 자유주의의 구분이 집단책임의 인정에 기여

Guilt through Collective Knowledge, *29 New Eng. L. Rev. 65* (1994)와 John Hasnas, The Century of A Mistake: One Hundred Years of Corporate Criminal Liability, *46 Am. Crim. L. Rev. 1329* (2009)가 있다. 전자는 법인의 형사책임을 긍정하는 입장이고, 후자는 New York Cent. & H.R.R. Co. v. United States, 212 U.S. 481 (1909) 판결 이래로 지난 1세기 동안 법인의 형사책임을 인정해 왔던 판례의 입장을 비판하고 있다. 양자 모두 흥미로운 제목으로 눈길을 끈다.
4) Herbert Morris, 앞의 논문, 735면.

하는 바가 무엇인지 의문시된다고 비판한다.[5]

2. 집단책임은 모든 집단구성원의 개인책임을 함축하는가?

다음으로 모리스는 집단책임이론에 대해 누구나 품게 되는, 그러나 매우 중요한 질문을 던진다. 이는 바로 집단책임을 인정하게 되면, 과연 모든 개인도 책임을 지게 되느냐는 것이다. 이에 대해 플레처는 그의 논문에서는 다소 불명확한 태도를 취하고 있다. 그는 집단책임이 후대에 유전될(passed by birth to next generation) 수 있는 전제 하에, 모든 독일인에게 책임을 지우는 것은 명백히 반유대주의 같은 오류를 범하는 것이라고 본다. 즉, 나치독일 당시의 모든 독일인은 집단적으로 책임을 질 수 있지만, 그렇다고 집단책임이 유전되어 후대의 모든 독일인에게 책임이 있다고 볼 수는 없다는 것이다.[6] 다시 말해 집단책임은 후대에 유전될 수 있으나, 그것은 집단에서 집단으로 이어지는 것이지, 후대의 개인에게까지 책임이 유전되는 것은 아니라는 것이다. 그런데 집단책임이 후대의 개인책임과는 무관하다는 점은 명확히 하면서도 당대의 개인책임에 대해서는 명확한 언급이 없다. 이러한 태도는 그의 논문에 계속 등장한다. 그는 집단책임은 개인책임에 대해서 아무 관련이 없다고 말하면서도, 이 말의 의미를 과거에 국가에 집단책임이 있다는 사실과 현재의 특정한 국민이 유책한지 무책한지 여부는 무관하다(nothing follows)는 뜻으로 다시기술하고 있다.[7] 나아가 특정한 개인들의 책임여부는 열려 있는 문제라고 결론내리고 있기 때문에,[8] 후대가 아닌 당대의 개인책임에 대해서는 명확한 입장을 이해하기 힘들다.

이에 대해 모리스는 집단책임으로부터 개인책임을 도출할 수 없게 만드는 것은 행위자 개인이 당대에 살아 있었느냐 아니냐의 여부가 아니라고 비판한다. 다시 말해 후대의 사람에게만 개인책임이 부정되고, 당대의 사람에게는 인정될 수 있지는 않다는 것이다. 예컨대 예수가 살던 시대에, 몇몇 유대인이 유대인의 이름으로, 그러한 권한을 부여받고, 예수에게 중대한 부정행위를 한 책임이 있는 경우에, 우리는 유대인 전체에게 집단책임을 인정할 수 있겠지만, 그렇다고 그 당시에 살았던 또는 그 이후에 살았던 모든 특정한 유대인에게

---

5) Herbert Morris, 앞의 논문, 736면.
6) George P. Fletcher, 앞의 논문, 1533면.
7) George P. Fletcher, 앞의 논문, 1549면. 플레처는 집단책임의 이러한 성격을 '비전이적(nontransitive)'인 것이라고 칭한다.
8) George P. Fletcher, 앞의 논문, 1572면.

책임이 있다고 할 수는 없다는 것이다. 또 나치독일 당시에도 유아(乳兒)여서 책임을 물을 수 없거나, 명백히 나치의 만행에 생명의 위험을 무릅쓰고 반대한 사람은 책임이 있다고 볼 수 없다고 한다. 역시 마찬가지로 당대의 범법자가 살아있어야만 후대에까지 집단책임이 인정되는 것도 아니라고 모리스는 지적한다. 요컨대 행위 당시 행위자의 출생여부는 집단책임과 개인책임의 관계에 중요하지 않다는 것이다.[9]

3. 집단책임은 개인책임의 감경사유로서 형법상 필요, 적절한 것인가?

모리스의 비판은 무엇보다도 집단책임이 개인책임의 감경사유가 된다는 플레처의 가장 핵심적이고 독창적인 이론에 집중되어 있다. 그 주요한 내용을 살펴보면, 우선 그는 플레처의 논변이 국가의 부도덕한 규범형성으로 인해 개인의 비판적 판단능력에 장애가 발생한 점에서 출발한다는 사실에 초점을 맞춘다. 즉, 플레처에 따르면 개인은 국가의 범행을 부추기는 지배적 문화로 인해 자기교정 능력을 상실해 2차적 의지에 순응할 수 없어서 범죄를 저지른 것이기 때문에 책임이 감경되어야 한다는 것인 바, 이는 행위자가 올바른 행위를 판단할 수 없도록 시비변별능력에 영향을 미쳤다는 것이고, 이러한 논리구조는 법적으로 심신장애(legal insanity)가 행위자의 책임능력에 미치는 영향과 유사하다는 것이다. 다만, 전자는 사회적 환경(societal environment)이 원인이 되는 것이고, 후자는 정신적 장애요인 (psychotic condition)이 원인이 된다는 점에서 차이가 있다. 하지만 모리스는 이에 대해 다음과 같은 질문을 던진다. 첫째, 행위자의 개인책임의 감경에 반영되어야 하는 것이 왜 군이 집단(collective)이어야 하는가? 둘째, 만일 그것이 집단이라면, 꼭 그 집단은 유책해야(guilty) 하는가? 셋째, 만일 그것이 집단이고, 그 집단이 유책하다 하더라도, 그러한 개인책임의 감경을 정당화시켜주는 것이 과연 바로 그 집단책임인가?[10]

모리스의 질문은 이런 취지이다. 첫째, 책임이 감경되는 이유가 행위자의 도덕적 자기 비판능력이 그 어떤 실체에 의해 영향을 받았기 때문이라고 볼 때, 그렇다면 그 영향을 준 실체가 반드시 집단이어야 한다는 논리필연적 이유는 없다는 것이다. 다음으로 설령 그 어떤 실체가 집단이 될 수 있다 하더라도, 그 집단이 유책해야 할 논리필연적 이유도 없다는 것이다. 그렇기 때문에 집단책임이 인정될 수 있다고 하더라도 개인책임의 감경을

---

9) Herbert Morris, 앞의 논문, 736-739면.
10) Herbert Morris, 앞의 논문, 744-745면.

초래하는 것은 집단책임이 아니고 바로 그 행위자의 도덕적 판단능력이, 반드시 책임감경을 요하는 방식으로(in the requisite manner) 영향을 받았다는 사실 그 자체라고 모리스는 지적한다. 예를 들어 아이히만의 경우를 보더라도, 그가 유대인 학살에 앞장선 것이 나치독일의 집단책임 때문이 아니라 뇌종양 때문이거나 히틀러에게 세뇌를 당해서(mesmerized)라고 생각할 수 있다는 것이다. 또한 설령 아이히만의 행동에 영향을 준 것이 집단이라고 하더라도, 반드시 집단이 유책해야 할 필요는 없는데, 왜냐하면 그 집단의 광기(collectively psychotic)로 인해 아이히만에게 영향을 주었을 수 있고, 집단적으로 정신병을 앓고 있었다면 집단 그 자체는 책임이 없기 때문이다. 나아가 설령 그 집단이 유책하고, 집단이 아이히만의 도덕적 판단능력에 책임감경에 요구되는 방식으로 영향을 주었다 하더라도 그에 대한 책임감경의 근거가 되는 것은 집단책임이 아니라 도덕적 능력에 대한 영향 그 자체(the effect on capacity)라고 모리스는 강조한다. 요컨대 행위자의 도덕적 능력의 상실에 영향을 주는 것은 집단도 집단책임도 아니라는 것이다.[11]

이 밖에도 책임감경사유로서 집단책임에 대한 모리스의 비판은 더 철저하게 전개된다. 플레처에 의하면 집단책임이 개인책임을 감경하게 되는 논리구조는 행위자의 시비변별능력을 저해하기 때문이다. 그렇다면 만일 집단의 모든 외부적 신호가(all the external signals) 행위자가 실제로는 범행을 저질렀음에도 불구하고 정당한 일을 한 것처럼 가리킨다면, 다시 말해 집단의 지배적 도덕규범이나 정서(prevailing moral norms and sentiments) 또는 세론(世論)의 일반적 분위기가(general climate of opinion)[12] 행위자의 2차적 의지를 저해하여 도덕적 판단능력을 완전히 떨어뜨린 경우라면 어째서 책임이 완전히 조각되지(exculpating) 않고 감경(mitigating)되어야 하는가라고 모리스는 의문을 제기한다. 한 마디로 집단책임이 왜 책임감면요소가 아닌 책임감경요소로만 기능하느냐는 것이다.[13]

나아가 모리스는 만일 집단책임을 책임감경사유로 인정하게 된다면 빈곤(poverty)이나 동료집단에서 가해지는 사회적 압력(peer pressure) 및 가족의 영향(familial influence)도 행위자의 도덕적 비판능력을 저해할 수 있는 한 모두 책임감경사유가 될 위험이 있다고 지적한다. 너무 많은 사회환경적 요소가(societal environments) 법적 고려대상이 된다는 것이다.

---

11) Herbert Morris, 앞의 논문, 745면.
12) 집단의 모든 외부적 신호란, 문맥상 지배적 도덕규범이나 정서, 그리고 세론의 일반적 분위기는 물론, 지배적 견해(dominant opinion), 지배적 신념체계(dominant systems of beliefs) 등과 호환되어 사용되고 있다. 이에 대해서는 George P. Fletcher, 앞의 책, 173-174면과 George P. Fletcher, 앞의 논문, 1541면 참조.
13) Herbert Morris, 앞의 논문, 746면.

그러나 모리스는 그러한 요소를 모두 책임판단에 필요한 사유로 관념할 수 없고, 또 그러한 요소들이 행위자에게 영향을 줄 수 있다 하더라도 과연 어느 정도로 중요한 의미를 지닐 수 있는지 확실성(certitude)을 담보할 수 없기 때문에 법은 책임감경사유를 인정하는 데 있어 보수적인 태도를 취할 수밖에 없다고 본다.[14]

끝으로 그는 행위자에 대한 도덕적 비난가능성에 영향을 미치는, 집단책임 등의 사회환경적 요소들에 대한 평가는 궁극적으로 신에게 맡길 수밖에 없으며, 그렇다고 하더라도 신은 결코 히틀러에게 관용을 베풀지 않을 것이라고 통렬히 논박한다. 한 마디로 플레처의 집단책임 이론의 책임감경 구상은 우리의 직관에도 배치된다는 것이다.[15]

II. 견해의 검토

1. 첫 번째 반론에 대한 평가

낭만주의를 원용함이 없이도 집단의 책임을 인정할 수 있다는 모리스의 지적은 옳다. 일상적 언어관행을 보더라도 "S전자 주식회사의 잦은 회계처리방식 변경은 분식회계에 상당할 정도로 지나치다."라든지, "일본 T자동차 회사는 리콜 사태에 책임이 있다." 또는 "P광역시가 그 소속 공무원의 과적차량 운행에 책임이 있다."[16]라는 등의 책임비난을 개인이 아닌 집단에 가하는 경우를 쉽게 발견할 수 있다. 또 법인 구성원의 행위 중에는 분명 그 구성원 개인의 행위라기보다는 법인의 행위로서의 성격이 더 강한 경우가 있다는 사실도 잘 알려져 있다. 이를테면 H라는 기업의 대표이사 갑이 신규 법인활동의 허가를 받아내기 위해 관련 공무원에게 뇌물을 준 경우에 이는 갑 개인의 행위라고만 보는 것은 부당하고 H법인의 행위로서의 성격을 지닌 것으로 보아야 한다는 것이다.[17] 그러나 자유주의적 사고방식 하에서도 법인 등 단체에 대한 책임비난이 가능하다고 해서 자유주의와 낭만주의적

---

14) Herbert Morris, 앞의 논문, 748-749면.
15) Herbert Morris, 앞의 논문, 749면.
16) 부산지법 2004.4.22 선고, 2003노4401 판결; 대법원 2005.11.10 선고 2004도2567 판결. 참조. 동 사안은 양벌규정의 적용대상에 사법인뿐만 아니라 지방자치단체도 포함된다고 인정한 예이다.
17) 오영근, 형법총론, 2005, 142면; 이천현, 법인의 범죄주체능력과 형사책임, 형사정책연구 제22권, 2004, 74면 참조.

관점을 대비시키는 플레처의 이론적 구상이 무의미해지는 것은 아니다. 왜냐하면 책임귀속의 방식과 결과에 있어서 분명 자유주의와 낭만주의는 차이를 보이기 때문이다. 모리스는 자유주의적 관점에서도, 개인책임에 기초해 법인의 형사책임을 인정하는 것이 불가능하지 않다고 지적한다. 이 경우 자유주의적 관점에 따르더라도 행위자 개인이 단순히 집단의 구성원이라는 사실만으로는 부족하고 그 집단을 대표하는 능력이 요구된다는 점에서 집단과 개인의 강력한 내적 응집을 요구하는 낭만주의적 구상과 별 차이가 없다는 점도 지적한다. 일견 옳은 듯 보이는 지적이나, 좀 더 신중히 검토해볼 필요가 있다.

개인책임에 기초해 법인의 형사책임을 인정할 수 있다는 것은, 그가 명시적으로 설명하고 있지는 않지만, 이는 미국법상의 대위책임론(vicarious liability)을 염두에 둔 것으로 보인다. 전통적으로 영미법은 법인의 형사책임을 인정함에 있어서 종업원 개인의 행위책임을 법인에게 귀속시키는 법리를 발전시켜 왔다. 다만 그 전개양상은 차이가 있는 바, 영국은 법인의 두뇌에 해당하는 고위 관리직의 범주에 해당하는 종업원의 의사와 행위만을 법인자체의 의사와 행위와 동일시할 수 있다고 보는 동일시원리를 채택하였고, 미국은 직급과 직무에 관계없이, 일정한 조건 하, 예컨대 자신의 직무범위 내에서 기업을 위해서 한 행위라면, 모든 종업원의 행위를 법인에 귀속시킬 수 있다는 대위책임론으로 각자 법인범죄에 대한 고유의 형사책임 법리를 전개시켜 왔던 것이다.[18] 따라서 모리스가 보기에는 자유주의적 책임론 하에서도 대위책임론을 통해 집단책임을 인정하는 것이 불가능하지 않으며, 이 경우 낭만주의적 관점이 집단과 행위자 간의 특수한 관계를 요구하듯, '집단을 대표하는 능력'이 요구된다는 점에서 양자 사이에는 별다른 차이가 없다는 것이다.

그러나 플레처의 집단책임 구상은 전통적 대위책임의 원칙과는 분명히 다르다. 대위책임의 원칙 하에서는 범죄를 저지른 행위자가 확정되어야만, 그 책임을 집단에 귀속시킬 수 있다. 그런데 집단책임론에 의하면 범죄를 저지르는 것은 집단 그 자신이며, 따라서 집단구성원은 집단의 범의를 표현하는(express) 수단에 불과하다. 플레처의 예시처럼, 양자는 오케스트라와 그 바이올리니스트 단원의 관계인 것이다. 그렇다면 대위책임 원칙과는 달리 행위자가 구체적으로 누구인지는 중요하지 않다. 이러한 사고방식의 차이는 실제 사례에서

---

18) 영미 법인책임법리의 발달과정에 대해서는 Amanda Pinto & Martin Evans, Corporate Criminal Liability (London: Sweet & Maxwell, 2003), 3-31면; Ann Foerschler, Corporate Criminal Intent: Toward a Better Understanding of Corporate Misconduct, *78 Cal. L. Rev. 1287* (1990), 1292-1298면; 조국, 법인의 형사책임과 양벌규정의 법적 성격, 서울대학교 법학 제48권 제3호, 2007, 61-62; 송기동, 영미 기업범죄 형사책임의 전개, 형사정책 제20권 제2호, 2008, 44면 이하 참조.

도 법인책임의 법리구성에서 매우 중요한 차이를 가져올 수 있으며, 이를 잘 보여주는 실례는 다음과 같다. 2002년 6월 15일, 미국 휴스턴 연방지법 배심원단은 회계법인 아더앤더슨(Arthur Andersen)에 대해 관계당국의 수사를 방해한 사법방해죄(obstruction of justice)로 유죄평결을 내렸다. 엔론 사의 회계부정사실을 은폐하기 위해 회계장부 및 컴퓨터 파일 등을 파기했기 때문이다. 이 사건에서 법리적으로 쟁점이 되었던 것은, 전통적 대위책임의 원칙에 따르면 범죄를 저지른 법인 구성원을 확정할 수 있어야만 그의 행위를 법인에 귀속시킬수 있지만 이 사건에서는 누가 유책한 행위자인지에 대해 배심원들의 의견이 일치되어 있지 않았기 때문에, 아더앤더슨의 형사책임을 어떻게 구성할 것인지가 문제였다. 이에 대해 하만(Harmon) 판사는 "앤더슨의 유죄를 입증하기 위해서는 합리적 의심의 여지없이(beyond a reasonable doubt), 적어도 한 명의 앤더슨 직원이 범의를 지니고 범행을 저질렀음을 입증해야 하며, 그러나 그가 누구인지에 대해서 만장일치로 동의할 필요는 없다"고 배심원들에게 설시함으로써 법인책임 법리구성에 새로운 장을 열었다.[19] 이러한 법리구성은 전통적 대위책임의 원칙에서 벗어나 플레처의 집단책임 구상과 유사한 사고방식이 반영된 결과였던 것이다.[20] 그렇다면 플레처의 낭만주의적 집단책임론은 자유주의적 집단책임 귀속방식과는 분명 다른 측면이 있다고 봄이 옳을 것이다.

---

19) 이 사안에서 과연 누가 유책한 행위자인지 논란이 되었던 인물들은 엔론의 회계감사를 담당한 아더앤더슨의 수석파트너(lead partner)인 데이비드 던컨(David Duncan)과, 엔론 감사팀의 마이클 오둠(Michael Odum), 그리고 아더앤더슨의 사내 변호사(in-house attorney)인 낸시 템플(Nancy Temple) 등의 세 사람이었다. 동 사안의 사실관계와 법리적 공방에 대해서는 David N. Cassuto, Crime, War & Romanticism: Arthur Andersen and the Nature of Entity Guilt, 13 Va. J. Soc. Pol'y & L. 179 (2006), 190-207면. 단, 하만 판사의 설시 이후 배심원단은 결국 낸시 템플을 유책한 행위자로 지목함으로써 결과적으로는 대위책임의 원칙에 의해 아더앤더슨에 유죄평결을 내렸다. 아더앤더슨 평결의 법리적 의의에 대해서는 안성조, 2002 아더앤더슨 유죄평결의 의미 -미국 판례 상 집단인식 법리의 형성과 변용-, 형사법의 신동향 통권 제25호, 2010 참조 2002년 앤더슨 판결은 2005년 5월 31일 배심원에 대한 법관의 설시가 잘못되었다는 이유로 미연방대법원에 의해 파기되었지만, 대법원이 지적한 설시의 오류는 관련 법조문을 잘못 해석하였다는 것이지 행위자의 확정 없이도 법인의 형사책임을 인정할 수 있다는 하만 판사의 논증방식을 명시적으로 문제 삼지 않았다는 점에서 여전히 그 생명력이 살아 있다고 볼 수 있다. 이 점에 대해서는 David N. Cassuto, 앞의 논문, 203-204면과 동 논문의 각주 4)번 및 84)번 참조; Arthur Andersen, L.L.P., v. United States, 544 U.S. 696, 125 S. Ct. 2129 (2005), 2130-2132.
20) 이러한 분석으로는 David N. Cassuto, 앞의 논문, 217-231면. 단, 카수토는 플레처의 이론이 국가가 아닌, 법인(회사)에는 적용될 수 없다고 논증하고 있다.

2. 두 번째 반론에 대한 평가

플레처의 이론에서 집단책임과 개인책임의 관계가 불명확하다는 지적은 일면에 있어서만 옳다고 본다. 플레처가 다소 불명확한 태도와 표현을 취함으로써 양자의 관계에 대해 모호한 입장을 보이고 있는 것은 사실이다. 예컨대 그는 나치독일 하에서 범행에 생명의 위험을 무릅쓰면서 범행에 명백히 반대한 사람에게도 적어도 형이상학적 책임(metaphysical guilt)은 인정될 여지가 있다고 보고 있기 때문이다.21) 그러나 전술한 바와 같이 플레처는 단순한 '소속에 의한 책임'이나 '집단처벌'이란 개념에는 명백히 반대한다고 밝히고 있다. 나아가 그는 논문 이후 저서에서는 집단책임이 인정되더라도 당시의 범행과 무관한 후대의 개인은 물론 범행에 가담치 않은 당대의 개인에게도 형사책임은 없거나 감경된다고 보고 있다.22) 물론 모리스의 비판이 저서가 아닌 논문에 대해 가해지고 있다는 점에서 논문에는 플레처의 정확한 입장이 반영되지 않았기 때문에, 타당했다고 볼 수 있겠으나, 저서의 내용까지 고려한다면 집단책임과 개인책임의 관계에 대한 모리스의 입장과 플레처의 입장은 상이한 것이 아니라고 볼 수 있을 것이다.

3. 세 번째 반론에 대한 평가

모리스의 지적처럼 책임이 감경되는 이유가 행위자의 도덕적 자기비판능력이 그 어떤 실체에 의해 영향을 받았기 때문이라고 본다면 그 영향을 준 실체가 반드시 집단이어야 한다는 논리필연적 이유는 없고, 설령 집단이 될 수 있다 하더라도, 그 집단이 유책해야 할 논리필연적 이유도 없다. 그의 지적처럼 일반적으로 책임감경의 근거가 되는 것은 집단책임이 아니라 도덕적 능력에 대한 영향 그 자체라고 볼 수 있기 때문이다. 또 집단책임을 개인책임의 감경사유로 인정하게 되면 너무 많은 사회환경적 요소가 법적 고려대상이 될

---

21) 형이상학적 책임이란 형법적, 도덕적, 정치적 책임 등의 모든 책임을 초월하는 것으로 타인과의 연대의식(solidarity with other human beings)에서 비롯되는 것이다. 다시 말해 곤궁해 처한 사람을 보았을 때, 그를 구할 가망이 전혀 없는 경우에도 구하지 못한 데 대해 발생하는 유형의 존재론적 책임(existential guilt)이다. 탈무드에도 이러한 유형의 무조건적인 책임이 언급되고 있는바, 예컨대 어느 유대인 마을이 적에게 포위되어 적으로부터 누군가 한 명을 인질로 제공하라는 요구를 받았을 때, 랍비의 가르침에 의하면 이러한 경우 마을주민들의 의무는 그들 중 어느 한 명을 지명하여 인질로 제공하는 것이 아니라 함께 죽는 것이다. 이에 대해서는 George P. Fletcher, 앞의 책, 79-80면.

22) George P. Fletcher, 앞의 책, 73-78면.

수 있다는 그의 지적도 옳은 것이다. 그러한 요소를 모두 책임판단에 필요한 사유로 관념할 수도 없고, 과연 책임판단에 어느 정도로 중요한 의미를 지닐 수 있는지 불확실하기 때문이다. 그러나 모리스의 비판은 어딘가 방향이 잘못된 느낌이 든다. 왜냐하면 플레처가 집단책임을 입론하는 것은 개인책임의 새로운 감경사유를 제시하고자 하는 것이 아니며,[23] 집단책임이란 법형상이 존재할 수 있다는 논증을 하는 과정에서, 집단책임이 인정되면 논리필연적으로 개인책임이 감경될 수밖에 없다는 결론을 내리고 있는 것이기 때문이다. 다시 말해 모리스는 플레처의 이론이 새로운 책임감경사유를 입론하려는 시도로 이해하고 있지만, 이는 본말이 전도된 평가로서, 사실은 집단책임의 논리적 귀결(logical corollary)로서 개인책임의 감경을 입론하고 있는 것으로 봄이 옳다. 이렇게 본다면 모리스의 비판은 그 자체로는 옳지만, 전체 맥락에 비추어볼 때, 플레처의 이론구상에 대한 것이 아니며, 그가 지어낸 가상의 관념적 대상을 향한 것으로, 실제에서 빗나간 것이다.

다음으로 집단책임이 어째서 책임감경사유로만 기능하고 책임감면사유는 될 수 없는가에 대한 해명이 필요하다는 점에 대해서 살펴보건대, 플레처가 개인책임이 감경되는 원리를 금지착오에 비유해 설명한 것에 비추어 보면, 모리스의 지적처럼 모든 지배적 문화와 규범이 행위자로 하여금 범죄를 허용하는 경우, 이는 독일형법 제17조의 규정처럼 회피불가능한 금지착오가 될 것인 바, 어째서 책임이 조각되지 않고 단지 감경될 뿐이냐는 질문으로 대체할 수 있다고 본다. 그러나 금지착오의 경우라도 그에 대한 법적 효과는 법계와 나라별로 다를 수 있다. 또 형사미성년자의 경우 도덕적 판단능력이 있다 하더라도 책임무능력자로 구분할 수 있듯이 이는 어디까지나 규범적 결단의 문제이고, 단지 도덕적 판단능력의 유무가 책임감경이냐 책임감면이냐를 판정하는 결정적 조건은 아니라고 본다. 또한 모리스도 논박하고 있듯이 직관적으로 봐도 "신은 결코 히틀러에게 관용을 베풀지 않을 것"이라면, 집단책임에 의한 개인책임의 분배수준을 감경에 그치도록 설정하는 플레처의 구상은 적절한 것이 아닌가 생각된다. 이 점은 플레처 역시 집단책임이 개인책임을 감경할 수 있다 하더라도, 많은 경우 그 책임은 중한 형벌(severe punishment)을 받기에 충분한 정도로 남아 있을 것이라고 시인하고 있는 사실[24]에 비추어 볼 때 더욱 그러하다고 볼 수 있다.

---

23) 이에 대한 적확한 지적으로는 William B. Michael, Romanticizing Guilt, *112 Yale L. J. 1625* (2003), 1627면.

24) George P. Fletcher, 앞의 논문, 1539면. 플레처는 다음과 같이 말한다. "Recognizing the mitigating effect of the nation's guilt would mitigate the responsibility of the offender, though perhaps in many cases this guilt remain sufficiently grave to justify severe punishment."

III. 추가 논점

1. 플레처의 보론: 집단책임은 필연적으로 집단에 대한 처벌을 수반하는가?

플레처의 집단책임론에 대해 누구나 가질 수 있는 한 가지 의문은 그렇다면 과연 예컨대, 국가의 집단책임이 인정될 경우 국가에 대한 처벌을 어떻게 하느냐는 것이다. 이에 대해 플레처는 국가의 집단책임은 행위자 개인의 책임을 감경시켜주는 책임분배의 기능을 하며, 그렇게 함으로써 국가의 책임을 기억하도록 하고, 나아가 피해자에게 사죄와 응분의 조치를 할 수 있게 함으로써 양자 간의 화해를 도모할 수 있는 사회적 기능을 하게 된다고 설명하고 있을 뿐, 처벌에 대한 내용은 명시적으로 논급하지 않고 있다.

하지만 플레처는 자신의 논문과 저서에 대한 보론 형식으로 출간한 두 편의 논문 "집단책임과 집단처벌(2004)"[25]과 "성서적 사고에 나타난 처벌, 책임, 그리고 수치(2004)"[26]에서 이에 대한 자신의 입장을 밝힌다. 그 결론은 한 마디로 책임과 처벌 간에는 필연적인 관계는 없으며, 따라서 집단책임에 대해 참회(confession)로써 처벌에 갈음할 수 있다는 것이다.[27] 그리고 그 근거로서 성서 속에 등장하는 책임개념과 처벌 및 참회의 관계를 다양한 성경내용과 구절을 통해 제시한다.[28]

그런데 문제는, 집단책임에 대해 공개적 참회에 의해 피해 당사자와의 화해의 길을 열어줄 경우 반드시 처벌을 수반할 필요는 없다는 주장은 직관적으로 수긍하기 힘든 면이 있다는 것이다. 예컨대 나치독일의 책임이나 태평양 전쟁당시의 일본의 만행에 대해 단지 참회로써 그 책임이 면제될 수 있다면 그 누가 이를 흔쾌히 받아들이겠는가? 범죄의 정도가 가벼운 경우라면 참회로써 갈음하는 것이 가능하겠지만, 매우 중한 범죄를 저지른 경우 이를 처벌 없이 용서할 수 있다는 사고방식은 직관적으로도 논리적으로도 설득력이 약하다. 그보다는 차라리 국가의 경우에는 그 성격상 국제법적으로나 현실적으로 기소와 처벌이 불가능하기 때문에 개인책임의 분배 및 참회에 의한 피해자와의 화해 기능을 하는 데 만족

---

25) George P. Fletcher, Collective Guilt and Collective Punishment, *5 Theoretical Inquiries L.163* (2004).

26) George P. Fletcher, Punishment, Guilt, and Shame in Biblical Thought, *18 Notre Dame J.L. Ethics & Pub. Pol'y 343* (2004).

27) George P. Fletcher, 앞의 책, 176-178면.

28) 형법상 책임(Schuld; guilt) 개념의 기원을 성서에서 찾으려는 시도는 그다지 낯선 것은 아니다. 이러한 시도를 하고 있는 또 다른 문헌으로는 Hellen Silving, Guilt, 서울대학교 법학 제4권 제1/2호, 1962, 31면 이하 참조.

해야 한다고 시인하는 것이 더 타당하다고 본다. 그렇다면 국가가 아니라 형사소추가 가능한 집단에 대해서는 중대한 범죄에 대해 집단책임이 인정될 경우 그 집단자체에 대한 형사처벌이 가능한 것으로 봐야 하지 않을까? 물론 이 경우 집단구성원 모두에 대해 개인적인 처벌을 할 수 있다는 의미는 아니다. 집단자체에 대한 형사적 제재를 통해 죄값을 치르게 함으로써 집단범죄에 대한 예방적 효과는 물론 집단구성원들로 하여금 집단 내 부도덕한 지배적 규범과 문화를 바꿀 수 있도록 개선·교화하는 효과를 기대할 수 있다는 것이다. 집단책임 이론을 이렇게 재해석하더라도 집단책임이 개인책임을 함축하지 않는다는 플레처의 구상을 훼손시키지 않으면서, 오히려 더 타당한 결론에 도달할 수 있다는 장점이 있다.

그렇다면 과연 플레처가 제시한 성서적 근거는 어떻게 이해하는 것이 타당한가? 그가 성서적 전거로부터 집단책임이 처벌을 반드시 수반하지 않는다는 결론을 도출해 내는 방식이 왜 설득력이 없는지 살펴보기로 한다.

2. 보론에 대한 비판: 성서적 근거에 대한 의문

플레처는 성서, 그 중 창세기의 구절을 인용하며 고대 히브리의 법사상 속에는 집단책임에 대해 공개적 참회(confession)로써 처벌에 갈음할 수 있다는 사고가 존재했다고 주장한다. 이를 위해 그는 죄책에 대한 대가로 희생제물(sacrifice)을 바침으로써 속죄(cleansing)하는 방식과 공개적 참회에 의한 화해라는 두 가지 방식이 병존했음을 몇 가지 사례를 통해 논급한다.[29] 그리고 제물과 속죄를 요구하는 방식은 죄책에 대해 처벌을 요구하는 고대시대의 법적 사고방식의 하나로, 범죄와 형벌을 분리하여 생각하기 힘든 현대적 형벌관으로까지 이어져 온 것으로 분석한다.[30] 자신이 저지른 범죄에 대해 속죄에 의해 용서받을 수 있다는 규범적 사고방식은 비단 고대 서구의 법사상에서뿐만 아니라 동양의 법사상에서도 찾아볼 수 있는 매우 보편적인 사고였던 것으로 보인다. 예컨대 레위기(제5장 17~18절)나 민수기(제15장 27~28절)에서 여호와의 금령(禁令)을 위반한 경우 일정한 제물을 바치는 제의식에 의해 속죄될 수 있다는 내용은, 인도 최고(最古)의 성전(聖典)인 리그베다(Rgveda)나 베다전통의 인도 고대법전의 하나인 마누법전에서도 유사한 방식으로 나타난다.[31] 따라서 성서로

---

29) 그는 창세기 12장, 20장, 26장의 아브라함의 이야기와 37장부터 42장까지의 요셉의 이야기를 대비시키며 다루고 있다.

30) George P. Fletcher, 앞의 논문(*Collective Guilt and Collective Punishment*), 172면 참조.

31) Rgveda VII.86.4; Manu V.20, 21; Manu XI. 45, 147. 보다 자세히는 안성조, 고대 동양에서의 법률의

부터 현대적 규범의식을 구명해 내려는 플레처의 접근방식은 충분히 수긍할 만하다. 그러나 문제는 '참회'를 처벌에 갈음할 수 있는, 양자택일적일만큼 일반적인 죄책의 상쇄방식으로 해석하는 데 있다. '참회'로써 처벌에 갈음할 수 있는 경우는 대체로 가벼운 경죄에 한한다고 봄이 상식에 부합된다. 예를 들어 고대사회의 규범적 사고방식의 일면을 엿볼 수 있는 불교 계율을 보더라도 범한 죄의 경중에 따라서 바라이(波羅夷), 승잔(僧殘), 바일제(波逸提), 바라제제사니(波羅提提舍尼), 돌길라(突吉羅)의 5편으로 나누어,[32] 이 중에서 가장 중한 죄인 바라이에 대해서는 불공주(不共住), 즉 교단에서 영구 추방하는 처벌이 내려지고,[33] 그 다음의 중죄인 승잔죄는 대중 앞에서 참회하고 일정 기간 근신생활을 하는 처벌을 받게 된다. 단, "교단에는 남을 수 있다(殘)"는 점에서 바라이와 구분된다.[34] 다음으로 바일제죄는 계율에 어긋난 물건을 내놓고 참회를 부과하는 벌에 처해진다.[35] 바라제제사니법은 받아서는 안 되는 음식물을 받은 경우에 성립하는 죄이고 바일제죄보다는 경미한 죄로서 이 경우는 이미 음식물을 먹어버린 되이기 때문에 내놓는 물건은 없고 참회만이 부과된다.[36] 끝으로 가장 가벼운 죄로서 돌길라는 계율상의 죄가 될 정도에는 이르지 않기 때문에[37] 범계(犯戒)자는 입으로 말을 내어 회과(悔過)할 필요는 없고 그저 마음속으로 "이제부터는 범하지 않을 것이다"라고 심회(心悔)하기만 하면 된다.[38] 즉, 죄의 경중이 가벼워야 참회로써 처벌에 갈음할 수 있고, 또 가벼울수록 참회의 정도도 단순해진다는 원리를 쉽게 이해할 수 있다. 그렇다면 플레처는 성서해석상 어떤 오류를 범했다고 말할 수 있을까?

우선 그가 '참회'에 의한 '처벌'의 대체가능성을 주장하기 위해 인용하는 개소는 요셉의 이야기이다(창세기 제37~42장). 잘 알려져 있지만, 간략히 정리해 보면 요셉에 대한 아버지의 총애를 시기한 그의 형들이 그를 구덩이에 빠트려 죽이기로 모의한 후 요셉을 구덩이에 던졌으나 구덩이에 물이 없어 죽지 않은 채 한동안 시간이 지나자, 형들 중 유다가 같은 피를 나눈 형제인데 동생을 자신들이 피를 보며 직접 죽이는 것보다는 상인들에게 팔아넘기는 것이 낫겠다고 제안하자 이에 동의한 다른 형들은 요셉을 애굽의 상인에게 팔아 넘겼다.

착오론, 비교형사법연구 제8권 제1호, 2006, 48-60면 참조.
32) 이에 대해서는 平川彰/석혜능 역, 원시불교의 연구 −교단조직의 원형 − (민족사, 2003), 252- 253, 264면 ; 목정배, 계율학 개론 (장경각, 2001), 129면.
33) 平川彰/석혜능 역, 앞의 책, 270면.
34) 平川彰/석혜능 역, 앞의 책, 274-280면.
35) 平川彰/석혜능 역, 앞의 책, 260면.
36) 平川彰/석혜능 역, 앞의 책, 289-290면.
37) 이에 대해서는 平川彰/석혜능 역, 비구계의 연구 Ⅰ(민족사, 2002), 142면 참조.
38) 平川彰/석혜능 역, 앞의 책(*원시불교의 연구*), 297면 참조.

훗날 애굽의 총리가 된 요셉은 그를 몰라보며 자신을 찾아 온 형들을 정탐꾼으로 몰아 단죄할 기회를 얻게 되고, 만일 그들이 정탐꾼이 아니라는 사실을 입증하려면 그들의 막내 동생(요셉)을 데리고 오라고 하자, 그들은 자신의 동생을 죽이려 했던 사실에 대해 서로 깊이 참회하게 되고, 그 모습을 목격한 요셉은 눈물을 흘리며 그들을 풀어, 용서해 준다는 이야기이다. 창세기의 이 구절을 통해 플레처는 형제들의 집단책임에 대해 참회로써 처벌에 갈음한 사례라는 일반적 결론을 이끌어 낸다. 그러나 이러한 해석은 다소 성급해 보인다. 우선 성서에 기록된 사실관계가 명확하진 않지만, 형들의 살인공모는 분명 미수에 그쳤다. 따라서 이 사례는 책임감경의 여지가 있는 특수한 사례다. 그렇다면 이 사례는 불교 계율처럼 경한 죄에 대해 처벌이 아닌 '참회'의 효과를 부여하고 있는 사례로 해석하는 것이 보다 적실하다고 본다. 이렇게 본다면 요셉 사례를 통해 집단책임이 꼭 처벌을 수반하지는 않는다는 결론을 도출하는 플레처의 논증방식은[39] 설득력이 약하다고 할 수밖에 없다.[40]

3. 플레처 집단책임론의 재해석: 법인책임의 재구성

전술한 바와 같이 집단책임이 반드시 처벌을 수반하는 것은 아니라는 플레처의 성서해석은 제한적으로 해석될 필요가 있다. 참회로 처벌에 갈음할 수 있는 경우는 흔치 않을 것이기 때문이다. 그렇다면 플레처의 집단책임론은 국가가 아니라면, 즉 형사소추가 가능한 단위의 집단에 대해서는 처벌을 허용하는 이론으로 재해석할 수 있다고 본다. 만일 이러한 입론이 옳다면 그 이론은 여러 갈래의 법적 함의를 가져올 수 있다. 이는 특히 법인책임을

---

39) 플레처의 이러한 해석을 선해하자면, 그것은 어쩌면 독일 및 프랑스 등과는 달리 미수범을 처벌하는 영미법 전통의 사고방식에서 기인하는 것인지도 모른다. 다만 영미법계의 판례와는 달리 모범형법전(Model Penal Code 5.1.4)은 중지미수에 해당하는 범의의 포기(renunciation; abandonment of purpose)를 항변(defense)으로 인정한다. 이 점에 대해서는 George P. Fletcher, Rethinking Criminal Law (Boston: Little, Brown and Company, 1978), 184-185면 참조.

40) 흥미롭게도 집단책임을 인정하는 사고방식은 비단 히브리 전통에만 존재하는 것이 아니다. 불교에서도 공업(共業)이라고 하여, 카르마(업)의 원리가 개인에게 뿐만 아니라 일정한 집단에도 적용될 수 있다고 본다. 즉 그 과보를 다른 사람과 공유하는 업을 공업이라고 한다. 예컨대 불교경전인 대정신수대장경에는 다음과 같은 사례가 소개되어 있다. "그때의 인민들은 마구잡이로 비법을 행하고, 죄악을 습관적으로 수습하여 복력이 쇠미해졌습니다. 선신이 버리고 떠나서 재난이 다투어 일어났습니다. 공업(共業)이 초감(招感)되어 하늘로 하여금 대단히 가물게 하였습니다. 여러 해가 지나도록 단비가 내리지 않아 초목은 말라 비틀어졌고, 샘물이 말랐습니다." 집단으로 범한 죄책에 대해 집단적 과보가 돌아오고 있는 사례인 것이다. 이에 대해서는 남궁선, 불교 業思想의 생태철학적 연구, 동국대학교 박사학위논문, 2005, 139면.

재구성하는 데 유용하게 원용될 수 있다.

　　법인의 독자적인 범죄의사와 형사책임을 인정하려는 법리와 이론들이 20세기 중후반부터 국내·외에서 다양하게 전개되어 오고 있다. 예컨대 기업조직의 '부서별 업무적 독립성 (compartmentalization)', 즉 기업조직의 고도발달로 인해 기업 내 부서 간 업무가 엄격하게 분리되어 자율적 체계를 갖추게 됨에 따라 기업은 각 부서별 상호간 인식의 공유가 없어도 정상적인 업무를 수행할 수 있듯이 각 부서 종업원들의 상호 무관한 개별적 인식의 총합을 통해서도 범죄사실을 인식하고 범죄를 저지를 수 있게 되었다는 사실에 착안하여, 어느 개별적 구성원 개인도 처벌할 수 없는 경우라 하더라도, 그 구성원들 전체의 집단적 인식 (collective Knowledge)을 법인의 범의(mens rea)로 귀속시켜 법인책임을 인정하는 미국의 판례나,[41] 최근에 일본에서 주장되고 있는 기업조직체책임론[42] 등이 바로 그것이다. 이러한

---

41) '집단적 인식(collective knowledge)'을 통해 법인의 책임을 인정한 선도적 판결로는 Inland Freight Lines v. United States, 191 F.2d 313(10th Cir. 1951); United States v. T.I.M.E.-D.C., Inc., 381 F. Supp. 730 (W.D. Va. 1974) ; United States v. Bank of New England, N.A., 821 F.2d 844(1st Cir. 1987) 등이 있고 이를 지지하는 대표적 문헌으로는 Martin J. Weinstein & Patricia Bennett Ball, Criminal Law's Greatest Mystery Thriller: Corporate Guilt through Collective Knowledge, *29 New Eng. L. Rev. 651* (1994). 집단인식 법리의 개념과 형성배경, 대표적 리딩케이스의 분석 및 이론적 근거에 대해서는 안성조, 미국 판례 상 집단인식에 의한 법인책임의 법리 연구, 부산대학교 법학연구 제51권 제1호, 2010 참조. 간단히 말해 집단인식의 법리란, 회사 종업원의 개별 인식들이 합해지면, 비록 그 각각의 인식은 가벌성이 없는 무책한(innocent) 것이라 하더라도 법인의 주관적 범죄성립요소인 '범의(mens rea)'를 구성할 수 있다는 법리이다. 예를 들어 어느 회사의 A라는 종업원은 새로 고용될 회사직원이 미성년자라는 사실을 서류기록을 통해 알고 있었으나 어느 부서에 배치될지는 몰랐고, B라는 종업원은 그 신입직원이 미성년자라는 사실은 몰랐지만 매우 위험스러운 업무를 담당하고 있다는 사실은 알고 있었으며, C라는 종업원은 그 신입직원의 존재는 물론 채용여부도 모르고 있었는데, 미성년자를 그러한 위험스러운 업무에 고용하는 것은 불법이라는 사실을 알고 있었다고 할 때, A, B, C 각각의 인식은 범의를 구성할 수 없는 무책한 인식(innocent knowledge) 임에도 불구하고 회사는 그 모든 것을 알고 있었던 것으로 간주되어 처벌될 수 있다는 법리인 것이다.

42) 기업조직체책임론이란 기업의 전체조직을 하나의 개체로 파악하여 구성원 개인의 고의인정 여부와 상관없이 객관적으로 업무관련성이 있는 조직 내 모든 업무담당자의 행위를 법인의 행위로 파악하는 이론이다. 이에 대해서는 이기헌·박기석, 법인의 형사책임에 관한 비교법적 연구 (한국형사정책연구원, 1996), 88-90면 참조. 이와 유사한 맥락에서 기업자체의 조직책임(Organisationsverschulden)을 인정하는 독일의 학자들로는 Klaus Tiedemann, Strafrecht in der Marktwirtschaft, Stee/Wessels-FS, 1993, 527면 이하; Harro Otto, Die Strafbarkeit von Unternehmen und Verbänden (Berlin; New York: de Gruyter, 1993), 28면 이하. 이밖에도 독일 내 법인책임을 인정하는 다양한 견해에 대해서는 Claus Roxin, Strafrecht AT Band I (4. Aufl., München: C.H. Beck, 2006), 264면 이하 참조. 미국에도 기업의 조직 (organization)으로서의 특성에 대한 경험적 연구를 바탕으로 기업의 정책, 내부관행, 그리고 표준운영절차(standard operating procedures) 등이 곧 기업 고유의 범의(mens rea)가 될 수 있다고 이론구성하는 견해가 있다. 대표적으로 Ann Foerschler, Corporate Criminal Intent: Toward a Better Understanding of Corporate Misconduct, 78 Cal. L. Rev. 1287 (1990). 이처럼 기업의 조직구조적 특성에 주목하는

일련의 시도는 논의의 층위는 다양하지만 법인에게 독자적인 고의 또는 책임을 인정한다는 측면에 있어서는 공통점을 지닌다. 이러한 이론적 시도의 연장선상에서 플레처의 이론은 주로 국가책임을 염두에 두고 고안된 것이지만, 전술한 바와 같이 이를 재해석해 법인책임의 구성에 접목시키는 것이 충분히 가능하다고 본다.[43] 이하에서는 그의 집단책임이론이 법인의 형사책임에 시사하는 바는 무엇이며, 그 한계는 무엇인지 구명해 보기로 한다.

Ⅳ. 집단책임과 법인책임

현행 법제는 기업에 대한 처벌의 필요성이 있는 경우 양벌규정을 두어 법인 자체를 처벌할 수 있도록 규정하고 있다. 양벌규정은 법인의 범법행위에 대한 일반적 규제방식이 아니라 특수한 경우에 한해 법인을 처벌할 수 있다는 한계점을 지니고 있다. 그렇기 때문에 양벌규정의 적용범위 밖의 사안에 있어서 법인처벌의 필요성이 절실한 경우에도 부득이 이를 포기하지 않을 수 없다. 형법총칙에 법인범죄의 구성요건 및 법인의 형사책임에 관한 명시적인 규정을 두고 있는 외국의 법제[44] 등과 비교해볼 때 현행 양벌규정은 입법자가 법인의 형사책임에 대해 명확한 결단을 내리지 않은 상태에서 임시방편적으로 법인범죄에 대처한데서 비롯된 과도기적 입법으로 볼 수 있다. 따라서 기업조직의 규모와 복잡성, 사회적 비중이 크지 않던 사회에서는 양벌규정만으로도 기업범죄의 규제가 가능했을지 모르나, 기업의 사회 전반에 대한 영향력과 중요성이 커진 현대 사회에서는 이에 상응하는 보다

견해를 조직모델(organization model)이라고 하며, 조직모델의 관점에 서 있는 대표적인 연구로는 M. Dan Cohen, Rights, Persons, and Organizations: A Legal Theory for Bureaucratic Society (Berkeley: University of California Press, 1986) 참조. 미국 판례에서 형성, 발달해 온 집단인식의 법리도 이러한 조직모델을 토대로 한 것이다. 이 점에 대해서는 안성조, 법인의 범죄능력에 관한 연구 －낭만주의모델과 조직모델의 비교검토－, 한양법학 제21권 제2집, 2010 참조.

43) 이미 국내에는 이러한 이론적 시도가 있었다. 조병선, 형법에서 행위자의 특정: 개인책임과 단체책임, 서울대학교 법학 제50권 제2호, 2009 참조. 외국에도 그의 이론이 다양한 층위의 집단에 적용될 수 있다고 보는 견해를 찾아볼 수 있다. 예컨대 Herbert Morris, 앞의 논문, 733면. 모리스 교수는 그의 이론이 정부와 정당(political party) 등에도 적용될 수 있다고 보는 듯하다. 또한 플레처 자신도 집단행동에 대한 집단책임을 질 수 있는 행위주체로서, 회사(corporations)와 대학 및 전문 조직(professional organization)은 물론 군대와 가족까지도 논급하고 있다. 다만 그들이 책임을 지게 되는 메커니즘은 국가와 다르기 때문에 이를 설명하기 위해서는 상이한 방법론(methodology)이 요구된다고 한다. 이 점에 대해서는 George P. Fletcher, 앞의 논문, 1526-1537면.

44) 예컨대 프랑스 형법 제121-2조, 스위스 형법 제102조, 오스트레일리아 형법 제12.2조.

적극적인 새로운 대처방안이 강구될 필요가 있을 것이다.

그것은 바로 법인 자체를 독자적 범죄주체로 인정하고 처벌하는 것이다.[45] 이를 위해서는 무엇보다도 법인의 범죄능력이 이론적으로 긍정될 수 있어야 하는데 바로 이 점에서 플레처의 집단책임론은 집단(단체) 자체를 독자적 범죄주체로 인정하는 결정적인 논거가 될 수 있는 이론이다. 법인의 범죄능력을 부정하는 논거는 여러 형태로 제시되어 있지만, 그 핵심은 "책임은 비난가능성"이며, 이는 의사의 자유를 갖춘 자연인에게만 인정될 수 있으므로,[46] 주체적 자기결정능력이 없는 법인에게는 범죄능력이 인정될 수 없다는 것이다.[47] 즉, 그러한 책임비난, 다시 말해 인간의 윤리적 가치결단을 이해하고 받아들일 수 있는 정신적·윤리적 능력이 없는 법인에게 범죄능력을 인정하는 것은 형벌의 본질에 반한다는 것이다.[48] 그러나 범죄능력이 인정되는 주체로 자연인만을 관념할 수 있다는 주장은

---

45) 기업에 대한 처벌이, 단지 벌금형에 한정될 경우 실제 범죄를 행하는 개인에게는 억지효과를 가져오지 못한다는 비판도 있다. 즉 고도로 복잡한 관료적 조직을 갖는 대기업에 있어서는 개인과 조직의 이해관계가 분화되어 기업이 처벌되더라도 개인은 여전히 자신의 성과를 내는 데 수월한 방법인 범죄를 저지르게 된다는 것이다. 하지만 이러한 맹점은 벌금형 외에 기업보호관찰제도를 도입함으로써 극복될 수 있을 것이다. 이 점에 대한 상세한 논증으로는 김재봉, 기업에 대한 보호관찰의 도입가능성 검토, 비교형사법연구 제8권 제2호, 2004, 806면 이하 참조. 물론 형사제재와는 별도로 기업 지배구조를 개선하거나, 내부통제시스템을 도입하는 방안도 충분히 검토되어야 한다. 이러한 구상으로는 김화진, 기업지배구조와 기업금융 (박영사, 2009), 17면 이하; 윤영신, 회사지배구조에서 법규제(Legal Rule)와 소프트로(Soft Law)의 역할 및 관계, 서울대학교 법학 제48권 제1호, 2007, 95면 이하 참조. 한편, 법인처벌을 지양하고 대신 민사제재로 대체하는 것이 사회적으로 보다 바람직한 결과를 가져온다고 논증하는 견해도 있고(V.S. Khanna, Corporate Criminal Liability: What Purpose Does It Serve?, *109 Harv. L. Rev. 1477*, 1996, 1477면 이하) 형벌의 보충적 성격으로 법인에 대해서는 행정제재로 충분하고 형벌을 부과할 필요가 없다는 주장도 있으나(강동범, 경제범죄와 그에 대한 형법적 대응, 형사정책 제7호, 1995, 26면), 범법행위를 저지른 기업을 처벌하지 않게 되면 법에 대한 신뢰를 떨어트려 기업범죄를 조장하여 사회적으로 바람직하지 못한 결과를 가져온다는 반론도 첨예하게 맞서고 있다(John E. Stoner, Corporate Criminal Liability for Homicide: Can the Criminal Law Control Corporate Behavior?, 38 *Sw. L.J. 1275*, 1985, 1294면). 생각건대, 법인에 대한 형사처벌은 분명 최소한 지배주주에 대해 심리적 위하력을 지닐 수 있고(조국, 앞의 논문, 65면), 또 법인의 내부 구조(internal structure)에 영향을 주어 재범을 방지하기 위한 각종 조치를 취하게 만들 수 있기 때문에(John E. Stoner, 앞의 논문, 동일한 면), 비형사적 제재와 별도로 필요하다고 본다. 법인처벌이 아닌 이사회 구성원 등 대표적 행위자만을 처벌하는 것으로 충분하다는 반론도 가능하나, 조직의 규모가 크고 복잡한 현대적 기업구조 하에서는 이사회나 고위 임원진들이 일상적인 의사결정에 기여하는 바가 거의 없다는 점(Ann Foerschler, 앞의 논문, 1295면), 그리고 자연인에 대한 처벌만으로는 당해 법인은 물론 타 법인에 대해서도 형벌이 효과적인 위하력을 발휘하기 어려울 것이라는 점(Günter Heine, Die Strafrechtliche Verantwortlichkeit von Unternehmen: Von Individuellem Fehlverhalten zu kollektiven Fehlentwicklungen, insbesondere bei Großrisiken, Baden-Baden: Nomos, 1995, 322면)에서 타당하지 않다.

46) 이재상, 형법총론, 2006, 96면.

47) 박상기, 형법강의, 2010, 48면.

자유주의적 형법관[49])에 입각할 때에만 정당성을 가질 수 있다. 플레처가 주창한 낭만주의적 집단책임론에 따르면 집단(단체)도 고유의 의사를 갖고 행위를 할 수 있다. 또 그에 대한 윤리적 책임비난도 가능하며, 따라서 법인도 범죄능력이 있다고 볼 여지가 있을 것이다. 다만 낭만주의적 관점을 수용한다 하더라도 자연인과 집단(단체) 사이에 엄연한 차이가 있다는 점을 간과할 수는 없다. 예컨대 법인에게는 자연인과 동일한 정신적, 윤리적 판단능력이 없다는 점은 분명하다.[50]) 그렇다면 법인의 범죄능력을 자연인의 속성을 기준으로 결정할 게 아니라 법인 고유의 속성을 토대로 구성하는 것이 타당할 것이다. 이를테면 법인은 자연인의 의사와는 다른, 그 고유의 의사적 요소, 즉 법인의 정책과 운영절차, 그리고 내부관행 등의 문화와 에토스(corporate culture and ethos)를 통해 자신의 정체성을 형성할 수 있고, 범죄를 저지를 수 있다.[51]) 그러므로 생각의 틀을 달리한다면 법인에게도 그 고유의 의사와 범죄능력을 관념할 방법은 얼마든지 찾을 수 있다. 그런데도 왜 굳이 자연인 개인만을 형법상 행위주체로 인정해야 하는가?

법인은 자연인처럼 '자유의사'나 '주체적 자기결정능력'을 명확히 관념할 수 있는 인격체는 분명 아니다. 하지만 그러한 의사와 능력의 차이는 정도의 차이일 뿐이다. 법인도 그 고유의 조직구조와 기관, 즉 인적·물적 조직체계의 복합적 작용에 의해 시비를 변별하고 행위를 통제할 수 있는 능력을 지니고 있다.[52]) 또 형벌은 법인의 내부구조에 영향을 줄

---

48) 신동운, 고시연구, 1998.4, 163-164면. 록신도 법인에게는 심리적, 정신적 요소가 결여되어 있기 때문에 법인의 범죄능력은 부정된다고 한다. 나아가 티데만(Tiedemann) 등이 주장한 조직책임에 대해서도 조직의 결함은 엄밀히 말해서 법인자체에서 비롯되는 것이 아니라 법인의 경영진(Leitungspersonen)에 의해 초래된 것이기 때문에 허구에 불과하다고 논박한다. 이에 대해서는 Claus Roxin, Strafrecht AT Band I (4. Aufl., München: C.H. Beck, 2006), 262-264면 참조.

49) 자유주의적 형법관 하에서는 형법은 개인의 자유를 최대한 보장하는 소극적 임무, 즉 보호막 역할만을 하게 된다. 그 안에서 개인은 성숙한 판단능력과 행위능력을 갖춘 자율적 행위주체로 상정된다. 따라서 여기서는 개인의 형사책임만이 논해질 수 있으며, 집단(단체)책임은 개인의 자유를 축소시키므로 거부될 수밖에 없다.

50) 이 점에 대해서는 Günther Jakobs, Strafbarkeit juristischer Personen?, in: Lüderssen-FS, 2002, 559면 이하. 야콥스는 자연인에게 관념할 수 있는 전통적 의미의 책임개념을 법인에게 그대로 적용할 수 없다고 본다.

51) Ann Foerschler, 앞의 논문, 1298-1305면. 이처럼 정책 및 관행 등 법인의 문화적 풍토(climate)가 법인 고유의 인격과 정체성을 형성할 수 있다는 이론을 "법인 고유의 정체성 모델(Separate Self-Identity Model)"이라고 칭할 수 있다. 이 점에 대해서는 Eli Lederman, Models for Imposing Corporate Criminal Liability: From Adaptation and Imitation Toward Aggregation and th Search for Self-Identity, 4 Buff. Crim. L. Rev 641 (2000), 678-700면.

52) Eli Lederman, 앞의 논문, 690-692면.

수 있다. 다시 말해 법인으로 하여금 정책이나, 내부적 관행 및 표준운영절차[53] 등을 개선함으로써 범죄를 예방하게끔 위하력을 발휘할 수 있다는 것이다. 이처럼 법인도 '그 고유의 의사'라고 볼 수 있는 '정책과 표준운영절차 및 내부관행'을 통해 법을 준수하고 형사제재를 피하기 위한 적절한 반응을 보일 수 있다는 것이다.[54] 그렇다면 법인의 정책과 표준운영절차 및 내부관행이 반사회적이거나 종업원으로 하여금 범죄를 저지르도록 유도하는 경우가 있다면 이로부터 해당 법인의 '범죄의사'를 관념할 수 있을 것이고 결과적으로 그에 대한 윤리적 '비난가능성'도 인정할 수 있다고 본다.[55] 다시 말해 일종의 '제도로서 고의 (institutional intent)'를 입론할 수 있다는 것이다.[56] 예를 들어 법인의 정책이 관련 법규를 명시적으로 위반하거나, 표준운영절차 및 내부관행이 법인 구성원의 범법행위를 조장하거나 묵인하는 경우에는 법인의 범죄의사와 형사책임을 인정할 수 있다.[57] 따라서 플레처가 논급한 집단(단체)의 고의는 법인의 경우 정책과 표준운영절차 및 내부관행 등으로 구체화 시킬 수 있다고 본다.

집단책임은 진주만 공습이나 911 사태와 같이 자연인 행위자에게만 책임을 묻는 것이 우리의 도덕적 직관에 배치되는 부당한 결과를 가져오는 특정한 경우를 전제로 인정되는 것이다. 즉, 행위자와 그 수뇌부, 다시 말해 기업에서 종업원과 이사회 구성원, 나아가 지배주주까지 모두 공동정범으로 처벌하더라도 여전히 책임귀속이 불충분하다고 판단되는 경우에 적용되는 이론인 것이다. 따라서 양벌규정이 상정한 경우가 아니더라도 법인의 처벌이 요구되고, 또 정당한 경우라면 법인을 처벌할 수 있는 이론으로 이해하는 것이 타당하다고 본다. 그러나 플레처의 논의를 법인과 그 구성원 간의 관계에 그대로 적용할 수 있는지에

---

53) 표준운영절차(standard operating procedures; SOPs)란 친숙하고 일상적인 문제들, 예컨대 고객의 불만을 해결하거나, 제품의 품질을 지속적으로 관리하고, 폐기물을 처리할 때 참고하도록 마련된 문제해결절차를 말한다. 이들 중 어떤 것들은 구두 및 명문화된 지침(directives)에 의해 제도화된 것일 수도 있고, 단지 관습에 의해 발생해 특별한 지시 없이 관행적으로 인정된 것일 수도 있다. 이 점에 대해서는 Simeon M. Kriesberg, Decisionmaking Models and the Control of Corporate Crime, *85 YALE L.J. 1091* (1976), 1102면 참조.

54) John E. Stoner, 앞의 논문, 1294면.

55) 법인에 대한 윤리적 비난이 가능하다는 견해로는 임웅, 고시연구, 1998.12, 135면; 임웅, 형법총론, 2003, 77면.

56) 이러한 입장으로는 Seth F. Kreimer, Note, Reading the Mind of the School Board: Segregative Intent and the De Facto/De Jure Distinction, *86 Yale L.J. 317*, (1976), 333-334면. 관련 판례로는 Keyes v. School District No. 1, 413 U.S. 189 (1973); Oliver v. Michigan State Bd. of Educ, 508 F.2d 178 (6th Cir. 1974).

57) Ann Foerschler, 앞의 논문, 1306-1311면 참조.

대해서는 좀 더 신중한 검토가 필요하다. 우선 법인, 예컨대 회사와 그 구성원 사이에도 전시의 낭만주의자처럼 국가의 영광과 자신을 동일시할 수 있을 만큼 강력한 '내적 응집 (internal cohesion of self and nation)'이 과연 있다고 볼 수 있는지 구명되어야 할 것이다. 즉, 전시의 낭만주의자나 이슬람 테러리스트들만큼 그들의 행위가 곧 배후 집단의 의사를 "표현한다(express)"고 보기에 '충분한' 내적 응집이, 회사와 그 직원 간에도 존재할 수 있는지 밝혀져야 한다는 것이다. 이에 대해 긍정적인 대답이 내려질 수 있어야만, 또 그러한 경우에 한해서만 집단책임은 법인책임을 구성하는 논거가 될 수 있을 것이다. 낭만주의가 주로 국가적 영광이나 애국심을 부르짖는 문학사조와 긴밀히 얽혀 있는 점으로 미루어 볼 때, 국가에 대한 소속감이 아닌 실리적 계약관계로 맺어져 있는 회사와 그 구성원 간의 관계에도 이 모델이 그대로 적용된다고 보기는 어려울 것이다. 조국의 영광을 위해 진주만에 자살공습을 감행하거나 항공기를 납치해 자살테러를 하는 경우와 회사 직원의 범행을 동일 평면상에서 바라본다는 것은 분명 무리가 있을 것이다. 하지만 오늘날 각 기업 및 단체는 그 구성원의 소속감을 높이기 위한 다양한 프로그램을 마련하여 지속적으로 그 유대감을 강화하고 있다는 점이나, 회사와 그 구성원 간의 강력한 내적 응집을 관념할 여지가 있는 사안도 분명 존재할 수 있다는 점에서[58] 낭만주의모델은 유용하게 원용될 여지가 있다고 본다. 물론 이 경우에도 법인에 대한 형사처벌이 가능하기 위해서는 법인책임에 대한 명확한 입법이 전제되어야 함은 물론이다. 그 과정에서 낭만주의적 관점이 법조문에 반영되려면 법인과 그 종업원 간의 내적 응집의 '충분성'이라는 요건을 명시적으로 두어서, 그 종업원의 행위가 곧 법인의 의사를 '표현하는' 것으로 볼 수 있을 만큼 긴밀히 접착된 관계가 필요하다는 점이 명문화되어야 할 것이다. 그런데 이처럼 "내적 응집의 충분성"을 요하

---

58) 예컨대 S기업이 수년째 자동차사업 진출을 시도했으나 번번이 실패한 결과 현재 라이벌 기업과의 선두 다툼에서 크게 뒤졌을 뿐 아니라 재무구조도 크게 악화되었고, 수년 내 자동차사업을 유치하지 못할 경우 더 이상 시장에서 살아남기 어렵다는 보고서가 제출된 상태라고 할 때, 동 기업의 지배주주이자 대표이사인 L과 사내 법무팀장인 K가 공모하여 회사의 사운을 걸고 자동차사업 인가를 받기 위해 관련 공무원에게 거액의 뇌물을 전달해 준 경우 이것을 L과 K라는 개인의 행위라고만 보고 그들만 단죄하는 것은 부당할 것이다. 이 경우 대표이사 L과 법무팀장 K의 범행은, 누군가 그러한 방법이라도 취하지 않을 수 없도록 직·간접적으로 부추겨 온 회사내부의 부도덕한 분위기를 반영하는 것으로, L과 K가 곧 S기업의 집단적 고의를 표현한(express) 것으로 볼 수 있을 것이다. 물론 이 경우 동일시원리나 대위책임에 의해서도 S기업의 책임을 물을 수 있으나, 만일 L과 K의 공모관계의 입증이 불가능하고, 아울러 L과 K중 누가 최종적으로 뇌물전달의 지시를 내렸는지 확정이 곤란한 경우라면, 동일시원리나 대위책임에 의해서는 책임추궁이 불가능하겠지만, 낭만주의모델에 의하면 그러한 경우라도 "둘 중에 적어도 한 명이 뇌물전달 지시를 내렸음을 입증할 수 있다면", S기업에 대한 형사소추와 형사책임의 인정이 가능하다.

는 입법례는 현재까지 비교법적으로 찾아보기 어렵다. 법인의 형사책임을 법전에 명문화하고 있는 관련 입법례를 살펴보면 대부분 법인의 기관이나 대표 및 기타 종업원이 법인의 이익 또는 법인의 목적과 관련된 행위를 한 경우에 그에 대한 책임이 법인에게 귀속된다는 구조를 취하고 있다. 이러한 조문구조는 앞서 살펴본 영미의 동일시원리나 대위책임과 유사한 귀책방식을 채택한 것으로 볼 수 있다.[59] 그러나 이와 같은 방식의 규정만으로는 플레처의 관점을 적실하게 반영할 수 없다고 본다. 낭만주의모델에서는 "특정한 자연인의 행위가 법인의 행위와 동일하다거나 자연인의 행위가 곧 법인에게 귀속된다"는 식의 동일시모델 또는 대위책임모델이 아니라, "법인의 고의가 자연인을 통해서 표현된다"는 식의 집단책임모델이 요체이기 때문이다. 따라서 플레처의 관점이 법인책임의 구성에 수용가능하고, 필요하다면 "내적 응집의 충분성"이라는 구성요건표지를 여하한 형태로든 명문화할 필요가 있을 것이다.[60] 플레처의 집단책임론을 이렇게 재해석하는 것은, 양벌규정에 의한 개별적 규제방식이 아닌 법인책임의 총칙화를 요구하는 것이다.[61]

---

59) 동지의 Emilia Mugnai & James Gobert, Coping With Corporate Criminality – Some Lessons from Italy, Crim. L. R. AUG, 619 (2002), 625면. 동 문헌에 따르면 이탈리아는 2001년 "법인, 회사, 기타 (권리능력 없는) 사단의 행정적 책임에 관한 법률"이라는 특별법(Disciplina della responsbilità amministrativa delle persone giuridiche, delle società e delle associazioni anche prive di personalità giuridica, D.Lgs. 231/2001)의 제정을 통하여 법인의 두뇌에 해당하는 고위관리직은 물론 하급직(subordinate) 종업원의 행위까지도 법인에게 귀속시킬 수 있게 규정함으로써 동일시원리와 대위책임을 모두 수용하였다. 한편 동일시원리와 유사한 조문구조를 채택한 입법례로는, 몰타(Malta) 형법 제121D조와 벨기에 형법 제5조 1항, 이스라엘 형법 제23a조 2항과 프랑스 형법 제121-2조 및 핀란드 형법 제9장 제2절 1항을, 대위책임과 유사한 구조를 채택한 입법례로는 네덜란드 경제형법전(Wirtschaftsstrafgesetz) 제15조와 노르웨이 형법 제48a, 48b조, 그리고 오스트레일리아 모범형법전 제12.2조를 참조할 것.

60) 바로 이 점에서 이스라엘 형법 제23a조 2항에서 엄격책임(strict liability) 범죄와는 달리 범죄성립에 범의(criminal intent)나 과실(negligence)가 요구되는 범죄의 경우, "(관리직) 임원의 행위와 범의 및 과실이 법인의 행위와 범의 및 과실로 간주될 수 있는(deemed to) 경우에는 법인이 형사책임을 진다"고 규정하고 있는 점은 주목할 만하다. 이것은 흡사 법인과 구성원 간의 "내적 응집의 충분성"을 달리 표현한 것으로 볼 여지가 있기 때문이다. 그러나 동 조문은 명백히 동일시모델을 채택한 것이다. 이 점에 대해서는 Eli Lederman, 앞의 논문, 658면(레더만은 이스라엘 텔아비브 법대의 학장을 역임하였다). 이처럼 동일시모델은 일견 집단책임모델과 유사한 측면이 있다. 자연인 행위자의 행동이 곧 집단의 의사결정을 반영한다는 점에서 "내적 응집의 충분성"을 관념할 여지가 있기 때문이다. 그러나 양자는 분명 다르다는 점에 유의해야 한다. 후자에 의하면 "내적 응집의 충분성"이 존재하는 한 자연인 행위자는 누구나 될 수 있겠지만 전자에서는 반드시 두뇌에 해당할 만큼의 외관을 갖춘 행위자여야 하기 때문이다. 물론 그렇다고 집단책임모델이 대위책임모델과 동일한 것도 아님은 전술한 바(II-1)와 같다.

61) 다만 이러한 법인책임의 총칙화를 형법전에 할 것인지, 아니면 독자적인 단체형법전에 할 것인지는 별도의 논의를 필요로 한다. 이는 특히 법인의 주관적 구성요건은 자연인의 고의나 과실과는 다르다는 점에

다만 이 경우 플레처의 이론대로라면 법인의 의사를 표현하여 범죄를 저지른 행위자 개인의 형은 감경되어야 한다는 점이 의문시될 수 있다. 법인처벌을 위해 그 구성원에 대한 처벌을 경감시키면 오히려 형벌의 위하력이 제 기능을 발휘하지 못하지 않겠느냐는 것이다. 이 난점은 플레처의 이론을 법인책임에 그대로 적용하는 과정에 수반되는 한계점이기도 하다. 하지만 플레처의 이론적 구상을 전적으로 수용한다 하더라도, 개인적 자아와 법인의 집단적 의사간의 내적 응집이 충분한 경우는 그리 많지 않을 것이고, 만일 저지른 범죄가 중할 경우 개인책임의 감경 수준은 형벌의 위하력을 떨어트릴 만큼 크지 않을 것이란 점을 고려한다면, 형사처벌 상의 흠결은 중대한 정도가 되지는 않을 것이다. 따라서 플레처의 이론의 미덕, 즉 어떻게 집단이 고의를 지닐 수 있고 범죄를 저지르며 책임을 질 수 있는가 에 대한 낭만주의적 설명방식이 타당하다면, 여전히 그의 구상은 음미할 가치가 있다고 본다.

V. 맺음말

10여년 전 불어 닥친 전 세계적 금융위기와 경기침체, 그리고 최근에 벌어지고 있는 팬데믹 상황은 그동안 우리에게 익숙해져 있던 많은 것들에 대해 반성하게 만드는 계기가 되고 있다. 바로 기업과 법의 적절한 관계도 그 중 하나며, 경제와 법을 지배하던 자유주의 사조에 대한 맹목적 신뢰도 그러하다. 이는 형사사법의 영역에 있어서도 예외는 아니다. 그동안 경제영역에 대한 형법의 투입은 이른바 형법의 보충성 원칙에 입각해 필요최소한도에 그쳐야 한다는 것이 지배적 사고였다. 경제영역은 고유의 원리에 의해 자율적으로 작동하기 때문에 법의 과도한 개입, 특히 형사처벌이라는 강력한 방식으로 그 자율적 작동원리를 훼손시켜서는 안 된다는 것이었다. 그러나 2002년 아더 앤더슨에 대한 유죄평결에서 볼 수 있듯,[62] 대위책임에 의해 전통적으로 법인의 형사책임을 인정해 왔던 미국 법원도 근래 들어 기업에 대한 형사소추를 보다 용이하게 해주는 새로운 법리를 적용하기 시작했고, 그동안 법인의 형사책임을 부정했던 국가들도 상당수가 입법을 통해 법인처벌이 가능토록 하는 추세다. 바야흐로 기업활동에 대한 형사 규제의 목소리가 높아지고 있는 것이다.

서 더욱 신중한 검토를 요한다 할 것이다. 참고로 오스트리아는 단체책임법(Verbandsverantwortlichkeitsgesetz) 이라는 특별법을 제정하여, 2006년 1월 1일부터 시행해 오고 있다.
62) 안성조, 2002 아더앤더슨 유죄평결의 의미, 형사법의 신동향 제25호, 2010 참조.

본고는 이러한 맥락에서 자유주의의 한계를 지적하며 낭만주의적 관점에서 집단책임론을 새롭게 구성한 플레처의 논증을 검토해 보았다. 여러 측면의 비판에도 불구하고 그의 이론은 논리적 일관성과 타당성이 있고, 법인의 형사책임을 재구성하는데 매우 유용한 기여를 할 수 있다는 것이 주된 논지다. 다만 기업에 대한 형사적 규제가 적절히 이루어지기 위해서는 플레처의 집단책임론 외에도 집단인식에 의해 법인책임을 인정하는 법리나 기업조직체책임론 등에서 제시하는 관점[63]을 적정한 수준에서 종합적으로 수용하여 입법을 통해 법인의 형사책임에 대한 구성요건을 설정하는 것이 필요하고, 또 바람직하다고 본다.

---

63) 집단인식의 법리나 기업조직체책임론의 요체는 발생한 범죄에 대해 책임을 져야 하는 유책한 종업원을 찾아낼 수 없는 경우에도 법인의 책임을 인정할 수 있다는 것이다. 이러한 관점을 법전에 수용한 입법례로는 대표적으로 노르웨이 형법 제48a조와 스위스 형법 제102조 1항, 오스트레일리아 형법 제12.4조 (2)-(b)항과 이탈리아 D.Lgs. 231/2001의 제8조 및 핀란드 형법 제9장 제2절 2항을 참조. 이상의 입법례 중 가장 최근(2003)에 발효된 스위스 개정 형법 제102조 1항은 "기업 내에서 기업의 목적범위 내 영업활동의 수행 중에 중죄나 경죄가 범해지고, 이 범행이 결함 있는(mangelhaft) 기업조직으로 인하여 특정 자연인에게 귀속될 수 없는 경우에 이러한 중죄와 경죄는 기업에게 귀속된다. 이 경우 기업은 5백만 스위스 프랑 이하의 벌금에 처한다."고 규정하였고, 역시 비교적 최근의 입법례인 오스트레일리아 모범형법전(1995) 제12.4조 (2)-(b)항은 "법인의 종업원, 대리인 또는 임원 중 누구에게도 과실(negligence)이 없는 경우에, 전체적으로 보아(즉, 다수의 법인의 종업원들, 대리인들 또는 임원들의 행위를 종합해 보았을 때) 법인의 행위에 과실이 있다면, 법인에게는 과실이 인정된다."고 규정하고 있다.

[6] 단체책임사상의 기원
-고대 근동의 단체책임사상과 현대 집단(법인)책임이론의 비교-

I. 플레처의 집단책임론

집단 혹은 단체가 형사책임을 질 수 있는지 여부는 오랜 논쟁거리였다. 특히 법인의 형사책임을 둘러싼 논의는 그 연구 문헌의 수를 헤아릴 수 없을 정도로 많다. 적어도 형법의 영역에서는 집단도 책임을 질 수 있다는 명제는 낯설다. 일반적으로 책임이란 자연인처럼 고의를 품고, 주의의무를 부담할 수 있는 능력이 있는 행위주체에게만 귀속될 수 있는 성질의 것으로 여겨지기 때문이다. 그렇다면 과연 도대체 어떤 이유에서 집단도 책임을 질 수 있다는 것일까? 만일 집단도 형사책임을 질 수 있다면 집단에게도 자연인과 동일하지는 않더라도 최소한 유사한 의사적 요소를 관념할 수 있다는 뜻일까? 아니, 어쩌면 집단이 책임을 질 수 있다는 사고는 사물을 '의인화'화는 경향이 강한 우리의 인지적 본성에서 비롯된 단순한 착각은 아닐까?[1] 이러한 일련의 의문이 끊임없이 제기될 수 있다. 바로 그렇기 때문에 집단책임이란 법형상에 대한 논쟁이 유구한 세월동안 사라지지 않고 있는 것인지도 모른다. 본고는 전술한 의문에 대한 모든 해명을 목표로 하고 있지는 않다. 다만 본고에서는 개인이 아닌 집단의 형사책임을 인정하는 사고방식이 어디에서부터 유래했는지 추적해 보고, 플레처의 집단책임론은 그로부터 어떠한 영향을 받았으며, 고대의 집단책임사상과 현대의 법인책임이론은 어떠한 유사점과 차이점이 있는지를 차례로 검토해 봄으로써 집단책임론을 둘러싼 기존의 논쟁에서 수용할 수 있는 부분과 수용할 수 없는 부분을 명확히 해 보고, 덧붙여 문제의 해결을 위해 접근방식의 전환이 필요함을 역설해 보고자 한다.

---

1) 우리가 기계적인 무생물을 의인화하여 생명을 불어넣는 경향이 강하다는 사실은 잘 알려져 있다. 알바 노에(Alva Noe)/김미선 역, 뇌과학의 함정(Out of Our Heads) (갤리온, 2009), 60-63면 참조.

II. 집단책임론의 성서적 기원

플레처에 따르면 중동지역(the Middle East)에서는 어떤 사람이 어떠한 행위를 할 때, 아랍인이나 유대인으로서 또는 이슬람교도나 기독교인으로서가 아니라 단지 우연히 이 지역에서 살아가는 고립된(solitary) 개인으로 보이는 경우는 드물다고 한다. 이와 유사한 집단의식(group consciousness)은 인도와 파키스탄, 북아일랜드 등에서도 찾아볼 수 있는데, 이들의 입장은 행위의 유일하고 진정한 단위는 오로지 개인이라고 보는 자유주의적 입장과는 첨예하게 대립된다. 따라서 중동지역에서는 개인적 증오감으로 상대방을 살해하는 경우는 드물고, 모든 살인은 팔레스타인과 유대인, 또는 이슬람교도들과 기독교도들 사이의 대립갈등에 암묵적으로 호소하는 경우가 대부분이다. 예컨대 자살폭탄 공격에 어린이들이 희생된 경우, 유대인들은 모든 팔레스타인 사람에게 직간접적으로 책임이 있다(guilty directly or indirectly)고 여기며, 그 반대의 경우 팔레스타인인도 마찬가지로 모든 유대인들에게 책임이 있다고 여긴다. 상대측의 집단책임에 대한 상호인식은 비극적으로 이 지역의 평화를 몰아냈고, 끝없는 폭력의 악순환을 낳게 되었던 것이다. 이 점에서 팔레스타인인과 유대인은 은유적으로 말하면, 상호 투쟁하는 단일한 행위자들(single agents)로 볼 수 있다고 한다.

플레처는 이러한 집단책임사상의 기원을 성서에서 찾는다. 즉, 현대인의 기본적 도덕감정이 십계명에서 크게 벗어나 있지 못하듯이, 집단책임을 묻는 성서적 사고방식의 영향으로부터 우리는 쉽게 벗어날 수 없다는 것이다. 오히려 책임과 형벌에 관한 우리의 법감정은 과거의 이해방식과 끊임없는 대화를 하고 있다고 보는 것이 옳다.[2] 그가 적시하고 있는 대표적 개소는 주로 창세기 편의 아브라함과 관련된 내용이다(창세기 12:10-20, 20:1-18). 잘 알려진 이야기지만 간단히 정리하자면, 첫째, 아브라함이 기근을 피해 가나안을 떠나 애굽(이집트)에 내려갔을 때, 애굽의 왕 바로(파라오)가 그의 아내를 취하자 하나님이 바로와 그의 가족들(household)에게 역병을 내린다는 이야기(12:10-20)와, 둘째, 아브라함이 그랄(Gerar)에 거류할 때, 그랄 왕 아비멜렉(Abimelech)이 그의 아내를 취하려 하자 하나님이 아비멜렉의 꿈에 나타나 아브라함의 아내를 돌려보내지 않으면 그와 그에게 속한 모든 자들을 죽이겠노라고 현몽하자, 그 아내를 돌려보냈으나 그 일로 아비멜렉 집안의 여성들 에게 불임의 벌을 내린다는 이야기(20:1-18)이다. 두 이야기 모두 간음의 범죄를 저지를 경우,

---

2) George P. Fletcher, Romantics at War: Glory and Guilt in the Age of Terrorism (Princeton University Press, 2002), 195면.

왕과 그 가족들, 나아가 그 왕에게 속한 모든 자들에게까지 집단책임을 묻게 된다는 점에서 공통적이다. 특히 두 번째 이야기에서, 아비멜렉은 하나님의 첫 번째 현몽에서 만일 아브라함의 처를 취하게 되면 "너(you)는 죽게 될 것이다"라는 경고를 받자, "너(you)"를 자신의 모든 백성을 뜻하는 것으로 해석하였는데, 플레처는 이처럼 책임귀속에 대하여 집단적으로 사고하는(think collectively) 방식이 두 이야기에 등장하고 있다고 분석한다. 나아가 플레처는 한 무리의 유대인들이 예수의 십자가 처형에 협조한 것에 대해 그 유대인들 전체 – 그 후손들까지 포함해 – 의 죄책을 묻는 내용(마태복음 27:25)도 논급한다.[3] 이렇듯 이미 성서에도 집단책임을 인정하는 내용이 등장하듯이 이러한 사고방식은 비단 성서의 지역적 배경이 된 근동 및 중동지역뿐만 아니라 서구인들에게도 뿌리깊게 자리잡고 있어 완전히 제거하기 어렵다는 것이 플레처의 주된 논지이다.[4]

III. 고대 근동의 법사상과 집단책임론

플레처는 집단책임사상의 연원이 성서에까지 거슬러 올라간다고 논급하고 있지만, 그가 말한 성서적 기원은 주로 성서의 이야기(narrative)에 집중돼 있어 당대의 실제의 법적 관행이 어떠했는지는 알 수 없다. 다시 말해, 아브라함의 이야기는 신이 인간에게 내리는 벌을 이해하는 데에는 도움이 되지만, 인간사회의 범죄와 형벌도 반드시 그와 동일한 규범적 사고방식에 기초해 있으리라고는 단정키 곤란하다는 것이다. 플레처는 이에 대해 침묵하고 있다. 그렇다면 집단책임의 실정법적 측면, 즉 직접 범죄를 저지른 행위자뿐 아니라 그가 속한 집단까지 책임을 지게 된다는 사고방식의 기원은 과연 어디에서 찾아볼 수 있을까?

기원전 7세기 경 고대 근동의 제국이었던 신아시리아의 경우 살인자가 거주하는 마을 (the village where a murderer resided)이 피해자의 친족들에 대한 배상에 집단적 책임

---

3) 플레처는 여기에 원죄유전사상(transmission of original sin)이 반영되어 있다고 본다. George P. Fletcher, 앞의 책, 143-146면. 이밖에도 성서에는 개인이 아닌 국가가 행위주체로 등장해 신과 언약을 맺고(enter into a covenant with God), 전쟁을 치른다는 점을 예로 든다. George P. Fletcher, 앞의 책, 179면.

4) 단, 성서에는 집단책임을 부정하고 자기책임에 따라서 죄값을 받게 됨을 강조하는 내용도 등장하며(에스겔 18, 예레미야 31:29-30), 또 성서 일부에는 집단책임을 긍정하기도, 부정하기도 하는 모순된 내용(신명기 5:9-10, 24:16)이 병존하기도 한다. Pamela Barmash, Homicide in the Biblical World (Cambridge University Press, 2005), 150면.

(corporate responsibility for compensating the victim's kinsmen)을 지도록 되어 있었다.[5] ADD 618[6]에 따르면 피해자의 가족들에게는 배상(compensation)[7]을 청구할 권리가 있었고, 살인자가 속한 마을의 주민들은 배상을 할 의무가 있었다. ADD 321[8]에 의하면 피해자의 가족들이 가해자 측에 배상을 청구하기 위해 도착하면 협상이 개시되고, 양 당사자는 배상물의 종류[9]와 양을 결정한다. 살인자는 만일 배상을 할 수 없을 때에 한해 사형에 처해졌다.[10] ADD 164도 가해자가 배상금을 지급할 수 없는 경우에 체포된다는 내용이며, 이처럼 피해자의 가족들이 가해자에 대한 형벌의 유형을 결정할 수 있는 권리는 MAL A10[11]에서도 발견된다. 그리고 ADD 806은 배상금을 지급하는 법적 거래가 관헌의 담당관(governmental official)에 의해 수행되었음을 보여주며, PPA 95[12]는 배상금을 가해자 측이 피해자 측에 직접 지급하던 당시의 일상적 관행과는 달리, 공탁해 두었던(deposited in the public archives) 배상금을 궁전의 필경사(palace scribe) 앞에서 지급한 사례이다. 이상의 전거들을 종합하면, 고대 근동 지역에서 살인사건이 발생했을 때, 그에 대한 법적 절차가 진행되는 과정을 알 수 있는바, 살인자가 체포되면 피해자의 가족들은 살인자가 속한 사회집단(the social group to which the killer belonged)과 담당관의 중재 하에 배상에 관해 협상할 수 있었고, 양당사자

---

5) 이에 대해서는 Pamela Barmash, 앞의 책, 28-30면과 57-62면.

6) ADD 618은 "C.H.W. Johns, Assyrian Deeds and Documents: Volume 1, second edition, Cambridge: Deighton, Bell and Co., Ltd., 1924, number 618"을 뜻한다.

7) 이 경우의 배상금(compensation)은 현대적 의미의 순수한 민사배상(pure indemnification)을 뜻하는 것은 아니었던 것으로 보인다. 이 점은 절도에 대해 절취한 물건의 30배 또는 10배의 배상을 명하고, 배상할 능력이 없는 경우 사형에 처하도록 규정한 함무라비법전 제8조 등을 보면 잘 알 수 있다. 당대의 금전 배상은 벌금의 성격을 지닌 것으로서 피해자 측과의 화해를 위한 화해금 또는 속죄금(wergild)의 의미를 지니고 있었던 것이다. 이 점에 대해서는 Raymond Westbrook, Sudies in Biblical and Cuneiform Law, Chiers de la Revue Biblique, Paris: Gabalda, 1988, 44-45면. 요컨대 고대 근동의 법제도에서 범죄에 대한 배상은 손해배상책임과 벌금의 성격이 뒤섞인 징벌적 손해배상(punitive damages)과 유사한 측면이 있는 제도로 볼 수 있을 것이다. 이러한 맥락에서 징벌적 손해배상의 기원을 함무라비 법전에서 찾고 있는 견해로 Kenneth R. Redden, Punitive damages (Charlottesville, Va.: Michie Co., 1980), 24면 참조.

8) ADD 321은 "C.H.W. Johns, Assyrian Deeds and Documents: Volume 1, number 321"을 뜻한다.

9) 관련 기록들에 의하면 배상의 방식은 돈은 물론, 양, 토지, 노예 등 다양했던 것으로 보인다.

10) 바로 이 점에서 살인자의 운명은 그가 속한 사회집단의 손에 달려 있었던 것으로 보인다. Martha T. Roth, Homicide in the Neo-Assyrian Period, in: F. Rochberg-Halton, (ed.), Language, Literature, and History: Philological and Historical Studies Presented to Erica Reiner, American Oriental Series 67 (New Haven: American Oriental Society, 1987), 361면.

11) 중세아시리아법(Middle Assyrian Laws) A10조.

12) PPA 95는 "J.N. Postgate, The Governor's Palace Archive, Cuneiform Texts form Nimrud II(London: British School of Archeology in Iraq, 1973) 95"를 뜻한다.

간에 합의가 되면 일정한 궁전 담당관(crown official) 입회하에 배상금이 지급되었던 것으로 보인다. 배상금을 지급할 수 없는 경우에는 살인자는 사형에 처해졌다. 이 과정에서 가해자 측은 집단적으로 배상책임을 졌음을 알 수 있다.[13]

이처럼 살인에 대한 책임을 살인자의 가족이나 친족이 집단적으로 져야하는 집단책임(collective responsibility)이란 법형상은 비단 고대 근동지역뿐만 아니라 피의 보복(blood-feud) 관습이 지배하는 원시부족사회에서는 보편적이었던 것으로 보인다.[14] 다만, 그 책임의 내용은 저마다 상이했던 것으로 보이는데, 예컨대 고대 이스라엘의 경우, 메소포타미아와는 달리 살인자의 가족이나 친족이 피해자 측에 살인에 대한 배상금을 지급해야 할 책임이 있었다는 전거는 보이지 않는다.[15] 다만, 살인자가 속한 성읍의 장로들은 재판을 열어 그 살인의 고의성 여부를 결정하고, 만일 고의적 살인으로 판명될 경우 그 살인자를 피해자 측에 보복을 받도록 인도해야 할 책임이 있었을 뿐이다.[16] 집단책임은 대위책임(vicarious liability)의 형태를 띠기도 하는데, 예컨대 만일 살인자에게 책임을 물을 수 없는 경우에는 그 살인자의 어느 특정한 가족 구성원에게 책임을 물을 수 있었다.[17] 그렇다면 과연 어떠한 이유로 가해자뿐만 아니라 그가 속한 사회집단도 책임을 졌던 것일까? 이에 대해서 중세 사회의 피의 보복을 다룬 한 연구문헌은 다음과 같이 기술하고 있다. 살인 피해자 친족에 의한 피의 보복은 단지 살인자 개인에게만 가해지는 것은 아니었다. 보복을 당하는 집단의

---

13) Pamela Barmash, 앞의 채, 69-70면.

14) 이에 대해서는 Richard R. Cherry, Primitive Criminal Law, in: Albert Kocourek & John H. Wigmore (eds.), Primitive and Ancient Legal Institution, Evolution of Law Series Vol.II (Boston: Little, Brown, and Company, 1915), 138-140면; Carl Ludwig von Bar, A History of Continental Criminal Law (Boston: Little, Brown, and Company, 1916, Translated by Thomas S. Bell), 4-5면 참조.

15) 그 이유는 여러 가지가 있겠지만, 무엇보다도 고대 이스라엘에서는 살인은 신성하고 자연적인 질서(sacred, natural order)에 대한 침해로 여겨졌기 때문이다. 성서에 의하면 살인자는 피해자가 흘린 피가 지닌 생명력을 지배(control over the blood-the life force-of the victim)할 수 있다고 여겨졌고, 따라서 이러한 생명력에 대한 지배권을 모든 생명력의 원천인 신에게 되돌리기 위해서는 살인자를 처형함으로써 그의 신성모독(desecration) 행위를 중지시키는 방법밖에는 없었기 때문이다. 다시 말해, 신성모독 행위에 대한 속죄방법은 살인자를 처형하는 것이었다. George P. Fletcher, Rethinking Criminal Law (Oxford University Press, 2000), 236면. 플레처는 인간의 생명에 대한 이러한 종교적 관념 때문에 현대에 이르기까지도 생명은 그 주인이 마음대로 처분할 수 없는 것으로 여겨져, 승낙에 의한 살인이 허용되지 않고 있는 것이라고 평가한다. 역시 유사한 설명방식으로는 Pamela Barmash, 앞의 책, 94-115면. 바마쉬에 의하면 고대 이스라엘서 살해를 당한 무고한 사람의 피는 살인이 발생한 지역(land)을 오염시키기(pollute) 때문에 이를 정화하기(purify) 위해 살인자의 피, 즉 처형이 요구되었다고 한다. 살인에 대해서는 오염과 정화라는 종교적 관념이 깊게 자리 잡고 있었다는 것이다.

16) Pamela Barmash, 앞의 책, 89-90면.

17) 이 점에 대해서는 Richard R. Cherry, 앞의 논문, 138-140면.

연대성(passive solidarity)도 보복을 가하는 집단의 연대성(active solidarity)에 필적할 만큼 똑같이 강했기 때문에 어떤 지역에서는 살인자의 본인의 죽음 이외에 또 한 명의 그의 혈족 구성원의 죽음까지 요구되기도 하였다. 또 어느 소송에서 한 기사(knight)의 조카로부터 공격을 받았던 자가 그에 대한 복수로 그 기사에게 상해를 입한 것은 정당하다고 판시한 사례도 발견된다. 그 조카의 행동은 그의 모든 친족과 관련이 있다고 보았기 때문이다. 다시 말해 집단과 그 구성원 간의 긴밀한 연대성으로 인해 집단책임개념이 형성되었다는 것이다.[18] 이는 플레처가 말한 국가와 개인 행위자 간의 강력한 내적 응집(internal cohesion)을 연상시킨다. 오케스트라와 그 단원들 간의 관계와도 비교된다.

이밖에도 고대 근동의 입법례나 법률문헌에는 일정한 경우 집단의 책임을 인정한 예가 보인다. 고바빌로니아 시대의 함무라비법전(Laws of Hammurabi)에는 강도에 의해 어떤 사람이 살해되었는데, 강도가 체포되지 못하면 강도가 발생한 도시와 그 행정책임자는 그 강도 피해자의 친족들에게 은 1미나[19]를 배상해야 한다는 조문이 있다.[20] 강도가 체포되지 못할 경우 해당 강도가 발생한 도시와 행정책임자가 그 피해를 보상하도록 규정한 것으로서, 지역이나 공동체의(local or communal) 집단적 책임(collective responsibility)을 다룬 조문이다. 성서에도 이와 유사한 내용이 등장한다. 신명기 21:1-9의 내용에 따르면, 만일 살인사건이 발생했으나, 살인자가 누구인지 알 수 없는 경우에는 장로들(elders)과 재판장들은 피살자가 발견된 장소 주변에서 가장 가까운 성읍(town)을 찾아내어, 그 성읍의 장로들이 암송아지를 희생제물로 바치는 속죄의식을 거행함으로써 살인에 대한 책임을 면할 수 있었다.[21] 함무라비 법전과 방식은 다르지만, 살인이 발생한 지역의 장로들이 집단적으로 책임을 진다는 점에서 유사한 측면이 있다. 고대 근동의 외교조약 문서를 보면 RS 17.146[22]는 다른 국가에

---

18) Marc Bloch, Feudal Society, Vol.1 - The Growth of Ties of Dependence, (Chicago: The Chicago University Press, 1970, Translated by L.A. Manyon), 125-130면.

19) 1미나(mana)는 은 약 500그램이다.

20) LH 24.

21) 흥미롭게도 살인자를 찾아낼 수 없는 경우에 살인이 발생한 지역에서 집단적으로 책임을 져야 한다는 사고방식은 영국의 고대 법제도의 하나인 살인벌금(murdrum fine)에서도 나타난다. 살인자를 알 수 없는 경우에 살인이 발생한 마을(village)이 벌금을 내도록 되어 있는 살인벌금제도는 영국법에 카누트(Canute) 왕에 의해 최초로 도입되었으며, 노르만 왕조를 거쳐 에드워드 3세 때 폐지되었다. 머드룸(murdrum)은 살인자를 알 수 없는 비밀스러운 살인을 뜻하며, 어원적으로는 살인을 뜻하는 중세 라틴어와 고대 프랑스어에서 유래한다. 이 제도에 대해서는 James Fitzjames Stephen, A History of Criminal Law of England Vol. III (London: Routledge/Thoemmes Press, 1996, Originally published London: Macmillan and Co., 1883), 25-31면.

22) RS 17.146은 Jean Nougayrol, Le Palais Royal d'Ugarit IV/II: Textes Accadiens des Archives

서 왕의 공무를 수행 중이던 한 상인이 강도로 살해된 경우, 살인이 발생한 국가의 시민들은 살인자를 체포하고, 그의 재산을 몰수하여 그를 파견한 국가의 왕에게 반환하고, 살인에 대한 배상금을 지급해야 했음을 보여준다. RS 18.115[23]은 어떤 상인이 외국 땅에서 살해되었을 경우에 살인이 발생한 나라의 시민들이 살인자를 체포하고, 그 상인의 모국으로 대표단을 파견하여 배상금을 지불하도록 되어 있었음을 알게 해 준다. 양자 모두 어떤 자가 외국에서 살해되어 이를 구제해 줄 그의 가족이나 친족이 없을 경우에 살인이 발생한 국가의 시민들이 집단적으로 살인에 대해서 책임을 지게 된다는 조약문서이다. 이를 통해 볼 때, 고대 근동에서 집단의 책임을 인정한 근거는 분명 집단과 개인 간의 긴밀한 연대성에서도 찾을 수 있겠지만, 피해자의 권리구제를 위한 법제도적 장치였음을 추론해 볼 수 있을 것이다. 즉, 고대 근동의 규범적 사고방식에서 집단책임이란 법형상은 집단 구성원 간의 연대성과 피해자의 권리구제의 차원에서 널리 인정되었던 것이다.

Ⅳ. 집단책임론과 법인책임이론

전통적으로 대륙법계는 "단체는 범죄를 저지르지 못한다"는 로마법상의 법언에 따라 법인의 형사책임을 부정해 왔다. 영미법계도 19세기 이전에는 법인의 형사책임을 인정해 오지 않았다. 이처럼 법인의 형사책임을 부정할 수밖에 없었던 이유는 자연인과 달리 법인에게는 육체도 없고, 형사책임의 기초가 되는 의사적 요소, 즉 고의나 과실도 관념할 수 없기 때문이다. 이 점을 인상적으로 지적해 주는 표현으로서 18세기에 영국의 대법관(Lord Chancellor)이었던 바론 써로우(Baron Thurlow)의 다음과 같은 경구가 널리 인용된다.

"Did you ever expect a corporation to have a conscience when it has no soul to be damned and no body to be kicked"

한 마디로 법인에게는 "비난할 영혼도, 혼내 줄 육체도 없다(no soul to be damned and no body to be kicked)"는 것이다.[24] 그러다가 영미법계는 산업혁명기인 19세기에 이르러

Sud(Archives Internationales) (MRS 9/II; Paris: Imprimerie Nationale, 1956), plate XX을 뜻한다. 기원전 13세기 중엽의 문헌이다.

23) Jean Nougayrol, Le Palais Royal d'Ugarit IV/II, plate LXXXIII.

법인에게도 형사책임을 인정되기 시작했다. 운하나 철도 등의 교통시설이 확충되면서 그 운영과정에서 대형사고로 인해 인명과 재산에 막대한 손실을 가져오게 되자, 법인의 형사책임을 부정하던 전통적 입장을 수정하게 되었던 것이다.[25] 다만 그 법리구성의 방식에 일정한 차이가 있는바, 영국은 법인의 두뇌에 해당하는 고위 관리직의 범주에 해당하는 종업원의 의사와 행위만을 법인자체의 의사와 행위와 동일시할 수 있다고 보는 동일시원리(identification doctrine)를 채택하였고, 미국은 직급과 직무에 관계없이, 일정한 조건하에서, 예컨대 자신의 직무범위 내에서 기업을 위해서 한 행위라면, 모든 종업원의 행위를 법인에 귀속시킬 수 있다는 대위책임의 원칙(vicarious liability)을 발전시킴으로써 각자 고유한 법리를 구축했던 것이다. 이러한 법리에서 한 걸음 더 나아가서 영국은 2007년에 기업살인법(The Corporate Manslaughter and Corporate Homicide Act)을 제정해 고위직 관리자에 의한 기업의 운영과 조직에 중대한 과실이 있어 사망의 결과를 초래한 경우에 기업을 살인죄로 처벌할 수 있도록 하고 있다.[26]

법인의 형사책임을 긍정하는 경향은 20세기 들어 대륙법계에서도 나타나기 시작한다. 유럽 국가들 중에는 1976년에 네덜란드가, 이어 1992년에는 프랑스, 1996년에는 덴마크, 1999년에는 벨기에, 2003년에는 스위스가 형법전에 법인의 형사책임을 명문화 하였고, 이탈리아와 오스트리아는 각각 2001년과 2006년에 특별법전에 법인의 형사책임을 명문화하였다. 독일의 경우 현재까지도 법인의 형사책임을 부정하고 있지만, 그 대신 질서위반법을 통해 법인에 대해 질서위반금을 부과하고 있음[27]은 주지의 사실이다. 물론 여전히 법인의 형사책임은 물론 행정적 책임까지도 모두 부정하고 있는 국가들도 있다.[28] 그러나 법인의 형사책임을 완강히 부정하는 태도는 현대 여러 나라들의 입법추세에 비추어 볼 때, 시대에 역행하는 것으로 더 이상 유지되기는 어려워 보인다.[29] 이러한 추세는 법인책임을 구성하는

---

24) Amanda Pinto & Martin Evans, Corporate Criminal Liability (London: Sweet & Maxwell, 2003), 15면.
25) 이하 영미법계의 법인 형사책임의 역사에 대해서는 Amanda Pinto & Martin Evans, 앞의 책, 3-31면.
26) 영국의 기업살인법의 제정배경 및 조문해설에 대해서는 Richard Matthews, The Corporate Manslaughter and Corporate Homicide Act 2007 (Oxford University Press, 2008) 참조.
27) 그리스, 헝가리, 멕시코, 스웨덴도 이와 유사한 방식을 채택하고 있다.
28) 브라질, 불가리아, 룩셈부르크 등이 대표적이다. 세계 각국의 법인책임에 대한 입법태도에 대해서는 Markus Wagner, Corporate Criminal Liability: National and International Response (Background Paper for the International Society for the Reform of Criminal Law 13th International Conference Commercial and Financial Fraud: A Comparative Perspective Malta, 8-12 July 1999)와 Allens Arthur Robinson, 'Corporate Culture' as a basis for the Criminal Liability of Corporations (Report for the use of the United Nations Special Representative of the Secretary General for Business and Human Rights (UNSRSG), February 2008)을 참조할 것.

방식에 영향을 미쳐 이를 급진적으로 변화시켰다고 볼 수 있는데, 형법상의 전통적인 책임 원칙을 벗어나 법인의 형사책임을 새롭게 구성하려는 법리와 이론들도 20세기 중후반부터 국내·외에서 다양하게 전개되어 오고 있다. 전술한 바 있듯이, 어느 개별적 구성원 개인도 처벌할 수 없는 경우라 하더라도, 그 구성원들 전체의 집단적 인식(collective knowledge)을 법인의 범의(mens rea)로 귀속시켜 법인책임을 인정하는 미국의 형사판례나,[30] 불법을 조장 하는 법인 내부의 고유한 문화나 에토스(corporate culture and ethos)를 비난 가능한 법인 고유의 의사로 간주해 이를 근거로 형사책임을 부과하려는 입법례[31]가 바로 그것이다. 이러한 일련의 시도는 이론적 접근방식은 다양하지만 법인에게 자연인과는 다른 독자적인 범의를 인정해 형사책임을 부과한다는 측면에 있어서는 공통점을 지닌다고 평가할 수 있 을 것이다.[32]

그렇다면 플레처의 집단책임론도 이러한 이론적 시도의 연장선상에서 재해석할 수 있 다고 본다. 플레처의 이론은 주로 국가책임을 염두에 두고 고안된 것이지만, 법인책임의 구성에 접목시키는 것도 가능할 것이다.[33] 집단책임론은 집단(단체) 자체를 독자적 범죄주

---

29) 핀란드, 노르웨이, 아이슬란드, 이스라엘, 중국, 인도 등도 형법전에 법인의 형사책임을 명문화하고 있다.

30) Inland Freight Lines v. United States, 191 F.2d 313(10th Cir. 1951); United States v. T.I.M.E.-D.C., Inc., 381 F. Supp. 730 (W.D. Va. 1974) ; United States v. Bank of New England, N.A., 821 F.2d 844(1st Cir. 1987) 등이 있고 이를 지지하는 대표적 문헌으로는 Martin J. Weinstein & Patricia Bennett Ball, Criminal Law's Greatest Mystery Thriller: Corporate Guilt through Collective Knowledge, *29 New Eng. L. Rev. 65* (1994). 집단인식 법리의 개념과 형성배경, 대표적 리딩케이스의 분석 및 이론적 근거 에 대해서는 안성조, 미국 판례 상 집단인식에 의한 법인책임의 법리 연구, 부산대학교 법학연구 제51 권 제1호, 2010 참조.

31) 대표적으로 오스트레일리아 모범형법전(Criminal Code Act 1995)이 있다. 오스트레일리아 모범형법전 상의 기업문화는 다음과 같이 정의된다. "Corporate culture means an attitude, policy, rule, course of conduct or practice existing within the body corporate generally or in the part of the body corporate in which the relevant activities take place." 오스트레일리아 모범형법전 12.3 (6) 참조.

32) 동지의 견해로는 Eli Lederman, Models for Imposing Corporate Criminal Liability: From Adaptation and Limitation Toward Aggregation and the Search for Self-Identity, *4 Buff. Crim. L. Rev 641* (2000), 677-699면.

33) 이미 국내에는 이러한 이론적 시도가 있었다. 조병선, 형법에서 행위자의 특정: 개인책임과 단체책임, 서울대학교 법학 제50권 제2호, 2009 참조. 외국에도 그의 이론이 다양한 층위의 집단에 적용될 수 있다고 보는 견해를 찾아볼 수 있다. 예컨대 Herbert Morris, George Fletcher and Collective Guilt: A Critical Commentary on the 2001 Storrs Lectures, *78 Notre Dame L. Rev. 731* (2003), 733면. 모리스 교수는 플레처의 이론이 정부와 정당 등에도 적용될 수 있다고 보는 듯하다. 또한 플레처 자신도 집단 행동에 대한 집단책임을 질 수 있는 행위주체로서, 회사와 대학 및 전문적인 조직(professional organization)은 물론 군대와 가족까지도 논급하고 있다. 다만 그들이 책임을 지게 되는 메커니즘은 국

체로 인정하는 결정적인 논거가 될 수 있는 이론이기 때문이다. 법계를 막론하고 법인의 범죄능력을 부정하는 논거는 여러 가지 형태로 제시되어 왔지만, 그 핵심은 법인에게는 자연인과 달리 '의사'가 없기 때문이라는 것이다. 즉, 형벌의 근거로서 책임은 '비난가능성'이며, 이는 의사의 자유를 갖춘 자연인에게만 인정될 수 있으므로,[34] 주체적 자기결정능력이 없는 법인에게는 범죄능력이 인정될 수 없다는 것이다.[35] 그러한 책임비난, 다시 말해 사회윤리적 가치결단을 이해하고 받아들일 수 있는 정신적·윤리적 능력이 없는 법인에게 범죄능력을 인정하는 것은 형벌의 본질에 반한다는 것이다.[36] 그러나 플레처가 주장한 낭만주의적 집단책임론에 따르면 집단(단체)도 고유의 의사를 갖고 범죄를 저지를 수 있으며, 그에 대한 책임비난도 가능하다. 물론 플레처의 논의를 법인과 그 구성원 간의 관계에 그대로 적용할 수 있는지에 대해서는 좀 더 신중한 검토가 필요하다. 우선 법인, 예컨대 회사와 그 구성원 사이에도 전시의 낭만주의자처럼 국가의 영광과 자신을 동일시할 수 있을 만큼 강력한 '내적 응집(internal cohesion of self and nation)'이 과연 있다고 볼 수 있는지 구명되어야 한다. 즉, 전시의 낭만주의자나 이슬람 테러리스트들만큼 그들의 행위가 곧 배후 집단의 의사를 "표현한다(express)"고 보기에 '충분한' 내적 응집이, 법인과 그 직원 간에도 존재할 수 있는지 밝혀져야 한다는 것이다. 이외에도 논란이 될 만한 문제는 더 있다. 플레처는 낭만주의를 원용해 국가도 의사를 지닐 수 있고, 범죄를 저지를 수 있으며, 그에 따르는 책임을 질 수 있다고 자신의 주장을 일견 논리적으로 전개하고 있으나, 여기에는 중대한 허점이 있다. 플레처의 주장대로라면, 국가의 의사를 표현해 개인이 범죄를 저질렀을 때, 개인의 책임이 감경되어야 하는 이유는 그 개인의 2차적 의지가 정상적으로 발현될 수 없을 만큼 국가가 부도덕한 환경을 조성하여 스스로 범행을 억제할 수 없게 만들었기 때문이다. 그러면서 국가가 형사책임을 져야 하는 이유는 국가도 2차적 의지를 가질 수 있음에도 불구하고 1차적 욕망에 순응해 (개인을 통해) 범죄를 저질렀기 때문이라고 한다. 바로 여기에 모순이 숨어 있다. 국가의 의사란, 플레처의 이론대로라면 애국적 낭만주의의자가 상상력의 비약을 통해 자신과 국가를 동일시함으로써만 관념할 수 있는 실체이다. 그렇다면 국가의

가와 다르기 때문에 이를 설명하기 위해서는 상이한 방법론이 요구된다고 한다. 이 점에 대해서는 George P. Fletcher, 앞의 논문(*The Storrs Lectures: Liberals and Romantics at War*), 1526-1537면.

34) 이재상, 형법총론, 2006, 96면.

35) 박상기, 형법강의, 2010, 48면.

36) 신동운, 형법총론, 2008, 112면. 록신도 법인에게는 심리적, 정신적 요소가 결여되어 있기 때문에 법인의 범죄능력은 부정된다고 한다. Claus Roxin, Strafrecht AT Band I (4. Aufl., München: C.H. Beck, 2006), 262-264면 참조.

의사는 개인의 의사를 떠나 존립할 수 없는 성질을 갖는 것임이 분명하다. 그런데 플레처는 "국가의 부도덕한 환경조성으로 인해 1차적 욕망을 통제할 2차적 의지가 약해진 개인의 경우 책임을 감경해야 한다"고 말하면서 동시에 국가가 형사책임을 지는 메커니즘은 "국가가 지닌 2차적 의지에 의해 1차적 욕망을 통제하지 못했기 때문"이라고 말하고 있는바, 개인의 의사와 국가의 의사가 별개의 실체인 것처럼 설명하고 있다. 이것은 자신이 설정한 전제에 모순된다. 1차적 욕망이든, 2차적 의지이든 국가의 의사는 곧 개인의 의사에 의해서만 관념할 수 있다. 그러므로 국가가 책임을 져야 한다면 개인도 형의 감경 없이 책임을 져야 하고, 개인의 형이 감경될 수 있다면 국가의 책임도 감경되어야 한다. 만일 그렇지 않고 국가에게 별개의 의사적 요소를 인정하려면 별도의 이론적 구명이 뒤따라야 하며, 그럴 의도가 없었다면 플레처의 주장은 자기반박적인 것이 되어버린다. 따라서 이러한 딜레마를 벗어나려면, 낭만주의에 의해 개인의 의사를 국가의 의사와 동일시하는 원리에 기대지 않고 집단도 개인과 다른 별개의 고유한 의사를 지닐 수 있음을 밝혀야 할 것이다. 이러한 논증이 성공해야만 전통적 책임원칙에서 벗어나지 않는 집단책임론이 입론될 수 있을 것이다.

앞서 살펴본 바와 같이 현대의 법인책임이론은 기업의 의사를 종업원이나 고위직 관리인을 통해 파악하는 대위책임과 동일시원리를 넘어서 법인의 고유한 의사를 재구성해 보려는 이론적 시도에까지 이르고 있다. 그러나 이러한 시도가 아직까지는 그다지 성공적이지 못한 것으로 보인다. 예를 들어 미국 법원은 집단인식의 법리에 의해 개인의 무책한 인식의 총합이 곧 법인의 범의를 구성할 수 있다고 법리구성하고 있는바, 동 법리는 개별적인 종업원의 인식을 통일적인 의사로 종합해 줄 수 있는 능력이 법인에게 있다는 점을 묵시적으로 전제하고 있으나, 그 전제에 대해서는 명시적으로 해명해 주고 있지 못하다는 비판[37]이 있음을 염두에 두어야 할 것이다. 다시 말해 자연인에게는 다양한 정보를 유의미한 형태로 종합할 수 있는 능력이 있지만, 법인에게는 서로 업무적으로 독립돼 정보의 공유가 없는 종업원들의 개별적 인식을 하나로 묶어 파악할 수 있는 능력이 없다는 것이다. 또 한편으로는 그러한 이해가 귀속될 수 있는 별개의 고유한 의사적 실체를 법인에게는 관념할 수 없다는 지적이기도 한 것이다. 마찬가지로 법인 내부의 문화를 법인 고유의 의사로 보려는 시도도 있으나, 기업 문화(corporate culture)는 장기간 걸쳐 형성돼 굳어진 것으로 기업의

---

37) 이러한 비판으로는 Alan Norrie, Crime, Reason and History: A Critical Introduction to Criminal Law (Cambridge University Press, 2006), 95면.

의사결정에 영향을 미치는 한 요소에 불과한 것이므로, 행위 당시에 선악을 판단해 달리 의사결정을 할 수 있는 자연인의 의사와는 확연히 구분되는 표지라는 점에서 여전히 전통적인 형사책임의 관점에서 형벌의 부과 근거가 되기는 힘들다고 할 것이다. 단, 그렇다고 이러한 결론이 곧 집단책임의 이론적 정당화가 불가능함을 뜻하지는 않는다고 본다. 이는 오히려 집단책임의 근거를 새로운 각도에서 합리적으로 재구성할 수 있는 반성의 계기가 될 수 있다. 바로 이 점에서 집단책임사상의 역사적 기원을 살펴보는 것은 그러한 논의에 유의미한 기여를 할 수 있을 것이다.

V. 맺음말

이상의 내용을 종합하자면, 고대 근동의 집단책임사상과 영미법의 법인책임법리와 플레처의 집단책임론 간에는 다양한 갈래에서 교차하는 공통점, 가족유사성을 찾아 볼 수 있다. 플레처의 이론은 집단책임이 집단을 통해 후대에 유전될 수 있다는 점, 피해자와의 화해를 통한 사회적 재통합을 강조한다는 점에서 성서나 법전에 나타난 사상과 일정한 유사점을 지닌다. 또 영미법상 대위책임의 법리는 이미 고대 근동에서도 그 단초를 발견할 수 있다. 개인과 집단이 동일시될 수 있을 경우에 개인의 책임은 곧 집단책임이 될 수 있다는 플레처의 생각은 영미법상 동일시원리와 크게 다르지 않다. 플레처가 말한 "집단의 부도덕한 환경"이란 표지는 현대의 법인책임이론에서 중요한 개념인 "기업문화(corporate culture)"와도 유사하다. 또 살인자가 누구인지 알 수 없는 경우에 살인이 발생한 도시 및 그 도시의 행정책임자, 또는 살인이 발생한 성읍의 원로들이 집단적으로 책임을 져야 한다는 함무라비 법전과 신명기의 내용은 유책한 개인 행위자를 찾아낼 수 없어도 법인의 책임을 인정할 수 있다는 집단인식의 법리와 매우 유사하다. 이상의 사상, 법리, 이론들 간에 어떤 단일한 공통된 특징을 찾을 수는 없다. 각각 집단의 책임을 인정하는 배경 및 근거와 방식에 차이가 있기 때문이다. 여기서 주목할 점은, 어떤 통일적인 이론적 토대는 찾기 힘들지만, 집단책임이란 법형상은 사라지지 않고 있다는 사실이다. 즉, 집단의 책임을 긍정하려는 규범적 사고방식은 질긴 생명력을 갖고 고대 사회로부터 현재까지 면면히 이어져 내려오고 있다는 것이다.

한편 고대 근동의 집단책임 사상은 현대적 이론과 중요한 차이가 있음도 간과할 수 없는 부분이다. 고대 근동지역, 예컨대 고대 이스라엘과 메소포타미아 지역에서는 개인 대 개인으로서가 아니라 어느 집단에 속한 개인 대 다른 집단에 속한 개인으로서 행위자를 관념하는 법문화가 지배적이었던 것으로 보인다. 그렇기 때문에 성서에서는 유대인 전체가 단일한 행위주체로서 등장하며, 메소포타미아의 경우 살인사건이 단순히 가해자와 피해자의 개인적 문제가 아니라 살인자가 속한 집단과 피해자의 친족들 간의 집단적 문제로 다루어졌던 것이다. 이러한 문화가 지배하는 사회에서는 범죄자에 대한 책임뿐만 아니라 그가 속한 집단에 대해 책임을 추궁하는 사고방식이 형성될 수 있다. 플레처의 집단책임론에서 집단 역시 고의를 지닐 수 있기 때문에 범죄를 저지를 수 있고 책임을 질 수 있다고 이론구성한 점은 고대 사상과 다른 차별화된 시도로 평가된다. 고대 근동의 법사상에서 그와 같은 점은 찾아볼 수 없다. 하지만 애석하게도 플레처의 이론에서 가장 취약한 부분은 집단이 고유한 의사를 지닐 수 있다고 주장하는 점이다. 외견상 국가도 하나의 행위주체처럼 역사에 등장할 수도 있다. 그러나 그렇다고 해서 국가에 고유한 의사가 존재한다고 판단하기는 어렵다. 물론 상상력의 비약과 낭만주의적 충동에 의해 개인이 곧 국가와 동일시될 수 있다고 설명하고 있지만, 그것은 말 그대로 한 개인의 낭만주의적 상상에 불과하다. 그러한 상상을 하고 있지 않은, 냉정한 이성적 판단을 하는 개인들도 낭만주의자들에 의해 저질러진 범죄에 대해 집단적으로 책임을 져야 한다는 것은 부당하다. 또 설령 국가에게 그러한 고유의사를 인정할 수 있다 하더라도 그것은 자연인의 의사와는 다른 측면이 있다. 우리가 행위자를 비난할 수 있는 것은 범행 당시에 그에게 타행위가능성이 있기 때문이다. 그런데 국가에게도 그러한 타행위가능성을 관념할 수 있을까? 국가의 고유의사가 낭만주의적 애국자의 의사와 동일시된다는 전제를 고수하는 한 그러한 타행위가능성은 "기대불가능하다"고 본다. 그렇다면 국가 또는 집단이 책임을 지는 메커니즘은 하나의 행위주체로서 범죄를 저질렀기 때문이 아니라, 고대 근동의 집단책임사상에서 엿볼 수 있듯이 순전히 연대성, 플레처의 표현대로라면 유기체적 집단성(organic collectivity)이나 피해자의 권리구제 차원에서 찾아야 할 것이다. 이는 전통적인 책임원칙에서 벗어난 이론구성이지만, 고대사회로부터 끈질기게 우리의 규범적 직관을 사로잡고 있는 집단책임이란 법형상이 정당화될 수 있는 근거를 제시해 주고 있다는 점에서 분명 좀 더 유의 깊게 고찰해 보아야 할 문제라고 생각한다.38)

---

38) 부연하자면 집단책임이란 법형상은 전통적으로 정의(misarum) 관념을 중시했던 고대 메소포타미아의 법문화와도 무관하지 않을 것이다. 고대 메소포타미아의 정의 관념에 대해서는 R. VerSteeg, Early Mesopotamian Law (Durham, North Carolina: Carolina Academic Press, 2000), 45-50면 참조. 버스틱에 따르면 고대 메소포타미아의 정의 관념은 다음과 같은 요소로 구성되어 있다고 한다. 1) 강자나 부자의 억압으로부터의 자유(freedom from oppression by the strong and rich) 2) 공공의 안전 3)경제적 번영 4) 평화 5) 질서 6) 진리 7) 분쟁 해결절차의 존재.

CHAPTER IV
전자인격의 범죄주체성

[11] 인공지능 로봇의 형사책임

I. 머리말

본고는 인공지능과 관련된 법적 쟁점 중 형사책임의 문제를 다루어 보고자 한다. 예컨대 인공지능이 탑재된 수술용 로봇이나 산업용 로봇이 인명사고를 냈을 때, 이에 대한 책임의 소재 문제를 형법적 측면에 국한해 고찰해 보고자 한다. 이 경우에 과연 누가 책임을 지는 것이 정당한 것인지, 이를테면 인공지능의 제조업자나 프로그래머 또는 그 사용자인지, 아니면 인공지능 그 자신인지 관련 논의를 검토한 후 잠정적 결론을 내려 보고자 한다. 여기서 잠정적이라고 단서를 붙이는 이유는 현재의 기술수준을 전제로 하지 않을 수 없기 때문이다. 또 덧붙여 본고에서는 미래의 기술수준을 상정한 형사책임의 문제도 논급해 보고자 한다. 어쩌면 많은 사람들은 이 부분에 대해 더 큰 궁금증을 갖고 있을 것이고, 또한 이 문제가 현 수준의 논의와도 맞물려 있기 때문이다.

인공지능의 형사책임 문제에 대해 냉소적 시각을 지닌 일부 논자들은 법익침해를 발생시켰다고 해서 프로그램된 대로만 움직이는 인공지능 로봇이 어떻게 형사책임의 주체가 될 수 있겠느냐고 반문을 제기할 수 있을 것이다. 이해를 돕기 위해서 인공지능 연구의 대표적 거장 한스 모라벡(Hans Moravec)의 말을 들어보자.

"물론 사회적으로 규제된 과제를 행하도록 하는 것만큼, 범죄를 저지르도록 로봇을 프로그램하기는 쉬울 것이고, 이런 일이 일어날 때 법적으로 책임지게 하는 방식도 고안될 것이다. 그러나 복잡한 로봇은 때때로 그들 스스로 주도적으로 말썽을 일으킬 것이다. 과거에 여러 차례 시간 내에 배터리를 충전할 수 없어 **고통받았던** 시뮬레이터가 장착된 로봇을 상상해보자. **로봇은 동력이 소진되는 것을 허락하는데 강하게 반발하도록 세팅될 것이다.** 로봇이 자물쇠가 잠긴 집 밖에 서 있고 배터리는 다 닳아간다고 가정하자. **로봇의 시뮬레이터는 해결책― 재충전을 가져올 행동의 조합― 을 찾으며 격렬하게 상이한 여러 시나리오를 휘젓듯 검토할 것이다.** 통상적인 행동의 조합이 목표도달에 실패함에 따라 시뮬레이터 검색은 더 이상 통상적이지 않은 가능성으로 확장된다. 이웃집이 가까이에 있고, 문은 열려 있을 수 있고, 집안에는 콘센트가 있을 것이다. 시뮬레이터는 로봇을 콘센트로 데려갈 시나리오를 발견한다. 집의 영역을 떠나는 것. 물론 **이것이 일으킬 말썽과 고통이 있지만 그것은 재충전되는 길을 찾을 가능성에서 오는 쾌락과 고통으로부터의 해방과 충분히 균형을 이룬다.** 로봇은 반복하여 이웃집 침입을 시뮬레이션하고, 그때마다 포함된 단계에 대한 조건지우기를 강화시키고, 그 행위 자체를 점점 더 그럴 법하게 만든다. 결국 훈련은 이미 충분한 상태에서 로봇은 시뮬레이터가 예상한 것보다 더 큰 말썽으로 연결될 가능성이 높은 경로를 걷기 시작한다."[1]

상기 모라벡이 묘사한 로봇은 결코 '프로그램된 대로만' 움직이는 기계가 아니다. 여기에 묘사된 '주거침입' 과정에서 인공지능 로봇을 형법상 행위주체로 간주하지 못하게 만드는 장애요인은 과연 무엇일까? 로봇의 고통과 고민과 의사결정과정은, 범죄자의 내면의 의식의 흐름과 거의 흡사하다. 아니 오히려 근대형법이 가정하고 있는 '합리적 이성인'이라는 인간상에 거의 이상적으로 부합되는 존재라고 말해도 크게 틀리지 않을 것이다. 현대과학이 발견한 인간의 실제 모습보다도 더 이성적인 숙고를 거치고, 자유의지를 통하여 스스로 의사를 결정할 수 있는 존재로 묘사되고 있지 않은가? 비록 가상의 사건이지만, 상기 사례는 인공지능의 '의사결정 과정'을 일반인들이 쉽게 이해할 수 있는 수준과 방식으로 기술해 주고 있다는 점에서 현단계의 형사책임 논의에도 시사하는 바가 매우 크다고 할 것이다.

이미 독일의 경우 소위 '로봇 형법(Strafrecht für Roboter)'에 대한 학술적 논의의 역사가 10여년에 이르고 있다고 한다.[2] 그에 비해 우리나라에서는 비교적 최근에야 이 분야가 주목을 받고 있는 듯하다. 근래에 인공지능과 형사책임을 주제로 한 논문이 여러 편 발간된 바 있다.[3] 이에 본고에서는 인공지능이 탑재된 로봇에게 직접적으로 형사책임을 긍정하려는 입장과 그 반대의 입장에서 제시된 논거를 비판적으로 검토해 보기로 한다. 비교적 양

---

1) 한스 모라벡/박우석 역, 마음의 아이들 - 로봇과 인공지능의 미래 - (김영사, 2011), 92-93면 참조. 굵은 글씨체로 강조한 부분은 독자들의 이해의 편의를 위해 필자가 선별해 강조한 것임.
2) 이에 대한 소개로는 김영환, "로봇 형법(Strafrecht für Roboter)?", 법철학연구 제19권 제3호, 2016, 148면.
3) 장연화·백경희, "왓슨의 진단조력에 대한 현행법상 형사책임에 관한 소고", 형사법의 신동향 제55호, 2017; 이인영, "인공지능 로봇에 관한 형사책임과 책임주의", 홍익법학 제18권 제2호, 2017; 송승현, "트랜스휴먼 및 포스트휴먼 그리고 안드로이드(로봇)에 대한 형법상 범죄주체의 인정여부", 홍익법학 제17권 제3호, 2016; 이원상, "4차 산업혁명에 있어 형법의 도전과제", 조선대 법학논총 제24권 제1호, 2017; 이주희, "인공지능과 법-지능형 로봇 및 운영자의 형사책임에 관한 고찰", 한국사회과학연구 제38권 제1호, 2016; 임석순, "형법상 인공지능의 책임귀속", 형사정책연구 제27권 제4호, 2016; 정정원, "인공지능(AI)의 발달에 따른 형법적 논의", 과학기술과 법 제7권 제1호, 2016; 홍태석·권양섭, "자율주행자동차 사고발생에 따른 형사책임의 귀속여부", 법학연구 제17권 제2호, 2017 등 참조.

진영의 논거를 망라적으로 제시하고 있는 두 문헌을 중심으로 현재 진행 중인 논의에 가담하여 각 진영의 논지를 면밀하게 분석하고 그 적실성을 평가해 보는 것을 1차적 목표로 할 것이다. 다음으로 현재 국내외에서 진행 중인 논쟁에서 간과되고 있는 중요사항을 지적해 봄으로써 향후 인공지능과 형사책임에 관련된 논의가 지향해야 할 방향을 제시해 보는 것을 2차적 목표로 삼고자 한다. 이를 위해 우선 현 단계의 '약'인공지능 로봇에게 형사책임을 인정할 수 있는지, 긍정론과 부정론의 입장을 상세히 검토해 보고(II), 다음으로 양 진영의 논거들을 비판적으로 검토한 후(III), 이상의 논의를 종합적으로 분석하면서 그동안 인공지능의 형사책임 관련 논의에서 간과된 '형벌에 대한 진화론적 고찰'을 다루어 봄으로써 향후 논의가 생산적인 결론을 산출할 수 있도록 발전적인 몇 가지 제언을 해보고 미래의 '강'인공지능은 형사책임의 주체로서 완전한지에 대한 해답을 제시해 보면서(IV), 결론을 맺고자 한다(V).

II. 현 단계의 '약'인공지능에게 형사책임을 인정할 수 있는가?

1. 인공지능의 형사책임 부정론

(1) 인공지능의 직접적 형사책임 부정논거

먼저 인공지능 자체의 형사책임을 부정하는 논거는 다음과 같다.

첫째, 인공지능을 지닌 여하한 주체라도, 예컨대 로봇 등은 '인격(personhood)'의 요건을 충족시키지 못한다. 오랜 철학적 논의에 의하면 인격을 지녔다는 의미는 자기성찰능력(self-reflection capacity) 또는 자의식(self-consciousness)을 전제조건으로 해 성립한다. 그러한 조건을 갖춘 인격체만이 법과 행복과 고통의 의미를 알 수 있는바, 비록 인공지능은 스스로 학습하고 결정을 내릴 수 있지만, 자의식이 없기 때문에 자신의 의지에 의해 행동을 선택할 수 있는 자유의지를 가질 수 없고, 따라서 자신의 행동에 대한 책임을 질 수 없으며, 자기성찰능력의 결여로 인하여 자신의 과거와 미래가 하나의 인격체로 연결된 행위주체가 될 수 없다는 것이다. 더욱이 그로 인해 권리와 의무의 개념을 이해할 수 없다고 한다. 요컨대 인공지능 로봇은 자유의지에서 비롯되는 양심이 없기 때문에 자신의 행위의 선악을 판단할 수 없고, 따라서 자유로운 행위주체(free agent)로 보기 어려우므로 그 자신이 범한 해악에 대해 '인격적으로(personally)' 책임을 질 수 없다고 한다.[4] 또한 인공지능 로봇에 대해 책임 비난이 가능하다고 하더라도 이들은 형사처벌의 의미를 이해할 수 없기 때문에 처벌이 무의미하다고 한다. 즉, 인공지능 로봇은 자산을 소유하고 있지도 않고, 소유하고 있다는 인식도 없기 때문에 벌금형의 의미를 지닐 수 없고, 만일 물리적인 손상이나 파괴를 가하더라도 신체의 완전성을 유지하며 삶을 유지하려는 의지가 인공지능 로봇에게는 없기 때문에 체형(corporal punishment)이나 사형이 의미를 가질 수가 없다고 한다. 즉 인공지능은 형사처벌의 의미를 이해할 수 없고 따라서 자신의 죄책과 자신에게 가해진 처벌의 연관성을 깨닫지 못한다는 것이다.[5] 이러한 논변은 다음과 같은 반대론과도 일맥상통한다. 즉 로봇은 인지능력이 있고 자율적으로 행동할 수 있지만 감응능력이 없고, 도덕적 판단능력을 갖추고 있지 못하기 때문에 법적 책임과 의무의 주체가 될 수 없고, 설령 인공지능 로봇에게 법인의 형사책임을 구성하는 방법과 유사하게 '전자적 인격(elektronische Person)'을 부여하여 '자연적 차원'이 아닌 '규범적 차원'에서 행위능력과 책임능력을 인정할 수 있다 하더라도 만일 이를 '형사처벌'하게 될 경우 '인간의 존엄성 원리'로부터 도출되는 책임원칙의 근본토대인 '비난가능성'이란 요소를 빼어버리는 격이 되어버리고 따라서 형벌의 선고가 갖는 진지함과 도덕적 요소가 사라져 '형벌의 존엄성'이 훼손될 수 있다는 것이다.[6]

그러므로 현 단계 수준의 소위 '약'인공지능[7]에 대해서는 직접적인 형사책임을 부과할 수 없으며 따라서 단지 그 배후에 있는 자연인 행위자(human behind the machine)에 대해서 형사책임을 부과할 수 있는 방법을 모색해야 한다고 본다.

---

4) 이러한 견해로 Sabine Gless, Emily Silverman, & Thomas Weigend, "If Robots Cause Harm, Who Is To Blame? Self-Driving Cars and Criminal Liability", *19 New Crim. L. Rev. 412* (2016), at 416.

5) Sabine Gless, Emily Silverman, & Thomas Weigend, *Ibid.*, at 416-425. 유사한 맥락에서 현 단계에서는 인공지능의 형사책임 인정이 어렵다는 견해로 보이는 이주희, 앞의 논문, 136면; 정정원, 앞의 논문, 202면.

6) 김영환, 앞의 논문, 151-160면.

7) 강한 인공지능(strong AI)과 약한 인공지능(weak AI)란 구분은 본래 철학자 존 설(John Searle)에서 유래된 것으로 그는 "정확한 입력과 출력을 갖추고 적절하게 프로그램된 컴퓨터는 인간이 마음을 가지는 것과 완전히 같은 의미로 마음을 가진다."고 보고 이를 '강한 AI'라고 명명하였고, 반면 '약한 AI'는 반드시 마음을 지닐 필요는 없고 한정된 지능에 의해서 지적 문제를 해결할 수 있는 인공지능을 의미한다. 마쓰오 유타카/박기원 역, 인공지능과 딥러닝 (동아 엠앤비, 2016), 58면. 강한 인공지능 개념은 인간의 마음이나 뇌의 활동을 정보처리과정으로, 사고는 계산과정으로 환원될 수 있다는 입장으로 보인다.

(2) 대안: 배후자(Operator)[8])의 과실책임

그 방법은 바로 제조업자(producer)나 프로그래머(programmer) 그리고/또는 소유자(owner) 등(이하 '배후자(operator)'로 통칭함)에게 법익침해에 대한 과실책임을 지우는 것이다. 이를테면 만일 고의적으로 타인에게 해악을 가하도록 인공지능 로봇을 프로그램하였다면 도구를 이용한 고의범으로서의 형사책임을 지울 수 있겠지만, 그런 경우는 드물 것이므로 여기서 문제되는 것은 주로 과실로 포섭되는 사안들이다.

형법상 과실의 일반적인 법리에 따르면 행위자가 어떤 해악을 예견할 수 있고, 또 회피할 수 있었음에도 불구하고 주의의무(due care)를 다하지 못해 해악이 발생한 경우 과실범이 성립한다. 예컨대 자율주행 자동차의 경우 자신이 처한 환경에 대한 독자적 분석과 판단 하에 자율적 행동을 취하기 때문에 배후자라도 그에 대한 예측이 불가능한 경우가 많다. 하지만 이러한 '예측불가능성(unpredictability)'이 곧 배후자의 책임감면을 가져오지는 않는다. 오히려 그러한 예측불가능성으로 인해 배후자에게는 적절한 주의의무가 발생하게 된다. 이것은 마치 동물원에서 관리자가 호랑이를 풀어놓아 관람객을 해쳤을 경우, 호랑이의 통제 불가능성 때문에 면책되지 못하고 오히려 그러한 위험을 예측하여 회피하지 못한 과실책임을 지게 되는 것과 같은 이유에서 비롯된다. 독일의 경우 '민법상 제조물책임 법리'에 의해 발달되어 온 기준들이 '형법상 제조물 책임(criminal product liability)' 법리에 도입되었고 이는 미국의 경우도 크게 다르지 않다.[9)] 예컨대 자율주행 자동차와 같은 안전하지 못한 제조물(unsafe products)을 생산하는 제조업자는 제품을 시장에 내놓기 전에는 현재수준의 과학적, 기술적 기준을 충족시키는지와 고객에 대한 안전성이 충분히 테스트되었는지 등에 대해 확인해야 한다. 또한 제품을 시장에 내놓은 후에는 지속적으로 고객들의 개선의견(feedback)을 점검하고 제품에 의해 발생한 사고나 해악에 대한 불평에 대해서 즉각적인 반응조치를 취해야 한다. 추가적인 폐해를 막기 위해서 고객들에게 경고장을 발송할 수 있고, 수리를 위해 리콜조치를 할 수도 있으며, 경우에 따라서 판매를 금지할 수도 있다. 만일 제조업자가 이러한 주의의무를 준수하지 못할 경우에는 해당 제품에 의해 발생한 해악, 즉 상해나 사망의 결과에 대해 부작위에 의한 고의 또는 과실책임(intentional or negligent

---

8) 'Operator'의 번역어로 인공지능을 생산, 프로그램, 사용하는 사람을 통칭하는 취지에서 '배후자'를 사용하기로 한다.

9) 형법상 제조물책임의 법리에 대한 폭넓은 비교법적 연구로는 전지연, "형법상 제조물책임에서 주의의무위반에 대한 비교법적 고찰", 연세대학교 법학연구 제18권 제4호, 2008, 69면 이하 참조.

bodily injury or homicide by omission)을 질 수 있다고 한다.[10]

하지만 자율주행 자동차가 개발된 취지, 즉 도로교통에서의 안전성의 증대라는 공리주의적 측면과 개인의 생명과 신체의 보호라는 측면의 균형을 맞추기 위해서는 이러한 과실책임의 성립을 일정 수준에서 제한할 필요가 있고, 그 역할을 해 주는 법리는 바로 '객관적 귀속이론'이다.[11]

객관적 귀속이론에 따르면 행위와 결과 사이에 인과관계가 인정되더라도 그 결과를 행위자의 행위 탓으로 돌리기 어려운 사정이 존재하면 객관적 귀속이 부정된다. 예컨대 갑이 자동차로 을을 치어서 상해를 입혔고, 병원으로 호송된 을이 치료를 받던 중 병이 낸 화재로 인해 병원에서 사망했을 경우 사망의 결과를 갑의 행위 탓으로 귀속시킬 수 없다. 제3자의 행위가 개입돼 갑에게는 결과에 대한 회피가능성 또는 지배가능성이 없기 때문이다. 또한 갑에 의해 창출된 위험이 발생한 결과와 우연적 관계에 있기 때문이라고 설명할 수도 있다. 이러한 논리를 자율주행 자동차에 원용해 보면, 자율주행 자동차가 독자적 판단에 의해 갑자기 방향을 틀어 사고를 낸 경우 그 결과를 설계자나 제조업자의 과실 탓으로 귀속시킬 수 없다. 자동차의 자율적 분석과 판단이라는 제3의 행위가 개입된 우연한 결과이기 때문이다.[12]

또 다른 객관적 귀속이론의 논거는 행위자가 창출한 위험이 사회적으로 상당한 위험의 범주에 속하는 경우에는 '일상적인 범주에 속하는 정상적 위험(normal risk of daily life)'이 실현된 결과이므로 발생한 결과를 행위자의 작품으로 귀속시킬 수 없다는 것이다. 예컨대 만일 갑이 을에게 숲을 산책하도록 권유했던바 을이 숲을 걷다가 자연적으로 떨어지는 나무에 맞아 사망하거나 벼락을 맞아 사망한 경우에는 설령 갑이 을을 살해하려는 의도가 있었다고 하더라도 사망의 결과를 갑의 행위 탓으로 돌릴 수 없다. 결과를 행위자의 탓으로

---

10) Sabine Gless, Emily Silverman, & Thomas Weigend, *Ibid.*, at 426-429.

11) 동 문헌의 저자들은 명시적으로 '객관적 귀속이론'이라고 지칭하지 않고 있으나 그들이 제시하고 있는 사례의 실질적 내용은 우리식의 형법도그마틱에 비추어 보면 객관적 귀속의 기준에 해당하는 것들이다.

12) 물론 이러한 논리에 대해서 두 가지 유력한 반론이 제기될 수 있다. 첫째, 자율주행 자동차의 사고는 단순히 인공지능의 예측불가능성 때문이 아니라 명백히 프로그램상 과실(negligent programming) 때문이고, 둘째, 만일 인공지능 기계의 배후자마저 형사책임을 질 수 없게 되면, 인공지능도 그 배후자도 모두 면책되어 형사처벌의 공백이 발생하며 이는 결국 인공지능 로봇 개발 동력의 현격한 저하를 가져올 수 있기 때문이다. 이에 대해서 Sabine Gless, Emily Silverman, & Thomas Weigend, *Ibid.*, at 432. 한편 제3자의 행위로 평가되어 객관적 귀속이 부정되기 위해서는 제3자의 행위가 자율적 행위로 인정되어야 하는데 이를 위해서는 제3자에게 독자적인 범죄능력이 있어야 한다고 보는 견해로는 이주희, 앞의 논문, 141면 참조.

귀속시키기 위해서는 그 결과에 실현된 위험이 행위자가 법적으로 허용되지 않는 방식으로 창출한 것이어야 하는데 위 사례는 그러한 방식이라고 보기 어렵고 또 사회적으로 상당한 위험의 범주에 속해 있기 때문이다. 이러한 이론을 자율주행 자동차에 적용해 보면, 자율주행 자동차에 의한 사고도 일상적인 정상적 위험의 범주에 속하는 것으로 분류할 수 있게 된다. 하지만 적어도 현재 수준에 있어서는 자율주행자동차가 일반 자동차에 비해 소수에 속하므로 가까운 미래에 이르더라도 이러한 이론이 받아들여지기 어려울 것이라고 전망한다. 그때까지도 여전히 자율주행 자동차의 사고는 '예외적인 위험의 창출(creating exceptional risk)'로 파악될 것이기 때문이다. 따라서 이러한 논리구성에 의한 과실책임의 제한은 인공지능 로봇이나 자율주행 자동차가 일상사에서 인간과 광범위한 상호작용을 하게 되어 그로 인한 위험이 정상적 범주에 속하게 되는 시점까지는 실현되기 어려울 것이라고 한다.[13]

결론적으로 이 입장에서는 전술한 제조물 제작자의 의무와 같은 엄격한 기준을 준수했다면 배후자는 자신의 주의의무를 충실히 이행한 것으로 간주되어야 한다고 본다. 따라서 설령 인공지능 로봇이 자신의 자율적 학습능력에 따른 판단으로 인해 해악을 가져오더라도 그 책임은 '사회(society)'에 귀속될 것이라고 한다. 왜냐하면 현대 사회는 인공지능 장비를 도입함으로써 필연적으로 일정 범주의 일상적 위험을 감내하기로 동의한 셈이기 때문이다. 그러므로 인공지능의 오작동에 의한 해악의 피해자는 어떤 특정한 자연인의 과실의 희생자가 아니라 사회적으로 용인된 위험의 희생자(a victim of a socially accepted risk)로 간주되어야 한다는 것이 부정론의 논지이다.[14]

2. 인공지능의 형사책임 긍정론

이에 반해 형사책임 긍정론은 다음과 같이 주장한다.[15]

---

13) Sabine Gless, Emily Silverman, & Thomas Weigend, *Ibid.*, at 430-433. 동 문헌의 저자들도 미래의 어느 시점에 이르러 기술의 발달로 인공지능이 도덕적 추론능력을 갖게 되고, 형벌의 의미를 이해할 수 있게 되면 인공지능 자체에 대한 형사책임의 인정도 가능할 것이라고 전망하고 있는 점은 흥미로운 대목이다.
14) Sabine Gless, Emily Silverman, & Thomas Weigend, *Ibid.*, at 434.
15) 이하의 논지는 주로 Gabriel Hallevy, "The Criminal Liability of Artificial Intelligence Entities", *4 Akron Intell. Prop. J. 171* (2010)을 주로 참조하였다.

(1) '생각하는 기계(*Machina Sapiens*)'로부터의 위협

인공지능(AI)은 인간의 지적 행동(intelligent behaviour)을 모방하는 능력을 갖고 있다. 인공지능 연구는 인간의 행동과 인지과정에 대한 컴퓨터 시뮬레이션을 통해 지적 능력의 본성을 탐구하는 분야이다. 1940년대 이래 인공지능은 인간의 삶에 매우 중요한 부분을 구성하며 단순한 일상의 도구 이상으로 점차 정교한 영역까지 침투해 오고 있다. 그리하여 인공지능은 다양한 직역과 분야에서 인간과의 지속적 상호작용 속에서 법익침해 상황을 초래할 수 있는데, 이 때 인공지능이 현대 문명사회에서 가장 강력한 사회적 통제수단인 형법의 적용범위 밖에 놓이게 되면 처벌의 공백이 생기고[16] 과거 법인이 시민들의 두려움의 대상이 되었던 것처럼 −현재는 형법과 회사법의 규제로 인하여 그 공포가 감소했지만− 또 다른 사회적 위협의 대상이 된다는 것이다. 실용적인 측면에서 인공지능에 대한 형사적 규율의 필요성이 엄연히 존재한다는 견해로 판단된다.[17]

(2) 인공지능의 직접적 책임모델(The Direct Liability Model)

인공지능의 직접적 형사책임 긍정론은 다음과 같은 이해를 토대로 자신의 논변을 정당화한다.

우선 '인간성의 본질(essence of humanity)'에 대해서는 부정론과 거의 유사한 이해방식을 공유하지만, 인공지능이 이를 구비하고 있는지 여부에 대해서는 상이한 결론을 내린다. 인간성을 지닌 존재의 필수적 자격인 '지적 존재(intelligent entity)'로서의 요건은 크게 다섯 가지인데, 인공지능은 그 정의상(by definition) 그 요건을 모두 구비하고 있다는 것이다. 다섯 가지 요건은 다른 지적 존재와의 '의사소통(communication)' 능력, 자기 자신에 대한 '내적 인식(internal knowledge)' 능력, '외부 환경을 인식하고 학습하고 정보를 이용할 수 있는' 능력, 그리고 '목표 지향적 행위(goal driven behaviour)' 능력 및 '원래의 조치가 실패했을 때 다른 대안조치를 취할 수 있는 창조적(creative)' 능력 등이 그것이다.[18]

다음으로 형사책임을 부과할 수 있는 두 가지 필수요건에 대한 검토이다. 특정한 행위 주체에 형사책임을 부과하기 위해서는 대륙법계와 마찬가지로 범죄의 객관적 요소(actus

---

16) 처벌의 공백 문제에 대한 논의로는 김영환, 앞의 논문, 162-163면 참조.
17) Gabriel Hallevy, *Ibid.*, at 173-174.
18) Gabriel Hallevy, *Ibid.*, at 175-176.

reus)와 주관적 요소(mens rea)가 충족되어야 한다. 이 외에 다른 어떤 능력도 필요하지 않기 때문에 법인이든, 인공지능이든 이 두 요건을 충족시킨다면 모두 형사책임을 질 수 있는 행위주체가 될 수 있다고 한다. 이러한 전제에서 인공지능이 형사책임을 질 수 있는 논거를 다음과 같이 제시한다.

우선 인공지능이 기계적 메커니즘을 통해 물리적 동작을 취할 수 있으면 범죄의 객관적 요소는 쉽게 충족이 된다. 예컨대 인간에 대한 폭행이 가능하다. 또한 만일 해당 범죄가 부작위(omission)에 의해서 범해질 수 있는 경우라면, 인공지능에게 특정한 작위의무가 프로 그램되어 있고, 인공지능이 이러한 의무의 이행에 실패한다면 부작위범의 객관적 요소도 충족이 된다.

다만 문제시되는 것은 인공지능에게 범죄의 주관적 요소를 관념할 수 있겠는지 여부이 다. 여기서 범죄의 주관적 요소에 포함되는 것은 인식(knowledge)과 의도(intention) 및 과실 (negligence) 등이다. 창조성(creativity)은 인간의 주요한 특징이긴 하지만 범죄의 주관적 요건 에 포함되지는 않는다. 인식이란 사실적 자료들의 감각적 수용(sensory reception)과 그 자료 의 이해(understanding of that data)로 정의할 수 있다. 어떤 광경과 음성과 물리적 접촉에 대한 감각적 수용은 대부분의 인공지능에게 있어서 가장 흔한 기능이다. 그리고 이 수용기 (receptors)는 수용된 사실적 자료를 중앙처리장치(central processing units)로 이동시키고 여기 서 해당 자료를 분석하는데 이러한 분석과정은 바로 인간의 이해과정을 닮아 있다고 한다. 인간의 뇌 역시 이와 비슷한 과정을 거쳐 자료를 '이해하기' 때문이다. 요컨대 인공지능도 인간과 유사한 인식능력을 관념할 수 있다는 것이다. 한편 의도란 어떠한 사건이 발생할 것을 의욕하는 목적적 의사의 존재로 정의할 수 있고, 인공지능도 특정한 목표를 성취하기 위해 적절한 조치를 취할 수 있는 목적적 의사를 지닐 수 있도록 프로그램될 수 있기 때문에 범죄의 주관적 요소인 '의도' 역시 인공지능에게 관념할 수 있다고 한다. 이처럼 인공지능에 게 범죄의 주관적 요소인 인식과 의도를 관념할 수 있다고 하더라도 인간 고유의 감정인 사랑, 증오, 질투 등은 없기 때문에 형사책임을 지울 수 없다는 반론이 제기될 수 있으나, 대부분의 범죄성립에 있어서 그러한 감정적 요소는 요구되지 않기 때문에 크게 문제되지 않는다고 한다. 예컨대 인종차별범죄나 증오범죄 등에 있어서는 특별한 감정이 필요하고 따라서 인공지능은 그러한 범죄성립요건을 구비할 수 없지만 그 외의 범죄 성립에는 특별한 문제가 없다는 것이다. 더 나아가 인공지능에게는 범죄성립의 적극적(positive) 요소뿐만 아 니라 소극적(negative) 요소인 정당방위나 긴급피난의 법리도 같은 이유로 적용될 수 있다고 한다.[19]

한편 혹자는 인공지능의 능력은 매우 제한적이기 때문에 기껏해야 우리 사회에서 형사책임이 면제되는 특수한 부류의 행위주체로 인정될 가능성밖에는 없다고 주장할 수 있다. 설령 행위주체성을 인정하더라도 예컨대 형사미성년자나 심신장애자에 준하는 정신적 능력밖에는 없다는 것이다. 그러나 긍정론의 입장에서는 다음과 같이 반박한다. 책임무능력자를 인정하는 법리는 그들에게는 정상인처럼 옳고 그름을 분별할 능력이 없고 따라서 범죄충동을 억제할 능력이 결여돼 있다는 사실에 기초하고 있는데, 대부분의 인공지능 알고리즘은 금지된 것과 허용된 것을 분석할 수 있기 때문에 이러한 논리는 타당하지 않다고 한다. 다만 인공지능의 분석적 능력이 고장(malfunction)으로 인해 정상적으로 가동하지 않을 경우에는 인공지능에게도 '정신이상 항변(insanity defense)'을 인정할 여지가 생길 수 있다고 한다. 이 점은 후술하듯 인공지능을 이용한 배후자에게 간접정범 이론을 적용할 때 원용되는 논리가 될 수 있다.[20] 긍정론은 이상의 논의를 통해 인공지능에게 직접적인 형사책임을 부정해야 할 타당한 근거가 존재하지 않는다고 주장한다.

또 다른 견해에 의하면 '약한 인공지능(weak AI)'과 '강한 인공지능(strong AI)'을 구분해 전술한 형사책임 긍정론은 현재 단계의 기술수준이 도달한 약인공지능에 대한 논거이고, 여기서 더욱 발전한 미래의 강인공지능에게 있어서는 형사책임을 인정하는 것이 더욱 더 타당성을 지니게 될 것이라고 한다. 왜냐하면 강인공지능은 주로 프로그램된 대로 움직이는 약인공지능과 달리 '인공신경망(ANN: artificial neural network)'에 의해 스스로 학습하여 지식을 축적하면서 이를 토대로 새로운 사실을 추론하고 당면한 문제를 해결하며 미래의 사건을 예측하기도 하는 등 인간의 이성적 사고과정과 거의 다를 바 없는 '마음을 지닌' 자율적 행위주체로서의 능력을 구비할 것이고, 형법상 행위주체가 되기 위해 어쩌면 가장 중요한 능력이라고 볼 수 있는 도덕규칙이나 규범을 배우고 이를 토대로 스스로 판단해 실천에 옮길 수 있는 도덕적 추론능력까지도 갖춘 '인공적 도덕 행위자(AMA: artificial moral agent)'의 수준에 도달할 것으로 전망되기 때문이다.[21] 만일 이 수준에 도달한 인간의 형상을 구비한 인공지능 로봇(AIBO)이 있다면 그를 형법상 행위주체로 인정하는 데 있어서 인공신체의 구성요소가 유기물인지 무기물인지여부는 하등의 장애요인이 될 수 없다고 한다.[22]

---

19) Gabriel Hallevy, *Ibid.*, at 186-188, 192-193.
20) Gabriel Hallevy, *Ibid.*, at 189-190.
21) 송승현, 앞의 논문, 491-512면.
22) 송승현, 앞의 논문, 518면 이하.

(3) 배후자의 간접정범 책임모델(The Perpetration-via-Another Liability Model)

전술한 직접적 책임모델은 인공지능을 고의나 과실의 형사책임을 부과할 수 있는 행위주체로 간주하는 반면 이 모델은 인공지능은 어디까지나 기계일 뿐이고 인간과 유사한 능력을 갖는다고 하더라도 기껏해야 형사미성년자와 같은 책임무능력자나 범의를 가질 수 없는 행위자, 즉 '죄없는 행위자(innocent agent)'로 간주할 수밖에 없다는 전제 하에 이러한 인공지능 자체에 대해서는 형사책임을 지울 수 없으므로 이를 이용한 배후자에게 인공지능을 '정교한 도구'로 이용한 간접정범으로서의 책임을 인정해야 한다고 주장한다. 상기 부정론은 인공지능을 도구로 이용한 경우에 그 배후자에게 도구를 이용한 고의범으로서의 형사책임, 즉 실행정범으로서의 책임을 지울 수 있다고 보는 반면, 이 관점에서는 중간에 '죄없는 행위자'를 이용했다는 점에서 간접정범으로서의 책임을 배후자가 지게 된다고 한다. 왜냐하면 드라이버나 동물을 도구로 이용해 타인을 공격한 경우에는 명백히 직접적인 실행정범이 되지만 드라이버나 동물과는 달리 인공지능은 어떤 '복잡한 명령'을 수행할 수 있는 능력이 있는 행위주체이기 때문이다. 따라서 이 모델은 인공지능의 능력이 제한된 사례의 경우에만 적실히 들어맞는다. 예컨대 배후자가 인공지능을 범행 도구로 이용했지만 그 고등능력(advanced capabilities)을 사용하지 않은 경우와 현대적 수준의 고등 능력을 갖추지 못한 인공지능을 범행도구로 이용한 경우 등이 이에 해당할 것이다. 또한 전술한 바와 같이 인공지능의 고등능력이 바이러스 감염이나 외부 충격 등에 의해 고장났거나 오작동하는 경우 등도 포함시킬 수 있을 것이다. 바꾸어 말하면 이 모델은 인공지능이 자신의 독자적 분석과 판단에 기초해 범행을 저지른 경우에는 적용될 수 없다. 도구로 이용된 사례가 아니기 때문이다. 그리고 여기서 배후자가 될 수 있는 후보는 인공지능 프로그램의 프로그래머와 사용자(user)가 있다고 한다.[23] 이는 전술한 배후자(operator)의 범주와 크게 다르지 않다.

이 모델과 전술한 직접책임 모델을 결합할 경우, 만일 인공지능이 다른 인공지능 로봇으로 하여금 범행을 저지르도록 프로그램을 하였을 경우 전자는 간접정범으로서의 형사책임을 지게 되고, 후자는 배후자 인공지능에 의해 이용된 '정교한 도구'로서 '죄없는 행위자'인바, 따라서 형사책임을 지지 않는다.[24]

---

23) 예컨대 공장에서 일하는 로봇의 소프트웨어 프로그램 설계자는 야간에 공장에 아무도 없을 때 방화를 하도록 소프트웨어를 만들 수 있고, 주인에게 복종하도록 설계된 집사로봇(servant-robot)의 주인은 주거에 동의없이 들어오는 자는 누구든지 공격하도록 명령을 내릴 수 있다.
24) 간접정범 모델에 대해서는 Gabriel Hallevy, *Ibid.*, at 179-181.

(4) 예견가능성 모델(The Natural Probable Consequence Liability Model)

이 모델은 인공지능의 프로그래머 또는 사용자와 인공지능의 일상적인 활동 사이의 긴밀한 연관성에 기초하고 있는 책임모델이다. 즉 설계자 또는 사용자는 의도하지 않았으나 예견이 가능했던 결과의 발생에 대해서 형사책임을 부과하는 모델이다. 이 모델은 두 가지 유형의 사례를 상정하고 있다.

첫째, 오로지 실생활의 편의를 위해 만들어진 인공지능이 범행을 저지르게 되는 경우이다. 예컨대 비행기의 안전한 운항을 보호하도록 프로그램된 '자동항법장치(automatic pilot)' 기능을 하는 인공지능이 있다고 할 때, 기장이 이 자동항법장치를 가동하여 운항하던 중 항공기가 폭풍에 근접해 가자 항로를 돌려 공항으로 돌아가려고 하자 인공지능이 기장의 행동을 안전한 운항에 대한 위협으로 인식해 이를 제거하기 위해 기장에 대한 산소 공급을 중단하든지 아니면 그를 비상 탈출 시켜서 사망에 이르게 한 경우이다. 이 경우는 인공지능의 설계자에게는 그 어떠한 범의도 없었으나 발생한 범행이 자신의 행위의 '자연적이고 개연성 있는 결과(natural probable consequence)'로 볼 수 있다면, 즉 예견가능한 범주에 속해 있다면 그에게 과실범으로서 책임을 지울 수 있다고 한다. 합리적인 행위자라면 예견가능했던 결과인 경우 그에게 과실책임을 부과할 수 있다는 과실범의 일반적 법리에 따르는 모델로 볼 수 있을 것이다. 다만 여기서 '자연적이고 개연성 있는 결과(natural probable consequence)'라는 기준은 '공범책임(accomplice liability)'과 관련하여 미국판례에서 발달한 독특한 법리로 보이며 이에 대해서는 다음의 둘째 사례유형에서 살펴보기로 한다.

둘째, 앞의 사례가 배후자의 예견가능성에 기초한 순수한 과실범 사례임에 비해 배후자가 당초에 계획한 범행이 있었으나 인공지능이 그것을 초과하거나 대체하여(in addition or instead of) 범행을 저지르는 경우이다. 예컨대 인공지능 설계자가 은행강도를 하도록 고의적으로 프로그램을 하였으나 누군가를 살해하도록 프로그램 하지는 않았지만 인공지능이 강도의 실행 도중에 그에 저항하는 사람을 죽이게 된 때에 만일 그러한 결과가 예측가능한 경우라면 이것은 마치 배후자가 인공지능을 교사했으나 인공지능이 그 교사된 바와 다르게 행위한 사례와 유사하다는 점에서, 공범책임과 관련된 법리인 '자연적이고 개연성 있는 결과 법리(natural probable consequence doctrine)'를 원용해 배후자에게 발생 결과에 대해 고의범으로서의 책임을 부과하는 모델이다. 이 법리에 대해서 미국 캘리포니아주 법원은 다음과 같이 판시하고 있다.

"타인에게 범행을 저지르도록 방조하거나 교사한 자는 원래 의도한 범행에 대해서만 책임을 지는 것이 아니라 그 방조나 교사된 범행의 자연적이고 개연적인 결과로서 발생한, 의도하지 않았던 범행에 대해서도 책임을 진다(A person who aids and abets a confederate in the commission of a criminal act is liable not only for that crime (the target crime), but also for any other offense (nontarget crime) committed by the confederate as a 'natural and probable consequence' of the crime originally aided and abetted.)"25)

따라서 동 모델에 의하면 위 첫째 사례의 경우 배후자에게 발생한 결과에 대한 인식과 의욕이 없고 단지 예견가능성만 있었으므로 과실범으로서의 책임을 지고, 둘째 사례의 경우 배후자는 발생한 결과에 대한 고의범으로서, 또 인공지능도 역시 그 결과에 대한 고의범으로서의 책임을 지게 된다.26)

이상의 논의를 정리하면 첫째, 인공지능은 형법상 행위주체로서 직접적 형사책임을 질 수 있고, 둘째, 그 배후자의 경우 인공지능을 '죄없는 행위자'로서 도구로서 이용한 경우라면 간접정범으로서의 책임을 지고, 셋째, 그 배후자가 예견가능했던 범위 내에서 인공지능이 범행을 저지를 경우에는 애당초 범행의 고의가 전혀 없을 경우 배후자는 과실범으로서의 책임을 지고, 배후자가 원래 의도했던 범행과 다른 범행을 인공지능이 범한 경우 그 결과에 대해서 고의범으로서의 죄책을 지게 된다.

Ⅲ. 인공지능 로봇의 형사책임 부정론과 긍정론의 비판적 검토

인공지능 로봇의 형사책임과 관련해 부정론과 긍정론이 가장 크게 대립하는 지점은 바로 인공지능 자체의 직접적 형사책임 인정여부이다. 부정론도 인공지능 로봇 배후자의 형사책임을 구성할 수 있다는 데 대해서는 긍정론과 큰 차이는 없기 때문이다. 따라서 이하에서는 주로 인공지능 자체의 직접적 형사책임에 대한 부정론과 긍정론의 논거를 중심으로 검토해 보고자 한다.

---

25) People v. Prettyman, 926 P.2d 1013, 1015 (Cal. 1996).
26) 예견가능성 모델에 대해서는 Gabriel Hallevy, *Ibid.*, at 182-186, 194.

1. 부정논거 비판

인공지능 로봇의 직접적 형사책임을 부정하는 부정론의 주된 논거는 다음과 같이 세 가지로 요약할 수 있을 것이다.

첫째, 인공지능은 자의식과 자기성찰능력이 결여되어 선악을 구분해 행동할 수 있는 자율적인 행위주체로 보기 어렵다.

둘째, 인간과는 달리 자기 또는 타인의 고통을 느낄 수 있는 정신적, 육체적 기제를 갖추고 있지 않으므로 법익침해로 인한 타인의 고통을 이해할 수 없고, 또한 그 침해에 대한 반대급부로서 형벌의 위하력이 작동하지 못하므로 자신이 저지른 행위와 형벌의 연관성을 이해하지 못할 뿐만 아니라 형벌의 의미 자체를 이해하지 못한다.

셋째, 만일 인공지능 로봇에게 '전자인격'을 부여하여 '규범적 차원'에서 행위능력과 책임능력을 인정함으로써 '형사처벌'이 가능하게 될 경우 '인간의 존엄성 원리'로부터 도출되는 책임원칙의 근본토대인 '비난가능성'이란 요소가 형벌에서 사라져버리고 따라서 형벌의 선고가 갖는 진지함과 도덕적 요소가 사라져 '형벌의 존엄성'이 훼손될 수 있다.

위 논거 중에서 우선 앞의 두 가지 부정논거는 인공지능 로봇에 대한 일반 대중의 감정이나 인식과 크게 다르지 않을 것이라고 본다.[27] 비록 인공 '지능'이 있다고 하더라도 '자의식' 또는 '자기성찰능력'이 없다는 점에서 인간의 그것과는 질적으로 다르기 때문에 형법적 행위의 주체가 되기 어렵고, 또한 신체 또는 재산으로부터 비롯된 육체적, 정신적 고통에 대한 감응능력이 없기 때문에 범죄에 대한 사회적 제재로서의 형벌의 의미를 이해할 수 없다는 것이다. 하지만 이러한 '통속적' 이해방식은 인공지능의 발달수준에 비추어 볼 때, '그릇된 선이해'이거나 '희망사항'에 불과할 가능성도 있다고 본다.

미국의 유명 퀴즈쇼에서 우승했던 인공지능 컴퓨터 '왓슨'[28]이나 '알파고'가 인간보다

---

27) 서두에 논급한 독일의 '로봇형법' 논의에서 형사책임 부정론의 주된 논거도 이와 유사한 듯 보인다. 이 점에 대해서는, 김영환, 앞의 논문, 158-161면 참조.

28) '왓슨'은 2011년 미국의 유명 퀴즈쇼 '제퍼디'에서 역대 우승자들을 이겨 유명해진 IBM이 제작한 인공지능 컴퓨터이다. '왓슨'은 '알파고'의 충격만큼 대단한 인공지능임은 분명하지만 개념화와 추론을 할 수 없는 한계를 지니고 있다. 즉 현재의 가장 뛰어난 인공지능 컴퓨터도 고속 연산능력과 통계적 기법으로 방대한 지식을 처리할 뿐 인간처럼 '생각'할 수는 없음을 뜻한다. 이에 대해서는 스티븐 베이커/이창희 역, 왓슨 (세종서적, 2011), 221면과 332면 참조. 이러한 맥락에서 인공지능 왓슨에게 독자적인 범죄능력을 인정할 수 없으므로 의료행위에서 왓슨의 진단과오에 대한 형사책임은 자연인 의사에게 귀속되어야 한다는 견해로는 장연화·백경희, 앞의 논문, 329면과 337면 이하 참조.

뛰어난 정보처리능력과 계산능력은 있지만 이른바 '고등' 사고능력인 자의식이나 자기성찰
능력이 없다는 점에서 위 부정논거는 타당한 측면이 분명 있다. 하지만 최근에는 비록 초보
적 수준이지만 '자의식'을 지닌 인공지능이 이미 탄생하고 있어 가까운 미래에 '자기성찰능
력'을 지닌 인공지능의 출현을 부정하기 어려울 것이다.

> "'자의식'은 다양한 각도에서 정의될 수 있겠지만 적어도 자의식을 지니고 있는지 여부를
> 확인하는 가장 기본적인 증명방법은 바로 찰스 다윈이 최초로 시도한 것으로 알려진 '거울
> 테스트(MSR; mirror self-recognition test)'이다. 거의 대부분의 동물은 거울 앞에 서면 거
> 울에 비친 영상을 다른 동물로 인식한다.29) 그런데 2012년 예일대학교에서 제작한 로봇
> '니코(Nico)'는 이 테스트를 통과했다고 한다.30) 이것은 매우 의미심장한 기술적 진보이다.
> 버클리 대학의 저명한 이론 물리학자인 미치오 가쿠는 인공지능이 향후 인간과 비슷한 감
> 정을 지닐 수 있고 따라서 인간의 감정을 읽을 수 있도록 프로그램될 수 있고 고통을 느낄
> 수 있도록 프로그램될 것이라고 전망한다."31)

여기서 더 나아가 도덕적 판단능력을 갖춘 인공적 도덕행위자(AMA: artificial moral
agent)의 연구가 상당한 성과를 내고 있음에도 주목할 필요가 있을 것이다. 이 분야의 개척자
들의 견해를 들어보자.

> "AMA를 만드는 일이 가능할까? 인간에 필적하는 도덕적 능력을 완비한, 의식 있는 인공
> 지능 시스템은 영원히 공상과학 소설의 영역에 머물지 모른다. 그렇기는 하지만 그보다는
> 더욱 제한적인 시스템이 곧 제작될 것으로 보인다. 그런 시스템은 자신의 행동이 초래할
> 윤리적 결과를 평가할 능력을 어느 정도 지닐 것이다. 가령 누군가의 프라이버시 보호를
> 위해 어떤 재산권을 침해할 수밖에 없는지 여부를 판단할 수 있을 것이다.32)

그러므로 전술한 '형사책임 긍정론'의 논거처럼 인공지능은 선과 악의 구분능력이 있다
고 평가할 여지가 있다면 부정논거는 상당부분 그 설득력을 잃게 될 것이라고 본다.

---

29) 침팬지와 오랑우탄, 보노보, 돌고래 등 일부 동물은 이 테스트를 통과한 것으로 알려져 있다.
30) '니코' 연구사례에 대한 상세한 내용은 웬델 월러치·콜린 알렌/노태복 역, 왜 로봇의 도덕인가 (메디치,
   2014), 281-282면 참조.
31) 미치오 가쿠/마음의 미래 (김영사, 2014), 334면 이하.
32) 웬델 월러치·콜린 알렌, 앞의 책, 21면 참조. 단 동 문헌의 공저자들도 인공적인 도덕행위자는 의식과
   감정과 같은 인간적 자질이 결여돼 있어서 '진정한' 도덕적 행위자와는 일정한 차이점이 존재할 수 있
   음을 시인하고 있다.

다음으로 인공지능은 행위와 형벌의 연관성 및 형벌의 의미를 이해할 수 없기 때문에 형사처벌이 무의미할 것이라는 논거에 대해 살펴보건대, 우선 자신의 행위와 형벌의 연관성을 이해하지 못한다거나, 형벌자체의 의미를 이해하지 못할 것이라는 논거는 적어도 그 '이해의 실질성'이라는 기준에 비추어 볼 때만 적실할 듯 보인다. 왜냐하면 딥러닝과 빅데이터를 통해 스스로 학습할 수 있는 능력이 있는 인공지능은 범죄와 형벌의 연관성은 물론 형벌의 의미를 '형식적 측면'에서는 '이해'할 수도 있을 것이기 때문이다. 예를 들어 색맹도 '색상'자체를 이해할 수는 없지만 신호등의 신호를 다른 방식으로 이해할 수 있다. 이것은 흡사 타인에 대한 공감능력의 결여가 특징인 사이코패스 범죄자가 타인의 고통을 형식적으로만 '이해'하고 진정으로 '공감'하지 못하는 것과 같다.33) 이러한 맥락에서 긍정론의 입장에서는 자연인과 마찬가지로 인공지능에 대한 사형과 자유형은 물론 벌금형도 가능하다고 주장한다. 예컨대 먼저 사형의 경우 인공지능의 소프트웨어 삭제(deletion of AI software)를 통해 사형과 동일한 효과를 가져올 수 있다고 한다. 소프트웨어 삭제는 인공지능의 생명이라고 할 수 있는 '어떤 실체로서 독립적으로 존재함(independent existence of an entity)'을 불가능하게 만들기 때문이다. 다음으로 자유형의 경우 인공지능이 해당 영역에서(예컨대 병원이나 제조공장 등) 일정 기간 동안 수술이나 제조활동에 참여하지 못하도록 그 '행동의 자유(freedom to act as an AI entity)'를 제한하는 방식으로 가능하다고 한다. 벌금의 경우도 마찬가지로 만일 인공지능이 그 자신의 자산을 소유할 수 있다면 충분히 가능하고,34) 만일 자산을 보유지 못한 경우라면 대체로 자산은 노동의 대가이므로 벌금 대신 '노역(labor for the benefit of the community)'으로 대체될 수 있다고 한다.

다음으로 로봇에게 행위능력과 책임능력, 특히 책임능력을 인정할 경우 '형벌의 존엄성'이 사라지게 될 것이라는 세 번째 부정논거에 대해 살펴보건대, 그 논거의 핵심은 "책임원칙은 인간의 의사자유에 기초한 결정을 기준으로 하는 실체적 책임개념에 기초하며, 따라서 형법상 책임은 오직 인간에게만 인정되어야 하는바, 인간의 존엄성으로부터 도출되고 이러한 인간 존엄의 원칙이 로봇에 적용될 수 없다면, 이 원칙에서 도출되는 책임원칙 역시 로봇에 대해서는 효력이 없다"35)는 것이다. 즉 로봇을 형사처벌하면 '형법적 책임귀속의

---

33) 이 점에 대해서는 Robert D. Hare, Without Conscience (New York: Pocket Books, 1995), at 129.
34) 인공지능 또는 인공지능이 장착된 지능형 로봇에게도 책임재산을 소유하게 할 정책적 필요성이 인정되는 경우에는 제한적으로 책임재산을 소유할 수 있는 권리주체성을 인정할 수 있는 견해로는 이중기, "인공지능을 가진 로봇의 법적 취급", 홍익법학 제17권 제3호, 2016, 22면 이하 참조.
35) 김영환, 앞의 논문, 159-160면.

진지함'이 사라진다는 것이 그 비판의 요체인 것이다.

이 논거는 우리가 왜 동물을 처벌하지 않는지, 또 마찬가지로 법인을 형사처벌할 수 있는지 여부에 대해 왜 그토록 복잡다기한 논쟁이 벌어지고 있는지를 이해할 수 있는 창을 제공해 준다는 점에서 매우 적실성이 있어 보인다. 즉 형벌의 존엄성은 인간의 존엄성에 기초하고 있다는 사실을 일깨워주고 있다. 예컨대 우리는 왜 누군가에게 고의로 상해를 가한 가해자를 그를 갑자기 습격해 다치게 만든 야생동물과 다르게 처우하는가? 어째서 그 동물을 곧바로 죽이거나 쫓아내는 것과 달리 붙잡아 죄책을 묻고 형벌을 선고하는가? 우리 인간에게 고유한 이러한 규범적 욕구와 관행에는 인간의 존엄성에 기초한 형벌제도의 존엄성이 자리잡고 있다. 바꾸어 말하면 범죄자를 발견즉시 추방하거나 즉결처형하지 않고 형사처벌하는 것은 역설적이게도 그를 존엄한 인간으로 인정하기 때문이며, 이러한 맥락에서 형벌제도는 범죄자는 물론 우리 자신을 인간답게 만드는 제도인 것이다. 이러한 관점에서 보면 전자적 유사인격체인 인공지능 로봇은 이러한 형벌제도의 적용을 받기 어려울 것이다.

다만 이 논거는 우리가 유죄의 선고나 형법적 책임귀속을 진지하게 받아들이는 이유에 대해 "형법상 책임원칙은 '인간'의 의사자유에 기초한 결정을 기준으로 하는 실체적 책임개념에 기초하기 때문에 형법상 책임은 오직 '인간'에게만 인정되어야 한다."는 동어반복적 논변만을 제시하고 있다는 점에서 그 한계가 있다. 즉, 인간의 의사자유를 인정할 수 있다면 유사인격체인 법인이나 인공지능의 의사자유도 질적, 또는 정도의 차이는 있겠지만 가능할 것이고 그렇다면 형법상 책임을 반드시 인간에게만 국한시켜야 할 근거는 희박해지기 때문이다. 형법적 책임귀속을 진지하고 존엄하게 만드는 '그 무엇', 즉 '빠진 논증의 연결고리'에 대한 고찰이 필요한 것이다. 이 점에 대해서는 후술하기로 한다.

2. 긍정논거 비판

긍정론의 주된 논거를 요약하면 다음과 같다. 첫째, 인공지능은 그 '정의상' 인간성을 지닌 존재의 필수적 자격인 '지적 존재'로서의 요건을 모두 갖추고 있다. 둘째, 인공지능 로봇은 범죄성립의 객관적 요소와 주관적 요소를 모두 충족시킬 수 있다. 셋째, 인공지능은 금지된 것과 허용된 것을 명확히 구별할 수 있으므로 책임능력이 제한되는 행위주체로 보아야 할 필요가 없다.

상기 논거 중에서 첫째 논거에 대해 살펴보건대, 인공지능이 '지적 존재'로서의 거의 모든 요건을 갖추고 있다는 지적은 매우 피상적인 관찰에 불과하다고 보인다. 예를 들어 인공지능 퀴즈왕 '왓슨'조차도 주어진 영역의 질문과 그에 대한 응답을 할 수 있다는 점에서는 '의사소통'이 가능하지만, 그러한 종류의 질의응답 외에는 아무런 의사소통을 할 수가 없다. 또한 인공지능에게도 자신에 대한 내적 인식능력이 있다는 점은 부정논거를 검토할 때에도 논급한 바 있지만 과연 그러한 자의식 또는 자기성찰능력이 있다고 하더라도 인간의 그것과 비견할 만한 것인지에 대해서는 의문이 들 수밖에 없을 것이다. 인간의 자의식과 자기성찰능력은 도덕적 추론능력의 밑바탕이 된다. 자의식과 자기성찰능력이 없이는 '황금률'을 이해할 수도 없고, 그것을 토대로 하여 타인에게 해악을 끼치지 않도록 의식적인 노력을 기울일 수도 없을 것이다. 이러한 의미에서 인간의 자기인식 및 성찰능력은 형법적 의미의 행위통제능력(의사결정능력)의 내적 토대가 된다고 할 수 있다. 그러므로 인공지능에게 비록 자기 자신에 대한 인식을 지닐 수 있다고 하더라도 타인의 고통에 대한 공감능력이 없다면 그것은 진정한 자기성찰능력이 된다고 말할 수 없을 것이다.36) 이와 관련해 '로봇윤리'의 선구적 개척자인 웬델 월러치와 콜린 알렌은 다음과 같이 말한다.

"공감을 할 수 있는 인공적인 시스템은 자신의 행동을 선택할 때 도덕적으로 적절한 반응을 선택할 가능성이 더 높을 것이다. 하지만 로봇은 스스로 감정을 갖지 않거나, 그렇게 되기 전에는 다른 실체에 대해 공감을 가질 수 없다. 감정이 없다면 로봇의 공감적 행동은 대체로 다른 이의 마음에 대해 단지 추론을 통해 얻은 이성적 반응의 결과일 것이다."37)

그런데 전술한 바와 같이 인공지능에게는 '고통'을 느낄만한 육체적, 정신적 기제가 결여되어 있기 때문에 '인간적 의미'의 자기성찰능력이 있다고 단정하기는 어렵다고 본다.

다음으로 인공지능도 행위의 객관적 요소와 주관적 요소를 모두 충족시킬 수 있기 때문에 형법상 행위주체가 될 수 있다는 논거를 살펴보자면, 우선 인공지능에게 물리적 동작이나 부작위 또는 고의나 과실 등을 관념할 수 있다는 지적은 신선하고 재음미해볼 가치가 있는 타당한 논거라고 생각된다. 하지만 이러한 요건을 갖춘 자라면 누구든지 형법상 행위의 주체가 될 수 있다고 보는 견해는 형법이론적으로 볼 때 수용하기 어려운 주장이다. 왜냐하면 형법상 행위의 주체가 될 수 있는 자격의 여부는 범죄능력, 다시 말해 행위능력과 책임능력 및 수형능력 등의 구비 여부와 맞물려 있는 문제이므로38) 이 점에 대한 검토를

---

36) 이 점에 대해서는 웬델 월러치·콜린 알렌/노태복 역, 앞의 책, 283면 참조. 동지의 이인영, 앞의 논문, 38면.
37) 웬델 월러치·콜린 알렌/노태복 역, 앞의 책, 283-284면.
38) 이 점에 대해서는 손동권, "법인의 범죄능력과 양벌규정", 안암법학 제3집, 1995, 331면.

논외로 한 채, 행위의 객관적 요소와 주관적 요소만 갖추면 행위주체가 될 수 있다고 단정할 수는 없기 때문이다. 또 긍정론은 인공지능에 대한 다양한 방식의 형사처벌이 가능하다고 보고 있으나 이를 위해서도 수형능력은 물론 행위능력과 책임능력 등 범죄능력의 제 요소가 온전히 구비되어 있어야 한다. 만일 인공지능 로봇이 자신의 행위와 그에 대한 법적 효과로 서의 형벌의 의미를 온전히 이해할 수 없다고 한다면 수형능력이 결여된 것이고, 인공지능에 대한 형사처벌은 그것이 '소프트웨어 삭제' 방식이든 '행동의 자유제한' 방식이든 무의미한 논의가 될 수밖에 없다. 따라서 인공지능에 대한 형사제재 방식을 논하기에 앞서 과연 인공지능 로봇에게 수형능력 등이 온전히 갖추어질 수 있는지 여부가 논의의 전제가 되어야 할 것이다. 만일 인공지능이 범죄능력의 제 요소를 갖춘 것으로 인정될 수 있다면 그에 대한 형사제재의 방법으로서 상기 긍정론에서 열거한 형벌의 방식들은 자연인의 그것에 상응하는 조치로서 수긍할 만한 것들이라고 볼 수 있다. 단, 그렇다 하더라도 현행법상 법률에 규정되어 있지 않은 형사제재 방식이므로 이에 대한 입법적 정비가 이루어져야 할 것이다.

마지막으로 인공지능은 허용된 것과 금지된 것을 명확하게 구분할 수 있기 때문에 형법상 책임이 제한된 행위주체로 볼 필요가 없다는 논거를 보건대, 형법이론상 책임능력은 사물변별능력(시비변별능력)과 의사결정능력(행위통제능력)을 모두 구비할 것을 요한다 할 것이므로 설령 인공지능에게 사물변별능력을 온전히 구비되어 있다고 보더라도 만일 그 시비판단에 따라서 금지된 것을 피하는 능력이 결여되거나 부족하다면 완전한 책임능력자로 보기는 어려울 것이다. 그런데 인공지능에게는 과연 어느 정도의 행위통제능력이 있을까? 단언컨대 인간만큼 타인의 고통을 '이해'하고 자신의 범죄충동을 억제할 수 있는 행위통제능력은 없다고 보는 것이 타당할 것이다. 그것은 전술한 바와 같이 공감능력이 없는 사이코패스 범죄자의 책임능력이 온전하다고 보기 어려운 것과 마찬가지다. 사이코패스는 허용된 것과 금지된 것을 명확히 구분하지만, 공감능력의 결여로 인해 타인의 고통에 대한 '진정한 이해'가 부족하기 때문에 그만큼 행위통제능력이 부족하다. 그리고 바로 이러한 특징은 인공지능에게도 유사하게 나타날 것으로 보인다. 왜냐하면 공감능력은 우리와 같은 몸과 마음을 지닌 존재들 사이에서 상호 작동하는 기제이기 때문에 우리와 동일한 몸도 마음도 관념하기 어려운 단순한 인공'지능'에 불과한 행위주체에게는 기대하기 어렵다.[39]

---

39) 마음의 작동방식은 육체와의 상호작용을 떠나 고립적으로 논할 수 없다. 앨런 앤더슨은 다음과 같이 말한다. "생각과 느낌은 뇌가 육체와 상호작용하고, 육체가 뇌에게 말하는 것을 뇌가 듣게 될 때 일어난다. 그리고 뇌가 세계를 이해할 수 있는 까닭은 뇌가 육체를 통제하는 경험을 갖고 있기 때문이다." 요컨대 육체와 분리된 뇌, 즉 여기서 말하자면 육체 없는 인공지능은 인간적 의미의 생각과 느낌을

생물학적으로 볼 때 공감능력은 거울뉴런(mirror neuron)의 존재를 전제로 한다는 점에 비추어 보더라도[40] 인공지능 '로봇'은 우리와 같은 공감능력이 없을 것이고, 따라서 그만큼 적어도 인간적 행위에 대한 '진정한 이해'가 부족해 범죄의 통제능력이 떨어질 것으로 사료된다. 한 마디로 '머리'로는 금지된 행위라고 알고 있으면서 결국 그 행위를 억제할 수 있는 '몸과 마음의 복합적 기제'가 인간만큼은 제대로 작동하지 않는다는 것이다.

3. 긍정론과 부정론에 대한 비판적 검토로부터의 시사점

상기 고찰해 본 바와 같이 인공지능의 형사책임 부정론과 긍정론은 다양한 측면에서 나름의 적실한 논거를 제시하고 있지만 그 한계도 노정하고 있는 것으로 평가할 수 있을 것이다. 이를 종합, 정리하면서 향후 이와 관련된 논의가 지향해야 할 방향을 제시해 보자면 다음과 같다.

첫째, 인공지능에게 자의식이나 자기성찰능력이 없다는 부정론의 주장은 현대의 기술 발달 수준에 비추어 재고될 필요가 있다. 그러나 자의식이나 자기성찰능력의 존부문제가 인공지능의 시비변별능력의 유무와 맞물려 있는 것은 아니다. 그러한 능력이 없더라도 인공지능은 딥러닝과 빅데이터를 통해 선악을 구별할 수 있다. 단, '이해의 실질성' 측면에서

만들어 내지 못한다는 것이다. 앨런 앤더슨, "뇌는 육체없는 마음이 될 수 없다", 존 브록만 엮음/이영기 역, 위험한 생각들 (갤리온, 2007), 190면 참조. 앨런 앤더슨은 '육체없는 마음, 혹은 인간적 지능'의 불가능성을 다음과 같이 절묘하게 지적한다. "우리는 언어를 이해할 수 있는 컴퓨터를 만들 수도 있지만, 그 컴퓨터는 어떤 의미있는 말도 하지 못할 것이다. 적어도 우리가 그 컴퓨터에게 '연장된 촉각경험'을 선사할 때까지는 그럴 것이다. 달리 말하자면, 컴퓨터는 성행위를 할 수 있게 되기 전까지는, 아마도 의미를 이해할 수 없을 것이다." 이러한 분석은 언어의 의미와 관련된 지시이론과 결부시켜 보면 "대상과 인과적 상호작용(causal interaction)이 없이는 우리는 기호나 말로써 그 대상을 지시하거나 표상할 수 없다"는 명제와도 일맥상통한다. 예컨대 개미 한 마리가 모래사장 위를 기어가다가 우연히 윈스턴 처칠의 모양을 그렸다고 해도 우리는 개미의 그림이 윈스턴 처칠을 지시한다고 말할 수 없는 것과 마찬가지다. 이 점에 대해서는 Hilary Putnam, Reason, Truth and History (Cambridge University Press, 1981), at 6-11. 안성조, "법문의 가능한 의미의 실재론적 의의", 법철학연구 제12권 제2호, 2009 참조. 이러한 관점에서 보면 외부세계에 대한 적절한 경험과 인과적 상호작용을 가능하게 해주는 인지적·육체적 기제가 없이는, 인공지능이 하는 말은 적어도 '의미론적으로' '무의미'한 것이 된다.

40) 거울뉴런의 기능에 대해서 부연하자면 우리는 언제든 누군가가 무엇인가를 하는 것을 보거나 심지어 무언가 시작하는 것을 지켜볼 때면, 해당되는 거울뉴런이 뇌에서 발화하고, 이로써 타인의 의도를 읽고 이해할 수 있다. 어린아이에게 거울뉴런이 없으면 자폐증을 유발할 수 있고, 이 뉴런이 없으면 아이는 더 이상 타인을 감정적으로 이해하거나 타인과 공감할 수 없으며, 세상과 완전히 단절된다. 폴 새가드/ 김미선 역, 뇌와 삶의 의미 (필로소픽, 2011), 304면; 스티븐 핑거 외/이한음 역, 마음의 과학 (와이즈베리, 2012), 38면 이하 참조.

볼 때, 공감능력이 없는 인공지능은 선악에 대한 형식적이고 피상적인 이해만 가능할 것이고 따라서 인간과 동일한 수준의 행위통제능력이 있다고 말하기 어렵다. 즉, 인공지능에게 도덕적 판단능력이 가능하더라도 그것은 '진정한' 도덕적 판단으로 보기는 어렵다.

둘째, 긍정론은 인공지능 로봇도 범죄성립의 객관적 요소와 주관적 요소, 대륙법계식으로 말하면 객관적 구성요건과 주관적 구성요건을 충족시킬 수 있으므로 형법상의 행위주체가 되는데 별다른 문제가 없다고 주장하지만, 이는 형법이론적으로 볼 때 적절하지 못한 논거임은 전술한 바와 같다. 즉, 형법상 행위의 주체가 될 수 있는 자격의 여부는 범죄능력, 다시 말해 행위능력과 책임능력 및 수형능력 등의 구비 여부와도 맞물려 있는 문제라는 것이다. 그런데 질문을 더 이어가 보면 과연 행위능력과 책임능력 및 수형능력의 주체가 될 수 있는 자격은 어떤 대상까지인가? 동물은 여기서 제외됨은 자명하다. 하지만 법인은 어떠한가? 또 인공지능 로봇은 어떠한가? 이러한 일련의 질문에 대해 현대의 형법이론은 뚜렷한 지침을 마련하고 있지 못하다. 형법상 행위론도 대부분 '自然人 인간'의 행위 중 형법적으로 의미가 있는 것과 없는 것을 구분하게 해 주는 이론이지, 행위주체의 범위를 확정하는 데 있어서 사실상 유의미한 기여를 하고 있지 못하다. 다시 말해 행위론은 法人이나 인공지능 로봇과 같은 유사인격체의 활동이 형법상 '행위'의 범주에 들어올 때 이를 수용할 것인지 배척할 것인지 뚜렷한 지침을 제시해 주고 있지 않다.[41] 결론적으로 긍정론의 상기 논거는 역설적으로 형법상 행위주체의 범위를 결정해 주는 확립된 이론적 도구가 없다는 것을 잘 반증해 준다고 볼 수 있을 것이다.[42]

아울러 상기 논거는 우리에게 또 다른 문제의식도 제기해 준다. 다시 말해 어떤 대상이 범죄능력이 있다고 하여 곧바로 형법상의 행위주체가 된다고 말할 수 있는지 여부에 대한 재론(再論)이 필요하다는 것이다. 예컨대 일반적으로 법인의 형사책임문제는 법인의 범죄능력문제로 환원되고 이것이 인정되면 법인의 행위주체성도 인정이 된다고 본다. 하지만 인공

---

41) 필자는 한 저서에서 형법상 행위론은 형법적으로 행위의 주체가 될 수 있는 대상의 범위가 어디까지인지 결정해 주는 데 있어서 다소 무기력한 이론이라고 주장한 바 있다. 안성조, 현대 형법학 제1권 - 이론과 방법 - (경인문화사, 2009), 473-474면. 이 점은 본고에서 인용하고 있는 인공지능의 형사책임 부정론을 주장하는 문헌의 공저자들이 모두 독일어권 학자들임에도 불구하고 그 논증과정에서 '행위론'을 전혀 원용치 않고 있음을 보아도 분명하다고 생각한다.

42) 인공지능의 형법상 행위주체성을 검토하기 위해 먼저 행위론을 검토하면서 사회적 행위론과 인격적 행위론 등의 경우에는 인공지능의 '행위'가 형법상 '행위'에 해당하는지 분별해 주지 못한다고 보는 견해로는 임석순, 앞의 논문, 74-75면 참조. 동 문헌에 의하면 현 수준의 '약'인공지능은 행위론에 의할 때 형법상 행위주체성을 인정하기 어렵다고 한다.

지능과 같은 존재에게 범죄능력이 인정될 수 있다고 하여 곧바로 그것을 형법상의 행위주체로 받아들일 수 있는지는 의문이다. 형법상 행위주체의 지위를 갖는다는 것은 대단히 많은 것을 함축한다. 그것은 사실상 형사사법시스템 내에서 우리와 동일한 존재로 받아들이는 것과 유사한 의미이기 때문이다. 따라서 형법상 행위주체는 형사제재의 적용대상이 된다는 불이익을 감수해야 하지만 그와 동시에 기본권에 기초해 많은 권리를 누리게 된다. 그렇다면 인공지능 로봇도 형사피의자·피고인의 권리는 물론 수형자의 권리도 모두 누릴 수 있어야 한다. 또 인공지능에 대한 형사소추가 가능하려면 수사절차에서 수사기관의 소환과 신문에 응할 수 있어야 하고, 법정에 피고인의 지위로 출석할 수 있어야 한다. 이러한 관점을 더 밀고 나아가면 비록 논리필연적인 것은 아니지만 인공지능 로봇은 역으로 다른 인공지능 범법자나 인간을 체포·구속하거나 재판할 수 있는 지위에도 올라설 수 있도록 보장되어야 할 것임을 함축하고 있다고 볼 수 있다. 우리는 과연 단순히 인공지능의 형사책임 여부를 이론적으로 다투는데 그치지 않고 실제로 인공지능에게 이러한 모든 것을 인정할 마음의 준비가 되어 있을까? 결론적으로 말해 상기 논의는 범죄능력여부와 형법상 행위주체성 인정여부 간에는 미묘한 간극이 있다는 점을 새롭게 인식할 수 있는 적절한 계기를 마련해 주고 있다고 생각한다. 이상의 고찰로부터 얻을 수 있는 시사점을 요약하자면 다음과 같다. 인공지능의 지적 능력은 많은 경우 과소평가되거나 과대평가되기 쉬우며 따라서 향후 인공지능의 형사책임 논의는 적절히 균형을 맞추어 전개되어야 한다. 아울러 형법상 행위의 주체를 결정해 주는 확립된 이론이 없으므로,[43] 인공지능 로봇의 형사책임 인정여부와 관련해서도 이 쟁점에 대해서는 다양한 관점들과 관련 인접학문의 도움을 받아 융합적, 학제적으로 접근할 필요가 있을 것이다.

---

43) 동지의 허일태, "위험사회에 있어서 형법의 임무", 비교형사법연구 제5권 제2호, 2003, 20면; 조병선, "형법에서의 행위자의 특정: 개인책임과 단체책임" 서울대학교 법학 제50권 제2호, 2009, 592면 이하 참조.

Ⅳ. 미래의 '강'인공지능은 형사책임의 주체로서 완전한가?

1. 인공지능의 논의에서 빠진 논증의 연결고리: 형벌에 대한 진화론적 고찰

(1) '책임'이라는 '삶의 형식'

인간사회는 독특한 면이 있어서 법익침해가 발생해 법적 평온이 깨지는 사태가 발생하면 그에 대한 책임소재가 밝혀져야만 그로 인해 동요된 법질서가 회복된다. 필자는 한 연구서에서 책임을 따져서 누군가에게 귀속시키는 이러한 심리적·행동적 성향을 우리 고유의 규범적 '삶의 형식(Lebensform)'이라고 명명할 것을 제안한 바 있다.[44] 이 개념은 원래 비트겐슈타인이 사용한 것으로서 그에 따르면 우리의 삶에 있어서 판단과 반응이 일치할 수 있는 것은 바로 삶의 형식이 일치하기 때문이다. 삶의 형식은 삶의 양식과 달리 변모하는 것이 아니라 고정된 것으로 자기를 유지하면서도 인간의 사유와 언표, 그리고 행위를 실제로 가능하게 해 주는 중심점이다. 우리의 삶의 형식은 다른 종, 예컨대 동물의 그것과 다르며 인간의 공통적인 자연사의 사실들로 구성되며, 이는 주어진 것이고 다만 받아들여야 할 것이다. 필자는 이러한 본래적 의미의 '삶의 형식' 개념을 확장시켜서 "범죄자에게 형사책임을 귀속시키고 형벌을 부과하려는 규범적 성향"을 '확장된 의미의 삶의 형식'으로 규정할 수 있다고 주장하였다. 즉 형사처벌을 유의미한 것으로 만들어 주는 우리 종에 특수한 공통된 배경을 '확장된 의미의 삶의 형식'으로 규정하고, 이를 통해 형사책임의 주체가 될 수 있는 대상의 경계를 설정해 보고자 하였던 것이다. 여기서 필자는 인간과 유사한 수준의 지능과 자의식을 가진 로봇이 탄생한다고 하더라도 이 로봇은 많은 부분에서 인간의 삶의 형식과 불일치할 것이므로, 즉 그들은 우리와 다른 삶의 형식에 속해 있으므로 이들을 형벌로 규제할 수는 없고, 특별법이나 기타 그들에게 위하력을 가질 수 있는 제재수단으로 규율해야 한다고 주장하였다. 그 이유는 여러 가지가 있겠지만 우선 생물학적인 측면에서 볼 때 인공지능 로봇은 사물을 식별할 수 있다고 하여도 인간의 눈과는 완전히 다른 메커니즘을 통해 외부 환경을 인식할 것이고[45] 따라서 인간의 의식을 구성하는 요소 중 가장 중요한

---

44) 안성조, 앞의 책, 475면 이하 참조.
45) 이 점에 대해서는 스티븐 핑커/김한영 역, 마음은 어떻게 작동하는가? (동녘 사이언스, 2007), 22-30면. 즉 로봇은 눈앞에 있는 사람을 '움직이는 픽셀의 조합'으로 인식할 뿐이다. 다른 예로서 인간이 고양이를 인식할 때 '눈이나 귀의 형태', '수염', '전체형상', '울음소리' 등을 '특징'으로 포착하지만, 인공지능은 다른 차원의 특징, 예컨대 인간에게는 보이지 않는 적외선이나 자외선, 인간에게는 들리지 않는 고

메커니즘 중 하나인 시각경험이 우리와 다른 존재에게 인간과 동일한 감정과 의식, 정서적 교감을 기대할 수 없다는 점을 근거로 하였다. 이밖에 인공지능 로봇은 우리가 겪는 기본적인 사회화와 인간화 과정을 거치지 않으므로 우리가 기대하는 것과 다른 판단과 반응을 보일 것이고 따라서 '인격적 상호작용'을 하는 데 커다란 장애가 발생할 것으로 전망하였다.

이러한 필자의 입론이 옳다면, 인공지능 로봇의 형사책임에 대한 논의에도 매우 유용한 논증의 고리를 제공해 줄 수 있다고 생각한다. 우리는 앞에서 인공지능에 대한 형사책임을 부정하는 논거 중 하나가 '형벌의 존엄성' 또는 '형법적 책임귀속의 진지함'이 사라질 수 있다는 것임을 검토한 바 있다. 그런데 과연 여기서 말하는 형벌의 존엄성과 진지함이란 무엇인지에 대해 납득할 만한 해명이 제시되지 못하고 있다는 점은 전술한 바와 같다. 이에 필자는 형벌을 존엄하고 진지하게 만들어주는 것은 바로 우리 고유의 규범적 '삶의 형식'이라고 주장하고자 한다. 형벌제도는 우리 고유의 규범적 '삶의 형식'에 속하고, 이러한 삶의 형식은 "인간의 공통적인 자연사의 사실들로 구성되며, 이는 주어진 것이고 다만 받아들여야 할 것"이기에 더 이상 정당성을 캐물을 수 없는 근원적 배경이 되고, 따라서 누구에게나 '본성적으로 정당하게' 느껴진다. 바로 여기에 형벌이 존엄하고 진지하게 느껴지는 기제가 있다는 것이다. 다친 사람이나 우는 아이를 보면 본성적으로 연민을 느끼고 도우려는 마음이 생기는 것처럼, 죄를 지은 자에게 형사책임을 귀속시키려는 태도는 우리의 마음 속 깊은 곳에서 우러나오는, 진지함과 존엄함이 깃든 고귀한 성향의 하나인 것이다. 반면 인공지능 로봇은 우리와 다른 인지기제로 작동하므로 인간 고유의 감정과 의식을 지닐 수 없고, 따라서 우리와 정서적 교감을 나누기 어려울 것이며 또한 우리가 겪는 기본적인 사회와 인간화과정을 거치지 않았기 때문에 정상적으로 '인격적 상호작용'을 할 수 없기 때문에 많은 점에서 우리와 '삶의 형식'이 불일치할 것이므로 형벌제도라는 우리 고유의 규범적 '삶의 형식'에 속하지 않는 대상이 되므로 우리는 그들에 대한 형사처벌에 대해 '진지함과 존엄함'을 상대적으로 덜 느끼게 된다고 설명할 수 있다. 이는 법인에 대한 형사처벌이 실용적인 측면에서 필요하고, 혹은 이론적인 정당성을 갖는다고 해도 어딘가 직관적으로 '부자연스러움'을 느끼게 되는 심리적인 기제와도 맞닿아 있는 것이다.

다만 이러한 설명에도 일정한 한계가 있다. 인공지능 로봇은 인간 고유의 삶의 형식에서 벗어나 있기 때문에 형사책임의 귀속대상이 아니라는 설명은 "책임원칙은 인간의 자유

음이나 저음, 인간은 맡을 수 없는 특수한 냄새, 매우 빠른 동작 등의 정보를 통해 고양이를 인식할 수 있고, 따라서 고양이의 특징은 인간과 인공지능에게 다르게 인식된다. 이 점에 대해서는 마쓰오 유타카/박기원 역, 앞의 책, 194면.

의지에 기초한 결정을 기준으로 하는 실체적 책임개념에 기초하기 때문에 오직 인간에게만 책임이 인정되어야 한다."는 논거와 큰 차이가 없다고 볼 수도 있기 때문이다. 다시 말해 '실체적 책임개념' 논변이나 '삶의 형식' 논변 모두 공통적으로 "책임개념은 인간적인 것이므로 인간에게만 적용되어야 한다"는 논증방식을 벗어나지 못하고 있는데, 여기서 여전히 구명되고 있지 않은 점은 "왜 책임개념이 그토록 인간적인 배경을 갖고 있는가?"라는 문제의식이다. 이 의문에 대한 해법은 두 가지 방향에서 접근이 가능할 것이다. 그 하나는 "자유의지는 인간에게 고유한 것이다"라는 관점에서 접근하는 것이고 다른 하나는 "책임이라는 삶의 형식, 다시 말해 형벌제도를 그토록 진지하고 존엄하게 만드는 심리적 기제의 형성배경은 과연 무엇인가?"라는 관점에서 접근하는 방식이다. 본고는 이 중에서 후자의 관점에서 구명해 보고자 한다. 그 이유는 전자의 경우 로봇형법의 개척자인 힐겐도르프도 적확하게 논박하고 있듯이 현대 과학의 성과에 따르면 인간의 자유의지가 '의제'에 불과한 것이고,[46] 따라서 자유의지의 중요성을 과대평가해 로봇에게도 이를 엄격히 요구할 필요는 없다는 반론이 가능할 수 있고,[47] 또 다른 측면에서 보면 서두에서 소개한 모라벡의 '로봇의 주거침입 사례'를 보면 '자유의지'에 대한 개념정의에 따라 다르겠지만 로봇에게도 여러 대안 중 하나를 선택할 수 있다는 일정한 '자유의지'가 있다고 기술할 수 있기 때문이다.

이하에서는 후자의 측면에서 '형벌을 진지하고 존엄하게 만드는 심리적 기제의 형성배경'에 대해서 논해 보기로 한다.

(2) 형벌제도의 진화론적 기원

필자는 한 선행연구에서 고대사회에 편재해 있던 것으로 보이는 사적 보복관습은 유전자와 문화가 공진화한 결과물이라는 주장을 펼친 바 있다.[48] 잘 알려져 있는 것처럼 고대사회의 탈리오 법칙과 동해보복 관습은 형벌 기원의 한 원류를 이루고 있고, 필자는 여기서 한 걸음 더 나아가 형벌제도의 근저에 놓여있는 응보관념의 배경에는 "받은 대로 되갚는 전략"인 팃포탯(tit for tat)이라는 '진화적으로 안정한 전략(ESS: evolutionarily stable strategy)'

---

46) 하지만 이 문제와 관련해 필자는 "자유의지를 전제하는 것은 우리의 삶의 형식의 일부이다."라고 주장한 바 있으며(안성조, 앞의 책, 497면), 의사의 자유와 책임귀속의 문제도 진화론적 배경에서 해명될 수 있다고 전망한다. 이 점에 대해서는 안성조, 현대 형법학 제2권 — 형법과 진화이론 — (경인문화사, 2015), 41면 참조. 이점에 대해서는 후속연구를 기약하기로 한다.
47) 김영환, 앞의 논문, 158면 이하 참조.
48) 안성조, "고대사회 사적 보복관습에 대한 진화론적 조명", 법철학연구 제17권 제3호, 2014.

이 자리잡고 있음을 논증한 바 있다.[49] 다시 말해 우리를 특정한 규범적 판단으로 이끄는 동력의 근저에는 문화적, 사회적으로 생성된 동인 이외에, 그 어떤 '진화적 동인'이 작동하고 있다는 것이다. 형벌도 마찬가지이다. 범죄자에 대한 응보라는 원초적 도덕관념은 누구나 너무도 당연하게 느끼지만 그렇게 당연하게 받아들이도록 만드는 심리적 기제는 순전히 문화적으로 만들어진 것이 아니라 오랜 진화사를 통해 형성된 것이고(이를 '진화된 심리적 기제(EPM: evolved psychological mechanism)'라고 함), 이를 인도주의적으로 다듬어 문명화한 형벌제도에는 기본적으로 진화론적 유래가 있다는 것이다.[50] 이상의 논의를 종합하면 '책임이라는 삶의 형식'에는 진화론적 유래가 있다는 결론에 도달한다.

이러한 결론은 앞서 제기한 의문, 즉 도대체 그 어떤 기제로 인해 우리는 형벌을 진지하고 존엄한 것으로 느끼는가라는 문제에 대한 한 유망한 해답을 제시해 준다. 그것은 바로 우리의 진화된 심리적 기제가 형벌제도에 부합되기 때문이다. 우리는 죄를 지은 행위자를 방치하거나 추방하지 않고 반드시 그에 상응하는 죄값을 치르게 하려는 심리적 성향을 타고난다. 그리고 진화심리학에 의하면 다른 심리적 기제와 마찬가지로 이러한 심리적 기제는 수만 년 전 소규모 공동체를 이루고 살던 수렵채집시기에 자리잡은 것이어서, 자연인으로서

---

49) 안성조, 앞의 책(각주 48), 40면 이하; 안성조, "팃포탯과 탈리오", 전북대학교 법학연구 통권 제43집, 2014. 어떤 한 전략을 따르는 개체들의 집단이 가끔 나타나는 돌연변이 전략에 의해 침범당하지 않으면 그 전략은 '진화적으로 안정하다'고 한다. ESS 개념을 창안한 존 메이너드 스미스에 의하면 "Roughly, an ESS is a strategy such that, if most of the members of a population adopt it, there is no 'mutant' strategy that would give higher reproductive fitness." J. Maynard Smith & G. R. Price, "The Logic of Animal Conflict", *246 Nature 15* (1973), at 15. 일반적으로는 집단 내에 어떤 다양한 전략이 퍼져 있는가와 무관하게 '절대적' 의미에서 최선의 전략은 존재하지 않는다. 만일 그러한 전략이 있다면 자연선택은 바로 그 전략을 선호하겠지만, 대부분의 최선의 전략은 팃포탯 전략처럼 다른 우세한 전략들의 유형분포와 그들과의 경쟁 속에서 정해지고, 그것이 집단 내에서 더 이상의 돌연변이 전략의 침범을 허용하지 않는 안정성, 즉 평형에 도달하면 '진화적으로 안정한 전략'이 되어 자연선택에 의해 선호된다. 이러한 논증과정과 경험적 증거자료의 제시로는 로버트 액설로드/이경식 역, 협력의 진화 (시스테마, 2006); Martin A. Nowak & Roger Highfield, SuperCooperators (Free Press, 2011); Herbert Gintis, Game Theory Evolving (Princeton University Press, 2009). 진화적으로 안정한 전략의 의의에 대해서는 리처드 도킨스/김명남 역, 리처드 도킨스 자서전 2 (김영사, 2016), 92-92면 참조. 동지의 견해로 "조건부 협력을 하면서 보복을 가하는 전략(retaliatory strategies of conditional cooperation)이 어쨌든 유리하다"는 명제를 입증하고 있는 연구로는 Jonathan Bendor & Piotr Swistak, "The evolutionary stability of cooperation", *91 American Political Science Review 290* (1997), at 290-299. "팃포탯은 진화적으로 안정한 전략이다"라는 명제와 관련된 몇 가지 개념적 오해에 대한 비판적 검토로는 김혜경·안성조·양천수·윤진수·한상훈, 법과 진화론 (법문사, 2016), 103-105면과 128-130면 참조.
50) 동지의 견해로 사법제도는 복수에 대한 욕구를 사회적으로 용납되는 방식으로 충족시키는 수단이라는 분석이 있다. 데이비드 바래시·주디스 이브 립턴/고빛샘 역, 화풀이 본능 – 진화론으로 본 복수와 화풀이 본능 – (명랑한 지성, 2012), 259면 이하 참조.

의 인간 이외의 다른 유사인격체, 즉 법인이나 인공지능 로봇은 형벌제도라는 우리의 삶의 형식 속에서는 매우 낯선[51] 존재로 인식될 것임은 어렵지 않게 이해할 수 있다. 그렇기 때문에 형벌의 진지함과 존엄함은 어디까지나 우리와 똑같은 인간에 대해 부과될 경우에 한해서 그렇게 느껴지고 인정되는 것이라고 본다. 요컨대 형법적 책임귀속이 진지하고 존엄하게 느껴지는 이유는 진화된 심리적 기제로서 응보관념이라는 원초적 도덕감정이 작동하고 있기 때문이라는 것이다.[52]

(3) 종-편향적 도덕체계로서의 형벌제도

형벌제도가 인간에 고유한 '삶의 형식'이라는 점과 더불어 진화론적 유래가 있다는 사실은 형벌제도가 지극히 인간이라는 종에 편향적인 제도임을 뜻하기도 한다. 형벌의 존엄성은 부분적으로 바로 이 종-편향성에서도 유래한다. 한 마디로 말해 형벌은 존엄한 존재인 인간에게만 부과할 수 있는 성질의 것이고 동물에 대해서는 다른 방식을 택해야 한다는 가치판단은 인간-종 중심주의에 빠져있기 때문이라는 것이다. 이러한 도덕적 편향은 법인이나 인공지능 등 유사인격체에 대해서도 그리 다르지 않게 작동한다. 이처럼 형벌제도가 종-편향적 도덕이라는 명제는 인간에게 보편적으로 부족적인(tribal) 성향이 있다는 점에서 비추어 보면 좀 더 쉽게 납득할 수 있다. 오늘날 합치된 견해에 의하면 인간에게는 외집단 성원보다 내집단 성원을 편애하는 부족적 성향이 존재한다.[53] 이러한 성향은 심지어 내집단을 자의적이고 일시적으로 정의한 경우에도 나타난다. 부족적 성향은 도덕적 편향으로 나타나는데 다시 말해 어느 집단에서는 신성하게 여겨지는 권위와 도덕적 가치는 다른 집단에게는 자의적이고 받아들일 수 없는 것으로 여겨진다. 요컨대 인간은 '그들'보다 '우리'를 앞세우기 때문에 싸운다. 즉 서로 다른 도덕적 렌즈를 통해 세계를 바라보기 때문에 견해의

---

51) 인공지능 프로그램이 아무리 발달을 거듭한다고 하더라도 인간의 진화사 또는 진화된 기제 전체를 모방할 수는 없기 때문에 인간과 동일한 삶의 형식을 공유할 수 없다는 지적으로는 안성조, "법과 진화론 -법에 대한 진화론적 고찰의 몇 가지 함의-", 인간연구 제33호, 2017, 111-112면 참조.

52) 물론 형벌의 존엄성과 진지함은 형벌의 목적에서도 찾을 수 있겠지만, 본고의 논지는 인공지능에 대한 형벌이 인간에 대한 것과 달리 왜 형벌의 존엄성과 진지함을 훼손시키는지에 대한 해답을 구하고자 하는 데 있다.

53) 이와 관련된 여러 사례와 실험결과의 소개로는 스튜어트 서덜랜드/이세진 역, 비합리성의 심리학 (교양인, 2008), 89면 이하 참조. 동 문헌에 의하면 "자기집단을 소중히 하려는 욕구는 부분적으로 다른 집단에 편견을 품는 이유가 되기도 하나. 다른 집단을 열등하게 보지 않으면서 자기집단을 '특별하게' 생각하기란 지극히 어렵거나 아예 불가능하다." 스튜어트 서덜랜드/이세진 역, 앞의 책, 103면.

차이와 분쟁이 생긴다는 것이다. 그리고 여기에도 역시 진화적 동인이 있다.[54]

　이처럼 인간 집단 들 사이에 부족주의적 성향이 있다면, 이를 좀 더 확장시켜 보면 인간과 인간 이외의 존재 사이에도 '우리(인간)'와 '그들(동물 또는 유사인격체)'로 규정하는 부족주의가 작동할 수 있음은 어렵지 않게 추론할 수 있다. 이러한 인간-종 중심주의는 오랜 역사를 지닌 듯하다. 오늘날 '인본주의'적 관점에서 보면 인간이 다른 존재, 특히 동물에 비해 존엄한 존재라는 점은 자명한 진리로 여겨질 것이지만, 그보다 오랜 과거, 예컨대 유신론적 종교들이 지배하던 시기에도 인간은 신성한 존재로 특별히 취급되었음을 간과해서는 안 된다.[55] 영혼을 부여받은 인간은 창조의 정점이자 세계의 주인공이었던 반면, 영혼이 없는 동물이나 다른 유기체는 주변으로, 엑스트라의 지위에 머물렀던 것이다.[56] 인간-종 중심적 부족주의에도 인간 집단 간 부족주의처럼 진화적 동인이 있는지는 분명치 않다. 특정한 도덕적 성향을 비롯해 인간의 보편적인 심리기제가 형성된 것으로 알려진 진화적 적응환경에서 살았던 수렵채집인들이 자신들을 우월한 존재로 여겼다는 전거는 찾아보기 어렵고,[57] 또한 특정한 동물과 숲을 동등한 인격체로 여기는 일부 소수 부족도 현존하고 있기 때문이다.[58] 또 잘 알려진, 논란의 여지 많은 사례처럼 중세 유럽에서는 동물이 형사절차에서 피고인이 된 기록도 보이기 때문이다.[59] 하지만 전술한 바대로 집단 간 부족주의가 일시적이고 임의로 정의된 내집단과 외집단 간에도 발생할 수 있듯이 이를 다소 확장시킨 '우리(인간)'와 '그들(동물 또는 유사인격체)' 사이에도 도덕적 편향이 적어도 '오작동'할 여지는 충분하다고 본다. 인간의 본성이 오작동하는 사례는 매우 다양하기 때문이다. 예컨대 '달고 기름진 음식에 대한 선호'는 수렵채집기에는 생존과 번식에 유용한 심리기제였지만 오늘날엔 '패스트 푸드'를 향해 '오작동'한다. 또 다른 예로서 해밀턴(Hamilton)에 의해 창시된 '혈연선택(kin selection)' 이론이 유전적 혈족이 아니라 특정 조직이나 종교분파의 구성원과 같은 '가상혈족(fictive kin)'에게도 적용되는 사례를 들 수 있을 것이다. 유전자의

---

54) 부족주의와 도덕적 편향에 대해서는 조슈아 그린/최호영 역, 옳고 그름 (시공사, 2017), 111면 이하 참조.
55) 이 점에 대한 인상적인 논증으로는 유발 하라리/김명주 역, 호모 데우스 (김영사, 2017), 131면 이하 참조.
56) 유발 하라리에 의하면, 전통적 해석에 따르면 성서의 대홍수 이야기는 인간의 우월성과 동물의 무가치함을 보여주는 증거로 해석된다고 한다. 즉 인간의 행동이 생태계 전체를 파멸로 이끌 수 있으며, 인간은 동물들을 보호할 신성한 책무가 있다는 가르침을 주고 있다는 것이다. 유발 하라리, 앞의 책, 135면.
57) 유발 하라리에 의하면 수렵채집인은 오히려 세계의 주변적 지위에 머물렀다.
58) 인도 남부의 나카야족이 그렇다고 한다. 유발 하라리, 앞의 책, 139면.
59) 이 사례에 대한 소개로는 김영환, 앞의 논문, 149면. 하지만 이러한 기록들은 문자 그대로 받아들이기 어렵다는 반론은 주목할 만하다. 그것이 과연 형벌이었는지 의문스럽다는 것이다.

관점에서 보면 개체에게 해로운 특질이라도 그 개체의 친족에게 충분히 이롭다면 선택될 수 있다는 것이 혈연선택이론의 핵심인데, '유전자의 관점에서 보면' 개체에 발생한 해악은 그와 동일한 유전자를 공유한, 즉 유전적 근연도가 있는 친족에게 주어지는 이익에 의해 상쇄된다는 것이다.[60] 그런데 유전적 혈족이 아무 이익을 얻지 못하는 경우에도 유전적 혈족의 이익을 위해 작동하는 심리적 기제가 오작동(misfiring)하는 경우가 있는데 이때는 행위자가 속한 특정 집단이 '가상혈족(fictive kin)'으로 간주되어, 혈연선택에 의해 진화된 심리적 기제가 무의식적으로 작동하기 때문이다.[61]

요컨대 필자의 견해로는 형벌제도에는 종-편향적인 도덕가치가 반영되어 있으며, 이로 인해 형벌의 존엄성과 진지함이 관념되어지는 것이고 따라서 인공지능 로봇 등 유사인격체의 형사책임에 관한 논의에 있어서도 이 점이 고려될 필요가 있다고 생각한다.

2. 인공지능 로봇의 형사책임 논의에 대한 몇 가지 제언

(1) 반성적 고찰로부터의 제언

이상의 고찰로부터 인공지능 로봇의 형사책임에 관한 논의가 생산적인 방향으로 전개될 수 있도록 몇 가지 제언을 하고자 한다.

첫째, 인공지능 로봇에 대한 형사책임은 설령 그것을 인정할 수 있는 논거와 이론을 마련한다고 하더라도 자연인에 대한 형사처벌이 정당성을 갖고 당연시되는 것만큼의 책임귀속의 진지함과 존귀함이 인정되지는 못할 것이라는 점을 염두에 두어야 한다. 이 점은 법인에 대한 형사처벌 논의가 여전히 국가별, 법계별로 큰 차이를 두고 있고, 논자마다 큰 견해차이를 지니고 있는 것을 보면 쉽게 이해할 수 있다. 우리는 죄를 지는 사람을 처벌하는 것에 대해 너무나 당연하게 받아들인다. 여기에는 어떤 의문도 품을 필요가 없다. 하지만 법인이나 인공지능 로봇과 같은 유사인격체에 대해서는 그 처벌의 필요성이 인정된다고 하더라도 처벌의 정당성이나 이론적 근거에 대해서는 견해의 차이가 반드시 생기게 마련이

---

60) 혈연선택에 대한 상세한 설명은 리처드 도킨스/홍영남·이상임 역, 이기적 유전자 (을유문화사, 2010), 174면 이하 참조.

61) 이 점에 대해서는 James R. Liddle, Lance S. Bush and Todd K. Shackelford, "An Introduction to Evolutionary Psychology and its Application to Suicide Terrorism", *3 Behavioral Sciences of Terrorism and Political Aggression* (2010), at 14-15 참조.

다.62) 법익침해가 로봇 등의 유사인격체에서 비롯되었다면 비록 심정적으로는 그 인격체에 대해서도 형사책임을 귀속시키고 싶은 유혹을 느끼지만 그에 상응하는 정도로 심리적 저항감도 생길 수 있다는 것이다. 이는 형벌제도가 형성된 진화사적 배경, 즉 소규모 공동체 구성원 사이에서 적응도를 높이기 위해 진화된 심리적 기제로서의 응보관념을 고려해 보면 이해할 수 있는 바이며, 따라서 인공지능에 대한 형사책임 인정여부에 관한 논의는 바로 이 유혹과 저항감 사이를 오르내리는 과정을 거치게 될 것이다. 즉, 그 어떤 유사인격체도 우리와 진화사를 공유하지 않은 한 형사책임의 주체가 되는지 여부는 정책 또는 사회·문화적 인식차이에 따라서 상대적으로 결정될 수밖에 없을 것이다.

둘째, 따라서 인공지능에 대한 형사처벌 긍정론의 방향은, 완전무결한 타당성을 갖는, 즉 자연범인에 대한 형사처벌을 당연하게 만드는 정도의 강한 정당성을 갖고 있는 이론적 논거의 제시는 불가능하므로 이를 지양하는 것이 바람직하며, 따라서 유사인격체의 형사처벌이 우리에게 어떤 실익을 가져다 줄 것인지에 초점을 맞추는 것이 바람직 할 것이라고 본다. 비록 유사인격체에 대한 형사처벌이 우리의 진화된 규범적 성향, 즉 삶의 형식에서 벗어난 것으로 느껴지더라도, 그것은 진화적 동인에서 비롯된 심리적 저항감이라는 사실과 함께 인간-종 중심적 부족주의적 성향에서 비롯된 것임을 예리하게 꿰뚫어보고 있어야 할 것이고, 따라서 충분한 이성적 논의를 통해 우리 모두에게 바람직한 결과를 가져올 수 있다면, 긍정적인 결정 내릴 수 있을 것이기 때문이다.

---

62) 우리나라의 경우 과거 법인의 범죄능력을 부정하는 것이 주류적 견해였으나, 현재는 법인의 범죄능력을 긍정해야 한다는 견해가 유력하다. 예컨대 류전철, "법인의 형사책임에 대한 새로운 해석론의 시도", 전남대학교 법학논총 제34권 제1호, 2014; 김성룡·권창국, "기업·법인의 형사책임법제 도입가능성과 필요성", 형사법의 신동향 제46호, 2015; 박광민, "기업에 대한 형사책임귀속의 바람직한 방안", 성균관 법학 제27권 제3호, 2015; 김성천, "책임주의의 원칙과 법인의 형사책임", 중앙법학 제18권 제1호, 2016; 이상천, "조직고의론(組織故意論)의 범죄체계론적 전개", 경희법학 제52권 제2호, 2017. 법인의 범죄능력 긍정논거로부터 인공지능 로봇의 형사책임을 긍정하는 논지를 제시하는 글로는, 이인영, 앞의 논문, 46면. 법인은 자연인과 '삶의 형식'을 일부 공유하고 '인격적 상호작용'을 할 수 있는 존재이므로 범죄능력을 긍정해야 한다는 견해로는 안성조, 앞의 책(각주 43), 470-50면. 리처드 도킨스의 '이기적 유전자 이론'을 모든 체계로 확장시킨 '보편 다윈주의(universal Darwinism)'와 대니얼 데닛의 '지향성 이론'을 원용해 법인의 범죄능력을 새롭게 재구성하고 있는 시도로는 안성조, 앞의 책(각주 48), 376-392면 참조. 필자는 여기에서 법인에게도 자연인의 유전자에 상응하는 '자기복제자'를 관념할 수 있고 이를 'Corporate Gene(Corpratene)'이라 명명하며, 이 역시 '유전'과 '변이'와 '선택'이 작동하는 체계에 있으므로 진화론의 논리가 적용되어 '지향성'을 지닐 수 있으므로 자연인과 법인은 이 '지향성'을 매개로 상호 행동을 예측할 수 있다는 논지를 제시하고 있다. '코포라틴(Corporatene)'은 도킨스가 '밈(Meme)'이란 용어를 만들 때 착안한 요소들을 빌려와 'Corporatio'와 'Gene'을 합쳐서 필자가 새롭게 만든 용어이다.

셋째, 상기 둘째 제언으로부터 인공지능에 대한 형사책임 논의가, 최대한 인간에 근접한 인공지능 로봇, 즉 소프트웨어나 하드웨어측면에서 기술적으로 인간과 매우 유사한 수준의 인공지능을 염두에 둘 필요는 없다는 통찰을 얻게 된다.[63] 아무리 인간과 유사해져도 진화사적 이유로 결국 '형벌의 존엄성'이란 기준을 통과하지 못할 것이기 때문이다. 따라서 모든 면에서 최대한 인간과 유사한 인공지능 로봇을 상정하고 형사책임 인정여부를 검토하는 것은 특별한 의미를 지니지 못할 것이며, 그보다는 현 단계에서도 얼마든지 상정할 수 있는 '의식 없는 지능' 혹은 '비의식적 알고리즘'[64]을 갖춘 로봇에 대한 형사책임 논의만으로도 미래의 인공지능에 대한 형사책임 논의로서 충분한 함의를 지닐 수 있다고 본다. 미래에 출현할 인공지능의 형사책임 논의도 현재와 크게 다를 바 없이 대동소이하게 전개될 것이다.[65] 이는 자연인 이외에 새롭게 등장할 수 있는 그 어떠한 유사인격체에 대해서도 동일한 결론이 도출될 수 있음을 뜻한다.

(2) 미래의 '강'인공지능에 대한 함의

이상의 논의를 통해 우리는 "미래의 '강'인공지능은 형사책임의 주체로서 완전한가?"라는 질문에 대해 답할 수 있게 되었다. 비록 그 결론을 확정지을 수는 없지만, 현재 논의 중인 '약'인공지능에 대한 형사책임 논의의 결론이 결국 '강'인공지능에 대해서도 거의 동일하게 도출될 것임을 예측할 수 있기 때문이다. 다만 차이점이 있다면 미래에는 인공지능

---

63) 이러한 인공지능을 염두에 두며 논의를 전개하는 것으로 보이는 글로는 송승현, 앞의 논문, 507면 이하.
64) 이 개념은 유발 하라리가 사용한 것이다. 그에 의하면 "지난 몇십 년 동안 컴퓨터의 지능은 엄청나게 발전했지만 컴퓨터의 의식은 전혀 발전하지 않았다. 우리는 중대한 혁명을 목전에 두고 있다. 지능이 의식에 분리되고 있는 것이다. 군대와 기업이 제대로 돌아가려면 지능을 가진 행위자가 반드시 있어야만 하지만, 의식과 주관적 경험은 필요 없다. 우리는 이런 일들을 인간보다 훨씬 잘할 수 있는 새로운 유형의 비의식적 지능을 개발하고 있다."고 진단하며 "둘 중 어느 것이 진정 중요한가? 지능인가, 아니면 의식인가? (적어도) 군대와 기업은 '지능은 반드시 있어야 하지만 의식은 선택사항이다'라고 간단히 대답할 수 있는 문제임을 알고 나면 정신이 번쩍 든다."고 위트 섞인 경고를 하면서 인공지능 개발에서 지능의 우위성을 강조한다. 유발 하라리, 앞의 책, 425-426면. 동시에 그는 현재 국가나 기업과 같은 '상호주관적 실재'들을 법적 주체로 인정되고 있듯머지않아 인공지능도 그렇게 될 것이라고 전망한다. 유발 하라리, 앞의 책, 442면. 어쩌면 그의 입장은 강인공지능의 탄생에 회의적이면서도 인공지능이 법적 주체가 되는 데 낙관적인 것으로 볼 수 있을 것이다. 다만 인공지능이 형사책임의 주체가 될 수 있는지 여부에 대해서는 명확히 논급하지 않고 있다.
65) 이와 관련된 연구경향은 현 수준의 '약'인공지능에 대해서는 범죄능력을 부정하면서도 미래의 '강'인공지능에 대해서는 범죄능력을 긍정하는 것으로 보인다. Sabine Gless, Emily Silverman, & Thomas Weigend, *Ibid.*, at 435; 이인영, 앞의 논문, 45-46면.

로봇이 지금보다 더 보편화될 것이고, 따라서 인간과의 상호작용의 빈도가 높아질 것이며, 그 지적 능력도 더욱 향상되면서 이들에 대한 법적 규제의 정책적 필요성이 보다 높게 대두될 것이라는 점이다. 하지만 그렇다 하더라도 '그들'을 '우리'가 아닌 존재로 볼 것임은 인간-종 중심적 부족주의 성향에 비추어 예측되는 바이므로 그들에 대한 형사처벌의 목소리는 높아지되, 여전히 형사책임의 주체로서는 불완전한 존재로 느껴질 것이다. 다시 말해 어떠한 이론적 근거로도 자연인에 대한 형사처벌만큼의 진지함과 존귀함을 설득력 있게 제시하지는 못할 것이다.

V. 맺음말

이상 본고에서는 인공지능 로봇의 형사책임 인정여부에 대한 긍정론과 부정론을 비판적으로 음미하고 검토하면서 향후 이와 관련된 논의가 나아갈 바람직한 방향에 대해 논급해 보았다. 모쪼록 본고에서 다룬 내용과 논거들이 학계와 법실무는 물론 인공지능을 이용한 생산 및 서비스 현장에서 인공지능 로봇을 이해하려 노력하고 그 법적 취급방안에 대해 고심하고 있는 여러 연구자들에게 유용한 자료와 착상의 계기가 될 수 있기를 희망한다.

"로봇의 도덕을 구현하는 일은 인간을 이해하는 과정이다." 이는 어느 유명한 인공지능 연구가의 말이다. 필자는 이 말을 바꾸어 다음과 같이 표현하고 싶다. "로봇의 형사책임을 논구하는 일은 인간을 이해하는 과정이다."라고. 본고가 기존의 인공지능 관련논의에 생산적으로 기여한 바가 있다면 논증과정에 '진화론적 고찰방식'을 접목했다는 점일 것이다. 규범적 논의라 하더라도 법과 인간에 대한 온전한 이해를 위해서는 법과 마음이 현재와 같은 상태로 만들어진 진화사에 대한 고찰이 추가로 보완될 필요가 있다고 본다. 본고가 이 점을 적절하게 보여주었다면, 아니 최소한 관점의 전환이라도 이룰 수 있는 계기를 마련할 수 있었다면 더 바랄 것이 없겠다.

CHAPTER V
반사회적 인격장애자와 책임형법

[12] 사이코패스의 형사책임능력

> "우리는 이성적인 방식으로는 히틀러에 대해서조차 분노할 수 없다."
> — 루드비히 비트겐슈타인

I. 문제의 제기: 책임능력판단의 공정성

일반적으로 사이코패스 범죄자의 형법적 취급이 어려운 이유는 우선 사이코패스 범죄를 유발하는 밀접한 요인으로 작용하는 사이코패시가 과연 형법 제10조의 심신장애 사유에 해당되는지 불확정적이고, 다음으로 설령 그것이 심신장애 사유가 된다 하더라도 이들은 사물변별능력에는 거의 장애가 없고,[1] 의사결정능력 유무만 문제시되고 있기 때문이다.[2] 이하 본장에서는 사이코패시가 심신장애 사유에 해당하며, "도덕적 판단능력"이 결여된 사이코패스는 의사결정능력, 즉 행위통제능력이 정상인에 비해 제한되어 있으므로 책임무능력이나 한정책임능력을 인정해야 한다는 점을 입론하고자 한다.[3]

책임능력에 관하여 형법 제10조 제1항과 제2항은 책임무능력 또는 한정책임능력이 인정되기 위해서는 생물학적 요소로서 '심신장애'가 존재해야 하고, 이로 인하여 심리적·규범

---

1) 혹자는 사이코패스가 폭력범죄를 잘 저지르는 것이 정상인에 비해 지능이 낮아서일 것이라고 추측할 수도 있다. 경험적으로 볼 때 일반인의 경우 높은 지능은 범죄의 억제요인으로 작용하기도 하기 때문이다. 그러나 한 연구결과에 의하면 비사이코패스의 경우 지능이 높을수록 범죄를 늦게 시작하는 경향이 있는 반면, 사이코패스는 지능이 높을수록 폭력범죄를 저지르는 성향이 강하게 나타났다. 또한 이 연구에 의하면 비사이코패스와 사이코패스 범죄자들 간에 일반적인 지능의 차이는 나타나지 않는다. Peter Johansson & Margaret Kerr, Psychopathy and Intelligence: A Second Look, 19 Journal of Personality disorders 357 (2005), 357-367면.
2) 이 점에 대한 적확한 지적으로는 노용우, 책임능력판단에 있어서 심신장애의 의미, 형사법연구 제15권, 2001, 69면.
3) 본고에서는 '사물변별능력'과 '시비변별능력', 그리고 '의사결정능력'과 '행위통제능력'을 각각 혼용하기로 한다.

적 요소인 사물변별능력과 의사결정능력이 결여되어 있거나 미약해야 한다고 규정하고 있다.4) 요컨대 행위의 옳고 그름을 판단할 수 있는 '사물변별능력'과 그러한 판단에 따라 옳게 행동할 수 있는 '의사결정능력'을 모두 갖추고 있어야만 책임능력이 인정되며, 만일 어느 하나라도 결여되거나 미약하면 책임무능력자 또는 한정책임능력자가 된다.5)

학계와 실무의 지배적 견해에 따르면 사이코패스는 정신병자와 달리 책임능력이 인정된다.6) 왜냐하면 현재까지 정신병질은 생물학적 심신장애사유로 널리 받아들여지지 못하고 있고, 사이코패스는 정신병자와 달리 시비변별능력과 의사결정능력을 지니고 있기 때문에 원칙적으로 책임능력이 인정될 수 있다는 것이다.7)

---

4) 김성돈, 형법총론, 2006, 395면 이하; 김일수·서보학, 형법총론, 2003, 404면 이하; 배종대, 형법총론, 1999, 353면 이하; 손동권, 형법총론, 2005, 267면 이하; 신동운, 형법총론, 2008, 356면 이하; 오영근, 형법총론, 2005, 501면 이하; 이영란, 형법학－총론강의, 2008, 322면 이하; 이재상, 형법총론, 2006, 299면 이하; 정영일, 형법총론, 2007, 260면 이하; 정웅석, 형법강의, 2007, 317면 이하.

5) 그러나 동 조항에서의 '심신장애'라든지 '사물을 변별할 능력', 그리고 '의사를 결정할 능력' 등의 개념에 대해서는 구체적인 정의가 없기 때문에 책임능력에 대한 객관적이고 명확한 판단기준은 조문 자체에서는 연역적으로 도출해 낼 수 없고, 이는 해석론에 일임되어 있다. 이러한 지적으로는 노용우, 앞의 논문, 56면 이하와 한정환, 심신장애와 책임능력, 형사법연구 제15권, 2001, 74-75면 참조.

6) 대법원은 사이코패스 등과 같은 이상성격자 내지 성격장애자에 관하여, "범행 당시 정상적인 사물변별능력이나 행위통제능력이 있었다면 심신장애로 볼 수 없는 것이고 특단의 사정이 없는 한 위와 같은 성격적 결함을 가진 자에 대하여 자신의 충동을 억제하고 법을 준수하도록 요구하는 것이 기대할 수 없는 행위를 요구하는 것이라고는 할 수 없으므로 원칙적으로는 성격적 결함은 형의 감면사유인 심신장애에 해당하지 않는다고 봄이 상당하고, 다만 그러한 성격적 결함이 매우 심각하여 원래의 의미의 정신병을 가진 사람과 동등하다고 평가할 수 있다든지, 또는 다른 심신장애사유와 결합된 경우에는 심신장애를 인정할 여지가 있을 것이다."라고 판시하고 있다. 동 판시내용은 대법원 1995.2.24. 선고 94도 3163 판결과 대법원 2007.2.8. 선고 2006도7900 판결의 중복되는 요지를 조합한 것으로, 사이코패스에게는 온전한 시비변별능력과 의사결정능력이 인정되기 때문에 원칙적으로 형사책임능력이 인정될 수밖에 없다는 것이다. 물론 대법원은 '중증의 성격장애자'에 대하여 판단을 내리고 있는 것이며, '엄밀한 의미'의 '사이코패스'에 대한 판단인지 여부는 확실하지 않다. 다만 같은 논리라면 '중증의 사이코패스'에 대해서도 동지의 판결을 내렸을 것으로 보고 이와 같은 결론을 제시하는 것이다.

7) 그러나 사이코패스에게 온전한 사물변별능력이 있다는 지적은 타당하겠지만 의사결정능력도 완전하다는 판단에는 동의할 수 없다. 왜냐하면 도덕적 판단능력이 없는 행위자에게는 분명 정상인에 비해서 도덕적 동기에 기초한 행위통제능력은 부족하다고 볼 수밖에 없기 때문이다. 판례는 － 만일 '엄밀한 의미의' 사이코패스에 대한 판단을 내리고 있는 것이라면 － 이 점을 간과하고 있다고 본다. 헤어도 역시 이 점을 간과한 채 사이코패스의 책임능력을 긍정하고 있다. 헤어는 대부분의 판결에서 사이코패시는 형사책임의 가중요소(aggravating factor)로 고려된다고 보며, 이러한 입장을 지지한다고 밝히고 있다. 그 이유는 우선 만일 사이코패시가 항변으로 인정된다면 치료가 여의치 않은 현 상황에서는, 민간위탁 치료시설에이들을 보내 수용, 치료를 하는 민간구금(civil commitment)이 영구적으로 장기화 될 우려가 있고, 보다 더 중대한 문제는 사이코패스들이 이를 이용해 정신질환의 증상을 겪고 있는 것처럼 가장할 수 있다는 것이다. 이에 대해서는 Robert D. Hare, Psychopaths and Their Nature: Implications for the Mental Health and Criminal Justice Systems, in: Theodore Millon, Erik Simonsen, Morten

일정한 경우, 즉 살인, 강도, 강간 등 사회윤리적인 비난의 요소가 깃들어 있는 자연범(自然犯)의 경우, 행위자는 옳고 그름에 대한 판단에 따라 행위를 실행함에 있어 도덕적 판단에 따르기도 한다. 그런데 현행형법상 행위자가 도덕 판단을 기초로 시비를 변별하든, 관습적으로 옳고 그름을 구분하든, 그에게는 사물변별능력이 인정된다. 마찬가지로 행위자가 양심에 따른 도덕적 동기에서 범죄충동을 억제하든, 단순히 처벌에 대한 위협으로 준법적 행위를 하든, 책임능력도그마틱은 무관심하며 그에게 특별한 심신장애사유가 없는 한, 의사결정능력이 인정된다.[8]

일반적으로 사이코패스는 선천적·생물학적 이유로 "도덕적 판단능력"이 결여되어 있는 것으로 알려져 있다. 그럼에도 불구하고 사이코패스는 이 점에 대한 고려 없이 정상인과 마찬가지로 책임능력이 완전하다고 이해되고 있다. 과연 학계와 실무의 이러한 태도는 정당한 것일까? 물론 정상인도 언제나 도덕적 판단에 의존해 도덕적 동기에서 준법적 행위를 하는 것은 아니다. 다만 "도덕적 판단"에 따라 법을 준수할 수 있음에도 불구하고 오로지 자기이익의 관점에서 법규를 따르는 정상인과 처음부터 도덕적 판단능력이 부재한 사이코패스를 동일하게 취급하는 것은 공정하지 않다. 왜냐하면 도덕적 판단능력이 없는 자에게는 그만큼 준법적 행위를 할 수 있는 행위통제능력이 부족할 수밖에 없기 때문이다.

우리는 'PART II-Realistic Epilogue'에서 자의식을 가진 로봇과 외계 고등 생명체는 우리와 다른 삶의 조건 하에 살고 있고 인간에 대한 공감능력이 없기 때문에 우리와 '확장된 의미의' 삶의 형식을 공유하지 못한다는 사실에 대해 논의해 보았다. 사이코패스는 '인간이기' 때문에 '확장된 의미의' 삶의 형식은 우리와 일치한다.[9] 그러나 사이코패스는 정상인처럼 범죄와 형벌의 의미를 이해하고, 범죄를 억제할 수 있는 능력이 미약하기 때문에 '본래적 의미의' 삶의 형식은 우리와 다르다고 볼 수 있다. 왜냐하면 그들은 적어도 도덕적 판단에 있어서 우리와 다른 의식구조를 갖고 있고, 타인의 고통이나 슬픔을 진정으로 이해할 수 없기 때문에 우리와 다른 행동과 반응을 보이기 때문이다. 이는 마치 로봇이 자의식을

Birket-Smith, & Roger D. Davis(eds.), Psychopathy: Antisocial, Criminal and Violent Behavior (New York, Guilford Publications, 1998), 205면 참조. 그러나 이는 책임능력 긍정을 위한 법정책적 논거일 뿐이며, 그 스스로도 지적하고 있듯이 이것은 궁극적으로 사법시스템이 해결해야 할 문제이다.

8) 현행 책임능력도그마틱의 이러한 태도는 아마도 도덕적으로든 관습적으로든 불법을 통찰할 수 있고, 불법을 행할 경우 처벌받게 된다는 점만 인식할 수 있다면 책임능력을 인정하는 데 충분하다고 전제하고 있기 때문일 것이다. 그러나 후술하겠지만 사이코패스의 경우는 신경생물학적으로 행동억제시스템(Behavioral Inhibition System: BIS)에 장애가 있어 처벌에 대한 두려움조차도 범죄충동을 억제시키는 위하력을 발휘할 수 없는바, 기존의 책임능력도그마틱 운용에 있어 새로운 접근이 필요하다고 본다.

9) 사이코패스도 잠재적으로는 - 치료가 된 경우를 전제할 때 - 형사처벌이 가능한 대상임은 분명하다.

갖게 되더라도 인간과 동일한 도덕감정을 지닐 수 없는 한 윤리적인 삶을 살 수 없는 것과 비슷하다. 마찬가지로 우리와 다른 '확장된 의미의' 삶의 형식을 가진 외계 생명체는 인간을 도구적으로 대할 수밖에 없다. 사냥감으로 말이다!

그러므로 책임능력조문과 책임능력도그마틱을 적용함에 있어 "다른" 것은 "다르게" 취급할 필요가 있다고 본다.

사이코패스에게 도덕적 판단능력이 없다는 것은 법인지과학적으로 어떤 의미를 갖는가? 사이코패스는 흔히 저항할 수 없는 충동 또는 통제 불가능한 충동으로 인해 범행을 저지르는 것으로 알려져 있다. 그러한 충동의 발생 메커니즘은 어떻게 되는 것일까? 혹시 도덕적 판단능력의 부재가 그 원인이 되지는 않을까? 만일 누군가 정신병으로 인해 범행을 저질렀다면 그를 비난할 수 없음은 정당한 규범판단이다. 그런데 만일 그가 저항할 수 없는, 통제 불가능한 충동에 의해 범죄를 저질렀다면 법적으로 어떻게 처리해야 할 것인가? 내부로부터의 저항할 수 없는 충동은 법적으로 어떠한 평가를 받아야 하는가? 일단 과연 그러한 저항할 수 없는 충동이 경험적으로 확인되고 있는가? 도대체 어느 정도의 심리적인 고통이 있어야만 저항할 수 없는 충동이라고 말할 수 있는가? 저항할 수 없는 충동은 객관적 측정이 가능한 개념표지인가? 만일 이러한 질문에 모두 긍정적인 답변이 주어질 수 있다면, '저항할 수 없는 충동'으로 인해 그러한 통제 불가능의 상황에 놓인 행위자를 비난하기는 어려울 것이다. 그의 정상적인 의사결정능력을 인정할 수 없기 때문이다. 이 경우 책임능력이 미약하거나 결여되었다고 보아야 한다. 정신병자와 마찬가지로 형벌을 받을 만한 자격을 갖추고 있지 못하다는 것이다. 그런데 경험적으로 그 재범의 위험성이 널리 알려진 사이코패스의 책임능력을 제한하게 되면, 무죄 방면되거나 형이 감경되어 또 다른 범죄실행의 기회가 제공된다는 현실적인 문제점이 있다. 현행법상 이들에 대한 치료감호처분이 가능하긴 하지만, 현재까지 사이코패스에 대한 치료개선의 가능성은 매우 낮다는 인식이 지배적이기 때문에 그 실효성에 대해서는 의문이 들 수밖에 없다는 것이다. 이 점은 사이코패스를 엄벌에 처하도록 사회 분위기를 조장하는 주요한 원인이 되고 있다.

그렇다면 사이코패스의 범죄충동은 형법적으로 어떠한 관점에서 접근해야 하는가? 우선 "저항할 수 없는, 통제불능한 충동"이 임상적으로 확인되는가, 또 어느 정도의 심리적 고통이 있어야만 그러한 충동을 인정할 수 있는가, 아울러 그러한 충동은 객관적으로 측정이 가능한가의 의문이 제기될 수 있다. 이상 일련의 문제제기에 대해서 "저항할 수 없는 충동"이란 법적으로 무용한 개념이라는 견해가 있다. 왜냐하면 사이코패스는 범죄를 "즐기기" 때문에, 욕구가 충족되지 않는 데서 오는 "심리적 고통"이 존재하지 않을 수 있고,[10] 설령 그러한 심리적 고통을 수반하는 범죄충동이 존재한다 하더라도 그것은 객관적으로 측정이 불가능하기 때문이라는 것이다.[11] 예를 들어 방광에 일정수준의 소변이 차서 괄약근이 더 이상 참지 못하고 열리지 않을 수 없는 경우처럼 과학적으로 측정이 가능한 통제 불가능의 메커니즘을 확인할 수 있는 경우와는 달리 사이코패스의 범죄충동은 "주관적 감정"일 뿐 설령 그것이 외부에서 주어지는 것처럼 통제 불가능한 것이었다 하여도 경험적인 입증이 불가능한 이상 개념적으로 무용한 표지라는 것이다.[12] 한마디로 어느 정도의 욕구단위가 있어야만 행동스위치(action switch)를 켤 수 있는지는 알 수 없으며, 따라서 저항할 수 없는 충동과 단순히 저항하지 않은 충동은(irresistible desire and one simply not resisted) 구분할 수 없다는 것이다. 인간에게 있어서 욕구와 행동의 상관성은 기계적 메커니즘으로 설명되지 않는다는 지적이다.

저항할 수 없는 범죄충동이란 행위자의 주관적인 감정일 뿐 법적으로 유의미한 개념표지는 될 수 없다는 지적은 분명 귀 기울일 만하다. 그러나 객관적인 확인이 불가능하기 때문에 전혀 쓸모없는 개념이라는 점에 대해서는 재고의 여지가 있다고 본다. 그 이유는 우선 이미 형사정책으로도 범죄충동에 대한 사회적·개인적 통제가능성의 논의가 체계적으로 정립되어 있는바, 심리적 욕구단위의 비과학성에만 주목하려는 모스의 접근방식은 편협하다고 볼 수 있고, 다음으로 사이코패스의 경우 정상인과 다른 특이한 성격의 범죄충동을 갖고 있는데, 이 점에 대한 비교·분석은 분명 사이코패스의 범죄충동을 이해하고 법적 대책을 수립하는 데에 있어 유의미한 결과를 가져올 수 있기 때문이다.[13] 더구나 그러한 충동을 야기하는 인지과학적 기제가 밝혀진다면, 이는 책임능력판단에 일정한 기여를 할 수 있을 것이다. 예컨대 사이코패스가 정상인과는 다른 선천적·생물학적 이유로 도덕적 판단능력에 장애가 생겨, 이로 인해 범죄충동에 쉽게 굴복할 수밖에 없다면 이 사실은 일정한 심신장애 요건을 구성하게 되며 결국에는 형사책임능력 판단에 중대한 요인으로 작용할 수 있다고 본다.

---

10) 예컨대 정남규는 공판정에서 "살인을 통해 희열을 느꼈다", "살인이 가장 짜릿했다"는 진술까지 했다는 점을 상기하라.

11) Stephen J. Morse, 앞의 논문, 1059면 이하 참조.

12) Stephen J. Morse, 앞의 논문, 1062-1063면.

13) 이러한 취지에서 사이코패스 범죄의 특성을 형사정책상 통제이론(Control Theory)과의 비교를 통해 폭넓게 다루고 있는 문헌으로는 안성조, 사이코패스의 범죄충동과 통제이론, 경찰법연구 제6권 제1호, 2008, 196면 이하 참조.

결론적으로 본장의 논증구도는 다음과 같다.

사이코패스의 유전적·생물학적 원인 → 공감능력의 부재 → 도덕적 판단능력의 부재 → 의사결정 및 행위통제능력의 장애 → 심신미약 또는 상실인정 → 치료감호처분

이하 본고에서는 이러한 맥락 하에 사이코패스의 형법적 취급에 있어 이른바 "공정성 (fairness)" 문제를 제기하면서, 궁극적으로 사이코패스에게 책임무능력 또는 한정책임능력을 인정해야 함을 논증하고자 한다. 나아가 이러한 법리구성이 형사정책적으로도 바람직한 결과를 가져올 수 있다는 점도 제시해 보고자 한다.

II. 사이코패스의 개념과 발병 원인

1. 사이코패스의 개념과 특징

전술한 바와 같이 사이코패스란 일반적으로 타인의 고통에 대한 공감능력이 결여되어 죄책감이나 후회를 못 느끼며, 대인관계에 있어 냉담, 거만, 교활한 특성을 보이고, 충동적 또는 계획적으로 범죄를 저지르는 성향을 지녀, 잠재적으로 범죄 위험성을 지닌 자들을 말한다. 그 특유의 '이상인격' 내지 그가 지닌 '기질적 특성'으로 인하여 자신의 행위가 위법하고 부정하다는 것을 알면서도 이를 억제하여 준법적 행동으로 나아갈 수 있는 '자기 통제력'을 상실한 '고도의 재범 위험군'[14]에 속하는 자라는 것이다.[15]

---

14) 이러한 표현으로 김상준, 사이코패스에 대한 사법적 대응, 「범죄와 사이코패시 – 이해와 대책(한림대학교응용심리연구소·한국사회 및 성격심리학회·법무부교정국 공동주최 국제심포지엄)」, 2005, 둘째 면 참조.

15) 사이코패스가 이와 같은 성격 및 행동특성을 보이는 것은 그가 지닌 '정신병질(精神病質; Psychopathy)' 때문이다. 정신병질이란 용어는 독일어 'Psychopathie'의 일본식 번역어로서 昭和 13년(1938년) 林道倫 박사가 "정신의학용어통일시안에 관한 각서(覺書)"에서 처음 사용한 것이며, 독일의 정신의학상 통설에 의하면 "이상성격적 행동(abnormes charakteriches Verhalten)"으로 이해된다고 한다. 이상의 개념설명에 대해서는 김선수, 정신병질 범죄자의 처우에 관한 연구, 경남법학 제2집, 1986, 201면. 사이코패시는 어원적으로는 희랍어 'psyche(soul)'과 'pathos(suffering)'가 결합된 합성어의 번역에서 유래된 것으로 본래 "심리적 결함(psychological defect)"을 지칭하는 개념으로 사용되었다. Lisa Ells, Juvenile Psychopathy: The Hollow Promise of Prediction, *105 Columbia Law Review 158* (2005), 178면과 각주 128번 참조. 헤어는 이 용어를 'psyche(mind)'와 'pathos (disease)'로 번역하면서, '정신질환(mental illness)'을 뜻한다고 본다. 이에 대해서는 Robert D. Hare, 앞의 책, 22면 참조.

사이코패시적 성격특성을 지닌 사람들은 시대와 지역을 초월해 보편적으로 존재해 온 것으로 보인다.[16] 서구의 사이코패시 연구의 역사는 멀리 19세기까지 소급해 올라가며,[17] 특히 19세기의 프리차드(Prichard)와 모즐레이(Maudsley)는 사이코패시를 "도덕적으로 미친 상태(moral insanity)"로 기술하였다.[18] 유구한 연구 역사에도 불구하고 일부 정신과의사들은 사이코패시란 개념을 인정하기를 거부해 왔으나[19] 동 개념은 임상적 상황에서도 필요하다는 사실이 일반적으로 받아들여지고 있을 뿐만 아니라 최근의 경험적 연구는 사이코패스들에게 공통적인 성격 특성들이 존재함을 확증해 주고 있다.[20]

헤어에 따르면[21] 감정과 대인관계의 측면에 있어서(제1요소) 사이코패스는 자기중심적이며 과장이 심하고, 후회나 죄의식이 결여되어 있으며, 타인의 고통 및 감정에 대한 공감능력이 부족하다. 또한 거짓말과 속임수에 능하며 감정이 부족[22]하기 때문에 느낌의 폭과 깊이에 한계가 있다. 또한 사회적 일탈의 측면에서(제2요소) 행동의 옳고 그름, 결과의 타당성 여부에 대한 숙려(熟慮)가 없이 충동적으로 범죄를 저지른다. 뿐만 아니라 모욕이나 경멸

---

16) 이 점에 대해서는 마사 스타우트(Martha Stout)/김윤창 역, 당신 옆의 소시오패스(The Sociopath Next Door) (산눈, 2008), 211면.

17) 이 점에 대한 상세한 소개는 김선수, 앞의 논문, 201면 이하 참조.

18) Lisa Ells, 앞의 논문, 178면 참조. 사이코패스란 개념이 등장한 계기는 다음과 같다. 약 2세기 전 프랑스 정신과 의사 피넬(Pinel)은 기존의 진단범주에 들어맞지 않는 사례를 발견하게 되었다. 그 환자는 어떠한 죄책감이나 개인적 자제력도 보이지 않았다. 그의 상태는 "정신착란 없는 광기(manie sans delire; madness without delirium)"로 분류되었다. 이것이 사이코패스를 이해하기 위한 초기의 시도였다. 후에 이것은 미친 듯 보이지만 이성적 능력은 있는 "도덕적 광기"로 불리게 된다. http://www.trutv.com/library/crime/criminal_mind/psychology/psychopath/1.html의 두 번째 페이지 참조. 보다 상세한 내용에 대해서는 본장 II-2의 사이코패스의 개념변천사 참조.

19) 이 점은 현재 우리학계나 실무도 마찬가지라고 보이며, 사이코패시라는 개념을 인정하는 데 보다 적극적인 태도를 취할 필요가 있다고 생각된다.

20) Charles Fischette, Psycopathy and Responsibility, *90 Va. L. Rev. 1423* (2004), 1429면과 각주 21번 참조. 특히 더 참조할 만한 문헌으로는 Gerald F. Gaus, Value and Justification: The Foundation of Liberal Theory (Cambridge University Press, 1990), 293면. 피쳐테는 정신병질은 재범을 예측할 만한 '진정한 성격특성(real trait)'으로 보인다고 강조한다. 앞의 논문, 1429면.

21) 헤어가 지적하는 주요 특성들은 그가 개발한 사이코패스 진단도구인 PCL-R의 20가지 평가목록들 중 일부이다. 20가지 목록은 크게 두 가지의 요소로 분류되며, 그 하나는 감정적·대인관계적(affective/interpersonal) 요소이고(제1요소), 다른 하나는 충동적이고 반사회적이며 불안정한 생활방식, 즉 사회적 일탈(social deviance)의 요소이다(제2요소).

22) 일반적으로 사이코패스는 감정이 결여되어 있지만, 당장의 신체적인 고통과 쾌락, 또는 단기간의 좌절과 성공에서 비롯되는 이른바 '원초적인' 정서반응은 느낄 수 있다고 한다. 그러나 이러한 감정적 반응들은 대부분 오래 지속되지 않으며, 다른 감정들처럼 대뇌변연계에서 발생하기는 하지만, 여타의 '고등' 감정들과는 달리 대뇌피질의 기능을 통해 조절되지 않기 때문에 신경학적으로 '원초적'이라 일컬어진다고 한다. 마사 스타우트(Martha Stout)/김윤창 역, 앞의 책, 200면 참조.

에 대해 자신의 행동을 제어하지 못하고 쉽게 감정이 폭발하여 공격적인 태도를 취한다. 일체의 책임감과 의무감이 없다.[23] 사이코패스가 아닌 사람도 이러한 증상을 보일 수 있다. 그러나 충동적이거나 냉정하거나 감정이 결여되어 있거나, 반사회적이라고 해서 그가 반드시 사이코패스로 판정되지는 않는다. 왜냐하면 사이코패시는 연관된 여러 증상들이 모여 나타나는 일종의 증후군이기 때문이다.[24]

2. 사이코패스 개념의 변천사

사이코패시는 정신의학계에서 인정된 최초의 인격장애이다. 그 개념적 기원은 아리스토텔레스의 제자이자 고대 그리스의 철학자였던 테오프라스토스(Theophrastus)가 그의 저서 '성격론'에서 성격유형을 나누며 논한 '파렴치한 인간(The Unscrupulous Man)'이라는 표현으로까지 거슬러 올라갈 수 있다고 한다.

(1) 19세기 초반의 사이코패시 개념의 태동과 발달

그러나 현대적 의미의 사이코패시의 개념은 18세기 말 무렵 의사들과 철학자들이 "자유의지는 존재하는가?" 또는 도덕률을 이해하지 못하고 어기는 자들(moral transgressors)도 자기 행위의 결과를 "이해할 수 있는가?"라는 문제에 대한 오래 된 논쟁에 몰두하기 시작하면서 이들에 의해 반사회적 인격의 임상적 특성이 주목받게 된 지성사적 배경 하에 탄생하였다.

프랑스의 정신과 의사인 피넬(Phillipe Pinel, 1801)은 "이성적 판단능력이 부족하지 않은 광기"를 처음으로 인식한 사람이었다. 그는 자신의 환자들 중에 이성적 판단능력은 있으나 충동적이고 자신을 학대하는 행동에 빠져 있는 자들이 있다는 것을 발견하였다. 그는 이러한 사례를 "정신착란 없는 광기(manie sans delire)"라고[25] 기술하였다. 피넬에 의해 이러한 유형의 정신병리학적 증상이 널리 알려지기 전까지, 정신은 곧 이성을 뜻하는 것으로 여겨졌고, 따라서 모든 '정신장애'는 곧 '이성의 장애'를 의미했었다. 즉, 이성적 또는 지성적

---

23) Robert D. Hare, 앞의 책, 33면 이하 참조.
24) Robert D. Hare, 앞의 책, 34면.
25) 영어로는 "insanity without delirium"으로 번역되며, '정신착란'으로 번역한 'delirium'은 정신의학용어로는 '섬망(譫妄)'이라고 불린다.

능력의 장애만이 광기로 인정될 수 있었던 것이다. 그러나 피넬로 인하여 정신착란 없이도 사람이 미칠 수 있다는 믿음이 생겨나게 되었다.[26]

미국의 저명한 의사인 벤자민 러쉬(Benjamin Rush) 역시 19세기 초에 사고는 정상이나 사회적 일탈행동을 일삼는 자들에 대한, 피넬이 발견한 것과 유사한 혼란스러운 사례를 기술했다. 그는 이러한 자들을 "타고난, 불가사의한 도덕적 결함을 지닌 자"로 표현했으며 "그들은 도덕적 능력을 담당하는 신체 부위들에 본래적인 조직상의 결함을 가지고 있을 것"이라고 추측했다.[27]

1820년대에 덴마크의 의사이자 열성적인 골상학자였던 오토(Otto)는 코펜하겐 교도소의 의사로 임명되어 수백 명의 죄수들을 상대로 골상학 검사를 실시할 수 있었다. 그는 골상학을 적용해 놀랍게도 이미 그 당시에 현대적 의미의 사이코패스 개념을 제시했다. 그는 '욕망을 숨김'을 뜻하는 '돌제애트트라(dølgeattrå)'라는 정신기관(mental organ)의 개념을 소개하였다. 골상학 이론에 의하면 정신기관은 4단계로[28] 나뉘는데 'dølgeattrå'는 그 중 하나로 동물과 인간에 공통된 기관으로서 성충동이나 공격성, 자기 방어 및 후손에 대한 애정 등과 관련이 있다. 오토는 'dølgeattrå'의 기능을 인격 장애와의 관련 하에 충동 조절이라는 측면에서 정의했다. 그에 따르면 'dølgeattrå'는 다른 정신기관들의 외부적 표현들, 즉 우리로 하여금 행동하게끔 자극하는 모든 생각이나 감정, 성향 등의 행동적 표현들(behavioral expressions)을, 지성(the intellect)이 그러한 표현의 표출이 적당하다고 판단할 때까지, 억제하고 조절하는 기능을 한다. 그런데 'dølgeattrå'가 너무 강하거나 잘못 통제되거나, 나쁜 방향으로 작용을 할 때에는 큰 폐해를 가져온다. 그 결과 속임수, 음모, 교활한 책략, 남모르는 계략이나 저의 등을 지혜로운 것으로 여기는 경향을 갖게 만든다. 이로 인해 거짓말과 위선, 간교한 속임수 등이 목적 달성과 계획 실현에 최선의 수단인 것처럼 여기는 성격이 형성된다는 것이다. 요컨대, 오토의 견해에 따르면, 정신기관의 활동은 타고난 성향의 근원이 되며, 발달과정을 통해 조절된다는 것이다. 대부분의 사람들에게 있어 정신기관

---

26) 이 점에 대해서는 Theodore Millon, Erik Simonsen, & Morten Birket-Smith, Historical Conceptions of psychopathy in the United States and Europe, in: Theodore Millon, Erik Simonsen, Morten Birket-Smith, & Roger D. Davis(eds.), Psychopathy: Antisocial, Criminal and Violent Behavior (New York, Guilford Publications, 1998), 4면. 공저자들은 피넬의 견해에 대해 영어 번역본인 A treatise on insanity(D. Davis, Trans.), 1962를 참조하고 있다. 피넬의 불어본 원서는 1801년에 출간되었다.

27) Theodore Millon, Erik Simonsen, & Morten Birket-Smith, 앞의 논문, 동일한 면.

28) 돌제애트트라(dølgeattrå)와 정서(emotion), 지적 기관(intellectual organs) 및 고등기관(higher organs)의 네 단계로 구분된다고 한다.

들의 관계는 평형을 이루며, 이 때, 환경은 행동에 지대한 영향과 변화를 준다. 그렇게 때문에 타고난 범죄 성향은 어느 하나의 정신기관 때문에 발생하는 것이 아니고, 여러 기관들의 상호작용에 장애가 생길 때 발생하며, 또한 개인의 특이한 체질(constitution) 및 발달 (development)과 관련되어 있다고 오토는 주장하였다.[29]

영국의 정신과 의사인 프리차드(J.C. Prichard)는 "도덕적 광기(moral insanity)"란 용어를 1835년에 처음 공식적으로 사용하고 이를 영어권 국가에 널리 유포시킨 장본인이다. 그는 피넬의 "정신착란 없는 광기"라는 개념을 수용했으나, 피넬이 그러한 장애자들에게 도덕적으로 중립적인 태도를 취했던 것과는 달리, 그는 그들의 행위가 사회적으로 책망받기에 충분한, '비난받을 만한 성격적 결함'이라고 주창하였다. 프리차드는 "도덕적 광기"라는 명칭 하에, 기존의 광범위하고 다양한 정신적, 정서적 조건들을 포함시킴으로써 그 본래적 의미의 증후군의 범위를 확대시켰다. 그에 따르면 이러한 유형의 환자들은 정의나 선, 그리고 책임에 대한 자연적이고 본래적인 의미로부터 떠오르는 '자연스런 감정들(natural feelings)'에 따라 자신의 행동을 지도할 수 있는 능력에 결함이 있다고 한다. 이러한 질병을 앓고 있는 환자들은 행동의 선택지를 이해할 수 있는 지적 능력이 있음에도 불구하고, 그들로 하여금 반사회적 행동을 하게끔 만드는 "저항할 수 없는 감정(overpowering affection)"에 의해 동요되었다고 한다.[30] 이처럼 '이성적 능력'의 결함에서 기인한 광기와 '자연스런 감정들'의 결함에서 기인한 광기의 구분법은 영국의 법학자들과 정신과 의사들 사이에서 오랫동안 주요한 논쟁거리가 되었다.[31]

그 후로도 '도덕적 광기'란 개념은 영국과 유럽대륙에서 70년이 넘게 논란과 관심의 대상이 되었는데, 이 개념은 피넬이 특정한 정신 장애자를 "정신착란 없는 광인"으로 명명하여, 도덕적 요소와는 무관한, 순수한 임상적 관찰에 기초하여 가치중립적 개념으로 이해하고자 했던 것과는 달리 "도덕적 비난(moral censure)과 사회적 타락(social depravity)"이라는 요소로 구성되어 있다는 점에서 차이가 있다. 이 시기의 저명한 정신과 의사인 다니엘 투크(Daniel Hack Tuke)는 '도덕적 광기'란 개념 대신 피넬이 그러한 증상에 대해 사용했던 본래적인 가치중립적 성격을 다시 인식하여 "통제력에 장애를 가져오는 광기(inhibitory insanity)"란 표현을 제안하기도 하였다.[32]

---

29) Theodore Millon, Erik Simonsen, & Morten Birket-Smith, 앞의 논문, 4-5면.
30) Theodore Millon, Erik Simonsen, & Morten Birket-Smith, 앞의 논문, 5면.
31) Theodore Millon, Erik Simonsen, & Morten Birket-Smith, 앞의 논문, 5-6면.
32) Theodore Millon, Erik Simonsen, & Morten Birket-Smith, 앞의 논문, 6면.

역시 이 시기의 또 다른 영국의 정신과 의사인 헨리 모즐레이(Henry Maudsley)는 "정신 장애에서의 책임(Responsibility in mental disease), London, 1874"에서 투크와는 대조적으로 프리차드의 '도덕적 광기'를 지지하면서도 그와 달리 "자연스런 도덕 감정들"의 배후에 있는 '특정한 두뇌중추'의 존재를 주장하기도 하였다.[33] 이처럼 도덕적으로 타락한 사람들에게는 두뇌의 결함이 있다는 주장에 더하여, '생래적 범죄자'라는 개념을 창시한 롬브로조 (Lombroso)는 몇몇 '인류학적 징후(stigmata)'들, 즉 범죄자들에게 나타나는 생물학적·신체적 특징들 - 범죄형(criminal types)[34] - 이 있다는 주장을 추가하기도 하였다.[35]

(2) 19세기 후반과 20세기 초엽의 사이코패시 연구

19세기 말엽, 독일의 정신의학자들은 '도덕적 광기'처럼 가치평가가 개입된(value-laden) 이론으로부터 벗어나 관찰중심의 연구로 관심을 돌렸다.

코흐(J. L. Koch, 1891)는 '도덕적 광기'라는 개념을 '정신병질적 열성(psychopathic inferiority)'이라는 개념으로 대체할 것을 제안하였다. 이 개념은 모든 종류의 정신적 비정상성을 포함하는 것으로서, 평생 개인에게 영향을 미치며 가장 좋은 여건에서도 그로 하여금 정상적인 정신적 능력을 충분히 발휘하지 못하게 만드는 것이다. 최근까지 모든 인격장애의 일반적 명칭이 되어버린 '정신병질적(psychopathic)'이라는 용어는, 이러한 결함에는 신체적 토대가 존재한다는 신념을 보여주기 위해 코흐가 채택한 것이다. 그는 정신병질자들이 생리학적 정상성을 벗어난 신체조직상의 상태 및 변화의 영향을 받으며, 두뇌조직의 선천적 또는 후천적 열성으로부터 발생한다고 주장하였다.[36] 코흐의 "체질적 열성(constitutional inferiority)"이란 개념은 미국의 정신의학자인 아돌프 마이어(Adolf Meyer)에 의해 수용되었고 마이어는 '정신병질적 열성'이란 개념을 '정신병질적인 것'과 '정신신경증적 장애 (psychoneurotic disorder)'로 세분하였다. 마이어는 신경증의 원인은 주로 심인적(psychogenic) 인 데서 기인한다고 믿었던바, 이는 선천적인 신체적 결함 또는 '체질적 열성'의 영향은 덜 받는다는 점에서 순전히 '정신병질적인 경우'와 '신경증적 장애'는 구분되어야 한다고 보았던 것이다. 마이어의 이와 같은 구분법은 오랜 동안 미국의 질병분류체계에서 명확하게

---

33) Henry Maudsley, Responsibility in mental disease (New York: D. Appleton and company, 1898), 10-11 면 참조. 초판을 구할 수 없어 1898년 판을 참조함.
34) 잘 알려져 있듯이 '넓고 돌출한 턱', '긴 귀', '넘어간 이마' 등이 있다.
35) Theodore Millon, Erik Simonsen, & Morten Birket-Smith, 앞의 논문, 7면.
36) Theodore Millon, Erik Simonsen, & Morten Birket-Smith, 앞의 논문, 8면.

유지되었다.[37]

20세기 전후에 에밀 크라펠린(Emil Kraepelin) 역시 매우 중요한 일련의 저작을 통해 정신병질적 증후군에 대한 관심 초점의 변화를 보여주었다. 그는 "정신의학 독본(Psychiatrie: Ein Lehrbuch)"의 제2판(1887)에서 '도덕적 광기'를 "즉각적인 이기적 욕구의 무모한 충족을 억제할 수 있는 능력의 선천적 결함'과 동일시하였다. 제5판(1896)에서는 그러한 '체질적 장애'를 '평생의 병적인 인격'이라고 주장하면서 그러한 상태를 처음으로 '정신병질적 상태'라고 언급하였다. 1899년의 제6판에서는 '정신병질적 상태'를 강박사고, 성적 도착, 그리고 충동적 광기 등의 증후군과 결합된 여러 형태의 '변성' 중의 한 유형이라고 보았다. 그는 '변성'이란 주제에 초점을 맞추면서 제7판(1903, 1904)에서는 그 증후군을 '정신병질적 인격'이라고 칭하며, 이는 "변성(變性)이라고 볼 만한 충분한 근거가 있는, 인격발달상의 기묘한 병적 형태"를 뜻한다고 하였다. 또한 그는 자신의 저작 제8판에서(1915) 정신병질자를 "감정 또는 의지에 결함이 있는 자"로 기술했다.[38]

(3) 제1차 세계대전부터 1940년대까지의 개념사

비른바움(K. Birnbaum, 1909)은 크라펠린의 후기 저작기에 저술을 하며 대부분의 정신병질적 증후군 사례에는 '사회병질적(sociopathic)'이란 명칭이 가장 적합할 것이라고 제안하였다. 그에 따르면 모든 변성적 정신병질 유형의 범죄자들이 도덕적 결함이 있거나 체질적으로 범죄성향이 있는 것은 아니다. 나아가 반사회적 행위가 타고난 성격상의 부도덕한 특질에서 기인하는 경우는 거의 없고, 오히려 사회적 강제가 작용하여 사회적으로 용납할 수 있는 행동과 적응(behavior and adaptation)의 방식을 불가능하게 만들기 때문에 반사회적 행동을 하게 되는 것이라고 주장하였다.[39] 그의 '사회적 조건 테제(social condition thesis)'는 정신의학계에서 눈에 띄는 대안으로 주목받지 못하다가, 1920년대 후반에 이르러 미국의 헐리(Hearly), 브로너(Bronner, 1926), 패트리지(Partridge, 1930) 등에 의해 주요한 연구대상으로 주목받게 된다. 그 중간 시기에는 국제적으로 정신병질이 영국의 정신장애 법안(Mental Deficiency Act of 1913)에 규정된 방식으로 이해되었는데, 이 법안은 80년 전 프리차드가 고안한 '도덕적 광기'란 개념의 영향을 받고 있었다. 즉, 정신병질은 "처벌이 억지력을 (거의)

---

37) Theodore Millon, Erik Simonsen, & Morten Birket-Smith, 앞의 논문, 8면.
38) Theodore Millon, Erik Simonsen, & Morten Birket-Smith, 앞의 논문, 9-10면.
39) Theodore Millon, Erik Simonsen, & Morten Birket-Smith, 앞의 논문, 11-12면.

갖지 못하는 사악하거나 범죄적인 성향을 나타내는 체질적 결함"이라고 여겨졌던 것이다.[40]

제1차 세계대전 이후의 독일의 중요한 정신의학자로는 쿠르트 슈나이더(Kurt Schneider)가 있었다. 그는 "정신병질적 인격(Die Psychopathischen Personlichkeiten)이란 책을 1923년의 제1판부터 1950년의 제9판까지 저술하였고, 많은 범죄자들은 유소년기에 비행을 저지르며, 교정이 불가능하다고 주장했다. 슈나이더에 따르면 이러한 유형의 정신병질자들은 대부분의 사회에서 발견되며, 이들 중 많은 수가 권력이나 경제력에 있어서 뛰어나게 성공하는 경우가 있다고 한다. 나아가 슈나이더는 정신병질이 법정에서 심신장애의 항변으로 받아들여지는 것은 부적절하다고 보았는데, 그 이유는 만일 그렇게 되면 형벌을 피해 보호감호처분을 받기 위한 방편으로 악용될 우려가 있기 때문이라고 하였다.[41]

한편 덴마크에서는 어거스트 빔머(August Wimmer)가 1929년 정신장애의 유전과 인종개량에 관한 책에서 기존의 변성이론(degeneration theory)를 비판하며 정신병질이 멘델의 유전법칙에 따라 유전되는 것으로 설명했다. 즉, 롬브로조의 이론에서처럼 사이코패스는 '타고난 범죄자'라는 것이다. 그는 당시 덴마크의 많은 정신의학자들처럼 혼인금지, 강제낙태, 단종을 통한 '인종개량'을 옹호하였는데, 일정한 유형의 정신병자들과 사이코패스들의 '단종' 필요성에 대해, 심도 있는 '열린 논의'를 해 볼 가치가 있다고 주장하기도 하였다.[42]

1920년대부터는 정신분석이론이 뿌리내리기 시작함으로써 사이코패스의 '성격(character)'에 대한 정신분석학적 연구가 산발적인 형태로 태동하게 된다. 그 시초는 1916년 프로이트의 저작인 "정신분석에 의한 몇 가지 성격유형"에서 찾을 수 있다. 프로이트는 여기서 한 개인의 성격에서 비롯되는 "기묘한 행동들"에 주목하며, 그러한 행동들은 단지 그것이 금지되어 있기 때문에 행해지며, 행위자는 그 행동을 해야만 비로소, 그를 억압하는 죄책감, 즉 정신적 고통으로부터 구제될 수 있다고 주장하였다.[43]

일탈적 행위에 대한 최초의 정신분석학적 연구는 아이쾬(Aichorn, 1925)에 의해 수행되었다. 그는 과도한 탐닉, 과대평가, 지나친 엄격함, 그리고 약탈 등은 어린 아이로 하여금 사회적 가치를 거부하게 만드는 토대가 될 수 있다고 한다. 그는 이러한 것들을 초자아(superego)의 결함으로 보면서, 이러한 아이들은 부모의 가르침을 내면화하지 못하고 충동적

---

40) Theodore Millon, Erik Simonsen, & Morten Birket-Smith, 앞의 논문, 12면.

41) Kurt Schneider, Die psychopathischen Personlichkeit (Wien: Franz Deuticke, 1950), 131-132면 참조. 이 점에서 사이코패스의 형사책임능력에 대한 슈나이더의 입장은 헤어의 견해와 거의 유사하다. 헤어의 입장으로는 본장 I의 각주 7) 참조. 슈나이더의 책은 초판을 입수할 수 없어 1950년 판을 참조하였음.

42) Theodore Millon, Erik Simonsen, & Morten Birket-Smith, 앞의 논문, 13면.

43) Theodore Millon, Erik Simonsen, & Morten Birket-Smith, 앞의 논문, 14면.

인 행동을 통해 즉각적인 욕구충족을 추구하는 경향이 있다고 주장하였다.44) 아브라함(Abraham, 1925)도 자기애적(narcissistic) 성격특성과 반사회적 성격특성을 초래하는 조건들에 대한 아이혼의 주장에 동조하면서, 일종의 심리적 영양결핍(psychological undernourishment)이라 할 수 있는 애정결핍은 반사회적 성격특성을 결정하는 전제조건이 된다고 보았다. 애정결핍은 특정인물에 대해서뿐만 아니라 사회전체를 향한 과도한 증오와 분노를 불러일으킨다는 것이다.45)

라이히(Reich, 1925)는 '충동적 성격' 또는 '본능에 얽매인 성격'이라는 용어를 처음으로 사용하며, 이러한 성격을 지닌 자들의 초자아는 충동의 표출이 자아(ego)의 확고한 통제 하에 이루어지도록 하지 못함으로써, 그 결과 본능적 유혹에 직면했을 때, 이드(id)의 유혹을 충분히 억제하지 못하게 되어 결국 충동이 마음대로 표출될 수 있게 만든다고 보았다. 비슷한 시기 미국의 정신분석학자인 코리앗(Coriat, 1927)은 '체질적 정신병질'을 유년기에 형성되는 반사회적 성격으로 기술했고, 패트리지(Patridge, 1927)는 사이코패스의 욕구를 구강기의 욕구가 덜 충족된 데서 비롯된 것으로 보았다.46)

철저하게 정신분석학적 관점에서 사이코패스와 범죄행위에 대한 평가가 최초로 수행된 것은 알렉산더(F. Alexander)에 의해서였다. 그는 "총체적 인격의 정신분석(Psychoanalysis of the Total Personality, 1923)"과, "신경증적 성격(The Neurotic Character), 1930"에서 네 단계의 병리적 측면을 제안하였다. 신경증, 신경증적 성격, 정신병, 진정한 범죄성(true criminality)의 네 단계가 바로 그것이다. 각 단계는 바로 이드(id)의 무의식적 충동을 억제하는 자아(ego)의 능력단계를 반영하는바, 신경증적 단계는 가장 강한 능력을 보이는 반면, 범죄성의 단계는 가장 최하위의 능력을 보이는 단계라는 것이다. 그리고 알렉산더는 '신경증적 성격'이 바로 사이코패스 성격의 토대라고 보았는데, 간단히 말해 사이코패스는 무의식적 동기에 의해 신경증적으로 발생한 충동 때문에 비행을 저지르고 결국은 범법자가 된다는 것이다. 이를 좀 더 이론적으로 설명하려는 시도로서, 그는 1935년 "범죄의 근원(The Roots of Crime)에서 반사회적 행위는 정신내부적 과정(intrapsycic process)과 사회적 힘, 그리고 체질적 성향(constitutional dispositions)들 간의 얽히고설킨 상호작용을 반영하는 것이라고 보았다.47)

---

44) A. Aichorn, Wayward Youth (New York: Viking, 1935), 38-39면 참조. 초판(1925)을 입수할 수 없어 1933년 판을 참조하였다.
45) Theodore Millon, Erik Simonsen, & Morten Birket-Smith, 앞의 논문, 15면.
46) Theodore Millon, Erik Simonsen, & Morten Birket-Smith, 앞의 논문, 15면.

바테마이어(Bartemeier, 1930)와 비텔(Wittels, 1937), 그리고 카프만(Karpman, 1941)과 페니첼(Fenichel, 1945), 프리들랜더(Friedlander, 1945), 그리나커(Greenacre, 1945), 알렌(Allen, 1950), 레비(Levy, 1951) 등도 알렉산더와 유사하게 반사회적 행동의 발달메커니즘에 대한 원인을 정신내부적 과정과 함께 유소년기 부모와의 관계에서도 찾았다.[48]

비텔(1937)은 '신경증적 사이코패스'와 '단순(simple) 사이코패스'를 구분했던바, 전자는 남근기(phallic stage, 3-6살)에 고착되어 자신의 양성애적 충동을 두려워하는 반면, 후자는 자신의 양성애를 탐닉한다고 보았다.[49] 카프만(1941) 역시 정신병질을 '특발성(idiopathic) 정신병질'과 '증후성(symptomatic) 정신병질'로 구분하여 전자는 체질적으로 죄책감이 없고, 타인의 감정에 무감각하며, 탐욕스럽고 공격적인 성향을 보이고, 어떠한 심인성 병력도 그러한 행동성향을 설명해 주지 못한다는 점에서 '진정한 사이코패스'인 반면, 후자는 일련의 신경증으로 구성돼 있고 그들의 행동은 미해결된 무의식적 장애에서 비롯된다는 점에서 그것은 알렉산더가 말한 '신경증적 성격'에 유사한 것일 뿐 '진정한 사이코패스'는 아니라고 주장하였다.[50]

저명한 정신분석가인 페니첼(1945)은 초자아와 이드에 대한 라이히의 설명방식을 따라 '반사회적 충동'과 '신경증적 충동'을 명확히 구분하였고, 또 다른 정신분석가인 프리들랜더(1945)는 청소년 사이코패스의 성격구조는 충분히 성숙된 초자아의 규제를 받지 못하고 '쾌락원리(pleasure principle)'의 지배를 받는다는 점을 강조하였다.[51] 사이코패스에 대한 또 다른 정신분석적 설명의 시도로서 아이슬러(Eissler, 1949)는 그들의 행동을, 유소년기에 중대하게 손상된 '전능함의 감정(feelings of omnipotence)'을 회복하기 위해 의도된 것으로 보았다. 즉 유소년기에 부정의와 박탈감을 겪은 아이는 커다란 배신감을 느끼게 되고, 결국 의심 많고, 자아도취적이며, 자기과장적인데다가, 물질추구적이고 위험과 자극을 탐닉하는

---

47) Franz Alexander, Psychoanalysis of the total personality (New York: Nervous and Mental Disease Publications, 1930), 11-15면. 초판(1923)을 입수할 수 없어 1930년 판을 참조함.; Theodore Millon, Erik Simonsen, & Morten Birket-Smith, 앞의 논문, 17면.

48) Theodore Millon, Erik Simonsen, & Morten Birket-Smith, 앞의 논문, 18면.

49) Theodore Millon, Erik Simonsen, & Morten Birket-Smith, 앞의 논문, 18면.

50) Wittel과 Karpman의 견해에 대해서는 Theodore Millon, Erik Simonsen, & Morten Birket-Smith, 앞의 논문, 18면 참조. 한편 카프만은 다른 논문에서 '특발성(idiopathic)'과 'primary', 'essential'이라는 표현을 동일시하였고, '증후성(symptomatic)'이란 표현을 'secondary'라는 표현과 병기하기도 하였다. 이 점에 대해서는 Ben Karpman, The Myth of the Psychopathic Personality, *104 American Journal of Psychiatry 523* (1948) 참조.

51) Theodore Millon, Erik Simonsen, & Morten Birket-Smith, 앞의 논문, 18면.

성격을 갖게 된다는 것이다.[52]

정신분석가들이 활동하던 이 시기에 정신분석이 아닌 방법으로, 반사회적 인격에 대해 예리하고 완전한 임상적 성격유형화를 시도한 장본인으로는 클러클리(H. Cleckley)가 있다. 그는 "정상인의 가면(The Mask of Sanity, 1941)"에서 사이코패시 분야의 통일되지 않고 혼란스러운 용어사용의 문제를 해결하기 위해 사이코패시라는 개념체계 하에 점점 더 다양한 정신장애를 포함시키려는 경향을 논박하고자 하였다. 대신 그는 사이코패시의 주된 특성을 부각시키기 위해 '문의성 치매(Semantic Dementia)'[53]라는 명칭을 사용할 것을 제안하였다. 이는 어떤 말을 해 놓고 다른 행동을 하는 경향을 말한다. 그의 주요한 업적으로는 사이코패스의 주된 특징으로서 죄책감의 결여, 충동성, 얕은 감정의 폭, 경험으로부터 배울 수 있는 능력의 결여 등을 제시한 것과, 사이코패스가 비단 감옥에서만 발견되는 것이 아니라, 사회적으로 매우 존경받는 자리나 직업군, 예컨대 성공한 사업가, 과학자, 의사, 정신의학자들에게서도 발견된다고 주장한 것이 있다.[54]

(4) 20세기 중반의 사이코패시 개념

1951년, 지난 세기의 사이코패시 개념변화에 대해 캐머런(Cameron)과 마거렛(Margaret)은 다음과 같이 평가했다. "오늘날 사회적 일탈행위에 대한 가장 인기 있는 명칭은 저 낡은 개념범주인 '체질적 정신병질적 열성'이라는 것이다. 사람들은 더 이상의 새로운 개념을 언급하려 들지 않는다. 더욱이 행동병리학자들(behavior pathologists)은 정신병질적 행동에

---

52) Theodore Millon, Erik Simonsen, & Morten Birket-Smith, 앞의 논문, 18면. 이 공저자들은 사이코패시에 대한 프로이트적 분석을 중심으로 개념변천사를 다루고 있으나, 융(C.G. Jung)의 분석심리학적 방법에 기초한 정신병질 연구는 빠져있다. 분석심리학적으로 정신병질의 원인을 다룬 논문으로는 John Edward Talley, A Jungian Point, in: William H. Reid (ed.), The Psychopath: A Comprehensive Study of Antisocial Disorder and Behaviors (New York: Brunner/Mazel, 1978) 참조. 정신병질의 원인에 대한 분석심리학적 원인론에 대해서는 앞장의 사이코패시의 원인론을 참조할 것.

53) '문의성 치매'란 '의미치매'라고도 하며, 전두측두엽성치매(Frontotemporal lobar degeneration)의 아형 중 한 형태이다. 전두측두엽성치매란 전두엽이나 측두엽을 침범하는 국소적 뇌엽위축을 보이는 퇴행성 치매를 말한다. 이는 침범부위에 따라 세 가지 임상형태로 나타나며, 행동과 인격변화를 가져오는 전두엽치매, 음성학적, 문법적 오류가 특징적인 실어증, 그리고 마지막으로 '문의성 지식'의 손상으로 진행성 유창성 실어증 형태를 보이는 의미치매(Semantic dementia:SD)가 있다. 이에 대해서는 김돈수·김영대·유승화·김용덕·최영철(건양대학교 의과대학 신경과학교실, 연세대학교 의과대학 신경과학교실), 전두측두엽성 치매의 측두엽 변이형: 의미치매, 대한신경과학회지 제20권 제1호, 2002, 82면 참조.

54) Hervey Cleckley, The Mask of Sanity (Saint Louis: C.V. Mosby, 1950), 198-199면 참조. 초판(1941)을 입수할 수 없어 1950년판을 참조하였다.

대해 기술하려고 하지 않고 비난하려고 드는 경향이 있다. 19세기 정신의학의 이와 같은 가치평가적 태도는 현재 우리의 개념분류에도 영향을 주고 있다. 사이코패스는 범죄와, 착취, 그리고 교화가 불가능하다는 이유로 비난받고 있다."[55] 요컨대 사이코패스가 가치중립적이어야 할 정신의학적 진단명이 아니라 법·도덕적 비난의 성격이 강한 명칭으로 사용되는 것에 대한 비판인 것이다. 이는 오늘날에도 한 번 되새겨 보아야 할 만한 지적이라고 볼 수 있을 것이다.

20세기 중반의 주목할 만한 발전으로는 정신과 의사 게오르그 스튀럽(Georg K. Stürup)의 사이코패스의 치료를 위한 진취적 노력을 들 수 있다. 그는 덴마크 허스테드베스터(Herstedvester) 수용소의 장으로 임명되어 30여 년간 그 직을 유지하였으며, 그 수용소 내에서 사이코패스 등 인격장애인을 상대로 사회복귀를 위한 치료를 시도하였다. 그 치료의 목적은 수용자로 하여금 자존감과 책임감을 강화시키려는 것이었고, 그는 1968년 "치료불가능한 자들의 치료(Treating the 'untreatable')"라는 책에서 치료에 참가한 자들은 누구나 그들의 노력에 의해 '중요한 것'을 얻었다고 결론지었다.[56]

반사회적 인격이라는 정신의학적 개념에 입각해 사회적/대인관계적(social/interpersonal) 모델을 정립한 사람은 리어리(Leary, 1957)이다. 그는 "저항을 통한 조절(adjustment through rebellion)"이라는 개념을 통해 여러 인격장애에 나타나는 공통된 동기를 설명하였다. 예를 들어 그가 "불신적인(distrustful)"이라고 분류한 하위범주는 현재 반사회적 인격장애들의 전형적인 목표와 행동이라고 여기는 것과 거의 같다. 리어리에 의하면 과거에 거절과 모욕을 겪은 자는 저항적 방어를 통해 평온과 보상을 얻게 된다. 이러한 방어기제의 핵심은 관습적인 것에 대한 적대적 거부이다. 즉, 이들은 관습적인 것을 거절함으로써 순종하지 않았다는 자유(rebellious freedom)와 복수했다는 쾌감(retaliatory pleasure)을 얻게 된다는 것이다.[57]

비슷한 시기 에이센크(Eysenck, 1957)는 사이코패스가 "타고난 외향적 기질의 성향"을 지녔음을 입증해 주는 증거를 제시하며, '타고난 체질적 성향'이라는 가정에 의존하였고, 반면에 밴두라(Bandura)와 월터(Walters, 1959)는 학습이론(learning theory)을 토대로 부모와 자녀간의 역할에 주목하여 '대리적 학습과 강화(vicarious learning and reinforce)'에 의해 공격적인 사회병질적 행동을 해석하려 하였다. 예컨대 적대적인 부모는 그 자녀가 타인과의

---

55) Theodore Millon, Erik Simonsen, & Morten Birket-Smith, 앞의 논문, 19면.
56) Theodore Millon, Erik Simonsen, & Morten Birket-Smith, 앞의 논문, 19면.
57) Timothy Francis Leary, Interpersonal diagnosis of personality (New York: Ronal Press, 1957), 270면 참조.

반사회적 관계를 형성할 수 있는 지침으로 사용할 수 있는 모델이 될 수 있다는 것이다. 역시 비슷한 시기의 로빈스(Robins, 1966)는 성인에게 나타나는 사이코패시와 반사회적 행동과 청소년기 전력) 간의 관계를 해명하기 위한 경험적 연구를 수행하기도 하였다.[58]

(5) 20세기 후반: 버센(Bursten)에서 헤어(Hare)까지의 개념

1970년대의 정신분석가인 버센(B. Bursten)은 전형적인 사회병질자의 특징은 타인에게 무엇을 강제하고 그를 경멸함으로써 자존감을 북돋우려는 욕구라고 보았다. 그의 시도에서 돋보이는 점은 '반사회적'이라는 꼬리표를 대체해 가치중립적 명칭을 사용하려는 것인데, 그는 그러한 사람들을 '타인을 조종하는 데 능숙한 인격체(manipulative personalities)'라고 칭했고, 사회의 모든 영역, 어디에서나 발견된다고 주장하였다.[59]

1973년 에리히 프롬(Erich Fromm)은 개인적, 문화적 관점에서 가학증의 역할(role of sadism)에 주목하였다. 가학증에는 성도착과 같은 성적 가학증도 있고, 인간이든 동물이든 힘없는 존재에게 물리적 고통을 가하는 비성적인 가학증도 있다. 그는 남에게 굴욕감을 주고 타인의 감정을 다치게 만드는 정신적 가학증이 육체적 고통을 가하는 물리적 가학증보다 더 만연해 있다고 보면서, 그러나 정신적 고통은 물리적 고통만큼, 어쩌면 그보다 더 강할 수 있다고 주장하였다. 또한 그는 모든 가학증에 공통되는 핵심은 살아있는 존재를 절대적, 무제한적으로 지배하려는 욕구이며 대부분의 가학증은 사악한 것이라고 보았다. 그는 개인의 인격은 체질적으로 주어진 경향과 같은 개인적 요인은 물론 종교와 도덕철학적 전통, 그리고 사는 도시의 크기와 같은 문화적 요인의 영향도 받는다고 하면서, 가학증의 발달과 증상도 역사적이고 사회적인 영향 하에 있는데, 예컨대 어떤 사회집단은 가학증적 잔혹함을 강화시키는 경향이 있다고 주장하였다.[60]

비슷한 시기의 오토 케른버그(Otto Kernberg, 1970)는 반사회적 인격을 그 반사회적 측면에서 가장 심한 증상부터 가장 경한 증상에 이르기까지 네 가지의 위계구조를 제안하였다. 그에 따르면 모든 반사회적 인격자들은 자기애적 인격과 도덕성의 인식에 있어 비정상적인 병리현상을 보인다고 한다. 한 마디로 초자아의 기능에 문제가 있다는 것이다. 특히

---

58) 에이젠크, 밴두라와 월터, 로빈스의 견해에 대해서는 Theodore Millon, Erik Simonsen, & Morten Birket-Smith, 앞의 논문, 20-21면 참조.

59) Theodore Millon, Erik Simonsen, & Morten Birket-Smith, 앞의 논문, 21면.

60) Erich Fromm, The anatomy of human destructiveness (New York: Holt, Rinehart & Winston, 1973), 283, 289면과 296-297면, 그리고 333면 참조.

그는 악의적인 자기애(malignant narcissism)라는 증후군에 주목했는데, 이러한 인격은 '자기애적 정신장애', '반사회적 행동', '타인 및 자신에 대한 자아동질적(ego-syntonic) 공격성 또는 가학증', 그리고 '강한 편집증적 성향'으로 특징지을 수 있다고 주장하였다.[61]

역시 비슷한 시기의 밀런(Millon, 1969)은 '발달적 학습[62]'과 '심리역동(psychological dynamics)'에 기초해 반사회적 행동을 설명하려 시도하였다. 그는 이러한 인격을 지닌 자들의 특징으로 기질적으로 적대성을 띠고, 자존심이 강하고 자기 과시적이며, 감정의 결핍을 나타낸다는 점을 들었다. 또한 분노를 자주 표출하며, 타인에게 굴욕을 주고 남을 지배함으로써 만족감을 느끼는데다 위험을 감수하려는 조급성이 있어서 징벌의 위협에 직면해서도 두려움이 없다는 점 등을 들었다. 밀런의 작업은 DSM-III[63]가 채택한 '반사회적 인격'이라는 명칭에 주된 기초가 되었다는 점에서 그 의의가 있다고 한다.[64]

1986년 헤어는 '정신병질적 인격'이라는 클러클리의 개념체계를 도입하여 사이코패시 진단목록인 PCL(Psychopathy Checklist)과 그 개정판인 PCL-R(Revision)을 개발했다. 이 작업에서 두 개의 상호 관련된 요소들이 등장했는데, 첫 번째 요소는 이기성, 자기중심성, 후회나 공감의 결여와 같은 자기애적 인격의 측면과 유사한 요소들을 나타내고, 두 번째 요소는 유소년기 비행, 충동성, 잦은 범행 등과 같은 반사회적 생활방식과 연관되어 있다. 헤어의 작업은 사이코패스적 생활방식의 두 가지 주된 특성과 관련해서 케른베르그와 밀런의 견해를 지지해 주는 듯 보인다. 우선 밀런의 견해를 대변해 주는 점으로는, 자기애적 인격장애자의 자기중심적 측면에서는 '수동적 방식으로', 그리고 반사회적 인격장애자의 자기중심적 측면에서는 '능동적 방식으로' 타인에 대한 배려가 결여되어 있다는 점을 들 수 있다. 또한 헤어의 작업은 반사회적 인격장애자와 자기애적 인격장애자 모두 본질적이고 주요한 특징을 공유한다는 케른베르그의 입장을 잘 반영해 주고 있다.[65]

이전에도 많은 연구자들에 의해 반사회적 성격장애의 생체적(biogenic) 원인이 탐구되어 왔으며, 20세기 후반에 이르러 생물학적 이론가들이 그러한 성격장애의 잠재적 기질(substrate)을 연구해 오고 있다. 시버(Siever) 등은(1985) 반사회적 성격장애의 원인으로 '피

---

61) Theodore Millon, Erik Simonsen, & Morten Birket-Smith, 앞의 논문, 24면.
62) 발달적 학습이란 인지적 발달의 정상적 과정의 일부(as a normal part of cognitive development)로 나타나는 학습을 말한다.
63) DSM-III에 대해서는 앞장의 각주 131)을 참조할 것.
64) Theodore Millon, Erik Simonsen, & Morten Birket-Smith, 앞의 논문, 23면.
65) 헤어의 작업에 대한 이러한 평가로는 Theodore Millon, Erik Simonsen, & Morten Birket-Smith, 앞의 논문, 26면 참조.

질각성저하(lowered cortical arousal)'와 '다양한 자극에 대한 탈억제적 운동반응(disinhibited motoric responses to a variety of stimuli)'을 제시하였고, 클로닝거(Cloninger, 1987)는 신경생물학적 요인으로서 그들의 기본적 반응특성(basic response characteristics)이 높은 엽기성향과 낮은 위험회피성향, 그리고 낮은 보상의존성(reward dependence) 등으로 구성되며, 이러한 반응특성의 조합은 곧 충동성과 공격성, 적대적이고 기회주의적인 행동과 결합된다고 주장하였다.

　20세기 후반 주목할 만한 또 다른 연구로는 미국 보건당국과 덴마크 정부 간의 협동연구가 있다.[66] 그 중 주목할 만한 연구로 슐신저(Schulsinger, 1972)는 사이코패시를 겪고 있는 입양에 의한 양자들과 사이코패스가 아닌 양자들을 비교하였는데, 사이코패스인 양자들의 친부모의 친족들(biological relatives)이, 그들의 양부모의 친족들(adoptive relatives)보다 2배나 많이 사이코패시를 겪는다고 보고하였다. 메드닉(Mednick) 등도 여러 연구를 통해(1977, 1996) 범죄의 유전적 요인 및 사이코패시와 범죄의 상관성을 연구하였다. 역시 양자 표본들의 범죄성에 대한 연구를 바탕으로 그들은 유전적 요인과 환경적 요인이 모두 중요하다고 결론지었다. 왜냐하면 양부모와 친부모의 범죄경력은 둘 다 자녀들에게 영향을 미치는 것으로 나타났기 때문이다. 다만 연구결과 친부모의 범죄력이 보다 중요한 영향력을 지니는 것으로 보고되었다.[67]

III. 사이코패스의 형사책임능력

1. 책임능력의 판단의 두 요소

　책임은 본질은 비난가능성이다.[68] 즉 행위자가 법규범 준수여부를 자유롭게 선택할 수 있는 능력과 공정한 기회를 갖고 있음에도 불구하고 법규범을 위반한 데 대한 비난가능

---

66) 이하 20세기 후반의 사이코패시 연구동향에 대해서는 Theodore Millon, Erik Simonsen, & Morten Birket-Smith, 앞의 논문, 27-28면 참조.
67) 이러한 결론은 헤어가 사이코패시의 원인에 대해 취하고 있는 견해와도 유사하다. 헤어의 견해에 대해서는 본서 제3장의 I 참조.
68) Hans-Heinrich Jescheck & Thomas Weigend, Lehrbuch des Strafrechts AT (5. Aufl., Berlin: Duncker & Humblot, 1996), 404면.

성이 책임인 것이다.[69] 그렇다면 책임능력은 "책임비난이 가능한 행위자의 능력"이라고 정의될 수 있을 것이다.[70]

형사책임능력은 생물학적 요소와 심리적 요소로 구성된다. 우리 형법상 생물학적 요소는 심신장애를 뜻한다. 그런데 심신장애가 구체적으로 어떤 증상을 지칭하는 것인지는 명확하지 않다.[71] 다만 판례는 심신장애사유로 정신병, 정신박약, 심한 의식장애 기타 중대한 정신 이상 상태, 그리고 성격적 결함을 인정하고 있다.[72] 현재 사이코패시가 심신장애사유가 될 수 있는지에 대해 명확한 입장은 찾아볼 수 없다. 다만 성격장애에 대한 판례의 입장에 비추어 볼 때, 중증의 사이코패시는 심신장애로 인정될 여지가 있을 뿐이다. 그러나 중증의 사이코패시가 아니라 하더라도 사이코패시는 심신장애사유로 인정되어야 한다고 본다. 그 이유는 사이코패시가 생물학적 원인에서 발병하며, 이로 인해 의사결정능력에 심각한 장애를 겪게 되기 때문이다. 이하에서는 사이코패시가 심신장애사유에 해당한다는 전제하에[73] 사이코패스의 의사결정능력을 중심으로 책임능력판단의 심리적 요소를 갖추고 있는지를 검토해 보고자 한다.

2. 사이코패스의 책임능력 긍정론

(1) 정신병과의 구분론

오늘날 사이코패스의 형사책임능력에 대해서는 이를 긍정하는 것이 지배적 견해이

---

69) Joshua Dressler, Reflections on Excusing Wrongdoers: Moral Theory, New Excuses and the Model Penal Code, *19 Rutgers Law Journa 671* (1988), 701면; Peter Arenella, Character, Choice, and Moral Agency: The Relevance of Character to our Moral Culpability Judgement, *7 Social Philosophy and Policy 59* (1990), 59-60면.

70) 이러한 설명으로는 한정환, 앞의 논문, 76면 참조. 보다 구체적으로 책임능력을 규범을 이해하고 그에 따라 행위를 조종할 수 있는 '유책행위능력'인 동시에 형벌을 통해 그 목적을 달성하기 적당한 능력, 즉 형벌에 의해 사회에 적응할 수 있는 '형벌적응능력'이라고 보는 입장으로는 정규원, 형법상 책임능력에 관한 연구: 판단기준을 중심으로, 서울대학교 석사학위논문, 1997, 44-48면 참조.

71) 김형준, 충동조절장애자의 책임능력, 중앙법학 제9집 제2호, 2007, 233면 참조. 한정환, 앞의 논문, 74면.

72) 대법원 1992.8.18, 92도1425.

73) 캐나다의 경우 사이코패시는 책임무능력 인정(insanity acquittal)이 가능한 '정신질환(disease of the mind)'으로 일반적으로 받아들여지고 있으며, 영국의 정신보건법(Mental Health Act of 1983)도 사이코패시를 법적 정신장애 범주(legal category of mental disorder)에 포함시키고 있다. 이 점에 대해서는 Grant T. Harris, Tracy A. Skilling & Marine E. Rice, The Construct of Psychopathy, *28 Crime & Justice 197* (2001), 237면 참조.

다.74) 긍정론에서는 사이코패스는 단지 평균인의 기준에서 다소 치우친 이상인격자이기 때문에 사이코패스에게는 평균적인 사람들과 마찬가지로 성격의 이상성을 억제하고 교정할 의무가 있다고 본다. 이러한 견해의 대표자로서 슈나이더는 "정신박약자는 본래 통찰력이 결여된 자이지만, 사이코패스는 이에 반해 통찰한 바에 따르는 능력에 문제가 있는 자이다." 라고 적확히 지적한다. 그는 이어서 "바보에게는 그 이상 영리하기를 바랄 수는 없으나 위험한 경향을 가진 인간에게는 그가 그러한 경향을 억제하고 그 경향을 행동에로 옮기지 않을 것을 요구할 수 있을까?"라는 질문을 던지며, "어쨌든 그것은 요구되고 있다."라고 결론을 내린다. 다시 말해 사이코패스에게는 적어도 온전한 사물변별능력은 있고, 그렇다면 올바른 행동을 하도록 요구할 수도 있다는 것이다.

이처럼 정신병과의 차이점을 강조하는 입장에서는 양자 간에 다음과 같은 좀 더 본질적인 차이가 있음을 지적한다. 슈나이더 가 속한 하이델베르크 학파에서는 정신병은 물질적 기초를 가진 질병이라는 전제를 고수하고 있다. 따라서 예컨대 뇌 속의 신경전달물질인 도파민 이상분비로 인한 정신분열병 등은 정신병이 될 수 있어서 책임무능력을 인정하는 반면, 단순한 신경증이나 사이코패스는 그러한 물질적 기초가 없으므로 완전한 책임능력을 인정해야 한다는 것이다.75)

(2) 공리주의(Utilitarianism) 논변

공리주의란 "최대다수의 최대행복"을 옹호하는 윤리 이론이다. 공리주의 논변에 따르면 사이코패스의 책임능력이 부정되어서는 안 되고, 오히려 책임이 가중되어야 한다고 본다. 많은 연구자들에 따르면 사이코패스는 수감 혹은 치료 후에도 변하지 않으며, 즉 치료나 교화가 불가능한 것으로 알려져 있다.76) 이러한 경험적인 증거가 뒷받침 되는 한, 형사정책

---

74) 김상준, 앞의 논문, 일곱째 면 참조. 김선수 교수에 의하면 사이코패스의 책임능력을 긍정하는 것이 독일의 슈나이더를 중심으로 하는 하이델베르크 학파의 견해이며, 지배적 견해라고 한다. 이 점에 대해서는 김선수, 앞의 논문, 218면 참조.

75) 슈나이더의 견해와 하이델베르크학파의 입장에 대한 설명으로는 김선수, 앞의 논문, 218면 참조. 반면 크레취머(E. Kretchmer)를 중심으로 하는 튀빙엔(Tübingen) 학파에서는 사이코패시가 정신병과 질적으로 다르다고 보는 하이델베르크 학파와는 달리 정신병은 사이코패시는 정신병과 정상의 경계에 있으며 이는 양적 차이에 불과하다고 본다고 한다. 이 점에 대해서는 노용우, 앞의 논문, 69면 참조.

76) Grant T. Harris, Tracy A. Skilling & Marine E. Rice, 앞의 논문, 239면; Robert Schopp etal., Expert Testimony and Professional Judgement Psychological Expertise and Commitment as a Sexual Predator After Hendricks, 5 *Psychology, Public Poicy & Law 120* (1999), 137면 참조.

적으로 볼 때, 치료와 교화가 불가능한 사이코패스의 위협으로부터 공동체의 안전과 보호를 위해서는 사이코패스의 책임능력을 부정해서는 안 되며, 오히려 사이코패시는 형을 가중하는 사유로 양형 시 고려되어야 한다고 주장한다. 그것이 곧 최대다수의 최대행복을 구현하는 합리적 방법이라는 것이다.[77]

(3) 법문화(legal culture) 논변

스티븐 모스(Stephen J. Morse)에 의하면 '정신의 비정상성'이나 '인격장애'를 책임능력 제한조건으로서 그러한 이상성과 장애로 인해 범죄 성벽(propensity)이 초래된다는 '인과적 연결고리 기준(causal link standard)'이나 '통제불능한 충동(uncontrollable urges)'이란 기준은 모두 객관적 표지가 될 수 없고 모두 거부되어야 한다고 주장하면서, 그보다는 '합리적 능력의 결여(lack of rational capacity)'라는 기준이 채택되어야 한다고 논증한다. 모스에 따르면 인과적 연결고리 기준은 '너무 포괄적'이어서 올바른 기준이 될 수 없다고 한다. 비정상성과 이상인격이 '인과적'으로 작용하여 행위자의 합리적 판단능력을 저해시킬 수는 있겠지만, 이는 정상인의 피로와 스트레스가 '인과적으로' 합리적 판단능력을 저해시켜 범죄가능성을 높이더라도 그것만으로는 책임능력을 제한할 수 없는 것과 마찬가지로 행위자의 책임능력을 제한하기 위한 충분조건이 될 수 없다고 한다. 또한 가난이 일부 특정한 범죄를 일으키는 위험요소가 된다는 양자 간의 긴밀한 관련성은 널리 알려져 있지만, 그렇다고 해서 가난함 그 자체가 가난한 범죄자를 책임무능력자로 만들어 준다고 보는 것은 부당하듯이 비정상성과 인격 장애가 범죄성벽에 '인과성'이 있다는 이유만으로는 책임무능력 사유가 된다고 보기는 힘들다는 것이다. 한마디로 모든 범죄충동과 범행에는 원인이 있고, 비정상과 이상인격은 그러한 원인의 하나일 뿐이라는 것이다.[78]

또한 모스는 "저항할 수 없고, 통제불능한 충동"은 설령 그것이 존재한다고 하더라도 매우 주관적이고 과학적 측정과 객관적 입증이 불가능한 개념표지이므로 형사책임능력 유

---

77) Christina Lee, The Judicial Response to Psychopathic Criminal: Utilitarianism over Retribution, *31 Law and Psychology Review 125* (2007), 134-136면 참조.

78) Stephen J. Morse, Uncontrollable Urges and Irrational People, *88 Virginia Law Review 1025* (2002), 1037-1045면. 모스는 장황하게 논증하고 있지만 어찌 보면 이는 당연한 결론이다. 간단히 말해 정신병자라고 모두 범죄를 저지르는 것은 아니듯이, 사이코패스라고 모두 범죄자는 아니기 때문이다. 즉 사이코패스라고 모두 책임무능력자라고 볼 수 없다는 점에서 그의 주장은 온당하다. 단, 사이코패시가 생물학적 심신장애사유도 될 수 없다는 취지는 아니라고 본다.

무의 판단에는 무용한 기준이라고 논증한다.[79]

　　모스는 위 두 가지 판단기준을 대체하여 '합리적 능력의 결여'라는 판단기준을 도입할 것을 제안한다. 모스에 의하면 오로지 '합리성의 결여'만이 형사미성년자, 정신장애, 정신병, 극도의 흥분과 피로감 등의 책임능력 제한사유를 설명해 줄 수 있다. 합리성의 결여는 책임 능력 제한조건으로서 널리, 일상적으로 받아들여지고 있는바, 합리성의 일상적이고 상식적 인 의미는 올바른 인식능력과 도구적 추론능력, 행위평가능력, 비교형량능력과 아울러 적절 한 정서적 반응능력까지도 포함한다. 비록 현재까지도 합리성에 대한 법적, 도덕적, 철학적, 행동과학적으로 합의된 정의가 존재하지는 않지만 그렇다고 이 상식적이고 일상적인 개념 을 법적 책임능력판단 기준으로 포기할 필요는 없다고 한다. 왜냐하면 그러한 명확한 정의 없이도 우리는 어린이나 정신병자의 책임능력을 판단하는 데 아무런 어려움을 느끼지 못하 기 때문이다. 요컨대 책임능력 제한조건은 합리성의 결여이지 결코 인과적 연결고리 기준이 나 통제불능한 충동 등의 '통제력의 문제'가 아니라고 한다.[80]

　　모스는 일반적으로 사이코패스에게는 공감능력, 죄책감, 그리고 후회심이 결여돼 있음 을 인정한다. 사이코패스는 사물변별능력이 있고 도덕과 법규범을 알고 있으며, 도구적 합 리성은 있다고 본다. 아울러 그들은 도덕성을 인식은 하지만 그에 의해 행동을 지도받지는 않으며 그들은 오로지 처벌에 대한 두려움에 의해서만 행동이 통제된다고 한다. 모스에 따르면 사이코패스에게 결여된 공감능력, 죄책감, 후회심 등의 정서적 능력은 타인에게 해 악을 끼치지 않도록 만드는 최상의 근거와 동기가 된다고 한다. 그리고 대부분의 시민들에 게 있어서 양심과 공감능력은, 형사처벌에 대한 두려움보다도 위법한 행위를 억제하도록 만드는 최고의 강력한 예방법이 된다고 본다. 그런데 만일 행위자에게 이러한 능력이 결여 되어 있다면, 모스의 이론구성에 의하면, 그 행위자는 합리성이 결여된 것이고 따라서 책임 능력을 제한해야 할 것이다. 그러나 모스는 사이코패시를 면책조건(excusing condition)에서 제외하고 있는 미국의 모범형법전(Model Penal Code)의 규정에 비추어 볼 때, 양심과 공감능 력의 결여는, 설령 그로 인해 행위자가 위법행위를 하게 되었다 하더라도 책임능력의 제한 조건이 되지 못한다고 본다. 즉, 미국의 법문화에서 사이코패시는 책임능력을 제한할 수 있는 유망한 규범적 근거가 아니라는 것이다(psychopathy is not a promising normative ground for non-responsibility).

---

79) Stephen J. Morse, 앞의 논문, 1054-1063면 참조.
80) Stephen J. Morse, 앞의 논문, 1064-1068면.

(4) 공감능력 결여와 도덕적 판단능력의 무관성 논변

사이코패스의 책임능력을 부정하거나 최소한 제한해야 한다는 논변은 주로 그들에게는 도덕적 판단능력에 요구되는 공감능력이 결여되어 있다는 점을 지적한다. 공감능력이 부족해 진정한 도덕적 이해가 결여된 자들은 나쁜 행위가 무엇인지를 진실로 이해하지 못하고, 단지 형식적 수준에서만 불법과 부도덕을 인지할 수 있다는 것이다. 이 논변에 의하면 바로 사이코패스가 그러한 자들이며, 도덕적 책임과 법적 책임이 동일한 것은 아니지만 도덕적 무능력은 분명 법적 책임능력의 판단에도 일정한 영향을 줄 수 있다고 본다(이른바 "공감능력 논변"). 이에 대해 마이봄(Maibom)은 다음과 같은 반론을 제시하였다.

우선 다양한 임상실험결과를 토대로 사이코패스는 공감능력이 부족한 것이지(deficient) 결여된 것은 아니라는(not absent) 점을 지적한다. 즉, 사이코패스도 타인의 고통에 대해, 정상인만큼은 아니더라도 일정한 부정적 반응을 보일 수 있다는 것이다.[81] 물론 어떠한 사이코패스는 공감능력이 완전히 결여되어 있으며 따라서 법적 책임능력도 없다는 주장이 있을 수 있다. 그러나 타인의 고통에 대한 일차적 사이코패스와 이차적 사이코패스의 공포/스트레스 반응 실험은 공감능력의 결여가 도덕적 판단능력과는 무관하다는 점을 입증해 준다고 한다. 이차적 사이코패스는 일차적 사이코패스보다 더 폭력적인 것으로 알려져 있다. 그런데 위 실험에 의하면 일차적 사이코패스가 아닌 이차적 사이코패스가 공포와 스트레스에 대해 약해지지 않은(unimpaired) 반응을 보였다.[82] 즉, 더 폭력적인 사이코패스가 타인의 고통에 더 온전한(intact) 반응을 보인다는 것이다. 이 실험결과는 타인의 고통에 대한 공감적 반응(empathic responses)의 결여가 사이코패스를 부도덕하게(폭력적으로) 만든다는 "공감능력 논변"을 논박한다고 마이봄은 주장한다. 다시 말해 공감능력이 결여된 것은 일차적 사이코패스인데, 더 부도덕하고 폭력적인 성향을 띠는 것은 이차적 사이코패스이기 때문이라는 것이다.[83]

다음으로 그는 "공감능력 논변"에 의하면 공감능력은 행위의 도덕적 성격을 이해하는

---

81) 마이봄은 심지어 테드번디 조차 미약하나마 공감능력이 있었다고 한다. Heidi L. Maibom, The Mad, the Bad, and the Psychopath, *1 Neuroetics 167* (2008), 172면 참조.

82) 위 실험에 대해 마이봄은 "C. Patrick, Getting to the heart of psychopathy, in: H. Herve & J. Yullie (eds.), The Psychopath: theory, research, and practice, 2007, 207-252면; C. Patrick, B. Cuthbert, & P. Lang, Emotion in the criminal psychopath: fear image processing, *103 Journal of Abnormal Psychology 523* (1994), 523-534면"을 참조하고 있다.

83) Heidi L. Maibom, 앞의 논문, 173면 참조.

데 있어서 본질적인 역할을 해야 하나 실제로 많은 경우 그렇지 못하다는 점을 지적한다. 예를 들어 우리는 "타인을 해쳐서는 안 된다"는 도덕적 명제를 이해함에 있어서 '공감능력'이 아닌 '더 높은 권위'에 호소하는 정당화를 따르는 경우가 있다는 것이다. 예컨대 남을 해치는 것은 단지 신이 금지하기 때문에 나쁘다고 믿을 수도 있으며, 힌두 개념인 다르마(dharma)처럼 실정법보다 상위의 종교적 법규에 의해서 타인에 대한 폭력의 금지가 정당화될 수도 있다는 것이다.

끝으로 일정한 경우 규범을 따르는 행위는 공감능력에 기초한 판단보다는 왜 그것이 가치 있는 행위인지에 대한 이미 존재하고 있는 사고나 관념에 의거하는 경우도 있다고 한다. 예컨대, 여성할례(female genital mutilation) 규범이 있는 나라에서는 소녀들이 할례를 받지 않으면 안 된다고 생각할 것이다. 그런 문화권에서 그 소녀의 모친은 만일 할례를 시키지 않으면 아이에게 해악을 가한다고 믿어서 할례를 시킬 것이다. 그리고 그 문화권에서 그 아이의 장래를 생각하면 모친의 행동은 옳은 것이라고 볼 수 있다. 물론 이 경우 모친이 할례를 받지 않으면 안 된다는 소녀의 생각에 공감하여 할례를 시킬 수도 있다. 그러나 이 경우 그녀의 공감은 그 사회에서 가치 있다고 여겨지는 "정숙함과 순결"이라는 "이미 존재하는 명확한 관념"에 의거하고 있다는 것이다. 다시 말해, 이러한 경우에서 있어서 공감능력은 무엇이 가치 있는 것인가를 정당화 하지 못하고, 오히려 무엇인 가치 있는 것인가에 대해 이미 존재하고 있는 관념에 의존하고 있다는 것이다.[84]

요컨대 마이봄에 따르면 공감능력은 행위의 도덕적 성격을 이해하는데 있어서 본질적인 기능을 하지 못한다고 한다.

(5) 사이코패스의 행동은 저항할 수 없는 충동이 아니라 철저한 합리적 판단의 결과이기 때문에 도덕적 비난이 가능하다는 논변

전술한 바와 같이 사이코패스는 도덕적 판단능력이 결여되어 있다. 이러한 인지적 장애를 지니고 있기 때문에 도덕적 동기는 그에게 행위를 통제할 근거가 되지 못한다. 이러한

---

84) Heidi L. Maibom, 앞의 논문, 174-175면 참조. 마이봄은 결론적으로 말해 사이코패스는 어느 정도의 공감능력과 도덕적 판단능력을 지니고 있으며 그의 일탈행동은 "미쳤기 때문이 아니라 악하기 때문에" 나타나는 것이고 따라서 그들은 도덕적으로도 법적으로도 책임이 있다고 본다. 한 마디로 사이코패스는 '미친 자(the mad)' 아니며, '악한 자(the bad)'라는 것이다. 이 점에 대한 길고 다양한 인상적인 논증으로는 앞의 논문, 176-182면 참조.

사실로 인해 사이코패스에게 도덕적 비난을 가하는 것은 공정하지 못하다는 주장이 나올 수 있다. 그러나 매튜 탈버트(Matthew Talbert)에 의하면 이와 같은 사고방식에는 중대한 오류의 위험이 도사리고 있다고 한다. 탈버트는 사이코패스가 인지적 장애로 인해 도덕적 근거에 대한 반응능력(responsiveness)에 결함이 있다는 점은 인정하지만, 그러한 결함이 발생하는 주된 이유는 도덕적 근거에 대한 수용성(receptivity) 차원에 손상이 있기 때문이지, 일체의 정서적 반응성(reactivity)에 손상이 있기 때문이 아니라고 본다. 즉 사이코패스가 도덕적으로 무능력한 것은 내면의 도덕적 요구와 관행적 의미의 도덕의 차이를 이해할 수 없는, 도덕에 대한 인지적 수용능력의 손상에서 비롯된다는 것이다. 그러나 잘 알려져 있다시피 지능 면에 있어서 사이코패스는 정상인에 결코 뒤지지 않으며, 어떤 목적을 얻기 위해 타인을 교묘히 조종하는데 능하다. 특히 법을 위반하지 않고 사회에 잘 적응해 살아가는 성공한 사이코패스(successful psychopath)의 경우 이들은 고도의 실천이성을 가진 자(practical reasoner)로 볼 수 있다. 물론 사이코패스 중에는 충동을 억누르지 못하거나 계획이 없고 실수를 반복하는 경우도 있지만, 분명한 사실은 사이코패스들은 세상을 살아가는데 필요한 목적-수단(ends-means) 추론을 수행하는데 성공적이라는 점이다. 예를 들어 이들은 학교를 졸업하고, 운전면허를 취득할 수 있으며, 또 직장을 얻고, 거기서 다양한 업무를 수행할 수 있다. 이는 인간이 아닌 동물은 절대 할 수 없는 행동이다. 이러한 견지에서 탈버트는 사이코패스에게도 합리적 사고를 할 수 있는 전형적인 인간적 능력이 있다고 주장한다. 탈버트는 사이코패스가 도덕적으로는 무능력해도(morally blind), 그럼에도 불구하고 합리적 행동(rational behaviour)을 할 수 있는 인간적 능력이 있는 행위자라는 사실을 강조한다.

탈버트는 도덕적 비난을 가할 수 있기 위해서는 사리분별적 근거와 도덕적 근거(prudential and moral reasons) 모두에 대해 반응할 수 있는 능력이 있어야 한다는 명제에 반대한다. 그는 도덕적 근거에 대한 반응능력이 없어도 매우 일반적인 방식으로 행위의 근거에 대해 판단할 수 있는 능력이 있는 자(assessors of reasons in a very general way)에 대해서는 도덕적 비난이 가능하다고 본다. 한 마디로 도덕적 비난을 위해 행위자가 반드시 도덕적 근거에 대한 반응능력이 있는 자일 필요는 없다는 것이다.[85] 다만 그는 행위의 근거에 대한 판단에 기초해 의사결정을 내릴 수 없는 자에 대해서는 도덕적 비난이 불가능하고 한다. 이러한 전제에 입각해 그는 사이코패스도 일정한 행위에 대해서는 도덕적 비난이

---

85) 동지의 T.M. Scanlon, What We Owe to Each Other (Cambridge, MA: Harvard University Press, 1998), 435-439면.

가능한 대상이라고 입론해 낸다.

일반적으로 사이코패스에게 도덕적 책임이 없다고 주장하는 논변의 구도는, 우선 사이코패스에게는 도덕적 근거에 대한 반응능력이 없고, 그로 인하여 자신의 행위가 타인에게 끼칠 영향에 대해 판단할 능력이 없으므로, 사이코패스는 그러한 근거에 대한 반응능력이 없다는 식으로 전개된다. 하지만 탈버트에 의하면 이러한 논변에는 오류가 있다. 그는 사이코패스가 체질적으로는(constitutionally) 부도덕한 자일 수 있으나, 합리적인 행위자임은 명백하다고 본다. 따라서 사이코패스는 "자신의 행위가 타인에게 끼칠 영향에 대해 판단할 능력이 없는" 자가 아니고, 오히려 "타인에 대한 자신의 행위의 결과를 명확히 알고 있지만, 그럼에도 불구하고 그러한 결과가 자신의 행위를 억제할 수 있는 근거가(reasons) 되지 않는다고 판단할 수 있는 자로 이해된다. 그렇다면 사이코패스는 대단히 부도덕한 판단에 입각해 범죄를 저지르는 것이고, 따라서 그에 대한 도덕적 비난도 충분히 가능하다는 것이 탈버트의 논지다. 부연하자면 사이코패스나 사자 모두 타인에 대한 행위의 결과가 그 행위를 억제하게 만드는 근거가 되지 못한다는 점은 동일하지만, 비합리적 동물에 불과한 사자는 그 행위의 결과에 대하여 비난가능한 판단을 표출한 것으로 볼 수 없는 반면, 사이코패스는 그러한 판단과정을 거쳐 행위를 한다는 점에서 차이가 있다는 것이다.

사이코패스가 일정한 근거에 대한 판단에 입각해 행동할 수 있다는 사실은 사이코패스의 반사회적 행동들이 충동적이거나 통제불가능한 것이 아니라는 점을 암시해 준다고 한다. 이는 곧 사이코패스에게도 어느 정도의 타행위가능성을 관념할 수 있다는 뜻이다. 이를 명확히 하기 위해 탈버트는 병적 도벽이 있는 자(kleptomaniac)의 충동적 행동에 대한 에이어(Ayer)의 연구결과를 원용한다. 에이어에 의하면 병적 도벽이 있는 자의 충동적 행동은 무엇을 해야 하는지에 대한 판단에 기초하지 않는다. 그는 훔칠 것인지 말 것인지에 대한 의사결정의 과정을 거치지 않으며, 설령 그러한 과정을 거친다 하더라도, 그것은 그의 행위에 아무 영향을 주지 못한다. 어떠한 결정을 내리든 그는 똑같은 물건을 훔쳤을 것이기 때문이다.[86] 탈버트에 의하면 병적 도벽이 있는 자의 충동적 행동은 보통의 절도범은 물론 사이코패스의 행동과도 다르다. 왜냐하면 사이코패스의 경우도 자신의 반사회적 행동이 즉각적인 처벌이나 범행의 발각 등 일체의 원치 않는 결과를 가져올 것으로 믿는다면 그러한 행위를 억제할 수 있기 때문이다. 그러므로 사이코패스는 적어도 일정한 경우 비난가능한 행동을 피할

---

86) A.J. Ayer, Freedom and Necessity, in: G. Watson (ed.), Free Will (New York: Oxford University Press, 1954), 20면 참조.

수 있는 가능성이 최소한 어느 정도는 있는 자라고 그는 결론짓는다.87)

3. 사이코패스의 책임능력 부정론

직관적 호소력이 강한 긍정론과는 달리 사이코패스의 책임능력 부정론은 정치한 철학
적·심리학적 논변의 형태로 제시되어 있다.

(1) 칸트적 논변(The Kantian Argument)

부정론의 중심에는 칸트적 논변이 자리잡고 있다.88) 칸트적 논변은 다음과 같이 크게
세 가지 방식으로 전개된다.

허버트 핑거렛(Hebert Fingarette)89)은 맥노튼 테스트(M'Naughten Test) 등에서 정립된
기존의 책임능력 판단기준이 불충분하다는 점을 일정한 사례를 통해 지적한다.90) 따라서
핑거렛은 기존의 불충분한 판단기준이 보완되려면, '합리성(rationality)'이 고려되어야 한다
고 본다. 예컨대 형사미성년자에게 책임능력을 인정하지 않는 이유는 바로 합리성이 결여되

---

87) Matthew Talbert, Blame and Responsiveness to Moral Reasons: Are Psychopahts Blameworthy?, 89
Pacific Philosophical Quarterly 516 (2008), 516-521면 참조.

88) 이를 칸트적 논변이라고 지칭하는 이유는, 동 논변에 의하면 형법은 합리적 행위자(rational agent)를
전제하고 있고, 합리적 사고(rational thought)는 논리필연적으로 일정한 도덕적 고려(moral
consideration)를 필요로 한다는 선험적(a priori) 판단에 기초해 있기 때문이다. Charles Fischette, 앞의
논문, 1449-1450면 참조.

89) 핑거렛은 캘리포니아 대학 철학과 교수이자, 스탠포드 대학의 행동과학고등연구센터의 펠로우(fellow)
이다.

90) 해필드(Hadfield)는 자신이 재림예수라고 믿었고, 자신의 죽음을 통해 세상의 구원이 성취되기를 희망
했다. 결국 그는 총을 구입했고, 자신이 현장에서 체포되거나 죽게 될 것을 알면서 훤히 보이는 장소에
서 조지 3세(George Ⅲ) 를 저격했다. 이 사례에서 해필드는 자신의 행위의 의미와 결과를 분명히 알면
서 계획적으로 범행을 저질렀기 때문에, 심각한 망상에서 비롯된 신념에 빠져 있었음에도 불구하고 '시
비변별능력(epistemic ability)'과 '행위통제능력(self control ability)'만을 중시하는 기존의 책임능력판단
기준에 의하면 그는 유죄판결을 받게 될 수밖에 없는데, 이는 명백히 우리의 직관에 반한다는 것이다.
Hebert Fingarette, The Meaning of Criminal Insanity (University of California Press, 1972), 138-139면
참조. 우리나라에서 이와 비슷하게, 다른 뚜렷한 살해동기 없이 피해자를 사탄이라고 생각하고 피해자
를 죽여야만 천당에 갈 수 있다고 믿어 살해하기에 이른 경우라면, 피고인은 정신분열에 의한 망상에
지배되어 사물의 시비를 변별할 판단능력이 결여된 심신상실상태 있었다고 볼 여지가 있다고 본 판례
로는, 대법원 1990.8.14.선고 90도1328 판결. 판결 요지는 피고인에게 범행경위에 대한 기억과 사실에
대한 인식능력이 있다는 점만으로는 심신미약상태에 있었다고 판단할 수 없다는 것이다.

었기 때문인데, 합리성은 지적인 능력만을 의미하지 않는다. 지성(intellect)은 반드시 느낌과 감정, 공감능력은 물론 근본적인 가치와 태도, 기분과 욕구의 패턴, 그리고 최소한도의 사회적·육체적인 숙련 등과 연관되어 있다는 것이다.

핑거렛에 따르면 형법은 어떤 근본적인 의미에는 공동체의 도덕적 양심의 표현이다. 따라서 형법상 명백히 도덕적인 문제에 반응할 수 없는 행위자는 합리성이 결여된 비합리적인 행위자이고 형사처벌에 적합한 대상이 될 수 없다. 한마디로 형법이 일정한 행위를 금지하는 이유와 형법의 기능을 이해할 수 없는 행위자는 그 비합리성으로 인해 책임능력을 인정할 수 없다는 것이다.[91] 핑거렛과 마찬가지로 모스도 합리성은 올바른 행동을 지도하는 제도로서의 법에 있어서 근본적인 역할을 한다고 본다. 왜냐하면 만일 형법이 그 효력을 발휘하기 위해서는 합리적인 행위자를 전제해야만 하기 때문이다. 즉, 형법의 범죄 억제 효과는 행위자가 합리적 사고능력을 통해 형벌의 의미를 이해하고 형벌을 피하기 위해 자신의 행위를 통제할 수 있을 때에만 유지될 수 있다는 것이다. 따라서 행위자에게 합리성의 장애나 결핍이 있을 때에는 그에게 형사책임이 감면되어야 한다고 주장한다.[92]

신칸트학파 또는 롤즈학파로 불리는 입장에서도 합리성은 타인을 고려하는 일정 수준의 도덕성을 요구한다고 본다. 네이겔(Nagel)[93]은 행위의 도덕적 근거는 상호간 보편적으로 인정될 수 있을 만큼 객관적이어야 한다고 주장한다. 어떤 행위자의 행위가 도덕적이기 위해서는 그 행위의 근거가 타인에게도 동등하게 좋아야 하는 보편성 조건(universality condition)을 충족시켜야 한다는 것이다.[94] 롤즈도 그의 저서 정의론에서 원초적 입장에서 합리적 선택에 의해 정의의 원칙을 도출하는 과정을 보여줌으로써 도덕원칙은 적절히 정의된 합리적 선택의 결과라고 보았다.[95] 요컨대 네이글이나 롤즈에게 합리성은 그 자체로 (per se) 타인의 도덕적 주장에 도덕적으로 구속될 수 있는(morally bound by moral claims of others) 능력을 포함하고 있는 것이다.

이상 살펴보았듯이 칸트적 논변에 의하면 합리성이란 개념은 공감능력과 타인에 대한

---

91) Hebert Fingarette, 앞의 책, 189-192면 참조.

92) Steven J. Morse, Excusing and the New Excuse Defense: A Legal and Conceptual Review, *23 Crime & Justice 329* (1999), 391-397면.

93) 네이겔은 뉴욕대학에서 법과 철학을 가르치고 있으며, 옥스퍼드를 거쳐 하버드에서 존 롤즈의 지도하에 박사학위를 받았다.

94) Thomas Nagel, The Possibility of Altruism (Princeton University Press, 1970), 100면, 107면, 144면 참조

95) John Rawls, Theory of Justice (Harvard University Press, 2001, Originally published 1971) 참조.

도덕적 책무를 포함한다. 그런데 사이코패스는 바로 그러한 합리적 사고능력을 결하고 있으며, 그렇기 때문에 타인과의 관계적인 사고를 깊이 있게 할 수 없다. 그러므로 사이코패스는 비합리적인 존재이며, 형사책임의 근본적 전제조건이 결여되어 있다고 볼 수 있을 것이다. 이로부터 "사이코패스는 관리되어야 할 대상이지 처벌되어야 할 대상이 아니다."는 명제가 도출된다.[96]

(2) 흄적 논변(The Humean Argument)

칸트적 논변과 동일한 결론을 취하고 있지만, 흄적 논변은 칸트적 논변과는 달리 순수한 합리성의 요청에서 출발하지 않고, 인간의 심리학적 사실로부터 출발한다.[97]

흄적 논변에 의하면 정서적 능력은 어떤 의미에서는 대부분 인간의 육체인 두뇌 안에 기초하고 있다. 이 능력은 형사책임의 공정한 분배에 근본적인 역할을 한다. 즉, 정서적 능력이 없다면 형사적 제재를 받을 만한 주체가 될 수 없다는 것이다. 흄적 논변은 다음과 같이 크게 두 가지로 전개된다.

우선 생물학적 동기결핍(biological motivational deficiency) 논변은 경험적인 심리학적 연구에 근거해서 인간의 인지작용(cognition)과 동기화(motivation)에 있어서 감정이 떠맡는 기능에 주목한다. 신빙성 있는 과학적인 연구결과에 따르면 인간의 감정을 조절하는 두뇌부위에 손상을 입은 자는 지적인 추론은 여전히 가능하지만, 의사결정능력은 손상을 입게 된다고 한다. 안토니오 다마지오(Antonio Damasio)[98]에 의하면 감정은 "행동을 지도하는 지향적 상태"다. 그에 따르면 감정적 두뇌상태의 기능은 외부세계에서 행위자와 관련된 자극들을 분배하고, 식별하며, 탐지하는 것이라고 한다. 다시 말해 감정은 복잡한 현실세계를 살아가는 데 필요한 인지적이고 동기유발적인 장치를 제공한다는 것이다.[99]

---

96) Charles Fischette, 앞의 논문, 1459면.
97) 흄적 논변은 또한 칸트적 논변이 선험적 판단에 기초하고 있는 데 비해, 공감능력에 대한 인간의 생물학적 잠재능력의 성격과 사회의 책임비난 메커니즘에 대한 후험적인(a posteriori) 과학적 주장에서 출발한다는 차이점이 있다.
98) 다마지오는 포르투갈의 리스본 의과대학을 졸업했으며, 보스턴 실정증 연구소에서 행동신경학을 배우고, 아이오와 의과대학에서 신경과 교수를 역임했으며, 현재 서던 캘리포니아 대학교 뇌과학 연구소장을 맡고 있다.
99) 이 점과 관련해 다마지오(Antonio R. Damasio)는 "감정은 의사결정과정에 유용한 선택지들을 제한하고 가려내는 기능을 한다."는 주장을 하였다. 한 마디로 감정이 없이는 의사결정을 내릴 수 없다는 것이다. 이는 자신을 안내하는 감정이 없기 때문에, 이런저런 선택지를 끊임없이 저울질하면서 결론을 내리지 못하기 때문이다. 이 점에 대해서는 Antonio R. Damasio, Descartes' Error: Emotion, Reason and the

이해의 편의를 위해 감정과 동기화의 관계에 대한 뉴욕대학교 신경과학연구소 교수인 르두 (Joseph E. LeDoux)의 견해를 소개하고자 한다. 르두는 동기화를 무엇을 소망해 그것을 얻기 위해 노력하거나 반면 두려워해 그것을 회피하고자 노력하는 것처럼 어떤 목표를 향해 우리를 인도하는 신경활동으로 정의한다. 목표는 행위를 만든다. 목표에는 구체적 물건처럼 구체적인 것도 있고, 신념이나 관념처럼 추상적인 것도 있다. 목표의 대상물은 인센티브라고 한다. 음식이나 물, 고통처럼 선천적인 인센티브도 있지만, 경험을 통해서 동기화의 특성을 얻게 되는 이차적 인센티브도 있다. 르두에 의하면 인센티브가 동기화를 가능하게 만드는 것은 감정시스템들을 활성화시키기 때문이라고 한다. 예를 들어 폭발물을 보고 얼어붙는 반응은 감정시스템의 활성화를 반영하지만, 얼어붙은 뒤 즉시 도망치는 것은 감정시스템의 활성화로 인한 동기화 발생의 결과라는 것이다. 감정발생에 의해 동기화된 행동은 발생된 감정에 대처하기 위해 일정한 목표를 갖는다. 모든 동기화된 행동이 감정적 활동에 반드시 기반을 두고 있는지는 아직 논란거리지만, 감정이 강력한 동기화 요소가 된다는 점은 의심의 여지가 없다고 르두는 주장한다.[100]

생물학적 동기결핍 논변은 실천적인 차원에서는 형사책임능력의 중요한 요소로서 "도덕적 반응성(moral responsiveness)"을 제시한다. 도덕적 반응성은, 사고나, 감정, 지각, 그리고 행위 등에 의해 도덕적 규범에 반응할 수 있는, 상호 구분되지만 내적으로 연결되어 있는 능력들을 말하며, 바로 이 능력으로 인해 도덕적 책임을 판단할 수 있고, 형법적 책임까지 판단할 수 있다고 한다. 그리고 '공감'이란 바로 도덕적 반응성이 실천적으로 구현된 것이다. 사이코패스에게는 그러한 공감능력이 생물학적으로 결여되어 있다. 따라서 사이코패스

Human Brain (New York: Avon books, 1994)를 참조할 것. 역시 동지의 견해로는, 조지프 르두(Joseph E. LeDoux)/강봉균 역, 시냅스와 자아(Synaptic self) (동녘 사이언스, 2008), 418-420면 참조. 르두는 전통적으로 인지과학이 감정과 동기화(motivation)의 측면을 무시해 왔음을 지적하면서, 의사결정을 완전하게 이해하기 위해선 감정과 동기화 인자들도 중요하게 고려해야 한다고 본다. 앞의 책, 420면의 각주 70) 참조. 감정의 역할에 관한 다마지오와 르두의 연구를 경제학에 접목시킬 것을 주장하는 견해로는 도모노 노리오(友野典男)/이명희 역, 행동경제학(行動經濟學) (지형, 2008), 278면. 감정이 도덕판단에 영향을 줄 수 있다는 다양한 경험적 연구결과를 소개한 문헌으로는 김효은, 신경윤리로 본 도덕판단, 「뇌속의 인간, 인간속의 뇌」(바다출판사, 2010), 109면 이하 참조. 동 문헌은 도덕적 판단의 신경윤리적 메커니즘을 크게 "이성이 도덕판단을 이끈다는 이성모형"과 "감정이 도덕판단일 이끈다는 감정모형", 그리고 "감정이 도덕적 판단과정 전체에 개입한다기 보다는 판단 자체는 이성적으로 하더라도 의사결정을 하는 선택의 순간에 감정이 개입한다는 통합모형"을 차례로 검토하며, 세 모형들에 대한 경험적 반례를 확인한 후 "도덕판단의 본성은 감정이나 이성, 그리고 어느 한 요소로만 설명될 수 없는 다차원적이고 여러 맥락이 개입된 현상"이라고 결론짓고 있다.

100) 조지프 르두(Joseph E. LeDoux)/강봉균 역, 앞의 책, 392-393면. 르두는 "감정적 뇌(The Emotional Brain, 1996)"의 저자이며, "윤리적 뇌"의 저자인 마이클 가자니가와 함께 "통합된 마음(The Integrated Mind, 1978)"을 공동 집필하였다.

는 형법의 규제적이고 도덕적인 힘을 이해하지 못하며, 도덕적 동기란 그에게 동기유발에 있어서 완전히 무력한 것이다. 요컨대 사이코패스는 법을 준수해야 할 그 어떠한 도덕적 동기도 없다.[101]

또 다른 생물학적 동기결핍 논변으로서 피터 아르넬라(Peter Arenella)[102]에 의하면 도덕적 판단은 행위자의 실천 이성보다는 그가 이미 갖추고 있는 성향과 욕구의 영향을 더 많이 받는다고 한다. 왜냐하면 도덕감정은 행위자가 과거에 경험한 도덕적 행위, 교육, 숙고 등의 산물이기 때문이다. 따라서 행위자의 성격은 형사책임의 분배에 있어서 고려되어야 하고 책임능력의 궁극적인 토대는 도덕적으로 금지된 행위를 피할 수 없게 만드는 성격에 놓여 있다고 한다. 이 견해에 따르면 도덕적 동기유발이 가능하기 위해서는 도덕적 성격이 필요하다. 그러므로 행위의 도덕적 의미를 이해하고 평가할 수 있도록 자기 성격을 형성하지 못한 자는 비난받아야 한다. 사이코패스는 도덕감정 자체가 결여되어 있기 때문에 자신의 의지와 관계없이 형성된 반사회적인 성격을 뒤바꿀 능력이 없다. 따라서 사이코패스는 "도덕적으로 행동할 수 있는 자(moral agent)"가 전혀 아니라고 한다.[103]

흄적 논변의 두 번째 방식으로는 "해석주의적 도덕관행(The Interpretivist Moral Practice)" 논변이 있다.[104] 이에 따르면 칭찬과 비난에 대한 우리의 태도가 도덕적 책임판단을 구성한다고 한다. 피터 스트로슨(Peter Strawson)[105]에 따르면 형사책임능력에 있어서는

---

101) Charles Fischette, 앞의 논문, 1462-1463면. 윤리학적 관점에서 보더라도, 도덕의 규범성에 관한 정통적 견해에 따르면 진실한 도덕 판단은 그 판단 행위자에게 필연적으로 동기를 유발한다고 보는바(이를 판단내재주의라 한다), 그러나 사이코패스에게는 바로 그러한 진실한 도덕 판단이 결여되어 있기 때문에 전혀 동기가 유발되지 않을 수도 있다는 것이다. 이 점에 대해서는 박상혁, 도덕의 규범성(I) - 도덕 판단의 동기 유발력-, 철학적 분석 제6호, 2002, 125-132면 참조.

102) 아르넬라는 UCLA 로스쿨의 형사법 교수로, 형사책임과 도덕적 책임의 관계 및 심신장애 항변에 관한 영향력 있는 글을 남겼다. 하버드 로스쿨 출신으로 변호사 개업 경력도 있으며, 펜실바니아 대학과 보스턴 대학 등에서 가르쳤다.

103) Peter Arenella, Character, Choice, and Moral Agency: The Relevance of Character to our Moral Culpability Judgement, 7 Soical Philosophy & Policy 59 (1990), 71면과 81면 참조.

104) 생물학적 동기결핍 논변은 행위자가 도덕적인 비난을 받을 수 있는 능력은 어떠한 조건들로 구성되어야 하는가라는 도덕적 주장에 기초한 논변으로서 그 자체 "규범적(normative)" 성격을 띠고 있다. 이에 반해 해석주의적 도덕관행 논변은 그러한 책임비난의 조건들을 '규범적'으로 규정짓기 보다는 사실적인 '도덕적 비난관행' 속에서 찾고자 하며, 바로 그러한 도덕적 관행은 무엇인가라는 점에 주목하기 때문에 그 논의 성격상 "해석주의적(interpretive)"이다. 해석주의(interpretivism)란 실재는 객관적으로 존재하는 것이 아니라 그 상황에 참여하고 반응하는 사람들에 의해서 부단히 구성된다고 보는 인식론적 관점을 말한다.

105) 옥스퍼드 대학의 철학과 교수로 일상언어학파의 대표적 인물이다. 논리학과 언어철학, 윤리학 등에 영향력 있는 글을 많이 남겼다.

무엇보다도 자신의 행동에 대한 타인의 "반응적 태도"가 중요하다고 한다. 도덕적 칭찬과 비난의 관행은, 우리와 일정한 관계를 공유하고 있는 타인들이 행동적으로 보여주는 우리를 향한 태도에 대한 평가로 구성된다고 한다. 그러므로 도덕적 판단은 실제 도덕적 관행의 의미에서 보자면, 자신이 타인의 행동에 대해 도덕적으로 반응할 수 있는 주체가 될 수 있고, 아울러 자신에 대한 타인의 행동을 그가 일정한 도덕적 반응을 하는 것으로 이해할 수 있는 적절성(appropriateness)에 전적으로 달려 있으며, 이러한 조건을 충족시키지 못하는 행위자는 도덕적 판단영역의 밖에 있다고 한다.[106] 이러한 관점에서 볼 때, 사이코패스는 반응적 태도의 '적절한' 주체도 객체도 될 수 없는데, 왜냐하면 사이코패스의 행동은 법에 대한 "불경(不敬)을 표현하는" 것으로 해석될 수 없고, 그렇기 때문에 우리는 그들에 대해 도덕적으로 부정적인 '반응'을 할 수 없기 때문이다.[107]

요컨대 흄적 논변에서 생물학적 동기결핍 논변은 책임비난을 위한 규범적 조건, 즉 도덕적 명령의 동기유발적 효력을 이해할 수 있는 능력에 중점을 두고, 사이코패스는 바로 그러한 능력이 생물학적으로 결여되어 있다는 주장인데 비해 해석주의적 도덕관행 논변은 책임비난이 이루어지는 도덕적 관행을 관찰한 뒤, 일정한 행동에 대해 도덕적으로 반응할 수 있는 태도와 그러한 태도의 기능을 이해할 수 있는 능력에 초점을 맞추면서, 사이코패스는 도덕적 비난관행의 외부에 놓여 있다고 주장하는 견해라고 볼 수 있을 것이다.

4. 견해의 검토

(1) 긍정론의 검토

긍정론의 논거 중 사이코패시가 정신병과는 다르다는 지적은 타당하다. 슈나이더의 지적처럼 사이코패스는 시비변별능력에 특별한 결함이 없고, 단지 행위통제능력만 문제되기 때문이다. 그러나 사이코패스에게도 평균인과 동일한 준법적 행동을 기대하고 또 요구할 수 있다는 주장은 타당하지 않다. 사이코패스는 도덕적 공감능력이 생물학적으로 결여돼 있기 때문에, 그는 언제든지 법의 도덕적 요구를 무시하고 충동적으로 범죄를 저지를 수 있는바, 정상인과 동일한 수준의 행위통제능력을 기대하고 요구할 수는 없기 때문이다.

---

106) Charles Fischette, 앞의 논문, 1468면.
107) Peter Strawson, Freedom and Resentment, in: Gary Watson(ed.), Free Will (Oxford University Press, 2003), 76-79면과 86면.

다음으로 물질적 기초를 가진 질병만이 형사책임능력의 감면을 가져올 수 있고, 따라서 물질적 기초가 없는 정신병질은 책임능력을 인정해야 한다는 주장은, 사이코패스의 발병원인에 대해 살펴본 바와 같이 사이코패스에게도 분명 물질적 기초, 즉 유전적·생물학적 소인이 존재한다고 볼 수 있기 때문에 그 발병원인이 충분히 밝혀지지 않았던 과거에는 타당했을 수 있었더라도 현재에는 분명 재고되어야 할 것이다.

두 번째로 "공리주의적 논변"에 대해 살펴보건대, 이 역시 사이코패스의 치료가능성을 부정하는 견해가 대다수였던 때에는 어느 정도 설득력이 있었다고 볼 수 있겠지만 전술한 바와 같이 최근 들어 사이코패스의 치료가능성에 대한 논의가 활발하게 전개되면서 낙관적 견해도 많고, 특히 기존에 치료가 불가능했다는 대다수의 실험결과는 치료 참여자가 부적절했거나 부적합한 진단범주 등을 적용하는 등 치료방식 자체에 결함이 많았기 때문이며, 올바른 치료방식을 따르면 상당한 수준의 치료효과를 보인다는 연구결과가 제시된 점에 비추어 볼 때 분명 재고될 필요가 있을 것이다. 아울러 공리주의자들의 주장처럼 형의 가중을 통해 자유형을 연장하지 않더라도, 현행 치료감호법에 의하면 책임능력이 감경될 경우 치료감호에 의한 사이코패스의 격리가 제도적으로 가능하기 때문에 긍정론의 논거는 재검토되어야 할 것이다.

이번에는 "법문화 논변"을 검토해 보기로 한다.

모스는 양심과 공감능력이 없는 이상 사이코패스에게 합리성이 결여되어 책임능력을 제한해야 하는 것이 이론적으로 옳다는 점을 인정하면서도 법문화를 고려할 때 그러한 책임능력감경은 인정될 가능성이 없다고 보는 듯하다. 그런데 과연 모스가 말하는 '법문화'란 무엇인가? 그가 명시적으로 밝히고 있지는 않지만, '모범형법전'을 근거로 내세우는 것으로 미루어 모범형법전에 반영된 법문화일 것으로 추정된다. 잘 알려져 있다시피 모범형법전은 미국 내 각 주의 판례, 즉 '법문화'를 반영해 미국법률협회에서 성안한 것이다. 미국법률협회에 의해 가장 이상적인 것으로 간주되는 형법규정을 담고 있다. 다만, 이 형법전은 어디까지나 모범(Model)일 뿐 실제로 효력을 갖는 것은 아니며, 비공식적으로 적지 않은 영향력만이 인정될 뿐이다. 이런 이유로 사이코패시를 면책조건에서 제외하는 모범형법전의 규정을 모든 주의 법원이 무조건적으로 받아들이지는 않는다.[108] 모스가 이러한 '법문화'를 근거로 사이코패스의 책임능력을 제한할 전망이 희박하다고 보는 것은 분명 타당한 측면도 있다.

---

108) 이 점에 대한 지적으로는 박용철, 정신질환자 중 사이코패스에 대한 형사법적 대처방안, 형사정책 제 19권 제2호, 2007, 318면 참조.

그러나 법문화는 과거로부터 현재까지의 법원의 관행과 법리를 지지해 주는 근거일 뿐, 앞으로 법원의 태도변화와 판례경향까지 결정짓는 근거는 될 수 없다. 스스로 지지하는 '합리성 결여' 논변을 포기할 만큼 논리필연성이 있다고는 보기 어렵다. 그러므로 '합리적 능력의 결여'를 근거로 사이코패스의 형사책임능력을 제한하려는 자신의 이론구성이 타당하다면, 사이코패시도 면책조건이 되어야 한다고 전망하는 것이 올바른 태도다. 그렇지 않다면 자신의 입론이 결국 자기 반박적인 이론구성으로 전락하고 말 것이다.

다음은 "공감능력의 결여와 도덕적 판단능력의 무관성" 논변을 검토해 보기로 한다.

마이봄은 우선 사이코패스에게 공감능력이 완전히 결여된 것은 아니고 단지 부족한 것이라고 주장한다. 그러나 설령 그 주장이 옳다 하더라도 부정론의 "공감능력 논변"이 무용한 것은 아니다. 공감능력의 결여와 마찬가지로 공감능력의 부족은 분명 정상인에 비해 미약한 도덕적 판단능력을 가져올 것이라고 볼 여지가 충분히 있기 때문이다. 즉 다소 미약한 도덕적 판단능력으로 인해 정상인에 비해 그만큼 준법적 행위를 할 수 있는 행위통제능력이 부족하다면, 사이코패스의 책임능력을 제한해야 한다는 "공감능력 논변"은 여전히 유효하다는 것이다.

또 마이봄은 일차적 사이코패스와 이차적 사이코패스에 대한 공포/스트레스 반응 실험을 토대로 공감능력이 더 온전한 이차적 사이코패스가 더 부도덕적(폭력적)이라는 점에 비추어 공감능력의 결여와 도덕적 판단능력은 무관하다는 결론을 도출해 낸다. 그러나 이러한 결론은 상당히 성급한 것으로 보인다. 왜냐하면 그는 이 실험에 대한 평가에서 폭력성을 부도덕함과 동일시하고 있는데 사이코패스의 공감능력 부재가 반드시 폭력범죄를 가져오는 것은 아니기 때문이다.[109] 또한 이차적 사이코패스가 공감능력은 비교적 온전하다 할지라도 분노나 적개심 같은 부정적이고 반사회적인 감정이 충만한 경향이 있어서 그런 결과가 나타날 수도 있다는 점도 간과할 수는 없을 것이다.[110] 그리고 전술한 바와 같이 일차적 사이코패스가 이차적 사이코패스에 비해 비교적 덜 폭력적이고 충동을 억제하며 정서적으로 안정을 보이는 것은 오히려 그렇게 행동을 하는 것이 자신의 목적달성, 즉 또 다른 범죄를 위해서 더 부합되기 때문이라고 해석할 여지도 있다. 더 나아가 마이봄은 공감능력보다는 '종교적 권위'나 '이미 존재하고 있는 가치관'에 의해 규범을 따르는 경우도 있고 그러한 경우에

---

109) 주지하다시피 사이코패스라고 반드시 폭력 범죄만 저지르지는 않는다.

110) 마이봄은 이러한 가정에 대해 "순전히 추측에 불과하다"며 평가절하하고 있으나, 이는 매우 "의미 있는 반론"이라고 생각하며, 논박하기 위해서는 과학적인 자료를 통한 입증이 필요할 것이다. Heidi L. Maibom, 앞의 논문, 173면 참조.

는 공감능력이 행위의 도덕적 성격을 이해하는데 있어서 본질적인 기능을 하지 못한다고 지적하였다. 이 점에 대해서는 우선 거시하고 있는 예들이 일반적이지 않고 매우 예외적인 것들이라는 점을 지적할 수 있을 것이다. 종교규범이나 여성할례가 사회적으로 널리 통용되는 문화는 흔하지 않다. "공감능력 논변"에 대한 적절한 반론이 되지 못한다고 본다. 또 마이봄은 신이나 종교규범의 권위에 호소하거나, 선재하는 문화적 가치관을 따르는 경우 "타인을 해쳐서는 안 된다"는 규범을 따르는데 있어 공감능력은 별다른 기능을 하지 못한다고 하나, 바로 이 경우에도 모종의 공감능력이 기능하고 있다. 물론 이 경우 해악을 당하는 피해자의 입장에 대한 공감능력은 아니다. 그러나 신이나 종교규범의 권위에 복종한다는 것은 그러한 권위에 대한 '존중감' 내지는 '규범적 내면화'가 전제되어야 할 것이고, 이를 위해서는 역시 그것을 따르고자 하는 타인에 대한 공감능력이 요구된다. 또 여성할례의 경우 어머니가 아이의 장래에 대한 공감 때문에 할례를 시키는 것은 아니라 할지라도 선재하는 문화적 가치관, 즉 정숙함과 순결이 옳다는 확신이 없이는 그렇게 잔인하고 비인도적인 행위를 할 수 없을 것이다. 그런데 하나의 가치관이 뿌리내리기 위해서는 무수히 많은 시행착오를 겪은 공동체 구성원의 "이것이 옳다"는 경험이 뒷받침되어야 함은 자명하다.[111] 따라서 아이의 할례를 결정하는 것은 역사적으로 공동체 구성원에 의해 보증된 확신에 대한 '공감능력'에 여전히 의존하고 있다고 볼 수 있을 것이다. 요컨대 두 사례에 있어서 여전히 '모종의 공감능력'은 요구되고 있는 것이다. "공감능력 논변"이 반드시 '피해자의 입장'에 대한 공감능력을 요구하는 것은 아니다. 일정한 규범이나 가치관 자체에 대한 타인의 존중감을 이해할 수 있는 공감능력도 분명 공감능력의 하나이다. 사이코패스에게는 바로 이러한 공감능력도 없다는 것이고 따라서 그들은 종교적 규범과 문화적 가치관의 진정한 의미를 이해할 수 없으며, 따라서 정상인보다 이를 쉽게 위반하고 부도덕한 행위를 저지를 수 있다.

　　마지막으로 탈버트에 의해 제시된 긍정논거를 검토해 보기로 한다. 탈버트는 사이코패스가 지능 면에 있어서 정상인에 결코 뒤지지 않으며, 일정한 목적을 얻기 위해 타인을 교묘히 조종하는데 능하다는 사실에 주목한다. 비단 성공한 사이코패스의 예를 들지 않더라도 사이코패스들은 세상을 살아가는데 필요한 목적-수단 추론을 수행하는데 성공적이며, 따라서 고도의 실천이성을 가진 자로 볼 수 있다고 한다. 즉 사이코패스에게도 합리적 사고를 할 수 있는 전형적인 인간적 능력이 있다는 것이다.

---

111) 이는 우리의 도덕적 감정이 오랜 진화의 산물이라는 관점에서 보더라도 충분히 이해될 수 있다. 마이클 셔머(Michael Shermer)/박종성 역, 진화경제학(The Mind of the Market) (한국경제신문, 2009), 223-260면 참조.

탈버트에 의하면 사이코패스는 도덕적 근거에 대한 반응능력에는 결함이 있지만 여하한 방식으로든 행위의 근거에 대해 판단할 수 있는 능력이 있는 자이고, 따라서 도덕적 비난이 가능하다. 그는 사이코패스가 체질적으로는 부도덕한 자이지만, 합리적인 행위자임은 명백하다고 본다. 이러한 전제로부터 사이코패스는 "자신의 행위가 타인에게 끼칠 영향에 대해 판단할 능력이 없는" 자가 아니고, 오히려 "타인에 대한 자신의 행위의 결과를 명확히 알고 있지만, 그럼에도 불구하고 그러한 결과가 자신의 행위를 억제할 수 있는 근거가 되지 않는다고 판단할 수 있는 자가 된다. 그렇다면 사이코패스는 대단히 부도덕한 판단에 입각해 범죄를 저지르는 것이고, 따라서 그에 대한 도덕적 비난도 충분히 가능하다는 것이 탈버트의 논지다. 사자의 행동은 비난가능한 판단을 표출한 것으로 볼 수 없지만, 사이코패스는 비난가능한 의사결정 과정을 거쳐 행위를 한다는 점에서 차이가 있다는 것이다. 이는 한 마디로 사이코패스의 반사회적 행동들이 충동적이거나 통제불가능한 것이 아니라 어느 정도의 타행위가능성이 있었음에도 불구하고 비난받을 만한 판단과정을 거쳐 실행에 옮겨진 것으로 봐야 한다는 견해이다.

탈버트의 주장은 여러 긍정논거 중에서도 특히 주목할 필요가 있다. 필자의 경험으로 사이코패스의 책임능력을 제한할 필요가 있다는 주장에 대한 반론은 대체로 이와 대동소이한 형태로 제시되는 경우가 많기 때문이다. 실제로 법원 실무의 입장도 이러한 논거에 기초해 사이코패스 범죄자들에게 책임능력을 인정하는 것으로 보인다.112) "왜냐하면 이들은 자신들이 하는 행위의 의미를 알고, 그 위가 피해자와 사회에 끼칠 영향과 그것이 발각되었을 때 자신이 어떤 벌을 받게 될 것인지를 대부분 명확하게 알고 있기 때문이다." 요컨대 탈버트식 논변의 핵심은 "타인을 해치게 될 결과를 명확히 알면서 저지른 행위는 충분히 비난가능하다"는 것이다.

일견 타당해 보이지만, 이러한 논변에는 중대한 허점이 있다. 정상인의 경우라면 자신의 행위가 타인에게 끼칠 영향을 정확히 알면서도 그 행위를 실행에 옮기기로 결정을 내렸다면 이는 분명 비난받아 마땅할 것이다. 매우 "부도덕한 판단"에 기초해 범행을 저질렀기 때문이다. 그러나 사이코패스에게는 이와 같은 규범적 가치판단을 내리기 힘들다. 왜냐하면 사이코패스는 타인에 대한 공감능력이 결여된 자이고, 따라서 자신의 행위의 결과를 명확히 인지하고 있다 하더라도, 자신의 행위로 초래될 타인의 고통을 진심으로 이해할 수 없기

---

112) 김동현, 인지과학적 관점에서 바라본 자유의지와 형사책임론의 문제, 서울대학교 법학 제51권 제4호, 2010, 299면 참조.

때문이다. 이처럼 타인의 고통에 대한 공감능력이 없다면, 자신의 행위의 결과를 명확히 인지하고 있어도 그로 인해 어떠한 부정적인 정서적 반응을 일으키기 어렵다. 그러한 행위를 해서는 안 되겠다는 반성적 감정을 느낄 수 없다는 뜻이다. 공감능력이 없는 사이코패스는 도덕적으로 색맹이다. 무엇이 선이고 악인지 구분할 능력은 있지만, 이것은 진정으로 도덕적 의미를 이해해서가 아니다. 이는 마치 색맹이 신호등의 신호를 색깔이 아닌 다른 방식으로, 이를테면 신호의 상하 표시로 이해하는 것과 유사하다. 그렇기 때문에 설령 타인에게 초래될 결과를 알고 있다 하더라도 이는 사이코패스에게 자신의 행위를 억제하도록 하는 도덕적 동기를 유발시킬 수 없다. 그렇다면 사이코패스가 행위의 결과를 명확히 알고 이를 실행에 옮겼다고 하더라도 이는 정상인의 경우 그러한 판단을 내린 것과는 명백히 차이가 있으므로 도덕적으로 비난할 수 없다고 해야 할 것이다. 이 점에서 사이코패스의 가해행위는 사자의 공격과 구조적으로 다른 것이 아니라 오히려 유사하다고 보아야 한다. 야생의 사자와는 분명 다르겠지만, 조련에 의해 인간사회에 잘 적응해 쉽게 인간을 공격하지는 않으나 항시 그 야수성이 분출될 위험이 있는 '조련된' 사자에 가깝다고 볼 수 있을 것이다.

혹자는 탈버트식의 논변을 좀 다른 각도에서 재구성해 다음과 같이 주장할 수도 있을 것이다. 널리 알려진 사이코패스 범죄자들의 엽기적 범행도 면밀히 조사해 보면 대체로 치밀하고 계획적인 준비를 통해 쉽게 발각되지 않게 저질러졌다는 사실로 미루어 볼 때, 이들에게는 시비변별능력은 물론 행위통제능력도 충분히 있다고 보아야 하지 않겠느냐는 것이다.[113] 일견 우리의 직관에도 부합되고 상당히 호소력이 있어 보이는 지적이다. 그러나 이 역시 심각한 오해에서 비롯된 생각이다. 범행의 전 과정을 지배하고 조종할 수 있는 능력과 법적으로 그른 행동을 회피하고 옳은 행동을 실천에 옮길 수 있는 행위통제능력은 명확히 구분해야 한다. 또다시 사자의 예를 보자. 사자는 사냥을 할 때, 치밀하고 계획적인 수법으로 안전하게 사냥감을 공격한다. 그러나 우리는 결코 사자에게 형법적 의미의 행위통제능력이 있다고 말하지는 않을 것이다!

(2) 부정론의 검토

칸트식의 선험적 논변이든, 흄식의 후험적 논변이든 그 공통점은 형사책임능력의 인정에 있어서 도덕적 공감능력의 역할을 중요시한다는 데 있다. 부정론에 대해서는 다음과

---

113) 이러한 반론은 필자가 학술 세미나 등 많은 곳에서 직접 들은 바 있다.

같은 반론이 제기될 수 있다. 예컨대 도로교통법규상 과속금지법규의 경우, 대부분의 사람들은 도덕적 동기보다는 거의 전적으로 처벌에 대한 두려움, 즉 자기이익(self-interest)의 동기에서 법규를 준수한다. 그렇기 때문에 행정적인 규제가 불가능한 상황에서는 얼마든지 과속금지법규를 어기게 된다. 이는 다른 교통법규[114] 및 여러 행정범에게서도 발생할 수 있고, 또 빈번히 벌어지고 있는 일이다. 따라서 모든 형법의 준수에 도덕적인 동기화가 필요하다는 주장은 분명히 수정될 필요가 있고, 그러한 점에서 부정론의 입장은 재검토되어야 할 것이다.

부정론의 논거가 정교한 듯 보이지만 피상적이고[115] 추상적이라는 지적도 있다. 예컨대 부정론의 공통된 기본전제인 "도덕적 공감능력은 동기유발적 기능을 한다."는 명제가 비의적(esoteric)이어서 과학적이고 경험적인 근거가 빈약하다는 것이다. 그러나 이 점에 대해서는 도덕심리학적으로 이 전제(명제)가 옳다는 점이 입증되고 있는 듯 보인다. 감정적 동기화 모델(A Model of Affective Motivation)에 의하면, 감정은 행위자가 감정과 연관된 행동 계획에 따라서 행동을 할 수 있는 근거를 갖게 되는 동기화적 상태라고 한다. 이에 따르면 개별적 감정과 연관된 지향적 태도(dispositional attitudes)는 개별적 행위자가 인식하고 있는 세계에 대한 표상을 근본적으로 변화시킬 수 있다고 한다. 따라서 상이한 지향적 태도를 지닌 사람들은, 동일한 증거에 대해서 서로 다른 사실에 초점을 맞추고, 그 증거의 비중을 다르게 보며, 결국 다른 결론을 도출해 내게 된다는 것이다. 즉, 행위자의 감정은 지향적 태도나 사물에 대한 표상과 연관되어 있고, 바로 이러한 감정적 연관에 의해 행위자가 선택하는 동기유발적 사실은 영향을 받는다고 한다.[116] 요컨대 감정은 분명히 행위의 동기화 기능을 할 수 있다는 것이다.[117]

---

114) 예컨대 야간에 차량의 통행이 전혀 없는 지역에서 급한 일 때문에 차량통행신호에도 횡단보도를 무단으로 건너거나 횡단보도가 아닌 곳에서 도로를 횡단하는 경우는 얼마든지 많다.

115) Christina Lee, 앞의 논문, 133면.

116) Charles Fischette, 앞의 논문, 1471-1472면. 감정적 동기화 모델을 지지하는 견해가 자기기만(self-deception)의 문제에 대한 알프레드 밀레(Alfred R. Mele) 교수의 해법에 의해 제시되었다. 자기기만의 문제란 어떻게 한 개인이 하나의 명제와 그 부정명제를 동시에 믿을 수 있느냐는 것이다. 이에 대한 밀레 교수의 해법은 자기기만을 하나의 동기화 현상으로 취급한 것이다. 그에 따르면 우리는 설령 다른 객관적인 사실에 의해 어느 한 명제가 부정될 수 있더라도, 우리가 참이라고 믿고 싶은 명제를 믿는 경향이 있는바, 이러한 경향의 원인은 우리가 무엇이 참이라고 믿고 싶으면 그 욕구에 의해 때때로 우리의 신념은 편향될 수 있다는 것이다. 따라서 감정적인 연관성이 있는 일부 신념들은, 일정한 지향성, 즉 행위자가 바라는 욕구의 영향을 받게 된다고 한다. 이에 대해서는 Alfred R. Mele, Self-Deception Unmasked (Princeton University Press, 2001), 5-13면 참조.

117) 감정이 행위자의 의사결정에 중요한 역할을 한다는 점은 오늘날 영향력 있는 학자들 사이에서 널리

5. 사이코패스의 형사책임능력

(1) 책임능력 논증의 사안별 차별화

전술한 바와 같이 실제에 있어 모든 법률이 행위자에게 도덕적 동기를 요구하는 것은 아니다. 따라서 사이코패스의 형사책임능력 논증방식에 있어서도 개별 사안에 따라서 달리 검토하는 방식을 취하는 것이, 행위자의 도덕적 판단능력과 동기유발을 중시하는 본고의 논지에도 부합되고, 합리적이라고 본다.[118]

우선 자연범의 경우에 범죄의 성격상 도덕적 동기관련성이 매우 강하기 때문에 사이코패스에게는 적어도 도덕적 의사결정능력은 전혀 없다고 볼 것이고, 따라서 책임무능력을 인정할 여지가 있다고 본다. 다만 자연범의 경우라도 사이코패스에게 처벌에 대한 공포 등 자기이익의 관점에서 의사결정능력이 존재할 수 있다. 그러나 도덕적 판단능력이 결여된 이상, 정상인의 의사결정능력과 비교해 볼 때 완전한 의사결정능력을 지녔다고 보기는 어려울 것이다. 또한 신경생물학적 임상연구결과에 의하더라도 사이코패스는 일정한 보상 (reward)이 목전에 있는 경우는 처벌에 대한 두려움도 범죄충동을 억제하게 만들지 못한다고 한다.[119] 이들은 두뇌기능에 문제가 있어 처벌의 가능성 앞에서도 행동을 억제하지 못하는 행동억제시스템(Behavioral Inhibition System: BIS) 장애를 겪고 있기 때문이다. 즉, 자기이익 관점에서의 의사결정능력도 미약하다는 것이다. 따라서 자연범의 경우 의사결정능력만을 고려할 때 한정책임능력을 인정할 여지가 있다. 반면에, 법정범의 경우 비록 행위자가 사이코패스라 하더라도 법규자체에 도덕적 동기관련성이 적기 때문에, 도덕적 의사결정능력은 불필요하고, 오로지 자기이익의 관점에서의 의사결정능력이 중요하므로, 만일 그에게

받아들여지고 있는 견해다. 이 점에 대해서는 스티븐 핑커(Steven Pinker)/김한영 역, 마음은 어떻게 작동하는가(How the mind works) (동녘 사이언스, 2007), 233면 참조.

118) 본고에서 자연범/법정범을 구분할 필요가 있다고 주장한 취지는 사이코패스의 책임능력판단에 있어서 도덕적 비난가능성이 있는 범죄와 그렇지 않은 범죄를 구분할 필요가 있다는 것이며, 통일적이고 일관적이어야 할 책임능력유무 판단을 자연범과 법정범 구분방식에 따라서 달리 판단하려는 것이 아님에 유의할 필요가 있다. 다만 자연범/법정범을 구분해 고찰하려는 것은 "사이코패스의 책임능력판단에 있어서는 그의 도덕적 의사결정능력의 부재가 고려되어야 한다."는 본고의 일관된 논리를 따르고 있는 것이다.

119) 단, 처벌에 상응할 만한 보상이 주어질 경우에만 그러하다는 견해도 있다. 이 점에 대해서는 J.P. Newman & J.F. Wallace, Psychopathy and Cognition, in: P. Kendall & K. Dobson (eds.), Psychopathy and Cognition (San Diego; London: Academic Press, 1993), 293면 이하 참조.

그러한 의사결정능력이 충분히 존재한다면 책임능력을 인정할 수도 있을 것이다. 다만 전술한 바와 같이 실제 연구결과에[120] 의하면 사이코패스는 자기이익의 관점에서도 의사결정능력이 미약하다 할 것이므로, 법정범의 경우도 의사결정능력만을 고려할 때 한정책임능력을 인정할 여지가 있다고 본다.

(2) 책임무능력과 한정책임능력의 구분

현재까지도 책임무능력과 한정책임능력의 구분에 대해서는 해석론과 판례 모두 객관적이고 명확한 판단기준을 제시해 주고 있지는 못한 것으로 보인다.[121] 따라서 사이코패시의 책임능력 제한에 있어서 사물논리적(sachlogisch)이고 구체적·합리적인 독자적 기준에 의해 이를 판단해야 할 것으로 판단된다.[122]

정신병자와 마찬가지로, 사이코패스의 책임능력도 그 증상의 정도에 따라서 한정책임능력을 인정해야 하는 경우부터 책임무능력을 인정해야 하는 경우까지 '정도의 차이(dimensional axis)'가 있다고 봄이 타당하다.[123] 대법원도 중증의 정신병질자에게 심신장애를 인정할 여지가 있다고 판시함으로써,[124] 그 증상정도의 차이를 인정하고 있다. 과연 그렇다면 어떠한 구분기준에 따라서 '중증'의 사이코패스와 그렇지 않은 사이코패스를 구분할 수 있으며, 어떠한 기준에 의해 책임무능력과 한정책임능력을 구분해 인정하는 것이 정당한지 논구될 필요가 있을 것이다.

우선 가능한 방법 중 하나는 우리나라 실정에 적합한 PCL-R과 같은 사이코패시 진단표를 개발하여 그 평가점수를 기준으로 '중증 사이코패스' 여부를 결정하는 것이다.[125] 그러나 아직 우리 실정에 적합한[126] 사이코패시 판정도구가 개발되어 있지 못하고, PCL-R과 같은

---

120) 이 점에 대한 광범위한 실험적 연구성과의 소개로는 Robert D. Hare, David J. Cooke & Stephen D. Hart, 앞의 논문, 570-572면 참조.

121) 한정환, 앞의 논문, 90면 참조.

122) 관련하여 참조할 만한 문헌으로는 오상원, 한정책임능력의 본질, 형사법연구 제11권, 1999, 364면 이하.

123) Charles Fischette, 앞의 논문, 1479면 참조.

124) 대판 1995.2.24. 94도3163; 대판 2007.2.8. 2006도7900.

125) PCL-R의 20개 평가목록은 그 측정수치에 따라 각각 0부터 2까지의 점수를 부여할 수 있으며, 헤어는 30점 이상이면 사이코패스로 볼 수 있다고 한다. 이에 대해서는 Jan Looman, Jeffrey Abracen, Ralph Serin & Peter Marquis, 앞의 논문, 550면 참조. 그러나 25점 이상이면 충분하다는 견해도 있다. V.L. Quinsey, G.T. Harris, M.E. Rice & C.A. Corimier, Violent offenders: Appraising and Managing Risk (Washington D.C.: American Psychological Association, 1998) 참조.

126) 헤어는 자신의 저서인 앞의 책 한국어 번역판 서문에서 사이코패시는 범문화적 성격장애지만 그것의

진단표를 개발했다 하더라도 그 목록들이 모두 책임능력의 판단에 유의미한 성격을 지니고 있지는 않기 때문에[127] 그 평가점수가 높다고 하여 곧바로 책임무능력 또는 한정책임능력을 인정하기에는 일정한 난점이 있다고 본다. 그러므로 '중증 사이코패스' 판정은 PCL-R 등의 평가점수에 의해 일률적으로 결정하기보다는 책임능력의 전제조건인 '사물변별능력'이나 '의사결정능력'과의 연관성 하에 검토할 필요가 있을 것이다.

전술한 바와 같이 감정적 동기유발 모델에 의하면 일정한 공감적, 정서적 능력은 행위의 도덕적 관련성 이해는 물론 행위자의 사실인식(factual perception)에도 영향을 줄 수 있다. 따라서 감정과 공감능력이 없는 사이코패스는 동일한 대상에 대해 정상인과 다른 사실들을 인식할 수 있다. 즉 사실 인식의 왜곡이 초래될 수도 있다는 것이다.[128]

앞서 살펴본 감정적 동기유발 모델에 의하면 우리의 욕구는 사실인식에 왜곡을 초래할 수 있다. 다시 말해 참이라고 믿고 싶으면 사실이 아닌 것도 사실로 믿는다는 것이다. 그만큼 감정은 동기를 유발시키는데 있어 중대한 역할을 한다는 것이다. 여기서 살인충동이나 성적 욕구, 또는 절도의 유혹에 휩싸인 사이코패스를 상정해 보자. 정상인이라면 그러한 상황에서 마음속에는 범죄충동과 도덕감정이 경쟁을 벌일 것이다.[129] 그러나 타인에 대한 공감능력과 도덕적 판단능력이 결여된 사이코패스의 경우는 처음부터 범죄충동이 우월한 지위를 차지할 것이고, 따라서 그의 범죄욕구가 이끄는 대로 범행의 객체를 사실과 왜곡해 바라보게 될 것이다. 즉, 충동에 휩싸인 그에게는 이미 생명의 존엄성이나 성적 자기결정권, 그리고 재물의 타인성 등은 중요하지 않다. 그는 범행의 대상들은 오로지 자신의 욕구를 채우

구체적인 양상이나 측정방법은 문화적 전통이나 규범, 사회적 기대 등에 의해 영향을 받기도 하기 때문에, 하나의 문화권에서 발전된 사이코패시에 대한 이론과 연구결과가 다른 문화적 맥락에서도 적용가능한지 확인할 필요가 있다고 지적한 바 있다. 이에 대해서는 로버트 D. 헤어/조은경·황정하 역, 진단명: 사이코패스 (바다출판사, 2005), 11면 참조. 역시 인종과 문화권에 따른 사이코패시 진단상의 차이점에 대한 연구결과로는 Grant T. Harris, Tracy A. Skilling & Marine E. Rice, 앞의 논문, 209-212면 참조.

127) 예컨대 PCL-R의 평가목록 중 일부인 '달변이나 깊이가 없다'든지 '잦은 결혼', 그리고 '유년기의 비행 여부' 등은 책임능력판단에 별다른 의미가 없다. 이러한 맥락에서 사이코패스의 여러 특성 중 도덕적 반응능력의 장애에 초점을 맞추려는 입장으로는 Matthew Talbert, 앞의 논문, 518면.

128) Charles Fischette, 앞의 논문, 1478-1480면 참조.

129) 인간의 마음은 서로 경쟁을 벌이고 있는 여러 하위 마음의 집합체라는 견해는 오늘날 널리 받아들여지고 있는 유력한 견해다. 대표적으로 문헌으로는 Marvin Minsky, The Society of Mind (New York: Simon & Schuster, 1986); 대니얼 데닛(Daniel C. Dennett)/이희재 역, 마음의 진화(Kinds of Minds) (사이언스북스, 2006); 스티븐 핑커(Steven Pinker)/김한영 역, 마음은 어떻게 작동하는가(How the mind works) (동녘 사이언스, 2007) 참조 데닛은 마음은 복수의 계의 활동으로 구성된다고 설명하고, 핑커는 외부세계와 상호작용을 할 수 있도록 진화한 특별히 설계된 모듈의 집합체라고 본다.

기 위한 도구적 수단으로만 왜곡해 인지한다.

이러한 판단에 기초해 사이코패스의 책임무능력과 한정책임능력 구분조건을 도해화하면 다음과 같다.

	사실 인식의 존재	사실 인식의 왜곡
도덕적 판단능력 존재	1. 정상인	2. 정상인
도덕적 판단능력 결여	3. 사이코패스	4. 중증 사이코패스

위 도표에서 1의 경우는 사실의 인식과 도덕적 판단능력이 있는 정상인의 경우로 사이코패스가 이에 해당하는 경우는 없을 것이다. 2의 경우도 도덕적 판단능력이 있기 때문에 사이코패스는 아니고 사실 인식에 장애가 있을 뿐이므로 사실의 착오법리가 적용될 수 있을 것이다. 3의 경우는 사실의 인식은 있지만, 도덕적 판단능력이 없는 경우로 전형적인 사이코패스이다. 이 경우는 사실의 인식은 가능하지만 도덕적 판단능력은 없으므로 엄밀히 말해 사물변별능력이 미약하다고 볼 수 있으나, 현행 책임능력도그마틱에 의하면 사물변별능력이 인정된다. 적어도 이들은 관습적 의미의 선악의 구분은 가능하기 때문이다.[130] 4의 경우는 도덕적 판단능력이 없을 뿐 아니라 감정과 공감능력의 결여로 사실의 인식에도 왜곡이 초래되는 경우로서 사물변별능력이 미약하거나 없는 '중증' 사이코패스라고 볼 수 있을 것이며, 따라서 한정책임능력 또는 책임무능력을 인정할 수 있다고 본다.

---

130) 여기서 '관습적 의미'라고 표현한 것은 사이코패스가 옳고 그른 행위를 사회관습에 의해 피상적으로는 구분할 수는 있어도 그 진정한 도덕적 의미를 이해하지 못하기 때문이다. 이는 색맹이 신호등의 붉은 색과 파란 색을 색깔에 의해 구분하지는 못해도, 대신 그 위치에 의해 구분함으로써 교통신호체계에 적응할 수 있는 것과 마찬가지이다. 색맹은 신호등 맨 위의 등이 빨간색인 것을 몰라도 그 위치에 불이 켜지면 '멈춤' 신호라는 것을 알 수 있는데, 그가 "빨간 등이 켜졌어"라고 말해도 그는 실제로 "맨 위의 등이 켜졌어"라는 의미로 말한 것이 된다. 즉, 선악의 진정한 의미는 알 수가 없다는 것이다. 관련하여 공감능력이 결여된 사이코패스는 인지적 기능에 있어서도 장애를 겪는다고 한다. 물론 사이코패스도 감정에 대한 언어적 표현을 할 수는 있지만 그 감정 자체는 그의 마음속에 떠오르지 않는다. 이들은 감정을 경험하지는 못하지만 다른 사람들이 사용하는 단어를 배워서 자신이 알지 못하는 감정을 설명하거나 모방할 뿐이다. 때로는 그러한 모방이 너무 완벽해서 그가 사이코패스인지 모르는 경우도 있다고 한다. 일반인은 사전적 의미만 담긴 중립적 단어보다는 감정적·함축적 의미가 담긴 단어에 더 빠르게 반응하지만 사이코패스는 감정을 경험할 수 없기 때문에 '종이'와 '죽음'이란 단어에 대해서 동일한 속도의 반응을 보인다. Robert D. Hare, 앞의 책, 129면; Charles Fischette, 앞의 논문, 1433면 참조.

이상의 입론이 옳다고 한다면, 다음과 같은 도식이 도출될 수 있을 것이다.

	사이코패스	중증 사이코패스
자연범	1. 한정책임능력 인정	2. 한정책임능력 또는 (책임무능력) 인정
법정범	3. 한정책임능력 인정	4. 한정책임능력 또는 (책임무능력) 인정

위 도식에서 1의 경우는 자연범 사이코패스로서 전술한 바와 같이 사물변별능력은 완전하지만 의사결정능력은 미약하기 때문에 한정책임능력을 인정할 수 있다. 2는 중증의 자연범 사이코패스로서 의사결정능력이 미약하고 사물변별능력도 미약하거나 결여되었기 때문에 한정책임능력 또는 책임무능력을 인정하게 된다. 3의 경우는 법정범 사이코패스로서 사물변별능력은 완전하지만 의사결정능력이 미약하여 한정책임능력을 인정할 수 있다고 본다. 끝으로 4는 중증의 법정범 사이코패스로서 의사결정능력이 미약하고 사물변별능력이 없거나 미약해 한정책임능력 또는 책임무능력을 인정할 수 있다고 본다. 다만 일반적으로 사이코패스는 "선악을 구별할 줄 알면서도 선악에 대한 판단에 따라 행동하지 않는" 자이므로[131] 대부분 중증의 사이코패스라 하더라도 여전히 '사물변별능력'이 미약한 수준일 것이므로, 이 경우 한정책임능력이 인정되어야 할 것이고, 책임무능력이 인정되는 예는 거의 없을 것이다. 이 점은 2의 경우도 마찬가지일 것이다.[132]

(3) 형사정책적 적절성 여부

이론적으로 사이코패스의 형사책임능력을 제한하고자 할 때, 무엇보다 중요하게 제기되는 문제점 중의 하나는 바로 형사정책적 적절성 여부일 것이다. 즉, 중범죄자 상당수가 사이코패스이고 이들의 재범률이 다른 범죄자에 비해 매우 높은 현실을 고려할 때,[133] 책임능력의 제한이 가져오게 될 또 다른 범죄기회의 증대와 그로 인해 잠재적 범죄피해자인

---

131) 바버라 오클리(Barbara Oakley)/이종삼 역, 앞의 책, 64면 참조. 동 문헌에 따르면 "사이코패스는 옳은 것을 아는 것과 그것을 행하는 것 사이의 분열을 가장 잘 보여주는 사례다."
132) 또 물론, 경우에 따라서는 사이코패스라 하더라도 행위 당시에 정상인과 대등한 수준의 의사결정능력과 시비변별능력이 인정되어 완전 책임능력이 인정되는 경우도 있을 것이라고 본다.
133) 이 점에 대한 풍부한 경험적 연구자료와 논의로는 Robert D. Hare, David J. Cooke & Stephen D. Hart, 앞의 논문, 560-565면 참조. 이는 비록 외국의 통계수치를 토대로 한 것이지만 우리나라의 경우도 크게 다르지는 않을 것으로 보인다.

시민 모두가 치르게 될 사회적 비용이 과연 적절히 통제될 수 있겠느냐는 것이다.

이 점에 대해서는 우선 사이코패스에게 완전한 책임능력을 인정하여 형벌을 부과한다 하더라도 고도의 재범위험군에 속하는 이들이 가출소 또는 출소 후에 범하게 되는 계속되는 범죄로 인해 범죄피해자들이 겪게 될 사회적 비용은 줄어들지 않는다는 점을 명확히 인식할 필요가 있을 것이다.134) 다만 범죄억제의 관점에서 볼 때, 적어도 수감생활을 하는 동안은 사회 일반에 대한 범죄기회가 제거될 수 있다는 점에서 사이코패스의 완전한 책임능력을 긍정하는 입장이 보다 바람직하다고 볼 여지도 있을 것이다. 그러나 앞서 제3장에서 살펴본 바와 같이 우리 형사법제 하에는 치료감호법이 있다. 현행 치료감호법에 의하면 심신장애가 있는 자는 최대 15년까지 치료감호에 처할 수가 있다(동법 제2조 제1항과 제16조 제2항). 舊사회보호법을 폐지하면서 재범의 위험성이 있는 심신장애자 또는 약물중독자 등으로부터 사회를 보호하기 위해 제정된 치료감호법은 대체주의(代替主義)를 따르고 있는바, 형벌과 보안처분의 병과적 선고를 허용하면서 특별예방이 일반예방에 우선한다고 봄으로써 집행에 있어서는 보안처분이 형벌을 대체한다. 그러므로 치료감호가 형벌에 우선적으로 집행되고, 치료감호기간이 형기에 산입된다(동법 제18조).135) 다만 치료감호가 종료되지 않았을 경우에 치료감호는 최장 15년까지 가능하다.136) 그렇다면 사이코패스의 책임능력을 제한하여 책임무능력이나 한정책임능력을 인정하더라도 치료감호시설에 수용함으로써 사회 일반에 대한 범죄기회는 충분히 제거될 수 있다. 더욱이 사이코패스의 치료가능성에 대한 매우 긍정적인 연구성과들이 제시되고 있는 상황에 비추어 보면, 사이코패스의 치료가 가능하도록 현행 치료감호시설을 개선하는 입법적 조치를 취하거나, 아니면 현행 치료감호법이 허용하고 있는 "치료감호시설 외에서의 위탁치료(동법 제23조 1항과 2항)"를 통해 정신병질이 치료될 수 있도록 처우한다면, 사이코패스의 책임능력 제한은 오히려 현행법 하에서 매우 합리적인 형사정책적 해결책이 될 수 있다고 본다.137)

다만 향후 사이코패스의 치료138)에 대한 연구성과가 축적되면 치료기간의 상한선인

---

134) 동지의 견해로 김상준, 앞의 논문, 둘째 면 참조.

135) 치료감호법의 법제도적 의의에 대해서는 신동운, 앞의 책, 822-823면; 정영일, 앞의 책, 536-537면 참조.

136) 치료감호의 종료 또는 가종료 여부는 매 6월마다 치료감호심의위원회에서 심사·결정한다(동법 제22조와 제37조).

137) 물론 이 경우에도 "치료프로그램 및 방법"에 대한 충분한 연구와 개발이 전제되어야 함은 물론이다. 다만 위탁치료 시 사이코패스의 범죄기회통제가 문제될 수 있는데 위탁치료 기간 동안에는 보호관찰이 개시되므로 (동법 제32조) 법제도상 큰 미비점은 없다고 본다.

138) 혹자는 만일 사이코패스가 치료가능하다면, 본인이 이를 알면서도 치료하지 않고 범행을 저지른 것에 책임이 없다고 하기 어렵지 않겠느냐는 의문을 제기할 수도 있을 것이다. 그러나 사이코패스는 자신이

15년에 대한 신중한 재검토가 필요할 것이다.[139]

Ⅳ. 맺음말

앞서 살펴본 바와 같이 사이코패스는 공감능력의 부족으로 도덕적 판단능력이 결여되어 있고 신경생물학적으로도 처벌에 대한 공포로 인해 행동을 억제할 수 있는 두뇌기능에도 장애가 있기 때문에 정상인에 비해 적법행위를 할 수 있는 의사결정능력, 즉 행위통제능력이 현저히 제한되어 있으므로 사이코패스에 대한 책임능력을 제한할 필요가 있다. 다만, 사이코패스의 대부분이 정상인에 비해 재범의 위험성이 매우 높다 할 것이므로 치료감호법상의 치료감호를 통하여 그러한 위험요인을 제거하여 사회에 복귀시킴으로써 재범을 방지하여야 할 것이다.

대법원은 심신장애에 대하여 엄격한 판단기준을 가지고 있는 것으로 보인다. 예를 들어 성격적 장애가 있음이 인정된다 하더라도 판결에 영향을 미칠 정도의 것이 되기 위해서는 그러한 정신적 결함이 '상당할' 것을 요구하고 있다. 성격적 장애의 일종이라고 볼 수 있는 충동조절장애에 대하여 우리 대법원은 "자신의 충동을 억제하지 못하여 범죄를 저지르게 되는 현상은 정상인에게서도 얼마든 지 찾아 볼 수 있는 일로서 특단의 사정이 없는 한

심리적 또는 정서적인 문제를 지니고 있다고 생각하지 않으며, 자신의 행동을 그들이 동의하지 않는 사회적 기준에 맞춰 바꿀 이유가 없다고 생각한다. 다시 말해 그들은 자신의 내면적 세계에 매우 만족하고 있으며, 따라서 자신에게 아무런 잘못된 점이 없고, 자신의 행동이 이성적이고, 가치가 있으며, 만족스럽다고 여긴다는 것이다. 한마디로 그들은 반성적인 자기인식(self-awareness)이 불가능하기 때문에 자신이 사이코패스라는 사실을 모를 것이다. 따라서 그들에게 치료를 하지 않고 범행에 나아간 것에 대한 책임을 물을 수는 없다고 본다. 마사 스타우트(Martha Stout)/김윤창 역, 앞의 책, 84-86면. Robert D. Hare, 앞의 책, 195면. 이 점은 사이코패스의 치료를 어렵게 만드는 요인이기도 하다.

139) 수용기간의 제한(15년)은 치료감호가 지나치게 장기간 계속되는 것을 막기 위한 취지이다. 이재상, 앞의 책, 619면; 정영일, 앞의 책, 542면. 즉, 장기간의 치료감호에 의해 수용자의 인권이 침해될 수 있다는 점을 고려한 것이다. 최근 치료감호법 일부개정(2008.6.13 법률 제9111호)을 통해 신설된 동법 제2조 제1항 3호의 "소아성기호증(小兒性嗜好症), 성적가학증(性的加虐症) 등 성적 성벽(性癖)이 있는 정신성적 장애자로서 금고 이상의 형에 해당하는 성폭력범죄를 지은 자"도 치료감호에 처해질 수 있게 되었다. 동 조항이 신설된 배경은 사이코패스는 치료가 불가능하지만, 이러한 유형의 성범죄자는 치료가 가능하다는 인식에 토대를 두고 있다고 한다. 하지만 본고에서 살펴본 바와 같이 사이코패스도 치료가 가능하다고 보아야 한다. 단, 아직 사이코패스의 치료는 정확히 어느 정도의 기간이 필요한지 알려진 바 없다. 그러므로 이에 대한 면밀한 연구를 통해 치료감호기간을 상향, 또는 경우에 따라서는 불필요한 기간을 줄여 하향 조정할 필요가 있을 것이라고 본다.

위와 같은 성격적 결함을 가진 자에 대하여 자신의 충동을 억제하고 법을 준수하도록 요구하는 것이 기대할 수 없는 행위를 요구하는 것이라고는 할 수 없으므로 원칙적으로 충동조절장애와 같은 성격적 결함은 형의 감면사유인 심신장애에 해당하지 아니한다고 봄이 상당하지만 충동조절장애와 같은 성격적 결함이라 할지라도 그것이 매우 심각하여 원래의 의미의 정신병을 가진 사람과 동등하다고 평가할 수 있는 경우에는 그로 인한 범행은 심신장애로 인한 범행으로 보아야 한다."[140]고 판시하고 있다. 이는 성격장애의 경우 그 증상이 '중증'이라는 '상당성' 요건이 충족되어야 함을 의미한다.

다른 판례에 의하면 "형법 제10조에 규정된 심신장애는 생물학적 요소로서 정신병 정신박약 또는 비정상적 정신상태와 같은 정신적 장애가 있는 외에 심리학적 요소로서 이와 같은 장애로 말미암아 사물에 대한 판별능력과 그에 따른 행위통제능력이 결여되거나 감소되었음을 요하므로 정신적 장애가 있는 자라고 하여도 범행 당시 정상적인 사물판별능력이나 행위통제능력이 있었다면 심신장애로 볼 수 없다"는 취지의 판시를 하고 있다.[141] 동 판례의 취지는 심신장애의 판단에 있어서 생물학적 요건을 갖추고 있다 하더라도 곧바로 심신장애가 인정되는 것이 아니고 "범행당시 개별적·구체적 정황에 대한 판단을 통해" 피고인의 심신장애 여부를 판단해야 한다는 취지로 이해할 수 있을 것이다.[142]

한편 또 다른 판례에 의하면 "형법 제10조 소정의 심신장애의 유무는 법원이 형벌제도의 목적 등에 비추어 판단할 법률문제로서 그 판단에 있어서는 전문감정인의 정신감정 결과가 중요한 참고자료가 되기는 하나 법원으로서는 반드시 그 의견에 기속을 받는 것은 아니

---

140) 대법원 2002.5.24.선고 2002도1541판결.

141) 대법원 2007.2.8.선고 2006도7900판결.

142) 이것은 '의사자유'의 문제와 관련하여 매우 중요한 판결이며 또 타당한 판결이라고 본다. 인간의 행위가 "생물학적으로 결정될 수 없다"는 명제를 함축하고 있기 때문이다. 즉, 인간은 자신의 행위를 스스로 결정할 수 있는 '자유의지'를 가졌다는 것이다. 세계적인 뇌과학자이며 신경과학자인 가자니가(Michael S. Gazzaniga)에 따르면 인간의 폭력행동이 자유의지와는 무관하게 '타고난' 또는 '후천적으로 변형된' 뇌구조에 의해 결정론적으로 좌우된다는 '결정론'은 틀렸다. 만일 '생물학적 결정론'이 옳다면 뇌손상을 입거나 정신분열병이 있는 자들은 모두 폭력범죄를 저질러야 하나 이들 모두가 폭력적이지는 않기 때문이다. 그에 의하면 "뇌는 결정되어 있으나 인간은 자유롭다." 이에 대한 상세한 논증은 마이클 S. 가자니가(Michael S. Gazzaniga)/김효은 역, 윤리적 뇌(The ethical brain) (바다출판사, 2009), 123-140면 참조. 동지의 임웅, 형법총론, 2009, 271면 참조. 동 문헌에 의하면 "인간은 소질과 환경의 제약을 받기는 하지만 결정되지는 않는다." 사이코패스에게도 분명 일정부분 '자유의지'를 관념할 수 있을 것이다. 다만, 사이코패스에게는 그러한 자유의지의 '자유로운' 발현이 생물학적 장애로 인해 정상인에 비해 제한될 가능성이 크다. 바로 이 점이 형사책임능력판단에 고려되어야 한다. 물론 가자니가의 지적처럼 사이코패스도 모두가 범죄자로 발전하지는 않는다는 사실은 항상 염두에 두어야 할 것이다.

고 그러한 감정결과 뿐만 아니라 범행의 경위 수단 범행 전후의 피고인의 행동 등 기록에 나타난 제반 자료 등을 종합하여 단독적으로 심신장애의 유무를 판단하여야 한다."고 판시하여 심신장애 유무의 판단은 법원의 단순한 사실판단의 문제가 아니고 법관의 '법적·규범적' 판단임을 명확히 하고 있다.[143]

요컨대 우리 대법원의 입장에 따르면 사이코패스 등 성격적 장애자가 심신장애로 판정받기 위해서는 "범행당시의 개별적·구체적 정황에 대한 판단을 통해", 상당한 정도의 정신적 결함을 지닌 "중증의" 성격 장애자라는 점이, "공판정에 현출된 자료를 토대로" 입증되어야 할 것이다.

대부분의 사이코패스는 도덕적 판단능력이 결여되어 있고 처벌에 대한 공포로 인해 행동을 억제할 수 있는 두뇌기능에도 장애가 있기 때문에 정상인에 비해 행위통제능력이 제한되어 있는바, 원래의 의미의 정신병을 가진 사람과 동등하다고 평가할 수 있으므로 심신장애자로 인정하는 데 그리 어렵지 않을 것이다. 따라서 의학적인 지식을 가진 전문 감정인이 사이코패스의 제반특징, 즉 도덕적 판단능력이 결여되어 있다는 점, 행동을 통제할 수 있는 뇌의 기능에도 장애가 있다는 점 등을 정확하게 감정해 법원에 현출시킨다면 심신장애자로 인정받을 가능성이 매우 높아 질 것이다. 다만 사이코패스가 책임능력을 제한 받기 위해서는 위와 같이 생물학적으로 심신장애 요건을 갖추었다는 점 외에도 범행 당시 의사결정능력이 결여되었거나 미약했었다는 점 등이 현출된 자료를 통해 입증해야 한다.

즉, 책임능력 제한 여부는 생물학적 요소를 입증하는 것만으로는 부족하고, 범행의 경위 수단 범행 전후의 피고인의 행동 등 기록에 나타난 제반 자료 등을 종합하여 법원이 독자적으로 판단해야 할 법률문제이므로 구체적 사건에 있어서 사이코패스가 범행 당시 의사결정능력이 결여되어 있었다거나 미약했었다는 점을 입증해야만 한다. 그렇기 때문에 사이코패스가 생물학적으로 심신장애 요건을 갖추었다는 점을 인정받는다 하더라도 개별 사건에서 범행 당시 의사결정능력이 결여되어 있었다거나 미약했었다는 점에 대한 입증에 실패하였을 경우 책임능력을 제한 받지 못하므로 정상인과 같은 책임을 지는 것은 부득이하다 할 것이다.

다만 입법적으로 사이코패스의 재범을 방지함으로써 사회를 방위하기 위해서는 치료감호법을 개정하여 치료감호를 받을 수 있도록 해야 할 필요가 있다. 만일 사이코패스가 범행 당시 의사결정능력이 결여되었었거나 미약했었음이 입증된다면 치료감호법 제2조 제1항

---

143) 대법원 1991.1.26.선고 98도3812판결; 대법원 1984.5.22.선고 84도545판결.

제1호에 의하여 치료감호를 받을 수 있을 것이다. 그러나 입증에 실패하였을 경우, 즉 법원이 사이코패스에 대하여 책임능력 제한을 인정하지 않을 경우에 정상인과 같은 책임을 지는 것만으로는 형사정책적으로 적절하지 못하다 할 것이므로 치료감호법 제2조 제1항에 제4호를 신설하여 치료감호를 받을 수 있도록 해야 할 것이다. 즉 "사이코패스로서 금고 이상의 형에 해당하는 범죄를 저지른 자"라는 규정을 신설해야 할 필요가 있다고 본다. 왜냐하면 사이코패스가 비록 범행 당시 의사결정능력이 결여되었거나 미약하였음이 인정되지 않았다 하더라도 위에서 본 바와 같이 사이코패스는 정상인 보다 훨씬 재범의 위험이 높다 할 것이어서 이러한 사이코패스가 치료를 받지 않은 상태로 형기만 복역하고 출소한다면 사회적으로 큰 비용을 치를 수 있으므로 치료감호를 통해 위험요인을 제거해 사회에 복귀시킴으로서 재범을 방지해야 함은 형사정책상 당연한 요구이고 귀결일 것이기 때문이다.[144]

이상의 논지를 요약·정리하자면 다음과 같다.

1. 사이코패스는 생물학적으로 도덕적 판단능력이 결여되어 있고, 처벌에 대한 공포로 인해 행동을 억제할 수 있는 두뇌기능에도 장애가 있기 때문에 정상인에 비해 적법행위를 할 수 있는 의사결정능력이 현저히 제한되어 있다.

2. 중증의 사이코패시가 아니더라도 사이코패시는 심신장애사유에 해당한다.[145]

3. 사이코패스에게는 한정책임능력을, 중증의 사이코패스에게는 한정책임능력 또는 책임무능력을 인정할 수 있다.[146] 단, 사이코패스가 한정책임능력자인지 책임무능력자인지 여부 및 사이코패스라 하더라도 책임능력을 갖추고 있는지 여부는 현출된 자료를 토대로 개별적·구체적으로 판단되어야 할 것이다.

---

144) 단, "심신장애가 인정되지 않는 사이코패스"에 대한 형사적 대응책에는 보다 신중을 기해야 한다. 우선 신설된 제2조 제1항 제3호의 '정신성적 장애(psychosexual disorders)'가 있는 자가 성폭력 범죄를 저지른 경우, 제2조의 2에 의해 '성폭력 범죄'의 범위를 명확히 규정하여 '인권' 침해의 여지를 줄였듯이, 제4호를 신설할 경우에도 "사이코패스로서 금고 이상의 형에 해당하는 죄를 저지른 자"라고 포괄적으로 규정하는 것보다는 범죄의 종류나 법정형에 일정한 제한을 가할 필요가 있을 것이다. 또 사이코패스가 재범의 위험성이 높은 것은 사실이지만 우리 실정에 맞는 과학적인 임상연구와 통계자료를 축적해 더욱 신뢰도 높은 예측기준이 마련되어야 할 것이다. 만일 그렇지 않고 성급하게 '치료감호법 개정안'을 내놓을 경우, 사회보호의 측면만 강조되고 사이코패스 범죄자의 인권보장은 외면했다는 비판을 면치 못할 것이기 때문이다. 비슷한 생각은 성경숙·김성돈, 우리나라 치료감호법의 문제점과 개선방향, 성균관법학, 제20권 제2호, 2008, 333면 이하에서 찾아 볼 수 있다.

145) 이는 "중증의 성격 장애자만 심신장애에 해당할 여지가 있다."는 대법원의 입장과 다른 부분이다.

146) 다만 중증의 사이코패스라 하더라도 '사이코패시의 일반적 특성상' 책임무능력자로 인정되는 경우는 극히 드물 것이다.

4. 사이코패스의 형사책임능력을 제한하여 치료감호에 처하는 것이 현행법상 가장 합리적인 형사정책이 될 수 있다.
5. 책임능력이 제한되지 않는 사이코패스의 경우에는 현행 치료감호법 제2조 제1항 제4호를 신설하여 치료감호를 받도록 입법론적 방책을 강구해야 한다.

존 롤즈(John Rawls)는 그의 정의론에서 공정으로서의 정의(justice as fairness)를 강조하면서, 최소수혜자에게 이익이 되도록 제도적 배려를 하는 것이 사회정의를 구현하는 것이라고 역설한 바 있다(정의의 제2원칙 중 차등원칙). 최소수혜자란 우연성에서 가장 불우한 사람들로서, 그의 집안 및 사회 계층적 기원이 다른 사람들보다 불리하며, 천부적 재능도 유리한 형편에 있지 못하고, 일생동안 얻게 될 운 역시 보잘것없는 사람들을 말한다.[147] 형법적으로 볼 때, '도덕적 판단능력의 부재'는 행위자의 타고난 '운(luck)'의 하나로서 충분히 고려될 필요가 있다. 그러므로 '정신병질'은 형법의 공정한 적용을 위해서 책임능력판단에 고려되어야 할 것이다. 그럼에도 불구하고 최근 우리 법원이 사이코패스 성향이 강한 것으로 진단받은 피고인에게 높은 형량을 선고하는 정책으로 일관하는 것은 다소 우려스럽다. 즉 사이코패시를 단지 재범의 위험성이 높다는 점에서 형량 가중사유로만 활용하고 있는 것이다.[148] 그러나 사이코패스는 형법적 의미에서 정상인에 비해 불운하게 태어난 자로 볼 수 있으며, 따라서 심신장애자와 마찬가지로 일정한 '형법적 배려'를 필요로 한다. 우리가 진정 도덕적이라면, 우리의 가치판단이 사이코패스를 엄벌하는 방향으로 흐르는 것을 억제할 수 있어야 한다. 그들의 선천적인 이상인격에서 기인하는 위험스런 행동은 조기에 발견되고 신속하게 법적 제재가 가해져야 함은 물론이다. 다만 그들이 불운하게 태어난 '도덕적 무능력자'로서, 그로 인해 범죄를 저지르기 쉽고, 결과적으로 형사처벌을 받을 위험에 현저히 많이 노출되어 있는 '형법적 최소수혜자'라는 점을 잊어서는 안 될 것이다.[149]

"Don't forget these people. They have no one, yet they are people. They are desperately lacking and in terrible pain. Those who understand this are so rare: you must not turn your back on them."[150]

---

147) John Rawls, 앞의 책, 83면 참조.
148) 서울신문, 2009년 2월 9일자.
149) 동지의 김동현, 앞의 논문, 304면.

사이코패스에 대한 올바른 이해와 적실한 대책마련, 그리고 바람직한 공존방향의 모색에 얼마나 앞서 나아가느냐는 우리 사회의 번영과 문화적 성숙도, 인권의식의 발달수준을 가늠케 해 주는 중요한 척도가 될 것이다.

---

150) 이 인용구는 Theodore Millon, Erik Simonsen, & Morten Birket-Smith, "Historical Conceptions of psychopathy in the United States and Europe", in: Theodore Millon, Erik Simonsen, Morten Birket-Smith, & Roger D. Davis (eds.), Psychopathy: Antisocial, Criminal and Violent Behavior (New York, Guilford Publications, 1998), 28면에서 가져 온 것이다.

[13] 사이코패시의 원인론과 치료가능성

I. 사이코패시의 발생원인과 치료가능성

사이코패스(psychopath: 精神病質者)가 저지르는 범죄에 대하여 필요·적절한 대책을 마련하기 위해서는 무엇보다도 그러한 범죄를 유발하는 밀접한 요인으로 작용하는 정신병질(精神病質), 즉 사이코패시(psychopathy)의 원인에 대한 이해가 전제되어야 할 것이다. 사이코패시의 원인에 대해서는 이 분야의 저명한 권위자의 한 사람인[1] 헤어의 견해가 매우 논쟁적인 형태로 제시되어 있다.

헤어의 입장을 간단히 정리하자면, 사이코패시는 선천적인 생물학적 요인과 후천적인 사회·환경적 요인이 복합적으로 상호작용해서 나타난 결과다.[2] 그는 사이코패시의 직접적 유발요인이 아직은 명확히 밝혀지지 않고 있음을 인정하면서도[3] 후천적 요인보다는 선천적 요인이 보다 직접적인 원인으로 작용한다고 주장한다. 헤어의 주장에 따르면 나쁜 환경이나 유년기의 부적절한 양육이 사이코패시를 유발하는 직접적 요인은 아니며, 다만 이미 선천적·생물학적 작용으로 준비된 사이코패시적 특성을 발달시키고 행동적으로 표출시키는 기능을 한다.[4] 헤어는 다음과 같이 말한다.

"나는 사이코패시가 생물학적 요인과 사회적 요인이 복합적으로 작용해서 나타난다는 견해를 선호한다. 이 견해는, 유전적 요소가 뇌 기능의 생물학적 토대와 인격의 근본구조(basic personality structure)에 기여하며, 그럼으로써 삶의 경험과 사회적 환경에 대한 개인의 반응방식과 상호작용에 영향을 미친다는 증거에 기초해 있다.[5] 실제로 사이코패시의 발달에

---

1) 헤어에 대한 이러한 평가로는 Grant T. Harris, Tracy A. Skilling, & Marine E. Rice, The Construct of Psychopathy, *28 Crime & Justice 197* (2001), 203면.
2) Robert D. Hare, Without Conscience: The Disturbing World of the Psychopaths Among Us (New York: The Guilford Press, 1999, Originally published 1995), 166면과 173면 참조.
3) Robert D. Hare, 앞의 책, 165면.
4) Robert D. Hare, 앞의 책, 173-174면.

필요한 공감능력의 심각한 부족과 두려움 등의 감정일체를 느낄 수 있는 능력의 결여는, 일부는 선천적으로 또는 태아기나 신생아일 때 어떤 밝혀지지 않은 생물학적 영향으로 인해 갖추어진다. 그 결과, 내면적 통제와 양심을 발달시키고, 타인과 감정적 '관계(connections)'를 형성할 수 있는 능력이 현저하게 저하되는 것이다."6)

이와 같은 헤어의 주장이 논란을 불러일으키는 이유는, 사이코패시의 원인에 대한 기존의 여러 견해를 논박하면서 생물학적 요인이 직접적인 역할을 한다고 명확히 하였기 때문이다.

사이코패시의 원인론은 형사정책적으로도 중요한 의의를 갖고 있다. 사이코패스 범죄에 대응하기 위해서는 무엇보다도 사이코패시의 원인이 규명되어야만 그것을 토대로 필요·적절한 대책이 수립될 수 있기 때문이다. 그런데 일반적으로 사이코패시의 치료는 거의 불가능한 것으로 알려져 있다.7) 그로 인해 치료를 받은 후에도 재범의 위험성이 현저히 높은 것으로 보고되고 있다.8) 바로 이 점은 일반인의 법감정은 물론 많은 형사사법관련 실무가 또는 연구자들에게 있어서 사이코패스 범죄에 대해 엄벌주의적 입장을 고수하게끔 만드는 주된 요인이 되고 있는 것으로 보인다.9) 만일 그 치료가능성이 매우 비관적이라면, 사이코패스 범죄자에 대한 강경론의 입장은 상당히 설득력이 있을 것이다. 그러나 사이코패시에 대한 적절한 치료프로그램의 개발이 가능하고, 그 효과가 입증될 수 있다면, 형사적 대응에 있어서 다른 대안을 모색하지 않을 수 없을 것이다. 과연 사이코패시는 치료가 불가능한 것일까? 사이코패시의 원인이 밝혀질 수 있다면, 그 원인의 제거 또는 조작을 통해

---

5) 이 점에 대해 헤어는 다양한 과학적 증거자료를 제시하고 있다. Robert D. Hare, 앞의 책, 173면의 각주 17) 참조.

6) Robert D. Hare, 앞의 책, 173면.

7) 이에 대해서는 Grant T. Harris, Tracy A. Skilling, & Marine E. Rice, 앞의 논문, 232면 이하 참조. 사이코패시의 치료에 부정적 입장을 보인 선구적 문헌으로는 "R. von Krafft Ebing, Textbook of Insanity (Philadelphia: F.A. Davis, 1904, Translated by Charles G. Chaddock)"가 있으며, 여기서 어빙은 도덕적으로 미친 자들(morally insane individuals)의 치료가능성에 대해 "가망이 없다(without prospect of success)고 보았다고 한다. 이에 대해서는 Jan Looman, Jeffrey Abracen, Ralph Serin, & Peter Marquis, Psychopathy, Treatment Change, and Recidivism in High-Risk, High-Need Sexual Offenders, 20 Journal of Interpersonal Violence 549 (2005), 549면 참조.

8) 이에 대해서는 Robert D. Hare, 앞의 책, 198면 이하 참조. 특히 헤어의 조사에 의하면 일정한 치료프로그램은 "사이코패스의 치료에 효과가 없을 뿐만 아니라 오히려 그들을 더욱 악화시키기까지 한다고 한다!" 이에 대해서는 Robert D. Hare, 앞의 책, 199면 참조. 관련 문헌으로는 G.T. Harris, M.E. Rice, & C.A. Cormier, Psychopathy and violent Recidivism, 15 Law and Human Behaviour 625 (1991), 625면 이하.

9) 이러한 입장의 대표적 문헌으로는 Christina Lee, The Judicial Response to Psychopathic Criminals: Utilitarianism over Retribution, 31 Law & Psychol. Rev. 125 (2007), 125면 이하 참조.

치료가 가능해질 수 있는 것은 아닐까? 이하 본고에서는 이와 같은 문제의식 하에 사이코패시의 원인에 대한 현재까지의 다양한 견해를 비판적으로 검토해 보고, 그 치료가능성에 대한 최신의 논의를 살펴볼 것이다. 이를 통해 사이코패스 범죄자에 대한 형사적 대응의 바람직한 방향을 모색해 보고자 한다.

II. 원인에 대한 여러 견해의 검토

1. 원인론

사이코패시의 원인에 대해서는 "선천적인 본성(Nature)에서 비롯된다"는 주장과 "후천적으로 길러진다(Nurture)"는 주장이 있지만, 이 두 가지 요인이 복합적으로 작용하여 발생한다는 것이 오늘날 지배적인 견해로 보인다.[10) 유력하게 제시되고 있는 견해들은 다음과 같다.

(1) 사회·환경적(Social/Environmental) 원인론

사이코패시의 원인을 사회·환경적 요인에서 찾는 이론은 크게 두 가지로 대별될 수 있다. 그 하나는 유소년기의 가정·환경적 요인에 초점을 맞추는 견해이고, 다른 하나는 보다 거시적인 사회구조 및 문화적인 차이에 주목하는 견해이다.

먼저 전자의 입장을 취하는 윌리엄 맥코드(William McCord)와 존 맥코드(Joan McCord)에 따르면 유년기에 부모로부터 요구를 거부당했을 때에 겪게 되는 신경 기능의 훼손[11)과 이를 더욱 악화시키는 주변 환경, 그로 인한 정서적 박탈이 바로 사이코패시의 원인이 된다는 "신경사회학적(neurosocial)" 모델을 제시한 바 있다.[12) 그러나 이에 대해서 첫째, 유년기

---

10) 이러한 입장의 대표적 최신문헌으로 마사 스타우트(Martha Stout)/김윤창 역, 당신 옆의 소시오패스(The Sociopath Next Door) (산눈, 2008), 192면 이하 참조. 마사 스타우트는 임상 심리학자이며, 하버드 의과대학 정신의학과 심리학 강사로 활동 중이다. 역시 동일한 입장으로는 Robert D. Hare, 앞의 책, 165면 이하 참조.

11) 예컨대 부모로부터 방임되거나 학대받은 유아는 보통 지능이 떨어지고, 우울증, 행동장애, 산만함, 폭력성향, 자기통제의 어려움 등을 겪게 될 위험이 높다. 이 점에 대해서는 Robert D. Hare, 앞의 책, 170면 참조.

12) William McCord & Joan McCord, The Psychopath: An Essay on the Criminal Mind (Princeton, N.J.:

의 양육방식에 주목한 이러한 학설은 '회상적 보고', 다시 말해 과거의 일을 개인적으로 회상한 자료에 의해 기초하고 있기 때문에 지극히 조심스럽게 해석되어야 한다는 지적이 있다. 만일 현재 사이코패스 판정을 받은 사람에 대한 유년기의 사건을 회상해 보라고 다른 사람들에게 요구하면, 비행을 저질렀던 사건들은 회상되기 쉬운 반면에, 모범적이거나 정상적인 사건들은 간과되기 쉽다는 것이다. 특히 정신병질자 자신들의 회상적 보고는 더욱더 신뢰할 수 없다고 한다.[13]

다음으로, 유년기의 겪었던 심리적인 충격(psychological trauma)과 적대적인 경험 (adverse experience)이 '양심의 부재'와 같은 사이코패시의 핵심 특성을 유발한다는 설득력 있는 연구결과가 없다는 비판이 있다. 즉, 유년기의 불행한 경험이 범죄와 폭력을 낳을 수 있다는 점은 많은 연구들에 의해 입증되었지만[14] 그것이 곧 사이코패시를 초래한다는 연구성과는 없다는 것이다. 아울러 유년기의 부적절한 양육방식은 성인이 된 후 우울증이나 불안감에 시달리게 만들지만, 사이코패스는 그와 같은 괴로움을 겪지 않는다는 점도 신경사회학적 모델의 결함을 입증해 준다고 한다.[15] 실제로 다른 범죄자들과 달리 사이코패스 범죄자들은 불안정한 가정환경의 영향을 덜 받는다는 일단의 증거도 이를 과학적으로 뒷받침하고 있다.[16]

사이코패시의 발달에 영향을 미치는 미시환경적 영향에 대하여 또 다른 견해로는 '애착장애(attachment disorder)' 이론이 있다. 이는 간단히 말해 영아기에 부모 또는 양육자와 애착이나 유대관계 등의 심리적 결속이 이루어지지 못하면 사이코패시가 유발될 수 있다는 것이다. 애착이론(attachment theory)에 따르면 영아기의 적절한 애착은 감정적인 자기통제와 자신의 경험과 행동의 반성능력 등을 길러주고 나아가 다른 사람들과의 정서적인 결속을 형성할 수 있게 해 준다.[17] 이와 같은 영아기의 애착이 방해를 받을 때 '애착장애'가 일어난다. 많은 경험적 증거에 의하면 애착장애를 겪는 아이들은 충동적이고 냉정하며 폭력적이라고

Van Nostrand, 1964), 91면.

13) 이러한 지적으로는 Gerald C. Davison, John M. Neale, & Ann M. Kring/이봉건 역, 이상심리학 (Abnormal psychology) 제9판 (시그마프레스, 2005), 269면 참조.

14) 이 점에 대해서는 마사 스타우트(Martha Stout)/김윤창 역, 앞의 책, 203면.

15) 마사 스타우트(Martha Stout)/김윤창 역, 앞의 책, 203면.

16) 이러한 연구결과에 대해서는 Robert D. Hare, 앞의 책, 174-175면 참조.

17) 애착이론에 대한 소개로는 마사 스타우트(Martha Stout)/김윤창 역, 앞의 책, 205면. 부모의 무관심과 학대는 안정된 애착형성을 방해한다. 이러한 환경에 처한 아이는 영구적 뇌손상을 입기도 하며, 성장해 폭력적 범죄자나 자식을 학대하는 부모가 되는 경우가 많다는 보고가 있다. 이에 대해서는 마이어스 (David G. Myers)/신현정·김비아 역, 심리학(Psychology) (시그마프레스, 2008), 196-197면 참조.

한다. 사이코패시의 특성과 애착장애의 증상의 유사성에 착안해 애착장애가 곧 사이코패시의 원인이라는 가설이 제시된 것이다.[18] 그러나 애착장애 이론에 대해서도 우선 이론의 경험적 증거 대부분이 유년기 경험에 대한 회상적 보고(retrospective reports)에 기초한 것이어서 이 역시 믿을 만한 과학적 증거가 결여되어 있다는 지적이 있다.[19] 또한 애착장애의 증상들과 사이코패시의 전형적인 특성은 유사하기도 하지만 근본적인 차이점이 있다는 비판이 있다. 즉, 사이코패스와 달리 애착장애자들은 대인관계에서 매력적이거나 능란한 경우가 거의 없다고 한다. 사이코패스는 목적을 위해 필요한 경우 속마음을 감추고 타인을 속이고, 유혹하고, 조종해 사기행각을 벌일 수도 있지만, 이 애착장애자들은 대인관계에 있어서 대개 불쾌감을 주며, 억지로 정상적인 척하려고 노력하지도 않는다는 것이다.[20] 요컨대 애착장애가 사이코패스 특유의 남을 속이는 매력 등 사이코패시적인 증상 전반을 유발한다는 증거는 전혀 없다고 한다.[21]

다만 헤어에 의하면 "부적절한 양육이나 유년기의 적대적인 경험이 사이코패시의 직접적인 원인은 아니지만, 선천적으로 지닌 사이코패시적 소질을 발현시키는 데 중요한 역할을 한다." 즉, 가정·환경적 요소는 사이코패시가 발달하고 행동적으로 표출되는 방식에 영향을 준다는 것이다.[22] 이와 유사한 맥락에서 스티븐 포터(Steven Porter)는 일차적 사이코패시와 이차적 사이코패시를 구분해야[23] 한다고 주장하면서, 일차적 사이코패시는 유전적으로 형

---

18) 이에 대해서는 마사 스타우트(Martha Stout)/김윤창 역, 앞의 책, 205-208면.
19) Robert D. Hare, 앞의 책, 172면.
20) 이러한 지적으로는 마사 스타우트(Martha Stout)/김윤창 역, 앞의 책, 209면.
21) Robert D. Hare, 앞의 책, 172면. 사이코패시가 유년기 애착장애의 결과라는 주장에 대하여 헤어는 오히려 그러한 유대관계의 장애는 사이코패시의 증상의 하나라고 주장한다. 이러한 아이들은 유대관계를 맺는 능력이 부족한데, 그들의 애착 결핍은 사이코패시의 원인이 아니라 대체로 그 결과라는 것이다. 같은 책, 172면 참조.
22) 사이코패시적 인격특성을 가진 사람이 안정된 가정에서 긍정적인 사회·교육적 혜택을 받고 성장하면 사기꾼이나 화이트칼라 범죄자, 또는 다소 떳떳하지 못한 기업가나 정치가, 전문가 등이 될 수 있고, 반면에 그러한 사람이 빈곤하고 불안정한 가정에서 성장하면 떠돌이나 청부업자, 또는 폭력범죄자가 될 수 있다고 한다. 이상의 내용에 대해서는, Robert D. Hare, 앞의 책, 174면.
23) '일차적(primary) 사이코패시와 '이차적(secondary) 사이코패시'의 분류는 1941년에 허비 클레클리(Hervey Cleckley)가 "The Mask of Insanity"에서 처음 시도한 것으로서 현재까지 잘 알려진 분류법이다. 일차적 사이코패스는 PCL-R상의 제1요소에 있어서 이차적 사이코패스에 비해 상대적으로 높은 점수를 얻는다. 반면 이차적 사이코패스는 제2요소에서 높은 점수를 보인다. 일차적 사이코패스는 처벌이나 스트레스, 비난 등에 대해 무반응을 보이며, 반사회적 충동을 억제할 수 있는 능력을 보이는데, 그 이유는 양심 때문이 아니라 그러한 충동억제가 그들의 목적 달성에 더 부합되기 때문이다. 이차적 사이코패스는 심한 스트레스와 불안감, 죄책감 등을 보이고 공격적인 성향을 띤다. 한 마디로 전자는 정서적으로 안정된(stable) 사이코패스인 반면 후자는 공격적인(aggressive) 사이코패스라고 볼 수 있다. 이

성된 것이고, 반면에 이차적 사이코패시는 정서적 무감각 상태 등의 외상 후 스트레스 장애24)를 초래하는 해리장애25)의 일종으로 간주될 수 있다고 한다.26) 특히 아동기 학대 등의 유년기의 적대적인 경험은 이차적 사이코패시를 발달시키는 데 중요한 역할을 한다고 포터 는 주장한다.27)

사이코패시의 원인을 유소년기의 가정·환경적 요인보다는 거시적인 사회적 구조(social structure) 및 문화적인 영향력에서 찾는 견해가 있다. 마사 스타우트에 의하면 사이코패시에 미치는 환경적 영향은 자녀양육의 여러 요인들보다는 폭넓은 문화적 특성들에서 더 확실하게 찾을 수 있다고 한다. 실제로 사이코패시의 발생을 문화와 관련짓는 것은 특정한 자녀양육 변수에서 답을 구하는 것보다 현재까지 더욱 많은 성과를 거두어 왔다고 한다.28) 다수의 문헌기록에 의하면 사이코패시적 성격특성을 지닌 사람들은 시대와 지역을 초월해 보편적으로 존재해 온 것으로 보인다.29) 일례로 헤어는 사이코패스가 성서를 비롯해 고전기와

차적 사이코패스는 '완전히 사이코패스적인' 자는 아니라고 말할 수 있다. B. Hicks, K. Markon, C. Patrick, & R. Krueger, Identifying psychopathy subtypes on the basis of personality structure, *16 Psychological Assessment 276* (2004), 276-288면 참조. 이와 달리 2차적 사이코패스를 정신병이나 신경증에서 비롯된 반사회적 행위자를 일컫는 용어로 사용하며, 양심, 죄책감, 공감능력 등이 결여돼 자기중심적, 충동적으로 행동하는 일차적 사이코패스와 구분해야 한다는 견해도 있다. 즉, 같은 용어지만 다른 의미로 사용하고 있다. 이에 대해 Ben Karpman, The Myth of the Psychopathic Personality, *104 American Journal of Psychiatry 523* (1948), 523-534면 참조.

24) 외상 후 스트레스 장애란, 대단히 충격적인 외상적 사건의 후유증으로 인해 겪는 불안과 정서적 무감각 상태를 말한다. 이 장애에 시달리는 사람은 낮에는 고통스러운 과거 경험이 머릿속에 엄습해 오고 밤에는 악몽을 꾼다. 이 환자는 주의를 집중하는 데 어려움을 겪으며, 주변 사람이나 주변의 일에 대해 거리감을 느낀다. 이에 대해서는 Gerald C. Davison, John M. Neale, & Ann M. Kring/이봉건 역, 앞의 책, 13면과, 111면 이하 참조.

25) 해리장애란 아동기의 신체적, 성적 학대 등으로 인해 의식과 기억 및 정체감 등이 붕괴되는 상태를 말한다. 이 환자들은 극도의 건망증과 기억상실을 겪거나 다중인격을 띠기도 한다. 보다 상세한 내용으로는 Gerald C. Davison, John M. Neale, & Ann M. Kring/이봉건 역, 앞의 책, 140면 이하 참조.

26) 외상 후 스트레스 장애와 해리장애는 서로 범주를 달리 하는 별개의 장애이지만, 외상 후 스트레스 장애는 외상을 받았을 때, 건망증 등의 해리증상이 심할수록 나타날 가능성이 높다는 점에서는 서로 관련성이 있다. 이 점에 대한 상세한 설명으로는 Gerald C. Davison, John M. Neale, & Ann M. Kring/이봉건 역, 앞의 책, 115면 참조.

27) Steven Porter, Without Conscience or Without Active Conscience? The Etiology of Psychopathy Revisited, *1 Aggression & Violent Behaviour 179* (1996), 179면과 183면. 동 문헌에 대한 소개로는 Matthew Owen Howard, James Herbert Williams, Michael George Vaughn, & Tonya Edmond, Promise and Perils of A Psychopathology of Crime: The Troubling Case of Juvenile Psychopathy, *14 Wash. U. J.L. & Pol'y 441* (2004), 475면 참조.

28) 마사 스타우트(Martha Stout)/김윤창 역, 앞의 책, 210면.

29) 마사 스타우트(Martha Stout)/김윤창 역, 앞의 책, 211면.

중세 문헌기록에 모두 등장하고 있다는 전거를 제시해 주었고,[30] 또한 제인 머피(Jane M. Murphy)는 캐나다 한랭지역에 거주하는 이누이트족[31]에게도 사이코패시적 특징을 지니는 성격유형을 지닌 사람을 일컫는 '쿤랑에타(kunlangeta)'라는 명칭이 존재함을 보여주었다.[32] 이와 같이 사이코패시가 동서고금에 보편적으로 존재하는 인격장애인 점에 비추어 볼 때, 사이코패시의 유병률(prevalence)이 문화·지역적으로 현저한 차이가 있다는 흥미로운 사실에 사회구조 및 문화적 원인론은 주목한다. 영어권 국가들은 유병률이 3.2%로 유사한 데 반해, 중국[33]과 일본[34] 등 동아시아 문화권의 유병률은 0.14%로 매우 낮다.[35] 이처럼 사이코패시는 일부 동아시아 국가들에서는 비교적 드물게 나타나,[36] 태국의 도시 및 농촌 지역에서 실시된 한 연구에서는 서구권 국가의 평균인 4%에 비해 현저히 낮은 0.03-0.14%로 나타났다고 한다.[37] 이러한 현상을 두고 조엘 패리스(Joel Paris)는 강력하고 권위적인 부권과 높은 수준의 가족적 유대감이 결합된 문화는 사이코패시 유병률을 저하시키고, 그 반대의 문화적 특성은 이를 증진시키는 것으로 해석한다. 따라서 제2차 세계대전 이후 번영기에 서구 국가에서 사이코패시 유병률이 증가한 원인을 전통적 가족제도의 붕괴에서 비롯된 것으로 분석해 낸다.[38]

---

30) Robert D. Hare, Psycopaths and their nature: Implication for the mental health and criminal justice system, in: T. Milton, E. Simonsen, M. Birket-Smith, & R.D. Davis (eds.), Psychopathy: Antisocial, criminal and violent behaviour (New York: Guilford Press, 1998), 188면 이하 참조.

31) 캐나다의 한랭 툰트라지대를 주된 생활영역으로 하며 에스키모어를 모국어로 하는 수렵민. 전에는 에스키모라고 불렸으나 현재는 이누이트가 정식 민족명칭이다. '이누이트'는 에스키모어로 '인간'이란 뜻이다.

32) 쿤랑에타는 "반복적으로 타인을 속이고 물건을 훔치며, 사냥하러 나가지 않고, 다른 남자들이 마을을 떠나 있을 때 여러 여자들을 성적으로 농락하는 남자"를 뜻하며, 이누이트족은 쿤랑에타가 불치임을 인정해 전통적으로 그들은 쿤랑에타를 사냥에 끌고나가 인적 없는 낭떠러지에 밀어버린다고 한다. 이에 대해 Jane. M. Murphy, Psychiatric Labeling in Cross-Cultural Perspective: Similar kinds of Disturbed Behaviour appear to be labeled Abnormal in Diverse Cultures, *191 Science 1019* (1976), 1019면 이하 참조.

33) 중국 내 사이코패시 유병률이 낮다는 사실은 중국인들에게 사이코패스란 용어가 상당히 낯설다는 점에서도 간접적으로 확인할 수 있다. 중국에서 학술교류 차 우리나라에 방문한 산동대학교의 두 교수로부터 중국에는 사이코패스란 용어가 거의 알려지지 않았다는 사실을 알게 되었다.

34) 일본 내 사이코패시의 원인과 실태에 대한 진단으로는 Takamura Karou & Noda Masaaki, Japanese Society and Psychopath, *Japan echo*, October 1997, 9-13면 참조.

35) 이 점에 대해서는 Charles Fischette, Psycopathy and Responsibility, *90 Va. L. Rev. 1423* (2004), 1435면 참조.

36) 관련 연구문헌에 대해서해서는 마사 스타우트(Martha Stout)/김윤창 역, 앞의 책, 212면의 각주 48) 참조

37) 마사 스타우트(Martha Stout)/김윤창 역, 앞의 책, 212면.

38) Joel Paris, A Biopsychological Model of Psychopathy, in: Theodore Millon, Erik Simonsen, Morten

스타우트는 1991년 미국 젊은 층의 반사회적 성격장애 유병률이 15년 사이에 두 배나 증가했다는 연구결과보고에 주목하면서, 그러한 변화를 생물학적인 요인만으로는 설명하기가 불가능하며, 사이코패시의 발생에 문화적 요인이 매우 중요한 역할을 한다고 주장한다.[39] 스타우트의 분석에 의하면, 미국 사회에 사이코패시가 창궐하는 원인은, 미국 문화가 중국 등 동아시아 지역의 집단중심적 문화와 달리 개인 우선적 태도를 허용하고 자신을 위해서 또는 경쟁에서 남보다 우월해지기 위해 죄의식 없이 행동하고 심지어 다른 사람들을 조종하는 행위를 사회적으로 조장하기 때문이라고 한다.[40] 동아시아의 많은 문화들은 종교적, 철학적으로 모든 생명체 간의 상호연관성을 중시하여, 그러한 연결의식을 토대로 하는 의무감과 양심을 사회전체가 긍정적으로 고취시켜, 사이코패스와 같은 반사회적 행위자가 비록 그들 자신이 다른 사람들과 연결되어 있다는 사실을 깨닫게 해 주는 내적 기제가 결여되어 있음에도 불구하고, 그들에게 친사회적 행위를 이끌어 내기에 충분한 외적 기제 역할을 하는 데 반해, 미국 등의 북미문화는 그와 반대되는 개인 중심적 가치를 조장하기 때문에 사이코패스에게 타인과의 연대성을 일깨워 주는 외적 기제를 결여하고 있다는 분석이다.[41] 요컨대, "(동아시아 지역) 어떤 문화들의 근본적인 신념체계는 사이코패스들을 긍정적으로 북돋아, 그들이 감정적으로 결여한 바를 인지적으로 보충하게끔 만들어 [주기]" 때문에 그 유병률이 서구 사회보다 낮다는 것이다.[42]

(2) 사회생물학적(Sociobiological) 원인론

비교적 새로운 분야인 사회생물학에서는 사이코패시란 정신의학적 장애가 아니라 유전에 기초한 특수한 번식전략의 하나라고 주장한다.[43] 사회생물학자들에 의하면 삶에 있어

Birket-Smith, & Roger D. Davis (eds.), Psychopathy: Antisocial, Criminal and Violent Behavior (New York: Guilford Press, 1998), 281면 참조.

39) 마사 스타우트(Martha Stout)/김윤창 역, 앞의 책, 212면.

40) 마사 스타우트(Martha Stout)/김윤창 역, 앞의 책, 213-214면.

41) 마사 스타우트(Martha Stout)/김윤창 역, 앞의 책, 214면 참조. 이와 유사한 지적으로는 Robert D. Hare, 앞의 책, 177면 참조.

42) 마사 스타우트(Martha Stout)/김윤창 역, 앞의 책, 213-214면. 스타우트에 의하면 타인과의 연결성을 신념의 문제로 고수하는 문화에서는 대인의무에 관한 인지적인 이해를 사회전체가 가르쳐 준다고 한다.

43) 이러한 입장으로는 J. MacMillan & L.K. Kofoed, Sociobiology and Antisocial Personality: An Alternative Perspective, *172 Journal of Mental and Nervous Diseases 701* (1984), 701-706면; H.C. Harpending & J. Sobus, Sociopathy as an Adaptation, *8 Etiology and Sociobiology 63* (1987), 63-72면 참조.

우리의 주요한 임무 가운데 하나는 번식을 통해 유전자를 다음 세대로 전달하는 것이다. 우리는 다양한 방식으로 이를 실천에 옮길 수 있는데, 그 하나는 적은 수의 자녀를 낳아 자녀들이 성공적으로 살아남을 수 있도록 주의 깊게 양육하는 것이고, 다른 하나는 어떻게든 많은 수의 자녀를 두어 그들을 방치하거나 포기하더라도 그 중 일부가 살아남을 수 있도록 하는 것이다. 사이코패스는 극단적인 방식으로 후자의 전략을 고수하는 자일 것이라는 게 사회생물학자들의 입장이다.[44]

남성 사이코패스의 경우 다수의 자녀를 두기 위해 가급적 많은 수의 여성과 관계를 맺고 곧바로 헤어지는 전략을 취한다. 그러한 목적을 달성하기 위해서 그들은 여성을 속이거나 자신의 신분을 허위로 부풀리기도 한다. 그러나 사회생물학자들은 인간이 유전자를 전달하기 위해 의도적으로 성관계를 맺는다고는 주장하지 않는다. 다만 자연적인 본성이 우리로 하여금 유전자를 전달할 수 있도록 다양한 전략을 취하도록 만드는데, 사이코패스는 그러한 전략 중 하나인 "속이기(cheating)" 전략을 택한다는 것이다. 여성 사이코패스에게서도 이러한 "속이기" 전략을 찾아볼 수 있는데, 그들은 많은 남성들과 관계를 맺고 곧바로 떠나며, 자녀양육에는 등한시하는 경향을 보이기 때문이다.[45]

사회생물학적 원인론에 대해서 헤어는 "혹자에게는 매우 강력한 직관적 호소력을 갖고 있지만 과학적으로 검증하기 힘들다. 왜냐하면 이를 지지해 주는 증거자료의 대부분이 정황적인 것(circumstantial)과 일화적인 것(anecdotal) 뿐이기 때문이다."고 비판한다.

(3) 진화생물학적(Evolutionary Biological) 원인론

진화생물학적 입장에서는 사이코패스의 행동과 정서와 인지에 있어서의 제반 특성들과, 신경심리학적(neuropsychological)인 특성들을 결함이나 손상으로 보지 않으며, 대신 그러한 사이코패스적 특성들을 인간의 진화 역사에서 하나의 실현 가능한 생식적·사회적 생존전략(a viable reproductive social strategy)을 구성하는 일련의 조직적이고 기능적이며, 특수한 표현형적 특징들(phenotypic features)로 여긴다. 만일 초기 인간의 진화 역사가 협력이 일반화되고, 집단에서 집단으로의 이동이 비교적 쉬우며, '사기꾼'을 찾아보기 어렵다고 특징지어질 수 있다면, 사이코패스는 그러한 집단적 환경에 적응하기 위한 일생의 전략으로 간주될 수 있다고 한다. 예를 들어, 고대 사회에 있어서는 결속력 있고, 상호 이타적인 집단에

---

44) Robert D. Hare, 앞의 책, 166면.
45) 이상의 설명으로는 Robert D. Hare, 앞의 책, 166-168면.

소속되는 것이 생존을 위해 적합했을 것이고, 따라서 인간의 유전적 성향은 성공적인 생존을 위해서 집단의 유대를 돈독히 하고, 집단의 규칙을 준수하는 것을 선호하는 방향으로 기울어져 왔을 것이며, 다수에 의한 이러한 유전적 전략은, 그 다수를 이용해 이익을 취할 수 있게 만드는 "대안적인 속이기 전략(alternative cheating strategy)"[46]을 탄생시키게 된 것이라는 가정을 할 수 있다는 것이다.[47] 이러한 대안적 전략이 효과적이기 위해서는 이기적이고, 냉담하며, 피상적으로만 매력적이고, 공감능력이 결여될 필요가 있다. 그러나 다수의 사람들이 이러한 대안적 전략을 취하는 사기꾼이 될 경우 그 전략은 실패하게 될 것이다. 왜냐하면 그렇게 되면 이용해 이익을 취할 수 있는 대상이 적어지고, 사회전반에 사기꾼에 대한 경계심이 높아질 것이기 때문이다. 그러므로 집단에 순응적인 전략과, 집단을 이용하는 전략은 실행 빈도에 의존할 수밖에 없으며, 따라서 사이코패시는 그 낮은 유병률을 유지할 수밖에 없다고 한다.[48] 이처럼 진화생물학적 이론에 따르면 사이코패스는 상호 협력적인 분위기의 사회 속에서 집단의 결속에 순응적인 다수의 생존전략과 다른 대안적인 전략을 취하는 소수의 "사기꾼"들로서 종족보존을 위해 단기적 짝짓기(short-term mating) 전략을 구사하거나, 사회적 지배권을 획득하기 위해서 공격적이고 위험스러워지기도 하며, 사회적 교환에 있어서 비호혜적(non-reciprocating)이거나 사기꾼적(duplicitous)인 전략을 취하게 된다. 요컨대 진화생물학적 원인론은, 사이코패스의 성격특성들이 호혜적 협력에 의해 지배되는 대인관계적인 환경속에서 살아남기 위하여 설계된 적자생존적 적응(Darwinian adaptation)의 특징들이라고 본다.[49]

그러나 진화생물학적 원인론에 대해서는, 흔히 사이코패시에 수반되는 신경심리학적 손상이라든가, 주의력의 결핍과 같은 다른 특성들도 적자생존을 위해 필요한 성격특성인가에 대해서 명확한 설명을 해 주지 못하고 있다는 비판이 제기된다.[50]

---

46) 이는 다수가 규칙을 잘 준수하는 사회에서 규칙을 지키지 않고 무임승차하여 부당한 이익을 보는 경우라고 보면 될 것이다.

47) Grant T. Harris, Tracy A. Skilling, & Marine E. Rice, 앞의 논문, 228-229면 참조.

48) Grant T. Harris, Tracy A. Skilling, & Marine E. Rice, 앞의 논문, 229면.

49) 이러한 입장으로는 Martin L. Lalumiere, Tracey A. Skilling, & Marnie E. Rice, Psychopathy and Developmental Instability, *22 Evolution & Human Behaviour 75* (2001), 75-78면 참조.

50) 이러한 비판으로는, Matthew Owen Howard, James Herbert Williams, Michael George Vaughn, & Tonya Edmond, 앞의 논문, 477면 참조.

(4) 편도체 및 전두엽 기능장애론

사이코패시의 생물학적 원인에 주목한 몇몇 연구결과(Blair, 2003; Yang, Raine, Lencz, Bihrle, LaCasse, & Colletti, 2005)에 의하면 편도체(amygdala)의 기능장애가 한 원인이 될 수 있다고 한다. 편도체는 스트레스 해소, 즉 신체가 스트레스에 반응하는 것을 돕는 두뇌부위로서, 혐오조건 형성(aversive conditioning)[51]이나 도구적 학습(instrumental learning),[52] 그리고 두렵거나 슬픈 표정에 대한 적절한 반응과 관계가 있다.[53] 사이코패스에게는 이러한 편도체 기능이 손상된 것으로 보인다고 한다. 사이코패시 성향이 높은 사람들(PCL-R에 대해 28/40 이상인 사람들)은 편도체의 양이 적었고(Tiihonen et al., 2000), 중립적이고 부정적인 의미의 단어에 대한 반응이 정상인에 비해 느렸다(Kiehl et al., 2001).

이상의 연구결과로부터 편도체 손상이 사회화과정에 영향을 미친다는 것을 알 수 있다(Blair, 2003). 사회화과정은 '혐오조건 형성'이나 '도구적 학습'과 밀접히 관련되기 때문이다. 따라서 사이코패스는 반사회적 행동을 억제하는 법을 배울 수 없다고 볼 수 있는바, 왜냐하면 일정한 행동을 회피하는 법을 배운다는 것은 그 행동을 하면 스스로 혐오적인 반응(aversive response)을 일으켜 고통을 받을 수 있어야 하기 때문이다.[54]

다양한 방식의 연구결과들에 의하면 전두엽의 기능장애도 사이코패시에 영향을 준다고 한다. 임상연구에 의하면 전두엽 기능장애를 지닌 사람은 극도의 반사회적 행동을 하고, 목표 설정이 부족하며, 자아 인식이 제한된다고 한다. 특히 리켄(Lykken)은 전두엽 기능장애

---

51) '혐오조건 형성'이란 '혐오치료(aversive therapy)'라고도 불리며, 문제행동을 혐오를 불러일으키는 자극과 결부시켜 문제행동의 빈도를 감소시키는 방법이다. 예컨대, 알코올 중독자의 경우 술을 마시기 전에 구토제를 복용하게 반복시키면 술을 마실 때마다 고통스럽게 구토를 하게 되고, 이러한 경험이 반복되면 술을 볼 때마다 구토를 연상하게 되어 술을 피하게 되는 원리를 이용하는 것이다.

52) 어떠한 행동이 일정한 결과를 초래하도록 강화되거나 약화되는 절차를 통해 학습된다고 할 때, 그 행동은 결과에 대해 도구적인 역할을 한다고 볼 수 있으며, 이러한 학습절차를 '도구적 학습'이라고 한다.

53) 슬픔, 공포, 혐오 등의 얼굴감정표현에 대한 사이코패스의 인지능력에 대한 최신의 연구결과로는 Anita Lill Hansen, Bjørn Helge Johnsen, Stephen Hart, Leif Waage, & Julian F. Thayer, Psychopathy and Recognition of Facial Expressions of Emotion, 22 *Journal of Personality Disorders* 639 (2008), 639-643면 참조. 이 연구결과에 의하면 사이코패스들은 슬픔이나 혐오에 대한 인지능력이 떨어지는 것으로 나타났다. 동 논문 642면의 도표를 참조할 것.

54) 예컨대, 타인의 신체에 폭행 및 상해를 가하는 것이 나쁜 행동이라는 것을 배우기 위해서는, 누군가에게 신체적 고통을 주고 나서 그 사람의 고통으로부터 스스로 부정적 감정(혐오적 반응)을 느낄 수 있어야 한다. 이상 편도체 이상에 대한 연구결과의 소개로는 Rebecca Taylor LaBrode, Etiology of the psychopathic serial killer: An analysis of antisocial personality disorder, psychopathy, and serial killer personality and crime scene characteristics, *7 Brief Treatment and Crisis Intervention 151* (2007), 153면 참조.

환자는 일반적으로 사이코패시와 매우 유사한 이상성격을 지닌다는 것은 의심의 여지가 없다고 결론지었다.[55] 이들의 유사성에는 장기적인 계획성의 부족, 낮은 수준의 욕구불만내성(low frustration tolerance),[56] 피상적 감정처리, 과민반응, 공격성, 사회적으로 부적절한 행동, 충동성 등이 포함된다.[57] 고렌슈타인(Gorenstein)과 뉴만(Newman)은 전두(前頭)/중격(中隔)(frontal/septal) 병변(病變, lesion)을 지닌 쥐와 사이코패스를 비교 연구하여 이들이 반응 억제력이 결여되고 내키지 않는 불의의 사태를 변화시키는 데 상대적으로 둔감하다는 사실에 주목하여 일부 사이코패스에게는 전두엽 기능장애가 있다는 결론을 제시하기도 하였다.[58]

그러나 고렌슈타인과 뉴만의 연구에 대해서는, 처벌의 가능성이 증가하더라도 사이코패스가 처벌이전에 보상을 받는 행동을 지속하려는 경향이, 과연 전두엽 기능장애 때문임을 반영하는 것인지, 아니면 단지 사이코패스의 일반적인 위험 감수 성벽(risk-taking propensity)을 암시하는 것인지 불분명하다는 비판이 있다.[59]

또한 헤어는 자신과 몇몇 연구자들의 최근 연구결과에 따르면, 사이코패스에게 전두엽 손상이 있다는 증거를 찾지 못했다고, 전두엽 기능장애론에 회의적인 입장을 보이기도 한다. 더욱이 사이코패스와 전두엽 환자 간에는 피상적인 유사점들만 있을 뿐이어서 오히려 차이점들이 더 주목할 만하다고 한다.[60] 다만 헤어는 여전히 많은 연구자들은 사이코패스의 충동성과 부적절한 행동을 억제하지 못하는 성벽이, 비록 실제의(구조적)[61] 전두엽 손상을 포함하지는 않더라도, 일정한 종류의 전두엽 기능장애에서 비롯된다는 사실을 설득력 있게 주장하고 있다는 점을 지적하면서, 전두엽이 행위 통제에 중요한 역할을 한다는 점은 잘 입증된 사실이므로, 잘못된 연결(faulty wiring)이든 유년기의 전두엽 손상이든, 어떤 이유에

---

55) David T. Lykken, The Antisocial Personalities, Hillsdale (N.J.: Lawrence Erlbaum Associates, 1995), 178면.

56) "욕구불만내성(慾求不滿耐性)"이란 욕구불만에 저항할 수 있는 능력수준(The level of an individual's ability to withstand frustration)을 말한다. 즉, 욕구를 참아내는 인내력이라고 할 수 있다.

57) 이러한 유사성에 대해서는 헤어도 언급하고 있다. Robert D. Hare, 앞의 책, 169면 참조.

58) 이에 대해서는 E.E. Gorenstein & J.P. Newman, Disinhibitory Psychopathology: A New Perspective and a Model for Research, 87 Psychological Review 301 (1980), 301면 참조.

59) Matthew Owen Howard, James Herbert Williams, Michael George Vaughn, & Tonya Edmond, 앞의 논문, 478면 참조.

60) Robert D. Hare, 앞의 책, 169면.

61) 헤어는 1995년의 저서에서는 "실제의 손상(actual damage)"라는 표현을 썼다가, 1999년의 한 논문에서는 동일한 문장을 그대로 기술하면서 "구조적 손상(structural damage)"으로 표현을 변경하였기에 본고에서는 양자를 모두 병기하기로 한다. 1995년의 논문에 대해서는 Robert D. Hare, David J. Cooke, & Stephen D. Hart, Psychopathy and Sadistic Personality Disorder, in: Theodore Millon, Paul H. Blaney & Roger D. Davis, Oxford Textbook of Psychopathology (Oxford University Press, 1999), 568면 참조.

서든지 전두엽이 사이코패스의 행동을 통제하는 데 상대적으로 취약하다고 가정하는 것은 합리적인 것으로 보인다고 시인한다.[62] 나아가 헤어는 또 다른 한 문헌에서는 최신 신경생물학적 연구결과는 사이코패시가 전두엽 기능장애과 관련이 있다는 주장과 일치한다는 사실을 논급하고 있는바,[63] 이로 미루어 볼 때, 전두엽 기능장애를 사이코패시의 한 원인으로 인정하고 있는 것으로 판단된다.[64]

(5) 신경생물학적(Neurobiological) 원인론

가. 행동억제시스템 모델(BIS Model)

신경생물학적 원인론에 의하면 사이코패시는 품행장애(conduct disorder)의 일종인 "고립적 공격성 증후군(undersocialized[65] aggressive syndrome)"의 주요 특성과 일치한다고 한다.[66] 이 증후군의 주 특성은 싸움, 반항, 집단따돌림(bullying), 착취 등이 있으며, 타인에 대한 정상적인 감정처리 및 공감능력, 그리고 유대관계가 결여되어, 자기중심성, 냉담성, 사기행각 등을 보인다고 한다.[67] 키(Quay)는 그레이(Gray)의 신경생물학적 성격이론에 기초하여 고립적 공격성 품행장애 이론을 정립하였는데, 그에 따르면 이 장애를 겪는 유소년(youth)[68]은 동기유발(incentive motivation)을 조절하는 보상지향적 두뇌시스템이 처벌이나

---

62) Robert D. Hare, 앞의 책, 169면 참조.

63) Robert D. Hare, David J. Cooke, & Stephen D. Hart, 앞의 논문, 568면.

64) 그러나 이상의 결론이 사이코패시의 원인이 전적으로 생물학적인 것이라거나, 이러한 신경의 손상을 가진 모든 사람이 사이코패스로 발전한다는 것을 의미하는 것은 아니라는 점에 유의할 필요가 있을 것이다. 이 점에 대한 적확한 지적으로는 Rebecca Taylor LaBrode, 앞의 논문, 153면 참조. 실제 연구보고에 의하더라도 환경적 요인이 생물학적 요인만큼 중요한 역할을 한 사례가 있다. 예컨대 큰 철못이 머리를 관통한 스페인의 한 남자는 전두엽이 손상되었지만, 그를 지지하는 가족들과 따뜻한 환경으로 인해 60년이 넘도록 반사회적 행동이나 범죄행동을 저지른 적이 없었다고 한다. 이에 대한 소개로는 Adrian Raine & Yaling Yang, 사이코패시에 대한 신경해부학적 기초(The Neuroanatomical Bases of Psychopathy), 「성범죄자에 대한 치료사법적 대안모색(법무부·여성가족부·국가청소년위원회·한국심리학회 공동주최)」, 2007, 90면.

65) "undersocialized"란 "타인과의 충분한 유대감 결여(absence of adequate bonds to others)"로 정의되며, 본고에서는 "고립적"이라고 번역하였다.

66) Matthew Owen Howard, James Herbert Williams, Michael George Vaughn, & Tonya Edmond, 앞의 논문, 479면 참조.

67) 이 점에 대해서는 Herbert C. Quay, The Psychopathology of Undersocialized Aggressive Conduct Disorder: A Theoretical Perspective, *5 Development & Psychopathology 165* (1993), 166면 참조.

68) 품행장애는 세 살 경부터 시작되어 평생 지속되는 경우도 있고, 청소년기에 한정되는 경우도 있다. 이

무보상(non-reward), 또는 낯설음(novelty) 등의 조건 하에 행동을 억제하는 행동억제시스템 (Behavioral Inhibition System)을 압도하였다고 한다. 키의 연구결과에 의하면 이 장애를 겪는 유소년은 노르아드레날린의 신경전달이 부족하고, 외부자극에 대한 전류피부반응 (electrodermal response; 피전기적 반응)이 미약하며 - 이는 행동억제시스템(BIS)에 장애가 있다는 점을 암시한다 -, 처벌의 가능성이 높아지는 상황에서조차 지속적으로 보상에 반응 한다(persistent responding for a reward)고 한다.[69] 그레이에 의하면 행동억제시스템은 임박한 처벌과 낙담적 무보상(frustrative nonreward)의 신호에 대한 유기체의 반응을 통제한다. 반면 에 행동활성시스템(Behavioral activation system; BAS)은 임박한 보상에 대한 반응을 통제한 다. 행동억제시스템은 부정적 감정(negative affection)에 의해 작동되고 예상되는 처벌 또는 무보상에 이를 수 있는 신체적인 활동(motoric activity)을 억제한다. 따라서 약한 행동억제시 스템(weak BIS)은 처벌 또는 무보상에 이를 수 있는 행동을 억제하지 못하게 만든다는 것이 다.[70] 이러한 맥락에서 포웰과 미셀은 특히 예기불안(豫期不安; anticipatory anxiety)[71]의 결핍과 연관시켜 고려해 볼 때, 사이코패스는 행동억제시스템 장애를 겪기 때문에 잠재적 처벌이나 낙담으로 인해 더 이상 보상을 추구하지 않도록 행동을 유도하는 신호가 실패 (failure of cues)한 결과, 충동성이 유발된다고 주장하였다.[72]

이러한 신경생물학적 원인론에 대해서는 다음과 같은 반론이 제기된다. 우선 BIS모델 은 사이코패스의 충동성을 설명하는 데 있어서는 직관적 타당성이 있어 보이나, 피상적 감정처리라든지, 자기중심주의 등은 설명하기 힘들다는 지적이 있다. 즉, 이 모델로는 사이 코패시의 전반적인 증상특성을 설명해 내지 못한다는 것이다.[73] 다음으로는 그레이의 이론 이 사이코패스의 충동성과는 직접적 관련성이 없다는 반론이다. 그레이는 행동억제를 벗어 날 수 있는 다양한 방식의 탈억제(disinhibition) 경로를 제시해 주고 있다. 예를 들어 "강한 행동활성시스템(strong BAS)"으로 인한 보상에 대한 과도반응(hyperresponsivity)이나, "불완

점에 대한 설명으로는 Gerald C. Davison, John M. Neale, & Ann M. Kring, 앞의 책, 416면 참조.

69) Herbert C. Quay, 앞의 논문, 168-176면 참조.

70) 이상의 설명으로는 Robert D. Hare, David J. Cooke, & Stephen D. Hart, 앞의 논문, 570면. 관련 참조문 헌으로는 J.A. Gray, The neuropsychology of fear and stress (Cambridge University Press, 1987).

71) "예기불안"이란 심리학 용어로서 "어떤 도전적인 활동을 하기에 앞서 겪게 되는 두려움(the anxiety one experiences before starting a challenging activity)"을 의미한다.

72) 이에 대해서는 D.C. Fowel & K. Missel, Electrodermal hyporeactivity, motivation, and psychopathy: Theoretical Issues, in: D. Fowles, P. Sutker, & S. Goodman (eds.), Progress in Experimental Personality and Psychopathology Research Vol. 17 (New York: Springer Publishing Company, 1994), 278면.

73) Robert D. Hare, David J. Cooke, & Stephen D. Hart, 앞의 논문, 570면.

전한 행동억제시스템(deficient BIS)"에 의한 처벌에 대한 비정상적 반응은 모두 행동억제로부터 벗어날 수 있는 경로라는 것이다. 더욱이 그레이 자신은 충동성을 행동억제시스템이 아닌 행동활성시스템과 연관짓고 있다. 그러므로 그레이의 이론에 의하면 사이코패스는 충동적이라기보다는 탈억제적(disinhibited)이라고 보는 것이 옳다는 것이다.[74] 끝으로 비록 BIS모델이 사이코패스의 전류피부반응이나 공포조건화(fear conditioning),[75] 수동적 회피학습(passive avoidance learning)[76] 등에 대한 연구에 의해 부분적으로 지지받는다고 하지만, 사이코패스가 처벌에 대하여 항상 과소반응(hyporesponsivity)을 보이지는 않는다는 것이다. 즉, 사이코패스는 오직 처벌과 경쟁적인 수준의 보상에 직면했을 때에만 처벌에 대한 과소반응이 두드러질 뿐이라는 것이다.[77]

BIS모델의 한 형태이면서도 바로 그 점 때문에 상대적으로 주목을 끌지 못했던 이론으로서 공포부재(fearlessness) 모델이 있다. 간단히 설명하자면, 사이코패스가 처벌이나 학습된 두려움(conditioned fear)에도 불구하고 반사회적 충동성을 억제하지 못하는 것은 공포감의 부재 때문이라는 것이다.[78] 그러나 이 모델 역시 사이코패시의 전반적인 증상특성을 모두 설명해 주지는 못한다는 비판을 받고 있다.[79]

---

74) Robert D. Hare, David J. Cooke, & Stephen D. Hart, 앞의 논문, 570면.

75) "공포(반응)조건화(fear conditioning)"란 새로운 자극에 대한 두려움을 학습하는 방법(method by which organism learn to fear new stimuli)을 말한다. 공포반응 조건화의 예로는 다음과 같은 실험이 있다. 11개월 된 아기인 앨버트는 실험 전에는 하얀색의 쥐를 아무 거리낌 없이 만지고 가지고 놀았다. 실험 기간 동안 앨버트가 쥐에 손을 댈 때마다 실험자가 뒤에서 쇠로 된 막대기를 때려서 큰소리를 내도록 하였다. 그런 큰소리를 들을 때마다 앨버트는 깜짝 놀라서 앞으로 고꾸라지고 울음을 터뜨리곤 하였다. 그러자 앨버트의 쥐에 대한 반응은 변했다. 쥐를 손에 쥐어줄 때마다, 손을 잡아 빼면서 울기 시작했다. 이러한 실험은 우리가 왜 쥐에게 물리거나 위협을 당하는 직접적인 경험 없이도 쥐나 거미와 같은 동물들에 대한 공포 혹은 혐오를 형성하는지를 설명해 줄 수 있다. 공포조건화에 대한 보다 상세한 예와 설명으로는 최준식·김진석, 파블로프 공포조건화에 관련된 편도체회로, 한국뇌과학지 제2권 제1호, 2002, 1-17면 참조.

76) "수동적 회피학습(passive avoidance learning)"은 가령 동물이 조명이 밝은 상자에서 인접한 어두운 상자로 들어서는 행동 혹은 단상에서 전극이 깔린 바닥으로 내려서는 행동을 할 때 고통스러운 결과(발바닥 전기충격과 같은)로 이어지는 경우에 일어난다. 이러한 반응-자극을 통해 동물은 고통스러운 결과를 초래한 행동을 회피하게 된다. 일정한 행동을 억제하도록 학습되므로 억제적 회피학습이라고도 말한다. 최준식·김진석, 앞의 논문, 3면 참조.

77) 이 점에 대해서는 J.P. Newman & J.F. Wallace, Psychopathy and Cognition, in: P. Kendall & K. Dobson (eds.), Psychopathy and Cognition (San Diego; London: Academic Press, 1993), 293면 이하 참조.

78) 이러한 설명으로는 David T. Lykken, 앞의 책, 135면.

79) Robert D. Hare, David J. Cooke, & Stephen D. Hart, 앞의 논문, 570면. 한편 동 문헌의 저자들은 공포감의 부재가 심리사회적 스트레스나 구조적 두뇌손상에서 기인하기보다는 유전적 요소일 가능성을 언

나. 불완전한 반응조절 모델(Deficient Response Modulation Model)

이 모델은 BIS 모델을 보다 정교하게 발전시킨 모델로서, 사이코패스의 충동적인 행동은, 행동억제시스템의 장애 때문이 아니고, "자동주의전환(automatic switching of attention)" 기능의 조절장애에서 비롯된다고 본다. 즉, 자동주의전환이 안 되면, 행위자가 일정한 목표지향적 행위에 몰두하면서, 그 행위와 잠재적으로 관련되지만 주의를 기울이지 못한(unattended) 정보를 다른 정보와 마찬가지로 동질화시키는 능력에 방해를 받게 된다는 것이다.

다시 말해 사이코패스에게 일단 행동활성시스템이 작동하면, 그의 주의력의 결핍이 원인이 되어 행동억제시스템이 작동하기 위한 관련 정보가 부족하게 된다는 설명인 것이다.[80] 이 모델은 BIS모델이 공포부재모델을 포함하듯, BIS모델을 포함하고 있다고 볼 수 있으며, BIS모델보다 사이코패시의 증상설명을 더 잘 해준다고 평가받고 있다. 이는 특히 사이코패스가 오직 특정한 상황에서만 처벌에 대하여 과소반응을 보이는 현상을 설명해 줄 수 있다는 점에서 더욱 그러하다고 볼 수 있을 것이다.[81]

이 모델은 그 실험적 검증방법이 독창적이고 방법론적으로 정교함에도 불구하고, 이 모델에 의해 예측된 일부 실험적 결과는 기대만큼 확고하지는 못하다고 한다.[82]

다. 인지적-정서적 장애모델(Cognitive-Affective Model)

인지적-정서적 장애모델은 한마디로 사이코패스에게는 인지적-정서적 처리과정에 심각한 문제가 있다는 이론이다. 다양한 형태의 모델이 제시되어 있으며, 우선 헤어는 사이코패스가 기대되는 공포를 느낄 수 없다기보다는, 임박한 고통이나 처벌을 암시하는 심리적/정서적 자극을 완화시켜 주는 동적 보호기제(dynamic protective mechanism)에 언제나 접근가능하기 때문이라고 설명하며, 이는 사이코패스에게는 임박한 자극에 대한 일반인과 다른 신경생물학적 처리방식이 존재하기 때문이라고 한다. 정상적인 사람의 경우 새롭고, 흥미롭고, 중요한 사건은 지향적 반응(orienting response)을 불러와 피부전도도의 증가와 심장박동수의 감소를 야기하고, 유쾌하지 않고 두려운 사건은 방어적 반응을 불러일으켜 피부전도도와 심장박동수를 모두 증가시키게 된다. 그러나 실험결과에 의하면 사이코패스는 유쾌하지

급하고 있다. 앞의 논문, 동일한 면 참조.

80) J.P. Newman & J.F. Wallace, 앞의 논문, 712면; Robert D. Hare, David J. Cooke, & Stephen D. Hart, 앞의 논문, 571면 참조.

81) Robert D. Hare, David J. Cooke, & Stephen D. Hart, 앞의 논문, 571면 참조.

82) Robert D. Hare, David J. Cooke, & Stephen D. Hart, 앞의 논문, 571면 참조.

못한 자극이 기대되는 상황에서 낮은 피부전도도와 그에 비해 상대적으로 높은 심장박동수의 증가를 보였다. 이러한 결과는 사이코패스가 공포감을 느끼지 못한다기보다, 불유쾌한 자극에 대하여 정상적인 사람은 그에 대해 주의를 집중하는 반면, 그들은 공포심 없이 이를 "없애 버리는(tune out)" 신경생물학적 기제를 가진 것으로 해석될 수 있다는 것이다.[83]

이러한 실험결과를 다소 확대시켜 라빅(Larbig) 등은 피부전도도와 심장박동수 이외에 주의집중 처리과정과 관련해 피질전위(cortical potential)[84]를 측정하였는데, 그들에 의하면 독일에서 PCL-R에 의해 극악한 교통사범으로 판정된 사이코패스들의 경우, 시끄러운 소음을 기다릴 때, 그들의 피질전위가 낮게 기록된 점에 주목하여, 사이코패스들은 정상인보다 피질전위가 낮으며, 이는 곧 임박한 소음에 대한 주의집중력이 떨어진다는 것을 의미한다고 결론을 내렸다고 한다.[85]

최근에 헤어는 사이코패시가 정서적 결핍이나 장애보다는, 심오한 어의나 정서적 의미를 이해하고 처리하는 데 있어서의 일반적 장애와 관련되어 있다는 가설을 세웠다. 이는 사이코패시가 광범위한 인지적-정서적 장애가 있다는 최근의 증거와도 일치한다. 예를 들어 윌리엄슨(Williamson) 등의 실험결과에 의하면, 반응속도와 사건관련 두뇌전위(Event related brain potentials; ERP)를 기록한 결과 범죄자가 아닌 일반인의 경우 중립적 의미의 단어들 (neutral words)보다는 긍정적 또는 부정적 의미가 담겨 있는 정서적 의미의 단어들(affective words)에 대한 두뇌의 반응이 더 빠르고 정확했다고 한다. 마찬가지로 비사이코패스 범죄자의 경우에도 중립적 단어보다는 정서적 의미의 단어에 보다 빠르게 반응했다고 한다. 그러나 사이코패스의 경우 중립적 단어와 정서적 단어에 있어서 반응속도나 ERP상의 차이점을 보여주지 못했다. 이러한 실험결과는 비사이코패스는 단어의 정교한 의미론적·정서적 연관성을 이해하지만, 사이코패스는 그렇지 못하고 단지 대강의 피상적인 방식으로만 처리하여 이해한다는 사실을 입증해 준다고 한다. 또한 킬(Kiel) 등에 의하면 ERP의 차이는 비단 중립적/정서적 단어 사이에서만 나타나는 것이 아니고, 구체적/추상적 단어 사이에서도 나타난다고 한다. 이와 같은 실험결과들을 종합해 볼 때, 사이코패스는 심각한 인지적-정서적 처리

---

83) 이상의 설명으로는 Robert D. Hare, David J. Cooke, & Stephen D. Hart, 앞의 논문, 571면 참조.
84) "피질전위"란 뇌전도검사계(electroencephalograph)에서 확인할 수 있는 대뇌피질(cerebral cortex)에서의 급속한 전압변동(rapid fluctuations of voltage)을 의미하는 신경생리학적 용어이다.
85) 이 점에 대해서는 W. Larbig, R. Veit, H. Rau, P. Schlottke, & N. Birbaumer, Cerebral and peripheral correlates in psychopaths during anticipation of aversive stimulation, in: Paper presented at Annual Meeting of the Society for Psychophysiological Research, San Diege, October, 1992 참조할 것. 동 문헌에 대한 소개로는 Robert D. Hare, David J. Cooke, & Stephen D. Hart, 앞의 논문, 571면.

절차의 장애를 겪고 있다고 볼 수 있을 것이다.[86]

또 다른 최근의 연구결과에 의하면 사이코패스는 정서적 의미의 구두자료와 비구두자료를 효율적으로 처리하는 데 어려움이 있으며, 사건의 감정적 의미, 즉 양면성(polarity)을 혼동하는 경향이 있고, 대뇌반구 내부의 비정상적인 구조를 보이기도 하며, 언어의 미묘한 차이를 이해하는 데 어려움을 겪고, 안와주변전두엽장애(orbitofrontal dysfunction)로 인한 후각 식별능력이 떨어지며, 언어적 비일관성으로 특징지어지는 사고 장애를 겪기도 한다고 한다.[87]

이상의 인지적-정서적 장애를 설명하기 위해서는 신경생물학적 연구에 의존할 수밖에 없으며, 따라서 어의적, 정서적 정보와 계획성과 충동성, 그리고 행동 억제를 조절하고 처리하는 기능을 하는 내측전전두엽피질(ventromedial prefrontal cortex), 전측두피질(anterior termporal cortex), 전대상피질(anterior cingulate cortex), 그리고 편도(amygdala)의 상호작용에 대해 특별한 관심이 필요한데, 바로 이러한 부위의 손상은 사고의 논리적/인지적 요소와 정서적 요소에 해리(解離; dissociation)를 가져올 수 있기 때문이다.[88]

(6) 정상성격의 변이(Variant of Normal Personality)로서의 사이코패시론

특질 모델(trait model)이라고도 하며, 이에 따르면 사이코패시는 특이한 정신장애가 아니며 단지 정상적인 성격의 기본 특질의 극단적 변이형(extreme variation of basic traits of normal personality)에 불과하다고 본다. 이 모델의 연구자들은 헤어가 개발한 사이코패시 진단도구인 PCL-R(Psychopathy Checklist-Revised)의 이상성격 목록들이 5요인 모델(Five Factor Model; FFM)이라고 하는 성격의 다섯 가지 요인으로 설명이 가능하다고 주장한다. 5요인 모델의 다섯 가지 성격요인은 신경증 유무, 외향성/내향성, 경험에 대한 개방성, 호감/적대감(agreeableness/ antagonism), 성실성 등이 있다. 하퍼(Harpur) 등은 남성 범죄자를 대상으로 연구한 결과 이 중에서 호감이 PCL-R의 이상성격 목록과 밀접하게 관련되어 있다고 밝혔고, 위디거(Widiger)는 PCL-R의 모든 이상성격 목록이 FFM의 정상성격 목록에 포함될 수 있다고 주장하였다.[89]

---

86) Robert D. Hare, David J. Cooke, & Stephen D. Hart, 앞의 논문, 572면.
87) Robert D. Hare, David J. Cooke, & Stephen D. Hart, 앞의 논문, 572면.
88) Robert D. Hare, David J. Cooke, & Stephen D. Hart, 앞의 논문, 572면.
89) T.J. Harpur, S.D. Hart, & R.D. Hare, Personality of the Psychopath, in: P.T. Costa & T.A. Widiger (eds.), Personality Disorders and the Five-Factor Model of Personality (Washington, DC: American

하퍼 등의 주장에 대해서는 FFM의 다섯 가지 정상성격 요인을 조합하더라도, 사이코패시의 이상성격을 만들어 내기에는 불충분하며, 사이코패시의 전반적 증상특성을 설명하기 위해서는 인지적, 정서적, 신경생물학적 장애에서 비롯된 추가적인 특성들이 필요하다는 지적이 있고,[90] 위디거의 주장은 논리적이고 설득력은 있지만 FFM의 다섯 가지 요인을 이용한 회귀방정식(regression equation)이 PCL-R의 사이코패스를 분류하는 데 효과적이라는 경험적 자료가 없다는 비판이 제기된다.[91]

(7) 분석심리학(Analytical Psychology)적 원인론

융(C.G. Jung)에 의하면 인간의 성격은 각기 분리되면서도 상호작용을 하는 자아(ego)와 개인무의식, 그리고 집단무의식으로 이루어져 있다. 어느 정도 표면에 있는 무의식 층은 개인의 과거사와 비롯된 것으로서 콤플렉스와 관련되며 명백히 개인적 성격을 띤다. 이를 개인적 무의식(das persönliche Unbewußte)이라고 한다. 개인적 무의식은 그 보다 더 깊고, 유전 기제에 의해 선천적으로 주어져 있으며, 보편적인 진화 경험의 저장소인 무의식 층의 토대 위에 놓여 있는데, 이를 집단적 무의식(das kollektive Unbewußte)이라고 부른다. '집단적'이라는 것은 이 무의식이 개인적이 아닌 보편적인 성질을 지니기 때문이다. 즉 집단적 무의식은 개인적 무의식과 달리 모든 개인에게 어디에서나 동일한 내용과 행동양식으로 나타나는, 모든 인간에게 동일하며 모든 인간에게 존재하는 보편적 정신의 토대이다.[92]

보편적인 경험들은 우리 내부의 심상으로 나타나거나 표현되는바, 융은 이것을 원형(原型; Archetypen)이라고 칭하며, 고대시대부터 인류에게 보편적으로 내재해 온 원초적 심상으로서, 신적 이미지(神像)와 관련되며 플라톤의 '에이도스(Eidos)'에 해당하는 용어라고 설명하였다. 원형은 신화와 민담, 종교 등에서 보편적 가치의 심상으로 드러나는 경우도 있지만, 개개인의 꿈이나 환상을 통해 새롭게 산출되는 신화적 심상으로도 나타나며 궁극적으로는 개개인의 의식적 삶에 영향을 미친다. 나아가 융은 '원형상(原型像)'들이 정신활동의 과정에서 '의식'에 영향을 미치고, 결국 '의식'과 더불어 통일된 인격을 구현하려는 목적을 지녔

Psychological Association, 1994), 149-173면; T.A. Widiger, Psychopathy and Normal Personality, in: D.J. Cooke, A.E. Forth, & R.D. Hare (eds.), Psychopathy: Theory, Research, and Implications for Society (Dordrecht, The Netherlands: Kluwer, 1998), 47-68면 참조.

90) Robert D. Hare, David J. Cooke, & Stephen D. Hart, 앞의 논문, 567면.
91) Robert D. Hare, David J. Cooke, & Stephen D. Hart, 앞의 논문, 567면.
92) C.G. Jung/융 저작 변역위원회 역, 원형과 무의식(Archetyp und Unbewusstes) (솔, 1984), 105-106면.

다고 설명한다. 즉, 원형은 전체 인격의 조절자적인 역할을 한다는 것이다.[93] 이러한 원형들 중에서 특히 정신치료자에게 실제로 의미가 있는 원형은 아니마(anima)이다.[94] 아니마란 무의식 자체(unconscious itself), 감정, 에로스, 삶의 원리 등을 의미하는 여성적 원리이다. 이는 객관성, 외향성, 의식, 합리성, 자기중심성, 공격성, 목표지향성 등과 결부된 남성적 원리인 아니무스(animus)에 대비되며, 그 성격상 주관성, 내향성, 비합리성, 이타성, 수용성(receptive), 특히 그 무엇보다도 성찰적 태도(reflective)와 관련된다. 아니마의 원형상은 성서 속 이브, 트로이의 헬레나, 성모 마리아, 영화배우, 지혜의 여신 소피아, 여왕, 퍼스트레이디 등 영원한 여성성의 특질들로 나타날 수 있다.[95]

아니마의 이미지는 그들이 놓인 특정한 상황과 경험에 따라 개개인에게 각각 상이한 영향을 준다. 힐만(Hillman)에 따르면 아니마의 기능은 성찰적 성격(reflective nature)을 통해 의식을 가능하게 만드는 것이며, 개개인의 정체성은 자아(ego)에 의해 형성되는 것이 아니라, 아니마에 의해 자아에 주어지는 것이라고 한다. 그 임상적 증거로서 '이인증(離人症; depersonalization)'이 있다. 이 증상은 쉴더(Schilder)의 정의에 의하면 "한 개인이 자신이 이전의 상태로부터 완전히 변화된 것으로 느끼는 상태"로 이때, 개인은 자신의 존재감과 자신을 둘러싼 외부 세계의 현실감이 느껴지지 않게 되며, 그 자신을 인격체로 인식하지 못하게 된다. 따라서 이인증 환자는 자신의 행동을 방관자의 입장에서 관찰하게 된다.[96] 이 증상의 환자는 냉담하고 단조롭고 건조하며 무기력한 느낌을 갖게 되며, 한마디로 자신의 가치를 믿지 않고 무관심해지는 것이다. "더 이상 아무것도 실제로 보이지 않고", "내가 죽고 텅 빈 느낌"을 갖게 된다는 것이다. 인격형성과 타인에 대한 애정, 그리고 인간관계에 대한 믿음은 모두 아니마 원형의 한 기능인 인격화(personifying)에 달려 있다.

분석심리학적 입장에서는 사이코패스의 이상성격은 전술한 기능을 하는 아니마의 발달이 어느 순간에 멈추었기 때문이라고 본다. 즉 사이코패스의 모든 반사회적 행동은 아니마의 상실(loss of anima)로 설명될 수 있다는 것이다. 벤 카프만(Ben Karpman)은 사이코패스를 이 증상의 몇 가지 중요한 특성을 갖추고 있는 진정한 의미의(core, "true") 사이코패스인 '아네토패스(anethopath)'[97]와 그 외에 정신병이나 신경증으로 인해 반사회적 행위를 일삼는

---

93) 이상의 설명으로는 이유경, 원형과 신화 (이끌리오, 2004), 101-124면 참조.

94) C.G. Jung/융 저작 변역위원회 역, 앞의 책, 177면.

95) John Edward Talley, A Jungian Point, in: William H. Reid (ed.), The Psychopath: A Comprehensive Study of Antisocial Disorder and Behaviors (New York: Brunner/Mazel, 1978), 122-123면 참조.

96) J. Hillman, Anima II (Spring Publications, 1974), 114면 참조.

97) 심리학 용어상 도덕적 억제능력이 결여된(morally uninhibited) 자를 뜻하며, 라틴어원적으로는 결여·부

'이차적 사이코패스(secondary psychopath)'로 구분하였다. 이 구분방식에 따르면 이차적 사이코패스는 경우에 따라 정신요법이 효과가 있는 반면, 아네토패스는 정신요법(psychotherapy)이 효과가 없다.[98] 결론적으로 말해 분석심리학적으로 볼 때 아네토패스는 영혼이 상실된 것이 아닌 영혼이 부재한(absence of soul) 자라고 볼 수 있으며, 그는 태어날 때부터 내면적 공허감과 같은 이인증을 갖고 있고, 아네토패스가 아닌 사이코패스는 유소년기에 억압, 긍정의 결핍, 거칠고 잔인하며 폭력적인 환경을 경험하기 때문에 아니마의 상실을 겪게 된다는 것이다.[99]

분석심리학적 모델에 대해서는 우선 그 모델이 기초하고 있는 개인무의식과 집단무의식, 그리고 원형과 아니마 등의 가설에 대한 과학적 검증이 불가능하다는 문제가 제기될 수 있다고 본다.[100] 아울러 아니마의 발달지체 또는 상실로 인한 이인증으로는 사이코패시의 전반적인 특성을 설명할 수 없다는 난점도 있다. 이인증 환자는 "내가 죽고 텅 빈 느낌"을 갖고 "방관자적 입장"에서 자신의 행동을 관찰하지만 일반적으로 사이코패스는 "자신의 내면적 세계에 매우 만족하고 있으며, 자신에게 아무런 잘못이 없고, 자신의 행동이 이성적이고 가치가 있으며, 만족스럽게 여기기" 때문이다.[101] 이는 명백히 이인증 환자가 경험하는 내면세계와는 다른 것이다.

(8) 기타 원인론

전술한 원인들 이외에 사이코패스의 뇌구조가, 그 원인이 밝혀지지는 않았지만, 비정상적으로 느리게 성장하기 때문이라는 생물학적 가설이 있다. 그 증거는 다음과 같다. 우선 성인 사이코패스의 뇌파(brain wave)는 정상적인 청소년의 뇌파와 유사하고, 다음으로 자기중심성, 충동성, 이기심, 욕구충족을 미루지 못하는 성향 등은 어린이와 비슷하다는 것이다.[102] 일부 연구자들은 이로부터 사이코패시가 발달지체(developmental delay)와 유사하다고 주장한다.[103]

정·반대의 의미를 지닌 접두사 'a(n)'과 에토스(ethos), 그리고 질병 또는 고통(suffering)을 뜻하는 'path'가 결합한 단어이다.

98) Ben Karpman, The Myth of the Psychopathic Personality, 104 American Journal of Psychiatry 523 (1948), 523-534면 참조.

99) John Edward Talley, 앞의 책, 121면과 125면 참조.

100) 이 점에 대한 융의 반론으로는 C.G. Jung/융 저작 변역위원회 역, 앞의 책, 13면 이하 참조.

101) Robert D. Hare, 앞의 책, 195면; 마사 스타우트(Martha Stout)/김윤창 역, 앞의 책, 84-86면 참조.

102) Robert D. Hare, Psychopathy: Theory and Research (New York: Wiley, 1970) 참조.

헤어에 의하면 이러한 주장은 매우 흥미롭기는 하지만, 증거로 든 뇌파 특성은 정상적인 성인의 나른함(drowsiness)이나 따분함(boredom)의 상태와도 관계가 있어, 이는 두뇌의 발달지체에서 비롯된 것일 수도 있지만, 사이코패스가 틀에 박힌 뇌파측정 절차에 졸릴 정도로 무관심하여(sleepy disinterest) 나온 결과일 수도 있다는 신둘코(Syndulko)의 지적이 있다.104) 더욱이 이 주장의 문제점은 사이코패스의 자기중심성과 충동성은 아이들의 그것과 동일하지 않다는 점에 있다. 나이 차이를 고려하더라도 정상적인 10살 아이들과 성인 사이코패스의 성격과 동기 및 행동은 확연히 다르다는 데 이의를 제기할 사람은 없을 것이다.105)

2. 원인론의 형사정책적 검토

앞서 살펴 본 다양한 원인론들은 모두 나름대로의 이론적 근거와 직관적 호소력을 지니고는 있지만 대부분의 경우 비판으로부터 자유롭지 못하다는 점은 전술한 바와 같다. 예컨대, 미시환경적 원인론이나 사회생물학적 원인론, 발달지체론 등에는 방법론적인 문제가 있고, 진화생물학적 원인론, 행동억제시스템 모델, 정상성격의 변이형 이론 등은 공통적으로 그 원인이 사이코패시의 증상전반을 결정론적으로 설명해 주지 못한다는 근본적 한계를 지니고 있다. 또 일부 원인론들은 방법론적 문제와 결정론적 설명 불가능의 문제를 모두 지니고 있기도 하고, 방법론적으로는 정교하지만 그 모델에 의한 예측이 확고하지 못한 원인론도 논급되어 있다.

제시된 원인론 중에서 비교적 비판의 여지가 적은 것으로는 거시환경적 원인론과 전두엽기능장애론, 그리고 인지적-정서적 장애모델이다. 이 중에서 문화와 종교 및 가족제도와 같은 거시환경적 원인론은 이론적으로는 타당할 수 있겠으나 형사정책적으로는 특별히 고려할 만한 요소를 갖고 있지 않다. 왜냐하면 거시환경적인 요인은 형사정책이 해결할 수 있는 문제라기보다는 사회정책적인 문제이기 때문이다. 그렇기 때문에 전술한 원인론 중에서 형사정책적으로 주목할 만한 것은 생물학적 원인론의 일종인 전두엽기능장애론과 인지

---

103) R. Kegan, The child behind the mask, in: W.H. Reid, D. Dorr, J.I. Walker, & J.W. Bonner Ⅲ (eds.), Unmasking the psychopath (New York: WW Norton and Company, 1986) 참조.
104) 이에 대해서는 K. Syndulko, Electrocortical investigation of sociopathy, in: R.D. Hare & D. Shalling (eds.), Psychopathic Behaviour: Approaches to research (New York: John Wiley & Sons, 1978), 145-156면 참조.
105) 이러한 지적으로 Robert D. Hare, David J. Cooke, & Stephen D. Hart, 앞의 논문, 568면.

적-정서적 장애모델뿐이라고 본다.

인지적-정서적 장애모델도 결과적으로 전두엽 등의 두뇌영역과 관련되어 있으며 따라서 이 두 원인론의 공통점은 두뇌에 대한 (신경)생물학적인 연구를 토대로 하고 있다는 점에 주목할 필요가 있다. 왜냐하면 사이코패시가 생물학적 원인에서 발생한다면 이에 대한 수술 및 내과적 치료 등의 가능성을 고려해볼 수 있기 때문이다. 아드리안 레인(Adrian Raine)과 얄링 양(Yaling Yang)은 정신분열증 환자들의 전전두엽(prefrontal lobe)을 절개 수술하여 폭력성을 감소시켰다는 보고를 언급하면서 장기적으로 정신병질을 줄이기 위한 뇌구조 수술이 가능할 것으로 전망하였다.[106] 다만 이러한 극단적인 수술을 시행하기보다는 "영양은 뇌를 발달시키는 핵심적 요소이고, 교육과 신체활동은 뇌결함 발현을 억제[하기]" 때문에 어린 시절 질 높은 프로그램을 통해 인지적-정서적 통제와 교육, 운동 등의 실천적인 기능훈련을 제공함으로써 사이코패시를 치료하는 것이 바람직하다고 보고 있다.

만일 사이코패시가 치료가능하다면 이는 형사정책적으로 매우 중요한 의미를 갖는다. 치료감호제도 등을 통해 정신병질자를 치료할 수 있는 방법을 모색할 수 있기 때문이다. 이미 검토한 바와 같이 현재 가장 유력한 사이코패시 원인론은 바로 (신경)생물학적 원인론인 것으로 판단된다. 이는 헤어의 입장과도 크게 다르지 않다. 다행스럽게도 사이코패시가 생물학적 원인에서 기인한다는 사실은 우리 사회가 이들을 대책 없이 포기하지 않아도 된다는 점을 강력하게 시사해 준다. 이하 본고에서는 정신병질자, 즉 사이코패스들의 범죄를 형사적으로 취급하는 데 있어서 어떠한 어려움이 있으며, 이들에 대한 치료는 과연 가능한 것인지, 또한 그 치료가능성은 형사정책적으로 어떠한 의미를 지닐 수 있는가를 검토해 보기로 한다.

---

106) Adrian Raine & Yaling Yang, 사이코패시의 신경해부학적 기초(The Neuroanatomical Bases of Psychopathy), 「성범죄자에 대한 치료사법적 대안모색(법무부·여성가족부·국가청소년위원회·한국심리학회공동주최)」, 2007, 91면.

III. 사이코패스 범죄에 대한 형사적 대응의 딜레마

1. 사이코패스의 특성

사이코패스란 일반적으로 타인의 고통에 대한 공감능력이 결여되어 죄책감이나 후회를 못 느끼며, 대인관계에 있어 냉담, 거만, 교활한 특성을 보이고, 충동적 또는 계획적으로 범죄를 저지르는 성향을 지녀, 잠재적으로 범죄 위험성을 지닌 사람들을 말한다. 그 특유의 '이상인격' 내지 그가 지닌 '기질적 특성'으로 인하여 자신의 행위가 위법하고 부정하다는 것을 알면서도 이를 억제하여 준법적 행동으로 나아갈 수 있는 '자기통제력'을 상실한 '고도의 재범 위험군'[107]에 속하는 사람이라는 것이다. 헤어는 사이코패스의 주요 특징들로 다음과 같은 점을 지적한다.[108] 우선 감정과 대인관계(affective/interpersonal)의 측면에 있어서 사이코패스는 "달변이지만 깊이가 없다. 자기중심적이며 과장이 심하고, 후회나 죄의식이 결여되어 있으며, 타인의 고통 및 감정에 대한 공감능력이 부족하다. 또한 거짓말과 속임수에 능하며 감정이 부족[109]하기 때문에 느낌의 폭이나 깊이에 한계가 있다." 다음으로 사회

---

107) 이러한 표현으로 김상준, 사이코패스에 대한 사법적 대응, 「범죄와 사이코패시 – 이해와 대책(한림대학교응용심리연구소·한국사회 및 성격심리학회·법무부교정국 공동주최 국제심포지엄)」, 2005 참조.

108) Robert D. Hare, 앞의 책(*Without Conscience*), 33면 이하. 헤어가 지적하는 주요 특성들은 그가 개발한 사이코패스 진단도구인 PCL-R의 20가지 평가목록들 중 일부이다. 20가지 목록은 크게 두 가지의 요소로 분류되며, 그 하나는 감정적·대인관계적 요소이고, 다른 하나는 충동적이고 반사회적이며 불안정한 생활방식, 즉 사회적 일탈의 요소이다. PCL-R의 20가지 진단목록 중에 헤어가 위 문헌에서 언급하지 않은 것으로는 빈번한 단기적 혼인관계, 기생적 생활방식(parasitic lifestyle), 현실적이고 장기적인 목표의 부족 및 다양한 범죄경험 등이 있다. PCL-R 진단목록에 관한 상세한 설명으로는 Robert D. Hare, David J. Cooke, & Stephen D. Hart, 앞의 논문, 558면 이하와 Matthew Owen Howard, James Herbert Williams, Michael George Vaughn, & Tonya Edmond, Promise and Perils of A Psychopathology of Crime: The Troubling Case of Juvenile Psychopathy, *14 Wash. U. J.L. & Pol'y 441* (2004), 448면 이하 참조. 한편 헤어의 두 가지 요소 모델(Two Factor Model)에 대하여, 교만하고 속임수에 능한 대인관계와, 감정적 경험의 부족, 그리고 충동적이고 무책임한 행동 등의 3가지 요소로 구성된 세 가지 요소 모델(Three Factor Model)이 보다 적절함을 입론하는 문헌으로는 David J. Cooke & Christine Michie, Refining the Construct of Psychopathy: Towards a Hierarchical Model, *13 Psychological Assessment 171* (2001), 171면 이하 참조. PCL-R에 대한 국내 번역본과 PCL-R의 '한국판 표준화'에 대한 설명으로는 Robert D. Hare/조은경·이수정 역, PCL-R(전문가 지침서) (학지사 심리검사연구소, 2008)을 참조할 것.

109) 일반적으로 사이코패스는 감정이 결여되어 있지만, 당장의 신체적이 고통과 쾌락, 또는 단기간의 좌절과 성공에서 비롯되는 이른바 '원초적인' 정서반응은 느낄 수 있다고 한다. 그러나 이러한 감정적 반응들은 대부분 오래 지속되지 않으며, 다른 감정들처럼 대뇌변연계에서 발생하기는 하지만, 여타의 '고등' 감정들과는 달리 대뇌피질의 기능을 통해 조절되지 않기 때문에 신경학적으로 '원초적'이라

적 일탈(social deviance)의 측면에서는 "행동의 옳고 그름이나 결과의 타당성 여부에 대한 숙려(熟廬)가 없이 충동적으로 범죄를 저지른다. 뿐만 아니라 타인이 주는 모욕이나 경멸에 대해 자신의 행동을 제어하지 못하고 쉽게 감정이 폭발하여 공격적인 태도를 취한다. 참을 성이 없고, 성미가 급하며, 언제나 사회적으로 용인되지 않는 극도의 스릴과 자극을 갈망하여 퇴폐적이고 방탕한 생활을 추구하는 경향이 있다. 나아가 사이코패스에게는 일체의 책임 감과 의무감이 없다. 대부분의 사이코패스는 유소년기부터 심각한 일탈행동을 일삼기 시작하며, 성인이 된 후에도 반사회적 행동을 지속한다."110)

헤어에 의하면 사이코패스가 아닌 사람도 이러한 증상을 보일 수 있다. 그러나 많은 사람들이 충동적이거나 달변이거나, 냉정하거나 감정이 결여되어 있거나, 반사회적이라고 해서 사이코패스 되는 것은 아니라고 한다. 왜냐하면 사이코패시는 연관된 여러 증상들이 모여 나타나는 일종의 증후군(a syndrome-a cluster of related symptoms)이기 때문이다.111)

전술한 사이코패스의 특성 중에서 형사책임능력과 관련하여 유의미한 것은 바로 "타인에 대한 공감능력이 없다"는 점이다. 주지하다시피 우리형법 제10조 제1항은 "심신장애로 인하여 사물을 변별할 능력이 없거나 의사를 결정할 능력이 없는 자의 행위는 벌하지 아니한다."고 규정하고 있다.

이처럼 사물을 변별할 수 있는 능력, 즉 행위의 옳고 그름을 판단할 수 있는 '시비변별능력'과 그러한 판단에 따라서 행동할 수 있는 '의사결정능력'을 모두 갖추고 있어야만 완전한 책임능력이 인정되고, 어느 하나라도 결여되면 행위자는 책임무능력자가 된다. 살인, 강도, 강간 등 사회윤리적인 비난의 요소가 깃들어 있는 범죄의 경우에, 행위자는 행위의 옳고 그름에 대한 판단을 내리고 그에 따라 행위를 실행함에 있어서 일정한 도덕적 판단에 기초하게 마련이다. 즉, 범행을 결의하였다가도 도덕적으로 그릇된 행동이라는 판단이 동기가 되어 범행을 중지하는 경우도 있을 것이고, 반면 도덕적 비난을 무릅쓰고 범행을 감행하는 경우도 있을 것이다. 그렇기 때문에 시비변별능력과 의사결정능력의 유무를 판별하는데 있어서 행위자의 도덕적 판단능력은 중요한 기능을 한다고 볼 수 있을 것이다. 한편 도덕적 판단이 가능하려면 타인에 대한 공감능력이 있어야만 한다. 왜냐하면 타인의 감정과 고통에 대한 공감능력이 없이는 타인의 "입장이 되어보는(get into the skin or walk in the shoes of others)" 것이 불가능하고, 따라서 올바른 양심의 발현을 기대하기 어려워져 결국

일컬어진다고 한다. 마사 스타우트(Martha Stout)/김윤창 역, 앞의 책, 200면 참조.
110) Robert D. Hare, 앞의 책, 33면 이하 참조.
111) Robert D. Hare, 앞의 책, 34면.

내면에서 우러나오는 실질적 도덕판단이 불가능해지기 때문이다. 형사책임능력의 이와 같은 논리적 구조에 따르면 결론적으로 책임능력의 도덕적 기초는 "타인에 대한 공감능력"에 놓여 있다고 볼 수 있을 것이다.

전술한 바와 같이 "타인에 대한 공감능력"은 형사책임능력을 결정하는 데 있어서 분명히 고려되어야 할 요소임에도 불구하고 그러나 학계와 실무의 지배적 견해에 따르면 사이코패스는 정신병자와 달리 형사책임능력이 인정된다. 왜냐하면 사이코패스에게는 "공감능력"이 결여되어 있음에도 불구하고 사이코패스는 "인식능력이 부족하거나 현실감각이 떨어지지 않으며, 대부분의 정신장애자에게서 나타나는 환상이나 망상, 강렬한 부정적 스트레스도 경험하지 않[기]" 때문이다. 즉, 이들은 "정신병자와 달리 극히 이성적이며 자신의 행동이 무엇을 의미하며 원인이 무엇인지 잘 인식하고 있[는바]", 결국 이들의 행동은 "자유로운 선택에 의한 실행의 결과"이기 때문이다.[112] 요컨대, 사이코패스에게는 시비변별능력과 의사결정능력이 인정되기 때문에 형사책임능력이 인정될 수밖에 없다는 것이다. 사이코패스의 형사책임능력에 대해서는 이를 긍정하는 입장과 부정하는 입장이 대립하고 있다. 이에 대해서는 다음 장에서 상세히 다루기로 한다.

2. 형사처벌의 딜레마

사이코패스에 대한 형사적 대응이 어려운 이유는 사이코패스의 형사책임능력을 긍정하든, 아니면 이를 부정하거나 제한하든 형사정책적으로 해결하기 힘든 문제가 발생하기 때문이다.

우선 책임능력을 제한하고자 할 때, 다음과 같은 문제가 발생한다. 즉, 중범죄자 상당수가 사이코패스이고 사이코패스의 재범률이 다른 범죄자에 비해 매우 높은 현실을 고려할 때,[113] 책임능력의 제한이 가져오게 될 또 다른 범죄기회의 증대와 그로 인해 잠재적 범죄피해자인 시민 모두가 치르게 될 사회적 비용이 과연 적절히 통제될 수 있겠느냐는 것이다. 이는 사이코패스의 책임능력제한에 있어 지적될 수 있는 중요한 현실적 장애물의 하나로서 대다수 시민들 일반의 법감정과도 일치하기 때문에 상당히 강한 호소력을 지닌다. 그렇기

---

112) 사이코패스와 정신병자의 차이점에 대한 지적으로는 Robert D. Hare, 앞의 책, 22면 참조.
113) 이 점에 대한 풍부한 경험적 연구자료와 논의로는 Robert D. Hare, David J. Cooke, & Stephen D. Hart, 앞의 논문, 560-565면 참조. 이는 비록 외국의 통계수치를 토대로 한 것이지만 우리나라의 경우도 크게 다르지는 않을 것으로 보인다.

때문에 사이코패스의 형사책임능력을 제한하고자 이론구성하는 이론가들이나 그러한 법리 구성을 시도하는 실무법관 모두에게 이는 중대한 도전의 하나일 것이다.

　　반면에 사이코패스에게 완전한 책임능력을 인정하여 형벌을 부과한다 하더라도 역시 같은 문제가 발생한다. 왜냐하면 고도의 재범위험군에 속하는 이들이 가출소 또는 출소 후에 범하게 되는 계속되는 범죄로 인해 범죄피해자들이 겪게 될 사회적 비용은 줄어들지 않기 때문이다. 이와 관련해 김상준 판사[114]는 다음과 같이 말한다. "민○○[115]의 10년에 걸쳐 반복되고 심화되는 범행에 대하여 거의 판에 박힌 듯한 찍어내기식 형벌의 부과와 대책 없는 격리 위주의 교정처우 이외에 우리가 해 줄 수 있는 솔루션은 무엇이었는가? 이것은 우리 revolving door식의 형사사법제도의 실패로 인한 사회적 비용을 국민 모두가 공동으로 지는 것 아니고는 무엇이겠는가."[116] 일례이긴 하지만 형사실무에 있는 법관의 관점에서 보더라도 사이코패스에 대한 형벌과 격리 위주의 교정처우는 "형사사법제도의 실패"로 이어질 수밖에 없다는 것이다. 이러한 관점에 비추어 보면 "사이코패스의 완전한 책임능력"을 인정하는 입장에서도, 그 반대 입장과 마찬가지로 또 다른 재범에 의해 초래될 수 있는 사회적 비용의 문제를 해결해야 할 부담을 안게 된다는 딜레마가 발생하는 것이다.

　　이하에서는 현행법 하에서 이러한 딜레마를 해결하기 위한 가장 바람직한 방안은 무엇인지를, 사이코패시의 치료가능성을 중심으로 제시해 보고자 한다.

---

114) 집필당시 부장판사, 대법원 송무국장. 현 사법연수원 수석교수.

115) 민○○(만 37세)는 만 19세 때 폭력으로 벌금을 받는 범죄를 저지르기 시작하여, 20대 시절의 거의 절반을 교도소에서 복역하였고, 30대에 들어서서는 범죄의 행태가 더욱 나빠져 강도죄로 2년간 복역 하였고, 출소 후 얼마 되지 않은 2002년 2월에는 절도범행을 저지른 것을 비롯해 강도예비로 검거되 어 징역 2년을 선고받고, 당시 시행되고 있던 구 사회보호법에 따라 재범의 위험성이 있다는 사유로 보호감호를 선고받았으나, 2004년 당시 사회보호법의 폐단을 우려하여 보호감호제도를 폐지해야 한 다는 사회 각계의 목소리가 비등한 가운데 법무부의 적극적인 가출소 방침에 따라 2004년 8월 청송 보호감호소에서 석방되었다. 출소 후에도 민○○의 범죄행각은 계속되어 강도강간 및 강도살인, 사체 유기 등의 범죄를 저질러 2005년 무기징역을 선고받았으며, 선고 직후 교도관의 감시가 소홀한 틈을 타서 탈주극을 벌여 또 한 번 사회적 파장을 일으키기도 하였다.

116) 김상준, 앞의 논문, 둘째 면 참조.

Ⅳ. 치료중심 형사정책의 필요성

1. 사이코패시의 치료가능성

사이코패스에 대한 사법적 대응방안을 강구함에 있어서 이들에 대한 치료가능성 여부는 매우 중요한 기준으로 작용한다. 왜냐하면, 만일 치료가 불가능하다면 사법적 대응의 주된 목표는 엄벌을 통한 사회로부터의 영원한 격리처우일 것이고, 반면 치료가 가능하다면, 형사처벌과 치료처분을 병과 할 수 있기 때문이다. 이러한 사실은 특히 미국 내에서의 성적 사이코패스(sexual psychopath)에 대한 입법론의 변천사를 보면 확연히 드러난다.[117)

미국의 경우 지난 100여 년 동안의 정신장애자와 성폭력 범죄를 저지르는 성적 사이코패스에 대한 입법논의가 치료가능성에 거는 기대와 실제의 결과에 따라서 치료중심모델과 장기격리모델 사이를 오고 가는 진자효과(pendulum effect)를 보여주고 있다. 미국에서는 1880년부터 자신의 행동을 통제할 수 없는 범죄자들을 형기 만료 후 민간위탁 치료시설에서 부정기 수용, 치료를 하는 수용치료사법처분(civil commitment)[118)이 법적으로 제도화 되었다. 이 제도의 이론적 근거는 범죄자들로부터 시민을 보호해야 한다는 경찰국가론(police power)과 부모의 입장에서 스스로 자신을 돌볼 수 없는 자들을 돌봐 주어야 한다는 국가후견주의(parens patriae)가 자리 잡고 있었다.[119) 1840년대에는 최초로 정신장애자들을 수용, 치료하는 시설이 설치되었다. 그러나 이 시설에 대한 당초의 기대와는 달리 1860년대에 이르러 수용자들의 상당수가 치료불가능하고, 시도된 치료가 성공적이지 못하다는 것이 명백해졌고, 그러자 19세기말 무렵에는 이 제도에 대한 지지가 줄어들었다. 그러나 19세기말 무렵에 우생학 운동(eugenic movement)이 인기를 끌자 다시 많은 정신장애자들이 이 시설에 수용되었으나, 1930년대에 이르러 이 운동이 시들해지자, 이 제도는 더 이상 지지를 얻지 못했다.

그러다가 1930년대 후반에 성적인 동기에 의한 잔혹한 어린이 살해가 발생하자 성범죄

---

117) 이하의 미국내 입법론의 개관에 대해서는 Molly T. Geissenhainer, The $ 62 Million Question: Is Virginia's New Center to House Sexually Violent Predators Money Well Spent?, *42 U. Rich. L. Rev. 1301* (2008), 1304-1308면 참조.

118) '수용치료사법처분제도'는 최근 법무부에서 사용하고 있는 번역어이다. 간단히 '민간구금'이라고 불러도 무방할 것이다.

119) Molly T. Geissenhainer, 앞의 논문, 1304면.

를 특별히 취급하려는 움직임이 본격화되었고, 성적 사이코패스 방지법(sex psychopath law)이 제정되어 형기 만료 후 이들을 다시 구금할 수 있도록 입법되었다. 이 법의 취지는 국가는 공공의 안전을 보장해야 하고, 따라서 사이코패스 성범죄자의 경우는 치료가 된 후에만 석방을 할 수 있도록 해야 한다는 것이었다.[120] 1937년에 미시간 주가 최초로 성적 사이코패스 방지 법률을 제정하였다. 이후 1939년까지 다른 세 주가 이러한 취지의 법률을 제정하였고, 1960년대까지는 상당수의 주들이 사이코패스 성범죄자를 사회로부터 격리시키고 또한 이들을 치료를 하기 위한 목적으로 성적 사이코패스 법률을 제정하였다. 그러나 1980년대에 이르러 시민권(civil rights)에 대한 침해 우려와 치료프로그램의 성공여부에 대한 명백한 입증이 실패하자 이러한 법률을 시행하는 주는 절반으로 줄어들었다. 이처럼 실제 발생한 잔인무도한 사건과 그에 대한 지역사회의 요구에 의해 성적 사이코패스 방지법안이 제정되었다가, 또 치료가능성이 의문시되어 폐지되는 과정을 반복하다가, 1990년대 워싱턴에서 성범죄를 비롯해 많은 전과가 있었던 얼 쉬리너(Earl Shriner)라는 자가 7세 소년을 강간하고 목 졸라 죽인 후 토막을 낸 사건이 발생하자, 교도소에서의 형기 만료 후에도 구금할 수 있는 법이 또다시 입안되었다.[121] 이 법률은 일명 성폭력 흉악범 방지법(Sexually Violent Predator: SVP)이라고 불린다.[122] 1994년과 1995년에 위스콘신, 캔자스, 아이오와, 캘리포니아, 아리조나 등의 다른 주들도 워싱턴의 SVP를 참고해 관련 법률을 제정하였고, 2008년 현재 20개의 주들이 성폭력 흉악범에 대한 수용치료사법처분(civil commitment)을 허용하는 법률을 두고 있다.[123] 전술한 미국의 사이코패스 처벌의 역사는 치료가능성이 보장되지 않는 치료중심모델은 곧 실패할 수밖에 없음을 잘 보여준다. 즉, 만일 사이코패스가 치료교화가 불가능하다면 엄중한 형의 부과로 이들을 사회에서 격리시키는 방법만이 사회적으로

---

120) Molly T. Geissenhainer, 앞의 논문, 1305면.
121) Molly T. Geissenhainer, 앞의 논문, 1307면.
122) 성폭력 흉악범에 대한 법률적 정의는 미국에서도 주마다 차이가 있으나, 일반적으로 "성범죄로 유죄 판결을 받고 '정신이상'이나 '성격이상'으로 평가된 자로서 석방이 된다면 또 다른 성폭력 범죄를 저지를 가능성이 높아 본인 개인뿐만 아니라 지역사회에도 위협이 될 수 있다고 판결 받은 자"이다. 이 법률은 성폭력 범죄자를 죄인으로서가 아닌 병이 든 환자로서 취급해야 한다는 취지를 갖고 있기는 하지만, 치료 자체가 목적이라기보다는 치료를 목적으로 하여 이들을 구금하여 사회를 보호하려는 취지가 더 강하다고 한다. 이상의 내용에 대해서는 이수정, 고위험 성범죄로부터 사회보호를 위한 대안 모색, 「성범죄자에 대한 치료사법적 대안모색(법무부·여성가족부·국가청소년위원회·한국심리학회 공동주최국제심포지움)」, 2007, 54면 참조.
123) Molly T. Geissenhainer, 앞의 논문, 1309면. 대표적으로 플로리다의 SVP에 대해서는 The 2008 Florida Statutes 775.21 "The Florida Sexual Predators Act", Online http://www.leg.state.fl.us/Statutes 참조.

선호될 수밖에 없다는 것이다. 물론 그렇지 않다면 형벌과 치료처분을 어떻게 합리적으로 병과하는 것이 바람직한 것인지에 대해 모색해 볼 수 있을 것이다. 그렇다면 현재 사이코패스의 치료가능성에 대한 논의는 어느 정도의 수준에 이르러 있는가? 과연 사이코패스는 치료가 가능한 것인가?

대부분의 연구문헌에서 간과되고 있는 측면이지만, 사이코패스도 언제나 범죄자가 되지는 않는다는 사실은 사이코패시의 치료가능성에 대한 매우 긍정적인 함축을 담고 있다고 본다. 왜냐하면 범죄를 저질러 형의 선고를 받고 수감생활을 하는 실패한 사이코패스(unsuccessful psychopath)도 있지만 사이코패스임에도 불구하고 범죄를 잘 억제하고 사회적으로 성공한 사이코패스(successful psychopath)도 얼마든지 존재하고 있는바,124) 이는 사이코패시에도 정도의 차이가 있으며,125) 그렇다면 일정한 치료와 교화를 통해 이들을 정상인은 아니더라도 최소한 '성공한 사이코패스'로 갱생시킬 수 있다는 전망을 품게 해 주기 때문이다.126)

비교적 최근에 이르기까지, 대다수 견해에 의하면 사이코패스에게는 "효과적인 치료방법이 발견되지 않았다"거나 "어떠한 치료도 효과가 없다"고 결론을 내리는 경우가 많았다고 한다.127) 비록 초기의 상당수 문헌들은 사이코패스에 대한 정신요법(psychotherapy)이 긍정적 효과가 있음을 지적했지만(Rodgers 1947; Schmideberg 1949; Lipton 1950; Rosow 1955; Showtack 1956; Corsini 1958; Thorne 1959), 이후 여러 연구자들은 그 근거에 대한 비판적인 검증을 수행한 결과, 치료가 효과적이라는 증거를 찾지 못했다(Hare 1970; Cleckley 1982; McCord 1982; Woody, McLellan, Lubersky, & O'Brien 1985).128)

이렇듯 대부분의 임상의학자들이나 연구자들은 사이코패스의 치료가능성에 대해 비판적이지만, 그러나 헤어에 의하면 사이코패스가 절대로 치료가 불가능하다거나, 그들의 행동

---

124) 성공한 사이코패스 사례에 대한 가장 최신의 소개문헌으로는 바버라 오클리(Barbara Oakley)/이종삼 역, 나쁜 유전자(Evil Genes: Why Rome Fell, Hitler Rose, Enron Failed and My sister Stole My Mother's Boyfriend) (살림, 2008) 참조.

125) 단적인 예로서 '실패한' 사이코패스는 비정상적인 해마를 가진 반면, '성공한 사이코패스'는 정상적인 해마를 가진 것으로 밝혀졌고, 성공한 사이코패스들과 달리 실패한 사이코패스들은 전전두 회백질을 정상인의 3/4만 갖고 있다고 한다. 이러한 연구결과에 대한 소개로는 바버라 오클리(Barbara Oakley)/이종삼 역, 앞의 책, 138면. 관련 참고문헌은 앞의 책, 동일한 면, 각주 13) 참조.

126) 물론 성공한 사이코패스라고 하여 사회적으로 유해한 측면이 없다는 것은 아니지만, 적어도 직접적인 범죄자는 아니다.

127) Robert D. Hare, 앞의 책, 194면.

128) Grant T. Harris, Tracy A. Skilling, & Marine E. Rice, 앞의 논문, 233면 참조.

이 개선될 수 없다는 결정적 증거도 없다고 한다.129) 특히 기존에 치료의 효과가 있었다거나, 반대로 치료가 효과가 없었다는 연구결과들은 그 어느 것이나 과학적인 방법론적인 기준을 충족시킨 경우가 거의 없었음을 지적한다. 즉, 대부분의 연구결과들은 매우 열악한 진단 및 방법론적 절차와 부적절한 프로그램 평가에 의존하고 있었다는 것이다. 사이코패시 진단 절차가 터무니없이 부적절하고 매우 모호하게 기술되어 있어서 해당 연구수행 과정이 과연 사이코패시를 다룰 수 있는지조차 확인할 수 없다고 한다. 이 점은 매우 중요한데, 왜냐하면 이는 결론을 뒷받침해 주는 근거가 부적절하다는 점을 의미하기 때문이다.130) 예를 들어, 치료관련 문헌들은 사이코패시에 대한 각기 다양한 정의를 채택하는바, 상당수의 연구문헌에서는 사이코패시 진단을 위해서 반사회적 성격장애(antisocial personality disorder; APD)의 진단도구인 미국정신의학협회의 정신장애 진단 및 통계편람131)(Diagnostic and Statistical Manual of Mental Disorders 4th ed.; DSM-IV)을 사용하는데, DSM-IV의 반사회적 성격장애 진단범주보다 PCL-R의 사이코패시의 진단범주가 더 엄밀하기 때문에, DSM-IV에 의해 사이코패시로 진단받은 자들 상당수는 실제로는 사이코패시가 아닌 경우가 많다는 것이다.132)

---

129) Robert D. Hare, David J. Cooke, & Stephen D. Hart, 앞의 논문, 566면 참조.
130) Robert D. Hare, 앞의 책, 202면.
131) 19세기부터 이상행동(abnormal behaviour)에 대한 과학적인 진단 및 체계적인 분류를 위한 다양한 노력이 경주되어 1882년에는 영국 왕립의학심리학회 산하 통계위원회에서, 1889년에는 파리에서 열린 정신과학협회에서 나름의 분류체계를 만들어 채택했으나 널리 받아들여지지 못했다. 1948년에는 세계보건기구(WHO)에서 이상행동을 포함한 모든 질병들에 대한 포괄적 분류목록인 질병, 상해 및 사망원인에 대한 국제적 통계분류를 만들어 WHO회의에서 만장일치로 통과시켰지만 그 중에서 정신장애에 관한 절(節)은 널리 받아들여지지 않았다. 1969년에 WHO에서는 새로운 분류체계를 발표했고, 이 것은 그 이전 판에 비해 널리 받아들여졌다. 한편 미국정신의학협회에서는 WHO의 분류체계와는 다른 독자적인 진단 및 통계편람(DSM)을 1952년 출간해 DSM-II(1968), DSM-III(1980) 등으로 개정해 오다가 1994년 DSM-IV를 출간하였고, 2006년 6월에는 오늘날 정신보건 전문가들이 널리 사용하는 공식적 진단체계인 DSM-IV의 개정판(Text Revision: TR), 즉 DSM-IV-TR을 출간하게 된다. DSM의 역사에 대한 설명으로는 Gerald C. Davison, John M. Neale, & Ann M. Kring/이봉건 역, 앞의 책, 4-6면 참조. DSM-IV의 분류 및 진단체계에 대한 상세한 소개로는 정규원, 형법상 책임능력에 관한 연구: 판단기준을 중심으로, 서울대학교 석사학위논문, 1997, 103면 이하 참조.
132) 이 점에 대해서는 Jan Looman, Jeffrey Abracen, Ralph Serin, & Peter Marquis, 앞의 논문, 550면 참조. 예컨대 반사회적 성격장애로 판정받은 사람들 중 20% 정도만이 사이코패시의 진단범주를 충족시켰으며(Rutherford, Cacciola, & Alterman, 1999), 유죄판결을 받은 중죄인 중 75%가 반사회적 성격장애의 기준을 충족시킨 반면, 15-20% 정도만이 사이코패시의 기준을 충족시킨다는 연구보고(Hart & Hare, 1989)가 있다. 이에 대해서는 Gerald C. Davison, John M. Neale, & Ann M. Kring/이봉건 역, 앞의 책, 266면 참조.

메타분석(meta-analysis)적 방법을 통해 이러한 진단 및 방법론상의 문제점들을 지적한 최근의 일련의 연구 성과들은 사이코패시의 치료가능성에 대해 매우 긍정적인 결론을 내리고 있다.[133]

우선 웡(Wong)은 사이코패시의 치료를 다룬 75개의 연구문헌들을 검토한 후 진단 및 방법론상의 문제점이 있는 71개의 연구를 제외한 4개의 연구결과에 주목하였다. 그 결과 실험 참여자를 사이코패스 집단, 비사이코패스 집단, 이들의 혼합집단 등으로 구분한 오글로프(Ogloff) 등의 연구결과에 있어서는 비록 사이코패스 집단의 경우 치료개선에 별다른 반응을 보이지 않았지만, 혼합집단의 경우에는 사이코스가 치료가능하다는 사실을 지적했다. 또한 해리스(Harris)와 라이스(Rice), 코르미어(Cormier) 등이 사이코패스와 정신병자들을 대상으로 실험한 집중치료공동체프로그램(intensive therapeutic community program)의 경우 비록 사이코패스가 치료에 반응을 보이지 않는다고 결론지었지만, 이 실험에 있어서는 이 프로그램이 오히려 사이코패시적 특성들을 강화하는 방법을 포함하고 있었다는 사실을 밝혀냈다.[134]

한편 살레킨(Salekin)은 웡에 의해 제외된 상당수의 문헌들까지 포함시켜 42개의 연구문헌을 검토하였던바,[135] 사이코패시의 성공률은 전체 평균 62%에 달했으며, 이 중 집단정신요법(group psychotherapy)과 개인정신요법을 병행한 치료의 경우 성공률은 81%에, 집중개인정신요법(intensive individual psychotherapy)은 91%에 달했다. 또한 인지행동적 치료(cognitive-behavioral approach)에서는 평균 62%, 인지행동적 치료와 통찰치료(insight approach)를 병행한 경우는 평균 86%의 성공률을 보였다.[136] 그러나 치료공동체프로그램에 의한 치료는 가장 비효과적인 방법으로서 단지 25%의 성공률을 보였다고 한다.[137] 이러한

---

133) William L. Marshall, Yolanda M. Fernandez, Liam E. Marshall, & Geris A. Serren (eds.), Sexual Offender Treatment, Hoboken (NJ: John Wiley & Sons, 2006), 160-161면 참조.
134) S. Wong, Psychopathic offenders, in: S. Hodgins & R. Muller-Isberner (eds.), Violence, Crime and Mentally Disordered Offenders: Concepts and methods for effective treatment and prevention (Chichester; New York: John Wiley & Sons, 2000), 87-112면 참조.
135) 단, 이 중에서 헤어의 PCL-R의 기준을 충족시킨 문헌은 단지 4%에 불과하다는 점에 유의해야 할 것이다.
136) 인지 행동적 치료의 효과를 입증하는 연구결과로 Raymond M. Wood et al., Psychological Assessment, Treatment, and Outcome with Sex Offenders, 18 Behavioral Sciences and the Law 24 (2000), 24-41면 참조.
137) 치료공동체를 통한 사이코패스 치료를 긍정하는 연구로는 James R. P. Ogloff & Stephen Wong, Treating Criminal Psychopaths in a Therapeutic Community Program, 8 Behavioral Sciences and the Law 181 (1990), 181-190면 참조. 이 연구는 80명의 환자를 P(Psychopath) 집단, M(Mixed) 집단, 그리

통계로부터 살레킨은 정교하게 구성된 집중치료프로그램은 사이코패스의 치료에 효과적일 수 있다고 결론지었다.[138]

그러나 무엇보다 사이코패시의 치료가능성에 대해 가장 고무적인 연구문헌으로서 1999년의 세토(Seto)와 바바리(Barbaree)의 지역치료센터성범죄자치료프로그램(Regional Treatment Center Sex Offender Treatment Program; RTCSOTP)에 의한 치료결과가 있다.[139] 이 프로그램은 사이코패시 치료를 위한 진단 및 방법론상의 현대적 기준을 충족시키는[140] 프로그램으로서 PCL-R의 진단기준이 적용되었고, 집단요법은 물론 개인요법이 모두 제공되며, 인지행동적 관점은 물론 사회적 학습 등의 관점에서의 다양한 치료법이 제공되는 7개월간의 거주치료(residential treatment)방식이다. 성범죄자를 대상으로 한 이 실험에서 참여자들의 50% 이상이 재범률이 낮아진다는 사실이 입증되었으며, 또한 PCL-R 점수가 높은 사이코패스들도 그 하위집단별로 치료에 대한 반응이 다르다는 점이 밝혀졌다.[141] 이밖에도 치료에 의해 사이코패스의 폭력성향이 감소되었음을 직접적으로 입증해 주는 연구결과도 있다.[142]

사이코패스의 치료가능성에 대해서는 향후 더 많은 과학적·경험적 연구가 뒷받침되어야 보다 확정적인 답을 내릴 수 있을 것이다. 그러나 어떠한 입장을 취하든 간에 현 시점에서 간과해서는 안 될 사실은 "인간의 신경과 지각에는 가소성(plasticity)이 있다"는 점이다.[143] 이는 무엇을 의미하는가? 인간의 뇌는 평생 동안 경험과 활동의 영향을 받아서 변화

고 NP(non Psychopath) 집단 등 세 집단으로 나누어 치료를 한 결과, M 집단의 대부분이 사이코패스 성향을 보인 환자였음에도 불구하고 치료에 긍정적인 반응을 나타냈던바, 이로부터 치료공동체 요법이 사이코패스의 치료에 효과가 있다고 결론지었다. 이 연구에서 PCL-R 점수 27점 이상은 P 집단18점부터 26점까지 M 집단, 17점 이하는 NP 집단으로 분류되었다.

138) R.T. Salekin, Psychopathy and therapeutic pessimism: Clinical lore or clinical reality?, 22 Clinical Psychology Review79 (2002), 79-112면 참조. 이 밖에도 치료 가능성을 부정하는 기존의 연구방법이 내재적 오류가 있었음을 적확히 지적해 주는 연구로는 Rice(1992), Hitchicock(1995), Barbaree, Seto, & Langton (2001) 등이 있다. 이에 대한 개괄적 소개로는 Karen D'Silva et al., Does Treatment really make psychopaths worse? A review of the evidence, *18 Journal of Personality Disorders 163* (2004), 163-177면 참조.

139) M.C. Seto & H.E. Barbaree, Psychopathy, treatment behavior, and sex offender recidivism, *14 Journal of Interpersonal Violence 1235* (1999), 1235-1248 참조.

140) 이러한 평가로는 Jan Looman, Jeffrey Abracen, Ralph Serin, & Peter Marquis, 앞의 논문, 553면.

141) RTCSOTP의 치료방법에 대한 구체적이고 상세한 설명과 평가 및 관련 논의에 대해서는 Jan Looman, Jeffrey Abracen, Ralph Serin, & Peter Marquis, 앞의 논문, 555-565면 참조.

142) Jennifer L. Skeem et al., Psychopathy, Treatment Involvement, and Subsequent Violence among Civil psychiatric patients, *26 Law and Human Behavior 577* (2002), 577-603면. 이 연구에 의하면 10주 동안 치료 프로그램을 7회 이상 수행한 사이코패스 환자들보다 그렇지 않은 환자들은 세 배 이상 공격적인 성향을 보이는 것으로 나타났다.

한다. 이는 뇌의 가소성 덕분이다. 치매 등의 다양한 뇌질환도 적절한 두뇌훈련과 단련에 의해 치료가 가능하다. 따라서 전술한 바대로 사이코패시의 원인이 유전적·생물학적 요인과 사회·환경적 요인의 상호작용에 있다면 사이코패스에 대한 치료와 교화의 가능성을 우리는 결코 포기할 수 없다.

2. 치료중심 형사정책의 수립필요성

전술한 바와 같이 사이코패스의 형사책임능력을 긍정할 것이냐 부정할 것이냐의 문제는 이론적으로도 논란거리이지만, 형사정책적 관점에서도 해결하기 힘든 문제와 맞물려 있다. 다만 그렇다 하더라도 범죄억제의 관점에서 볼 때, 적어도 수감생활을 하는 동안은 사회 일반에 대한 범죄기회가 제거될 수 있다는 점에서 긍정론의 입장이 보다 바람직하다고 볼 여지도 있을 것이다. 그러나 현행 치료감호법에 의하면 심신장애가 있는 자는 최대 15년까지 치료감호에 처할 수가 있다(동법 제2조 제1항과 제16조 제2항). 舊사회보호법을 폐지하면서 재범의 위험성이 있는 심신장애자 또는 약물중독자 등으로부터 사회를 보호하기 위해 제정된 치료감호법은 대체주의(代替主義)를 따르고 있는바, 형벌과 보안처분의 병과적 선고를 허용하면서 특별예방이 일반예방에 우선한다고 봄으로써 집행에 있어서는 보안처분이 형벌을 대체한다. 그러므로 치료감호가 형벌에 우선적으로 집행되고, 치료감호기간이 형기에 산입된다(동법 제18조).[144] 다만 치료감호가 종료되지 않았을 경우에 치료감호는

---

143) 이 점에 대해서는 알바노에(Alva Noë)/김미선 역, 뇌과학의 함정(Out of Our Heads) (갤리온, 2009), 96-112면 참조. 노에가 소개한 실험에 따르면 청각피질이 시각기능을 담당할 수도 있고(즉, 청각피질 안의 세포들도 시각세포가 될 수 있다. 이는 경험의 특징과 특정 세포의 행동 사이에 필연적인 연관이 없음을 뜻한다), 아예 촉각과 시각이 치환되어 체감각피질을 통해 시각경험을 할 수도 있다(맹인의 피부에 일련의 진동자를 설치하고 거기에 카메라를 연결해 카메라를 통해 들어온 시각정보가 맹인의 피부에 일련의 촉각자극을 만들어 내도록 하는 장치를 달자, 맹인은 탁구공을 칠 수 있었다). 전자는 신경가소성을, 후자는 신경가소성을 동반하지 않는 지각가소성을 입증해 주는 예이다. 하버드 의과대학의 정신의학과 임상교수인 존 레이티 박사에 의하면 우리 두뇌의 뉴런은 유전적 지시에 의해 대략적인 경로로 인도되긴 해도 어떤 뉴런이 어떤 뉴런과 결합될 것인지에 영향을 미치는 것은 화학적 환경이다. 즉, 각 개인의 뉴런연결은 특정한 유전적 소질과 삶의 경험을 반영하며, 그 연결은 사용여부에 따라 평생에 걸쳐 더 강해지거나 약해질 수 있다. 이처럼 우리의 신경은 진화하기 때문에 "우리의 환경이나 경험이 바뀌면 두뇌도 변한다." 이는 우리가 무언가를 배우거나 배울 수 없는 이유이며, 동시에 두뇌 손상을 입은 사람들이 상실된 기능을 회복할 수 있는 이유이기도 하다. 이 점에 대해서는 존 레이티(John J. Ratey)/김소희 역, 뇌(A User's Guide to the Brain) (21세기북스, 2010), 48-49면 참조

144) 치료감호법의 법제도적 의의에 관해서 신동운, 형법총론, 2008, 822-823면; 정영일, 형법총론, 2007, 536-537면 참조.

최장 15년까지 가능하다.[145] 그렇다면 사이코패스의 책임능력을 제한하여 책임무능력이나 한정책임능력을 인정하더라도 치료감호시설에 수용함으로써 사회 일반에 대한 범죄기회는 충분히 제거될 수 있다. 더욱이 사이코패스의 치료가능성에 대한 매우 긍정적인 연구성과들이 제시되고 있는 상황에 비추어 보면, 사이코패스의 치료가 가능하도록 현행 치료감호시설을 개선하는 입법적 조치를 취하거나, 아니면 현행 치료감호법이 허용하고 있는 "치료감호시설 외에서의 위탁치료(동법 제23조 1항과 2항)"를 통해 정신병질이 치료될 수 있도록 처우한다면, 사이코패스의 책임능력 제한은 오히려 현행법 하에서 매우 합리적인 형사정책적 해결책이 될 수 있다고 본다.[146]

V. 맺음말

사이코패스 범죄는 미셸 푸코(Michel Foucault)가 1970년대 중반 무렵 콜레주 드 프랑스에서 강연한 내용을 엮은 책, "비정상인들(LES ANORMAUX)"에서도 다양한 사례들 통해 논급된 바 있다.[147] 어느덧 사이코패스는 임상의학자들과 사법 및 수사기관을 거쳐 철학적 수준의 지적 담론의 장에까지 오르내리게 되었다. "극악무도한 악인" 또는 "도덕적 무능력자" 등 이들을 바라보는 관점만큼 상이한 방식의 사법적 대응이 강구될 수 있을 것이다. 다만 이들에 대한 일반의 법감정이 어떠하든, 이들을 둘러싼 철학적 담론이 어떻게 전개되어 왔든, 무엇보다 이들이 겪고 있는 정신병질에 대한 원인이 명확하게 규명되어야 사이코패스에 대한 올바른 관점이 자리 잡을 수 있다고 본다. 본고는 이러한 문제의식 하에 사이코패시의 원인에 대한 제 가설을 검토해 보았던바, 그 결과 (신경)생물학적 원인론이 가장 타당하다는 점을 확인해 보았고, 아울러 사이코패스에 대한 치료가 가능하다는 점을 밝혔으며, 이를 토대로 바람직한 사법적 대응의 방향, 즉 치료중심적 형사정책을 제안하였다.

---

145) 치료감호의 종료 또는 가종료 여부는 매 6월마다 치료감호심의위원회에서 심사·결정한다(동법 제22조와 제37조).

146) 물론 이 경우에도 "치료프로그램 및 방법"에 대한 충분한 연구와 개발이 전제되어야 함은 물론이다. 다만 위탁치료 시 사이코패스의 범죄기회통제가 문제될 수 있는데 위탁치료 기간 동안에는 보호관찰이 개시되므로 (동법 제32조) 법제도상 큰 미비점은 없다고 본다.

147) 미셸푸코(Michel Foucault)/박정자 역, 비정상인들(Les anormaux) (동문선, 2001), 49면 이하. 단, 동 문헌에서 푸코는 사이코패스란 용어를 직접적으로 사용하고 있지는 않다. 일종의 '광인'으로 표현하고 있다.

CHAPTER VI
형벌제도의 기원

[14] 고대 근동법전의 성격

Ⅰ. 서론

일반적으로 형법사에서 여명기는 함무라비 법전 등이 등장했던 복수형시대로 잘 알려져 있다. 이 시기는 "눈에는 눈, 이에는 이"라는 탈리오 법칙, 즉 동해보복의 관행이 통용되고 있었던 시대로서, 함무라비 법전에 이러한 법원칙이 명시적으로 천명되어 있음은 주지의 사실이다. 그러나 정작 이 시기의 법전이 당대의 근동지역 사법시스템에서 어떠한 기능을 하고 있었는가에 대해서는 우리나라 학계에는 거의 논의된 바가 없다. 다만 흔히 인류 최초의 성문법전이라고 일컬어지는 우르남무 법전과 리피트-이쉬타르 법전, 그리고 함무라비 법전 등의 명칭에 드러난 기대감에서 확인할 수 있듯이, 당대의 법전 역시 현대적 의미의 법전(code)과 유사한 기능을 했을 것이라는 막연한 추정이 과거에는 지배적이었던 것으로 보인다.1) 필자는 한 연구서2)에서 함무라비 법전에 보통살인죄 조문이 빠져있는 이유에 대

---

1) 일반적으로 학계에 잘 알려져 있는 고대 근동지역의 법전으로는 다음과 같은 것들이 있다.

법전명칭	연대(BC)	언어	국가	제정자	발굴장소
우르이님기나(LN)	2350	수메르어	라가시	우르이님기나	길수/라가시
우르남무(LU)	2100-2047	수메르어	우르 3제국	우르남무	니푸어, 우르
리피트이쉬타르(LL)	1934-1924	수메르어	이신	리피트이쉬타르	니푸어
에쉬눈나(LE)	1800	아카드어 (수메르어)	에쉬눈나	다두샤	아부하르말
함무라비(LH)	1792-1750	아카드어	고대 바빌론	함무라비	수사
히타이트(HL)	1650-1180	아카드어 (히타이트어)	히타이트	미상	보가즈쾨이
중세아시리아(MAL)	1114-1076	아카드어	아시리아	디글랏빌레셀 I세	이수르
신 바빌론(LNB)	700	아카드어	신 바빌론	미상	십파르

위 도표는 이종근, 히브리 법사상(삼육대학교출판부, 2004), 40면에서 가져온 것이다. 참고로 다른 문헌에 의하면 에쉬눈나 법전은 수메르어로, 히타이트 법전은 히타이트어로 기록되어 있다고 설명되어 있다. 이에 대해서는 Johnathan Burnside, God, Justice, and Society: Aspects of Law and Legality in the Bible (New York: Oxford University Press, 2011), 3면 참조.

2) 이 글은 필자의 저서인 "현대 형법학(경인문화사, 2011)" 제1장의 내용을 일부 발췌, 수정, 재편집, 보완

한 구명작업을 하던 중 고대 근동지역의 사회상과 법적 관행 등에 관심을 갖게 되었고, 이는 당대의 법전의 성격과도 밀접한 연관이 있음을 알게 되었다. 이에 본고에서는 위의 연구서 내용의 일부를 소개함으로써 고대 근동법전의 성격에 대한 외국학계의 최근 논의상황을 개략적으로나마 살펴볼 수 있는 계기를 마련해 보고, 이를 통해 보다 전문화된 후속연구가 촉발시킬 수 있는 단초를 시론적으로 제공해 보고자 한다.

메소포타미아 지역은 기원전 3천년 경부터 약 천 년 간 수메르 문명과 아카드 문명이 번성하고, 바빌론과 아시리아가 패권을 다투던 인류문명의 요람이었다. 이곳에서는 우르남무와 함무라비 등의 여러 고대법전이 발굴되었는데, 함무라비 법전은 1901년부터 1902년 사이에 프랑스 고고학자들에 의해 고대 엘람왕국의 수도이자, 페르시아 제국의 행정수도이기도 했던 수사(Susa)[3]에서 본문의 일부를 제외한 거의 전 조문이 설형문자로 기록돼 보존되어 있는 석주(돌기둥)가 발견됨으로써 세상에 알려지게 되었다. 함무라비 법전의 일부 마모돼 지워진 나머지 조문들도 후대에 복원됨으로써 동 법전은 고대 근동의 법전들 중 그 내용이 가장 길고 포괄적이며 완전한 형태로 남아 있는 법전으로 평가받고 있다. 그런데 전대의 다른 법전들의 전통을 계승하면서 후대의 법전들에도 많은 영향을 준 것으로 평가받고 있는[4] 이 함무라비 법전에는 살인죄 조문이 없다.[5] 정확히 말해 고의 살인(willful homicide)을 처벌하는 보통살인죄 조문이 없다는 것이다. 이처럼 반드시 법전에서 다루고

한 것임을 밝혀둔다.

3) 엘람왕국은 현재 이란의 남서지역에 위치했던 고대국가이다. 엘람왕국의 수도였던 수사(Susa)는 바빌론의 동쪽, 페르시아만의 북쪽에 위치했으며 함무라비 법전이 기록된 돌기둥이 이곳에서 발굴된 이유는 기원전 12세기경 슈트룩 나훈테(Sutruk-nahhunte)라는 엘람 왕이 바빌론을 침략하여 전리품으로 탈취해 이곳에 보관해 두었기 때문이다.

4) 이에 대해서는 Martha T. Roth, Law Collections from Mesopotamia and Asia Minor (2nd ed., Atlanta, Georgia: Scholars Press, 1997), 71면. 함무라비 법전은 고대 페르시아 제국의 입법모델이 되기도 하였다. 이 점에 대해서는 A.T. Olmstead, History of the Persian Empire (Chicago: University of Chicago Press, 1948), 120-128면; 안성조, 기초법연구 제1권 - 언어·논리·역사 - (경인문화사, 2009), 189-191면 참조.

5) 이 사실에 주목하는 문헌으로는 우선 C.H.W. Johns, Babylonian and Assyrian Laws, Contracts and Letters, Union (New Jersey: The Lawbook Exchange, 1999, Originally published: Edinburgh : T.&T. Clark, 1904), 96면; C. Edwards, The World's Earliest Laws (London: Watts & Co., 1934), 112면과 G.R. Driver & John C. Miles, The Babylonian Laws Vol. I - Legal Commentary - , (Oxford: Clarendon Press, 1956), 60면, 그리고 Niels Peter Lemche, Justice in Western Asia in Antiquity, Or: Why No Laws Were Needed!, 70 Chi.-Kent. L.Rev. 1695 (1995), 1699면, 비교적 최근의 문헌으로는 R. VerSteeg, Early Mesopotamian Law (Durham, North Carolina: Carolina Academic Press, 2000), 109면을 참조.

있어야 할 것으로 기대되는 사항이 빠져 있는 것은 비단 고의살인죄 규정만이 아니다. 이밖에도 함무라비 법전은 자유인의 아들을 납치하는 행위를 처벌하지만(LH 14), 노예의 아들을 납치하는 행위는 규율하고 있지 않다. 또 화재가 발생한 집에서 물건을 절취하는 것을 처벌하면서도(LH 25), 방화에 대해서는 침묵하고 있다. 마찬가지로 유부녀나 女성직자의 부정에 대해 손가락질로 모욕한 경우는 처벌하지만(LH 127), 남성에 대한 모욕은 생략되어 있다. 존속폭행은 처벌하면서도(LH 195), 존속살인에 대해서는 규율하고 있지 않다. 이밖에도 여성에 의한 범죄라든지 여성을 대상으로 하는 많은 범죄들이 함무라비 법전에는 조문화되어 있지 않다. 당연히 법전에서 다루고 있어야 할 사항으로 기대됨에도 불구하고 이러한 것들은 법전에 빠져 있다. 그렇기 때문에 함무라비 법전이 새겨진 석주의 발굴 이후 지난 1세기 동안 많은 학자들은 고대 근동지역의 법전들에는 법전에서 반드시 규정해 두어야 할 내용이 많이 생략되어 있어 유스티니아누스 법전이나 나폴레옹 법전처럼 관련된 모든 사항을 빠짐없이 두루 포함해야 하는 포괄적 성격이 결여되어 있음을 지적해 왔다.[6] 그리고 이러한 특징은 고대 근동의 법전들이 현대적 의미의 체계적인 법전이 아닌 법모음집(law collections)에 불과하다는 견해를 뒷받침하는 근거로 널리 인식되어 오고 있다. 그렇다면 과연 함무라비 법전 등 고대 근동의 법전들은 당시의 사법시스템에서 어떠한 의미를 지니고 있었을까? 법전이 아닌 법모음집이란 도대체 무슨 기능을 하는 것이었을까? 순전히 교육용 학술문헌이었을까? 체계성이 결여된 법조문의 산만한 모음집에 불과한 것이었을까? 아니면 일종의 판례집이었을까? 이러한 일련의 질문들이 끊임없이 제기될 수 있다. 이하 본고에서는 함무라비 법전을 중심으로 고대 근동법전의 성격에 대한 여러 견해를 차례로 검토해 보고 결론적으로 영국의 제정법(statute)과 유사한 고대 근동법전의 성격을 입론함으로써 그 해답을 제시해 보고자 한다.

---

6) Raymond Westbrook, Cuneiform Law Codes and the Origins of Legislation, *79 Zeitschrift für Assyriologie und Vorderasiatische Archäologie 201* (1989), 222면; Jean Bottéro, The Code of Hammurabi, in: Mesopotamia: Writing, Reasoning, and the Gods (Chicago: University of Chicago Press, 1982), 161면; Johnathan Burnside, 앞의 책, 5면 참조.

II. 고대 근동법전의 성격

1. 판례집으로서의 법모음집

현재에는 고대 근동의 법전들은 오늘날처럼 체계적으로 관련 법조문을 망라한 통일된 법전(codes)이 아니고, 당대에 구두로 전승되고 관행화 되었던 법들을 기록한 법모음집(law collections)이었다고 보는 것이 지배적 견해이다. 법전들의 성격에 대한 학자들의 견해는 다양하지만, 일반적으로 이들은 당대에 실제로 통용되던 법을 집대성한 것으로, 재판 시 법관들의 판결에 도움이 되도록 이전의 판결 사례를 모은 판례집으로 이해되고 있다. 일반적으로 한 사회에서 사용된 어휘에는 문화와 사회상이 반영되어 있다. 이러한 맥락에서 고대 바빌론에는 '법(law)'을 의미하는 단어가 존재하지 않았고, 단지 판결(judgement)을 뜻하는 단어만 존재했다는 사실은[7] 고대 근동의 법전의 성격을 이해함에 있어서 좋은 시사점이 될 것이다. 물론 은유적으로 법으로 해석될 여지가 있는 '*kittum*'이나 '*misarum*'이란 단어가 존재하기는 했지만 이들은 문자 뜻 그대로 직역하면 전자는 '진리(truth)'나 '공평(honesty)' 및 '정의(justice)', 후자는 '정의(justice)' 또는 '공정(equity)'이란 의미를 지닐 뿐이다.[8] 이러한 이유에서 함무라비 법전의 서문과 결어에 '키툼(*kittum*)'과 '미사룸(*misarum*)'이 자주 등장하지만, 대부분의 권위 있는 번역서에서는 이 단어들을 법으로 번역하지 않는다.[9] 한편 고대 메소포타미아에서 '판결'을 의미하는 단어로는 '*dinu*'가 있었다. '디누(*dinu*)'는 일반적으로 판결을 가리키지만[10] 좀 더 넓게는 '평결', '형벌', '처벌', '특정 법조문'이나 '특정 법규정', '합법성', '법적으로 유효한 관습이나 행위', 그리고 '재판사례'와 '소송절차(Rechtsverfahren)' 등 법적 사안의 다양한 국면을 모두 포함하는 개념이다.[11] 이 단어가 사용된 예로는 함무라비 법전 결어의 첫 구절인 "*dinat misarim*(정의로운 판결)"이 있다. 흥미롭

---

7) C.H.W. Johns, 앞의 책, 39면.

8) 이 점에 대해서는 R. VerSteeg, 앞의 책, 43-46면; G.R. Driver & John C. Miles, The Babylonian Laws Vol. II − Text Translation − (Oxford: Clarendon Press, 1955), 289-290면과 392면. 국내에 출간된 고대 근동어 사전으로는 광신대학교 고대근동어연구소(황성일 편), 아카드어 사전(광신대학교 출판부, 2007)을 참조.

9) 대표적으로 Martha T. Roth, 앞의 책, 133면 참조.

10) G.R. Driver & John C. Miles, 앞의 책, 380면.

11) 이에 대해서는 F.R. Kraus, Ein Zentrales Problem des altmesopotamischen Rechtes: Was ist der Codex Hammurabi?, Genava N.S. IIIV, 1960, 285면과 Martha T. Roth, Mesopotamian Legal Traditions and The Laws of Hammurabi, *71 Chi.-Kent L. Rev. 13* (1995), 20면 참조.

게도 여기에는 '*dinu*'와 '*misarum*'이 모두 쓰였다.12) 바빌론과 마찬가지로 메소포타미아의 북부, 오늘날 터키 지역인 아나톨리아 반도에서 융성했던 히타이트(Hittite)에도 '법'에 대응하는 단일한 단어는 없었지만, 법에 준할 정도의 강력한 효력을 지닌 관습을 뜻하는 단어는 존재했다.13) 고대 근동지역의 법전들은 바빌론 등에 위치한 필경사 양성학교(scribal school or center)14)에서 필사 연습을 위한 교재로 사용되기도 하였으며,15) 따라서 동 법전들이 기록돼 있는 점토판의 상당수가 원본이 아니라 학습용 습자교본(school copies) 형태로 전해 내려온다.16) 아울러 동 법전들은 공통적으로 정의의 실현과 약자보호 및 복리증진 등을 이념으로 내세우고 있었으며, 당시 메소포타미아의 도시국가들이 지향해야 할 사회의 전범으로서의 이상적 성격을 띠고 있다.

2. 법전의 실효성

고대 근동법전의 법전으로서의 성격을 부정하는 주장은 크게 두 가지 측면에서 다음과 같이 동 법전의 실효성이 없다는 점을 지적한다.

(1) 왜 소송에서 원용된 예가 없는가?

일단의 학자들은 고대 법전들이 당대의 실제 사례에서 원용된 예가 없다는 점에서 동 법전들의 실효성에 의문을 제기하였다.17) 지금까지 발견된 당시의 법률문헌들, 예컨대 소송

---

12) 한편 드라이버와 마일즈는 "*dinat misarim*"을 '정의로운 법(just laws)'으로 번역하고 있으나(G.R. Driver & John C. Miles, 앞의 책, 95면), 그들의 번역에서 법(laws)이란 판결의 모음집을 의미한다(Laws are a collection of decisions). G.R. Driver & John C. Miles, 앞의 책(*The Babylonian Laws Vol. I*), 48면 참조. 이 점을 정확히 지적해 주고 있는 F.R. Kraus, 앞의 논문, 286면 참조.

13) 이 점에 대해서는 Harry A. Hoffner, The Laws of The Hittites: A Critical Edition (Leiden; New York: Brill, 1997), 1면.

14) 웨스트브룩은 필경사 양성소가 단순히 설형문자 쓰는 법(cuneiform script)을 배우기 위한 곳이 아니라 고대 근동에서 일종의 대학(university)의 기능을 담당한 것으로 보고 있다. Raymond Westbrook, Biblical and Cuneiform Law Codes, *92 Revue Biblique* (1985), 253면.

15) Pamela Barmash, Homicide in Ancient Israel, the Ancient Near East, and Traditional Societies, A Doctoral Dissertation at the Department of Near Eastern Languages and Civilizations (Harvard University, 1999), 171면.

16) 이 점에 대해서는 Raymond Westbrook, The Character of Ancient Near Eastern Law, in: A History of Ancient Near Eastern Law, Vol.I (Leiden; Boston: Brill, 2003), 9면과 18면. 보다 자세히는 Martha T. Roth, 앞의 논문(*Mesopotamian Legal Traditions and The Laws of Hammurabi*), 19-20면 참조.

기록들에서 법전의 관련 조문이 원용된 예를 찾아볼 수 없다는 것이다. 비슷한 맥락에서 함무라비 법전은 그 서문과 결어의 내용에 비추어 볼 때, 모든 정복사업을 완수한 후 왕이 자신의 치적을 후손과 후대의 왕들에게 알리려는 목적으로 편찬한 것이라는 사실에 주목하여 함무라비가 자신에게 주어진 신성한 임무를 충실히 수행했음을 당대의 사람들과 후손들, 그리고 후대의 왕들과 신들에게 알리려고 만든 왕위 해명서(royal apologia)에 불과하다는 주장도 있다.[18] 즉, 동 법전은 서문-결어 형식(prologue-epilogue frame)을 통해 동일한 방식으로 왕의 치적을 천명해 왔던 전대의 우르남무 법전이나 리피트-이쉬타르 법전의 전통적 궁전 비문양식(traditional genre of royal inscription)을 충실히 따르고 있을 뿐이라는 것이다. 그러나 법전이 참조된 사례를 찾지 못했다고 하여 동 법전의 실효성을 부정하는 것은 다소 성급한 결론으로 보인다. 고대 법전을 연구할 때에는 그 시대의 방식에 맞게 이해해야 하며, 좀 더 신중할 필요가 있다.[19] 원용된 법조문을 밝히는 것이 당시의 법문화나 법적 관행에서는 중요하지 않았을 수도 있기 때문이다.[20] 물론 법원의 재판에서 원용된 예가 없다는 사실은 동 법전이 오늘날과 같은 성문법적 성격을 지닌 것으로는 인정할 수 없다는 점을 입증하는 근거로 제한적으로 해석할 수 있을 것이다. 하지만 그렇다고 해서 동 법전의 규범적 원리들이 당대에 구속력이 없었다고 단정하는 것은 분명 잘못된 해석으로 보인다.[21] 이

---

17) 이들의 비판은 주로 여러 법전들 중 가장 완전한 체계를 갖추고 있는 것으로 평가되고 있는 함무라비 법전을 두고 제기되었다. B. Landsberger, Die Babylonischen Termini für Gesetz und Recht, in: Festschrift für P. Koschaker, I (Leiden: Brill, 1939), 219면 이하; F.R. Kraus, Ein Zentrales Problem des altmesopotamischen Rechtes: Was ist der Codex Hammurabi?, Genava N.S. IIIV, 1960, 283면 이하; A.Leo. Oppenheim, Ancient Mesopotamia: Portrait of A Dead Civilization (Rev. ed., Chicago; London: University of Chicago Press, 1977), 154면과 158면.

18) J.J. Finkelstein, Ammisaduqa's *Edict and the Babylonian* "Law Code", *15 Journal of Cuneiform Studies 91* (1961), 103면.

19) Raymond Westbrook, 앞의 논문(*The Character of Ancient Near Eastern Law*), 19-21면.

20) Pamela Barmash, 앞의 논문(*Homicide in Ancient Israel, the Ancient Near East, and Traditional Societies*), 100면.

21) 만일 당대의 법체계가 판례법 체계였다면 법조문의 원용은 불필요했을 것이고, 따라서 동 법전은 엄연히 실효성 있는 법모음집으로 볼 수 있기 때문이다. 이러한 생각을 갖게 해 주는, Sophie Lafont, Ancient Near Eastern Laws: Continuity and Pluralism, in: Bernard M. Levinson (ed.), Theory and Method in Biblical and Cuneiform Law (Sheffield: Sheffield Academic Press, 1994), 94면. 이와 유사한 맥락에서 유대인연합대학(Hebrew Union College)의 성경 및 근동문헌 담당 교수인 그린구스(Greengus)는 고대 메소포타미아는 구두에 의존해 재판을 하는 전통(oral tradition)을 갖고 있었기 때문에 굳이 법전에 의존할 필요가 없었다고 지적한다. Samuel Greengus, Some Issues Relating to the Comparability of Law and the Coherence of the Legal Tradition, in: Bernard M. Levinson (ed.), Theory and Method in Biblical and Cuneiform Law (Sheffield: Sheffield Academic Press, 1994), 77-84면.

점은 함무라비 법전의 결어를 보면 분명 함무라비 왕은 동 법전의 내용을 후대의 통치자들이 변경 없이 준수해야 함을 천명하고 있으며, 법원에서 원용될 것을 의도하고 있음을 봐도 알 수 있다.[22] 또 함무라비 법전을 포함한 고대 근동의 대부분의 법전은 "만일 어떤 사람이 ~ 하면 (조건절), ~ 한다 (결과절)"는 결의론적(casuistic) 형식[23]을 채택하고 있는바, 이는 바로 고대 근동의 법전이 실제로 적용되던 법모음집이었음을 잘 보여준다. 단순한 도덕원리나 종교규범을 이런 형식으로 규정할 이유는 없다.[24] 이러한 점에서 당대 법전들이 비록 현대적 의미의 성문법은 아니었더라도, 최소한 그 조문들은 실제 사례에 적용되어 왔던 당대에 보편적으로 인정되던 법원리들이 법전에 구체화된 것으로 봐야 할 것이다.[25] 다음으로 근동법전들이 왕위 해명서에 불과하다는 견해에 대해서는 함무라비 법전보다 후대의 다른 법전들은 물론 함무라비 법전보다 다소 앞선 거의 동시대의 에쉬눈나 법전에서도[26] 서문-결어 형식은 찾아볼 수 없다는 점에서 이들을 반드시 왕위 해명서로 보아야 할 충분한 증거가 부족하다는 점을 지적할 수 있을 것이다.[27] 즉, 법전의 본문내용(legal corpus)은 이미 독립된 목적으로 존재해 왔던 것이며, 후대에 왕위 해명의 목적으로 서문-결어 형식에 삽입된 것으로 볼 수 있다는 것이다.[28]

---

22) 이 점에 대해서는 R. VerSteeg, 앞의 책, 16-17면 참조.
23) 이러한 결의론적 형식은 "누구든지 ~한 자는 ~한다"는 형식의 정언적(apodictic) 형식에 대비될 수 있다. 전자는 고대 근동의 설형문자로 새겨진 법전의 전통에서 유래하며, 이 지역에서 널리 활용되었던 예언집(omen collections; divination texts)에도 채택된 형식이다. 반면 후자는 고대 이스라엘에 고유한 형식으로 성서에서 기원한 규정방식이다. 이에 대해서는 Raymond Westbrook, What is the Covenant Code?, in: Bernard M. Levinson (ed.), Theory and Method in Biblical and Cuneiform Law (Sheffield: Sheffield Academic Press, 1994), 16면과 R. VerSteeg, 앞의 책, 10-11면 참조.
24) G.R. Driver & John C. Miles, The Assyrian Laws (Oxford: Clarendon Press, 1935), 12면; 이종근, 메소포타미아의 법사상 (삼육대학교출판부, 2008), 28면 참조.
25) H.W.F. Saggs, The Greatness That Was Babylon (New York: Hawthorn Books, 1962), 197-211면. 고대 근동 법전의 성격에 대해 더 참조할 만한 문헌으로, R. Hasse, Einführung in das Studium keilschriftlicher Rechtsquellen (Wiesbaden: Otto Harrassowitz, 1965), 22면 이하; Martha T. Roth, Law Collections from Mesopotamia and Asia Minor (2nd ed., Atlanta, Georgia: Scholars Press, 1997), 4-7면.
26) 에쉬눈나 법전의 내용과 주석으로는 Reuven Yaron, The Laws of Eshnunna (Jerusalem: The Magnes Press, The Hebrew University; Leiden: E.J. Brill, 1988) 참조.
27) 이러한 비판으로는 Raymond Westbrook, 앞의 논문(Biblical and Cuneiform Law Codes), 250-251면.
28) 이러한 입장으로 Raymond Westbrook, 앞의 논문, 251면. 동일한 맥락에서 동 법전의 본문과 서문-결어가 각기 다른 저자, 예컨대 전자는 법률가(Rechtspraktiker), 후자는 궁전 또는 신전 소속의 시인(Palast-oder Tempeldichter)에 의해 작성되었을 것으로 보기도 한다. 이에 대해서는 J. Klima, Gesetze, in: E.Ebeling & B.Meissner (Hrsg.), Reallexikon der Assyriologie (Berlin; Leipzig: W. de Gruyter, 1932), 244면. 함무라비 법전과 마찬가지로 성경법전(Biblical code), 예컨대 신명기의 일부 법규정도 이미 현존하던 언약법전(Convenant Code; 출애굽기 20:22-23:33)의 내용을 일정한 종교적 목적을 위해

(2) 순수한 학술문헌에 불과한 것인가?

한편 네덜란드 라이덴(Leiden) 대학의 아시리아학 교수인 크라우스는 고대 근동의 법전이 실제의 법적용과는 관계없는 학술적 문헌(wissenschaftliche Literatur)에 불과하다고 주장하여 관련 학계의 큰 반향을 불러일으킨 바 있다. 크라우스가 고대 근동의 법전의 효력을 부정하고 이는 단지 학술적 문헌에 불과하다고 주장한 근거는 고대 근동지역의 법전들이 예언집(omen collections; divination texts)과 마찬가지로 결의론적 형식을 공통적으로 채택하고 있으며, 모든 주제를 포괄적으로 다루지는 못하지만 논리적 추론에 의해 직접 명시되어 있지 않은 사항도 취급할 수 있도록 과학적으로 규정되어 있다는 사실에 기초한다. 예컨대 LH 229-230을 보면, 만일 건축가가 집을 지었지만 그의 일을 태만히 하여 그가 건축한 집이 무너져 집주인이 죽게 되면 그 건축가를 죽인다(LH 229). 만일 그가 집주인의 아들을 죽게 만들면 그들은 건축가의 아들을 죽인다(LH 230). 이러한 조문구조를 통해 건축가가 지은 집이 무너져 집주인의 딸이나 처가 죽은 경우도 어떻게 취급할 것인지 논리적으로 추론할 수 있게 해 준다는 것이다. 이로부터 크라우스는 고대 근동의 법전 역시 예언집과 마찬가지로 과학적 연구서에 불과하다는 판단에 이르고 있다.[29] 예언집이란 예언가들이 어떤 전조가 될 만한 사건의 의미를 해석하기 위해 참조했었던 일련의 예언목록(omen series)을 말한다. 이를테면 양이 태어났는데 뿔이 한 개만 있을 경우 예언가들은 이러한 이례적인 출생의 의미를 해석하기 위해 예언집을 참조했고, 그에 관한 예언을 밝혀내 이를 왕에게 보고했다. 고대 근동지역에서 예언은 과학의 한 분야였으며, 예언집의 편찬은 과학적 연구로 간주되었다. 하지만 웨스트브룩이 적절히 지적한 바 있듯이 설령 고대 근동의 법전을 과학적 연구서로 볼 여지가 있다고 하더라도, 당대의 예언집이 결과적으로 왕의 결정을 위한 참고자료로 활용된 응용과학(applied science)적 연구서였던 것처럼, 법전들 역시 당시 최고법원으로서의 역할을 한 궁정 법관(royal judge) 또는 왕이 판결을 내리기 위해 참고한 선례집으로서의 기능을 하였다는 점을 간과해서는 안 될 것이다. 그러므로 고대 근동의 법전들을 실효성을 전혀 관념할 수 없는 순수한 학술문헌으로만 볼 수는 없다고 생각된다.[30]

적절히 변형해 삽입한 것이다. Moshe Weinfeld, Deuteronomy and the Deuteronomic School (Oxford: Clarendon Press, 1972), 286-297면 참조.

29) F.R. Kraus, 앞의 논문(Ein Zentrales Problem des altmesopotamischen Rechtes), 288-290면 참조.

30) 이 점에 대해서는 Raymond Westbrook, 앞의 논문(Biblical and Cuneiform Law Codes), 253-254면 참조. 크라우스 역시 이후 법전의 효력(Geltungskraft)을 긍정하는 입장을 취한 독일 프랑크푸르트 대학 법학 교수인 프라이저(W. Preiser)의 논문(Zur Rechtliche Natur der altorientalischen Gesetz, in: P.

3. 고대 근동지역에 존재했던 보통법의 일부 단편인가?

존스 홉킨스 대학의 웨스트부룩은 고대 근동의 법들이 역사적으로 개정과 보완을 거쳐 발전을 거듭해 왔다는 기존의 법진화 도그마(evolutionist dogma)를 비판하면서, 일반적으로 법제도는 그것이 뿌리내리고 있는 사회적, 지적 환경보다 앞서가지 못한다는 전제 하에, 고대 근동의 사회는 고정성(fixity)으로 특징을 지을 수 있을 만큼 변화가 없었고 정적이었기 때문에 고대 근동의 법들은 특별히 법의 발달(developments in the law)이라고 부를 만한 변화가 없었다고 주장하는 대표적 학자이다.31) 나아가 그는 수백 년이 넘는 시간적 간극이 있는 고대 근동지역의 여러 법전들 간에 공통된 내용의 조문이 자주 등장하는 것은 오랜 세월동안 고대 근동의 법에 큰 변화가 없이 연속성(continuity)이 유지되어 왔음을 입증해 주는 근거라고 주장한다. 즉, 동 법전들은 각 편찬시기에 고대 근동지역에 존재했던 단일하고 정합적인 보통법의 일부(part of a single, coherent common law)로 보아야 한다는 것이다. 그동안 많은 학자들이 고대 근동의 법전들 간에 보이는 차이점에 중점을 두고 이는 사회적 변화를 반영한 실제의 법제도의 변화를 의미하는 것으로 해석해 온 것에 대해 이는 경험적 증거가 없는 법진화 도그마의 선입견에서 비롯된 추측에 불과하다고 일축하면서, 이를 반드시 그렇게 해석할 필요는 없다고 지적한다. 일례로 과거에는, 상해에 대해 주로 신체형을 규정한 함무라비 법전과 그보다 훨씬 후대의 법전이지만 주로 금전배상을 규정한 히타이트 법전의 형벌상의 차이점을 근거로 흔히 고대법의 발달과정을 "복수에서 법으로(from feud to law)"라는 명제로 특징지어 왔지만32), 이는 함무라비 법전보다 시기적으로 앞서면서도 이미 상해에 대해 금전적 배상을 규정하고 있는 우르남무 법전과 에쉬눈나 법전이 새로 발굴되자 오히려 "금전적 배상을 요구하는 민사법(civil law pecuniary)33)에서 신체적 형벌을

Bockelmann et al. (hrsg.), Festschrift für Karl Engisch (Frankfurt am Main: Vittorio Klostermann, 1969), 17-36면)에 응답하며 자신의 견해를 변경했다. 크라우스의 바뀐 견해에 대해서는 F.R. Kraus, Königliche Verfügungen in altbabylonischer Zeit (Studia et Documenta ad Iuris Orientis Antiqui Pertinentia Vol. xi, Leiden: Brill, 1984), 114-116면 참조.

31) 이러한 웨스트부룩의 견해를 논박하는 문헌으로는 Samuel Greengus, 앞의 논문, 62-72면.

32) G.R. Driver & John C. Miles, 앞의 책(*The Babylonian Laws I*), 501-502면.

33) 여기서 민사법(civil law)라는 표현을 쓰고는 있지만, 범죄에 대한 배상(compensation)이 현대적 의미의 순수한 민사배상(pure indemnification)을 뜻하는 것은 아니다. 이 점은 절도에 대해 절취한 물건의 30배 또는 10배의 배상을 명하고, 배상 능력이 없는 경우 사형에 처하도록 규정한 LH 8 등을 보면 잘 알 수 있다. 당대의 금전배상은 벌금 또는 속죄금(wergild)의 성격을 지니고 있었던 것으로 보인다. 이에 대해서는 Raymond Westbrook, 앞의 책(*Sudies in Biblical and Cuneiform Law*), 44-45면 참조. 요컨

가하는 형사법(criminal law physical)으로"라는 명제로[34] 바뀌었다는 점을 지적한다. 고대 근동의 법에서 시간 순서대로 진행되는 연대기적(chronological) 발달과정을 일반적으로 논하기는 어렵다는 것이다. 또 그는 법전 상에 보이는 차이는 실제의 법제도의 차이를 반영하는 것이 아니라고 주장한다. 관련 전거에 따르면 고대 근동에서는 비록 각 법전에 신체형이나 금전배상 둘 중에 하나만 규정되어 있더라도 실제로는 신체형과 금전적 배상이 모두 선택적으로 — 일반적으로 금전적 배상이 불가능할 경우 신체형이 가해지도록 — 적용되었다는 점을 들어[35] 고대 법전들이 실제 법제도를 정확히 반영하고 있지 못함을 지적한다.[36] 웨스트브룩의 견해는 고대 근동 법전들이 왜 포괄적이지 못하고 단편성을 띨 수밖에 없는지 잘 해명해 줄 수 있다고 본다. 그의 견해에 따르면 고대 근동의 법전은 체계적인 하나의 완전한 법전이 아니라 그 당시의 근동지역 보통법의 일부 단편에 불과하기 때문이다. 하지만 웨스트브룩의 견해도 경험적 증거에 비추어 볼 때 지지되기 힘들다. 고대 메소포타미아 사회는 수백 년 동안 변화가 거의 없고 보수적인 사회였다고 하지만,[37] 설령 변화의 속도가 느리더라도 완전히 정체된(static) 사회란 존재할 수 없고 법적 관행은 사회경제적 변화상과 맞물려 얼마든지 변할 수 있기 때문이다.[38] 이러한 추정은 고대 근동의 또 다른 법전인 히타이트 법전(Hittite Laws; HL)의 조문을 보면 더욱 지지될 수 있다. 히타이트 법전은 곳곳에 해당 조문이 기존의 법과 달리 규정되어 있음을 명시하고 있다. 다시 말해 해당 사안이 새로운 시대 상황에 부합되도록 이전의 판례와는 달리 결정되도록 규정하고 있다는 것이다. 예컨대 HL 92는 "만일 어떤 자가 벌통을 훔치면 예전에는 그를 벌에 쏘이게(bee-sting) 했으나, 이제는 은 6세겔을 지불하게 한다."고 규정하고 있고, 또 HL 121은 "만일 어떤 자가

대 고대 법전에서 규정하고 있는 금전배상은 손해배상책임과 벌금의 성격이 뒤섞인 일종의 징벌적 손해배상(punitive damages)과 유사한 제도로 볼 수 있을 것이다.

34) 이러한 명제의 제시로는 A.S. Diamond, An Eye of an Eye, *19 Iraq 151* (1957), 151-155면.

35) Raymond Westbrook, 앞의 책, 41-47면. 그의 주장을 입증해 주는 구체적 전거에 대해서는 47면 이하를 참조할 것. 역시 같은 입장으로 Umberto Cassuto, A Commentary on the Book of Exodus (Jerusalem: Magnes Press, 1967), 276-277면.

36) 이 점에 대해서는 Raymond Westbrook, 앞의 논문(*What is the Covenant Code?*), 23-28면.

37) 이러한 평가로는 Raymond Westbrook, Studies in Biblical and Cuneiform Law, in: Chiers de la Revue Biblique 26 (Paris: J. Gabalda, 1988), 45-46면.

38) 동지의 Victor H. Matthews, The Anthropology of Slavery in the Covenant Code, in: Bernard M. Levinson (ed.), Theory and Method in Biblical and Cuneiform Law: Revision, Interpolation and Development (Sheffield: Sheffield Academic Press, 1994), 119-135면 참조. 미주리 주립대학(Missouri State University)의 종교학 교수인 매튜(Matthews)는 이 논문에서 언약법전(Covenant Code)의 노예에 관한 규정들이 사회경제적 변화를 반영하고 있음을 논증하고 있다.

자유인의 쟁기를 훔칠 경우 그는 소에 의해 죽게 만들었으나, 이제는 은 6세겔을 지불하게 한다.”고 규정하여 소에 의한 처형을 은 6세겔의 벌금으로 대체하고 있다.[39] 또한 고대 근동 지역 최초의 개혁법으로 알려져 있는 우르 이님기나 법에도 개혁 이전과 이후의 사회상이 분명히 언급되고 있음을 간과할 수 없다.[40]

4. 제정법(statute)으로서의 성격

(1) 함무라비 법전 조문의 성격

우리는 서론에서 고대 근동의 법전들 중 가장 길고 포괄적인 내용을 담고 있으며 또 완전한 형태로 남아 있는 함무라비 법전에 보통살인죄 조문이 빠져 있다는 사실을 지적한 바 있다. 그리고 바로 이 점은 동 법전이 현대적 의미의 법전이 아니라 법모음집이라는 사실을 추단케 해 주는 사실이 된다고 보았다. 그런데 이에 대한 본격적인 논의를 시작하기에 앞서 짚고 넘어가야 할 문제가 있다. 우리가 함무라비 법전에 고의살인에 대한 조문이 빠져 있다는 점을 문제 삼을 수 있는 것은 동 법전이 현대적 수준의 합리적 판단능력과 정교한 입법기술을 통해 주도면밀하게 기초되지는 못했다고 할지라도 적어도 법전으로서 요구되는 일정 수준의 합리적 성안과정과 조문 구조 및 배열상의 체계성을 구비하고 있다는 사실을 전제하고 있기 때문이다. 만약 동 법전에 법전으로서의 이러한 성격을 전혀 관념할 수 없다면 조문 하나가 빠져 있다는 사실은 별 문제가 되지 않을 것이다. 이러한 입장에서 보면, 함무라비 법전에 고의적 살인에 관한 규정이 빠져 있는 것은 편찬자의 입법기술적인 능력 부족과 고대 법전의 불완전성을 적나라하게 반영할 뿐 특별한 의미가 없다고 볼 수도 있을 것이다.[41] 그러므로 함무라비 법전의 합리성과 체계성을 논하기 위해서는 무엇보다

---

39) 이 점에 대해서는 Harry A. Hoffner, 앞의 책, 5-6면 참조. 히타이트는 기원전 18세기경 메소포타미아 북부 소아시아(Asia Minor) 지역의 하투사(Hattusa)를 중심으로 형성된 왕국으로 약 500여 년간 존속하였다. 히타이트 법전은 그 편찬자와 편찬시기가 알려져 있지 않지만, 그 사본들은 대략 기원전 1650년부터 1180년 사이에 편찬된 것으로 추정된다. 함무라비 법전(LH), 중세아시리아 법전(MAL), 히타이트 법전(HL) 등 고대 근동의 법들이 시대에 따라 발전을 거듭해 개정되어 왔음을 구체적 사례로 논증하고 있는 문헌으로는 Eckart Otto, Aspects of Legal Reforms and Reformulations in Ancient Cuneiform and Israelite Law, in: Bernard M. Levinson (ed.), Theory and Method in Biblical and Cuneiform Law, Sheffield: Sheffield Academic Press, 1994), 163-182면.

40) 이 점에 대해서는 이종근, 앞의 책, 24면과 39면 참조

41) 혹자는 함무라비 법전에 많은 조문이 빠져 있는 이유에 대해 당시 사회가 농경 중심의 단순한 사회였기

왜 생략된 조문이 많은지에 대해 미리 해명해 둘 필요가 있을 것이다.

우선 함무라비 법전에는 반드시 들어가 있어야 할 법조문이 다수 생략되어 있다는 지적은 전적으로 옳다.[42] 하지만 이 사실이 곧 동 법전의 비합리성과 비체계성, 즉 법전성안 및 조문배열 상의 어떠한 원리나 질서도 파악할 수 없다는 점을 확증하는 논거가 될 수는 없다.[43] 그 이유는 다음과 같다. 법전의 서문과 결어에서 함무라비는 결코 자신이 '법전'을 제정했다고 주장하지 않는다. 다시 말해 당시에 현존했던 모든 법을 집대성 하여 재공포한 (republish) 것이라고 말하고 있지는 않다는 것이다. 그는 당대 바빌로니아의 고도로 발달한 사회경제적 변화에 수용하기 위해 입법자로서 법을 개혁하고자 하였다.[44] 따라서 당시 바빌로니아 사회에서 통용되던 법의 일부를 개정(amendments)하거나 새롭게 조문화(restatement) 해야 필요성을 느꼈을 것이다.[45] 이러한 이유에서 그는 당시의 현행법 중에서 개정이 요구되고, 재공포함으로써 다시 강조될 필요가 있는 사항들만을 조문화하여 법전에 기록해 두었던 것이다.[46] 모든 사항을 총 망라하여 법전에 기록할 필요는 없었다는 것이다.

이러한 추정은 함무라비 법전에서 생략된 조문들과 당대의 여러 소송기록을 비교해 보면 더욱 확실해 진다. 관련 조문을 형법의 영역에 국한시켜 보자면 전술했던 조문들처럼 자유인의 아들을 납치하는 행위를 처벌하지만(LH 14), 노예의 아들을 납치하는 행위는 규율하고 있지 않다. 또 화재가 발생한 집에서 물건을 절취하는 것을 처벌하면서도(LH 25), 방화에 대해서는 침묵하고 있다. 마찬가지로 유부녀나 여성직자의 부정에 대해 손가락질로 모욕한 경우는 처벌하지만(LH 127), 남성에 대한 모욕은 생략되어 있다. 존속폭행은 처벌하면서

때문에 굳이 복잡한 법전이 불필요했을 것이라는 설명을 제시할 수도 있을 것이다. 그러나 여기서 문제 삼고자 하는 바는 설령 그렇다 하더라도 가장 전형적인 범죄인 보통살인죄 조문조차 빠져있다는 사실을 어떻게 해명할 수 있겠느냐는 것이다. 이에 대한 적확한 지적으로는 Niels Peter Lemche, 앞의 논문, 1699면.

42) 이 점에 대해서는 Pamela Barmash, 앞의 논문(*Homicide in Ancient Israel, the Ancient Near East, and Traditional Societies*), 168-171면 참조.

43) 이러한 지적으로는 G.R. Driver & John C. Miles, 앞의 책(*The Babylonian Laws I*), 41면.

44) G.R. Driver & John C. Miles, 앞의 책, 45면. 함무라비 법전의 서문과 결어를 통해서도 이러한 태도를 엿볼 수 있다.

45) 일반적으로 함무라비 법전을 포함해 고대 근동의 법은 전혀 없던 새로운 법이 제정된 것이 아니라 법전의 입안자가 기존의 법을 개정하고 새롭게 가다듬는 과정에서 만들어진 것으로 본다. LH 125가 입안된 과정을 규명함으로써 함무라비 법전도 그러한 과정을 거쳐 기초된 것으로 논증하는 문헌으로는 Paul Koschaker, Rechtsvergleichende Studien zur Gesetzgebung Hammurapis: Königs von Babylon (Leipzig: Veit & Comp., 1917), 26-33면 참조.

46) 또는 특별히 문제시되던 쟁점들(debated points)이나 함무라비에게 주된 관심사였던 것들만 발췌한 것으로도 볼 수 있을 것이다. 이러한 견해로는, Sophie Lafont, 앞의 논문, 101면.

도(LH 195), 존속살인에 대해서는 규율하고 있지 않다. 이밖에도 여성에 의한 범죄라든지 여성을 대상으로 하는 많은 범죄들이 함무라비 법전에는 조문화되어 있지 않다. 당연히 법전에서 다루고 있어야 할 사항으로 기대됨에도 불구하고 이러한 것들은 법전에 빠져 있다. 대신 이처럼 생략된 조문이 다루고 있어야 할 사항들은 상당수 당시의 다른 소송기록에서 법정에서 다투어 지고 있었음이 확인된다.[47] 또 여성에 관한 범죄들의 경우 후대의 다른 법전에 기록돼 있기도 하다.[48] 이처럼 법전에 생략된 사항들도 실제로는 당대의 여러 소송에서 다투어지고 있었다는 사실은 무엇을 의미하는가? 그것은 우선 함무라비 법전이 당대 현행법의 일부만을 조문화 해 둔 것이라는 사실을 입증해 준다. 그렇다면 왜 당시 법 중에 일부만을 집대성해 법전으로 편찬한 것일까? 그 이유에 대해서는 앞서 논급해 본 바와 같다.[49] 즉, 새로운 시대에 부합되는 법 개정이 필요했을 것이고, 따라서 새로 개정된 내용과 특별히 강조할 필요가 있는 사항들만을, 일정한 원리와 질서정연한 조문배열방식에 따라 체계적으로[50] 법전에 명문화해 두었던 것이다.[51]

(2) 불문법 전통과 함무라비 법전의 조문구조

그런데 여기서 한 가지 또 다른 의문이 들 수 있다. 설령 함무라비 법전이 당시 현행법에 대한 일련의 개정된 사항들을 연속적으로 배열해 놓은 법모음집(a series of amendments

---

47) G.R. Driver & John C. Miles, 앞의 책, 45-47면.

48) 이는 기원전 14세기경의 중세 아시리아 법(Middle Assyrian Laws; MAL)에 대폭 다루어지고 있다. 중세 아시리아 법에 대해서는 G.R. Driver & John C. Miles, The Assyrian Laws (Oxford: Clarendon Press, 1935)를 참조.

49) 이에 대해 그링구스 교수는 당대에는 재판이 구두로 진행되는 전통(oral tradition)이 지배적이었고, 따라서 비록 법전의 편찬이 필요했다 하더라도 그러한 전통을 완전히 대체할 수는 없었기 때문에 구두로 전승된 법의 일부만이 기록된 것이라고 보고 있다. 그 근거로서 그링구스는 당대의 법률 전문가들, 예컨대 법관들 중에도 문맹인 사람들이 상당수 있었을 것이라는 점과, 법전에 없는 사안도 구두로 다투어지는 소송기록이 존재한다는 사실 등을 제시한다. Samuel Greengus, 앞의 논문, 77-84면 참조.

50) 학자들의 견해에 따르면 함무라비 법전의 기초자들은 그 조문들을 배열함에 있어 탁월한 수준의 역량을 발휘한 것으로 볼 수 있을 만큼, 용어를 적절히 선택하고 있고, 그 사용에 있어 오류가 없고, 정확성을 보일 뿐만 아니라 각 조문들은 깊은 뜻을 담고 있으며, 불필요한 말(verbiage)도 없다고 한다. 그만큼 동 법전은 입법 기술적으로 고도의 체계성을 갖추고 있다는 뜻이다. 이에 대해서는 G.R. Driver & John C. Miles, 앞의 책, 48-49면. 역시 동지의 H.W.F. Saggs, 앞의 책, 206면; Martha T. Roth, 앞의 논문 (*Mesopotamian Legal Traditions and The Laws of Hammurabi*), 21면. 삭스와 로스는 공통적으로 동 법전이 고대 근동의 그 어떤 다른 법전들보다도 질서정연한 조문배열과 정교함(sophistication)을 갖추고 있다고 평가한다.

51) 동지의 H.W.F. Saggs, 앞의 책, 211면; Jean Bottéro, 앞의 책, 158면.

to the existing law)이라는 점을 인정한다 하더라도, 개정할 필요가 없었던 다른 사항들을 아예 조문에서 제외하는 방식으로 법전을 편찬해야 했던 것일까? 오늘날 많은 성문법 국가처럼 법 개정 시 원래의 전체 조문을 그대로 두면서 개정된 내용만을 알아볼 수 있게 법전을 편찬할 수도 있지 않았겠느냐는 것이다. 바로 이 점은 함무라비시대의 법이 성문법이 아니라 불문의(unwritten) 판례법(case law) 계통이었음을 강력히 암시해 준다.

이와 관련 덴마크 코펜하겐대학의 성서학 교수인 렘체(Lemche)는 함무라비 법전에 살인죄 조문이 빠져 있는 이유에 대해서 당대의 법관들이 불문법 전통에 따라 재판을 하였기 때문일 수 있다는 가능성을 지적하였고,[52] 시카고대학과 하버드대학의 아시리아학 교수를 역임했던 야콥슨(Jakobson)은 고대 메소포타미아에서 재판은 누구나 잘 알고 있었던 전통적인 불문의 보통법(traditional unwritten common law with which everybody was familiar)에 따라 이루어졌다고 보고 있다.[53] 또 프랑스 파리대학 인문사회 및 응용과학 고등연구소(École Pratique des Hautes Études)의 아시리아학자인 보테로(Bottéro)는 고대 메소포타미아에서 법은 교육을 통해 전승된 관습이나 특정 문제에 대한 전통적 해결방식의 형태로 그 사회에서 통용된 불문법이라고 본다.[54] 더 나아가 미국 에모리대학의 종교학 교수인 부스(Buss)는 고대 근동의 법전에 규정된 법들은 실정법이라기보다는 자연법에 더 가까웠기 때문에 그 자체로 규범적 성격을 지니고 있어서 굳이 법정에서 이를 원용할 필요가 없었을 것이라고 본다. 왜냐하면 자연법은 법원으로 여겨지지도 않았으며, 법관은 사회적 과정을 통해 (법전의 원용 없이도) 자연법에 직접 접근할 수 있었기 때문이다.[55]

이상의 견해들을 종합해 볼 때, 당시의 사법시스템은 선판례에 따라 재판을 하는 판례법 시스템이었던 것으로 보인다. 그렇기 때문에 당대의 판례 전부를 조문화할 수도 없었고, 그렇게 할 필요성도 없었던 것이다. 이는 마치 판례법 중심 국가인 영국에서 제정법(statute)이 하는 역할과 유사하다. 영국의 제정법은 보통법(common law)을 개정하며, 종종 그 일부를 성문화(codify)하는 역할을 한다.[56] 이러한 입론이 옳다면, 함무라비 법전에 많은 조문들

---

52) Niels Peter Lemche, 앞의 논문, 1699면.
53) Thorkild Jakobson, An Ancient Mesopotamian Trial for Homicide, in: William L. Moran (ed.), Toward the Image of Tammuz and Other Essays on Mesopotamian History and Culture (Cambridge: Harvard University Press, 1970), 193면.
54) Jean Bottéro, 앞의 책, 181면.
55) Martin J. Buss, Legal Science and Legislation, in: Bernard M. Levinson (ed.), Theory and Method in Biblical and Cuneiform Law (Sheffield: Sheffield Academic Press, 1994), 89면.
56) 이 점에 대해서는 G.R. Driver & John C. Miles, 앞의 책, 48면 참조.

이 빠져 있는 이유가 자연스럽게 해명된다. 그것은 동 법전 기초자(들)의 입법 상 과오나 고대 법전의 무질서한 비체계성에서 비롯된 법의 흠결이 아니다. 기존의 현행법, 즉 판례들 중에서 특수한 목적에 의해 개정 또는 선별된 것들만 법전에 조문화되었기 때문에 발생한 당연한 결과일 뿐이다. 이상의 전거와 논의에 비추어 볼 때, 고대 근동의 법전들은 오늘날 영국과 같은 불문법 국가에서 볼 수 있는 제정법과 유사한 성격을 갖는 법모음집이라고 보는 것이 가장 적절하다고 본다.

III. 결어

우리나라의 경우 고대 형법사에 대한 연구는 매우 드물게 이루어지고 있는 형편이다. 물론 동아시아의 고대 형법에 대한 연구가 중국법을 중심으로 상당한 수준의 연구가 소개되어 오기는 했지만 이 역시 일본 학자들에 의한 것이 대부분이다.[57] 이와 관련된 다른 선행 연구를 보면 국내외 대부분의 학자들이 수행한 고대 형법에 대한 연구는 그 초점을 고대 그리스나 로마법 및 게르만법에만 맞추고 그 이전의 형법사에 대해서는 관심을 기울이지 않는 경우가 많았다.[58] 그 결과 그동안 우리에게 인류 최초의 성문법전으로 잘 알려져 있던 함무라비 법전이나 고대 근동 법전들에 대한 연구는 일부 연구문헌[59]을 제외하고는 등한시 되어 왔던 것이 사실이다. 그 이유는 여러 가지가 있겠지만, 그로 인해 일반적으로 형법사에서 소위 복수형시대(復讐刑時代)[60]로 일컬어지는 시기의 사회상과 법문화, 그리고 사법시스템에 대해서는 깊이 있게 천착해 오지 못한 것도 사실이다. 고대 근동지역의 사법시스템을 정확하게 이해하고 있지 못하면 당대의 법전의 조문을 해석하고 그 내용을 체계적으로 이해하는데 있어서 많은 장애와 오해에 직면하게 된다.[61] 가장 흔하고 대표적인 오해 중의

---

57) 예컨대 니시다 다이이찌로/천진호·임대희·전영섭 역, 중국형법사 연구(신서원, 1998); 시마다 마사오/임대희 등 역, 아시아법사(서경문화사, 2000).

58) 대표적으로 Henry Sumner Maine/정동호·김은아·강승묵 역, 고대법(세창출판사, 2009); 조규창, 비교법(上) (소화, 2005) 참조.

59) 예컨대 우리나라의 경우 한상수, 함무라비법전(인제대학교 출판부, 2008) 참조.

60) 복수형시대에 대한 언급은 김일수·서보학, 새로쓴 형법총론(박영사, 2007), 7면; 이형국, 형법총론(법문사, 2007), 9-10면; 임웅, 형법총론(법문사, 2005), 12면 참조.

61) 또한 당대의 법적 관행과 법조문의 내용을 상호 정합적으로 이해하는 데에도 어려움이 생긴다. 예를 들어 함무라비 법전에 보통살인죄 조문이 빠져 있는 이유는 결코 우연이 아니며, 고의살인에 대해서는 사적인 피의 보복(blood feud)을 허용하는 당대 근동지역에 널리 통용되던 법적 관행을 고려해, 고의살

하나가 바로, 전술하였듯 함무라비 법전에 보통살인죄 조문이 빠져 있는 이유가 고대법전의 비체계성과 불완전성 때문이라고 보는 것이다. 이러한 선입견에 사로잡히게 되면 고대 근동 법전들의 조문들이 합리적 이성에 입각해 성안되었다는 전제 하에 조문들을 해석하고 이해하는데 있어서 크나큰 장애를 겪게 된다. 본고는 이러한 문제의식에서 고대 근동법전의 성격을 구명하는 작업을 통해 그러한 오해를 불식시키고 조문의 합리적 해석을 가로막는 인식상의 장애요인을 제거해 동 법전들에 대한 이성적 접근에 작은 기여를 해 보고자 하였다. 요컨대 고대 근동법전은 판례법 국가의 제정법으로서의 성격을 지니고 있었다는 것이 본고의 결론이다.

인의 경우에는 국가의 사법절차가 아니라 사적 보복에 맡겨두려는 입법자의 의도가 반영되었기 때문이라는 정합적 해석은 동 법전의 제정법으로서의 성격에 대한 이해가 없이는 불가능하다. 이 점에 대한 상세한 논증으로는 안성조, 앞의 책(*현대형법학 제1권*), 11-65면 참조.

[15] 함무라비 법전의 수수께끼

Ⅰ. 함무라비 법전의 살인죄 해석

> "만약 사람이 그의 이웃을 고의로 죽였으면
> 너는 그를 내 제단에서라도 잡아내려 죽일지니라."
>
> (출애굽기 21:14)

1. 함무라비 법전의 수수께끼

유프라테스와 티그리스, 그리스어로 이들 두 강 사이의 땅이란 뜻의 메소포타미아(Μεσ οποταμια)[1]는 기원전 3천년 경부터 약 천 년 간 수메르 문명과 아카드 문명이 번성하고, 바빌론과 아시리아가 패권을 다투던 인류문명의 요람이었다. 바로 이 지역에서 인류 최초의 성문법전[2]이라고 볼 수 있는 우르남무 법전[3]과 리피트-이쉬타르 법전[4], 그리고 함무라비

---

1) 그리스어로 '*Μεσοποταμιος*'는 '강들 사이(between rivers)'란 뜻이다. 이 장에서는 아카드어 등 고대 언어로 된 문헌과 역사적 사실을 많이 다루고 있기 때문에 되도록 권위 있는 전거에 기초해 가장 신빙 성 있는 해석과 학자들 간의 공통된 견해를 중심으로 이를 소개하였다. 또 독자들의 이해를 돕기 위해 낯선 지명이나 인명 등에 대한 설명도 필요한 범위 내에서 덧붙였다. 단, 잘 알려진 사실에 대해서는 별도의 출처를 밝히지 않았음을 미리 밝혀둔다.

2) 19세기부터 20세기에 걸쳐 출토된 고대 근동의 법전들은 수록되어 있어야 할 모든 사항을 포괄적으로 다루고 있지는 않기 때문에 사실 법전(codes)이라기보다는 일종의 법모음집(law collections)에 가깝다고 보는 것이 오늘날 일반적 견해이지만 본고에서는 편의상 이를 법전으로 칭하기로 한다.

3) LU(Laws of Ur-Nammu, 2112-2047 B.C.E.) LU는 우르 제3왕조의 창건자인 우르남무 왕(Ur-Nammu, 2112-2095 B.C.E.) 또는 그의 아들 슐기(Shulgi, 2094- 2047 B.C.E.) 시대의 것으로 보인다. 수메르어로 기록돼 있으며 서문과 22개의 조문만 보존되어 있다. 니푸어(Nippur)에서 발견된 일부 조문은 1954년 펜실바니아대학 명예교수를 역임한 수메르학자이자 아시리아학자인 크라머(Samuel N. Kramer)에 의해 번역되었고, 우르에서 발견된 나머지 조문은 아시리아학자이자 옥스퍼드 대학 교수를 역임했던 거니(O. R. Gurney)와 크라머에 의해 1965년 번역되었다. 제정연대는 함무라비 법전보다 앞서지만, 발굴, 복원 및 번역은 그보다 늦었다.

4) LL(Laws of Lipit-Ishtar, 1934-1924 B.C.E.) LL은 중앙 메소포타미아 지역에 위치하였던 이신 제1왕조

법전5) 등이 발굴되었다. 이 중에서 특히 함무라비 법전은 1901년부터 1902년 사이에 프랑스 고고학자들에 의해 발굴되었는데, 고대 엘람(Elam) 왕국의 수도이자, 페르시아 제국의 행정 수도이기도 했던 수사(Susa)6)에서 본문의 일부를 제외한 거의 전 조문이 설형문자로 기록돼 보존되어 있는 돌기둥이 발견됨으로써 세상에 알려지게 되었다. 함무라비 법전의 일부 마모 돼 지워진 나머지 조문들도 후대에 복원됨으로써 동 법전은 고대 근동의 법전들 중 가장 완전한 형태로 남아 있는 법전으로 평가받고 있다. 전대의 다른 법전들의 전통을 계승하면 서 후대의 법전들에도 많은 영향을 준 것으로 평가받고 있는7) 이 함무라비 법전에는 특이하 게도 살인죄 조문이 없다.8) 정확히 말해 고의적 살인(willful homicide)을 처벌하는 보통살인

의 다섯 번째 왕인 리피트-이쉬타르가 그의 재위기간(1934- 1924 B.C.E)에 제정한 것으로 보인다. 1889-1900년 사이에 니푸어에서 발굴된 이래 여러 조각으로 나뉘어 보관돼 있다가 수차례에 걸친 복원 및 출판을 겪었으며, 1948년 펜실바니아대학 박물관의 스틸(Francis R. Steele)이 서문과 결어, 그리고 대략 38개 조문으로(전체조문은 100여개로 추정) 구성된 리피트-이쉬타르 법전을 출판하였다. LU와 마 찬가지로 수메르어로 기록돼 있다.

5) LH(Laws of Hammurabi, 1792-1750 B.C.E.) LU보다는 약 300여년, LL보다는 약 200여년 후대의 법전 이지만, 그 복원 및 출판은 다소 앞선다. LU나 LL과 달리 아카드어로 기록돼 있다. 단, 아카드어로 기록된 최초의 법전은 기원전 1800년경 우르 제3왕조의 쇠락 후 티그리스 강 동편, 바빌론에서 북동쪽 으로 약 120km 정도 떨어진 곳에서 발흥한 도시국가인 에쉬눈나의 다두샤(Dadusha) 왕이 제정한 에쉬 눈나 법전(Laws of Eshnunna; LE)이 있다. LE는 다른 법전들과는 달리 왕의 이름이 아니라 도시명을 따라 명칭이 붙여졌으며, 서문과 결어가 없다는 특징을 보인다. 1945년과 1947년에 바그다드 교외의 텔 하말(Tell Harmal)에서 처음으로 발굴되었으며, LH와 거의 동시대의 법전이지만 복원된 약 60여개 의 조문들 중에서 고의살인을 다룬 것은 찾을 수 없어 별도로 소개하지 않았다.

6) 엘람왕국은 현재 이란의 남서지역에 위치했던 고대국가이다. 엘람왕국의 수도였던 수사(Susa)는 바빌론 의 동쪽, 페르시아만의 북쪽에 위치했으며 함무라비 법전이 기록된 돌기둥이 이곳에서 발굴된 이유는 기원전 12세기경 슈트룩 나훈테(Sutruk-nahhunte)라는 엘람 왕이 바빌론을 침략하여 전리품으로 탈취해 이곳에 보관해 두었기 때문이다.

7) 이에 대해서는 Martha T. Roth, Law Collections from Mesopotamia and Asia Minor (2nd ed., Atlanta, Georgia: Scholars Press, 1997), 71면. 함무라비 법전은 고대 페르시아 제국의 입법모델이 되기도 하였 다. 이 점에 대해서는 A.T. Olmstead, History of the Persian Empire (Chicago: University of Chicago Press, 1948), 120-128면; 안성조, 기초법연구 제1권 – 언어·논리·역사 – (경인문화사, 2009), 189-191 면 참조.

8) 이 사실에 주목하는 문헌으로는 우선 C.H.W. Johns, Babylonian and Assyrian Laws, Contracts and Letters, Union (New Jersey: The Lawbook Exchange, 1999, Originally published: Edinburgh : T.&T. Clark, 1904), 96면; C. Edwards, The World's Earliest Laws (London: Watts & Co., 1934), 112면과 G.R. Driver & John C. Miles, The Babylonian Laws Vol. I – Legal Commentary – , (Oxford: Clarendon Press, 1956), 60면, 그리고 Niels Peter Lemche, Justice in Western Asia in Antiquity, Or: Why No Laws Were Needed!, 70 Chi.-Kent. L.Rev. 1695 (1995), 1699면, 비교적 최근의 문헌으로는 R. VerSteeg, Early Mesopotamian Law (Durham, North Carolina: Carolina Academic Press, 2000), 109 면을 참조.

죄 조문이 없다는 것이다. 이 점은 보다 앞선 시기의 우르남무 법전이나 리피트-이쉬타르 법전에는 고의 살인에 관한 조문이 명시적으로 규정되어 있는 점과 대조적이다.9)

1.1 고대 근동의 법전들은 오늘날처럼 체계적으로 관련 법조문을 망라한 통일된 법전(codes)이 아니고, 당대에 구두로 전승되고 관행화 되었던 법들을 기록한 법모음집(law collections)이었다고 보는 것이 지배적 견해이다. 법전들의 성격에 대한 학자들의 견해는 다양하지만, 일반적으로 이들은 당대에 실제로 통용되던 법을 집대성한 것으로, 재판 시 법관들의 판결에 도움이 되도록 이전의 판결 사례를 모은 판례집으로 이해되고 있다. 고대 바빌론에는 '법(law)'을 의미하는 단어가 존재하지 않았고, 단지 판결(judgement)을 뜻하는 단어만 존재했다는 사실은10) 고대 근동의 법전의 성격을 이해함에 있어서 좋은 시사점이 될 것이다. 물론 은유적으로 법으로 해석될 여지가 있는 'kittum'이나 'misarum'이란 단어가 존재하기는 했지만 이들은 문자 뜻 그대로 직역하면 전자는 '진리(truth)'나 '공평(honesty)' 및 '정의(justice)', 후자는 '정의(justice)' 또는 '공정(equity)'이란 의미를 지닐 뿐이다.11) 그렇기 때문에 함무라비 법전의 서문과 결어에 '키툼(kittum)'과 '미사룸(misarum)'이 자주 등장하지만, 대부분의 권위 있는 번역서에서는 이 단어들을 법으로 번역하지 않는다.12) 한편 이 점을 잘 지적했던 존스(C.H.W. Johns)는 그렇다면 고대 메소포타미아에서 '판결'을 의미하는 단어가 무엇이었는지 명시적으로 언급하고 있지 않으나 그것은 'dinu'였던 것으로 보인다. '디누(dinu)'는 일반적으로 판결을 가리키지만13) 좀 더 넓게는 '평결', '형벌', '처벌', '특정 법조문'이나 '특정 법규정', '합법성', '법적으로 유효한 관습이나 행위', 그리고 '재판사례'와 '소송절차(Rechtsverfahren)' 등 법적 사안의 다양한 국면을 모두 포함하는 개념이라고 한다.14) 이 단어가 사용된 예로는 함무라비 법전 결어의 첫 구절인 "dinat misarim(정의로운 판결)"이 있다. 흥미롭게도 여기에는 'dinu'와 'misarum'이 모두 쓰였다.15) 마찬가지로 메소포타미아의 북부, 오늘날 터키 지역인 아나톨리아 반도에서 융성했던 히타이트(Hittite)에도 '법'에 대응하는 단일한 단어는 없었지만

---

9) R. VerSteeg, 앞의 책, 108-109면.

10) C.H.W. Johns, 앞의 책, 39면.

11) R. VerSteeg, 앞의 책, 43-46면; G.R. Driver & John C. Miles, The Babylonian Laws Vol. II - Text Translation - (Oxford: Clarendon Press, 1955), 289-290면과 392면.

12) 대표적으로 Martha T. Roth, 앞의 책, 133면 참조.

13) G.R. Driver & John C. Miles, 앞의 책, 380면.

14) 이에 대해서는 F.R. Kraus, Ein Zentrales Problem des altmesopotamischen Rechtes: Was ist der Codex Hammurabi?, Genava N.S. IIIV, 1960, 285면과 Martha T. Roth, Mesopotamian Legal Traditions and The Laws of Hammurabi, 71 Chi.-Kent L. Rev. 13 (1995), 20면 참조.

15) 한편 드라이버와 마일즈는 "dinat misarim"을 '정의로운 법(just laws)'으로 번역하고 있으나(G.R. Driver & John C. Miles, 앞의 책, 95면), 그들의 번역에서 법(laws)이란 판결의 모음집을 의미한다(Laws are a collection of decisions). G.R. Driver & John C. Miles, 앞의 책(The Babylonian Laws Vol. I), 48면 참조. 이 점을 정확히 지적해 주고 있는 F.R. Kraus, 앞의 논문, 286면 참조.

(There is no single Hittite word corresponding to the English term "law."), 법에 준할 정도의 강력한 효력을 지닌 관습을 뜻하는 단어는 존재했다.16) 이 법전들은 바빌론 등에 위치한 필경사 양성학교(scribal school or center)17)에서 필사 연습을 위한 교재로 사용되기도 하였으며,18) 따라서 동 법전들이 기록돼 있는 점토판의 상당수가 원본이 아니라 학습용 습자교본(school copies) 형태로 전해 내려온다.19) 이 법전들은 정의의 실현과 약자보호 및 복리증진 등을 이념으로 내세우고 있으며, 당시 메소포타미아의 도시국가들이 지향해야 할 사회의 전범으로서의 이상적 성격을 띠고 있었다. 함무라비 법전은 고대 바빌론 제1왕조의 제6대 왕인 함무라비가 분열되어 있던 메소포타미아를 재통일하고 제정한 것이다. 왕권신수사상이 지배했던 이 지역은 지구라트(ziggurat)로도 유명하듯 바빌론(Babylon)은 아카드어로 '신들의 문(Bab-ilu)'이라는 뜻이다.20)

우르남무 법전의 조문은 법전이 기록된 점토판 대부분이 멸실되었거나 훼손되어 일부분밖에는 판독해 낼 수 없지만, 다행히 그 해독된 내용 중 제1조에 "만약 어떤 사람이 살인죄를 범하면 그를 죽일 지니라."21)라고 규정되어 있어 살인에 대한 법전의 태도를 명확히 알 수 있다. 반면, 우르남무 법전과는 달리 총 282개 조문의 대부분이 복원된 함무라비 법전은 마모돼 정확한 내용을 알 수 없는 제66조에서 제99조까지의 조문을 제외한 전 내용을 통틀어 살인죄를 직접적으로 규정한 조문은 없다. 다만 제1조에는 "만일 어떤 자가 타인을 살인죄로 고소하면서 그에 대한 증거를 제시하지 못하면, 그 고소인은 사형에 처한다."고 하여 살인에 대한 무고죄를 처벌하는 규정을 두고 있고, 제153조에 "만일 어떤 자의 처가 다른 남자와의 관계 때문에 자신의 남편을 죽도록 만들면, 그 처를 말뚝으로 찔러 죽이는 형에 처한다."고 하여 특수한 상황과 결부된 살인죄만 규정되어 있을 뿐이다. 물론 법전의

---

16) 이 점에 대해서는 Harry A. Hoffner, The Laws of The Hittites: A Critical Edition (Leiden; New York: Brill, 1997), 1면.

17) 웨스트브룩은 필경사 양성소가 단순히 설형문자 쓰는 법(cuneiform script)을 배우기 위한 곳이 아니라 고대 근동에서 일종의 대학(university)의 기능을 담당한 것으로 보고 있다. Raymond Westbrook, Biblical and Cuneiform Law Codes, *92 Revue Biblique* (1985), 253면.

18) Pamela Barmash, Homicide in Ancient Israel, the Ancient Near East, and Traditional Societies, A Doctoral Dissertation at the Department of Near Eastern Languages and Civilizations (Harvard University, 1999), 171면.

19) 이 점에 대해서는 Raymond Westbrook, The Character of Ancient Near Eastern Law, in: A History of Ancient Near Eastern Law, Vol.I (Leiden; Boston: Brill, 2003), 9면과 18면. 보다 자세히는 Martha T. Roth, 앞의 논문(*Mesopotamian Legal Traditions and The Laws of Hammurabi*), 19-20면 참조.

20) 'babu'는 문(gate)이란 뜻이며, 'ilu'는 신(god)을 뜻한다. 아카드어 사전으로는 광신대학교 고대근동어연구소(황성일 편), 아카드어사전(광신대학교 출판부, 2007)을 참조할 것.

21) LU 1 "If a man commits a homicide, they shall kill that man."

마모돼 지워진 부분의 일부가 다른 자료들을 통해 일부 복원되기는 했지만 그 내용 중에도 보통살인죄에 관한 규정은 찾아볼 수 없다.

1.2 함무라비 법전의 체계

혹시 그렇다면 제66조에서 제99조까지의 조문 중 복원되지 않은 조문에 살인죄 규정이 있지는 않을까 하는 추측을 해볼 수 있다. 그러나 그러한 가능성도 희박하다. 함무라비 법전의 체계상 상해나 절도 등 일반 범죄에 대한 형벌규정은 제1조부터 제5조까지의 무고 및 위증죄조항과 제6조부터 제25조까지의 재산범죄조항, 제195조부터 제214조까지의 상해 및 상해치사죄 조항이 전부인 것으로 보이기 때문이다. 마모된 제66조부터 제99조 이전과 이후의 조문을 보면 제26조부터 제41조까지는 군사업무에 관한 규정이고, 제42조부터 제65조까지는 소작법 및 과수원의 임차 등 농업에 관한 조항이며, 제100조부터 제126조까지는 대부, 이자, 차입, 노예변제, 위탁 등 상업에 관한 규정이다. 그 이후의 제127조부터 제195조까지는 결혼, 이혼, 상속 등의 가족관계에 관한 규정이고, 제215조부터 제277조까지는 의사, 이발사, 건축업자, 뱃사공 등의 직업군에서 발생하는 법률분쟁에 관한 규정이며, 끝으로 제278조에서 제282조까지는 노예매매 및 반환에 관한 규정이다. 이렇듯 함무라비 법전은 전체 조문이 '군사', '농업', '상업', '가족', '노예' 등 몇 개의 편으로 군을 이루어 체계화되어 있었기 때문에[22], 제66조부터 제99조의 조문도 역시 특정한 편에 속할 것이라는 점을 알 수 있다. 그렇다면 그 편의 내용은 무엇이었을까? 이 점은 일부 복원된 내용을 통해 추정할 수 있다. 제66조부터 제99조의 조문 중에 현재까지 복원된 제66조부터 제67조 일부, 제70조 일부, 제88조부터 제91조 및 제93조 대부분, 제96조와 제97조 일부, 그리고 제98조부터 제99조까지의 내용을 보면 상거래시 과수원 주인을 보호하기 위한 규정(제66조) 또는 주택임대차(제78조)나 대부(제94조) 등에 관한 규정이 주를 이룬다. 그렇다면 제66조부터 제99조까지의 규정은 농업 및 상업에 관한 규정 편에 속한다고 봄이 타당하다. 물론 '재산범죄'나 '상해 및 상해치사죄' 등의 편 외에 각 편에도 예컨대 '특정 직업군에서 발생하는 법률분쟁' 편의 의사의 과실치사죄처럼 각각의 편과 관련된 개별 형벌규정이 있기는 하지만 여기에 살인이나 폭행, 상해 일반에 관한 규정은 두고 있지 않다. 이러한 규정방식에 비추어 볼 때 복원되지 못한 나머지 조문에서 그 가능성을 찾으려는 것도 무망한 시도가 된다. 그러므로 함무라

---

22) C. Edwards, 앞의 책, 58면.

비 법전의 전 조문을 통해 보통살인죄에 대한 조문은 없다고 봄이 옳다.

1.3 함무라비 법전의 특이성: 고의 살인죄 조문의 부재

그런데 이처럼 고대사회의 법전에 살인죄 조문이 없다는 것은 매우 특이한 현상이다.[23] 앞서 우르남무 법전의 예에서도 봤지만, 히타이트 법전(Hittites Laws; HL) 등에도 마찬가지로[24] 비슷한 시기의 근동 지역의 법전에는 일반적 형태(general rule)로든 또는 특수한 유형(specific type)이나 절차적 사항에 관한 규정(matter of legal procedure)으로든 살인에 관한 조문이 대체로 각 법전의 가장 앞부분에 거의 예외 없이 등장한다.[25] 그렇다면 살인죄를 명시적으로 두고 있지 않은 함무라비 법전의 태도는 어떻게 해석해야 하는가? 살인죄 조문을 찾을 수 없다보니, 살인에 대한 당시 법적 효과, 즉 형벌도 정확히 알 수 없다. "눈에는 눈, 이에는 이"라는 '동해보복의 원칙(lex talionis)'[26]으로 유명한 함무라비 법전이므로 그에 대한 형벌 역시 사형이었을 것으로 추측할 수도 있지만 뚜렷한 근거도 없이 막연한 추정으로 그렇게 단정하기는 어렵다. 과연 이러한 의문점들은 어떻게 풀 수 있을까?

---

23) 'The Babylonian Laws'의 공저자인 드라이버와 마일즈는 다음과 같이 말한다. "It is strange that Hammurabi gives no description of the crime of murder, although it seems clear from other sections of the Laws that a distinction between 'murder' and 'manslaughter' was to some extent recognized by him." G.R. Driver & John C. Miles, 앞의 책(*The Babylonian Law I*), 60면.

24) HL 1 "[If] anyone kills [a man] or a woman in a [quarr]el, he shall [bring him] (for burial) and shall give 4 persons (lit. heads), male female respectively, and he shall look [to his house for it.]". 단, 히타이트 법전에도 고의적 살인(premeditated homicide; murder)에 대한 규정은 없다. 그 이유에 대해서는 이 경우 사적 보복(private justice; revenge)에 의해 처리되도록 맡겨져 있었기 때문이라는 견해가 유력하다. Harry A. Hoffner, On Homicide in Hittite Law, in: Gordon D. Young, Mark W. Chavalas, & Richard E. Averbeck, Crossing Boundaries and Linking Horizons (Bethesda, Maryland: CDL Press, 1997), 293-294면과 311면 참조. 동지의 Martha T. Roth, 앞의 책(*Law Collections from Mesopotamian Asia Minor*), 215면.

25) Pamela Barmash, Homicide in the Biblical World (Cambridge, UK; New York: Cambridge University Press, 2005), 126면 참조. 다만 바마쉬(Barmash) 교수는 함무라비 법전 제1조도 바로 이러한 맥락에서 살인죄를 다루고 있는 조문으로 평가하고 있다. 살인 무고죄를 다루고 있기 때문이다. LH 1 "If a man accuses another man and charges him with homicide but then cannot bring proof against him, his accuser shall be killed."

26) 이 원칙은 실제 두 개의 조문에 직접적으로 반영되어 있다. LH 196조는 "만일 어떤 자유인이 다른 자유인의 눈에 상해를 가하면 그의 눈에 상해를 가한다."고 규정하고 있고, LH 200은 "만일 어떤 자유인이 동등한 신분의 다른 자유인의 이빨을 뽑으면, 그의 이빨을 뽑는다."고 규정하고 있다.

2. 함무라비 법전의 제정법으로서의 성격

이에 대한 본격적인 논의를 시작하기에 앞서 짚고 넘어가야 할 문제가 있다. 우리가 함무라비 법전에 고의살인에 대한 조문이 빠져 있다는 점을 문제 삼을 수 있는 것은 동 법전이 현대적 수준의 합리적 판단능력과 정교한 입법기술을 통해 주도면밀하게 기초되지는 못했다고 할지라도 적어도 법전으로서 요구되는 일정 수준의 합리적 성안과정과 조문 구조 및 배열상의 체계성을 구비하고 있다는 사실을 전제하고 있기 때문이다. 만약 동 법전에 법전으로서의 이러한 성격을 전혀 관념할 수 없다면 조문 하나가 빠져 있다는 사실은 별 문제가 되지 않을 것이다. 함무라비 법전이 새겨진 돌기둥의 발굴 이후 지난 1세기 동안 많은 학자들은 고대 근동지역의 법전들에는 유스티니아누스 법전이나 나폴레옹 법전처럼 법전으로 반드시 규정해 두어야 할 내용이 많이 생략되어 있어 관련된 모든 사항을 빠짐없이 두루 포함해야 하는 포괄적 성격이 결여되어 있음을 지적해 왔다.27)

2.1 일단의 학자들은 고대 법전들이 당대의 실제 사례에서 원용된 예가 없다는 점에서 동 법전들의 실효성에 의문을 제기하기도 했다.28) 지금까지 발견된 당시의 법률문헌들, 예컨 대 소송기록들에서 법전의 관련 조문이 원용된 예를 찾아볼 수 없다는 것이다. 비슷한 맥락

---

27) Raymond Westbrook, Cuneiform Law Codes and the Origins of Legislation, *79 Zeitschrift für Assyriologie und Vorderasiatische Archäologie 201* (1989), 222면; Jean Bottéro, The Code of Hammurabi, in: Mesopotamia: Writing, Reasoning, and the Gods (Chicago: University of Chicago Press, 1982), 161면.

28) 이들의 비판은 주로 여러 법전들 중 가장 완전한 체계를 갖추고 있는 것으로 평가되고 있는 함무라비 법전을 두고 제기되었다. B. Landsberger, Die Babylonischen Termini für Gesetz und Recht, in: Festschrift für P. Koschaker, I (Leiden: Brill, 1939), 219면 이하; F.R. Kraus, *Ein Zentrales Problem des altmesopotamischen* Rechtes: Was ist der Codex Hammurabi?, Genava N.S. IIIV, 1960, 283면 이하; A.Leo. Oppenheim, Ancient Mesopotamia: Portrait of A Dead Civilization (Rev. ed., Chicago; London: University of Chicago Press, 1977), 154면과 158면. 이들 중 네덜란드 라이덴(Leiden) 대학의 아시리아 학 교수인 크라우스는 고대 근동의 법전이 실제의 법적용과는 관계없는 학술적 문헌(wissenschaftliche Literatur)에 불과하다고까지 주장했었으나, 이후 법전의 효력(Geltungskraft)을 긍정하는 입장을 취한 독 일 프랑크푸르트 대학 법학 교수인 프라이저(W. Preiser)의 논문(Zur Rechtliche Natur der altorientalischen Gesetz, in: P. Bockelmann et al. (hrsg.), Festschrift für Karl Engisch (Frankfurt am Main: Vittorio Klostermann, 1969), 17-36면, 이 중 특히 35면 참조)에 응답하면서 자신의 견해를 변경 했다. 크라우스의 바뀐 견해에 대해서는 F.R. Kraus, Königliche Verfügungen in altbabylonischer Zeit (Studia et Documenta ad Iuris Orientis Antiqui Pertinentia Vol. xi, Leiden: Brill, 1984), 114-116면 참조. 이 책에서 크라우스는 과거 자신은 법전의 효력을 부정했으나, 프라이저의 논문을 통해 자신의 편협 했던(einseitig) 시각을 바로잡게 되었다고 시인하고 있다.

에서 함무라비 법전은 그 서문과 결어의 내용에 비추어 볼 때, 모든 정복사업을 완수한 후 왕이 자신의 치적을 후손과 후대의 왕들에게 알리려는 목적으로 편찬한 것이라는 사실에 주목하여 함무라비가 자신에게 주어진 신성한 임무를 충실히 수행했음을 당대의 사람들과 후손들, 그리고 후대의 왕들과 신들에게 알리려고 만든 왕위 해명서(royal apologia)에 불과 하다는 주장도 제기되었다.[29] 즉, 동 법전은 서문-결어 형식(prologue-epilogue frame)을 통해 동일한 방식으로 왕의 치적을 천명해 왔던 전대의 우르남무 법전이나 리피트-이쉬타르 법전의 전통적 궁전 비문양식(traditional genre of royal inscription)을 충실히 따르고 있을 뿐이라는 것이다. 법전이 참조된 사례를 찾지 못했다고 하여 동 법전의 실효성을 부정하는 것은 다소 성급한 결론으로 보인다. 고대 법전을 연구할 때에는 그 시대의 방식에 맞게 이해해야 하며, 좀 더 신중할 필요가 있다.[30] 원용된 법조문을 밝히는 것이 당시의 법문화나 법적 관행에서는 중요하지 않았을 수도 있기 때문이다.[31] 물론 법원의 재판에서 원용된 예가 없다는 사실은 동 법전이 오늘날과 같은 성문법적 성격을 지닌 것으로는 인정할 수 없다는 점을 입증하는 근거로 제한적으로 해석할 수 있을 것이다. 하지만 그렇다고 해서 동법전의 규범적 원리들이 당대에 구속력이 없었다고 단정하는 것은 분명 잘못된 해석으로 보인다.[32] 이 점은 함무라비 법전의 결어를 보면 분명 함무라비 왕은 동 법전의 내용을 후대의 통치자들이 변경 없이 준수해야 함을 천명하고 있으며, 법원에서 원용될 것을 의도하고 있음을 봐도 알 수 있다.[33] 또 함무라비 법전을 포함한 고대 근동의 대부분의 법전은 "만일 어떤 사람이 ~ 하면 (조건절), ~ 한다 (결과절)"는 결의론적(casuistic) 형식[34]을 채택

---

29) J.J. Finkelstein, Ammisaduqa's Edict and the Babylonian "Law Code", *15 Journal of Cuneiform Studies 91* (1961), 103면.

30) Raymond Westbrook, 앞의 논문(*The Character of Ancient Near Eastern Law*), 19-21면.

31) Pamela Barmash, 앞의 논문(Homicide in Ancient Israel, the Ancient Near East, and Traditional Societies), 100면.

32) 만일 당대의 법체계가 판례법 체계였다면 법조문의 원용은 불필요했을 것이고, 따라서 동 법전은 엄연히 실효성 있는 법모음집으로 볼 수 있기 때문이다. 이러한 생각을 갖게 해 주는, Sophie Lafont, Ancient Near Eastern Laws: Continuity and Pluralism, in: Bernard M. Levinson (ed.), Theory and Method in Biblical and Cuneiform Law (Sheffield: Sheffield Academic Press, 1994), 94면. 이와 유사한 맥락에서 유대인연합대학(Hebrew Union College)의 성경 및 근동문헌 담당 교수인 그린구스(Greengus)는 고대 메소포타미아는 구두에 의존해 재판을 하는 전통(oral tradition)을 갖고 있었기 때문에 굳이 법전에 의존할 필요가 없었다고 지적한다. Samuel Greengus, Some Issues Relating to the Comparability of Law and the Coherence of the Legal Tradition, in: Bernard M. Levinson (ed.), Theory and Method in Biblical and Cuneiform Law (Sheffield: Sheffield Academic Press, 1994), 77-84면.

33) 이 점에 대해서는 R. VerSteeg, 앞의 책, 16-17면 참조.

34) 이러한 결의론적 형식은 "누구든지 ~한 자는 ~한다"는 형식의 정언적(apodictic) 형식에 대비될 수 있다. 전자는 고대 근동의 설형문자로 새겨진 법전의 전통에서 유래하며, 이 지역에서 널리 활용되었던 예언집(omen collections; divination texts)에도 채택된 형식이다. 반면 후자는 고대 이스라엘에 고유한 형식으로 성서에서 기원한 규정방식이다. 이에 대해서는 Raymond Westbrook, What is the Covenant Code?, in: Bernard M. Levinson (ed.), Theory and Method in Biblical and Cuneiform Law (Sheffield: Sheffield Academic Press, 1994), 16면과 R. VerSteeg, 앞의 책, 10-11면 참조. 예언집이란 예언가들이

하고 있는바, 이는 바로 고대 근동의 법전이 실제로 적용되던 법모음집이었음을 잘 보여준다. 단순한 도덕원리나 종교규범을 이런 형식으로 규정할 이유는 없다.[35] 이러한 점에서 당대 법전들이 비록 현대적 의미의 성문법은 아니었더라도 그 조문들은 최소한 실제 사례에 적용되어 왔던 당대에 보편적으로 인정되던 법원리들이 법전에 구체화된 것으로 봐야 할 것이다.[36] 근동의 법전들이 왕위 해명서에 불과하다는 견해에 대해서는 함무라비 법전보다 후대의 다른 법전들은 물론 함무라비 법전보다 다소 앞선 거의 동시대의 에쉬눈나 법전에서도[37] 서문-결어 형식을 찾아볼 수 없다는 점에서 이들을 반드시 왕위 해명서로 보아야 할 충분한 증거가 부족하다는 점을 지적할 수 있을 것이다.[38] 즉, 법전의 본문내용(legal corpus)은 이미 독립된 목적으로 존재해 왔던 것이며, 후대에 왕위 해명의 목적으로 서문-결어 형식에 삽입된 것으로 볼 수 있다.[39]

어떤 전조가 될 만한 사건의 의미를 해석하기 위해 참조했던 일련의 예언목록(omen series)을 말한다. 이를테면 양이 태어났는데 뿔이 한 개만 있을 경우 예언가들은 이러한 이례적인 출생의 의미를 해석하기 위해 예언집을 참조했고 그에 관한 예언을 밝혀내 이를 왕에게 보고했다. 전술한 바와 같이 크라우스는 고대 근동의 법전의 효력을 부정하고 이는 단지 학술적 문헌에 불과하다고 주장했다. 그는 그러한 주장을 함에 있어서 고대 근동의 법전과 예언서가 결의론적 형식을 공통적으로 채택하고 있으며, 모든 주제를 포괄적으로 다루지는 못하지만 논리적 추론에 의해 직접 명시되어 있지 않은 사항도 취급할 수 있도록 과학적으로 규정되어 있다는 사실에 주목하여(예컨대 LH 229-233 등) 고대 근동의 법전 역시 예언서와 마찬가지로 과학적 연구서에 불과하다는 결론을 입론하고 있다. F.R. Kraus, 앞의 논문(*Ein Zentrales Problem des altmesopotamischen Rechtes*), 288-290면 참조. 고대 근동지역에서 예언은 과학의 한 분야였으며, 예언집의 편찬은 과학적 연구로 간주되었다. 하지만 웨스트브룩이 적절히 지적한 바 있듯이 설령 고대 근동의 법전을 과학적 연구서로 볼 여지가 있다고 하더라도, 당대의 예언집이 결과적으로 왕의 결정을 위한 참고자료로 활용된 응용과학(applied science)적 연구서였던 것처럼, 동 법전 역시 그 당시 최고법원으로서의 역할을 한 궁정 법관(royal judge) 또는 왕이 판결을 내리기 위해 참고한 선례집이었다는 점을 간과해서는 안 될 것이다. 즉, 고대 근동의 법전을 실효성을 전혀 관념할 수 없는 순수한 학술문헌으로만 볼 수는 없다는 것이다. 이 점에 대해서는 Raymond Westbrook, 앞의 논문(*Biblical and Cuneiform Law Codes*), 253-254면 참조.

35) G.R. Driver & John C. Miles, The Assyrian Laws (Oxford: Clarendon Press, 1935), 12면; 이종근, 메소포타미아의 법사상 (삼육대학교출판부, 2008), 28면 참조.

36) H.W.F. Saggs, The Greatness That Was Babylon (New York: Hawthorn Books, 1962), 197-211면. 고대 근동 법전의 성격에 대해 더 참조할 만한 문헌으로, R. Hasse, Einführung in das Studium keilschriftlicher Rechtsquellen (Wiesbaden: Otto Harrassowitz, 1965), 22면 이하; Martha T. Roth, Law Collections from Mesopotamia and Asia Minor (2nd ed., Atlanta, Georgia: Scholars Press, 1997), 4-7면.

37) 에쉬눈나 법전의 내용과 주석으로는 Reuven Yaron, The Laws of Eshnunna (Jerusalem: The Magnes Press, The Hebrew University; Leiden: E.J. Brill, 1988) 참조.

38) 이러한 비판으로는 Raymond Westbrook, 앞의 논문(*Biblical and Cuneiform Law Codes*), 250-251면.

39) Raymond Westbrook, 앞의 논문, 251면. 이러한 맥락에서 동 법전의 본문과 서문-결어가 각기 다른 저자, 예컨대 전자는 법률가(Rechtspraktiker), 후자는 궁전 또는 신전 소속의 시인(Palast-oder Tempeldichter)에 의해 작성되었을 것으로 보기도 한다. 이에 대해서는 J. Klima, Gesetze, in: E.Ebeling & B.Meissner (Hrsg.), Reallexikon der Assyriologie (Berlin; Leipzig: W. de Gruyter, 1932), 244면. 함무라비 법전과 마찬가지로 성경법전(Biblical code), 예컨대 신명기의 일부 법규정도 이미 현존하던 언약

이러한 입장에서 보면, 함무라비 법전에 고의적 살인에 관한 규정이 빠져 있는 것은 편찬자의 입법기술적인 능력 부족과 고대 법전의 불완전성을 적나라하게 반영할 뿐 특별한 의미가 없다고 볼 수도 있을 것이다.[40] 그러므로 함무라비 법전의 합리성과 체계성을 논하기 위해서는 무엇보다 왜 그러한 조문이 많은지에 대해 미리 해명해 둘 필요가 있을 것이다.

2.2 함무라비 법전의 합리성과 체계성

우선 함무라비 법전에는 반드시 들어가 있어야 할 법조문이 다수 생략되어 있다는 지적은 전적으로 옳다.[41] 하지만 이 사실이 곧 동 법전의 비합리성과 비체계성, 즉 법전성안 및 조문배열 상의 어떠한 원리나 질서도 파악할 수 없다는 점을 확증하는 논거가 될 수는 없다.[42] 그 이유는 다음과 같다. 법전의 서문과 결어에서 함무라비는 결코 자신이 '법전'을 제정했다고 주장하지 않는다. 다시 말해 당시에 현존했던 모든 법을 집대성 하여 재공포한 (republish) 것이라고 말하고 있지는 않다는 것이다. 그는 당대 바빌로니아의 고도로 발달한 사회경제적 변화에 수용하기 위해 입법자로서 법을 개혁하고자 하였다.[43] 따라서 당시 바빌로니아 사회에서 통용되던 법의 일부를 개정(amendments)하거나 새롭게 조문화(restatement) 해야 필요성을 느꼈을 것이다.[44] 이러한 이유에서 그는 당시의 현행법 중에서 개정이 요구되고, 재공포함으로써 다시 강조될 필요가 있는 사항들만을 조문화하여 법전에 기록해 두었

법전(Convenant Code; 출애굽기 20:22-23:33)의 내용을 일정한 종교적 목적을 위해 적절히 변형해 삽입한 것이다. Moshe Weinfeld, Deuteronomy and the Deuteronomic School (Oxford: Clarendon Press, 1972), 286-297면 참조.

40) 혹자는 함무라비 법전에 많은 조문이 빠져 있는 이유에 대해 당시 사회가 농경 중심의 단순한 사회였기 때문에 굳이 복잡한 법전이 불필요했을 것이라는 설명을 제시할 수도 있을 것이다. 그러나 여기서 문제 삼고자 하는 바는 설령 그렇다 하더라도 가장 전형적인 범죄인 보통살인죄 조문조차 빠져있다는 사실을 어떻게 해명할 수 있겠느냐는 것이다. 이에 대한 적확한 지적으로는 Niels Peter Lemche, 앞의 논문, 1699면.

41) 이 점에 대해서는 Pamela Barmash, 앞의 논문(Homicide in Ancient Israel, the Ancient Near East, and Traditional Societies), 168-171면 참조.

42) 이러한 지적으로는 G.R. Driver & John C. Miles, 앞의 책(The Babylonian Laws I), 41면.

43) G.R. Driver & John C. Miles, 앞의 책, 45면. 함무라비 법전의 서문과 결어를 통해서도 이러한 태도를 엿볼 수 있다.

44) 일반적으로 함무라비 법전을 포함해 고대 근동의 법은 전혀 없던 새로운 법이 제정된 것이 아니라 법전의 입안자가 기존의 법을 개정하고 새롭게 가다듬는 과정에서 만들어진 것으로 본다. LH 125가 입안된 과정을 규명함으로써 함무라비 법전도 그러한 과정을 거쳐 기초된 것으로 논증하는 문헌으로는 Paul Koschaker, Rechtsvergleichende Studien zur Gesetzgebung Hammurapis: Königs von Babylon (Leipzig: Veit & Comp., 1917), 26-33면 참조.

던 것이다.[45]

2.2.1 함무라비 법전 조문의 성격

즉, 모든 사항을 총 망라하여 법전에 기록할 필요는 없었던 것이다. 이러한 추정은 함무라비 법전에서 생략된 조문들과 당대의 여러 소송기록을 비교해 보면 더욱 확실해 진다. 관련 조문을 형법의 영역에 국한시켜 보자면 예를 들어 함무라비 법전은 자유인의 아들을 납치하는 행위를 처벌하지만(LH 14), 노예의 아들을 납치하는 행위는 규율하고 있지 않다. 또 화재가 발생한 집에서 물건을 절취하는 것을 처벌하면서도(LH 25), 방화에 대해서는 침묵하고 있다. 마찬가지로 유부녀나 여성직자의 부정에 대해 손가락질로 모욕한 경우는 처벌하지만(LH 127), 남성에 대한 모욕은 생략되어 있다. 존속폭행은 처벌하면서도(LH 195), 존속살인에 대해서는 규율하고 있지 않다. 이밖에도 여성에 의한 범죄라든지 여성을 대상으로 하는 많은 범죄들이 함무라비 법전에는 조문화되어 있지 않다. 당연히 법전에서 다루고 있어야 할 사항으로 기대됨에도 불구하고 이러한 것들은 법전에 빠져 있다. 대신 이처럼 생략된 조문이 다루고 있어야 할 사항들은 상당수 당시의 다른 소송기록에서 법정에서 다루어 지고 있었음이 확인된다.[46] 또 여성에 관한 범죄들의 경우 후대의 다른 법전에 기록돼 있기도 하다.[47] 이처럼 법전에 생략된 사항들도 실제로는 당대의 여러 소송에서 다투어지고 있었다는 사실은 무엇을 의미하는가? 그것은 우선 함무라비 법전이 당대 현행법의 일부만을 조문화 해 둔 것이라는 사실을 입증해 준다. 그렇다면 왜 당시 법 중에 일부만을 집대성해 법전으로 편찬한 것일까? 그 이유에 대해서는 앞서 추정해 본 바와 같다.[48] 즉, 새로운 시대에 부합되는 법 개정이 필요했을 것이고, 따라서 새로 개정된 내용과 특별히 강조할 필요가 있는 사항들만을, 일정한 원리와 질서정연한 조문배열방식에 따라 체계적으

---

45) 또는 특별히 문제시되던 쟁점들(debated points)이나 함무라비에게 주된 관심사였던 것들만 발췌한 것으로도 볼 수 있을 것이다. 이러한 견해로는, Sophie Lafont, 앞의 논문, 101면.

46) G.R. Driver & John C. Miles, 앞의 책, 45-47면.

47) 이는 기원전 14세기경의 중세 아시리아 법(Middle Assyrian Laws; MAL)에 대폭 다루어지고 있다. 중세 아시리아 법에 대해서는 G.R. Driver & John C. Miles, The Assyrian Laws (Oxford: Clarendon Press, 1935)를 참조.

48) 이에 대해 그링구스 교수는 당대에는 재판이 구두로 진행되는 전통(oral tradition)이 지배적이었고, 따라서 비록 법전의 편찬이 필요했다 하더라도 그러한 전통을 완전히 대체할 수는 없었기 때문에 구두로 전승된 법의 일부만이 기록된 것이라고 보고 있다. 그 근거로서 그링구스는 당대의 법률 전문가들, 예컨대 법관들 중에도 문맹인 사람들이 상당수 있었을 것이라는 점과, 법전에 없는 사안도 구두로 다투어지는 소송기록이 존재한다는 사실 등을 제시한다. Samuel Greengus, 앞의 논문, 77-84면 참조.

로[49] 법전에 명문화 해 두었던 것이다.[50] 그런데 여기서 한 가지 또 다른 의문이 들 수 있다. 설령 함무라비 법전이 당시 현행법에 대한 일련의 개정된 사항들을 연속적으로 배열해 놓은 총체(a series of amendments to the existing law)라는 점을 인정한다 하더라도, 개정할 필요가 없었던 다른 사항들을 아예 조문에서 제외하는 방식으로 법전을 편찬해야 했던 것일까? 오늘날 많은 성문법 국가처럼 법 개정 시 원래의 전체 조문을 그대로 두면서 개정된 내용만을 알아볼 수 있게 법전을 편찬할 수도 있지 않았겠느냐는 것이다. 바로 이 점은 함무라비시대의 법이 성문법이 아니라 불문의(unwritten) 판례법(case law) 계통이었음을 강력히 암시해 준다.

2.2.1.1 덴마크 코펜하겐대학의 성서학 교수인 렘체(Lemche)는 함무라비 법전에 살인죄 조문이 빠져 있는 이유에 대해서 당대의 법관들이 불문법 전통에 따라 재판을 하였기 때문일 수 있다는 가능성을 지적하였고,[51] 시카고대학과 하버드대학의 아시리아학 교수를 역임했던 야콥슨(Jakobson)은 고대 메소포타미아에서 재판은 누구나 잘 알고 있었던 전통적인 불

---

49) 학자들의 견해에 따르면 함무라비 법전의 기초자들은 그 조문들을 배열함에 있어 탁월한 수준의 역량을 발휘한 것으로 볼 수 있을 만큼, 용어를 적절히 선택하고 있고, 그 사용에 있어 오류가 없고, 정확성을 보일 뿐만 아니라 각 조문들은 깊은 뜻을 담고 있으며, 불필요한 말(verbiage)도 없다고 한다. 그만큼 동 법전은 입법 기술적으로 고도의 체계성을 갖추고 있다는 뜻이다. 이에 대해서는 G.R. Driver & John C. Miles, 앞의 책, 48-49면. 역시 동지의 H.W.F. Saggs, 앞의 책, 206면; Martha T. Roth, 앞의 논문 (*Mesopotamian Legal Traditions and The Laws of Hammurabi*), 21면. 삭스와 로스는 공통적으로 동 법전이 고대 근동의 그 어떤 다른 법전들보다도 질서정연한 조문배열과 정교함(sophistication)을 갖추고 있다고 평가한다.

50) 동지의 H.W.F. Saggs, 앞의 책, 211면; Jean Bottéro, 앞의 책, 158면. 이러한 추정은 고대 근동의 또 다른 법전인 히타이트 법전(Hittite Laws; HL)의 조문을 보면 더욱 지지될 수 있다. 동 법전은 곳곳에 해당 조문이 기존의 법과 달리 규정되어 있음을 명시하고 있다. 다시 말해 해당 사안이 새로운 시대 상황에 부합되도록 이전의 판례와는 달리 판결되도록 규정하고 있다는 것이다. 예컨대 HL 92는 "만일 어떤 자가 벌통을 훔치면 예전에는 그를 벌에 쏘이게(bee-sting) 했으나, 이제는 은 6세겔을 지불하게 한다."고 규정하고 있고, 또 HL 121은 "만일 어떤 자가 자유인의 쟁기를 훔칠 경우 그는 소에 의해 죽게 만들었으나, 이제는 은 6세겔을 지불하게 한다."고 규정하여 소에 의한 처형을 은 6세겔의 벌금으로 대체하고 있다. 이 점에 대해서는 Harry A. Hoffner, 앞의 논문, 5-6면 참조. 히타이트는 기원전 18세기경 메소포타미아 북부 소아시아(Asia Minor) 지역의 하투사(Hattusa)를 중심으로 형성된 왕국으로 약 500여 년간 존속하였다. 히타이트 법전은 그 편찬자와 편찬시기가 알려져 있지 않지만, 그 사본들은 대략 기원전 1650년부터 1180년 사이에 편찬된 것으로 추정된다. 함무라비 법전(LH), 중세아시리아 법전(MAL), 히타이트 법전(HL) 등 고대 근동의 법들이 시대에 따라 발전을 거듭해 개정되어 왔음을 구체적 사례로 논증하고 있는 문헌으로는 Eckart Otto, Aspects of Legal Reforms and Reformulations in Ancient Cuneiform and Israelite Law, in: Bernard M. Levinson (ed.), Theory and Method in Biblical and Cuneiform Law, Sheffield: Sheffield Academic Press, 1994), 163-182면.

51) Niels Peter Lemche, 앞의 논문, 1699면.

문의 보통법(traditional unwritten common law with which everybody was familiar)에 따라 이루어졌다고 보고 있다.[52] 또 프랑스 파리대학 인문사회 및 응용과학 고등연구소 (École Pratique des Hautes Études)의 아시리아학자인 보테로(Bottéro)는 고대 메소포타미아에서 법은 교육을 통해 전승된 관습이나 특정 문제에 대한 전통적 해결방식의 형태로 그 사회에서 통용된 불문법이라고 본다.[53] 더 나아가 미국 에모리대학의 종교학 교수인 부스 (Buss)는 고대 근동의 법전에 규정된 법들은 실정법이라기보다는 자연법에 더 가까웠기 때문에 그 자체로 규범적 성격을 지니고 있어서 굳이 법정에서 이를 원용할 필요가 없었을 것이라고 본다. 왜냐하면 자연법은 법원으로 여겨지지도 않을 뿐더러, 법관은 사회적 과정을 통해 (법전의 원용 없이도) 자연법에 직접 접근할 수 있었기 때문이다.[54]

다시 말해 당시의 법체계는 선판례에 따라 재판을 하는 판례법 시스템이었기 때문에 그러한 판례들 전부를 조문화할 수도, 그 필요성도 없었던 것이다. 이는 마치 판례법 중심 국가인 영국에서 제정법(Statute)이 하는 역할과 유사하다. 영국의 제정법은 보통법(common law)을 개정하며, 종종 그 일부를 성문화(codify)하는 역할을 한다.[55]

자, 그렇다면 함무라비 법전에 많은 조문들이 빠져 있는 이유가 자연스럽게 해명된다. 그것은 동 법전 기초자(들)의 입법 상 과오나 고대 법전의 무질서한 비체계성에서 비롯된 법의 흠결이 아니다. 기존의 현행법, 즉 판례 중에서 특수한 목적에 의해 개정, 선별된 것들만 법전에 조문화되었기 때문에 발생한 당연한 결과일 뿐이다. 그러면 이제 우리는 원래의 질문을 보다 의미 있는 형식으로 변경할 필요가 있다. 다시 한 번 묻자. "함무라비는, 더 정확히 함무라비 법전의 기초자(들)은 왜 고의 살인죄를 법전에 둘 필요가 없다고 판단한 것일까?"

3. 두 가지 가능한 해석

이와 관련해 분명한 점은 고의적 살인에 대한 조문이 없다고 하여 당대 사회에서 그러

---

52) Thorkild Jakobson, An Ancient Mesopotamian Trial for Homicide, in: William L. Moran (ed.), Toward the Image of Tammuz and Other Essays on Mesopotamian History and Culture (Cambridge: Harvard University Press, 1970), 193면.
53) Jean Bottéro, 앞의 책, 181면.
54) Martin J. Buss, Legal Science and Legislation, in: Bernard M. Levinson (ed.), Theory and Method in Biblical and Cuneiform Law (Sheffield: Sheffield Academic Press, 1994), 89면.
55) 이 점에 대해서는 G.R. Driver & John C. Miles, 앞의 책, 48면 참조.

한 유형의 살인이 허용되었을 것이라고 생각할 수는 없다는 것이다. 앞서 우리는 함무라비 법전이 모든 현행법을 집대성한 것은 아니라는 점을 확인하였다. 그렇기 때문에 비록 조문에는 빠져 있어도, 고의적 살인을 다룬 소송기록이 존재하는 것으로 미루어[56] 고의적 살인도 범죄로 취급되었을 것임은 분명해 보인다. 추측컨대 함무라비 법전보다 앞선 우르남무 법전에서 살인자를 사형에 처하고 있음을 명문화하고 있는 점에 비추어 볼 때, 살인에 대한 처벌은 사형이었을 것이다.[57] 살인은 자연범(自然犯)이다.[58] 이는 다툼의 여지가 없다고 보며, 따라서 이 전제 위에서 논의를 시작하고자 한다.

그렇다면 우리는 함무라비 법전에 살인죄 조문이 없다는 사실로부터 두 가지 가능한 해석을 제시해 볼 수 있다.

3.1 우연한 입법과오에 불과하다는 견해

일부 학자들은 살인죄가 명문화되지 않은 것은 동 법전의 입안자가 의도하지 않았던 우연한(accidental) 입법과오에 불과하며, 살인은 지극히 자명한 범죄로서 이에 대한 처벌은 사회 구성원의 의식 속에 확고하게 자리 잡은 자연법적 성질을 지니기 때문에 굳이 살인죄는 명문화될 필요도 없고, 설령 이것이 조문화 되어있지 않더라도 당연히 법의 집행을 통해 처벌되었을 것이라고 볼 수 있다고 주장한다.[59] 이러한 해석론의 입장에서는 다음과 같은 근거를 제시한다. 우선 LH 1에서 살인에 대한 무고죄를 처벌하고 있으므로, 이는 곧 살인이 처벌되는 범죄라는 사실을 논리적으로 전제하고 있다는 것이다.[60] 그러므로 실제로는 여러 유형의 살인 사건이 법정에서 심리되었을 것이나, 그럼에도 불구하고 살인죄가 조문화되어

---

56) 함무라비와 근접한 시기의 대표적 살인관련 재판기록으로는 'CT 29 42'와 'Nippur Murder Trial' 등이 있다. 이 두 사건에 대해서는 후술한다.

57) 이러한 추론으로는 Martha T. Roth, 앞의 책, 71-72면.

58) 살인이 동서고금을 통해 보편적으로 인정되는 범죄라는 점은 우선 그것이 자연법적 성질을 지녔기 때문이기도 하지만, 인류학적 접근에 의한 많은 실증연구 역시 살인은 어디서나 중대한 범죄로 취급되었음을 보여준다. 이러한 인류학적 실증연구를 다룬 문헌으로는 E. Adamson Hoebel, The Law of Primitive Man: A Study in Comparative Legal Dynamics (Cambridge, MA: Harvard University Press, 1954), 286면 참조.

59) 이러한 입장으로 C.H.W. Johns, 앞의 책, 96면 참조. 캠브리지 대학의 아시리아학(Assyriology) 학자인 존스는 단순한 살인(murder pure and simple)에 대한 명시적 언급이 없는 것에 대해 "이는 우연에 불과한 것(this is only accidental)"이라고 단언한다.

60) 이러한 견해로는 R. VerSteeg, 앞의 책, 109면. 뉴잉글랜드 법과대학의 J. Russel VerSteeg 교수는 다음과 같이 말한다. "By implication it is, therefore, logical to assume that homicide itself was also punished with execution."

있지 않은 것은 단지 법전의 불완전성에서 기인한 결과로 볼 수 있다는 것이다.[61] 이러한 주장에 대해서는 LH 1에서 살인을 뜻하는 아카드어 자구(字句)의 의미에 대한 해석 상 논란의 여지가 있다는 점은 논외로 하더라도,[62] 무엇보다 앞에서 살펴본 바와 같이 함무라비 법전에서 고의적 살인에 대한 규정이 빠진 것은 결코 우연한 입법과오가 아니며, 더구나 고대 법전의 불완전성이 반영된 결과일 뿐이라는 해석은 동 법전에 대한 편견과 심각한 오해에서 기인한 것이라는 점을 지적할 수 있을 것이다. 또 한편 설령 당시 사회에 살인이 너무나 당연한 범죄로 간주되고 있었다 하더라도 그에 대한 처벌이 반드시 법적 절차에 의해 집행되었을 것이라고 보아야 할 논리적 필연성이 없다는 반론을 제기할 수 있을 것이다.

3.2 살인은 사법외적으로 처벌되었을 것이라는 견해

그렇다면 달리 어떻게 해석할 방법이 있을까? 우선 앞서 다룬 바에 비추어 볼 때 고의적 살인은 함무라비 시대에도 개정되거나 특별히 강조될 필요가 없었기 때문에 법전에 조문화 되지 않았을 것이란 점은 분명하다. 그것은 아마도 당대에 통용되던 전통적인 살인의 처리 방식이 널리 그 타당성을 인정받을 만큼 사회적으로 매우 깊게 뿌리를 내려 승인되고 있었 기 때문이기도 할 것이고, 앞의 첫 번째 해석론에서도 지적한 바 있듯이 살인은 자연범이기 때문이기도 할 것이다. 따라서 문제는 당대에 현존했던 고의적 살인의 전통적 처리방식이 과연 무엇이겠느냐는 것이다. 그것은 그보다 앞선 시기의 다른 법전이나 동 법전의 여러 처벌방식에 비추어 볼 때, 사형이었겠지만 동 법전은 이에 대해 명시적으로 말해 주는 바가 없다. 하지만 법전의 구조를 통해 간접적으로 추론해 볼 수는 있다. 첫 번째 해석론에서는 고의적 살인이 법의 집행에 의해 처형되었을 것이라고 추정하나, 동 법전의 조문구조는 고의적 살인이 사법적 절차가 아니라, 사법외적으로(extra-judicial) 처리되었을 것이라는 점

---

61) 이러한 가능성에 대해서는 Edwin M. Good, Capital Punishment and Its Alternatives in Ancient Near Eastern Law, *19 Stan. L. Rev. 947* (1967), 951면.

62) 즉, 동조는 살인의 무고를 처벌하는 것이 아니라 타인에게 저주(curse)를 내리는 주술범죄에 대한 무고 죄를 처벌하려는 조문이라는 것이다. 이는 동 조문에 쓰인 아카드어 'neirtam; nertum'에 대한 해석상 견해차이에서 비롯된다. 이에 대해서는 C. Edwards, 앞의 책, 68-69면과 W.W. Davies, The Codes of Hammurabi and Moses (Berkely, CA: Apocryphile Press, 2006), 23면을 함께 참조할 것. 특히 오스트리 아 빈(Wien) 대학의 동양어학 교수인 뮐러(Müller)는 이 경우의 살인을 '마법에 의한 살인(Tötung durch Zauberei)'으로 번역하고 있다. D.H. Müller, Die Gesetze Hammurabis (Wien: Alfred Hölder, 1903), 9면 참조.

을 암시해 준다. 즉, 고의적 살인은 국가의 재판권 밖에 있었으며 전적으로 개인적인 피의 복수(vendetta)에 맡겨져 있었다는 것이다.63)

3.2.1 고의살인과 과실치사의 구분

그 근거는 다음과 같다. 함무라비 법전은 의도적인 살인(intentional homicide)이 아닌 그 이외의 다른 유형의 가벼운 살인(manslaughter), 예컨대 결과적 가중범이나 과실치사 등에 대해서는 금전적(monetary) 배상 또는 동해보복의 원칙을 적용하고 있다. 관련 조문을 보면 만일 인질(人質)이 채권자의 집에서 폭행이나 학대의 결과로 사망한 경우, 그 인질의 소유자가 채권자에게 사망에 대한 책임이 있음을 입증하고, 그 인질이 자유인의 아들인 경우에는 채권자의 아들을 사형에 처한다(LH 116). 만일 어떤 사람이 아이를 유모에게 맡겼는데 유모가 돌보던 중 그 아이가 사망에 이르렀을 때, 유모가 죽은 아이 부모의 동의 없이 다른 아이도 맡아 젖을 먹였다면, 죽은 아이의 부모는 유모의 책임을 입증하고, 그에 대한 책임으로 유모의 유방을 자른다(LH 194). 만일 폭행의 결과로 피해자가 사망하였을 때, 가해자가 고의적으로 그를 폭행한 것이 아니라고 맹세하고, 그 피해자가 자유인 신분이면 은 2분의 1미나(mana)64)를 배상해야 한다(LH 207). 만일 어떤 자유인이 다른 자유인의 딸을 폭행하여 그 딸이 사망하면, 그 가해자의 딸을 사형에 처한다(LH 210).65) 만일 의사가 외과수술 중 자유인 환자를 사망에 이르게 하거나 그의 눈을 멀게 하면 의사의 두 손을 자르고(LH 218), 노예인 환자를 사망에 이르게 하면 그 노예와 동일한 가치의 노예로 배상해야 한다(LH 219). 만일 어떤 건축가가 집을 지을 때 부주의하여 그가 건축한 집이 무너져 집주인이 사망에 이르게 되면, 건축가를 사형에 처하고(LH 229), 만일 그 집주인의 아들이 죽으면 그 건축가의 아들을 사형에 처한다(LH 230). 만일 어떤 소의 주인이 자신의 소가 사람을 떠받는 습성이 있다는 사실을 통고받았음에도 불구하고 안전하게 관리하지 않아 그 소가

---

63) C. Edwards, 앞의 책, 112-113면.
64) 1미나(mana)는 은 약 500그램이다.
65) 동 조문과 비교해 흥미로운 사실은 리피트-이쉬타르 법전의 제d-e조에는 "만일 [한 …] 어떤 사람의 딸을 가격하여 그녀를 유산시키면, 은 30 세겔을 배상해야 한다. 만일 그녀가 죽으면 그 가해자를 사형에 처한다."라고 규정해, 딸이 죽은 경우에도 가해자를 사형에 처하고 있다든 점이다. 두 조문의 차이는 다음과 같이 해석할 수 있다. 사실 리피트-이쉬타르 법전의 규정은 딸에 대한 고의살인인지 결과적 가중범인지 조문 상으로는 판명할 수 없다. 그런데 동 조문에서 함무라비 법전과 달리 동해보복의 원칙이 적용되지 않고 있는 것은, 바로 고의살인을 상정한 조문이었기 때문일 것이다. 일반적으로 리피트-이쉬타르 법전의 제d-e조는 우르남무 법전의 제1조처럼 고의살인을 규정한 조문으로 잘 알려져 있다.

자유인 신분의 사람을 떠받아 사망하게 되면, 주인은 은 2분의 1미나를 배상해야 한다(LH 251).[66] 이상 살펴본 바와 같이 함무라비 법전에 명문화된 살인죄 조문들은 그 대부분이 과실에 의한 것들이다. 물론 몇 개의 조문은 고의적인 살인을 다루고 있는 것처럼 보인다.[67] 예컨대 만일 강도에 의해 어떤 사람이 살해되었는데, 강도가 체포되지 못하면 강도가 발생한 도시와 그 행정책임자는 그 강도 피해자의 친족들에게 은 1미나를 배상해야 한다(LH 24).[68] 또 만일 어떤 여인이 다른 남자와의 관계 때문에(on account of another man) 자신의 남편이 죽도록 만들면, 그 여인을 말뚝으로 찔러 죽이는 형에 처한다(LH 153).[69] 하지만 전자는 강도와 살인이 결합돼 형이 가중될 수 있는 강도살인이라는 특수한 형태의 범죄를, 후자는 결혼관계에 있는 부부 간의, 그것도 다른 남자와의 관계로 인한 특수한 정황을 고려한 치정에 의한 살인이기 때문에 살인죄 일반에 대한 조문으로 볼 수 없음은 분명하다. 특히 전자의 경우 우선 조문 상으로는 강도 살인인지 강도 치사인지 불분명한 점은 차치하고,[70] LH 23과의 관계에 비추어 볼 때 강도가 체포되지 못할 경우 해당 강도가 발생한

---

66) 이상의 조문내용은 시카고 대학의 아시리아학(Assyriology) 교수인 로스의 영역본을 주로 참조하였고, 필자가 조문의 전체내용을 독자들의 이해에 필요한 범위 내에서, 전후 조문과의 관계를 고려해 일부 첨삭하여 번역한 것임을 밝혀둔다. 이하의 조문들도 이러한 방식으로 번역 및 소개하였다. 로스의 영역본은 Martha T. Roth, Law Collections from Mesopotamia and Asia Minor (2nd ed., Atlanta, Georgia: Scholars Press, 1997) 참조. 조문에 따라서는 옥스퍼드 대학의 셈문헌학(Semitic Philology) 교수인 드라이버와 역시 동 대학의 명예 펠로우(Honorary Fellow)이자 변호사인 마일즈가 공역한 'G.R. Driver & John C. Miles, The Babylonian Laws Vol. II – Text Translation – (Oxford: Clarendon Press, 1955)', 그리고 시카고 대학의 셈어 및 셈문학 교수인 하퍼(Harper)의 'Robert Francis Harper, The Code of Hammurabi; King of Babylon about 2250 B.C. (The University of Chicago Press, 1904)'도 함께 대조해 가며 참조하였다. 또 특별히 필요한 경우에 한하여 전술한 바 있는 오스트리아 빈 대학의 동양어학 교수이자 종교철학 전문가이기도 한 뮐러(D.H. Müller)의 'Die Gesetze Hammurabis (Wien: Alfred Hölder, 1903)'도 참조하였음을 밝혀둔다. 많은 경우, '한상수, 함무라비 법전 – 인류 법문화의 원형 – (인제대학교 출판부, 2008)'와 '이종근, 메소포타미아의 법사상 (삼육대학교출판부, 2008)'도 대조해 가며 참조하였다.

67) C. Edwards, 앞의 책, 112면. 에드워즈는 아래의 두 조문을 고의적 살인(willful homicide)의 예로 보고 있다.

68) 이 조문의 의미를 정확히 이해하기 위해서는 LH, 22, 23 24를 체계적으로 해석할 필요가 있다.
    LH 22 "If a man has committed robbery and is caught, that man shall be put to death."
    LH 23 "If the robber is not caught, the man who has been robbed shall formally declare whatever he has lost before a god, and the city and the mayor in whose territory or district the robbery has been committed shall replace whatever he has lost for him."
    LH 24 "If (it is) the life (of the owner that is lost), the city and the mayor shall pay one mana of silver to his kinsfolk."

69) LH 153 "If a woman has procured the death of her husband on account of another man, they shall impale that woman."

도시와 행정책임자가 그 피해를 보상하도록 규정한 것으로서, 일정 지역이나 공동체의(local or communal) 집단적 책임(collective responsibility)을 다룬 특수한 조문이므로[71] 살인에 대한 일반적인 처벌규정으로 보기는 어렵다는 점에서 더욱 그러하다. 또 후자의 경우도 이를 일반적인 살인죄 조문으로 보기에는 난점이 있다. 물론 살인의 가해자가 피해자와 혼인관계에 있다든지 치정 때문이라는 동기는 현대법상 특별히 고려되지 않기 때문에 이 조문을 보통살인의 범주에 넣고 살인죄 일반에 대한 법전의 태도를 추론해 볼 여지는 있을 것이다. 그렇지만 쉽게 결론 내리기 어려운 문제가 다른 곳에 있다. 이 조문도 직역하면 단지 "만일 어떤 여인이 다른 남자와의 관계 때문에 남편의 죽음을 야기한 경우(procured the death of her husband)"[72]라고 번역될 뿐이어서 그 여인이 남편을 직접 살해한 것인지 아니면 다른 사람을 통해 남편을 살해한 것인지 불분명하다는 것이다. 사실 축자적(逐字的)으로만 보면 남편이 살해되도록 만들다(causes him to be murdered)는 의미로,[73] 이는 곧 정부(情夫)가 남편을 살해하도록 만들었다(procure the lover to kill her husband)는 의미가 더 강하다.[74]

---

70) 왜냐하면 이 조문은 직역하면 단지 "강도에 의해 희생된 것인 피해자의 생명이라면(If it is the life of the owner that is lost; If it be a life that is lost)"이라는 뜻으로 읽히기 때문에 강도 중 고의에 의한 살인인지 과실에 의한 살인인지 결론내리기 어렵다. 이 조문의 해석에 있어서는 드라이버와 마일즈, 그리고 하퍼의 번역을 따랐다. 참고로 스탠포드 대학의 종교 및 히브리학 담당 교수인 굿(Good)은 함무라비 법전의 조문 중 살인죄를 규정한 것은 살인의 무고죄를 다룬 LH 1과 LH 153이라고 보고 있다. 이는 LH 22와 LH 153을 살인죄의 예로 들고 있는 에드워즈와는 분명 다른 견해다. Edwin M. Good, 앞의 논문, 951면. 한편 드라이버와 마일즈는 함무라비 법전에서 살인죄가 명백하게 언급된 것은 LH 153뿐이라고 본다. G.P. Driver & John C. Miles, 앞의 책(The Babylonian Laws I), 60면.

71) 이에 대해서는 G.P. Driver & John C. Miles, 앞의 책, 110-111면. 이와 유사한 예로서, 고대 근동의 신아시리아(Neo-Assyria)의 경우 살인자가 거주하는 마을(the village where a murderer resided)이 피해자의 친족들에 대한 배상에 공동의 책임(corporate responsibility for compensating the victim's kinsmen)을 지는 경우가 있었다. 이에 대해서는 Pamela Barmash, Homicide in the Biblical World (Cambridge, UK; New York: Cambridge University Press, 2005), 28-30면과 57-62면 참조. 이처럼 살인에 대한 책임을 살인자의 가족이나 친족이 집단적으로 져야하는 집단책임(collective responsibility)이란 법형상은 비단 고대 근동지역뿐만 아니라 피의 보복 관습이 지배하는 원시부족사회에서는 보편적이었던 것으로 보인다. 집단책임은 대위책임(vicarious liability)의 형태를 띠기도 하는데, 예컨대 만일 살인자에게 책임을 물을 수 없는 경우에는 그 살인자의 어느 특정한 가족 구성원에게 책임을 물을 수 있었기 때문이다. 이 점에 대해서는 Richard R. Cherry, Primitive Criminal Law, in: Albert Kocourek & John H. Wigmore (eds.), Primitive and Ancient Legal Institution, Evolution of Law Series Vol.II (Boston: Little, Brown, and Company, 1915), 138-140면.

72) 드라이버와 마일즈는 이를 "If a woman has procured(caused) the death of her husband on account of another man"으로, Harper는 "If a woman bring about the death of her husband for the sake of another man"으로, 뮐러는 "Wenn die Frau eines Mannes wegen eines anderen Mannsbildes ihren Ehemann töten läßt"로 번역하고 있다. 모두 거의 일치된 번역이다.

73) 이에 대해서는 G.R. Driver & John C. Miles, 앞의 책(The Babylonian Laws II), 64면.

즉, 그 여인은 공범의 형태로 가담해 살인을 저질렀을 가능성이 크다는 것이다. 하지만 조문 상으로는 단독 범행인지 아닌지, 범행가담 여부와 방식이 확실치 않다. 물론 조문에 정부가 살인자라는 언급이 없는 점으로 미루어 일견 처가 단독으로 남편의 사망에 대한 책임을 지는 것으로 볼 여지도 있다. 그러나 그렇게 단정하기 위해서는 정부의 책임소재에 대한 조문의 명시적 언급이 있어야 한다. 왜냐하면 함무라비 법전은 전 조문에 걸쳐 당사자들 간의 책임소재를 명확히 해 주고 있으며, 이를 위해 증거에 의해 사실관계를 확정하는 태도 를 취하고 있기 때문이다. 예컨대 전술한 폭행치사의 예에서(LH 116) 채권자의 집에서 폭행 이나 학대의 결과로 사망한 경우, 채권자에게 책임을 묻기 위해서는 그 인질의 소유자가 채권자에게 책임이 있음을 입증해야 하고, 또 유모에게 맡겨 놓은 아이가 사망에 이르렀을 때, 죽은 아이의 부모는 유모의 책임을 입증해야만 유모의 책임을 물을 수 있다(LH 194). 이밖에 다른 예로서 처의 간통은 처벌되므로(LH 129), 사람들로부터 부정(不貞)의 혐의를 받은 처는 형사책임을 면하기 위해 신성한 강물에 뛰어들어[75] 자신의 결백을 증명해야 한다 (LH 132). 이와 같이 함무라비 법전은 각 조문에 사실확정을 위한 입증방법을 상세히 기록 하고 있는바, 그렇다면 LH 153의 경우도 만일 책임이 처에게만 있다면, 이를 입증해줄 추가 적 언급이 있든지, 아니면 최소한 정부가 공범(particeps criminis)의 혐의를 벗어날 수 있기 위한 입증방법을 명시해 두어야 하는데, 조문은 이에 대해 침묵하고 있고,[76] 따라서 우리는 어떻게 유죄의 입증이 가능했는지 알 수 없다는 점에서[77] 동 조문은 매우 이례적인(peculiar) 것으로 평가할 수밖에 없다.[78] 그러므로 살인죄 일반에 대한 규정으로 보기에는 분명 무리 가 있다. 더구나 살인에 대한 형벌로서 말뚝에 꿰어 죽이는 형(impalement)이라는 특수한 형벌을 여인에게만 부과하고 있는 점에서도 동 조문의 성격에 대해 좀 더 신중히 고찰해 볼 필요가 있다고 본다. 말뚝에 꿰어 범행 현장에(at the scene of the crime) 매달아 둔다는

---

74) G.R. Driver & John C. Miles, 앞의 책(The Assyrian Laws), 33면.
75) 함무라비 법전은 원칙적으로 증거에 의해 사실을 확정하도록 하면서도 증거에 의한 사실확정이 곤란한 경우 신판(神判)에 의해 유죄여부를 판단하도록 하고 있다. 당사자들 중 어느 한 쪽에 책임을 부과할 필요가 있음에도 불구하고 그 기초가 되는 사실을 증명해 줄 인적·물적 증거가 없는 경우 비합리적이 고 초자연적인 증거를 통해 특정한 사실을 확정하고 이에 기초하여 법적 책임을 부과하는 것이 신판 (ordeal)이다. 신판의 유형은 신 앞에서 자신의 결백을 선언하는 '선서'를 통한 방법(LH 20, 103)과 신성 한 강물에 뛰어들어 물에 떠오르게 되면 결백이 입증되는 '수신판(水神判)'이 있다(LH 2, 132). 이상의 내용에 대해서는 한상수, 함무라비 법전 - 인류 법문화의 원형 - (인제대학교 출판부, 2008), 98-102면.
76) 이상의 문제제기로는 G.R. Driver & John C. Miles, 앞의 책(The Babylonian Laws I), 313면.
77) R. VerSteeg, 앞의 책, 109면.
78) 이러한 평가로는 G.R. Driver & John C. Miles, 앞의 책, 313면; R. VerSteeg, 앞의 책, 109면.

것은 아마도 사람들이 잘 볼 수 있도록 하여 널리 알리겠다는 것이고 이러한 처형방식을 택한 데에는 그만큼 치정에 얽힌 남편살해가 사회적으로 비난받아 마땅한 것이라는 사고방식이 스며들어 있다고 볼 수 있다.[79] 다만 처의 단독범행이든 정부의 남편 살해에 공범으로 가담한 경우이든 고의적 살인이라는 점에는 의문의 여지가 없다고 보이며, 그렇기 때문에 동 조문을 일단 고의 살인의 특수한 형태로 분류해 두기로 한다.

이처럼 함무라비 법전에 과실 등에 의한 살인은 명시적으로 규정되어 있는 반면, 고의적 살인에 대한 조문이 없다는 사실은, 입법상의 과오나 고대 법전의 불완전성 때문이 아니라 분명 의도적인 것이었음을 짐작하게 해 준다. 즉, 고의적 살인은 과실 등에 의한 살인(manslaughter)과는 달리 비사법적인 방식, 다시 말해 불문의 관습을 통해 처리되는 전통을 따르고 있었음을 추측하게 해 준다는 것이다.[80]

3.2.1.1 우리 형법과는 달리 독일형법은 고의적 살인을 세분하여 謀殺(重殺人)과 故殺(普通殺人)로 구분하고 있다. 독일형법 제211조에 의하면 모살(Mord)은 살해욕이나 성욕의 만족, 탐욕 또는 기타 비열한 동기에서, 간악하거나 잔인하거나 공공에 위험한 수단으로 또는 다른 범죄를 실행하거나 은폐할 목적으로 타인을 살해하는 것을 말하며, 종신자유형에 처해진다. 국내의 많은 교과서에서는 이러한 구분법이 영미법에도 그대로 통용되는 것으로 소개하고 있다. 모살(Mord)은 'murder'에 고살(Totschlag)은 'manslaughter'에 각각 대응한다는 것이다.[81] 그러나 영미형법상 'murder'에 비해 'manslaughter'가 감경적 구성요건임에는 틀림없지만, 후자는 '고살'이 아니라 '전자보다 덜 중한 형태의 살인(less serious form of homicide than murder) 일체를 의미한다. 다시 말해 후자의 유형에는 과실치사나 결과적 가중범도 포함될 수 있으며, 따라서 이를 보통살인, 즉 '고살'로 단정 짓는 것은 명백한 오류다.[82] 전자와 후자는 '사전에 품고 있는 악의(malice aforethought)'[83] 유무에 따라 구

---

79) 이러한 추론을 가능하게 해 주는 견해로는 G.R. Driver & John C. Miles, 앞의 책, 496면 참조.

80) G.R. Driver & John C. Miles, 앞의 책(The Assyrian Laws), 33면. 드라이버와 마일즈는 함무라비 법전과 중세 아시리아 법전(MAL)에 살인에 대한 일반적 규정이 없는 것은 살인이 셈족의 관습인 피의 보복에 맡겨져 있었기 때문이라고 추정하고 있다.

81) 이러한 설명으로는 이재상, 형법각론, 2010, 10-11면; 임웅, 형법각론, 2009, 11면; 김일수·서보학, 형법각론, 2007, 18면; 배종대, 형법각론, 2007, 60면; 박상기, 형법각론, 2005, 16면; 이영란, 형법학 – 각론강의, 2008, 21면; 김성돈, 형법각론, 2009, 29면. 반면 특별히 이러한 도식을 시도하지 않고 있는 문헌으로는 정웅석·백승민, 형법강의, 2008, 755면; 이형국, 형법각론, 2007, 8면.

82) 단, 이러한 구분법은 우리 형법상 가중적 특별구성요건인 내란목적살인죄(제88조)나 결합범 형태인 강간살인죄(제301조의 2)와 인질살해죄(제324조의 4), 그리고 강도살인죄(제338조) 등이 독일형법상의 모살(Mord)이나 영미형법상의 중살인(murder)으로 분류될 수 있다는 점에서는 타당하다. 이러한 설명으로는 박상기, 형법강의, 2010, 397면 참조. 한편 특정범죄가중처벌법의 보복살인규정(제5조의 9)은 사실상 모살규정으로 볼 수 있다. 이 점에 대해서는 배종대, 앞의 책, 61면과 정웅석·백승민, 앞의 책, 756면.

분된다. 이 점에서 전자는 고의적 살인의 모든 유형을 의미한다고 볼 수 있으며, 독일형법 상의 모살과 고살을 포괄하는 개념으로 보는 것이 옳다. 그러므로 양자를 중살인(murder)과 경살인(manslaughter)으로 구분하는 것이 적절하다고 본다. 영국과 달리 미국 대부분의 주 에서는 중살인을 '예모와 숙려(premeditation and deliberation)'유무에 따라 일급살인(first degree murder)과 이급살인(second degree murder)으로 구분하기도 한다. 이렇게 구분하는 실익은 일급살인의 경우 사형까지 가능한 반면, 이급살인은 종신자유형은 가능해도 사형은 불가능하다는데 있다.84) 대체로 영미법은 경살인을 자발적 살인(voluntary manslaughter)85)과 비자발적 살인(involuntary manslaughter)으로 구분한다. 자발적 살인의 예로는 어떠 한 언사 또는 행위에 의한 도발(provocation)로 인해 자기통제력을 잃은 상태나 책임능력이 감경된 상태에서 중살인을 범한 경우 등이 있다.86) 비자발적 살인의 예로는 위법하고 위험 한(unlawful and dangerous) 범죄를 저지르다가87) 그로 인해 타인을 사망에 이르게 만드는 경우(constructive manslaughter)88)나 중대한 과실에 의해 타인을 살해한 경우(gross

---

83) 중살인(murder)의 성립에 필요한 '사전 악의(malice aforethought)'라는 용어는 기술적 의미(technical meaning)를 지닌 것으로서, 일상적 의미와는 다르다. 악의(malice)가 악의적인 의지(ill-will)을 뜻하는 것도 아니고, 사전(aforethought)이란 말이 반드시 예모(premeditation)를 의미하는 것도 아니기 때문이 다. 그렇기 때문에 고통을 덜어주려는 동정심에서 자식을 살해한 경우에도 악의는 인정되며, 타인을 가격하기 불과 몇 초 전에 살인의 고의를 품은 경우에도 사전에 품은 것으로 인정된다. 이에 대해서는 Smith & Hogan, Criminal Law (Oxford University Press, 2005), 436면. 반면 동 용어를 '살의적 계획'으 로 번역하며 모살(murder)과 고살(manslaughter)의 구분기준이라고 보는 견해로는 김한균, 형법상 모 살·고살 구분과 영미법상의 살인죄, 형사법연구 제22권 제4호, 2010, 187면 이하 참조.
84) 일급살인과 이급살인의 구분이 비단 예모의 유무에만 좌우되는 것은 아니다. 일급살인 되는 예로는 예모가 있는 경우 이외에도 특정한 중범죄(felony), 예컨대 방화나 강간, 강도 등을 저지르던 중에 살인 을 한 경우, 잠복해 있다가(lie in wait) 살인을 한 경우, 독살 또는 고문에 의해 살인을 저지른 경우 등이 있다. 이에 대해서는 LaFave & Scott, Handbook on Criminal Law (St. Paul: West Pub. Co., 1972), 562면. 일급살인과 이급살인을 예모에 의해 구분하는 접근방식에 대해 비판적인 견해로는 George P. Fletcher, Rethinking Criminal Law (Oxford University Press, 2000), 253-256면. 플레처에 의하면 특별한 동기가 없는 살인(wanton killing)도 예모에 의한 살인만큼 사악한 것이다.
85) 여기서 자발적이란 의미는 이 경우 행위자가 고의살인에 요구되는 범의(malice for murder)를 지니고 있다는 뜻이다. William Wilson, Criminal Law (Harlow, England; New York: Longman, 2003), 376면.
86) 이 때 중살인(murder)이 성립하지 않고 경살인(manslaughter)이 성립하는데, 그 이유는 두 가지 방식으 로 설명된다. 첫째로는 이 경우 중살인의 성립에 요구되는 범의(mens rea)는 충족되나, 감경적 상황(extenuating circumstance)에 의해 중살인이 성립하지 않는다는 입장과(Jonathan Herring, Criminal Law, Oxford University Press, 2006, 248-249면), 도발에 의해 '악의(malice aforethought)'가 완화되기 때문이 라고 보는 입장이 있다(William Wilson, 앞의 책, 377면).
87) 이에 해당하는 범죄는 대부분 신체적 해악을 가져오는 범죄들일 것이나 반드시 폭력적일 필요는 없다. 단, 과실(negligence)이나 부작위(omission)에 의한 범죄는 해당하지 않는다. 이에 대해서는 Andrew Ashworth, Principles of Criminal Law (Oxford University Press, 2006), 281-288면; Jonathan Herring, 앞의 책, 277면.
88) 위법하고 위험한 범죄를 '저지르던 중에(in the commission of)' 살인을 한 경우, 이를 구성적 살인(constructive manslaughter)이라고 말한다. 이는 일견 우리형법 상의 결과적 가중범과 유사한 개념으로

negligence manslaughter)[89] 등을 들 수 있다. 이들 각각의 경우에 해당하면 '사전에 품고 있는 악의'가 부정된다. 다만 도발에 의한 살인처럼 경살인의 경우에도 고의적 살인이 포함될 수 있다는 점은 유의할 필요가 있을 것이다.

3.3 고대 근동의 사적 보복 관습

이를 지지해 주는 근거는 다음과 같다. 함무라비 법전의 제정 당시 근동 지역에서는 살인이 가족이나 친족들에 의한 피의 보복에 의해 처리되는 관습이 지배했었다.[90] 비단 아시리아뿐만 아니라 팔레스타인 지방[91] 즉, 구약(Old Testament)의 내용에 비추어 볼 때, 고대 이스라엘 사회의 히브리 법문화에도 그러한 관습이 있었다.[92] 그렇다면 바빌론에서도 살인은 그 가족과 친족들에 의해 해결되어야 할 사적인 사건(private affair)이라는 감정이 지배적이었을 것이고, 따라서 일반적으로 살인은 가족이나 친족들의 피의 보복에 의해 법적 절차를 거치지 않고 사적으로 처리되었을 것이라고 볼 수 있다.[93] 그러면 여기서 한 가지, 앞서 논급한 바 있는 치정에 얽힌 남편살해가 조문화되어 있다는 사실은 과연 어떻게 이해해야 하는가? 이 역시 고의적 살인의 한 유형인데 어째서 법전에 명문화된 것일까? 이에 대해서는 다음과 같은 추정이 가능하다. 일반적으로 고의적 살인은 사적인 피의 보복에 맡겨져 있었지만, 살인과 특수한 사정이 결합돼 세간의 주목을 끌 만한 사건, 다시 말해

보이지만, 정확히 일치하지는 않는다. 결과적 가중범의 경우 기본범죄와 중한 결과 사이의 내적 관련성, 즉 직접성이나 인과관계 이외에 결과에 대한 예견가능성이 요구되지만, 구성적 살인의 경우에는 기본범죄 무엇인지에 따라 성립요건이 다르다. 기본범죄가 자연범(mala in se)인 경우에는 사망의 결과에 대한 '예견가능성(foreseeability)'이 없어도 양자 간의 인과관계와 시간 및 장소적 접착성(closeness of time and place)만 있으면 경살인이 성립되는데 반해, 기본범죄가 법정범(mala prohibita)인 경우에는 사망의 결과에 대한 예견가능성도 필요하기 때문이다. LaFave & Scott, 앞의 책, 594-600면. 따라서 구성적 살인은 결과적 가중범을 포함하는 보다 넓은 개념으로 파악하는 것이 타당하다.

89) 미국의 일부 주에서는 중과실이 아닌 통상의 과실(ordinary negligence)만으로도 경살인의 성립을 인정한다. LaFave & Scott, 앞의 책, 587면.

90) 살인에 대한 사적 보복을 인정하는 관습 비단 근동지역뿐만 아니라 고대 사회에서는 상당히 보편적인 현상이었던 것으로 보인다. 고대의 그리스와 게르만지역은 물론 중세의 스칸디나비아와 스위스 등에서도 사적 보복은 널리 인정되고 있었다. Carl Ludwig von Bar, A History of Continental Criminal Law (Boston: Little, Brown, and Company, 1916, Translated by Thomas S. Bell), 4-6면, 57-61면, 119-121면, 142-145면 참조.

91) G.R. Driver & John C. Miles, 앞의 책(The Babylonian Laws I), 60면.

92) C. Edwards, 앞의 책, 113면; Edwin M. Good, 앞의 논문, 952면.

93) Raymond Westbrook, 앞의 논문(The Character of Ancient Near Eastern Law), 78-79면; G.R. Driver & John C. Miles, 앞의 책, 314면; C. Edwards, 앞의 책, 113면.

유부녀가 간통으로 인해 남편을 살해한 사건처럼 대중에게 널리 알려 경각심을 일으키게 만들 만한 사건만큼은 법정에서 처리될 수 있도록 조문화 해 둔 것으로 볼 수 있을 것이다.[94] 그리고 이러한 맥락에서 본다면 LH 153에 정부의 책임소재에 대한 내용이 언급되지 않고 있는 이유도 해명할 수 있게 된다. 추측컨대 LH 153은 분명 처가 정부를 통해 남편을 살해한 사안을 다룬 규정이다. 정부가 남편을 직접 살해한 정범이며, 처는 단지 공범의 형태로 범행에 가담한 것이다.[95] 따라서 정부는 고의 중살인(murder)의 정범인 관계로 당시의 관습인 피의 보복에 의해 사형에 처해졌을 것이고, 그렇기 때문에 처와 달리 정부의 처벌에 대해서는 조문에 별도의 규정을 둘 필요가 없었던 것이다. 이처럼 가족이나 친족들에게 살인자의 처단을 맡기는 당시 사회의 전통적 관습은 함무라비 법전에 고의적 살인에 대한 규정이 없는 이유를 설명해 줄 뿐 아니라[96] 관련조문을 정합적으로 해석할 수 있도록 해 준다. 요컨대 함무라비 법전은 고의적 살인과 기타 경살인(manslaughter)을 구분하여 전자는 사법외적인 불문의 관습에 의해 처리하고, 그리고 후자만을 법적 절차(process of law)에 맡기는 이원적 방식을 취하고 있었던 것으로 해석할 수 있다고 본다.[97]

3.3.1 그렇다면 함무라비 법전은 왜 이러한 이원적 방식을 채택할 수밖에 없었을까? 이에 대해 드라이버와 마일즈는 다음과 같은 견해를 제시한다. 고대 메소포타미아 사회에서 가족 및 친족들에 의한 피의 보복(blood-feud)은 필연적으로 무차별적이고 끝없는 보복(Vendetta)의 악순환을 가져왔을 것이 분명하다. 보복의 악순환은 공동체의 안녕과 평화에 큰 위험이 되었을 것이다. 그렇기 때문에 중앙권력이 성장함에 따라 국가는 피의 보복에 의한 해결방식을 점차 제한해야 할 필요가 있었다. 이러한 사회역사적 맥락에 비추어 보면

---

94) 이러한 해석이 가능한 것은 공개적 장소에서 말뚝으로 찔러 죽이는 형은 당시의 관행과 유사 입법례에 비추어 예방목적으로 보다 잔혹한 방법에 의해 – 예컨대 화형 – 피고인 처를 죽이고, 그 시신을 말뚝에 매다는 방식으로 집행되었을 것이기 때문이다. 이 점에 대한 지적으로는 W.W. Davies, The Codes of Hammurabi and Moses (Berkeley, CA: Apocryphile Press, 2006), 70면. G.R. Driver & John C. Miles, 앞의 책(The Babylonian Laws I), 313면; G.R. Driver & John C. Miles, 앞의 책(The Babylonian Laws II), 230면. 에스키모의 여러 원시부족들 중에도 살인범을 모두 사적인 피의 보복에 맡기지 않고 상습 살인범(homicidal recidivist)의 경우는 사회전체에 위협이 되는 공공의 적(public enemy)으로 간주되어 공동체의 승인(community approval)에 의해 그를 처형하는 관습도 발견된다. 이 점에 대해서는 E. Adamson Hoebel, 앞의 책, 88-89면.
95) 이러한 견해로는 G.R. Driver & John C. Miles, 앞의 책(The Babylonian Laws I), 33면.
96) 이러한 견해로는 Edwin M. Good, 앞의 논문, 952면. 굿은 스탠포드 대학의 종교 및 히브리학 담당 교수이다.
97) 단, 사망한 피해자 외국인이어서 피의 보복을 집행해 줄 가족이나 친족이 없는 경우에는 국가가 개입해 처형을 해 주었을 것으로 보는 견해로는 Raymond Westbrook, 앞의 논문, 78면.

당대의 지배적 관습이었던 피의 보복을 근절할 수 없는 이상,98) 함무라비 법전은 최대한 그 대상범위를 축소시키는 방식을 채택할 수밖에 없었던 것이다.99)

4. 반론

4.1 살인에 대한 두 가지 처리방식: 사적 보복과 국가의 통제

한편 이러한 결론과 달리 고대 메소포타미아 사회에서는 고의에 의한 살인을 포함해 모든 살인 사건이 법적 절차에 의해 처리되었을 것이라고 주장하는 견해가 있어 이에 대한 면밀한 검토가 필요하다. 워싱턴 대학의 히브리 성서학 교수인 파멜라 바마쉬는 박사학위 논문100)과 뒤이은 후속논문,101) 그리고 자신의 박사학위 논문을 책으로 출간한 단행본102)에서 일관되게 그러한 주장을 해왔다. 그의 견해를 간략히 줄이면 다음과 같다.

4.1.1 살인에 대한 구제방식의 지역적 차이

첫째, 함무라비 법전이 기록돼 있는 석주가 1901년부터 1902년 사이에 발굴된 이후 고대 이스라엘법이 고대 근동의 법, 즉 함무라비 법전과 같은 메소포타미아법의 영향을

---

98) 유럽의 경우 중세시대까지도, 잉글랜드(England)를 제외한 대부분의 국가에서 피의 보복 관습이 사라지지 않고 지속되었는데, 그 이유는 대부분의 국가에서 정부 당국은 이를 근절시킬 수도 없었고, 또 그럴 의사도 없었던 관계로 단지 그 관습이 더 극단적으로 표출되지 않게 완화하려는(moderating the more extreme manifestations of practices) 노력만 기울였기 때문이라고 한다. 즉, 피의 보복을 할 수 있는 조건과 그 절차를 법제도화 함으로써 오히려 보복의 합법성(legality)을 인정하는 정책을 취했다는 것이다. 따라서 당대의 사법절차는 잘 규제된 피의 보복(regularized vendettas)에 다름 아니었다는 것이다. 이토록 피의 보복을 근절하기 어려웠던 것은 그만큼 가해자에 대한 증오감은 반드시 그의 생명을 빼앗어 와야 할 만큼 치명적인 것이어서 인간의 마음 속 깊숙한 곳에서도 어쩔 수 없이 따라야 하는 도덕법전(moral code)의 핵심을 이루고 있기 때문이다. 이 점에 대해서는 Marc Bloch, Feudal Society, vol.1 - The Growth of Ties of Dependence (Chicago: The Chicago University Press, 1970, Translated by L.A. Manyon) 128-129면.

99) G.R. Driver & John C. Miles, 앞의 책, 315면과 497-498면.

100) Pamela Barmash, Homicide in Ancient Israel, the Ancient Near East, and Traditional Societies, A Doctoral Dissertation at the Department of Near Eastern Languages and Civilizations (Harvard University, 1999) 참조.

101) Pamela Barmash, Blood Feud and State Control: Differing Legal Institutions for the Remedy of Homicide during the Second and First Millennia B.C.E., *63 Journal of Near Eastern Studies 183* (2004) 참조.

102) Pamela Barmash, Homicide in the Biblical World (Cambridge, UK; New York: Cambridge University Press, 2005) 참조.

받았다는 논쟁이 첨예하고 벌어지고 있는바, 이는 일정 부분 타당한 측면도 있지만 적어도 살인(homicide)에 대한 취급방식에 있어서 양자는 두드러진 차이점을 보이고 있었다. 즉, 고대 이스라엘법에서는 살인이 가족이나 친척 등의 피의 보복(blood-feud)에 의해 처리되었지만, 고대 근동지역의 다른 국가들에서는, 농경사회였던 아시리아와 같은 일부 국가를 제외하고는,[103] 국가의 개입에 의한 사법절차를 통해 처리되었고 피해자의 가족은 절차의 종결단계에서 형벌의 종류를 결정하는 과정에만 극히 제한적으로 참여할 수 있었다는 것이다. 부연하자면, 고대 메소포타미아의 경우는 살인 사건이 발생해 신고가 국가기관에 접수되면, 이때부터 국가가 개입하여 재판의 종결 시까지 광범위하게 관여하였다. 피해자 측은 형의 선고단계에서 배상금(compensation)을 청구할 것인지 아니면 사형(execution)을 시킬 것인지를 결정하는 일에만 참여할 수 있었다.[104] 반면 고대 이스라엘의 경우는 살인 피해자와 가장 가까운 남성 친척(the closest male relative)이[105] 피의 복수자(blood avenger)가 될 수 있었고, 피의 복수자가 살인자를 눈에 띄는 대로 직접 붙잡아 처형할 수 있는 권리를

---

103) 이에 대해서는 Pamela Barmash, 앞의 논문(*Blood Feud and State Control*), 186-189면과 198면 참조. 아시리아는 바빌론이나 수메르와 같은 도시국가와 다른 지리적 영향으로 인해 바빌론이나 수메르보다 더 많은 농경정주민들이 있었고, 따라서 가족들 간의 강한 결속이 중시되는 농경 중심의 사회구조를 취하고 있었다. 아시리아의 경우 살인사건이 발생하면 살인자가 사는 마을의 주민들이 피해자의 친족들에게 피해보상을 하는 집단책임(corporate responsibility)이 존재했고, 피해자의 가족이 살인자를 넘겨받아 그를 사형에 처할 것인지 아니면 금전적 배상을 받을 것인지 결정할 수 있는 권리를 명시적으로 인정하고 있는 법조문도 있었으며, 당대에 피의 보복이 존재했음을 보여주는 사례도 있다. 관련 조문으로는 중세 아시리아 법(Middle Assyrian Laws; MAL) 제10조를 참조. MAL 10 "[If either] a man or a woman enters [another man's] house and kills [either a man] or a woman, [they shall hand over] the killers [to the head of the household]. If he chooses, he shall kill them, or if he chooses to come to an accommodation, he shall take [their property]. And if there is [nothing of value to give from house] of the killers, either a son [or a daughter]..." 관련 사례에 대해서는 C.H.W. Johns, 앞의 책, 116면 참조. 아시리아법의 이러한 특성에 대해 바마쉬 교수는 고대 이스라엘 법과 메소포타미아의 다른 법 사이의 중간적 위치(intermediate position)을 차지하는 것이라고 평가하고 있다.

104) 바마쉬 교수는 고대 메소포타미아에서 피해자 가족의 역할은 살인자가 체포돼 법정에 서면 그에 대해 손해 배상금을 청구할 것인지 아니면 사형을 시킬 것이지 결정하는 것이었다고 주장한다. 즉, 피해자 가족에게 단지형벌의 종류를 결정할 권리만 있었다는 것이다. 이와 달리 고대 이스라엘의 경우 피해자 가족의 역할은 살인자를 보자마자(on sight), 소추권한을 갖고(take the initiative) 그를 처형하는 것이었다고 한다. 즉 그러한 역할을 하는 것이 곧 권리이자 책무(right and responsibility)였다는 것이다. 하지만 몇몇 소송기록(ADD 618, ADD 321 등)과 입법례(MAL A10, B2)를 근거로 이러한 주장을 하는 것은 지나친 일반화일 가능성이 있다고 본다. 법의 발달과정을 보면 금전적 배상이 피의 보복을 대체하게 된 사회에서도 중대한 범죄의 경우에는 여전히 피의 보복만을 허용한 예가 있기 때문이다. 이에 대해서는 Richard R. Cherry, 앞의 논문, 135면.

105) 피의 복수자가 될 수 있는 자격(qualification)에 대해서는 Pamela Barmash, 앞의 논문(*Homicide in Ancient Israel, the Ancient Near East, and Traditional Societies*), 42면 참조.

갖고 있었다. 메소포타미아와는 달리 수사나 체포를 담당할 그 어떤 공식적인 기관도 존재하지 않았던 것이다.[106]

4.1.2 고대 이스라엘과 메소포타미아의 제도적 차이

둘째, 고대 이스라엘에는 살인을 저지른 자가 도피해 머무를 수 있는 성소(sanctuary)로서의 도피성(city of refugee) 제도가 있었지만,[107] 메소포타미아에는 그러한 제도가 없었다. 도피성 제도는 피해자 가족들의 보복권리에 일정한 제한을 가하는 장치로서, 그 제한방식은 다음과 같다. 우선 만일 살인자가 이곳으로 들어가면 피해자의 가족은 더 이상 그를 추적해 죽일 수 없다. 하지만 일단 도피성으로 들어간 살인자는 그 살인이 고의인지(intentional) 우연한 사고(accidental)에 의한 것인지를 가리는 재판을 받아야 하며, 만일 우연한 사고로 발생한 것이라면 살인자는 그 도피성에 계속 머무르며 보복으로부터 벗어날 수 있다.[108] 반면에 살인이 고의로 판명된 경우에 한해서만 살인자는 피해자의 가족들에게 처형을 위해 인도되었다.[109] 요컨대 살인자가 도피성으로 피신하기 전에는 우연에 의해 살인을 저지른 자조차 피의 보복을 당할 수 있었기 때문에 살인자는 보복을 피하기 위해 일단 도피성으로 은신해야 했으며, 은신한 후 재판결과에 따라 도피성에 남거나 피해자의 가족들에게 형의 집행을 위해 넘겨졌다는 것이다.[110] 이 경의 피의 보복을 담당하는 자의 임무는 재판의

---

106) 이상의 내용에 대해서는 Pamela Barmash, 앞의 논문(*Blood Feud and State Control*), 184-189면.
107) 도피성 제도에 대해서는 성경에도 언급되고 있다. "사람을 쳐 죽인 자는 반드시 죽일 것이나, 만일 사람이 고의적으로 한 것이 아니라 나 하나님이 사람을 그의 손에 넘긴 것이면 내가 그를 위하여 한 곳을 정하리니 그 사람이 그리로 도망할 것이며(출애굽기 21:12-13)." 국내의 형법 교과서 중에서 유일하게 고대사회의 도피성 제도에 대해 인식하고 있는 책으로는 임웅, 형법총론, 2009, 12면. 단, 동 문헌에서는 도피처 제도로 언급되고 있다.
108) 살인이 우연에 의한 것으로(accidental) 판명이 나더라도 살인자는 도피성에 일정기간동안 남아있어야 했다. 우연에 의한 살인도 분명 범죄였으며, 피의 죄책(bloodguilt)을 면할 수 없었기 때문이다. 이 경우 도피성은 피의 보복으로부터 은신처의 기능과 동시에 살인으로 인해 고향과 가족 등으로부터 추방돼 구금(confinement)되는 장소의 기능을 모두 지니고 있었다. 이 점에 대해서는 Pamela Barmash, 앞의 논문(*Homicide in Ancient Israel, the Ancient Near East, and Traditional Societies*), 66-68면.
109) 살인자를 피해자의 가족들에게 인도하는 일은 살인자가 거주하는 도시의 장로들(elders of the killers city)이 담당했던 것으로 보인다(신명기 19:12). Pamela Barmash, 앞의 논문, 55면.
110) 고대 이스라엘에는 예루살렘의 중앙법원(central court) 외에 지역 공동체 중심의 사법제도(local community-based system of justice) 잔존하였고, 바로 여기에서 장로들(elders)은 살인의 고의성 여부를 판단하는 재판관(judge)의 역할을 담당하였다. 물론 그 판단이 힘들 경우에는 중앙법원에 도움을 청할 수도 있었다. 고대 이스라엘의 사법제도에 대해서는 Pamela Barmash, 앞의 책(*Homicide in the Biblical World*), 35-36면.

결과를 집행하는 것에 다름 아닌 것(his role is reduced to nothing more than carrying out the judgement of the court) 이었다.111) 또 달리 보면 피의 복수자가 있었기 때문에 그것을 피하기 위해 마련된 도피성제도가 필요했던 것이기도 하다. 그렇기 때문에 이 도피성 제도 역시 메소포타미아에는 살인자를 피의 보복에 의해 처형하지 않았음을 보여준다. 왜냐하면, 만일 피의 보복이 존재했다면 도피성과 같은 제도가 필요했을 것인데, 메소포타미에 그러한 제도가 존재했음을 알려주는 자료는 전혀 존재하지 않았기 때문이다.112)

4.1.3 살인에 대한 상이한 구제방식의 사회구조적 해명

셋째, 고대 이스라엘과 메소포타미아의 살인에 대한 상이한 처리방식은 양 지역 간의 두드러진 사회문화적 차이에서 기인한다. 고대 이스라엘은 농경문화에 토대를 둔 지방분권적(rural and decentralized) 사회였기 때문에 혈연이 중요한 역할을 하고 있었고, 따라서 가족들 간의 연합체(association of families)가 법적으로 가족구성원을 보호할 책임을 지고 있었다. 그렇기 때문에 가족 등 공동체 중심의 사법시스템이 일반화 될 수 있었다는 것이다. 반대로 메소포타미아 사회는 도시국가 중심의 중앙집권적(urban and centralized) 사회였다. 이러한 유형의 사회는 관료제와 전문가집단에 의해 조직화되어 있으며 따라서 혈연적 경계가 아닌 지역적, 정치적 경계에 따라 계층이 분화되어 있다. 그러므로 한 개인을 어떤 대가족의 일원으로 파악하는 것은 중요하지 않게 되고, 사회 구성원들은 사회적, 법적 영역에서 독립된 개인으로서 의미를 부여받아 활동하게 된다. 한 마디로 가장 기초적인 사회적 단위가 혈연에 의해 확장된 대가족이 아니라 핵가족이 된다는 것이다.113) 이는 대가족제도의 해체(disintegration)와 관료제적 중앙정부의 출현을 의미하며, 이로 인해 사법절차가 피의 보복을 대체하게 되었다는 것이다.114)

이와 같은 바마쉬 교수의 주장은 어떻게 받아들여야 할까? 그의 견해는 일견 본고의 결론과 상치되는 것처럼 보이기도 한다. 메소포타미아에서는 살인죄 일반이 국가의 개입과 사법절차에 따라 처리되었다고 일반화하고 있기 때문이다. 다른 한편으로는 본고와 크게 다르지 않다고도 볼 수 있는데, 왜냐하면 본고 역시 함무라비 법전에서도 고의적 살인을

---

111) 도피성제도에 대해서는 Pamela Barmash, 앞의 책, 50-59면 참조.
112) Pamela Barmash, 앞의 논문(*Blood Feud and State Control*), 190면.
113) Pamela Barmash, 앞의 논문, 194면. "The most basic social unit was the nuclear, not the extended, family."
114) Pamela Barmash, 앞의 책(*Homicide in the Biblical World*), 202면.

제외한 살인의 대부분은 사법절차에 의해 처리되었음을 인정하고 있기 때문이다. 그렇다면 문제의 쟁점은 과연 고의적 살인도 바마쉬 교수의 주장처럼 철저하게 국가적 개입에 의해 처리되었는지 밝혀내는 데 놓여 있다고 볼 수 있다.

5. 반론에 대한 재비판

고대 이스라엘 사회와 메소포타미아 사회의 사회구조(social structure)적 차이로부터 살인에 대한 상이한 해결방식을 입론해 내는 그의 논증방식은 매우 탁월하고 수긍할 만하다고 본다.[115) 이를 뒷받침해 주는 전거로서의 문헌사료 또한 풍부하게 제시해 주고 있다. 하지만 타당한 논증방식에 기초해 있다고 해서 항상 올바른 결론에 도달한다고 볼 수는 없다. 모든 논증에는 대부분 반론의 여지가 남아 있기 마련이고, 한정된 논거에 기초할 수밖에 없기 때문에 논증구성상 한계가 뒤따르기 마련이다. 무엇보다도 바마쉬 교수의 주장에 대해 누구나 품을 수 있는 의문은 고대사회에 사회구조적 차이가 있었다고 해서 과연 그것이 양자의 사회적 분쟁 해결방식을 철저히 다르게 만들 수 있을 만큼 결정적이냐는 것이다. 즉, 도시국가라고 해서 과연 혈연 중심의 보복관습을 완전히 배제할 수 있었겠느냐는 것이다. 잘 알려져 있다시피 고대사회에서는 그 지역을 막론하고 사적 보복(private revenge)은 보편적인 정의실현의 한 방식이었다. 그만큼 보복관념은 인간본성에 깊이 뿌리내려 있기 때문이다.[116) 그렇다면 고대 메소포타미아 사회 역시 비록 사회구조상 도시국가의 형태를 취하고 있었다고 하더라도 사적 보복관습은 여전히, 이스라엘과 비교해 정도의 차이는 있겠지만, 남아있었다고 보는 것이 더 자연스럽다.[117) 그렇기 때문에 본고의 논지처럼 함무라비 법전은 그러

---

115) 사회구조가 다르면 살인사건 등 법적 분쟁에 대한 해결방식이 상이하게 발달할 수 있다는 견해는 그 자체로는 이론적 건전성(theoretical soundness)을 인정할 수 있을 것이다. 에스키모(Eskimo)나 코만치(Comanche), 샤이엔(Cheyene), 카이오와(Kiowas), 이푸가오(Ifugao) 등 원시부족들의 법과 관습에 대한 인류학적 연구를 토대로 이와 유사한 결론에 도달하고 있는 연구문헌으로는 E. Adamson Hoebel, 앞의 책, 330면 참조. 여기서 호벨은 느슨하게 조직된(loosely organized) 부족들은 지역공동체 단위의 자율적인 분쟁해결 방식, 즉 피의 보복(feud) 등에 의해 분쟁을 해결한 반면, 경제, 문화적으로 좀 더 고도로 조직화된 부족들은 사회 전체의 이익을 대변하는 중앙 정부(central authority)가 개입하여 피의 보복을 금지하게 되었다는 결론을 제시한다.

116) 이 점에 대한 정치한 논증과 풍부한 전거의 제시로는 Richard R. Cherry, 앞의 논문, 122-150면 참조. 현대의 형법학자들도 "형벌의 근거에는 복수의 관념이 스며있고, 현재까지도 일상적 법감각에 영향을 미치고 있다."고 보고 있다. 이에 대해서는 신동운·한인섭·이용식·조국·이상원, 로스쿨 형법총론, 2009, 1면 참조.

117) 물론 바마쉬 교수 역시 고대 메소포타미아 사회에서도 살인자를 직접 처단하고(strike down the killer)

한 관습을 완전히 없애기 보다는 고의적 살인에만 피의 보복을 허용함으로써 사회 구성원들의 가장 원초적이고 보편적인 복수감정과 조화를 도모하는 이원적 구조를 채택했다고 해석하는 것이 더 적절하다고 본다.

5.1 과대 일반화의 오류

이 점은 바마쉬 교수의 논증 과정에 드러난 한계점을 지적함으로써도 지지될 수 있다. 우선 그가 살인에 대한 메소포타미아 사회의 규율태도를 보여주고 있는 법률문헌(legal documents)으로 주로 참조하고 있는 것들을 자세히 살펴보자. 그는 당대의 법적 관행에 대한 보다 입체적인 접근을 위해 법전(law codes)은 물론 남아 있는 소송기록(records of legal proceedings)까지 종합적으로 검토하고 있다.[118] 시대적으로는 신수메르시대(약 2100 B.C.)부터 신아시리아시대(약 700 B.C.)까지 폭넓게 다루고 있다.[119] 이 중 그가 가장 큰 비중을 두고 중점적으로 다루는 자료는 신아시리아 시대의 소송기록들이다. 그 이유에 대해서 그는 이 시기의 재판절차가 잘 기록되어 남아 있어서 당시 실제 소송의 진행모습을 가장 완전한 형태로 보여주기 때문이라고 한다.[120] 그러나 여기서 간과해서는 안 될 점은 함무라비 법전과 이 당시의 소송기록은 시대적으로 상당한 간극이 있다는 점이다. 신아시리아 시대는 함무라비 법전이 제정된 고바빌로니아시대(약 1700 B.C.)보다 훨씬 후대이다. 따라서 이 당시의 소송기록을 토대로 고대 메소포타미아의 법적 관행을 일반화 하는 것은 분명 무리가 있다고 본다.[121] 웨스트브룩에 따르면 고대 메소포타미아 사회는 수백 년 동안 변화가 거의

싶은 자들이 있었다는 점은 인정하고 있다. 하지만 그들에게는 그렇게 할 수 있는 법적 권리(legal right)가 없었다고 단정적으로 말하고 있다. 즉, 피해자의 가족들에게는 일정한 경우 형벌의 종류를 결정할 권리밖에는 없었다는 것이다. 그녀의 주장에 따르면 고대 메소포타미아에서는 살인 사건이 발생하면 누구든지(anyone) 관계당국에 고소를 할 수 있었고, 뒤이어 관계당국의 수사(official investigation)가 진행되며, 살인자를 처벌하기 전에 반드시 재판을 거쳐야 했다. 이는 살인이 발생하면 살인자를 직접 체포해 처형할 권리를 가진 피해자의 가족들이 모든 구제절차를 주도해 나가는 이스라엘과는 극명하게 대비된다고 한다. Pamela Barmash, 앞의 책(*Homicide in the Biblical World*), 26-27면.

118) 이외에도 살인을 다루고 있는 당대의 서신(letters)이나 조약(treaties) 등도 다루고 있으나 그의 논증과정에서 차지하는 비중이 낮고, 또 본고의 논지 구성에도 불필요하다고 판단되어 이에 대한 검토는 생략한다.

119) 그가 다루는 자료목록에 대한 상세한 설명으로는 Pamela Barmash, 앞의 논문(*Blood Feud and State Control*), 97-102면.

120) Pamela Barmash, 앞의 논문(*Homicide in Ancient Israel, the Ancient Near East, and Traditional Societies*), 96면과 132면.

121) 사실 이 점은 바마쉬 교수도 신중히 경계하고 있는 부분이다. Pamela Barmash, 앞의 논문, 102면.

없고 보수적인 사회였다고는 하지만,[122] 설령 변화의 속도가 느리더라도 완전히 정체된 (static) 사회란 존재할 수 없고 법적 관행은 사회경제적 변화상과 맞물려 얼마든지 변할 수 있기 때문이다.[123] 그러므로 함무라비 법전의 이원성을 입론하는 본고의 논지는 그의 전거들에 의해 논박되지 않는다.

5.1.1 웨스트부룩은 고대 근동의 법들이 역사적으로 개정과 보완을 거쳐 발전을 거듭해 왔다는 기존의 법진화 도그마(evolutionist dogma)를 비판하면서, 일반적으로 법제도는 그것이 뿌리내리고 있는 사회적, 지적 환경보다 앞서가지 못한다는 전제 하에, 고대 근동의 사회는 고정성(fixity)으로 특징을 지을 수 있을 만큼 변화가 없었고 정적이었기 때문에 고대 근동의 법들은 특별히 법의 발달(developments in the law)이라고 부를 만한 변화가 없었다고 주장하는 대표적 학자이다.[124] 나아가 그는 수백 년이 넘는 시간적 간극이 있는 고대 근동의 여러 법전들 간에 공통된 내용의 조문이 자주 등장하는 것은 오랜 세월동안 고대 근동의 법에 큰 변화가 없이 연속성(continuity)이 유지되어 왔음을 입증해 주는 근거라고 주장한다. 즉, 위 법전들은 각 편찬시기에 고대 근동지역에 존재했던 단일하고 정합적인 보통법의 일부(part of a single, coherent common law)로 보아야 한다는 것이다. 그동안 많은 학자들이 고대 근동의 법전들 간에 보이는 차이점에 중점을 두고 이는 사회적 변화를 반영한 실제의 법제도의 변화를 의미하는 것으로 해석해 온 것에 대해 이는 경험적 증거가 없는 법진화 도그마의 선입견에서 비롯된 추측에 불과하다고 일축하면서, 이를 반드시 그렇게 해석할 필요는 없다고 지적한다. 일례로 과거에는, 상해에 대해 주로 신체형을 규정한 함무라비 법전과 그보다 훨씬 후대의 법전이지만 주로 금전배상을 규정한 히타이트 법전의 형벌상의 차이점을 근거로 흔히 고대법의 발달과정을 "복수에서 법으로(from feud to law)"라는 명제로 특징지어 왔지만[125], 이는 함무라비 법전보다 시기적으로 앞서면서도 이미 상해에 대해 금전적 배상을 규정하고 있는 우르남무 법전과 에쉬눈나 법전이 새로 발굴되자 오히려 "금전적 배상을 요구하는 민사법(civil law pecuniary)[126]에서 신체적 형벌

---

122) 이러한 평가로는 Raymond Westbrook, Sudies in Biblical and Cuneiform Law, in: Chiers de la Revue Biblique 26 (Paris: J. Gabalda, 1988), 45-46면.

123) 동지의 Victor H. Matthews, The Anthropology of Slavery in the Covenant Code, in: Bernard M. Levinson (ed.), Theory and Method in Biblical and Cuneiform Law: Revision, Interpolation and Development (Sheffield: Sheffield Academic Press, 1994), 119-135면 참조. 미주리 주립대학(Missouri State University)의 종교학 교수인 매튜(Matthews)는 이 논문에서 언약법전(Covenant Code)의 노예에 관한 규정들이 사회경제적 변화를 반영하고 있음을 논증하고 있다.

124) 이러한 웨스트브룩의 견해를 논박하는 문헌으로는 Samuel Greengus, 앞의 논문, 62-72면.

125) G.R. Driver & John C. Miles, 앞의 책(The Babylonian Laws I), 501-502면.

126) 여기서 민사법(civil law)라는 표현을 쓰고는 있지만, 범죄에 대한 배상(compensation)이 현대적 의미의 순수한 민사배상(pure indemnification)을 뜻하는 것은 아니다. 이 점은 절도에 대해 절취한 물건의 30배 또는 10배의 배상을 명하고, 배상할 능력이 없는 경우 사형에 처하도록 규정한 LH 8 등을 보면

을 가하는 형사법(criminal law physical)으로"라는 명제로[127] 바뀌었다는 점을 지적한다. 고대 근동의 법에서 시간 순서대로 진행되는 연대기적(chronological) 발달과정을 일반적으로 논하기는 어렵다는 것이다. 또 그는 법전 상에 보이는 차이는 실제의 법제도의 차이를 반영하는 것이 아니라고 주장한다. 관련 전거에 따르면 고대 근동에서는 비록 각 법전에 신체형이나 금전배상 둘 중에 하나만 규정되어 있더라도 실제로는 신체형과 금전적 배상이 모두 선택적으로 – 일반적으로 금전적 배상이 불가능할 경우 신체형이 가해지도록 – 적용되었다는 점을 들어[128] 고대 법전들이 실제 법제도를 정확히 반영하고 있지 못함을 지적한다.[129]

5.2 'CT 29 42'와 'Nippur Murder Trial'의 재해석

물론 그는 고바빌로니아시대 및 그와 인접한 시대의 기록도 인용하고 있다.[130] 그가 책과 논문에서 일관되게 중점적으로 인용하는 대표적인 소송기록은 고바빌로니아시대의 CT 29 42[131]와 저 유명한 니푸어 살인재판(Nippur Murder Trial; 1900's B.C.)이다. 전자는 고바빌로니아시대의 왕 삼실루나(Samsiliuna)의 재위기간(1749-1712 B.C.)의 소송기록으로, 피해자의 두 아들이 피고인에 대해 살인을 교사해 그들의 부친을 사망에 이르게 한 후 부친의 재산을 가져간 혐의로 고소하여 살인사건과 재산의 소유권 여부를 다툰 사건이다.[132] 후자는 사건 발생이 기원전 1900년대 후반으로 추정되나, 기록된 자료는 고바빌로니아시대 초기의 것으로 전해진다. 많은 연구문헌에서 다루고 있는 매우 유명한 소송기록으로

잘 알 수 있다. 당대의 금전배상은 벌금 또는 속죄금(wergild)의 성격을 지니고 있었던 것으로 보인다. 이에 대해서는 Raymond Westbrook, 앞의 책(*Sudies in Biblical and Cuneiform Law*), 44-45면 참조. 요컨대 고대 법전에서 규정하고 있는 금전배상은 손해배상책임과 벌금의 성격이 뒤섞인 일종의 징벌적 손해배상(punitive damages)과 유사한 제도로 볼 수 있을 것이다.

127) 이러한 명제의 제시로는 A.S. Diamond, An *Eye of an Eye, 19 Iraq 151* (1957), 151-155면.
128) Raymond Westbrook, 앞의 책, 41-47면. 그의 주장을 입증해 주는 구체적 전거에 대해서는 47면 이하를 참조할 것. 역시 같은 입장으로 Umberto Cassuto, A Commentary on the Book of Exodus (Jerusalem: Magnes Press, 1967), 276-277면.
129) 이 점에 대해서는 Raymond Westbrook, 앞의 논문(*What is the Covenant Code?*), 23-28면.
130) 그는 함무라비 법전이 제정되기 전인 우르 제3왕조 시대(약 2100 B.C.)의 소송기록도 원용하고 있으나, 이도 역시 신아시리아 시대만큼은 아니지만 함무라비 법전 제정 당시의 사회상과는 평면적으로 비교하기 어렵다고 보이기 때문에 제외하기로 한다.
131) CT 29 42는 "Cuneiform Texts from Babylonian Tablets in the British Museum 29 (London: Trustees of the British Museum, 1971 <1910>), plates 42, 43, 41"을 뜻한다.
132) 동 문헌의 전체 내용에 대해서는 Pamela Barmash, 앞의 논문(*Homicide in Ancient Israel, the Ancient Near East, and Traditional Societies*), 301-303면 참조. 바마쉬 교수는 자신의 박사학위논문 뒷부분에 부록으로 그가 다룬 고대 근동의 살인사건과 관련된 문헌 전부를 원어와 함께 수록해 두었다.

서 니푸어133)에서 발생한 살인사건이다. 사실관계를 보면, 세 명의 남자가 닌다다(Nin-dada) 라는 한 여인의 남편을 살해한 후 여인에게 그 사실을 알려주었는데, 그녀는 함구하고 이를 관헌에 신고하지 않았다. 이에 대해 법원은 이미 그녀가 남편을 배신하고 다른 남자와 간통을 했기 때문이라고 보아 세 남자와 그 여인을 모두 사형에 처할 것을 선고한 사건이다.134) 바마쉬 교수는 이 사건들이 둘 다 국가가 개입하고, 사법절차에 따라 처리되는, 즉 메소포타미아의 살인죄 처리방식을 잘 보여주는 대표적 기록들이라고 소개하고 있다.

하지만 앞서 논급한 바와 같이 고의적 살인이라 하더라도 치정에 얽힌 살인과 같이 예방차원에서 경각심을 일으킬 만한 사건은 예외적으로 법정에서 다투어 졌다는 사실에 비추어 보면, 이 사건들 역시 사회적으로 주목을 받을 만한 특수한 사건들이었음에 주목할 필요가 있다. 재산을 빼앗기 위해 살인을 교사한다든지, 남편이 살해당한 사실을 신고하지 않은 것 등이 바로 그렇다. 이 사건들은 앞서 논급한 함무라비 법전의 부인의 남편살해 조문처럼(LH 153) 설령 고의적 살인이라 하더라도 특별히 법정에서 처리되었던 것으로 볼 수 있다는 것이다.135) 두 사건을 다른 시각에서도 볼 수 있는데, CT 29 42의 경우는 여러 심급을 거쳐 결국 최종적으로 왕이 판결을 내린 사건이었고, 니푸어 사건의 경우는 부인에게 남편의 살해에 대한 책임이 있는지 여부에 대해 다툼이 있었던 만큼 양자는 사안의 해결이 간단치 않고 해결하기 어려운 일종의 하드케이스(hard case) 임에도 주목할 필요가 있다고 본다. 바마쉬 교수는 고대 이스라엘에서도 하드케이스에는 어떤 경우 중앙정부나 왕이 재판에 관여할 수 있었음을 지적하고 있다.136) 그리고 당시 소송기록에 생략되지 않고 남아 있는 내용들은 당사자들 간의 다툼의 원인이 되는 계쟁사항들이었을 것이라고 추측하고 있다.137) 그렇다면 위의 두 소송기록은 모두 국가의 개입이 불가피할 정도로 해결하기

---

133) 니푸어(Nippur)는 기원전 1900년대 후반에 건립된 도시국가 이신(Isin)의 통치 하에 있던 지역이다. 이 판결에 등장하는 왕 우르닌타(Ur-Ninurta)는 이신왕조의 제6대 왕이다.

134) 이 사건의 전체 내용과 주석에 대해서는 Martha T. Roth, Gender and Law: A Case Study from Ancient Mesopotamia, in: Victor H. Matthews, Bernard M. Levinson, & Tikva Frymer-Kensky (eds.), Gender and Law in the Hebrew Bible and Ancient Near East (Sheffield: Sheffield Academic Press, 1988), 175-181면; Thorkild Jakobson, 앞의 논문, 196-214면; Pamela Barmash, 앞의 논문(*Homicide in Ancient Israel, the Ancient Near East, and Traditional Societies*), 297-300면을 참조할 것.

135) 그렇다면 당시 법전에 이 사건들과 관련된 조문들이 있어야 할 것이다. 참조할 만한 것으로는 LH 9, 153을 들 수 있다. 단, 이 조문들과 두 사건 간에는 유관성이 적다는 견해로는 Pamela Barmash, 앞의 논문, 127면과 129면. 필자가 보기에는 당시에 만일 유추가 가능했다면, 충분히 적용이 가능한 조문들이라고 생각된다.

136) Pamela Barmash, 앞의 논문, 225면.

137) 당시의 소송기록들에는 기소과정이나 증언의 내용 등에 대해서는 많은 경우 생략되어 있는데 그 이유

어려운 사건들이었다고 볼 수 있고, 만일 그렇지 않고 책임소재의 판단이 용이한 살인사건
은 아마도 고대 이스라엘처럼 피의 보복에 의한 사적인 처리절차에 맡겨져 있었다고 볼
수도 있을 것이다. 따라서 이 사건들을 토대로 고대 메소포타미아에서는 살인자가 반드시
국가의 개입과 사법절차에 따라 처형 되었을 것이라고 주장하는 것은 분명 성급한 판단이라
생각된다.

6. 보강논거

이상 고대 메소포타미아 사회에서 모든 살인이 국가의 개입과 사법절차에 의해서 처리
되었다는 주장에 대해 그 논증의 한계를 지적해 보았다. 이로써 함무라비 시대에 고의적
살인은 피의 보복에 의해 처리되었다는 본고의 논지는 여전히 유효하게 입론될 수 있다.
한편 전술한 바와는 다른 각도에서 이를 좀 더 보강해 주는 논거가 있어 이를 소개해 보기로
한다.

6.1 함무라비 시대 형벌의 집행방식

일반적인 견해에 따르면 함무라비 시대에는 재판을 담당하는 법원은 있었지만 판결을
집행하는 별도의 기관에 대해서는, 이를 입증해 주는 전거가 없기 때문에, 알려진 바가 없다.
경찰과 검사, 집행관의 존재에 대해서 알려진 바가 없다는 것이다. 법관에게도 형을 집행하
는 권한까지는 없었다. 국왕이나 고위관료, 법관 등의 지시를 받아 임무를 수행하는 'redu
m'[138]이란 공직이 존재하긴 했지만, 이도 역시 그 직함(title) 상 군인장교나 경찰을 뜻하는

에 대해서 그는 모든 과정을 다 기록해 둘 수는 없었을 것이고 "오직 계쟁사항들만 기록된 것이다
(only the contested matters are put down in writing)."라고 보고 있다. Pamela Barmash, 앞의 논문,
126면.

138) 단순히 어의적으로는 '심부름꾼(runner)' 또는 '수행원(follower)'를 뜻한다. 왕 또는 고위 관료 및 법관
등의 심부름꾼 역할을 했던 것으로 보인다. 이들의 직무는 다양했으며, 군인은 물론 특사(courier), 경
호원(escort) 등의 역할을 했다. 경우에 따라서는 도망간 노예를 붙잡아 오는 역할도 했다. 예컨대 LH
18의 도망한 노예에 관한 조문을 보면 "만일 그 노예가 주인이 누구인지 밝히지 않을 경우, 그 노예를
잡은 자(captor)는 그를 왕궁으로 끌고 가야 한다. 거기서 그 노예의 과거에 대한 조사를 마친 후, 그
노예는 주인에게 돌려보내 질 것이다(sum-ma erum su-u / be-el-su / la iz-za-kar / a-na egal /
i-ri-id-di-su / wa-ar-ka-su / ip-pa-ar-ra-as-ma / a-na be-li-su / u-ta-ar-ru-su)."라고 기록돼 있는 바,
여기에서 'ridu(끌고 감)'의 파생어구 'i-ri-id-di-su'를 확인할 수 있다. LH 109에서도 이를 확인할 수
있다. 군인장교로서 사용된 조문으로는 LH 26-41을 참조. 이상의 내용에 대해서는 G.R. Driver &

것으로 볼 수 있다는 점 외에 형의 집행까지 수행했음을 보여주는 증거는 없다. 문헌자료에 따르면 그의 직무는 주로 질서를 유지하고, 전갈(message)을 접수하며, 법정에 증인을 소환하는 것 등이었기 때문이다. 따라서 만일 형벌을 집행하고자 할 때는 군대의 힘(manu militari)을 동원했을 것으로 보인다. 또 많은 경우는 피해 당사자 측에 맡겨져 있었을 것으로 보이며, 그 구체적인 방식은 형벌 집행의 공정성을 위해 법관이 지켜보는 앞에서[139] 피해자의 가족 등이 직접 형을 집행하는 형태를 취했을 것이다.[140]

6.1.1 법문에 사용된 'iddak'과 'idukku'의 구분 필요성

이러한 추론은 함무라비 법전의 조문구조로부터도 지지될 수 있다. 함무라비 법전은 가해자에 대해 형벌을 부과하는 표현으로 두 가지 방식을 사용하고 있다. 어떤 경우는 "죽임을 당할 것이다(shall be killed; 아카드어로 iddak)"라는 수동태 표현을 쓰고 있고, 다른 경우는 "그들이 죽일 것이다(they shall kill; idukku)"라는 식의 부정(不定) 대명사가 주체인 능동태(indefinite active) 표현을 쓰고 있다.[141] 혹자는 법조문의 자구표현이 이렇게 다른 것에 대해 이는 우연에 불과하고 결국 사형을 부과하겠다는 것이므로 큰 의미를 둘 필요가 있겠냐고 반문할 수도 있겠으나, 전술한 바와 같이 함무라비 법전처럼 입법 기술적으로 정교하게 성안된 법전이 우연히 자구표현을 달리 하게 되었다고 생각하기는 힘들다고 본다. 이는 오히려 두 개의 상이한 처형방식, 예컨대 각기 다른 처형주체나 처형수단을 설정해 둔 것으로 보는 것이 옳을 것이다.[142] 그렇다면 과연 두 표현은 각각 어떠한 처형방식을 뜻하는 것이었을까?

6.1.2 구분의 타당성에 대한 논거

먼저 양자가 각기 다른 처형수단을 예정하고 있음을 알게 해 주는 단서가 있다. 함무라비 법전에는 죄인을 익사시켜 죽이는 수장형(drowning)이 여러 군데 규정되어 있다. 간통

John C. Miles, 앞의 책(*The Babylonian Laws I*), 113-114면. 'redum'에 대한 문헌학적(philological) 고찰로는 G.R. Driver & John C. Miles, 앞의 책(*The Babylonian Laws II*), 157면과 161면 참조. 드라이버와 마일즈는 'redum'의 직무가 프랑스의 'gendarme(근위병, 헌병, 경찰)'와 유사했을 것으로 보고 있다.

139) 이와 관련해 참조할 만한 조문으로는 법관 앞에서 집행하는 형벌을 규정한 LH 127을 참조.
140) 이러한 설명으로는 G.R. Driver & John C. Miles, 앞의 책(*The Babylonian Laws I*), 494면.
141) 아카드어로 'daku'는 "죽이다", "죽임을 당하다"라는 뜻을 지닌다.
142) 이러한 평가로는 G.R. Driver & John C. Miles, 앞의 책, 494-495면.

(adultery)143)과 근친상간(incest)144), 그리고 물을 타서(watering) 품질이 낮은 술을 판매한 경우145) 등에 있어서 입법자는 수장형이 가장 적합하다고 판단하고 있으며,146) 그 각각은 부정형 능동태(indefinite active)의 표현으로 처형된다. 또 화형의 경우도147) 마찬가지로 화재 현장에서 재물을 강탈한(looting) 경우, 범인을 즉시 그 불에 던지게(shall be cast into that very fire) 규정되어 있는 LH 25 단 한 조문을148) 제외하고는 모두다 능동형 표현으로 처형된

---

143) LH 129, 133, 143.

144) LH 155.

145) LH 108.

146) 간통과 근친상간의 경우 "물을 통해 죄를 씻는" 정화의 차원에서 수장형이 행해졌을 것이다. 한상수, 앞의 책, 110-111면 참조. 그리고 제108조의 경우에는 "물을 탔기 때문에" 그 범행방식에 상응하는 수장형을 부과한 것으로 보인다. 이 점에 대해서는 G.R.Driver & John C. Miles, 앞의 책, 495면 참조. 하지만 드라이버와 마일즈는 간통의 경우, 당시 바빌론에는 강이 가까이 있어서 상간자를 함께 처형하기에 편리했다는 점 이외에 어째서 수장형이 적합한 처형방식이었는지 이해하기 힘들다고 본다. 그러나 그들도 지적하고 있듯이 부친 사망 후 모친과 아들 간의 근친상간(LH 157)에 대한 화형에 정화의 의미가 있었다면(G.R. Driver & John C. Miles, 앞의 책, 320면과 495-496면), 수장형에도 정화의 의미가 있었다고 해석할 수 있을 것이다. 다만 드라이버와 마일즈의 견해는, 그들도 지적하듯이 신성한 강물(holy river)에 의한 신판(ordeal)과 이 경우처럼 단순한 처형인 수단으로서의 강물인 경우는 명백히 구분되어야 하는바, 이 점으로 미루어(G.R. Driver & John C. Miles, 앞의 책, 204-205면), 후자의 경우에는 강물에 신성(divinity)의 의미를 부여할 필요가 없다고 보기 때문에 비롯된 것으로 보인다. 이러한 신중한 태도는 아마도 고대 메소포타미아 사회가 이스라엘만큼 범죄에 대해 오염(pollution)의 의미를, 그리고 처벌에 대해서는 정화(purification)의 의미를 부여하는 종교적 사고방식이 강하지는 않다는 점을 고려한 것으로 보이며 그런 점에서 경청할 만한 것이라고 생각한다. 고대 이스라엘과 메소포타미아 사회에서 죄로 인한 오염과 정화의 의미에 대해서는 Pamela Barmash, 앞의 책(Homicide in the Biblical World), 94-115면 참조.

147) LH 110, 157.

148) 이 경우 수동형 표현이 사용된 데 대해 드라이버와 마일즈는 이 조문은 범인이 현장에서 체포된 경우(seized on the spot)로, 이러한 현행범은 재판할 필요도 없이 즉결심판(summary) 또는 린치를 가함으로써(lynch law) 처형하는 것이 허용되었기 때문이라고 설명하고 있다. 함무라비 법전에서 형벌은 범죄를 반영하기(The punishment reflects the crime) 때문에, 화재가 난 바로 그 자리에서 범인을 화형에 처할 수 있도록 성안되었다는 것이다. 즉, 재판에 의한 화형은 능동형으로 표현되어 있지만, 이 경우는 즉결심판의 일종이므로 예외적으로 수동태로 표현될 수 있다는 것이다. G.R. Driver & John C. Miles, 앞의 책, 108-111면과 495면. 그러나 이러한 해석론은 절도를 위해 주거침입을 시도하는 범인을 현장에서 '그들(they)'이 처형하도록 능동태로 규정하고 있는 LH 21과 비교할 때 일관성이 결여된다(같은 맥락의 출애굽기 22:2 참조). 따라서 보다 정합적인 해석이 필요하다. 이 경우 혼란스러운 화재 현장에서 진화에 급급한 피해자나 주변 사람들이 불을 끄는 척하며(put it out) 물건을 훔치는 범인을 발견, 체포해 처형한다는 것은 기대하기 어렵다. 그러므로 형의 집행을 담당했던 특별한 담당관, 즉 'redum'의 역할을 추측해 볼 수 있다. 전술한 바와 같이 'redum'은 경찰과 군인 경계선상의 다양한 공적 임무를 수행했던 직책이다. 그렇다면 화재 현장에도 파견되었을 수 있을 것이고(단, 문헌상의 입증거거는 찾지 못했다), 그 현장에서 범인을 체포하게 될 경우 즉결심판에 의해 처형을 집행했다고 보는 것이 더 타당하고 정합적인 해석이라고 본다.

다. 다음으로 주목할 점은 수장형과 화형 외에 범죄자를 말뚝에 꿰어 죽이는 척살형(impalement)에도 모두 형의 집행 주체로서 부정형 능동태 표현이 사용되고 있다는 사실이다. 결국 수장형과 화형, 척살형 등의 사형방법에 부정형 능동태 표현이 사용되고 있다는 것인데, 그렇다면 수동태 표현은 이들과는 상이한 처형수단을 예정하고 있는 것으로 추측해볼 수 있다.[149] 혹자는 이에 대해 수동태 표현은 굳이 처형수단을 특정할 필요가 없는, 즉 앞서 언급한 처형수단 중에 임의로 어떠한 처형수단도 가능한 경우에 사용된 것으로 추측할 수 있을 것이다. 하지만 수동태로 표현된 처형수단에 수장형은 분명 포함되지 않았을 것으로 보인다. 왜냐하면 수동태로 표현된 LH 21과 LH 227의 경우 목을 매달아 두도록(hang) 되어 있는데, 익사해 이미 강물에 가라앉은 시체를 다시 꺼내 매달아 둔다는 것은 기대하기 어렵기 때문이다. 이처럼 수동태 표현은 수장형에는 사용될 수 없고, 따라서 이 모든 처형수단을 임의로 선택할 수 있음을 예정해 사용되고 있는 표현이 아니다. 그렇다면 수동태 표현은 능동태 표현이 사용된 처형수단들과는 상이한, 법전 내의 또 다른 처형수단을 예정하고 있는 것이라는 추측도 가능할 것이다. 그러나 이것 역시 수긍하기 힘들다. 만일 그러하다면 능동태 표현처럼, 수동태 표현 '죽임을 당할 것이다(iddak)'가 사용된 각 조문마다 그 각각의 처형수단을 명시해 두었어야 할 것이기 때문이다.[150] 이상의 고찰로부터 다음과 같은 결론을 내릴 수 있다. 능동태 표현과는 다른 처형수단을 예정하고 있는 수동태 표현이 그 구체적 수단에 대해 명시적으로 언급하지 않고 침묵하고 있는 것은, 분명 특별한 형식의 처형방식을 예정하고 있다는 것이며, 그것은 아마도 통상적으로 승인된 방식에 따른(in the manner recognized as usual) 것이기 때문에 굳이 법전에 명시할 필요가 없었던 것으로 보인다.[151] 요컨대, 부정형 능동태 표현은 수장형과 화형, 척살형 등의 다소 잔혹한 방식의 처형수단을 예정하고 있는 반면, 수동태 표현은 그보다 제도적으로 정형화된 처형수단을 동원할 때 사용된 것이다.

6.1.3 'iddak'과 'idukku' 구분방식과 형집행의 주체

우리는 앞서 간통으로 인한 살인과 같이 세간의 주목을 끌고 사회적으로 경각심을 불러일으킬 만한 사건은 당사자들 간 피의 보복이 아닌 사법절차를 통해 해결되었을 것이라고

---

149) G.R. Driver & John C. Miles, 앞의 책, 497면.
150) G.R. Driver & John C. Miles, 앞의 책, 497면.
151) 드라이버와 마일즈는 그 수단에 대해 국가가 집행하기에 가장 단순하고 확실한 방법인 칼이나 도끼에 의한 참수형이었을 것으로 보고 있다. G.R. Driver & John C. Miles, 앞의 책, 498면.

결론내린 바 있다. 피의 보복이란 분쟁해결 수단은 점차 축소되어 고의적 살인에 대해서만 적용되었고, 고의적 살인 중에서도 치정에 얽힌 것 등은 일반예방의 목적에서 국가적 개입에 의해 해결되었다는 것이다. 그렇다면 고대 메소포타미아에서 사법제도의 발달과정은 일정부분 피의 보복을 축소시켜 온 역사라고 규정할 수 있을 것이다. 또 우리는 고대 메소포타미아 사회에서는 많은 경우 피해 당사자 측이 판결을 직접 집행할 수 있었을 것이라고 추정한 바 있다. 즉, 형의 집행에 당사자들이 직접 참여했다는 것이다. 단, 그렇다고 하더라도 철저히 사적인 방식으로 집행될 수는 없었고, 법관이나 기타 관계당국의 감시·감독 (supervision) 하에 형이 집행되었을 것이다. 이러한 입론이 옳다면, 추측해 보건대 부정형 능동태 표현이 사용된 경우는 바로 피해 당사자 측 또는 이해관계가 있는 공동체 구성원 등이 직접 형을 집행한 경우라고 추론해 볼 수 있다. 예컨대 간통의 경우(LH 129) 남편과 목격자 등이 처와 그 정부를 수장형에 처하거나, 또 근친상간의 경우에(LH 157) 그 가족들이 화형에 처하고, 女성직자(priestess)가 주점을 운영하거나 술을 마시기 위해 주점에 들어간 경우(LH 110), 다른 성직자들이 그 성직자를 화형에 처하는 등 형을 직접 집행했다는 것이다. 바로 그렇기 때문에 형을 집행하는 주체로서 부정대명사(they)가 사용된 것이다. 그렇다면 이와 달리 수동태 표현이 사용된 경우는 관계당국에 의해 선임된 담당관이 형을 집행하는 경우라고 볼 수 있을 것이다. 이러한 추론을 신빙성 있게 만들어 주는 두 조문이 있다. LH 108는 술집 여주인(alewife)이 물을 타서 값에 비해 질 낮은 술을 판매한 경우 이를 알고 분노한 손님들(they)이 그녀를 수장형에 처하도록 부정형 능동태 표현으로 되어 있으나, LH 109에서는 만일 술집 여주인이 범죄자들이 그 술집에 모여 있음에도 불구하고 이 사실을 관계당국(authorities)에 신고하지 않은 경우에는[152) 사형에 처해지도록(shall be put to death) 수동태 표현으로 규정되어 있는바, 이 경우에는 형집행관(official executioner)에 처형되었을 것으로 보인다. 수동태 표현이 사용된 경우에는 피해자의 가족이나 이해관계인이 아닌 별도의 담당관에 의해 형이 집행되었던 것이다. 이 점은 다음의 조문구조를 보면 더 분명해진다. LH 229는 만일 건축가가 부실공사로 집을 지어 건축주가 사망하면 사형에 처해 지도록 수동태로 표현되어 있다. 이에 반해 LH 230는 만일 이 때 건축주의 아들이

---

152) LH 109 원문은 "그들을 체포해 왕궁에 끌고 가지 않은 경우"라고 되어 있으나, 술집 여주인이 범죄자들을 체포해 끌고 간다는 것은 불가능한 일이다. 이러한 일을 수행하기 위해서는 앞에서 언급한 바 있는 'redum'이 파견되었을 것이다. 다시 말해 여주인이 왕궁에 신고를 하면, 왕궁에서 그를 파견하여 체포해 오도록 하였을 보인다. 이러한 추론은 왕궁으로 끌고 간다(hale)는 동사표현에 *"ir-di-a-am"*이 쓰인 점에서도 지지될 수 있다. 이점에 대해서는 G.R. Driver & John C. Miles, 앞의 책, 205면.

사망하면, '그들(they)'이 건축가의 아들을 사형에 처한다고 부정형 능동태로 표현되어 있다. 왜 동일한 사건으로 발생한 사고에서 피해자가 건축주인 경우와 그의 아들인 경우 다르게 표현되어 있는 것일까? 이는 바로 양자가 서로 상이한 집행방식을 예정하고 있다는 전제 하에서만 설득력 있게 해명될 수 있다. 즉, 건축주가 사망한 경우에는 피고인을 붙잡아 복수를 할 만한 물리적인 힘을(physical strength) 가진 자가 가족이나 친족들 중에 남아 있지 않을 수도 있다.153) 그래서 이 경우에는 국가가 형을 집행하도록 규정한 것이다.154) 이와 달리 아들이 사망한 경우에는 최소한 그의 아버지인 건축주와 그의 친족들이 직접 보복을 할 수 있을 것이다. 그래서 처형의 주체가 부정형 능동태로 표현되어 있는 것이다.155) 요컨대 능동태 표현은 국가에 의한 형집행을, 수동태 표현은 피해 당사자 측이나 이해관계인 등156)에 의한 직접적인 형집행을 예정하고 있는 것으로 보인다.

---

153) 피의 보복을 하기 위해서는 그 일을 하는데 필요한 물리적인 힘이 요구되며, 따라서 고대 이스라엘의 경우 그러한 복수를 할 수 있는 자(blood avenger)는 피해자와 가장 가까운 남성 친족(the closest male relative)이었다. 이에 대해서는 Pamela Barmash, 앞의 논문(*Homicide in Ancient Israel, the Ancient Near East, and Traditional Societies*), 42면. 피의 복수자의 자격을 이처럼 가장 가까운 남성 친족(the nearest male relative)에게 부여한 것은 비단 이스라엘뿐만 아니라 고대 사회에서 보편적이었던 것으로 보인다. 이 점에 대해서는 Raymond Westbrook, 앞의 논문(*The Character of Ancient Near Eastern Law*), 79면; Richard R. Cherry, 앞의 논문, 124면. 참고로 에스키모 원시부족들 중에는 피해자 살해 당시 즉각적인 피의 보복을 할 수 있는 자격을 갖춘 자가 유아라서 너무 어려 보복이 불가능할 경우에는, 살인자에 대한 처형을 장기간 연기하여, 그가 어느 정도 성장해 물리적 힘을 갖춘 후에 살인자를 처형하도록 하는 방식의 피의 보복도 발견된다. 이에 대해서는 E. Adamson Hoebel, 앞의 책, 87-88면.
154) 이처럼 피의 보복을 할 수 있는 가족이나 친족이 없는 피해자의 경우에 한하여 국가가 나서서 처형을 대신해 주었을 것으로 보는 견해로는 Raymond Westbrook, 앞의 논문, 78면. 추측컨대 법전의 이러한 태도는 사회적 약자의 보호를 천명하고 있는 동 법전의 태도에 비추어 볼 때, 충분히 납득할 수 있는 것이다. 피의 보복도 물리적 힘이 뒷받침되지 않으면 실현될 수 없기 때문이다. 함무라비 법전의 걸어에는 "강자가 약자를 억압하지 못하게(the strong may not oppress the weak)" 하려는 입법취지를 명확히 천명하고 있다. 여기서 약자의 예로 과부나 고아가 언급되고 있다.
155) 형의 집행을 표현함에 있어서 수동태(*iddak*)와 능동태(*idukku*)가 구분되어 쓰인 조문구조로부터 이러한 결론을 이끌어 내고 있는 탁월한 주석으로는 G.R. Driver & John C. Miles, 앞의 책, 497-498면 참조. 이에 대해 버스틱은 이런 식의 자력구제(self-help)가 형 집행에 동원되었다면 이는 곧 물리적 폭력에 의한 해결방식이 지배했던, 사법절차가 형성되기 이전의 과거로의 회귀를 의미하는 것이기 때문에 결코 선호되지 않았을 것이라고 보면서, 법원의 판결은 분명 그 당시에 (어떤 식으로든) 구속력이 있었을 것이라고 지적한다. 이는 충분히 제기할 수 있는 주장이지만, 입증해 줄 만한 전거를 전혀 제시하고 않고, 단지 추측에만 의존하고 있기 때문에 풍부한 문헌학적 지식과 조문구조의 분석을 통해 정치한 논증을 하고 있는 드라이버와 마일즈의 견해를 논박하기 힘들다고 본다. R. VerSteeg, 앞의 책, 62면 참조.
156) 여기서 형집행의 주체를 피해 당사자 측이나 이해관계인 등에 국한해서 설명했지만, 더 나아가 성난 군중에 의한 처형(mob violence)도 분명 처형의 한 방식으로 뿌리내리고 있었던 것으로 보인다. 고대 메소포타미아 사회에서 범죄는 공동체 전체를 위협하는(endangering the whole community) 것으로 여

6.1.3.1 이러한 이분법적 도식에 대해 웨스트브룩은 다음과 같은 반론을 제기하였다. '*iddak*'이 국가에 의한 처형을, '*idukku*'이 피해자 측 등의 사적 보복에 의한 처형을 예정한 것이라고 볼 경우, 왕실이나 평민의 도망노예를 자신의 집에 숨겨 두었다가, 전령관의 공식적 포고가 있음에도 불구하고 그 노예를 내놓지 않거나(LH 16), 자신의 집에서 숨겨둔 노예가 발견된 경우(LH 19) 노예를 은닉한 자를 국가가 처형해야(*iddak*) 하는 반면에 만일 어떤 사람이 이발사를 거짓 정보를 주어 노예의 표식을 지운 경우(LH 227)에는 왜 사적인 보복(*idukku*)에 의해 처형해야 하는지 합리적으로 설명할 수 없다고 한다. 또한 전술한 건축가의 사례에서 왜 건축주가 사망한 경우에는(LH 229) 보복을 집행할 사람이 없는지에 대해 의문을 제기한다. 아들은 물리적인 힘이 부족해 보복이 불가능하더라도 건축주의 친족이 그 임무를 수행할 수 있다는 것이다.[157] 웨스트브룩의 지적은 일견 타당해 보이지만, 조문을 좀 더 유의 깊게 검토해 보면 합리적 설명이 충분히 가능하다고 본다. 우선 도망노예사례의 경우 LH 16은 왕이 보낸 전령관의 공적인 포고에 위배되는 경우이므로 이는 왕에 대한 반역의 의미를 갖기 때문에 국가가 처형을 하는 것이 마땅하다. 또 도망노예를 집안에 은닉한 경우에는 LH 18에 비추어 볼 때, 이는 노예를 관리하는 국가의 공적 기능을 침해한 것이기 때문에 국가가 처형을 집행했을 것이다. 다만, 이발사를 속여서 노예의 표식을 지워 추적할 수 없도록 만드는 것은(LH 227), 노예를 훔친 후, 이발사를 통해 그 사실을 은폐하려 했던 것이므로, 노예를 절취당한 주인과 속임을 당한 이발사가 함께(they) 범죄자를 처형하고 그의 문 앞에 목을 매달도록(hang) 규정한 것으로 이해할 수 있다. 건축가 사례에 대해서 살펴보건대, 건축주가 사망할 경우 그의 아들이 없거나 물리적 힘이 부족해 보복이 불가능하더라도 그의 (남성) 친족이 보복을 집행할 수 있다는 웨스트브룩의 지적은 옳다. 앞서 설명한 바대로 보복은 그의 가까운 남성 친족(close male relative)이 할 수 있었기 때문이다. 하지만 사망한 건축주의 유족들 중에 그런 일을 할 수 있는 친족이 아무도 남아 있지 않을 수도 있다.[158] 함무라비 법전이 가능한 모든 일반적 상황을 상정하고 있는 현대적 의미의 법조문이 아니라, 과거의 개정된, 또는 중요한 판례를 집대성한 일종의 판례집이라는 점을 고려한다면, 동 조문은 바로 후자를 상정한 조문이고, 그렇다면 본고의 입론은 여전히 타당성을 잃지 않는다.

7. 소결론

이상의 조문구조에 대한 고찰로부터 다음과 같은 결론을 얻을 수 있다. 함무라비 법전

겨졌고, 따라서 자극과 상처를 받은(aroused and scared) 군중은 집단적 처벌 행동(punitive mass action)을 취했던 것이다. 이 점에 대한 상세한 논증으로는 Thorkild Jakobson, 앞의 논문, 205-207면.

157) Raymond Westbrook, 앞의 책(*Studies in Biblical and Cuneiform Law*), 53-54면.

158) 고대 그리스의 서사시대(Epic Period)에는 살인에 대해 보복을 해 줄 수 있는 친족이 부족할 때에 살인자는 부모와 본국으로부터 추방되었던 것으로 보인다(Odyssey, XXIII).

의 제정당시 고대 메소포타미아 사회에서 피의 보복은 대단히 지배적인 관습이었다. 도시국가가 형성됨에 따라 중앙권력이 점차 강해지자 국가는 사법적 개입을 통해 이 관습을 최소화시키기 위한 제도적 노력을 경주하였지만, 그 본질적인 부분에 있어서 이를 사법절차로부터 완전히 제거해 낼 수는 없었다. 그렇기 때문에 고의적 살인에 있어서는 그것이 세간의 주목을 끌 만한 사건이 아닌 이상 관습대로 사적인 보복에 처리를 맡기는 방식을 취하였고, 그 외의 살인사건은 법에 의한 사법절차에 따라 해결하도록 하는 이원적 방식을 채택하였다. 그런데 사법절차에 따른 형의 집행에 있어서도 일부는 국가가 이 직무를 담당하였지만, 일부는 여전히 피해자 측 가족들이나 이해관계인등이 직접 범죄자를 처형할 수 있도록 조문화 해 두었던 것이다. 우리는 앞에서 고대 이스라엘에서 피의 보복은 살인자가 도피성으로 은신한 경우, 그에 대한 재판의 결과를 직접 집행하는 것에 불과했다는 점을 살펴본 바 있다. 만일 이처럼 피의 보복을 판결의 집행을 피해자의 가족에게 맡기는 것으로 보다 넓게 이해할 수 있다면, 함무라비 법전은 조문 곳곳에 피의 보복을 명문화 해 두고 있다고 해석할 수도 있을 것이다. 국가의 개입과 사법절차를 전혀 거치지 않고 피해자의 가족이나 친족이 복수를 하는 것 말고도 형의 집행을 그들이 직접 담당하는 것까지 피의 보복에 해당하는 것으로 볼 수 있다면, 함무라비 법전은 바마쉬 교수의 주장과는 달리 오히려 피의 보복이 당시 메소포타미아 사회에서 널리 승인되어 뿌리 깊게 자리 잡고 있었음을 입증해 주는 전거가 될 수 있다는 것이다. 바마쉬 교수는 메소포타미아에서는 살인사건이 철저히 국가의 개입 속에 처리되었고, 피해자 측은 기껏해야 그 절차의 마무리 단계에서 형벌의 종류를 결정하는 정도의 역할만 담당했을 것이라고 주장했지만, 앞서 살펴본 바와 같이 많은 경우 피해자 측은 형의 집행에 직접 참여할 수 있었고, 고의적 살인의 경우에는 법원의 재판 없이도 살인자를 직접 처형할 수 있었던 것으로 보인다.

7.1 중세유럽은 사적 보복이 허용되던 사회였다. 가해자에 대한 보복은, 개인의 죽음을 초월해 대대로 존속하는, 모든 도덕적 의무 중 가장 신성한 의무였다. 특히 살인은 피해자 가족집단이 개입하게 되는 '피의 보복'을 불러왔는데, 이 용어는 친족에 의한 보복을 뜻하는 고게르만어 'faida'에서 유래한다. 피의 보복은 단지 가해자 개인에게만 가해지는 것은 아니었다. 보복을 당하는 집단의 연대성(passive solidarity)도 보복을 가하는 집단의 연대성(active solidarity)에 필적할 만큼 똑같이 강했기 때문에 어떤 지역에서는 살인자의 본인의 죽음 이외에 또 한 명의 그의 혈족 구성원의 죽음까지 요구되기도 하였다. 또 어느 소송에서 한 기사(knight)의 조카로부터 공격을 받았던 자가 그에 대한 복수로 그 기사에게 상해를 입힌 것은 정당하다고 판시한 사례도 발견된다. 그 조카의 행동은 그의 모든 친족과 관

런이 있다고 보았기 때문이다. 이 시기의 관련기록들 중에는 특히 귀족가문들 간의 오랜 반목을 다룬 것들이 많다. 이들에게 보복은 위신과 명예심의 표현이었고, 따라서 이를 포기 하게 하는 것은 현실적으로도 또 원리적으로 불가능한 것이었다. 보복은 일종의 '계급적 특 권(class privilege)'이었던 것이다. 그러나 중세사회는 그러한 보복을 무한정 허용할 수는 없었다. 보복에 의한 투쟁과 반목은 공공의 평화를 위협하게 되었고, 적절한 규제가 요구되 었기 때문이다. 다만 친족들 간의 집단적 연대성에 비롯된 보복감정은 상대방의 생명을 뺏 어 와야 할 만큼 치명적인 것이어서 평화의 가장 강렬한 옹호자들조차 마음 속 깊숙한 곳 에서는 어쩔 수 없이 따라야 하는 도덕법전(moral code)의 핵심을 이루고 있었기 때문에, 잉글랜드(England)를 제외한 대부분의 국가에서 관계당국은 이를 근절시킬 수도 없었고, 또 그럴 의사도 없었던(unwilling) 관계로 단지 그러한 관습이 더 극단적으로 표출되지 않 도록 완화하려는 노력만 기울일 수밖에 없었다. 즉, 피의 보복을 할 수 있는 조건과 그 절차 를 법제도화 함으로써 오히려 보복의 합법성을 인정하는 정책을 취했던 것이다. 따라서 당 대의 사법절차는 잘 규제된 피의 보복(regularized vendettas)에 다름 아닌 것이었다. 프랑스 아르투아(Artois) 지방의 아크자치헌장(Arques municipal charter)에서는 고의적 살인과 관 련해 영주에게는 살인자의 재산을, 그리고 피해자의 친족들에게는 그의 집안사람 중 한명 을(his person) 바치도록 — 친족들은 넘겨받은 자를 처형할 수 있었다 — 규정하고 있었 다. 고소권(right of lodging a complaint)은 거의 변함없이 피해자의 친족들에게만 주어져 있었고, 13세기까지도 플랜더스(Flanders)나 노르망디와 같이 당대에 가장 통치권 이 잘 확 립된 도시와 공국(municipality)에서조차 살인자(murderer)가 피해자의 친족들과 합의에 도 달하지 못할 경우에 군주나 법관도 그를 용서(pardon)할 수 없었다. 그러나 중세사회도 이 러한 보복관행이 영원히 지속될 수는 없었고, 머지않아 죽은 자에 대한 보복을 그만두어야 할 필요성이 제기되자, 고대의 관습에 따라서 당사자들 간의 화해를 위해 통상적으로 배상 을 하게 되었다. "창끝을 느끼고 싶지 않으면 너의 가슴을 향하고 있는 창을 사버려라."[159] 라는 앵글로 색슨족의 속담이 이를 잘 대변해 준다. 중세 이전의 바바리안 법들(past barbarian laws)[160]에는 각 계층에 따라 다르게 정해져 있는 화해금의 일정액이 상세히 규 정되어 있었고, 이는 프리지아(Frisia)나 플랜더스, 그리고 스페인 등 일부 지방 등 단지 소 수의 지역에서만 상당히 수정된 형태로만 남아 있었다. 그러나 바바리안 법들은 매우 다른 처벌의 전통을 지닌 지방 관습에 의해 대체되자, 과거에는 화해금 중 일부를 받음으로써 그로부터 일정한 이익을 얻던 통치권자들(governing powers)은 10세기부터 11세기동안 그 것을 청구할 힘을 잃게 되었다. 이처럼 화해금을 규정한 근거법이 사라졌다고 해서 화해금 을 지불하는 관습자체에 영향을 주지는 못했으며, 이 관습은, 평화를 지지하는 자들이 보다

---

159) "Buy off the spear aimed at your breast, if you do not wish to feel its points."
160) 여기서 말하는 바바리안 법이란, 저자가 명확히 밝히고 있지는 않지만 대략 A.D. 600- 900 사이에 제정되었던 '앵글로색슨법(Anglo-Saxon Law)', '프리지아법(Lex Frisionum)', '게르만법(Germanic Law)', '살릭법(The Salic Law)', 그리고 '서고트법(The Visigothic Code)' 등을 일컫는 것으로 보인다. 이들 법에는 계층에 따른 속죄금(wergild)이 상세히 기록되어 있다.

효율적인 범죄의 억제수단으로 옹호했던 신체적 형벌(physical penalties)과 경쟁하며 중세 말엽까지 지속되었다. 그 때부터 화해금 액수는 개별 사안에서 합의, 중재, 그리고 판결 등을 통해 결정되었다.161) 피의 보복과 마찬가지로 화해금의 지불은 친족집단 전체와 관련되었다. 경미한 해를 끼친 경우 화해금은 피해자에게 주어졌고, 고의적 살인이나, 토막살인 등의 경우는 피해자의 친족이 속죄금(wergild)을 수령했고, 가해자의 친족은 속죄금 지불에 기여했다. 단, 배상금의 지불은, 일반적으로 당사자 간 화해를 보증하는데 충분하지 않았다. 추가적으로 피해자 또는 그의 가족에 대한 공식적으로 사죄하거나 복종을 하는 행동이 요구되었다. 적어도 상대적으로 높은 신분의 사람들 사이에서는 대개 경의(homage)를 표하는 복종(subordination)의 제스쳐가 요구되었다. 이 경우에도 그러한 행동을 하도록 요구되는 것은 개인들이 아니라 집단이었다.162) 모든 면에서 한 개인의 행동은 그의 친족집단 전체에(throughout the circle of his kinsfolk) 연속적으로(in successive waves) 전달되었던 것이다.163)

8. 새로운 문제제기

이상 함무라비 법전에 고의적 살인에 관한 규정이 생략된 점에 대해 고찰해 보았다. 그와 관련된 여러 견해들을 비판적으로 검토해 보며 함무라비 법전의 취지를 가장 모순 없이 일관되게 설명해 낼 수 있는 해석론을 제시해 보고자 하였다. 그런데 우리에게 여전히 해소되지 않고 남아 있는 의문점이 하나 있다. 그것은 바로 고대 메소포타미아 사회에서는 과연 어떠한 메커니즘에 의해 피의 보복이 강제될 수 있었느냐는 것이다. 다시 말해 고대 이스라엘의 도피성 제도처럼 피의 보복이 실효성 있게 집행될 수 있도록 강제해 주는 제도적 메커니즘이 무엇이었느냐는 것이다. 그것이 과연 어떠한 방식으로 이루어 졌는지에 대해 명확히 전해주는 전거를 찾아보기 어렵다.164)

---

161) 블로흐는 화해금을 지불한 두 개의 극단적 사례로 1160년에 한 주교가 자신의 조카가 살해당한 데 대한 화해금으로 어느 귀족의 친족들로부터 교회(church)를 넘겨받은 예와, 1227년에 한 농부의 처가 남편의 살인자로부터 적은 액수의 돈을 화해금으로 받은 예를 들고 있다.

162) 예컨대 1208년 한 수도승(monk)의 집사는 자신이 상해를 입힌 한 영주(lord)의 집사(steward)에게 속죄의 경의(expiatory homage)를 표하기 위해서 자신의 친족 29명을 데리고 가야 했고, 1134년 한 부사제(sub-dean)가 암살된 후 부사제의 친족들은 살인자들 중 한명과 그의 공범들, 그리고 그의 신하들(vassals)은 물론 그의 친족들까지 포함해 총 250명 모두로부터 속죄의 뜻으로서의 경의(homage)를 받기 위해 회동을 하였다는 기록이 있다.

163) 이상의 중세 유럽의 피의 보복에 대해서는 Marc Bloch, 앞의 책, 125-130면.

164) 이러한 어려움의 호소는 Pamela Barmash, 앞의 논문(*Homicide in Ancient Israel, the Ancient Near East, and Traditional Societies*), 147-148면.

8.1 피의 보복 방식에 대한 의문

피의 보복은 많은 경우 살인자가 눈앞에 보이면 쫓아가 가격하여 죽이는 방식이었을 것이다. 하지만 그런 행동은 경우에 따라서 매우 무모하고 상당한 위험이 뒤따르는 일이기도 하다.[165] 상대방의 필사적 저항을 고려하면, 그러다가 오히려 보복을 실행하려던 자가 죽임을 당할 수도 있기 때문이다.[166] 또 애당초 양자 간의 물리적 힘의 불균형이나 사회적 지위의 격차로 인해 보복 자체가 불가능한 경우도 분명 존재했을 것이다.[167] 그런데 고대 메소포타미아 사회에서 고의적 살인은 순전히 그 피해자 가족과 친족이 사적으로 해결해야 할 사건(private affair)이라는 관념이 지배적이었다면, 보복이 여의치 않은 경우에 그 집행을 강제할 만한 제도적 장치가 과연 존재했는지,[168] 있었다면 무엇이었는지 실로 궁금하지 않을 수 없다. 이에 대해 우리는 다시 처음으로 돌아가 고대 근동의 다른 법전, LU를 다시 살펴볼 필요가 있다.

---

165) E. Adamson Hoebel, 앞의 책, 25-28면.

166) 그렇기 때문에 원시부족들의 예를 보면, 피의 보복방식으로서 살인자가 어떤 일에 몰두해 있을 때 몰래 접근해 죽이거나, 죽이기 전에 구두 선언(verbal pronouncement)을 통한 예비적 경고(preliminary warning)를 보내는 방법도 있었다. 이러한 예에 대해서는 E. Adamson Hoebel, 앞의 책, 88면. 중세유럽에도 복수를 하기 전에 사전 경고를 위해 일정한 기간(40일)을 정해두고 있었던 것으로 보이는 사례도 있다. Marc Bloch, 앞의 책, 126면.

167) 비슷한 생각으로는 Richard R. Cherry, 앞의 논문, 124면 참조. 여기서 사회적 지위의 격차란 신분계급 상의 차이만을 뜻하는 것은 아니다. 동일한 신분이라도 사회적 지위에 격차가 있을 수 있다. 다만 LH 의 태도에 비추어 볼 때, 고대 메소포타미아에서는 법이 신분에 따라 차등적으로 적용되었던 것으로 보인다. 예를 들어 상해 피해의 배상에 있어서도 자유민 계급 간에는 '뼈에는 뼈(LH 196)', '눈에는 눈(LH 197)', '이에는 이(LH 200)'로 동해보복의 원칙을 적용하였지만, 자유인이 평민이나 노예의 눈 또는 뼈에 상해를 가하면(LH 198, 199) 금전적 배상을 하였다. 마찬가지로 만일 자유인이 어떤 자유 인의 딸을 폭행해 사망에 이르게 하면 그의 딸을 사형에 처했지만(LH 210), 여자 노예를 폭행해 사망에 이르게 하면 금전배상을 하도록 하였다(LH 214). 이러한 맥락에서 드라이버와 마일즈는 이 당시에 동해보복의 원칙은 높은 신분의 사람들(men of honour)에게만 적용되었고, 신분이 낮은 사람들 (humble folk) 사이에서는 화해금(composition)이 더 보편적으로 선호되었다고 보고 있다. G.R. Driver & John C. Miles, 앞의 책, 502면. 동지의 J.J. Finkelstein, 앞의 논문, 96-99면.

168) 이러한 맥락에서 피의 보복 메커니즘에는 그러한 권위적 기구(authority)가 결여되어 있다는 견해로는 E.E. Evans-Prichard, The Nuer: A Description of Their Modes of Livelihood and Political Institutions of a Nilotic People (Oxford: Clarendon Press, 1968, Originally published 1940), xx면. 역시 동지의 Richard R. Cherry, 앞의 논문, 122-124면 참조.

8.2 LU와 LH의 정합적 해석

우리는 앞서 이 두 법전에 살인에 대한 규정이 — 비록 고의적 살인에 대한 규정인지 여부가 그다지 명확해 보이지는 않지만 — 들어 있다는 사실을 확인한 바 있다. 이는 무엇을 뜻하는 것일까? 함무라비 법전에 고의적 살인에 관한 규정이 생략된 것은 바로 그러한 범죄는 사적인 피의 보복에 맡기려는 취지였음은 전술한 바와 같다. 그렇다면 이를 반대로 해석한다면 LU는 LH와 달리 법적 절차에 의해 고의적 살인을 처벌하려던 것으로 볼 수 있을까?[169] 물론 그럴 가능성도 없지는 않다. 이는 바마쉬 교수의 주장과도 상통하는 해석이다. 그러나 그러한 해석은 본고의 입장과는 양립하기 힘들다. 전술한 바처럼 함무라비 법전에 고의적 살인에 대한 규정이 없는 것은 고의적 살인에 대한 전통적 처리방식을 따르겠다는 취지라고 본다. 그리고 그 전통적 방식이란 다름 아닌 사적인 피의 보복이었음은 전술한 바와 같다. 만일 LU의 태도가 고의적 살인을 철저히 국가의 개입과 사법절차에 의해 처리하려던 것이었다면 이는 모순된 결과를 초래하게 된다. 따라서 LU의 태도에 대한 좀 더 타당한 해석이 요구된다고 볼 수 있다. 그것은 다음과 같이 제시해 볼 수 있을 것이다. 고대 근동지역의 법전 중에서 가장 오래된 것으로 평가받고 있는 LU 1에 살인에 대한 처벌규정이 명문화 되어 있는 것은 그동안 사적인 영역에 머물러 있던 살인에 대한 처리방식을 앞으로는 법으로 강제하겠다는 뜻을 천명한 것으로 이해할 수 있다고 본다. 즉, 형의 직접적인 집행은 당사자들이 하지만, 그 집행의 실효성을 법의 강제력을 동원해 보장해 주겠다는 취지라는 것이다. 그 이유는 아마도 사적인 피의 보복이 경우에 따라서는 물리적 또는 사회적 힘의 불균형으로 인해 처음부터 불가능할 수도 있다는 점을 고려한 것으로 보인다. 다시 말해 피의 보복이 불가능한 경우에는, 바로 그러한 때에 한해서는 국가의 개입을 통해 살인자를 처형했다는 것이다.[170] 즉, 이 시기부터 피의 보복은 법적 권리로서 보호를 받을 수 있게 되었다는 것이다. 그 이전의 보복은 순전히 사적인 영역에 머물며 당대에 사회적으로

---

169) 우르남무 법전의 경우 살인에 대해서는 사형을 규정하고 있지만, 관련 문헌(NSG 41)에 의하면 실제 당대의 법은 좀 더 가혹했던 것으로 보인다. 고의적 살인자(murderer)는 사형에 처해지고 그의 재산과 처와 자식들은 희생자의 자식에게 넘겨졌다. 이에 대해서는 Bertrand Lafont & Raymond Westbrook, Neo-Sumerian Period (Ur III), in: Raymond Westbrook & Gary M. Beckman, A History of Ancient Near Eastern Law, Vol.I (Leiden; Boston: Brill, 2003), 219면. NSG 41의 내용에 대해서는 Pamela Barmash, 앞의 논문(*Homicide in Ancient Israel, the Ancient Near East, and Traditional Societies*), 291-292면 참조. NSG 41은 Adam Falkenstein, Die neusumerischen Gerichtsurkunden, volume 2, number 41(Munich: Bayerische Akademie der Wissenschaften, 1956)을 뜻한다.

170) 이 점에 대해서는 Raymond Westbrook, 앞의 논문(*The Character of Ancient Near Eastern Law*), 78면.

널리 통용되던 원시적 관습에 불과했을 것이다.[171] 그러나 그러한 관습에만 의존하다 보니 때때로 살인으로부터 보호받지 못하는 사회적 취약계층이 있음을 입법자가 인식하게 되었을 것이고, 따라서 전통적으로 정의(misarum) 관념을 중시했던[172] 메소포타미아의 입법자는 새로운 법을 통해 피의 보복을 법적으로 보호받을 수 있는 권리로 승격시키게 되었다는 것이다. 피의 보복은 법적 강제력을 통해 집행의 실효성이 담보되는 고대 근동의 고의적 살인에 대한 처리 방식이었던 것이다. 함무라비는 바로 그러한 전통적 방식을 그대로 유지코자 했던 것이다.

8.3 고대법의 발달과정

이러한 해석은 고대법의 일반적인 발달과정에도 부합된다고 본다. 많은 학자들은 고대 사회의 법이 다음과 같은 단계를 거쳐 진화한 것으로 보고 있다. 첫째 단계는 '자연상태(state of nature)'에서 혈연집단이나 개인이 피의 복수를 함으로써 동해보복적인 배상(talionic reparations)을 얻어내는 단계이다. 이 단계는 개인적 또는 집안 간의 복수가 지배하던 시대이다. 상해를 입으면 받은 만큼 상해를 가함으로써, 살해를 당하면 가해자를 처형함으로써 분쟁이 해결되었다. 그런데 이처럼 분쟁의 해결이 관습에만 의존하다 보니 그 처리과정에서 여러 유형의 분란이 발생할 수밖에 없었다. 예컨대 가해자 측이 자신의 범행사실을 시인하지 않는 경우도 있었을 것이고, 보복을 당한 자의 가족이 거기서 그치지 않고 또 다시 보복을 감행함으로써 피의 보복이 계속되는 악순환에 빠져 공동체의 평화와 질서가 위협받기도도 했던 것이다.[173] 또 살인에 대한 손해배상의 청구가 제대로 이루어지지 않는 경우도 있었을 것이며[174] 전술한 바와 같이 물리적 또는 사회적 힘의 불균형으로 인해 보복이 불가

---

171) 이러한 의미에서 아일랜드 더블린(Dublin) 대학의 형법 교수인 체리는 피의 보복을 다음과 같이 정의한다. "The blood feud proper is revenge guided and limited by customs." Richard R. Cherry, 앞의 논문, 145면.

172) 이 점에 대해서는 Martha T. Roth, 앞의 책(*Law Collections from Mesopotamia and Asia Minor*), 4-5면. 고대 메소포타미아의 정의관념에 대해서는 R. VerSteeg, 앞의 책, 45-50면 참조. 버스틱에 따르면 고대 메소포타미아의 정의관념은 다음과 같은 요소로 구성되어 있다고 한다. 1) 강자나 부자의 억압으로부터의 자유(freedom from oppression by the strong and rich) 2) 공공의 안전 3) 경제적 번영 4) 평화 5) 질서 6) 진리 7) 분쟁 해결절차의 존재.

173) G.R. Driver & John C. Miles, 앞의 책, 501-502면.

174) ADD 618(C.H.W. Johns, Assyrian Deeds and Documents: Volume 1, second edition, Cambridge: Deighton, Bell and Co., Ltd., 1924, number 618)을 참조. 이 기록은 살인 피해자 가족 중 한 사람이 손해배상을 청구하러 살인자에게 갔다가 또다시 살해당하자 살인자가 거주하는 마을의 주민들이 피

능한 경우도 있었을 것이다. 따라서 이러한 일련의 문제점들을 해결할 필요성이 사회적으로 제기되자, 그 해결을 위해 국가나 공동체가 개입하기 시작하였던 것이다. 두 번째는 초기의 국가(early state)나 공동체가 현존하는 피의 보복(vendetta) 관습을 인정하면서도 이를 감시·감독하는(supervise) 단계이다. 다시 말해 양 당사자 간의 피의 복수가 공식적 심리(formal hearing)를 통해 집행될 수 있도록 국가나 공동체가 개입해 강제하는 단계이다. 즉, 복수의 집행은 여전히 피해자 측이 직접 하지만, 그 사안의 심리과정에 국가나 공동체가 개입함으로써 사안을 공정하고 실효성 있게 해결하고자 했던 것이다. 피의 보복을 제한하려는 노력은 계속되어 세 번째는 국가가 법을 제정, 집행함으로써 피해자 측의 복수를 대신 실행하는 단계이다. 오로지 국가만이 정당하게 폭력을 행사할 수 있도록 한 단계이다.175)

8.4 함무라비 법전의 과도기적 성격

그렇다면 우르남무 법전은 바로 이 중에서 바로 두 번째 단계에서 세 번째 단계로 이행하는 과도기에 해당한다고 볼 수 있을 것이다. 피의 보복이 철저하게 당사자들 간의 사적 문제로 취급되지 않았고, 본고의 논지대로라면 그렇다고 피의 보복 관습을 완전히 제거하여 형벌의 집행권한을 완전히 국가에게 부여하고 있는 것도 아니었기 때문이다. 이러한 과도기적 특성은 함무라비 법전에서도 확인되는데, 앞서 논급한 바와 같이 함무라비 법전은 많은 경우 형의 집행을 당사자 측에 맡기는 규정방식을 취하고 있다. 다만, 우르남무나 함무라비 법전에서도 여전히 피의 보복 관습은 완전히 제거되지 않았음에 유의할 필요가 있을 것이다. 고의적 살인에 관한 한, 실행이 가능한 경우 분명 사적인 보복에 그 처리가 맡겨져 있었을 것이기 때문이다.

해자 측에 대해 피해자에 대한 손해배상금을 지급하도록 결정한 사례이다.

175) 이러한 정식화로는 Pamela Barmash, 앞의 책(*Homicide in the Biblical World*), 173-174면. 그녀는 피의 보복을 제한하려는 법 발달의 마지막 단계로서 국가가 폭력을 제거하고 가해자에게 동해보복(talionic reparations)을 하는 대신 금전적 손해배상(monertary damage)을 요구하는 단계를 제시하고 있지만, 이 단계는 많은 학자들이 지적하듯이 시간적인 순서에 따라 연대기적으로 도달하는 단계는 아닌 것으로 보이므로(5.1.1 참조) 여기서 제외하기로 한다. 함무라비 법전보다 앞서지만 이미 금전적 배상을 규정한 우르남무 법전과 에쉬눈나 법전의 발견은 이러한 비판논의를 촉발시켰다. Pamela Barmash, 앞의 책, 174-175면.

9. 최종 결론

자, 그러면 이제 최종 결론을 내릴 때가 되었다. 본고의 해석이 옳다면, 보통살인죄를 규정하지 않은 함무라비 법전의 의도는 고의적 살인(murder)을 기타의 다른 살인(manslaughter)과 달리 국가의 개입과 사법절차에 따라 처리하지 않고, 당시의 전통적인 처리 방식이었던 피의 보복(blood-feud)에 맡기려는 것이었다. 단, 사적인 피의 보복이 불가능한 경우에는 국가의 개입에 의해 형의 집행이 법적으로 강제될 수 있었다.

9.1 누에르(Nuer)족의 피의 보복 아프리카 수단 남단의 나일강 기슭과 사바나 지역에 사는 누에르족에게 피의 보복(blood-feud)은 부족적 제도(tribal institution)이다. 그것은 가해자로부터 피해에 대한 배상(reparation)을 받아 낼 수 있는 장치이기 때문에 법의 위반(breach of law)이 있을 때에만 발생한다. 피의 보복을 당할 수 있다는 데 대한 두려움은 사실상 부족 내에서 가장 중요한 법적 제재(legal sanction)이며, 또 개인의 생명과 재산을 보장해 주는 주요한 담보장치(main guarantee)이다. 만일 피의 보복이 제도적 장치가 아니라면, 부족 내에서 발생한 살인에 대한 한 공동체의 다른 공동체에 대한 보복의 시도는 해결의 가망이 없는 '부족 간 전쟁 상태(a state of intertribal war)'가 될 수밖에 없을 것이다. 피의 보복이 발생하게 되는 과정은 다음과 같다. 누에르 사회에서는 어느 한 사람이 다른 사람으로부터 상해를 입을 경우, 고소를 하거나 회복을 받아낼 수 있는 어떠한 권위 있는 관계 당국(authority)도 존재하지 않는다. 따라서 피해자는 자신에게 해악을 가한 자에게 즉시 결투(duel)를 신청하게 되고, 그 결투신청은 반드시 받아들여져야 한다. 달리 분쟁을 해결할 방법이 없기 때문에 결투를 신청할 수 있는 용기만이 타인의 공격으로부터 즉각적으로 자신을 보호할 수 있는 유일한 방법이다. 오로지 혈족이나 연령집단(age-set)[176] 내의 지위에 의해 무력에의 호소가 억제되는 경우에만 피해자는 그러한 결투신청을 주저하게 된다. 그 경우 피해자는 주변 사람들에게 조언을 구할 수도 없고, 또 아무도 그러한 불필요한 조언에 응하지 않을 것이기 때문이다. 누에르족은 어린 시절부터 싸움에 의해 분쟁을 해결하도록

---

176) 연령과 성(性)이 같은 사람들로 이루어진 집단. 관습을 존중하는 사회에서는 태어나면서부터 또는 일정한 나이가 되면서부터 고유한 명칭을 갖는 일련의 단계들로 이루어진 연령집단의 일원이 된다. 단계마다 독자적인 지위나 사회적·정치적 역할이 주어지며, 이때 각 단계는 주로 나이로 등급이 매겨진다. 같은 연령집단 구성원들 사이는 서로 동등하지만 연령이 낮은 집단과 높은 집단 사이에는 차별과 종속관계가 있다. 연령집단은 소년에서 성년이 되는 통과의례를 기준으로 대략 10년의 간격을 두고 나누어지며, 누구나 평생 동안 처음에 들어간 집단의 일원으로 있게 된다. 누에르족에는 성년식 통과의례를 제외한 연령등급체계가 없으며, 각 연령집단마다 주어지는 명확히 규정된 역할도 없다. 맨 위 연령집단의 일원들이 모두 죽게 되면 바로 아래 등급의 연령집단이 서서히 공인된 원로의 지위로 올라간다.

길러지며, 결국 싸움의 기술 습득을 가장 필요한 훈련성과로, 용기를 최고의 가치로 여기며 성장하게 된다. 동일한 부족 내 가까운 이웃 간의 결투에 있어서는 지켜야 할 두 개의 관례가 있는데, 그 하나는 살인이 벌어지지 않게 하기 위해 창은 사용할 수 없다는 것이고, ― 대신 곤봉을 이용한다. ― 또 하나는 가까운 친족도 싸움에 끼어들 수 없다는 것이다. 한편 서로 다른 마을 사람들 간의 싸움에 있어서는 창을 사용한다. 이 경우에는 두 마을의 모든 남성들이 싸움에 참여한다. 그리하여 상당한 인명의 손실을 가져 오고 나서야 싸움은 종료된다. 누에르족은 이 점을 잘 알고 있기 때문에 극도로 분개한 경우가 아니면 이웃 마을과의 싸움이 시작되는 것을 꺼린다. 이럴 경우 표범가죽을 걸친 족장(leopard-skin chief)이나 마을의 원로들(elders)이 중재에 나설 것을 원한다. 이와 같은 싸움 도중에 한 사람이 목숨을 잃게 되면 피의 보복이 개시된다. 살인이 발생하면, 살인자는 그가 흘리게 만든 피로부터 자신을 정화하기 위해 서둘러 표범가죽을 걸친 족장의 집으로 가서, 자신이 초래한 보복의 위협으로부터 벗어날 수 있는 성소(sanctuary)를 찾게 된다. 그는 거기에서 죽은 자의 피가 그의 몸으로부터 흘러나올 때까지 먹거나 마시지 않는데, 그 이유는 죽은 자의 피는 어떠한 방식으로 그의 일부가 된 것으로 여겨지기 때문이다. 피가 흘러나오게 하기 위해 족장은 사냥용 창으로 어깨에서 아래방향으로 베어서 그의 팔에 한두 개의 수직 상처를 낸다. 살인자는 족장이 희생 제물로(sacrifice) 바칠 수 있도록 수송아지, 숫양 또는 숫염소를 그에게 제공한다. 사망자의 친족들이 그가 살해당한 사실을 알게 되면, 곧 그들은 살인자에 대해 복수를 하기 위해 그를 찾아 나선다. 부계친족(paternal kinship)에게 있어서 보복은 가장 구속력 있는 의무(most binding obligation)이며, 모든 의무들의 축소판(epitome)이기도 하다. 따라서 살인에 대해 보복하기 위한 노력을 기울이지 않는 것은 친족의 크나큰 수치가 된다. 족장은 신성한 지위를 지니기 때문에 그의 집에서 피를 흘려서는 안 되는 바, 살인자가 족장의 집에 머무는 동안에는 그는 도피처를 갖게 되지만, 피해자의 친족은 수시로 그를 감시하며 만일 그가 성소를 벗어나게 되면 그를 죽일 수 있는 기회를 얻게 된다.177) 이런 상태가 수 주간 지속되고 난 후, 족장은 피해자의 유족들과 분쟁 해결을 위한 협상을 시작한다. 피해자의 유족들은 처음에는 대개 이러한 협상을 거절하는데, 그렇게 하는 것이 바로 명예를 지키는 데 있어서 핵심적 행동이기 때문이다. 하지만 거절이 곧 사망의 대가로서 가해자 측이 제시한 배상금(compensation)178)을 받기 싫다는 뜻은 아니다. 이 점을 잘 아는 족장은 협상을 받아들일 것을 주장하거나, 심지어 위협을 하기도 한다. 그럼에도 불구하고 그들은 족장의 설득이 한계에 도달할 때까지 기다려야 하며, 마침내 더 이상 거절하지 않고 협상을 수용하게 될 때에는 그 이유가 사자의 목숨에 대한 대가로서 배상금

---

177) 이 점은 고대 이스라엘의 도피성제도와 매우 유사하다. 도피성으로 피신한 살인자는 보복을 면할 수 있었지만, 도피성에 도착하기 전에 보복을 당할 수 있었고(신명기 19:10), 고의적(intentional) 살인이 아닌 것으로 판명이 난 살인자도 도피성을 벗어나는 순간 피의 보복을 당할 수 있었기 때문이다(신명기 19:6). Pamela Barmash, 앞의 논문(*Homicide in Ancient Israel, the Ancient Near East, and Traditional Societies*), 50면; Pamela Barmash, 앞의 논문(*Blood Feud and State Control*), 185면 참조.
178) 누에르족은 배상의 방식으로 소(cattle)를 이용한다.

(소)을 받아들일 준비가 되어 있어서가 아니라 사자를 명예롭게 하기 위해서라고 선언해야 한다. 배상금으로 40-50여 마리의 소가 필요했으며, 이를 수년에 걸쳐 피해자 측에 양도해야 했다. 20여 마리를 양도했을 즈음에 속죄의식이 거행되는데, 그렇게 해야만 비로소 살인자의 친족들은 보복으로 급습을 당할 수 있는 위협으로부터 벗어날 수가 있었다.[179] 살인은 살인범하고만 관계된 것이 아니라, 그의 가까운 남계 친족(close agnatic kinsmen)과도 관련이 있었다. 피해자의 친족들은 범인을 죽일 수 있는 권리뿐만 아니라 범인의 가까운 남계 친족들 중 임의로 선택해 죽일 수 있는 권리(right to kill any of his close agnates)도 갖고 있었다.[180] 또 가해자 측과 피해자 측 간의 상호 적대감은 배상금이 완전히 지급된 후에도 계속되었다. 그들은 어떤 곳에서도 음식과 술을 함께 먹고 마시려 하지 않았고, 살인자의 남계 친족은 피해자의 부계 친족을 피하려고 하였다. 작은 거동으로도 피해자 측을 자극해 싸움을 발생시킬 수 있었기 때문이다. 살인범행은 결코 잊혀 질 수 없었고, 그들의 원한(feud)은 세대를 넘어 후대까지 지속되었던 것이다. 그러나 이러한 혈족들 간의 잠재적 적대감(latent hostility)은 살인이 부족 단위의 집단에 속하는 자들 간에 발생했을 경우에만 지속되었다. 그보다 작은 단위의 집단 간에서 발생한 살인은 비교적 빠르게 해결되었고, 해결된 후에는 재발할 가능성도 적었다. 예컨대 한 친족 내에서 누군가 자신의 친사촌 (paternal cousin)을 살해한 경우, 20여 마리의 소만 제공하면 족했고, 원한은 그것으로 끝났으며, 곧 친족관계가 회복되었다. 이는 가까운 이웃 마을 사람들 간에 살인이 발생한 경우도 마찬가지였다. 친족이나 가까운 이웃 간에 발생한 살인은 배상금을 통해 해결되었고, 보복을 통해 살인자를 죽이는 것은 불가능했다. 만일 피의 보복이 허용된다면 그들 간에 원한이 지속되었을 것이고 결국 아무도 살아남을 수 없었을 것이기 때문이다. 집단생활은 원한 상태와는 양립할 수 없었던(Corporate life is incompatible with a state of feud) 것이다. 살인 사건이 피의 보복으로 발전할 가능성은 양 당사자들의 구조적 상호관계(structural interrelations of the persons concerned)에 의존해 있었던 것이다.[181]

II. 수수께끼의 해답

이상 함무라비 법전에 고의살인죄 조문이 없는 이유에 대해 가능한 하나의 해석을 제시

---

179) 누에르족의 보복관습은 중세 스칸디나비아 지역의 사적 보복 관습과 매우 유사하다. 중세 스칸디나비아에서도 살인자는 일단 도피처나 성소를 찾아야 했으며, 그곳에서 1년을 보낸 후에야 살인자는 비로소 배상금을 협상할 수 있었다. 만일 화해금이 받아들여지지 않으면 살인자는 2년을 더 도피처나 성소에서 보내야 했다. 이때의 배상금은 물질적 손해배상의 의미는 물론 피해자 가족들의 실추된 명예회복의 의미도 있었다. 이 점에 대해서는 Carl Ludwig von Bar, 앞의 책, 120-121면.
180) 따라서 그들은 살인범 모의 형제의 자손이나, 부의 자매, 그리고 모의 자매는 죽일 수 없었다.
181) 이상의 내용은 E.E. Evans-Prichard, 앞의 책(The Nuer), 150-158면을 요약한 것이다.

해 보았다. 논의를 단순화시켜 정리해 보자면, 우선 함무라비 법전에 고의살인을 다루는 조문이 없다는 사실에 의문을 제기하였다(1.1). 이에 대해 법전의 미복원된 부분 중에 고의살인을 다룬 조문이 있을 수도 있기 때문에, 동 법전의 조문배열상의 체계에 비추어 전 조문을 통해 고의살인의 죄는 규정되어 있지 않다는 점을 논증하였다(1.2). 뒤이어 제기된 의문은 과연 함무라비 법전을 현대적 의미의 완전한 형태의 법전으로 볼 수 있는가의 문제였다(2). 동 법전은 법전으로서의 포괄적 성격이 결여되어 있어 빠진 내용도 많고, 당대의 소송기록에서 인용된 예도 거의 찾아볼 수 없기 때문이다. 그렇기 때문에 동 법전은 서언과 결어에 비추어 함무라비의 통치를 선전하고 정당화하는 정치적 목적의 왕위해명서로 보아야 한다거나 실제의 법적용과는 관계없는 학술적 문헌에 불과하다는 주장도 제기되었던 것이다(2.1, 2.2). 만일 그러한 주장이 옳다면 굳이 왜 고의살인죄 조문이 빠져 있는가에 대해 의문을 품는 것은 무의미할 것이다. 이에 대해 당대의 법은 조문의 인용이 불필요한 판례법 계통이었고, 따라서 법전의 성격은 비록 현대적 의미의 성문법전은 아니지만, 당대의 판례법을 수정 및 보완하는 역할을 했던 일종의 제정법으로 볼 수 있다는 점을 입론하였다(2.2.1).

함무라비 법전에 살인죄 조문이 없다는 사실에 대해 두 가지 가능한 해석을 제시해 보았다. 첫째, 우연한 입법과오에서 기인한 것이라는 견해(3.1), 둘째, 당대의 고의적 살인은 사법외적으로 처벌되었을 것이라는 견해(3.2)가 바로 그것이다. 이에 대해 양자의 논거를 검토해 보고 후자의 견해가 타당함을 입론해 보았다. 함무라비 법전에는 고의살인에 대한 조문은 없지만, 기타의 살인 즉, 과실치사나 결과적 가중범 등은 여러 조문에 규정되어 있다. 이는 의도적으로 고의살인죄를 법전에서 제외시킨 것으로 해석할 수 있으며(3.2.1), 그 이유는 고의살인은 당대의 지배적 관습, 다시 말해 피의 보복(blood-feud) 관습에 맡겨두려고 했기 때문일 것이라고 결론을 내려 보았다(3.3). 요컨대 함무라비 법전은 고의적 살인과 기타 경살인(manslaughter)을 구분하여 전자는 사법외적인 불문의 관습에 의해 처리하고, 그리고 후자만을 법적 절차에 맡기는 이원적 방식을 취하고 있었다는 것이다. 나아가 동 법전이 이러한 방식을 채택할 수밖에 없었던 이유도 제시해 보았다(3.3.1).

이상의 결론을 확정짓기 전에 고대 근동지역에는 살인에 대한 두 가지 구제방식, 즉 사적 보복과 국가의 통제가 병존했으며, 이 중 사적 보복은 고대 이스라엘에서만 통용되었으며, 함무라비가 통치했던 메소포타미아 지역은 살인에 대한 국가의 통제가 보편적이었다는 반론을 검토해 보았다. 반론의 요지는 고대 이스라엘의 경우 살인이 가족이나 친척 등의 피의 보복(blood-feud)에 의해 처리되었지만, 바빌론 등 메소포타미아 지역에서는 국가의 개입에 의한 사법절차를 통해 처리되었고 살인 피해자의 가족은 절차의 종결단계에서 형벌의 종류를 결정하는 과정에만 극히 제한적으로 참여할 수 있었다는 것이다(4.1). 이에 대해 반론의 논거를 면밀히 검토해 보았고(4.1.2, 4.1.3), 이를 논증의 문제점을 지적해 함으로써 재반박하였다. 결론적으로 반론은 과대일반화의 오류를 범하고 있고(5.1), 자신의 주장을 입증하기 위해 제시한 대표적 문헌은 달리 해석될 여지가 충분히 있음을 보였다(5.2).

이상 반론에 대한 검토를 마친 후 본고의 입론을 더욱 신빙성 있게 만들기 위해 추가적인 보강논거를 제시해 보았다. 함무라비 법전은 가해자에 대해 형벌을 부과하는 표현으로 두 가지 방식을 사용하고 있다. 어떤 경우는 "죽임을 당할 것이다(iddak)"라는 수동태 표현을 쓰고 있고, 다른 경우는 "그들이 죽일 것이다(idukku)"라는 식으로 부정대명사가 주체인 능동태 표현을 쓰고 있다. 이는 곧 두 개의 상이한 처형방식, 예컨대 각기 다른 처형주체나 처형수단을 설정해 두고 있었음을 추측케 해 주며(6.1.1), 두 표현이 쓰인 여러 조문들을 통해 추측해 보건대, 능동태 표현은 수장형과 화형, 척살형 등의 다소 잔혹한 방식의 처형수단을 예정하고 있는 반면, 수동태 표현은 그보다 제도적으로 정형화된 처형수단을 동원할 때 사용된 것으로 보이며(6.1.2), 결론적으로 전자는 피해 당사자 측 또는 이해관계가 있는 공동체 구성원 등이 직접 형을 집행한 경우이고, 후자는 관계당국에 의해 선임된 형집행관이 형을 집행하는 경우를 예정한 것임을 입론하였다(6.1.3). 이러한 입론에 대한 반론도 있지만, 여전히 본고의 입장이 타당하다는 점을 밝혔다(6.1.3.1). 이상의 고찰에 의거, 함무라비 법전은 조문 곳곳에 피의 보복을 명문화 해 두고 있다고 해석할 수 있으며, 이는 피의 보복이 당시 메소포타미아 사회에서 널리 승인되어 뿌리 깊게 자리 잡고 있었음을 입증해 주는 전거가 될 수 있고, 따라서 함무라비 법전에 고의살인에 관한 조문이 없는 이유는 당대 메소포타미아에서는 고의살인이 피의보복 관습에 맡겨져 있었기 때문이라는 결론은 타당하다고 입론할 수 있었다(7). 아울러 직접적인 논거는 아니지만, 중세 유럽의 경우에도 피의 보복 관습이 뿌리 깊게 남아 있었음을 제시함으로써 본고의 입론이 신빙성 있음을 보여주었다(7.1).

끝으로 본고의 결론을 뒷받침하기 위해 마지막으로 남아 있는 문제를 검토해 보았다. 이는 함무라비 법전보다 시대적으로 앞선 법전인 우르남무 법전에는 고의살인에 대한 조문이 존재하고 있다는 사실이다. 함무라비 법전에 고의적 살인에 관한 규정이 생략된 것은 바로 그러한 범죄는 사적인 피의 보복에 맡기려는 취지였음은 전술한 바와 같다. 그런데 만일 LU의 입법취지가 고의적 살인을 철저히 국가의 개입과 사법절차에 의해 처리하려던 것이었다면 이는 본고의 입장과 모순된 결과를 초래하게 된다. 따라서 이에 대한 정합적

해석이 요청되는바, 그 해결의 실마리는 다음의 사실에서 찾을 수 있다. 사적인 피의 보복이 경우에 따라서는 물리적 또는 사회적 힘의 불균형으로 인해 처음부터 불가능한 경우도 있었을 것이다. 즉, 보복이 순전히 사적인 영역에 머물며 원시적 관습에 불과했던 시대에는 때때로 살인으로부터 보호받지 못하는 경우가 발생했을 것이다. 이러한 사회적 취약계층이 존재함을 입법자가 인식하게 되었을 것이고, 전통적으로 정의 관념을 중시했던 고대 메소포타미아의 입법자는 새로운 법전을 통해 피의 보복을 법적으로 보호받을 수 있는 권리로 승격시켰던 것이다. 요컨대, 사적인 피의 보복이 불가능한 경우, 바로 그러한 때에 한해서는 국가의 개입을 통해 살인자를 처형할 수 있었다는 것이다. 함무라비는 우르남무 시대부터 법적 권리로 승격된 피의 보복 관습을 그대로 유지코자 했던 것이다. 이러한 해석은 살인죄 조문을 두고 있는 LU의 입법취지에 부합되면서도 동시에 본고의 입장과 모순되지 않는 정합적 해석이다(8.2). 나아가 이러한 해석은 고대법의 일반적 발달과정에 비추어 볼 때, 타당성이 인정된다는 점을 입론하면서(8.3, 8.4), 결론적으로 본고의 해석이 옳다는 점을 최종적으로 확정지었다(9).

[16] 고대사회 사적 보복관습에 대한 진화론적 조명

Ⅰ. 머리말

"역사를 일별하면, 법은 사람들이 오늘날 '법률'이라고 부르는 것보다 훨씬 오래된 것임을 알 수 있다. 국가가 있기 전의 사회에서는 채집인과 수렵인들, 경작민과 목축민들에게는 규범화된, 무엇보다 성문화된 법이란 존재하지 않았다. 법은 이들 사회의 자연종교에 내재되었고, 따라서 법은 도덕과 하나였다. 사람들은 예컨대 소유권, 친족, 평등대우, 상호주의와 같은 법제도를 알고 있었지만, 그럼에도 불구하고 이들은 사례에 따라 파악되었을 뿐, 규범으로서는 파악되지 않았다. 그리고 이러한 법은 서민들의 설화나 전설 그리고 특히 동화를 통해 전승되었다. 원시사회의 경우 이 점은 오늘날에도 여전히 크게 다르지 않다."[1]

우리는 종종 '법의 기원'에 대해 의문을 품곤 한다. 국가에 의해 제정된 '법률'이라면 그 유래를 개정 및 제정관련 자료를 추적해 봄으로써 비교적 상세하게 확인해 볼 수 있지만, 그 이전의 법에 대해서는 사실 많이 알려진 바가 없다. 하지만 위의 인용문에서 아르투어 카우프만이 적절히 지적하고 있듯이 생활사실들 및 사물에 내재하는 질서로서의 '법'은 국가가 있기 전의 수렵·채집인들의 사회에서도 존재했던 것으로 보인다. 당시 법은 이들 사회의 관습이나 종교에 내재되어 있었고, 법과 도덕은 구분되지 않았다. 이러한 법은 성문화된 규범이 아닌 개별 사례에서 파악되었고, 설화나 전설을 통해서 전승되었으며, 오늘날 현존하는 원시부족사회에도 남아있는 것으로 알려져 있다.

이러한 고대사회의 법개념에 가장 잘 부합되는 것 중 하나가 바로 '사적 보복(vendetta)' 관습이다. 흔히 '피의 보복(blood feud)'으로 불리는 이 관습은 그 형태와 실효성에 정도의 차이는 있지만 대부분의 고대사회에서 발견된다. 국가의 공형벌권이 존재하지 않던 시절, 보복감정은 매우 강렬하고 치명적인 것이어서 마음 속 깊은 명령에 의해 따라야 하는 도덕률의 핵심을 이루고 있었다. 인간의 이러한 도덕적 성향은 이후 중앙집권적 국가가 탄생한

---

1) 아르투어 카우프만/김영환 역, 법철학 (나남, 2007), 305면 참조.

후에도 고의적인 살인죄 등에 대해 제한적으로나마 사적 보복이 허용되는 법제도를 유지시켰고, 오늘날까지도 국가형벌권의 배후에는 여전히 응보적 관념이 강력하게 작동하고 있음을 부인하는 사람은 없다.[2]

그런데 애초에 보복감정은 어떻게 생겨났을까? 이 질문은 "보복감정이라는 강력한 심리적 성향은 과연 어떻게 인간의 마음에 보편적으로 내재하게 되었느냐?"는 것이다. 이 질문은 어쩌면 답할 필요가 없는 것인지도 모른다. 너무나 원초적 감정이기 때문에 도덕적 판단의 전제가 될 뿐, 더 이상의 과학적 해명은 불필요한 일처럼 보이기 때문이다. 하지만 우리의 보편적인 심리적 기제에 대해 과학적인 설명이 시도되기 시작했다. 우리가 어떻게 현재의 모습으로 또 현재의 마음을 지니고 살게 되었는지에 대해 진화론의 진영에서 해답을 내놓기 시작한 것이다. 인간의 마음이 진화사에서 어떠한 적응과정을 거쳐서 현재의 상태로 작동하게 되었는지에 대해 연구하는 학문분과를 진화심리학이라고 한다. 본고는 진화론적 관점에서 인간의 보복감정의 기원에 대해 해명해 보기로 한다. 국가에 의한 공형벌권이 발생하기 전부터 고대사회의 확고한 법의 하나로 자리잡고 있었던 사적 보복 관습이 어떠한 진화적 메커니즘을 통해 탄생하게 되었는지 우선 진화심리학적 관점에서 해명해 볼 것이다. 이어서 사적 보복관습의 원형이 포괄적응도 면에서 불이익을 초래할 수 있음에도 불구하고 널리 전파될 수 있었던 이유를 진화론의 또 다른 일분야인 '밈이론(memetics)'을 통해 구명해 보기로 한다. 이를 통해 응보사상이라는 현대형법의 한 원류를 새롭게 바라볼 수 있는 창을 얻을 수 있을 것이라고 믿는다.

이하 본고에서는 우선 고대사회의 보복관습이 어떠했으며, 그 원형이 중세 유럽사회와 현대의 원시부족에게 어떻게 남아 있는지 살펴보고(II), 진화심리학의 관점에서 인간의 도덕성이 어떻게 진화해 왔는지 해명하며(III), 진화론적 도덕관이 부딪치게 되는 이론적 난점, 즉 범죄와 도덕성은 모두 포괄적응도를 높인다는 모순점이 어떻게 해소될 수 있을 것인지 그 가능성을 검토해 보고(IV), 고대사회의 사적 보복관습이 유전자-밈 공진화의 결과물이라는 가설을 새롭게 입론해 보고자 한다(V).

---

2) 현대의 형법학자들도 "형벌의 근저에는 복수의 관념이 스며있고, 현재까지도 일상적 법감각에 영향을 미치고 있다."고 보고 있다. 이에 대해서는 신동운·한인섭·이용식·조국·이상원, 로스쿨 형법총론 (박영사, 2009), 1면.

II. 사적 보복관습의 원형

1. 고대 근동의 사적 보복관습

함무라비 법전3)의 제정 당시 근동 지역에서는 살인이 가족이나 친족들에 의한 피의 보복(blood feud)에 의해 처리되는 관습이 지배했었다.4) 비단 아시리아뿐만 아니라 팔레스타인 지방5) 즉, 고대 이스라엘 사회의 히브리 법문화에도 그러한 관습이 있었다.6) 바빌론에서도 살인은 그 가족과 친족들에 의해 해결되어야 할 사적인 사건이라는 감정이 지배적이었고, 따라서 일반적으로 고의적 살인은 가족이나 친족들의 피의 보복에 의해 법적 절차를 거치지 않고 사적으로 처리되었다.7)

함무라비 법전에는 과실 등에 의한 살인(manslaughter)은 명문으로 규정되어 있는 반면, 고의적 살인에 대한 조문이 없다. 그 이유는 고의적 살인은 과실 등에 의한 살인과는 달리 비사법적인 방식, 다시 말해 불문의 관습을 통해 처리되는 전통을 따르고 있었기 때문이다.8) 함무라비 법전은 고의적 살인과 기타 기타살인을 구분하여 전자는 사법외적인 불문의

---

3) 잘 알려 있다시피 동 법전은 현대와 같은 의미의 법전(codes)이 아니고 구두로 전승되고 관행화 되었던 법들을 기록한 법모음집(law collections)이었다고 보는 것이 지배적 견해이다.

4) 살인에 대한 사적 보복을 인정하는 관습 비단 근동지역뿐만 아니라 고대 사회에서는 상당히 보편적인 현상이었던 것으로 보인다. 고대의 그리스와 게르만지역은 물론 중세의 스칸디나비아와 스위스 등에서도 사적 보복은 널리 인정되고 있었다. Carl Ludwig von Bar, *A History of Continental* Criminal Law (Boston: Little, Brown, and Company, 1916, Translated by Thomas S. Bell), 4-6면, 57-61면, 119-121면, 142-145면 참조.

5) G.R. Driver & John C. Miles, *The Babylonian Laws Vol. I -Legal Commentary-*, (Oxford: Clarendon Press, 1956), 60면.

6) C. Edwards, *The World's Earliest Laws* (London: Watts & Co., 1934), 113면; Edwin M. Good, Capital Punishment and Its Alternatives in Ancient Near Eastern Law, *19 Stan. L. Rev. 947* (1967), 952면.

7) Raymond Westbrook, The Character of Ancient Near Eastern Law, in: *A History of Ancient Near Eastern Law, Vol.I* (Leiden; Boston: Brill, 2003), 78-79면; G.R. Driver & John C. Miles, 앞의 책, 314면; C. Edwards, 앞의 책, 113면. 한편 고대 이스라엘법에서는 살인이 가족이나 친척 등의 피의 보복(blood feud)에 의해 처리되었지만, 고대 근동지역의 다른 국가들에서는, 농경사회였던 아시리아와 같은 일부국가를 제외하고는, 국가의 개입에 의한 사법절차를 통해 처리되었고 피해자의 가족은 절차의 종결단계에서 형벌의 종류를 결정하는 과정에만 극히 제한적으로 참여할 수 있었다는 견해도 있다. 이에 대해서는 Pamela Barmash, Blood Feud and State Control: Differing Legal Institutions for the Remedy of Homicide during the Second and First Millennia B.C.E., *63 Journal of Near Eastern Studies 183* (2004), 184-189면.

8) G.R. Driver & John C. Miles, The Assyrian Laws (Oxford: Clarendon Press, 1935), 33면. 드라이버와 마일즈는 함무라비 법전과 중세 아시리아 법전(MAL)에 살인에 대한 일반적 규정이 없는 것은 살인이

관습에 의해 처리하고, 그리고 후자만을 법적 절차에 맡기는 이원적 방식을 취하고 있었던 것이다.[9]

그렇다면 함무라비 법전은 왜 이러한 이원적 방식을 채택할 수밖에 없었을까? 고대 메소포타미아 사회에서 가족 및 친족들에 의한 피의 보복(blood feud)은 필연적으로 무차별적이고 끝없는 보복의 악순환을 가져왔을 것이 분명하다. 보복의 악순환은 공동체의 안녕과 평화에 큰 위협이 되었을 것이다. 그렇기 때문에 중앙권력이 성장함에 따라 국가는 피의 보복에 의한 해결방식을 점차 제한해야 할 필요가 있었다. 이러한 사회역사적 맥락에 비추어 보면 당대의 지배적 관습이었던 피의 보복을 근절할 수 없는 이상,[10] 함무라비 법전은 최대한 그 대상범위를 축소시키는 방식을 채택할 수밖에 없었던 것이다.[11]

한편 고대 이스라엘의 경우는 살인 피해자와 가장 가까운 남성 친족이[12] 피의 복수자(blood avenger)가 될 수 있었고, 피의 복수자는 살인자를 눈에 띄는 대로 직접 붙잡아 처형할 수 있는 권리를 갖고 있었다.[13] 고대 이스라엘에는 살인을 저지른 자가 도피해 머무를 수 있는 성소(sanctuary)로서의 도피성(city of refugee) 제도가 있었다.[14] 도피성 제도는 피해자

셈족의 관습인 피의 보복에 맡겨져 있었기 때문이라고 추정하고 있다.

9) 단, 사망한 피해자 외국인이어서 피의 보복을 집행해 줄 가족이나 친족이 없는 경우에는 국가가 개입해 처형을 해 주었을 것으로 보는 견해로는 Raymond Westbrook, 앞의 논문, 78면.

10) 유럽의 경우 중세시대까지도, 잉글랜드(England)를 제외한 대부분의 국가에서 피의 보복 관습이 사라지지 않고 지속되었는데, 그 이유는 대부분의 국가에서 정부 당국은 이를 근절시킬 수도 없었고, 또 그럴 의사도 없었던 관계로 단지 그 관습이 더 극단적으로 표출되지 않게 완화하려는(moderating the more extreme manifestations of practices) 노력만 기울였기 때문이라고 한다. 즉, 피의 보복을 할 수 있는 조건과 그 절차를 법제도화 함으로써 오히려 보복의 합법성(legality)을 인정하는 정책을 취했다는 것이다. 따라서 당대의 사법절차는 잘 규제된 피의 보복(regularized vendettas)에 다름 아니었다는 것이다. 이토록 피의 보복을 근절하기 어려웠던 것은 그만큼 가해자에 대한 증오감은 반드시 그의 생명을 빼앗아 와야 할 만큼 치명적인 것이어서 인간의 마음 속 깊숙한 곳에서도 어쩔 수 없이 따라야 하는 도덕법전(moral code)의 핵심을 이루고 있기 때문이다. 이 점에 대해서는 Marc Bloch, *Feudal Society, vol.1 ─ The Growth of Ties of Dependence* (Chicago: The Chicago University Press, 1970, Translated by L.A. Manyon) 128-129면.

11) 이러한 견해로 G.R. Driver & John C. Miles, 앞의 책(*The Babylonian Laws Vol. I*), 315면과 497-498면 참조.

12) 피의 복수자가 될 수 있는 자격에 대해서는 Pamela Barmash, Homicide in Ancient Israel, the Ancient Near East, and Traditional Societies, *A Doctoral Dissertation at the Department of Near Eastern Languages and Civilizations* (Harvard University, 1999), 42면 참조.

13) 이상의 내용에 대해서는 Pamela Barmash, 앞의 논문(*Blood Feud and State Control*), 184-189면.

14) 도피성 제도에 대해서는 성경에도 언급되고 있다. "사람을 쳐 죽인 자는 반드시 죽일 것이나, 만일 사람이 고의적으로 한 것이 아니라 나 하나님이 사람을 그의 손에 넘긴 것이면 내가 그를 위하여 한 곳을 정하리니 그 사람이 그리로 도망할 것이며(출애굽기 21:12-13)." 국내의 형법 교과서 중에서 유일하게

가족들의 보복권리에 일정한 제한을 가하는 장치로서, 그 제한방식은 다음과 같다. 우선 만일 살인자가 이곳으로 들어가면 피해자의 가족은 더 이상 그를 추적해 죽일 수 없다. 하지만 일단 도피성으로 들어간 살인자는 그 살인이 고의인지(intentional) 우연한 사고 (accidental)에 의한 것인지를 가리는 재판을 받아야 하며, 만일 우연한 사고로 발생한 것이라 면 살인자는 그 도피성에 계속 머무르며 보복으로부터 벗어날 수 있다.[15] 반면에 살인이 고의로 판명된 경우에 한해서만 살인자는 피해자의 가족들에게 처형을 위해 인도되었다.[16] 요컨대 살인자가 도피성으로 피신하기 전에는 우연에 의해 살인을 저지른 자조차 피의 보복 을 당할 수 있었기 때문에 살인자는 보복을 피하기 위해 일단 도피성으로 은신해야 했으며, 은신한 후 재판결과에 따라 도피성에 남거나 피해자의 가족들에게 형의 집행을 위해 넘겨졌 다는 것이다.[17] 이 경의 피의 보복을 담당하는 자의 임무는 재판의 결과를 집행하는 것에 다름 아닌 것이었다.[18] 또 한편으로 달리 보면 피의 복수자가 있었기 때문에 그것을 피하기 위해 마련된 도피성제도가 필요했던 것이기도 하다.

기원전 7세기 경 고대 근동의 제국이었던 신아시리아(Neo-Assyria)에도 피의 보복관습 이 존재했다. 하지만 이에 관한 법적 절차도 마련되어 있었던바, 살인자가 거주하는 마을이 피해자의 친족들에 대한 배상에 집단적 책임을 지도록 되어 있었다.[19] ADD 618[20]에 따르면 피해자의 가족들에게는 배상[21]을 청구할 권리가 있었고, 살인자가 속한 마을의 주민들은

고대사회의 도피성 제도에 대해 인식하고 있는 책으로는 임웅, 형법총론 (법문사, 2009), 12면. 단, 동 문헌에서는 도피처 제도로 언급되고 있다.

15) 살인이 우연에 의한 것으로(accidental) 판명이 나더라도 살인자는 도피성에 일정기간동안 남아있어야 했다. 우연에 의한 살인도 분명 범죄였으며, 피의 죄책(bloodguilt)을 면할 수 없었기 때문이다. 이 경우 도피성은 피의 보복으로부터 은신처의 기능과 동시에 살인으로 인해 고향과 가족 등으로부터 추방돼 구금(confinement)되는 장소의 기능을 모두 지니고 있었다. 이 점에 대해서는 Pamela Barmash, 앞의 논문(Homicide in Ancient Israel, the Ancient Near East, and Traditional Societies), 66-68면.

16) 살인자를 피해자의 가족들에게 인도하는 일은 살인자가 거주하는 도시의 장로들(elders of the killer's city)이 담당했던 것으로 보인다(신명기 19:12). Pamela Barmash, 앞의 논문, 55면.

17) 고대 이스라엘에는 예루살렘의 중앙법원 외에 지역 공동체 중심의 사법제도(local community-based system of justice) 잔존하였고, 바로 여기에서 장로들(elders)은 살인의 고의성 여부를 판단하는 재판관 (judge)의 역할을 담당하였다. 물론 그 판단이 힘들 경우에는 중앙법원에 도움을 청할 수도 있었다. 고 대 이스라엘의 사법제도에 대해서는 Pamela Barmash, Homicide in the Biblical World (Cambridge, UK; New York: Cambridge University Press, 2005), 35-36면.

18) 도피성제도에 대해서는 Pamela Barmash, 앞의 책, 50-59면 참조.

19) 이에 대해서는 Pamela Barmash, 앞의 책, 28-30면, 57-62면.

20) ADD 618은 "C.H.W. Johns, Assyrian Deeds and Documents: Volume 1, second edition, Cambridge: Deighton, Bell and Co., Ltd., 1924, number 618"을 뜻한다.

21) 이 경우의 배상금(compensation)은 현대적 의미의 순수한 민사배상(pure indemnification)을 뜻하는 것은

배상을 할 의무가 있었다. ADD 321[22])에 의하면 피해자의 가족들이 가해자 측에 배상을 청구하기 위해 도착하면 협상이 개시되고, 양 당사자는 배상물의 종류[23])와 양을 결정한다. 살인자는 만일 배상을 할 수 없을 때에 한해 사형에 처해졌다.[24]) ADD 164도 가해자가 배상금을 지급할 수 없는 경우에 체포된다는 내용이며, 이처럼 피해자의 가족들이 가해자에 대한 형벌의 종류를 결정할 수 있는 권리는 MAL A10[25])에서도 발견된다. 이상의 전거들을 종합하면, 고대 근동 지역에서 살인사건이 발생했을 때, 그에 대한 법적 절차가 진행되는 과정을 알 수 있는바, 살인자가 체포되면 피해자의 가족들은 살인자가 속한 사회적 집단(the social group to which the killer belonged)과 담당관의 중재 하에 배상에 관해 협상할 수 있었고, 양당사자 간에 합의가 되면 일정한 법적 절차에 따라 배상금이 지급되었던 것으로 보인다. 배상금을 지급할 수 없는 경우에는 살인자는 사형에 처해졌다. 이 과정에서 가해자 측은 집단적으로 배상책임을 졌음을 알 수 있다.[26])

현대 많은 학자들은 고대사회의 법이 다음과 같은 단계를 거쳐 진화한 것으로 보고 있다. 첫째 단계는 '자연상태(state of nature)'에서 혈연집단이나 개인이 피의 복수를 함으로써 동해보복적인 배상(talionic reparations)을 얻어내는 단계이다. 이 단계는 개인적 또는 집안 간의 복수가 지배하던 시대이다. 상해를 입으면 받은 만큼 상해를 가함으로써, 살해를 당하면 가해자를 처형함으로써 분쟁이 해결되었다. 그런데 이처럼 분쟁의 해결이 관습에만 의존하다 보니 그 처리과정에서 여러 유형의 분란이 발생할 수밖에 없었다. 예컨대 가해자 측이 자신의 범행사실을 시인하지 않는 경우도 있었을 것이고, 보복을 당한 자의 가족이 거기서 그치지 않고 또 다시 보복을 감행함으로써 피의 보복이 계속되는 악순환에 빠져 공동체의 평화와 질서가 위협받기도 했던 것이다.[27]) 또 살인에 대한 손해배상의 청구가 제대로 이루

아니었던 것으로 보인다. 이 점은 절도에 대해 절취한 물건의 30배 또는 10배의 배상을 명하고, 배상할 능력이 없는 경우 사형에 처하도록 규정한 함무라비법전 제8조 등을 보면 잘 알 수 있다. 당대의 금전 배상은 벌금의 성격을 지닌 것으로서 피해자 측과의 화해를 위한 화해금 또는 속죄금(wergild)의 의미를 지니고 있었던 것이다. 이 점에 대해서는 Raymond Westbrook, Studies in *Biblical* and Cuneiform Law, *Cahiers de la Revue Biblique, No. 26.* (Paris: Gabalda, 1988), 44-45면. 요컨대 고대 근동의 법제도에서 범죄에 대한 배상은 손해배상책임과 벌금의 성격이 뒤섞인 징벌적 손해배상(punitive damages) 과 유사한 측면이 있는 제도로 볼 수 있을 것이다.

22) ADD 321은 "C.H.W. Johns, Assyrian Deeds and Documents: Volume 1, number 321"을 뜻한다.
23) 관련 기록들에 의하면 배상의 방식은 돈은 물론, 양, 토지, 노예 등 다양했던 것으로 보인다.
24) 바로 이 점에서 살인자의 운명은 그가 속한 사회집단의 손에 달려 있었던 것으로 보인다. Martha T. Roth, Homicide in the Neo-Assyrian Period, *67 American Journal of Oriental Series* (1987), 361면.
25) 중세아시리아법(Middle Assyrian Laws) A10조.
26) Pamela Barmash, 앞의 책, 69-70면.

어지지 않는 경우도 있었을 것이며[28] 가해자측과 피해자측 간의 물리적 또는 사회적 힘의 불균형으로 인해 보복이 불가능한 경우도 있었을 것이다. 따라서 이러한 일련의 문제점들을 해결할 필요성이 사회적으로 제기되자, 그 해결을 위해 국가나 공동체가 개입하기 시작하였던 것이다. 두 번째는 초기의 국가나 공동체가 현존하는 피의 보복 관습을 인정하면서도 이를 감시·감독하는(supervise) 단계이다. 다시 말해 양 당사자 간의 피의 복수가 공식적 심리(formal hearing)를 통해 집행될 수 있도록 국가나 공동체가 개입해 강제하는 단계이다. 즉, 복수의 집행은 여전히 피해자 측이 직접 하지만, 그 사안의 심리과정에 국가나 공동체가 개입함으로써 사안을 공정하고 실효성 있게 해결하고자 했던 것이다. 피의 보복을 제한하려는 노력은 계속되어 세 번째는 국가가 법을 제정, 집행함으로써 피해자 측의 복수를 대신 실행하는 단계이다. 오로지 국가만이 정당하게 폭력을 행사할 수 있도록 한 단계이다.[29]

함무라비 법전을 비롯한 고대 근동의 제법전들은 바로 이 중에서 바로 두 번째 단계에서 세 번째 단계로 이행하는 과도기에 해당한다고 볼 수 있을 것이다. 피의 보복이 철저하게 당사자들 간의 사적 문제로 취급되지 않았고, 그렇다고 피의 보복 관습을 완전히 제거하여 형벌의 집행권한을 완전히 국가에게 부여하고 있는 것도 아니었기 때문이다. 이러한 과도기적 특성은 함무라비 법전에서 잘 확인되는데, 함무라비 법전은 많은 경우 형의 집행을 당사자 측에 맡기는 규정방식을 취하고 있었다.[30]

2. 중세 유럽의 보복관습

중세유럽은 사적 보복이 허용되던 사회였다. 가해자에 대한 보복은, 개인의 죽음을 초

---

27) G.R. Driver & John C. Miles, 앞의 책, 501-502면.

28) ADD 618(C.H.W. Johns, *Assyrian Deeds and Documents: Volume 1, second* edition, Cambridge: Deighton, Bell and Co., Ltd., 1924, number 618)을 참조. 이 기록은 살인 피해자 가족 중 한 사람이 손해배상을 청구하러 살인자에게 갔다가 또다시 살해당하자 살인자가 거주하는 마을의 주민들이 피해자 측에 대해 피해자에 대한 손해배상금을 지급하도록 결정한 사례이다.

29) 이러한 정식화로는 Pamela Barmash, 앞의 책(Homicide in the Biblical World), 173-174면. 그녀는 피의 보복을 제한하려는 법 발달의 마지막 단계로서 국가가 폭력을 제거하고 가해자에게 동해보복(talionic reparations)을 하는 대신 금전적 손해배상(monetary damage)을 요구하는 단계를 제시하고 있지만, 이 단계는 많은 학자들이 지적하듯이 시간적인 순서에 따라 연대기적으로 도달하는 단계는 아닌 것으로 보이므로 여기서 제외하기로 한다. 함무라비 법전보다 앞서지만 이미 금전적 배상을 규정한 우르남무 법전과 에쉬눈나 법전의 발견은 이러한 비판논의를 촉발시켰다. Pamela Barmash, 앞의 책, 174-175면.

30) 고대 근동지역의 사적 보복관습에 대한 폭넓은 소개로는 안성조, 현대 형법학 제1권 (경인문화사, 2011), 5-69면 참조.

월해 대대로 존속하는, 모든 도덕적 의무 중 가장 신성한 의무였다. 특히 살인은 피해자 가족집단이 개입하게 되는 '피의 보복'을 불러왔는데, 이 용어는 친족에 의한 보복을 뜻하는 고게르만어 'faida'에서 유래한다. 피의 보복은 단지 가해자 개인에게만 가해지는 것은 아니었다. 보복을 당하는 가해자 집단의 연대성도 보복을 가하는 피해자 집단의 연대성에 필적할 만큼 똑같이 강했기 때문에 어떤 지역에서는 살인자의 본인의 죽음 이외에 또 한 명의 그의 혈족 구성원의 죽음까지 요구되기도 하였다. 또 어느 소송에서 한 기사(knight)의 조카로부터 공격을 받았던 자가 그에 대한 복수로 그 기사에게 상해를 입한 것은 정당하다고 판시한 사례도 발견된다. 그 조카의 행동은 그의 모든 친족과 관련이 있다고 보았기 때문이다. 이 시기의 관련기록들 중에는 특히 귀족가문들 간의 오랜 반목을 다룬 것들이 많다. 이들에게 보복은 위신과 명예심의 표현이었고, 따라서 이를 포기하게 하는 것은 현실적으로도 또 원리적으로 불가능한 것이었다. 보복은 일종의 '계급적 특권(class privilege)'이었던 것이다. 그러나 중세사회는 그러한 보복을 무한정 허용할 수는 없었다. 보복에 의한 투쟁과 반목은 공공의 평화를 위협하게 되었고, 적절한 규제가 요구되었기 때문이다. 다만 친족들 간의 집단적 연대성에 비롯된 보복감정은 상대방의 생명을 뺏어 와야 할 만큼 치명적인 것이어서 평화의 가장 강렬한 옹호자들조차 마음 속 깊숙한 곳에서는 어쩔 수 없이 따라야 하는 도덕법전의 핵심을 이루고 있었기 때문에, 잉글랜드를 제외한 대부분의 국가에서 관계당국은 이를 근절시킬 수도 없었고, 또 그럴 의사도 없었던 관계로 단지 그러한 관습이 더 극단적으로 표출되지 않도록 완화하려는 노력만 기울일 수밖에 없었다. 즉, 피의 보복을 할 수 있는 조건과 그 절차를 법제도화 함으로써 오히려 보복의 합법성을 인정하는 정책을 취했던 것이다. 따라서 당대의 사법절차는 잘 규제된 피의 보복에 다름 아닌 것이었다. 프랑스 아르투아 지방의 아크자치헌장에서는 고의적 살인과 관련해 영주에게는 살인자의 재산을, 그리고 피해자의 친족들에게는 그의 집안사람 중 한명을 바치도록 — 친족들은 넘겨받은 자를 처형할 수 있었다 — 규정하고 있었다. 고소권은 거의 변함없이 피해자의 친족들에게만 주어져 있었고, 13세기까지도 플랜더스나 노르망디와 같이 당대에 가장 통치권이 잘 확립된 도시와 공국에서조차 살인자가 피해자의 친족들과 합의에 도달하지 못할 경우에 군주나 법관도 그를 사면할 수 없었다. 그러나 중세사회도 이러한 보복관행이 영원히 지속될 수는 없었고, 머지않아 죽은 자에 대한 보복을 그만두어야 할 필요성이 제기되자, 고대의 관습에 따라서 당사자들 간의 화해를 위해 통상적으로 배상을 하게 되었다. "창끝을 느끼고 싶지 않으면 너의 가슴을 향하고 있는 창을 사버려라."[31]라는 앵글로 색슨족의 속담이 이를 잘 대변해 준다. 중세 이전의 바바리안 법들(barbarian laws)[32]에는 각 계층에 따라 다르게 정해져 있는 화해금의 일정액이 상세히 규정되어 있었고, 이는 프리지아나 플랜더스, 그리고 스페인 등 일부 지방 등 단지 소수의 지역에서만 상당히 수정된 형태로만 남아 있었다. 그러나 바바리안 법들은 매우 다른 처벌의 전통을 지닌 지방 관습에 의해 대체되자, 과거에는 화해금 중 일부를 받음으로써 그로부터 일정한 이익을 얻던 통치권자들은 10세기부터 11세기동안 그것을 청구할 힘을 잃게 되었다. 이처럼 화해금을 규정한 근거법이 사라졌다고 해서 화해금을 지불하는 관습자체에 영향을 주지는 못했으며, 이 관습은, 평화를 지지하는 자들이 더 효율적인 범죄의 억제수단으로 옹호했던 신체적 형벌과 경쟁하며 중세말엽까지 지속되었다. 그 때부터 화해금 액수는 개별 사안에서 합의, 중재, 그리고 판결 등을 통해 결정되었다.[33] 피의 보복과 마찬가지로 화해금의 지불은 친족집단 전체와 관련되었다. 경미한 해를 끼친 경우 화해금은 피해자에게 주어졌고, 고의적 살인이나, 토막살인 등의 경우는 피해자의 친족이 속죄금(wergild)을 수령했고, 가해자의 친족은 속죄금 지불에 기여했다. 단, 배상금의 지불은, 일반적으로 당사자 간 화해를 보증하는데 충분하지 않았다. 추가적으로 피해자 또는 그의 가족에 대한 공식적으로 사죄하거나 복종을 하는 행동이 요구되었다. 적어도 상대적으로 높은 신분의 사람들 사이에서는 대개 경의를 표하는 복종의 제스쳐가 요구되었다. 이 경우에도 그러한 행동을 하도록 요구되는 것은 개인들이 아니라 집단이었다.[34] 모든 면에서 한 개인의 행동은 그의 친족집단 전체에 연결되어 있었던 것이다.[35]

3. 현대 원시부족

아프리카 수단 남단의 나일강 기슭과 사바나 지역에 사는 누어족에게 피의 보복은 부족

---

31) "Buy off the spear aimed at your breast, if you do not wish to feel its points."
32) 여기서 바바리안 법이란, A.D. 600-900 사이에 제정되었던 '앵글로색슨법(Anglo-Saxon Law)', '프리지아법(Lex Frisionum)', '게르만법(Germanic Law)', '살릭법(The Salic Law)', 그리고 '서고트법(The Visigothic Code)' 등을 일컫는다. 이들 법에는 계층에 따른 속죄금(wergild)이 상세히 기록되어 있다.
33) 블로흐는 화해금을 지불한 두 개의 극단적 사례로 1160년에 한 주교가 자신의 조카가 살해당한 데 대한 화해금으로 어느 귀족의 친족들로부터 교회(church)를 넘겨받은 예와, 1227년에 한 농부의 처가 남편의 살인자로부터 적은 액수의 돈을 화해금으로 받은 예를 들고 있다.
34) 예컨대 1208년 한 수도승의 집사는 자신이 상해를 입힌 한 영주의 집사에게 속죄의 경의를 표하기 위해서 자신의 친족 29명을 데리고 가야 했고, 1134년 한 부사제가 암살된 후 부사제의 친족들은 살인자들 중 한명과 그의 공범들, 그리고 그의 신하들은 물론 그의 친족들까지 포함해 총 250명 모두로부터 속죄의 뜻으로서의 경의를 받기 위해 회동을 하였다는 기록이 있다.
35) 이상 논급한 중세 유럽의 피의 보복관습은 Marc Bloch, 앞의 책, 125-130면을 요약한 것으로 안성조, 앞의 책, 57-59면에 소개된 내용을 일부 수정·축약한 것임을 밝혀둔다.

적 제도이다. 피의 보복을 당할 수 있다는 데 대한 두려움은 사실상 부족 내에서 가장 중요한 법적 제재이며, 또 개인의 생명과 재산을 보장해 주는 주요한 담보장치이다. 피의 보복이 제도적 장치가 아니라면, 부족 내에서 발생한 살인에 대한 한 공동체의 다른 공동체에 대한 보복의 시도는 해결의 가망이 없는 '부족 간 전쟁 상태'가 될 수밖에 없을 것이다. 누어 사회에서는 어느 한 사람이 다른 사람으로부터 상해를 입을 경우, 고소를 하거나 회복을 받아낼 수 있는 어떠한 권위 있는 관계 당국도 존재하지 않는다. 따라서 피해자는 자신에게 해악을 가한 자에게 즉시 결투를 신청하게 되고, 그 결투신청은 반드시 받아들여져야 한다. 달리 분쟁을 해결할 방법이 없기 때문에 결투를 신청할 수 있는 용기만이 타인의 공격으로부터 즉각적으로 자신을 보호할 수 있는 유일한 방법이다. 오로지 혈족이나 연령집단 (age-set)[36] 내의 지위에 의해 무력에의 호소가 억제되는 경우에만 피해자는 그러한 결투신청을 주저하게 된다. 그 경우 피해자는 주변 사람들에게 조언을 구할 수도 없고, 또 아무도 그러한 불필요한 조언에 응하지 않을 것이기 때문이다. 누어족은 어린 시절부터 싸움에 의해 분쟁을 해결하도록 길러지며, 결국 싸움의 기술 습득을 가장 필요한 훈련성과로, 용기를 최고의 가치로 여기며 성장하게 된다. 동일한 부족 내 가까운 이웃 간의 결투에 있어서는 지켜야 할 두 개의 관례가 있는데, 그 하나는 살인이 벌어지지 않게 하기 위해 창은 사용할 수 없다는 것이고, ― 대신 곤봉을 이용한다. ― 또 하나는 가까운 친족도 싸움에 끼어들 수 없다는 것이다. 한편 서로 다른 마을 사람들 간의 싸움에 있어서는 창을 사용한다. 그리하여 상당한 인명의 손실을 가져 오고 나서야 싸움은 종료된다. 누어족은 이 점을 잘 알고 있기 때문에 극도로 분개한 경우가 아니면 이웃 마을과의 싸움이 시작되는 것을 꺼린다. 이럴 경우 표범가죽을 걸친 족장(leopard-skin chief)이나 마을의 원로들(elders)이 중재에 나설 것을 원한다. 싸움 도중에 한 사람이 목숨을 잃게 되면 피의 보복이 개시된다. 살인이 발생하면, 살인자는 그가 흘리게 만든 피로부터 자신을 정화하기 위해 서둘러 표범가죽을 걸친 족장의 집으로 가서, 자신이 초래한 보복의 위협으로부터 벗어날 수 있는 성소

---

36) 연령과 성(性)이 같은 사람들로 이루어진 집단. 관습을 존중하는 사회에서는 태어나면서부터 또는 일정한 나이가 되면서부터 고유한 명칭을 갖는 일련의 단계들로 이루어진 연령집단의 일원이 된다. 단계마다 독자적인 지위나 사회적·정치적 역할이 주어지며, 이때 각 단계는 주로 나이로 등급이 매겨진다. 같은 연령집단 구성원들 사이는 서로 동등하지만 연령이 낮은 집단과 높은 집단 사이에는 차별과 종속 관계가 있다. 연령집단은 소년에서 성년이 되는 통과의례를 기준으로 대략 10년의 간격을 두고 나누어지며, 누구나 평생 동안 처음에 들어간 집단의 일원으로 있게 된다. 누어족에는 성년식 통과의례를 제외한 연령등급체계가 없으며, 각 연령집단마다 주어지는 명확히 규정된 역할도 없다. 맨 위 연령집단의 일원들이 모두 죽게 되면 바로 아래 등급의 연령집단이 서서히 공인된 원로의 지위로 올라간다.

(sanctuary)를 찾게 된다. 그는 거기에서 죽은 자의 피가 그의 몸으로부터 흘러나올 때까지 먹거나 마시지 않는데, 그 이유는 죽은 자의 피는 어떠한 방식으로 그의 일부가 된 것으로 여겨지기 때문이다. 피가 흘러나오게 하기 위해 족장은 사냥용 창으로 어깨에서 아래방향으로 베어서 그의 팔에 한두 개의 수직 상처를 낸다. 살인자는 족장이 희생 제물로(sacrifice) 바칠 수 있도록 수송아지, 숫양 또는 숫염소를 그에게 제공한다. 사망자의 친족들이 그가 살해당한 사실을 알게 되면, 곧 그들은 살인자에 대해 복수를 하기 위해 그를 찾아 나선다. 부계친족(paternal kinship)에게 있어서 보복은 가장 구속력 있는 의무이며, 모든 의무들의 전형이기도 하다. 따라서 살인에 대해 보복하기 위한 노력을 기울이지 않는 것은 친족의 크나큰 수치가 된다. 족장은 신성한 지위를 지니기 때문에 그의 집에서 피를 흘려서는 안 되는 바, 살인자가 족장의 집에 머무는 동안에는 그는 도피처를 갖게 되지만, 피해자의 친족은 수시로 그를 감시하며 만일 그가 성소를 벗어나게 되면 그를 죽일 수 있는 기회를 얻게 된다.[37] 이런 상태가 수 주간 지속되고 난 후, 족장은 피해자의 유족들과 분쟁 해결을 위한 협상을 시작한다. 피해자의 유족들은 처음에는 대개 이러한 협상을 거절하는데, 그렇게 하는 것이 바로 명예를 지키는 데 있어서 핵심적 행동이기 때문이다. 하지만 거절이 사망의 대가로서 가해자 측이 제시한 배상금[38]을 받기 싫다는 뜻은 아니다. 이 점을 잘 아는 족장은 협상을 받아들일 것을 주장하거나, 심지어 위협을 하기도 한다. 그럼에도 불구하고 그들은 족장의 설득이 한계에 도달할 때까지 기다려야 하며, 마침내 더 이상 거절하지 않고 협상을 수용하게 될 때에는 그 이유가 사자의 목숨에 대한 대가로서 배상금을 받아들일 준비가 되어 있어서가 아니라 사자를 명예롭게 하기 위해서라고 선언해야 한다. 배상금으로 40-50여 마리의 소가 필요했으며, 이를 수년에 걸쳐 피해자 측에 양도해야 했다. 20여 마리를 양도했을 즈음에 속죄의식이 거행되는데, 그렇게 해야만 비로소 살인자의 친족들은 보복으로 급습을 당할 수 있는 위협으로부터 벗어날 수가 있었다.[39] 살인은 살인범하고만 관계된

---

37) 이 점은 고대 이스라엘의 도피성제도와 매우 유사하다. 도피성으로 피신한 살인자는 보복을 면할 수 있었지만, 도피성에 도착하기 전에 보복을 당할 수 있었고(신명기 19:10), 고의적(intentional) 살인이 아닌 것으로 판명이 난 살인자도 도피성을 벗어나는 순간 피의 보복을 당할 수 있었기 때문이다(신명기 19:6). Pamela Barmash, 앞의 논문(*Homicide in Ancient Israel, the Ancient Near East, and Traditional Societies*), 50면; Pamela Barmash, 앞의 논문(Blood Feud and State Control), 185면 참조.

38) 누어족은 배상의 방식으로 소(cattle)를 이용한다.

39) 누어족의 보복관습은 중세 스칸디나비아 지역의 사적 보복 관습과 매우 유사하다. 중세 스칸디나비아에서도 살인자는 일단 도피처나 성소를 찾아야 했으며, 그곳에서 1년을 보낸 후에야 살인자는 비로소 배상금을 협상할 수 있었다. 만일 화해금이 받아들여지지 않으면 살인자는 2년을 더 도피처나 성소에서 보내야 했다. 이때의 배상금은 물질적 손해배상의 의미는 물론 피해자 가족들의 실추된 명예회복의 의

것이 아니라, 그의 가까운 남계 친족(close agnatic kinsmen)과도 관련이 있었다. 피해자의 친족들은 범인을 죽일 수 있는 권리뿐만 아니라 범인의 가까운 남계 친족들 중 임의로 선택해 죽일 수 있는 권리도 갖고 있었다.[40) 또 가해자 측과 피해자 측 간의 상호 적대감은 배상금이 완전히 지급된 후에도 계속되었다. 살인범행은 결코 잊혀 질 수 없었고, 그들의 원한은 세대를 넘어 후대까지 지속되었던 것이다. 그러나 이러한 혈족들 간의 잠재적 적대 감은 살인이 부족 단위의 집단에 속하는 자들 간에 발생했을 경우에만 지속되었다. 그보다 작은 단위의 집단 간에서 발생한 살인은 비교적 빠르게 해결되었다. 예컨대 한 친족 내에서 누군가 자신의 친사촌을 살해한 경우, 20여 마리의 소만 제공하면 족했고, 원한은 그것으로 끝났으며, 곧 친족관계가 회복되었다. 이는 가까운 이웃 마을 사람들 간에 살인이 발생한 경우도 마찬가지였다. 친족이나 가까운 이웃 간에 발생한 살인은 배상금을 통해 해결되었고, 보복을 통해 살인자를 죽이는 것은 불가능했다. 만일 피의 보복이 허용된다면 그들 간에 원한이 지속되었을 것이고 결국 아무도 살아남을 수 없었을 것이기 때문이다. 집단생활은 원한 상태와는 양립할 수 없었던 것이다. 살인사건이 피의 보복으로 발전할 가능성은 양 당사자들의 구조적 상호관계(structural interrelations of the persons concerned)에 의존해 있었 던 것이다.[41)

4. 사적 보복관습의 원형적인 요소와 그 외 요소들

이상 일별해 본 고대 근동지역과 중세유럽, 그리고 현대 원시부족에게서 찾아볼 수 있는 사적 보복관습은 기본적으로는 일정한 원형을 공유하면서도 약간의 상위가 있음을 확인하게 된다. 다소 임의적일 수 있겠으나 사적 보복관습의 원형적인 요소를 추출해 보자 면 그것은 "받은 대로 되돌려 주는", 즉 동해보복의 원리이다. 흔히 "눈에는 눈 이에는 이"라 는 원리가 이 관습의 핵심을 이루는 원형적 요소이다. 이는 상해의 경우라면 피해자가 받은 만큼 가해자에게 신체적 해악을 가하고, 살인, 특히 고의적 살인의 경우라면 가해자를 사적 으로 처형하는 것을 의미한다.

미도 있었다. 이 점에 대해서는 Carl Ludwig von Bar, 앞의 책, 120-121면.

40) 따라서 그들은 살인범 모의 형제의 자손이나, 부의 자매, 그리고 모의 자매는 죽일 수 없었다.

41) 이상의 내용은 E.E. Evans-Prichard, *The Nuer: A Description of Their Modes of Livelihood and Political Institutions of a Nilotic People* (Oxford: Clarendon Press, 1968, Originally published 1940), 150-158면 을 요약한 것으로 안성조, 앞의 책, 66-69면에 소개된 내용을 일부 수정·축약한 것임을 밝혀둔다.

하지만 이러한 원형적 요소 이외에도 시대와 문화에 따라 다르면서도 때로는 공통적으로 나타나는 요소들도 몇 가지 찾아볼 수 있다. 이 요소들은 후술하겠지만 매우 중요한 요소들이므로 여기서 미리 정리해 두도록 한다.

첫째, 고대 이스라엘과 누어 족의 예처럼 살인자가 피해자 유족들로부터의 즉각적인 보복을 피하기 위해서 도피할 수 있었던 도피성제도나 성소제도가 마련되어 있었다.

둘째, 고대 메소포타미아와 중세유럽, 그리고 누어 족의 예처럼 살인자를 반드시 죽이는 대신 배상금(속죄금)을 받을 수 있는 대체적 제도가 마련되어 있는 경우도 있었다.

셋째, 살인의 경우, 이는 비단 가해자와 피해자의 문제로만 취급되지 않았고, 가해자가 속한 (친족)집단과 피해자의 친족집단 간의 집단적 책임(collective responsibility)의 문제를 야기하는 사건으로 간주되는 경우도 있었다. 아시리아제국과 중세유럽, 누어족 사회가 이와 같은 요소를 보인다.

넷째, 누어족의 경우처럼 살인자에 대한 피의 보복이 부족 간 살인사건에서만 허용되고 친족이나 가까운 이웃 간에 발생한 살인은 배상금을 통해 해결되고, 피의 보복을 통해 살인자를 죽이는 것은 불가능한 사례도 있었다.

이상 정리한 내용을 요소들이 동서고금의 사적 보복관습을 지탱해 온 요소들이라고 볼 수 있을 것이다. 이 요소들은 사적 보복관습과 포괄적응도의 상관관계를 다루며 다시 검토해 보기로 한다.

III. 진화심리학적 관점에서 본 도덕성의 의미

1. 진화심리학의 목표와 의의 및 기본전제

(1) 진화심리학의 목표와 의의

진화심리학의 목표는 진화론의 관점에서 인간의 마음과 뇌의 기제를 이해하는 것이다.[42] 진화심리학이 답을 알아내기 위해 추구하는 핵심적인 질문은 다음과 같다. 첫째, '왜'

---

42) 데이비드 버스/이충호 역, 진화심리학 (웅진 지식하우스, 2012), 29면. 진화심리학의 표준적 교과서로서 인정받고 있는 동 문헌의 저자인 데이비드 버스는 책 '서문'에서 "인간의 마음을 이해하기 위한 탐구는 숭고한 일이다. 진화심리학 분야가 발전하면서 우리는 수십만 년 동안 궁금하게 여겨온 수수께끼들에

마음은 이렇게 설계되었을까? 둘째, 사람의 마음은 '어떻게' 설계되었는가? 즉, 그 기제나 구성요소는 어떤 것이며, 그것들은 어떻게 조직되었는가? 셋째, 구성요소들의 '기능'과 조직 구조는 '무엇'인가? 즉, 마음은 어떤 일을 하도록 설계되었는가? 넷째, 현재 환경의 입력은 사람 마음의 설계와 '어떻게' 상호작용하여 관찰 가능한 행동을 낳는가?

다른 진화론 학파, 예컨대 인간행동생태학과 비교해 볼 때, 진화심리학의 연구의 초점은 명백히 '진화된 심리적 메커니즘'이지, '진화된 행동의 패턴'이 아니다. 행동생태학자들은 "인간의 행동전략은 광범위한 생태적·사회적 조건에 적응할 수 있다"고 전제하에 "인간은 고도의 유연성을 보유하고 있어서, 모든 종류의 환경에 적응하여 적절한 대응행동을 취할 수 있다"고 생각한다. 그래서 "인간은 환경조건에 대응하여 행동을 유연하게 바꿈으로써, 일생 동안의 생식 성공률을 최적화하도록 진화했다"고 주장한다. 다만 이들은 행동의 원인, 예컨대 심리적 메커니즘에 대해서는 무관심하다. 반면 진화심리학자들은 "자연선택은 '행동 그 자체'를 선택할 수 없으며, '행동을 형성하는 메커니즘'을 선택할 수 있을 뿐"이라고 한다. 진화심리학자들은 행동생태학자들이 심리적 적응을 소홀히 다룬 것에 대해 "인간 행동을 연구하는 과학에 진화론적 관점을 성급히 적용하는 과정에서 그들(행동생태학자들)은 연구의 수준을 잘못 설정하는 오류를 범했다. 그들은 진화론을 '내재된 심리적 메커니즘' 발견을 위한 지침으로 사용하는 대신, '외부로 표출된 행동'에 직접 적용하려고 했다"[43]며 비판을 가한다. '진화된 심리적 메커니즘(EPM: evolved psychological mechanism)'이란 정신적 적응, 즉 인간의 행동을 형성하는 (뇌 속의) 정보처리 회로를 지칭하는 용어다. 넓은 의미로는 맥락특수적(context-specific), 즉 특정한 맥락에서 표출되는 감정이나 선호, 성향까지 포함한다. 진화심리학자들에 의하면 진화된 심리적 기제는 진화사를 통해 생존이나 생식 등의 문제를 반복적으로 해결했기 때문에 현재와 같은 형태로 존재하게 되었다.

이 지점에서 진화심리학의 이점을 설명하자면 다음과 같다. EPM의 일례로 질투가 있다. 우리의 남성 조상들은 자신의 배우자가 라이벌 남성에게 드러내 놓고 친근하게 행동하는 것을 볼 때 대부분 질투심을 경험했을 것이다. 이 경우 질투심을 행동으로 표출한 남성들은 무덤덤한 남성들에 비해 선택상의 이익을 누렸을 것이다. 하지만 개별 남성들이 질투심

대한 답을 얻기 시작하고 있다. 그런 수수께끼들이란, 우리는 어디에서 왔을까, 우리와 다른 생물의 관계는 어떤 것일까, 사람이란 존재를 정의하는 마음의 기제는 무엇일까 하는 것들이다."라고 진화심리학의 목표를 밝히고 있다.

43) L. Cosmides & J. Tooby, From Evolution to Behaviour: evolutionary psychology as the missing link, in: J. Dupre (ed.), *The Latest on the Best: Essays on Evolution and Optimality* (Cambridge, MA: MIT Press, 1987), 277-307면 참조.

을 어떻게 표출할 것인가는 본인의 신체적 특성, 경쟁자의 몸집, 본인의 개성 등 여러 요인에 달려 있다. 따라서 행동적 수준에서 보면 상대편 남성을 위협하거나 공격하는 자도 있을 것이고, 배우자에 대한 감시를 강화하는 남성도 있을 것이며, 오히려 배우자에게 더 잘 해주려는 남성도 있을 것이다. 그러나 환경에 대한 개개인의 반응을 - 심리적 수준이 아닌 - 행동 수준에서 예측하는 것은 어려우며, '어떤 행동전략이 적합성을 극대화하는가?'라는 질문에 곧바로 대답할 수도 없다. 하지만 분석의 수준을 바꾸면 이 난점이 해소될 수 있다. 즉, "정도의 차이는 있겠지만, 일반적인 남성이 그러한 상황에서 질투심을 느끼는 것은 거의 확실시되므로 '행동수준'이 아닌 '심리수준'에서 남성의 신뢰할 만한 반응패턴을 찾아내는 것은 충분히 가능하다"는 것이 바로 진화심리학의 입장이며, 이점인 것이다. 진화심리학자들이 EPM의 예로 제시한 그 밖의 현상으로 '뱀과 거미'에 대한 공포, '언어 습득능력', '배우자의 특정 성격 선호', '속임수에 대한 민감성' 등이 있다.44)

(2) 진화심리학의 대전제

진화심리학은 크게 다음과 같은 두 가지 전제에 기초하고 있다.

첫째, 우리의 생각, 기분, 행동은 인간 개개인의 경험과 각자의 환경이 낳는 결과물일 뿐만 아니라 수백만 년 전에 살던 우리 조상에게 일어난 일들 때문에 생긴 결과물이기도 하다는 것이다. 우리 인간의 본성은 지난날 조상들이 경험한 것들이 축적된 산물이며, 그것은 오늘날 생각하고 느끼고 행동하는 방식에 영향을 미친다.

둘째, 인간 본성이란 보편적이기 때문에 - 즉 때로는 모든 인간에게, 때로는 특정한 성에 해당하는 사람들에게만 공통되게 나타나기 때문에 - 인간의 생각, 기분, 행동은 넓게는 이 세상 모든 사람들에게 공통된 것이다. 세계 각지의 다양한 사회를 언뜻 보면 그들 간에 커다란 문화적 차이가 있는 것 같지만 우리의 일상생활은 어느 지역과 사회를 막론하고 그 모습과 본질에서 크게 다르지 않다.

인간의 행동은 타고난 본성과 각자 살면서 겪게 되는 독특한 경험과 환경, 이 두 가지가 함께 낳은 결과물이라는 명제에 동의하지 않는 사람은 거의 없을 것이다. 또 실제로 이 두 가지 모두가 우리의 생각과 감정, 행동에 중요한 영향을 미친다. 명백한 사실은 진화심리학도 이 명제에 전적으로 동의한다는 점이다. 다만 그 '관심영역'에 있어 '경험과 환경요소'

---

44) 진화심리학과 다른 진화론 분야와의 비교에 대해서는 케빈 랠런드·길리언 브라운/양병찬 역, 센스 앤 넌센스 (동아시아, 2014), 207면 이하 참조.

는 거의 배제하고 특히 '본성'을 집중적으로 탐구하는 이론이라는 것이다. 대부분의 사회과학자들과, 여전히 많은 사람들은 인간의 특질과 행동이 거의 전적으로 환경에 의해 결정된다고 생각한다. 진화심리학은 이러한 환경결정론자들과 달리 생물학적 요인이 환경보다 중요해서가 아니라 두 가지가 적절히 고려되어야 한다고 생각하기 때문에 '본성'을 강조하고자 한다.

(3) 진화심리학의 4가지 원칙

진화심리학은 진화생물학을 인간행동에 응용하는 학문이다. 진화심리학의 특징은 다음의 네 가지 원칙으로 요약된다.

제1원칙: 인간도 동물이다. 지극히 당연한 명제지만 이 명제를 '인간이라고 특별한 것은 하나도 없다'고 재기술하면 다소 다르게 받아들여질 것이다. 하지만 인간이 독특하지 않다는 것은 아니다. 하지만 그렇다면 다른 동물도 모두 인간만큼 독특하다. 요컨대 "인간은 분명히 독특하지만 독특하다는 것 자체는 독특한 게 아니다. 모든 종은 독특하며 각자가 처한 환경에 적응하는 과정에서 각자의 독특함을 진화시켜 왔다."

제2원칙: 인간의 두뇌라고 특별할 것은 없다. 진화심리학자에게 두뇌는 손이나 췌장과 마찬가지로 그저 또 하나의 신체부위일 뿐이다. 수백만 년에 걸친 진화과정에서 손이나 췌장이 특정한 기능을 수행하도록 점차 형태를 갖추게 되었듯이, 인간의 두뇌 역시 인간이 성공적으로 생존하고 자손을 번식하도록 적응문제를 해결하는 기능을 수행하는 쪽으로 형태를 갖춰 진행해 왔다. 즉 진화심리학자는 인체의 다른 부위에 적용하는 진화의 법칙을 똑같이 두뇌에도 적용한다.

제3원칙: 인간의 본성은 타고나는 것이다. 즉 거의 모든 인간에게서 공통적으로 나타나는 기본적인 감정과 행동패턴은, 개나 고양이가 그들만의 본성을 타고나듯이 인간도 타고난다는 것이다. 물론 사회화와 학습은 인간에게 무척 중요한 문화적 과정이지만, 인간은 바로 그 문화적 학습능력을 생래적으로 가지고 태어난다는 것이다. 문화와 학습은 인간에게 적합한 진화적 설계의 일부다. 예컨대 사회화는 이미 인간 두뇌 속에 존재하는 기본적인 선악의 분별이나 이롭고 유해한 것의 구별, 독충과 포식자 등 자연계의 위험원에 대한 두려움 등을 단순히 반복하고 강화하는 기능을 할 뿐이라는 것이다. 심지어 언어능력도 타고나는 것으로 알려져 있는바, 이처럼 인간은 결코 '빈 서판(tabula)' 상태로 태어나는 것이 아니라는 것이 진화심리학이 밝혀낸 진실이다.

제4원칙: 인간 행동은 타고난 인간 본성과 환경이 함께 낳은 산물이다. 똑같은 유전자도 주어진 환경에 따라 다르게 발현될 수 있다. 다만 그렇다 하더라도 인간의 타고난 본성과 인간이 자라나는 환경은 행동의 결정요소로서 동등하게 중요하다는 것이 진화심리학의 원칙이다. 환경결정론은 틀렸고 이에 경도되지 말라고 경고하는 것이 진화심리학의 입장이다.[45]

(4) 사바나 원칙

아주 친숙한 예를 하나 들자면 우리는 대부분, 모두는 아니겠지만, 대체로 달고 기름진 음식을 좋아한다. 이러한 심리적 성향과 행동패턴에 대해 진화심리학은 과거 우리의 원시 조상들이 그러한 음식을 좋아하게끔 '초창기 환경'[46]에 적응했기 때문이라고 설명한다. 왜냐하면 그 당시에 열량이 높은 달고 기름진 음식은 쉽게 구하기 어려운 식량원이었고, 이를 많이 먹는 것은 생존하기 위해 음식을 충분히 구해야 한다는 적응문제를 해결하기 위한 전형적인 적응적 행동의 하나이기 때문이다. 이러한 설명에 대해 자연스럽게 다음과 같은 의문점이 생긴다. 지금의 환경은 초창기 환경과는 너무나 다르기 때문에 우리가 만일 진화된 심리적 기제에 따라서만 행동하게 되면 비만과 암, 기타 많은 성인병에 노출되어 생존하기 더 나쁜 기이한 상황에 직면하게 되지 않느냐는 것이다. 즉 "왜 인류는 초기 환경에 대한 적응 이후 더 이상 진화하지 못했는가?"라는 문제의식이다.

이에 대한 진화심리학의 '해명'을 들어보자.

인간의 손이나 췌장의 기본적인 형태와 기능은 지금으로부터 약 1만 년 전인 플라이스토세(빙하기)[47] 말기 이후 변함이 없었듯이, 두뇌의 기본적인 기능 역시 지난 1만 년 간 그다지 달라지지 않았다. 인체(두뇌를 포함)는 인간이 현세의 대부분에 걸쳐 살아온 지구상의 아프리카 사바나 등지에서 수백만 년에 걸쳐 진화해왔다. 친족 관계의 수렵채집인이 150명 남짓 되는 작은 무리로 모여 살던 초창기 환경은 '진화적 적응환경(environment of evolutionary adaptedness, EEA)'이라고도 불린다.[48] 두뇌를 포함해 우리의 신체는 바로 이

---

45) 이상 진화심리학의 기본원칙을 매우 간명히 설명하고 있는 문헌으로는 앨런 S.밀러·가나자와 사토시/ 박완신 역, 진화심리학 (웅진 지식하우스, 2008), 34면 이하 참조.

46) 이 초창기 과거의 선택환경은 '진화적 적응환경(EEA: environment of evolutionary adaptedness)'이라고 칭하며, 일반적으로 EEA라 하면 석기시대 수렵채집인 조상들이 생활했던 플라이스토세 환경을 말한다.

47) 플라이스토세(Pleistocene)는 170만 년 전부터 1만 년 전까지의 기간이다.

48) 유의할 점은 진화적 적응환경이 특정 시간이나 장소를 가리키는 것은 아니라는 것이다. 이 개념은 특정 적응을 만들어내는 데 필요한 진화기간에 일어난 선택압력들의 통계적 종합을 가리킨다. 다시 말해 각 적응의 진화적 적응환경은 긴 진화 시간 동안 적응을 빚어내는 데 관여하는 선택의 힘들 또는 적응

초창기 환경에 적응한 산물인 것이다. "지금 우리는 21세기에 살고 있지만 우리의 두뇌는 '여전히' 석기시대의 두뇌다."

초창기 현생인류는 진화사 중 99.9퍼센트에 해당하는 기간 동안 아프리카 사바나 등지에서 수렵채집인 생활을 하며 지냈다. 지금으로부터 1만 년 전, 농업혁명이 일어나면서 인류의 선조는 비로소 농경과 축산을 통해 식량을 재배하기 시작한 것이다. 오늘날 우리가 주변에서 보는 거의 모든 문명화된 것들은 지난 1만년 사이에 생겨난 것이다. 진화론적 시간의 척도에서 1만 년이란 아주 짧은 기간이다. 즉 1만년은 우리의 몸이 그 사이에 등장한 사물에 적응하려고 변화하기에는(정확히 말해, 그러한 변이가 발생하기에는) 정말로 충분하지 못한 시간이다. 특히 인간이 성숙하고 자손을 번식시키는 데에는 오랜 시간이 걸리는 것에 비해 환경은 너무나 급속히 바뀌어 왔기 때문이다(불과 20년 전만 해도 대다수 사람들은 인터넷이나 핸드폰을 일상적으로 사용할 수 없었다). 바꿔 말하면, 우리는 1만 년도 더 전에 우리 조상이 지녔던 것과 똑같은 진화된 심리적 기제를 아직까지 지니고 있다는 것이다. 이러한 결과로부터 '사바나 원칙(savana principle)'이란 진화심리학의 명제가 탄생한다.[49]

즉, "인간의 두뇌는 초창기 환경에는 존재하지 않았던 개체와 상황을 파악하고 대처하는 데 어려움을 겪는다."[50]

2. 도덕성에 대한 진화심리학적 분석:
    진화된 심리적 메커니즘으로서의 도덕성

(1) 진화윤리학의 기본전제와 주요이론

찰스 다윈 이래 '자연선택에 의한 진화'라는 원리는 모든 학문영역을 뚫고 침투해 가고

문제들을 말한다. 예컨대 눈의 진화적 적응환경은 수억 년에 걸쳐 시각계의 각 요소를 만들어낸 특정 선택압력들을 가리킨다. 두발 보행의 진화적 적응환경은 약 440만 년 전으로 거슬러 올라가는 비교적 짧은 기간에 걸쳐 작용한 선택 압력들을 포함한다. 이와 같이 각각의 선택마다 나름의 독특한 진화적 적응환경이 있는 것이다. 그리고 어떤 적응의 '진화 기간'은 그것이 조금씩 만들어져 그 종의 보편적인 설계로 자리잡을 때까지 걸린 시간을 말한다. 데이비드 버스/이충호 역, 앞의 책, 83면 참조.

49) 사바나 원칙에 대한 상세한 설명으로는 앨런 S.밀러·가나자와 사토시/박완신 역, 앞의 책, 36면 이하 참조.

50) 이것은 유전적으로는 적합하지 않지만 과거의 메커니즘이 여전히 작동하고 있다는 점에서 근사 메커니즘(proximate mechanism)이라고 명명할 수 있다. Leonard D. Katz/김성동 역, 윤리의 진화론적 기원 (철학과 현실사, 2007), 202면.

있는 듯 보인다. 자연선택에 의한 진화는 "유전된 변이들의 차등적 생식 성공 때문에 긴 시간에 걸쳐 일어나는 변화"로 정의된다.[51] 한 마디 개체의 생존과 번식에 더 나은 변이가 선택되어 진화한다는 것이다. 즉 주어진 선택환경에 더 적합한(fitter) 신체적, 행동적 특질을 지닌 개체가 높은 적응도(fitness)[52]를 지니게 되어 살아남아 번식에 성공한다는 것이다.

진화심리학은 여기에 더해 환경에 더 적합한 '심리적 특질'을 가진 개체가 선택되고 개체군 내에 그러한 유전자가 퍼져 그 심리적 특질이 진화해 오늘날에 이르고 있다는 이론이다. 즉 진화된 심리적 메커니즘은 진화사를 통해 생존이나 생식 등의 문제를 반복적으로 해결해 주어기 때문에 현재와 같은 형태로 존재하게 되었다는 것이다. 그 대표적인 심리적 특질로는 '뱀과 거미 등 위험한 생물이나 포식자에 대한 본능적 두려움', '우수한 유전적 자질을 가진 배우자에 대한 선호', '속임수에 대한 민감성과 사기꾼 탐지능력 및 응징욕구', '노래와 웃음에 대한 선호', '언어능력' 등이 있다.[53]

진화윤리학자들은 여기서 한 걸음 더 나아간다. 다른 심리적 특질들과 마찬가지로 인간의 도덕적 성향 역시 생물학적 적응의 산물이라고 본다. 한 마디로 말해 '도덕'도 '적응'이라는 것이다. 개체의 적응도(fitness)를 높여주는 형질이 자연선택되어 진화한다는 진화론의 기본 논리를 도덕성에까지 확장시키려는 시도는 일견 부당해 보인다. 그것은 크게 두 가지 이유에서 비롯될 것이다. 도덕에 대한 기존의 사고방식, 즉 '선의 이데아'나 '황금률' 또는 '실천이성에 의한 합리적 추론'에 의거하지 않고 자연선택에 의한 '자동적 반응'으로서 도덕 감정이나 도덕판단을 논하다는 것 자체가 일단 거부감을 불러일으키기 때문일 것이다. 그것은 존재론과 목적론 없는 윤리학이라는 것이다.[54] 다음으로 '포식자에 대한 본능적 두려움' 과 같은 심리적 성향이 선택되어 진화했다는 점은 개체의 적응도를 높여줄 수 있는 성향이라는 사실을 쉽게 이해할 수 있기 때문에 대체로 수긍할 수 있으나, 도덕성을 구성하는 대다수 내용은 개체의 적응도를 높이는 '이기적' 특질이나 성향과는 반대로 '이타성'을 특징으로 한 경우가 많기 때문이다.[55]

하지만 진화론자들은 이미 '이타성'을 설명할 수 있는 훌륭한 이론을 구축해 두고 있다.

---

51) 데이비드 버스/이충호 역, 앞의 책, 72면.
52) 적응도란 개체의 번식 잠재력(번식 가능성)을 말한다.
53) 케빈 랠런드·길리언 브라운/양병찬 역, 앞의 책, 212면 이하 참조.
54) 이러한 평가로는 오재호, "협동의 진화로서의 도덕", 철학연구 제121집(2012), 53면 이하 참조.
55) 본고에서는 진화 윤리학의 규범학으로서의 정당성에 관한 논의는 생략하기로 한다. 다만 이에 대해서 "진화 윤리학은 존재론에 바탕을 두고 있는 윤리학에 대한 강력한 도전이며 또 하나의 계몽"이라는 평은 참고해 둘 만하다. 오재호, 앞의 논문, 56면 참조.

먼저 '포괄적응도(inclusive fitness)이론'이라는 것이 있다. 이 이론은 부모의 자식에 대한 헌신적 행동이나 형제자매나 조카에 대한 돌봄과 같이 고전적 적응도(classical fitness)[56] 개념만으로는 설명이 어려운 현상을 설명하기 위해 윌리엄 해밀턴(William D. Hamilton)이 제안한 이론이다. 포괄적 적응도란 어떤 개체나 생물의 성질이라기보다는 그 행동이나 효과의 성질이다. 따라서 포괄적응도는 어떤 개체가 지닌 번식성공률(개별적 적응도)에다가 그 개체의 행동이 혈족(유전적 친족)의 번식성공률에 미치는 효과를 더한 것이다. 한 마디로 유전자가 이득을 볼 수 있는 온갖 간접적 방식을 다 함께 고려한 개념이다. 생물은 형제자매나 조카, 조카딸이 살아남아 생식을 할 수 있도록 돕는 행동을 통해서도 자신의 유전자가 복제되는 것을 증가시킬 수 있다. 즉 나의 형제자매나 혈족은 나의 유전자를 어느 정도 공유할 확률이 있고, 또 그들이 낳는 자식도 내 자식만큼은 아니지만 나의 유전자를 공유할 확률이 있기 때문에 이들을 돕는 이타적 성향은 결국 나의 유전자를 전파하는데 기여하므로 나의 포괄적응도를 높이는 행위가 된다.[57]

포괄적응도 이론은 '유전자의 눈으로 바라보는' 관점을 우리에게 제시해 준다. 가령 내가 유전자라면 어떻게 행동을 하는 게 나를 최대한 복제하는 데 도움이 될 것인지 물어볼 때, 첫째, 내가 들어 있는 (유전자의) '운반수단(vehicle)[58]' 즉 신체의 안녕이 보장되도록 노력할 것이다(생존). 둘째, 그 운반수단이 생식을 하도록 유도할 것이다(번식). 셋째, 나의 복제본을 갖고 있는 다른 모든 운반수단이 생존과 번식을 성공적으로 할 수 있도록 도울 것이다. 이처럼 포괄적응도 이론은 유전자의 관점에서 볼 때 이타적 행동이 어떻게 합리적으로 설명 될 수 있는지 잘 보여준다. 한 마디로 혈족을 도움으로써(자신이 희생함으로써) 포괄적응도가 높아진다면, 이타성은 진화할 수밖에 없다는 것이다. 자기희생의 수혜자가 결국 유전적 친족이기 때문이다. 다만 포괄적응도 면에서 친척에게 돌아가는 편익이 자신이 치르는 비용보다 커야 한다. 이 조건이 충족될 때 이타성은 진화할 수 있다.[59]

그런데 포괄적응도 이론에 의하더라도 여전히 해명되지 않은 이타성이 있다. 그것은

---

56) 어떤 개체가 유전자를 전달하는 직접적인 생식적 성공을 자손의 생산을 통해 측정하는 것.

57) 해밀턴에 의하면 유전자형의 포괄적응도가 평균보다 높으면 그 유전자형은 선택될 것이고 낮으면 도태될 것이라고 보았다. 이 점에 대해서는 W. D. Hamilton, The Genetical Evolution of Social Behaviour. I, *J. Theoret. Biol. 7* (1964), 14면 참조. "In other words the kind of selection may be considered determined by whether the inclusive fitness of a genotype is above or below average."

58) 인간을 비롯한 모든 생명체는 유전자가 자신의 생존과 보호를 위해 만들어낸 운반수단(vehicle), 즉 일종의 생존 기계(survival machine)에 불과하다는 생각은 알 잘려져 있듯이 리처드 도킨스가 '이기적 유전자'에서 주장한 것이다.

59) 데이비드 버스/이충호 역, 앞의 책, 47면.

바로 비친족 관계에 있는 사람들, 다시 말행 유전적 근연이 없는 자들 간의 상호 이타적 행위를 진화론이론에 의해 어떻게 설명하느냐는 것이다. 그리고 바로 이러한 종류의 이타적 행위야 말로 우리의 진정한 도덕성을 이루는 주된 내용물이다. 감사, 우정, 연민, 신뢰, 죄의식, 복수심 등이 모두 상호적 이타성에서 기인했다는 해석도 있다. 그뿐만 아니라 인간의 도덕적 공격성, 즉 공정하지 못한 것을 보면 부당함을 느껴 심란해지는 성향도 마찬가지라고 한다. 더 나아가 도덕감정뿐 아니라 정의개념이나 법체계의 기원까지도 상호적 이타성의 진화와 연결된다고 한다.[60]

(2) 팃포탯 전략과 상호이타성의 진화

이 문제에 대한 해결책이 로버트 트리버스(Robert Trivers) 등에 의해 정교한 방식으로 제시되었다. 해밀턴의 포괄적응도 이론에 위배되는 것처럼 보이는 이타적 행동이 어떻게 진화할 수 있는가에 대해 상호적 이타성 이론은, 그러한 편익 전달의 수혜자가 장래에 보답을 하게만 한다면, 비친족에게 편익을 제공하는 심리기제가 진화할 수 있다고 설명한다. 예를 들어 친구 사이인 갑과 을 두 사냥꾼이 있는데 사냥에 성공할 확률은 일정치 않아 일주일에 둘 중 한 사람만이 사냥에 성공한다고 할 때, 만약 첫 번째 사냥감을 갑이 을과 나누면 나눠준 고기만큼의 희생과 비용이 발생하지만 그 비용은 비교적 적을 수 있는데, 고기가 썩기 전에 자신과 가족이 먹을 수 있는 것보다 더 많은 고기를 가졌을 수 있기 때문이다. 반면 사냥에 성공하지 못한 을에게는 매우 큰 편익이 될 수 있다. 그 다음 주는 상황이 역전되고, 이러한 방식으로 두 사냥꾼은 아주 적은 비용만 치르면서 친구에게 큰 편익을 제공하게 된다. 즉 두 친구는 각자 이기적으로 고기를 독차지할 때보다 상호적 이타성을 통해 더 큰 편익을 얻게 되는 것이다. 경제학자들은 이를 '거래를 통한 이득'이라 부른다. 중요한 점은 바로 '거래를 통한 이득'은 사람들에게 상호적 이타성이 진화할 수 있는 토대를 가져온다는 것이다. 다시 말해 상호 이타적으로 행동하는 사람들은 이기적으로 행동하는 사람들보다 오히려 생존과 번식면에서 더 유리한 경향이 있기 때문에 세대가 거듭될수록 상호이타성이란 심리기제가 퍼져나간다. 상호적 이타성은 '상호이익을 위해 둘 이상의 개인 사이에 일어나는 협력'으로 정의된다.[61]

그런데 상호적 이타주의자가 맞닥뜨리는 가장 중요한 적응문제는 사기꾼, 즉 자기 편익

---

60) 수전 블랙모어/김명남 역, 밈 (바다출판사, 2010), 280-281면.
61) 사냥꾼 사례의 의미에 대해서는 데이비드 버스/이충호 역, 앞의 책, 420면.

만 챙기고 나중에 보답하지 않는 자의 위협이다. 예컨대 어떤 사람이 상호적 이타주의자인 척 가장했다가 편익만 챙기고 장래에 상응한 보답을 하지 않을 수 있다. 이를 속임수 문제라고 한다. 이 문제의 한 가지 해결책은 미국의 정치학자 로버트 액셀로드가 발견, 입증하였고 해밀턴과의 공동작업을 통해 제안한 팃포탯(Tit For Tat) 전략이다. 팃포탯 전략이란 처음에는 일단 협력하고 그 다음부터는 상대가 하는 대로, 즉 상대가 협력하면 계속 협력하고, 상대가 배신하면 보복(즉 배신)하는 전략을 말한다. 이 해결책은 소위 죄수의 딜레마 게임을 반복함으로써 얻어진 것이다. 잘 알려져 있듯이 죄수의 딜레마 게임에서 각자는 협력을 한다면 이득을 얻을 수 있다. 이는 상호적 이타성 상황과 비슷하다. 하지만 실제 상황에서 각자는 상호 교환 없이 상대방의 이타성이 주는 이익만 챙기고 싶은 유혹을 느낀다. 만약 이 게임을 단 한 번만 한다면 유일하게 분별 있는 행동은 '배신'이다. 그러나 액셀로드는 그의 저서 '협력의 진화'에서 이 게임이 수없이 반복되면 협력이 나타난다는 것을 보여주었다. 반복되는 죄수의 딜레마 게임에서 승리하는 최고의 전략은 '받은 만큼 되돌려주기(Tit For Tat)' 전략이었던 것이다. 그는 컴퓨터 프로그램 대회를 개최함으로써 이 전략을 발견했다. 전 세계의 경제학자, 수학자, 과학자, 컴퓨터 천재 등에게 죄수의 딜레마 게임을 200번 반복할 때 승리할 수 있는 전략을 제출하도록 요구했다. 승자는 죄수의 딜레마 매트릭스에서 얻은 점수의 합이 가장 높은 사람으로 정하기로 하였다. 총 14개의 전략프로그램이 심리학, 경제학, 정치학, 수학, 사회학 다섯 분야에서 제출되었다.[62] 대회의 우승자는 토론토 대학교의 심리학자이자 게임이론가인 아나톨 라포포트 교수가 제출한 팃포탯 프로그램이었다.[63] 팃포탯은 매우 단순한 전략이었다. 처음에는 협력으로 시작하고 나중에는 상대가 하는 대로 따라하는 전략이다. 상대가 협력하면 둘 다 계속해서 협력하여 둘 다 좋은 결과를 얻는다. 상대가 배신하면, 팃포탯은 보복한다. 그래서 배신자를 상대하더라도 크게 잃지 않는다. 제2회 토너먼트에서는[64] 61개의 프로그램이 팃포탯과 겨루었지만 모두 패배했다. 이후에 액셀로드는 팃포탯이 얼마나 '강건한(robust)'[65] 전략인지 검사하기 위해 참여 프로

---

62) 액셀로드는 여기에다 랜덤(random)이라는 15번째 전략을 추가했다. 이는 협력과 배신의 카드를 아무렇게나 내는 것으로 일종의 '무전략' 전략이다. 만일 어떤 전략이 랜덤보다 이득이 좋지 못하면 그것은 상당히 나쁜 전략이 된다.

63) 로버트 액셀로드/이경식 역, 협력의 진화 (시스테마, 2009), 54-55면 참조.

64) 정확히는 라운드 로빈(Round-Robin) 방식으로 경기가 진행되었다. 라운드 로빈이란 '올 플레이 올 토너먼트'라고도 하며, 같은 그룹에 속한 선수들끼리 한 번씩 다 대결을 하는 방식을 말한다.

65) 여기서 '강건하다'는 용어는 폭넓은 여러 전략에 대해 잘 대항하는 전략이라는 의미로 액셀로드는 사용하고 있다.

그램들의 유형분포를 바꾸어 추가적으로 컴퓨터 가상대회를 실시해 보고, 또 온갖 다양한 미래의 가상대회를 구축해 보았지만 팃포탯은 명실공히 가장 성공적인 규칙으로 판명되었다.66) 그는 가상의 모의실험을 진화과정에 대한 시뮬레이션으로 사용했다. 그 결과 팃포탯은 다양한 환경에서 잘하며 상당히 세련된 온갖 전략이 혼합된 생태학적 모의실험에서도 다른 전략들을 대체하며 집단 전체에 퍼져 개체군을 장악했다. 그리고 그 어떠한 돌연변이 전략 무리의 침범도 모두 견뎌낼 수 있기 때문에 그 안정성은 확고했다. 팃포탯은 '진화적으로 안정한 전략(evolutionarily stable strategy, ESS)'67)이었던 것이다. 팃포탯 전략의 진화론적 함의는 다음과 같다. 앞서 살펴본 바대로 일회성 게임에서는 결코 협동이 이루어지지 않는다. 배반이 정답이다. 그러나 삶은 일회성 게임이 아니다. 우리는 만났던 사람을 또 만나고, 그들의 신뢰도에 대한 판단을 내린다. 죄수의 딜레마를 해소하는 길은 반복에 있다. 죄수의 딜레마 상황을 거듭하면 사람들은 상대가 어떤 행동을 할지 짐작하게 되고, 따라서 협동을 통해 이득을 나눌 수 있다. 특히 이전에 서로 만나지 못했던 사이라면 서로를 따라 할 때가 많다. 협력자에게는 협력하고, 배신자에게는 배신하는 것이다. 지속적으로 배신만 하는 사람은 누구나 꺼리는 상대가 되므로, 개인적 혹은 사회적 제재를 받아 남의 도움을 받을 기회를 점점 잃게 된다. 정리하자면 팃포탯 원칙과 결합된 상호 이타적 성향을 지닌 개체는 생존과 번식에 유리했고, 그 성향을 물려받은 자손들이 살아남아 번식에 성공함으로써 상호적 이타성이라는 도덕성이 진화했다는 것이다. 이것이 바로 오랜 세월에 걸쳐 상호적 이타성이 진화하게 된 원리다.

인간의 상호 이타적 행위가 실제로 이렇게 진화했는지에 대해서는 논란의 여지가 있다. 하지만 정말 그랬다면, 처음에 어떤 협력 행동이 하나 등장해서 그 과정을 개시해야 한다.

---

66) 로버트 액설로드/이경식 역, 앞의 책, 72-77면 참조.
67) 진화적으로 안정한 전략이란, 개체군에 있는 대부분의 구성원이 일단 그 전략을 채택하면 다른 대체전략이 그 전략을 능가할 수 없는 전략이라고 일반적으로 정의된다. 즉 ESS란 "a strategy which if adopted by all members of a population cannot be invaded by a mutant strategy through the operation of natural selection."로 정의된다. 그리고 여기서 '전략'은 미리 프로그램된 행동방침(pre-programmed behavioral policy)을 말한다. 이 개념을 창안한 존 메이너드 스미스는 다음과 같이 정의하고 있다. "Roughly, an ESS is a strategy such that, if most of the members of a population adopt it, there is no 'mutant' strategy that would give higher reproductive fitness." J. Maynard Smith & George. R. Price, The Logic of Animal Conflict, 246 Nature 15 (1973), 15면. 종합하자면, 각 정의에 쓰인 "능가할 수 없다"는 어구와 "침범할 수 없다"는 어구는 "더 높은 적응도(reproductive fitness)를 산출할 수 없다"는 뜻이다. 참고로 메이너드 스미스와 조지 프라이스의 공동 논문 'The Logic of Animal Conflict'은 메이너드 스미스의 제안으로 네이처 투고가 성사된 것이다. 조지 프라이스가 이 논문의 출간 전 무신론자에서 종교인으로 전향했고, 성서연구에 심취했던 사실은 무척 흥미롭다.

로버트 트리버스는 바로 친족 선택, 즉 포괄적응도를 높이는 행동이 그 시작이었을 것이라고 주장한다. 즉 친족에 대한 애정과 관심을 행동으로 옮긴 동물이라면 그것을 쉽게 일반화했을 것이고, 그럼으로써 팃포탯이 시작될 계기를 마련해 주었으리라는 것이다.[68] 팃포탯의 원리는 도덕의 진화를 이해할 수 있는 창을 열어 준다. 우리는 응당 배신자를 처벌해야 마땅하고, 또 배신자를 처벌하지 않는 사람도 처벌해야 마땅하다는 결론에 이르기 때문이다. 신뢰도가 중요한 이러한 게임에서는 최대한 협동적인 사람으로 보이는 것이 유리한데, 그래야 추후에 보답을 거둘 수 있기 때문이다. 액설로드에 의하면 굳건한 도덕규범은 단지 규범에만 의존하는 것이 아니라 '메타규범'에도 의존하고 있음을 발견했다. 다시 말해 사회는 해당 규범을 위반한 자들만 비난하는 것이 아니라 위반한 자를 비난하지 못하고 참고 있는 자들도 비난한다는 것이다.[69]

요컨대 친절과 협동은 물론, 상호적 이타성으로 설명될 수 있는 도덕감정의 많은 부분은 결국 이기적 유전자의 생존과 번식을 돕기 때문에 현재의 형태로 진화해 왔다는 것이 진화 심리학과 진화윤리학의 기본전제인 것이다.

Ⅳ. 도덕적응설과 사적 보복관습

1. 도덕적응설의 입장과 이에 대한 반론

이상의 논의부터 도덕도 적응문제에 대한 해결책으로 진화해 왔다는 점에서 '도덕적응설(moral adaptivism)'이라는 가설이 성립가능하다.[70] 도덕적응설은 도덕규칙이 진화의 산물이라는 진화윤리학에 기반을 두고 있다. 도덕적응설의 요체는 도덕적 행동은 포괄적응도를 높이고 비도덕적 행동은 포괄적응도를 떨어트린다는 것이다.

예를 들어 건강한 신체와 사회적 지위는 생존과 번식에 도움이 되는 요소들이므로 개체

---

68) 액설로드도 이 점을 잘 간파하고 있다. 그에 의하면 유전적 친족이론은 올디의 평형(개체군이 무조건 배신만 하는 전략으로 가득찬 상태)에서 빠져나올 수 있는 방법을 제공한다. 로버트 액설로드/이경식 역, 앞의 책, 123면 이하 참조.

69) Robert Axelrod, Laws of Life, 27 The Sciences 44 (1987), 44-51면 참조.

70) 이러한 가설의 소개로는 박승배, "도덕적 행위, 포괄적응도, 진화범죄학", 동서철학연구 제67호(2013), 161면.

의 개별적응도는 물론 포괄적응도를 높인다. 또한 자신의 유전적 혈족에 대한 이타적 성격도 포괄적응도를 높이는 특성들이다. 마찬가지로 비혈족을 위한 희생과 이타적 행동 역시 결과적으로는 생존해 있는 동안에 개체의 편익을 높여 적응도를 높여주므로 포괄적응도를 높이는 특성이 될 수 있다. 이러한 점에서 포괄적응도는 환경에 유리한 신체적, 심리적 특질 뿐만 아니라 도덕적 성향이 진화할 수 있는 토대가 된다.

그렇다면 살인, 강간, 절도 등은 왜 비도덕적인가? 도덕적응설에 따르면 이는 행위자의 포괄적응도를 낮추기 때문에 비도덕적이다.[71] 팃포탯 원칙에 따르면 살인이나 강간, 절도 등의 행위를 저지르면 그 상대방으로부터 혹은 공동체로부터 그에 대한 응분의 처벌을 받게 된다. 처벌을 받는다는 것은 생존과 번식의 확률이 낮아짐을 뜻한다. 그리고 살인과 강간, 강도 등을 저지른 범법자를(팃포탯 원칙에 비추어 보면 배신자) 처벌하는 것은 도덕적 행위가 된다. 왜냐하면 적절한 처벌은 집단 구성원들로 하여금 유사한 행위를 저지르지 못하게 하는 효과를 가지고 있고, 그러한 효과로 인해 사기꾼이나 반역자에 의한 집단 전체의 붕괴를 막음으로써[72] 구성원들이, 또 결과적으로 자신과 유전적 혈족이 생존하고 번식할 확률이 높아지기 때문이다. 도덕적응설은 도덕적 진리(moral truth)가 있으며 도덕진술은 도덕사실 (moral fact)에 대응할 때 진리라고 제안한다. 예컨대 약속은 지켜야 한다는 도덕진술은 약속을 지키는 행위가 포괄적응도를 높이는 사실과 대응하기 때문에 진리이다. 즉 규범진술이 사실진술로 번역될 수 있다고 주장한다. 예컨대 살인을 해서는 안 된다는 규범진술은 살인은 포괄적응도를 떨어트린다는 사실진술로 번역될 수 있고, 자연주의 전통 하에 서 있다.[73] 도덕적응설의 이러한 입장에 대해 다음과 같은 비판이 제기되었다.

예를 들어 진화심리학에 의하면 살인과 폭력과 같은 남성, 특히 젊은 남성의 공격적 성향은 자연선택에 의해 진화된 심리적 기제임이 밝혀졌다. 남성은 일반적으로 공격성이

---

71) 후술하겠지만, 범죄는 피해자측의 포괄적응도를 낮추기 때문에 비도덕적이라고도 말할 수 있을 것이다.

72) "집단의 이익을 위해 희생하는 개체들로 구성된 종 내지 종내 개체군 같은 집단은 자기 자신의 이기적 이익을 우선으로 추구하는 다른 경쟁자 집단보다 절멸의 위험이 적다"는 집단 선택설에 반대하는 리처드 도킨스는 개체 선택론자도 이 점을 부정하지는 않는다고 강조한다. 이에 대해서는 리처드 도킨스/홍영남·이상임 역, 이기적 유전자 (을유문화사, 2010), 48면. 잘 알려져 있다시피 집단선택설에 대한 유력한 반증은 바로 이기적 반역자의 존재가능성이다. 도킨스는 스스로 개체선택론을 '유전자 선택설 (Theory of gene selection)'로 지칭하기를 선호한다고 밝힌다.

73) 도덕적응설에 대한 이러한 이해방식으로는 박승배, 앞의 논문, 163면. 본고에서는 도덕적응설의 입장을 다른 규범윤리학 이론들과 공정하게 비교·검토하는 작업은 본고의 관심사가 아니므로 생략하기로 한다. 여기에서는 도덕적응설이 채택하고 있는 진화론적 기본전제가 몇 가지 반례에 의해 무너지는지 여부를 중점적으로 다루고자 한다.

여자보다 훨씬 높다. 그 이유는 진화의 과정에서 자식에게 덜 투자하는 성일수록, 번식을 위해 할 수 있는 일은 오로지 자신의 유전적 자질을 남기는 일뿐이기 때문에 오랜 시간 자식을 위해 많은 노력을 투자해야 하는 여성보다 짝짓기에 성공하기 위해 더 위험한 전략을 선호하도록 진화했기 때문이다(부모투자이론). 또 진화적 적응환경(EEA)이 사실상 일부 다처제사회였기 때문에 남성의 폭력적 성향을 진화시켜 왔다고 한다. 일부다처제 사회에서는 일부의 남성이 모든 여성에게 번식을 위해 접근할 권한을 독점하며, 반면에 다른 남성은 번식 경쟁에서 배제된다. 그런 사회에서 다른 일부 남성은 자식을 하나도 못 남기지만, 여성은 거의가 자식을 남긴다. 번식 경쟁에서 '승자'와 '패자' 사이의 격차는 여자보다는 남자 사이에서 훨씬 크다. 남성과 여성 사이에서 나타나는 번식 성공도의 불균형 때문에 남성은 번식경쟁에서 낙오되지 않으려고 경쟁적으로 노력한다. 그런데 번식 성공률의 차이가 클수록 자연선택은 차이가 더 크게 나타나는 성에게 더 위험한 전략을 선호한다는 것이다.[74] 이렇게 일부다처제가 어느 정도 나타나는 경쟁적 맥락에서 남성이 공격성을 사용하는 맥락은 두 가지가 있다. 첫째, 한 남자가 여러 배우자에게 성적으로 접근함으로써 '큰 성공'을 거두기 위한 공격성, 둘째, 번식에서 완전히 밀려나는 것을 피하기 위한 공격성. 이처럼 경쟁은 남성들 간에 벌어지는 과도한 폭력(살인과 폭행 등)으로 이어지며, 남자 사이에 벌어지는 다수의 살인은, 여자 간, 혹은 남녀 간에 벌어지는 살인의 수와 비교할 때, 짝을 얻으려는 남성 간의 경쟁이 낳은 직접적인 결과라고 본다.[75]

그런데 이러한 진화심리학의 입장은[76] 도덕적응설을 무너트리는 명백한 반대사례라는 것이다. 진화심리학의 입장을 정리하면 결국 남성의 공격성은 번식가능성을 높여 포괄적응도를 향상시켜주었다는 것인데, 살인이나 폭력으로 이어지는 공격성은 부도덕한 행위기 때문에 이는 앞서 도덕적인 행위는 포괄적응도를 높이는 행위고 비도덕인 행위는 포괄적응도를 낮추는 행위라는 명제와 상충된다는 것이다. 즉 도덕과 마찬가지로 범죄도 범법자들의 포괄적응도를 높이기 위해 진화했다는 설명은 모순이라는 것이다.[77]

---

74) 극단적인 예로서 캘리포니아 주 북부 해안에 사는 코끼리 물범은 전체 수컷 중 단 5%가 번식기에 태어나는 전체 새끼 중 85%의 아비가 된다. 또 이처럼 번식 성공률에 큰 차이가 나는 종은 다양한 신체 특징에서 성적 이형(몸 크기나 모양의 차이)이 나타나는 경향이 있다. 코끼리 물범은 수컷이 암컷보다 몸무게가 4배나 많이 나간다. 인간은 남자가 여자보다 평균 19% 정도 몸무게가 더 나가며 몸무게에서 나타나는 성적 이형은 비교적 경미한 편이다.

75) 로버트 라이트/박영준 역, 도덕적 동물 (사이언스북스, 2003), 160-161면 참조.

76) 이는 곧 범죄가 왜 발생하는지를 진화론적으로 설명하는 진화범죄학의 입장과도 일치한다.

77) 박승배, 앞의 논문, 168-170면 참조. 동 문헌은 또 다른 반례로 여성이 가임기간에 외도를 하고 싶은 욕구가 진화한 것도 포괄적응도를 높이기 위한 것인데 이 역시 부도덕한 행위가 포괄적응도를 높이는

2. 반론의 검토

위 반대사례에 기초한 도덕적응설 비판은 매우 흥미롭다. 사실 대다수 진화심리학 교과서나 연구문헌이 이 부분을 명확히 언급하고 있지 않기 때문이다. 즉 공격성과 도덕성 모두를 인간의 진화된 심리적 메커니즘에 해당한다고 별개의 장에서 기술할 뿐 이 두 가지 명제가 충돌할 수 있다는 점에 대해서는 특별한 주의를 기울이지 않는다. 그러므로 위 문제 제기는 매우 적절한 측면이 있으며 신중히 검토해 보아야 할, 특히 도덕적응설을 효과적으로 방어하기 위해서는 반드시 짚고 넘어가야 할 문제라고 생각된다.

이 문제에 대해 짧지만 인상적인 해결책을 제시하는 문헌이 있다. 앨런 S. 밀러와 가나자와 사토시가 쓴 책 진화심리학[78]에서는 이 미묘한 문제를 의식한 듯 다음과 같이 논급하고 있다.

"남자가 여자의 관심을 끌기 위해 남의 자산을 훔친다는 우리의 제안은 일견 이상해 보일수 있다. 절도나 그 밖에 다른 형태의 자산강탈을 저지르면 인간사회에서는 보편적으로 유죄선고를 받기 때문이다. 사실상 그런 유죄선고는 또 하나의 문화적 보편성이다. 하지만 젊은 남성으로 하여금 폭력과 자산관련 범죄를 저지르도록 자극하는 심리적 기체는 진화의 역사에서 인간과 유인원이 갈라지기(5백만-8백만 년 전) 전의 우리 선조에게서 진화되었을 가능성이 크다. 어쩌면 유인원과 원숭이가 갈라지기(1천5백만-2천만 년 전) 전부터였을지도 모른다. 사실 우리의 추론에 따르면 결정적인 심리적 기체는 폭력과 절도에 대한 비형식인 규범이 나타나기 '전에' 필연적으로 나타났어야 한다. 그러지 않았다면 폭력적으로 경쟁하거나 절도를 통해 자산을 축적했다 해도 규범을 어긴 죄로 추방당했을 테니 높은 지위와 번식성공도를 얻지 못했을 것이기 때문이다. 폭력과 절도를 통제하는 규범은 젊은 남성을 폭력과 절도에 몰두할 수밖에 없게 하는 심리적 기체에 대한 반응으로서 진화해왔을지도 모른다. 인간이 범죄로 분류하는 폭력적이고 남을 희생시키는 행위가 그런 행위를 억제하는 비형식적 규범이 없는 인간 이외의 종에서도 아주 흔하다는 사실은 이러한 제언에 실린 우리의 확신을 높여준다."

공격성이 진화된 심리적 메커니즘이라면 인간의 도덕성 역시 진화된 심리적 메커니즘의 일부다. 위 주장에 의하면 폭력성을 억제하기 위한 규범, 즉 도덕성은 젊은 남성이 폭력

반례라고 들고 있으나, 이는 남성의 공격성과 함께 논할 수 있는 성격의 사례라고 보여 별도로 언급하지 않기로 한다.

78) 앨런 S.밀러·가나자와 사토시/박완신 역, 앞의 책, 183면 참조.

에 몰두할 수밖에 없게 만드는 진화된 심리기제에 대한 반응으로서 진화해 왔다고 본다. 고대사회의 살인자에 대한 '사적 보복(blood feud)' 관습은 바로 이러한 도덕성의 한 징표일 것이다. 다만 시간적 선후관계를 고려하면 인간의 공격성은 규범이 출현하기 '전에'에 형성되었다고 보아야 한다. 왜냐하면 그렇지 않았다면 폭력을 통해 경쟁에서 이겼다고 하더라도 규범을 어긴 죄로 (사적으로) 처형되거나 공동체에서 추방되었을 것이기 때문에 높은 번식 성공도를 얻지 못했을 것이기 때문이라고 두 사람은 지적하고 있다.

이러한 가설이 옳다면 도덕적응설에 대한 반대사례의 문제가 해소된다.[79] 범죄와 도덕이 모두 포괄적응도를 높이기 위한 심리적 기제로서 진화해 왔지만, 그 출현 시점에 선후관계가 있다는 것이다. 만일 상호적 이타성에 따라 반역자를 반드시 처벌하는 규범이 먼저 출현했다면 살인과 폭력을 통해서라도 포괄적응도 높이려는 시도는 실패하여 심리기제로 진화하지 못했을 것이기 때문이다. 또 위 인용문은 매우 중요한 진화사적 사실을 암시한다. 진화사의 어느 시점에서는 살인과 폭력을 제재하는 규범이 존재하지 않았다는 것이다. 이런 시기를 그러한 규범이 존재하지 않는 오늘날 동물의 사회와 비교하고 있다.

3. 사적 보복관습에 대한 유전자-밈 공진화 가설

앨런 S. 밀러와 가나자와 사토시의 가설은 일부 반대사례로부터 도덕적응설을 재옹호할 수 있는 가능성을 열어준다. 하지만 여전히 남는 문제가 있다. 고대 근동사회와 중세 유럽, 그리고 현대 원시부족의 사적 보복관습을 보면 살인자에 대해서는 반드시 사적으로 처형을 하는 것이 원칙이다. 이러한 관습이 자리잡은 이유는 팃포탯 원리로부터 진화된 동해보복적 응보관념이 매우 강력했기 때문일 것이다.[80] 즉 동해보복 관념은 포괄적응도를

---

79) 필자는 이 가설이 매우 신빙성 있다고 생각한다. 혹자는 설령 공격성과 도덕성이 각기 다른 시기에 진화한 심리기제라 하더라도 어떻게 이들이 인간의 마음에 병존할 수 있는지에 대해 반문할 수도 있을 것이다. 그렇지만 현재와 같이 복잡한 인간의 지적 능력도 어느 날 갑자기 한꺼번에 탄생한 것이 아니라 오랜 세월 각기 다른 시기에 진화한 여러 지능들, 예컨대 일반적 학습능력, 언어사용능력, 도구제작 능력, 사회적 관계형성능력 등이 차례대로 결합해 이루어진 것임을 보면, 위 가설은 충분히 입론가능하다고 본다. 인류의 마음이 진화한 과정에 대한 탁월한 인식고고학적 논증으로는 스티븐 미슨/윤소영 역, 마음의 역사 (영림카디널, 2001) 참조.

80) 팃포탯과 동해보복의 원칙의 상관성을 잘 지적하고 있는 논문으로는 Daniel L. Tobey, What's really wrong with genetic enhancement: a second look at our posthuman future, 6 Yale JL & Tech. 54 (2003), 64면. "From an ethical perspective, we might compare Tit-For-Tat to Hammurabi's Code: both encompass the idea of 'an eye for an eye.'"

높여 주는 규범적 전략이었던 것이다. 팃포탯과 탈리오는 "받은 대로 돌려주는" 전략이고, "눈에는 눈, 이에는 이"라는 근본원리에 있어서 동일하다. 그러나 사적 보복관습에는 포괄적 응도 측면에서 볼 때 한 가지 불합리한 측면이 있다. 살인자는 대체로 성인남성이었을 것이고, 성인남성은 당시 사회에서 수렵채집은 물론 농경과 부족 간 전쟁 등에 있어서 매우 귀중한 자원이었을 것이다. 그렇다면 살인자를 반드시 죽게 하는 규범은, 특히 내집단 (in-group)의 경우에 있어서 집단의 식량 확보능력과 방어능력 등을 경감시켜 오히려 집단 내 구성원들의 포괄적응도의 약화를 가져올 위험이 있다.[81] 특히 보복감정이 살인자의 친족에게까지 미쳐서 살인자의 친족까지 죽이는 사례도(또 이를 제도적으로 허용하는 경우도) 있었기 때문에 더욱 그러하다.[82] 누어족의 사례에서 본 것처럼 "집단생활은 원한 상태와는 양립할 수 없었던 것이다." 따라서 비록 살인자라 하더라도 차라리 일정한 자유형을 부과하고 노역을 시키는 형벌이 더 나을 수도 있다. 그러면 이러한 적응적 불이익에도 불구하고 어떻게 사적 보복관습이 오래도록 널리 전파될 수 있었던 것일까?

이러한 의문에 대해 다음의 두 가지 해석이 모두 가능하다.

우선 사적 보복으로 인해 포괄적응도가 낮아지게 될 위험을 경감시키는 제도가 병존했다는 사실을 들 수 있다. 예컨대 사적 보복관습이 지배하던 사회에서도 살인자를 그 피해자 유족으로부터 보호할 수 있는 제도적 장치가 마련되어 있었다. 이스라엘의 경우 도피성제도와 누어족의 성소가 그러하다.

고대 메소포타미아지역의 경우 배상금(속죄금) 제도가 어느 정도 이와 같은 포괄적응도 문제를 해소할 수 있었을 것이다. 배상금 제도는 중세유럽과 누어족의 사적 보복관습에서도 찾아볼 수 있다. 누어족의 사례를 보면 피의 보복은 부족 간 살인사건의 경우에만 허용되었고, 그보다 작은 집단 간, 또는 친족 간의 살인사건은 배상금만으로 빠르게 종결되었다는 점도 이러한 해석을 지지해 준다. 또 부족 간 결투에서는 창을 사용했지만, 부족 내 결투에서는 곤봉만 허용한 사실도 그러하다.

마지막으로 가해자측과 피해자측의 집단적 책임(collective responsibility)이 인정되었던 사례를 들 수 있다. 도덕적응설의 입장을 내집단과 외집단의 관계로 확장시켜 보면 상해든

---

81) 개체든 유전자든 집단생활이 그들에게 유익한 일임은 틀림없다. Richard D. Alexander, The Evolution of Social Behaviour, *Annu. Rev. Ecol. Syst. 5* (1974), 329-330면.

82) "보복을 당하는 집단의 연대성(passive solidarity)도 보복을 가하는 집단의 연대성(active solidarity)에 필적할 만큼 똑같이 강했기 때문에 어떤 지역에서는 살인자의 본인의 죽음 이외에 또 한 명의 그의 혈족 구성원의 죽음까지 요구되기도 하였던" 중세 유럽의 사례를 상기하라. 이러한 사례는 누어족에서도 찾을 수 있다.

살인이든 외집단에 속한 피해자측의 포괄적응도를 낮춘다. 이와 마찬가지로 가해자에 대한 피의 보복은 가해자측의 포괄적응도를 낮춘다. 이는 도덕적응설 본연의 입장이다. 그렇다면 사적 보복을 개별 피해자와 가해자의 개별적 적응도 수준의 문제로 보지 않고, 그 각자의 친족들의 포괄적응도의 문제로 간주함으로써, 다시 말해 집단책임을 인정함으로써 얻을 수 있는 효과는 무엇일까? 여기에는 명백한 포괄적응적 이점이 있다. 첫째, 피해자의 친족이 보복을 할 수 있다는 점에서 범죄억지력의 제고를 가져온다. 둘째, 배상금(속죄금)을 가해자 개인이 아닌 그 친족들에게 받을 수 있게 함으로써 금전적 배상의 실효성을 높인다. 셋째, 외집단 가해자를 죽이지 못할 경우 그 친족을 죽임으로써 잠재적인 경쟁집단의 포괄적응도를 낮추어 반사적으로 내집단의 포괄적응도를 향상시키는 효과가 있다. 사적 보복의 당사자 간에 집단적 책임을 인정함으로써 발생하는 이러한 적응적 이점이 사적 보복관습의 단점을 보완했던 것으로 해석할 수 있다고 본다.83)

다음으로 사적 보복관습에서 원칙으로 여겨졌던 피의 보복(blood feud)이 포괄적응도를 낮출 수 있음에도 불구하고 널리 전파될 수 있었던 사실에 대해서는 밈이론(memetics)이 하나의 가능한 답을 줄 수 있다고 본다.

지구촌에는 포괄적응도만으로 설명하기 힘든 부적응적 문화전수 사례도 존재한다. 예를 들어 뉴기니 고산지대 부족인 포어족은 장례 예식의 일부로 식인풍습을 따랐다. 포어족은 망자를 기리는 의식 도중에 망자가 산 사람의 몸의 일부가 되어 계속 살게 된다는 믿음에서 그 죽은 사람의 몸 일부를 먹는다. 이 관습 때문에 쿠루(kuru)라는 퇴행성 질환이 퍼졌고, 관습이 금지되기 전까지 수천 명이 사망했다. 이는 명백히 유전적 적응도만으로는 설명하기 힘든 현상이다.84)

앞서 다룬 상호적 이타성의 문제도 그렇다. 수전 블랙모어는 다음과 같이 지적한다. 현대 사회에는 유전적 근연도도 없고 또 다시 만날 가능성도 없는 사람에 대해서도 관심과

---

83) 흥미롭게도 필자가 이 논문을 완성한 후, 리처드 도킨스 역시 필자와 유사한 생각을 하고 있었다는 사실을 알게 되었다. 도킨스는 다음과 같이 말하고 있다. "피의 복수나 씨족 간의 싸움은 해밀턴의 유전학 이론으로 쉽게 설명된다." 여기서 그가 말하는 해밀턴의 이론은 포괄적응도 이론을 지칭함은 자명하다. 도킨스/홍영남·이상임 역, 앞의 책, 181면 참조. 다만, 그에게도 사적 보복이 내집단 내에서 포괄적 응도의 약화를 가져올 수 있다는 점에 대한 인식이 있었는지는 확신할 수 없다.

84) 쿠루병은 중추신경질환의 일종으로 신경세포가 파괴되어 근육이 마비되고 온몸에 경련이 일어나며 얼굴 근육을 마음대로 움직일 수 없어 마치 웃음을 짓는 듯한 모습을 보이다가 죽는 것이 특징이다. 가이 듀섹(Daniel Gajdusek)은 쿠루병이 슬로(slow) 바이러스 감염증임을 밝혀 낸 업적으로 1976년 B. 블럼 버그와 공동으로 노벨생리·의학상을 받았다. 이 사례의 소개와 이러한 평가로는 수전 블랙모어, 앞의 책, 89-90면 참조.

사랑으로 편익을 제공하는 사례가 많다는 것이다. 즉 장래의 보답을 기대할 수 없는 경우에도 이타성이 작동한다는 것이다. 그녀는 이러한 종류의 이타성을 '진정한' 이타성이라고 한다. 그러면서 진정한 이타성은 유전적 적응도, 즉 포괄적응도나 상호적 이타성만으로는 '충분히'[85] 설명이 안 되므로 밈적 적응의 예로 보는 것이 타당할 것이라고 주장한다. 한마디로 이타성 밈은 그 자체로 성공적인 밈이라는 것이다.

밈이론에 따르면 '모방'[86]을 통해 전달될 수 있는 것은, 유전자처럼 자연선택의 원리에 따라 진화하는 일종의 '복제자'라고 한다. 여기에는 언어와 제도 및 규범, 아이디어[87], 건축양식, 유행하는 노래와 미술양식 등 일체의 문화적 양식 등이 포함된다. 이들은 최초의 복제자라 할 수 있는 유전자가 생겨난 이후 지구상에 출현한 제2의 복제자로서, 유전자가 '생식'을 통해 복제되는 것과는 달리 인간의 뇌를 이용해 '모방'을 통해서만 복사(복제)[88]될 수 있고, 자신들의 생존공간인 뇌 용량을 서로 차지하기 위해 이기적으로 경쟁한다. 이들을 일컬어 '밈(meme)'[89]이라 한다. 이러한 정의에 따르면 실로 인간의 문화를 구성하는 거의

---

85) 물론 진정한 이타성도 '사바나 원칙'을 떠올리면 진화적 적응환경에서 발달한 상호적 이타성이 '오'작동해서 생긴 부산물이라고 설명할 수도 있다는 점을 지적하고 있으나 그것만으로는 불충분하다고 그녀는 지적한다.

86) 밈학에서 말하는 '모방'은 '넓은 의미'로 사용되는 용어임에 유의할 필요가 있다. 예컨대 누군가 다른 사람에게 어떤 이야기를 들려주었는데, 그가 이야기의 개요를 기억했다고 또 다른 사람에게 다시 들려준다면 그 과정도 모방이다. 의식적으로 어떤 행동이나 표현을 하나하나 정확하게 모방하는 것은 아니더라도 무언가가 '어떤 과정'을 거쳐 뇌에서 뇌로 건너 뛸 수 있다면 그 '어떤 과정'은 모방이 된다. 모방은 무언가 복사되는 과정이다. 모방과 관련된 흥미로운 예로 수전 블랙모의 저작 '밈'에 대한 리처드 도킨스의 추천 서문을 보면 그는 특이한 습관이 있는 한 여학생의 태도가 재미있어서 그것을 모방했더니 옥스퍼드의 한 철학 과 교수가 그것은 비트겐슈타인의 몸짓이라고 알려 주었다고 한다. 그녀의 부모는 둘 다 철학자였는데, 모두 헌신적인 비트겐슈타인 추종자였다고 한다. 결과적으로 도킨스 자신이 비트겐슈타인 몸짓의 4세대 전수자가 되었던 것이다.

87) 여기서 말하는 아이디어는 대상에 대한 단순한 느낌이나 생각이 아니라(붉은 색이라는 생각, 둥글다는 생각, 뜨겁다는 생각 등) 바퀴, 피의 보복(blood feud), 알파벳, 달력, 오디세이, 미적분학, 체스, 인상주의, 형법상 책임원칙, 국가의 공형벌권 제도처럼 그 자체로 명백하게 기억과 모방이 가능한 단위를 형성할 수 있는 복잡한 아이디어를 말한다.

88) 복제(Replikation)와 복사(Kopie)를 엄격히 구분하는 견해도 있으나 본고에서는 두 용어를 혼용하기로 한다. 움베르토 마뚜라·나프란시스코 바렐라/최호영 역, 앎의 나무 - 인간 인지능력의 생물학적 뿌리 - (갈무리, 2007), 72-75면에 의하면, 복제는 같은 부류의 개체들이 되풀이해서 만들어낼 수 있는 작업 기제를 말하고, 복사는 모델이 되는 개체에 투사(projektion) 기법을 이용해 모델과 같은 개체를 산출하는 과정(예컨대 복사기를 통해 나오는 종이는 원본의 복사물이 된다)을 뜻한다고 한다.

89) 잘 알려져 있듯이 이 용어는 리처드 도킨스가 창안한 것이다. 그는 유전자의 발음 '진(gene)'과 유사하면서도 모방의 단위라는 개념을 담고 있는 명사를 찾던 중 그리스어 어근 '미멤(mimeme)'에서 착안하여 '밈(meme)'이라는 신조어를 사용할 것을 제안한다. 리처드 도킨스/홍영남·이상임 역, 앞의 책, 323면.

모든 요소가 밈들 간 상호작용에 의해 만들어진 것이라고 보아도 무방할 것이다.[90]

밈이론에 따르면 밈 자체도 유전자와 마찬가지로 '이기적'이다. 즉 오로지 자신의 성공적 복제에만 관심이 있다는 것이다. 그리고 경쟁하는 밈들 중 어떤 밈이 선택될 것인지는 전적으로 밈이 서식하는 선택환경, 즉 인간 두뇌의 어떤 속성과 밈들의 결합방식에 달려있다고 한다.[91] 예컨대 수많은 '캐롤송'들은 그저 우리의 마음을 즐겁게 해 주기 때문에 성공적으로 복제된다. 또한 '독신주의' 밈은 그 자체로는 유전적 번식가능성을 낮추어 복제될 가능성이 낮지만 '종교' 밈과 결합됨으로써 밈복합체(meme-complex)를 이루어 성공할 가능성이 있다. 독신주의 밈은 성직자의 시간과 관심을 오로지 해당 종교에 쏟을 수 있도록 만듦으로써 그 종교의 성공적인 전파에 도움이 된다. 또 독신주의 자신도 그 종교 밈과 결합함으로써 더 높은 생존가치를 가질 수 있다. 결국 독신주의는 상호 협력하는 종교적 밈들[92]이 만들어 낸 거대한 밈복합체에서 작은 일부분인 셈이다. 밈이론에 의하면 도덕도 밈이며, 밈 고유의 선택원리에 따라서 복제될 가능성이 있다. 즉 도덕성이 반드시 포괄적응도를 높인다는 이유에서만 진화하지는 않았다는 것이다. 진정한 이타성처럼 우리는 유전적 적응도와는 무관한 사례를 많이 목격한다. 생물학적 이득과는 무관한 어떤 숭고한 도덕적 가치를 위해 자신을 희생하는 경우가 분명 존재한다. 그렇다면 사적 보복관습도 이러한 맥락에서 이해할 가능성이 열린다. 살인자를 반드시 피의 보복에 의해 처형하는 관습은 분명 포괄적응도에 위협이 되었을 것이다. 그럼에도 불구하고 이 관습이 고대사회로부터 널리 전파되어 현대까지도 응보관념의 형태로 강력하게 작동하고 있는 것은 그것이 성공한 밈이었기 때문이라고 볼 수 있다. 어떠한 이유에서였건[93] 사적 보복관습은 당대의 사람들에게 널리 정당한 것으로 받아들여졌고, 그래서 성공적으로 전파되었던 것이다. 다만 그 전파

---

90) 밈이론에 대해서는 국내에서도 본격적인 연구가 진행되고 있다. 예컨대 장대익, "일반 복제자 이론 : 유전자, 밈, 그리고 지향계", 과학철학 제11권 제1호(2008)을 참조.

91) 수전 블랙모어/김명남 역, 앞의 책, 59면 이하 참조.

92) 종교를 밈복합체로 보는 것은 도킨스의 견해다. 도킨스에 따르면 종교라는 밈복합체를 구성하는 개별 밈에는 독신주의 외에도 건축, 의식, 율법, 음악, 예술 등이 있다.

93) 그 이유 중 하나는 분명 사적 보복이 '팃포탯' 성향에 부합되는 측면이 있다는 점일 것이다. 사적 보복 관습의 원형이 우리의 진화된 심리적 기제에도 잘 부합된다는 점이다. 인간 본성의 명백한 특성에 상치 되는 규범들은 오래 버티지 못한다. 이에 대해서는 프란츠 부케티츠/김영철 역, 사회생물학 논쟁 (사이 언스 북스, 1999), 160면 참조. 이밖에도 원형적 의미의 사적 보복관습이 당대의 진정한 도덕규범, 예컨 대 엄정한 응보관념이라든지 정의관념에 부합되었을 가능성도 제시해 볼 수 있다. 또는 이 관습이 당대 의 종교 교리와 잘 부합되어 이 관습과 그 종교의 밈복합체가 널리 전파되는 과정에서 성공적으로 전파 되었을 가능성도 크다. 이러한 점 등에 대한 상세한 논증은 후속연구를 기약해 보고자 한다.

과정에서 그에 대한 유전적 적응도 또 다시 이루어졌고, 따라서 도피성 제도나 속죄금 배상 제도 및 집단책임의 사고방식 등이 함께 발달했던 것으로 해석할 수 있다.

V. 맺음말

요컨대 애초에 사적 보복관습은 상호적 이타성이라는 도덕성에 의해 촉발되었을 것이다. 사적 보복관습은 팃포탯 전략의 훌륭한 계승자라 할 수 있다. 이는 전적으로 포괄적응도를 높이는 차원에서, 다시 말해 생물학적(유전적) 적응도를 높이는 차원에서의 자연선택이었다. 이 관습의 원형은 "살인자에게 반드시 '피의 보복(blood-feud)'으로 대가를 치르도록 하는" 엄격한 의미의 보복이었다.[94] 그러나 이 관습은 원형적 형태로는 널리 전파되기 힘든 요소를 갖추고 있었다. 역설적이게도 오히려 포괄적응도를 낮출 위험이 내재해 있었던 것이다. 하지만 이 원형적 형태의 사적 보복관습은 어떠한 이유에서였건 밈 고유의 선택환경에 잘 들어맞는 것이었고, 따라서 밈 고유의 선택압이 작용해 한 사람에게서 다른 사람에게로, 또 한 문화권에서 다른 문화권으로 성공적으로 복제되어 전파되어 갔던 것이다. 그렇기 때문에 사적 보복관습의 증적은 많은 고대 사료에서 발견되며, 그 핵심원리인 응보관념은 현재까지도 우리의 법감정과 법문화에 강력하게 작동하고 있다.[95] 다만, 그 복제와 전파과정에서 '사적 보복관습'의 원형 그대로의 복제와 전파는 포괄적응도에 위험이 되는 문제를 초래했을 것이고 여기에 다시 유전적 선택압이 작용해 지역과 문화에 따라 이 관습의 원형을 다소 변형시켰던 것으로 보인다.

이처럼 고대사회의 사적 보복관습의 형성배후에는 유전자와 밈이 함께 서로를 제약하며 작용했다는 점에서 사적 보복관습이 유전자-밈 공진화의 결과라는 가설을 제안하고자 한다.

---

94) 고대 메소포타미아나 중세 유럽의 사례를 보면 알 수 있듯이 국가가 탄생한 이후에도 사적 보복관습은 근절될 수 없었고, 제한적으로나마 허용될 수밖에 없었는데, 이는 유전적 적응이 그만큼 강하게 작동했음을 보여주는 것이다. 이는 진화론적 관점에서 해석하자면, 유전자가 국가에 의한 공형벌권 제도라는 밈을 제약했던 것으로 볼 수 있다.
95) 주지하다시피 형법상 '책임원칙'도 응보사상에 기초하고 있다.

PART TWO
정책과 도그마틱

CHAPTER VII
이론의 응용과 정책의 방향

[17] 확신범에 대한 대책
—양심적 병역거부자에 대한 대법원 판결의 재조명—

[보충글]

존 롤즈도 양심적 거부(conscience refusal)에 대해 그 정당화의 문제를 논급한 바 있지만[1] "민주적 법치국가는 시민들에게 법에 대한 절대적 복종이 아니라 조건부 복종만을 요구할 수 있다."[2]는 위르겐 하버마스의 주장이나, "범죄자는 처벌되어야 한다는 단순한 명제가 있지만 법치주의는 그보다 복잡하고 지적인 것"[3]이라는 드워킨의 말은 양심적 병역거부의 문제에 대해 우리에게 많은 시사점을 제공해 주고 있다.

형법이론적으로 양심적 병역거부자와 같은 확신범의 가벌성을 부정하여 범죄성립을 배제시키는 법리적 방법은 크게 세 가지가 있다. 그 하나는 구성요건해당성을 조각시키는 것이고, 다른 하나는 위법성을 조각시키는 것이며, 그 마지막은 책임조각사유로 구성하는 방법일 것이다. 잘 알려져 있다시피 대법원판결은 병역법 제88조 제1항의 '정당한 사유'를 구성요건해당성을 조각하는 사유로 보아 양심적 병역거부자의 가벌성을 구성요건단계에서 부정하는 방식을 취하고 있다.[4] 그런데 이와 같이 '정당한 사유'를 구성요건배제사유로 보게 되면, 해당 사유의 해석범위가 축소될 가능성이 있다. 왜냐하면 구성요건해당성을 배제시킨다는 것은 '원래부터 허용되는 행위'가 됨과 동시에 '금지되는 행위유형을 선포'하는 경고기능(Warnfunktion)을 상실해버리는 결과가 되는 바, 이러한 적극적 효과를 부여하기 위해서는 '정당한 사유'를 매우 엄격하게 심사하고 해석해야 할 필요가 있기 때문이다. 이러

---

1) John Rawls, A Theory of Justice (Harvard Univ. Press, 2011), 323면 이하.

2) Jürgen Habermas, "Civil Disobedience: Litmus Test for the Democratic Constitutional State", Berkeley Journal of Sociology, Vol. 30(1985), 102면.

3) Ronald Dworkin, Taking Rights Seriously (Harvard Univ. Press, 1977), 268면.

4) "위 조항(병역법 제88조 제1항)에 따르면 정당한 사유가 있는 경우에는 피고인을 벌할 수 없는데, 여기에서 정당한 사유는 구성요건해당성을 조각하는 사유이다. 이는 형법상 위법성조각사유인 정당행위나 책임조각사유인 기대불가능성과는 구별된다." 대법원 2018. 11. 1. 선고 2016도10912 전원합의체 판결.

한 맥락에서 상기 대법원판결이 종교적 신념에 따른 양심적 병역거부 주장에 대해서는 "종교의 구체적 교리가 어떠한지, 그 교리가 양심적 병역거부를 명하고 있는지, 실제로 신도들이 양심을 이유로 병역을 거부하고 있는지, 그 종교가 피고인을 정식 신도로 인정하고 있는지, 피고인이 교리 일반을 숙지하고 철저히 따르고 있는지, 피고인이 주장하는 양심적 병역거부가 오로지 또는 주로 그 교리에 따른 것인지, 피고인이 종교를 신봉하게 된 동기와 경위, 만일 피고인이 개종을 한 것이라면 그 경위와 이유, 피고인의 신앙기간과 실제 종교적 활동 등"의 엄격한 판단기준을 제시한 바 있고, 최근 하급심에서 "피고인이 병역거부의 사유로 내세우고 있는 양심은 유동·가변적이고 상황에 따라 타협적이거나 전략적 양심적이어서 병역거부에서 말하는 양심에 해당된다고 볼 수 없다."거나 "피고인의 입영 연기 횟수와 사유, 범죄 전력, 특히 피고인이 이 사건 이전까지 병역 거부에 대한 신념을 외부로 표출하는 등의 활동을 한 사실이 전혀 없는 점 등을 종합하면 피고인에게 병역법에서 정한 정당한 사유가 없음을 충분히 인정할 수 있다."고 판시한 취지를 이해할 수 있다.

하지만 '정당한 사유'를 이와 같이 협소한 방향으로 해석하게 되면 지난한 노력 끝에 결실을 맺게 된 인간 존엄성의 형사법적 구현을 후퇴시키고 궁극적으로 자유주의적 가치에 반할 위험이 있다. 우리가 인간의 존엄이라는 이념과 자유주의적 가치를 존중한다면 "이들의 병역거부결정이 국가공동체의 다수의 가치와 맞지 않는다고 하더라도, 양심의 자유를 기본권으로 보장하고 있는 헌법질서 아래에서는 그 결정을 국가가 동원할 수 있는 가장 강력한 수단인 형벌권을 곧바로 발동하여야 할 정도의 반사회적인 행위라고 할 수는 없다."5) 따라서 국가는 양심적 병역거부자가 스스로 내린 존엄한 가치결단을 형벌로 단죄하는 방식은 최대한 지양해야 한다. 이는 법이 특정한 삶의 방식과 사고방식을 강요해서는 안 된다는 중립적 가치를 미덕으로 여기는 자유주의적 이념에 정면으로 반하는 것이기 때문이다(본서 [2] 참조).

이러한 배경지식 하에 아래의 글은 두 가지 측면에서 중요한 의의가 있다. 그 하나는 필자가 어느 모임에서 이 글을 발표한 이후 얼마 지나지 않아서 양심적 병역거부자에 대한

---

5) "양심의 자유에서 보호하는 양심은 그 어느 것으로도 대체되지 아니하며, 그에 따라 행동함으로써 자기를 표현하고 인간으로서의 존엄과 가치를 확인하는 의미를 가지는 것이다. 따라서 강요에 의하여 그러한 신념을 의심하고 그 포기 여부를 선택해야 하는 상황에 처하는 것만으로도 개인의 인격에는 큰 타격이 될 수 있다. 자신이 전인격을 걸고 옳은 것이라고 믿는 신념을 변경하지 않을 경우 형벌과 사회생활에서의 제약 등 커다란 피해를 입는 것이 예정되어 있는 상황에 처하면, 개인은 선택의 기로에서 자신의 인격적 존재가치에 회의를 느끼지 않을 수 없고, 이는 결국 인간의 존엄성에 대한 손상으로 이어질 수밖에 없기 때문이다."고 한다. 헌재 2018.6.28. 2011헌바379등 결정.

상기 대법원의 무죄판결[6]이 내려졌다는 점이고, 다른 하나는 본서의 주제와 밀접한 관련이 있는 자유와 책임에 대해 새로운 관점에서 재조명 해보며, '정당한 사유'를 대법원판결과 달리 책임조각사유로 구성하고 있기 때문이다. 이와 같은 이론구성은 매우 중요한 실천적 의의를 지닌다. 설령 구성요건해당성 조각사유로서의 '정당한 사유'가 인정되지 않는다고 하더라도 이에 '보충적으로' 책임조각사유로서의 '정당한 사유'를 인정할 수 있는 또 하나의 통로가 열리기 때문이다.

전자가 구성요건단계에서 비교적 엄격한 요건 하에 인정된다는 특징이 있다면, 후자는 책임단계에서 개인의 주관적 특수사정을 보다 폭넓게 고려할 수 있는 장점이 있다. 전자가 인정되지 않더라도 후자가 인정되면 처벌을 면하게 된다. 혹자는 '정당한 사유'를 범죄체계 론상 각기 다른 두 측면에서 관념하는 것이 타당한지에 대해 의문을 제기할 수 있겠지만, 통설적으로 '고의' 역시 구성요건적 측면과 책임의 두 측면에서 모두 관념할 수 있고 그 실천적 차이가 있다는 사실에 비추어 보면,[7] 크게 무리가 있는 법리구성이 아니라고 본다.

그렇다면 양심적 병역거부자는 왜 책임이 조각될 수 있는가? 필자는 양심적 병역거부자 는 형법상 기대가능성의 법리에 비추어 볼 때, 적법행위의 기대가능성이 없는 자로 볼 수 있으므로 책임이 조각되어 처벌할 수 없다고 주장하고 있다.

또 그렇다면 어째서 적법행위의 기대가능성이 없다고 볼 수 있는가? 이에 대해 필자는 자유의지의 발현이 과연 모든 사람에게 "동등한가?"의 문제를 제기하고 있다(본서 [2] 참조). 정신병자 등 심신장애인에게는 많은 경우 그러한 능력의 발현에 일정한 생물학적 제약이 있다는 점은 일반적으로 널리 인정되고 잘 알려져 있다. 그렇기 때문에 우리는 심신장애인 에게 일정한 책임감면을 허용한다. 하지만 특정한 종교적 신념에 기반한 병역거부자, 더 나아가 확신범 일반에게도 그러한 능력의 발현에 어떤 제약이 있다고 볼 수는 없을까? 만일 그러한 제약조건을 관념할 수 있다면 그것은 심신장애자의 그것과 마찬가지로 소질적 요소 일까, 아니면 소위 기대가능성이론에서 말하는 '비정상적 부수사정'과 유사한 성질을 지니

---

6) 대법원 2018. 11. 1. 선고 2016도10912 전원합의체 판결. 동 판결에 의하면 "양심의 자유는 도덕적·정 신적·지적 존재로서 인간의 존엄성을 유지하기 위한 필수적 조건"이며 따라서 "양심적 병역거부자에게 병역의무의 이행을 일률적으로 강제하고 그 불이행에 대하여 형사처벌 등 제재를 하는 것은 양심의 자유를 비롯한 헌법상 기본권 보장체계와 전체 법질서에 비추어 타당하지 않을 뿐만 아니라 소수자에 대한 관용과 포용이라는 자유민주주의 정신에도 위배된다." 필자는 이 판례에서 핵심 키워드는 인간의 존엄이라는 헌법정신과 자유(민주)주의라는 정치철학적 이념이라고 생각한다.
7) 일례로 오상방위와 등 위법성조각사유의 객관적 전제사실에 대한 착오를 해결하는 학설 중에서 법효과 제한책임설은 고의의 이중적 지위가 갖는 의미를 잘 보여준다.

는 것으로 볼 수 있을까?

결론적으로 본고는 양심적 병역거부자와 같은 확신범에게도 일정한 책임감면의 효과를 인정해야 할 사정, 즉 비정상적 부수사정을 관념할 수 있다는 점을 논증하고 있다. 대법원 판결과는 상이한 논증방식이지만, 형법이론적으로는 오히려 더 의미있는 논지를 제시하고 있다고 생각한다. 많은 후속연구가 이어지기를 바라는 마음이다. 아울러 자유주의적 가치가 형사사법의 영역에 더 깊이 뿌리내릴 수 있는 계기가 마련될 수 있기를 희망한다.[8]

다소 복잡한 논증으로 인해 혼란을 느낄 수 있는 독자들을 위해 약간의 부연설명을 덧붙이면, 이 글은 확신범의 도덕적 가치결단을 분석적으로 접근해 해명해 내고 있다. 칸트와 롤즈의 견해에 따르면 이성은 이론이성과 실천이성으로 나눌 수 있고, 실천이성은 순수 실천이성과 경험적 실천이성으로 구분할 수 있다. 현행법을 위반하도록 동기부여를 하는 확신범의 특수한 의무의식도 분명 실천이성의 판단을 통해 도달한 것이다. 그런데 실천이성의 판단이라도 반드시 정언명령과 같은 순수 규범적 요청에 따르는 것은 아니며, 인간 내면의 다양한 본성적 욕구를 조화롭게 충족시켜 행복을 실현하려는 경험적 실천이성의 영향을 받기도 한다. 그 내면적 욕구에는 물질적인 것뿐만 아니라 윤리적인 것들, 즉 일정한 선관(a conception of the good)도 있다는 사실을 고려해야 한다는 것이 이 글의 핵심적 주장의 하나이다. 특정한 선관을 따르려는 윤리적 갈망이 비정상적 부수사정에 의해 현행법의 요구와 '반성적 평형'[9]을 이루지 못함으로써 현행법을 준수할 정당화 동기를 얻지 못해 이를 위반하게 된 경우에 기대불가능성으로 인한 책임조각을 인정할 수 있다는 것이다.

---

8) 자유주의의 핵심은 국가나 법이 특정한 종교적, 도덕적 이상을 강요하거나 처벌하지 않는 데 있다. 즉 무엇이 공동체가 지향해야 할 미덕이고 최선의 삶의 방식인지에 대해 각 개인의 자율적 결정, 선택의 자유에 맡겨야 한다는 입장이며, 이는 곧 좋은 삶의 방식을 각자 스스로 선택할 자유를 최대한 존중하는 입장이다. 이에 대해서는 마이클 샌델/김명철 역, 정의란 무엇인가(와이즈베리, 2018), 27-28면.

9) 나는 여기서 '반성적 평형'을 특수한 의미로 사용하고 한다. 본서에서는 반성적 평형을 일반적으로 원칙과 숙고된 도덕판단, 더 나아가 배경이론 사이에 정합성을 얻어내 정당성을 획득하는 과정으로 사용하고 있지만, 여기서는 한 개인에게 그의 숙고된 판단(considered judgements)이 현행법의 요구와 조화를 이루어 법준수의 정당성을 제공하는 상태를 지칭하는 것으로 사용하고자 한다. 본래적 의미의 반성적 평형과 개념적으로 유사한 측면에 착안해 확신범의 특수한 의무의식의 발현경로와 그 기능을 해명해 보기 위해 반성적 평형개념을 차용해 보았다.

I. 머리말: 논의구도와 고찰범위

확신범을 형법적으로 어떻게 다룰 것인가의 문제는 오랜 논쟁의 역사를 갖고 있다. 자신이 가진 정치적, 종교적, 도덕적 가치관으로 인해 현행 법질서를 정당하지 못하다고 평가하며 처벌을 무릅쓰고 현행법을 위반하는 자를 어떻게 취급할 것인가의 문제는 다루기 매우 어려운 테마였고, 이와 관련해 확신범에게는 비록 형법적으로 고려해 볼 만한 특별한 동기가 있지만 결국 처벌을 피할 수 없다는 견해와 확신범에게는 위법성조각사유 또는 책임조각사유가 존재하므로 범죄가 불성립한다는 견해 등이 대립되어 왔던 것이다. 본고에서는 개별 쟁점들을 모두 망라하여 다루지 않을 것이다. 대신 우선 그 예비적 고찰로서 확신범에게도 적법행위의 기대가능성이 있는지 여부를 검토해 보고자 한다. 그 이유는 확신범의 기대가능성 유무는 규범적 책임론의 영향 하에 있는 현행 형법도그마틱 체계 하에서 여러 쟁점 중에서도 핵심적 지위를 차지하고 있고 또한 우리 대법원이 그 다양한 쟁점 중에서 확신범의 기대가능성에 대해서는 명확한 입장을 표명하고 있는바,[10] 이에 대한 면밀한 검토가 확신범에 대한 대책을 강구함에 있어서 무엇보다 기초를 이루는 중요한 선결사항이 될 것으로 보이기 때문이다.

확신범에게 적법행위의 기대가능성이 있는지 여부에 대해 국내외의 학설은 기대가능성이 있다는 견해와 없다는 견해로 나뉘고, 기대가능성의 판단기준으로 평균인표준설과 행위자표준설 중 어느 판단기준을 취하느냐에 따라서 결론이 달라진다고 보는 견해도 있다. 본고에서는 결론적으로 확신범에게 기대가능성이 없다는 점을 인간의 도덕적 판단과정에 대한 최신의 과학적 연구성과를 원용해 논증해 보고자 하며, 아울러 이러한 결론은 평균인표준설이나 행위자표준설 중 어느 기준을 채택하더라도 달라지지 않는다는 점을 입론하고자 한다. 아울러 이러한 논증방식이 확신범을 평균인 다수와 생각이 다른 '소수자'로 파악해

---

10) 대법원 2004. 7. 15. 선고 2004도2965 전원합의체 판결. "양심적 병역거부자에게 그의 양심상의 결정에 반한 행위를 기대할 가능성이 있는지 여부를 판단하기 위해서는, 행위 당시의 구체적 상황 하에 행위자 대신에 사회적 평균인을 두고 이 평균인의 관점에서 그 기대가능성 유무를 판단하여야 할 것인바, 양심적 병역거부자의 양심상의 결정이 적법행위로 나아갈 동기의 형성을 강하게 압박할 것이라고 보이기는 하지만 그렇다고 하여 그가 적법행위로 나아가는 것이 실제로 전혀 불가능하다고 할 수는 없다고 할 것인바, 법규범은 개인으로 하여금 자기의 양심의 실현이 헌법에 합치하는 법률에 반하는 매우 드문 경우에는 뒤로 물러나야 한다는 것을 원칙적으로 요구하기 때문이다." 요컨대 대법원은 양심적 병역거부자에게 적법행위의 기대가능성을 인정할 수 있다고 판단하고 있다. 본고는 대법원의 이러한 판단이 그릇된 先理解에서 비롯된 것임을 논증하며 그러한 결론의 부당성을 비판적으로 검토해 보고자 한다.

이에 대한 법적 배려를 베풀고자 하는 시도11)에 대한 보완재 역할을 해 줌으로써 확신범에게 '면책'의 가능성을 더 확대해 주는 실익이 있다는 점을 보여줄 것이다.12) 하지만 이러한 결론이 곧바로 확신범에게 책임조각의 효과를 인정해야 한다고 주장으로 귀결되지는 않는다. 초법규적 책임조각사유로서 기대가능성의 인정여부에 대한 첨예한 논쟁이 아직 해결되지 않은 채 남아 있기 때문이다. 이 점에 대한 비판적 연구는 후속 연구과제로 남겨두고자한다.

II. 확신범에 대한 몇 가지 형법적 쟁점 개관

1. 확신범(Überzeugungsverbrecher, Überzeugungstäter)의 개념

(1) 개념정의

확신범에 대한 개념의 정의는 대체로 일치되어 있다. 일반적으로 확신범은 "행위자가 정치적, 종교적, 또는 윤리적 확신에 의하여 행위할 의무가 있다고 생각하여 현행 실정법에 위배되는 행위를 함으로써 성립하는 범죄"13)로 정의된다. 확신에 대한 대처방안에 대해서 지대한 관심을 가지고 두 편의 글을 발표한 바 있는 효당 엄상섭도 이와 크게 다르지 않게 "행위자가 정치상 또는 종교상의 확신에 의하여 행위할 의무가 있다고 하여 현행법에 위배되는 행위를 함으로써 성립하는 범죄"14)라고 정의내린 바 있다. 본고에서 다루고자 하는

---

11) 예컨대 한인섭, "양심적 병역거부, 그 처벌의 위헌성", 제주대학교 법과정책 제21집 제3호 (2015), 459-460면 참조. 한인섭 교수는 다음과 같이 말한다. "양심의 자유는 개개인의 문제이다. 양심적 병역거부자는 감옥에 간다고 해도 자신의 양심을 바꿀 수 없다는 절박한 내면의 소리에 따라 행동할 수밖에 없다고 결단한 사람이다. 이러한 존재는 우리 사회에서 매우 예외적이고, 그 양심적 결단은 다른 '사회적 평균인'의 판단과 전혀 다르다. 이 사안에서 사회적 평균인의 관점에서 보면, 양심적 병역거부의 쟁점 자체가 생겨날 리도 없다. 기대가능성 문제에 대한 판단에 있어서는 소수자 인권의 문제임을 감안하여 양심적 병역거부자 중의 평균인 관점의 관점에서 접근하지 않으면 기대가능성 유무는 아무런 평가잣대로서의 의미가 없을 것이다."
12) 아울러 양심적 병역거부자와 같은 확신범의 구성요건해당성을 조각시키는 법리구성(대법원 2018. 11. 1. 선고 2016도10912 전원합의체 판결)방식에 대해 보충적으로 적용될 수 있는 범죄성립배제사유를 입론할 수 있다. 즉 기대불가능성에 의한 책임조각사유를 인정할 수 있는 실익이 생긴다.
13) 신동운, 형법총론 (법문사, 2015), 426면.
14) 엄상섭, "확신범에 대한 대책", 법정(法政) 제12권 제5호 (1957), 4면. 또 다른 확신범 관련 글로는 엄상

확신범도 바로 이처럼 정치, 종교, 윤리적 확신에 의해 일반인과는 다른 '특수한 의무의식'
이 생겨 현행법을 위반하는 자를 지칭하기로 한다.[15]

(2) 확신범 관련 입법안

확신범을 형법적으로 어떻게 다룰 것인가와 관련해 선행연구들의 축적된 성과의 방향
을 가늠해 볼 수 있는, 참조할 만한 국내외 학자들의 입법안이 있다.

우선 라드브루흐는 "국가가 승인한 법률이라도 그것을 납득할 수 없는 자에 대해서
실정법은 잔인한 폭력을 의미할 뿐이며 윤리적 권위를 의미하지 않는다."고 지적하면서
"형벌을 통한 응보나 교육은 처벌하는 국가가 처벌받는 행위자의 낮은 도덕적 가치에 대해
서 더 높은 도덕적 품격을 가진다는 전제에 직결되어 있다."는 점을 고려해 보면 "확신범은
'낮은 도덕적 가치를 지닌 자'가 아니라 '다르게 생각하는 자'이므로 확신범에 대해서는
응보나 교육이라는 형벌목적은 탈락하고 위협의 과제는 거부되어야 한다."고 말한다. 확신
범 처우의 어려움과 특수성을 밝힌다. 결국 "국가로서는 형벌보다는 하나의 투쟁조치의
성격을 가진, 내적 전쟁에서의 전쟁포로의 일종과 같은 감금을 통하여 해만 끼치지 않도록
하는 수밖에 없다."는 것이 그의 결론이다. 라드브루흐는 이러한 지론에 따라 다음과 같은
입법안을 제시한 바 있다. "행위자의 결정적 동기가 그의 윤리적, 종교적 및 정치적 확신
때문에 그렇게 할 이유가 있다고 생각한 데 있다면, 그에 대해서는 중징역과 경징역 대신
같은 기간의 금고형으로 처벌한다.[16]

역시 독일의 형법학자 쉬네만은 "종교적, 정치적 또는 윤리적 확신에 의해 합법에로의

섭, "암살범의 특질", 법률평론(法律評論) 제1권 제3호 (1949).

15) 다만, 본고에서는 확신범 일반이 아닌 양심적 병역거부자를 대상으로 하고 있음에 유의할 필요가 있다.

16) 라드브루흐의 입법안에 대한 소개로는 심헌섭, "라드브루흐·확신범·금고", 법조 제19권 제1호 (1970),
61면. 심헌섭 교수에 의하면 확신범의 특별취급을 강력히 주장한 라드브루흐에 견해는 "법규범이 근거
하고 있는 당위명제들은 증명할 수 없고, 공리적이며 인식되는 것이 아니라 고백될 뿐이다. 궁극적인
당위명제들에 대해 대립되는 주장들이나 대립되는 가치관 및 세계관들이 서로 다투면서 맞서고 있는
곳에서는 그들 사이를 학문적으로 명료하게 결정지워 놓을 수는 없다"는 상대주의 법철학으로부터 도
출된다고 한다. 심헌섭, 앞의 논문, 62-63면 참조. 라드브루흐의 상대주의 법철학은 자유주의(liberalism)
라는 정치철학적 이념과 맞닿아 있다고 볼 수 있을 것이다. 자유주의의 핵심은 국가나 법이 특정한
종교적, 도덕적 이상을 강요하거나 처벌하지 않는 데 있다. 즉 무엇이 공동체가 지향해야 할 미덕이고
최선의 삶의 방식인지에 대해 각 개인의 자율적 결정, 선택의 자유에 맡겨야 한다는 입장이며, 이는
곧 좋은 삶의 방식을 각자 스스로 선택할 자유를 최대한 존중하는 입장이다. 이에 대해서는 마이클
샌델/김명철 역, 정의란 무엇인가(와이즈베리, 2018), 27-28면.

동기형성력이 현저하게 제한된 상태에서 행위한 자에게는 형법 제49조 제1항에 의한 필요적 형벌감경이 선고되어야 한다. 형이 감경된 확신범이 비록 일회의 중한 범죄를 행하였다고 하더라도 재범의 위험성이 있는 이상 법원은 그에 대해 보안감호를 선고할 수 있고, 이 경우 형벌과 보안감호의 합산기간은 형벌감경이 없으면 내려질 형기보다 더 길어서는 안 된다."[17]고 하여 보안감호와 함께 형의 필요적 감경을 제안한 바 있다.

엄상섭은 구체적인 입법안은 아니지만 "'확신범이여 네가 미워서 처벌하는 것이 아니라 네가 위태해서 처벌한다'는 법신(法神)의 탄사가 튀어나올 수밖에 없는 것이다."라고 지적하며 "그러면 우리는 확신범에 대한 적절한 처우방안을 포기하고 말 것인가?"라는 의문을 제기한 후, "그 유일한 방도는 민주주의의 고도화인 것이다. 모든 문제가 그러한 것과 마찬가지로서 확신범문제도 형법의 세계에서만 국척(跼蹐)하여 해결하려 할진대 아무리 교묘하고 치밀한 이론구성을 하여도 해결될 방도가 없는 것이다. (중략) 더군다나 확신범처럼 세계관의 대립과 긴장에서 나타나는 현상은 견해의 차이, 주관과 주관과의 충돌의 조화에 의한 국가나 사회의 평화를 유지함으로써 인류의 행복과 안전을 기하려는 민주주의의 의식의 강화에서만 해결의 서광이 보이는 것이다."고 전제하면서 "확신범에 대해서는 현실적 질서를 유지함에 필요한 한계에서만 그의 자유를 제약하고 행동을 억제함에 그쳐야 할 것이고 그 생명을 박탈하거나 일반범죄자와 동일하게 처우해서는 안 될 것이다. 이는 입법, 재판, 행형에서는 물론이고 수사의 단계에서도 존중되어야 할 원리인 것이다."라고 신중한 견해를 제시한 바 있다.

어느 입법안 또는 처우방안이거나 주된 공통점은 확신범의 경우 동기의 특수성이 고려되어야 한다는 것이며, 따라서 일반 범죄자와는 다르게 취급될 필요가 있다는 문제의식에서 출발하고 있다는 점에서 찾을 수 있다. 본고의 경우도 기본적으로 이러한 문제의식에 공감하며 확신범의 형법적 취급문제를 검토하고 있음을 밝혀둔다.

(3) 확신범에게 요구되는 확신의 정도: 양심범과 구별문제

일반적으로 형법적으로 문제되는 확신범의 확신의 수준은 개인을 절대적으로 구속하기 때문에 심각한 내적 갈등 없이는 그에 어긋나는 행동을 할 수 없을 정도이며, 이때의 확신은 자율적이고 윤리적인 인격으로서 개인이 내린 선악에 대한 진지한 윤리적 결정을 의미한다.

---

17) 쉬네만의 입법안에 대해서는 손동권, "형법상 양심범처벌의 문제점 : 독일의 이론 및 판례를 중심으로", 안암법학 제2호 (1994), 343면 이하 참조.

그것은 롤즈가 말한 숙고된 판단(considered judgements)[18]의 범주에 들어간다고 말할 수 있다. 즉 단순한 개인적 척도에 의한 자의적 결정을 뜻하는 것이 아니라 이러한 윤리적 결정은 객관화 내지 일반화 경향을 가져야 한다.[19] 만일 이러한 윤리적 절대구속력을 가지는 확신에 반하는 행위를 한 자에게는 종교적 확신범의 경우에는 신으로부터의 이탈을[20], 비종교적 확신범의 경우에는 인격의 실체상실을 경험하게 된다.[21]

확신범의 확신은 윤리적으로 절대적 강제력을 지니지 못하는 반면 양심범의 경우에는 당사자에게 그에 합치되는 행위를 하도록 윤리적으로 강제한다는 점에서 내적 강제의 정도가 양심범이 더 크다는 견해도 있으나[22] 그 반대의 견해도 있고[23], 국내학자들의 경우에도 이를 구별하는 입장과[24] 혼용하는 입장이[25] 병존하고, 대법원은 이 두 용어를 특별한 구별 없이 사용하고 있는 것으로 보이는바(대법원 2004도2965 전원합의체 판결)[26], 본고에서는 윤리적으로 절대적 구속력을 지닌 내적 강제력이 있는 확신(양심)을 가진 행위자를 지칭하는 용어로 확신범과 양심범을 혼용하기로 한다.

---

18) 롤즈에 의하면 숙고된 판단은 우리의 도덕적 능력이 가장 왜곡없이 발휘되는 상황에서 이루어지는 판단으로서 망설임이 없는 확신이 있는 판단이며 오랜 시간 동안 안정적인 판단을 의미한다. 이 판단은 관련 원칙들과 관련하여 '직관적(intuitive)'이어야 한다. 즉 숙고된 판단은 관련 원칙이나 이론을 특정한 사례에 의식적으로 적용한 결과라기보다는 그 사례에 대해 생각나는 것들을 단순히 고려함으로써 얻어진다.

19) 객관화 경향 내지 일반화 경향이란 행위자는 자신의 결정이 절대적으로 선하다고 확신하기 때문에 타인들도 자신과 같은 결정을 하기를 원해야 한다는 것으로서 다시 말해 행위자는 자신의 확신을 타인과 공유하기를 희망해야 한다는 것을 의미한다. 양심적 병역거부가 그 대표적 사례라 할 수 있음.

20) 어느 종교의 신도들의 경우 만일 집총거부를 하지 않게 되면 신앙적으로 약속받은 영생을 잃게 된다고 한다.

21) 손동권, 앞의 논문, 317면.

22) Peters, Überzeugungstäter und Gewissenstäter, in: Mayer-FS, 1966, S. 276; Ebert, Der Überzeugungstäter in der neueren Rechtsentwicklung, 1975, S. 275.

23) Heinitz, ZStW 1966, S. 621.

24) 양화식, "확신범의 가벌성과 처우", 형사정책연구 제10권 제2호 (1999).

25) 박중규, "양심범, 확신범 그리고 격정범에 대한 책임해석론의 내용", 비교형사법연구 제2권 제1호 (2000).

26) "피고인에게 존재하는 이러한 양심상 결정의 진지하고도 절박한 구속력 내지 내적 강제력은 우리 헌법 제19조에 의하여 보호되어야 하는 양심의 전형적인 특성을 그대로 나타내고 있는 것이고, 이는 절대적 윤리구속성을 갖추지 못한 다른 확신범이나 양심범과도 뚜렷이 구별되는 것이기도 하다(대법원 2004도 2965 전원합의체 판결)."

2. 확신범과 금지착오

(1) 확신범의 불법의식과 금지착오

확신범과 관련된 형법적 쟁점 중 오늘날에는 다툼의 여지없이 거의 일치된 결론[27]에 이르고 있는 것으로서 확신범에게도 불법의식을 인정할 수 있는가의 문제가 있다. 불법의식의 대상은 통설적 견해에 의하면 '법위반성', 즉 '위법성'이다. 다시 말해 위법성의 인식이 곧 불법의식이고 불법의식이 있기 때문에 행위자에게 적법행위의 기대가능성이 있음에도 불구하고 달리 행위한 점에 대한 책임비난을 가할 수 있다는 것이 책임원칙으로부터 도출된다. 그런데 만일 확신범이 '자율적' 양심을 주된 척도로 불법의식을 형성하는 것으로 이해한다면 자신의 양심과 어긋나는 '타율적' 법규범의 호소는 대부분 그의 양심에 의해 매개돼 적절한 수준의 불법의식을 심어주지 못할 것이기 때문에 이 경우 불법의식이 없다고 말할 수 있을 것이다. 하지만 이러한 입장은 '법익보호'라는 형법의 예방적 목적에 반하는 결과를 가져온다. 따라서 오늘날 통설적 견해는 확신범이라 하더라도 자신의 행위가 사회에 유해하고 법적으로 금지되어 있다는 점을 알고 있다면 형법상의 불법의식이 인정되는 것으로 본다. 그러므로 확신범의 불법의식 문제는 그 존재유무보다는 그에 대한 착오의 문제로 접근하는 것이 타당하다고 본다.[28]

본고에서도 통설적 견해를 따라 확신범에게도 불법의식이 존재한다는 점을 전제로 하면서 기대가능성 유무가 있는지를 판단하는 방향으로 논지를 전개하기로 한다. 다시 말해 금지착오가 문제되지 않는 상황에 있는 확신범에게 기대가능성을 인정할 수 있는지 여부를 검토한다는 것이다.

---

27) 김성돈, 형법총론 (성균관대출판부, 2009), 367; 김일수/서보학, 형법총론 (박영사, 2002), 423면; 박상기, 형법총론 (박영사, 2002), 236면; 배종대, 형법총론 (홍문사, 2001), 384면; 성낙현, 형법총론 (동방문화사, 2010), 363면 신동운, 앞의 책, 427면; 오영근, 형법총론 (대명출판사, 2002), 484면; 이상돈, 형법강론 (박영사, 2015), 404면; 이형국, 형법총론 (법문사, 1997), 230면; 임웅, 형법총론 (법문사, 2002), 292면; 정영일, 형법총론 (박영사, 2007), 302면.

28) 독일연방대법원은 확신범의 불법의식과 관련해 유책적 금지착오의 문제로 다룬 바 있다. BGHSt 2, 208. 이와 관련해 헌법재판소에 의한 규범판단이 없어 그 정당성 및 합법성에 의문이 있는 형법규범에 대해서는 헌법적 또는 자연법적 근거에 기초한 금지착오(특히 효력의 착오)가 발생할 가능성 있지만 민주주의가 법치주의가 확립된 국가에서는 그러한 착오는 대부분 회피가능한(따라서 책임이 조각되지 않는) 경우가 되고, 반면 그렇지 못한 국가에서는 회피불가능성으로 인한 책임조각이 인정될 여지가 남는다는 견해가 있다. 손동권, 앞의 논문, 337면.

3. 확신범의 가벌성: 불가벌 사유의 범죄체계론상 지위

(1) 확신범의 가벌성 논의

확신범 문제에 지대한 관심을 갖고 있었던 엄상섭은 확신범의 가벌성과 관련해 '가벌성 제한적 긍정론'이라 칭할 만한 견해를 피력하고 있다. 그는 "만일 확신범이 개별적 분산적으로 행해짐에 그치거나 결과의 중대성이 없다면 확신범을 극력 관대하게 처리할 수도 있는 것이고 그러한 아량을 가질 수도 있는 것이다. 그러나 확신범은 '정치적 또는 종교적 확신'에 기인한 것이기 때문에 그 성질상 집단적, 전파적이며 그 결과는 개별적인 경우에도 살인 등의 중대범으로 나타나는 것이고, 집단적일 때에는 국가나 사회의 존립을 위태롭게 하는 내란죄, 반역죄 등을 구성하게 되므로 국가와 사회의 평화와 질서를 유지해야 하는 필요로 인하여 부득이 가혹한 형벌로 임할 수밖에 없는 것이다. 동기의 특수성에 비추어서는 불벌, 또는 지극히 관대하게 처리해야 할 확신범임을 누구나 잘 알고 있으면서도 그를 엄벌함도 또한 일반 국민들의 시인하는 바가 되어 있는 것이다."라고 말한다. 이어서 "목하 확신범이 처벌되고 있음은 각국 공통적인 것이니 그 가벌성에 대하여 운운할 필요가 없을지는 모르나 확신범의 처벌근거는 그처럼 간단한 것이 아니[다]. 위법성은 초법규적으로 볼 것이라는 것이 현대 형법학계의 대세이니 위법성의 본질을 인류사회의 진화를 목표로 하고 생성발전할 수 있는 문화규범위반이라고 관념할 때에 이 문제는 비로소 해결된다. '국가적으로 승인된'이라는 것을 부인함으로써 '현실에 굳어붙을 수 있는 보수성'을 제거하고 '인류사회의 진화'만에 봉사하는 것이 아닌 점에서 확신범 불벌의 부당한 결론을 피하는 것이 비견의 골자다. 즉 '할 수 있는'에 의미가 있는 것으로서 이는 '인류사회의 진화의 과정'을 존중한다는 것에 중요한 포인트가 있다. 즉 확신범은 문화의 진화과정을 무시하는 점에 그 위법성이 있다는 것이다. 진화성을 가진 확신범일지라도 그 과정을 무시함으로 인하여 현실사회에 대하여 다대한 혼란과 마찰을 가져오게 된다면 도리어 인류의 문화발전을 저해하는 결과에 빠질 터이니 이런 의미에서 진화적인 확신범도 위법성을 대유케 되는 것이다."[29]고 하여 확신범의 위법성을 긍정할 수 있는 이론적 근거를 마련하고 있다.[30]

반면 일부 학자들은 '가벌성 전면적 긍정론'을 주장한다. 즉 확신범은 통상적으로 정당

---

29) 엄상섭, "암살범의 특질", 법률평론(法律評論) 제1권 제3호 (1949) 참조.
30) 엄상섭의 형법이론에 대해서는 안성조, "효당 엄상섭의 형법이론과 형법사상", 서울대학교 법학 제58권 제1호 (2017), 223-279면 참조.

화되지도 면책되지도 않는다는 것이다.[31]

한편 '가벌성 제한적 긍정론'도 학설에 따라 다양한 형태로 나뉘는데, 우선 작위범은 처벌되나 부작위범은 기대불가능성에 의해 면책될 수 있다는 견해가 있다.[32] 다음으로 국가의 존립과 안전을 위태롭게 하거나 기타 최상의 헌법원칙을 침해한 경우에는 양심자유의 기본권을 원용할 수 없고, 생명, 자유, 재산 등 개인적 법익을 침해하는 경우 이는 타인의 인격발현의 가능성을 배제하기 때문에 이를 용인하는 것은 헌법적 가치체계에 불합치되므로 처벌할 수 있다는 견해도 있는바,[33] 이는 헌법상의 양심상의 자유도 국가안전보장, 질서유지 또는 공공복리를 위하여 제한할 수 있으므로(헌법 제37조 제2항) 이러한 경우에 해당할 때에는 처벌할 수 있다는 우리 대법원의 견해와도 유사한 것으로 보인다.[34]

(2) 불가벌 사유의 범죄체계론상 지위

확신범이 일정한 경우 가벌성이 없다고 할 때 이를 범죄체계론상 어디에 정서시킬 것인가의 문제가 발생한다.

이와 관련해 우선 엄상섭은 규범적 책임론에 기초하여 책임조각의 가능성을 인정하고 있다. 그는 "규범적 책임론에서는 '인식, 또는 인식은 없었으나 인식할 수 있었다는 인식가능성'이라는 심리적 조건 외에 고의나 과실이 있었지마는 위법행위를 피하고 적법행위를 할 수 없는 동기가 행위자의 의사결정의 골자가 되었을 때에는 이에 대해서도 비난을 가할 수는 없으므로 결국 행위의 책임성이 결여되는 것으로 봐야 한다는 것인즉 확신범에 있어서 행위자의 '정치상 또는 종교상의 확신에 의한 의무의식'이 그 행위자의 '현행법을 준수하는 행위를 할 수 없는 비정상적인 부수사정'이 될 수 있기 때문에 그 동기구성을 무시할 수 없다."고 지적한다.[35]

---

31) Hirsch, StGB. Leipziger Kommentar, 11. Aufl., 1994, vor 32 Rdn. 221; Jeschek/ Weigend, AT, 1996, S. 506.

32) Schönke/Schröder/Lenckner, StGB, 24. Aufl., 1991, vor 32 Rdn. 119, 120.

33) Roxin, Die Gewissenstat als Strafbefreiungsgrund, in: Maihofer-FS, 1988, S. 410.

34) 대법원 1998.7.28, 98도1395; 대법원 1997.7.16., 97도985.

35) 혹자는 엄상섭의 견해에 대해 '비정상적 부수사정'은 행위자 외부에 존재하는 것이어야 하므로 특수한 의무의식을 그러한 부수사정으로 볼 수 있는 것인지에 대해 의문을 제기할 수도 있을 것이다. 하지만 기대가능성을 판단하는 데 있어서의 '부수사정'을 후술하듯 '범죄구성요건의 외부에 있으면서 행위자의 동기구성에 영향을 주는 요소'로 이해한다면 엄상섭의 논지는 타당하다고 할 것이다. 이와 관련해 본고의 입장은 확신범으로 하여금 '특수한 의무의식'을 형성하게 만든 '지속적이고 복합적인 일련의 계기들'을 비정상적 특수한 부수사정으로 파악함으로써, 확신범의 기대가능성 판단에 요구되는 부수사

다음으로 '위법성조각사유설'로 볼 수 있는 견해로서 확신범 중에서 양심상 결정에 의하여 형법에 위반한 양심범은 기본권을 행사한 것이므로 위법성이 조각된다는 견해가 있는데[36] 헌법상의 양심의 자유권은 그 한계를 일탈하지 않는 이상 형법적으로 적법하다고 해석되어져야 한다는 것이다.

한편 '책임조각설'로 분류할 만한 것으로서 헌법적 한계를 벗어나지 않는 양심범은 면책사유에 해당한다는 견해가 있는데, 이 중에서도 양심자유의 실현이 가져오는 인격통합적 효과로 인한 불법감소와 양심의 강제상태에 기인한 동기형성력의 장애에 의한 책임감소라는 이중의 책임감소사유가 충족됨으로써 양심범은 면책된다는 견해와,[37] 양심 강제상황의 존재는 행위자의 인격에 존재하는 '비정상적 상황' 중의 하나로 인정될 수 있고, 따라서 양심범의 사실적-정신적 타행위불가능성은 법적 기대불가능성으로 평가된다는 견해가 있다[38]. 이밖에도 양심자유의 실현이 그 내재적 한계를 초과한 때에는 예방적 이유에서 처벌이 불가결하며 그리고 행위자의 책임이 인정된다는 전제에서 이 예방적 필요성이 양심범의 처벌을 근거지우지만 양심의 실현이 헌법적 한계를 초과하지 않는 때에는 이는 헌법적으로 보장된 행위자유로서 형법상으로 볼 때도 예방적 관점에서 수인될 수 있고 따라서 제재를 가할 수 없다는 견해도 있다.[39]

III. 확신범의 의무의식 대한 새로운 이해

1. 확신범의 특수한 의무의식의 발현계기

상기 고찰한 바에 따르면 간단히 말해 확신범은 '정치·종교·윤리상의 확신에 의한 강력

정을 '범죄구성요건'은 물론 '행위자' 외부에 존재하는 특수사정으로 바라보고 있다. 양심적 병역거부와 관련된 병역법 위반사건에서 대법원이 "위 조항에서 정한 정당한 사유가 있는지를 판단할 때에는 병역법의 목적과 기능, 병역의무의 이행이 헌법을 비롯한 전체 법질서에서 가지는 위치, 사회적 현실과 시대적 상황의 변화 등은 물론 **피고인이 처한 구체적이고 개별적인 사정**'도 고려해야 한다."고 판시한 것도 이러한 맥락에서 이해할 수 있을 것이다. 대법원 2018. 11. 1. 선고 2016도10912 전원합의체 판결.

36) Peters, a.a.O., S. 276.
37) Rudolphi, Die Bedeutung eines Gewissenentscheides für das Strafrecht, in: Welzel-FS, 1974, S. 630.
38) Ebert, a.a.O., S. 66.
39) Roxin, a.a.O., S. 410.

한 의무의식이 그 행위자의 현행법을 준수하는 행위를 할 수 없을 정도의 심각한 내적 갈등을 불러일으키는 자'로 규정할 수 있다. 달리 말하면 확신범은 '그 자신의 숙고된 판단에서 비롯된 특수한 의무의식이 현행법의 요구사항과 조화를 이루지 못해 법준수의 정당성을 획득하지 못하는 자'로 재정의할 수 있을 것이다. 우리가 주변에서 직·간접적으로 접해볼 수 있는 확신범들, 예컨대 양심적 병역거부자 등의 특수한 도덕관념이나 의무의식은, 행위자가 스스로 선택한 삶의 방식과 사고체계의 기초가 되고, 이는 근현대 자유주의 사상에 비추어 보면, 비록 다수인의 도덕관념과 다르기는 하지만 국가가 형벌을 동원해 강제할 만한 성질의 것이 아님은 분명하다 할 것이다. 자유주의 이념에 따르면 최선의 삶의 방식이나 좋은 삶은, 타인의 법익을 침해하지 않은 한 각 개인의 선택의 자유에 맡겨져 있기 때문이다. 바로 이러한 관점으로부터 최근 대법원이 양심적 병역거부자의 특수한 종교적 신념을 병역법상 '정당한 사유'로 인정해 구성요건해당성을 조각시킬 수 있는 근거가 제시될 수 있다고 평가할 수 있다. 이 점은 특히 양심적 병역거부자와 같은 비폭력적 확신범은 타인의 법익을 침해한다고 보기 어렵기 때문에, 헌법재판소가 법익의 균형성 측면에서 "형벌권을 곧바로 발동하여야 할 정도의 반사회적인 행위라고 할 수는 없다."[40]고 판단할 수 있는 논거의 바탕이 되기도 한다. 그런데 이와 같은 법리구성은 확신범을 다수의 시민들과 다르게 '가치있는' 생각을 하는 '소수자'라는 측면을 잘 포착했다는 점에서는 큰 의미가 있지만, 그러한 소수자들이 어떠한 과정을 거쳐 그러한 생각을 하게 되었는지에 대해서는 법적인 측면에서 크게 고려해보지 않음으로써 책임조각의 가능성을 간과하게 된다는 단점이 있다. 형법체계의 측면에서 행위자에 대한 비난가능성이란 점을 적극적으로 고려하지 못하고 있다는 것이다. 구성요건해당성이 원칙적으로 금지된 행위유형이라는 점에서 '행위'의 측면에 대한 관점이라면, 책임은 바로 그러한 금지된 행위유형을 범한 자라 하더라도 행위자 개인의 특수한 사정을 고려해 범죄성립을 배제시킬 수 있는 '행위자'의 측면에 대한 고려라는 점에서 양자는 명백히 구별되며, 형법은 양 단계에서 모두 범죄성립을 조각시킬 수 있는 길을 열어놓고 있는바, 이는 확신범의 경우라 하더라도 균등하게 고려해야 함은 자명한 이치다. 따라서 확신범에 대한 비난가능성의 측면에서 그 행위자의 특수한 의무의식 그 자체보다는 그 발현계기를 고찰해 보는 것도 형법적으로 유의미한 작업이라 생각한다.

그렇다면 확신범은 과연 어떠한 계기로 인해 그러한 내적 결정을 실행에 옮기게 되는 것일까? 이 점에 대해 일반적인 견해는 그렇게 하지 않으면 종교적 확신범의 경우에는 신으

---

40) 헌재 2018. 6. 28. 2011헌바379 등 결정.

로부터의 이탈을, 비종교적 확신범의 경우에는 인격의 실체상실을 경험하게 되기 때문이라고 이해하고 있지만, 본고에서는 도덕심리학, 신경과학 및 진화윤리학 등의 배경이론의 관점에서 확신범의 양심적 결단과 행동의 동기를 새롭게 조명해 보고자 한다.[41]

2. 도덕적 판단의 이중적 성격: 자동모드와 수동모드

전통적으로 도덕적 판단이나 결정은 순수한 실천이성에 의한 합리적 추론의 결과로 여겨져 왔다. 이는 이성의 힘을 강조한 소크라테스나 플라톤 등 고대 그리스의 철학자들을 비롯해 계몽시대의 사상가들에 면면히 이어져 온 서구의 지적 유산의 하나였고,[42] 오늘날 일반대중의 인식 속에도 이러한 사고방식이 지배적이다. 윤리학과 법학의 체계는 바로 이러한 주지주의적 토대 위에 세워져 있다고 보아도 별 무리가 없을 것이다.

하지만 현대의 일단의 연구자들은 그러한 지적 전통에 대해 회의를 제기하고 있다. 이러한 입장의 윤리학을 가장 넓은 의미에서 소위 자연주의 윤리학(naturalized ethics) 또는 윤리적 자연주의라고 칭한다.[43] 이 입장의 핵심은 도덕적 추론이라는 것이 반드시 실천이성과 같은 '특수한 능력'에 의해 '특별한 종류의 방법'을 통해서 '일상적인 다른 종류의 가치판단이나 자연적 상황에서 유래하는 것들과는 다른' '특별한 위상'을 지니게 되는 방식으로 이루어질 필요는 없다는 것이다. 이들은 다음과 같은 증거를 제시한다. 오늘날 많은 실험과 연구결과에 의하면 도덕적 판단은 때로는 합리적인 이성에 의한 도덕적 추론(moral reasoning)보다는 주로 도덕적 정서에 의해 작동되는 도덕적 직관(moral intuition)에 의해 더 크게 좌우된다고 한다. 진화심리학자인 전중환 교수에 의하면 우리의 도덕적 판단이 "냉정한 합리적 이성뿐만 아니라 원시적인 혐오정서에서 상당부분 유래한다는 증거들이 있다."[44] 마찬가지로 막스플랑크연구소의 진화인류학자인 마이클 토마셀로에 의하면 인간

---

41) 이러한 시도는 과학이론까지 아우르는 더 넓은 반성적 평형의 관점에서 정합적인 법적 결론을 얻어내려는 것으로 법적 논증을 '반성적 평형'의 과정으로 이해하는 본서의 일관된 입장의 연장선상에 있다. 우리의 직관적인 도덕적 사고의 구조, 기원, 한계를 이해해야 할 필요성을 논급하며 반성적 평형의 과정에 자연과학적 이해를 추가해 '이중의 넓은 반성적 평형(double wide equilibrium)'을 주장하는 견해로는 Joshua D. Green, Beyond Point and Shoot Morality: Why Cognitive (Neuro) Science Matters for Ethics, Ethics, 124-4(2014), at 726; 동일저자, Solving the Trolly Problem, in: Justin Sytsma & Wesley Buckwalter(eds.), A Companion to Experimental Philosophy(New York: Wiley Blackwell, 2016), at 176.
42) 남경희, 플라톤 (아카넷, 2006), 107면 이하; 힐러리 퍼트남/홍경남 역, 존재론 없는 윤리학 (철학과 현실사, 2006), 38면 이하 참조.
43) 자연주의의 윤리학에 대해서는 마크 존슨/노양진 역, 인간의 도덕 (서광사, 2017), 54면 이하 참조.

의 도덕은 진화사적으로 볼 때 상호 협력을 증진시키기 위해 발달한 '공감'과 '공정'이라는 생래적 도덕감각에 크게 의존하고 있다.[45)]

이러한 주장을 보다 과학적으로 입증해 주는 여러 실험을 수행한 하버드대학의 실험심리학자이자 인지신경과학자 조슈아 그린에 의하면 도덕적 판단과정은 감정의 지배를 받는 자동모드와 이성의 영향을 받는 수동모드 양자 간의 '이중처리 방식'으로 작동한다고 한다. 자동모드는 집단 내에서 협력을 가능하게 하는 직감적 본능인 반면, 수동모드는 도덕적 문제나 그 밖의 실제적인 문제를 푸는 데 사용되는 이성적 추론능력이다. 이는 마치 카메라의 자동모드와 수동모드의 작동방식처럼 전자는 효율적이지만 융통성이 없고, 후자는 융통성이 있지만 비효율적이라는 특징을 지닌다고 한다.[46)]

적어도 과학계에서 상당한 지지를 받고 있는 것으로 보이는[47)] 도덕의 본성에 대한 진화적 해석에 따르면 인간의 도덕성은 인간들 상호 간 협력을 촉진시키기 위해 진화한 적응적 심리기제의 하나이다.[48)] 이 분야의 저명한 심리학자 조너선 하이트에 의하면 도덕적 판단에 관여하는 심리적 적응은 크게 도덕적 직관과 도덕적 추론이라는 두 요소로 구성되는데 도덕

---

44) 전중환, 본성이 답이다 (사이언스북스, 2016), 51면 이하 참조.
45) 마이클 토마셀로/유강은 역, 도덕의 기원 (이데아, 2018) 참조.
46) 조슈아 그린/최호영 역, 옳고 그름 (시공사, 2017), 206면 이하 참조. 그린 교수에 의하면 도덕적 판단과정에서도 도덕적 의무와 관련된 판단은 주로 감정, 즉 도덕적 직관이 담당한다고 한다. 조슈아 그린 외/한세정 역, 넥스트 (21세기북스, 2010), 22면 참조.
47) 이러한 평가로는 케네스 밀러/김성훈 역, 인간의 본능 (더난출판, 2018), 234면. 케네스 밀러는 브라운 대학의 생물학 교수이다. 다만, 그는 현재의 트렌드와 달리 자신은 인간에게 다른 존재와 차별화되는 특별한 무엇이 있다고 믿고 있다는 점을 이 책을 통해 논증하고 있다.
48) 조슈아 그린에 의하면 "도덕성은 실제로 협력을 촉진하기 위해 진화했다. 다시 말해 도덕성은 집단들 사이의 경쟁에서 유리한 위치에 서도록 집단 내 협력을 촉진하기 위해 생물학적으로 진화했다. 자연선택이 협력을 촉진하는 유전자를 편애하는 유일한 이유는 협력적인 개인들이 다른 개인들과의 경쟁에서 더 잘 이길 수 있기 때문이다. 단, 도덕성의 궁극적 기능은 모든 생물학적 적응이 그러하듯이 유전물질을 퍼뜨리는 것이다. 진화는 협력 자체의 촉진을 목표로 삼지 않는다. 진화가 협력을 선호, 촉진한다면 그것은 오직 협력자들의 유전자를 퍼뜨리는데 도움이 되기 때문이다." 조슈아 그린/최호영 역, 앞의 책, 281면. 필자가 보기에 그린 교수의 주장은 지나치게 '유전자의 관점'에 입각해 있다. 그처럼 유전자의 눈으로 보는 관점은 지적으로는 흥미로울 수 있지만, 도덕적으로는 무의미하다고 말할 수 있다. 마이클 토마셀로 교수가 적절히 지적한 바와 같이, 개인의 관점에서 보면 도덕적 감정은 모두 진정한 것들이다. 그에 따르면 인간은, 심지어 어린이들조차 "남이 목표에 도달하도록 돕고, 공정하게 자원을 나눠가지며, 공동헌신을 하면서 때로는 그것을 어기겠다는 허락을 구하고, '우리' 또는 집단의 이익을 위해 행동하며, 아마 집단중심적 동기에 근거해 제3자에게 사회규범을 강제하고, 이기적인 계산에서 나오지 않는 진정으로 도덕적인 감정을 갖는다." 요컨대 "도덕적 공동체 안에서 자신과 타인이 내리는 도덕적 판단은 전체적으로 정당하고 마땅한 자격이 있는 것들이다." 마이클 토마셀로/유강은 역, 앞의 책, 295-296면 참조.

적 직관은 분노, 감사, 죄책감, 동정 등의 도덕적 정서에 의해 작동되고, 도덕적 추론은 정서의 개입이 거의 없이 합리적 이성에 의해 결론에 도달한다고 한다. 그는 도덕적 직관이 추론에 우선한다고까지 주장한다.[49] 즉 대부분의 도덕적 문제에 있어서 도덕적 정서가 즉각적이고 자동적으로 판단을 내리고, 이성에 의한 도덕적 추론은 이 판단을 합리화할 뿐이라는 것이다.[50]

도덕적 판단에 자동모드, 즉 도덕적 직관이 우선한다는 점에 대해서까지 동의할 수는 없지만, 롤즈 역시 어떤 정의관을 얻기 위해서는 원초적 입장에서 절차적으로 도출된 원칙이 직관적인 숙고판단과 비교, 검토, 조정의 반성적 평형과정을 거쳐야 한다고 보았던 점 등에 비추어 보면, 보다 완성된 수준의 도덕적 판단을 위해서는 자동모두와 수동모드의 결합이 필요함은 넉넉하게 인정할 수 있다고 생각된다.

3. 진화론의 관점에서 본 윤리와 양심

앞서 확신범의 확신 또는 양심은 자율적이고 윤리적인 인격으로서 개인이 내린 선악에 대한 진지한 윤리적 결정을 의미한다고 하였다. 그것은 숙고된 도덕적 확신이라고 말할 수 있다.[51] 최근의 연구결과에 의하면 그러한 윤리적 판단과정에는 이성적 추론 이상으로 도덕적 정서와 직관이 매우 중요한 기능을 한다는 점을 논급해 보았던바, 그러한 자연주의적 견해가 얼마나 과학적으로 타당성을 지니는 것으로 검증되었는지는 별도의 논의가 필요하겠지만, 여기서는 일단 그러한 주장이 우리들의 일상적인 경험에서 납득할 수 있는 범위를 크게 벗어나지는 않는다는 전제 하에, 그렇다면 도덕적·윤리적 판단과정에 왜 그토록 정서와 직관이 강하게 작동할 수밖에 없는지에 대해 진화론의 시각에서 윤리를 어떻게 바라보고 있는지 검토해 봄으로써 해명해 보고, 더 나아가 확신범의 결단과 실천의 동기를 재조

---

49) Haidt, J., Koller, S.H., & Dias, M.G., "Affect, culture, and morality, or is it wrong to eat your dog?", *65 J Pers Soc Psychol.*, (1993), at 613-628; Haidt, J., "The emotional dog and its rational tail: A social intuitionist approach to moral judgment", 108 Psychol Rev. (2001), at 814-834.

50) 전중환, 오래된 연장통 (사이언스북스, 2014), 190면 이하 참조. 동지의 마이클 셔머/김소희 역, 믿음의 탄생 (지식갤러리, 2012), 326면. 마이클 셔머에 의하면 "우리는 대부분 도덕적으로 먼저 믿음을 형성한 뒤에 그것을 합리화한다."

51) 롤즈는 이를 숙고된 판단(considered judgements)이라고 하였는데 숙고된 판단은 우리의 도덕적 능력이 가장 왜곡없이 발휘되는 상황에서 이루어지는 직관적 판단으로서 망설임이 없는 확신이며 오랜 시간 동안 안정적인 판단을 의미한다. 확신범의 도덕적 확신에 상당히 잘 부합되는 개념이라고 생각한다.

명해 보고자 한다.

(1) 도덕성에 대한 진화론적 이해방식

일반적으로 자연선택에 의한 진화는 '유전된 변이들의 차등적 생식성공 때문에 긴 시간에 걸쳐 일어나는 변화'로 정의된다. 즉 개체의 생존과 번식에 더 나은 변이가 선택되어 진화된다는 것으로, 주어진 선택환경에 더 적합한 신체적, 행동적 특질을 지닌 개체가 높은 적응도(fitness)를 지니게 되어 생존하여 번식에 성공한다는 의미이다.

진화심리학은 환경에 더 적합한 '심리적 특질'을 가진 개체가 선택되고 개체군 내에 그러한 유전자가 퍼져 그 심리적 특질이 진화해 현재에 이르고 있다는 이론이다. 흔히 '본성'이라 칭하는 이러한 특질을, 진화심리학은 전문용어로 '진화된 심리적 메커니즘(EPM: evolved psychological mechanism)이라 칭하며, 진화된 심리적 메커니즘은 오랜 진화사를 통해 생존과 번식 등의 적응문제를 반복적으로 해결해 주었기 때문에 현재와 같은 형태로 존재하게 되었다고 설명한다.[52]

진화윤리학은 여기서 더 나아가 다른 심리적 특질들과 마찬가지로 인간의 도덕적 성향도 생물학적 적응의 산물이라고 본다. 즉 '도덕'도 '적응'이라는 것이다. "도덕성은 이기적 개체들이 협력의 혜택을 누릴 수 있게끔 해주는 심리적 적응물"이라는 조슈아 그린의 명제가 이를 잘 대변해 준다고 할 것이다. 예컨대 '상호적 이타성'이란 심리적 기제는 오랜 진화사에 걸쳐서 이기적으로 행동하는 사람보다 상호이타적으로 행동하는 사람들이 생존과 번식면에서 유리했기 때문에 진화하게 된 것이다.[53]

(2) 진화윤리학과 양심

이상 설명한 진화론적 설명방식은 이해하기 쉽고 직관적 호소력도 있는 것은 사실이다. 하지만 정반대 관점에서의 비판도 가능하다. 프린스턴 대학의 정치학 교수인 조지 카텝은 진화심리학에 대해 다음과 같이 경고한다. "인간의 삶은 적응 이상의 것이다. 즉, 그것은 변화이기도 하다. 다양하고 변화하는 문화들을 만들어 내는 것은 생물학적인 진화과정의

---

52) 케빈 랠런드·길리언 브라운/양병찬 역, 센스 앤 넌센스 (동아시아, 2014), 212면 이하.
53) 데이비드 버스/이충호 역, 진화심리학 (웅진 지식하우스, 2012), 418면 이하 참조 상호적 이타성은 흔히 호혜성이라고도 하며 '상호이익을 위해 둘 이상의 개인 사이에 일어나는 협력'으로 정의된다.

연속이 아니며, 어떤 문화도 첫 인류가 직면한 조건들과 함께 지속되지 않는다. 진화심리학과 같은 인간의 의식에 대한 접근은 인류에 대해 그릇되게 설명하고 인류가 찬사를 받을 만한 독특성을 제거함으로써 인간의 존엄성을 불필요하게 어지럽히는 자연주의적 환원법들이다."54) 요컨대, 도덕에 대한 진화적 접근법은 인간의 도덕적 판단이 적응 이상의 목적을 갖는 문화의 산물이라는 점을 몰각시켜 인간의 존엄성을 뒤흔드는 불필요한 자연주의적 환원법이라는 것이다. 그는 이어 말한다. "인간이 행한 어떠한 동기도 자연적인 것으로 폄하될 수는 없다. 정신이 자연의 선택이 정하는 대로 생존이라는 지상명령을 지켜내는 것이고, [이처럼] 정신이 생존을 위한 위대한 동력이라면 그것이 생존이라는 지상명령에 도전하는 것도 위대한 것이라고 말할 수밖에 없다. 생존에 대해 무관심하고 위대함을 찾을 때 인간의 자유가 드러나며, 그래서 인류의 위상이 더욱 순수하게 예시된다."55) 한 마디로 카텝의 지적은 도덕이 생존과 번식 이상의 목적을 갖는 위대한 문화의 산물이라는 점을 진화윤리학은 해명해 내지 못한다는 것이다. 이 역시 우리의 직관에 부합되는 설득력 있는 반론이다. 인간은 때때로 지고한 도덕적 이상을 위해 자신의 목숨과 안녕을 내놓기도 하고, 그러한 헌신적 노력이 겹겹이 쌓여 인류의 위대한 문화적 진보를 추동해 왔음도 주지의 사실이기 때문이다.

따라서 필자가 여기서 주목하고자 하는 진화윤리학적 통찰은 도덕일반에 대한 것이 아니라, 정서나 감정에 의해 작동되며 직관적인 특성을 보이는 인간의 특정한 도덕적 성향이나 본성에 대한 것이다. 칸트도 인간에게 실천이성에 의한 도덕적 판단 이외에 자연적인 도덕적 성향이 있음을 부인하지 않는다. 이러한 맥락에서 조지 카텝이 인간의 그 어떠한 동기도 자연적인 것으로 폄하될 수는 없다고 말한 것은 분명 지나친 측면이 있다. 전술한 바와 같이 도덕판단은 자동모드와 수동모드라는 이중모드로 이루어진다고 볼 때, 본고에서는 확신범의 특수한 의무의식과 관련해서 바로 그러한 자동모드에 해당하는 자연적 동기에 대해 초점을 맞추어 보고자 하는 것이다. 물론 그렇다고 확신범의 도덕적 확신으로 인한 현행법 위반이 자동모드만으로 이루어진다는 뜻은 아니다. 확신범은 숙고된 판단을 통해 특수한 의무의식에 이를 수 있고, 이것이 도덕적 추론과정(수동모드)을 통해 현행법의 요구 내지 명령과 반성적 평형을 이루지 못해 결국 법준수의 정당화 동기를 얻지 못하는 것으로 보고 있기 때문이다.

이러한 배경지식 하에 '진화의 산물로서의 도덕'이라는 관점을 관철시켜 나아간다면,

---

54) 조지 카텝/이태영 역, 인간의 존엄 (말글빛냄, 2012), 212-214면.
55) 조지 카텝/이태영 역, 앞의 책, 같은 면 참조

확신범으로 하여금 강력한 의무의식을 지니게 하여 실정법에 반하는 행동을 하게 만드는 양심은 진화윤리학의 전제에 비추어 볼 때 '상호적 이타성'의 한 발현형태로 해석하는 것도 가능할 것이다. 진화윤리학자들은 감사, 우정, 분노, 연민, 신뢰, 죄의식, 양심, 복수심 등[56]을 비롯해 공정하지 못한 것을 보면 부당함을 느껴 심란해지는 성향도 모두 상호적 이타성에서 기인한다고 해석한다. 또한 도덕감정을 비롯해 정의개념이나 법체계의 기원까지도 상호적 이타성의 진화와 연결된다고 보기도 한다.[57]

'도덕의 기원(A Natural History of Human Morality)'이라는 책을 저술한 마이클 토마셀로의 설명도 이와 크게 다르지 않다. 그에 따르면 초기 인류는 어느 시점에 이르러 생존을 위해 상호 의존하지 않을 수 없는 상황이 발생했고(이를 '상호의존가설'이라고 함), 이러한 새로운 생태적 환경에서 가장 성공적인 개인들은 타인과의 상호의존을 인식하면서 그에 따라 행동한 자들이었고, 바로 이들에게서 진화한 인지적 기술과 동기가 현재의 도덕을 이루는 핵심요소라고 한다. 예컨대 사냥을 위해 '우리(We)'는 어떻게 해야하고, 다른 집단으로부터 우리집단을 어떻게 지켜야 하는지 등에 대한 적응문제를 해결하기 위해 타인과 '지향성 공유(shared intentionality)'를 할 필요가 생겼고, 이로부터 '공동 지향성(joint intentionality)'이라는 인지기술과 동기를 발전시켰으며, 그 덕분에 '우리'의 일부인 파트너와 함께 공동의 목표를 형성하여 각자의 역할에 대한 상호 존중과 기대와 의무감이 발생했으며, 각 파트너가 역할 안에서 해야 할 역할이상(role ideal)이란 기준이 최초의 공유된 규범으로 나타났고, 역할기준의 공평함을 인식함으로써 자신과 타인이 하나의 협동작업에서 지위와 중요도가 대등하다는 '자타등가성'도 깨닫게 되었다고 한다. 결과적으로 이러한 일련의 과정을 통해 파트너들은 서로 협동하는 공동헌신(joint commitment)을 할 수 있게 되었고, 상호 각자의 역할이상을 충족시키려는 의무감을 느끼며, 그 기준에 역할 수행이 미치지 못하면 책임을 물을 정당한 권위를 갖게 되는 등 상호존중과 공정의 감각이 새로운 환경에서 적응하기 위한 '협력적 합리성(cooperative rationality)'에서 비롯되었다고 한다. 여기서 특히 공정이라는 도덕이 중요한데, 토마셀로에 의하면 공정하려고 노력한다는 것은 여러 개인의 협력적 동기와 경쟁적 동기의 복잡한 상호작용 속에서 일정한 균형을 달성하려고 시도하는 것을

---

56) 예컨대 분노는 도움을 받기만 하고 되돌려주지 않는 사기꾼과는 더이상 관계를 지속하지 않게끔 해주고, 양심이나 죄책감은 부도덕한 행위가 탄로 날 위험에 처했거나 이미 탄로 났을 때 잘못을 공개하고 뉘우쳐서 다시 다른 사람들과 정상적인 신뢰관계를 맺게끔 해주는 적응적 기능이 있다고 설명한다. 전중환, 앞의 책(각주 36), 199면 참조.

57) Wagstaff, G.F., "Equity, justice and altruism", *17 Current Psychology* (1998), at 111-134; Ridley, Matt, The Origins of Virtue, (London: Viking, 1996).

의미한다. 이로 인해 사람들은 불공정한 자에 대해서는 분노와 징벌적인 태도로 임하며, 이러한 태도 속에서 책임감, 의무, 헌신, 신뢰, 존중, 본문, 책임, 죄책감 등의 개인적 판단을 불러일으킴으로써 상호작용하는 상대방에게 그의 행동에 대한 책임을 물으려 한다는 것이다.[58]

이러한 전제 하에서 확신범들의 의무의식은 대부분 공정이나 죄책감, 의분 등 생래적인 도덕적 성향들의 발현형태로 볼 수 있을 것이다. 다소 과감하게 추측해 보면 양심적 병역거부의 경우 평화를 지향하는 생래적 도덕감정의 한 발현형태로 볼 수 있다. 종교적 신념에 의한 수혈거부는 성서의 해석에 대한 복종이라는 추상적인 이념에 헌신할 줄 아는 인간의 능력에 기인한 것으로 이러한 능력은 대규모 집단에서 이루어지는 협력을 촉진하기 위해서 진화된 도덕적 능력의 일부로 설명될 수 있다고 한다.[59]

이상의 논의를 종합하자면, 전통적인 윤리학의 입장과는 다른 관점이지만 도덕성의 일면은 사회적 협력을 촉진하기 위해 진화된 심리적 기제라는 관점에서 해명해 볼 수 있고, 이러한 입론이 타당하다면 확신범의 특수한 의무의식은 숙고된 도덕적 판단에 의해 직관적으로 도달한 확신이 실천이성을 통한 수동모드 과정을 거쳐 현행법과 부조화를 이룬 결과로 이해할 수 있을 것이다.

IV. 확신범과 적법행위의 기대가능성

1. 기대가능성의 이론: 초법규적 책임조각사유로서 기대불가능성

형법상 기대가능성(Zumutbarkeit)이란 행위 당시의 제반 사정에 비추어 볼 때 행위자에게 적법행위를 기대하는 것이 가능함을 말한다. 그리고 이것이 불가능한 경우를 기대불가능성(Unzumutbarkeit)이라고 한다. 기대가능성의 이론은 책임의 본질이 비난가능성에 있다고 보는 규범적 책임론을 배경으로 하여 행위 당시의 제반 附隨事情(begleitende Umstände)들을 고려할 때 행위자에게 적법행위가 기대될 수 있었는가를 중시하는 이론이므로 통상 규범적 책임론과 동일시되거나, 그 중심개념으로 이해되기도 한다.[60] 규범적 책임론을 발전시킨

---

58) 이상의 토마셀로의 설명은 마이클 토마셀로/유강은 역, 앞의 책, 14-20면 참조.
59) 조슈아 그린, 앞의 책, 76면 참조.
60) 이형국, "기대가능성의 이론과 기대불가능성의 초법규적 책임조각의 한계", 경희법학 제18권 제1호 (1983), 2면 참조.

독일의 프랑크(Reinhard Frank)의 주장에 의하면 행위자를 비난하기 위해서는, 책임능력과 사실에 대한 심리적 관계인 고의와 과실 외에 행위자가 적법하게 행위를 할 수 있는 정상적인 부수사정이 필요하다. 따라서 강제상황과 같은 비정상적 부수사정 하에서는 행위자에게 적법행위를 기대할 수 없고, 따라서 그 행위자를 비난할 수 없다. 따라서 부수사정은 적법행위에 대한 기대가능성의 사실적 기초가 되는데, 부수사정은 범죄구성요건의 외부에 있으면서 행위자의 동기구성에 영향을 주는 요소이다.[61]

독일의 경우 프랑크를 필두로 하여 프로이덴탈(Bernhold Freudenthal)과 골드슈미트(James Goldschmidt) 및 슈미트(E. Schmidt)에 의해 완성된 것으로 평가되는 규범적 책임론이 일반화된 1920년대와 1930년대에는 기대불가능성이 고의범이든 과실범이든 두 책임형식에 일반적 의미를 갖는 일반적 초법규적 책임조각사유로 인정되었으나[62] 그 이후 이러한 의미의 기대가능성 개념은 쇠퇴하여 오늘날 독일에서는 기대가능성의 원리를 고의적 작위범에 관한 한 단지 형벌법규 해석상의 補正原則으로 보는 것이 지배적이다.[63] 하지만 우리나라와 일본은 독일과 대조적으로 기대불가능성을 초법규적인 책임조각사유로 인정하는 것이 오랫동안 통설적 견해로 되어 있었다. 하지만 1970년대 이후 기대가능성의 초법규성을 부정하는 유력한 견해들도 제시되고 있다. 본고는 기대가능성의 초법규성에 대한 판단은 후속연구로 남겨두어 유보하고자 하며, 일단 초법규적 책임조각사유로 인정할 수 있다는 전제 하에 논의를 전개해 보고자 한다.

한편 기대가능성 이론과 관련해 과연 어느 정도로 적법행위가 기대불가능한 경우에 책임이 조각될 것인가와 관련해 전술한 바 있는 양심적 병역거부자의 병역법 위반사건에서 대법원은 "양심적 병역거부자의 양심상의 결정이 적법행위로 나아갈 동기의 형성을 강하게 압박할 것이라고 보이기는 하지만 그렇다고 하여 그가 적법행위로 나아가는 것이 실제로 전혀 불가능하다고 할 수는 없다(대법원 2004. 7. 15. 선고 2004도2965 전원합의체 판결)."고 판단하고 있다. 즉 "실제로 전혀 불가능한 경우가 아니라면 기대가능하고, 따라서 책임비난이 가능하다"는 취지로 읽힌다. 그러나 이러한 입장에 대해서는 "적법행위가 실제로 전혀 불가능한 경우에만 책임을 조각하게 된다면 적법행위의 기대가능성을 중요한 책임표지로 보는 것은 무슨 의미가 있는가?"라는 비판이 제기된다.[64] 일상에서 적법행위로 나아가는

---

61) 엄상섭, "긴급행위에 대한 시론", 법조협회잡지 제1권 제5호, 1949.
62) 신치재, "고의의 작위범에 있어서 기대불가능성은 초법규적 책임조각사유로서 인정될 것인가?, 중앙대학교 법정논총 제41집 (1987), 104면 이하.
63) 이형국, 앞의 논문, 3면; 신치재, 앞의 논문, 105면.

것이 실제로 전혀 불가능한 경우란 사실상 찾기 어려운바, 판례의 입장대로라면 비정상적 부수사정으로 인해 기대불가능성이 인정되는 경우는 전무할 것이라는 지적이다. 또한 기대가능성의 원리가 반영된 형법조문들, 예컨대 강요된 행위나 야간 등 과잉방위에 있어서도 적법행위가 실제로 전혀 불가능하지는 않음을 고려해야 한다는 것이다.[65] 기대불가능성이 '절대적' 불가능성을 의미한다면 애당초 확신범의 기대가능성 유무가 형법적으로 문제되지도 않았을 것이다. 따라서 확신범의 확신 또는 양심의 결단이 적법행위를 기대할 수 없게 만든 비정상적 부수사정이 될 수 있다고 할 때, 그러한 기대불가능성은 절대적인 의미의 불가능성이 아님을 형법적 논의의 전제로 해야 할 것이다.

물론 대법원도 이 점을 전혀 인식을 못하지는 않았을 것이라고 본다. 다만 그럼에도 불구하고 대법원이 그와 같은 설시를 하게 된 이유에 대해 미루어 짐작해 볼 수 있다. 즉, 적법행위로 나아가는 것이 실제로 "전혀 불가능하다고 할 수는 없다"는 판단이 '기대불가능성의 정도'에 대한 일반적인 기준을 제시한 것이라기보다는 확신범의 경우 현행법을 위반하게 만든 동기 형성력이 절대적일 수 없다는 점에 주목하고 이를 지적한 것으로 선해(善解)할 수 있다는 것이다.

예컨대 어느 양심적 병역거부자의 확신형성 과정에 대한 다음의 '진술'을 보자.

"감옥에 있는 내내 제가 내린 결정에 대해 단 한 번도 후회 해 본 적은 없습니다. 오히려 흔들림 없는 신념 덕분에, 감옥에 있는 다른 범죄자들에 비해 안정적이고 평화롭게 살았으며, 강제로 군복무를 하지 않고 끝까지 무죄를 주장한 것에 대해 진정한 양심의 자유를 느꼈습니다."[66]

위 술회 내용을 보면 확신범의 양심적 결정과정은 오랜 비판적 자기성찰을 통해 이루어지고 있음을 엿볼 수 있다. 숙고된, 장기적이고 안정된 판단인 것이다. 따라서 대법원의 판단도 이러한 평가를 토대로 하고 있다고 볼 수 있다. 다만 대법원이 "전혀 불가능하다고 할 수는 없다"고 판단한 것이, 확신범의 신념형성 과정을 전적으로 이성적인 사고과정으로만 잘못 이해한 데에서 비롯되었다는 점에 문제가 있다고 본다. 즉 순전히 이성적 측면에서 확신이 형성된 것으로 본다면 그 과정에서 개인의 확신은 가치의 다원성을 인정하는 민주사

---

64) 윤영철, "양심적 병역거부에 대한 형사처벌의 형법적 문제점", 형사정책 제16권 제2호 (2004), 110면 참조.
65) 윤영철, 앞의 논문, 110면.
66) 위 술회내용은 한인섭, 앞의 논문, 445면에서 일부 가져온 것이다.

회에서 잠정적 진리로서만 여겨져야 하고 따라서 확신범이 남과 '다르게 생각하는 자'라 할지라도 바로 그 '남'의 생각도 존중되어져야 한다는 점을 알고 있었을 것이고 또한 알고 있어야 하기 때문에 현행법을 위반할 정도의 강한 동기 형성력이 지배했다고는 판단하기 어려울 것이고, 따라서 최소한 적법행위의 기대가능성은 관념할 수 있다는 것인데, 바로 이러한 이해방식이 판례의 입장에 상당부분 영향을 주었을 것이라고 본다. 그런데 과연 그러한 이해방식은 타당한 것일까? 이하에서는 바로 이 점에 대해 검토해 보고자 한다.

2. 확신범의 의무의식을 유발하는 특수한 계기

확신범 또는 양심범에게 기대불가능성으로 인해 책임을 조각 또는 감경해 주어야 한다는 주장에 대해 "이것은 형법의 차원을 넘어서는 문제로서 책임론에서 말하는 기대가능성과 관련이 없고, 위법성인식의 실정법 문제로 접근해야 한다."는 견해도 있으나[67] 엄상섭이 규범적 책임론과 연관지어 적절히 지적하고 있듯이 "확신범에 있어서 '정치상 또는 종교상의 확신에 의한 의무의식'이 그 행위자의 '현행법을 준수하는 행위를 할 수 없는 비정상적인 부수사정'이 될 수 있기 때문에 그 동기구성을 무시할 수 없다."[68]는 점을 고려한다면 확신범에게 기대불가능성으로 인한 면책가능성을 검토하는 것은 충분히 가능하고[69] 필요한 작업이라고 본다.

전술한 바와 같이 대법원은 확신범에게 적법행위의 기대가능성이 있다고 판단하고 있다. 하지만 자신의 행위로 인해 형사처벌을 받게 될 것을 명확히 예측하고, 그럼에도 불구하고 자신의 신념을 지키기 위해 현행법을 위반하는 결의를 하고 행위를 한 자에게 적법행위의 기대가능성이 있다고 보는 것은 일반인의 관점에 비추어 보더라도 설득력이 없다.[70] 대법원이 이러한 판단을 내리게 된 이유에 대해서는 다각도에서 해석이 가능하겠지만, 무엇보다 개개인의 신념의 형성이나 도덕적 판단이 순전히 이성적 추론의 산물이고, 이성적 추론, 다시 말해 실천이성의 능력은 선험적이므로 경험적이고 자연적인 것과는 절대 독립적인 어떤 것이라고 여기는 先理解(Vorverständnis)에서 비롯된 것으로 분석할 수 있을 것이다.

67) 배종대, "기대가능성이론의 발전과 우리형법 50년", 형사법연구 제18호 (2002), 89-90면.
68) 신동운·허일태 편저, 효당 엄상섭 형법논집 (서울대학교출판부, 2003), 158-159면.
69) 유기천 교수 역시 "기대가능성의 판단의 표준을 행위자에게 두는 한, 소위 확신범은 기대가능성이 없으므로 책임이 없다는 결론이 된다."고 한다. 유기천, 형법학 (법문사, 2011), 214면.
70) 동지의 한인섭, 앞의 논문, 460면.

이러한 선이해는 우리의 기대와 통념에는 대체로 부합되지만 도덕적 판단이 내려지는 실제 과정과는 상당히 거리가 먼 것으로 보인다.

앞서 검토해본 바와 같이 오늘날 많은 실험과 연구결과에 의하면 전통적인 윤리학의 입장이나 일반인의 기대와 통념과는 달리 도덕적 판단은 합리적인 이성에 의한 도덕적 추론 (moral reasoning)은 물론 도덕적 정서에 의해서 작동되는 도덕적 직관(moral intuition)에 의해 좌우되기도 한다. 확신범은 양심의 명령, 즉 도덕적 판단에 의한 의무의식으로 인해 현행 실정법을 부정의한 것으로 여겨 따를 수 없게 된 자로 정의된다. 만일 확신범이 순전히 이성적인 도덕적 추론을 통해서만 그러한 의무의식에 이르게 된 것으로 이해한다면, 다시 말해 사회의 평균적 다수인과 다르게 생각하는 소수자로만 파악한다면 기대가능성을 인정 할 여지는 상대적으로 커질 수밖에 없을 것이다.[71] 왜냐하면 이성적 추론에 의하면 도덕적 확신이라도 비판적인 심사를 받아야 하는 잠정적인 진리 내지 가치에 불과하므로 어느 누구 도 자신의 도덕적 판단을 절대적으로 공동체에 요구할 수는 없기 때문이다.[72] 하지만 만일 확신범의 양심적 결정을 도덕적 정서나 직관의 측면, 즉 인간의 도덕적 본성의 관점에서 바라본다면 기대가능성을 부정할 여지가 더 많이 생겨난다. 그렇다면 확신범은 지속적이고 오랜 세월에 걸친 특정한 신념체계의 형성과정과 배경, 특정한 종교의 교리체계와 그 가르 침과의 조우 같은 일정한 계기를 통해 이로 인해 현행법의 명령을 따를 수 없는 '비정상적인 부수사정'을 갖게 된 자로 볼 수 있다. 실제로 양심적 병역거부자들의 사례를 보면 비단 여호와의 증인이나 기독교 평화주의자가 아니라 하더라도 양심적 병역거부를 하는 경우가 있는데, 그러한 결정을 하게 된 배후에는 부친의 사망, 존경하는 다른 병역거부자와의 만남, 운동권 집회참여나 평화단체와의 만남 등 다양한 계기들이 자리잡고 있으며 이러한 계기들

---

71) 확신범도 자신의 신념과 다른 생각이나 대안, 즉 반론(counterargument)을 추론을 통해 생각할 수 있다. 종교적 확신범(criminal religious fundamentalist)도 자신의 신념과 다른 반론을 인지적 추론(cognitive reasoning)에 의해 생각해낼 수 있다는 점을 기능적 자기공명영상(fMRI) 촬영을 통한 신경과학적 실험 결과 등의 경험적 증거를 제시하며 논증하고 있는 연구로는 Marvin Lim, "The Sanity of Faith : What religious Fundamentalism Teaches About the Insanity Defense and the First Amendment", *17 New Crim. L. Rev. 252* (2014), at 283-285. 동 문헌에 의하면 바로 이 부분은 확신범이 다른 정신이상자들 (psychotic individuals)과 다른 점이고 따라서 정신이상 항변(insanity defense) 확신범들에게는 적용할 수 없다고 한다. 이 실험은 확신범의 기대가능성 판단에 있어서 매우 중요한 의미를 갖는다고 볼 수 있는데 왜냐하면 순전히 인지적 측면에서는, 확신범의 타행위불가능성을 입증하기 곤란함을 뜻하기 때 문이다. 대법원 판결은 이러한 지식을 배경으로 한 것으로 추측된다.

72) 양화식, 앞의 논문, 165면; 한상훈, "진화론적 인지과학을 고려한 책임개념과 책임원칙의 재조명", 형사 법연구 제27권 1집 (2005).

이 누적적 혹은 복합적으로 작용해 비정상적 부수사정이 됨으로써 양심에 따른 특수한 의무의식의 형성에 기여하고 있음을 어렵지 않게 확인할 수 있다. 따라서 확신범에게도 기대불가능성으로 인해 타행위가능성이 소멸되어 면책의 효과를 부여해야 한다는 결론에 도달할 수 있다.[73]

3. 확신범의 기대가능성 판단과 평균인표준설 및 행위자표준설

본고의 입장에 의하면 확신범의 기대가능성 판단에 있어서 평균인표준설과 행위자표준설의 대립도 해소될 수 있다. 확신범을 초정상 도덕적 자극을 받아 현행법을 위반하는 자로 새롭게 규정한다면, 이러한 해석은 확신범을 특정한 부류의 사람, 즉 '다수와 다르게 생각하는 소수자'로만 볼 것이 아니라 정상적인 범주의 사회적 평균인의 일원으로 볼 수 있음을 함축한다. 진화심리학의 미덕은 진화된 심리적 기제로서의 보편적인 인간본성을 다루고 있다는 점에서 찾을 수 있는바, 도덕적 본성은 그러한 심리적 기제의 하나로서 사회적 평균인이 공유하는 것이고 다만 확신범은 그러한 본성이 일련의 특수한 계기들에 의해 숙고된 판단이 되어 그것이 현행법의 요구와 반성적 평형을 이루지 못해 준법행위의 정당화적 동기를 획득하지 못한 자로 해석할 수 있다는 것이다. 확신범을 이렇게 재해석하는 것이 온당하다면, 평균인표준설과 행위자표준설의 대립은 무력해진다. 사회적 평균인을 고찰대상으로 하는 진화심리학의 기본입장에 비추어 볼 때 일정한 부수사정이 발생하면 누구든지 확신범이 될 수 있기 때문이다. 다만 숙고된 판단에 영향을 받는 도덕적 민감도에 있어서 극도로 과민한 행위자를 분별해 내기 위해서 그러한 계기에 노출된 자들 중에서 평균인을 기준으로 기대가능성유무를 판단하는 것이 타당하다고 본다. 예컨대 양심적 병역거부자라면 '양심적 거부자 중의 평균인 관점(reasonable conscientious objector standard)'에 의해 판단하면 될 것이다.[74]

---

73) 민용근, 그들의 손에 총 대신 꽃을(끌레마, 2014) 참조.
74) 한인섭, 앞의 논문, 460면. 한편 유사한 맥락에서 성희롱 성립여부를 판단하는 기준도 '평균적인 일반인', 즉 '합리적 인간(reasonable person) 기준'이 아닌 '합리적 여성(reasonable woman) 기준'이 바람직하다고 논증하고 있는 논문으로 안성조, "대학 내 교수 성희롱의 법·제도적 방지책 수립을 위한 시론 − 예비적 고찰로서 성희롱의 유형화와 판단기준의 제안−", 한양대 법학논총 제33집 제2호 (2016), 120면 이하 참조. 동 문헌에 의하면, 진화의 관점에서 보면 남녀의 성적 의사소통의 장애는 각기 다르게 진화한 인지편향에 기초한 것이므로 성희롱 판단은 '성-중립적'이 아닌 '성-의식적(sex-conscious standard)' 기준인 '합리적 여성 기준'을 따르는 것이 양성의 각기 다른 성적 심리를 적절히 고려할 수 있기 때문

V. 맺음말

본고는 확신범을 숙고된 판단을 통해 형성된 특수한 의무의식이 현행법의 요구와 조화를 이루지 못해 준법행위로의 정당성을 제공하는 동기를 획득하지 못하여 위법행위로 나아간 자로 새롭게 정의하였다. 한 마디로 자신의 숙고된 도덕적 확신이 현행법과 반성적 평형을 이루지 못한 자라는 것이다.

확신범의 처우에 대한 기존의 유력한 관점의 하나는 이들을 단지 다수와 '다르게 무가치한 생각을 하는 자'가 아니라 다수의 생각 이상으로 '가치있는 다른 생각을 하는 자'로 보고 소수자의 '인권보호'의 측면에서 일정한 법적 배려를 해주자는 것이었다. 2018년도의 대법원 판결도 이러한 입장에서 크게 벗어나 있지 않아 보인다. 이러한 접근방식은 다원화된 자유민주주의사회에서 생각이 다른 소수자의 다양한 가치를 인정해 주고 사회적 관용을 증대시킨다는 측면에서 긍정적인 기능이 있으며, 대법원의 논지처럼 진정한 양심적 병역거부를 병역법상 '정당한 사유'로 포섭시켜 구성요건단계에서 범죄성립을 배제시켜 주는 큰 장점이 있지만, 기대불가능성으로 인한 책임조각 가능성이라는 측면에서 적극적인 기능을 하지 못한다는 한계를 드러낸다. 이에 본고에서는 관점의 전환을 통해 확신범에게 적법행위의 기대가능성이 없음을 입론해 보고자 하였다.

확신범의 기대가능성 판단기준과 관련해 본고의 고찰이 시사하는 바는 누구든지 장기적으로 특수한 계기를 접하면 확신범이 될 수 있다는 점에서 평균인표준설과 행위자표준설의 대립은 큰 의미가 없으며, 확신범을 '다수와 다르게 생각하는 소수자'로만 볼 것이 아니라 '정상적인 범주의 사회적 평균인'의 일원으로 바라볼 필요가 있다는 것이고, 이러한 관점전환은 확신범에게 책임조각의 가능성을 보다 크게 열어준다는 실익이 있다는 것이다.

결론적으로 말해, 본고의 논증이 타당하다면, 대법원의 입장처럼 진정한 양심적 병역거부자에 대해서는 구성요건해당성을 조각시켜줄 수 있는 가능성 외에, 기대불가능성으로 인한 책임조각의 가능성을 보충적으로 검토해볼 수 있는 실익을 가져오게 되므로, 이는 인간의 존엄과 가치라는 자유주의적 이념을 형사사법의 영역에서 적극적으로 구현하는 한 방법이 될 수 있을 것이다.

에 더 합리적인 결과를 가져온다.

[18] 대학 내 교수 성희롱의 법·제도적 방지책 수립을 위한 시론

[18] 대학 내 교수 성희롱의 법·제도적 방지책 수립을 위한 시론
―예비적 고찰로서 성희롱의 유형화와 판단기준의 제안―

I. 서론: '냉정'과 '열정'사이?

2015년 2월 11일, 서울대학교 학부·대학원생들은 일부 교수들의 성희롱 및 성추행 등의 문제를 근본적으로 해결하기 위해 '서울대 교수 성희롱, 성폭력 문제해결을 위한 공동행동'을 출범시켰다.[1] 이보다 조금 앞선 시기에 하버드 대학 당국은 교수들이 자신이 가르치는 학부 대학생들과 성적 관계나 낭만적 관계(sexual or romantic relationships)를 갖는 것을 일절 금지한다고 성명을 통해 밝혔다.[2]

우리나라와 미국의 대표적 상아탑에서 이와 같은 일들이 비슷한 시기에 발생한 것은 무척 흥미롭고 세간의 이목과 관심을 집중시키기에 충분하다. 많은 사람들이 의아해 할 것이다. 왜 높은 학식과 인격, 도덕성이 요구되는 유수의 대학에서마저도 교수와 학생 간 성적 갈등이 그토록 문제시될 수밖에 없는 것일까? 성희롱 문제의 공론화는 국내외를 막론하고 사회 각 영역에서, 특히 직장 내 성희롱을 중심으로 전개되어 왔고, 그동안 연구성과와 법제화에 있어 상당한 진척을 이루어낸 것으로 보인다. 반면 상대적으로 대학 내 교수와 학생 간 성희롱 문제는 뚜렷한 연구성과나 법제도적 조치가 미흡한 것으로 판단된다.[3] 이에 본고에서는 대학 내 성희롱이 발생하는 주된 원인은 어디에 있는지 검토해 보고, 나아가

---

1) 뉴스한국 (2015.2.11).
2) The New York Times (Feb. 5, 2015).
3) 가장 최근의 연구로는 '김엘림, 교수의 성희롱에 관한 법적 분쟁, 이화여대 법학논집 제20권 제3호, 2016'을 찾아볼 수 있다. 동 문헌에 의하면 지금까지 교수의 성희롱을 주제로 한 논문은 '조주현, 대학 내 교수 성희롱의 성차별적 특징 : 세 대학 사례를 중심으로, 젠더와 문명, 2008'밖에 없다고 한다. 하지만 교수의 성희롱을 비중있게 다루고 있는 논문으로는 '나윤경·노주희, 대학 내 성폭력 가해자 연구, 여성학논집 제30집 제2호, 2013'도 있다.

그 방지대책은 무엇인지 논구해 보고자 한다.

교사와 학생 간의 '친밀한' 관계와 '은밀한' 관계의 경계에 관한 문제는, 지금도 여전히 호사가들에게는 흥미로운 이야깃거리겠지만, 오랜 역사를 지닌 듯 보인다. 고대 그리스의 학교에서는 교사와 (동성) 학생 간의 '사랑', 즉 '男色'이 만연했던 것으로 알려져 있다. 그 당시 그리스인들은 그러한 남색전통이 '이상적으로는' '교육적 효과'를 가져올 수 있다고 생각해 장려했다고 한다. 즉 교사는 학생에 대한 깊은 애정을 통해 그들을 보호하고 올바르게 성장하도록 돕고 싶다는 강력한 욕구를 느끼게 되고, 학생은 이에 대한 감사와 감탄의 감정을 깊이 느끼게 되는 효과를 가져올 수 있다는 것이다.[4] 하지만 그러한 그리스적 전통 하에서도 그들 간의 육체적 관계는 엄격히 금지된 것으로 보인다. 여하튼 이러한 역사적 사료를 토대로 대학 내 교수 성희롱을 선의로 해석하자면 학생에 대한 '열정'과 교수로서의 '냉정' 사이에서 발생하는 '미묘한' 문제로 미화시켜 볼 수 있겠지만, 성희롱의 발생원인에 대한 최근의 각종 연구를 보면 이 문제는 그렇게 간단치 않은 문제로 보인다. 하버드에서 '성적' 관계뿐만 아니라 일체의 '낭만적' 관계를 금지하겠다는 입장을 표명한 것이 이러한 고충을 잘 드러내 보여준다.

오늘날 성희롱이 발생하는 상황은 다양한 맥락에서 찾아볼 수 있다. 직장, 대학, 군대, 공공기관, 각급 학교와 헬스클럽, 주점, 길거리 등에서 동료들 간, 상급자와 부하직원 간, 교수와 학생 간, 우연히 만난 사람들 간에 벌어진다. 또 관련 연구에 의하면 성희롱은 모든 사회적 계층, 모든 직업군, 모든 연령층에 침투해서 발생한다. 반드시 상급자가 하급자에게 가하는 것도 아니고, 고학력자가 저학력자에게 행하는 것도 아니다.[5] 이 중 본고에서 다루고자 하는 성희롱은 대학 내, 그 중에서도 교수의 학생에 대한 성희롱에 국한시키고자 한다. 교수 성희롱 문제는 대학은 물론 우리사회 전체에서도 매우 중요하고 민감한 문제이며, 이에 대한 대응책의 강구는 보다 연속적이고 심층적인 연구가 필요하다고 본다. 따라서 본고는 교수 성희롱의 문제를 다루는 데 있어서 우선 그 예비적 고찰단계로서 성희롱이

---

4) 로베르 플라실리에르/심현정 역, 고대 그리스의 일상생활, 우물이 있는 집, 2004, 184-187면. "이는 재능이 많은 젊은 영혼에 애착을 갖는 사랑이며 우정을 통해 그를 미덕에 이르도록 하는 사랑이다."는 말이 그들의 남색전통에 대한 지지를 잘 드러내 보여준다. 플라톤도 "남색관계가 아름다움과 선을 향해 영혼이 고양되도록 만들어 주는 필요조건이며 진정으로 수준 높은 모든 지식을 이끄는 원리"라고 했다고 한다. 이에 대해서 앞의 책, 188면.

5) Afroditi Pina, Theresa A. Gannon, & Benjamin Saunders, An overview of the literature on sexual harassment: Perpetrator, theory, and treatment issues, *14 Aggression and Violent Behavior* (2009), at 129.

발생하는 맥락의 유형화를 시도해 보고자하며, 성희롱을 판단하는 기준으로서 현재 대립하고 있는 '합리적 인간'과 '합리적 여성' 중 어느 것이 더 타당한 것인지, 선행연구를 검토해 봄과 동시에 진화심리학의 관점을 원용해 타당한 기준을 제시해 보고자 한다. 이 외에 중요한 쟁점인 성희롱의 '범죄화' 문제, 즉 형사처벌 가능성[6]과 대학 내 제도적 방지책의 마련에 대해서는 추후 후속논문에서 다루어 보고자 한다.

II. 성희롱을 바라보는 두 가지 대립되는 관점

1. 성희롱의 개념정의와 용어의 적절성

우선 '성희롱'의 개념을 살펴볼 필요가 있다. 성·'희롱'이란 측면에서 먼저 고찰해 보자면, 사전적으로 '희롱'이란 첫째 "말이나 행동으로 실없이 놀림", 둘째 "손아귀에 넣고 제멋대로 가지고 놂", 셋째 "서로 즐기며 놀리거나 놂" 등의 용례로 쓰인다. 이 중에서 사회적으로 '문제시'[7]되는 것은 첫째와 둘째 용례로 상대 '성'을 '희롱'하는 것만 해당한다고 볼 수 있을 것이다. 예컨대 교수가 여러 사람이 모인 자리나 개인 연구실에서 지도학생의 신체적 특징이나 외모와 관련해 '성적 수치심 또는 모멸감'을 느낄 수 있는 발언을 '실없이' 한다든지, 아니면 교수로서의 지위를 이용해 여학생 또는 남학생을 성적 욕구 충족의 대상으로 '제멋대로 가지고 노는' 경우에 성희롱이 성립한다고 말할 수 있다. 이처럼 셋째 용례를 제외하는 것은 '성희롱'의 사전적 의미, 즉 "상대편의 의사에 관계없이 성적으로 수치심을 주는 말이나 행동을 하는 것"에도 잘 부합된다. 요컨대, 서로 즐기며 성적 농담이나 언행을 주고받을 수 있지만, 그것이 상대방의 의사에 반하는 경우는 '성희롱'이 된다는 것이다.

다음으로 'sexual harassment'의 번역어로 오늘날 널리 통용되고 있는 '성희롱'이란 용어의 적절성에 대한 논란을 짚고 넘어 갈 필요가 있다. 그 논란의 요체는, 원래 'sexual

---

6) 물론 이미 성희롱은 아동복지법(제71조 제2호)과 노인복지법(제55조의 3), 장애인차별금지및권리구제 등에관한법률(제49조 제1항)에 의해서 형사처벌되고 있으나 향후 본고에서 다루고자 하는 쟁점은 성희롱 일반에 대한 범죄화 가능성의 문제이다. 현행 성폭력범죄의처벌등에관한특례법에 성희롱 관련 처벌 규정을 신설해 성희롱을 형사처벌할 수 있도록 해야 한다는 견해로는 이수창, 성희롱 행위에 대한 형사법적 규제, 형사법의 신동향 통권 제44호 (2014) 참조.

7) 성희롱이 사회적 문제가 되어 연구대상이 되기 시작한 것은 불과 30여 년밖에 되지 않는다. Afroditi Pina, Theresa A. Gannon, & Benjamin Saunders, *Ibid.*, at 126.

harassment'는 '원하지 않는 성적 구애(sexual advance)'를 뜻하는 용어로서 강간과 강제추행을 포함해 성적 갈등을 야기하는 일체의 행위를 의미하나 '희롱'이라는 번역어로 인해 '성적 농락' 또는 '성적인 장난'만을 지칭하는 효과를 가져와 '의도적인 성적 괴롭힘이나 성적 학대'를 포함하는 섹슈얼 허래스먼트의 뜻을 모두 담아내는 데 한계가 있다는 것이다.[8] 당초 1990년대 '성희롱'이란 용어가 등장할 당시에는 우리나라의 가부장적 문화로 인해 남성들의 소소한 성적 희롱에 대해 법적 제재가 가능하도록, 즉 성적 희롱을 대수롭지 않게 여기고 행하던 남성 권력에 경종을 울리려는 배경에서 동 용어가 사용되기 시작했으나, 결과적으로는 본래적인 의미에서 벗어나 오늘날 일상적 언어관행에 의하면 성희롱은 강제추행, 강간보다는 불법의 정도가 적은 경우를 뜻하는 용어로 자리잡게 되었다는 것이다. 논자에 따라서는 이러한 반성적 고찰에서 성희롱보다는 '성적 괴롭힘'이라는 용어로 대체할 것을 제안하기도 한다.[9]

생각건대 성희롱이든 성적 괴롭힘이든 후술하는 바와 같이 법적으로 정의규정이 갖추어져 있다면 어떤 용어를 선택하든 중대한 문제는 없다고 보인다. 언어관행에 따라 전자는 (법적 제재가 필요한) 가벼운 형태의 섹슈얼 허래스먼트를 지칭하고 후자는 의도적이고 심각한 형태의 섹슈얼 허래스먼트를 지칭하는 것으로 편의상 구분해 볼 수 있다면 양자는 맥락에 따라서 혼용가능한 용어로 파악하는 것이 각각의 섹슈얼 허래스먼트 사례를 적절히 기술함에 있어서 효과적일 것이다. 따라서 본고에서는 원칙적으로 '성희롱'이란 용어를 사용하되, 필요할 경우 '성적 괴롭힘'이라고 표현하기로 한다. 다만 성희롱(성적 괴롭힘)이란 행위태양의 범위를 강간이나 강제추행 등을 포함하는 것으로 볼 것인지, 아니면 그보다는 불법의 정도가 약한 범위로 제한할 것인지는 실무적으로 매우 중요한 차이를 가져올 수 있다는 점은 각별히 주의할 필요가 있을 것이다. 전자의 경우라면 '성희롱적' 강간이나 강제추행이라는 행위태양이 신설되는 것이고[10], 후자의 경우라면 강간이나 추행의 정도에는

---

8) 한희정·전해정, 한국사회의 성희롱 개념 연구: 국내학술지를 중심으로, 사회과학 연구논총 제31권 제1호 (2015), 89면 참조.

9) 한희정·전해정, 앞의 논문, 115면 참조.

10) '성희롱적' 강간이나 강제추행이란, 곧 '업무와 관련하거나 지위를 이용하여' 강간이나 강제추행을 하는 경우로 강간이나 강제추행에 대한 가중적 구성요건으로 볼 수 있을 것이다. 한편 만일 성희롱을 강간이나 강제추행을 포함하는 일체의 성적 자기결정권 침해행위로 규정하지 않고, 강간이나 강제추행과 대등한 수준의 불법으로 바라보게 되면, 성희롱적 강간 등이 발생했을 경우 성희롱과 강간 등 죄의 상상적 경합 또는 실체적 경합이 성립할 수 있을 것이다. 성희롱은 성적 자기결정권 뿐만 아니라 평등권, 노동권 등의 중대한 법익을 침해하는 행위이므로 강간 등과 대등한 수준의 별개의 불법유형으로 보아야 한다는 견해로는 김예지, 인권감수성을 지난 판결을 통한 직장 내 성희롱 피해자 구제를 위하

이르지 못한 행위를 과연 형사처벌할 수 있는지, 만일 처벌할 수 있다면 과연 어떤 범위 내에서 가능한지에 논의의 초점이 맞추어 질 것이기 때문이다.[11]

성희롱의 전형적 사례는 다음과 같을 것이다.

"[속옷 사례] 인천 구청의 한 간부가 근무시간에 낮술을 마시고 여기자에게 속옷을 사주겠다고 희롱했다가 징계를 받았다. 16일 인천시에 따르면 인천 모 구청 간부 A씨는 지난달 말 점심때 술을 마신 뒤 평소 안면이 있는 여기자 B씨에게 전화를 걸어 속옷을 사주겠다고 했다. B씨는 불쾌감을 표시하며 거절의 뜻을 밝혔지만 A씨는 B씨가 근무하는 사무실로 속옷을 택배로 보냈다. 구는 B씨로부터 항의를 받고 감사 조사와 시 징계위원회를 거쳐 A씨를 주민센터 동장으로 전보조치하고 3개월 감봉처분을 내렸다. A씨와 당시 속옷가게에 함께 있던 B팀장은 견책처분을 받았다."[12]

남녀고용평등과 일·가정 양립 지원에 관한 법률 제2조에 의하면 '직장 내 성희롱'이란 "사업주·상급자 또는 근로자가 직장 내의 지위를 이용하거나 업무와 관련하여 다른 근로자에게 성적 언동 등으로 성적 굴욕감 또는 혐오감을 느끼게 하거나 성적 언동 또는 그 밖의 요구 등에 따르지 아니하였다는 이유로 고용에서 불이익을 주는 것"을 말한다.[13] 이러한

여, Ewha Law Review 제5권 제2호, 2015, 95면 참조.

11) 이와 관련해 신체적 성희롱은 물론 언어적, 시각적 형태의 성희롱에 대해서도 형사처벌을 부과할 수 있다고 보는 견해로는 정도희, 직장 내 성희롱피해 개념 및 형사처벌, 피해자학연구 제22권 제1호, 2014, 183면.

12) 연합뉴스 (2015. 4.16).

13) **제14조(직장 내 성희롱 발생 시 조치)** ① 사업주는 직장 내 성희롱 발생이 확인된 경우 지체 없이 행위자에 대하여 징계나 그 밖에 이에 준하는 조치를 하여야 한다.
② 사업주는 직장 내 성희롱과 관련하여 피해를 입은 근로자 또는 성희롱 피해 발생을 주장하는 근로자에게 해고나 그 밖의 불리한 조치를 하여서는 아니 된다.
제14조의2(고객 등에 의한 성희롱 방지) ① 사업주는 고객 등 업무와 밀접한 관련이 있는 자가 업무수행 과정에서 성적인 언동 등을 통하여 근로자에게 성적 굴욕감 또는 혐오감 등을 느끼게 하여 해당 근로자가 그로 인한 고충 해소를 요청할 경우 근무 장소 변경, 배치전환 등 가능한 조치를 취하도록 노력하여야 한다.
② 사업주는 근로자가 제1항에 따른 피해를 주장하거나 고객 등으로부터의 성적 요구 등에 불응한 것을 이유로 해고나 그 밖의 불이익한 조치를 하여서는 아니 된다.
제37조(벌칙) ② 사업주가 다음 각 호의 어느 하나에 해당하는 위반행위를 한 경우에는 3년 이하의 징역 또는 2천만원 이하의 벌금에 처한다.
2. 제14조제2항을 위반하여 직장 내 성희롱과 관련하여 피해를 입은 근로자 또는 성희롱 발생을 주장하는 근로자에게 해고나 그 밖의 불리한 조치를 하는 경우

정의에 따르면 성희롱의 핵심은 '지위를 이용하거나 업무와 관련하여' '성적 언동'으로 타인에게 성적 '굴욕감 및 혐오감'을 주거나 불이익을 주는 행위라는 데 있음을 확인할 수 있다. 이를 학교에 적용해 보면, 성희롱이란 교육기관의 종사자가 그 직위를 이용하거나 교육과 관련하여 성적 언동 등으로 굴욕감 또는 혐오감을 느끼게 하거나 성적 언동 기타 요구 등에 대한 불응을 이유로 학생의 수업 상 불이익을 주는 것을 말한다고 볼 수 있고, 더나아가 교육과 관련된 장소에서 학생의 의사와 관계없이 행해지는 성적 언동으로, 그러한 언동의 수용이 명시적 혹은 묵시적으로 피해자의 학업의 조건이 되는 경우, 그러한 언동의 거부가 피해자의 학업상의 결정에 영향을 미치는 경우, 그러한 언동이 피해자의 학업생활에 지장을 초래하거나 사기 저하 및 불쾌한 학업분위기를 조성할 의도를 띠거나 결과적으로 그러한 효과를 발생하는 경우 등 피해자에게 정신적, 육체적, 사회적 피해를 입히는 경우에 이를 '학교 내 성희롱'으로 정의할 수 있을 것이다.

또 국가인권위원회법 제2조 제3호에 의하면 성희롱이란 "업무, 고용, 그 밖의 관계에서 공공기관(국가기관, 지방자치단체, 「초·중등교육법」 제2조, 「고등교육법」 제2조와 그 밖의 다른 법률에 따라 설치된 각급학교, 「공직자윤리법」 제3조의2제1항에 따른 공직유관단체를 말한다)의 종사자, 사용자 또는 근로자가 그 직위를 이용하여 또는 업무 등과 관련하여 성적 언동 등으로 성적 굴욕감 또는 혐오감을 느끼게 하거나 성적 언동 또는 그 밖의 요구 등에 따르지 아니한다는 이유로 고용상의 불이익을 주는 것"을 말한다.

이밖에도 전문가들의 성희롱에 대한 정의를 보면, "권한이나 지위가 대등하지 못한 사이에서 원하지 않는 성적인 접근이 일어나게 되는 행위", "성을 소재로 하여 상대의 인권을 침해하는 언행으로서, 불필요하며 불유쾌한 접촉, 용모에 대한 성적 언급이나 농담을 비롯하여 노골적인 성적 유혹과 성적 공격행위" 등이 있고, 이 중에서 핵심적 표지를 추출해 보자면, "권한을 이용한", "원치 않는 성적 언행"으로, "인권을 침해하는 행위"라는 요소들을 확인할 수 있고, 이는 전술한 성희롱 개념과 비교해 볼 때 대동소이함을 알 수 있다. 김엘림 교수의 분석에 의하면 국제기구의 문서, 국내외 법규와 판례 및 결정례들이 성희롱을 규정

제39조(과태료) ① 사업주가 제12조를 위반하여 직장 내 성희롱을 한 경우에는 1천만원 이하의 과태료를 부과한다.

② 사업주가 다음 각 호의 어느 하나에 해당하는 위반행위를 한 경우에는 500만원 이하의 과태료를 부과한다. 1. 제14조제1항을 위반하여 직장 내 성희롱 발생이 확인되었는데도 지체 없이 행위자에게 징계나 그 밖에 이에 준하는 조치를 하지 아니한 경우

2. 제14조의2제2항을 위반하여 근로자가 고객 등에 의한 성희롱 피해를 주장하거나 고객 등으로부터의 성적 요구 등에 불응한 것을 이유로 해고나 그 밖의 불이익한 조치를 한 경우

하는 공통된 표지는 '업무와 관련하거나 지위를 이용하여', '상대방이 원하지 않는 성적인 말과 행동'을 함으로써 '피해를 발생시키는 행위'라는 세 가지 요소로 구성된다.[14]

다음의 국가인권위원회의 결정례가 성희롱의 개념을 잘 정리해 주고 있다고 본다. "성희롱은 비록 일회적이라도 상대의 의사에 반하는 무례하고 불쾌한 행위이며, 행위자의 의도와 상관없이 그 결과로 상대방의 존엄성을 침해하고 위협적, 굴욕적 또는 모욕적인 환경을 조성하는 행위이다."[15]

2. 성희롱은 '권력'과 '불평등'의 문제일까?

성희롱의 본질을 해명하고자 하는 시각은 크게 두 가지로 대별된다. 그 하나는 성희롱이 '권력'과 '불평등'에서 비롯된다는 관점이고, 다른 하나는 성희롱은 남녀 간 인지적 편향에서 비롯된 '성적 갈등'의 문제라는 관점이다.

우선 성희롱이 단순히 남성의 여성에 대한 성적 접근 상의 갈등의 문제로만 보기 어렵다는 점은 실제로 우리 사회에서 사회적 지위가 있는 여성에 의한 성희롱도 발생하고 있다는 사실에서 잘 드러난다. 최근에 다음과 같은 기사가 보도된 바 있다.

"[여교수 사례] * * 과학기술대학교는 15일 이 대학 여교수 A씨가 학생들을 성희롱한 것과 관련해 지난 2월 정직 3개월 처분을 받았다고 밝혔다. A씨는 지난해 남학생 2명에게 성적 의도가 담긴 이메일과 SNS 메시지 등을 수개월간 보냈다. 이 같은 사실은 지난해 11월 피해 학생들이 교내 학생상담센터에 신고하면서 드러났다. 이들은 A씨가 "나랑 할래?" "네가 마음만 열어주면 남편과의 관계를 정리할게" 등의 메시지를 보내며 교수와 학생 이상의 관계를 요구했다고 주장했다. 또 A씨가 원하지 않는 술자리를 이어갔고, 술자리에서도 특별한 관계를 요구하는 발언을 해 성적 수치심을 느꼈다고 했다. 이에 대해 A씨는 "이들은 평소 스스럼없이 얘기할 정도로 아끼는 학생"이라며 "학생들이 오해한 것일 뿐 성적인 의도는 전혀 없었다"고 해명했다. 하지만 대학 측은 성희롱 고충심의위원회를 열고 A씨가 사제지간의 수위를 넘어선 발언과 행동으로 학생들에게 수치심을 줬다고 판단해 정직처분했다."[16]

---

14) 김엘림, 앞의 논문, 282면.
15) 국가인권위원회, 성희롱 시정 권고 결정례집(제2집), 2009, 08직차15 참조.
16) 중앙일보 (2015. 4.15).

위 기사를 보면 성희롱은 '권력'관계에서 비롯된다는 점을 쉽게 이해할 수 있다. 교수의 우월적 지위를 이용해 여교수가 남학생을 성희롱한 것이다. 일반적으로 남자 교수가 여학생을 성희롱한다고 생각하지 쉽지만 위 사례는 그 정반대의 사례도 충분히 발생할 수 있으며 이를 가능하게 만드는 조건은 이른바 '갑을관계'라는 것이다. 그러한 권력관계가 주어진다면 성희롱은 성-중립적으로 발생할 수 있다.

성희롱을 '성차별'로 규정하며 법을 양성평등을 실현하기 위한 도구로 활용하고자 하는 입장에 서있는 페미니스트들은 성희롱은 "불평등한 관계의 맥락에서 상대방이 원하지 않는 성적 요구를 하는 것"이고, 이는 '명백히 불평등한 권력의 문제'이며, "집단으로서의 남성과 집단으로서의 여성의 구조적 위계 속에서 존재하는 것이며, 남성은 성희롱을 통해 여성을 종속시키고 자신들의 우월한 사회적 권력을 행사한다는 점에서 '불법적인 차별행위'"라고 주장한다.[17] 이들의 관점에서 성희롱은 분명 여성들에게 불리하게 작용하는 특수한 '문화'와 '사회구조'의 문제인 것이다.

다만 여기서 '권력'관계와 '불평등'의 내용을 두 가지 맥락에서 세분화할 필요가 있을 것이다.

우선, 주로 여성주의 진영에서 지적하는 성적 불평등과 차별의 맥락이다. 이른바 사회문화이론(sociocultural theory)에 따르면, 성희롱은 이미 우리사회에 존재하는 성적 불평등(gender inequality)과 성차별(sexism)의 논리적 귀결이라고 한다.[18]

다음으로 조직이론(organizational theory)에 의하면 조직 내에서 권력과 지위의 불평등(power and status inequalities within the organization)이 성희롱의 발생 가능성을 높인다고 한다. 즉 성희롱은 권력의 문제라는 것이다.[19]

이상 전술한 바와 같이 성희롱이 '권력'관계와 '불평등'등의 문제라는 지적은 두 가지 맥락, 즉 남녀 간 지위의 불평등 문제와 조직 내 지위의 불평등 문제를 모두 포함하는 것으로 이해할 수 있을 것이며, 따라서 조직이론에 의하면 성희롱은 성-중립적으로도 발생할 수 있다는 점이 이론적으로도 예측될 수 있다.

---

17) 이처럼 성희롱을 '여성의 종속'이라는 관점에서 바라보는 분석모델을 '종속/불평등 모델'이라고 한다. 미국의 대표적 페미니스트인 맥키넌이 이러한 입장에 서 있다. 맥키넌에 의하면 이러한 불평등한 위계 구조는 자연발생적인 것이 아니라 '사회적 구성물'로서 '제도적 관행의 산물'이라고 한다. C. A. MacKinnon, Sexual Harassment of Working Woman: A Case of Sex Discrimination, New Haven: Yale University Press, 1979, at 1.

18) Afroditi Pina, Theresa A. Gannon, & Benjamin Saunders, Ibid., at 131.

19) Afroditi Pina, Theresa A. Gannon, & Benjamin Saunders, Ibid., at 131.

3. 성희롱은 '성적 갈등'의 문제일까?

그럼에도 불구하고 '성희롱'의 문제는 단순히 권력이나 불평등의 문제로만 보는 것은 충분하지 않다.[20] 성희롱의 근저에는 남과 여, 특히 남성의 타고난 성적 본능이 자리잡고 있다는 사실을 부인할 사람은 아무도 없기 때문이다. 진화심리학자인 전중환 교수는 말한다. "여성주의 시각에서 성희롱은 남성이 권력을 추구하기 때문에 생긴다. 여성을 지배하려는 욕망이 성적으로 표출되어 허락 없이 엉덩이를 움켜쥐게 한다. 반면에, 진화적 시각에서 성희롱은 남성이 성을 (끊임없이) 추구하기 때문에 생긴다. 여성과 일시적 성관계를 맺으려는 욕망이 여성의 의도를 잘못 해석해서 여성의 허리를 툭 치게 한다."[21]

수많은 연구에서 밝혀진 바에 따르면 남자가 여자에 비해 단기적이고 우발적인 성관계에 훨씬 더 관심이 많다는 것은 명백하다. 고전적인 한 연구에서 남자 학부생 중에 처음 보는 매력적인 여성이 접근해오면 성관계에 응하겠다고 답한 비율이 75%에 이르렀으나, 반면에 처음 보는 매력적인 남성이 접근해올 때 성관계에 응하겠다고 답한 여자 학부생은 하나도 없었다. 성희롱에 관한 연구분야를 개척한 진화심리학자 킹슬리 R. 브라운에 의하면 성희롱은 두 가지 유형으로 분류할 수 있다고 한다. 그 하나는 '보상물(일이나 학업을 계속하거나 승진 또는 학위취득을 위해 성관계를 요구하는 유형)' 사례고 다른 하나는 '적대적 고용환경(직장이 지나치게 성적으로 편향되어 있어서 차별로 인해 (여성) 근로자를 직장에서 안전하고 편안하게 느끼지 못하게 만드는 유형)'[22] 사례라고 한다.[23]

---

20) 예를 들어 항공기 승무원(flight attendant)을 대상으로 조사한 연구에 의하면 그(녀)들은 항공기 기장보다는 기내 청소부로부터 성적 제안(sexual overture)를 받았을 때 훨씬 더 위협적인 것으로 느꼈다고 한다. 이유는 상대적으로 높은 지위에 있는 기장은 실제로 자발적인 성적 파트너가 될 가능성도 높고 성적 구애시 물리적 강제력을 행사할 가능성도 적으며, 무모한 성적 접근으로 높은 수입의 직장을 잃으려고 하지는 않을 것인 바, 반면에 청소부의 경우는 그렇게 여기지 않기 때문이라고 한다. 이러한 연구는 성희롱이 단순히 권력관계나 위계적 상하관계에 의해 발생한다는 설명에는 부합되지 않는다. 이 점에 대해서는 Susan Littler-Bishop et al., Sexual Harassment in the Workplace as a Function of Initiator's Status: The Case of Airplane Personnel, 38 J. Soc. Issues No. 4 (1982), at 137. 아울러 여성은 권력적 지위에 오르더라도 이를 이용해 강압적으로 부하 남성을 성희롱하는 경우는 드물다는 사실도 주목할 만하다. 진화심리학적으로 볼 때, 여성이 바라는 성적 파트너는 자신보다 더 지위가 높은 남성이기 때문이다.
21) 동아일보 (2010. 7.29).
22) 이 표현은 국가인권위원회가 "법률이 직장내 성희롱을 금지하고 제재하는 것은 성차별적 편견이나 권력관계에 근거하여 직장에서 직간접적으로 이루어진 성적 언동이 피해자의 근무환경을 악화시킴으로써 고용관계에서 비자발적으로 위축되거나 배제되는 것을 막자는 취지인 것이다"라고 판시한 결정을 참조. 이에 대해서는 국가인권위원회, 성희롱 시정 권고 결정례집(제1집), 2007, 06진차465. "일반적으

진화심리학자 앨런 S. 밀러와 가나자와 사토시에 의하면 보상물 또는 그와 유사한 유형의 성희롱은 "단기적이고 우발적인 성관계를 바라는 남자의 욕망이 여자보다 훨씬 강하다는 것 그리고 그들의 목적을 이루기 위해서라면 가능한 수단은 무엇이든 기꺼이 쓰겠다는 마음이 겉으로 나타나는 것"이다. 페미니스트들은 흔히 성희롱은 '성적 본능의 문제가 아니라 권력의 문제'라고 주장하지만,[24] 반면 위 두 사람의 견해에 따르면 성희롱은 '둘 다의 문제'로서 "성희롱은 남자가 성적 욕구를 채우기 위해 권력을 이용하는 것"이다.[25] 즉, "성희롱이 오로지 권력의 문제라고 말하는 것은 은행 강도는 돈 문제가 아니라 총 문제일 뿐(bank robbery is about guns, not about money)이라고[26] 말하는 것만큼이나 넌센스'라는 것이다.

로 직장동료나 상하관계에 있는 사람들 간의 대화는 당사자에게 전달되지 않더라도 근무환경에 영향을 미칠 수밖에 없다. 예컨대 직장 내에서 한 여성에 대하여 다른 직원들이 성적농담의 대상으로 삼는 경우 그 발언 당사자의 시각에서 이미 그 여성은 동등한 인격체의 직장동료로 간주되었다고 보기 힘들며 이는 직간접적으로 당해 여성의 근무환경에 영향을 끼칠 수밖에 없고, 실제로 직장이라는 좁은 환경의 특성상 다른 직원들을 통하여 전달될 개연성도 매우 높다고 할 것이다. 결론적으로, 지속적인 업무관계를 맺고 있는 직장 내에서 특정여성을 대상으로 성적 언동을 하는 것은 비록 당해 여성이 간접적으로 전해 들었다 할지라도 직접 들은 것과 마찬가지로 해당여성에게 정신적 스트레스를 주고 근로환경에 악영향을 줄 가능성이 높은 바, 이는 규제되어야 할 성희롱의 범주에 해당된다고 판단된다." 직장 내에서 남성 동료들 간 특정 여성을 두고 "그 여자는 내 것이니까 건들지 마라", "콜라에 약을 타서 어떻게 해보지 그랬냐?" 등의 발언을 한 사안.

23) 브라운의 구분법에 따른 명칭보다는 일반적으로 전자는 '조건형 성희롱', 후자는 '환경형 성희롱'으로 불린다. 김엘림 교수는 국내외의 입법례를 따라 구분해 보면, 성희롱은 크게 환경형, 보복형, 조건형(대가형)으로 나눌 수 있다고 한다. 환경형은 성적 굴욕감이나 혐오감을 주는 성적 언동을 지속적으로 하여 피해 당사자의 업무 환경을 악화시키는 유형이고, 보복형은 성적 언동을 거부한 것을 이유로 불이익을 주는 유형이며, 조건형은 성적 언동을 수용하면 업무상의 이익을 주겠다고 제안하여 부담을 주는 유형이다. 김엘림, 앞의 논문, 283면.

24) 성희롱을 순전히 성적 불평등의 문제라고 보는 시각에 대해서는 동성 간 성희롱(Homosexual Harassment)도 존재하고 남성 직원이, 남성으로서의 우월적 지위를 이용해 여성 상급자를 성희롱하지는 않는다는 예리한 비판이 있다. 이 점에 대해서는 Kingsley R. Brown, An Evolutionary Perspective on Sexual Harassment: Seeking Roots in Biology rather than Ideology, 8 J. Contemp. Legal Issue 5 (1997), at 57-58.

25) 앨런 S. 밀러·가나자와 사토시, 진화심리학, 웅진지식하우스, 2008, 222면 이하 참조.

26) 이러한 입장으로는 Kingsley R. Brown, Ibid., at 47.

III. 성희롱의 유형화

1. 성희롱 유형화의 맥락의존성

TV의 한 법률상담 프로그램에서 직장 상사가 "골반라인이 섹시한데라고 말하면" 120만원, "여성의 팔 안쪽을 만지면" 1000만원, "러브샷을 강요하면" 300만원이라는 흥미로운 방송을 한 적이 있다. 이 방송의 하이라이트는 "상사가 여직원에게 처녀몸매같다고 말할 때 '내가봐도 그래'라고 했다면 당신도 손해배상을 해야한다"는 사회자의 마지막 정리멘트였다. 오늘날 성희롱이 얼마나 사회적으로 문제시되고 성희롱소송이 급증하고 있는지 잘 보여주는 예라 하겠다. 성희롱이 새로운 불법유형으로 자리잡기 시작한 것이다.

그런데 상사가 여직원에게 "골반라인에 섹시한데" 혹은 "처녀몸매같다"고 짓궂은 농담을 하는 맥락은 무엇일까? 진화심리학적 관점에 의하면 남녀 간 성차로 인해 그 여직원도 자신의 말을 즐길 것으로 또는 대수롭지 않게 여길 것으로 오인해서일수도 있을 것이고, 아니면 성희롱으로 여직원을 괴롭히려는 목적이 있을 가능성도 있다. 전자의 경우 '성차에서 비롯된 성희롱'이 되겠지만 후자의 경우는 앞서 언급한 바 있는 "적대적 환경사례"에 해당한다고 말할 수 있을 것이다. 이처럼 성희롱의 유형을 규정하는 데 있어서 맥락의존성이 작용함에 유의할 필요가 있을 것이다.

2. 성희롱이 발생하는 맥락의 다층적 성격

오늘날 성희롱의 발생원인을 어느 하나의 요소로 설명하거나 성희롱 현상을 가장 잘 설명해 주는 어떤 최선의 이론이 존재하지 않는다는 점은 일반적으로 받아들여지고 있다.[27] 이에 필자는 본고에서 성희롱을 단지 권력이나 성적 갈등의 문제로 이분화하기보다는 이를 세분화하여 평가하는 것이 바람직하다는 입장을 제시하고자 한다. 현대 사회에서 중대한 사회문제로 인식되고 있는 성희롱을 단지 '유행개념'[28]이 아닌 법적 개념으로 포섭하기

---

27) Afroditi Pina, Theresa A. Gannon, & Benjamin Saunders, *Ibid.*, at 130.

28) 성희롱을 하나의 '유행개념'으로 보면서, 성희롱에 포함되는 일탈행위들이 침해법익, 결과, 중대성, 일반인의 법의식 등 어떤 기준에 의해서든 체계적으로 분류될 수 없기 때문에 어떠한 법적 제재를 가할 것인지 결정할 수 없다는 견해로는 이상돈, 형법학, 법문사, 1999, 88-89면 참조. "성희롱이라는 문제영역은 그 개념과 그 해악이 불분명하며, 사회구성원 간의 인식격차도 특별히 많은 분야"라는 지적도

위해서는 성희롱 유형을 더 세분화하여 평가하는 것이 필요하고 이러한 작업은 성희롱에 대한 법·제도적 방지책 마련에도 훨씬 더 유용할 것이기 때문이다.

이하에서 성희롱의 발생 맥락을 중심으로 유형화한 사례는 엄밀히 말하면 어느 한 맥락에서 발생한 것이라고 규정할 수는 없고, 오히려 다양한 맥락이 복합적으로 작용해 성희롱이 발생한 것이지만, 사례의 특성상 가장 두드러진 맥락을 중심으로, - 예컨대 성차(sex difference), 성적 접근의도, 권력관계(power) 등 - 유형화를 시도해 본 것임을 미리 밝혀두고자 한다.

(1) 성차(sex difference)에서 비롯되는 성희롱

진화심리학자 전중환 교수는 여성이 보이는 미소가 남성에게는 성적 의도로 읽히는 경향이 있다고 지적한다. "남성은 여성이 그냥 예의상 짓는 눈웃음이나 상냥한 말투를 과장되게 해석해 그녀가 내게 푹 빠졌다고 추론하는 경향이 있다. 단순한 친절인지 성적인 의도인지 애매하다면 남성은 일단 성적인 의도를 읽어내고 본다. 이런 인지적 편향 탓에 성희롱이 종종 심각한 사회문제로 불거진다."는 것이다. 반면에 여성에게는 이러한 인지적 편향이 없다. 오히려 남성의 성적 의도를 축소해석하는 경향이 있다고 한다. 이러한 인지적 편향은 왜 생기는 것일까? 진화심리학적 설명에 의하면 수백만 년 전 여성의 성적 의도를 실제보다 확대해석했던 남성들이 오늘날 우리의 조상이 되었다고 한다. 왜냐하면 이들이 여성의 성적 의도를 있는 그대로 추론했던 남성들보다 생존과 번식에 더 유리했기 때문이다. 반면에 여성의 의도를 소심하게 과소평가했던 우리의 남성들은 여성과의 성관계 기회를 놓치게 되어 결국 후손을 남기지 못하는 결과를 맞이하고 말았다는 것이다. 따라서 남성의 마음은 되도록 여성의 성적인 의도를 지나치게 과대평가하는 오류를 잘 범하게끔 진화했고, 그것이 여성과는 다른 남성의 '진화된 심리적 메커니즘(EPM)'의 일부를 구성하고 있다고 설명한다. 반대로 여성의 경우는 평생 낳을 수 있는 자식의 수가 제한되어 있으므로 여러 남성과 성관계를 함으로써 얻을 수 있는 이익이 상대적으로 적어 남성의 성적 의도를 과소평가하게끔 여성의 마음이 진화했다고 진화심리학은 설명한다.

이를 뒷받침해주는 대표적 실례가 바로 미국의 슈퍼마켓 체인 세이프웨이사례다.

유사한 문제의식을 공유하고 있다. 홍성수, 성희롱에 대한 법적 규제와 여성주체의 문제, 법철학연구 제12권 제2호, 2009, 208면 참조.

"[세이프웨이 사례] 1990년대 말 미국의 슈퍼마켓 체인 세이프웨이는 새로운 고객 서비스를 도입했다. 매장 내 모든 직원은 고객을 보면 반드시 눈을 마주치면서 미소를 지어야 했다. 계산대에서 고객이 신용카드를 내밀면, 계산대 직원은 고객의 이름을 훑어본 다음 웃으면서 "○○ 고객님, 세이프웨이에서 쇼핑해주셔서 감사합니다"라고 인사를 하게 했다. 이 서비스는 뜻밖의 사태를 가져왔다. 여직원이 자기 이름까지 부르면서 미소를 지어주자 상당수의 남성 고객은 여직원이 자신에게 홀딱 반했다고 확신하고 여직원에게 성가시게 치근 대기 시작했다. 결국 견디다 못한 몇몇 여직원이 세이프웨이를 고소했고 이 서비스는 폐기됐다."

요컨대 진화심리학의 관점에서 분석해 보면, 남성과 여성의 마음이 서로 다르게 진화했다는 점을 모르기 때문에 많은 남성들은 여성의 언행에서 성적 의도를 잘못 읽어내거나 그 여성도 자신의 성적 농담이나 언행을 문제 삼지 않거나 좋아할 것이라고 오신하는 우를 범하게 되는 경우가 있다는 것이다.[29]

이러한 유형의 성희롱을 '성차에서 비롯된 성희롱'으로 규정할 수 있을 것이다. 이와 같은 유형의 성희롱은 순전히 권력의 문제도, 성욕의 문제도 아니라 인류의 오랜 진화사를 통해 형성된 남녀의 각기 다른 인지적 편향에서 비롯된 '성차'의 문제라고 말하는 것이 더 타당할 것이다.

(2) 성적 접근의도에서 비롯된 성희롱

많은 유형의 성희롱은 명백히 성적 욕구를 충족시키기 위해 행해진다. 즉 폭행이나 협박을 수반한 강제추행이나 강간은 아니지만, 자신의 지위나 권한, 권력 등을 이용해 성적 접근을 달성하기 위해 이루어지는 경우다. 전술한 여교수 사례도 이에 해당하겠지만, 여학생들의 다음과 같은 보고사례가 그 전형적인 사례가 될 것이다.

---

29) 남녀의 성차에서 비롯된 결과가 잘 드러나는 사례로서 한 조사에 따르면 음흉한 눈빛으로 쳐다보는 것은 여성의 절대다수(95.4%)가 성희롱이라고 본 반면, 남성은 77%만 성희롱이라고 보았고, 그 중에서도 45.4%는 사소한 성희롱이라고 보았다. 사무실에 야한 포스터나 사진 등을 붙여놓는 것 역시 여성은 96%가 성희롱으로 보았지만 남성은 88.5%만 성희롱이라고 보았다. 전영실, 직장 내 성희롱의 실태와 대책, 한구형사정책연구원, 1999, 69면 이하 참조.

"[F학점 사례] 1학년 때 저는 어떤 과목을 수강하게 되었어요. 배우는 걸 다 이해할 수도 없었고, 그래서 기말시험을 볼 때가 되자 F학점이란 현실에 부딪치게 되었어요. 저는 교수에게 연구실에서 학점에 관해 이야기 좀 나눌 수 있겠느냐고 물었죠. 연구실로 찾아갔더니 저에게 선택을 하라고 하더군요. 자기 말을 따르던지 아니면 F를 받으라는 거였어요. 무엇보다도 F학점은 도저히 참을 수 없었어요. 그래서 그의 집으로 찾아가 침대에서 3시간을 함께 보냈죠. (중략) 그럴만한 가치가 있었냐구요? 그렇기도 하고 그렇지 않은 것 같기도 해요. 저에게는 그것이 자신을 구하기 위해서는 꼭 해야 할 일인 것 같았어요."[30]

"[박사과정 사례] 박사과정을 시작하면서 X교수의 수업을 듣게 되었다. 나는 정말 감격했다. 그가 내 학업에 대해 지대한 관심을 보여주었기 때문이다. 그래서 나는 내 지도교수가 되어달라고 부탁했다. 그런데 그 교수는 변하기 시작했다. 내 팔이나 다리, 목 등에 신체적 접촉을 해왔다. 나는 더 이상 참기 어렵게 되자, 공손하나 단호하게 거부의사를 밝혔다. 3주 정도의 냉전이 계속된 뒤, 그는 나를 낙제시키겠다고 위협해 왔다."[31]

어쩌면 매우 심각하고도 해로운 유형의 성희롱은 바로 이러한 유형의 성희롱일 것이다. 겉으로 보기에는 폭행이나 협박 및 강요가 없이 상대 여성의 동의하에 성적 접촉을 갖는 것처럼 보이지만, 실질적으로 상대방은 불평등한 지위와 불이익을 받을 우려 때문에 비자발적인 동의를 한 것이었고 심적 고통을 호소하고 있는 상황이기 때문이다. 또 이러한 유형의 성희롱은 전형적으로 그 지위나 권력을 이용한다는 특징이 있다. 이러한 유형의 성희롱은 상대 여성이 거부의사를 밝히고 싫어함을 알면서도 의도적으로 성적 욕망을 채우기 위해 권력관계를 이용한다는 점에 문제의 심각성이 있다. 사실 성희롱은 진화심리학적으로 볼 때, 짝짓기를 하기 위해 남성이 사용하는 로맨틱한 것부터 강압적인 것에 이르는 다양한 성적 책략(sexual tactics)의 연장일 수 있다는 점[32]을 고려하면, 성적 접근의도에서 시도되는 성희롱은 대학을 포함해 우리 사회 어느 곳에나 발생할 수 있는 자연스러운 현상이기도 하지만 교수와 학생 간의 성적 결합과 같이 불미스러운 결과가 예정된 경우라면, 분명 규제될 필요가 있고, 따라서 전술한 바와 같이, 하버드 대학 당국이 교수와 학생 간의 일체의

---

30) Billie Wright Dziech & Linda Weiner/동인기획실 역, 캠퍼스의 성희롱, 동인, 1994, 81-82면의 사례 참조.
31) 위 보고사례에 대해서는 Billie Wright Dziech & Linda Weiner/동인기획실 역, 앞의 책, 126-127면.
32) "Sexual harassment appears to be the extension of an evolved tendency for males to use a continuum of sexual tactics from romantic to coercive, as necessary or convenient, in order to mate." Michael V. Studd & Urs E. Gattiker, The Evolutionary Psychology of Sexual Harassment in Organizations, *12 Ethol. & Sociobiol.* 249, 281 (1991).

성적 또는 낭만적 관계(sexual or romantic relationships)를 금지한다고 발표한 것도 이러한 맥락에서 이해할 수 있을 것이다.

(3) 권력관계(지배욕)에서 비롯된 성희롱

성적 접근의도에서 비롯된 대부분의 성희롱은 우월적 지위나 권력을 이용해 행하여진다는 사실은 앞서 언급한 바와 같다. 그런데 과연 성희롱이 순전히 지배욕에서 비롯되는 경우도 존재할까? 즉 성적 의도와는 관계없이 오로지 권력관계를 이용해 타인을 자신의 마음대로 "손아귀에 넣고 가지고 낢"에 해당하는 성희롱 유형도 상정할 수 있느냐는 것이다.[33] 남성의 여성에 대한, 또는 그 반대의 성희롱이 성적 접근의도에서 비롯된다는 점은 상식적이지만 반드시 그렇다고 단정하기는 어렵다. 왜냐하면 일정한 유형의 성희롱은 분명히 그러한 의도 외의 맥락에서 비롯되는 경우도 있기 때문이다. 예컨대 자신의 부하 여직원에게 별다른 성적 관심은 없으나 자신의 권위나 권력을 과시하기 위해 술자리에서 술시중을 들게 하거나 러브샷을 암묵적으로 강요하는 경우도 있을 수 있다. 이는 여성 상사가 남성 부하 직원에게 자신의 우월적 지위를 확인하거나 권한을 남용할 의도로 여성들끼리 모인 술자리에 불러내어 노래를 시킨다거나 술을 따르게 하는 경우[34]에도 성립할 수 있을 것이다. 이러한 유형의 성희롱은 별다른 성적 접근의도 없이 오로지 우월적 지위를 남용하여 부하직원에게 수치심과 모욕감을 준다는 점에서 권력관계나 지배욕의 맥락에서 비롯되는 성희롱 유형으로 규정할 수 있을 것이다.[35]

이러한 맥락에서 발생하는 성희롱 유형을 이론적으로 설명해주는 모델이 있다. 소위 '사회적 인지이론(social-cognitive theory)'에 의하면 반사회적 행동을 하는 자는 자신의 장기기억[36] 속에(in long term memory) 자신의 행위를 지지해주는(behaviour-supporting) 신념체계

---

33) 가해자의 '성적 의도'는 성희롱에의 해당여부를 판단하기 위한 필수조건이 아니면 가해자의 '성적 의도'가 없었더라도 결과적으로 그러한 결과를 초래하는 성적 발언이나 행위는 성희롱에 해당할 수 있다는 국가인권위의 결정도 바로 이러한 맥락에서 이해할 수 있을 것이다. 국가인권위원회의 성희롱 시정 권고 결정례집(제1집), 2007, 06진차201 참조.

34) 이와 관련 교감이 여교사들로 하여금 교장에게 술을 따르도록 요구한 행위에 대하여 성희롱에 해당하지 않는다는 대법원 판결이 있다(대법원 2007.6.14. 선고 2005두6461). 피해자의 주관적 사정보다는 객관적 시각에서 '선량한 풍속 또는 사회질서'에 위반되느냐 여부를 기준으로 대법원은 판단하였다.

35) 이처럼 권력을 휘두르고 싶은 욕구가 성희롱의 동기가 될 수 있다고 보는 견해로는 데이비드 버스/이충호 역, 진화심리학, 웅진 지식하우스, 2012, 519면.

36) 장기기억이란 단기기억을 통한 많은 양의 정보가 매우 오랫동안(평생에 이르기도 한다) 저장된 기억의 형태이다. 우리가 일상적으로 '기억한다' 또는 '알고 있다'고 생각하는 대부분은 장기기억에 들어있는

와 스키마(schemas)를 지니고 있으며, 이와 같은 신념체계와 스키마는 사회적 정보를 처리하는 데 있어서 반사회적 방식으로 편향되게 만들어준다는 것이다. 동 이론에 의하면 성희롱 성향이 높은 자는 자신의 기억 속에 성과 권력(sex and power)을 연관시키는 성-스키마(sex schema)를 지니고 있다고 한다. 따라서 여성의 행동을 해석하거나 여성의 매력을 지각하는 데 있어서 잘못된 편향을 갖게 된다. 즉 성적인 행동을 하도록 촉발한 것이 상대 여성의 매력 때문이 아니라 자신의 권력 때문이라는 점을 자각하지 못한다는 것이다. 또 이러한 자들의 특징은 자신의 행위가 성적인 괴롭힘이 될 수 있다는 점에 대한 인식이 없다는 점인데, 그 이유는 권력과 성에 대한 관념이 매우 강력히 결합돼 있어서, 권력에 대한 생각이 현저할 때마다 성적인 것(sexuality)에 대한 생각을 자동적으로(automatically) 활성화시키기 때문이다.[37] 결론적으로 권력과 성이 밀접하게 연관되어 있다는 신념체계와 스키마를 지닌 남성이 권력적 지위에 오르면, 성적 괴롭힘이 될 수 있다는 자각조차 없이 여성에게 성희롱을 할 가능성이 매우 높다(highly likely to affect their sexual behavior toward women).[38]

동 이론은 왜 권력관계의 맥락에서 성희롱이 빈발하게 되는지를 잘 설명해 줌과 동시에 분명 어떤 자들은 권력관계의 맥락에 놓이게 되더라도 성희롱에 해당하는 행위를 하지 않는지를 이론적으로 잘 해명해 준다.

(4) 성차별적 태도에 비롯된 성희롱

맥키넌은 "남성은 성희롱을 통해 여성을 종속시키고 자신들의 우월한 사회적 권력을 행사한다는 점에서 성차별"이라고 규정한다. 즉 남성은 우월한 사회적 지위를 지닌 집단에 속해 있으며 성희롱은 그러한 '불평등한 권력'관계의 부당한 표출이라는 것이다. 성희롱의

내용들이다. 즉 장기기억은 곧 우리의 삶에서 얻어진 앎의 내용들이며, 정상적인 삶의 영위에 필수적이다. 반면 단기기억은 몇 초에서 몇 분 동안 유지되는 기억으로 예컨대, 전화번호를 찾아서 잠시 머릿속에 담아 두는 기억이다. 이 구분법은 미국의 철학자 윌리엄 제임스(William James)가 명확히 가다듬은 것으로 평가된다. 장기기억에 대해서는 Eric R. Kandel & Larry R. Squire/전대호 역, 기억의 비밀, 해나무, 2016, 24면 이하 참조.

37) "they cause the concept of sexuality to be activated automatically whenever the concept of power is evident." 이상의 내용에 대해서는 Afroditi Pina, Theresa A. Gannon, & Benjamin Saunders, *Ibid.,* at 133 참조.

38) 따라서 이러한 신념체계와 스키마를 지닌 남성에 대한 성희롱 예방교육은 주로 "권력적 지위는 잘못된 지각을 초래할 수 있다"는 점에 초점이 맞추어 져야 한다고 볼 수 있다. 그러한 자들은 자신의 성희롱적 행위가 쌍방 간 자발적으로 서로의 매력에 빠진 '로맨스'라고 오인하는 경향이 강하기 때문이다. Kingsley R. Brown, *Ibid.,* at 63.

불법성이 한 당사자가 자신의 성적 요구를 다른 사람에게 일방적으로 강요한다는 점에서 찾을 수 있다면, 남성과 여성은 각자의 성적 욕구를 실현하기 위한 동등한 권리를 가지고 있는데, 성희롱은 직장 내에서 성차별적인 환경을 조성하거나 일방적으로 성적 요구를 강요함으로써 성적 평등을 침해한다는 것이다.[39] 남녀고용평등법이 사업주의 성희롱을 과태료로, 사업주가 성희롱 피해자에게 해고나 기타 불이익한 조치를 가한 경우 벌금을 부과하는 것은 바로 이러한 성적 불평등을 시정하기 위한 조치로 보인다. 같은 맥락에서 국가인권위원회법 제2조 제3호는 명문으로 성희롱을 '평등권 침해의 차별행위'[40]로 규정하고 있다.

그런데 성희롱은 불평등한 권력구조에서 비롯되는 것만은 아니다. 진화심리학의 관점에서 보면 남성이 우월한 권력을 지녔기 때문에 여성을 성희롱하는 것이 아니라, 단지 남성이고 여성이기 때문에, 즉 '성차'로 인해 여성의 의도를 '확대해석'하여 성희롱의 문제를 가져오는 것이다. 물론 우월한 지위를 이용해 '지배욕'을 충족시키기 위해 성희롱을 하는 경우도 분명 존재한다. 그러나 이러한 유형은 전술한 '권력관계(지배욕)'의 맥락에서 비롯된 성희롱 유형으로 분류할 수 있으므로 본고에서는 성차별적 성희롱 유형에서 제외시키고자 한다. 그렇다면 이제 남는 것은 여성으로 하여금 성희롱을 감수하게 만들어 성차별적 환경을 조성하는 유형이다. 이러한 적대적 환경에서 여성은 직장 상사나 남성 동료직원의 성희롱을 참고 견뎌야 한다. 그렇지 않을 경우 해고나 기타 불이익한 조치를 받을 수 있기 때문이다. 이는 명백히 계층(class)으로서의 남성과 여성을 차별하는 성적 불평등의 문제를 야기할 수 있다.[41]

---

39) 홍성수, 앞의 논문, 216면.
40) 제2조(정의)
　　3. "평등권 침해의 차별행위"란 합리적인 이유 없이 성별, 종교, 장애, 나이, 사회적 신분, 출신 지역(출생지, 등록기준지, 성년이 되기 전의 주된 거주지 등을 말한다), 출신 국가, 출신 민족, 용모 등 신체조건, 기혼·미혼·별거·이혼·사별·재혼·사실혼 등 혼인 여부, 임신 또는 출산, 가족 형태 또는 가족 상황, 인종, 피부색, 사상 또는 정치적 의견, 형의 효력이 실효된 전과(前科), 성적(性的) 지향, 학력, 병력(病歷) 등을 이유로 한 다음 각 목의 어느 하나에 해당하는 행위를 말한다.
　　라. 성희롱[업무, 고용, 그 밖의 관계에서 공공기관(국가기관, 지방자치단체, 「초·중등교육법」제2조, 「고등교육법」제2조와 그 밖의 다른 법률에 따라 설치된 각급학교, 「공직자윤리법」제3조의2제1항에 따른 공직유관단체를 말한다)의 종사자, 사용자 또는 근로자가 그 직위를 이용하여 또는 업무 등과 관련하여 성적 언동 등으로 성적 굴욕감 또는 혐오감을 느끼게 하거나 성적 언동 또는 그 밖의 요구 등에 따르지 아니한다는 이유로 고용상의 불이익을 주는 것을 말한다] 행위
41) 그러나 이러한 입장과 반대로 남자가 여자를 희롱하는 것은 정확히 말하면 여자와 남자 사이에 차별을 두지 않기 때문이라는 주장도 있다. 성희롱이란 연구분야를 개척한 진화심리학자 브라운은 "많은 여자가 남성 동료와 고용주에게서 학대받고, 위협받고, 체면을 잃는 처우를 받아왔다고 호소하지만, 여자가 노동력에 합류하기 훨씬 전에는 남자가 서로에게 그렇게 학대하고, 위협하고, 체면을 떨어뜨리는 처우

직장 내 성차별적 성희롱 유형을 설명해 줄 수 있는 이론이 있다. '성역할 과잉 이론 (sex-role spillover theory)'이 바로 그것이다. 한 마디로 말해 직장 내에서 특정 성은 특정한 역할만을 맡아야 한다는 신념과 기대를 가진 자가 그러한 성역할을 벗어난 피해자에게 성희롱을 하게 된다는 것이다. 이 이론의 전제는 남성과 여성은 자신들이 기존에 갖고 있는 신념과 성에 기반한(gender-based) 기대를 일터로 가져오는데, 그러한 기대는 직장 내에서 부적합한 경우에도(예컨대 여성은 높은 직위를 맡아서는 안 된다는 신념 등) 그러하다. 동 이론에 의하면 성적인 괴롭힘을 가하는 자의 신념은 직장 내 평등에 대한 신념을 뒤엎게 된다. 따라서 가해자의 성역할에 대한 고정관념(stereotype)이 특정 성의 직업적 역할과 다른 경우 갈등이 발생한다고 한다. 즉, 비전통적인 영역에서 일하는 여성의 경우, 예컨대 택시 기사나, 경찰, 높은 지위의 CEO 등은 성희롱을 경험할 가능성이 높다는 것이다.[42]

성역할 과잉 이론은 성차별적 성희롱 유형에 대한 하나의 예측을 가능케 해준다. 동 이론에 의하면 성역할의 측면에서 비전통적인 영역에서 일하는 여성일수록, 또 남성일수록 성희롱을 경험할 가능성이 높다는 것이다.

이러한 예측을 지지해 주는 사례로 다음의 두 사례를 거시할 수 있다.

"[경찰 압수수색 촬영사례] 경찰관인 가해자는 동료경찰관 15명과 함께 노동조합 사무실에서 동 사무실에 대한 압수수색을 실시하였고, 비조합원인 원고는 압수수색장면을 비디오카메라로 근접 촬영하고자 위 경찰관들을 따라다녀 경찰관들 사이에 긴장관계가 형성되었다. 가해자는 비디오촬영을 하던 원고에게 다가가, 촬영한 내용이 텔레비전에 방영이 되느냐며 비아냥거리는 투로 묻고, 예쁘게 찍어 달라며 카메라렌즈 가까이 얼굴을 갖다 대는 등 위 촬영을 방해하다가 귀엽다고 하면서 손으로 원고의 뺨을 쓰다듬고 이어 손바닥으로 원고의 엉덩이를 2회 가량 두드리는 등 원고의 신체를 접촉하였다."[43]

를 해왔다."고 지적한다. 즉 학대, 위협, 체면손상은 모두 경쟁적인 상황에서 남성이 다른 남성을 상대로 구사하는 전술의 일부이며, 따라서 바꾸어 말하면 남자가 여자를 이런 식으로 괴롭히는 것은 여자를 차별해서가 아니라 오히려 그 정반대기 때문이라는 것이다. 앨런 S. 밀러·가나자와 사토시, 앞의 책, 225면 참조. 이와 유사한 맥락에서 여성들에게 성희롱으로 인식되는 사례 중 상당수는 사실 모든 종업원들이 직장에서 겪게 되는 '의례적인 신참자 괴롭히기(ritual hazing)'의 하나라는 지적은 주목할 만하다. 즉 특정 여성이나 여성 전체에 대한 적개심의 표출이 전혀 아니라는 것이다. 주로 조직 내 위계질서의 확립을 위해 행해지는 신참자 괴롭히기는 과거에는 남성들 간에 행해져 왔으나, 여성이 일터로 들어오기 시작하면서 여성을 향해서도 행해지기 시작된 것인데, 이것이 성희롱 문제로 인식되기 시작했다는 것이다. 이 점에 대한 상세한 논의는 Kingsley R. Brown, *Ibid.*, at 72-74.

42) Afroditi Pina, Theresa A. Gannon, & Benjamin Saunders, *Ibid.*, at 132.
43) 이 사건에 대해 법원은 가해자의 위 행위가 성적 욕구를 충족시킬 목적으로 행해졌다고 보기는 어려우나 사회통념상 허용되지 않는 위법한 성적 접촉행위인 이른바 성희롱이라고 하는 것은 피해자로 하여

"[의류회사 근로자사례] 피고 회사는 의류제조 및 판매 등을 하는 회사이고, 피고 1, 피고 2는 기혼여성들로서 위 회사에서 미싱사, 미싱보조로 일하고 있었다. 원고는 미혼남성으로 위 회사 기계실 기계수리사 보조사원으로 입사하였다. 피고 1은 원고가 거부의사를 표시하였음에도 그 의사에 반하여 기계수리작업을 하러 온 원고의 젖꼭지 부분을 만졌고, 얼마 뒤 등 뒤에서 원고를 껴안으려 하거나 둔부를 만지기도 하였으며, 그 무렵 피고 1, 피고 2는 "원고는 덩치가 있어서 좋다.", "영계 같아서 좋다.", "원고는 내꺼야"라는 등의 말을 하면서 원고의 옆구리와 둔부를 만지는 등 원고의 몸에 의도적으로 접촉하였고, 이에 따라 피고 회사 내에 위 피고들이 원고를 가지고 놀았다는 소문까지 돌게 되었다. 원고는 상관에게 성희롱에 대해 상담하였으나 오히려 질책을 받고 회사에 소란을 일으킨다고 위협하여 원고는 겁을 먹고 개인사정으로 퇴직한다는 사직서를 피고 회사에 제출하였다.]44)

위 두 사례는 다른 관점에서도 분석될 수 있겠지만, [경찰 압수수색 촬영사례]의 경우 비조합원인 원고가 '노동자영상사업단에 소속되어 근로자관련 비디오를 제작하는 자이고 주부'였다는 사실을 고려하면, '남성' 경찰관의 고정관념에 비추어 보면 '여성' 비디오 제작자라는 직업은 비전통적 영역의 성역할이고 따라서 압수수색상황촬영이라는 '남성적' 작업에 참여한 원고는, 물론 긴장감이 높아진 탓도 있겠지만, 쉽게 성희롱의 대상이 될 수 있었던 것으로 보인다.

다음으로 [의류회사 근로자사례]를 보면, 동일 직장 내에서 뚜렷한 업무적 위계관계가 있다고 보기 어려운, 단지 입사 선배이자 연장자인 두 여성이 신입사원인 원고 남성을 성희롱한 맥락은, '의류회사'라는 직업적 특수성에서 찾을 수 있다고 본다. 비록 피해자 남성이 구체적으로 하고 있는 일은 '기계수리사'였지만, 여성의 전통적 직역이라고 볼 수 있는 '의류제조작업'이라는 환경적 특수성은 피고 여성들로 하여금 원고 남성을 성희롱할 수 있는

금 성적 굴욕감이나 혐오감을 느끼게 하는 것으로 충분하고 가해자의 성적 흥분이나 만족을 충족시킬 것을 요하지 않는다고 하여 성희롱을 인정하고 천만 원을 배상하도록 판결하였다(서울지방법원 1998. 4. 30. 선고 97나51543 판결). 경차관의 직무집행 중에 일어난 성희롱에 대해 국가의 배상책임을 인정한 사례이다.

44) 법원은 피고 1, 2의 행위에 대해 분명한 성적 동기와 의도를 가진 것으로 보이고 그러한 언동은 남녀고용평등법 상의 직장 내 성희롱에 해당하는 위법한 행위이므로 원고에게 300만원을 배상하여야 한다고 판시했다. 피고 회사에 대해서는 성희롱 발생 시 가해자에 대한 징계 및 피해자에 대해 불이익 조치를 하지 않을 남녀고용평등법상의 주의의무가 있는데 원고의 퇴직이 부적절한 방법으로 직장질서를 유지하려 한 점에서도 사용자로서의 불법행위책임을 진다고 하여 공동불법행위를 인정하였다.

맥락을 만들어 내기에 충분했다고 분석할 수 있을 것이다.

IV. 성희롱 판단의 합리적 기준: '합리적 여성' 관점

1. 성희롱 판단기준의 대립: '합리적 인간'인가, '합리적 여성'인가?

성희롱에 관한 기존의 선행연구들은 상당수가 성희롱 성립여부를 판단하는 기준인 '합리적 인간(reasonable person)'과 '합리적 여성(reasonable woman)' 중에 어느 것이 것이 더 타당한 것인지에 초점이 맞추어져 있다.

이에 대해 페미니스트진영에서는 우리법원이나 국가인권위원회가 제시하고 있는 '평균적인 일반인'[45]이나 '사회통념상 합리적인 보통사람'[46], '일반적이고 평균적인 사람'[47] 등의 기준이 대단히 부당한 기준이라고 비판을 가한다. 이른바 '합리적 인간'이란 성중립적인 기준은 성희롱 판단의 적절한 기준이 되지 못한다는 것이다. "성희롱이 젠더중립적이지 않고, 사회가 젠더중립적이지 않으며, 법원이 젠더중립적이지 않은 상황에서 젠더중립적 기준을 세우게 되면, 그 피해는 여성에게 돌아갈 뿐"[48]이라는 것이 그 비판의 요지다. 더 나아가 소수의 '비합리적' 여성이 피해자가 될 경우 합리적 여성 기준은 제 기능을 발휘할 수 없으므로 '여성 피해자' 기준이 가장 바람직한 성희롱 판단의 기준이 되어야 한다고 주장하기도 한다.[49] 그러나 '여성 피해자'라는 기준에 대해서는 '합리적 인간'뿐만 아니라 '합리적 여성'도 공감할 수 있는 반박논거가 잘 제시되어 있다. "성희롱여부를 판단함에 있어서 피해자의 주관적 사정만을 고려하도록 한다면 동일한 성적 언동이라 하더라도 피해자마다 이에 대해 느끼는 감정은 다를 것이므로 국가의 판단과 그에 따른 법집행이 피해자의 일방적 의사에 전적으로 좌우되는 결과를 초래하게 된다."는 것이다.[50]

---

45) 서울행정법원 2004.2.11. 선고 2003구합23387 판결.
46) 09진차245, 2009.6.22 결정.
47) 대법원 2008.9.25 선고 2008두11921 판결.
48) 김예지, 앞의 논문, 115-116면 참조.
49) 김예지, 앞의 논문, 115-116면.
50) 강동욱, 구체적 사례를 통한 직장내 성희롱의 사실인정과 판단기준에 대한 고찰, 형사정책연구 제22권 제3호, 2011, 89면. 강동욱 교수는 결론적으로 '보통의 합리적 피해자'라는 기준을 제시한다. 남성피해자도 발생할 수 있음을 고려한 것이다. 하지만 성희롱 피해자의 절대다수가 여성이라는 점을 고려하면,

그러므로 본고에서는 '합리적 인간'과 '합리적 여성'이란 기준의 선택지 사이에서 타당한 결론을 도출해 보고자 한다.

2. 진화심리학적 관점에서 본 남성과 여성의 성희롱에 대한 인식차이

(1) 진화심리학적 관점의 필요성

대다수 여성주의적 연구문헌들은 성희롱이 젠더특수성을 지니고 있으며, 따라서 '여성'의 관점에서 판단하는 것이 타당하다고 주장하며, 법원이나 국가인권위원회도 성중립적 입장을 견지하기보다는 젠더적 관점을 명백히 나타대고, 성희롱이 젠더 및 섹슈얼리티와 무관하지 않다는 점을 선언해야 한다고 강력히 요청한다.[51] 성희롱의 배경에는 가부장적 사회에서 우월적 지위를 가진 남성들이 여성을 동등한 인격체로 여기지 않고 성적 유희의 대상으로 삼아 발생하는 사회구조적 문제가 놓여 있기 때문에 이 점을 드러내지 않고는 성희롱 문제에 올바른 해답을 찾을 수 없다고 한다.[52] 따라서 성희롱 여부의 판단에는 여타 범죄의 피해감정처럼 합리적으로 계량화될 수 없는 특수한 측면을 고려해야 한다고 주장한다.[53] 하지만 그 어떠한 '여성주의적' 문헌에서도 그 특수한 피해감정의 실체를 '합리적인 남성'도 이해할 수 있게끔 해명하려는 시도는 보이지 않는다. 이러한 사정은 성희롱에 대한 여성주의적 관점을 비판하는 견해에서도 마찬가지다. 성희롱의 경우, 남성과 여성 사이에는 의사소통의 방식에 근본적인 차이가 존재하여 '의사소통적 장애'가 발생할 수 있고 이는 '일상문화적'인 것이기 때문에 성희롱을 형사처벌하는 것은 '문화 자체의 변혁'을 형법에 요청하는 것이 되므로 부적절하다고 지적하는 견해[54]도 상당히 호소력이 있지만 만일 남녀 간 의사소통 방식의 차이가 전적으로 '문화'에서 비롯된 것이 아니라면, 여성주의 진영의 공격을 방어해 내기에는 다소 설득력이 떨어질 수밖에 없을 것이다.

본고에서는 이 지점에서 적절한 해결안과 균형추를 잡아줄 수 있는 관점으로서 최근 다양한 영역에서 주목을 받고 있는 진화심리학적 연구성과를 원용해 제시해 보고자 한다.

이 기준은 결국 '합리적 여성'이라는 기준과 일치하게 된다.
51) 김예지, 앞의 논문, 100면.
52) 김엘림, 앞의 논문, 291면.
53) 정도희, 앞의 논문, 176면.
54) 이상돈, 앞의 책, 84-91면 참조.

(2) 성희롱에 대한 진화심리학적 설명

여전히 논란의 여지는 남아 있지만, 남녀의 성적 행동방식의 차이점에 대한 진화심리학적 기초는 비교적 잘 정립되어 있다고 평가받고 있다.

상세한 배경설명은 논외로 하고,[55] 본고의 논지전개상 필요한 진화심리학의 주요 명제와 논리를 간략히 제시해 보기로 한다.

오랜 진화사에 걸쳐서 남성은 많은 수의 여성과 성적 접촉을 하려는 강력한 욕망을 진화시켜 왔다. 그 결과 남성은 여성보다 단기적 짝짓기(short-term mates) 기회를 얻는 데 많은 관심을 보인다. 그 이유는 자식을 생산하는 전략에 있어서 부모로서의 투자가 적은 성인 남성에게는 단기적 짝짓기 전략이 유리했기 때문이다. 반면 여성은 장기적 짝짓기 전략을 선호할 수밖에 없다. 임신, 출산, 육아 등 자식의 생산에 있어서 남성보다 훨씬 많은 투자를 해야 하는 입장인 이상 남성으로부터 오랜 기간에 걸쳐서 자원을 제공받아야 했기 때문이다. 따라서 여성은 짝짓기 상대를 선택하는 데 있어서 훨씬 까다롭게 하도록 진화했다. 배우자 선택을 까다롭게 하지 않은 여성은 큰 대가를 치러야 했던 것이다. 번식 성공률도 낮을 뿐만 아니라 자녀 중에 살아남는 비율도 낮았다. 이처럼 각기 다른 번식 전략(reproductive strategy)은 남녀 사이에 근원적인 갈등을 낳을 수 있다.

번식전략의 남녀 간 차이는 남성으로 하여금 성관계에 여성보다 몰두하게 만들어 그들이 '호색 안경(sexual glasses)'을 통하여 세상을 바라보게끔 만든다. 즉 어떤 상황을 보더라도 여성보다 성관계-중심으로 해석한다는 것이다. 그리하여 남성들은 여성의 호의(friendliness)를 성적 유혹(seduction)으로 오인하는 경향이 강한 반면 여성은 반대로 성적 관심을 보이는 행위를 단순한 호의로 해석하는 경향이 강하다. 이러한 의사소통의 장애(miscommunication)는 진화심리학적 관점에서 다음과 같이 설명된다. "여성이 성적으로 관심이 있다고 확신할 때까지 기다렸다가 성적 구애에 나아간 남성은, 특히 상대 여성이 성적 관심을 노골적으로 드러냈음에도 불구하고 성적 구애를 하지 못한 경우라면, 기회만 있으면 성적 구애를 시도한 남성만큼 번식에 성공적이지 못했고, 따라서 오랜 진화사를 통해 남성은 의심스러운 상황에서 여성에게 성적 관심이 있다고 추론하게끔 만드는, 즉, 여성의 성적 의도를 읽어내는 데 있어서 '낮은 문턱(lower threshhold)'의 심리적 기제를 진화시켜 왔다"[56] 다시 말해

---

55) 남녀 간 성적 갈등이 발생하는 진화심리학적 배경에 대한 상세한 논의로는 데이비드 버스/이충호 역, 앞의 책, 508면 이하 참조.
56) 이 점에 대해서는 Kingsley R. Brown, *Ibid.*, at 25-26.

남성이 여성의 성적 의도를 오해(misperception)해 확대해석한 경우라도 종종 성적 구애에 성공한 경우가 있었다면, 자연선택을 통해 남성의 이러한 심리적 성향이 진화해 온 것이고, 따라서 남녀 간 성적 의사소통의 장애가 발생할 수 있다는 것이다. 이 점은 특히, 남성과 반대로 여성은 적어도 남성의 구애를 거부할 수 있는 기회가 제한된 상황에서는 남성에게 성적 강요의 위협이 있는 것으로 확대해석하는 심리적 성향이 진화된 점을 고려하면, 더욱 잘 납득할 수 있다. 여성은 성적 파트너 선택과 번식 타이밍에 대한 통제가 불가능한 상태가 되면, 중대한 적응비용이 들기 때문에 남성과 반대로 성적 강요(sexual coercion)에 대한 신중함(cautiousness)을 진화시켜 왔던 것이다. 요컨대 여성은 남성의 성적 구애를 거부할 가능성이 제한된 환경에서는 남성의 행동을 위협적인 것으로 인식하는 경향이 있고, 이러한 여성의 인지적 편향과 전술한 남성의 인지적 편향은 종종 성적 의사소통의 장애를 초래할 수 있다는 것이다. '성희롱'이라고 불리는 많은 사례들은 상당수는 사실상 이러한 갈등이 표면화된 것으로 볼 수 있다는 것이 진화심리학의 입장이다.

전술한 남녀의 각기 다르게 진화한 인지적 편향은 성희롱을 '바라보는' 시각에도 영향을 준다. 연구에 의하면 남성보다는 여성이 성과 관련된 대부분의 행위를 희롱(harassment)으로 보는 경향이 있다고 한다. 또 매우 중대한 형태의 희롱에 대해서는 남녀 간 인식의 차이가 적지만, 더 가벼운 형태 또는 더 애매모호한 형태의 성희롱에 대해서는 극명한 인식의 차이가 벌어지는 경향이 있다고 한다. 예컨대 성적 언사(sexual comments)나 성적 터치(sexual touch)에 대해서는 광범위한 성차가 나타난다는 것이다. 그 원인에 대해서는 앞서 설명한 진화론적 배경이 적절히 해명해 줄 수 있다. 분명 양성은 섹슈얼리티(sexuality), 즉 성적인 것에 대해서 상이한 관점을 지니고 있다. 그리고 이러한 차이는 오랜 진화사를 통해 남녀에게 각인된 인지적 편향에서 유래한다. 즉 남성이 '기회'라고 보는 상황을 여성은 '위험'이라고 인식하는 것이다.[57] 즉 원치 않거나 모르는 이성이 성적인 접촉이나 농담을 했을 때 남성은 '기회'라고 생각하면서 이를 불쾌하게 여기지 않지만, 이와 반대로 여성은 그러한 상대로부터 성관계를 암시하는 언행, 즉 신체적 접촉이나 농담 등을 접하게 되면 전형적으로 혐오감과 불쾌감을 느끼게 된다는 것이다.[58] 따라서 남성은 성희롱 또는 성적 괴롭힘이 아니라고 보는 사례도 여성이 보기에는 신체적·정신적 고통을 수반하는 성희롱이 되는 것이다. 결국 이와 같은 남녀의 차이를 무시하거나 모를 경우 남성은 여성에게 크나큰 고통을

---

57) Kingsley R. Brown, *Ibid.*, at 28.
58) 김성한, "진화심리학으로 성 규범 되짚어 보기", 철학논총 제74집 (2013), 89면 참조.

초래할 수 있다.

3. '합리적 여성' 기준의 타당성

이상 검토해 본 바와 같이 진화심리학적 관점에서 볼 때, 적어도 '성적 갈등'의 문제에 관한 한, '합리적 인간' 기준은 무의미하다고 볼 수 있다. 성과 섹슈엘리티(sex and sexuality) 문제에 관한 한 합리적 인간은 존재하지 않고, 오로지 합리적 남성과 여성만이 존재할 뿐이다. 성적 문제를 바라보는 남녀의 인식차이, 즉 인지적 편향은 오랜 진화사를 거쳐 각기 다르게 진화된 심리적 메커니즘(EPM)이 남녀에게 생래적으로 각인되어 발생한 것이기 때문이다.

미국 성희롱 관련 판례에서 합리적 인간이란 기준은 실무적으로 세 가지 양상을 보인다고 한다.[59]

첫째, 합리적 인간이 특정한 성의 관점에 묵시적으로 의존하고 있는 경우다. 이 점에 대해서 많은 페미니스트들은 합리적 인간이라는 기준이 곧 남성 중심적인 합리성을 묵시적으로 채택하고 있는 것이라고 비판한다.

둘째, 합리적 인간이 양성 모두의 관점에 의존하고 있는 경우다. 이 경우는 양성 모두가 성희롱이라고 동의할 수 있는 행위만이 법적 제재의 대상이 된다. 그러나 대부분의 남성은 성희롱이라고 인정하는 범위가 여성보다 좁기 때문에 이 역시 결국 합리적 남성기준에 불과하다는 비판을 받게 된다.

셋째, 합리적 인간이 어떤 가정적인, 성적 특성이 제거됐거나 자웅동체인 존재(a hypothetical desexualized or androgynous being)에 의존하는 경우다. 즉 피해자가 정체모를 그 무엇(neither fish nor fowl)인 경우다. 이 기준은 성희롱 피해자의 반응을, 성적 특성이 제거된 세계에 최대한으로 몰입된(most committed to a desexualized world) 존재의 반응과 비교를 한다.

생각건대, 합리적 인간이란 기준은 위 어떤 양상을 띠는 경우든 모두 수용하기에 부적절하다. 첫째 경우는 그 실질상 '합리적 남성'이란 기준을 적용하면서 이 점을 은폐하고

---

59) 이에 대해서는 Kingsley R. Brown, *Ibid.*, at 32 참조. 이러한 분석은 국내 판례의 경우에도 대동소이하게 적용될 수 있을 것이다. 다만 이 점에 대한 논증은 별도의 장을 요하므로, 추후 다루어 보기로 하며 따라서 본고의 입장은 이러한 범위 내에서 제한된 타당성만을 지닐 것이다.

단지 '합리적 인간'이란 표현으로 가장하고 있기 때문이고, 둘째 경우는 결국 불공정하게 남성 중심적인 관점에 도달하게 되기 때문이다. 끝으로 마지막의 경우는 한 마디로 '비현실적(unrealistic)'인 기준이기 때문에 수용하기 어렵다. 우리는 그러한 중성적 존재에 대한 공감능력이 없다.

결론적으로 성희롱 피해자의 반응의 합리성이 문제되는 경우라면, 성을 의식하는 기준(a sex conscious standard)만이 양성의 각기 다른 성심리(different sexual psychologies)를 적절하게 다룰 수 있고, 진화심리학적 관점에서 보면 이 기준은 결국 '합리적 여성'이 되는 것이 바람직하다고 본다. 이에 대해서 남성들은 납득하기 힘든 행위의 결과로 인해 법적 제재를 받게 되므로 부당하다는 비판도 제기될 수 있을 것이다. 하지만 오늘날 성희롱예방교육은 국내외를 막론하고 사회 전반에 걸쳐 이루어지고 있고,[60] 그 결과 "남성들은 남녀의 성심리가 다르며, 성희롱, 성적 접촉 등이 여성에게 해악이 됨을 분명하게 파악할 필요가 있다"[61]는 점은 사회생활을 함에 있어서 남성의 여성에 대한 '주의의무'의 한 내용을 구성한다고 보아야 한다. 그리고 법이 '합리적 인간' 및 '합리적 남성'에게 그러한 주의의무를 요구하는 것은 결코 부당하지 않을 것이다.

또 다른 측면에서, '합리적 남성'의 기준에서 보면 해악이 아닌 행위를 '합리적 여성'의 기준에서 해악이 된다는 이유로 '성희롱'이라고 판단하는 것은 불평등하다는 비판도 제기될 수 있을 것이다. 하지만 법이 개입해야 할 해악의 유무를 판단함에 있어서 개별 피해자가 아닌 평균적인 '합리적 여성'을 기준으로 삼는 것은 정당하다고 본다. '합리적 남성'의 기준에서는 해악이 아니더라도 '합리적 여성'의 기준에서는 이미 '해악'은 명백히 발생한 것이고, 피해자는 성적 괴롭힘의 고통을 받고 있는 것이기 때문에, 이러한 사실을 의도적으로 '합리적 남성' 기준에 비추어 은폐하는 것이 오히려 불평등한 차별에 해당하는 것이고, 법이 발생한 악결과에 대한 책임을 논정하는 데 있어서 이렇게 남녀의 '성차'를 고려하는 것은 필요하고 지극히 정당한 것이라고 판단된다. 이것은 "국가의 판단과 그에 따른 법집행이 피해자의 일방적 의사에 전적으로 좌우되는 결과를 초래하게 되는" 문제와는 전혀 다른, 합리적인 법적 고려방식이라고 믿는다.[62]

---

60) 미국과 영국, 캐나다의 조직 내 성희롱 예방교육의 현황에 대해서는 Afroditi Pina, Theresa A. Gannon, & Benjamin Saunders, *Ibid.*, at 134.

61) 김성한, 앞의 논문, 89면.

62) 본서의 [2]에서 이러한 판단방법을 롤즈의 원초적 입장을 원용해 정당화한 바 있다. 아울러 이러한 결론은 만일 성희롱 피해자가 남성인 경우에는 '합리적 남성'이 판단기준이 되어야 함을 함축한다.

4. 성희롱의 다양한 유형과 '합리적 여성' 기준

이상 고찰해 본 바에 따르면 일반적으로 성희롱이 남성이 여성에게 가하는 행위라고 규정할 수 있는 한, 그 판단기준은 '합리적 인간'이나 '개별적 피해 여성'이 아니라 평균적인 '합리적 여성'으로 보는 것이 타당하다. 그런데 이 '합리적 여성'이란 기준은 앞서 검토해 본 바 있는 다양한 유형의 성희롱 사례에 일관되게 적용될 수 있는 기준일까? 결론적으로 말하면 "그렇다." 왜냐하면 어떤 유형의 성희롱 사례든 그 피해자는 대체로 '여성'이고, 또 '여성'일 것이기 때문이다. 이 점은 특히 '성차'에서 비롯된 성희롱과 '성적 접근의도'에서 비롯된 성희롱 및 '성차별적 맥락의 성희롱' 사례에서 잘 드러난다. 물론 드물게 남성이 성희롱 피해자가 된 사례에서는 역으로 '합리적 남성'이 성희롱 판단의 기준이 되어야 함은 '성차'를 고려해야 한다는 진화심리학적 논리를 일관되게 적용해 볼 때, 당연한 귀결이라고 할 것이다.[63]

다만 순전히 '권력관계(지배욕)'에서 비롯된 성희롱의 유형에는 '성적인 의도'는 없는 경우도 있을 것이고 그렇다면 굳이 '합리적 여성'이 그 판단기준이 되어야 할 필요는 없다고 생각할 수도 있을 것이다. 하지만 어떠한 행위에 '성적인 의도'가 없다고 하더라도 행위의 성격상 '성적 괴롭힘'이 될 수 있는 경우는 분명 존재한다. 예컨대 순전히 '권력관계'의 확인차원에서 여성에게 특정한 행위를 지시하거나 강요했을 경우 그것이 사회문화적으로 '성적 의미'를 내포하고 있다고 볼 수 있는 행위 - 예컨대 술따르기나 러브샷 - 라면, 비록 가해 남성에게는 '성적 의도'는 없었다고 하더라도 '성적 행위'가 되며, 따라서 남녀 간 상이한 '인지적 편향'을 고려할 때 '성적 괴롭힘'이 될 수 있음은 진화심리학적으로 충분한 근거가 있기 때문이다.[64] 또 '사회적 인지이론'에서 지적하고 있는 바와 같이 만일 가해 남성이 성희롱 성향이 높은 자라면, 비록 스스로 '성적 의도'가 없었다고 생각하는 경우라 하더라도 그 행위가 '성적 의미'를 내포한 경우, 그가 지닌 스키마 즉, '성과 권력'은 매우 밀접하게 결합돼 있다는 신념체계로 인해 그에게 성희롱이 될 수 있다는 자각이 없었을

---

63) 흥미롭게도 일부 연구결과에 의하면 '합리적 여성기준'과 '합리적 남성기준'이 남녀를 불문하고 성희롱 여부를 판단하는 데 있어서 유의미한 차이를 가져오지 않았다고 한다. 이러한 연구결과의 소개로는 Kingsley R. Brown, *Ibid.*, at 40-41. 만일 이 연구결과가 타당하다면 성희롱 판단기준 논쟁은 단지 '상징적 중요성(symbolic importance)'만 가질 수 있기 때문에 이 점에 대한 면밀한 후속연구도 보완될 필요가 있을 것이다.

64) 반대로 만일 '성적 의미'를 내포하지 않는 행위를 지시하거나 강요한 경우라면 성희롱이라고 보기는 어려울 것이다.

뿐이지, 실제로는 권력적 행위를 통해 '성적 행위'를 하고자 한 것으로 볼 수 있기 때문에 그의 잠재의식 속에는 분명 '성적 의도'가 있었다고 보아야 하는 사례도 존재할 것이다. 이와 관련해 "가해자의 위 행위가 성적 욕구를 충족시킬 목적으로 행해졌다고 보기는 어려우나 사회통념상 허용되지 않는 위법한 성적 접촉행위인 이른바 성희롱이라고 하는 것은 피해자로 하여금 성적 굴욕감이나 혐오감을 느끼게 하는 것으로 충분하고 가해자의 성적 흥분이나 만족을 충족시킬 것을 요하지 않는다(서울지방법원 1998. 4. 30. 선고 97나51543 판결)"는 판결은 남녀 간 성차를 적절히 고려하고 있다는 점에서 매우 고무적이라고 판단된다.65)

V. 결론

대학 내 교수 성희롱은 전체 교수집단의 명예와 대학의 품격의 문제이기도 하다. 이는 단순히 어느 한 개인의 성적 일탈로 치부하기에는 사회적 파장이 매우 크다고 본다. 신화적, 종교적, 도덕적 권위, 더 나아가 '정의'에 대한 믿음과 신뢰와 존경이 점차 상실되어가고 있는 현대사회에서, 우리사회의 구심점이자, 시민들이 세속적 차원에서나마 정신적으로 의존할 수 있는 대상으로서 대학의 품격은 기본적으로 교수들의 품행으로부터 나온다고 보아도 크게 무리는 없을 것이다.

본고는 성희롱이 발생하게 되는 맥락을 다양한 측면에서 분석해보고자 하였으며, 그 결과로서 '성차', '성적 접근의도', '권력관계(지배욕)', '성차별' 등의 주요 맥락을 중심으로 네 가지 유형화를 시도해 보았고, 각각의 유형화 사례에 있어서 일관되게 '합리적 여성'이란 기준이 성희롱 판단의 타당한 기준으로 적용될 수 있음을 진화심리학을 원용해 입론해 보았다. 본고의 입론이 옳다면, 페미니스트 진영의 기본입장은 결과적으로 타당하지만, 극단적 형태의 기준, 즉 '개별 피해자 여성'이란 기준은 다소 완화될 필요가 있을 것이고, 평균적이고 중립적인 '합리적 인간'이란 기준은 적어도 '성적 갈등의 문제'에 관한 한, 그 타당성이 의심되며 따라서 '합리적 여성' 기준으로 수정될 필요가 있을 것이다.

---

65) 본 논문은 성희롱에 대한 시론적 연구로서 우선 '남성의 여성에 대한 성희롱'을 주된 논제로 삼았다. 하지만 오늘날 성희롱은 양성 간 성희롱을 넘어 동성 간 성희롱도 사회적 문제가 되고 있는바, 이 쟁점에 대한 연구를 향후 과제로 남겨두고자 한다.

[19] 법인의 범죄능력

Ⅰ. 법인의 범죄능력, 무엇이 문제인가?

1. 범죄능력과 행위능력, 책임능력, 수형능력의 관계

형법상 행위의 주체는 원칙적으로 자연인에 한한다는 것이 일반적인 견해이다. 통설에 의하면 자연인인 이상 연령이나 책임능력의 유무는 불문하고, 형사미성년자와 정신병자도 행위의 주체가 될 수 있다.[1] 이처럼 행위의 주체가 될 수 있는 자격을 행위능력이라 한다. 행위능력은 범죄의 주체가 될 수 있는 자격인 범죄능력과는 다르다. 범죄란 구성요건에 해당하는 위법하고 유책한 행위로 정의되며, 이 때 구성요건, 위법성, 책임 등은 모두 법적 판단을 요구하는 개념인데 반해, 행위는 이들의 수식을 받는 실체로서 전법률적(前法律的) 성격을 지닌다. 따라서 행위로 파악할 수 없는 대상에 대해서는 애당초 형법적으로 범죄성립여부를 검토할 필요가 없다.[2] 그러므로 범죄능력은 행위능력을 전제로 하는 개념이며, 양자는 구분되는 것이다. 형법상 책임은 비난가능성이다. 그렇다면 범죄의 주체가 될 수 있는 자는 책임비난을 받을만한 능력, 즉 책임능력도 구비해야 한다.[3] 그러므로 범죄능력은 행위능력과 책임능력을 포괄하는 개념이다. 한편 모든 형벌법규는 형벌부과의 전제가 되는 범죄성립의 구성요건과 그에 대한 법적 효과를 규정한 법정형의 두 부분으로 나뉜다. 그렇기 때문에 일반적으로 범죄능력은, 형벌을 부담할 수 있는 수형능력(受刑能力)[4]과도 밀접

---

1) 이재상, 형법총론, 2006, 91면.
2) 신동운, 고시연구, 1998.4, 158면.
3) 책임능력을 "자유로운 의사를 결정할 능력" 다시 말해 "비난할 수 있는 人格的 適性"으로 보는 견해로는 유기천, 형법학(총론강의), 1980, 215면 참조. 책임능력이란 일반적으로 규범을 이해하고 그에 대한 법규준수여부를 자유롭게 선택해 행위를 조종할 수 있는 '유책행위능력', 또는 형벌을 통해 그 목적을 달성하기 에 적당한 능력, 달리 말해 형벌에 의해 사회에 적응할 수 있는 '형벌적응능력'으로 정의할 수 있을 것이다. 전자는 도의적 책임론의 입장이고, 후자는 사회적 책임론의 입장이다. 단, 책임능력을 형벌적응능력으로만 이해할 경우, 왜 형법이 심신상실자나 형사미성년자를 책임능력이 없다고 보는지 설명할 수 없다는 한계가 있다.

하게 관련되어 있다. 이 점에서 수형능력 없는 범죄능력은 무의미하기 때문에 양자의 존부 문제는 동전의 양면과도 같다고 볼 수 있다.[5] 다시 말해 범죄능력이 긍정되면 수형능력도 긍정되고, 만일 범죄능력이 부정되면 수형능력도 부정되어야 한다.[6]

2. 법인의 범죄능력을 부정하는 논거

형법상 법인의 범죄능력은 오랜 논쟁거리였다. 법계를 막론하고 일반적으로 법인의 범죄능력은 부정되어 왔던 바, 산업혁명 이후 영미법계를 중심으로 실용주의 형법관에 기초하여 법인단속의 사회적 필요성을 중시해 법인의 범죄능력을 인정하기 시작하였으나, 대륙법계에서는 로마법 이래 "단체는 범죄를 저지르지 못한다"는 원칙을 고수하여 여전히 법인의 범죄능력 인정에 매우 인색한 형편이다. 우리나라도 법인의 범죄능력을 부정하는 것이 전통적인 견해였으나, 최근 기업범죄나 환경범죄에 대한 법인처벌의 폭과 필요성이 커지고 있는 경향에 따라 법인의 형사책임과 관련하여 그 범죄능력을 재검토해야 한다는 주장이 거세게 일고 있다. 이에 형법이론적으로도 법인의 범죄능력을 긍정하려는 논의가 다각적인 측면에서 전개되고 있는바, 본고에서는 그 대표적인 이론적 시도로 볼 수 있는 낭만주의모델과 조직모델을 살펴보고 양자 간의 공통점과 차이점을 비판적으로 검토해 보기로 한다.[7]

---

4) 수형능력은 형벌능력이라고도 한다.

5) 배종대, 고시연구, 1991.9. 156면.

6) 손동권, 법인의 범죄능력과 양벌규정, 안암법학 제3집, 1995, 331면. 물론 범죄능력 유무와 수형능력 유무를 별개의 문제로 보는 견해도 있지만, 이는 개념논리적으로 볼 때 타당하지 못하다. 범죄능력이 없다는 것은 형법적으로 유의미한 행위를 할 수 있는 행위능력이 없거나, 책임능력이 없다는 것이다. 이 중 행위능력이 없는 경우에는 아예 구성요건해당성 조차 검토할 필요도 없으며, 반면 행위능력은 있으나 책임능력이 없는 경우에는 책임이 부정된다. 어느 경우이거나 형법상 책임이 인정되지 않기 때문에 형벌을 받을 자격이 없고, 따라서 범죄능력이 없다는 것은 형벌을 받을 수 있는 자격도 없다는 것을 의미하는 것으로 보아야 한다. 동지의 견해로는 배종대, 앞의 글, 160면. 한편 전통적이고 일반적인 견해는 법인에게는 행위능력과 책임능력, 수형능력이 모두 없기 때문에 범죄능력이 인정될 수 없다고 본다. 하태훈, 범죄주체와 법인의 형사책임, 고시계, 1999.11, 208면 참조.

7) 법인의 범죄능력을 논함에 있어서 그 행위능력과 책임능력의 존부를 따지는 것은 본질적이고 존재론적인 논의이기 때문에 법인처벌을 긍정하는 현행 양벌규정을 전제하면 무의미한 논의라는 지적도 있다. 즉, 해석론과 본질론을 혼동해서는 안 되며, 중요한 것은 법인처벌의 방법과 한계이고 따라서 이는 법인의 범죄능력과 같은 본질론으로부터 결정될 문제가 아니라 형사정책적·기능적으로 판단해야 할 문제라는 것이다. 박상기, 형법총론, 2009, 72면. 본질론과 해석론을 구분해야 한다는 것은 매우 적확한 지적이지만, 본질론적 토대가 없는 해석론과 형사정책은 그만큼 설득력이 결여될 수밖에 없다고 보며, 따라서 본고는 주로 본질론적 논의를 다루고자 한다.

그 전에 법인의 범죄능력을 부정하는 주요 논거가 무엇인지 확인해 볼 필요가 있다. 그래야만 논의의 폭을 필요한 범위 내로 한정시킬 수 있기 때문이다. 범죄능력을 부정하는 일반적인 논거는 다음과 같다. (가) 범죄는 자연인의 의사활동에 따른 행위이므로 사람과 같은 의사와 육체가 없는 법인은 행위능력이 없다. (나) 책임은 위법행위에 대한 비난가능성이며, 설령 법인의 행위능력을 인정하더라도 법인에 대해서는 형벌의 전제가 되는 사회윤리적 책임비난을 귀속시킬 수 없다. (다) 법인은 기관인 자연인을 통해 행위하므로 자연인을 처벌하면 되고 법인까지 처벌할 필요는 없다. (라) 법인의 처벌은 그 효과가 범죄와 무관한 법인의 구성원에까지 미치게 되어 개인책임과 자기책임의 원칙에 반한다. (마) 법인에게는 형법이 규정하고 있는 가장 중요한 형벌인 사형과 자유형을 집행할 수 없다. (바) 법인의 인격은 법인의 목적에 의해 제한을 받는 바, 범죄행위는 법인의 목적이 될 수 없으므로, 범죄행위를 법인에게 귀속시킬 수는 없다. (사) 법인이 범죄를 통해 획득한 재산 또는 이익을 박탈해야 한다는 형사정책적 목적은 형벌 이외의 다른 수단에 의해 달성해야 한다.[8]

위 부정논거 중에서 (다)부터 (사)까지의 논거에 대한 비판과 반론은 법인의 범죄능력을 긍정하는 입장에 의해 잘 제시되어 있다고 본다.[9] 따라서 본고에서는 (가)와 (나)의 논거만을 중점적으로 다루되, 이를 비판적으로 재검토해 보기로 한다.

3. 주요 논거의 평가와 논점의 확정

일단 (가)와 (나)에 대해서는 다음과 같은 반론이 제시되어 있다. (가)에 대해서는, 법인의 범죄능력을 부정하는 것은 법인의제설을 전제하는 것이나 사법상의 통설인 법인실재설에 의하면 법인의 범죄능력을 긍정할 수 있고, 법인은 그 기관을 통해 의사를 형성하고 행위를 할 수 있는 바, 그 의사는 구성원 개인의 의사와는 다른 법인 고유의 의사이고, 이를 기관의 행위에 의해 실현하는 것이므로 법인에게도 의사능력과 행위능력이 있다고 한다. 그리고 (나)에 대해서는 법인의 반사회적 활동으로부터 사회를 방위해야 할 필요가 있고, 책임의 근거를 사회윤리적 비난가능성이 아닌, 반사회적 위험성으로 파악한다면, 법인에게도 사회적 책임을 물을 수 있다. 또 사회적 책임론에 의하면 책임능력은 사회방위처

---

8) 부정논거에 대해서는 배종대, 형법총론, 2008, 205면; 정웅석·백승민 공저, 형법강의, 2008, 108-11면 참조

9) 대표적으로 김일수·서보학, 새로 쓴 형법총론, 2003, 135면; 오영근, 형법총론, 2005, 142면 참조.

분인 형벌이 그 효과를 거둘 수 있는 능력, 즉 형벌적응능력을 의미하므로 이러한 능력은 법인에게도 있다고 해야 한다고 논박한다. 그러나 이러한 반론에 대해 법인의 범죄능력을 부정하는 입장에서는 다음과 같은 재반론을 제시한다. 긍정설은 사회적 행위론에 입각해 법인의 행위능력을 인정할 수 있다고 보는 듯하나, 사회적 행위론이라 하여 의사관련성을 전적으로 부정하는 것은 아니며, 특히 사람의 행위가 아닌 것을 형법상의 행위개념에 포함시킬 수는 없다고 한다. 왜냐하면 법인은 기관인 자연인을 통해서 행위하므로 형법적 평가에서 볼 때에는 자연인의 행위가 있을 뿐이고 법인의 행위란 법적 사유의 산물에 지나지 않기 때문이라고 한다. 나아가 법인의 책임능력에 대해서도 책임은 어디까지나 인격에 대한 윤리적 비난가능성기 때문에 법인의 책임은 인정할 수 없다고 한다.[10] 한 마디로 책임은 비난가능성이며, 그러한 책임비난, 다시 말해 인간 고유의 윤리적 가치결단을 이해하고 받아들일 수 있는 정신적·윤리적 능력이 없는 법인에게 범죄능력을 인정하는 것은 형벌의 본질에 반한다는 것이다.[11]

부정설의 주요 논거에 대한 반론과 재반론의 골자를 면밀히 살펴보면, 핵심 주장은 결국 두 가지로 요약된다. 첫째, 신체와 의사를 지닌 사람의 행위가 아닌 것은 형법상 행위개념에 포함시킬 수 없고, 둘째, 책임은 윤리적 비난가능성이며, 따라서 인간 고유의 윤리적 가치결단을 이해하고 받아들일 수 있는 능력은 자연인에게만 있다는 것이다. 이것이 부정설의 핵심 논거이며, 한 마디로 행위능력과 책임능력을 모두 부인하는 것이다. 그러나 형법상 행위개념에 신체와 의사를 지닌 사람의 행위만을 포함시키거나, 책임을 윤리적 비난가능성으로만 정의하려는 것은 비록 그것이 전통적인 자유주의적 사고방식에는 부합될지 모르나 긍정설의 반대 논거에 대해서 적절한 답변 없이 의도적으로 회피하고 있으며, 따라서 공정한 견해가 될 수 없다.

무엇보다도 자연인과 법인이 그토록 다르다면, 법인의 범죄능력을 자연인의 속성을 기준으로 판단할 것이 아니라 법인 고유의 속성을 토대로 평가하는 것이 타당하다. 그렇기 때문에, 법인은 기관을 통해 의사를 형성하고 행위를 할 수 있고, 그 의사는 구성원 개인의 의사와는 다른 법인 고유의 의사이며, 이를 기관의 행위에 의해 실현하는 것이므로 법인에게도 행위능력이 있다고 보아야 한다는 주장[12]은 분명 의미 있는 반론이고, 충분히 검토되어야 한다.[13] 마찬가지로 법인의 책임능력도 개인의 정신적·윤리적 능력을 기준으로 할

---

10) 이상의 재반론에 대해서는 이재상, 앞의 책, 95-96면 참조.
11) 신동운, 앞의 글, 163-164면.
12) 유기천, 앞의 책, 108면 참조.

것이 아니라 법적·사회적 책임이란 관점에서 보아 사회유해적 행위 또는 위험을 회피할 수 있는 능력에서 찾는다면 법인에 대한 책임귀속과 책임능력의 인정도 불가능하지 않다고 본다.[14]

물론 이러한 결론에 대해 부정론자들은 여전히 법인의 범죄능력을 인정해야 하는 근거가 덜 해명되었다고 보며, 불만족스러울 것이다. 왜냐하면 설령 기관의 의사와 행위가 곧 법인 고유의 의사와 행위가 될 수 있다 하더라도, 어차피 법인은 자연인 기관을 통해 행위는 것이므로 형법적 평가에서 볼 때, 결국 자연인의 행위만 있을 뿐이기 때문이다.[15] 즉, 법인의 모든 행위는 결국 자연인의 행위로 환원될 수 있는데 굳이 법인의 범죄능력을 인정해야 할 필요성이 있느냐는 것이다. 이는 적확한 지적이며 그동안 긍정설의 논거가 극복하기 힘든 이론적 장애이기도 했다.[16] 본고에서는 바로 이 점에 대한 해명을 중점적으로 다루고자 한다. 이를 위해 법인 고유의 의사와 행위를 기관을 통해 설명하는 방식을 지양하고, 법인 자체의 집단적 성격(collectivity) 또는 조직으로서의 특성에 착안하여 설명해 보고자 한다. 그렇다면 자연인과 구분되는 법인 고유의 속성에는 어떤 것들이 있는가? 과연 어떤 측면을 고려하지 않을 수 없기에 법인 고유의 의사와 행위가 법인의 범죄능력을 재구성하는 데 주요 관건으로 부상할 수밖에 없는가? 이상의 논점을 중심으로 낭만주의모델과 조직모델에 의해 제시된 법인 고유의 의사와 책임에 관한 논의를 소개해 보고 그것이 법인의 범죄능력 재구성에 시사하는 바는 무엇인지 비판적으로 검토해 보기로 한다.[17]

---

13) 법인의 범죄능력을 부인하는 입장에서도 법인의 행위를 형법적으로도 "사회적으로 의미 있는 인간의 행태"로 포착하지 않을 수 없다는 점을 긍인한다는 점은 주목할 만하다. 이러한 입장으로는 신동운, 앞의 글, 160면; 신동운, 형법총론, 2009, 104면.

14) 동지의 김일수·서보학, 앞의 책, 136-137면.

15) 이러한 비판으로는 정영일, 형법총론, 2007, 80-81면 참조. 동지의 정웅석·백승민 공저, 앞의 책, 111면.

16) 이 점을 잘 지적하는 문헌으로 Alan J. Tomkins, Bart Victor, & Robert Adler, Psycholegal Aspects of Organizational Behaviour: Assessing and Controlling Risk, in: D.K. Kagehiro & W.S. Laufer(eds.), Handbook of Psychology and Law (New York: Springer-Verlag), 525-526면 참조.

17) 일찍이 유기천 교수는 우리 형법의 해석론상 "원칙적으로 법인은 범죄능력이 없고, 따라서 법인을 처벌하는 특별규정이 있는 때에 한하여 정책상 법인을 벌하는 데 불과하다고 본다. 다시 말해 법인은 행정범의 주체가 되는 것으로 보아야 할 것이다"라고 하여 소위 '부분적 긍정설'을 취하면서도 입법론적으로 법인의 범죄능력을 긍정할 논의의 여지가 있음을 긍인하였고, 결국 이러한 문제는 "새로운 형벌이론이 수립됨에 따라 해결될 수 있는 성질의 것"이라고 그 가능성을 전망하였다. 유기천, 앞의 책, 107-109면 참조

II. 낭만주의모델과 윤리적 책임귀속

1. 집단(단체)에 대한 윤리적 비난가능성

일반적으로 윤리적 평가는 어떤 개인을 대상으로 내려지는 것이 대부분이지만, 그렇다고 집단(단체)에 대한 윤리적 가치판단이 일상에서 전혀 낯선 것만은 아니다. 예컨대 우리는 "어느 기업의 이윤추구 행위가 비윤리적일 정도로 지나치다"라든지, "모 대기업이 사회적 책임을 다하고 있지 못하다" 또는 "윤리경영, 정도경영에 어긋난다"라는 등의 윤리적 비난을 개인이 아닌 기업에 가하는 경우를 쉽게 목도할 수 있다. 즉, 법인의 사회적 비중이 점증함에 따라 법인의 사회적 책임이 부각되었고, 이에 따라 법인에 대한 윤리적 비난이 가능해지고, 또 현실적으로도 이루어지고 있는 것이다.[18] 또한 법인 구성원의 행위 중에는 분명 그 구성원 개인의 행위라기보다는 법인의 행위로서의 성격이 더 강한 경우가 있다는 사실도 잘 알려져 있다. 예컨대 G라는 기업의 대표이사 갑이 라이벌 기업과의 사운을 건 경쟁상황에서 법인활동의 허가를 받아내기 위해 관련 공무원에게 뇌물을 준 경우 이는 갑 개인의 행위라고만 보는 것은 부당하고 G법인의 행위로서의 성격을 지닌 것으로 보아야 한다는 것이다.[19] 이처럼 집단(단체)에 대한 사회윤리적 비난가능성, 그리고 범죄능력이 일상언어적 관행에 의해 받아들여지고 있다면, 집단(단체)에 책임을 묻고 귀속시키는 메커니즘을 이론적으로 검토해 볼 필요가 있을 것이다. 이러한 이론적 시도를 하고 있는 대표적 예가 바로 우리가 앞서 상세히 검토해 보았던 플레처의 집단책임이론이다.

2. 집단에 대한 윤리적 책임귀속의 메커니즘

그렇다면 플레처의 집단책임 이론이 집단(단체)에 대한 윤리적 책임비난이 어떻게 가능한가에 대해 말해 주는 요지는 무엇인가? 그것은 바로 유기체적 행위자(organic actor)로서 국가 등의 단체가 갖는 집단성(collectivity)에 주목해야 한다는 사실이다. 전술한 바와 같이 낭만주의자들은 '상상력의 비약'과 확장주의적 충동을 통해 조국을 그 자신이 확장된 것(expansion of their individual selves)으로 보며, 자신 삶이 곧 국가의 운명과 일치하고, 국가의

---

18) 임웅, 고시연구, 1998.12, 135면; 임웅, 형법총론, 2003, 77면.
19) 오영근, 형법총론, 2005, 142면.

역사적 운명으로부터 자신의 명예를 드높일 수 있다고 생각한다. 낭만주의적 관점에 의하면 개인은 자아를 초월하여 국가와 자신을 동일시할 수 있고, 따라서 국가는 의사를 지닐 수 있으며, 독립적인 행위를 할 수 있다. 또 마찬가지로 국가는 위업을 달성함은 물론 패배를 경험할 수도 있는데다가, 심지어 범죄를 저지를 수도 있고, 결국 자신의 범행에 대한 책임을 질 수도 있게 된다. 바로 여기까지는 국가를 단일한 의사를 가진 개별 행위자로 간주할 수 있다고 보는 점에서, 모든 집단(단체)의 행위를 철저하게 개인 단위로 분석해 파악하려는 원자론적 환원주의(atomic reductionism)와는 매우 다른 일종의 전체론적(holistic) 관점을 엿볼 수 있다. 그러나 낭만주의 모델을 전체론적 관점을 취한 것으로 이해해서는 안 된다. 플레처의 이론에서 또 다른 핵심적인 부분은 국가의 이름으로 범죄를 저지른 개인의 책임은 감경되어야 한다는 명제이다. 개인의 책임이 감경되어야 하는 이유는 그가 범죄를 저지르도록 집단이 기여했기 때문이다. 즉, 유기체적 집단성(organic collectivity)을 통해 그가 범죄를 저지르게끔 유도했기 때문에 그에 대한 책임을 집단과 분배해야 한다는 것이 낭만주의 모델의 핵심이다. 플레처가 예시하고 있듯이, 범죄를 조장하는 집단의 부도덕한 환경은 우연히 발생한 것이 아니며, 교사와 종교적 지도자를 비롯해 정치인, 국가정책, 그리고 심지어 법조차 그러한 환경과 문화에 유기적으로 기여한다는 점이 무엇보다 중요하다. 요컨대 집단에 대한 책임귀속과 책임분배의 메커니즘은 바로 유기체적 집단성(organic collectivity)에서 찾을 수 있다는 것이다. 즉, 유기체적인 어느 집단의 지배적 문화와 환경이 부도덕하다면, 이는 직접적 또는 간접적으로 그 구성원들의 범죄를 유도하거나 묵인할 수 있고, 그렇기 때문에 구성원 개인의 범죄는 그 집단의 의사를 표현한(express) 것으로 봐야 한다. 또 집단이 이러한 메커니즘에 의해 범죄를 저지른 것이라면 2차적 의지로 1차적 욕망을 억제하지 못한 것이기 때문에 윤리적으로도 비난가능하고 형사책임을 질 수밖에 없다는 것이 낭만주의모델의 요체다.

III. 조직모델과 법인 고유의 의사

1. 조직이론의 특성과 의의

앞서 살펴보았듯 법인의 범죄능력에 관한 부정설과 긍정설의 입장은 나름의 관점에서는 타당한 측면도 있지만, 반면 상대 학설의 관점을 수용하거나, 법인이라는 실체를 양 관점을 종합해 충분히 해명하는 데 있어서는 한계점을 지니고 있다. 조직이론은 바로 이러한 한계점을 극복하기 위해 고안된 이론이다.[20] 우선 조직이론은 기존에 전개되어 온 법인에 대한 논의를 전체론적(holistic) 관점과 원자론적(atomic) 관점으로 규정하며 대별시킨다. 전체론적 관점이란 법인을 하나의 사람처럼 다루려는 것인데 반해, 원자론적 관점은 법인을 개인들의 총합으로 취급하려는 견해이다. 법인의 범죄능력 부정설은 대체로 원자론적 관점에 입각해 있다고 볼 수 있다면, 긍정설은 전체론적 관점을 취하고 있다고 판단된다. 원자론적 관점은 단순한 환원주의적 사고방식에 빠져 법인 자체 조직구조상의 복잡성과 불가투시성(inscrutability)을 과소평가하고 있는 반면, 전체론적 관점은 법인의 단일성을 지나치게 과장하고 있는 단점이 있다.[21] 이에 조직이론은 법인의 복잡한 성격을 전체적으로 파악하기 위해서는 법인 내부의 의사결정절차에 대한 이해가 필수적이라고 본다. 원자론적 관점과 비교해 볼 때, 조직이론은 법인의 활동을 법인 구성원 개인들의 선택의 집합이라기보다는 법인의 조직 구조상의 결과로 보아야 한다는 점을 강조하는 점에서 다르다. 즉, 조직은 개인들의 집합이라기보다는 활동들의 집합이라는 것이다. 따라서 법인의 목적과 결정은 법인 내의 어느 특정한 개인의 목적과 결정과 반드시 일치하는 것은 아니다. 또 조직이론은 법인을 개인으로 취급하는 전체론적 관점도 거부한다. 전체론적 관점은 회사조직을 어떤 가치를 극대화하는(value maximizing) 활동에 종사하는 이성적 행위자로서 단일한 의사결정단위로 파악하지만, 많은 연구자들이 지적하듯 회사라고 항상 그 가치를 극대화하는 행동을 하지는 않으며, 따라서 이러한 모델은 비현실적이라고 보기 때문이다. 다시 말해 법인을 단순한 개인들의 집합으로 보는 것도 잘못이지만, 그렇다고 법인을 단일한 의사를 지닌 하나의 이성적 행위자로 보는 것도 실제에 부합되지 않는다는 것이다. 따라서 조직이론은 법인의 의사(corporate intent)를 구명해 내는데 있어서 개별적 법인 구성원의 의사로나, 단일한 인격체로서의 법인자체의 의사로나, 그 어떤 종류의 환원주의도 시도하지 않는다. 그 대신 법인의 조직구조상의 특성에 주목한다.

---

20) 조직이론에 따르면 회사의 성격은 단순한 사업가들의 집단도 아니고, 막스 베버식의 위계적 구조에 의해 단일한 목표를 추구하는 관료제모델로도 설명하기 힘들다. 왜냐하면 그러한 모델들은 조직의 복잡성이 크지 않을 때는 들어맞을지 모르지만, 고도로 복잡해진 조직의 경우에는 더 이상 타당하지 않기 때문이다. 조직이론은 이러한 설명방식을 지양하고 회사를 "지능을 가진 기계(intelligent machine)"로서의 조직(organization)으로 설명한다.

21) 이러한 지적으로 M. Dan Cohen, Rights, Persons, and Organizations: A Legal Theory for Bureaucratic Society (University of California Press, 1986), 13-16면.

2. 조직모델에 의한 법인 의사의 재구성

법인의 의사와 활동을 법인 내부의 특정 개인의 의사나 행동으로 환원시키는 것은, 불가능하지는 않더라도, 종종 매우 어렵다는 점은 조직모델이 입증하고 있는 사실이다. 법인의 정책과 활동은 종종 그 구성원 개인들의 선택의 단순한 총합 이상이다. 또 많은 경우에 법인의 활동은 구성원 개인들의 선택과 문제해결을 위한 표준적 운영절차, 그리고 조직의 구조 자체 이 모두의 상호작용에 의존한다. 결론적으로 법인의 정책과 행동은 전체로서의 법인 구조(corporate structure as a whole)로 귀속되어야 하며, 개념적으로 법인 내부의 구성원 개인들의 의사와는 독립적인 것으로 보아야 한다는 것이 조직모델의 입장이다. 물론 조직모델이라고 하여 법인의 정책과 행동이 절대로 개인의 의사에로 환원될 수 없다고 보지는 않는다. 다만 언제나 그렇게 환원시킬 필요는 없다는 것이다. 그러므로 법인의 법적 취급에 있어서 개인적 환원을 요구하는 견해는, 만일 모든 법인 범죄를 그러한 방식으로 다루려 한다면 이는 잘못된 시도이며, 모든 법인범죄를 그렇게 해결할 수는 없다. 다시 말해 법인의 범죄를 논할 때, 분명 어떤 경우는 법인 구성원 개인의 범죄로 환원할 수 있지만, 반드시 그런 것은 아니고, 경우에 따라서는 법인의 조직적 구조 자체에 의한 범죄로 보아야 한다는 것이다.

요컨대 조직모델이 보여주는 것은, 일정한 경우 법은 법인의 조직적 구조 자체를 의사를 지닌 주체로 간주해야 한다는 것이다.[22] 이 모델은 전체론적 관점과도 분명 다른데, 그 이유는 후자가 법인을 단일한 의사를 지닌 합리적 개인으로 보는 반면, 후자는 그 전체로서의 단일성보다는 법인의 내부적 구조와 의사결정절차에 주목하며, 이러한 구조와 절차가 구성원 개인의 의사와는 다른, 종종 비합리적 결정을 내리는 법인고유의 의사가 된다고 보기 때문이다.

---

22) Dan Cohen, 앞의 책, 동일한 면.

IV. 낭만주의모델과 조직모델에 대한 평가

1. 낭만주의모델의 의의와 한계

전술한 바와 같이 낭만주의 모델은 집단(단체)에 대한 윤리적 비난과 책임귀속이 어떻게 가능한가를 구명해 내고 있다. 우리가 일상언어적으로 한 집단(단체)를 행위의 주체로 취급하는 경우를 종종 목격하게 된다. 예컨대 어느 정당이 해당 법안의 날치기 통과에 책임이 있다고 말하지, 어느 특정 국회의원이 책임이 있다고 말하지 않는다. 또 어느 법안에 대해 국회가 그것을 통과시켰다고 말하지, 몇몇 국회의원이 그것을 통과시켰다고 말하지도 않는다. 마찬가지로 앞서 예시로 든 뇌물을 준 대표이사의 경우, 대표이사의 행위는 그 개인의 의사로 저지른 범죄가 아니라 법인의 의사를 표현한 것으로 보는 것이 더 타당하다고 볼 수 있다. 분명 일정한 경우 행위자 개인보다는 그 배후에 있는 집단(단체)의 의사가 표출된 것으로 평가하는 것이 규범적으로도 더 타당한 경우가 있다는 것이다. 낭만주의는 이러한 집단책임귀속의 메커니즘을 설명해 주는 한 방식이다. 낭만주의적 상상력과 충동에 의해 개인은 그 배후 집단과 동일시될 수 있고, 이 경우 개인의 행위는 그 집단의 의사를 표현한 것으로 평가된다.

물론 낭만주의모델에는 일정한 한계가 있다. 플레처가 제시하는 사례들은 대부분 국가와 그 국민 간의 관계이다. 그것도 전시(at war)라는 특수한 상황에 놓일 경우 국가와 국민 사이에는 매우 강력한 내적 응집(internal cohesion)이 형성될 수 있고, 국가 구성원 개인의 행위는 곧 국가의 의사를 표현한 것으로 볼 수 있게 된다. 이 때 낭만주의는 그러한 '내적 응집'의 형성과정을 해명해 주는 역할을 한다. 그런데 과연 낭만주의모델이 국가 외에도 법인 등의 집단(단체)에까지 확장될 수 있는가에 대해 플레처는 명시적인 언급을 하고 있지 않다. 낭만주의가 주로 국가적 영광이나 애국심을 부르짖는 문학사조와 긴밀히 얽혀 있는 점에 미루어 볼 때, 국가에 대한 소속감보다는 실리적 계약관계로 맺어져 있는 회사법인과 그 구성원 간의 관계에도 이 모델이 그대로 적용된다고 보기는 어려울 것이다. 조국의 영광을 위해 진주만에 자살공습을 감행하거나 항공기를 납치해 자살폭탄테러까지 일삼는 경우와 소속감이 그보다 덜한 회사법인 직원의 범행을 동일 평면상에서 바라본다는 것은 분명 무리가 있기 때문이다. 다만, 오늘날 각 기업 및 단체는 그 구성원의 소속감을 높이기 위한 다양한 프로그램을 마련하고 지속적으로 그 유대감을 강화하고 있는 점과, 전술한 대표이사의 행위처럼 회사와 그 구성원과의 강한 내적 응집을 인정할 여지가 큰 경우도 명백히 존재한다는 점에서 낭만주의모델은 여전히 집단(단체)에 대한 윤리적 책임귀속의 기제를 설명하는데 있어서 의미가 있다고 본다. 이는 특히 낭만주의모델의 요체는 개인과 집단의 책임분배가 '유기체적 집단성(organic collectivity)'에서 비롯된다는 사실에 있다는 점을 상기하면, 현대 사회의 어느 집단(단체)이든지 그러한 유기체로서의 성격은 충분히 관념할 수 있는 것이고,[23] 따라서 집단(단체)의 지배적 문화와 환경이 부도덕하면, 그 구성원의 범법행위에 대한 책임을 집단과 배분하는 것이 어떻게 가능한지를 낭만주의모델을 원용해 설명하는 것은 매우 유용한 방법이 아니라 할 수 없을 것이다.

낭만주의모델의 또 다른 한계로는 이론 자체의 내적 부정합성을 들 수 있다. 전술한 '단체책임사상의 기원(본서 [10])'에서 살펴보았듯이 이 모델은 집단이 의사를 지닐 수 있는 근거를 '개인의 상상력의 비약'에서 찾으면서 동시에 집단이 책임을 지게 되는 메커니즘은 집단 자신의 고유한 2차적 의지가 1차적 욕망을 억제하지 못했기 때문이라고 설명하고 있다. 즉 일관되지 못한 설명을 하고 있다는 것이다. 집단의 의지와 욕망을 어떻게 관념할 수 있는지에 대해 해명하지 못하고 있는 것이다. 어쩌면 플레처는 집단이 의사를 지닐 수 있고 책임을 질 수 있는 근거가 낭만주의에 의해 해명될 수 있다고 보면서도, 다른 한편으로는 당연히 그것이 가능하다고 전제하는 오류를 범했는지도 모른다. 이러한 이론적 결함이 낭만주의모델의 또 다른 한계라고 볼 수 있다.

2. 조직모델과 법인 고유 의사의 재구성

조직모델은 회사의 정책(policies)과 내부적 관행(inner practices) 및 표준운영절차(SOPs)에 초점을 맞춘다. 다시 말해 조직모델이 강조하는 회사 고유의 의사란 그 회사의 정책과 관행 및 표준운영절차에 의해 관념할 수 있다는 것이다. 전술한 바와 같이 조직모델은 회사의 의사결정과정이 어느 특정 개인의 의사를 그대로 반영한 것이라기보다는 표준운영절차 및 전략적 협상 등이 상호작용하여 이루어진다는 사실을 밝혀 주었다. 따라서 회사 고유의 사란 회사의 조직적 구조 전체(corporate structure as a whole)에 의해 결정된다. 이 모델에 의하면 회사의 의사란 결국 제한된 합리성(bounded rationality)에 의한 것이든 전략적 협상에

---

23) 물론 법인과 그 기관 등 구성원의 관계를 하나의 유기체로 인정할 수 없다는 견해도 있다. 김성돈, 형법총론, 2006, 156면. 이러한 입장은 법인이 기관을 통해 행위 할 수 있기 때문에 범죄능력을 가질 수 있다는 긍정설을 부정하는 논거가 된다. 즉, 기관의 행위라고 하여 곧 법인의 행위가 될 수는 없다는 것이다.

의한 것이든 최종적으로 선택된 정책을 의미한다. 그러므로 회사의 정책은 물론 내부적 관행으로 볼 수 있는 표준운영절차는 모두 회사 고유의 의사로 평가할 수 있다. 이렇듯 조직모델은 구성원 개인의 의사와는 구별되는 법인 고유의 의사가 어떻게 재구성될 수 있는 가에 대해 매우 분석적인 논거를 제시해 주고 있다고 보이는 바, 이는 그동안 법인의 범죄능 력과 관련하여 긍정설이 법인의 의사를 기관의 의사로 대체시켜 설명하는 방식의 이론적 한계를 극복할 수 있게 해 준다고 본다. 요컨대 법인 종업원 개인의 의사와는 다른 법인 고유의 의사는 기관을 통해서 형성되는 것이 아니라 법인의 조직으로서의 구조적 특성에서 찾을 수 있다는 것이다.

그러나 조직모델의 한계는 법인에게 고유의 의사가 존재한다는 사실이 입증될 수 있다 고 하더라도 과연 그러한 고유의사가 자연인의 그것과 유사한 인격적 실체라고 볼 수 있는 지에 대해 어떠한 해명도 하지 못하고 있다는 점이다. 같은 맥락에서 조직모델을 반영하고 있는 집단인식의 법리도 앞의 '집단인식의 법리와 의도적 인식회피'에서 지적한 것처럼 어떻게 법인이 구성원들 개개인의 의사를 하나로 통합할 수 있는 능력이 있는지 해명하지 못하고 있다는 사실을 염두에 둘 필요가 있다. 요컨대 조직모델은 법인 고유의 의사가 존재 한다는 점은 성공적으로 입증했는지 모르나, 과연 그것이 자연인의 의사와 유사한 성질을 갖고 있는지는 해명하지 못했다는 한계를 갖고 있다.

3. 두 모델의 공통점과 차이점

서로 전혀 다른 이론적 배경 하에 정립된 것이지만, 낭만주의모델과 조직모델은 매우 중요한 공통점을 지니고 있다. 그것은 바로 집단(법인)의 조직적 구조 자체에 주목한다는 점이다. 낭만주의모델은 유기체적 집단성(organic collectivity)으로 인해 집단은 윤리적으로 비난가능하고 동시에 범행을 저지른 행위자 개인과 책임을 분담하게 된다고 설명한다. 마찬 가지로 조직모델은 회사법인은 조직구조적 특성에 의해 내부 정책과 관행 및 표준운영절차 등으로 그 구성원 개인들의 의사와는 다른 법인 고유의 의사를 형성할 수 있다고 본다. 양자 모두 엄격한 전체론적 관점이나 원자론적 환원주의를 지양하고 집단(법인)이 갖는 유기체적·조직구조적 특성에 착안하여 집단(법인)이 고유한 의사를 지닐 수 있고, 그에 대 한 책임비난도 가능하며, 따라서 범죄능력도 가질 수 있다고 보는 것이다.[24] 또 중요한

---

24) 예컨대 플레처는 "우리는 국가를 범죄를 저지를 수 있고 그에 대한 고유한 책임을 질 수 있는 독자적인

점이 한 가지 더 있다면, 낭만주의모델이든 조직모델이든 법인범죄에 대한 책임이 법인이 아닌 한 개인에게 명백히 귀속가능한 경우까지 법인에 대한 책임을 긍정하려는 이론은 아니라는 사실인 바, 이는 또 하나의 공통점으로 평가할 수 있을 것이다.[25]

　　낭만주의모델의 경우 전시의 낭만주의자처럼 개인의 행동이 곧 집단의 의사를 표출한 것으로 볼 수 있을 만큼 국가와 개인 간의 내적 응집이 강력한 경우에만 제한적으로 적용될 수 있는 모델이라는 점은 전술한 바와 같다. 조직모델의 경우도 예건대 조직적 절차모델에서 만일 표준운영절차(SOPs)에 결함이 있을 때 이를 만들거나 감독함에 있어 책임이 전적으로 어느 개인 행위자에게 있다면 바로 그에게 형사책임을 인정할 수 있을 것이다.[26] 또 관료적 정략모델의 경우라면 조직 내부의 복잡한 협상 과정에 주도적으로 영향력을 행사했던 자가 있다면 바로 그 개인이 책임을 질 수 있다. 이를테면 어느 회사의 임원이 자신이 속한 정당에 불법정치자금을 제공하기 위해 회사 내부의 정치자금 제공여부에 관한 의사결정절차에 강한 압력을 행사했다면 바로 그 임원이 형사책임을 져야 할 것이다.[27]

　　차이점이 있다면, 낭만주의모델의 경우 집단이 책임을 지기 위해서는 그 전제로서 자연인 행위자 개인의 유책한 범법행위가 존재해야 한다. 즉 이슬람 테러리스트의 항공기납치 자살테러나 아돌프 아이히만의 대량학살 행위 등처럼 유책한 개인의 행위가 있어야만 집단책임을 논할 수 있다.[28] 반면에 조직모델에 의하면 유책한 행위자를 찾아 낼 수 없더라도 회사법인의 책임은 인정할 수 있다. 즉 전자는 자연인 행위자의 책임이 전제되어야만 하는 반면, 후자는 그러한 개인적 책임을 물을 수 없는 경우도 법인의 책임을 인정할 수 있고, 이는 법인의 범죄능력을 논단함에 있어 매우 중요한 차이점이다. 전통적으로 영국과 미국은 동일시원리와 대위책임원칙에 의해서 각각 법인의 형사책임을 인정해 왔다. 어떤 경우이든

　　행위자(independent agent)로 보아야 한다."고 분명히 말한다. 이 점에 대해서는 George P. Fletcher, The Storrs Lectures: Liberals and Romantics at War: The Problem of Collective Guilt, *111 Yale L. J. 1499* (2002), 1540면.

25) 분명 어떤 경우는 법인 구성원 개인의 범죄로 환원할 수 있겠지만, 반드시 그런 것은 아니고, 경우에 따라서는 법인의 (집단적)조직적 구조 자체에 의한 범죄로 보는 것이 옳은 경우도 있다는 뜻이다.

26) 이 경우 형법적으로 조직과실(Organisationsfahrlässigkeit) 또는 감독과실(Aufsichtsfahrlässigkeit)을 인정할 수 있을 것이다. 조직과실 및 감독과실의 이론적 구성에 관한 최근의 연구문헌으로는 이다 마코토, 일본형법에서의 조직과실과 감독과실, 청주법학 제32권 제1호, 2010, 12면 이하 참조.

27) 이에 대한 적확한 지적으로는 Brent Fisse & John Braithwaite, Corporations, Crimes and Accountability (Cambridge University Press, 1993), 102-103면 참조.

28) 단, 2002년 아더앤더슨에 대한 유죄평결과정에서 살펴본 바와 같이, 그 유책한 행위자가 누구인지 특정될 필요는 없다.

자연인의 행위책임을 전제로 하는 바, 동일시원리에 대해서는 현대의 거대한 기업조직에 있어서는 관리직 임원이 일상적인 기업의 의사결정을 내리는 데 하는 역할이 전혀 없거나 매우 적기 때문에 대부분의 경우 책임을 인정하지 못하게 된다는 비판이 제기되었고,[29] 또한 대위책임론에 대해서도 현대기업의 복잡하고 분권화된 조직구조 때문에 유책한 종업원을 찾아내는 것이 거의 불가능한 경우가 많다는 비판이 지속적으로 제기되어 왔다.[30] 낭만주의모델은 유책한 집단구성원이 특정될 필요는 없다는 점에서 동일시원리나 대위책임 원칙과는 다르지만, 어쨌든 자연인 구성원의 책임을 전제로 한다는 점에서 양자와 유사한 측면이 있다. 이 점에 비추어 보면, 낭만주의모델보다는 조직모델이 고도로 지능화되어 가는 현대 기업범죄에 적극적으로 대처하는데 있어 보다 유용할 것임을 짐작케 해준다. 즉 조직모델에 의해 법인의 형사책임을 유책한 종업원을 찾아낼 수 없는 경우까지 확장시킬 수 있다는 것은, 현대사회에 보다 적합한 법인책임의 범위를 가늠함에 있어서 시사하는 바가 크다고 할 것이다.

V. 맺음말

법인의 범죄능력 긍정여부는 분명 법인 처벌의 필요성이라는 형사정책적 목적과 긴밀히 연관된 문제이다. 하지만 처벌의 필요성이 있다고 하여 본질론적 논의를 도외시한 채 법인에 대한 형사책임을 인정하려는 시도는 그만큼 정당성이 결여될 수밖에 없고 또한 설득력이 없다. 이를테면 법인의 범죄능력은 인정할 수 없지만 현행법이 양벌규정을 두고 있기 때문에 그러한 한에서 해석론상 법인의 범죄능력이 긍정되어야 하고 처벌이 불가피하다는 식의 부분적 긍정설은 별로 설득력이 없다. 이러한 논변은 마치 법인의 범죄능력 부정설이 형사미성년자나 정신병자에게는 행위능력이 있다고 하면서도 법인에게는 그러한 능력을 인정할 수 없다고 주장하는 것만큼 매우 불합리한 견해이다. 범죄능력이 없는데 형사책임을 인정하는 태도는 형법상 책임주의에 명백히 반한다. 이에 본고에서는 법인의 범죄능력이 긍정될 수 있음을 낭만주의모델과 조직모델을 통해 논증해 보았고, 비록 일정한 이론적

---

29) K. Brickey, Rethinking Corporate Liability Under the Model Penal Code, 19 RUTGERS L.J. 593 (1988), 626면.

30) 대표적으로 Martin J. Weinstein & Patricia Bennett Ball, Criminal Law's Greatest Mystery Thriller: Corporate Guilt through Collective Knowledge, *29 New Eng. L. Rev. 651* (1994), 65-66면.

한계는 있지만 법인에 대해서도 윤리적 책임비난이 가능하고, 자연인의 의사와는 다른 법인 고유의 의사와 행위를 관념할 수 있음을 입론하였다.[31]

---

31) 물론 이상의 논의와 결론은 궁극적으로 형법전 또는 특별법전에 법인의 형사책임이 명문화되어야 더 큰 의미를 가질 수 있을 것이다.

CHAPTER Ⅷ
판례와 도그마틱

[20] 과실범의 공동정범

Ⅰ. 문제제기 및 논의구도

법조문의 해석은 종종 상반된 결과를 낳기도 한다. 그 대표적인 예가 바로 형법 제30조일 것이다. 동 조문은 "2인 이상이 공동하여 죄를 범한 때에는 각자를 그 죄의 정범으로 처벌한다"고 규정하고 있다. 이에 대해 우리학계의 다수견해는 '고의 공동정범'만을 규정하고 있다고 보는 반면, 최근 제시된 유력한 견해에 따르면 형법 제30조는 '과실 공동정범'까지 처벌할 수 있게 입안된 것이라고 해석한다. 대법원 판례도 초기에는 "과실에 있어서는 의사연락의 관념을 논할 수 없으므로 고의범과 같이 공동정범이 있을 수 없[다]"고 판시해 과실범의 공동정범을 부정하는 입장이다가(대판 1956.12.21, 4289형상276), 1962년 '그대로 가자 사건'에서 "형법 제30조에 '공동하여 죄를 범한 때'의 '죄'는 고의범이냐 과실범이냐를 불문한다고 해석하여야 할 것이며 따라서 공동정범의 주관적 요건인 공동의 의사도 고의를 공동으로 가질 의사임을 필요로 하지 않고 고의행위이고 과실행위이고 간에 그 행위를 공동으로 할 의사이면 족하다고 할 것이므로 2인 이상이 어떠한 과실행위를 서로의 의사연락 아래 범죄되는 결과를 발생케 한 것이라면 여기에 과실범의 공동정범이 성립되는 것이다 (1962.3.29, 4294형상598)"고 설시한 이래 과실의 공동정범을 인정하는 해석론을 펼쳐 오고 있다.[1]

상반되는 해석론들은 각기 그 나름대로의 논거를 지니고 있다. 그리고 그와 같은 법적 논거는 도그마틱적인 것으로부터 법정책적인 논거까지 다양한 층위에서 구성된다. 과실범의 공동정범을 둘러싼 현재까지의 논의상황도 다양한 차원에서의 상이한 법적 논거들이

---

[1] 독일에서는 이미 140여 년 전에 과실범의 공동정범을 긍정하는 견해를 찾아볼 수 있다. 인과관계의 '조건설'에 입각하여 과실범의 공동정범을 긍정했던 학자로는 M. von Buri, Zur Lehre von der Teilnahme an dem Verbrechen und der Begüunstigung, 1860, 21면 이하 참조. 과실범의 공동정범을 인정하는 최근의 독일문헌으로는 Simone Kamm, Die fahrlässige Mittäterschaft, Strafrechtliche Abhandlungen, Bd.118, 1999와 Bettina Weißer, Gibt es eine fahrlässige Mittäterschaft? JZ 1998이 있다.

첨예하게 대립하고 있는 양상이라고 정리할 수 있을 것이다. 이처럼 상충되는 법적 논거가 충돌하여 하나의 문제에 확정적 해결안이 존재하지 않는 경우를 찾아보기는 어렵지 않으며 바로 그러한 경우 '법적 불확정성'이 존재한다고 말한다. 단 하나의 결론이 '확정적 (determinate)'으로 결정되지 않는다는 뜻이다. 그렇다면 과실범의 공동정범은 '법적 불확정성(legal indeterminacy)'이 두드러진 문제영역이라고 볼 수 있을 것이다. 형법 제30조의 해석이 이처럼 '불확정적'이라고 볼 때, 과연 과실범의 공동정범에 대한 긍정론과 부정론 중에서 어느 것이 타당한 지는 각기 내세우는 법적 논거의 우열에 의해서 결정될 것이다. 그리고 각 논거의 우열을 판단하는 하나의 지표는 각 진영에서 내세우는 논거가 과연 얼마나 철저하게 논박될 수 있는가 또는 없는가에 의해서 결정될 수 있다고 본다. 따라서 이하 본고에서는 과실범의 공동정범을 부정하는 다수설의 주요 논거들이 긍정론자들에 의해 어떻게 논박되었고, 긍정론자들의 입장에 대한 다수설의 재반박이 과연 어느 정도 설득력 있게 전개되었는가를, 가장 최근의 우리 학계의 논의상황을 중심으로 다루되, 필요한 경우 독일의 문헌을 보충적으로 면밀히 검토해 봄으로써 과실범의 공동정범에 대한 현재까지의 논의상황을 정리하고 나아가 몇 가지 문제사례와 우리 대법원 판례의 입장을 재조명해 보고자 한다.

II. 과실 공동정범에 대한 통설(부정론)의 주된 논거와 그에 대한 논박(긍정론)

1. 도그마틱상 논거

지금까지 과실범의 공동정범에 대한 부정론자들의 논거는 주로 과실범에는 공동정범의 성립요건인 '공동의 범행결의'와 '기능적 범행지배'가 결여되어 있다는 점에 초점을 맞추고 있었다.[2] 이에 대해 긍정론자들은 고의 단독정범과 과실 단독정범의 정범기준이 서로 구별

---

2) 과실범의 공동정범을 부정하는 견해로는 백남억, 형법총론, 1965, 295면; 정영석, 과실범의 공동정범, 연세논총, 1973, 304면; 남흥우, 형법총론, 1980, 31면; 황산덕, 형법총론, 1982, 250면; 진계호, 형법총론, 1984, 374면; 백형구, 과실범의 공동정범, 사법행정 통권327호, 1988.3, 72면 이하; 이형국, 형법총론, 1990, 331면; 김일수, 한국형법 II[총론 하], 1992, 329면; 신동운, 사례입문 형법총론, 1991, 198면; 배종대, 형법총론, 1993, 444면; 허일태, 과실범의 공동정범이 가능한가, 고시계 1994.3, 42-43면; 박상기, 형법총론, 1994, 408면; 서거석, 과실의 공동정범, 사법행정 1991.3, 19면; 손해목, 형법총론, 1996, 1028면; 안동준, 형법총론, 1998, 233면; 이정원, 형법총론, 1997, 344-345면; 임웅, 형법총론, 1999,

되듯이 '고의 공동정범'과 '과실 공동정범' 역시 서로 상이한 기준에 의해 성립될 수 있고, 또 그래야만 한다는 반론을 제기하였다.[3] 다시 말해 '과실 공동정범'을 인정하기 위해서 부정론자들이 '고의 공동정범'에 고유한 성립요건인 '공동의 범행결의'나 '기능적 범행지배' 란 기준을 요구하는 것은 모순이라는 것이다. 이와 관련 이용식 교수는 다음과 같이 말한다.[4]

"고의범과 과실범은 우선 구별되는 것이고, 과실에 의한 공동정범이 이러한 구분을 깨뜨리지 않으려면, 고의의 공동정범에 요구되는 척도는 과실범에는 그대로 적용될 수 없다고 하는 것이 타당할 것이다. (중략) 과실범 중에서 단독정범은 과실범에 타당한 정범기준(즉 주의의무에 위반하여 침해의 결과를 야기하는 것)에 의하면서, 과실 공동정범의 경우에는 고의범에서의 기준(즉 공동의 범행결의)을 내세우는 것은 이해하기 어렵다. 과실범의 정범(당연히 공동정범 포함) 기준은 고의범의 정범기준으로는 설명할 수 없다. (중략) 위의 논거와 비슷한 맥락을 가지고 과실범은 주의위반 사태를 의욕한 것이 아니므로 그에 대한 행위지배가 결여되어, 다수인 공동의 행위지배가 인정될 수 없으므로 공동정범이 인정될 수 없다는 견해가 있다. 이 역시 고의범에서의 기준으로 과실 공동정범의 인정을 근거지우려는 모순을 가지고 있다. 고의 공동정범에 인정되는 공동의 기능적 행위지배는 개념적으로 과실에 의한 공동정범의 요건이 될 수 없다."[5]

366-367면; 이보영, 과실의 공동정범의 이론, 형사법연구 제4호, 1991, 99면 이하; 전지연, 과실범의 공동정범, 형사법연구 제13호, 2000, 27면 이하; 허일태, 과실범의 공동정범에 대한 판례의 변천, 형사판례의 연구 I(형법), 이재상교수화갑기념논문집, 2003, 613면 이하; 배종대, 사법개혁과 판례개혁 - 결과적 가중범의 공동정범의 경우를 예로 하여, 고려법학, 제47호, 2006, 7-19면 참조.

3) 과실범의 공동정범을 긍정하는 견해로는 염정철, 형법총론, 1970, 352면; 이건호, 형법학개론, 1977, 182면; 유기천, 개정 형법학(총론강의), 1980, 288면 참조. 조준현, 형법총론, 2000, 327면.긍정설 중에서 과실범과 고의범의 상이한 정범기준으로부터 과실 공동정범의 성립요건을 입론하는 견해로는 심재우, 과실범의 공동정범, 고시계, 1980.4, 32면 이하; 심재우, 과실범의 공동정범, 판례연구 제3집, 고려대학교 법학연구소, 1984, 107면 이하; 정성근, 형법총론, 1990, 558-559면; 이재상, 형법총론, 1990, 470-471면; 정진연, 과실범의 공동정범, 숭실대학교 법학논총 제8집, 1995, 109면 이하; 이용식, 과실범의 공동정범, 형사판례연구 제7권, 1998, 81면 이하; 문채규, 과실범의 공동정범에 대한 논증도구로서의 기능적 범행지배표지, 법치국가와 형법, 1998, 375면; 이재상, 과실범의 공동정범, 형사법연구 제14호, 2000, 215면 이하; 김성룡, 고의론에서 접근한 과실범에 있어서 공동정범, 형사법연구 제16호, 2001, 146면 이하; 김성룡, 과실범의 공동정범, 형사판례의 연구 I(형법), 이재상교수화갑기념논문집, 2003, 598면 이하 참조.

4) 이용식, 과실범의 공동정범, 형사판례연구 제7권, 1998, 88-89면 참조.

5) 동지의 견해로서 Claus Roxin, Täterschaft und Tatherrschaft, 7.Aufl., Berlin, 2000, 695면; 團藤重光, 刑法綱要總論, 1957, 299면; 심재우, 과실범의 공동정범, 고시계, 1980.4, 38-39면; 정진연, 과실범의 공동정범, 숭실대학교 법학논총 제8집, 1995; 이재상, 과실범의 공동정범, 형사법연구 제14호, 2000, 221-224면 참조. 다만 심재우 교수는 과실범의 공동정범의 성립요건으로서 '기능적 행위지배'을 요구하고 있으며, 단 이 때의 기능적 행위지배는 순수 객관적으로 파악된 것임에 유의할 필요가 있다. 이 점에 대해서는 후술하기로 한다.

이러한 논변은, 한 마디로 말해 과실 단독정범의 구조와 성립요건이 고의 단독정범과 다르듯이 과실 공동정범의 구조와 성립요건도 당연히 다를 수밖에 없으며 또한 달리 판단해야 한다는 것이다. 이러한 반론에 대해서 부정론자들의 전면적 논박은 아직까지 뚜렷하게는 보이지 않고 있다. 따라서 과실범의 공동정범에 '공동의 범행결의'나 '기능적 범행지배'를 관념할 수 없다는 비판은 이처럼 새로운 논의국면에 접어들면서 힘을 잃어가고 있는 듯 보인다. 이는 부정론자들이 공동정범에 필수 불가결한 요소로 보았던 위 두 기준이 긍정론자들의 반론에서 확인할 수 있듯이, '본질적'인 성립요건은 아니었음을 여실히 보여준다고 할 수 있을 것이다. 요컨대 과실 공동정범을 관념할 수 없다는 부정론자들은 공동정범의 불가결한 성립요건으로서 '공동의 범행결의'와 '기능적 범행지배'를 제시하고 과실범의 공동정범에는 이 두 요소가 결여되어 있다고 주장하였지만 긍정론자들은 그러한 두 요소가 '고의범'과 '과실범'에 공통되는 성립요소가 될 수 없음을 성공적으로 논증해 준 것으로 평가할 수 있을 것이다.

2. 법정책상 논거

(1) 과실 공동정범의 인정 실익

과실범의 공동정범을 부정하는 또 다른 주된 논거는, 과실 공동정범의 긍정론은 '집단 과실'에 대한 정책적 처벌 필요성에서 형법 제30조를 '인위적'으로 꿰어 맞춘 이론으로서 형법의 법치국가성을 무너뜨리고, 허용되는 해석의 한계를 넘는 무리한 해석론이라는 것이다.[6] 따라서 대부분의 과실 공동정범 사안에서 각자를 과실범의 동시범으로 처벌하면 족하며,[7] 굳이 엄격한 요건을 설정하여 과실범의 공동정범을 인정할 실익이 전혀 없고[8], 오히려 이를 인정하는 것은 부당한 처벌의 확장을 가져올 뿐이라고 경고한다. 이와 관련 배종대 교수는 다음과 같이 말한다.

"과실범의 공동정범도 사후적으로 도저히 용납할 수 없는 그리고 여러 사람이 관여한 '중

---

6) 예컨대 배종대, 사법개혁과 판례개혁 -결과적 가중범의 공동정범의 경우를 예로 하여- , 고려법학 제47호, 2006, 18-19면 참조.
7) 허일태, 과실범의 공동정범에 대한 판례의 변천, 형사판례의 연구 I(형법), 이재상교수화갑기념논문집, 2003, 631면.
8) 전지연, 과실범의 공동정범, 형사법연구 제13호, 2000, 52-54면.

대한 결과'로부터 출발한다. 그리고 연역적으로 처벌할 수 있는 수단을 찾아 나선다. 이 정책적 필요에 형법 제30조를 꿰맞춘 것이 과실범의 공동정범 이론이다. 나는 그런 인상을 지울 수 없다. (중략) 그리고 '성수대교'와 '삼풍백화점'의 경우처럼 형법이 실패한 행정을 사후에 무마시켜주는 수단으로 악용되는 데 도움을 주고 있다. 관련자들을 아무리 과실범의 공동정범으로 교도소에 집어넣어도 수백 명의 희생자는 돌아오지 않는다. 사고가 발생하기 전에 백화점과 다리가 무너지지 않도록 행정감독을 강화하는 구조정책이 우선되어야 한다. 유감스럽게도 형법은 거기에 도움이 되지 않는다"9)

이에 대해 과실범의 공동정범을 인정할 실익(實益)을 강조하는 진영에서는 다음과 같은 사례에서는 과실범의 공동정범을 긍정해야 할 현실적 필요성이 존재한다고 지적한다.10)

[사례1] 갑과 을이 의사의 연락 하에 야수라고 생각하고 발포하였으나 병이 탄환에 맞아 사망하였던바, 갑과 을의 탄환 중 누구의 것으로 인한 것인지 알 수 없는 경우(야수오인발포 사건).

[사례2] 갑과 을이 절도의 고의로 화학공장에 침입하였으나 전등을 켤 수 없게 되자 성냥불을 키고 앞을 밝히기로 하였다. 성냥불이 다 타면 버리고 다른 성냥을 키던 중 불을 끄지 않은 채 던진 성냥불이 인화물질에 인화되어 공장은 전소하고 말았다. 갑과 을 중 누가 버린 성냥에 의해서 인화되었는지 밝혀지지 않았다(성냥불 사건).

[사례3] 갑과 을은 암석파편을 산기슭 아래로 굴려 내리기로 하였다. 돌이 떨어지는 밑이 보이지 않자 밑에 있던 사람이 돌에 맞는 것을 피하기 위하여 두 사람은 밑을 향해 소리를 질러 보았으나 아무 대답이 없자 갑과 을은 각각 바위를 굴려 내렸다. 행인 병이 바위에 맞아 사망하였지만 누가 굴린 바위에 의한 것인지 밝혀지지 않았다(돌 굴리기 사건).

[사례4] 열 사람이 힘을 합치지 않으면 굴릴 수 없는 바윗돌을 열 사람이 함께 산에서 굴러내리면서 모두가 부주의하여 길가던 행인이 피해를 입은 경우(바위 함께 굴리기 사건)

[사례5] 피혁분무기 제조회사의 중역들이 제품사용으로 인하여 호흡곤란, 구토, 고열이 일어나고 심한 경우에는 폐부종으로 생명이 위험하다는 신고를 받았음에도 불구하고

---

9) 배종대, 앞의 논문, 18-19면 참조.
10) 아래의 사례들은 이재상, 앞의 논문, 225-226면에서 가져온 것이다.

그 부작용이 제품의 잘못으로 인한 것임이 증명되지 않았다는 보고를 받고 중역회의에서 분무기를 회수하지 않기로 결의하여 제품을 사용한 소비자들의 건강이 훼손되었다(피혁 분무기 사건).

긍정론자들은 사례 1, 2, 3의 경우에 과실범의 공동정범을 인정하지 않을 때에는 갑과 을은 과실의 동시범으로 처벌받게 되는바, 과실범에 대해서는 미수를 처벌하지 않는 결과 갑과 을에 대해서 모두 무죄판결을 하게 되는데 이는 부당한 귀속론이라고 주장한다.[11] 또한 사례 4, 5의 경우에는 중복적 인과관계(Mehrfachkausalität)에 의한 결과귀속의 가능성을 인정하면서도 이 경우에는 한 사람의 행위가 아니라 다른 사람과 함께 행위하였거나 하지 아니한 것이 결과를 발생케 한 이상, 동시범으로 해석하여 개별 행위자의 행위기여와 결과 사이의 인과관계를 각각 검토할 것이 아니라 공동으로 행위한 전체 행위와 결과사이의 인과관계를 밝히는 것이 '당연'하며 이는 과실범의 공동정범을 인정할 때에만 가능하다고 일축한다. 이재상 교수는 다음과 같이 '과실범의 공동정범'을 인정할 필요성을 역설한다.

"이러한 의미에서 과실범의 공동정범은 과실범의 처벌을 부당하게 확대하는 이론이 아니라 종래의 형법이론을 유지하면서도 당연히 긍정해야 할 정당한 귀속관계를 인정하여 타당한 결론을 제시할 수 있는 유일한 방법이[다]"[12]

한편 긍정론자들이 제시한 사례 중에서 '성냥불 사건[사례2]'과 '피혁 분무기 사건[사례5]'에 대해서는 과실범의 공동정범을 인정하지 않더라도 처벌할 가능성이 있다는 반론이 제기된 바 있다.

성냥불 사건의 경우 두 절도범은 성냥불을 바닥에 던져서 불이 합성섬유에 옮겨 붙어 화재를 발생시킨 선행행위로 인해 위험을 방지해야 할 보증인적 지위가 있기 때문에 부진정 부작위범의 법리에 의해 실화죄로 처벌할 수 있기 때문에 굳이 과실의 공동정범으로 처벌할 필요가 없다는 것이다.[13] 그러나 이처럼 부진정 부작위범에 의해 이론구성하는 데에는 해결

---

11) 그러나 김일수 교수는 이러한 처벌의 사각지대를 막기 위해 입법자가 상해죄의 동시범의 특례를(제263조) 두고 있는바, 이 조문에 포섭될 수 없는 사례에 대해서는(극히 드물겠지만) 형사처벌의 공백이 생기더라도 이를 감수하는 것이 법치국가적 형법질서관에 합치되는 태도라고 주장한다. 이에 대해서는 김일수, 한국형법 II[총론 하], 1992, 329-330면 참조. 하지만 형법 제263조는 어디까지나 '동시범'에 관한 특례인 만큼 과실의 '공동정범'을 포섭하는 데에는 해석상 한계가 있다고 본다.
12) 이재상, 앞의 논문, 227면 참조.
13) 허일태, 앞의 논문, 630-631면; 역시 같은 견해로 Walder, Bewußte Beteiligung, ungewollte Folgen,

하기 힘든 여러 난점이 노정되어 있다고 보인다. 우선 과실로 '불을 낸' '작위'가 문제되는 사안을 부작위범으로 구성하는 것은 매우 부자연스럽다.[14] 일본에서도 공동작업 도중에 과실로 화재를 일으킨 사건에서 과실의 작위범이 문제된 경우는 있지만[15], 화재를 막지 못한 부작위가 다투어진 사례는 보이지 않는다. 또한 스스로 자초한 화재에 대하여 안전조치를 취해야 한다는 안전의무가 부진정 부작위범의 보증인 의무가 될 수 있는가에 대해서는 견해의 대립이 있음에도 유의할 필요가 있을 것이다.[16]

　　피혁분무기 사건의 경우, 과실범의 공동정범을 인정하지 않는 독일연방대법원은 다음과 같은 법리구성으로 피고인들을 처벌하였다. 긴급 중역회의(Sondersitzung der Geschäftsführung) 이후의 피해사례에 대해서는 위험발생을 예견했으면서도 제품을 회수하지 않은 고의 부작위의 중상해를 인정하였고, 중역회의 이전 발생한 피해사례에 대해서는 피고인 각자를 과실 부작위로 의율하였다. 고의 부작위에 대해서는 개별 보증인의 부작위와 결과사이의 인과관계에 대한 별도의 검토없이[17] 국내의 통설처럼 고의 부진정부작위범의 공동정범을 인정하여 가벌성을 인정했고, 반면에 과실 부작위범 영역에서는, 국내의 다수설과 마찬가지로 과실범의 공동정범을 인정하지 않는 독일연방대법원은 개별 보증인 각자의 정범성을 근거지우기 위하여 이른바 '누적적 인과성(kumulative Kausalität)'을 부작위범에 전용했던바[18] 이로써 보증인 각자는 '공동정범'의 형상을 원용함이 없이 결과 발생에 대해 인과성을 인정받았다.[19] 즉 과실 공동정범을 인정하지 않고도 피고인들을 처벌할 수 있는 법리를 확보할 수 있었던 것이다.[20]

FS-Spendel, 369면 참조.

14) 동지의 견해로 이용식, 앞의 논문, 97면.

15) 예컨대 日名古屋高裁 1986.9.30(판례시보, 1224호, 137면); 日東京地裁 1992.1.23(판례시보, 1419호, 133면) 참조. 두 사례 모두 과실범의 공동정범을 인정하였다.

16) 이 점에 대해서는 이용식, 앞의 논문, 98면 참조.

17) 피혁분무기 사례에서 개별 보증인의 작위의무와 결과 사이의 인과관계가 문제되는 것은 보증인이 1인인 경우와는 달리, 이 사례처럼 만장일치 또는 다수결 방식에 의해 다수보증인이 관여한 사안에서는 보증인 각각의 작위만으로는 결과발생을 방지할 수 없고 따라서 결과발생과의 인과관계를 개별적으로 검토할 경우, 개별 보증인의 부작위가 결과발생에 대해 인과성이 있다고 판단하기가 어렵기 때문이다. 즉, 개별 보증인의 정범성을 어떻게 법적으로 근거지을 수 있는지가 문제된다는 것이다. 이 점에 대한 적절한 지적으로는 김성룡, 다수인의 공동의 의사결정에서의 형법해석학적 문제점 - 과실범에 있어서 부작위의 공동정범 -, 비교형사법연구 제4권 1호, 2002, 144-146면.

18) BGHSt 36, 130-131 참조.

19) 피혁 분무기 사건에 대한 상세한 분석으로는 김성룡, 앞의 논문, 148면 참조.

20) 동 사건에 대해 과실범의 공동정범을 인정해야 한다는 견해로는 Werner Beulke · Gregor Bachmann, Die Lederspray Entscheidung, JuS 1992, 743-744면 참조.

그러나 피혁분무기 사건에 대한 독일연방대법원의 이와 같은 법리구성에 대해서 고의 부진정부작위범에 대해 공동정범을 인정하면서 과실 부진정부작위범에 대해서는 공동정범을 부정함으로 인해 과실범과 고의범에 있어서 정범성 내지 인과성판단의 구조가 달라져야만 하는 납득할 만한 합리적 근거가 불충분하다는 비판이 가해질 수 있을 것이다.[21]

과실범의 공동정범대신 단일정범론을 통해서 처벌의 부당한 공백을 막을 수 있다는 견해도 제시된 바가 있다. 허일태 교수는 다음과 같이 말한다.[22]

> "우리나라의 경범죄처벌법에서 인정하고 있는 것으로 보이는 단일정범론을 과실범 일반에 이용해서 해결하는 방법을 생각해 볼 수 있다. 그러나 단일정범론을 인정한 오스트리아 형법과 달라서 공범과 정범을 명백히 구별하고 있는 우리 형법의 현실에서 결과발생에 기여한 모든 자를 정범으로 보고, 그 결과발생에 기여한 정도에 따라 양형을 한다는 단일정범이론은 우리 형법의 규정에 반한다. 그러므로 반드시 처벌해야 할 필요성이 있는 일정유형의 과실범죄에 국한해서 과실행위로 결과발생에 기여한 모든 자를 정범으로 처벌하되, 양형은 입법적으로 그 결과발생에 기여한 정도에 비례해서 정한다는 규정을 둘 필요성이 있어 보인다."

비록 과실범 일반이 아니라 처벌의 필요성이 있는 일정유형의 과실범죄에 국한해 단일정범론을 도입해 보자는 입법론이기는 하지만 이에 대해서는 다음과 같은 이유에서 동의하기 힘들다. 첫째, 단일정범론을 도입하더라도 다수 관여자 각자의 기여행위가 결과에 대하여 인과성이 있는지 증명할 수 없는 경우에는 범행 참가자들은 모두 불가벌이 되기 때문이다. 둘째로 설령 인과관계가 밝혀져 각 참여자를 모두 정범으로 처벌한다고 하더라도 개별 행위자에게 구체적으로 어떤 불법비난이 인정되는지를 설명할 수 없어 정범귀속의 근거가 불명확하게 된다. 이밖에도 결과발생에 기여한 행위의 범위를 어떻게 확정할 것인지 혹은 누가 공범이고 누가 정범인지 명확히 확인된 상황에서도 모두를 개별 단독정범으로 인정하는 것은 부당하다.[23] 처벌의 필요성에 공감하면서도, 과실범의 공동정범을 인정하면 합리적으로 해결될 수 있는 문제를, 이렇듯 이론구성상의 여러 부당성을 노정하고 있는 단일정범이론을 굳이 도입하여 해결하려는 이유를 납득하기 어렵다.

---

21) 김성룡, 앞의 논문, 148-149면 참조.
22) 허일태, 앞의 논문, 632면.
23) 이상의 논거에 대해서는 이용식, 앞의 논문, 94-95면 참조.

(2) 과실범의 공동정범 무용론 비판

그럼에도 불구하고 법정책적으로 볼 때, 과실범의 공동정범은 불필요하다는 주장이 제기된 바 있다. 예컨대, '야수오인발포 사건'이나 '돌 굴리기 사건'을 변형하여 피해자가 누구의 탄환 또는 돌에 맞아 사망한 것이 분명한 경우에도 긍정론은 과실범의 공동정범을 인정하겠지만 이는 명백히 부당하다는 것이다. 비슷한 예로서 100미터 전방의 허수아비를 향해 100명의 사람이 동시에 돌을 던져 맞추는 놀이를 하였는데, 그 중 모든 돌이 농부 주변까지 도달하지도 못하였으나, 오직 한 사람의 돌이 농부의 머리에 명중하여 농부가 사망한 경우에도 100명 모두를 과실치사의 공동정범으로 처벌하는 것은 부당하며 이는 '과실 결과범'을 '과실 (추상적)위험범'으로 변질시켜 버린다는 것이다.[24]

그러나 '야수오인발포 사건'이나 '돌굴리기 사건'에서 원인행위가 밝혀진 경우에도 긍정론자들이 과실범의 공동정범을 인정할 것이란 지적은 타당하지 않다. 왜냐하면 과실이란 '사후적 평가개념'으로서[25] 일정한 '결과'를 전제하지 않고는 성립할 수 없는 개념인바, 위 두 사례에서 갑과 을이 모두 일견 부주의한 것처럼 보이는 행위를 동시에 했더라도 누구에 의해 결과가 발생했는지가 명백히 밝혀진 이상 결과를 발생시키지 못한 자의 행위는 애당초 과실로 평가받을 수 없기 때문에[26] 이들이 모두 과실범의 공동정범으로 처벌받게 되는 것은 아니기 때문이다. 요컨대 과실의 공동정범에서도 다수 관여자 각자의 과실은 개별적으로 검토되는 것이며, 따라서 만일 각 단계의 관여자 모두에게 결과의 발생에 대한 과실을 인정할 수 없다면 과실범의 공동정범을 인정할 전제가 부정된다는 것이다.[27] 또한 '허수아비투석 사건'에서도 만일 농부를 맞춘 돌을 누가 던진 것인지 명백히 밝혀진 상황이라면 위와 같은 이유로 과실범의 공동정범은 성립되지 않으며, 원인행위가 밝혀지지 않은 상황이라면 각자의 부주의가 인정되는 이상 100명 모두를 과실치사의 공동정범으로 처벌하는 것이 옳다고 본다.[28] 원인행위가 밝혀지지 않은 경우 100명 모두를 처벌하는 것이 '법감정적'으로는 부당하다고 볼 여지도 있겠으나, 주의의무 위반의 성립여부는 그 행위자 수의 다소(多少)

---

24) 이정원, 형법총론, 1999, 325면 참조.
25) 이 점에 대한 지적으로는 허일태, 앞의 논문, 624면; 배종대, 앞의 논문, 8면 참조.
26) 이 점에 대한 적확한 지적으로는 심재우, 과실범의 공동정범, 고시계, 1980.4, 36면; 배종대, 앞의 논문, 8면 참조.
27) 이 점에 대해서는 이용식, 앞의 논문, 103면. 동지의 견해로 심재우, 과실범의 공동정범, 판례연구 제3집, 고려대학교 법학연구소, 1984, 121면 참조.
28) 동지의 견해로, 이재상, 앞의 논문, 227면 각주 35)번 참조.

와는 별개로 판단되어야 할 성질의 것이기 때문이다. 결국 과실범의 공동정범을 인정한다 하더라도 과실범이 '결과범'에서 '위험범'으로 '변질'되는 것은 아니다.

다음으로 과실범의 공동정범을 인정하는 것은 과실범을 법률에 특별한 규정이 있는 경우에만 처벌하려는 형법 제14조의 취지에 반해 과실범처벌의 부당한 확대이며 '성냥불 사건'이나 '돌 굴리기 사건' 그리고 '피혁 분무기 사건' 등도 과실범의 공동정범을 인정할 것이 아니라 '형사통제'를 포기하고 '민사통제'를 해야 할 사안이라는 비판이 있다.[29]

고의범에 비해 과실범을 제한적으로만 처벌하려는 입장은 동서고금(東西古今)의 어느 법계(法系)를 막론하고 보편적으로 인정되는 법리이다. 형법 제14조도 이러한 법리를 입법적 결단에 의해 조문화 한 것에 지나지 않는다. 법률에 특별한 규정이 있는 때에만 처벌된다는 취지가 총칙 상 과실범의 공동정범을 부정해야 한다는 뜻으로까지 새겨질 수는 없다. 과실범의 공동정범이 성립되는가 성립되지 않는가는 이미 각칙에 조문화된, 따라서 제한적으로만 처벌되는 과실범죄들에 한해서 다투어지는 문제이기 때문에 형법 제14조의 취지를 전혀 훼손키지 않는다고 볼 것이다.[30] 다음으로 과실의 공동정범을 인정할 것이 아니라 '민사통제'로 대체하는 것이 더욱 바람직하다는 견해에 대해 살펴보건대, 과실범에게 '민사적 배상'을 받아내는 것은 '처벌'이냐 '불처벌'이냐의 '일도양단(一刀兩斷)'적 결론만을 낼 수 있는 형사적 통제보다 분명 합리적이라는 점에서 긍정적인 측면이 있기는 하다.[31] 특히 원인행위가 밝혀지지 않은 경우에는 더욱 그러할 것이다. 그러나 이와 같은 방법은 특정 유형의 과실범죄를 '형벌'로써 다스리겠다는 입법적 결단에 반한다는 난점이 있다. '처벌'과 '불처벌'이라는 양자택일적 선택지속에서 '민사배상'에 더하여 '형사처벌'을 부과할 수 있도록 선택 했던 입법자의 결단은 형법해석에 있어서도 존중되어야 마땅할 것이며 그것이 과실의 공동정범이라고 달라질 이유는 없다. 다만 원인행위가 밝혀 지지 않은 경우가 문제인데, 이 경우도 '일정한 요건'을 충족시켜 공동정범이 성립될 수 있음이 법리적으로 명백하다면 과실의 공동정범으로 처벌함이 옳다고 본다. 이는 특히 다수인의 결합에 의해 처벌되지 않고 방임될 수 있는 행위를 처벌할 수 있게 하여 이른바 '조직화된 불처벌'을 방지할 수

---

29) 배종대, 앞의 논문, 15-18면 참조.
30) 동지의 견해로, 이용식, 앞의 논문, 91-92면.
31) 이 점은 과실치사상(過失殺傷)의 경우 형벌 대신 '속금(贖金)'을 받았던 중국 청대의 형사판례를 참조하면 더욱 자명해 진다. 예컨대, 중국 청대(淸代)의 형사판례를 보면 6명이 1사람을 공동으로 과실치사한 경우에 6명으로부터 1사람 몫에 해당하는 속금을 균분하여 추징했다는 기록이 있다. 이에 대해서는 中村茂夫/임대희·박춘택 역, 판례를 통해서 본 청대형법, 2004, 129-130면 참조. 특히 6명의 공동과실 사례에 대해서는 41-42면 참조.

있기 때문에 더욱 그러하다.[32] 이러한 까닭에 과실 공동정범을 인정하는 것이 형법의 '법치국가성'에 위배되는 것도 아니라고 본다.

3. 조문해석상 논거

형법 제30조의 해석과 관련하여 부정론자들은 "공동으로 죄를 범한"이라는 법문의 의미를 "함께 공동의 작품(범죄)를 만들어 낸다는 의미"로서 새기며 이는 고의범에만 해당된다고 보는 것이 자연스럽고 과실의 경우도 해당된다고 보는 것은 '생소하다'고 주장한다.[33] 나아가 동 조문의 입법취지를 재구성하면서, 동 조문의 실질적 기초자였던 김병로 대법원장 관여한 '태신호 사건'에서 "과실에 있어서는 의사연락의 관념을 논할 수 없으므로 고의범과 같이 공동정범이 있을 수 없고"라고 판시한 점에 비추어 볼 때, 우리 입법자의 의도는 고의 공동정범만을 상정하고 제30조를 입안한 것이라고 추정한다.[34]

우선 형법 제30조의 "공동으로 죄를 범한"의 뜻을 문리적으로 볼 때 고의범에만 해당한다고 해석하는 것이 과연 타당한 것인가? 이에 대한 다수의 입장은 입법자가 명시적으로 제30조에 '고의' 공동정범만을 규정하지 않은 이상 문리적으로 보더라도 과실 공동정범의 성립여지가 완전히 배제되는 것은 아니라고 본다.[35] 대법원도 현재 이와 동일한 입장에 서 있는 것으로 보인다.[36] 이러한 해석론은 독일의 경우도 1913년 초안 제31조에서는 고의범에 한하여 공동정범을 인정했었던 입법례가 존재했다는 사실로부터도 지지받을 수 있다. 부언하자면 현행 형법 제19조나 제263조 경우 명문의 규정이 없어도 과실에 의한 경우도 포함하는 것으로 보는 것이 지배적 해석론인 점에 비추어 볼 때, 제30조 공동정범의 경우에만 과실 공동정범을 배제하는 것은 적어도 문리적, 체계적 해석방법론에 비추어 볼 때 오히려 '부자연스러운' 결론이라고 판단된다. 물론 동시범과 달리 공동정범은 행위자간의 상호 '의사연락'이 전제되어야 하기 때문에 '고의' 공동정범만을 상정한 것으로 해석할 여지는 분명 있지만, 이 경우에도 '의사연락' 개념이 고의 공동정범에서만 가능할 수 있다는 생각은 그 자체가 섣부른 '편견'에 불과할 수 있음에 유의할 필요가 있다.[37]

---

32) 이러한 견해로 이재상, 앞의 논문, 232면.
33) 허일태, 앞의 논문, 620-621면; 전지연, 앞의 논문, 40면 참조.
34) 전지연, 앞의 논문, 40면 참조.
35) 이용식, 앞의 논문, 89면; 이재상, 앞의 논문, 224면.
36) 대법원 1962.3.29, 4294형상598호 판결 참조.

다음으로 입법자의 의도를 근거로 한 부정론을 살펴보건대, 형법해석의 지침으로 고려될 수 있는 입법자의 의도가 단순히 입법 기초위원의 단일한 의사로 확정될 수 없다는 점은 굳이 복잡정교한 해석상의 방법론[38]을 논급하지 않더라도 이미 보편적인 법해석의 원칙이다. 간단히 말해 법조문의 취지는 단순히 동법 기초위원의 언급이나 의사, 그가 참여한 판결내용 등에 의해서 단선적으로 확정되는 것이 아니라, 동 조문이 입안된 시대의 주류적 견해와, 비교할 만한 관련 입법자료, 그리고 조문취지에 대한 다양한 분석[39] 등을 종합적으로 고려하여 설득력 있게 재구성할 때에 비로소 형법해석의 지침이 될 수 있는 자격을 갖추게 되는 것이다. 따라서 이러한 재구성 절차를 거치지 않은 입법의도는 해석지침으로서 설득력을 지닐 수 없다고 본다.[40]

이상의 논의를 종합해 보건대, 다양한 반대논거에도 불구하고 과실 공동정범을 인정하는 것이 타당하다고 볼 수 있을 것이다.

Ⅲ. 과실 공동정범의 성립요건에 대한 비판적 검토

과실범의 공동정범이 성립할 수 있다고 할 때, 과연 그 성립요건은 무엇인지가 명확히 밝혀져야 할 것이다. 이하 본고에서는 기존에 제시된 몇 가지 기준을 비판적으로 검토해 보기로 한다.

1. 공동의 주의의무위반

과실 공동정범을 긍정하는 최근의 견해는 대부분 '공동의 주의의무'를 요구하고 있다.

---

37) '의사의 연락', 다시 말해 '공동의 범행결심'이 구성요건 외부에 존재함을 이는 '공동의 행위결심'에 지나지 않으며 따라서 고의 공동정범과 과실 공동정범에 공통된 요소가 될 수 있다는 견해로는 고의론에서 접근한 과실범에 있어서 공동정범, 형사법연구 제16호, 2001, 145-146면 참조.

38) 참조할 만한 문헌으로는, Aharon Barak, Purposive Interpretation in Law, Princeton Univ. Press, 2005.

39) 예를 들어 유기천 교수는 부정론의 입법취지 재구성과는 반대로 동 조문의 입법취지가 과실범의 공동정범을 인정하고 있는 것이라고 확언한다. 이 점에 대해서는 유기천, 개정 형법학(총론강의), 1980, 286-288면 참조.

40) 예컨대 이재상 교수는 김병로 대법원장이 '태신호 사건'을 판결한 사실을 고려하더라도 형법 제정시의 입법자의 의사가 제30조에서 고의 공동정범만을 규정한 것이라고 볼 수 있는 자료는 "전혀 없다"고 평가한다. 이재상, 앞의 논문, 224면 참조.

이 입장에서는 '사실행위의 공동'만 있으면 과실범의 공동정범이 성립할 수 있다는 '행위공동설'에 대한 비판을 전제한 뒤,[41] 과실의 단독정범이 한 사람의 주의의무의 위반행위라면 과실의 공동정범은 수인의 '주의의무 위반의 공동'이라는 과실범에 '본질적인' 필연적 요청으로부터 과실범의 공동정범의 첫 번째 성립요건은 당연히 수인의 '주의의무 위반의 공동'이라고 본다. 그리고 과실범에는 '의사의 연락'을 관념할 수도 없고 불필요하므로 이러한 '주의의무 위반의 공동'은 고의범의 공동정범에 특유한 표지인 '의사의 연락'을 대체하는 기능을 한다고 주장한다.

이 입장에 의하면 과실범의 공동정범의 기초가 되는 주의의무는 그 내용과 한계에 있어서 동질동량(同質同量)이어야 하고 결과실현에 이르는 행위과정이 불가분리(不可分離)하게 상호연대적이고 상호보충적인 관계로 의존되어 있어야 한다고 본다.[42] 예컨대 일단의 죄수를 감시하는데 있어서 한 사람으로는 불충분하여 두 사람에게 감시임무를 맡긴 경우나 혼자서는 굴릴 수 없는 큰 바윗돌을 여러 사람이 동시에 굴리다가 사람을 치어 사망에 이르게 한 경우는 주의의무의 공동이 인정다고 본다. 한 마디로 다수 관여자의 주의의무가 동질적이고 각자의 주의의무 위반이 합쳐질 때에만 법익침해가 가능한 경우에 '주의의무 위반의 공동'을 인정할 수 있다는 것이다. 이에 대해 주의의무의 '동질동량'이란 요건은 허구라는 비판이 제기된 바가 있다. 예컨대 '성냥불 사건'에서 실화의 원인이 밝혀지지 않은 경우에는 주의의무의 동질성을 인정할 수도 있겠지만, 실화의 원인이 절도범 중 한 사람(갑)에 의해 발생했다는 사실이 입증되면, 갑에게는 성냥불을 부주의하게 버린 주의의무위반이 존재하는데 반해, 다른 관여자(을)에게는 갑의 행동을 주의깊게 감독하지 않은 부주의가 인정되어 갑과 을이 부담하는 주의의무가 원인행위의 입증여부에 따라서 달라진다는 것이다.[43] 그러나 전술한 바 있듯이 과실은 사후적 평가개념이라는 점에 비추어 보면 원인행위가 밝혀졌다면 결과를 발생시키지 않은 관여자에게는 애당초 과실이 성립될 여지가 없어 과실범의 공동정범을 논할 전제가 사라지기 때문에 주의의무의 공동을 검토할 필요가 없어진다는 점에서 이러한 비판은 적절치 않다고 생각한다. 예컨대 어린 아이를 돌보는 데 안전을 위해 두 사람의 보모를 둔 경우나 건널목을 지키는 데 안전을 위해 두 사람의 안전요원을

---

41) 오늘날 행위공동설을 지지하는 견해는 없으므로 본고에서는 이에 대한 검토는 생략하기로 한다. 행위공동설에 대한 원론적인 입장으로는 牧野英一, 刑法總論上卷(全訂版), 1959, 442면 이하 참조.
42) Bettina Weißer, Gibt es eine fahrlässige Mitteterschaft?, JZ 1998, 236면; 심재우, 앞의 논문(각주27), 117, 122면 참조.
43) 전지연, 앞의 논문, 45-46면.

둔 경우는 '그대로 가자 사건' 등과는 달리 다수 관여자의 '공동의 주의의무'가 '동질동량의 것'이라고 볼 수 있는 것이다.

(2) 기능적 행위지배

과실범의 공동정범이 성립하기 위해서는 '기능적 행위지배의 공동'이 필요하다고 보는 입장이 있다. 왜냐하면 '공동정범'이 성립하기 위해서는 각자의 행위지배의 분담이 불가분리하게 의존되어야만 하는 '기능적 행위지배'가 요구되는바, 이는 고의범이나 과실범이나 마찬가지이기 때문이라는 논리다.[44] 단 이때의 기능적 행위지배란 록신의 '기능적 범행지배' 개념과 달리 다수 관여자 각자의 범행지배에 대한 주관적 요소, 즉 '기능적 행위지배에 대한 인식'이 결여된 '순수 객관적으로 파악된' 기능적 행위지배이다. 그렇기 때문에 고의 공동정범과 과실 공동의 공통된 표지로 삼을 수 있는 것이다.[45]

이에 대해 다음과 같은 반론이 있다. 우선 록신의 행위지배설은 주관적 요소와 객관적 요소를 통합하여 정범성을 규명하려는 이론으로서, 이에 따르면 범행의 과정과 결과에 대한 인식이 없는, 즉 고의가 없는 행위에 대해서는 '행위지배'가 인정되지 않는다.[46] 그럼에도 불구하고 행위지배의 한 형태인 기능적 행위지배만을 순수 객관적으로 파악하여 과실 공동정범의 표지로 삼는 것은 부당하다는 것이다.[47] 그러나 행위지배란 개념은 불변의 고정적인 개념이 아니라 어떠한 범죄체계론을 취하느냐에 따라서 충분히 달리 구성될 수 있다. 록신은 범죄참가형태를 구성요건에 정서시키고 고의를 그 주관적 요소로 포함하는 불법구성요건의 실현을 행위지배의 객관적 토대로 전제하였기 때문에 정범표지도 '객관과 주관의 합일개념'으로 설정된 행위지배라는 단일한 표지로 이론구성할 수밖에 없었지만,[48] 만일 주관적 불법요소를 부정하고, 주관적이고 심리적인 요소는 모두 책임 요소로 돌려 공동정범의 경우

---

44) 이상의 성립요건은 심재우, 앞의 논문(각주26), 38면.
45) 심재우, 앞의 논문(각주27), 122면; 문채규, 과실범의 공동정범에 대한 논증도구로서의 기능적 범행지배 표지, 법치국가와 형법, 358-359면 참조. 이 점에 대한 같은 지적으로는 이재상, 앞의 논문, 223면; 전지연, 앞의 논문, 49면.
46) Claus Roxin, Täterschaft und Tatherrschaft, 5. Aufl., 1990, 323, 330면 참조. 예컨대 착오에 빠진 자를 통해 범행을 실현한 경우라도 그러한 상황을 인식하지 못했다면 간접정범이 될 수 없고, 반대로 고의가 없는 행위자를 통해 범행을 실행한다고 인식했으나, 실제로는 객관적으로 실행행위자가 완전한 고의로 행위한 자였다면 역시 간접정범이 성립할 수 없게 된다. 이에 대해서는 문채규, 앞의 논문, 350면.
47) 이재상, 앞의 논문, 223면.
48) 문채규, 앞의 논문, 365면.

에 기능적 범행지배를 객관적 정범표지로, 그리고 공동의 범행결의를 주관적인 정범표지로 이원화한다면 '기능적 행위지배'라는 정범표지를 순수 객관적으로 순화시킬 수도 있는 것이다.[49] 오히려 이렇게 이론을 구성함으로써 록신처럼 과실범을 의무범으로 분류하지 않고도 자연스럽고 논리일관되게 과실범의 공동정범을 인정할 수 있는 이론적 토대를 마련할 수 있다는 점에[50] 그 실익이 있다는 점도 유의할 필요가 있을 것이다.[51]

다만 문제는 기능적 행위지배를 이와 같이 순수 객관적으로 이해할 때, 주의의무에 '상호연대적 불가분리성'을 요구한 것과 '기능적 행위지배'를 요구하는 것은 결국 동일한 요건의 중복이 된다는 점이다.[52] 왜냐하면 주의의무의 '불가분리성'과 그들 간의 '기능적 행위지배'는 그 실질에 있어서 동일한 의미이기 때문이다.[53] 그러므로 '상호연대적이고 불가분리적인 주의의무위반'이 과실범의 공동정범의 성립요건이라면 별도로 '기능적 행위지배'는 요구되지 않는다고 봄이 옳다. 물론 과실 공동정범에 '동질동량의 공동의 주의의무'와 '기능적 행위지배'가 요구된다고 볼 수도 있을 것이다.

(3) 의사의 연락: 주의의무의 상호연대성에 대한 인식

이와 같이 과실범의 공동정범의 성립요건으로 '상호연대적인 주의의무의 공동'이 요구된다고 할 때, 과실범에서의 '의무의 공동'과 고의범에서의 '범행결의의 공동'이 공동정범의 성립요건으로서 동일한 차원의 의미와 기능을 가질 수 있겠는가라는 비판이 제기된 바 있다. 비판의 핵심은 다음과 같다. '범행결의'는 각자의 자기의사에 의해 범행의 결과를 함께 떠맡겠다는 '행위자적 관점'이 내포된 척도로서 '기능적 행위지배'와 더불어 불법결과를

---

49) 이러한 견해를 취하는 입장으로는 Cramer, FS-Bockelmann, 1979, 400면 이하; 심재우, 앞의 논문(각주 26). 심재우 교수의 기능적 행위지배 개념에 대한 면밀한 검토와 평가로는 문채규, 앞의 논문, 364-365면 참조.

50) 심재우 교수는 과실범을 '의무범'이 아닌 '지배범'으로 보면서도 논리적으로 무리없이 과실범의 공동정범을 입론해 내고 있다. 이 점에 대한 지적으로는 문채규, 앞의 논문, 377면.

51) 록신은 자신이 정립한 행위지배설, 즉 '지배범을 전제로 한 기능적 행위지배'에 모순되지 않고 과실범의 공동정범을 인정하기 위해 과실범을 모두 의무범으로 분류하는 이론적 방편을 취하였지만, 이는 그다지 성공적인 평가를 받고 있지 못한 듯하다. 록신의 입장에 대한 비판으로는 이용식, 앞의 논문, 87면; Stratenwerth, Strafrecht, AT I, 1976, Rn. 1152; 문채규, 앞의 논문, 362면.

52) 심재우 교수는 '고시계'의 글에서는 '주의의무의 공동'과 '기능적 행위지배의 공동'이 요구된다고 하면서, '판례연구'에서는 '기능적 행위지배'에 대한 명확한 언급은 없이 '공동의 주의의무'는 상호 의존적으로 불가분리한 관계에 있어야 한다고 주장하고 있어 이와 같은 혼동을 초래하고 있다.

53) 역시 같은 지적을 하고 있는 문채규, 앞의 논문, 381면, 각주 80)번 하단 참조.

관여자들에게 공동으로 귀속시킬 수 있는 매개체로서의 역할을 한다. 정범귀속은 불법결과 와의 행위귀속인 동시에 행위자귀속인바, '기능적 행위지배'가 실현될 불법결과를 각자의 '행위기여'에 객관적으로 공동귀속될 수 있는 척도라면, '범행결의의 공동'은 각자가 자신이 행한 기여분을 매개로 하여 전체결과를 '각자'에게 그의 작품으로 귀속시킨다는 '행위자적 관점'에서의 척도기능을 해야 하는데, 과실범에서의 '의무의 공동'은 이러한 기능을 전혀 하지 못한다는 것이다.54) 예컨대 앞서 든 예의 일단의 죄수를 감시하는 두 간수는 동질동량 의 상호 불가분리한 공동의무를 지고 있지만, 그럼에도 불구하고 그 공동의 의무는 각자의 자기의사와는 무관하게 위탁자의 단독의사에 달려 있기 때문에 과연 '의무의 공동'을 근거로 하여 각자에게 타인의의무위반의 몫까지 공동으로 귀속시킬 수 있느냐는 것이다.55) 만일 과실 공동정범에 '의사의 연락'이 필요치 않고 기능적 행위지배를 순수 객관적으로만 파악한다면56) 이와 같은 지적은 옳을 것이다. 그렇지만 새로운 요건을 추가함으로써 이러한 문제점은 해결될 수 있다고 본다. 우선 전술한 '성냥불 사례', '바윗돌 함께 굴리기 사례', '간수 사례'에서 각 행위자들은 주의의무위반 행위를 할 때 적어도 다른 행위자와 공동으로 주의의무를 지고 있다는 의사를 가지고(willentlich) 행위하고 있다는 점에 주목할 필요가 있다.57) 이는 곧 과실 공동정범에 있어서도 행위자들 간의 '인식적 요소'가 존재한다는 것이다.58) 고의 공동정범에 있어서 '범행결의의 공동'이 전체결과를 각자의 작품으로 만드는 '행위자적 요소'로 기능한다면 과실 공동정범에서는 '타인과 공동의 주의의무를 부담하고 함께 행위한다는 인식'59)이 바로 '행위자적 요소'로 자리매김할 수 있을 것이다. 왜냐하면

---

54) 그러나 '주의의무의 공동'만으로도 '일부실행, 전부책임'의 효과를 인정할 수 있다는 견해도 있다. 이러 한 견해로는 曾根威彦, 刑法の 重要問題(總論), 1993, 310면; 정성근, 형법총론, 1990, 559면.

55) 이상의 문제제기로는 정영석, 과실범의 공동정범, 연세논총, 1973, 304면; 문채규, 앞의 논문, 378-379 면; 전지연, 앞의 논문, 49-50면.

56) 예컨대 심재우, 앞의 논문 2편.

57) 이 점에 대한 지적으로는 이용식, 앞의 논문, 105면-108면.

58) 이재상 교수는 인식 있는 과실에 '결과발생 가능성에 대한 인식'을 요구하는 것 이외의 '인식적 요소'는 과실범의 주관적 구성요건요소에 존재하지 않는다고 지적한다. 그러나 여기서의 '인식적 요소'는 과실 범의 주관적 구성요건 외부에 존재하는 것이며, 따라서 이는 과실 공동정범의 '성립요건'이라고 표현하 는 것이다. '고의범'과 '과실범'에 공통되는 '인식적 요소'가 구성요건 외부에 존재함을 논증하는 글로 는 김성룡, 고의론에서 접근한 과실범에 있어서 공동정범, 형사법연구 제16호, 2001 참조. 한편 이재상 교수는 과실 공동정범의 성립요건으로서 구성요건실현행위의 공동에 대한 인식'을 요구하고 있는바, 이 경우는 과실 공동정범이 아니라 고의 공동정범이 된다는 비판을 면하기 어렵다고 본다. 이러한 비판 으로는 백형구, 사법행정 통권 327호, 1988.3, 73면 참조.

59) 단순히 '공동의 사실적 행위에 대한 인식'에 대한 인식이 아니라는 점에서 이러한 요건을 두고 '행위공 동설로의 회귀'라고 비판하는 것은 적절치 못하다고 본다.

우선 이러한 인식은 과실 공동정범을 동시범과 구분해 주는 표지로 기능하게 되고[60] 또한 다수 관여자 각자의 의무위반은 곧 전체결과를 야기하게 된다는 상호 연대감(Solidarität)을 모두에게 부과함으로써 "일부실행, 전부책임" 연결고리가 형성될 수 있기 때문이다.[61] 따라서 이와 같은 인식이 없다면 각자에게 공동의무는 '우연'에 불과하겠지만, 적어도 상호간에 공동의 주의의무를 지고 행위한다는 인식이 있는 한 고의 공동정범과 마찬가지로 전체결과를 각자의 '행위기여'로 '공동귀속'시킬 수 있는 법리적 근거는 충분히 제공될 수 있다고 본다.[62] 다만 이 때, '타인과 공동의 주의의무를 부담하고 함께 행위한다는 인식'이 반드시 행위자들 간에 동시적(同時的)이어야 하는가의 문제가 제기될 수 있다. 예컨대 '성수대교 붕괴사건'처럼 참가자들의 주의의무위반에 시간적 차이가 있는 경우에도 그러한 인식이 인정될 수 있겠느냐는 것이다.[63] 그러나 각자의 과실을 전체범행과 연결시켜 주는 표지로서의 '타인과 공동의 주의의무를 부담하고 함께 행위한다는 인식'이 반드시 동시에 있을 필요는 없다고 본다. 이것은 고의 공동정범에서도 각 행위자에게 타인과 전체 결과에 상호 불가분적인 행위를 한다는 인식, 즉 상호 의사의 연락이 이시(異時)에 행위하는 정범들 간에 충분히 존재할 수 있는바,[64] 과실의 공동정범에서만 '동시성'을 요구할 수는 없기 때문이다.[65]

주지하다시피 우리 대법원은 과실범의 공동정범의 성립요건으로서 '의사의 연락'을 요구하고 있다. 이에 대해 '의사의 연락'은 고의 공동정범에서나 가능한 개념이기 때문에 과실 공동정범에서는 의사의 연락은 있을 수 없다거나[66] 과실범의 '의사연락'은 형법적으로 무의미한 사실행위에 대한 의사소통일 뿐이므로 그것이 '과실행위'에 대한 상호인식이 아닌 한 과실범의 공동정범에 요구될 필요가 없다[67]는 견해가 지배적이다.

---

60) 이용식, 앞의 논문, 106면.
61) 과실 공동정범에서 '주의의무의 상호연대성에 대한 인식'은 고의 공동정범에서의 두 가지 주관적 요건인 '범행결의'와 '범행기여의 객관적인 상호의존성과 내적 결합성에 대한 상호인식'에 상응하는 요소를 모두 포함하고 있다고 보아야 한다. 이러한 인식이 있다면 자신의 주의의무위반은 타인의 주의의무위반과 합해져 법익침해를 가져올 수 있다는 '연대감'이 형성될 수 있고 따라서 '공동정범'에 요구되는 '공동성요소'와 '정범요소'를 모두 충족시킬 수 있기 때문이다.
62) 과실범의 공동정범의 요건으로서 '공동의 주의의무에 대한 상호 인식'을 요구하는 동지의 견해로서 Bettina Weißer, 앞의 논문, 239면; 이용식, 앞의 논문, 105면 참조. 역시 유사한 입장으로 Simone Kamm, Die fahrlässige Mittäterschaft, Strafrechtliche Abhandlungen, Bd.118, 1999, 119면 이하 참조.
63) 이에 대해 회의적인 입장으로서 전지연, 앞의 논문, 50면.
64) 대법원 1988.9.13, 88도1114; 신동운, 형법총론, 2006, 563면; 이재상, 형법총론, 2006, 453면; 김성돈, 형법총론, 2006, 672면; 오영근, 형법총론, 2005, 566면; 정웅석, 형법강의, 2005, 420면.
65) 이용식 교수도 공동의 주의의무의 인식에 '동시성'을 요구하고 있지 않다. 이 점은 이용식, 앞의 논문, 107면 이하 참조.
66) 허일태, 앞의 논문, 623-624면; 이용식, 앞의 논문, 106-107면.

'의사의 연락'이 단순히 '사실행위'에 대한 의사의 연락이라면 그 표현은 적절하다고도 볼 수 있겠지만 그러한 의미의 '의사연락'은 과실범의 공동정범을 법리적으로 근거지음에 있어서 무의미한 표지이다. 그럼에도 불구하고 대법원은 동 표지를 지속적으로 판결주문에 사용하고 있다. 그렇다면 대법원 판례가 어떠한 취지에서 '의사의 연락'이란 표지를 사용하고 있는 좀 더 면밀히 검토해 볼 필요가 있을 것이다. 대법원은 '의사의 연락'이란 표지를 피고인 모두에게 일의적으로 결과를 귀속시킬 수 있는 필수적인 요소로서 사용하고 있다.[68] 이러한 사실은 '성수대교 붕괴사건'의 판결요지를 보면 더욱 분명해진다.

> "이 사건의 경우, 피고인들에게는 트러스트 제작상, 시공 및 감독의 과실이 인정되고 감독 공무원들의 감독상의 과실이 합쳐져서 이 사건 사고의 한 원인이 되었으며, 한편 피고인들은 이 사건 성수대교를 안전하게 건축되도록 한다는 공동의 목표와 의사연락이 있었다고 보아야 할 것이므로, 피고인들 사이에는 이 사건 업무상 과실치사상 등의 죄에 대하여 형법 제30조 소정의 공동정범의 관계가 성립된다(대법원 1997.11.28. 선고, 97도1740)."

대법원이 '의사의 연락'이란 표지를 다수 관여자 모두에게 전체결과를 귀속시킬 수 있는 필수적인 요소로서 관념하고 있다면, 전술한 본고의 논의에 비추어 볼 때, 과실 공동정범에 있어서 '의사의 연락'이란 고의 공동정범의 '범행결의의 공동'처럼 전체결과를 각자의 작품으로 귀속시키는 '타인과 공동의 주의의무를 부담하고 함께 행위한다는 인식'을 의미한다고 볼 수 있을 것이다. 달리 표현하자면 '의사의 연락'이란 '주의의무의 상호 연대성에 대한 인식'이라고도 새길 수 있다고 본다. 이러한 입론이 옳다면, 우리 대법원은 '의사의 연락'이란 용어를 개념적으로 '잘못' 사용하고 있지만 그 진정한 의미는 고의 공동정범에서 말하는 '의사의 연락'과는 다른 것으로 보아야 할 것이다.[69]

Ⅳ. 사례의 검토

이상 전술한 과실 공동정범의 성립요건을 토대로 하여 학계에 논란이 되어 왔던 몇

---

67) 심재우, 앞의 논문(각주27), 115-116면; 배종대, 형법총론, 1993, 444면.
68) 이러한 평가로, 김성룡, 과실범의 공동정범, 형사판례의 연구 I(형법), 이재상교수화갑기념논문집, 2003, 607-608면.
69) 동지의 견해로 이용식, 앞의 논문, 107면 참조.

가지 사례와 우리 대법원 판례를 비판적으로 검토해 보기로 한다.

1. 문제 사례의 검토

(1) 자전거 전조등 사건(Radleuchten-Fall)[70]

비오는 밤에 자전거로 도로를 주행하던 A, B 형제가 둘다 전조등을 켜지 않았기 때문에 반대방향에서 역시 전조등을 켜지 않고 오던 C와, A의 뒤를 따라오던 B가 충돌하여 C가 크게 다친 사건. 이 사건에 대해 Exner는 A와 B는 공동으로 위험한 자전거 운행을 하였고 각자는 그러한 공동행위의 결과를 예측할 수 있었기 때문에 과실범의 공동정범이 된다고 주장하였다.[71] 이에 대해 김성룡 교수는 '동질동량의 주의의무'란 기준을 적용해 볼 때, A, B 두 사람에게 과연 어떠한 주의의무가 동일하게 부여되어 있는지 불분명하다고 지적한다. 즉 반대편에서 오는 자전거를 피할 (작위)의무인지, 전조등을 켜지 않은 '부작위'가 문제되는 것인지, 전조등을 켜지 않고 주행한 '작위'가 주의의의무위반인지 불분명하다는 것이다.[72] 그러나 주의의무의 구체적 내용이 규범적으로 특정되어 있지 않다는 점은[73] 과실의 특수성에 비추어 볼 때 오히려 자연스러운 결론이다.[74] 따라서 이 사례에서 '동질동량'의 주의의무란 각자에게 가능한 다양한 주의의무의 스펙트럼이 미치는 범위까지를 모두 포함한다고 볼 수 있을 것이다. 이보다 본질적인 문제는 과연 이들이 동시범인지 공동정범인지의 구분문제이다. 심재우 교수는 이들이 각각 자전거를 몰고 독립된 행위조종을 하고 있기 때문에 공동의 과실로 볼 수 없다고 한다.[75] 마찬가지로 열 사람이 경솔하게 돌을 던져 그 돌중의 하나가 타인에게 맞은 경우, 두 사람이 각목을 각각 떨어뜨려 사람을 맞춘 경우에도 공동정범은 성립하지 않는다고 한다. 그러나 과실의 공동정범이 성립되느냐 동시범이 성립되느냐의 문제는 어떠한 전체결과에 이르는 행위가 각 관여자의 개별 행위가 합해져서 완성되었는지, 아니면 그들 공동의 단일 행위에 의해 완성된 것인지에 달려 있는 것이 아니

---

70) RGSt 63, 392
71) Exner, Fahrlässiges Zusammenwirken, in: Festgabe Für R. Frank, Bd I, 585면 이하.
72) 김성룡, 과실의 공동정범의 표지로서 공동정범적 주의의무침해 또는 다수인의 공동작용의 필수불가결성, 비교형사법연구 제2권 제2호, 98면; 역시 비슷한 지적으로는 배종대, 앞의 논문, 16면.
73) 이에 대해 Schröder, Die Fahrlässigkeit als Erkennbarkeit der Tatbestandsverwirklichung, JZ 1989, 776면 참조.
74) 문채규·천진호, 형법상 과실의 구조, 비교형사법연구 제5권 제1호, 2003, 91면 참조.
75) 심재우, 앞의 논문(각주27), 121면.

다. 두 사람이 각목을 각각 던졌어도 공동의 주의의무가 있고 상호 연대성에 대한 인식이 있을 경우에는 과실의 공동정범이 성립한다고 보는 것이 옳다. 이는 자전거 전조등 사례도 마찬가지이며, '돌 던지기 사례'나 '허수아비투석 사건'에서 과실의 공동정범이 인정될 수 있다는 점에 비추어 보더라도 분명하다고 본다. 다만 자전거 전조등 사례의 경우 이미 원인행위가 밝혀진 경우이므로 뒤따라가던 B만 과실범이 된다고 보는 것이 옳다.[76]

(2) 바위 함께굴리기 사건

흔히 이 사건은 '상호연대적 동질동량'의 주의의무가 인정되는 대표적인 사례로 소개되어 왔다. 그리고 열 사람이 힘을 합치지 않으면 굴릴 수 없는 바윗돌을 열 사람이 굴리는 경우는 이러한 주의의무가 인정되지만 혼자서도 굴릴 수 있는 바윗돌을 열 사람이 굴리는 경우는 주의의무의 '동질동량'은 인정되지만 '상호연대성'이 부정되어 공동의 주의의무가 인정될 수 없다고 한다.[77] 그러나 이에 대해 양자를 구별할 필요가 없으며 이 경우에도 과실범의 공동정범을 인정할 수 있다는 비판이 제기된 바 있다.[78]

생각건대, 주의의무의 '상호연대적 불가분리성'을 전체결과를 발생시킬 수 있는 각 관여자의 '개인적 능력'과 관련짓는 것은 부당하다고 본다. 왜냐하면 주의의무가 연대되어 있다는 것은 각 관여자의 주의의무가 합해져야만 결과가 발생할 수 있고, 한 사람이라도 주의의무를 다하였다면 결과의 발생을 회피할 수 있는 상호의존성을 의미하는바, '바위함께굴리기 사건'에서의 주의의무란 절벽 아래에 사람이 없는지를 확인해야 할 의무이지 바위굴리기를 멈추는 것이 아니기 때문이다. 다시 말해 혼자서도 굴릴 수 있는 바윗돌을 열 사람이 굴린 경우에도 어느 한 사람이 주변에 바윗돌을 맞을 수 있는 사람이 있는지를 주의 깊게 관찰했더라면 인적을 확인하고 바위를 굴리지 말자고 하여 위 사고는 회피될 수 있는 것이고 따라서 '상호의존성'은 완전히 충족되기 때문이다.[79] 그리고 이러한 결론은 고의 공동정범과 과실 공동정범의 귀속구조를 비교해 보더라도 타당하다. 고의 공동정범에서 기능적 범행지배를 인정할 수 있는지의 여부는 각 관여자의 역할이 전체 범죄실현에 있어서 '본질적인 기여'를 했는가에 달려있다. 이 점은 과실 공동정범도 마찬가지이다. 각 주의의무가

---

76) 심재우 교수도 같은 결론을 취하고 있다. 이 점에 대해서는 심재우, 앞의 논문(각주27), 121면.
77) 심재우, 앞의 논문(각주27), 122면.
78) 이재상, 앞의 논문, 226면 각주 32) 참조.
79) 그러나 이 경우 주의의무가 바위를 함께 굴리는 협동작업에서 이탈하는 것으로 본다면 한 개인의 이탈은 결과를 방지하지 못한다는 점에서 주의의무의 '상호연대적 불가분리성'은 인정되지 않는다.

상호연대되어 있기 때문이다. 그러나 고의 공동정범에서 '본질적인 기여'는 '절대성'을 의미하지는 않는다. 다시 말해 "만약 한 관여자가 빠졌다면 범죄의 실행은 절대적으로 불가능했을 것이다"는 조건관계가 요구되지 않는다. 따라서 공동으로 은행강도를 실행에 옮기는 경우 망보는 자의 역할이 미미하여 직접 은행을 터는 행위자 혼자만의 힘으로도 충분히 은행강도가 가능했다 하더라도 분담역할들의 상호의존성이 인정된다면 각자의 기능은 전체 결과에 본질적인 의미를 갖게 되고 공동정범이 성립하기에 충분하다는 것이다.[80] 고의 공동정범의 '일부실행, 전부책임'의 불법귀속구조가 이러하다면 과실 공동정범에 있어서도 각 관여자 개인의 전체범행실행능력유무는 문제되지 않는다고 보는 것이 타당할 것이다.[81]

2. 대법원 판례의 검토

(1) 대법원 1962.3.29, 4294형상598("그대로 가자" 사건)

트럭의 운전사 옆에 타고 있던 화주(貨主)가 검문을 위하여 경찰관이 트럭에 올라타자 운전사에게 "그대로 가자"고 요구하여 운전사가 화주의 지시에 따라 질주해 매달렸던 경찰관이 추락사망한 사건.

　잘 알려져 있다시피, 동 사건은 우리 대법원이 최초로 과실범의 공동정범을 인정한 사례로서 '행위공동설'을 근거로 하고 있으며[82] 이보다 앞서 1953년에 이미 초기의 부정적인 판례의 입장을 변경해 과실범의 공동정범을 인정하기 시작한 일본판례[83]의 영향을 받은 것으로 보인다.[84] 그리고 동 판례에 대해서는 '공동의 주의의무'가 없기 때문에, 즉 화주에게는 트럭운전으로 인한 사고발생방지의무가 없기 때문에 판례의 입장은 잘못되었고, 과실범이 공동정범이 성립하지 않는다는 것이 지배적 평가이다.[85] 본고의 입장에 비추어 볼

---

80) 이 점에 대한 설명으로는 문채규, 앞의 논문, 355면.
81) 록신 역시 이러한 경우에도 과실 공동정범이 인정되는 것으로 보고 있는 듯하다. 이 점에 대해서는 문채규, 앞의 논문, 368-369면 참조.
82) 이러한 분석으로는 신동운, 판례백선 형법총론, 2006, 454면 이하; 같은 견해로는 이용식, 앞의 논문, 100면. 그러나 이에 대해 이 경우는 '행위공동설'에서 말하는 '행위의 공동'이 없다고 보는 견해로는 심재우, 앞의 논문(각주27), 124면; 전지연, 앞의 논문, 42면 각주 43) 참조.
83) 日最高裁判所 昭和28(1953).1.23(刑集 제7권 1호, 30면); 피고인 두 사람이 공동으로 경영하는 음식점에서 피고인 두 사람의 공동과실로 인해서 법정 제외량 이상의 메탄올이 함유된 음식물을 손님에게 판매하여 사상에 이르게 한 사건에서 두 피고인 간에 '의사의 연락'이 있다고 보아 과실의 공동정범을 인정하였다.
84) 이 점에 대해서는 정진연, 과실범의 공동정범, 숭실대학교 법학논총 제8집, 1995, 4면 참조.

때, 화주와 트럭 운전사에게는 '동질동량'의 상호연대적 주의의무를 인정할 수 없기 때문에 과실의 공동정범을 부정하는 것이 타당하다고 하겠다. 이 점은 특히 대법원이 이후 유사한 판례(1984.3.13, 82도3136)에서 "피고인이 운전자의 부탁으로 차량의 조수석에 동승한 후, 운전자의 차량운전행위를 살펴보고 잘못된 점이 있으면 이를 지적하여 교정해 주려 했던 것에 그치고 전문적인 운전교습자가 피교습자에 대하여 차량운행에 관해 모든 지시를 하는 경우와 같이 주도적 지위에서 동 차량을 운행할 의도가 있었다거나 실제로 그 같은 운행을 하였다고 보기 어렵다면 그 같은 운행 중에 야기된 사고에 대하여 과실범의 공동정범의 책임을 물을 수 없다."고 판시한 점에 비추어 보면 더욱 분명해 진다. 한 마디로 운전자의 차량운전행위에 '주도적' 영향력을 행사할 수 없는 지위의 사람에게는 안전운행에 대한 동일한 주의의무를 인정할 수 없다는 것이며 타당한 법리라고 하겠다.[86]

(2) 대법원 1979.8.21, 78도2082(선임탑승자 사건)

역시 학계에 널리 논의된 바 있는 '선임탑승자 사건'의 경우도 '운전주의의무'는 운전병에게만 있으며 동승한 선임탑승자에게는 함께 술을 마시자고 한 것과 마신 술이 깨기 전에 운전병이 운전대를 잡게 한 감독상의 책임만이 있기 때문에 양자의 주의의무는 '동질동량'의 것이 아니고, 따라서 이 사건 과실범의 공동정범을 인정한 판례의 입장은 잘못된 것이라는 평가가 주류를 이룬다. 왜냐하면 전자는 '군형법'상의 의무위반이고 후자는 '군행정법'상의 의무위반이기 때문이라는 것이다.[87] 달리 말해 운전병에게는 사고결과발생에 직접적인 관계를 갖는 '1차적 주의의무(primäre Sorgfaltspflicht)'가 인정되는 반면, 선임탑승자에게는 결과발생에 간접적으로 관련된 의무 또는 그에 수반된 '2차적 주의의무(sekundäre Sorgfaltspflicht)'가 인정될 뿐이어서 양자는 '동질동량'이 아니라는 것이다.[88] 또 다른 각도

---

85) 대표적으로 이재상, 앞의 논문, 229면.
86) 심재우 교수는 만일 이러한 경우에 과실 공동정범이 인정된다면, 택시 승객이 운전자에게 "바쁘니 좀 빨리 가자"고 재촉해서 과속으로 차를 몰다가 사고를 낸 경우도 과실범의 공동정범이 성립될 것이라고 통렬히 비판한다. 심재우, 앞의 논문(각주27), 123면 참조.
87) 심재우, 앞의 논문(각주27), 124-126면; 허일태, 동아법학 제11호, 1990, 104-105면; 전지연, 앞의 논문, 43-44면; 이용식, 앞의 논문, 105면; 이재상; 앞의 논문, 229면.
88) 이 개념에 대해서는 Stratenwerth, Arbeitsteilung und ärztliche Sorgfaltspflicht, in: FS-E. Schmidt, 1961, 391면 이하. 동 개념에 대한 소개로는 심재우, 앞의 논문(각주24), 128면. 반면 록신은 1차적 의무와 2차적 의무 사이에도 공동의 의무가 가능하다고 본다(Roxin, 2.Aufl., 536면). 이에 대한 지적으로는 문채규, 앞의 논문, 372면 각주66) 참조.

에서 보자면 감독자인 선임탑승자에게는 기껏해야 운전병의 운전사고에 대한 '과실 방조범'만이 인정될 여지가 있겠으나 이는 현행법 도그마틱상 불가벌이라는 법리구성도 가능하다고 볼 수 있을 것이다.[89]

그러나 위 판례는 긍정적으로 달리 새겨볼 필요가 있다고 본다. 일반적으로 군대의 선임자에게는 피감독자에 대한 다양한 감독의무가 존재한다. 만일 차량에 동승하게 된 경우라면 운전병의 안전운행에 대한 감독의무가 발생함은, 대법원이 "선임상관은 운전병의 안전운행을 감독하여야 할 선임탑승자로서 계속 운전을 할 운전병이 음주를 한다면 이를 적극 제지하여야 할 뿐만 아니라, 동인이 안전운행을 할 수 있을 정도로 술이 깰 때까지는 운전을 하지 못하도록 해야 할 주의의무가 있음에도 불구하고"라고 설시한 점에 비추어 보더라도 분명하다. 다만 이 경우에도 선임자의 주의의무가 운전병의 차량사고를 회피할 수 있을 정도로 '주도적'인 영향력을 지닌 '1차적 주의의무'라고 볼 수 있는지 여부는 면밀히 검토되어야 마땅할 것이다. 이에 대해 대법원은 선임탑승자에게 언제나 차량사고에 대한 공동의 과실을 인정하고 있지는 않다. 또 다른 유사 사례(1986.5.27. 선고 85도2483)에서 대법원은 "군용차량의 운전병이 선임탑승자의 지시에 따라 철도선로를 무단횡단 중 운전부주의로 그 차량이 손괴된 경우, 그 손괴의 결과가 선임탑승자가 사고지점을 횡단하도록 지시한 과실에 인한 것이라고 볼 수 없고 선임탑승자가 운전병을 지휘감독할 책임있는 자라 하여 그 점만으로 곧 손괴의 결과에 대한 공동과실이 있는 것이라고 단정할 수도 없다."고 판시함으로써 구체적 사실관계에 따라서 선임탑승자의 주의의무를 다르게 판단하고 있다. 통상적인 경우 선임탑승자는 운전병의 구체적인 과실운행에 대해서까지 책임을 질 필요는 없다. 운전은 어디까지나 운전병이 직접 하고 있는 것이고 따라서 안전운행에 대한 선임자의 감독의무는 '주도적'인 정도에까지 미치지 못하기 때문이다. 다시 말해 이 경우 선임탑승자는 안전운전에 대한 일반적 지시만을 할 수 있는 것이고, 구체적 사고결과에 대한 회피의무는 운전병에게만 부여되어 있기 때문에 개별 사고에 대한 선임탑승자의 '과실'은 인정되지 않는다. 안전운전 감독상의 주의의무를 다하였다 하더라도 운전자의 '일거수일투족'을 지배할 수 없는 이상 개별 운전자의 부주의로 인한 사고를 선임탑승자는 '회피'할 없기 때문에 애초부터 형법상의 과실은 성립할 여지가 없는 것이다.[90] 그러나 선임탑승자가 운전병과 술을 '함께' 마신 경우에는 각자에 대한 과실귀속의 메커니즘이 달라진다. '함께 음주' 한

---

89) 종합해 볼 때, 이러한 생각의 단초를 읽을 수 있는 문헌으로는 허일태, 앞의 논문, 627면; 정진연, 앞의 논문, 25면; 이상돈, 의료형법, 1998, 124-125면.

90) 과실의 구조에 대해서는, 문채규·천진호, 앞의 논문, 80면 참조.

때부터 이미 선임탑승자는 운전병의 안전운전에 '주도적 영향력'을 미치고 있다. 왜냐하면 이 경우 '운전교습자'가 '피교습자'에게 안전운행에 관한 모든 지시를 하고 있는 것과 비교해, 선임자가 운전병에게 '부주의 운전'의 지시를 직접적으로 내리고 있는 것과 마찬가지이기 때문이다. 함께 음주를 했다면 운전병은 술이 깬 후 운전을 해야하고 선임자는 술이 깬 후 운전을 하도록 제지를 해야 할 '결과회피' 의무가 있음에도 불구하고[91] 양자 모두 이를 태만히 했다면 이는 '동질동량의 상호 연대적' 주의의무의 위반으로 볼 수 있을 것이고 따라서 대법원이 과실범의 공동정범으로 의율함은 정당하다고 하겠다.[92] 이러한 판결은 이후 유사한 사례에서 군사법원에 의해 그대로 유지되고 있다.[93]

(3) 대법원 1996.8.23, 96도1231/대법원 1997.11.28., 97도1740 (삼풍백화점/성수대교 붕괴사건)

잘 알려진 삼풍백화점 붕괴사건과 성수대교 붕괴사건에서 대법원은 설계, 시공, 제작 및 시공상의 감독, 그리고 완공 후의 유지 관리를 담당하는 자 등에게 과실범의 공동정범을 인정하였다. 백화점 및 교량 등의 건축구조물의 설계 및 시공, 감독 및 관리를 담당하는 각 단계별 관여자 모두에게 과실범의 공동정범을 인정한 것에 대해 다음과 같은 비판이 있다. 첫째, 각 관여자들에게 구조물을 안전하게 건축되도록 한다는 공동의 목표가 있었다고 하더라도 이러한 목표는 일상적 목표에 불과한바, 이러한 목표가 있었다고 해서 건축물의 하자발생 시에 곧바로 과실이 성립하는 것은 아니다. 둘째, 각 관여자들에게 안전한 건축에 대한 '의사의 연락'이 있었다고 보기 어렵다.[94] 셋째, 각 관여자들은 건축물 제작 및 유지를 위한 분업적인 주의의가 있을 뿐이므로 이들에게 공동의 과실이 존재한다고 보기 어렵고, 따라서 이때는 단순히 과실이 경합한 경우로 보아야 한다. 오히려 각 단계의 관여자들은 자신은 비록 주의의무를 소홀히 하였다 하더라도 그것만으로는 결과가 발생하지 않으리라고, 즉 타 관여자들은 각자의 주의의무를 성실히 수행할 것으로 신뢰했다고 믿는 것이 더 현실적이다.[95] 넷째, 주의의무의 구체적 내용이 동일하지 않은데도 공동의 주의의무를

---

91) 대법원도 바로 이 점을 지적하고 있다.

92) 비유적으로 표현하면 '그대로 가자'사건은 '택시 승객과 운전기사'의 관계인 반면에, '선임탑승자 사건'은 (함께 음주한 후부터는) '전문 운전교습자와 피교습자'의 관계라고 볼 수 있을 것이다.

93) 1989.2.10. 육군88항353; 피고인 갑은 피고인 을이 권하는 대로 막걸리를 마신 다음 곧장 차량을 운행함으로써 취한 탓으로 판단력을 잃어 교통사고를 낸 사례에서 과실공동정범이 인정되었다.

94) 이상은 허일태, 앞의 논문, 626면.

95) 김성룡, 앞의 논문(각주68), 609면; 허일태, 앞의 논문(각주6), 626-627면; 이재상, 앞의 논문, 229면.

인정할 수 있다는 기준이 불명료하다.[96]

각 비판내용을 차례로 검토하는 대신 공동의 주의의무에 대한 록신의 견해를 살펴볼 필요가 있다고 본다. 록신에 의하면 갑·을·병·정 등이 동일한 대상에 관련된 동일한 목적의 의무를 지고 있을 때, 갑·을·병·정 등의 의무는 공동의 의무가 된다고 한다. 그리고 이들의 의무위반이 합쳐질 때에만 법익침해가 발생할 수 있게끔 각자의 의무위반이 법익침해에 상호의존되어 있는 상황에서 갑·을·병·정 등이 주의의무를 위반하여 결과가 발생했다면 이들은 '공동의 주의의무'를 위반한 것이 된다. 다만 이때의 '공동의 주의의무'는 그 내용이 동일한 내용으로 되어 있는 경우 이외에도 동일한 대상에 관련되어 있고 또 동일한 법익보호를 목적으로 하는 경우라면, 주의의무의 구체적 내용에서 일치하지 않더라도 공동의 주의의무가 가능할 수 있다고 본다.[97] 예를 들어 분업적 의료행위에서 갑은 수술을 실시하고 을은 수혈을 담당하고 병은 이를 감독하는 경우 또는 갑은 비행기를 설계하고 을은 조립하고 정은 그 조립이 안전하게 이루어졌는지 검사하는 경우에는 그 구체적인 내용은 다를지라도 공동의 주의의무를 지고 있다는 것이다.[98]

상호연대적 동질동량의 주의의무란 과실 공동정범의 인정기준을 록신의 견해처럼 보다 넓게 인정할 수 있다면 위의 첫째, 둘째, 셋째 비판에 대한 반론은 충분히 가능하다고 본다. 대법원이 설시한 '공동의 목표'는 록신이 말한 '동일한 목적'에 해당되고 '의사의 연락'은 고의범에서와는 달리, 전술한 바와 같이 '주의의무의 상호연대성에 대한 인식'으로 볼 수 있을 것이며, 록신이 말한 동일한 법익보호는 성수대교의 안전한 건축 내지는 붕괴의 방지를 뜻한다고 볼 수 있을 것이고, 록신처럼 "의무위반이 합쳐질 때에만 법익침해가 발생할 수 있게끔 각자의 의무위반이 법익침해에 상호의존되어 있어야 한다"는 점은 대법원이 "성수대교와 같은 교량이 그 수명을 유지하기 위하여서는 건설업자의 완전한 시공, 감독 공무원들의 철저한 제작시공상의 감독 및 유지, 감독을 담당하고 있는 공무원들의 철저한 유지관리라는 조건이 합치되어야 하는 것이므로, 위 각 단계에서의 과실 그것만으로는 붕괴원인이 되지 못한다고 하더라도, 그것이 합쳐지면 교량이 붕괴될 수 있다는 점은 쉽게 예상할 수 있고"라고 설시한 점에 대응될 수 있기 때문이다.[99] 끝으로 이러한 록신의 주의의무

---

96) 전지연, 앞의 논문, 46면.

97) 이상의 내용에 대한 소개로는 문채규, 앞의 논문, 367-369면 참조.

98) 이용식, 앞의 논문, 104-105면; 전지연, 앞의 논문, 45면; 문채규, 앞의 논문, 369면 참조. 실제로 간호사 을과 병의 환자경과관찰의무와 이들에 대한 의사 갑의 감독의무가 다투어진 의료분업 사례(대법원 1994.12.22, 93도3030)에서 과실범의 공동정범 성립여부를 검토한 문헌으로는 이상돈, 앞의 책, 128면 참조.

기준은 불명료하다는 비판에 대해 살펴보건대, 그 요지는 록신의 기준에 따르자면 공동의 목적을 띤 분업에 참여하는 관여자들의 지위가 대등해야 하는바[100] 분업적 의료행위에서 예컨대 갑은 의사이고 을은 갑의 지시에 따라서 수혈을 하는 간호사인 경우 갑의 감독과실과 을의 수혈과실로 환자가 사망했을 때 단지 갑과 을의 지위가 대등하지 않다는 이유로 주의의무의 공동이 부정되는 것은 록신 자신의 기준에 비추어 볼 때 모순이며 부당하다는 것이다. 그러나 각 관여자의 '지위의 대등성'은 분업에 있어서 결과에 대한 각자의 의무의 상호의존성, 다시 말해 '불가분리성'을 뜻하는 것이지 그것이 업무상의 위계질서나 신분관계를 뜻하는 것은 아니라고 본다.[101] 따라서 의사와 간호사 간의 분업에도 과실범의 공동정범은 성립될 수 있다.[102] 위 사안의 해결과 관련하여 보다 본질적인 문제는 과연 록신처럼 '상호연대적인 동질동량의 주의의무'를 그와 같이 확장시키는 것이 정당하느냐는 것이다. 록신은 '공동의 주의의무'라는 개념을 통해 다음과 같은 실익을 얻고자 하였다. 예를 들어 협동하여 아기를 돌보는 보모 갑과 을이 동시에 잠을 잤고, 그 결과 아기가 다치게 되었을 때, 갑이 스스로의 과실은 인정하면서도 을의 과실에 대해서는 예견할 수 없었다고 항변하든지 또는 을도 그와 같은 항변을 할 때 그러한 항변이 받아들여진다면, 이를 좀 확대하여 한 사람만으로써도 법익보호가 가능하지만 더욱 안전하게 하기 위하여 100명에게 동시에 동일한 임무를 부여했을 때, 각자에게 과실책임을 지우기 위해서는 나머지 99명 모두의 주의의무위반에 대한 예견가능성이 있어야 할 것이고, 99명 중 단 한 사람의 주의의무위반에 대해서도 예견불가능했다면 그 자신은 과실책임을 면하게 된다. 이렇게 되면 다수의 분업적 사무에 있어서 결과발생에 대한 과실책임귀속의 공동화(空洞化)를 불러오게 될 것이고, 이는 부당하다. 이처럼 타관여자의 의무위반이 예견불가능했더라도 과실책임에서 벗어날 수 없도록 하는 안전장치로서의 기능을 하는 것이 바로 록신이 입론한 '공동의 주의의무'라는 개념인 것이다.[103] 요컨대 '공동의 주의의무'는 '조직적 무책임(organisierte Unverantwortlichkeit)'을 방지하는데 그 실천적 의의가 있다고 할 것이다.[104] 그렇다면 록신

---

99) 동지의 견해로는 이용식, 앞의 논문, 104면. 다만 이용식 교수는 '공동의 목표'에 대해서는 여전히 불명료한 표지로 바라보고 있는 듯하다.

100) 이러한 해석으로 이용식, 앞의 논문, 105면.

101) 동지의 견해로, 문채규, 공동정범의 본질론에 대한 재검토, 안암법학, 2001, 173면.

102) 이러한 가능성을 제시하는 견해로는 이상돈, 앞의 책, 128면 참조.

103) 이상의 설명으로는 문채규, 앞의 논문, 368-369면 참조.

104) 바로 이 점은 성수대교사건에서 각 피고인들이 타 관여자의 주의의무이행을 신뢰했을 것이라는 지적에 대한 답변이 될 것이다.

이 '공동의 주의의무' 개념을 그 의무의 구체적 내용에서 일치하지 않는 경우에까지 확대시킨 것은 바로 현대사회의 복잡다양한 분업적 업무영역에서 발생할 수 있는 공동의 과실을 적절히 규율하기 위한 법정책적 고려에서 비롯된 것으로 이해할 수 있으며, 이는 타당하다고 본다. 성수대교 붕괴사건에 있어서도 각 관여자는 타관여자의 의무이행을 신뢰했을 수도 있었겠지만, 그로 인해 자신의 과실책임이 면제되는 것은 부당하기 때문이다. 또 다른 한편, 고의 공동정범과 과실 공동정범을 비교해 볼 때, 고의범의 정범기준과 과실범의 정범기준이 다르듯이 고의 공동정범과 과실 공동정범의 성립기준은 다르지만, 그렇다고 공동정범으로서의 귀속의 구조가 다른 것은 아니다.[105] 그렇다면 고의 공동정범에서 가능한 귀속형태는 과실 공동정범에서도 가능하다고 보아야 함이 마땅할 것이다. 고의 공동정범에서도 각 관여자가 부담하는 역할의 종류는 제각기 다를 수 있으며, 또한 각 역할이 반드시 동일한 구성요건에 해당하는 행위의 전부 또는 일부일 필요도 없다. 다만 전체범행의 완성에 대한 '본질적인 기여(wesentlicher Tatbeitrag)'가 있으면 충분한 것이다.[106] 그렇다면 과실 공동정범에서의 각 관여자의 주의의무도 전체결과에 상호의존적으로 연대되어 있는 한 충분히 다를 수 있다고 보며,[107] 따라서 이러한 관점에서도 록신의 입론은 정당하다고 생각한다.[108]

V. 결론

본고에서는 과실 공동정범의 부정론과 긍정론의 주요 논거를 검토해 보았고 이중 긍정론의 법적 논거가 더 타당함을 논증하였다. 아울러 과실 공동정범의 성립요건을 입론해 제시해 보았는데, 첫째는 '상호연대적 동질동량의 주의의무의 공동'이고 둘째는 그러한 '주의의무에 대한 공동의 인식'이다. 여기서 동질동량의 주의의무는 상호의존적인 분업적 업무일 경우에 그 구체적 내용이 일치하지 않아도 성립한다. 이러한 기준에 비추어 몇 가지

---

105) 이 점에 대한 정치한 논증으로는 김성룡, 앞의 논문(각주34), 149면.
106) 이에 대해서는 최호진, 공동의 가공사실과 본질적 기여행위의 판단, 형사법연구 제21호, 2004, 224-225면 참조.
107) 고의 공동정범에서 각자의 역할이 다르듯이 과실 공동정범에서도 주의의무의 구체적인 내용은 다를 수 있다는 동지의 견해로 문채규, 공동정범의 본질론에 대한 재검토, 안암법학, 2001, 173면.
108) 반면 '공동의 주의의무'는 '동질동량'이어야 하므로 결과발생에 다수인이 관여한 경우라도 공동의 주의의무가 일치하지 않으면 과실범의 공동정범이 인정될 수 없다는 견해로는 심재우, 앞의 논문(각주27), 117면; 이재상, 앞의 논문, 228-229면. 따라서 이재상 교수는 성수대교 붕괴사건에, 심재우 교수는 의사와 간호사 간의 의료분업에서 과실범의 공동정범을 인정하지 않는다.

문제되는 사례를 검토해 보았고 그 중에서 '선임자 탑승사건', '삼풍백화점 및 성수대교 붕괴사건'에서 과실범의 공동정범이 성립할 수 있다고 주장하였다. 본고는 과실 공동정범의 인정여부 문제가 긍정론과 부정론 중 어느 것이 더 타당한지 판단하기 힘든, 따라서 '법적 불확정성'이 두드러진 영역에 놓여 있음에도 불구하고, 상쟁하는 법적 논거의 비교우위가 결정될 수 있는 문제라는 전제하에 긍정론의 입장이 보다 설득력 있음을 보이고자 하였 다.109) 그러나 이러한 결론이 결코 확정적인 것은 아니다. 언제든지 새로운 논거가 개발될 수 있고, 새로운 관점이 제기될 수 있기 때문에 이에 대한 확답은 아직은 열려 있는 문제이 다. 이는 적어도 규범적 논의에 있어서는 아무리 자명해 보이는 사안에 대해서도 항시 '근원 적인 판단의 불일치'110)가 발생할 가능성이 존재하게 마련이기 때문이다.

---

109) 만일 법적 논거의 우열관계가 결정될 수 없다면, 과실범의 공동정범은 전적으로 법관의 재량에 맡겨진 영역으로 남게 된다. '법적 불확정성' 개념에 대한 소개와, '법적 불확정성'이 '법의 지배'와 양립할 수 있음을 입론하는 견해로는 Jules L. Coleman and Brian Leiter, Determinacy, Objectivity, and Authority, in: Andrei Marmor 편집, Law and Interpretation, Oxford Univ. Press, 1997, 212면 이하
110) 예를 들자면 형법 제30조의 해석에 있어 '고의 공동정범'만을 규정한 것으로 보는 것이 옳은지, '과실 공동정범'까지 규정한 것으로 새기는 것이 옳은지에 대해서, 또는 과실범의 공동정범을 인정하는 것 이 '형법의 법치국가성'을 훼손시키는지의 여부에 대해 여전히 판단의 불일치가 존재할 수 있다는 뜻이다.

[21] 합동범의 공동정범

I. 문제의 제기

합동범의 공동정범이 성립가능한가에 대해서 그동안 상당히 많은 선행연구가 축적되어 왔다. 하나의 쟁점에 대해 이렇게 많은 분량의 논문이 쏟아져 나올 수 있는 것은 분명 이례적인 일이다. 주지하다시피 대법원은 과거 합동범의 공동정범을 부정한 바 있으나 소위 '삐끼주점 사건'에 대한 전원합의체판결[1] 이후 합동범의 공동정범을 인정해 오고 있다. 하지만 대다수 선행연구는 이 대법원 판례에 대해 비판적이다.

부정론의 논지와 근거는 다양하지만, 핵심적인 틀은 다음과 같이 요약될 수 있다. 합동범의 공동정범이 성립되려면 우선 공동정범이 성립하기 위한 일반적 요건으로서 기능적 행위지배라는 정범표지를 갖추어야 하고, 더 나아가 합동범의 성립요건으로서 현장성, 즉 시간적·장소적 협력관계라는 정범표지를 모두 갖추어야만 하는데, 현장에서 직접 협력하지 않고 배후에서 가담한 자에게는 설령 기능적 행위지배가 인정된다고 해도 현장성이라는 정범표지가 결여되어 있기 때문에 정범적격이 인정될 수 없고, 따라서 공동'정범'이 성립할 수 없다는 것이다.

다시 말해 공동정범도 정범인 이상 정범으로서의 자격을 갖춘 자만이 정범적격이 인정되는데, 일반적인 범죄들과는 달리 합동범의 경우에는 공동정범으로서의 자격에 두 가지 요건이 필요하다는 것이다. 신분범의 경우 공동정범이 되기 위해서는 원칙적으로 관여자 모두에게 신분이라는 별도의 정범표지가 요구되는 것과 유사한 논리인 것이다.[2] 부정론의 일견 타당해 보이는 논거에도 불구하고 대법원은 어떠한 이유로 합동범의 공동정범을 인정하는 것인지 의문이 제기될 수밖에 없다. 본고는 이러한 문제의식 하에 대법원의 판결에서

---

1) 대법원 1998. 5. 21. 선고 98도321 전원합의체 판결.
2) 물론 형법은 공범과 신분에 관한 제33조에 의해 비신분자도 신분자와 공동정범이 될 수 있다고 규정하고 있다.

충분히 설시되지 못하고 있는 부분은 무엇인지, 그리고 기존의 여러 선행연구에서 지적하고 있는 판례의 문제점은 과연 도그마틱적으로 타당한 것인지 면밀히 검토해 보고자 한다.

II. 합동범의 본질 및 공동정범과의 관계

1. 합동범의 개념

2인 이상이 합동하여 죄를 범하도록 규정된 범죄가 합동범이다. 형법전에는 특수절도죄(제331조 제2항), 특수강도죄(제334조 제2항), 특수도주죄(제146조) 등 세 가지 구성요건만 있다. 「성폭력범죄의 처벌 등에 관한 특례법」상의 특수강간 등죄(제4조)까지 포함하면 네 가지 유형의 합동범이 존재한다.

합동범은 집단범죄에 대한 형사정책적 대응의 일환으로 등장한 구성요건이다. 이를 통해 처벌해야 할 집단범죄의 유형이 왜 굳이 네 가지 유형에만 국한되어야 하는가에 대해 합리적인 근거를 찾을 수 없다는 비판도 제기되고 있지만[3] 「폭력행위 등 처벌에 관한 법률」(이하 폭처법)에도 2인 이상이 공동으로 저지르는 공갈, 폭행, 협박, 상해, 체포, 감금, 주거침입, 퇴거불응, 재물손괴 등의 구성요건이 합동범과 유사한 형태로 규정되어 있음을 고려하면 형법과 형사특별법이 '합동하여' 거의 모든 유형의 집단범죄에 대처하고 있다고 볼 수 있을 것이다.[4]

합동범은 기본범죄나 그 공동정범에 비해 가중처벌된다. 형벌이 가중되는 근거에 대해 다양한 설명이 제시되고 있다. 독일에서는 집단절도죄의 가중처벌 근거에 대해 행위방법의 위험성으로 인해 불법이 가중되기 때문이라고 보는데, 여기서 행위방법의 위험성이란 피해자에 대한 '행위위험(Aktionsgefahr)'의 가중과 '범죄실현효과의 증대 위험'을 의미한다고 한다.[5] 일반적으로 현장에서 2인 이상이 합동하는 경우 범행주체들이 심리적으로 보다 안정

---

3) 박찬걸, "형법각칙의 합동범 개념 폐지에 관한 시론", 홍익법학 제19권 제1호(2018), 301면. 동 문헌은 오늘날 동 조문을 유지할 실익은 존재하지 않는다고 한다. 왜냐하면 현장에서 합동 내지 공동하는 경우에 위험성이 가중되는 범죄는 현재 합동범으로 분류되는 구성요건에만 국한되지 않기 때문이다.

4) '합동범'과 폭처법상의 '공동범'이 '2인 이상이 공동하여'라는 표현에 대해 사실상 동일한 법리에 기초해 있다고 보는 견해로는 심희기/전지연/한상훈/김정환/안성조/김슬기/윤지영/박정난, 형사특별법 판례 50선(집현재, 2020), 3-4면 참조.

5) 반면에 절도죄의 경우에는 특수강도죄와 달리 피해자와의 대면을 전제로 하지 않기 때문에 행위위험은

된 상태에서 범죄를 저지를 수 있고 따라서 범죄의 성공가능성이 높아지며, 더 중한 범죄로 발전할 가능성도 커져서 그 결과 피해자에 대한 법익침해의 위험성이 높아지기 때문에 합동범을 가중처벌한다고 말할 수 있을 것이다. 합동범은 2인 이상의 합동을 요한다는 점에서 '필요적 공범'으로 보는 견해도 있고 긴밀한 상호협력을 요한다는 점에서는 공동정범의 특수한 형태로 이해되기도 한다. '합동범의 공동정범'이라는 법형상을 검토하기 위해서는 먼저 합동범의 법적 성격에 대해서 논구해 볼 필요가 있을 것이다. 이하에서 합동범의 본질에 대한 제 학설을 살펴보고 각 학설이 합동범의 공동정범 성립여부에 대해 시사하는 바가 무엇인지 검토해 보기로 한다.

2. 합동범의 본질 및 공동정범과의 관계

(1) 공모공동정범설

이 학설은 합동범 규정이 판례가 인정하는 공모공동정범의 법적 근거를 입법적으로 해결한 것으로 합동범 개념에는 총칙상의 공동정범과 공모공동정범이 모두 포함된다는 견해이다. 그 근거로는 형법상의 특수폭행죄(제261조)나 특수주거침입죄(제320조) 등도 분명 집단범죄에 속함에도 불구하고 '합동'이라 하지 않고 "단체 또는 다중의 위력을 보이거나 위험한 물건을 휴대하여"라고 하여 다르게 규정하고 있다는 점에 있다고 한다. 특히 합동범으로 규정된 절도, 강도, 도주 등의 죄는 다른 집단범죄와 달리 형사정책적으로 수괴나 배후 거물과 같은 무형적 공동가공자를 모두 공모공동정범으로 처벌할 필요성이 크다고 하는데 그 이유는 부하의 개별 범행에 대한 교사, 방조행위를 입증하는 것은 실무상 매우 어렵고 부하가 이미 범죄결심을 하고 있을 경우 수괴 등은 종범으로 처벌할 수밖에 없으므로 이렇게 되면 가장 책임이 무거운 자를 가장 가볍게 처벌하는 불합리한 결과가 발생하기 때문이라고 한다. '합동'이란 용어를 도입한 이유에 대해서도 단순히 형을 가중하기 위해서라면 '공동'으로도 충분한데 '합동'이란 용어를 도입한 것은, 공모공동정범에 반대하는 통설의 입장을 감안하여 적극적으로 이를 포함시켜 "실행에 참가하지 않은 막후 거물"을 엄중하게 벌하기 위한 것이라고 주장한다.[6] 이 견해에 의하면 현장에 나타나지 않은 배후거물 갑이

특별한 의미가 없다는 견해도 있다. 이와 관련된 독일 학계의 논의상황에 대한 소개로는 이재상, "합동 범의 공동정범", 이화여자대학교 법학논집 제11권 제1호(2006), 64면.

6) 김종수, "공모공동정범", 법조 제14권 제2호(1965), 21-23면.

부하인 을과 함께 공모하여 타인의 재물을 훔친 경우에도 갑과 을은 합동범이 된다는 결론에 도달하여 합동범의 성립범위가 다른 학설들과 비교할 때 가장 넓어진다는 특징이 있다.

동 학설은 특별한 도그마틱적 근거나 입법연혁에 대한 고찰도 없이 합동범이 공동정범과 공모공동정범의 상위개념이라고 파악한다는 점에서 심히 '자의적'인 해석론에 도달하고 있다고 평가하지 않을 수 없을 것이다. 유일한 근거로 제시하고 있는 '합동'이란 용어의 도입배경을 통해 그러한 주장을 전개하고 있지만, 형사특별법에서 '공동'이란 용어를 통해 폭처법상의 8개 유형의 폭력공동정범을 규정하여 집단범죄에 대처하고 있다는 점에 비추어 보면 설득력이 떨어진다. 폭처법상 '공동범'의 의미는 판례를 통해 합동범과 거의 유사한 것으로 파악되고 있지만, 일반적으로 그 의미에 대해 공모공동정범을 포함하는 것으로 보지는 않는다. '합동'이란 용어의 도입배경이 심히 자의적으로 이해됨으로써 합동범의 성립범위가 지나치게 확대되고 있는 것이다.[7]

오늘날 이 견해를 지지하는 문헌은 없으나, 학설로서 의의가 있다면 교사나 방조의 입증이 실무상 어렵다는 점, 특히 부하가 이미 범행결의를 하고 있을 경우 배후거물이 종범으로 처벌되어 실제로 가장 책임이 무거운 자가 가장 가볍게 처벌되는 불합리가 발생할 수 있다는 점을 적실히 잘 지적해 준다는 점에 있을 것이다. 후술하듯이 이러한 문제의식은 합동범의 공동정범을 긍정하고 있는 대상판결에서도 거의 유사한 형태로 제시되고 있다.

(2) 가중적 공동정범설

이 학설에 따르면 합동범은 그 본질상 공동정범이지만 집단적 형태로 범해지는 절도, 강도, 도주 등의 범죄에 강력히 대처하기 위해 형을 가중한 것이고, 그러한 의미에서 '가중적 공동정범'을 규정한 것이며, 이를 총칙상의 공동정범과 구별하기 위해 '공동' 대신 '합동'이라는 말을 사용한 것이라고 이해한다. 따라서 현장에서 공동하는 경우뿐만 아니라 현장에서의 공동행위가 없더라도 공동실행의 사실이 공동정범에 이를 정도이면 이를 합동범으로 하여 형을 가중할 수 있다고 한다. 이때의 공동실행의 사실은 반드시 구성요건적 실행행위만을 지칭하는 것은 아니고 공모와 함께 일정한 역할을 분담하여 목적적 행위지배에 이를 정도이면 인정될 수 있다고 한다. 요컨대, 합동범은 현장성 여부와는 상관없이 단지 형벌이 가중된 공동정범의 일종일 뿐이라는 것이다.[8] 합동범의 성립범위 측면에서 공모공동정범설

---

7) 배종대, "합동범에 관한 연구", 안암법학 제11권(2000), 90면.
8) 김종원, "필요적 공범", 고시계(1968.2), 72면; 황산덕, 형법각론(법문사, 1978), 284면.

과 현장설의 중간에 위치한다.

이 학설의 특징은 합동범을 필요적 공범으로 보지 않는다는 점에 있다. 합동범은 단순절도나 강도처럼 1인에 의해서도 범죄의 성립이 가능하지만 2인 이상이 합동하여 특별히 형이 가중되는 경우에 지나지 않기 때문에 범죄의 성립에 반드시 2인 이상의 관여가 필요한 필요적 공범으로 볼 수 없으며, 따라서 합동범에 대해서도 총칙상의 임의적 공범규정이 적용될 수 있다고 함으로써 결국 합동범의 공동정범을 긍정하는 이론적인 근거를 마련해 준다.

동 학설에 대해서는 공동정범은 총칙에서 규정하고 있는 임의적 공범의 하나이고 합동범은 각칙에서 개별적으로 규정하고 있는 구성요건인데 양자의 차이를 간과하고 있다는 점과, 법률이 명시적으로 인정하고 있는 절도, 강도, 도주 등 합동범에 대해서만 집단범죄의 대책이 필요하다는 것은 설득력이 약하다[9]는 비판이 제기되어 있다.

(3) 현장설

통설과 판례의 입장인 현장설은 공모공동정범설과 현저한 차이가 있는데, 합동범이 공동정범 및 공모공동정범의 상위개념인 것이 아니라, 반대로 공동정범의 하위개념이합동범이라고 이해하는 학설이다. '시간적·장소적으로 긴밀한 협동관계만'을 합동으로 이해하며, 현장성이 강조된 공동정범의 특수형태로 보는 입장이다. 현장설에 의하면 합동범이 되기 위해서는 시간적·장소적 협동관계가 요구되므로 합동범의 공모공동정범은 물론 현장에서 공동하지 아니한 공동정범도 합동범이 될 수 없다.[10] 그리고 합동범은 필요적 공범이 되므로 임의적 공범에 관한 규정인 형법 제30조의 공동정범규정은 여기에 적용될 수 없다고 한다.

현장설은 입법연혁을 그 근거로 한다. 독일형법 제244조 제1항 3호의 집단절도죄(Banddiebstahl)[11]를 모델로 한 구법시대의 盜犯등의防止및處分에관한法律 제2조 제2호가

---

9) 배종대, 앞의 논문, 91면.
10) 이재상, 앞의 논문, 58-59면.
11) 현행 독일형법 제 244조 제1항 제2호에 해당한다. 현행 조문은 다음과 같다.
   제244조【흉기휴대절도, 집단절도, 주거침입절도】 ① 다음 각호의 1에 해당하는 자는 6월 이상 10년 이하의 자유형에 처한다.
   2. 강도 또는 절도의 계속적 수행을 목적으로 조직된 집단의 구성원으로서(als Mitglied einer Bande) 다른 집단구성원의 협력 하에(unter Mitwirkung eines anderen Bandenmitglieds) 절도한 경우.

'2인 이상이 현장에서 공동하여 범한 때'라고 규정한 것을 현행 특수절도죄에서 "2인 이상이 합동하여"로 변형, 입법화했다는 것이다. 독일형법상의 집단절도죄에서 "집단의 다른 구성원과 '협동하여(unter Mitwirkung)' 절도한 자"라는 법문에서 협동의 의미도 일반적으로 "2인 이상의 시간적·장소적 협력이라는 요건(Erfordernis eines zeitlichen und örtlichen Zusammenwirkens)"으로 해석된다는 것이다.[12] 이러한 입법연혁에 비추어 합동범의 합동은 "2인 이상이 현장에서 공동하여 범한 자"로 해석하는 것이 타당하다고 하며, 바로 그로 인해 특별한 범죄위험성이 발생하여 합동절도가 단순절도보다 가중처벌되는 근거가 된다고 한다.

요컨대, 합동범은 공동정범의 요건과 현장성의 요건을 모두 갖추어야 하며 따라서 공동정범보다 좁은 개념이 되고, 결과적으로 전술한 공모공동정범설이나 가중적 공동정범설보다 합동범의 성립범위는 축소된다.

현장설에 대해서는 역사적 해석의 근거로 제시하고 있는 盜犯등의防止및處分에관한法律에는 명백히 '현장'요건이 명문화되어 있지만 합동범 규정에는 그러하지 않다는 점, 역사적 해석은 집단절도죄 규정의 전승과정에 주목하고 있지만 현행 합동범 규정은 특수절도에만 국한되어 있지 않은 점 등이 지적되고 있으나 이러한 비판은 역사적 해석에 대해 크게 유의미한 반론으로 여겨지지 않으며, 다른 학설들과 달리 합동범의 가중처벌의 근거를 잘 해명해 준다는 점에서 통설과 판례는 현장설을 택하고 있다. 후술하듯이 합동범의 공동정범을 인정한 대법원 전원합의체판결은 현장설을 취하면서 그러한 결론에 도달하고 있기 때문에, 합동범의 공동정범의 성립을 부정하는 현장설의 본래적 의미는 판례에 제한적으로만 수용되고 있다고 평가할 수 있을 것이다.

(4) 현장적 공동정범설

이 학설은 현장설보다는 넓게, 가중적 공동정범설보다 좁게 합동범의 성립범위를 설정하려는 견해이다.[13] 합동범은 주관적 요건으로서 공모 외에 객관적 요건으로서 현장에서 실행행위의 분담을 요하는데, 이때의 실행행위의 분담은 시간적·장소적 근접활동 내지 협동을 지칭하는 것으로서 이 점에서 현장설이 결론과 일치한다. 하지만 합동범도 어디까지나 공동정범의 일형태이며, 아무리 현장성을 갖춘다고 해도 정범표지를 결여한 자는, 만일 그

---

12) Schönke/Schröder, Strafgesetzbuch, 29.Aufl.(2014), §244, Rn. 26.
13) 김일수/서보학, (새로쓴) 형법각론(박영사, 2002), 300면.

가 현장에서 다른 1인과 범행을 실현해도 공범이 될 뿐이고 두 사람은 합동범이 될 수 없으며, 만일 그가 2인 이상의 합동범이 성립한 경우에 제3의 행위자로 범행에 가담을 하더라도 역시 교사범 또는 방조범밖에 될 수 없다고 한다. 이러한 맥락에서 합동범의 성격을 기본적으로 '공동정범'으로 이해하는 가중적 공동정범설의 결론과 일맥상통한다. 다만, 현장적 공동정범설이 가중적 공동정범설과 차이를 보이는 부분은 후자가 현장에서 공동하지 않더라도 '합동범'이 성립가능하다고 보는 반면, 전자는 합동범은 어디까지나 현장성을 갖춘 경우에만 성립할 수 있고, 현장에 없지만 합동범에 기능적 범행지배를 한 배후거물이나 두목은 공동정범의 일반이론, 즉 '기능적 행위지배(funktionelle Tatherrschaft)'에 따라서 '합동범의 공동정범'으로 규율될 수 있다고 보는 점이다.

이해의 편의를 위해 정리해 보면, 현장성이 결여된 제3자가 2인의 합동절도에 역할분담을 통해 기여해 기능적 행위지배가 인정될 경우, 현장설은 제3자에게 단순절도의 공동정범이 되거나 합동절도의 교사나 방조범이 성립할 수 있다고 보지만, 가중적 공동정범설은 이 경우에도 '합동절도'가 성립된다고 보며, 현장적 공동정범설은 '합동범의 공동정범'이 성립한다고 보는 점에서 법리구성 및 결론에 있어서 차이를 보이고 있다.

현장적 공동정범설은 절도범 갑과 을이 함께 절도를 하였는데 갑은 정범으로, 을은 방조범으로 가담한 경우 갑과 을은 모두 합동절도는 성립하지 않고 을에게는 절도죄의 방조범만 성립하며 이것이 현장설과 다른 점이라고 강조하는 입장인데 이에 대해 현장설을 취하는 경우에도 합동범은 시간적·장소적으로 협동에 의해 정범으로 기여하는 때에 성립하며 단순히 현장에 있거나 현장에서 방조범의 역할만 하는 것으로는 족하지 않다고 보고 있고[14] 독일의 경우 1999년 이후 현장설과 결별한[15] 연방대법원은 현장에서의 협동은 반드시 정범적 기여에 한하지 않고 방조범으로 가담한 경우를 포함한다고 해석하고 있는 점에서 현장적 공동정범설의 입장은 오히려 현장설의 입장과 일맥상통한다는 지적이 있다.[16] 아울러 동 학설은 합동범의 본질을 '기능적 행위지배'의 문제로 환원하고 있기 때문에 현장성의 고유한 의미를 간과하고 있다는 비판도 제기되고 있다.[17] 현장적 공동정범설은 이하에서 검토할 대상판결의 입장과 그 실질에 있어서 유사하며 대법원이 합동범의 공동정범을 긍정하는

---

14) 문채규, "합동범의 공동정범", 형사법연구 제22호(2004), 26면. 동 문헌에 의하면 현장설도 현장에서의 '공동정범적 협력'을 요구한다.
15) 관련된 일련의 판시사항으로는 BGH Beschl. von 22. 12. 1999, NStZ 2000, 255; BGH Beschl. von 14. 3. 2000, NStZ 2000, 474; BGH Beschl. von 22. 3. 2001, NStZ 2001, 421 등 참조.
16) 이재상, 앞의 논문, 60면.
17) 정영일, "합동범에 관한 판례연구", 형사판례연구 제7권(1999), 188면.

법리적, 도그마틱적 토대가 무엇인지 일정부분 해명해 줄 수 있다는 점에서 그 의의를 찾아볼 수 있을 것이다.

III. 합동범의 공동정범을 긍정하는 판례의 입장에 대한 검토

1. 대법원 1998.5.21. 선고 98도321 전원합의체 판결의 법리 분석

(1) 합동범의 공동정범 성립을 가능케 한 법리구조

이른바 삐끼 주점사건에서 대법원은 합동범의 공동정범이 성립되는 근거를 다음과 같이 설시한다. 논의 편의상 세 개의 법리로 분설하면 다음과 같다.[18]

가. 합동절도의 가중처벌 근거와 합동범의 성립요건

"법리I: 형법 제331조 제2항 후단의 '2인 이상이 합동하여 타인의 재물을 절취한 자'(이하 '합동절도'라고 한다)에 관한 규정은 2인 이상의 범인이 범행현장에서 합동하여 절도의 범행을 하는 경우는 범인이 단독으로 절도 범행을 하는 경우에 비하여 그 범행이 조직적이고 집단적이며 대규모적으로 행하여져 그로 인한 피해도 더욱 커지기 쉬운 반면 그 단속이나 검거는 어려워지고, 범인들의 악성도 더욱 강하다고 보아야 할 것이기 때문에 그와 같은 행위를 통상의 단독 절도범행에 비하여 특히 무겁게 처벌하기 위한 것이다. 합동절도가 성립하기 위하여는 주관적 요건으로 2인 이상의 범인의 공모가 있어야 하고, 객관적 요건으로 2인 이상의 범인이 현장에서 절도의 실행행위를 분담하여야 하며, 그 실행 행위는 시간적, 장소적으로 협동관계가 있음을 요한다."

첫 번째 법리I에서는 일반절도에 비해서 합동절도를 가중처벌하는 근거(현장설)를 제시하고, 이로부터 합동범의 성립요건으로서 주관적으로는 2인 이상의 공모, 그리고 객관적으로 '시간적, 장소적 협동관계'라는 '현장성' 요건을 제시하고 있다. 독일형법과 일본형법의 관련 조항과 비교했을 때 그 가중처벌의 근거를 찾기 어려워 합동범 조문의 폐지론도 제시되어 있는 바,[19] 이에 대해 대법원은 합동절도의 가중처벌 근거(현장설)를 명확히 하고,

---

18) 대법원 1998. 5.21. 선고 98도321 전원합의체 판결.

그 요건도 함께 설시해 주고 있는 것이다.

나. 합동범의 공동정범 성립근거(1): 공동정범의 일반요건 충족

"법리II: 한편 2인 이상이 공동의 의사로서 특정한 범죄행위를 하기 위하여 일체가 되어 서로가 다른 사람의 행위를 이용하여 각자 자기의 의사를 실행에 옮기는 내용의 공모를 하고, 그에 따라 범죄를 실행한 사실이 인정되면 그 공모에 참여한 사람은 직접 실행행위에 관여하지 아니하였더라도 다른 사람의 행위를 자기 의사의 수단으로 하여 범죄를 하였다는 점에서 자기가 직접 실행행위를 분담한 경우와 형사책임의 성립에 차이를 둘 이유가 없는 것인바(형법 제30조), 이와 같은 공동정범 이론을 형법 제331조 제2항 후단의 합동절도와 관련하여 살펴보면, 2인 이상의 범인이 합동절도의 범행을 공모한 후 1인의 범인만이 단독으로 절도의 실행행위를 한 경우에는 합동절도의 객관적 요건을 갖추지 못하여 합동절도가 성립할 여지가 없는 것이지만, 3인 이상의 범인이 합동절도의 범행을 공모한 후 적어도 2인 이상의 범인이 범행 현장에서 시간적, 장소적으로 협동관계를 이루어 절도의 실행행위를 분담하여 절도 범행을 한 경우에는 위와 같은 공동정범의 일반이론에 비추어 그 공모에는 참여하였으나 현장에서 절도의 실행행위를 직접 분담하지 아니한 다른 범인에 대하여도 그가 현장에서 절도 범행을 실행한 위 2인 이상의 범인의 행위를 자기 의사의 수단으로 하여 합동절도의 범행을 하였다고 평가할 수 있는 정범성의 표지를 갖추고 있다고 보여지는 한 그 다른 범인에 대하여 합동절도의 공동정범의 성립을 부정할 이유가 없다고 할 것이다."

두 번째 법리II에서는 특수절도의 한 형태인 합동절도의 공동정범이 성립하기 위한 요건으로서 '공동정범의 일반이론'을 제시하고 있다. 이를 위해 "3인 이상의 범인이 합동절도의 범행을 공모한 후 적어도 2인 이상의 범인이 범행 현장에서 시간적, 장소적으로 협동관계를 이루어 절도의 실행행위를 분담하여 절도범행을 한 경우 공동정범의 일반이론에 비추어 그 공모에는 참여하였으나 현장에서 절도의 실행행위를 직접 분담하지 아니한 다른 범인에 대하여도 그가 현장에서 절도 범행을 실행한 위 2인 이상의 범인의 행위를 자기 의사의 수단으로 하여 합동절도의 범행을 하였다고 평가할 수 있는 정범성의 표지를 갖추고 있다고 보여지는 한" (공모)공동정범이 성립한다고 설시하고 있다. 여기서 현장에서 실행행위를 분담하지 않은 자는 '실행공동정범'은 될 수 없는 것이 분명하므로, 판례가 설시하는 공동정범이란 '공모공동정범'을 의미하는 것으로 보아야 할 것인바, 그동안 다양한 논거로 공모공동정범을 인정해 온 대법원이 동 사안에서는 특히 '간접정범유사설'[20]에 입각해 공동정범

---

19) 박찬걸, 앞의 논문, 296면 이하 참조.

의 성립을 긍정하는 입장을 표명하고 있는 것으로 보인다. 최근 일부 판례는 공모공동정범의 성립에도 실행공동정범의 경우와 마찬가지로 '기능적 행위지배'를 요건으로 제시하고 있는데,[21] 이 점에 대해서는 후술하기로 한다.

결론적으로 현장적 공동정범설과 유사한 논거를 제시해 주고 있다고 평가할 수 있을 것인데, 다시 말해 현장에 없지만 합동범에 기능적 범행지배를 한 배후거물이나 두목은 공동정범의 일반이론, 즉 '기능적 행위지배'이 따라서 '합동범의 공동정범'으로 규율될 수 있다고 설시하고 있는 것이다.

다. 합동범의 공동정범 성립근거(2): 합동절도 규정의 해석과 형사정책적 목표

"법리III: 형법 제331조 제2항 후단의 규정이 위와 같이 3인 이상이 공모하고 적어도 2인 이상이 합동절도의 범행을 실행한 경우에 대하여 공동정범의 성립을 부정하는 취지라고 해석할 이유가 없을 뿐만 아니라, 만일 공동정범의 성립가능성을 제한한다면 직접 실행행위에 참여하지 아니하면서 배후에서 합동절도의 범행을 조종하는 수괴는 그 행위의 기여도가 강력함에도 불구하고 공동정범으로 처벌받지 아니하는 불합리한 현상이 나타날 수 있다. 그러므로 합동절도에서도 공동정범과 교사범·종범의 구별기준은 일반원칙에 따라야 하고, 그 결과 범행현장에 존재하지 아니한 범인도 공동정범이 될 수 있으며, 반대로 상황에 따라서는 장소적으로 협동한 범인도 방조만 한 경우에는 종범으로 처벌될 수도 있다. 이와 다른 견해를 표명하였던 대법원 1976. 7. 27. 선고 75도2720 판결 등은 이를 변경하기로 한다."

법리I과 법리II를 통해 합동범의 공동정범의 성립에 있어서 두 가지 요건, 즉 첫째, 합동

---

20) 대법원 판례는 그동안 공모공동정범에 관해 '공동의사주체설' 또는 '간접정범유사설'에 가까운 관점을 취해온 것으로 평가되고 있었으나, 근자에는 기능적 행위지배의 존재를 공모공동정범의 요건으로 파악하기 시작하였다. 이 점에 대해서는 김성규, "판례에 나타난 공모공동정범의 형상과 문제점", 성균관법학 제24권 제2호(2012), 277면 이하 참조. "수인 간에 공동의사주체가 형성되어 범죄의 실행행위가 있으면 실행행위를 분담하지 않았다고 하더라도 공동의사주체로서 정범의 죄책을 면할 수 없다"는 판례 (대법원 1983.3.8. 선고 82도3248 판결)는 '공동의사주체설'을 취한 것으로, "서로 다른 사람의 행위를 이용하여 각자 자기의 의사를 실행에 옮기는 것을 내용으로 하는 모의를 하여 그러한 공모사실이 인정되는 이상 직접 실행행위에 관여하지 않았더라도 다른 사람의 행위를 자기의사의 수단으로 하여 범죄를 하였다는 점에서 자기가 직접 실행행위를 분담한 경우와 형사책임의 성립에 차이를 둘 이유가 없다"는 판례(대법원 19884.12 선고 87도2368 판결)는 '간접정범유사설'을 원용한 것으로 각각 평가되고 있다.
21) 대법원 2011.9.29. 선고 2009도2821 판결 등. 이러한 판례의 입장에 대한 긍정적 평석으로 천진호, "'공모' 공동정범에 있어서 공모의 정범성", 형사판례연구 제9호(2001), 198면 이하 참조.

절도의 가중처벌의 취지상 3인 이상의 범인이 합동절도의 범행을 공모한 후 적어도 2인 이상의 범인이 시간적, 장소적 협동관계 하에 절도범행을 하여 현장성 요건을 충족시킬 것, 둘째, 현장에 있지 아니한 나머지 1인의 경우에 (공모)공동정범의 일반요건을 충족시킬 것을 제시한 다음, 대법원은 추가적으로 중요한 법리III을 덧붙인다. 추측컨대 아마도 전술한 바 있는 합동범의 공동정범에 대한 부정설의 논지를 의식한 법리의 제시로 보인다. 그 하나는 "형법 제331조 제2항 후단의 규정이 위와 같이 3인 이상이 공모하고 적어도 2인 이상이 합동절도의 범행을 실행한 경우에 대하여 공동정범의 성립을 부정하는 취지라고 해석할 이유가 없[다]"는 것인데, 현장성 요건을 결한 다른 1인의 경우에도 정범성이 인정될 수 있다는 취지로 보인다. 다시 말해 부정설이 지적하는 바에 따르면 합동범의 공동정범이 성립하기 위해서는 공동정범의 일반요건과 더불어 현장성이라는 이중의 정범표지가 갖추어져야 하는데, 대법원의 법리III은 현장성은 합동범의 정범표지가 아니라는 취지이거나[22] 정범표지라 하더라도 합동범의 공동정범의 성립에 장애가 되지 않는다는 취지로 보는 것이 타당할 것이다. 이렇게 해석하는 것이 "3인 이상이 공모하고 적어도 2인 이상이 합동절도의 범행을 실행한 경우에 대하여 공동정범의 성립을 부정하는 취지라고 해석할 이유가 없다"는 취지에 잘 부합된다. 그렇지 않다면 굳이 대법원이 이러한 근거를 추가적으로 제시할 이유가 없을 것이다.

다른 하나의 부연논거는 만일 이때 직접 실행행위를 분담하지 않은 자에 대한 공동정범의 성립을 제한하면, 배후에서 범행을 조종한 수괴를 공동정범으로 처벌하지 못하는 불합리한 현상이 나타날 수 있다는 것인데, 이 논거 역시 정범으로 처벌할 수 없는 배후자라 하더라도 합동범의 교사범이나 방조범으로 처벌하면 족하다는 부정설의 비판을 의식한 보강논거라고 생각된다. 주지하다시피 정범과 공범의 구별은 형법 도그마틱에 있어서 매우 중요한 문제이다. 그런데 여기서 불합리한 현상이라는 것은 보다 구체적으로 무엇을 지칭하는 것일까? 추측컨대 공모공동정범설이 주장하는 바와 같이 "부하의 개별 범행에 대한 교사, 방조행위를 입증하는 것은 실무상 매우 어렵고 부하가 이미 범죄결심을 하고 있을 경우 수괴 등은 종범으로 처벌할 수밖에 없는데, 이렇게 되면 가장 책임이 무거운 자를 가장 가볍게 처벌하게 되는" 불합리한 결과를 말한다면 방조범은 정범에 비해 필요적으로 감경되므로 정범으로 처벌되어야 마땅한 자를 방조범으로 의율하는 것은 분명 불합리한 측면이 있을 것이다. 하지만 "배후에서 조종한 수괴"라는 표현으로 볼 때 방조범보다는 교사범을 상정한

---

22) 가중적 공동정범설의 관점에서는 이러한 입장을 취할 수 있을 것이다.

논거로 보인다. 그렇지만 교사범의 경우 법정형은 정범과 동일하므로 처벌의 불합리가 발생하지 않는다는 것이 그동안 상당수 문헌들의 공통된 지적사항이기도 했다.[23] 그런데 과연 대법원은 이러한 점을 간과하고 방조범에 비해 불합리한 측면만을 논급한 것일까? 그렇지는 않다고 본다. 정범과 공범은 비단 형량에 있어서만 차이점 내지 유사점이 있는 것이 아니다. 공범은 정범에 종속해서만 성립한다(공범의 종속성). 따라서 만일 정범의 행위가 범죄성립요건을 결하게 된다면 – 제한적 종속형식 하에서 책임이 조각되는 경우를 논외로 한다면 – 공범의 성립은 제한될 수밖에 없다. 그래서 공범의 성부를 논하기 위해서는 먼저 정범의 성립여부를 밝혀야 한다(정범개념의 우위성). 이처럼 정범은 공범과 비교해 볼 때, 전체범행과정의 '주인공'으로 평가되며 비록 공범도 범행에 가담하여 협력하기는 했으나 결국 범행결과는 정범의 '작품'으로 평가된다. 그렇다면 정범과 교사범의 법정형이 동일하다고 하더라도 정범으로 평가되어야 할 피고인이 공범으로 판결을 받게 된다면 정범으로 처벌되는 다른 피고인의 입장을 고려해 볼 때, 비록 법정형은 동일하다고 하더라도 '처벌의 불합리'를 전혀 관념하지 못할 바는 아니라고 본다. 즉 이때의 '처벌'은 형량만을 뜻하는 것이 아니라 '정당한 법령의 적용'을 의미한다고 보아야 할 것이다.[24]

IV. 판례에 대한 비판적 견해 및 각 견해의 논거에 대한 검토

1. 판례에 대한 다양한 갈래의 비판과 그 논거들

합동범의 공동정범을 긍정하는 대법원 판례의 입장에 대해서 일부 문헌을 제외하고 대부분 비판적이다. 즉 판례의 입장은 법리적으로 잘못되었다는 것이다. 이하에서는 그동안 상당히 많은 선행연구에서 제기되어 온 판례의 문제점을 논의의 편의를 위해 몇 가지 범주로 유형화하여 그 당부를 검토해 보기로 한다.

---

23) 예컨대 배종대, 앞의 논문, 104면.
24) 동지의 서보학, "합동범의 공동정범", 지송 이재상교수 화갑기념논문집(2002), 646면. 동 문헌에 의하면 "범행의 계획 및 실행에 있어서 주도적인 위치에 있던 자가 형사처벌의 단계에 들어와 돌연 종적인 위치로 돌아선다는 것은 납득하기 어려운 점이 없지 않다."

(1) 합동범 조문의 입법취지에 반한다는 견해

이 견해는 합동범(폭처법상의 공동범 포함)[25] 조문은 집단범죄로 인한 법익침해의 위험성에 대처하기 위해 입법자가 독립한 구성요건으로 설정한 범죄유형이라는 입법적 의의의 중요성에 주목한다. 따라서 처벌의 강도가 높은 만큼 이를 신중히 적용해야 하며 입법자가 설정해 놓은 '현장성'이라는 정범표지의 임의적 확대해석은 경계해야 한다고 한다. 즉, 합동범을 단지 공동정범의 특수한 형태로 간주하는 가중적 공동정범설이나 현장적 공동정범설에 입각해 합동범을 그 기본범죄와의 관계에 있어서 단순히 형사정책적 필요성에 의한 양형상의 가중사유로 보아 기능적 행위지배라는 정범표지만 인정되면 현장성이라는 - 입법자가 가중처벌을 위해 특별히 설정해 놓은 - 또 다른 정범표지를 결하고 있더라도 마치 그것이 인정되는 것처럼 '확대해석하여' 합동범의 공동정범을 인정하는 판례의 태도는 동 조문의 입법취지를 충분히 고려하지 못한 잘못된 법리라는 것이다.[26] 다시 말해, 현장설에 의해 확보된 합동범의 정범성의 표지를 현장성 외의 기능적 행위지배만으로 확장하는 것은 특수한 불법유형을 설정하여 제한적으로 가중처벌하려는 입법자의 의도와 배치된다는 것이다.[27] 입법자가 설정한 '현장성'이라는 정범표지는 소홀히 취급되어서는 안 되며, 동 조문의 해석에 있어서 최대한 존중되어야 한다는 취지로 보인다. 이러한 근거에서 현장성이 결여된 합동범의 공동정범은 성립이 불가능하다는 것이다.

(2) 정범표지의 공동정범 성립범위 제한기능에 주목하는 견해

외견상 전술한 견해와 유사해 보이지만 세부적 논거제시에 있어서 분명한 차이점을

---

25) 엄밀히 말하면 합동범과 폭처법상의 공동범은 구분되는 측면이 없지 않다. 이러한 맥락에서 개념적인 구분을 시도하여 형법 제30조의 공동정범에서의 '공동'은 역할분담에 따른 '분업'으로, 합동범에서의 '합동'은 범죄현장에서의 '협업'으로, 폭처법 제2조 제2항의 폭력공동정범에서의 '공동'은 폭력행위현장에서의 '동업'을 의미하는 것으로 규정하는 견해로는 이주원, 특별형법(홍문사, 2020), 525면. 단, 본고에서는 논의 편의상 합동범과 공동범을 구분하지 않고 공동범도 일단 합동범의 범주에 포함되는 것으로 보기로 한다. 판례의 입장도 이와 크게 다르지 않다. 이러한 맥락에서 공동범이나 합동범은 공동이나 합동이라는 용어상 차이만 있을 뿐 가중처벌 근거가 같고, 실제 범죄현장에서 무엇인 공동이고 무엇인 합동인지 명확히 구분할 기준도 부재하므로 양자는 모두 유사하게 해석될 가능성이 높다고 보는 견해로는 윤상민, "「폭력행위 등 처벌에 관한 법률」상 공동범의 공동정범", 원광법학 제36권 제3호(2020), 33면 이하 참조.

26) 신동운, "합동범의 공동정범", 서울대학교 법학 제35권 제3호(1994), 236-237면.

27) 강동범, "합동범의 공동정범", 형사법연구 제13호(2000), 92면. 동지의 손지영, ""형사특별법상 다수가담자의 형사책임", 성균관법학 제24권 제2호(2012), 393면.

보여주는 견해로서 정범표지의 도그마틱적 기능에 주목하는 입장이 있다. 정범표지란 정범으로서 어떤 범행의 주체가 되기 위하여 갖추어야 할 요건이나 요소를 뜻한다.[28]

이 견해에 따르면 현장성을 결한 자에 대한 합동범의 공동정범의 성립이 불가능한 이유는 "공동정범도 정범인 이상 정범으로서의 요소를 갖추어야 하는 것은 당연한" 것이므로 설령 그에게 '기능적 행위지배'라는 공동정범으로서 정범표지가 충족되었다 하더라도 합동범에게 요구되는 '현장성'이라는 정범표지가 갖추어지지 못하면 합동범의 공동정범은 성립될 수 없기 때문이라고 한다. 즉, 합동범의 공동정범이 인정되기 위해서는 '기능적 행위지배'와 '현장성'이라는 '이중의' 정범표지가 모두 충족되어야 한다는 것이다. 그 이유는 공동정범의 본질이 기능적 행위지배에 있다고 하여 모든 범죄에 있어서 기능적 행위지배만 인정되면 공동정범이 되는 것은 아닌데, 예를 들어 자수범의 경우 자수에 의하여 범죄를 실행한 자만 정범이 될 수 있고, 의무범에 있어서는 '특별한 형법외적인 의무를 부담하는 자'만이 정범이 될 수 있는 것과 마찬가지 이론이 적용되기 때문이라고 한다.[29]

동지의 견해로서 행위지배는 정범이 되기 위하여 이론상 요구되는 최소한의 표지일 뿐 충분한 표지는 아니므로 현장에서 실행행위를 분담하지 아니한 배후인물에게 기능적 행위지배가 인정된다고 하여 그를 언제나 정범으로 보아야 하는 것은 아니라는 견해도 있다. 행위지배를 정범의 유일한 표지로 파악하게 되면, 입법자가 설정해 놓은 다른 정범표지(신분 등)를 오히려 무의미하게 만들어 죄형법정주의에 반하는 유추적용의 위험에 빠질 수 있다는 것이다.[30]

이러한 입장의 견해가 전술한 '입법취지'를 중시하는 입장과 비교해 볼 때 합동범의 정범표지로서 '현장성'이라는 요소를 해석론적으로 중요하게 취급해야 한다는 점에 있어서는 동일하지만, 전자가 현장성을 결한 배후자에게 합동범의 공동정범이 성립할 수 없는 근거는 합동범의 본질에서 유래하는, 그리하여 도그마틱적으로 '당연한' 결론이라는 논지임에 비하여 후자는 가중처벌의 근거로 입법자가 특별히 구성요건에 설정해 놓은 '현장성'이라는 정범표지의 중요성을 몰각한 채 이를 엄격히 적용하지 않고 '기능적 행위지배'가 인정되면 '현장성'까지 자연히 인정되는 방식으로 합동범의 공동정범을 인정해서는 안 된다는

---

28) 권봉호, "행위관련요소와 행위자관련요소, 정범표지", 형사법연구 제26호(2006), 290면. 예컨대 고의는 고의범의 정범표지이고, 과실은 과실범의 정범표지이며, 목적범에서 목적과 같은 초과주관적 구성요건요소도 정범표지가 된다. 잘 알려진 바와 같이 실행지배는 단독정범의 정범표지이고 의사지배는 간접정범의 정범표이며 기능적 행위지배는 공동정범의 정범표지이다.

29) 이재상, 앞의 논문, 70면.

30) 강동범, 앞의 논문, 86면.

취지인 것이다. 동일한 결론이지만 '현장성'이라는 정범표지의 도그마틱적 의의에 대해 미묘한 입장 차이를 보이고 있는 것으로 판단된다. 다시 말해 전자는 정범표지를 어느 하나라도 갖추지 못하면 (공동)정범이 성립할 수 없다는 것은 도그마틱적으로 명백한 논리라고 보는 반면31), 후자는 이중의 정범표지 중에서 '현장성'은 판례의 입장대로라면 '기능적 행위지배'라는 정범표지만 인정되면 자연히 수반해 인정될 수 있는 여지가 있지만, 합동범 조문의 입법취지에 비추어 볼 때 이러한 해석론은 잘못된 입장이라는 견해인 것이다.

(3) '시간적·장소적 협동관계'를 '신분'으로 볼 수 없다는 견해

만일 대법원이 합동범의 현장성 표지를 신분범의 '신분'처럼 새겨서 형법 제33조에 의해 현장에 있지 않은 공모자에 대해서도 신분이 확장되어 합동범 조문이 적용될 수 있다는 논리로 합동범의 공동정범을 긍정하는 것이라고 가정한다면,32) 이러한 법리는 타당한 것인지에 대해서도 비판적 견해가 제시되어 있다.

이러한 논리구성에 대해서는 우선 형법 제33조가 예정하고 있는 신분은 사회적으로 의미 있는 '일신전속적 성질'을 뜻하는 것인바, 제33조에 의한 처벌범위의 확장은 원래는 '당해 구성요건의 적용대상이 아니었던 사람들에게' 가벌성이 확대되는 것이므로 신분개념은 가능한 한 엄격해야 해석해야 하기 때문에 그 타당성에 의문이 제기될 수밖에 없고, 더 정확히 말하면 '현장성'이란 표지는 '신분'이라기보다는 '행위태양'의 하나이기 때문에 제33조의 적용은 불가능하다는 비판이 제시되어 있다.33) 간단히 말해 제33조는 '신분'이라는 정범표지를 결한 사람에게 공동정범을 인정할 수 있게 해주는 가벌성 확장조항이므로 최대한 엄격하게 해석해야 하고 '시간적·장소적 협동관계'를 뜻하는 '현장성'을 신분으로 보기는 어려울 뿐 아니라, 그보다는 행위태양으로 보아야 하기 때문에 제33조의 적용은 어렵다는 지적인 것이다.34)

유사한 맥락에서, 합동범의 구성요건으로서 현장에서의 시간적·장소적 협동관계는 행위위험을 증가시키고 행위실행의 위험성을 징표하는 행위요소임이 명백하므로 '현장성'은

---

31) 이처럼 정범표지가 가벌성을 제한하는 기능을 갖는다는 견해로는 김일수, "공모합동범에 관한 비판적 고찰", 고려대학교 법학논집 제34집(1998), 356-357면.
32) 물론 대법원은 이러한 취지를 명시적으로 밝힌 바 없다.
33) 신동운, 앞의 평석, 236면.
34) 후술하겠지만, 이 점에 대해서는 행위태양이라는 정범표지는 '행위요소'이기 때문에 제33조의 적용이 없이도 공동정범의 성립이 가능하다는 재비판이 가능하다.

'행위자요소'인 신분에 해당하지 않는 것으로 보아야 한다는 견해도 있다.[35]

상기 두 입장을 종합하면 '현장성'이란 표지는 행위자요소인 '신분'이라기보다는 오히려 행위요소에 해당하며 특수한 위험성을 징표하는 '행위태양'의 하나이기 때문에 제33조의 적용은 불가능하다는 것이 비판논거의 요체이다.

(4) 합동범의 현장성은 '행위자관련' 정범표지로 보아야 한다는 견해

이 견해의 논지는 크게 두 가지 방향으로 나누어 볼 수 있다.

우선 합동범의 현장성은 입법자가 특별히 설정해 놓은 정범성의 표지이고 따라서 현장에서 협력하지 아니한 자는 전체범행의 실현에 대하여 기능적 행위지배가 인정된다고 하더라도 합동범이 될 수 없으며, 이러한 의미에서 합동범은 "현장에서의 범행실현"이라는 일종의 '자수범적 성질'을 가진 범죄라고 보아야 한다는 견해가 있다.[36]자수범은 자수적 요소를 결한 자가 공동정범이나 간접정범의 형태로 저지를 수 없는 특징을 지닌 범죄유형이므로 따라서 합동범의 공동정범은 부정되어야 한다는 논리를 제시한다.[37]

다음으로 합동범의 현장성은 행위불법을 가중시키는 '가담형태의 특수한 유형'이 아니라 2인 이상이 시간적·장소적 공유를 통해 현장에서 협동관계를 형성함으로써 합동범만의 고유한 행위주체성을 만들어 낸다는 점에서 '행위자관련 정범표지'로 이해해야 하고 그렇게 보게 되면, 의무범과 같은 행위자관련 범죄에 있어서는 단순히 기능적 행위지배만으로는 정범이 될 수 없는 것과 마찬가지로 합동범에 있어서도 행위지배만으로는 정범성을 인정할 수 없다는 견해가 있다. 소위 의무범 이론을 합동범에 원용하려는 시도인 것이다.[38]

상기 두 견해는 모두 합동범의 현장성을 일종의 행위자관련적 정범표지로 파악하여 자수범이나 의무범에 있어서 공동정범의 성립에 제한되는 법리와 마찬가지로 합동범의 공동정범은 도그마틱적으로 성립이 불가능하다는 결론을 도출해 내고 있다는 점에 공통점이 있다.

---

35) 이재상, 앞의 논문, 같은 면.
36) 강동범, 앞의 논문, 92-93면.
37) 동지의 문채규, 앞의 논문, 31-32면.
38) 김봉수, "합동범의 공동정범에 관한 비판적 고찰", 형사정책 제29권 제2호(2017), 169면.

(5) 합동범의 공동정범은 기능적 행위지배를 조직적 범행지배로 변질시킨다는 견해

이 견해는 다음과 같은 문제의식을 출발점으로 삼고 있다. 전술한 대상판결에서 대법원은 "공동정범의 일반이론에 비추어 그 공모에는 참여하였으나 현장에서 절도의 실행행위를 직접 분담하지 아니한 다른 범인에 대하여도 그가 현장에서 절도 범행을 실행한 위 2인 이상의 범인의 행위를 자기 의사의 수단으로 하여 합동절도의 범행을 하였다고 평가할 수 있는 정범성의 표지를 갖추고 있다고 보여지는 한" 공모공동정범을 인정할 수 있다고 설시하고 있다. 여기서 대법원이 이해하는 합동범의 정범표지는 "공모와 더불어 합동절도로 평가될 수 있는 기능적 행위지배"로 보인다.[39] 공동정범의 일반적 성립요건은 주관적으로는 공동가공의 의사가 있어야 하고, 객관적으로는 실행행위의 공동이 있어야 한다. 이때의 실행행위의 공동은 공동의 범행계획에 기초해서 구성요건의 전부 또는 일부를 실현하는 객관적인 행위기여를 말한다. 그런데 대법원이 합동범의 공동정범을 인정하기 위해 원용하고 있는 공모공동정범이론은 이와 같은 객관적 행위기여 없이 주관적 공모만으로 공동정범이 성립한다고 보는 견해로서 이에 대한 비판이 지속적으로 제기되어 왔고, 이에 대법원은 "공모자 중 구성요건에 해당하는 행위 일부를 직접 분담하여 실행하지 않은 사람도 전체 범죄에서 그가 차지하는 지위, 역할이나 범죄 경과에 대한 지배나 장악력 등을 종합해 볼 때, 단순한 공모자에 그치는 것이 아니라 범죄에 대한 본질적 기여를 통한 기능적 행위지배가 존재하는 것으로 인정되는 경우 이른바 공모공동정범으로서의 죄책을 질 수 있다."[40]고 판시함으로써 공모공동정범의 성립에 있어서도 '본질적 기여를 통한 기능적 행위지배'가 요구된다고 보고 있는바, 종합해 보면 대상판결에서 제시하고 있는 합동범의 정범표지는 "공모 및 합동절도로 평가될 수 있는 기능적 행위지배"로 볼 수 있다.

그렇다면 객관적으로 실행행위를 분담하지 않은, 즉 객관적 행위기여가 없는 자를 합동범으로 볼 수 있는 '본질적 기여'란 무엇인가? 이에 대한 구체적인 설시가 없는 점에 비추어 보면, 그것은 법관의 재량에 맡겨져 있는 '규범적 평가'의 문제이다.[41] 본질적 기여와 관련해 대법원은 "전체범죄에서 그가 차지하는 지위, 역할이나 범죄 경과에 대한 지배나 장악력 등"[42]을 뜻한다고 설시하는바, 그렇다면 대상판결이 말하는 "합동절도로 평가될 수 있는

---

39) 배종대, 앞의 논문, 101면.
40) 대법원 2017.1.12. 선고 2016도15470 판결.
41) 배종대, 앞의 논문, 101면.
42) "형법 제30조의 공동정범은 공동가공의 의사와 그 공동의사에 기한 기능적 행위지배를 통한 범죄실행이라는 주관적·객관적 요건을 충족함으로써 성립하는바, 공모자 중 일부가 구성요건적 행위 중 일부를

기능적 행위지배'라는 것도 이러한 맥락에서 파악될 수 있을 것이며, 다만 '실행'공동정범의 경우처럼 객관적 실행행위 차원에서 본질적인 기여가 있다는 취지가 아니라 그러한 정도로 평가할 수 있을 만큼의 기여도가 있는 일체의 관여를 지칭한다고 보아야 할 것이다. 여기에는 범행의 예비음모, 실행의 착수 및 그 완성에 이른 '전과정의 차원'에서 판단되는 일체의 행위가 해당될 수 있다.[43]

이처럼 구성요건적 실행행위의 분담이 아니라 '규범적·평가적 요소'에 의해 본질적 기여도를 판단하는 것은 '기능적 행위지배'라는 공동정범의 정범표지를 '조직적 범행지배 (organisatorische Tatherrschaft)'로 변질시키는 것이라는 비판이 제기된다.[44] 조직적 범행지배란 공동정범의 범행지배형태인 기능적 행위지배를 확장시킨 것인데, 기능적 행위지배와 간접정범의 범행지배형태인 의사지배를 절충한 형태의 정범표지를 의미한다. 예를 들어 소비자의 건강을 해하는 제조물을 가공한 종업원뿐만이 아니라 그 생산을 결정한 경영진도 정범이 되고, 분식회계를 한 회사법인의 경우 회계사만이 아니라 분식회계를 결정하고 지시한 대표이사도 정범이 될 수 있다는 것이다. 이러한 조직형 범죄에서 의사결정을 내리는 경영진이나 수괴 등 중요인물은 기업과 같은 조직 내에서, 그 조직의 기능메커니즘을 이용하고 있고, 그런 점에서 그들의 정범성을 조직적 범행지배라고 표현할 수 있다는 것이다. 여기서 직접적인 실행행위를 분담하지 않은 배후자들이 정범이 되는 이유는 그가 '관할'하는 업무의 범위와 그에게 주어진 '조종권한'의 크기 때문이라고 한다. 조직적 범행지배라는 법형상 하에서는 기능적 행위지배와 달리 법익의 침해에 인과적으로 가장 가까운 행위를 한 자가 정범이 되는 것이 아니라 법익침해를 막는 관리체계 내에서 더 많은 조종권한을 갖고 있는 자가 정범이 되며, 범행을 조종하는 수괴를 처벌하기 위해 합동범의 공동정범을 인정하는 대법원의 태도가 바로 이와 유사하다는 취지의 비판이 제기된다.

(6) 입법연혁에 주목하는 견해

일반적으로 합동범의 본질에 관한 학설 중 현장설의 입장에 의하면 합동범의 공동정범

직접 분담하여 실행하지 않은 경우라 할지라도 전체 범죄에 있어서 그가 차지하는 지위, 역할이나 범죄경과에 대한 지배 내지 장악력 등을 종합해 볼 때, 단순한 공모자에 그치는 것이 아니라 범죄에 대한 본질적 기여를 통한 기능적 행위지배가 존재하는 것으로 인정된다면, 이른바 공모공동정범으로서의 죄책을 면할 수 없다(대법원 2007.4.26. 선고 2007도235 판결)."

43) 이상돈, 합동범과 공동범의 해석정책, 저스티스 통권 제73호(2003), 113면.
44) 이상돈, 앞의 논문, 113-116면.

은 성립이 불가능하다. 현장설에 따르면 합동이란 '시간적·장소적 협동(zeitliches und räumliches Zusammenwirken)'을 뜻하고 따라서 합동범은 모두 때와 장소를 같이하여 상호 협력할 것을 요건으로 하므로 공모공동정범은 물론 현장에서 공동하지 아니한 공동정범도 합동범이 될 수 없기 때문이다.[45]

이 견해에 따르면 현행 합동범 조문은 입법연혁적으로 볼 때 현장설에 입각해 해석하는 것이 합당하다고 한다. 현행 합동절도 규정은 독일형법 제244조의 집단절도죄(Banddiebstahl)에서 유래하는 조항인데, 일본의 도범 등의 방지 및 처분에 관한 법률(1930) 제2조에서 '2인 이상이 현장에서 공동하여 범한 때'라고 규정하고 있었고, 日本刑法假案(1940) 제421조 제2 항에서는 "2인 이상이 통모하여"로 규정되었던 것을 형법이 도입한 것이므로 합동을 '시간 적·장소적 협동'을 의미하는 것으로 보아야 한다는 것이다.[46] 이러한 역사적 해석은 형법제 정 당시 조선법제편찬위원회형법기초요강에서도 도범방지법 조문을 정비하여 형법에 규정 하도록 밝히고 있는 점에 보더라도 상당히 설득력이 있는 논거라고 평가한다.[47]

요컨대, 입법연혁적으로 볼 때 현행법의 합동범 규정에서 합동의 의미는 현장설에 따라 서 해석해야 함이 명백하다고 한다.

2. 비판논거에 대한 재검토

(1) 합동범 조문취지가 그 공동정범의 성립을 부정하는가?

첫 번째 비판논거에 대해서는 우선 합동범을 가중처벌하고자 하는 조문의 취지에 주목 한다는 점에 있어서는 분명 올바른 방향설정이라고 평가할 수 있을 것이다. 다만 설령 입법 자가 2인 이상의 합동에 의한 특별한 불법유형을 가중처벌하려는 의도에서 합동범 구성요 건을 마련한 것이라고 하더라도 그러한 사실로부터 합동범의 공동정범이 성립할 수 없다는 논리적 귀결이 과연 필연적인 것인가라는 '합리적 의문' 제기될 수 있을 것이다. 2인 이상이 합동하여 절도죄를 저지른 경우에 절도의 공동정범보다 가중처벌된다는 점이 '합동'은 공동

---

45) 이재상, 앞의 논문, 58면

46) 입법연혁에 대해서는 유기천, 형법학[각론강의 上] (일조각, 1967), 234면을 비롯해 김일수, 앞의 논문, 348-349면과 이재상, 앞의 논문, 59면, 그리고 이창섭, "합동범과 공동정범의 관계에 대한 고찰", 형사 정책연구 제72권(2007), 65면; 안동준, "합동범과 현장성 - 指鹿爲馬 혹은 아리아드네의 실타래?", 전남 대학교 법학논총 제25집(2005), 165면 이하를 참조.

47) 이호중, "합동절도의 공동정범", 형사판례연구 제7권(1999), 136면.

정범의 '공동'보다 엄격하게 해석할 것을 요청함은 명백하다. 하지만, 이때의 '엄격해석'이 어느 정도인지에 대해서는 명백한 기준점이 설정되어 있지 않고 따라서 이에 대해서는 해석에 일임되어 있다고[48] 보는 것이 타당할 것이다. 예컨대 '공동'보다 '엄격하게' 해석한다는 점에서 현장설은 물론, 가중적 공동정범설, 현장적 공동정범설도 모두 가능한 해석의 범주 내에 있다고 볼 수 있다. 주지하다시피 가중적 공동정범설과 현장적 공동정범설은 모두 합동범의 공동정범을 긍정한다. 또한 현장설에 의하더라도 대법원 판례의 입장을 보면 합동범의 공동정범이 논리필연적으로 부정되는 것은 아니다. 즉, 현장설을 긍정하면서도 합동범의 공동정범을 긍정할 수 있는 법리구성도 가능하다는 것이다. 그렇다면 '가장 엄격히' 해석하여 '현장설'을 채택한다고 하더라도 합동범의 공동정범이 성립할 수 있는지 여부는 '현장성'이라는 정범표지가 공동정범의 성립에 있어서 어떤 의의를 지니고 있는지, 즉 정범표지의 도그마틱적 분석에 달려 있는 것이지, 단순히 입법취지라는 추상적이고 불명료한 - 물론 일정한 방향설정을 해주는 중요한 실천적 기능을 하지만 - 기준에 의거해 결정할 수 있는 성격의 문제가 아니라는 점을 알 수 있다.

(2) 공동정범의 성립에 있어서 행위지배가 유일한 정범표지인가, 아니면 이중의 정범표지를 모두 충족시켜야 하는가?

두 번째 비판논거에 대해서는 대상판결의 대법원의 입장을 다시 정리해볼 필요가 있다. 대법원의 입장은 전술한 바와 같이 현장성은 합동범의 정범표지가 아니라거나 정범표지라 하더라도 합동범의 공동정범의 성립에 장애가 되지 않는다는 취지이다. 그렇기 때문에 "형법 제331조 제2항 후단의 규정이 위와 같이 3인 이상이 공모하고 적어도 2인 이상이 합동절도의 범행을 실행한 경우에 대하여 공동정범의 성립을 부정하는 취지라고 해석할 이유가 없[다]"고 설시하고 있는 것이다. 두 번째 비판논거의 핵심은 '현장성'도 엄연히 합동범의 정범표지이고 따라서 합동범의 공동정범이 성립하기 위해서는 '현장성'과 함께 '기능적 행위지배'라는 이중의 정범표지가 충족되어야 한다는 것인데, 판례의 입장은 여기에 찬동하고 있지 않은 것으로 보인다.

그렇다면 우선 대법원의 입장을 '현장성'은 합동범의 정범표지가 아니라고 보는 것으로 추측한다면, 이 추측은 타당한 것일까? 정범표지란 정범이 될 수 있는 자격이나 요소를

---

48) 이호중, 앞의 논문, 148면.

말하며, 합동범의 경우 '2인 이상의 합동'이라는 요소가 바로 그러한 표지임은 주지의 사실이다. 통설도 '현장성'은 합동범의 정범표지로 이해한다. 독일의 학설도 견해의 대립은 있지만 이와 마찬가지로 보인다.[49] 이러한 사정에 비추어 보면 대법원이 현장성을 정범표지가 아니라고 판단한 것으로 보기는 어려울 것이다.[50] 이는 특히 대상판결에서 "공모에는 참여하였으나 현장에서 절도의 실행행위를 직접 분담하지 아니한 다른 범인에 대하여도 그가 현장에서 절도 범행을 실행한 위 2인 이상의 범인의 행위를 자기 의사의 수단으로 하여 합동절도의 범행을 하였다고 평가할 수 있는 정범성의 표지를 갖추고 있다고 보여지는 한"이라고 설시하며, 비록 공동정범에 관한 것이지만 '정범성의 표지'에 대한 인식을 갖고 있는 점에 비추어 보더라도 그러하다고 판단된다.

그러면 대법원의 입장은 '현장성'은 정범표지이기는 하지만, 합동범의 공동정범의 성립에 장애가 되지 않는다는 취지로 이해하는 것이 가장 적확하다고 볼 수 있을 것이다. 다만, 대법원은 어떠한 이유에서 현장성이란 정범표지가 반드시 충족되어야 할 필요는 없는 것인지 명시적으로 설시해 주고 있지 못하다. 추측컨대, 공동정범의 성립에는 '기능적 행위지배'가 요구된다는 일반원리가 법리적으로 확고하게 자리잡은 것과 달리 '정범표지'의 공동정범 성립범위 제한기능에 관한 법리가 아직 확고하게 뿌리내리지 못한 것도 무관하지는 않을 것이다. 예컨대, 바로 그러한 이유에서 현재 우리나라에는 소위 의무범 이론에 의해 공동정범의 성립을 제한하려는 주장이 실무에서는 물론 학설에서도 그다지 큰 영향력을 발휘하지 못하고 있다. 그렇기 때문에 대법원은 대상판결에서 공동정범의 일반원리에만 부합되면, 즉 기능적 행위지배만 인정된다면 합동범의 공동정범의 성립에 지장이 없다고 보는 것이다. 또 한편으로는 '2인 이상의 합동'이라는 정범표지는 '의무범'에서 요구되는 '형법 외적 특별의무'라는 정범표지와는 달리 공동정범의 성립을 방해하지 않는다는 논리에 기초해 있는 것으로도 '선해'할 수 있을 것이다. 즉, 정범표지도 그 법적 성격이 상이한 것들이 있다는 것이다. 이 점에 대해서는 아래에서 세 번째와 네 번째 비판논거를 검토하면서 후술하기로 한다.

---

49) Lackner/Kühl, Strafgestzbuch, 29.Aufl.(2018), §244, Rn.8; Rengier, Strafrecht, Besonderer Teil 1(1999), S. 69; Engländer, "Täterschaft beim Bandendiebstahl", GA(2000), S. 582.

50) 실무적으로도 대법원은 재판연구관 등을 통해 국내외의 통설적 견해를 판결에 반영하려고 노력하고 있으므로 대법원이 '현장성'의 정범표지로서의 성격을 간과한 것으로 보기에는 무리가 있을 것이다.

(3) 현장성이라는 정범표지는 행위자요소인가, 행위요소인가?

세 번째 비판논거는 '시간적·장소적 협동관계'를 '신분'으로 볼 수 없다는 것인데, 사실 대상판결도 명확히 '현장성'을 신분으로 보아 제33조가 적용되어야 한다고 보고 있는 것은 아니기 때문에 다른 비판논거들 만큼 판례의 입장에 대한 적확한 비판이라고 보기는 어려울 것이다. 다만, 이 견해는 판례를 비판하면서 정범표지가 지닐 수 있는 두 가지 법적 성격에 대해 도그마틱적으로 해명해 주고 있어서 주목할 필요가 있다. 비판논거의 핵심은 합동범의 요건으로서 현장에서의 시간적·장소적 협동관계는 행위위험을 증가시키고 행위실행의 위험성을 징표하는 행위요소임이 명백하므로 '현장성'은 '행위자요소'인 신분에 해당하지 않으며, 따라서 제33조를 적용해 공동정범을 인정할 수 없다는 것인데, 다시 정리하면 현장성이라는 정범표지는 '행위요소'이므로 '공범과 신분(제33조)' 조항을 적용하기 위해 요구되는 '행위자요소'인 신분과는 구별되어야 한다는 것이다.51) 즉, 정범표지는 '행위요소'의 성격을 지닌 것과 '행위자요소'의 성격을 지닌 것으로 대별되며, 이 중에서 제33조의 적용대상이 되는 것은 후자라는 것이다.

그렇다면 이제 검토되어야 할 논점은 '시간적·장소적 협력관계'라는 정범표지가 과연 행위자요소인지 행위요소인지 여부이다. 독일의 학설도 이에 대해서는 견해대립이 있는 것으로 보이지만, 본고에서는 '현장성'은 명백히 '행위요소'이지 '행위자요소'가 아니라는 점을 밝히고자 한다. 이 점에 대한 논의는 아래에서 함께 다루고자 한다.

(4) 행위관련 정범표지로서의 현장성: 합동범은 자수범 또는 의무범인가?

네 번째 비판논거의 핵심은 시간적·장소적 협력관계라는 정범표지는 행위자관련적 표지(Täterbezogene Merkmal)이기 때문에 이러한 요소를 구비하지 못한 자는 정범적격이 결여되어 공동정범이 되지 못한다는 것이다. 이러한 논리는 그 실질에 있어서 지배범(Herrschaftdelikte)은 행위지배만으로도 공동정범이 되지만 형법외적 특별의무 위반을 핵심 형상으로 하는 의무범은 의무의 침해라는 정범표지까지 갖추어 져야만 공동정범이 성립할 수 있다는 소위 '의무범의 논리'와 유사하다. 그런데 과연 이러한 이해방식은 정당한 것일까?

우선 합동범의 시간적·장소적 협력관계는 자수적 성격을 지니므로 행위지배만으로는 공동정범이 성립할 수 있다는 견해에 대해 살펴보자. 자수범이란 범죄의 주체와 실행행위가

---

51) 신동운, 앞의 평석, 236면.

매우 밀접하게 연관되어 있어서 그 실현에 있어서 반드시 행위자 자신이 직접 실행해야만 범할 수 있는 범죄로서 구성요건의 자수에 의한 직접적 실현에 의해서만 범죄의 특수한 행위반가치가 실현될 수 있는 범죄로 정의된다.[52] 형법상 위증죄(제152조)와 피구금자간음죄(제303조 2항), 업무상 비밀누설죄(제317조), 위증죄(제152조), 그리고 군형법상 군무이탈죄(제30조 1항) 등이 이에 해당한다. 자수범에 있어서 직접 실행행위를 하지 않은 자는 정범적격이 없으므로 단독정범은 물론 간접정범과 공동정범이 될 수 없다.

그렇다면 합동범, 다시 말해 특수절도범은 어떤 근거에서 자수범이 될 수 있을까? 자수범의 판단기준에 대해서는 여러 학설이 있지만 오늘날 널리 받아들여지고 있는 삼유형설에 따르면 ① 폐지된 간통죄, 군형법상 계간죄, 피구금자간음죄 등과 같이 범죄의 실행행위가 직접 행위자의 신체를 통해서 행하여질 것을 요구하는 범죄, ② 업무상비밀누설죄, 윤락행위매개죄와 같이 신체가 아니라 행위자의 인격적인 태도가 표출될 것을 요구하는 범죄 ③ 위증죄와 같이 소송법 기타의 법률이 행위자 스스로의 실행행위를 요구하는 범죄 등으로 구분될 수 있다.[53]

전술한 바와 같이 합동범을 자수범으로 보는 견해는 "현장에서의 직접적 범행실현"이라는 일종의 '자수범적 성질'을 지녔기 때문이라고 한다.[54] 삼유형설에 비추어 보면 외견상 현장성이 자수범의 정범표지로 보이기도 하지만 이에 찬동하는 견해는 드물다.[55] 이를 피구금자 간음죄와 비교해 보면 동죄는 피구금자를 감호하는 자가 스스로 간음함으로써 성립하는 범죄이므로 자수범이고 간접정범의 형태로는 범할 수 없다. 그러나 특수절도죄의 경우는 다르다. 예를 들어 갑과 을이 합동하여 병의 집앞에서 같이 망을 보면서, 마침 병이 집을 비운 틈을 타서 병의 8살 아들에게 안방에 있는 도자기는 원래 자신들의 것이니 꺼내서 가져오라고 시켜 절도를 한 경우 병의 아들은 형사미성년자이고 절도의 범의도 없어 어느 행위로 처벌되지 않는 자임에 분명하여 간접정범의 피이용자가 될 수 있지만, 그가 갑, 을과 함께 시간적·장소적 협력관계가 있었다고 보기는 어려울 것이다. 비록 현장에 있었다는 사실은 인정되지만 합동범의 현장성은 시간적·장소적 '동시성' 외에 '공모하여 긴밀히 범죄

52) 이재상·장영민·강동범, 형법총론(박영사, 2019), 84면; 임웅, 형법총론(법문사, 2002), 440면.
53) 임웅, 앞의 책, 442면.
54) 강동범, 앞의 논문, 92-93면.
55) 명백히 반대하는 입장으로는 정준섭, "합동범의 공동정범, 성균관법학 제18권 제3호(2006), 622면 동 문헌에 따르면 자수적 성질을 갖는 범죄들은 대체로 행위자관련요소를 요구하는 범죄인데 현장성은 명백히 특수한 행위태양으로서 행위불법을 가중시키는 행위관련요소이기 때문이라고 한다. 동지의 서보학, 앞의 논문, 645면.

에 협력한다는 인식과 협력행위'를 모두 요구하는 것이기 때문이다. 즉 합동범의 정범표지는 시간적·장소적 동시성과 협동관계성 모두를 뜻한다. 요컨대, 특수절도범 갑과 을은 현장성이 결여된 병의 아들을 이용한 합동절도의 간접정범이 될 수 있다고 보아야 한다. 따라서 상기 사례에 비추어 볼 때 합동범의 간접정범은 분명 성립가능하고 따라서 합동범은 자수범이 아니다.[56] 현장성이라는 정범표지를 갖추지 못한 피이용자를 이용한 간접정범이 성립가능한 것이다. 이러한 결론에 도달하게 되는 이유는 '협력하여 현장에서의 범행실현'이라는 요건은 갑이든 을이든 그렇게 함으로써 절도실현의 위험을 증대시키는 '행위요소'일 뿐이지, 갑 또는 을 자신만이 스스로 저지를 수 있는 자수범적 성격의 '행위자요소'가 아니기 때문이다. 위 사례에서 갑과 을은 시간적·장소적 협동관계로 법익침해의 위험을 증대시키고 있으면서도 그러한 협동관계가 없는 병의 아들을 이용해 합동절도죄를 범하고 있다.

다음으로 '의무범 논리'를 살펴보기로 한다. 의무범 이론에 의하면 정범과 공범이 행위지배에 의해서 구별되는 범죄를 '支配犯(Herrschaftdelikte)'이라고 하고 정범성 여부가 행위지배가 아니라 형법외적인 특별의무침해에 의해 결정되는 범죄를 '의무범(Pflichtdelikte)'이라고 표현한다.[57] 의무범을 인정하게 되면 의무 없는 자는 의무범의 신분주체와 공동했더라도 의무범의 공동정범이 될 수 없고, 따라서 이 범위에서 의무범은 제33조 본문 중 공동정범의 적용범위를 제한하게 된다.[58]

합동범에 의무범 논리를 적용하는 견해는 다음과 같이 말한다. 합동범의 본질 내지 핵심은 범죄에 참가한 다수관여자들 간의 '관계적 특성'을 뜻하는 '협동관계'에 있고, 이 협동관계는 '시간적·장소적 동시성(현장)'이라는 물리적 제약조건 하에서 인정되는 '행위자들 간의 특수한 관계성'을 의미하는바, 이것은 '행위자관련적' 정범표지이고 동시에 합동범의 가중처벌의 근거가 된다고 한다. 이처럼 (가중)처벌의 근거를 행위자의 특수성(행위자가 부담하는 사회적 역할이나 의무자로서의 지위)에서 찾는 '행위자범죄'의 경우에는 행위지배가 정범표지로서 적합하지 않은데, 그 이유는 전술한 의무범 논리와 같다.

그런데 과연 합동범의 현장성이란 정범표지가 지니는 관계적 특성이 행위자가 부담하는 사회적 역할이나 의무자로서의 지위라고 볼 수 있을까? 일반적으로 의무범 이론에서

---

56) 합동절도의 간접정범이 가능하다는 동일한 결론에 도달하고 있는 견해로는 이창섭, 앞의 논문, 80면.
57) Roxin, Täterschaft und Tatherrschaft, 7.Aufl,(2000), S.354 f.
58) 이용식, "의무범 이론에 대한 소고", 서울대학교 법학 제43권 제1호(2002), 336면; 동지의 김정환, "공동정범과 방조범의 구별을 전제로 한 공동정범의 방조범으로 공소장 변경의 필요성", 법조 제61권 제9호(2012), 222면.

말하는 형법외적 특별의무라는 것은 언제나 '형법규범에 논리적으로 선행하고' 일반적으로 다른 법영역에서 생겨나는 의무라고 한다. 공법상의 공무원의 의무, 신분법상의 비밀엄수명령, 민법상의 부양의무 내지 신의성실의무가 바로 이러한 형법외적 특별의무이다. 의무범은 '구성요건에 앞서 존재하는' 이러한 특별의무를 침해할 수 있는 자만이 정범이 될 수 있는 범죄를 말한다.[59] Roxin에 의하면 이러한 의무는 의무범의 정범성 인정에 결정적인 요소가 되며 모든 범죄관여자가 반드시 부담하는 것은 아니지만 구성요건의 충족을 위해서는 필요하다고 한다. 형법규범에서 나오는 의무는 교사범이나 방조범에게도 미치지만, 형법외적인 특별의무는 의무범의 정범만이 부담한다고 한다.[60]

그렇다면 시간적·장소적 협동관계에서는 어떠한 '형법외적 특별의무'를 관념할 수 있을까? 특별한 일을 공동으로 수행하는 자들 사이에는 상호 간에 모종의 '의무'가 생기는 것은 당연하다. 상호 간의 역할에 대한 기대가 있고, 절도의 성공이라는 공동의 목표가 있기 때문에 상호 일정한 의무를 부담하게 되기 때문이다. 하지만 이러한 범죄의 실현을 위한 의무를 형법외적 특별의무라고 말할 수 있을까? 형법외적 특별의무는 바로 의무를 부담하는 자를 (가중)처벌할 수 있게 만들어 주는 근거가 된다. 그런데, 절도범행의 성공을 위해 상호 협력의무를 부담한다고 하여서 가중처벌할 근거가 되는 것일까? 예컨대 공무원의 직무범죄의 경우 행위자가 공법상의 특별의무에 반하여 행위하였기 때문에 정범으로 처벌된다. 반면 합동범은 상호 절도범행에 협력할 의무를 이행하지 못하여 처벌하는 것이 결코 아니다. 그보다는 그러한 협력관계로 인해 발생한 절도의 법익침해 위험성의 증가 때문에 가중처벌하는 것이다. 즉, 행위자가 특별히 부담하는 의무와 같은 행위자관련요소 때문에 가중처벌되는 것이 아니라, 행위자가 합동하여 시간적·장소적 협력을 하게 됨으로써 그러한 '행위관련특성'이 법익침해의 위험성을 증대시켜 이를 가중처벌하는 것이다. 따라서 의무범 이론의 원용은 합동범의 공동정범을 부정하는 적실한 논거가 되지 못한다.

물론 범행에 관여한 '행위자들 간의 특수한 관계성'에 주목하고 있는 상기 주장을 "합동범은 필요적 공범이기 때문에 임의적 공범에 관한 규정인 형법 제30조의 공동정범 규정이 적용될 수 없다"는 논지[61]로 이해할 수도 있을 것이다. 합동범의 법적 성격을 어떻게 볼 것인가, 즉 집합범의 한 유형으로서 필요적 공범으로 이해할 것인지, 공동정범의 특수한

---

59) 박상기, 형법총론(박영사, 2002), 83면; 김일수, 새로쓴 형법총론(박영사, 2000), 463면; 손해목, 형법총론(법문사, 1996), 938면.
60) Roxin, a.a.O., S.354.
61) 유기천, 앞의 책, 233면.

형태로 파악할 것인지에 대해서는 견해대립이 있음은 주지의 사실이다. 하지만 전형적 형태의 필요적 공범은 2인 이상의 관여가 있어야만 범죄가 성립하는 구성요건을 뜻하는 바, 합동범은, 예컨대 특수절도의 경우 1인에 의해서도 단순절도가 성립하지만 2인 이상이 관여하면 합동절도로 가중처벌되는 범죄이므로 반드시 필요적 공범이라고 규정할 근거는 찾아보기 어려울 것이다.[62] 굳이 찾는다면 합동범의 본질에 대한 학설개관을 통해 확인한 것처럼 '현장설'만큼은 합동범을 필요적 공범으로 이해하고 있는데, 그와 같이 합동범의 성립범위를 축소시키고자 하는 의도 외에 도그마틱적으로 정당한 근거는 보이지 않는다.[63] 또한 합동범을 필요적 공범으로 볼 수 있다고 하더라도 그에 대한 공동정범의 성립이 필연적으로 부정되는 것은 아니다. 필요적 공범이란 개념은 단순히 공범의 한 유형에 불과한 것이 아니고 그 내부자들 사이에는 총칙상의 임의적 공범규정이 적용되지 않는 법형상이라는 점에서 그 실익이 있으므로,[64] 필요적 공범에 외부에서 관여했을 경우 총칙상의 공범규정의 적용여부는 개별 구성요건의 해석에 따라 달라지는 것이지[65] 외부관여자에 대해 필연적으로 혹은 전적으로 공동정범 규정을 배제시킨다는 의미로 이해될 이유는 없기 때문이다.[66]

---

62) 박상기, 형법각론(박영사, 2005), 269면; 정성근/박광민, 형법총론(삼지원, 2006), 555면; 윤상민, "합동범의 공동정범", 학당 명형식 교수 화갑기념논문집(1998), 98면 이하. 견해에 따라서는 필요적 공범을 진정필요적 공범과 부진정필요적 공범으로 구분하여 후자는 1인에 의해서도 범죄가 성립하나 2인 이상의 관여에 의해 형이 가중되는 경우(특수절도, 특수강도 등)을 지칭한다고 설명하기도 하지만 이러한 구분법은 일반화되어 있지 못하고 합동범을 공동정범의 일형태로 이해하는 한 그렇게 구분할 필요도 없다는 지적으로는 이형국, 형법총론연구Ⅱ(법문사, 1986), 559면 참조.

63) 동지의 견해로 보이는 김일수, 앞의 논문, 349면.

64) 대법원 1985.3.12. 선고 84도2427 판결; 대법원 1998.4.25. 선고 87도2451 판결 참조.

65) 필요적 공범의 외부가담자에게 공동정범이 성립할 수 있는가에 대해서 집합범이든 대향범이든 관계없이 공동정범의 성립이 가능하다는 전면적 긍정설과 대향범의 경우에만 가능하다는 제한적 긍정설, 필요적 공범은 어떤 형태이든 공동정범이 성립불가능하다는 전면적 부정설 등이 있으나, 이 중에서 전면적 부정설은 소수에 속한다. 전면적 부정설에 속한 견해로는 박상기/전지연, 형법학(집현재, 2021), 244면; 신동운, 형법총론(법문사, 2017), 724면 참조. 전면적 부정설 이외의 학설은 대체로 대향범에 대해서는 외부가담자의 공동정범 성립을 긍정하고 있으며(박재윤 대표편집, 주석형법, 한국사법행정학회, 2011, 141면) 일부 집합범에 대해서도 공동정범의 성립을 긍정하는 견해도 있다. 집합범에 대한 공동정범의 성립을 긍정하는 견해로는, 배종대, 형법총론(홍문사, 2020), 408면; 오영근, 형법총론(박영사, 2009), 550-551면; 김성돈, 형법총론(성균관대학교 출판부, 2017), 570면; 김혜경/박미숙/안경옥/원혜욱/이인영, 형법총론(정독, 2020), 326-327면. 생각건대, 합동범을 필요적 공범개념으로 보게 된다면 집합범의 일 유형으로 분류할 수 있을 것이고, '필요적 공범'이라는 성질이 특별한 인적표지(신분관계)에 해당하는 것이 아닌 이상(신동운, 같은 책, 724면), 외부가담자의 공동정범 성립여부는 개별구성요건의 해석의 문제로 귀착된다고 보는 것이 타당할 것이다.

66) 적확한 지적으로 오영근, 앞의 책, 550면 이하; 김일수/서보학, (새로 쓴) 형법총론(박영사, 2006), 636면; 이호중, 앞의 논문, 148면; 서보학, 앞의 논문, 645면; 정준섭, 앞의 논문, 622면.

현장성이 행위관련요소이지 행위자 관련 요소가 아니라는 점을 보다 분명히 하기 위해 행위자관련요소에 대해 상론할 필요가 있을 것이다. 신분이나 형법외적 특수의무 등의 행위자 관련 요소는 해당 구성요건의 실현 '이전'에 이미 행위자가 득하거나 부담하고 있어야 한다.[67] 공무원이라는 신분과 그로부터 발생하는 공법상의 의무가 대표적이다. 그런데 과연 '시간적·장소적 협동관계', 즉 현장성도 그처럼 구성요건에 앞선 요소로 볼 수 있을까? 그렇지 않음은 명백하다. 현장성은 단순절도와 구별되는 특수절도의 실현방법에 불과하며, 따라서 합동절도의 구성요건의 실현과정에서 각 행위자가 득하게 되는 관계이지, 구성요건의 실현 이전에 행위자가 미리 득하고 있는 인적 요소가 아니다.[68]

(5) 합동범의 공동정범은 기능적 행위지배를 조직적 범행지배로 변질시키는가?

다섯 번째 비판논거는 다음과 같이 지적한다. 조직적 범행지배로 정범성을 인정해 합동범의 공동정범을 인정하는 것은 형법의 도덕적 카테고리인 책임원칙을 파괴한다고. 이것은 집단책임이라는 전근대적 형법패러다임이 우리 형법에 전승되고 있음을 말해주며, 조직범죄라는 현대적 범죄현상에 대응한 집단주의적 책임패러다임의 형성이 근대형법의 개인주의적 책임패러다임을 무너뜨리는 탈근대적 시대정신의 표현이기도 하다고 진단한다.[69]

구성요건적 실행행위 분담이라는 객관적인 요소가 아니라 전체범행의 실현에 대한 조종권한 유무라는 규범적·평가적 요소에 기초해 공동정범을 인정하는 법리를 조직적 범행지배로 개념화한 것은 상당히 적절한 평가라고 사료된다. 전자가 법익의 침해에 인과적으로 가장 가까운 행위를 한 자를 정범으로 보는 입장이라면, 후자는 법익침해를 막는 관리체계 내에서 더 많은 조종권한을 갖고 있는 자를 정범으로 본다는 점에서 이를 조직적 범행지배라는 표지로 해명할 수 있다고 본다. 그런데 과연 이를 두고 집단주의적 책임패러다임이라고 단언할 수 있을까? 이러한 책임귀속이 근대형법의 개인주의적 책임원칙에서 크게 벗어나는 것일까? 그렇지 않다고 생각한다. 예를 들어 전술한 사례와 같이 소비자의 건강을 해하는 제조물을 가공한 종업원뿐만이 아니라 그 생산을 결정한 경영진도 정범이 된다는

---

67) 이용식, 앞의 논문, 337면.
68) 동지의 신동운, 판례백선 형법총론(경세원, 2009), 767면. "합동범에 있어서 현장성의 표지는 일신전속적인 신분이라기보다 오히려 객관적인 행위태양의 하나라고 보는 것이 더욱 정확[하다.]"고 한다. 유사한 맥락에서 독일형법상 집단절도죄의 구성요건에 있어서 '집단의 구성원이라는 성질(Die Qualität der Mitgliedschaft)'이 지니는 특별한 인적 표지(besonderes persönliches Merkmal)로서 행위자적 성격에 대해 의문을 제기하는 견해에 대해서는 Lackner/Kühl, a.a.O., §244, Rn.7.
69) 이상돈, 앞의 논문, 95-97면.

평가는 오히려 '정당한' 것이지 집단주의적 책임패러다임의 귀결로 보기는 어렵다. 일반적으로 이해되는 기능적 행위지배는 실행행위의 분담을 한 경우에만 공동정범이 인정된다고 하는데, 이러한 책임귀속방법이 언제나 정당하다고 평가할 수 없는 경우도 있다. 예컨대, 어느 건축가가 어떤 건축물을 설계하여 짓는다고 할 때, 지속적으로 벽돌과 모래를 운반해 외형의 축조에 기여한 인부들과 그 건물을 치밀하게 디자인하고 건축과정을 지휘감독한 건축가 중에서, 최종 완성된 건축물은 누구의 작품으로 보는 것이 정당한가?[70] 누가 보더라도 당연히 건축가일 것이다.

이처럼 다수인이 공동으로 어떤 일에 참여하는 경우 법적 평가 이전에 그들 각자의 책임과 공적에 대한 판단이 곧 형법적 의미의 책임판단과 거의 일치하는 경우도 많을 것이다. 이때 우리 모두의 공통된 삶의 경험이 일치된 판단을 내려줄 수 있으며, 이러한 생각에 뿌리를 둔 정범론을 '존재론적 정범론(Ontologische Täterlehre)'이라고 개념화할 수 있다.[71] 이러한 존재론적 정범론 하에서는 정범이냐 공범이냐 판단은 '사물의 본질에 대한 직관적 관찰'과 '전체적이고 구체적인 관찰방식'에 의해 내려질 수 있다고 한다. 이러한 사고에 의하면 두목이 현장에 나타나지 않았다고 해서 그 범죄의 주인이 아니라고 단정할 수 없다. 범죄현장에 모두 나타나는 것보다 각자 역할을 분담해 분산된 장소에 범죄를 수행하는 것이 보다 합리적인 경우였다면, 현장에 나타나지 않은 자를 그 이유만으로 그를 '공동으로 범한 자의 범위'에서 배제하는 것은 납득하기 어렵기 때문이다.

이러한 존재론적 사고방식에는 다분히 규범적이고 평가적인 요소가 개입될 수밖에 없다. 그리고 이러한 생각을 받아들일 수 있다면, 다수관여자의 정범성을 판별해 내는 기준으로서 기능적 행위지배는, 하나의 척도에 불과한 제한적 기준일 수밖에 없음을 깨닫게 된다. 구성요건적 실행행위 단계에서 기능적 역할분담을 하지 않았다고 하여 언제나 필연적으로 정범으로 평가되지 못하는 것은 부당하기 때문이다. 개인주의적 책임원칙의 미덕은 각자 부담해야 할 책임범위를 벗어난 형사책임을 제한해야 한다는 점에서 찾을 수 있다는 점에서 주로 논해지지만, 책임원칙도 정의원칙의 하나라고 볼 수 있다면, 과도한 책임은 회피되어야 하지만 '각자에게 각자의 몫'이 돌아가도록 하는 것이 정의의 가장 간명한 논리라면, 응당 귀속되어야 할 책임이 부당하게 줄거나 면제되는 것도 분명 회피되어야 할 것임은 자명할 것이다. 규범적이고 평가적인 요소를 도입하더라도 그것이 정당한 응분의 몫을 논정

---

70) 이러한 문제제기로는 김성룡, "존재론적 공동정범 표지", 비교형사법연구 제17권 제2호(2015), 78-79면.
71) 김성룡, 앞의 논문, 78-79면.

하기 위한 것이라면 결코 책임주의에 반하지 않는다고 본다.

다음으로 합동범의 공동정범 성립문제는 '집단주의 책임패러다임'과 '개인주의적 책임 패러다임'이라는 추상적으로 대립하는 원리적 차원의 문제가 아니라는 점을 지적할 수 있다. 지금까지 논증해온 바와 같이 현장성이라는 요소는 행위관련 정범표지이며, 이러한 입론이 옳다면, 행위관련 정범표지는 공동정범의 경우에도 '연대적으로' 적용될 수 있고, 따라서 합동범의 공동정범은 근대형법이 오랜 세월에 걸쳐서 정치하게 구축해 놓은 개인주의적 책임도그마틱에 오히려 정확하게 부합되는 법형상이라 할 수 있을 것이다.

(6) 합동범 조문의 입법연혁은 합동점의 공동정범 성립을 부정하는가?

끝으로 합동범 조문의 입법연혁에 비추어 보았을 때, 합동의 의미는 현장설에 따라 해석하는 것이 타당하므로 그렇게 이해하는 한 합동범의 공동정범은 성립불가능하다는 비판논거에 대해 살펴보기로 한다.

우선 입법연혁적으로 독일형법의 집단절도죄에서 유래하는 조문이라는 점은 대체로 널리 인정되고 있음은 사실이다. 하지만 집단절도와 형법의 합동범은 엄연히 규정에 차이가 있는데, 독일의 집단절도죄는 단순히 시간적·장소적 협동만 존재하면 성립하는 것이 아니고, "계속적 실행을 위해 결합된 집단의 구성원이 다른 집단구성원과 공동협력하여 절도를 범한 경우"에 성립한다. 즉 집단구성원이라는 별도의 구성요건까지 충족되어야 한다는 점에서 형법의 합동범과는 차이가 있다.[72] 독일의 판례입장도 처음에는 현장설에 입각하고 있었으나 이후 입장을 변경하여 범행현장에 있지 않은 집단구성원도 공동정범의 일반적 기준에 따라서 집단절도죄의 공동정범이 될 수 있다고 판시하고 있음에[73] 유의할 필요가 있을 것이다. 아울러 현장설을 입장을 취하더라도 시간적·장소적 협력관계에서 '장소적'의 의미를 시대변화에 수용해 탄력적으로 해석해 "시간적 동시성이 있으면서 현장에서 공동하여 실행행위를 한 경우라고 평가될 수 있는 경우라면" 합동하여 범죄를 실행한 것으로 볼 수 있다는 견해도 제시되어 있다.[74]

---

72) 독일형법상 집단절도죄의 가중처벌의 근거는 다수인에 의해 범죄를 목적으로 하는 집단을 구성하여 범행의 개연성을 증가시키게 된다는 '범죄조직의 위험(Organisationsgefahr)'에서도 찾을 수 있다는 점에서 형법상 합동절도죄와 차이가 있다. Schönke/Schröder, a.a.O., §244, Rn.23. 참조.
73) 김종구, "합동범에 관한 연구", 비교형사법연구 제5권 제1호(2002), 182-183면. 독일의 판례변경의 배경으로 '집단개념의 요건을 강화'하면서 '현장성 요건을 완화'한 것으로 평가하는 견해로는 문채규, 앞의 논문, 35면.

그런데 사실 이러한 논지는 입법연혁을 제시하는 비판논거에 대한 반론으로 직접적인 것은 아니다. 본고에서 논급하고자 하는 바는 설령 입법연혁에 비추어 현장설이 옳다고 전제한다고 하더라도 대상판결의 입장처럼 합동범의 공동정범을 인정하는 데에는 정당한 도그마틱적 논거가 있다는 점이다.

전술한 여러 선행연구에서 현장성을 행위자관련 정범표지 내지 행위자요소나 신분에 가까운 표지로 보아 이를 결여한 경우에는 형법 제33조와 같은 특별한 법적 장치 없이는 공동정범의 성립은 불가능하다고 주장하고 있다. 신분범의 '신분', 자수범의 '자수성', 의무범의 '형법 외적 특별의무'는 모두 행위자요소인데 이 요소의 도그마틱적 특징은 바로 비신분자(그 요소를 갖추지 못한 자)는 "가공행위 기타 어떤 방법으로도 결코 그 신분을 '공유'한 것으로 평가될 수 없다"는 점에 있다.[75] 반면 '행위태양', 고의나 목적과 같은 행위요소는 공범자가 정범행위에 가공함으로써, 그리고 정범자가 갖추고 있는 행위태양이나 고의나 목적을 공범자가 인식함으로써 결국 공범자에게도 그러한 요소가 존재하는(공유되는) 것으로 인정될 수 있다.

요컨대, 행위관련적 요소, 즉 행위불법적 요소는 '공범종속성'과 '행위지배설'에 입각하여 공범 및 공동정범에게도 '연대적으로' 작용한다. 예를 들어 갑과 을이 흉기를 휴대해 절도범행을 공동으로 수행하는 경우 위험한 물건을 휴대하지 않은 갑이 을이 이를 휴대하고 있음을 인식하고 실행행위를 기능적으로 분담하였다면 제331조 제2항 전단의 특수절도의 공동정범이 성립한다.[76] 이는 갑이 위험한 물건을 휴대하지 않았어도 이를 휴대하는 것은 행위불법을 가중시키는 행위요소이기 때문에 을이 위험한 물건을 휴대하였으므로 공동정범의 일반이론에 따라서 기능적 범행지배만 인정된다면 전체범죄에 대해 연대책임을 지게 되는 것이다. 행위불법적 요소는 공동정범에 대해서는 연대적으로, 또는 협의 공범에게는 종속적으로 작용하기 때문이다.[77]

---

74) 김종구, 앞의 논문, 189면 이하. 동 문헌은 이를 '해석학적 현장설'이라고 명명하고 있다.

75) 권봉호, 앞의 논문, 283면.

76) 이호중, 앞의 논문, 147면. 동 문헌에 의하면 흉기휴대절도의 공동정범이 가능한 논리와 마찬가지로 합동절도의 공동정범도 가능하다고 주장한다. 반면 합동절도에 가담하는 개별 범인의 합동은 흉기 휴대에 버금가는 행위불법성을 보여야 할 것인데도 불구하고 단지 전체 범행의 위험성을 근거로 합동성을 현장에 있지 않았던 자에게까지 확장하는 것은 부당하다는 지적으로는 박상기/전지연, 앞의 책, 271면.

77) 김일수, 형법학원론[총칙강의](박영사, 1991), 914면; 한상훈/안성조, 형법개론(정독, 2020), 284면; 김종구, 앞의 논문, 178면. 다만, 독일에서도 행위관련표지와 행위자관련표지의 구별방법에 대한 보편적인 기준은 아직 없는 보인다. 해당 표지가 구성요건 내에서 어떠한 기능을 하느냐에 따라서 개별적으로 판단될 문제라고 한다. 이 점에 대한 논급으로는 임웅, 앞의 책, 468면.

따라서 대상판결과 관련해 결론을 내리자면, 합동범의 성립요건으로서 '현장성'이란 표지는 행위의 위험성, 즉 가중된 행위불법을 구성하는 '행위태양'으로서 행위관련적 요소이고, 이는 형법총칙상 공동정범 규정의 적용을 배제하지 못하며, 그리하여 현장에 있지 않았던 자라 하더라도 다른 2인이 합동하여 절도범행을 수행함에 대한 인식이 있었다면 공동정범으로 규율할 수 있고,[78] 이는 도그마틱적으로 정당하다고 볼 것이다.

V. 맺음말

합동범 내지 그 공동정범의 성립범위를 가급적 제한하려는 시도는 법치국가적 형법의 전통에 부합되는 것으로서 바람직한 견해이고 형법 해석에 있어서 장려되어야 할 태도임은 분명하다고 할 수 있다. 과거 합동범의 공동정범의 성립을 부정해 오다가 합동범의 공동정범 성립을 긍정하는 입장으로 판례를 변경하면서, 그 이유에 대해서 충분히 법리적으로 납득할 만한 근거제시를 하고 있지 않은 대법원의 태도와 법리를 비판하는 대다수 선행연구의 문제의식은 그러한 맥락에서 매우 중요하고 그 자체로 존중되어야 함은 명백하다. 그러나 피고인에게 불리한 유추해석이 죄형법정주의에 반하여 금지되듯이 법문의 가능한 의미를 넘어서는 축소해석도 금지되는 유추에 해당할 수 있음을 고려하면 도그마틱적으로 명백히 허용되는 법리구성을 단지 가벌성이 확장된다는 이유로 제한하는 것도 지양되어야 마땅할 할 것이라고 생각한다. 이러한 취지에서 본고는 합동범의 공동정범이 도그마틱적으로 어떻게 성립가능한가를 밝혀보고자 하였으며, 개인주의적 책임형법의 산물인 형법도그마틱에 충실히 따르더라도 합동범의 공동정범은 성립이 가능하다는 점을 입론해 보았다. 도그마틱적으로 허용되는 한, 합동범의 공동정범을 인정하는 것은 책임원칙에 반하는 것이 아니라 오히려 충실한 해석론이 된다고 생각된다.[79]

상기 고찰한 바와 결론에 대한 이해를 보다 명료하게 하기 위해 다음과 같은 사례를

---

78) 동지의 Rudolphi/Horn/Günther/Samson, SK-StGB(1994), §244, Rn.28. "Das Merkel ist daher tatbezogen und wird nach Akzessorietätsregeln zugerechnet. Mittäter nach §244 kann also auch das Bandenmitglied sein, das die Tat zweier anderer Mitglieder von fern steuert."

79) 동지의 서보학, 앞의 논문, 644-646면. 한편 직접 절취의 실행행위를 하지 않았더라도 기능적으로 역할 분담을 한 자(망보는 자)도 절도의 공동정범이 될 수 있듯이, 현장에 없는 자도 현장에 있는 자들의 절도행위에 대해 기능적 행위지배가 인정되는 한 합동절도의 공동정범이 될 수 있다는 견해로는, 김성돈, 형법각론(성균관대학교 출판부, 2013), 296면 참조.

들어 보자.

첫째, 범죄단체의 두목이 조직원 갑과 공모하여 갑이 병의 집에 가서 물건을 훔쳐오도록 지시한 경우(단순절도의 공동정범).

둘째, 범죄단체의 두목이 조직원 갑과 공모하여 갑이 흉기를 들고 병의 집에 가서 물건을 훔쳐오도록 지시한 경우(흉기휴대절도의 공동정범).

셋째, 범죄단체의 두목이 조직원 갑 및 을과 공모하여 갑과 을이 병의 집에 가서 물건을 훔쳐 오도록 지시한 경우(합동절도의 공동정범).

위 세 가지 사례에서 첫 번째는 범죄단체의 두목에게 단순절도의 공동정범이 성립하고, 두 번째와 세 번째는 특수절도죄의 공동정범이 성립하게 되는데, 두 번째와 세 번째 사례 모두 두목은 피해자의 법익에 대한 침해의 가능성을 높이고, 범죄실현의 위험을 증대시키는 방법을 사용하도록 하였으므로 충분히 가중처벌의 근거가 있고, 따라서 단순절도가 아닌 특수절도의 공동정범으로 의율하는 것은 법리적으로 정당한 것으로 평가될 수 있을 것이다.

하나의 형사법리에 대해서 그토록 많은 선행연구[80]와 평석이 나왔다는 것은 서두에서 밝힌 바 있듯이 분명 이례적이며, 여기에는 많은 의미가 담겨 있을 것이다. 본고를 통해 우리에게 익숙하고 비교적 자명한 것으로 여겨져 오던 합동범과 공동정범 도그마틱이 수많은 학계와 실무의 연구자들에게 얼마나 다양하게 이해되고 해석되어 왔는지, 새삼 실감하게 되는 계기를 마련해 줄 수 있기를 바라며, 합동범과 공동정범 도그마틱 조탁에 작으나마 생산적인 기여를 할 수 있다면 더 바랄 것이 없을 것이다.

---

80) 한 선행연구의 조사결과에 의하면 2003년도에 이미 무려 84편의 논문이 있다고 한다. 이상돈, 앞의 논문, 97면. 합동범에 관한 논문이 모두 합동범의 공동정범을 다루지는 않겠지만, 학술연구정보서비스(RISS)를 통해 현 시점에서 합동범을 키워드로 검색되는 학술지 논문은 97편, 학위논문은 70편에 이른다.

[22] 준강간죄의 불능미수

I. 판결개요 및 쟁점의 정리

1. 사실관계

군인신분의 피고인은 자신의 집에서 피고인의 처, 그리고 피해자(여, 22세)와 함께 술을 마시다가 다음 날 새벽 1시 경 피고인의 처가 먼저 잠이 들고 2시 경 피해자도 안방으로 들어가자 피고인은 피해자를 따라 방에 들어갔다. 그 후 피해자가 실제로는 반항이 불가능할 정도로 술에 취하지 아니하여 준강간의 대상이 될 수 없음에도, 만취되어 항거불능상태에 있는 것으로 오인하고 피해자의 옆에서 그의 가슴을 만지고 팬티 속으로 손을 넣어 음부를 만지다가 팬티를 벗긴 후 피해자를 1회 간음하였다.

2. 소송경과

처음에 군검찰은 피고인을 강간혐의로 기소하였다. 이후 제1심 공판과정에서 공소장을 변경하여 준강간혐의를 추가하였으며, 보통군사법원은 피고인의 강간죄를 인정하지 않고 준강간혐의만 유죄로 판단하여 징역 3년을 선고하였다. 이에 피고인은 피해자가 술에 취하지 않았었다는 사정 등을 이유로 항소하였고, 곧이어 고등군사법원은 피해자가 사건 전후에 휴대폰 동영상을 보았고, 다른 친구와 문자메시지를 주고받았다는 사실 등으로 미루어 술에 취하지 않은 상태였다는 점을 확인하였다. 군검사는 다시 한 번 공소장을 변경해 준강간죄를 주위적 공소사실로, 준강간미수죄를 예비적 공소사실로 추가하였다. 고등군사법원은 준강간혐의를 무죄로 판단하는 대신 준강간미수를 유죄로 인정하여 징역 2년을 선고하면서 아동청소년 관련기관 취업제한 5년을 명령하였다. 피고인은 피해자가 실제로 심신상실 또는 항거불능 상태에 있지 않았으므로 성적 자기결정권을 침해하지 않았다는 이유에서 무죄를 주장하며 상고하였다.

대법원 전원합의체판결에서 다수의견은 피고인이 피해자가 심신상실 또는 항거불능의 상태에 있다고 인식하고 그러한 상태를 이용하여 간음할 의사로 피해자를 간음하였지만 피해자가 실제로는 심신상실 또는 항거불능의 상태에 있지 않은 경우, 실행의 수단 또는 대상의 착오로 인하여 준강간죄에서 규정하고 있는 구성요건 결과의 발생이 처음부터 불가능하였던 것으로 판단하면서 동시에 행위 당시 인식한 사정을 놓고 일반인이 객관적으로 판단하여 보았을 때 준강간의 결과가 발생할 위험성은 있었으므로 준강간죄의 불능미수가 성립한다고 판시하였다.

3. 쟁점의 정리 및 논의구도

대상판결은 피해자가 술에 취해 의식을 잃고 잠이 들어 있어서 그러한 심신상실 또는 항거불능의 상태를 이용하여 간음을 하였는데 피해자가 실제로는 그러한 상태에 있지 않았을 경우 행위자에게 준강간의 불능미수가 성립한다는 것이다. 형법 제299조에 의하면 "사람의 심신상실 또는 항거불능의 상태를 이용하여 간음 또는 추행을 한 자는 제297조, 제297조의2 및 제298조의 예에 의한다." 만일 실제로 피해자가 심신상실 또는 항거불능의 상태에 있었고 행위자에게 준강간의 고의가 있었다면 원래 준강간죄의 죄책이 성립하게 되지만, 여기서 문제되는 것은 실제로 그러한 상태에 있지 않았던 점이다.

이와 관련해 형법 제27조는 "실행의 수단 또는 대상의 착오로 인하여 결과의 발생이 불가능하더라도 위험성이 있는 때에는 처벌한다. 단, 형을 감경 또는 면제할 수 있다."고 하여 실행의 수단 또는 대상의 착오로 결과의 발생이 객관적으로 불가능한 경우에도 위험성이 있으면 처벌되는 유형의 미수범 규정을 두고 있는바, 대상판결의 다수의견은 동 조문과 준강간의 불능미수 법리를 원용하여 사안을 해결하고 있는 것이다. 즉, 이 사안은 실행의 수단 또는 대상의 착오로 인해 처음부터 '준강간의 결과발생이 객관적으로 불가능한 경우'인 동시에 '위험성'이 인정되므로 불능미수 조문으로 의율할 수 있는 케이스라는 것이다.

하지만 이에 대해 그동안 제시된 다수의 평석과 논문의 견해는 비판적인 입장을 취하고 있다.[1] 그 이유는 아마도 첫째, 전형적인 불능미수 사례들은 애당초 범죄를 절대적으로

---

[1] 반면에 유사한 미국 케이스와의 비교를 통해 대법원 다수의견의 결론에 찬성하는 견해로는 김종구, "준강간죄의 불능미수에 관한 비교법적 고찰", 중앙대학교 법학논문집 제44집 제2호, 2020, 34면 이하

실현할 수 없는 상황에서 행위자가 실행의 수단 또는 대상을 착오하여 범죄의 실현이 가능하다고 오인한 경우인 반면, 대상판결의 사실관계는 일반적으로는 혹은 일정한 조건 하에서는 준강간의 결과가 발생할 수 있지만, 우연한 사정이 개입하여(만취해 보였음에도 불구하고 이례적으로 실제로는 항거불능 상태에 있지 않았음) 준강간의 기수에 이르지 못한 상황으로서, 따라서 이는 처음부터 결과발생이 객관적으로 불가능할 것을 요건으로 하는 불능미수가 아니라 장애미수로 의율되어야 할 사안처럼 보이기 때문일 것이다. 둘째, 어쨌든 피해자가 원치 않았던 '간음'이라는 결과 내지 성적 자기결정권의 침해가 분명 발생했다는 점에서 이를 미수범의 한 유형인 불능미수 사안으로 다루는 것은 부적절하다는 직관적 판단이 들었기 때문일 것이다.

물론 이외에 다른 근거도 존재할 수 있는데 이를테면 앞의 반론과는 달리 피해자는 실제로는 심신상실 또는 항거불능의 상태에 있지 않았던바, 따라서 원치 않는 간음행위에 대해 저항할 수 있었음에도 불구하고 그렇게 하지 않았으므로 실질적인 의미에서의 성적 자기결정권의 침해가 없었으므로 가벌성이 부정되어 무죄가 된다는 견해도 가능할 것이다.

본 논문은 결론적으로 대상판결의 다수의견이 법리적으로나 도그마틱적으로 볼 때 타당하다는 입장에서 이에 대한 반대의견을 비롯해 비판적 평석의 논거를[2] 재검토해 보고자 한다. 이를 위해 대상판결과 관련해 쟁점을 다음과 같이 크게 세 개로 나누어 고찰해 볼 것인데 이러한 쟁점은 대상판결의 다수의견에 대해 판결문에 수록된 반대의견이 제기하는 의문점을 포함하여 그동안 다수의 판례평석을 통해 제기된 문제점을 종합적으로 고려해 선별한 것들이다.

첫째, 대상사건은 간음이라는 구성요건결과 내지 보호법익의 침해가 발생한 사안이므로 미수범의 영역에서 논의할 문제가 아니라고 보아야 하는가?

둘째, 대상사건은 범죄행위의 성질상 결과발생이 절대적으로 불가능한 사안이 아니므로 불능미수가 아닌 장애미수로 의율되어야 하는가?

셋째, 준강간죄의 보호법익인 성적 자기결정권에는 법익이 침해당하는 상황에 대항할 수 있는 권리도 포함되는 것으로 해석해야 하는가?

참조.
2) 이용식, "2019년 분야별 중요판례분석(형법총칙 편) -준강간죄의 불능미수에 관한 사례-", 법률신문 (2020.3.12.); 김태명, "술에 취해 항거가 곤란한 사람에 대한 준강간죄의 불능미수", 전북대학교 법학연구 통권 제59집, 2019, 37-68면; 홍영기, "준강간의 미수: 장애미수와 불능미수의 구별", 법조 제68권 제3호, 2019, 659-677면 등 참조.

II. 미수범 성립에 있어서 구성요건적 결과의 의미

1. 미수범 규정에서 구성요건적 결과의 의미

(1) 형법상 기수와 미수의 의미

대상판결에 대해 비판적인 평석의 주된 논거의 하나로서 미수범이 성립하기 위해서는 실행행위를 종료하지 못하거나(착수미수), 실행행위를 종료했으나 결과가 발생하지 않아야 하는데(실행미수), 위 사례는 이중 어느 경우에도 해당하지 않는다는 주장이 있다. 실행행위(간음)도 종료되었고, 그로 인하여 결과(성적 자기결정권의 침해)도 발생했다는 것이다. 대법원 반대의견도 기본적으로 이러한 입장에 있다. 대법원 반대의견은 다음과 같이 역설한다. "강간죄나 준강간죄는 구성요건결과의 발생을 요건으로 하는 결과범이자 보호법익의 현실적 침해를 요하는 침해범이다. 그러므로 강간죄나 준강간죄에서 구성요건결과가 발생하였는지 여부는 간음이 이루어졌는지, 즉 그 보호법익인 개인의 성적 자기결정권이 침해되었는지 여부를 기준으로 판단하여야 한다." 요컨대, (준)강간죄는 보호법익의 현실적 침해를 요하는 침해범이므로 구성요건적 결과의 발생 여부는 간음이 이루어졌는지를 기준으로 판단해야 한다는 것이다. 그 반대의견의 논지를 명확히 이해하기 위해서는 과연 형법의 미수범 규정에서 말하는 구성요건적 결과란 어떤 의미인지 되짚고 넘어갈 필요가 있을 것이다.

형법은 기수범뿐만 아니라 미수범을 처벌하기도 한다. 기수란 고의로 실행에 착수하여 범죄의 객관적 구성요건요소를 모두 충족시킨 경우를 말한다. 객관적 구성요건요소에는 행위주체, 실행행위, 행위객체, 인과관계, 결과 등이 있으며, 이러한 요소들을 총칭하여 '구성요건적 결과'라고 한다.3) 실행에 착수하였으나 객관적 구성요건요소를 모두 충족시키지 못해 기수에 이르지 못할 경우, 미수범 성립여부를 검토할 수 있으며,4) 형법 각 본조에 처벌규정이 존재하는 때에는, 이를 처벌한다. 형법상 미수범이 성립하는 경우는 범죄의 실행에 착수하여 행위를 종료하지 못하였거나 결과가 발생하지 아니한 때이다. 이때의 결과는 '구성요건적 결과'를 뜻한다. 따라서 객관적 구성요건요소로서 결과의 발생이 있어도 실행

---

3) 신동운, 형법총론 (법문사, 2017), 523면.
4) 이처럼 미수란 "객관적으로는 구성요건적 요소의 전부를 실현하지 못한 경우이다." 유기천, 형법학 [총론강의] (법문사, 2011), 252면 참조. 이러한 맥락에서 기수범이 되려면 "구성요건이 '충족'되어야 한다."는 견해로는 김재현, "형법도그마틱에 의한 위험범의 제한적 해석", 서울대학교 법학 제53권 제4호, 2012, 49면.

행위와 발생한 결과 사이에 인과관계가 인정되지 않으면, 미수범에 그친다.[5]

(2) '구성요건적 결과'와 '객관적 구성요건요소로서의 결과'의 의미상 차이

형법의 미수범 규정을 보면, 장애미수(제25조)와 중지미수(제26조), 불능미수(제27조)의 세 유형으로 나뉘어 있는데 "범죄의 실행에 착수하여 행위를 종료하지 못하였거나 결과가 발생하지 아니한 때에는 미수범으로 처벌한다. 미수범의 형은 기수범보다 감경할 수 있다 (제25조)."고 하면서 "범인이 자의로 실행에 착수한 행위를 중지하거나 그 행위로 인한 결과의 발생을 방지한 때에는 형을 감경 또는 면제한다(제26조)."고 하여 자의적 중지로 인한 형의 감면규정을 두고 있으며, 아울러 "실행의 수단 또는 대상의 착오로 인하여 결과의 발생이 불가능하더라도 위험성이 있는 때에는 처벌한다. 단, 형을 감경 또는 면제할 수 있다 (제27조)."고 하여 실행의 수단 또는 대상의 착오로 결과의 발생이 객관적으로 불가능한 경우에도 위험성이 있으면 처벌되는 유형의 미수범 규정을 두고 있다.

형법 제25조, 제26조, 제27조 각각의 미수범의 성립요건에서 결과의 의미는 객관적 구성요건요소의 일부로서의 결과나 결과범에서 말하는 결과가 아니다. 예컨대 살인죄의 경우에 결과는 살인행위로부터 인과적으로 연결되는 외부적인 변화로서의 사망이라는 객관적 구성요건요소의 일부로서의 특정한 사태를 뜻하는 것이 아니라 살인죄의 객관적 구성요건요소의 총체를 말한다. 전술한 바와 같이 여기서 말하는 결과는 '구성요건적 결과'를 뜻하는 것이다.[6] 사기죄에서는 기망행위와 그로부터 인과적으로 연결되는 착오 및 그로 인한 재산적 처분행위와 재산상 손해 등 사기죄의 모든 객관적 구성요건요소가 충족되어야 '구성요건적 결과'가 발생했다고 말한다. 그러므로 비록 피해자가 사망했거나 재산적 처분행위로 손해가 발생했다고 하더라도 그러한 사태가 살인죄나 사기죄의 구성요건이 예정하고 있는

---

5) 결과가 발생해도 그것이 행위와 인과관계가 부정되면 구성요건적 결과가 되지 못하여 미수에 그친다. 박재윤 대표편집, 주석형법 총칙(2) (한국사법행정학회, 2011), 48면 참조. 단, 객관적 구성요건요소 중 모든 요소가 다 그것이 흠결되었다고 하여 미수범이 되는 것은 아니다. '결과나 인과관계의 부존재' 및 '실행의 수단 또는 대상의 착오'는 장애미수나 불능미수의 요건이지만 주체의 착오, 예컨대 사인이 공무원만 저지를 수 있는 진정신분범죄의 구성요건을 실현한 경우에는 통설에 의하면 구성요건이 흠결된 것으로 보아 미수범 성립여부를 검토할 필요가 없이 범죄가 불성립하게 된다. 마찬가지로 구성요건이 예정하고 있는 특별한 행위태양, 예를 들어 강간죄의 '폭행 또는 협박'이나 준강간죄의 '심신상실 또는 항거불능의 상태를 이용함'이라는 요소가 결여돼 범죄가 불성립하거나 그러한 사실의 증명이 없으면 강간죄나 준강간죄는 무죄가 된다(형사소송법 제 325조).
6) 동지의 이창섭, "준강간죄의 불능미수에 대한 고찰", 형사정책 제31권 제4호, 2020, 105면 참조.

살해행위나 기망행위로 인한 것이 아니라면, '구성요건적 결과'가 발생하지 않은 것으로 평가된다. 마찬가지로 피해자를 폭행 또는 협박하여 그의 재산상의 처분행위로 재물을 영득하였다고 하더라도, 만일 피해자가 의사의 자유가 침해되어 재산상 처분행위를 한 것이 아니라 행위자를 불쌍하게 여겨 재물을 교부한 것이라면, 비록 폭행 또는 협박이 있었고, 재물의 교부가 이루어졌어도 공갈죄는 미수에 그친다.[7]

2. 침해범과 위험범에서 구성요건적 결과의 의미는 달라지는가?

(1) 침해범과 위험범에서 기수의 의미

법리적으로 침해범과 위험범의 차이점에 주목하고자 하는 반대의견의 관점은 존중할 만하다. 하지만 그러한 주장을 뒷받침할 만큼 정당화 논거가 충분히 제시되고 있는지에 대해서는 의문이다. 침해범과 위험범의 구별은 범죄의 성질이 법익침해를 본질적 요건으로 하는가에 따른 것에 불과하므로 현주건조물방화죄처럼 보호법익의 침해정도라는 측면에서는 위험범이지만 '일정한' 결과의 발생을 요하는 구성요건도 존재하며 따라서 준강간이 위험범이 아닌 침해범이기 때문에 필연적으로 구성요건적 결과의 발생여부를 간음이 이루어졌는지 여부를 기준으로 판단하여야 한다는 논증은 타당성이 떨어진다. 다시 말해 침해범이라는 준강간죄의 특성이 '구성요건적 결과의 발생'을 다르게 해석해야 할 합리적이고 합당한 근거가 되지는 못한다는 것이다.

미수범은 결과범뿐만 아니라 일정한 거동범에서도 성립할 수 있으며[8] 이와 같이 미수범 도그마틱에서 '구성요건적 결과의 발생'은 침해범이나 위험범은 물론 결과범과 거동범에서도 동일한 의미로 해석되는 것이다. 요컨대 미수범 도그마틱에 비추어 보면 미수범이란 범죄의 주관적 구성요건요소는 모두 갖추어져 있으나 객관적 구성요건요소가 전부 다 충족되지 못한 경우를 뜻하며, 모든 객관적 구성요건요소가 충족되었을 때 비로소 '구성요건적 결과'가 발생했다고 보아야 한다. 침해범의 경우는 대체로 행위자가 '의욕한 바', 예컨대 사망이나 간음이 곧 '구성요건적 결과'인 것으로 인식되기 쉽지만, 법리적으로나 도그마틱

---

7) 이는 금년도 제9회 변호사시험 사례형 2문에 출제된 쟁점의 하나이다. 이 경우 협박죄도 성립할 수 있으나, 공갈미수에 흡수된다.

8) 주거침입죄의 미수가 그 대표적 사례이다. 따라서 형법 제27조에서 말하는 결과발생은 결과범이나 인과관계에서 말하는 결과와 구별해야 한다는 지적으로는 김태명, 앞의 논문, 49-50면.

적으로[9] 보면 그러한 생각은 타당하지 않다.

그렇기 때문에 준강간의 고의로 실행에 착수했으나 간음에 이르지 못한 때에만 불능미수가 성립되는 것은 아니며, 간음이 실현된 경우에도 성립될 수 있다. 강간죄나 준강간죄는 '간음' 자체를 처벌하는 것이 아니라 폭행이나 협박에 의하여 또는 피해자의 심신상실이나 항거불능의 상태를 이용하여 성적 자기결정권을 침해하는 방법으로 간음이 실행된 경우에 이를 범죄로 처벌하는 것이고, 이처럼 피고인이 의욕한 바, 결과로서의 '간음'은 구성요건적 결과가 아니라 객관적 구성요건의 한 요소일 뿐이기 때문이다.[10]

(2) "법익침해가 발생하면 기수범이 성립한다"는 명제는 왜 부당한가?

이러한 취지에서 대법원 보충의견은 "공갈의 경우 갈취의 고의로 폭행이나 협박을 하였으나 실제로 피해자가 외포되지는 않은 채 다른 이유로 처분행위를 했다면 피고인은 재물의 취득이라는 의욕한 결과를 얻었으나 공갈죄는 기수로 평가되지 않는다."라고 부연하며, "강간죄와 준강간죄에서도 피고인이 목적 내지 의욕한 결과가 발생했더라도 인과관계의 결여로 미수범은 성립할 수 있다. 범죄의 미완성은 구성요건적 결과가 발생하지 않은 것을 의미하며, 행위자가 그 목적을 달성했느냐에 의하여 결정되는 것이 아니다."라고 지적한다. 이는 치사량에 현저히 미달하는 독약으로 살해를 시도했는데, 실제로 사망이라는 결과가 발생하였다 하더라도 객관적으로 결과발생이 불가능하다고 본다면 불능미수가 성립되는 것과 같다.

---

9) '법리(法理)'와 법도그마틱 간에는 유사성도 있지만 전자가 어디까지나 실정법 또는 판례에 의해 승인되어 실정법질서의 확고한 일부가 된 것을 지칭하는 반면, 후자는 이를 포함해 순수한 '학리(學理)'로서 학계에서 폭넓은 지지를 받는 것까지 포함한다는 점에서 다소 차이가 있다. 법리와 학리에 대한 설명으로는 이상덕, "대법원 판례는 절대적 진리인가, 아니면 남의 의견일 뿐인가?", in: 법학에서 위험한 생각들(법문사, 2018), 388면 이하 참조. 법리(doctrine)의 개념을 보다 넓게, 즉 '법의 해석과 적용과정에 필요한, 실정법과 판례 또는 학설을 토대로 만들어진 구체적 법명제들의 집합'으로 규정하며 법리와 법도그마틱을 거의 유사한 개념으로 보는 견해로는 권영준, "민사재판에 있어서 이론, 법리, 실무", 서울대학교 법학 제49권 제3호, 2008, 314면. 법도그마틱은 법적 분쟁의 해결에 필요한 여러 가치판단의 문제를 순수한 '사유의 문제'로 환원시킴으로써 '논증부담을 경감'하는 기능을 한다. 이에 대해서는 김영환, "법도그마틱의 개념과 그 실천적 기능", in: 자유주의적 법치국가 (세창출판사, 2018), 33-49면 참조.

10) 최근 대법원은 직권남용권리행사방해죄의 해석과 관련해 "'사람으로 하여금 의무 없는 일을 하게 한 것'과 '사람의 권리행사를 방해한 것'은 형법 제123조가 규정하고 있는 객관적 구성요건요소인 '결과'로서 둘 중 어느 하나가 충족되면 직권남용권리행사방해죄가 성립한다. 이는 '공무원이 직권을 남용하여'와 구별되는 별개의 범죄성립요건이다."라고 판시함으로써, '객관적 구성요건요소의 일부로서의 결과'를 명시적으로 구별해 언급하고 있다. 대법원 2020. 1. 30. 선고 2018도2236 전원합의체 판결.

이처럼 대법원 다수의견과 반대의견이 대상사건을 미수범으로 의율할 사안으로 보아야 하는지, 그렇지 않은지에 대해 견해의 대립을 보이는 것은 법조문에 명시된 '결과발생'에 대한 각기 다른 해석에서 출발하였기 때문에 발생한 것으로 판단된다. 이 점은 다수의견과 반대의견이 불능미수를 각기 상이하게 정의하는 데에서도 간취할 수 있다. 불능미수에서 결과발생의 의미를 설명하며 다수의견은 '구성요건의 충족'이란 용어를 사용하지만, 반대의견은 '법익침해'나 '의욕한 결과 발생' 등을 논급한다.[11] 이러한 용어법의 차이는 결과적으로 불능미수 조문을 적용하는 데 있어서 결론의 차이를 가져오게 된다.[12]

III. 불능미수 성립요건인 결과발생의 불가능성 판단기준

1. 대법원 반대의견의 입장

(1) '결과발생의 객관적 불가능성'의 의미

대법원 반대의견은 "불능미수란 행위의 성질상 어떠한 경우에도 구성요건이 실현될 가능성이 없지만 '위험성' 때문에 미수범으로 처벌하는 경우를 말한다. 형법 제27조에서 말하는 결과 발생의 불가능 여부는 실행의 수단이나 대상을 착오한 행위자가 아니라 그 행위 자체의 의미를 통찰력이 있는 일반인의 기준에서 보아 어떠한 조건하에서도 결과 발생의 개연성이 존재하지 않는지를 기준으로 판단하여야 한다. 따라서 일정한 조건하에서는 결과 발생의 개연성이 존재하지만 특별히 그 행위 당시의 사정으로 인해 결과 발생이 이루어지지 못한 경우는 불능미수가 아니라 장애미수가 될 뿐이다."라고 설시하며, 대상사건은 불능미수로 의율할 사안이 아니라고 단정한다.[13]

그 이유는 전형적인 불능미수 사례들은 애당초 범죄를 절대적으로 실현할 수 없는 상황

---

11) "기수범=법익침해"라는 반대의견의 인식은 "형법은 원칙적으로 침해범을 처벌한다"는 '침해형법'의 관점에서 유래한 것으로 보인다. 이 점에 대해서는 김재현, 앞의 논문, 50면과 70면 참조.

12) 동지의 견해로는 김종구, 앞의 논문, 42면.

13) 그렇다고 반대의견이 대상사건을 장애미수로 의율해야 한다고 역설하고 있는 것은 아니다. 그보다는 불능미수로 의율할 사안이 아님을 강조하는 데 그치고 있으며, 반대의견의 전반적인 논지는 피해자의 '심신상실이나 항거불능의 상태를 이용'함에 대한 사실의 증명이 없으므로 무죄를 인정해야 한다는 취지로 보인다. 이 점에 대해서는 동 판결의 보충의견 참조.

에서 행위자가 실행의 수단 또는 대상을 착오하여 범죄의 실현이 가능하다고 오인한 경우인 반면, 대상사건은 통찰력이 있는 일반인의 기준에서 볼 때 일반적으로 혹은 일정한 조건 하에서 결과가 발생할 수 있지만, 우연한 사정이 개입하여(만취했음에도 불구하고 실제로는 항거불능 상태에 있지 않음) 준강간의 기수에 이르지 못한 상황으로서, 이는 처음부터 결과 발생이 객관적으로 불가능할 것을 요건으로 하는 '불능'미수가 아니라 '가능'미수인 장애미수로 의율되어야 할 사안"으로 보아야 하기 때문이라고 한다.14)

(2) '범죄기수의 불가능'과 '범죄실현의 불가능'의 구별 필요성

더 나아가 반대의견은 '범죄기수의 불가능'과 '범죄실현의 불가능'을 구별할 필요성을 역설한다. "형법 제27조에서 '결과발생이 불가능'하다는 것은 '범죄기수의 불가능'뿐만 아니라 '범죄실현의 불가능'을 포함하는 개념이다. 행위가 종료된 사후적 시점에서 판단하게 되면 형법에 규정된 모든 형태의 미수범은 결과가 발생하지 않은 사태라고 볼 수 있으므로, 만약 '결과불발생', 즉 결과가 현실적으로 발생하지 않았다는 것과 '결과발생불가능', 즉 범죄실현이 불가능하다는 것을 구분하지 않는다면 장애미수범과 불능미수범은 구별되지 않는다. 다시 말하면, 형법 제27조의 '결과발생의 불가능'은 사실관계의 확정단계에서 밝혀 지는 '결과불발생'과는 엄격히 구별되는 개념이다."고 덧붙인다.

즉 행위가 종료된 사후적 시점에서 판단하면 형법상의 모든 미수범은 결과가 발생하지 않은 사태라고 볼 수 있으므로 이 중에서 처음부터 결과발생이 불가능한 불능미수와 처음에 는 결과발생이 가능했으나 우연한 사정의 개입으로 결과발생이 불가능해진 장애미수를 구별하기 위해서는 '결과발생의 불가능'은 사후적으로 판단해서는 안 되고, 이를 행위가 종료되기 전에 사전적으로 판단해야 한다는 지적이다.

그렇기 때문에 '결과발생의 불가능'은 사전적 판단으로 '범죄실현의 가능성' 여부에 관한 것이고, 사실관계의 확정단계에서 밝혀지는 '결과불발생' 여부에 의해 좌우되는 것은

---

14) 불능미수가 다른 유형의 미수범에 비해 특별한 이유는 다른 유형의 미수범은 장애미수이든 중지미수이 든 결과발생이 가능함을 전제로 하고 있음에 비해 결과발생이 불가능함을 전제하고 있기 때문이다. 즉 실행의 수단이나 대상의 착오로 결과발생이 애당초 불가능함에도 불구하고 행위의 위험성이 있기 때문에 처벌되는 미수범 유형인 것이다. '불능'미수란 명칭은 이로부터 유래하며, 이에 비해 장애미수와 중지미수는 '가능'미수라고 부르기도 한다. 처음부터 결과의 발생이 불가능한 사안임에도 불구하고 행위자가 진지한 중지행위를 한 경우에 성립하는 '불능미수의 중지범' 사안에서는 중지범이라고 하여 반드시 결과발생이 가능한 것은 아님에 유의할 필요가 있을 것이다.

아니라는 것이다. 그러므로 사후적으로 공판심리절차에서 사실관계의 확정을 통해 밝혀보니 실제로 결과가 불발생하였고 이를 통하여 결과발생이 불가능한 것으로 밝혀졌다고 하더라도 사전적 관점에서 보면 결과발생이 가능한 것으로 보아야 하는 경우도 있는데, 대상사건이 바로 그러한 사안이라는 것이다.

요컨대, 대법원 반대의견을 종합적으로 판단해 보면 일반적으로 혹은 일정한 조건 하에서 만취한 상태의 피해자에 대한 간음은 실행행위가 종료되기 전에 사전적 관점에서 판단하면 준강간의 실현가능성에 있어서 결과발생이 가능한 경우에 해당하지만, 사안의 경우 사후적으로 밝혀보니 피해자가 항거불능의 상태에 있지 않아서 준강간의 결과가 발생하지 않았다고는 보지만, 이것은 우연한 사정의 개입에 의해 그렇게 된 것일 뿐 규범적으로 판단할 때에는 '결과발생이 가능한' 사안으로 보아야 한다는 취지로 보인다.

이를 뒷받침하기 위해 반대의견은 "제1심은 준강간죄를 유죄로 인정하였다. 원심은 준강간죄를 유죄로 인정할 증거가 부족하다고 보았다. 군검사는 준강간죄가 무죄로 판단될 경우에 대비하여 적어도 준강간의 불능미수죄는 된다고 예비적으로 적용법조를 추가하였다. 형법 제27조의 입법취지가 이런 경우를 위한 것이 아님은 이미 살펴보았다."고 역설한다. 다시 말해 이 사건은 제1심의 판결이나 원심에서 군검사의 주위적 공소사실이 준강간이었음에 비추어 볼 때, 사전적 관점에서 보면 일반적으로는 준강간의 실현가능성이 있었던 사안이므로 사후적으로 밝혀진 결과 피해자가 항거불능의 상태에 있지 않았던 사실은 '우연한 사정'이 되어 장애미수로 의율할 사안으로 보아야 한다는 것이다. 더구나 반대의견은 준강간죄의 행위객체를 '심신상실 또는 항거불능의 상태에 있는 사람'이 아니라 '사람'으로 보고 있는바, 이렇게 보면 피고인이 피해자를 간음의 대상으로 삼은 데에 있어서 '대상의 착오'도 발생하지 않았다는 점에서 더욱 그러하다는 취지로 보인다.[15]

2. 반대의견의 문제점

(1) '엄격한 증명'의 대상으로서 '결과발생의 불가능성'

사후적으로 밝혀진 결과에 따라서 '결과발생의 불가능' 여부가 판단되어서는 안 된다는 반대의견의 지적은 일면으로는 분명 타당하다. 그렇게 되면 결과가 발생하지 않은 모든

---

15) 통설과 대법원 다수의견은 준강간의 객체를 '심신상실 또는 항거불능의 상태에 있는 사람'으로 본다.

미수범 사안은 애당초 결과발생이 불가능한 미수유형으로 분류되어 불능미수범으로 의율될 것이기 때문이다.

하지만 행위자가 실행행위를 할 당시에 결과발생이 불가능했는지 여부는 그 당시 행위자에게 실행의 수단 또는 대상의 착오가 있었는지 여부의 판단문제로 귀결되며, 이는 논리적으로 볼 때 결과가 발생할 수 없음을 알면서 범행을 저지르는 경우는 관념하기 어렵다는 점에서 행위자의 인식을 넘어선 사정들, 즉 사후적으로 밝혀진 사정들에 의해 확정되는 문제이므로, 불능미수 조문의 적용을 위해 선결되어야 할 사실판단의 문제이다.16) 형법조문 적용의 전제가 되는 사실은 소송절차를 통해 밝혀져야 하는 실체진실의 일부라는 점도 의심의 여지가 없다. 형사소송에서의 '실체적 진실'은 '절대적 진실'이 아니라 민사소송의 '형식적 진실'에 비해서 상대적인 개념일 뿐이며, 따라서 적법한 절차를 통해 '사후적으로' 확정된 결과에 의존할 수밖에 없다. 결과가 발생할 수 없었는지, 즉 살인의 대상이 살아있는 사람이었는지, 사체였는지 여부, 금고에 절취하려는 돈이 있었는지, 비어 있었는지 여부 혹은 독약이 치사량에 현저히 미달하였는지 여부 등은 실행행위 당시 행위자의 예측이나 인식과는 무관하게 적법한 절차적 과정에 의해 입증해야 하는 사실판단의 문제이므로 사후적으로 형사절차를 통해 증거에 의해 밝혀질 수밖에 없다.

소송법적 측면에서 보더라도 불능미수는 법률상 형의 가중·감면의 이유되는 사실로서 이는 범죄사실 자체는 아니지만 범죄사실의 존부만큼 피고인의 이익에 중대한 영향을 미치는 사유이므로 법률상 증거능력이 있고 적법한 증거조사를 거친 증거에 의한 입증을 필요로 하는바, 따라서 '엄격한 증명'의 대상이라는 점17)에서도, 법률상 형의 감면사유로 불능미수가 인정되기 위해서 입증되어야 할 사실이라고 말할 수 있는 '결과발생의 불가능성'은 사후적 판단의 대상으로 보는 것이 타당할 것이다.

---

16) 대법원은 "피고인이 피해자를 독살하려 하였으나 동인이 토함으로써 그 목적을 이루지 못한 경우에는 피고인이 사용한 독의 양이 치사량 미달이어서 결과발생이 불가능한 경우도 있을 것이고, 한편 형법은 장애미수와 불능미수를 구별하여 처벌하고 있으므로 원심으로서는 이 사건 독약의 치사량을 좀 더 심리하여 피고인의 소위가 위 미수 중 어느 경우에 해당하는지 가렸어야 할 것"이라고 판시하여(대법원 1984. 2. 14. 선고 83도2967 판결), 미수범 조문의 적용에 있어서 결과발생의 불가능성 여부를 우선적으로 판단해야 함을 밝히고 있다. 동지의 신동운, 앞의 책, 510면. "객관적으로 결과발생이 불가능하다고 판단될 때 형법 제27조의 불능범 조문이 개입할 여지가 생긴다." 같은 견해로 박재윤 대표편집, 앞의 책, 96-97면.

17) 신동운, 신형사소송법 (법문사, 2011), 940면; 이재상, 형사소송법 (박영사, 2012), 528면; 심희기·양동철, 쟁점강의 형사소송법 (삼영사, 2009), 487면; 이창현, 형사소송법 (정독, 2020), 807면; 정웅석·백승민, 형사소송법 (대명출판사, 2014), 578면; 노명선·이완규, 형사소송법 (SKKUP, 2013), 574면.

(2) 불능미수 성립가능 사안의 부당한 축소

여기서 한 번 되물어 보자. 불능미수 사안은 어떤 경우에 발생하는가? 행위 당시 행위자는 결과발생이 가능하다고 생각했으나 실제로는 그것이 불가능한 때에 불능미수가 성립한다면, 일반적으로 행위자(또는 통찰력 있는 일반인)의 행위시점에서의 결과발생에 대한 인식 내지 예측과 실제로 밝혀진 사실 간에 착오가 발생한 경우가 될 것이다. 다시 말하면 행위시점에는 결과발생이 가능하다고 생각했기 때문에 범행을 저지른 것이고, 그러한 생각이 '착오'로 판정을 받는 것은 사후적으로 확인된 사실에 의해서이다. 바로 그렇기 때문에 실행행위 당시에 실행의 수단 또는 대상에 대한 인식과 사실의 불일치, 즉 착오가 발생하여 불능미수로 의율할 사안이 되는 것이다.

대상사건에서도 원심에서는 검사의 주위적 공소사실과는 다르게 피해자의 항거불능상태가 부정되어 준강간의 결과발생이 불가능한 것으로 판명되었으나, 제1심에서는 항거불능상태가 긍정되었다. 물론 반대의견의 논지는 바로 그렇기 때문에 '사전적으로 볼 때' 준강간의 실현가능성이 있었던 사안인 것으로 보아야 한다는 것이지만, 제1심에서 군검사는 애당초 강간죄로 기소를 하였다가 이후 공소장변경을 통해 예비적으로 준강간죄를 추가하였음에 주목한다면,[18] 대상사건이 반드시 사전적 관점에서는 준강간의 실현가능성이 있었던 사안이라고 보기도 어렵다. 즉 '결과발생의 가능성'을 사전적으로 판단할 경우 이 사건은 오히려 일반적으로 준강간이 실현가능했는지 여부에 대해 판별하기 어려운 사안이 되고 만다. 반대의견의 당초 의도와는 달리 '사전적 관점'이 지니는 한계를 노정하게 된다는 것이다.[19]

아울러 반대의견의 논지대로 사전적 관점에 의해서 결과의 실현가능성 여부를 판단해야 한다면, 즉 실행행위 당시 일반적으로 결과의 실현이 가능하다고 볼 수 있는지 여부에 따라 결과발생의 불가능성 여부를 결정한다면, 실제로 불능미수가 될 수 있는 사안은 매우 축소되어 발생하기가 어려울 것이다. 소위 통찰력 있는 평균인의 관점에서 일반적으로 결과발생이 불가능한 상황인데도 행위자가 범죄를 저지르게 되는 사례는, 그에게 '현저한 착오'

---

18) 혹자는 군검사가 항소심에서 제1심에서 유죄로 인정된 준강간죄로만 공소장변경허가신청을 하여도 축소사실로 미수범이 인정될 사안인데 왜 굳이 준강간미수의 점을 예비적 공소사실로 추가하였는지 의문을 품을 수도 있을 것이다. 하지만 판례에 의하면 축소사실이라 하더라도 '현저히 정의와 형평에 반하는 것'으로 인정되지 않으면 법원에게 유죄판결의 의무가 없기 때문에(대법원 2010.1.14. 선고 2009도11601 판결) 이 사안이 과연 그러한 경우에 해당하는지 쉽게 단정지어 판단하기는 어렵다는 점을 고려할 필요가 있을 것이다. 배종대·홍영기, 형사소송법(홍문사, 2017), 241면; 이은모·김정환, 형사소송법(박영사, 2019), 446면; 이주원, 형사소송법(박영사, 2019), 247면 참조.
19) 유사한 논지의 문제제기로는 김종구, 앞의 논문, 46면 참조.

가 없는 이상은 관념하기 힘들다.

(3) '결과발생의 불가능성'과 '결과가 불발생한 사태'의 차이점 간과

대의견은 "사후적으로 결과가 발생하지 않은 것으로 밝혀진 모든 미수범 사안은 불능미수로 의율될 것이다."라고 지적하지만 이 논지의 부당함은 사후적으로 결과가 발생하지 않은 것으로 밝혀진 경우라 하더라도 장애미수가 성립되는 사안도 분명 존재한다는 점에서 찾을 수 있다. 다시 말해 사후적으로 단순히 "결과가 불발생한 사태"와 "심신상실이나 항거불능상태가 부정되어 준강간의 결과발생이 실현불가능한 경우"는 구별되어야 한다는 점에 주목하면 반대의견의 우려는 해소될 수 있다. 전자는 모든 미수범 사안에 공통되는 사태이고 반면 후자의 경우가 바로 불능미수로 의율할 사안이 되는 것이다.

부언하면 사후적으로 단지 결과가 불발생했다는 점만으로 불능미수의 '결과발생의 불가능성'이 인정되는 것은 아니며, 행위자가 '실행의 수단 또는 대상을 착오하여' 결과의 발생이 가능하다고 오인한 경우에만 '결과발생의 불가능성'이 인정되는 것이다. 반대의견은 이를 특별히 '범죄실현의 불가능'이라고 명명하고 있는 듯 보인다. 다수의견의 보충의견은 이와 관련해 다음과 같이 반대의견을 적확히 반박한다. "다수의견은 모든 구성요건 불충족 행위에 대해 불능미수가 성립한다는 것이 아니라 처음부터 실행의 수단 또는 대상의 착오로 구성요건을 충족할 수 없는 경우에 한하여 형법 제27조에 의한 불능미수의 가벌여부를 판단하여야 한다는 것이다. 다수의견은 이러한 불능미수의 성립요건이 충족된 사안에서만 불능미수가 성립될 수 있다는 것일 뿐, 실행의 수단 또는 대상의 착오가 아닌 다른 이유로 결과발생이 불가능한 경우이거나 위험성이 없는 경우 등의 사안에까지 불능미수를 확대하여 인정하자는 취지가 아니다."

이상의 논의를 정리하자면, 반대의견은 불능미수 도그마틱이 요구하는 '결과발생의 불가능성'을 사후적(또는 사실적)으로 판단해서는 안 되고 사전적(또는 규범적)으로 판단해야 함을 역설하고 있지만, '실행의 수단 또는 대상의 착오'가 있었는지 여부는 공판심리절차를 통해 사후적으로 확정될 수밖에 없으며, 그렇다고 하여 대법원 반대의견이 우려하듯이 모든 미수범이 불능미수가 되는 것은 아니다. 왜냐하면 사후적으로 결과가 불발생한 사태 중에서 실행의 수단이나 대상을 착오하여 객관적으로 범죄실현이 불가능한 경우에만 불능미수로 의율될 것이기 때문이다.

(4) 사실적 판단의 대상으로서 '범죄실현의 불가능성'

다만 사후적으로 판단해 결과발생이 불가능한 경우라 하더라도 반대의견의 지적처럼 장애미수와 불능미수가 준별되어야 함을 전제로 한다면, 불능미수범의 성립에 요구되는 '결과발생의 불가능성'은 모든 미수범에 공통되는 요건인 '범죄기수의 불가능(결과의 불발생)'뿐만 아니라 그것이 실행의 수단 또는 대상의 착오로 인해 객관적으로 범죄를 실현할 수 없음을 뜻하는 '범죄실현의 불가능'을 모두 지칭하는 중의적 개념이어야 할 것이다. 그렇다면 사실관계의 확정을 통해 결과발생이 불가능한 것으로, 즉 결과가 발생하지 않은 것으로 판명된 경우라 하더라도 범죄실현은 가능한 경우에 해당할 수 있으며, 이때에는 응당 불능미수가 아니라 장애미수의 성립여부가 검토되어야 한다.

이렇게 본다면 '범죄기수의 불가능'과 '범죄실현의 불가능'을 구별할 필요성을 역설하며 형법 제27조가 요구하는 '결과발생의 불가능'은 사후적으로 판단해서는 안 되며, 사전적으로 판단되어야 한다고 입론하고 있는 반대의견의 논지는 설득력을 잃게 된다. 결과발생의 불가능은, 두 가지 의미 중 어떤 의미로 해석하든 사실적인 판단이므로 행위가 종료된 이후 사후적으로 판단되어야 하고, 절차적으로도 그럴 수밖에 없지만, 결과발생의 불가능성이 일면 긍정된다고 하여도 '범죄실현의 불가능성'이 항상 긍정되는 것은 아니기 때문이다.

실행의 수단 또는 대상의 착오가 있는지 여부는 공판심리과정에서 모든 미수범에 공통되는 요건인 결과발생의 불가능성, 즉 결과의 불발생과는 별도로 확인되며, 때로는 대상사건처럼 제1심과 제2심에서 달라질 수도 있는 것이다. 형사소송에서 실체진실은 객관적으로 관찰가능한 형태로 존재하여 '발견'되는 것이라기보다는 과거의 사실에 대한 단편적 정보와 증거들을 토대로 법관의 선별과 판단 및 종합에 의해 사실상 절차적으로 '구성'된다는 측면에서 보면[20] 이러한 결과는 당연한 것이며, 결과발생의 불가능성 여부가 사후적으로 밝혀진 결과에 따라서 결정되어서는 안 된다는 주장은 어떤 점에서는 형사소송제도의 존재의의를 몰각시키는 결과를 가져온다고 말할 수 있다.

(5) 소결론

요컨대, 불능미수 도그마틱에서 요구되는 결과발생의 불가능성은 사후적으로 판단되는 사실관계의 확정에 관한 문제로 보는 것이 타당하며,[21] 그렇게 보더라도 모든 미수범이

---

20) 정승환, 형사소송법 (박영사, 2018), 21면 참조.

불능미수로 의율되는 상황은 발생하지 않는다. 오히려 이를 사전적으로 일반인의 관점에서 판단할 경우 행위자에게 '현저한 착오'가 없는 이상 불능미수로 의율할 사례가 매우 축소되어 미수범 도그마틱의 적용에 있어서 피고인에게 불리해지는 결과를 초래하게 되는 바, 이처럼 불능미수 조문에서 착오의 의미를 '현저한 착오'로 제한해 축소해석하는 것은 법문의 가능한 범위를 넘어서 유추해석하는 것과 같은 결과를 가져오므로 통설과 판례[22]에 따르면 허용되지 않는 '부당한 축소해석(제한적 유추해석)'에 해당해 죄형법정주의에 반하는 문제를 야기한다.[23]

아울러 결과발생의 불가능성을 사후적으로 판단해야 한다는 취지가 결코 행위가 종료된 사후적 시점에 행위자에게 착오가 있었는지 여부를 판단한다는 것이 아님은 전술한 바와 같다. 즉 이 입장에 따르더라도 결과발생의 불가능성은 실행의 착수 시점이나 실행행위가 종료되기 이전의 시점을 기준으로 판단해야 한다는 점에서는 사전적 관점을 내세우는 견해와 차이가 없음에 유념할 필요가 있을 것이다. 다시 말해 실제로 결과발생이 불가능한 사안이었는지 여부는 사후적으로 밝히되, 만일 불가능하다면 그렇기 때문에 실행의 착수 당시 이미 결과발생이 불가능한 것으로 평가되어 불능미수로 의율할 사안이 된다는 취지이지, 단지 사후적으로 결과가 발생하지 않았다거나 범죄실현이 불가능했다는 점으로 인해, 행위가 종료된 시점을 기준에서 판단할 때 결과발생이 불가능한 것으로 보아 장애미수로 의율되어야 할 사안이 불능미수 사안으로 평가되지는 않는다는 것이다.[24]

3. 결과발생의 불가능성을 '행위속성'을 기준으로 판단할 경우 불능미수 조문의 해석상 어떠한 문제점이 발생하는가?

(1) 부당한 축소해석으로의 귀결가능성

물론 '사전적 관점'을 중시하는 입장에서는 다음과 같은 논지를 내세울 수도 있을 것이다. 빈 주머니안에 손을 넣어 돈을 훔치려 했으나 주머니가 비어있는 경우와 같이 사전적으

---

21) 논거는 다르지만 동지의 견해로는 이창섭, 앞의 논문, 106면.
22) 대법원 1997.3.20, 96도1167 전원합의체판결. 제한적 유추에 대해서는 이상돈, 형법강론 제3판 (박영사, 2020), 29면 참조.
23) 동지의 신동운, 앞의 책, 538면 참조.
24) 예컨대, 피해자를 독살하려고 치사량의 독약을 먹였으나, 피해자가 구토를 하여 사망하지 않은 경우 사전적으로 판단하든 사후적으로 판단하든 실행행위 당시 결과발생이 가능한 장애미수 사안이 된다.

로 통찰력 있는 일반인의 관점에서 행위 당시 행위 자체의 속성에 비추어 볼 때, 일반적으로 범죄실현이 가능한 경우로 평가할 수 있고, 대상사건도 이와 같은 맥락에서 준강간이 실현 가능한 경우로 보아야 할 것이므로 이들 사례 모두는 우연한 외부적 사정에 의해 결과발생이 불가능했거나 소송의 경과에 따라 그렇게 평가되었을 뿐이므로 장애미수로 보아야 한다고 말이다. 한 마디로 일반적으로 통찰력 있는 사람을 기준으로 했을 때 결과발생이 가능한 경우라면 이는 장애미수로 보아야 하고, 그렇지 않은 경우에만 장애미수보다 불법성이 경한 불능미수로 의율해야 한다는 견해이다.

외부적 사정, 즉 입수할 수 있는 정보량의 차이에 따라 가변적일 수 있는 사후적 관점보다는 행위당시 행위자의 행위속성을 중심으로 일관성 있게 불법의 정도를 결정해야 한다는 견해25)라는 점에서 경청할 만한 주장이기는 하나, 이러한 주장은 결과적으로 '현저한 오인'으로 인해 일반적으로 결과발생이 불가능함에도 가능할 것으로 착오를 일으킨 경우에만 불능미수를 인정해야 한다는 논지로 귀결되며, 전술한 바와 같이 현행 형법조문의 해석상 부당하다. 아울러 그러한 경우라고 하더라도 사후적으로 판단했을 때에는 실행의 수단 또는 대상의 착오로 결과발생이 불가능한 경우라는 점에 있어서는 동일한데도 불구하고 단지 '착오의 경중'에 따라서 불능미수가 인정되기도 하고 부인되기도 하는 것은 모든 사례에 일관되고 통일성 있게 적용되어야만 하는 도그마틱의 특성상 합당해 보이지 않는다. '현저한 부지(aus großem Unverstand)'를 불능미수의 요건으로 하고 있는 독일형법의 해석이라면26) 가능하겠지만 형법 제27조의 해석론으로는 적합하지 않다.

---

25) 이러한 입장으로는 홍영기, 앞의 논문, 671면 이하 참조.

26) 독일형법에서 미수범은 결과발생의 가능성 여부와 관계없이 처벌되고, 그 효과는 임의적 감경이다(독일형법 제23조 제1항 및 제2항). 하지만 범행의 객체 또는 실행의 수단에 현저한 부지가 존재하여 결과발생이 불가능한 경우에는 형을 면제하거나 재량에 의해 형을 감경할 수 있다. 그러므로 독일의 경우 미수범 조문체계상 "불능미수는 형벌강화기능을 하는 것이 아니라 형벌완화기능을 하는 것으로서 피고인에게 유리한 규정이다." 이 점에 대해서는 오영근, 형법총론 (대명출판사, 2004), 586-587면 참조. 독일형법의 '현저한 부지'는 바로 그러한 기능을 하는 표지이다. 역시 미수범은 어느 경우나 처벌하되 실행의 수단이나 대상에 '현저한 부지'가 있는 경우에는 벌하지 아니한다(straflos)고 규정하고 있는 스위스 형법 제22조도 독일형법과 마찬가지다. 하지만 형법 제27조는 착오의 현저함 여부에 관계없이 결과발생이 불가능한 경우에는 원칙적으로 처벌되지 않는다는 입장이므로 실행의 수단 또는 객체에 대한 '착오'를 독일형법 조문처럼 '현저한 착오'로 해석하게 되면 전술한 바와 같이 오히려 피고인에게 불리한 결과를 가져오게 된다.

(2) 미수범의 불법구조에 반하는 결과의 초래

또 다른 측면에서 논박하자면 착오가 현저하지 않은 사례라 하더라도 객관적으로 범죄실현이 불가능함은 명백하므로 법익침해의 '잠재적 위험성' 정도의 결과불법만 인정할 수 있는데, 그럼에도 불구하고 법익침해의 '현실적 위험성'이라는 결과불법을 전제로 하는 장애미수로 의율하는 것은, 불능미수와 장애미수 도그마틱을 구분해 적용하게 만드는 주요근거로서 '결과불법의 경중'이라는 측면에 비추어 볼 때 수긍하기 어려운 결론이라고 할 것이다. 독일형법은 조문 자체가 우리와 달리 '위험성'이라는 표지를 요구하지 않는다. 기본적으로 착오가 있다고 하더라도 통상의 미수범인 장애미수범으로 처벌되며, 단 착오의 경중에 따라서 그것이 현저할 경우에만 불능미수가 성립되는 것으로 해석된다. 이러한 태도는 미수범의 처벌근거에 대해 객관설과 주관설을 절충한 '인상설(印象說)'을 채택하고 있기 때문인 것으로 평가되고 있다.[27] 하지만 우리 형법은 기본적으로 주관설과 객관설의 입장을 종합적으로 고려하면서도 '잠재적 위험성'[28]이라는 결과불법이 충족될 경우에 불능미수가 되는 구조라는 점에서 독일형법 도그마틱을 그대로 가져올 수는 없다. 이것은 앞서 논급한 바와 같이 행위자에게 불리해지는 유추해석이 될 수 있다.[29]

한 마디로 실행의 수단 또는 대상의 착오란 것이 반드시 살아있는 사람인 줄 알았는데 실제로는 사체인 경우처럼 그 착오가 현저한 경우만을 뜻하는 것은 아니라는 것이다.[30]

---

[27] Jescheck/Weigend, Lehrbuch des Strafrecht AT, 1996, S.514f. 인상설(Eindruckstheorie)은 미수범의 처벌근거를 주관설처럼 법적대적 의사라는 행위반가치에서만 찾거나 객관설처럼 구성요건적 결과발생의 위험성이라는 결과반가치에서만 찾지 않고, 행위자의 주관적인 범죄의사가 객관적인 법적 평화를 깨트림으로써 전체적으로 공동체의 법신뢰를 저해시키는 범죄적 인상 내지 법동요적 인상을 가져왔다는 점에서 찾는다. 따라서 실행의 수단이나 대상의 착오로 결과발생의 불가능성이 불가능한경우라도 법질서를 동요시켰다는 점에서는 미수범으로 처벌되지만, '현저한 부지'가 있는 경우에는 그러한 동요의 인상이 크게 약화된 것으로 평가되기 때문에 형의 임의적 감경을 넘어 임의적 면제까지 인정된다(독일형법 제23조 제3항). 인상설에 대한 보다 상세한 설명으로는 Roxin, Strafrecht AT II, 2003, S.346f.

[28] 불능미수의 성립요건으로서의 위험성을 '잠재적 위험성'으로 보고 이러한 위험성이 결과불법의 측면을 지닌다는 점에 대해서는 아래(IV)의 설명을 참조.

[29] 불능미수와 같은 '해프닝'까지 형벌범위를 확장할 필요는 없다는 점에서 구체적 위험설을 지지하는 견해로는 배종대, 형법총론 (홍문사, 2020), 389면.

[30] 착오가 현저한 사례에서 불능미수를 인정한 판결로는 대법원 2013.7.11. 선고 2013도5355 판결. 동 판결의 사실관계에서 피고인은 야간에 갑의 주거에 침입하여 재물을 절취하고 갑의 항거불능 상태를 이용해 추행하였던 바, 대법원은 원심이 이 사건 공소사실 중 야간주거침입절도후준강제추행 미수의 점에 대해서, 이를 유죄로 보려면 야간주거침입절도죄의 성립이 전제되어야 하는데 이 사건에서 피고인이 피해자의 집에 침입할 당시 피해자는 이미 사망한 상태에 있었으므로 피고인이 가지고 나온 물건들은 피해자가 점유하고 있었다고 볼 수 없다고 하여 무죄라는 취지로 판단하고, 그에 대한 예비적 공소

만일 그런 경우에만 불능미수가 성립한다면, 의식을 잃고 쓰러져 있는 피해자를 보고 심신상실 또는 항거불능의 상태에 있다고 오인하고 그를 간음하였으나, 실제로는 피해자가 이미 사망한 경우에만 불능미수가 성립하고, 피해자가 생존하였으나 실제로는 심신상실 또는 항거불능의 상태에 있지 않은 경우에는 장애미수가 성립된다는 결론에 이르게 되는데, 이는 결과불법의 측면에서 동일하게 평가되어야 할 사례를 다르게 취급한다는 점에서 부당하다.

IV. 준강간죄의 보호법익과 불능미수의 성립여부

1. (준)강간죄의 보호법익에 대한 제한적 해석론 검토

(1) 가벌성 제한론: 침해상황에 대항할 수 있는 권리도 법익에 포함되는가?

대상판결에 대해 또 다른 관점에서의 비판이 있다. 한 마디로 말하면 "보호법익은 구성요건요소의 제한원리로 작용하기 때문에 보호법익의 침해가 없다면 범죄가 성립할 수 없다고 보아야 한다."는 것이다.[31] 그 주장의 주된 논지는 강간죄는 의사에 반하는 성관계라는 이유만으로 처벌되는 범죄가 아니며 강간죄가 가벌적인 행위가 되기 위하여는 의사에 반하는 성관계, 즉 성적 자기결정권의 침해뿐만 아니라 그에 더하여 상대방을 제압하려는 행위자의 폭행·협박이 존재하여야 하는바 - 입법자는 상대방의 현실적 내지 잠재적 저항행위를 염두에 두었다고 한다 - 상대방이 자신과의 성관계를 원하지 않는다는 사실을 잘 알았다고 하더라도, 폭행·협박 없이 성관계를 한다면 그러한 행위는 가벌적인 행위가 될 수 없다는 것이다. 요컨대 강간죄의 보호법익에 성적 자기결정권뿐만 아니라 폭행·협박에 의한 간음행위에 대항하려는 의사결정의 자유 및 신체의 건재성과 온전성도 총체적으로 포함되어 있다고 보아야 한다는 것이다. 이러한 논지에 의하면 "형법상의 폭행·협박에 이를 수 없는 유형

사실인 주거침입후준강제추행 미수의 점을 유죄로 인정하고 아울러 함께 공소제기된 점유이탈물횡령의 점을 유죄로 인정한 것을 정당하다고 판시하였다. 요컨대, 동 사안에서는 사망한 피해자의 점유가 인정되지 않아서 성폭법상의 야간주거침입절도후준강제추행 미수의 점에 대해서는 불능미수가 아니라 무죄를 인정하였으나, 그 대신 예비적 공소사실인 주거침입후준강제추행에 대해서는 불능미수를 인정하였다. 원심판결은, 대전고법 2013. 4. 18. 선고 (청주)2013노8 판결 참조.
31) 이용식, "2019년 분야별 중요판례분석(형법총칙 편) -준강간죄의 불능미수에 관한 사례-", 법률신문 (2020.3.12.)

력 내지 해악이 고지되었는데, 상대방이 자신의 의사에는 반하지만 귀찮아서 성관계에 응하였다면 이와 같이 보호법익 침해가 없어 결과 발생이 불가능한 경우, 행위자가 자신은 폭행·협박을 하였다고 생각하지만, 그 행위가 불능미수에 이를 정도의 위험성이 있다고 평가되지 않는다면, 강간죄의 불능미수는 성립할 수 없을 것"이라고 한다.

같은 맥락에서 "준강간죄의 보호법익 역시, 성적 자기결정권의 침해만이 아니라 자신의 법익이 침해당하는 상황에 대항할 수 있는 권리의 침해 내지 박탈 또한 보호법익이라고 보아야 한다."고 주장한다. 따라서 "준강간죄도 '사람의 심신상실 또는 항거불능의 상태를 이용'하여 단지 상대방의 의사에 반하여 성관계를 하면 성립하는 것이 아니며, 심신상실 또는 항거불능의 상태라서 자신의 법익이 침해당하는 상황에 대항할 수 있는 권리를 사실상 행사할 수 없음에도 불구하고 이러한 상황을 이용하여 간음행위를 하는 행위자에 대한 처벌이라는 점에 비추어 보면 만약 상대방이 그러한 권리를 행사할 수 있는 상황, 즉 대항할 수 있는 상황이라면 준강간죄의 보호법익 침해는 없고 따라서 범죄가 성립할 수 없는 사안으로 평가하여야 할 것"이라고 한다.

요컨대, 강간죄든 준강간죄든 단지 상대방의 의사에 반하는 간음이 이루어질 때 곧바로 범죄가 성립하는 것이 아니고, 현실적 내지 잠재적 저항행위가 인정될 수 있을 경우에만 가벌성이 인정될 수 있다는 견해인 것이다. 이러한 논지에 의하면 대상판결의 경우 피해자는 원치않는 간음을 당하였으나 간음행위 당시 저항할 수 있는 상황이었음에도 불구하고 그렇게 하지 않기로 결정했기 때문에 성적 자기결정권의 침해가 없다고 보아야 한다는 것이다. 자신의 성적 자기결정권이 침해받는 상황에 처하여 그에 '대항할 수 있는 권리'의 침해가 행위 당시에 결여된 것으로 평가되기 때문이다.

(2) 가벌성 제한론의 부당성: 불공정하고 불합리한 결과의 초래

성적 자기결정권이라는 보호법익을 보다 넓게 "성적 자기결정권의 침해만이 아니라 자신의 법익이 침해당하는 상황에 대항할 수 있는 권리의 침해"라고 보는 것은 어떤 점에서는 분명 형법이 보호하려는 성적 자기결정권의 실질에 접근한다고 볼 수 있는 여지가 있어 보인다. 다양한 맥락과 형태로 발생할 수 있는 '원치 않는 간음'의 사례 중에서 가벌성이 인정되는 사례의 범위를 축소시킬 수 있기 때문이다.

하지만 이러한 방식의 가벌성 제한론은 다른 구성요건의 해석과 비교할 때 공정하지 않은 결과를 가져온다. 예컨대 절도죄의 경우도 피해자는 절취행위에 대해 '대항할 수 있는

권리'는 인정될 수 있고 그럼에도 불구하고 그 권리를 행사하지 않았다고 하여 절도죄의 성립을 부정하는 견해는 매우 낯설다. 예컨대 늦은 밤에 혼자 살고 있는 피해자가 2인조 절도범이 주거에 침입해 재물을 절취하는 것을 자는 척하며 알고 있었지만 '신변에 위협을 느껴' 혹은 '절취된 재물이 경미하여' 그대로 훔쳐가도록 놔두었다고 하자. 이 경우에 절도죄의 성립이 부정되어야 하는가? 만일 이 질문에 대해 흔쾌히 동의하기 어렵다면 강간죄나 준강간죄의 해석에 있어서도 피해자의 '대항할 수 있는 권리'를 보호법익에 포함시켜야 한다는 논지가 특별히 정당성을 갖기는 어려울 것이다. 달리 보면 범행에 대항할 수 있는 권리라는 것은 '정당방위권'에 다름아닌 것이고, 피해자가 정당방위권을 행사했는지 여부에 따라서 범죄의 가벌성이 결정되는 것은 아니다. 만일 그러하다면 정당방위권을 현실적으로든 잠재적으로든 행사하지 않은 경우에는 일체의 범죄가 성립할 수 없다는 결론이 되는데, 이는 구성요건 외에 피해자를 법익 침해로부터 보호하기 위한 별도의 불합리한 요건을 추가하는 것으로서 법리적으로 부당하다고 할 것이다.

2. 대상판결에서 피고인 처벌의 정당성

(1) 불능미수의 불법구조와 가벌성 제한론의 문제점

설령 성적 자기결정권에는 '대항할 수 있는 권리'도 포함된다는 위 논지가 옳다고 하더라도 대상판결의 결론이 부당해 지지지는 않는다는 점도 논급할 필요가 있을 것이다. 왜냐하면 이 사안에서 만일 실제로 피해자가 그러한 권리를 행사할 수 있었음에도 불구하고 행사하지 않은 상태, 즉 심신상실 또는 항거불능의 상태에 있지 않았다고 하더라도 대상판결에서 피고인에게 준강간의 고의가 인정되고 있음에 주목해야 한다. 다시 말해 피고인은 피해자가 심신상실 또는 항거불능의 상태에 있다고 믿었고, 그러한 상태를 이용하여 간음을 하고자 하였으나 피해자는 실제로 그러한 상태에 있지 않았기 때문에 '실행의 수단 또는 대상의 착오'가 발생한 것으로 평가될 수 있고, 그렇다면 위험성이 인정될 경우 이는 형법 제27조에 규정된 미수범으로 포섭될 수 있기 때문이다. 피고인의 주관적 상태를 고려하지 않은 채, 피해자의 권리침해만을 논의의 중심에 두고 가벌성을 논한다면 상기 주장은 어느 정도 타당성을 지닐 수 있겠지만, 불능미수라는 법형상은 피해자의 법익침해는 물론 피고인의 주관적 상태와 그로 인한 위험성을 종합적으로 고려하여 인정되는 점을 고려하면 성적 자기결정권이라는 법익의 침해가 없기 때문에 무죄가 인정되어야 한다는 논지는 재고될 필요가 있을 것이다. 이 점은 미수범 처벌의 일반적 근거, 특히 불능미수의 불법구조를 검토해보면 더욱 분명해 진다.

(2) 미수범의 처벌근거와 대상판결의 정당성

일반적으로 미수범을 처벌하는 근거는 결과불법의 측면에서 보면, 범죄실현의 순차적 단계 중에서 실행의 착수에 이르면 구성요건적 결과발생의 가능성이 현저히 높아지기 때문이고(객관설), 행위불법의 측면에서 보면, 미수범이라 하더라도 행위자는 애당초 기수의 고의를 품고 있었던 것이고, 그가 실행의 착수단계에 이르면 내심에 가지고 있는 범죄실현의사, 즉 법질서에 대한 적대적인 태도나 심정이 표출된 것으로 평가되기 때문이기도 하다(주관설).[32]

형법은 이 두 측면의 근거, 즉 결과불법과 행위불법을 모두 고려해 미수범의 적정한 처벌방식을 정한다. 오늘날 확립된 견해에 의하면 모든 범죄형태는 결과범이든 거동범이든 미수범이든 기수범이든 행위불법과 결과불법이 모두 구비되어야만 온전하게 불법구성요건으로서 평가된다.[33] 모든 미수범은 구성요건적 결과가 발생하지 않았다는 측면에서 기수범과 달리 결과불법이 완전히 구비되어 있지는 않다는 공통점이 있다. 반면 법적대적인 태도나 의사로 범죄를 실현하려 하였다는 점에서 주관적 측면의 행위불법은 기수범과 동일하게 충족되고 있다는 특징이 있다(다만, 중지미수는 예외). 미수범 중에서 불법이 가장 큰 것으로 평가되는 장애미수의 경우는 행위불법은 기수범과 같지만 결과불법이 그보다 축소된다. 우선 객관적 구성요건요소로서의 결과가 발생하지는 않았다. 하지만 실행의 착수에 이르렀고 결과발생이 가능했다는 점에서 결과발생에 대한 '현실적' 위험성은 관념할 수 있고 이러한 '법익위태화'는 기수범의 결과불법인 '법익침해'보다는 '감경된' 결과불법으로 인정된다.[34]

불능미수의 경우는 실행의 착수단계에 이르렀다고 하여도 이미 결과발생의 가능성이 객관적으로 배제되어 있다는 점 때문에 '가능미수'인 장애미수에 비해 결과불법이 거의 소멸했거나 기껏해야 '법익평온상태의 교란'이라는 가장 약한 형태의 결과불법만 인정된다.[35] 다만 행위자의 의사를 고려했을 때 착오가 없는 정상적인 상황에서는 합리적이고

---

32) 독일 내에서 미수범의 가벌성을 제한하려는 시도로 Schmidhäuser, Alwart, Zaczyk, Kratzsch, Rath, Bottke, Hirsch 등이 전개한 최신의 다양한 논의로는 Roxin, a.a.O., S.348f.
33) 김재현, 앞의 논문, 55면 참조.
34) 미수범의 불법구조와 결과반가치에 대한 보다 상세한 논의로는 김재현, "형법 제27조 위험성 표지의 독자성 여부", 서울대학교 법학 제56권 제2호, 2015, 218면 이하 참조.

통찰력 있는 일반인의 관점에서 결과가 발생할 수 있었다는 점에서 법익에 대한 '잠재적' 위험성은[36] 인정되기 때문에 일정한 결과불법은 관념할 수 있고,[37] 이러한 결과불법의 구조로 인해 장애미수에 비해 '더 감경된' 결과불법이 인정된다. 그 결과 전술한 바와 같이 미수범의 행위불법은 '중지미수'를 제외하고는 기본적으로 기수범의 그것과 동일하기 때문에 일반적인 미수범의 형태인 장애미수가 형의 임의적 감경에 그치는 데 비해서, 불능미수는 형의 임의적 감면이라는 보다 큰 법적 혜택을 받을 수 있게 되는 것이다.

---

35) 이 점에 대해서는 김일수, 한국형법 I[총론 上] (박영사, 1996), 461면 참조.

36) 불능미수 조문에 있어서 '결과발생의 불가능성'은 '현실적 위험성' 여부의 판단문제로, '위험성' 표지는 '잠재적 위험성' 여부의 판단문제로 구별할 수 있겠으나, 학설에 따라서는 사실적/규범적 위험성, 사후적/사전적 위험성, 구체적/추상적 위험성, 현실적/가설적(가상적) 위험성, 결과의/행위의 위험성 등으로 구분하기도 한다. 잠재적 위험성이란 표현을 지지하는 견해로는 박상기/전지연, 형법학[총론·각론 강의] (집현재, 2018), 237면; 한상훈, "형법 제27조(불능범)에서 '결과발생의 불가능'과 '위험성' 표지의 구별기준", 형사법 연구 제20권 제3호, 2008, 94-97면. 가설적·잠재적 위험성이라는 표현으로는 이창섭, 앞의 논문, 116면. 이러한 '잠재적 위험설'과 마찬가지로 형법 제25조의 위험성과 제27조의 위험성을 구별하는 입장에서 위험성 판단의 기초를 '행위자의 주관'에 두고, 위험성 판단의 주체를 객관적인 일반인에 둠으로써 그 실질에 있어서 잠재적 위험설과 유사한 학설인 '주관적 객관설'을 지지하는 견해로 유기천, 앞의 책, 269-270면과 273-274면 참조. 마찬가지로 '추상적 위험설'을 지지하지만 내용적으로 잠재적 위험설과 동일한 결론에 결론에 이르고 있는 견해로는 조국, "형법 제27조 불능미수 요건의 구별재정립을 위한 일고", 비교형사법연구 제18권 제2호, 2016, 58면 이하. 이승준, "불능미수에 관한 연구", 연세대학교 박사학위논문, 2004, 96면 이하도 같은 입장이다.

37) 한편 형법 제27조의 불능미수규정은 결과불법이 전혀 인정되지 않는 상황임에도 불구하고 '행위자의 주관적 위험성(행위불법)'만을 근거로 처벌하는 규정으로서 타당하지 않으므로, 입법론적으로 그 위험성이 인정될 경우에 한해 '예비·음모에 준하여' 처벌하도록 해야 한다는 견해로는 이용식, 형법총론(박영사, 2018), 128-129면 참조. 역시 입법론으로 제25조의 미수범은 '인과관계의 흠결'로 결과발생이 없는 경우이고, 제27조의 미수범은 기타의 사유, 즉 '실행의 착수 또는 대상의 착오'로 인해 결과발생이 없는 경우인바, 구성요건의 제요소 중에서 인과관계에 속하는 행위의 부분과 기타의 부분을 구별하기 어려우므로 제27조의 미수범을 별도로 인정한 것은 입법과오라는 견해로 황산덕, 형법총론(방문사, 1983), 242면. 두 견해 모두 일면 타당하며 입법론적으로는 충분히 의미가 있으나, 제25조와 달리 임의적 감면의 혜택을 부여하고 있는 제27조의 의미 및 취지를 양자의 불법구조의 차이점에 비추어 모순없이 해석해 내야하는 도그마틱의 관점에서 고찰해 보면 동 규정의 '위험성'에 행위불법의 측면 외에 결과불법의 측면으로서 '잠재적 위험성'의 의미가 있음을 인정하는 것이 가장 정합적인 해석론이다. 같은 맥락에서 형법 제27조의 입법취지를 제대로 구현하기 위해서 동조의 위험성에 독자적인 의미를 부여해야 함을 역설하고 있는 견해로는 조국, 앞의 논문, 56면 이하; 김성돈, 형법총론 제3판(SKKU, 2014), 435면. 대법원 판례도 "행위 당시에 인식한 사정을 놓고 일반인이 객관적으로 판단하여 보았을 때"(대법원 2005. 12. 8. 선고 2005도8105 판결; 대법원 2019. 3. 28. 선고 2018도16002 전원합의체 판결)라는 위험성 판단의 기준을 설시함으로써 잠재적 위험설을 취하고 있는 것으로 보인다. 한상훈·안성조, 형법개론(정독, 2020), 208면 참조. 단, 이때의 일반인은 과학적, 법률적 전문지식을 갖춘 일반인이라는 점에서 판례가 '강화된 구체적 위험설'을 취하고 있다고 보는 견해로는 신동운, 앞의 책, 514면 참조. 대법원 판례의 입장을 구체적 위험설로 분류하는 견해로는 하태훈, "불능미수", 형사법연구 제4권, 1991, 77면.

요컨대, 불능미수는 장애미수와 행위불법은 동일하지만 결과불법이 '더 감경된' 불법구조를 지니고 있기 때문에 장애미수에 비해 가볍게 처벌되는 미수범 유형이라고 도그마틱적으로 규정할 수 있을 것이다.

"실행의 수단 또는 대상의 착오로 인하여 결과의 발생이 불가능하더라도 위험성이 있는 때에는 처벌한다. 단, 형을 감경 또는 면제할 수 있다(제27조)."는 불능미수 조문38)의 의미는 다음과 같다.

즉, 불능미수의 성립요건으로는 첫째, 주관적 요건으로서 일반적인 미수범의 경우와 마찬가지로 기수의 고의가 있어야 한다. 둘째, 역시 일반적인 미수범의 법리와 동일하게 실행에 착수하여 행위를 종료하지 못하거나 결과가 발생하지 않아야 한다. 셋째, 법조문에 명시된 바와 같이 실행의 수단 또는 대상의 착오로 인한 결과발생의 불가능이 요구되며, 이는 수단 또는 대상의 원시적 불가능성을 의미한다. 넷째, 결과발생이 절대적으로 불가능하더라도 규범적으로 판단할 때 '위험성'이 있으면 처벌하되, 형을 감경 또는 면제할 수 있고, 위험성이 없으면 불가벌적 '불능범'이 되어 처벌할 수 없다.

대상판결의 사실관계를 보면 피고인은 간음의 고의로 실행의 착수를 하였고 그럼에도 불구하고 결과발생의 불가능성이 인정되며, 대법원의 판단에 의하면 "피고인이 행위 당시에 인식한 사정을 놓고 일반인이 객관적으로 판단하여 보았을 때 준강간의 결과가 발생할 위험성이 있었으므로" 준강간의 불능미수가 성립될 요건을 충족시키고 있다.

이상 논급한 불능미수의 불법구조와 조문에 비추어 보면 피고인을 준강간의 미수범으로 의율한 대법원의 판단은 타당하고 할 것이며, 그 처벌은 법리적인 근거가 충분하다고 보아야 한다.

V. 맺음말

이상의 고찰을 토대로 결론을 내리자면 대상판결의 논지는 합당한 논거와 논증을 통해 자신이 내린 결론의 정당화에 성공하고 있는 것으로 평가할 수 있다고 본다. 대법원은 대상판결을 통해 해당사안이 형법 제27조의 불능미수 조문에 의해 포섭될 수 있는가에 대해

---

38) 주지하다시피, 형법전에는 '불능범'이라는 표제로 되어있다. 이에 대해 '불능미수범'이 정확한 용어에 해당하지만, 제25조와의 관계상 미수범의 여러 유형 중 특수한 형태라는 점에서 '불능범'이라는 표제가 적절하다고 보는 견해로는 박재윤 대표편집, 앞의 책, 94-95면.

법리적 측면에서 다각적인 검토를 하고 있으며, 그 방식은 먼저 반대의견을 통해 다수의견의 결론에 반론을 제기하고 다음으로 두 개의 보충의견을 제시함으로써 재반박 논거를 제시하는 것이다. 그동안 불능미수와 관련해 학계에서도 심층적으로 다루어지지 못하고 있었던 법리적인 측면을 대법원이 정면으로 논급함으로써 여러 생산적인 비판적 평석이 산출될 수 있는 계기를 마련하고 불능미수와 관련된 도그마틱적인 쟁점을 보다 선명하게 드러내 보여주었다는 점에서 대상판결의 의의를 찾을 수 있을 것이다.[39]

이에 본고에서는 대상판결의 논지를 지지하는 입장에서 판례에서 엄밀하게 논급되지 못한 법리적인 논거를 보충적으로 제시해 보고자 하였고, 반대의견이 제기하지 못했던 문제의식에 대해서도 추가적으로 다루어 보고자 하였다. 이를 통해 보다 정치한 불능미수 도그마틱의 조탁에 생산적인 기여를 할 수 있기를 바라는 바이다.[40]

---

39) 동지의 김한균, "준강간 불능미수", 형사판례연구 제28권, 2020, 127면 참조.
40) 다수설이 지지하는 도그마틱이라도 그에 따른 결론이 그것이 과연 누구의 이익을 위한 것인지, 다시 말해 자기목적적인 형식적 결론인지 아니면 내용적 정당성까지 보증되는 것인지 항상 열린 태도로 되물을 필요가 있음을 논증하고 있는 문헌으로는 안성조, "법학에서 학설대립은 경쟁하는 밈들 간 대립인가? - 소수설을 위한 밈학적 변론 -", 연세대학교 법학연구 제25권 제1호, 2015.

[23] SNS를 이용한 명예훼손의 법리적 검토

I. 서언

　　인간의 삶에 있어서 자신이나 자신이 속한 집단의 명예를 드높이고 이를 지키려는 욕구와 행동은 매우 원초적인 자연적 감정의 발로로서 오랜 세월에 걸쳐 공고하게 다져진 우리의 '삶의 형식'[1])의 일부를 구성한다. 살인자에 대해서 사적 보복이 통용되던 고대사회에서도 보복은 피해자 유족의 권리인 동시에 의무였고, 중세유럽사회에서도 보복은 위신과 명예심의 표현이었으며, 현존하는 한 원시부족 사회에서도 살인자에 대한 보복과 배상금의 청구가 명예심의 발로와 밀접한 연관이 있다는 인류학적 보고[2])는 얼마나 오랜 시점부터 '명예'라는 가치가 우리의 규범적 행동양식에 깊숙이 작용해 왔는지를 잘 보여주는 증좌다. 그러므로 명예는 "생명, 신체의 완전성, 자유처럼 인간의 실존조건 중 하나이며," "인간의 품위를 보전시켜 줄 뿐만 아니라 타자와 만나 관계를 맺으며 자신을 편입시키고 인간관계를 폭넓고 다양하게 형성해 나갈 수 있는 토대를 제공한다."는 점[3])은 분명해 보인다. 이로부터 '명예'를 침해하는 행위를 처벌하는 법규범, 즉, '명예훼손죄'가 '핵심형법(Kernstrafrecht)'[4])의 일부로서, 격렬한 비범죄화 논쟁 및 폐지론에도 불구하고 대부분의 문명국가에서, 비록 규제방

---

1) 삶의 형식이란 간단히 말해 우리의 행동과 판단을 특정한 방향으로 일치하게 만드는 공통된 배경을 말한다. 삶의 형식에 관한 기본적 논의로는 문종두, 언어사용과 삶(청문각, 2007); Newton Garver, This Complicated Form of Life (Chicago: Open Court, 1994) 참조. '본래적' 의미의 삶의 형식 개념을 확장시킨 '규범적' 삶의 형식에 관한 논의로는 안성조, 삶의 형식과 법의 지배, 법철학연구(제16권 제1호, 2013) 참조.

2) E.E. Evans Prichard, The Nuer (Oxford: Clarendon Press, 1968), 150-158. 고대사회와 중세유럽의 살인자에 대한 사적 보복관행에 대해서는 Pamela Barmash, Blood Feud and State Control: Differing Legal Institutions for the Remedy of Homicide during the Second and First Millennia B.C.E, 63 Journal of Near Eastern Studies 183 (2004); Marc Bloch, Feudal Society, Vol.1 (Chicago: The Chicago Univ. Press, 1970, Translated by L.A. Manyon)를 참조.

3) 이에 대해서는 김일수, 명예훼손죄를 어떻게 이해할 것인가? 안암법학(제1호, 1993), 281면 참조.

4) 핵심형법에 대해서는 배종대·이상돈 편역, 형법정책(세창출판사, 1998), 208면 이하 참조.

식과 법효력의 정도에 차이는 있겠지만, 현재까지 존속하고 있는 이유를 자연스럽게 이해할 수 있다.

오늘날 가장 거대하고, 주요한 표현매체의 하나로 자리를 굳힌 인터넷에서 명예훼손죄의 성립여부에 대한 논의가 한창 진행 중이다. "인터넷은 '가장 참여적인 시장'이자 '표현촉진적인 매체'인바, 질서위주의 사고만으로 규제하려고 할 경우 표현의 자유의 발전에 큰 장애를 초래할 수 있으므로, 이 분야에서 규제의 수단 또한 헌법의 틀 내에서 다채롭고 새롭게 강구되어야 할 것이다."라고 헌법재판소가 화두를 던진 이래로[5] 인터넷을 이용한 명예훼손, 소위 사이버 명예훼손에 관한 논의는 그동안 상당한 정도의 진전을 이루어 냈고, 이미 중요한 몇몇 쟁점에 대해서는 합의에 도달한 것으로 보인다. 본고에서 다루고자 하는 SNS를 이용한 명예훼손도 결국 인터넷을 이용하는 행위라는 점에서 사이버 명예훼손 논의에 사실상 포섭되어 있다고 평가할 수 있다. 다만 본고에서 주목하고자 하는 부분은 최근 SNS의 매체적 특성으로 인해 이를 이용한 명예훼손행위는 법률적으로 특별한 평가를 받을 필요가 있다는 주장이 제기된 바 있어서 이러한 주장의 타당성 여부를 검토해 보고 그 결론에 따라서 SNS를 이용한 명예훼손과 관련해 제기될 수 있는 주요 쟁점들을 법리적으로 고찰해 보는데 있다.

SNS의 매체적 특성으로 인해 이를 이용한 명예훼손행위에 대하여 형법상 명예훼손죄의 법리를 그대로 적용할 수 없다는 주장은 한 가지 흥미로운 특징을 갖는다. 그것은 SNS를 이용한 명예훼손이 인터넷을 이용한 사이버 명예훼손에 해당한다고 보더라도 이미 사이버 명예훼손의 비범죄화에 관한 논의가 진행된 바 있었고[6] 또한 더 나아가 일반명예훼손죄의 폐지론에 관한 논의도 그러한 비범죄화 주장의 연장선상에서 찾아볼 수 있기 때문이다.[7] 즉 결론적으로 말해 SNS를 이용한 명예훼손은 명예훼손에 관한 비범죄화 논거가 중첩되는 교차점에서 새롭게 전개되는 논제라는 특성이 있다는 것이다. 이하 본고에서는 우선 SNS의 매체적 특성논변을 상세히 검토해 보고 이를 다각도로 평가한 뒤, 기존에 사이버 명예훼손과 관련된 논의에서 쟁점이 되었던 사항 등을 SNS를 이용한 명예훼손과 관련해 차례대로 검토해 보고자 한다.

---

5) 헌재결 2002. 6. 27. 99헌마480.
6) 이에 대한 검토로는 주승희, 인터넷상 명예훼손죄의 비범죄화 주장 검토, 형사법연구(제25호, 2006) 참조
7) 박경신, 명예의 보호와 형사처벌제도의 폐지론과 유지론 - PD수첩 광우병보도 수사에 즈음하여 - 서강법학 (제11권 제1호, 2009) 참조.

II. SNS의 매체적 특성논변

1. SNS의 사적 '구술'대화 공간으로서의 성격

SNS에 대한 법적 규율이 제한적이어야 한다고 주장하는 논변의 주된 근거는 바로 '사적 대화공간론'이다. 이에 따르면 트위터나 페이스북은 사용자들 간에 개별적인 인격체로서의 '상대방에 대한 관심'이 바로 이들을 연결하는 추동이 되고 있는데, 그 추동력의 근저에는 '한 사람의 생각을, 토론이나 전략을 통해 걸러내지 않고 날것 그대로(raw) 볼 수 있다는 기대감'이 자리잡고 있기에 SNS는 그 어떤 온라인 매체보다 적나라한 '개인간 대면'을 웹상으로 제공해 주는 역할을 하고 있음에 주목한다.[8] 즉 SNS는 정교한 계략과 전략의 결과물일 수 있는 싸이월드나 개인블로그 등의 글과는 달리 글자수의 제한으로 인하여 한 개인의 마음 속을 '여과없이 드러내는' 효과를 준다는 것이다.

이 논변에서는 이러한 '날 것 그대로의 대면' 효과로 인해 결과적으로 '구술생활의 재연'을 창출한다고 주장한다. SNS의 'social'은 곧 '사교'를 의미하여 이를 위해 사람들이 서로 만나도록 해 주는 역할을 하는데 있어서 필요한 '구술대화'가 SNS에서 가능해진다고 한다. 한 마디로 SNS는 진짜 구술생활의 일부라 할 수 있는 메신저나 휴대폰문자메시지의 기능을 블로그 상으로 구현해 준다는 것이다. 구술생활의 특징은 '시간의존성'이며, 사라지거나 망각될, 짧지만 많은 글을 통해 이루어지는 SNS의 소통방식은 문자생활이라기보다는 구술생활에 가깝다는 것이다. 트윗은 시간이 흐르면서 사라진다. 실제로 SNS, 특히 트위터에서의 소통은 대화를 통해 진행된다. 이것은 우연이 아니며 SNS가 인기를 끌게 된 이유, SNS 개발자들이 사람들에게 제공하고자 했던 것이 바로 '구술생활의 재연'이라고 주장한다.[9]

---

8) 박경신, SNS의 매체적 특성과 법적용의 한계, 인하대 법학연구(제15집 제3호, 2012), 131면. 이하의 내용은 동 문헌의 주장내용을 요약·재편집한 것이다.

9) 유사한 주장으로 서기호 판사는 '가카 빅엿' 사건으로 부정적 여론이 형성되자 모 라디오프로그램에 출연해 "판사들이 사적 공간에 쓴 글들을 특정 언론사가 모든 국민에게 중계하듯 보도하는게 맞느냐?"고 항변했다. 이에 대해서는 문재완, SNS 규제와 표현의 자유, 「한국사회의 정치적 소통과 SNS」(한국언론학회 심포지움 및 세미나 자료집, 2012), 124면 참조.

2. SNS소통의 '사적 소통'으로서의 성격

이러한 전제에서 출발하는 매체적 특성논변은 한 걸음 더 나아가 다음과 같은 주장을 전개한다. 우선 SNS를 ① 제한된 시스템 내에서 개인이 자신을 대중에게 혹은 일부 대중에게 소개하고 정보를 제공하거나 받을 수 있고, ② 관계를 형성하고 유지하고 싶은 다른 이용자들의 리스트를 형성할 수 있고, ③ 시스템 내에서 다른 이용자들이 만든 관계망을 보거나 연결할 수 있다는 특성을 지닌 웹 기반 서비스라는 개념정의를 수용하면서 이 중 두 번째 성향이 다른 웹 기반 서비스와 현격한 차이며, 결국 SNS소통은 관계를 유지하고 싶은 다른 이용자들에게만 집중적으로 글을 보내거나 받을 수 있다는 고유한 특성이 있다고 전제한다. 예컨대 트위터나 페이스북에 누구나 글을 올릴 수 있지만 그 글은 팔로워들만 읽을 뿐인 점을 고려하면 SNS소통은 어디까지나 '사적 소통'으로 규정할 수 있다는 것이다. 즉 SNS의 중심에는 어떤 특정 개인에 대한 관심이 놓여 있기 때문에 우리가 트위터나 페이스북에 접속하는 이유는 찾고자 하는 정보를 검색하기 위한 것이라기보다는 자신이 팔로우하는 사람이나 친구의 글, 즉 그가 무슨 생각을 하고 있는지를 알고 싶어서라는 것이다. 이처럼 SNS에서의 소통은 특정인의 글이 그와 SNS관계망 내에 있는 사람들, 즉 일정한 기준에 의해 선별된 사람들에게만 전달되는 방식으로 이루어지는바, 아무나 들어올 수 있는 포털게시판과는 차별화되므로 이들의 소통은 포털게시판에서의 소통과 달리 '사적 성격'이 강하다고 주장한다. 물론 그 정보는 리트윗이나 공유를 통해 망밖으로도 전달되지만 이 전달은 친구나 팔로워 중 한명에 의해 이루어지는 것이지 '내가 (원해서, 의도적으로)' 하는 것이 아니므로 바로 여기에 SNS의 사생활로서의 본질이 있다고 한다. 또한 SNS 정보가 결과적으로 불특정 다수에게 공개된다는 점은 인정하지만, SNS에 의한 정보확산이 '주로' 그러한 공적 소통으로 이루어진다고 보는 것은 '착시현상'이라고 일침을 가한다. 핵심 주장을 원문대로 가져와 보자.

> "수많은 사람들에게 전달되는 SNS 게시물은 한 사람이 불특정다수에게 전달하는 것이 아니고 우선 한 사람이 자신의 '친구'나 '팔로워'들에게 볼 수 있게 정보를 올리면 그 '친구'나 '팔로워' 중의 한 명이 다시 이를 '리트윗'이나 '공유'를 하고 이 단계가 여러 번 반복됨으로써 이루어진다. 이러한 모드에서 어느 한 사람도 정보를 '불특정다수'에게 보내지 않는다. 모두가 특정소수나 특정다수에게 보낼 뿐이며 어느 누구도 불특정다수에게 보내지 아니한다."

이러한 주장의 연장선상에서 이 논변에서는 SNS의 공적 소통이 '소극적'이라고 평가한다. 즉 비공개 처리를 하지 않은 SNS계정에 있는 정보는 일반에게 '공개'될 수 있고, 이렇게 SNS계정을 공개로 해두면 '나'의 관계망에 없는 사람들도 나의 글을 내 계정에 찾아와 볼 수 있다는 점이나, 검색기능을 통해 자신의 관계망 밖에 있는 사람들의 계정에 있는 정보도 접근이 가능하다는 점에서 '공적 소통'으로서의 성격을 부인할 수는 없겠지만, 그럼에도 불구하고 SNS상의 소통은 '사적 소통'으로 보아야 한다고 주장한다. 그 이유는 SNS계정에 글을 올리는 행위는 '적극적 배포의 의도'가 없는 '소극적'인 행위이기 때문이라는 것이다. 즉 계정소유자는 단지 자신의 소회를 담담히 적어 내려가는 것이고 이는 마치 친구들과 팔로워들이 한 개인의 일기쓰기를 지켜보는 것과 같다는 것이다. 더 쉽게 비유하면 특정인이 술집에서 말하고 있는 것을 의도한 것과 달리 옆자리 사람이 관심을 갖고 귀기울여 듣는 것과 마찬가지라고 한다. 한 마디로 SNS를 이용한 말하기는 자신과 일정한 관계를 맺은 사람들에게의 공개이기 때문에 설령 그 관계망 밖에 있는 사람들에게 공개되더라도 이는 '의도적 전파'수준의 적극적 행위라기보다는 '열람의 허용'정도에 해당하는 소극적인 행위로 보아야 한다는 것이다. 심지어 SNS이용자들 중에는 사람들이 자신의 계정에 찾아와 정보를 수집해 가는 것을 '프라이버시 침해'로 생각하는 경우도 있음을 지적하면서, 이 점은 바로 SNS와 다른 웹기반 서비스와의 차이라고 주장한다.

3. 매체적 특성논변의 함의: SNS 소통에 대한 법적 규제의 제한

이상 검토해 본 매체적 특성논변은 결론적으로 다음과 같은 법적 함의를 제안한다. 우선 SNS의 사적 성격으로 인해 명예훼손죄 등의 구성요건에서 요구하는 '공연성' 요건을 충족시킬 수 없게 된다는 것이다. 즉 SNS소통은 어디까지나 자신의 '친구나 지인', '팔로워' 등 특정된 사람에게만 정보가 전달되는 '사적 소통'의 연속으로 이루어져 있기 때문에 '불특정다수'에게 공개될 것을 요구하는 '공연성' 요건은 충족될 수 없다는 것이다. 그러므로 자신과 관계를 맺은 사람들에게만 전달되는 SNS소통에 대해서는 명예훼손의 법리를 적용해서는 안된다고 한다. 아울러 판례의 전파성이론에 따르면 1대1의 대화에도 공연성을 인정할 수 있게 되지만 이 이론은 일반적으로 학계에서 비판을 받고 있음을 지적한다.

다음으로 SNS소통에는 일정한 관계망에 없는 사람들이 직접 계정에 찾아와 계정소유자가 올린 게시물을 보게 되는 '공적 소통'도 있기 때문에 만일 이 경우 - 비록 적극적으로 '뿌린' 것은 아니지만 - '공연성' 요건이 충족되어 명예훼손죄의 성립을 긍정한다 하더라도 그렇게 되면 심각한 규제의 형평성 문제에 직면하게 된다고 주장한다. 예를 들어 어떤 트윗에 명예훼손성 내용이 있다고 할 때, 그 트윗은 트윗게시자의 팔로워들의 계정에도 동시에 게시되는바 트윗을 불특정다수에게 게시하고 있다는 점에서는 게시자와 그 팔로워는 등가이고 - 만일 그 팔로워가 리트윗을 했다면 당연히 '게시자'의 한 사람이 되고 - 따라서 어떤 트윗의 공적 소통의 측면, 즉 공연성에 관해서 법적 책임을 묻는다면 게시자와 그 팔로워에게 똑같은 법적 책임을 부과해야 하는데, 이는 엄청난 심적 저항을 불러일으킬 만큼 형평에 반한다는 것이다. 다시 말해 대부분의 경우 SNS 이용자들은 자신의 계정에 '푸시'된 트윗만을 읽을 뿐 타인의 계정에 '푸시'된 트윗까지 검색기능을 통해 찾아서 읽는 경우는 드물기 때문에 SNS소통은 '공적 소통'보다는 '사적 소통'에 가깝다고 보아야 하며 따라서 그 법적 책임을 묻는다면 자신의 팔로워에게 트윗을 '푸시'해주는 게시자에게만 책임을 물어야 하고 그렇게 '푸시'받은 투윗이 자신의 계정에 게시되도록 허용한 팔로워에게는 책임을 물어서는 안 된다는 것이다.

4. 매체적 특성논변의 검토

(1) '사적 소통을 위한 사적 공간론'에 대한 검토

우선 SNS가 순수한 사적 공간인지 의문이다. "SNS는 정교한 계략과 전략의 결과물일 수 있는 싸이월드나 개인블로그 등의 글과는 달리 글자수의 제한으로 인하여 한 개인의 마음 속을 '여과없이 드러내는' 효과를 준다"고 주장하지만, 관련 연구에 의하면 SNS 안에서 형성되는 자기에 대한 인상은 '공적(public)' 속성을 지니기 때문에 SNS에서의 '자기제시'는 '자기감시'의 과정을 거쳐서 나타날 가능성이 크다고 한다. 즉 오히려 전략적 커뮤니케이션의 범주에 속한다는 것이다.[10] 이러한 심리기제는 현실세계와 비교해 보면 더 쉽게 이해할 수 있다. 만일 내 집에서 가족들과 대화를 나누는 경우가 아니고 다른 사람을 초대해 함께 있다면 그와 나눈 대화 내용은 얼마든지 외부로 전파될 수 있다. 그도 역시 표현의 자유를 향유하기 때문이다. 그렇기 때문에 비록 공간은 사적 공간이지만 그와 나눈 대화는 공적인 성격을 갖기 때문에 각별히 주의를 기울일 필요도 있는 것이고 따라서 '날 것 그대로 (raw)'의 대화보다는 최소한 '살짝 익힌(medium rare)' 수준의 대화일 가능성이 크다고 본다.

---

10) 나은영, 심리학적 관점에서의 소셜미디어, 「한국사회의 정치적 소통과 SNS」(한국언론학회 심포지움 및 세미나 자료집, 2012), 10-11면 참조.

다만 초대손님이 전파한 내용이 나의 순수한 사생활에 관한 것이라면 프라이버시권의 침해가 발생할 수 있겠지만, 이는 어디까지나 대화 내용의 문제이지 대화를 나눈 공간의 사적 성격 때문은 아니다. 요컨대 SNS는 대화내용이 언제든 외부로 전파될 수 있다는 점에서 순수한 사적 공간이라고 보기 어렵다. 특히 이른바 공인(public figure)의 SNS는 이러한 맥락에서 더욱 더 사적 공간으로 분류하기는 어렵다 할 것이다.[11] 'social'은 단순히 '사교'가 아니라 '관계'를 의미한다고 보는 것이 보다 적절할 것이다.[12] 사교는 그러한 관계의 일부일 뿐.

다음으로 SNS에서의 소통이 '사적 소통'으로서의 성격이 강하다고 규정할 수 있는지도 의문이다. "SNS소통은 관계를 유지하고 싶은 다른 이용자들에게만 집중적으로 글을 보내거나 받을 수 있다는 고유한 특성이 있다"고 하면서 "SNS계정을 공개로 해두면 '나'의 관계망에 없는 사람들도 나의 글을 내 계정에 찾아와 볼 수 있다는 점이나, 검색기능을 통해 자신의 관계망 밖에 있는 사람들의 계정에 있는 정보도 접근이 가능하다는 점에서 '공적 소통'으로서의 성격을 부인할 수는 없겠지만, SNS에 글을 올리는 행위는 '적극적 배포의 의도'가 없는 '소극적'인 행위이기 때문에 결국 '사적 소통'으로 보아야 한다"고 주장하지만, 앞서 살펴본 바와 같이, 일단 '관계망 밖'에 있는 사람이 내 계정의 글을 검색할 수 있다는 점은 차치하더라고 '관계망 안'에 있는 사람이라 하더라도 대화내용을 얼마든지 자유롭게 외부로 전파시킬 수 있다는 점에서 그들과의 대화가 전적으로 '사적 소통'의 성격을 갖는다고는 말하기 어렵다. 앞서도 지적했지만 SNS는 순수한 사적 공간이 될 수 없다. 비유컨대 트위터는 '광장'에, 페이스북은 '사랑방' 정도의 느낌에 해당할 수 있을 것이다.[13]그렇다면 SNS에서의 대화는 어느 정도 공적 공간으로서의 성격을 고려해서 전개되어야 한다. 이러한 특수성을 고려하지 않은 채 만연히 '사적 공간'이라고 믿은 채 대화를 나눌 경우, 이에 대한 법적 보호는 기대하기 어렵다. "정보는 리트윗이나 공유를 통해 망밖으로도 전달되지만 이 전달은 친구나 팔로워 중 한명에 의해 이루어지는 것이지 '내가 (원해서, 의도적으로)' 하는 것이 아니므로 바로 여기에 SNS의 사생활로서의 본질이 있다고 한다."는 매체적 특성 논변이야말로 '착시'에서 비롯된 것이라고 말할 수 있다.

---

11) 동지의 문재완, 앞의 글, 129면.
12) 이러한 표현으로는 나은영, 앞의 글, 23면.
13) 이러한 비유로는 나은영, 앞의 글, 15면.

(2) 법적 규제 제한론에 대한 검토

결론적으로 매체적 특성논변이 주장하는 바는 두 가지다.

첫째, SNS소통은 어디까지나 자신의 '친구나 지인', '팔로워' 등 특정된 사람에게만 정보가 전달되는 '사적 소통'의 연속으로 이루어져 있기 때문에 '불특정다수'에게 공개될 것을 요구하는 명예훼손죄의 '공연성' 요건은 충족될 수 없다는 것이다.

둘째, 어떤 트윗에 명예훼손성 내용이 있다고 할 때, 그 트윗은 트윗게시자의 팔로워들의 계정에도 동시에 게시되는바 공연성에 관해서 법적 책임을 묻는다면 게시자와 그 팔로워에게 똑같은 법적 책임을 부과해야 하는데, 이는 엄청난 심적 저항을 불러일으킬 만큼 형평에 반한다는 것이다. 따라서 자신의 팔로워에게 트윗을 '푸시'해주는 게시자에게만 책임을 물어야 하고 그렇게 '푸시'받은 투윗이 자신의 계정에 게시되도록 허용한 팔로워에게는 책임을 물어서는 안 된다고 한다.

차례대로 검토해 보면, 우선 첫째 주장은 공연성에 대한 부정확한 이해에서 비롯된 것으로 평가할 수 있다. 통설과 판례에 의하면 공연성은 '불특정 또는 다수인이 인식할 수 있는 상태'를 의미한다. 이때 불특정인의 경우에는 수의 다소를 불문하고, 다수인인 경우에는 그 다수인이 특정되어 있다고 하더라도 관계가 없다. 여기서 불특정이란 행위시 상대방이 특정되어 있지 않다는 의미가 아니라 상대방이 특수한 관계로 한정된 범위에 속하는 사람이 아니라는 것을 의미한다.[14] 이러한 공연성 개념에 비추어 보면 '친구나 지인', '팔로워' 등 특정 다수의 사람들에게 정보를 전달한 경우에도 공연성은 온전히 충족된다.[15]

둘째 주장은 "게시자와 그 팔로워에게 똑같은 법적 책임을 부과해야 하는데, 이는 엄청난 심적 저항을 불러일으킬 만큼 형평에 반한다"고 하나 법리적으로 볼 때, 그런 결과는 발생하지 않는다. 우선 정보통신망법상 명예훼손죄가 성립하기 위해서는 '비방의 목적'이 요구되는 바, 설령 게시자에게는 비방목적이 인정되는 경우라 하더라도 통상 팔로워에게는 이를 인정하기 어렵기 때문이다. 비방목적이 인정되지 않아 양자 모두 일반명예훼손죄(제

---

14) 안경옥, 명예훼손죄의 '공연성' 해석의 재검토, 법조(제575권, 2004), 84면 참조.
15) 다만, 독일의 통설과 판례처럼 '공연성'을 '불특정이면서 다수인'으로 엄격히 해석한다면 '특정 다수인'에게 사실을 적시한 경우에는 공연성이 부정될 수 있을 것이다. 이 점에 대해서는 안경옥, 앞의 논문, 96면. 그러나 '특정 다수인'이라 하더라도 행위자와의 관계에 따라서 얼마든지 피해자의 사회적 평판을 저하시킬 수 있다는 점에서는 공연성을 인정하는 것이 타당하다고 본다. 참고로 명예훼손의 성립에 '공표(publication)'의 '공연성'을 요구하지 않는 영미법에서는 단 한 사람에 대한 전달도 공표가 된다. 예컨대 제3자가 부부의 일방에 대해 다른 배우자의 명예를 훼손하는 내용을 알린 경우도 공표에 해당한다고 본 판례가 있다. 이에 대해서는 신평, 명예훼손법(청림출판, 2004), 128-130면 참조.

307조)의 성립여부를 검토하게 되는 경우에도 팔로워에게는 '명예훼손의 고의'를 인정하기 어렵다. 게시물에 대한 '사후고의'는 인정될 수 없기 때문이다. 한편 인터넷 포탈서비스사업자가 제공하는 인터넷게시공간에 게시된 명예훼손적 게시물과 관련해 해당 포탈서비스사업자에게 부작위에 의한 불법행위책임을 인정한 대법원 판례[16]를 거시하며 그렇다면 명예훼손물 게시자의 팔로워에게도 동일한 법리를 적용해 부작위에 의한 불법행위책임을 묻게 될 우려가 있다는 점을 지적하고 있으나 부작위책임을 묻기 위해서는 팔로워에게 보증인 지위를 인정할 수 있어야 하는바, 이 경우 과연 어떠한 근거로 작위의무를 인정할 수 있을 것인지 의문이다.[17] 포탈서비스사업자는 "인터넷 게시공간이라는 위험원을 창출·관리하면서 그로 인한 경제적 이익을 얻고 있으므로 게시공간 안에서 발생된 위험에 효과적으로 대처할 수도 있어, 위와 같은 위험으로 인하여 피해가 발생하지 않도록 상황에 따라 적절히 관리를 하여야 할 주의의무가 있다"는 것이 위 판례의 입장이지만, 팔로워는 위험원을 '창출·관리'는 것도 그로 인해 '경제적 이익'을 얻고 있는 것도 아니기 때문이다. 또한 모든 팔로워에게 그러한 '주의의무'를 부과하는 것은 사실상 SNS 활동을 심각하게 위축시킬 수 있기 때문에 '허용된 위험의 이론'에 비추어 볼 때 타당하지 않다. 그리고 설령 그러한 보증인 지위를 인정할 수 있다고 하더라도 전술한 바와 같이 비방목적이나 명예훼손의 고의를 인정하기 어려울 것이므로 역시 명예훼손의 형사책임은 지지 않을 것이다. 다만 팔로워가 리트윗을 통해 '재게시'한 경우라면 비방목적 등의 구성요건을 검토해, 후술하듯이 사안에 따라 방조범 또는 정범의 책임을 물을 수 있을 것이다. 하지만 이는 구성요건에 해당하는 자에게 정당하게 책임을 묻는 것이며 결코 엄청난 심적 저항을 불러일으킬 정도로 '형평에 반하는' 결과를 초래하지도 않는다.

---

16) 대법원 2009.4.16. 선고, 2008다53812 판결.

17) 비교에 도움이 될 만한 판례로서 일명 '소리바다 사건'에서 보증인 지위의 발생근거에 대해 형사항소심 판결은 법령상 또는 기타 조리상 작위의무를 인정하기 어렵다고 판시한 바 있다(서울중앙지방법원 2005.1.12. 선고, 2003노4296 판결). 동 항소심판결에 대한 검사의 상고에 대해 대법원은 원심의 무죄판결을 파기환송하고 피고인들이 적어도 미필적 고의를 가지고 정범들의 복제권 침해행위를 방조한 것으로 판단하였으나, 작위범인지 부작위범인지 여부에 대해서는 명시적으로 언급하지 않고 있다.

III. SNS를 이용한 명예훼손과 관련된 쟁점의 법리적 검토

1. 정보통신망법상 명예훼손죄 구성요건의 해석 및 적용과 관련된 쟁점

앞서 검토해 본 바와 같이 SNS를 이용한 명예훼손적 표현행위라고 하여 명예훼손죄의 기본구성요건에 비추어 특별히 달리 취급할 근거는 보이지 않는다. 따라서 SNS를 이용한 명예훼손행위에 대해서도 일단 명예훼손죄(제307조)의 적용을 검토할 수 있다. 다만 SNS를 이용한 표현행위는 그 수단에 있어서 인터넷을 이용한 행위에 해당하고, 이와 관련 정보통신망법 제70조는 "사람을 비방할 목적으로 정보통신망을 통하여 공공연하게 사실을 드러내어 다른 사람의 명예를 훼손한 자는 3년 이하의 징역이나 금고 또는 2천만원 이하의 벌금에 처하고, 또 사람을 비방할 목적으로 정보통신망을 통하여 공공연하게 거짓의 사실을 드러내어 다른 사람의 명예를 훼손한 자는 7년 이하의 징역, 10년 이하의 자격정지 또는 5천만원 이하의 벌금에 처한다."고 규정하여 인터넷 등 정보통신망을 이용한 소위 사이버 명예훼손행위를 처벌하고 있으므로 SNS를 이용한 명예훼손행위를 법리적으로 고찰함에 있어서는 이러한 행위를 직접적인 처벌대상으로 하기 위해 만들어진 정보통신망법에 대한 검토가 필요하다 할 것이다. 이하 본고에서는 우선 정보통신망법 제70조와 출판물에 의한 명예훼손죄를 비교해 본 후, 정보통신망법의 구성요건과 관련된 법리적 쟁점을 검토해 보고자 한다.

(1) 출판물에 의한 명예훼손죄와의 비교

정보통신망법상의 명예훼손죄는 동 조문이 신설되기 전 인터넷을 이용한 명예훼손을 출판물에 의한 명예훼손죄의 '신문, 잡지 또는 라디오 기타 출판물'에 인터넷을 포섭시켜 의율할 수 있을 것인가에 관한 해석상 논란을 입법적으로 해결한 것으로 평가된다. 즉 인터넷 등을 이용한 소위 사이버 명예훼손은 높은 전파성으로 인해 그 피해가 출판물에 의한 명예훼손 이상일 수 있음에도 불구하고 이를 제309조에 의해 처벌할 수 없다는 점을 고려해 신설된 것이다.[18] 따라서 본고에서는 이 점을 둘러싼 해석논쟁은 제외키로 한다.

본 규정은 그 법정형을 출판물에 의한 명예훼손죄와 비교해 볼 때, 자유형의 상한은 동일하지만, 벌금의 상한이 더 높아 출판물에 의한 명예훼손죄보다 중하게 처벌하고 있을

---

18) 강동범, 사이버 명예훼손행위에 대한 형법적 대책, 형사정책(제19권 제1호, 2007), 52면 참조.

뿐, 제309조의 구성요건 중 '신문, 잡지, 또는 라디오 기타 출판물에 의하여'를 '정보통신망을 통하여 공공연하게'란 요건으로 대체한 것을 제외하고는 출판물에 의한 명예훼손죄와 모두 동일하다. 따라서 본 규정은 일반명예훼손죄(제307조)에 대한 가중적 구성요건으로 보아야 한다는 데 대체로 견해가 일치한다.[19]

(2) '비방할 목적으로'

정보통신망법상 명예훼손죄가 성립하기 위해서는 그 주관적 구성요건으로 고의 이외에 '비방의 목적'을 필요로 한다. '비방의 목적'이 없는 경우에는 제307조의 일반명예훼손죄가 성립한다.[20] 비방의 목적과 관련된 해석론은 출판물에 의한 명예훼손죄의 '비방의 목적'과 동일하다. 통설은 출판물에 의한 명예훼손죄의 '비방의 목적'은 초과주관적 요소로서 '가해의 의사 내지 목적'을 의미한다고 본다.[21] 정보통신망법상 명예훼손죄에서 '비방의 목적'에 관해 판례는 "정보통신망이용촉진 및 정보보호 등에 관한 법률상의 명예훼손죄에 있어서 '고의'는 타인의 사회적 평가를 저하시킬 사실의 인식과 그 의사를 말하고, '비방의 목적'은 가해의 의사 내지 목적을 요하며, '사실의 적시'는 사실관계에 관한 보고 내지 진술로서 가치판단이나 평가를 내용으로 하는 의견표현에 대치되는 개념으로 시간과 공간적으로 과거 또는 현재의 사실관계에 관한 보고 내지 진술을 의미한다."[22]고 판시해 통설과 같은 입장이다.[23] 그리고 학설은 대체로 '비방의 목적'을 '사람의 명예를 훼손시키기 위해 인격적 평가를 저하시키려는 의도'로 이해함으로써[24] '가해의 의사 내지 목적'을 구체화하고 있는 듯 보인다. 그러나 비방의 목적을 이와 같이 이해하게 되면 두 가지 문제점이 발생한다. 첫째, 출판물에 의한 명예훼손이든 정보통신망법상 명예훼손이든 '비방의 목적으로 타인의 명예를 훼손하는 것'이지 '명예를 훼손시키기 위해 비방하는 것'은 아니기 때문이다.[25] 둘

---

19) 이천현·도중진·권수진·황만성, 형법각칙 개정연구[2](한국형사정책연구원, 2007), 79면 참조.
20) 박상기·전지연·한상훈, 형사특별법(집현재, 2013), 169면; 강동범, 앞의 논문, 46면.
21) 이재상, 형법각론(박영사, 2013), 199면; 손동권, 형법각론 (율곡출판사, 2005), 202면 등.
22) 대법원 2006.9.28. 선고, 2004도6371 판결.
23) 이러한 판례의 입장과 동일한 해석으로는 박상기·전지연·한상훈, 앞의 책, 169면 참조.
24) 대표적으로 김일수·서보학, 새로쓴 형법각론(박영사, 2003), 199면 참조.
25) 통설의 이러한 태도는 '비방'의 일상적 의미에 중점을 둔 해석으로 보인다. 다시 말해 통상적으로 '비방'을 통해 타인의 명예를 훼손시키기 때문이다. 반대로 비방을 했지만 그 의도와는 달리 타인의 명예가 훼손되지 않을 수도 있다. 그러나 법문은 명백히 '비방의 목적으로 공공연하게 사실을 적시하여'라고 표현하고 있으므로 이에 대한 체계정합적인 해석이 요구된다.

째, '명예훼손의 고의'와 뚜렷한 구분점을 찾기 어렵게 된다. 명예훼손죄의 보호법익인 외적 명예는 '사람의 인격적 가치에 대한 사회적 평가'를 뜻하는 것으로 보는 것이 통설인바, 결국 그러한 명예에 대한 훼손의 고의는 비방의 목적과 별다른 차이가 나지 않게 되기 때문이다.26) 따라서 '비방목적'에 대한 보다 체계정합적인 해석이 요구된다.

우선 형법전 내에 '비방'이란 법문이 사용된 예로서 '국기·국장 비방죄(제106조)'가 있다. 본죄의 '비방'은 '언어나 거동, 문장이나 회화에 의하여 모욕의 의사를 표현하는 것'으로 보는 것이 통설이다.27) 그렇다면 정보통신망법상 명예훼손은 '모욕의 목적으로 명예를 훼손하는' 행위가 된다고 할 것인데, 이는 다음과 같은 이유에서 적절한 해석이 될 수 없다고 본다. 하나의 행위로써 명예를 훼손시키는 동시에 모욕을 가할 수는 있다. 통설은 이 경우 모욕죄의 보호법익도 '외적 명예'로 보아 법조경합(흡수관계)으로 명예훼손죄만 성립한다고 본다.28) 그렇다면 모욕의 목적으로 명예를 훼손한다는 것은 사리에 맞지 않는 법문이 된다. 왜냐하면 그 목적이 달성되든 달성되지 않든 결국 명예훼손죄만 성립할 것이고, 이는 본죄가 '비방목적'을 군이 요구하는 이유를 합리적으로 설명하지 못하게 만들기 때문이다. 따라서 비록 같은 표현을 사용하고는 있지만 각기 다른 의미로 해석해야 할 것이다. 그러면 판례의 입장처럼 '가해의 의사 내지 목적'으로 본다면 이는 곧 '해악을 가하려는 목적'으로 대체할 수 있을 것이다. 여기서 '해악을 가한다는' 취지는 이와 관련된 조문인 '모해위증죄(제152조 제2항)'에서 찾을 수 있을 것이다. 본죄에서 '모해'란 '피고인·피의자 또는 징계혐의자를 불이익하게 할 일체의 목적'을 뜻한다는 것이 통설과 판례29)의 입장이다. 그렇다면 '비방의 목적' 역시 '명예훼손의 피해자를 불이익하게 할 일체의 목적'으로 해석할 수 있다. 조금 더 간명한 표현으로 '악의'를 뜻한다고 정리할 수 있을 것이다.30) 그렇다면 '비방의 목적으로'는 '악의로'란 말이 된다.31) 또한 그 반대말은 '선의로'가 될 것이다.

---

26) 동일한 문제의식으로는 박광민, 인터넷 명예훼손의 기본법리와 위법성조각, 성균관 법학(제15권 제2호, 2003), 154면 참조. 다만 동 문헌은 '비방목적'과 '명예훼손의 고의'가 동어반복에 지나지 않기 때문에 고의를 초과하는 주관적 요소로서의 특별한 의미내용이 없고, 따라서 그 구성요건적 의미는 '행위자의 주관적 의도의 강도 내지는 방향성'에서 찾을 것을 주장하고 있다. 또한 바로 그렇기 때문에 '비방의 목적'과 '공공의 이익'은 그 의사의 방향에 있어서 상호 배척적인 관계에 놓일 수밖에 없다고 한다.

27) 예컨대 오영근, 형법각론(박영사, 2009), 870면.

28) 예를 들어 배종대, 형법각론(홍문사, 2010), 301면.

29) 대법원 2007.12.27. 선고, 2006도3575 판결.

30) 동지의 박용상, 명예훼손법(현암사, 2008), 1193면 참조.

31) 같은 취지에서 '비방의 목적' 대신 '현실적 악의'란 표현을 사용하고 있는 판례로는 대법원 2004.2.27. 선고, 2001다53387 판결. "방송 등 언론매체가 사실을 적시하여 개인의 명예를 훼손하는 행위를 한 경우에도 그것이 공공의 이해에 관한 사항으로서 그 목적이 오로지 공공의 이익을 위한 것일 때에는

한편 판례는 비방목적의 판단방법에 대해 "사람을 비방할 목적이 있는지 여부는 당해 적시 사실의 내용과 성질, 당해 사실의 공표가 이루어진 상대방의 범위, 그 표현의 방법 등 그 표현 자체에 관한 제반 사정을 감안함과 동시에 그 표현에 의하여 훼손되거나 훼손될 수 있는 명예의 침해 정도 등을 비교, 고려하여 결정하여야 한다."[32]고 보면서 공공의 이익과의 관계에 대해서는 비방목적은 "공공의 이익을 위한 것과는 행위자의 주관적 의도의 방향에 있어 서로 상반되는 관계에 있다고 할 것이므로, 형법 제310조의 공공의 이익에 관한 때에는 처벌하지 아니한다는 규정은 사람을 비방할 목적이 있어야 하는 형법 제309조 제1항 소정의 행위에 대하여는 적용되지 아니하고 그 목적을 필요로 하지 않는 형법 제307조 제1항의 행위에 한하여 적용되는 것이고, 반면에 적시한 사실이 공공의 이익에 관한 것인 경우에는 특별한 사정이 없는 한 비방목적은 부인된다고 봄이 상당하므로 이와 같은 경우에는 형법 제307조 제1항 소정의 명예훼손죄의 성립 여부가 문제될 수 있고 이에 대하여는 다시 형법 제310조에 의한 위법성 조각 여부가 문제로 될 수 있다."고 하여 '비방목적'이 '공공의 이익'과 상반되는 관계에 있다고 판시하고 있다. 즉 악의로 공연히 사실을 적시한 경우에는 '공공의 이익'과 상반된 관계에 있지만, '선의로' 공연히 사실을 적시한 경우에는 '비방목적'이 부인되어 '공공의 이익'이 인정될 수 있다는 취지로 재해석할 수 있다.

그런데 정보통신망법 제70조의 '비방의 목적'은 명예훼손죄의 고의와 동일한 내용이거나 만일 다른 내용을 지닌다면 그것을 반드시 판례처럼 '공공의 목적'과 상반되는 관계로 해석할 필요가 없으며, 기껏해야 '타인을 비난하고자 하는 심정적 상태(비난의도)'로서의 의미만 지니고 있기 때문에 이를 삭제하는 것이 타당하다는 견해[33]가 있어 이에 대한 법리적 검토가 필요하다고 본다. 동 견해의 논지를 차례대로 살펴보고자 한다.

우선, '비방의 목적'이 주관적 요소로서의 고의와 동일하다는 주장은 다음과 같다. 통설과 판례에 의하면 비방목적이란 '가해의 의사 내지 목적'인바, 이는 곧 '타인에게 해를 가하려는 의사나 의욕'으로 볼 수 있고, 그렇다면 명예훼손죄의 고의인 타인의 명예를 훼손한다는 사실에 대한 인식과 의욕이라는 내용 중 '의욕'의 측면을 부각시킨 것에 불과하다는

적시된 사실이 진실이라는 증명이 있거나 그 증명이 없다 하더라도 행위자가 그것을 진실이라고 믿었고 또 그렇게 믿을 상당한 이유가 있으면 위법성이 없다고 보아야 할 것이나, 그에 대한 입증책임은 어디까지나 명예훼손 행위를 한 방송 등 언론매체에 있고 피해자가 공적인 인물이라 하여 방송 등 언론매체의 명예훼손 행위가 현실적인 악의에 기한 것임을 그 피해자측에서 입증하여야 하는 것은 아니다."
32) 대법원 2002.8.23. 선고, 2000도329 판결.
33) 주승희, 현행 사이버 명예훼손죄 법리의 문제점 및 개선방안관련 최근 논의 검토, 형사정책연구(통권 제77호, 2009), 600-605면 참조.

것이다. '비방의 목적'이란 공공의 이익을 위한다는 행위의사가 결여된 명예훼손의 고의와 동일하고, 그렇다면 허위사실적시에 의한 명예훼손의 고의는 비방의 목적과 내용적으로 동일한 것이어야 한다는 주장도[34] 이와 별반 다르지 않다. 일견 타당해 보이는 논지이지만 여기에는 몇 가지 개념적 '오해'가 있음을 지적할 수 있다. 명예훼손죄에 있어서 고의란 타인의 명예를 훼손하는 데 적합한 사실 또는 허위사실을 공연히 적시한다는 점에 대한 인식과 의욕을 말한다. 즉 고의라는 구성요건의 '주관적 요소'는 언제나 구성요건의 모든 객관적 요소에 대한 인식을 요하는데, 그러한 '객관적 요소'에 대한 인식을 '초과'하는 일정한 주관적 요소가 구성요건으로 되어 있는 경우에 이를 '초과주관적 요소'라고 한다.[35] 다시 말해 초과주관적 요소는 객관적 구성요건요소의 총체를 넘어서는 범위에 대한 주관적 구성요건을 말한다.[36] 목적범에 있어서의 '목적'이나 '영득죄'에 있어서 '불법영득의사'가 그 대표적 예가 된다. 이러한 범죄에 있어서 '목적'이나 '불법영득의사'는 고의와는 다른 별개의 내용을 갖는다. 예컨대 '타인의 재물을 절취한다'는 절도죄의 객관적 구성요건에는 '불법영득'이 포함되지 않으므로 이러한 객관적 구성요건을 그 인식대상으로 하는 절도죄의 '고의'와 '불법영득의사'는 그 내용을 달리한다고 보는 것이 다수설이다. 사용절도도 '타인의 재물에 대한 절취'이지만 바로 '불법영득의사'가 없기 때문에 절도죄가 성립하지 않는다는 법리가 이를 잘 해명해 준다. 목적범의 경우도 이와 다르지 않다. 일반적으로 목적범에서의 '목적'은 객관적 구성요건 이외의 특정한 '결과'에 대한 의욕을 가리킨다. 고의가 구성요건의 객관적 요소에 해당하는 사실을 인식대상으로 함에 비하여, 목적은 객관적 구성요건요소를 초과하는 사실을 그 인식대상으로 하기 때문이다.[37] 그렇기 때문에 '목적'이 달성되지 않더라도, 범죄의 모든 객관적·주관적 구성요건이 충족된다면 '기수'에 이를 수 있다.[38] 목적의 달성시점은 기수시점과는 다른 실질적 종료시점을 의미하기 때문이다.[39] 그렇다면 서로 다른 결과를 의욕하고 있는 '목적의 내용'과 '고의의 내용'은 다를 수밖에 없다.[40]

---

34) 이정원, 형법각론(법문사, 2003), 245면 참조. 따라서 동 문헌은 출판물에 의한 명예훼손죄의 경우는 고의 외에 특별한 초과주관적 요소인 비방의 목적이 필요하지 않다고 해석해야 한다고 주장한다.

35) 임웅, 형법총론(법문사, 2003), 106면 참조.

36) 신동운, 형법총론(법문사, 2008), 179면 참조.

37) 김성돈, 형법총론(성균관대학교 출판부, 2011), 230면.

38) 신동운, 新판례백선 형법총론(경세원, 2009), 249면.

39) 이재상, 형법총론(박영사, 2011), 359면.

40) 대법원 판례의 소수의견 중에도 이 점을 명확히 지적한 예가 있다. "고의는 범죄의 성립요소인 사실을 인식하는 것이고 (중략) 이러한 표현물의 이적성에 대한 인식은 고의의 내용에 지나지 않을 뿐이고 초과주관적 요건인 목적이 될 수 없음은 더 말할 나위도 없다." 대법원 1992.3.31. 선고, 90도2033 판결

다시 명예훼손죄로 돌아가 보면, 동죄의 객관적 구성요건은 "타인의 명예를 훼손하는 데 적합한 사실 또는 허위사실을 공연히 적시하는" 것이고 동죄의 고의는 바로 이에 대한 인식과 의욕을 의미하는 반면, '비방의 목적'이란 앞서 검토한 바와 같이 '해악을 가하려는 의사' 즉 '악의'로 해석할 수 있으며 따라서 '비방'은 명예훼손행위를 통하여 결과적으로 타인에게 '가'하게 된 특정한 '해악'을 의미한다.[41] 다시 말하면 '명예훼손'도 피해자에게는 하나의 '해악'이 되겠지만, '비방'은 이와는 또 다른 내용을 갖는 '해악'이라는 것이다.[42] 앞서 살펴본 바와 같이 통설은 그것을 '인격적 평가의 저하'라고 이해하는 듯 보이지만, 이러한 해석은 명예훼손의 고의와 차별화될 수 없다는 점에서 불합리하다는 점은 전술한 바와 같다. 또 판례의 입장을 보더라도 비방목적이 반드시 '자연인에 대한' '인격적 평가의 저하'에만 국한되지도 않는다. 회사나 유학원에 대해서도 비방의 목적을 인정하거나[43] 부정한 사례도[44] 있기 때문이다. 따라서 비방의 목적에서 뜻하는 해악이란 명예훼손행위에 수반되거나 그로부터 파생된, 행위자가 의욕한 일체의 해악의 결과를 의미한다고 해석하는 것이 타당하다고 본다.

필자가 보기에 '비방목적의 명예훼손'과 '단순명예훼손'의 의미상 차이는 살인의 구분 방식인 '모살(중살인)'과 '고살(단순살인)'의 차이에 거의 정확히 대응한다. 주지하다시피 영미법의 경우에는 통상 중살인(murder)과 단순살인(manslaughter)은 '사전에 품고 있는 악의 (malice aforethought)'의 유무에 의해 구분된다. 즉 중살인은 악의적 살인이고 단순살인은 그러한 악의가 없는 살인이라는 것이다. 이때의 악의의 의미에 대해서는 독일형법상 '모살 (Mord)'의 개념설명이 도움이 된다. 독일형법 제211조에 의하면 모살은 "살해욕이나 성욕의 만족, 탐욕 또는 기타 비열한 동기에서, 간악하거나 잔인하거나 공공에 위험한 수단으로 또는 다른 범죄를 실행하거나 은폐할 목적으로 타인을 살해하는 것"을 의미한다.[45] 그렇다면 정보통신망법상 명예훼손죄의 비방목적도 이에 준하는 수준의 불법성을 지닌 다종다기

(전원합의체) 참조.

41) 동지의 조준현, 형법각론(법원사, 2012), 236면. 동 문헌은 "비방의 목적은 명예에 관한 사실의 인식을 넘어서서 상대방의 사회생활상 가치를 실추시켜 상대방에게 가해를 하려는 목적이다. 즉, 상대방을 깎아내리거나 헐뜯을 목적을 가지고 있어야 한다."고 본다.

42) 명예훼손의 고의와 비방목적이 다를 수밖에 없음을 잘 지적하고 있는 문헌으로는 정영일, 형법각론(박영사, 2011), 183면 참조.

43) 대법원 2005.2.18. 선고, 2004도8351 판결.

44) 대법원 2010.11.25. 선고, 2009도12132 판결.

45) 모살(중살인)과 고살(단순살인)의 구분방식에 대한 보다 상세한 설명으로는 안성조, 현대형법학 (경인문화사, 2011), 30-33면 참조.

한 해악의 결과를 의욕한 것으로 해석할 수 있을 것이다. 즉 단순한 명예훼손의 고의를 넘어서 그보다 불법을 가중할 만큼 피해자를 불이익하게 할 일체의 목적에서 사실을 적시한 경우를 지칭한다고 해석할 수 있을 것이다. 물론 비방목적으로 명예를 훼손시켰으나 특정한 해악이 발생하지 않는 경우도 발생할 수 있고,46) 결론적으로 말하면 '비방의 목적' 없이도 명예를 훼손할 수 있다. 판례 역시 "명예훼손죄에 있어서의 범의는 그 구성요건사실 즉 적시한 사실이 허위인 점과 그 사실이 사람의 사회적 평가를 저하시킬 만한 것이라는 점을 인식하는 것을 말하고 특히 비방의 목적이 있음을 요하지 않는다."47)고 하여 동일한 취지로 판시하고 있다. 그러므로 고의와 비방목적이 내용적으로 동일하다는 견해는 타당하다고 볼 수 없다.

다음으로 '비방목적 삭제론'을 펴는 위 견해는 만일 비방목적이 고의와는 다른 개념으로 볼 수 있다면 그 가능성은 두 가지라고 주장한다. 첫째, 출판물에 의한 명예훼손죄와 정보통신망법 제70조에 있어서 비방목적을 요구함으로써 인식과 의욕의 강도가 확정적 고의에 비해 낮은 '미필적 고의'에 의한 동죄의 성립을 부정하는 기능을 할 뿐이거나 둘째, 비방의 목적을 그 기능이 아닌 순수한 '문자적 의미'에서 해석하여 '타인을 비난하고자 하는 심정적 상태'로 이해하는 수밖에 없는데 이는 곧 명예훼손죄의 '윤리형법화'를 초래한다는 것이다. 그러나 전술하였듯이 '비방'은 특정한 해악의 결과를 지칭하는 구체적 내용을 가지며, 따라서 '비방목적 삭제론'의 위 견해는 타당하다고 볼 수 없다.

한편 위 견해는 비방목적이 "공공의 이익을 위하는 것과는 행위자의 주관적 의도의 방향에 있어서 서로 상반되는 관계에 있다"는 판례의 일관된 태도를 비판하면서 '비방의 목적'과 '공공의 이익'이 서로 상반되는 개념이 아니고 병존할 수 있는 개념이라고 주장한다. 즉 공익성과 비방목적은 별개의 구성요건으로 하나의 사안에서 얼마든지 병존할 수 있으며, 오히려 공익성이 클수록 피해자에 대한 '가해의사' 내지 '비난의도'가 더욱 커진다고 보는 것이 사리에 합당하다는 것이다. 나아가 판례가 양자의 관계를 상반되는 것으로 본 것은 공익을 위하여 진실한 사실을 적시한 행위가 타인의 명예를 훼손했다는 이유로 처벌받게 되면 개인의 명예보호에 치중한 나머지 국민의 알권리나 언론의 자유를 부당하게 침해할 수 있어서 이러한 불합리함을 시정하기 위한 '고육지책'일 것이라고 지적한다.

'비방의 목적'이 언론출판의 자유와 개인의 명예보호 사이에 경계선을 긋는 역할을 한

---

46) 이 점은 명예훼손죄가 위험범인데 비해 '비방'은 특정한 해악의 결과를 지칭한다는 점에 비추어 보면 충분히 납득할 수 있다.

47) 대법원 1991.3.27. 선고, 91도156 판결.

다는 지적은 타당하다.[48] 그러나 위 견해는 공익성이 클수록 피해자에 대한 '(명예훼손의) 가해의사' 내지 '비난의도'가 더욱 커지기 때문에 공공의 이익과 비방의 목적은 병존할 수 있다고 하면서 이를테면 국회의원의 성매매 사실을 보도하는 행위는 '공공의 이익'과 더불어 그가 공인이라는 점에서 일반 사인의 성매매보다 더 큰 '비난의도'가 수반될 수 있다고 하나, 앞서 살펴보았듯이 비방목적은 명예훼손 이외의 특정한 해악의 결과를 의미하는 것이란 점을 이해하면 위 주장은 타당하다고 볼 수 없다. 또한 판례의 입장을 면밀히 검토해 보면, 판례 역시 '공공의 이익'에 다른 '사익적 목적이나 동기'가 내포될 수 있음을 인정하고 있음을 알 수 있는데, 이는 판례가 '공공의 이익'을 위한 표현행위에도 일정한 '악의'가 개입해 병존할 수 있음을 분명 인식하고 있음을 보여준다.[49]

"정보통신망법 제70조의 '사람을 비방할 목적'이란 가해의 의사 내지 목적을 요하는 것으로서, 사람을 비방할 목적이 있는지 여부는 당해 적시 사실의 내용과 성질, 당해 사실의 공표가 이루어진 상대방의 범위, 그 표현의 방법 등 그 표현 자체에 관한 제반 사정을 감안함과 동시에 그 표현에 의하여 훼손되거나 훼손될 수 있는 명예의 침해 정도 등을 비교, 고려하여 결정하여야 하는데, 공공의 이익을 위한 것과는 행위자의 주관적 의도의 방향에 있어서로 상반되는 관계에 있으므로, 적시한 사실이 공공의 이익에 관한 것인 경우에는 특별한 사정이 없는 한 비방할 목적은 부인된다고 보아야 하고, 공공의 이익에 관한 것에는 널리 국가·사회 기타 일반 다수인의 이익에 관한 것뿐만 아니라 특정한 사회집단이나 그 구성원 전체의 관심과 이익에 관한 것도 포함하는 것이고, 행위자의 주요한 동기 내지 목적이 공공의 이익을 위한 것이라면 부수적으로 다른 사익적 목적이나 동기가 내포되어 있더라도 비방할 목적이 있다고 보기는 어렵다."

끝으로 '비방목적 삭제론'은 앞서 논급한 주장대로 고의와 동어반복에 불과하거나, 이를 고의의 '의욕의 측면'을 강화한 개념으로 보더라도 그렇다고 해서 반드시 '공공의 이익'과 상호 배척적인 관계에 있는 것도 아니므로 원래 가벌성을 축소해 표현의 자유를 보호하려는 취지에서 도입된 구성요건임에도 불구하고 결과적으로는 '공공의 이익'을 위해 사실을

---

48) 박상기, 형법학(집현재, 2013), 540면.
49) 대법원 2010.11.25. 선고 2009도12132 판결. 따라서 '적시한 사실이 공공의 이익에 관한 것인 때에는 특별한 사정이 없는 한 비방의 목적은 부인 된다'라는 판례의 태도를 두고, "복합적이고 다층적인 인간의 내심의 의사나 심리구조를 소홀히 다루고 있다"는 식의 비판을 적절하지 않다. 이러한 비판을 가하고 있는 문헌으로는 김혜정, 인터넷상 명예훼손모욕죄의 형사법적 통제에 관한 소고, 홍익법학 (제12권 제1호, 2011), 333면과 이수현, 출판물에 의한 명예훼손죄에 있어 정보제공자·편집책임자·언론사(법인)의 형사책임, 서울대 법학(제20권 제1호, 2012), 238면 참조.

적시한 경우에도 '비방목적'이 인정될 경우 제310조에 의한 위법성조각을 불가능하게 함으로써 오히려 가벌성을 확장하는 요소로 기능할 수도 있게 되므로 언론출판의 자유보장이나 윤리형법의 탈피를 위해서라도 삭제하는 것이 바람직하다고 주장한다.[50]

그러나 앞서 고찰해 본 바와 같이 '비방목적'은 '고의'와는 다른 내용을 갖는 '악의'로 볼 수 있으며,[51] 판례도 잘 지적하고 있듯이 '공공의 이익'과 일정한 '악의'는 병존할 수 있으나 그 주요한 동기 내지 목적이 공공의 이익을 위한 것이라면 '비방의 목적'이 부인되고, 이와 같이 해석하는 한 '비방목적'이란 구성요건의 본래 취지는 훼손되지 않으며 또한 가벌성의 부당한 확장도 발생하지 않을 것이라고 본다. 즉 '비방'에 중점을 두어, 다시 말해 '악의로' 공공연하게 사실을 적시한 경우에는 '공공의 이익'이 부정되겠지만, 전체적으로 보아 '선의로' 사실을 적시한 경우에는 '공공의 이익'이 인정될 수 있다.[52]

앞서 언급한 바 있지만 헌법재판소는 인터넷을 가장 참여적인 시장이고 표현촉진적 매체로 평가하고 있으며, 이와 관련 "오늘날 가장 거대하고 주요한 표현매체의 하나로 자리를 굳힌 인터넷상의 표현에 대하여 질서위주의 사고만으로 규제하려고 할 경우 표현의 자유의 발전에 큰 장애를 초래할 수 있다"는 입장을 천명하고 있다.[53] 그렇다면 '비방의 목적'은 '공연성' 요건과 함께 표현의 자유를 더욱 두텁게 보호하려는 입법자의 의지가 반영된 구성요건으로 이해하는 것이 바람직하고 또 타당하다고 본다.[54]

---

50) 이러한 견해에 찬동하는 김혜정, 앞의 논문, 332면.
51) '비방목적'를 '악의'로 해석하는 것은 민사판례의 태도에도 부합된다고 본다. "언론이 보도를 함에 있어 그 언론보도의 내용이나 표현방식, 의혹사항의 내용이나 공익성의 정도, 공직자 또는 공직 사회의 사회적 평가를 저하시키는 정도, 취재과정이나 취재로부터 보도에 이르기까지의 사실확인을 위한 노력의 정도, 기타 주위의 여러 사정 등을 종합하여 판단할 때, 그 언론보도가 공직자 또는 공직 사회에 대한 감시·비판·견제라는 정당한 언론활동의 범위를 벗어나 악의적이거나 심히 경솔한 공격으로서 현저히 상당성을 잃은 것으로 평가되는 경우에는, 비록 공직자 또는 공직 사회에 대한 감시·비판·견제의 의도에서 비롯된 것이라고 하더라도 이러한 언론보도는 공직자 등의 수인의 범위를 넘어 명예훼손이 되는 것으로 보지 않을 수 없다(대법원 2001. 11. 9. 선고, 2001다52216 판결; 대법원 2007. 12. 27. 선고, 2007다29379 판결; 대법원 2008.11.13. 선고, 2008다53805 등 참조).
52) 동지의 오영근, 앞의 책, 227면 참조. 동 문헌은 "비방목적에 중점이 있는 경우에는 부수적으로 공공의 이익을 위한다는 인식이 있다 하더라도 비방목적을 인정해야 하고, 공공의 이익을 위하는 데에 중점이 있는 경우에는 부수적으로 비방목적이 있다 하더라도 비방목적을 부인해야 한다."고 한다.
53) 헌재결 2002.6.27. 99헌마480.
54) 유사한 취지의 김태명, 인터넷상의 명예훼손의 실태와 대책, 전북대 법학연구(제27권, 2008), 49-50면 참조.

(2) '정보통신망을 통하여'의 해석

정보통신망법 제2조 제1항 제1호에 의하면 "정보통신망이란 전기통신사업법 제2조제2호에 따른 전기통신설비를 이용하거나 전기통신설비와 컴퓨터 및 컴퓨터의 이용기술을 활용하여 정보를 수집·가공·저장·검색·송신 또는 수신하는 정보통신체제를 말한다." 그리고 여기서 전기통신설비란 "전기통신을 하기 위한 기계·기구·선로 또는 그 밖에 전기통신에 필요한 설비(전기통신사업법 제2조 제2호)"를 뜻하고, 전기통신은 "유선·무선·광선 또는 그 밖의 전자적 방식으로 부호·문언·음향 또는 영상을 송신하거나 수신하는 것(전기통신사업법 제2조 제1호)"를 말한다. 이러한 정의에 따르면 전세계 컴퓨터의 통신망인 인터넷이 정보통신망에 해당함은 명백하다. 따라서 인터넷을 이용한 다양한 행위들, 예컨대 전자우편이나 메신저, 포털게시판, 카페, 블로그 등에 글을 올리고 댓글을 다는 행위 등이 '정보통신망을 통하여'란 법문에 포섭된다는 점에 대해서는 견해가 일치한다.[55]

그런데 최근에는 SNS를 이용한 표현행위가, 널리 보급되기 시작한 스마트폰을 통해서도 가능해짐에 따라, 이 경우에도 '정보통신망을 통하여'란 구성요건에 해당할 수 있는지 문제될 수 있다. 생각건대, 스마트 폰을 이용한 경우라도 '무선 인터넷'을 이용한다는 점에서나 '이동통신망'을 이용한다는 점에서 '정보통신망'을 통하여 표현행위를 했다는 점에는 의문이 없기 때문에 스마트폰으로 SNS를 이용해 명예훼손적 행위를 한 경우에도 정보통신망법상 명예훼손죄를 적용하는데 별다른 무리가 없다고 본다.

(3) '공공연하게'의 해석

정보통신망법 제70조는 '괜히'라는 뜻으로 오인될 소지가 있는 형법 제307조의 '공연히'라는 표현 대신 '공연성'의 본래 의미를 잘 살릴 수 있는 '공공연하게'라는 표현을 사용하고 있다.[56] '공연성'에 관한 기본적인 법리는 일반명예훼손죄와 동일하다. 이는 앞서 '매체적 특성논변'을 검토하며 이미 다룬 바 있기 때문에 그로써 갈음하기로 하겠다. 다만 여기서는 정보통신망법 제70조에 '공연성'을 요건으로 둔 취지에 관해 고찰해 보기로 한다.

본래 명예훼손죄에 공연성을 요구하는 것은 직접적으로 사회에 유포되어 사회적으로

---

55) 예컨대 정정원, SNS 게시물의 작성, 재게시행위와 인터넷상 명예훼손, 법과 정책연구(제12집 제3호, 2012), 844면 참조.

56) 이 점에 대해서는 이천현·도중진·권수진·황만성, 앞의 글, 69-70면. 동지의 지영환, SNS명예훼손의 형사책임, 경희법학 (제48권 제2호, 2013), 127면 참조.

유해한 명예훼손행위만을 처벌함으로써 표현의 자유가 지나치게 제한되는 일이 없도록 하려는 취지에서 비롯된 것이란 점에 대해서는 견해가 일치한다.[57] 그런데 정보통신망법상 공연성 개념은 정보통신망이라는 무한정한 전파성으로 인해 언제나 불특정 또는 다수인이 인지할 수 있는 상태임을 간과한 주의적 규정에 불과하다는 지적이 있다.[58] 정보통신망의 특성을 고려한 점에서 타당한 지적이지만, 사이버공간이라 하더라도 일대일 채팅, 개인간 이메일의 교환 및 개인적인 정보전달이나 서브관리자 또는 게시판관리자만 볼 수 있도록 기술적으로 제한하는 경우처럼 공연성이 없는 경우도 있기 때문에 정보통신망법에 '공연성'을 특별히 명문화한 취지는 이처럼 공연성이 없는 경우를 제외시킴으로써 표현의 자유에 대한 지나친 규제를 억제하려는 데 있는 것으로 보아야 할 것이다.[59]

공연성에 대한 이와 같은 해석은 SNS의 경우에도 그대로 유효하다. SNS를 이용한 정보전달과 표현행위라 하더라도 특정된 소수 인원, 예컨대 가족들 간의 순전히 사적인 소통도 분명 존재할 수 있기 때문이다.[60] 그러므로 본죄의 '공연성' 요건은 '비방의 목적'과 함께 사이버공간에서의 표현의 자유를 이중으로 두텁게 보호하는 기능을 하는 구성요건으로 해석하는 것이 타당하다고 본다.

(4) '사실을 드러내어'의 해석

'사실을 드러내어'란 구성요건은 일반명예훼손죄의 '사실을 적시하여'와 동일한 의미이다. 예를 들어 SNS의 타임라인에 게시글을 작성한다든지 사진이나 동영상을 올리는 행위 등이 이에 해당할 것이다. 다만 판례는 정보통신망법상 명예훼손죄에서의 사실의 적시에 대하여 "적시된 사실은 이로써 특정인의 사회적 가치 내지 평가가 침해될 가능성이 있을

---

57) 대표적으로 김일수, 앞의 논문(각주 3), 293면 참조.

58) 정대관, 사이버 공간에서의 명예훼손죄, 성균관 법학(제17권 제1호, 2005), 202면 참조.

59) 동지의 강동범, 앞의 논문, 52면; 박광민, 앞의 논문, 104면; 김혜정, 앞의 논문, 334면; 윤종행, 사이버 명예훼손죄에 있어서 비방의 목적과 공익 관련성, 형사정책 (제18권 제1호, 2006), 305면 참조.

60) 그러나 대법원은 인터넷 블로그의 비공개 대화방에서 일대일로 대화하면서 비밀을 지키겠다는 말을 듣고 한 대화에 대하여 "인터넷을 통하여 일대일로 이루어졌다는 사정만으로 그 대화 상대방이 대화내용을 불특정 또는 다수인에게 전파할 가능성이 없다고 할 수는 없는 것이고, 또 비밀을 지키겠다고 말하였다고 하여 그가 당연히 대화내용을 불특정 또는 다수인에게 전파할 가능성이 없다고 할 수도 없는 것이므로, 위 대화가 공연성이 없다고 할 수는 없다."고 판시하여 인터넷을 이용한 사적 의사소통에 대해서도 공연성을 인정하고 있다. 소위 '전파가능성 이론'을 정보통신망법상 명예훼손죄에 대해서도 그대로 적용하고 있는 것이다. 이러한 판례의 태도를 극복하기 위해서라도 '비방의 목적'이란 구성요건을 엄격하게 요구·해석할 필요가 있을 것이다.

정도로 구체성을 띠어야 할 것이고, 정보통신망을 통하여 게시된 어떠한 표현행위가 위죄와 관련하여 문제가 되는 경우 그 표현이 사실을 적시하는 것인가, 아니면 단순히 의견 또는 논평을 표명하는 것인가, 또는 의견 또는 논평을 표명하는 것이라면 그와 동시에 묵시적으로라도 그 전제가 되는 사실을 적시하고 있는 것인가 그렇지 아니한가의 구별은, 당해 게시물의 객관적인 내용과 아울러 일반의 독자가 보통의 주의로 게시물을 접하는 방법을 전제로 게시물에 사용된 어휘의 통상적인 의미, 게시물의 전체적인 흐름, 문구의 연결 방법 등을 기준으로 판단하여야 하고, 여기에다가 당해 게시물이 게재된 보다 넓은 문맥이나 배경이 되는 사회적 흐름 등도 함께 고려하여야 하는 것이다."고 판시해 그 의미내용을 보다 구체화하고 있다.

SNS를 이용한 사실의 적시와 관련해 두 가지 쟁점을 검토해 보기로 한다.

첫째, 명예훼손적 사실이 적시된 다른 웹사이트 등을 링크해 둔 경우에도 사실의 적시로 볼 수 있을 것인지가 문제된다. 이에 대해 "피해자의 사회적 평가를 해하는 공연성의 범위를 확대하여 간접적으로 정범행위 결과를 조장하는 행위라면 공범(방조범)이고, 정보를 자기의 것으로 하여 정보를 제공하는 정범행위와 동일시할 수 있다면 정범"이라는 견해(제1설)[61]와 "단지 웹사이트의 초기화면을 링크해 놓는 것은 명예훼손적 사실이 있는 곳의 위치정보를 제공한 것에 불과해 사실의 적시로 볼 수 없지만, 웹사이트에 적시된 개개의 내용에 직접 링크한 것은 그 내용을 지적한 것이므로 사실의 적시에 해당한다"는 견해(제2설)[62]가 대립된다. 한편 판례는 사이버공간에서의 음란물의 전시와 관련 "음란한 부호 등으로 링크를 해 놓는 행위자의 의사의 내용, 그 행위자가 운영하는 웹사이트의 성격 및 사용된 링크기술의 구체적인 방식, 음란한 부호 등이 담겨져 있는 다른 웹사이트의 성격 및 다른 웹사이트 등이 음란한 부호 등을 실제로 전시한 방법 등 모든 사정을 종합하여 볼 때, 링크를 포함한 일련의 행위 및 범의가 다른 웹사이트 등을 단순히 소개·연결할 뿐이거나 또는 다른 웹사이트 운영자의 실행행위를 방조하는 정도를 넘어, 이미 음란한 부호 등이 불특정·다수인에 의하여 인식될 수 있는 상태에 놓여 있는 다른 웹사이트를 링크의 수법으로 사실상 지배·이용함으로써 그 실질에 있어서 음란한 부호 등을 직접 전시하는 것과 다를 바 없다고 평가되고, 이에 따라 불특정·다수인이 이러한 링크를 이용하여 별다른 제한 없이 음란한 부호 등에 바로 접할 수 있는 상태가 실제로 조성되었다면, 그러한 행위는 전체로 보아 음란한

---

61) 박광민, 앞의 논문, 105면.
62) 강동범, 앞의 논문, 55면. 동지의 김혜정, 앞의 논문, 336면.

부호 등을 공연히 전시한다는 구성요건을 충족한다고 봄이 상당하며, 이러한 해석은 죄형법정주의에 반하는 것이 아니라, 오히려 링크기술의 활용과 효과를 극대화하는 초고속정보통신망 제도를 전제로 하여 신설된 위 처벌규정의 입법 취지에 부합하는 것이라고 보아야 한다."고 판시하여 제1설과 유사한 입장63)을 취하고 있다. 그리고 동 판례와 대해 "음란물 전시에 대한 직접정범의 책임을 져야 하는 자는 인터넷상에 음란문서나 파일 등을 직접 등재한 사람에 한정하는 것이 바람직하고, 이에 링크한 사람은 정범의 음란물 전시행위를 방조한 자라고 보아야 한다는 견해(제3설)"64)가 제시된 바 있다.

이 중 제3설은 직접정범의 정범성 표지인 '실행지배'의 의미를 '최초에' 실행행위를 한 자에 한하여 엄격히 해석하고 있는 것으로 보이나, '링크'한 행위의 '정범성' 문제는 사이버공간과 현실세계를 비교해 보면 명확해 진다. 링크에 의한 명예훼손은 현실세계에서는 타인(원진술자)으로부터 '전문한 사실'의 적시행위에 해당한다. 통설과 판례65)는 전문에 의한 사실의 적시도 인정하고 있는바, 그렇다면 링크에 의한 명예훼손도 가능하다고 보아야 한다. 따라서 링크한 행위는 공범은 물론 정범이 될 수 있다는 점에서 제1설이 타당하다고 할 것이다. 다만 제2설의 주장처럼 링크행위를 나누어 사실의 적시여부를 판단할 필요가 있는지 문제된다. 생각건대, 명예훼손적 내용을 적시하고 있는 웹사이트의 초기화면을 링크한 경우이든, 아니면 직접적으로 그 내용이 담긴 파일이나 문서를 링크한 경우이든 음란물의 전시와 관련된 위 판례의 설시처럼 사이버공간의 특성상 그 내용을 확인하는 것은 특별한 노력이나 어려움 없이 가능하기 때문에66) 모두 사실의 적시에 해당한다고 보는 것이

---

63) 판례에 의하면 '공연히 전시'한다 함은 "불특정·다수인이 실제로 음란한 부호·문언·음향 또는 영상을 인식할 수 있는 상태에 두는 것(대법원 2003.7.8. 선고, 2001도1335 판결)"을 뜻하므로 명예훼손죄의 '사실의 적시'와 의미 있는 비교가 될 수 있다.

64) 서보학, 유해정보사이트에 링크해 놓은 경우의 형사책임, 법률신문(2003.9.25.) 참조.

65) "명예훼손죄에 있어서의 사실의 적시는 그 사실의 적시자가 스스로 실험한 것으로 적시하던 타인으로부터 전문한 것으로 적시하던 불문하는 것이므로 피해자가 처자식이 있는 남자와 살고 있는데 아느냐고 한 피고인의 언동은 사실의 적시에 해당한다(대법원 1985.4.23. 선고 85도431 판결)."

66) "인터넷상의 링크란 하나의 웹페이지 내의 여러 문서와 파일들을 상호 연결하거나 인터넷상에 존재하는 수많은 웹페이지들을 상호 연결해 주면서, 인터넷 이용자가 '마우스 클릭(mouse click)'이라는 간단한 방법만으로 다른 문서나 웹페이지에 손쉽게 접근 검색할 수 있게 해주는 것(다른 웹페이지의 정보를 검색하기 위하여 특별한 명령어를 키보드로 입력하는 것과 같은 조치를 별도로 취할 필요가 없게 해준다.)으로서, 초고속정보통신망의 발달에 따라 그 마우스 클릭행위에 의하여 다른 웹사이트로부터 정보가 전송되어 오는 데 걸리는 시간이 매우 짧기 때문에, 인터넷 이용자로서는 자신이 클릭함에 의하여 접하게 되는 정보가 링크를 설정해 놓은 웹페이지가 아니라 링크된 다른 웹사이트로부터 전송되는 것임을 인식하기조차 어렵고, 점점 더 초고속화하고 있는 인터넷의 사용환경에서 링크는 다른 문서나 웹페이지들을 단순히 연결하여 주는 기능을 넘어서 실질적으로 링크된 웹페이지의 내용을 이용자에게

타당할 것이다.[67] 이렇게 해석하는 것이 오히려 빠르고 강한 전파성을 염두에 둔 초고속정보통신망 제도를 전제로 하여 신설된 정보통신망법상 명예훼손죄의 취지에 부합될 것이므로 금지되는 유추에도 해당하지 않는다 할 것이다.[68]

사실의 적시와 관련하여 또 문제되는 쟁점은 기수시기이다. 이에 대해서 학설은 대체로 사이버 공간에서의 표현행위의 기술적 특성상 명예훼손적 정보를 하드디스크나 램(RAM) 등에 저장하거나 기억시키는 단계가 아니라 그 정보가 화면에 표시되어 실제로 인식될 수 있는 단계에 이르면 기수가 된다고 본다.[69] 통설에 의하면 추상적 위험범인 명예훼손죄는 공연히 사실을 적시하여 불특정 또는 다수인이 인식할 수 있는 상태에 이르면 기수가 되는 바, 인간의 감각으로는 인식하기 불가능한 전자적 부호의 형태로 하드디스크 등에 저장된 시점이 아니라 그 정보가 실제로 인식될 수 있는 단계에 기수가 된다고 보는 것이 타당하다 할 것이다.

2. 기타 SNS를 이용한 명예훼손과 관련된 쟁점

(1) ID 등에 대한 명예훼손죄 성립여부

전술한 쟁점들 이외에 SNS를 이용한 명예훼손과 관련해 뜨거운 쟁점이 되고 있는 사항으로 ID나 핸들네임에 대한 명예훼손의 성립여부이다. 이를 두고 ID나 핸들네임의 명예향유 주체성 인정문제로 취급하는 견해도 있으나[70] 후술하듯 이는 명예주체의 특정에 관한 문제

직접 전달하는 것과 마찬가지의 기능을 수행하고 있다고 하지 않을 수 없다(대법원 2003.7.8. 선고, 2001도1335 판결)."

67) 따라서 문제의 핵심은 링크한 것이 초기화면이냐 구체적 내용이냐에 있는 것이 아니라 그러한 링크행위가 사실의 적시에 해당할 만큼의 적극성을 띠고 있는지 여부에 놓인다고 볼 수 있다. 동지의 이헌묵, 인터넷 하이퍼링크(hyperlink)에 의한 명예훼손, 법률신문(2010.10.11.) 참조. 동 문헌에 의하면 링크행위가 그 사용의 태양, 목적 등을 고려할 때 단순히 참조용으로 사용한 것이 아니라 글의 완성을 위한 수단으로 사용하였다고 쉽게 인정될 경우에는 행위자의 명예훼손적 의사표시로 볼 수 있다고 한다.

68) 형법상 금지되는 유추와 허용되는 확장해석의 한계에 관한 종합적 연구서로는 신동운 외, 법률해석의 한계 (법문사, 2000)를 참조. 이와 관련된 최근 논의로는 김영환, 법학방법론의 관점에서 본 유추와 목적론적 축소, 법철학연구(제12권 제2호, 2009); 안성조, 법문의 가능한 의미의 실재론적 의의, 법철학연구(제12권 제2호, 2009) 참조.

69) 김성진, Cyber명예훼손죄와 위법성조각사유로서의 공익성, 중앙법학(제7집 제2호, 2005), 104면; 박광민, 앞의 논문, 104면; 정정원, 앞의 논문, 848면; 지영환, 앞의 논문, 128면 참조.

70) 정정원, 앞의 논문, 848면.

로 보아야 한다.[71) 형법상 명예훼손의 주체는 어디까지나 현실세계의 자연인과 법인 등에 국한되기 때문이다.

이와 관련 긍정설은 사이버 공간은 단순한 가상의 세계가 아니라 또 하나의 '현실관계 적' 세계이므로 현실세계와 동일하게 명예를 보호할 필요가 있다고 보는 관점과[72) 사실관계 로 ID나 핸들네임으로부터 피해자를 추론해 알 수 있는 경우에는 익명성이 확보되지 않으므 로 명예훼손이 성립한다는 관점[73)으로 나눌 수 있다. 앞의 관점에 대해서는 사이버공간에서 의 아바타에 대해 명예주체성을 인정하는 것과 다름없고, 이는 형법이 가상공간의 놀이에 개입하는 결과가 될 뿐이므로 부당하다는 비판[74)이 가능하다 할 것이므로 후자의 관점, 즉 명예주체의 특정에 관한 문제로 이해하는 것이 타당하다고 본다. 즉, ID 등에 대한 명예 훼손은 가능하지만 이는 어디까지나 현실세계에서의 특정인에 대한 명예훼손이 인정되기 때문이지 ID 등에 독자적인 명예향유의 주체성이 부여되기 때문은 아니다.[75)

판례 역시 "사람의 성명을 명시한 바 없는 허위사실의 적시행위도 그 표현의 내용을 주위사정과 종합판단하여 그것이 어느 특정인을 지목하는 것인가를 알아차릴 수 있는 경우 에는 그 특정인에 대한 명예훼손죄를 구성한다."[76)는 법리 하에 "인터넷상의 댓글로서 특정 인의 실명을 거론하여 특정인의 명예를 훼손하거나, 또는 실명을 거론하지는 않더라도 그 표현의 내용을 주위사정과 종합하여 볼 때 그 표시가 특정인을 지목하는 것임을 알아차릴

---

71) 동지의, 이정원, 사이버공간에서의 명예훼손에 대한 형법적 규제, 중앙대학교 법학논문집(제32집 제1호, 2008), 41면.
72) 강동범, 앞의 논문, 48면.
73) 황찬현, 사이버스페이스에서의 명예훼손과 인권보장, 저스티스(제34권 제1호, 2001), 31면과 박광민, 앞 의 논문, 105면 참조.
74) 이정원, 앞의 논문, 41면.
75) 이와 관련된 흥미로운 사건이 있어서 소개한다. 네덜란드에서 있었던 가상공간에서의 '절도사건'이다. 3차원 가상현실 사이트인 하보호텔(habbo.com)의 한 이용자가 다른 이용자의 가상현실상의 가구 (furniture)를 훔쳐 체포된 사안이다. 얼핏 보면 가상현실상의 절도가 현실세계에서도 법적 제재를 받게 된 사례로 보이나, 기사 내용을 정확히 보면, 절도범이 체포, 기소된 이유는 가상세계에서 자신의 캐릭 터로 타인이 만든 다른 캐릭터의 집에 침입해 가구를 훔쳤기 때문이 아니라 다른 이용자를 속여서 그 사용자이름과 패스워드를 받아 그의 가상의 '방(room)'에 들어가 피해자가 '실제로' 돈을 지급하고 구 입한 가상의 '가구'를 훔쳤기 때문이다. 다시 말해 '가상의 가구'를 사는 데 소요된 '실제의 돈'을 훔친 것으로 평가되기 때문에 체포되었다는 뜻이다. 이 점은 이 사건과 관련해 하보호텔사의 대변인 논평 중 "It is a theft because the furniture is paid for with real money. But the only way to be a thief in Habbo is to get people's usernames and passwords and then log in and take the furniture."을 보면 명확해 진다. "Virtual Theft Leads to Arrest"란 제목의 BBC News(Wednesday, 14 November 2007)를 참조할 것.
76) 대법원 1982.11.9. 선고, 82도1256 판결.

수 있는 경우에는 그와 같은 댓글을 단 행위자는 원칙적으로 정보통신망 이용촉진 및 정보보호 등에 관한 법률위반(명예훼손) 또는 형법상의 모욕죄의 죄책을 면하기 어렵다 할 것이다. 하지만 이 사건과 같이 명예훼손 또는 모욕을 당한 피해자의 인터넷 아이디(ID)만을 알 수 있을 뿐 그 밖의 주위사정, 즉 문제된 뉴스 기사와 이에 대한 청구인의 의견, 피고소인들의 댓글 내용, 해당 인터넷 게시판의 이용 범위 등을 종합해보더라도 그와 같은 인터넷 아이디(ID)를 가진 사람이 청구인이라고 알아차리기 어렵고 달리 이를 추지할 수 있을 만한 아무런 자료가 없는 경우에 있어서는, 외부적 명예를 보호법익으로 하는 명예훼손죄 또는 모욕죄의 피해자가 청구인으로 특정되었다고 볼 수 없으므로, 특정인인 청구인에 대한 명예훼손죄 또는 모욕죄가 성립하는 경우에 해당하지 아니한다."[77]고 하여 같은 취지로 판시하고 있다.

(2) 연속된 다수의 명예훼손적 게시물의 죄수문제

SNS를 이용한 사실의 적시행위는 하나의 게시물에 의해서 완성될 수도 있지만, 여러 개의 연속된 게시물에 의해 이루어지는 경우도 있다. 특히 트위터의 경우 이용자가 한 번에 쓸 수 있는 글자의 수가 140자로 제한되어 있어 부득이하게 연속되는 여러 개의 게시물을 작성하는 경우가 흔하다. 이러한 경우에 있어서 명예훼손죄의 죄수문제가 쟁점이 된다.

연속된 다수의 게시물은 세 가지 유형으로 구분할 수 있을 것이다.

첫째, 하나의 사실을 글자 수의 제한으로 인해 부득이 여러 개의 게시물을 통해 적시하는 경우가 있을 것이다. 이때에는 비록 수개의 게시물에 의한 적시행위지만 각각의 게시행위는 완결된 단일사실의 일부분을 적시하는 것에 불과하므로 이들 각각의 단절된 행위를 합쳐서 구성요건적으로 의미 있는 단일한 행위로 볼 수 있고, 따라서 결과적으로는 하나의 행위로 하나의 사실을 적시하고 있는 것이므로 명예훼손의 구성요건이 1회 충족되어 단순일죄가 된다고 보아야 할 것이다.

둘째, 동일한 사람에 대한 명예훼손적 내용으로 연속된 다수의 게시물을 작성하는 경우가 있을 것이다. 즉 하나의 게시물에 의해서도 이미 1회의 명예훼손의 구성요건이 충족되지만, 동일한 기회에 동일한 장소에 그 게시물과 외에 또 다른 게시물을 연속해서 여러 개 올린 경우를 말한다. 이러한 경우에는 만일 그 연속된 게시물이 시간적·장소적으로 긴밀히

---

77) 헌재결(전원재판부) 2008. 6. 26. 2007헌마461.

접속해 있다면 동일한 법익에 대하여 수개의 행위가 불가분하게 접속하여 행해진 것이므로 접속범이 된다고 할 것이다. 반면에 명예훼손의 사실에 해당하는 연속적인 게시물이라 하더라도 작성이 시간적으로 일정한 간격을 두고 있다면, 비록 접속범의 요건인 시간적·장소적 접속성은 인정되기 어렵겠으나 동일한 범의에 의해 동일한 사람에 대한 연속된 명예훼손적 사실을 적시하고 있는 경우라면 피해법익이 같고, 범행방법도 동일하며, 동일한 장소에서 행하여 져서 시간적·장소적 계속성이 인정될 수 있으므로 통틀어 연속범으로서 포괄일죄가 된다고 볼 수 있을 것이다.[78]

마지막으로 SNS를 이용해 동일한 장소에 짧은 시간에 다수의 명예훼손적 게시물을 올린 경우라 해도 그 내용상 각기 다른 사람에 대한 명예를 훼손시키는 사실을 적시한 경우라면 비록 동일한 기회에 동일한 법익을 침해하고 있기는 하지만 명예라는 전속적 법익에 있어서 법익의 주체가 다를 때에는 포괄일죄는 성립하지 않으므로 실체적 경합이 된다고 보아야 할 것이다.[79]

(3) 명예훼손적 원게시물의 재게시행위에 대한 법적 평가

SNS에는 일반적으로 타인이 최초로 작성한 게시물을 자신의 SNS에 재게시할 수 있는 기능이 있다. 따라서 이처럼 타인이 작성한 원게시물을 재게시한 경우도 사실의 적시행위로 볼 수 있는지가 문제된다.

이 문제는 그 핵심에 있어서 앞서 검토해 본 '링크행위'를 사실의 적시로 볼 수 있는가의 문제와 동일하다고 볼 수 있다.[80] 즉 '전문한 사실'의 적시도 사실의 적시로 볼 수 있는지의 문제와 같다는 것이다. 이 문제에 대해서는 앞서 고찰해 본 바와 같이 긍정적으로 평가할수 있으며, 관련 사실을 확인해 볼 수 있도록 '링크'한 행위도 사실의 적시로 볼 수 있다면 직접적으로 그 내용을 볼 수 있도록 '재게시'한 경우라면 더욱 더 그러하다고 말할 수 있을 것이다. 따라서 만일 간접적으로 정범의 실행행위를 돕는 행위라면 (편면적) 방조범이 되고, 해당 게시물의 내용을 자기의 것으로 하여 비방의 목적으로 이를 적시하는 경우라면 정보통신망법상 명예훼손죄의 정범으로 평가할 수 있을 것이다.

---

78) 이와 달리 SNS상의 연속된 수개의 게시물이 시간적 간격이 없을 때에는 연속범이, 상당한 시간적 간격이 있을 때에는 경합범이 성립한다는 견해로는 정정원, 앞의 논문, 852-853면 참조.
79) 동지의 정정원, 앞의 논문, 854면.
80) 동지의 권창국, 사이버 공간에 있어서 표현의 자유와 한계, 형사정책연구(제19권 제4호, 2008), 235-234면.

한편 이러한 결론과 달리 재게시행위는 오로지 정범이 될 수 있을 뿐 방조범이 될 수는 없다는 견해가 있다.[81] 그 이유는 방조란 정범의 실행행위를 가능 또는 용이하게 하거나 그 범죄의사를 강화시키는 원조행위여야 하는데, 원게시물의 작성자는 이를 작성함으로써 이미 정보통신망법상의 명예훼손죄는 기수에 이르렀고, 또한 방조의 가능시기는 아무리 늦어도 범행의 종료시점 이전까지로 제한되는바, 원게시물의 작성행위는 이미 범행의 종료에 이른 단계이므로 더 이상 종범의 성립은 불가능하다는 것이다. 생각건대 이러한 지적은 단순일죄의 경우에 한해서는 타당하다고 볼 수 있겠으나, SNS를 이용한 명예훼손죄가 포괄일죄에 해당하는 경우라면 통설[82]이 지적하듯 포괄일죄의 일부에 대한 공범 및 공동정범의 성립도 가능하다[83]는 점에서 부당하다고 할 것이다.

IV. 맺음말

이상 본고에서 다룬 논의사항의 결론을 정리하면 다음과 같다.

1. '매체적 특성논변'은 SNS를 이용한 사이버 명예훼손을 일반명예훼손행위에 비해 특별히 달리 취급할 만한 충분한 논거가 되지 못한다.

2. 정보통신망법 제70조의 명예훼손죄는 사이버 명예훼손행위를 출판물에 의한 명예훼손죄로 의율할 수 없음을 고려해 신설된 것으로 제309조의 구성요건 중 '신문, 잡지, 또는 라디오 기타 출판물에 의하여'를 '정보통신망을 통하여 공공연하게'란 구성요건으로 대체한 것과 법정형 중 벌금의 상한이 더 높다는 점을 제외하고는 출판물에 의한 명예훼손죄와 동일하다.

---

81) 정정원, 앞의 논문, 857면.
82) 한 예로서 성낙현, 형법총론 (동방문화사, 2010), 704면.
83) 이 점에 대해서는 이용식, 승계적 종범에 관하여, 서울대 법학(제44권 제4호, 2003), 17면; 조기영, 승계적 종범, 경찰법연구(제4권 제1호, 2006), 194면 참조. 관련 판시사항으로 "포괄일죄의 범행 도중에 공동정범으로 범행에 가담한 자는 비록 그가 그 범행에 가담할 때에 이미 이루어진 종전의 범행을 알았다 하더라도 그 가담 이후의 범행에 대하여만 공동정범으로 책임을 진다(대법원 1997. 6. 27. 선고, 97도163 판결)." 참조.

3. '비방할 목적'은 목적범의 법리적 특성을 고려할 때 '명예훼손의 고의'와는 분명 다르게 해석해야 하며, 이러한 해석에 의할 때 비방할 목적은 '명예훼손의 피해자를 불이익하게 할 일체의 목적'으로 이해할 수 있다.

4. 정보통신망법 제70조의 구성요건 상 '비방할 목적'은 '공연성'과 더불어 사이버 공간에서 표현의 자유를 두텁게 보호하기 위한 입법자의 의지가 반영된 것으로 해석할 수 있다.

5. 명예훼손적 사실이 적시된 다른 웹사이트 등을 링크해 둔 경우에도 사실의 적시로 볼 수 있다. 이 경우 간접적으로 정범의 실행행위를 돕는 행위라면 (편면적) 방조범이 되고, 해당 게시물의 내용을 자기의 것으로 하면서 비방의 목적으로 이를 적시하는 경우라면 정범으로 평가할 수 있다.

6. SNS 이용시 ID나 핸들네임에 대한 명예훼손적 표현행위도 사실관계로 ID나 핸들네임으로부터 피해자를 추론해 알 수 있는 경우에는 익명성이 확보되지 않으므로 사이버 명예훼손죄가 성립한다.

7. SNS 계정에서 연속된 다수의 명예훼손적 게시물을 올린 행위의 죄수문제와 관련해 첫째, 하나의 사실을 글자 수의 제한으로 인해 부득이 여러 개의 게시물을 통해 적시한 경우 결과적으로는 하나의 행위로 하나의 사실을 적시하고 있는 것이므로 명예훼손의 구성요건이 1회 충족되어 단순일죄가 되고 둘째, 동일한 사람에 대해 연속된 다수의 명예훼손적 게시물을 작성하는 경우 만일 연속된 게시물이 시간적·장소적으로 긴밀히 접속해 있다면 접속범이 되나, 반면에 명예훼손의 사실에 해당하는 연속적 게시물이라 하더라도 작성이 시간적으로 일정한 간격을 두고 있다면, 연속범이 되며 셋째, SNS를 이용해 동일한 장소에 짧은 시간에 다수의 명예훼손적 게시물을 올린 경우라 해도 그 내용상 각기 다른 사람에 대한 명예를 훼손시키는 사실을 적시한 경우라면 실체적 경합이 된다.

8. SNS에 타인이 작성한 원게시물을 재게시한 경우도 사실의 적시행위로 볼 수 있고, 이 경우의 범죄참가형태의 판단은 명예훼손 사실이 적시된 다른 웹사이트 등을 링크

해 둔 경우의 법리와 동일하다.

이상 본고에서는 SNS를 이용한 명예훼손에 관한 다양한 쟁점들을 다루어 보았다. 그러
나 이 밖에도 미처 논급하지 못한 논제들이 많이 남아 있을 것이다.[84) 이에 대해서는 후속논
문을 기약하기로 한다.

---

84) 예를 들어 대표적으로 온라인서비스제공자(OSP)의 형사책임 인정문제라든지 사이버공간에서 발생한
    범죄에 해단 형법의 장소적 적용범위의 확정문제 등이 있다. 후자와 관련된 연구로는 전지연, 사이버공
    간에서 형법적 적용범위의 수정, 제한, 법조(제52권 제11호, 2003) 참조.

[24] 재산범죄의 객체로서 재물과 재산상 이익

I. 머리말

형법상 재물과 재산상 이익의 구분법 내지 양자의 관계에 대한 선행연구는 현재까지 상당히 많이 축적된 편이다. 그만큼 이 논점이 형법의 이론과 실무에서 중요하다는 의미일 것이다.[1] 이에 대한 기존의 선행연구는 대체로 재산범죄의 객체로서 재물과 재산상 이익의 구별실익을 한편으로는 긍정하면서도[2] 다른 한편으로는 양자의 엄격한 구분법에 의거하여 적용법조를 결정하게 되면 불법의 실질을 제대로 반영하지 못하는 결과를 가져올 수 있으므로 양자의 관계를 택일관계가 아닌 특별관계, 즉 재산상 이익에 재물이 포함되는 관계 – 단, 그 역은 성립하지 않음 – 로 이해할 것을 제안하고 있다.[3] 흥미로운 사실은 선행연구들이 이러한 해석론에 도달하게 되는 근거가 유사하다는 점인데, 만약에 엄격한 구분법을

---

1) 흥미로운 점은 재물과 재산상 이익의 구별이라는 주제는 민법학에서는 거의 문제되지 않는다는 사실이다. 민법에서는 재물과 재산상 이익의 구별이 쟁점으로 부각되는 사례가 존재하지 않는다고 한다. 이 사실은 양자의 구별문제가 형법해석에 특유한 문제의식 내지 지도원리인 '죄형법정주의'와 밀접한 연관이 있음을 시사한다. 긴 지면을 통해 본 논문의 개선방향을 친절하면서도 날카롭게 지적해 주신 익명의 심사위원님들께 진심으로 깊이 감사드린다.

2) 예컨대 해석상 재물 개념에 재산상의 이익이 포함된다면 절도죄로 처벌되는 범위에 대한 예측가능성이 무너져서 죄형법정주의 명확성원칙이 훼손되는 결과를 가져온다고 한다. 이에 대해서는 임웅, "재산범죄에 있어서 '재물'과 재산상 이익'의 개념에 대한 비판적 고찰", 형사법연구 제21권 제4호 (2009), 360-361면 참조. 이와 달리 양자의 구별실익에 의문을 제기하는 견해로는 김선복, "재산상의 이익은 재산죄의 객체인가?", 비교형사법연구 제6권 제1호 (2004), 93면. 전통적 형법상 재물 개념을 수정하여 재물에 정보를 포함시킬 것을 제안하는 견해로는 하태영, "한국형법에 있어서 '재물개념'의 논쟁사", 비교형사법연구 제5권 제2호 (2003), 318면. 형법상 재물과 재산상 이익의 구별실익에 대해서는 별도의 후속연구를 기약해 두기로 한다.

3) 대표적으로 오영근, "재물과 재산상 이익에 대한 합리적 해석론", 한양대 법학논총 제31권 제4호 (2014); 권오걸, "장물의 성립요건과 범위", 비교형사법연구 제8권 제2호 (2006), 426면 참조. 이와 달리 재물과 재산상 이익의 관계는 택일관계도 특별관계도 아니며, 상호 중복될 수도 있고 서로 분리될 수도 있는 관계라는 견해로는 문채규, "재산범죄 일반의 기본쟁점", 비교형사법연구 제15권 제2호 (2013), 321-322면.

따르게 되면 판례의 태도를 이해하는 데 있어서 비일관성과 모순이 생기기 때문이라고 한다. 만일 이러한 평가와 분석이 타당하다면 재물과 재산상 이익의 관계를 택일관계가 아닌 특별관계로 볼 것을 제안하는 견해는 분명 설득력이 있을 것이다. 그러나 이러한 견해는 법문상으로 재물과 재산상 이익을 명확히 구분하여 개별 규성요건을 규정하고 있는 형법의 태도 및 판례의 입장과 상충하게 되므로 그와 같은 주장이 폭넓게 수용될 수 있으려면 과연 판례의 태도에 법리적으로 감내하기 힘들 정도의 현저한 모순이 발생하는지, 선행연구와 다른 관점에서도 엄밀하게 재검토해볼 필요가 있을 것이다. 이에 본 논문에서는 기존에 비판의 대상이 되어왔던 판례의 입장을 '원칙과 예외(단, 근거의 제시)'라는 범주에 따라서 정합적으로 해석해 보려는 시도에 입각해 새롭게 조명해 보면서 선행연구들이 이루어 낸 성과를 수용하는 한편, 판례들의 논지를 상호 충돌하지 않는 일관된 입장에서 이해할 수 있는 해석론을 제시해 보고자 한다. 아울러 본고에서는 그동안 선행연구에서 주로 "재물을 재산상 이익에 포함시킴으로써 해석상의 난점을 극복"하려고 시도해 왔다는 점을 염두에 두고, 이처럼 기존의 이분법을 수정하는 방식보다 양자의 이분법 내지 택일관계를 유지하면서, 주로 논란이 되는 금전의 성격에 대하여, 그것이 "일정한 조건 하에서는 재물로도 재산상 이익으로도 평가될 수 있는 '양가적(兩價的)' 성질[4]을 지닐 수 있음"을 대법원이 고려하고 있다는 논지를 통해 판례입장의 일관적 이해에 장애를 초래하는 문제점들을 해결할 수 있음을 입론해 보고자 한다.

II. 판례의 기본입장

1. '재물과 재산상 이익-이분법'의 원칙적 유지

지배적인 해석론은 물론 판례 역시 재물과 재산상 이익을 엄격히 구분하는 원칙론을 표방하고 있다. 대표적으로 신동운 교수는 "우리 입법자는 재산범죄를 규율함에 있어서 '재물'과 '재산상 이익'이라는 이분법을 철저하게 유지하고 있다."고 단언한다.[5] 대법원 판

---

4) '이중적 성격' 내지 '이중적 지위'라고도 칭할 수 있을 것이다.
5) 신동운, "횡령죄와 배임죄의 관계", 한국형사법학의 새로운 지평(유일당 오선주교수 정년기념논문집), 2001, 330면.

레도 이와 같다.6) "형법은 재산범죄의 객체가 재물인지 재산상의 이익인지에 따라 이를 재물죄와 이득죄로 명시하여 규정하고 있는데, 형법 제347조가 일반 사기죄를 재물죄 겸 이득죄로 규정한 것과 달리 형법 제347조의2는 컴퓨터등사용사기죄의 객체를 재물이 아닌 재산상의 이익으로만 한정하여 규정하고 있으므로, 절취한 타인의 신용카드로 현금자동지급기에서 현금을 인출하는 행위가 재물에 관한 범죄임이 분명한 이상 이를 위 컴퓨터등사용사기죄로 처벌할 수는 없다고 할 것이고, 입법자의 의도가 이와 달리 이를 위 죄로 처벌하고자 하는 데 있었다거나 유사한 사례와 비교하여 처벌상의 불균형이 발생할 우려가 있다는 이유만으로 그와 달리 볼 수는 없다."고 한다.7)

그렇다면 재물과 재산상 이익은 어떻게 개념적으로 구별되는가? 일반적으로 재물과 재산상 이익의 양자가 합해져서 '전체로서의 재산'8)을 구성하며, 재산상 이익은 재물을 제외한 나머지 재산적 가치나 이익을 의미하는 것으로 이해되고 있다.9) 즉, 공통점은 양자가 모두 전체재산을 구성한다는 점이고, 반면 차이점은 재산적 가치나 이익 중에서 재물을 제외한 부분이 재산상 이익이 된다는 점이라고 말할 수 있다. 다시 말해 '재산상 이익'은 일상적 의미와 달리 '재물'을 제외한 개념이라는 점에 차이점이 있는 것이다. 다음으로 재물과 재산상 이익은 그것이 각각 재산범죄의 객체가 되었을 때 보호법익의 차이를 가져온다. 재물을 객체로 하는 범죄는 소위 '소유권침해범죄'로서 재물에 대한 지배라는 형식적·법적 지위가 보호법익이 되지만, 재산상 이익을 객체로 하는 범죄는 '이득죄'로서 전체로서의 재산 및 그에 대한 소유권 이외의 재산권이 보호법익이 된다. 따라서 재산상 이익, 즉 재물을 제외한 전체재산의 구성부분은 소유권 외의 기타 재산권의 객체가 될 뿐 소유권의 객체는 되지 않는다.10) 요컨대, 재물만을 객체로 하는 절도죄나 횡령죄 등은 타인의 소유권을 침해하는 범죄인 반면에, 재산상 이익만을 객체로 하는 배임죄나 컴퓨터등사용사기죄 등은 타인의 전체로서의 재산에 손해를 초래하거나 그에 대한 (소유권 외의) 재산권을 침해하는 범죄인 것이다.11)

---

6) 동지의 안경옥, "형법상 재산상 이익의 개념과 '이익을 얻을 가능성'의 범위", 비교형사법연구 제12권 제2호 (2010), 82면.

7) 대법원 2003.5.13. 선고 2003도1178 판결.

8) 전체로서의 재산(전체재산)은 한 개인이 보유한 경제적 가치의 총체로서 유형적, 무형적 가치를 총칭하는 개념이다. 이에 대해 전체로서의 재산이 감소되는 것을 손해라고 한다. 여기서 손해는 변동 전과 변동 후의 줄어든 만큼의 재산의 차이를 말한다. 신동운, 형법각론 (법문사, 2017), 827면.

9) 이재상·장영민·강동범, 형법각론(박영사, 2017), 330면; 신동운, 앞의 논문, 334면.

10) 김일수·서보학, 형법각론 (박영사, 2002), 254면; 손동권, 형법각론 (율곡출판사, 2005), 260면; 이재상·장영민·강동범, 앞의 책, 255면.

판례에 의하면 기망행위나 배임행위에 의하여 재산상 이익을 취득한 사례로는 노무나 담보의 제공을 받는 것,[12] 채무의 면제를 받는 것,[13] 주식계좌의 사용권한을 부여받은 것,[14] 채무변제의 유예를 받는 것,[15] 자금운용의 권한 내지 지위를 획득하는 것,[16] 외형상 임차인으로서의 권리를 취득하는 것,[17] 부동산의 가압류를 해제하게 하는 것,[18] 소송을 통해 보존등기를 말소하여 그 소유명의를 얻을 수 있는 지위를 취득한 것,[19] 배당소송에서 상대방의 항소취하로 배당금을 수령할 수 있게 된 것,[20] 위임금액을 초과한 현금을 인출하는 것[21] 등이 있으며, 이와 같이 판례의 입장에 따르면 재산상 이익에는 적극적 이익뿐만 아니라 필요비용의 지급을 면하는 소극적 이익도 포함되고, 영구적 이익뿐만 아니라 채무이행을 일시적으로 연기받는 이익도 해당되며,[22] 금액으로 산출할 수 없어도 무방하다[23]고 본다.[24]

형법적으로 재물이란 유체물 및 관리가능한 동력을 의미한다.[25] 이러한 정의로부터 재산상 이익은 전체재산에서 유체물 및 관리가능한 동력을 제외한 부분이라고 소극적으로 정의할 수도 있다.[26] 여기서 유체물이란 일정한 공간을 차지하고 있는 물체를 뜻하므로 이러한 맥락에서 "재물이란 '시각과 촉각에 의하여 특정화될 수 있는 개개의 재화'라고 볼 수 있고, 반면 재산상의 이익이란 '전체적으로 고찰할 때 재산상태의 증가를 가져오는

11) 한편 '재산상 이익'은 재산범죄의 행위객체라기보다는 보호법익으로 보아야 한다는 견해로는 김선복, 앞의 논문, 102면.
12) 대법원 2006.11.24. 선고 2005도5667 판결.
13) 대법원 2012.4.13. 선고 2012도1101 판결.
14) 대법원 2012.9.27. 선고 2011도282 판결.
15) 대법원 1983.11.8. 선고 83도1723 판결.
16) 대법원 2012.9.27. 선고 2011도282 판결.
17) 대법원 2012.5.24. 선고 2010도12732 판결.
18) 대법원 2007.9.20. 선고 2007도5507 판결.
19) 대법원 2006.4.7. 선고 2005도9858 전원합의체판결.
20) 대법원 2002.11.22. 선고 2000도4419 판결.
21) 대법원 2006.3.24. 선고 2005도3516 판결.
22) 대법원 1998.12.9. 선고 98도3282 판결.
23) 대법원 1997.7.25. 선고 97도1095 판결.
24) 오영근, 앞의 논문, 200면. 일정기간 동안 일정금액의 한도를 정하여 대출약정을 한 후 그 한도 안에서 자유롭게 대출이 이루어지는 거래형태인 '기간부신용공여'도 재산상 이익에 포함될 수 있다는 견해로는 이완규, "기간부신용공여와 재산상 이익", 형사판례연구 제13호 (2005), 269면 이하 참조.
25) 이재상·장영민·강동범, 앞의 책, 253면. 재물은 물건을 대상으로 하는 개별재산이며, 소유권의 대상이 된다. 형법은 특히 타인의 소유에 속하는 물건을 '재물'이라고 표현하고 있다. 이 점에 대해서는 신동운, 앞의 책, 828면.
26) 이러한 맥락에서 '온라인 게임아이템'이 재산상 이익에 해당한다는 견해로는 최호진, "온라인 아이템에 대한 형법적 해석방향", 형사정책연구 제22권 제4호 (2011), 50면.

일체의 이익 내지 가치로서 재물을 제외한 것'을 의미한다고”[27] 규정할 수 있을 것이다.[28] 이와 같은 방식으로 재물과 재산상 이익을 엄격히 구분하는 이해방식에 따르면 상기 해석론과 판례의 태도를 충분히 납득할 수 있다.

(1) 타인의 신용카드 현금인출시 컴퓨터등사용사기죄 부정사례

이러한 엄격한 이분법을 따르는 판례는 바로 앞서 언급한 컴퓨터등사용사기죄 사례이다. 즉 피고인이 절취한 신용카드들을 정보처리장치인 현금자동인출기에 투입하고 그 단말기에 미리 알아둔 정보인 위 신용카드들의 비밀번호를 권한 없이 입력하여 정보처리를 하게 함으로써 현금서비스를 받은 점들에 대하여 컴퓨터등사용사기죄의 구성요건을 충족시키지 못하여 무죄라는 취지인데, 그 근거는 “현금을 인출하는 행위가 재물에 관한 범죄임이 분명한 이상 이를 위 컴퓨터등사용사기죄로 처벌할 수는 없다고 할 것이고, 입법자의 의도가 이와 달리 이를 위 죄로 처벌하고자 하는 데 있었다거나 유사한 사례와 비교하여 처벌상의 불균형이 발생할 우려가 있다는 이유만으로 그와 달리 볼 수는 없다.”는 것이다. 부연하자면, 컴퓨터등사용사기죄의 객체가 재산상의 이익으로만 규정되어 있어서 이 경우 동 죄책을 물을 수 없다는 결론에 대해서 이는 컴퓨터 관련범죄를 명시적으로 도입한 입법자의 역사적 의지에 부합되지 않는다는 견해와 직접 현금을 인출한 경우는 절도죄가 되어 6년 이하의 징역이나 1천만원 이하의 벌금으로 처벌되는 반면 이를 다른 계좌로 이체한 경우는 본죄가 성립하여 10년 이하의 징역이나 2천만원 이하의 벌금으로 처벌된다면 처벌에 불균형이 발생한다는 비판이 있지만[29] 판례의 입장은 이러한 사정만으로는 해석에 의해 본 조문의 적용범위를 확대할 수 없다는, 즉 본 조문의 객체인 재산상 이익에 재물을 포함시킬 수 없다는 기존의 이분법을 유지하겠다는 취지이다. 물론 이 사안에서 “신용카드들의 비밀번호를 권한 없이 입력하여 정보처리를 하게 한 행위”를 별도로 어떻게 평가해야 할지 논란이 될 수 있으나, 판례의 입장에 부합되도록 해석해 보면, 피고인은 현금지급기관리자의 의사에 반하여 현금지급기 내부의 현금을 절취한 것으로 평가될 수 있고 이 경우 “신용카드들의 비밀번호를 권한 없이 입력하여 정보처리를 하게 한 행위”는 절취의 한 방법에 불과하다는 취지로

---

27) 임웅, 앞의 논문, 360면.
28) 재물은 ‘재산상의 가치가 있는 물건’으로 정의할 수 있다는 입장으로는 박찬걸, “절도죄의 객체로서 재물의 ‘재산적 가치’에 대한 검토”, 형사판례연구 제19호 (2011), 301면 이하.
29) 이 점에 대해서는 정대관, “컴퓨터등사용사기죄에 대한 고찰”, 한국형사법학의 새로운 지평(유일당 오선주교수 정년기념논문집), 2001, 309면

이해할 수 있을 것이다.

(2) 위임금액을 초과한 현금인출시 컴퓨터등사용사기죄 인정사례

많은 선행연구에서 기존의 이분법을 개선해야 한다는 중요한 계기를 제공해 주는 판례로서 소위 '위임금액 초과인출 사건'이 있다. 예금주인 현금카드 소유자로부터 일정한 금액의 현금을 인출해 오라는 부탁을 받으면서 이와 함께 현금카드를 건네받은 것을 기화로 그 위임을 받은 금액을 초과하여 현금을 인출하는 방법으로 그 차액 상당을 위법하게 이득할 의사로 현금자동지급기에 초과된 금액이 인출되도록 입력하여 그 초과된 금액의 현금을 인출한 경우에는 그 인출된 현금에 대한 점유를 취득함으로써 이때에 그 인출한 현금 총액 중 인출을 위임받은 금액을 넘는 부분의 비율에 상당하는 재산상 이익을 취득한 것으로 볼 수 있으므로 이러한 행위는 그 차액 상당액에 관하여 형법 제347조의2(컴퓨터등사용사기)에 규정된 '컴퓨터 등 정보처리장치에 권한 없이 정보를 입력하여 정보처리를 하게 함으로써 재산상의 이익을 취득'하는 행위로서 컴퓨터 등 사용사기죄에 해당된다는 것이 판례의 요지이다.[30] 그런데 대다수의 평석자들[31]에 의하면 이 경우 인출된 현금은 명백히 '재물'이므로 동 판결은 타인의 신용카드로 현금을 인출한 행위는 재물에 관한 범죄임이 분명한 이상 컴퓨터등사용사기죄가 성립할 수 없다고 판시한 앞의 판결과 명백히 모순된다고 한다.

하지만 동 판결은 그러한 해석과는 반대로 오히려 기존의 이분법을 충실히 유지하고자 한 판결로 보아야 한다. 그 이유는 다음과 같다.

우선 대상사건의 소송의 경과를 살펴보면, 변경 전 검사의 공소사실은 피해자 공소외인으로부터 그 소유의 농협현금카드로 20,000원을 인출해 오라는 부탁과 함께 현금카드를 건네받게 되된 피고인은 이를 기화로, 위 지점에 설치되어 있는 현금자동인출기에 위 현금카드를 넣고 권한 없이 인출금액을 50,000원으로 입력하여 그 금액을 인출한 후 그 중 20,000원만 피해자에게 건네주어 30,000원 상당의 재산상 이익을 취득하였다는 것이다. 이에 대해 제1심법원은 형법은 재산범죄의 객체가 재물인지 재산상의 이익인지에 따라 이를 재물죄와 이득죄로 명시하여 규정하고 있는데, 형법 제347조의2는 컴퓨터 등 사용사기죄의 객체를 재물이 아닌 재산상의 이익으로만 한정하여 규정하고 있으므로 타인의 신용카드로

---

30) 대법원 2006.3.24. 선고 2005도3516 판결.
31) 임상규, "은행거래금전의 재물성과 장물성에 관한 이의", 비교형사법연구 제13권 제1호 (2011), 52면; 권오걸, 앞의 논문, 408면; 임웅, 앞의 논문, 363-364면 참조.

현금자동지급기에서 현금을 인출하는 행위가 재물에 관한 범죄임이 분명한 이상 이를 위 컴퓨터 등 사용사기죄로 처벌할 수는 없다고 판단하여 무죄를 선고하였다. 그러자 검사는 원심에서 이 부분 공소사실을, 피고인은 공소외인으로부터 그 소유의 농협현금카드로 20,000원을 인출하여 오라는 부탁과 함께 현금카드를 건네받게 된 것을 기화로, 위 지점에 설치되어 있는 피해자 협동조합이 관리하는 현금자동지급기에 위 현금카드를 넣고 인출금액을 50,000원으로 입력하여 이를 인출한 후 그 중 20,000원만을 공소외인에게 건네주는 방법으로 30,000원을 절취하였다는 것으로 공소장변경 허가신청을 하였고, 원심법원도 이를 허가하였다. 그렇지만 원심은 위 변경된 공소사실에 대하여 "절도죄에 있어서 절취란 재물의 점유자의 의사에 반하여 그 점유자의 지배를 배제하고 자신의 지배로 옮겨놓는 행위를 의미한다. 그런데 현금카드를 절취한 때와 같이 현금카드 자체를 사용할 권한이 없는 경우와 달리 피고인이 예금명의인인 공소외인으로부터 그 현금카드를 사용할 권한을 일단 부여받은 이상 이를 기화로 그 위임 범위를 벗어나 추가로 금원을 인출하였다고 하더라도 현금자동지급기 관리자로서는 예금명의인의 계산으로 인출자에게 적법하게 현금을 지급할 수밖에 없다. 따라서 이러한 경우 현금자동지급기 관리자에게 예금명의인과 그로부터 현금인출을 위임받은 자 사이의 내부적인 위임관계까지 관여하여 그 위임받은 범위를 초과하는 금액에 대하여는 그 인출행위를 승낙하지 않겠다는 의사까지 있다고 보기는 어렵다. 그러므로 위 현금인출 행위가 현금자동지급기 관리자의 의사에 반하여 그가 점유하고 있는 현금을 절취한 경우에 해당한다고 볼 수 없다."면서 무죄로 판단하였다.

상기 소송의 경과와 대법원의 판시사항을 일별해 보면, 대법원의 입장은 제1심이 "타인의 신용카드로 현금자동지급기에서 현금을 인출하는 행위가 재물에 관한 범죄임이 분명한 이상 이를 위 컴퓨터 등 사용사기죄로 처벌할 수는 없다."고 결론을 내린 것에 대해서는 명백히 잘못된 것이라고 판단하고 있지만 항소심에 대해서는 "그렇다면 원심으로서는 검사의 앞에서 본 바와 같은 공소장변경 허가신청을 불허하고 이 부분 공소사실에 대하여 컴퓨터 등 사용사기죄로 유죄를 인정하든가, 일단 절도죄로의 공소장변경을 허가한 경우라고 하더라도 그 변경 후 공소사실로는 유죄가 인정되지 않고, 오히려 변경 전 공소사실이 컴퓨터 등 사용사기죄로 유죄가 인정되는 반면에 이 점에 관한 피고인의 방어권 행사가 필요하기도 한 특별한 사정이 있는 등 이 사건에서의 구체적인 소송진행 경과를 감안하여 그 법률상의 사항에 관한 소송관계를 명료하게 하는 의미에서 검사에게 이러한 법적 관점을 지적하여 주고, 피고인에게도 이러한 법적 관점에 관하여 방어권 행사의 기회를 주는 등의 조치를 취하였어야 할 것이다."고 설시함으로써 절도죄가 불성립한다는 점에 있어서는 항소심과 같은 입장을 취하고 있는 것으로 판단되는바, 그렇다면 상기 사안에서 절도죄가 불성립하는 이유는 "위 현금인출 행위가 현금자동지급기 관리자의 의사에 반하여 그가 점유하고 있는 현금을 절취한 경우에 해당한다고 볼 수 없[기]" 때문이라는 취지로 보는 것이 합당할 것이다. 다시 말해, 위임금액을 초과한 현금인출은 타인의 신용카드로 현금을 인출하는 경우와 다르게 현금지급기 관리자의 의사에 반하는 점유의 침해가 없다는 것이다. 요컨대 판례의 취지를 종합해 보면, 위임범위를 초과해 현금을 인출하는 것은 재물에 관한 범죄여서 컴퓨터등사용사기죄로 의율할 수 없다는 판단은 잘못된 것이고, 설령 재물에 관한 범죄로 볼 수 있더라도 현금지급기 관리자의 의사에 반하지 않으므로 절도죄로 의율할 수는 없다는 것이다.

이러한 판단을 전제로 하여 대법원은 "그 초과된 금액의 현금을 인출한 경우에는 그 인출된 현금에 대한 점유를 취득함으로써 이때에 그 인출한 현금 총액 중 인출을 위임받은 금액을 넘는 부분의 비율에 상당하는 재산상 이익을 취득한 것으로 볼 수 있으므로" 절도죄가 아니라 컴퓨터등사용사기죄가 성립한다는 논지를 제시한다. 전술한 바와 같이 다수의 평석자들은 이를 두고 대법원 판례가 인출된 현금을 때로는 재물로 때로는 재산상 이익으로 비일관적으로 임의적 해석을 하고 있다는 비판을 가하고 있다. 하지만 동 판례의 취지를 주의깊게 음미해 보면 다른 이해방식도 가능하다. 즉 대법원은 대상사건의 인출된 현금 중 위임받은 금액을 넘는 부분의 성격이 재물인지 재산상 이익인지에 대하여 다소 애매모호한 태도를 취하고 있다고 볼 수 있는데, 판례의 논지를 보면 대상사건을 절도죄로 의율할 수 없는 이유가 피고인이 취득한 현금의 재물성이 부정되어서가 아니라 '현금지급기 관리자의 의사에 반하지 않기 때문'이라고 하면서 그 현금의 성격을 재산상 이익으로 볼 수 있어서 컴퓨터등사용사기죄가 성립하는 범죄라고 판단하고 있기 때문이다. 이러한 맥락에서 대상판례의 태도는 인출된 현금 중 위임금액을 넘는 부분의 성격에 대해 재물로도, 재산상 이익으로도 볼 수 있는 여지를 남겨두고 있는 것으로 보인다. 그 이유는 위임금액을 넘는 현금의 성격이, 금전의 특성상 불특정되어 있다는 점에서 찾을 수 있을 것이다. 상기 대상판결의 30,000원은 현금으로서 재물임이 분명하지만,[32] 인출된 시점에서 보면 피해자에게 돌려줄 나머지 20,000원과 혼화되어 있어서 그 인출한 현금 총액 중 인출을 위임받은 금액을 넘는 부분의 비율에 상당하는 재산상 이익으로도 평가될 수 있기 때문이다. 즉 위임금액을 넘는

---

32) 오영근, 앞의 논문, 206면; 임웅, 앞의 논문, 363면. 결과적으로 동지의 견해로는 조국, "위임범위를 초과한 타인의 현금카드 사용 현금인출의 형사적 죄책", 법률신문 (2007.4.30.) 참조.

현금은 '재물'의 성격과 '재산상 이익'의 성격을 모두 지니기 때문이라는 것이다. 요컨대 금전은 일정한 조건 하에서 재물과 재산상 이익으로 양가성(兩價性)을 지닌다는 점을 대상판결을 고려하고 있는 것이다.

대상판결의 취지를 부연하자면 컴퓨터등사용사기죄의 기수시기가 '재산상의 이익을 취득한 때'[33]라는 점에 주목해 보면 인출된 현금에 대한 점유를 취득할 당시 피고인이 실제 영득한 것은 인출된 현금총액 50,000원 중 혼화되어 있는 불특정 30,000원인 바 이것은 현금으로서 '재물'이기도 하지만 인출 당시에 '현금총액 중 인출을 위임받은 금액을 넘는 부분의 비율'의 상태로 존재하므로 이것은 유체물이 아니라 관념적·가치적 대상인 '재산상 이익'으로 보아야 한다는 것이다.[34] 따라서 재물에 대한 죄인 절도죄와 재산상 이익에 대한 죄인 컴퓨터등사용죄가 모두 성립가능해 상상적 경합이 될 수 있지만 현금지급기관리자의 의사에 반하지 않아서 절도죄는 불성립하므로 컴퓨터등사용사기죄만 성립하게 된다는 취지로 보아야 할 것이다.

오영근 교수의 적실한 지적처럼 재물은 가시적·감각적 개념이고 재산상 이익은 관념적·계산적 개념이라는 점[35]을 고려하면 이러한 분석은 충분한 설득력이 있다. 대상판결에서 피고인이 취득한 금액은 현금이라는 점에서 가시적·감각적 대상인 동시에, 일정한 비율의 상태로 존재한다는 점에서는 '가치로서의 금전', 즉 관념적·계산적 대상으로도 볼 수 있기 때문이다.[36]

---

33) 정대관, 앞의 논문, 310면.
34) 위임금액의 초과인출은 카드명의인의 은행에 대한 예금(지급)청구권의 감소를 초래하여 재산상 손해가 발생한 것으로 평가하면서, 이 시점은 초과된 금액의 인출을 위한 버튼조작을 완료한 시점이므로 이러한 기수시기 이후에 인출된 현금은 피고인이 취득한 재산상 이익이 현금이라는 형태로 현실화된 것으로 보아야 한다는 견해로는, 김성룡, "위임을 초과한 현금인출행위의 형사법적 죄책", 형사판례연구 제16호 (2006), 206면. 즉 이때의 현금취득은 재산상 이익의 취득방법으로 볼 수 있다고 한다. 동 논문, 188면의 각주 24) 참조.
35) 오영근, 앞의 논문, 206면.
36) 대상판결에서 50,000원 중 공소외인에게 돌려 줄 20,000원이 구체적으로 분할되어 특정되기 전까지는 30,000원은 여전히 특정되지 않아 재물로 볼 수 없고, 따라서 이는 현실적으로 피고인의 소유가 아니라 그것을 취득할 수 있는 '잠재적 이익'이 피고인에게 귀속되는 것으로 볼 수 있다는 견해로는 안성조, 현대 형법학 제1권 – 이론과 방법 - (경인문화사, 2011), 285면. 유사한 맥락에서 "피고인이 취득한 50,000원은 구체적인 분할이 다시 이루어지기 전까지는 공소외인과 피고인의 공유관계로 보아야 하고, 따라서 피고인이 취득한 소유권은 적어도 이 단계에서는 50,000원 전체에 대한 30,000원 상당의 공유지분권으로 이해하여야 하지, 아직 구체적으로 특정, 분할되지 아니한 10,000원권 낱장 3장 자체에 대한 소유권이라고 할 수 없다."는 견해로는 이동신, "예금주인 현금카드 소유자로부터 일정액의 현금을 인출해 오라는 부탁과 함께 현금카드를 건네받아 그 위임받은 금액을 초과한 현금을 인출한 행위가

덧붙여 이 사건 실행행위당시 피고인의 의사, 즉 고의는 어떤 고의였을까? 위임금액을 초과한 금액에 대한 절취의 고의였을까, 아니면 컴퓨터등사용사기죄의 고의였을까? 피고인은 이미 일정금액의 인출을 위임받았기 때문에 이에 기하여 일정 금액을 초과인출한다고 해서 그것이 현금지급기관리자의 의사에 반한다고 생각하지는 않았을 것이다.[37] 그렇다면 재물에 대한 점유의 이전을 요건으로 하는 절취의 고의가 있었다고 보기는 어렵다. 컴퓨터 등사용사기죄의 고의는 컴퓨터등 정보처리장치에 허위의 정보 또는 부정한 명령을 입력하여 정보를 처리하게 하고 이로 인해 재산상 이익을 취득하거나 제3자로 하여금 취득하게 한다는 인식과 의욕이다.[38] 피고인에게는 현금인출기에 부정한 명령을 입력하여 위임된 범위를 초과한 현금을 인출해 그 중 위임자에게 돌려줄 현금을 제한 나머지 금액을 취득하려는 의사가 있었다고 보는 것이 자연스러울 것이다. 그렇다면 그것은 관념적·계산적 대상으로서의 금전의 취득이라 할 수 있으므로 객체를 재산상 이익으로 하고 있는 컴퓨터등사용사기죄의 고의가 있었다고 보아야 한다. 판례는 이와 관련해 위임을 받은 금액을 초과하여 "현금을 인출하는 방법으로 그 차액 상당을 위법하게 이득할 의사"로 현금자동지급기에 그 초과된 금액이 인출되도록 입력하여 그 초과된 금액의 현금을 인출한 경우라고 설시하고 있다.

III. 판례의 예외법리: 이분법의 예외적 수정

1. 장물죄 및 사기죄

장물죄의 객체는 재물에 국한된다는 점에 대해서는 판례와 학설이 일치하고 있다. 예컨대 대법원 판례는 형법 제41장의 장물에 관한 죄에 있어서의 '장물'이라 함은 재산범죄로 인하여 취득한 물건 그 자체를 말하므로, 재산범죄를 저지른 이후에 별도의 재산범죄의

컴퓨터등사용사기죄를 구성하는지 여부", 대법원판례해설 통권 제62호 (2006 상반기), 410-411면 참조.
37) 역으로 현금지급지 관리자의 입장에서 볼 때 일단 카드소지인이 위임을 받은 이상 위임범위를 초과하여 현금을 인출하더라도 이는 의사에 반하지 아니하는 것으로 대상판결의 원심은 판단하고 있다. 이는 민법상 '표현대리'(表見代理)의 원리가 적용된 것으로 분석하는 견해로는 조국, "위임범위를 초과한 타인의 현금카드 사용 현금인출의 형사적 죄책", 형사판례연구 제16호 (2008), 168-169면 참조.
38) 한상훈·안성조, 형법개론 제2판 (정독, 2020), 530면; 정대관, 앞의 논문, 311면.

구성요건에 해당하는 사후행위가 있었다면 비록 그 행위가 불가벌적 사후행위로서 처벌의 대상이 되지 않는다 할지라도 그 사후행위로 인하여 취득한 물건은 재산범죄로 인하여 취득한 물건으로서 장물이 될 수 있다는 전제 하에, 갑이 권한 없이 타인의 아이디와 패스워드를 입력하여 인터넷뱅킹에 접속한 다음 타인의 예금계좌로부터 자신의 예금계좌로 돈을 이체하는 내용의 정보를 입력하여 자신의 예금액을 증액시킴으로써 컴퓨터등사용사기죄의 범행을 저지른 다음 자신의 현금카드를 사용하여 현금자동지급기에서 현금을 인출한 경우 이처럼 자기의 현금카드를 사용하여 현금자동지급기에서 현금을 인출한 경우에는 그것이 비록 컴퓨터등사용사기죄의 범행으로 취득한 예금채권을 인출한 것이라 할지라도 현금카드 사용 권한 있는 자의 정당한 사용에 의한 것으로서 현금자동지급기 관리자의 의사에 반하거나 기망행위 및 그에 따른 처분행위도 없었으므로, 별도로 절도죄나 사기죄의 구성요건에 해당하지 않는다 할 것이고, 그 결과 그 인출된 현금은 재산범죄에 의하여 취득한 재물이 아니므로 장물이 될 수 없다는 법리를 제시하고 있다.[39] 요컨대, 갑이 컴퓨터등사용사기죄에 의하여 취득한 예금채권은 재물이 아니라 재산상 이익이므로, 그가 자신의 예금구좌에서 현금을 인출하였더라도 장물을 금융기관에 예치하였다가 인출한 것으로 볼 수 없다는 취지인 것이다.

　　하지만 이러한 법리는 대법원의 다음의 설시와 상충하는 듯 보인다. "장물이라 함은 재산범죄로 인하여 취득한 물건 그 자체를 말하고, 그 장물의 처분대가는 장물성을 상실하는 것이지만, 금전은 고도의 대체성을 가지고 있어 다른 종류의 통화와 쉽게 교환할 수 있고, 그 금전 자체는 별다른 의미가 없고 금액에 의하여 표시되는 금전적 가치가 거래상 의미를 가지고 유통되고 있는 점에 비추어 볼 때, 장물인 현금을 금융기관에 예금의 형태로 보관하였다가 이를 반환받기 위하여 동일한 액수의 현금을 인출한 경우에 예금계약의 성질상 인출된 현금은 당초의 현금과 물리적인 동일성은 상실되었지만 액수에 의하여 표시되는 금전적 가치에는 아무런 변동이 없으므로 장물로서의 성질은 그대로 유지된다고 봄이 상당하고, 자기앞수표도 그 액면금을 즉시 지급받을 수 있는 등 현금에 대신하는 기능을 가지고 거래상 현금과 동일하게 취급되고 있는 점에서 금전의 경우와 동일하게 보아야 한다."[40]는 판례의 취지는 예금계좌에 입금해 두었다가 인출한 현금은 장물로서의 재물성이 유지된다는 것인데, 이는 전술한 판례에서 "예금채권은 재물이 아니라 재산상 이익이므로, 그가 자신의 예금구좌에서 현금을 인출하였더라도 장물을 금융기관에 예치하였다가 인출한 것으로

---

39) 대법원 2004.4.16. 선고 2004도353 판결. 동 판결에 대한 평석으로는 천진호, "타인명의예금 인출행위의 형사책임과 장물죄", 형사판례연구 제13호 (2005), 360면 이하 참조.
40) 대법원 2000.3.10. 선고 98도2579 판결.

볼 수 없다."는 취지에 정면으로 반하는 것처럼 보이기 때문이다.

두 사례의 공통점은 예금채권으로 존재하던 현금을 인출한 경우라는 점에서 찾을 수 있고, 바로 이 점에 주목하면 그 인출되기 전에 예금채권으로 존재하던 현금의 재물성을 한편으로는 부정하고, 한편으로는 긍정하는 판례의 태도가 모순적으로 보이는 것은 명백하다. 일부 평석자는 바로 이 점에 주목하여 판례의 태도를 비판하며 재물과 재산상 이익이라는 이분법의 한계를 지적하는 것으로 보인다.[41] 하지만 전후 사례의 차이점에 주목하면 판례가 비일관된 결론을 내리고 있다고 단정하기 어렵다. 전자의 경우 처음부터 예금채권의 형태로 존재하던 재산상의 이익이므로 그 재물성을 인정하기 어려우나, 후자의 경우 처음에 현금이던 장물을 '예금채권의 형태로 보관하다가' 인출하였던바, 판례에 의하면 애당초 재물이던 현금의 장물성은 중간에 예금채권의 형태로 보관하는 과정을 거쳤다고 하더라도, "금전은 고도의 대체성을 가지고 있어 다른 종류의 통화와 쉽게 교환할 수 있고, 그 금전 자체는 별다른 의미가 없고 금액에 의하여 표시되는 금전적 가치가 거래상 의미를 가지고 유통되고 있는 점에 비추어 볼 때, 동일한 액수의 현금을 인출한 경우에 예금계약의 성질상 인출된 현금은 당초의 현금과 물리적인 동일성은 상실되었지만 액수에 의하여 표시되는 금전적 가치에는 아무런 변동이 없으므로" 인출된 이후에도 장물로서 성질은 그대로 유지된다고 봄이 상당하다는 취지인 것이다.

그렇다면 판례의 입장은 이렇게 정리할 수 있을 것이다.

예금채권으로서 존재하는 금전의 성질에 대하여, 처음부터 예금채권으로 존재하다가 인출되었다면 재물과 재산상 이익의 이분법을 그대로 견지하여 재산상 이익으로 평가되지만, 처음에 현금이던 장물을 중간에 '예금의 형태로 보관하다가' 이를 인출한 때에는 '고도의 대체성을 지닌 금전의 성질을 고려하면' 그 인출된 금액은 '예외적으로' 재물로서의 성질을 유지하게 된다는 것이다(예외법리 I).[42]

그런데 장물죄와 관련해 또 하나의 사례가 문제시된다. 판례는 본범이 피해자를 기망하여 피고인의 계좌로 돈을 이체하게 하고 그 피고인이 자신의 계좌에 입금된 돈이 사기범행으로 이체된 사정을 알면서도 예금을 인출한 사건에서[43] "이 사건과 같이 피해자가 본범의

---

41) 김태명, "재물과 재산상 이익의 개념과 양자의 교착", 형사법연구 제26권 제2호(2014), 83-84면.
42) 이처럼 현금이 등장하는 송금의 경우에는 대법원이 그 현금의 장물성을 유지시키려는 의도에서 이득죄보다는 재물죄를 선호하고 있다는 분석으로는 임상규, 앞의 논문, 55면.
43) 사기 범행에 이용되리라는 사정을 알고서도 피고인 자신의 명의로 새마을금고 예금계좌를 개설하여 본범인 갑에게 이를 양도함으로써 갑이 피해자 을을 속여 을로 하여금 1,000만 원을 위 계좌로 송금하게 한 사기 범행을 방조한 피고인이 위 계좌로 송금된 돈 중 140만 원을 인출하여 갑이 편취한 장물을

기망행위에 속아 현금을 피고인 명의의 은행 예금계좌로 송금하였다면, 이는 재물에 해당하는 현금을 교부하는 방법이 예금계좌로 송금하는 형식으로 이루어진 것에 불과하여" 그 인출된 현금의 장물성을 긍정하였던바,[44] 이에 대해 본범이 사기죄로 취득한 금전이라도 그것이 예금계좌로 송금받는 형식을 취했다면 은행계좌로 입금된 돈은 입금과 동시에 유체성 및 특정성을 상실해 재물로서의 성질이 사라지고 단지 예금주의 예금채권으로서 재산상 이익으로 보아야 한다는 비판적 견해가 제시되어 있다.[45] 이러한 지적은, 앞의 판례에서처럼 처음에 현금이던 장물을 예금채권의 형태로 보관하다가 인출하였던 경우라면 장물성이 유지된다고 말할 수 있겠지만, 사기로 인해 기망당한 피해자가 재산적 처분행위로써 피고인의 예금계좌로 송금한 현금은 그 자체가 본범이 저지른 재산범죄의 객체이므로, 예금채권의 형태로 존재하는 한 장물로 평가할 수 없고, 따라서 이를 인출한 경우에도 장물죄가 성립할 수 없다는 취지라는 점에서, 이 사례는 "컴퓨터등사용사기죄에 의하여 취득한 예금채권은 재물이 아니라 재산상 이익이므로, 그가 자신의 예금구좌에서 현금을 인출하였더라도 장물을 금융기관에 예치하였다가 인출한 것으로 볼 수 없다"는 법리에 비추어 일응 타당해 보인다. 하지만 판례는 다음과 같이 설시한다. "사기죄의 객체는 타인이 점유하는 '타인의' 재물 또는 재산상의 이익이므로, 피해자와의 관계에서 살펴보아 그것이 피해자 소유의 재물인지 아니면 피해자가 보유하는 재산상의 이익인지에 따라 재물이 객체인지 아니면 재산상의 이익이 객체인지 구별하여야 하는 것으로서, 이 사건과 같이 피해자가 피고인 명의의 새마을금고 예금계좌로 돈을 송금한 경우 피해자의 새마을금고에 대한 예금채권은 당초 발생하지 않는다." 이것은 어떠한 의미인가? 사기죄의 객체로서의 재물과 재산상 이익을 판단할 때 흔히 피고인이 취득한 대상을 기준으로 평가하지만, 판례에 의하면 "피해자와의 관계에서 살펴보아 그것이 피해자 소유의 재물인지 아니면 피해자가 보유하는 재산상의 이익인지에 따라 재물이 객체인지 아니면 재산상의 이익이 객체인지 구별하여야 [한다는]" 것이다. 그러면서 덧붙인 바, "피해자의 새마을금고에 대한 예금채권은 당초 발생하지 않는다."고 한다. 만일 이 경우에 사기죄의 객체가 재산상 이익이라면 피해자의 재산적 처분행위로 인해 피해자가 갖고 있던 예금채권이 피고인에게 양도되어야 한다. 즉 사기죄가 성립하기

취득하였다는 공소사실에 대하여, 갑이 사기 범행으로 취득한 것은 재산상 이익이어서 장물에 해당하지 않는다는 원심판단은 적절하지 아니하지만, 피고인의 위와 같은 인출행위를 장물취득죄로 벌할 수는 없으므로, 위 '장물취득' 부분을 무죄로 선고한 원심의 결론을 정당하다고 한 사례.

44) 대법원 2010.12.9. 선고 2010도6256 판결.
45) 김태명, "재물 및 재산상 이익의 개념과 횡령죄와 배임죄의 관계", 형사법연구 제31권 제4호(2019), 306면.

위해서는 피고인의 기망으로 인한 피해자의 재산적 처분행위가 있어야 하는데, 피해자의 재산적 처분행위 결과 피고인이 취득한 것이 재물이 아닌 재산상 이익으로 평가되기 위해서는 처분행위의 대상이 여기서는 '새마을금고에 대한 예금채권'이어야 하는바, 이러한 논리가 성립하려면 그 예금채권은 원래 피해자가 갖고 있던 것이어야 하지만, 피해자는 새마을금고와의 관계에서 그러한 예금채권이 당초 발생하지 않았고, 그러므로 이 사안에서 사기죄의 객체는 재물로 보아야 한다는 것이다. 요컨대, 이 사건에서 피해자가 기망을 당해 재산적 처분행위를 한 것은 자신의 재물이며, 그것을 피고인 명의의 은행계좌로 송금한 것은 그 실질에 있어서 "재물에 해당하는 현금을 교부하는 방법이 예금계좌로 송금하는 형식으로 이루어진 것에 불과"하다는 취지인 것이다. 다시 말해 피해자가 본범의 사기행위에 의해 침해당한 것은 재물이지, 예금채권으로서의 재산상 이익이 아니므로 비록 예금계좌에 송금되어 예치된 형태로 존재하다가 인출되었다고 하더라도 장물성을 인정할 수 있다는 취지로 보인다. 결론적으로 여기서는 장물의 동일성에 관한 법리를 원용하는 대신 "재물에 해당하는 현금을 교부하는 방법이 예금계좌로 송금하는 형식으로 이루어진 것에 불과"하다는 법리적인 근거를 제시함으로써 인출된 현금의 장물성을 인정하고 있다는 점에서 차이가 있다고 볼 수 있을 것이다.

그렇다면, 상기 논급한 판례의 입장은 다음과 같이 정리할 수 있을 것이다. 장물죄의 본범으로서의 사기죄의 객체가 재물로 평가받을 수 있는지 여부는 "피해자와의 관계에서 살펴보아 그것이 피해자 소유의 재물인지 아니면 피해자가 보유하는 재산상의 이익인지 여부에 따라서 재물이 객체인지 아니면 재산상의 이익이 객체인지 구별하여야 한다(예외법리 II)." 이것은 다른 관점에서 보면 사기죄의 객체로서의 재물 또는 재산상 이익의 판단은 사기의 실행행위의 대상과 사기로 인한 취득의 대상을 구분해 결정해야 하며 사기죄의 경우 실행행위의 대상이 무엇인지, 다시 말해 기망행위로 의욕한 바, 즉 기망으로 인한 피해자의 재산적 처분행위의 대상이 무엇인지에 따라서 재물성 여부를 판정해야 한다는 것이다.

2. 횡령죄

횡령죄와 관련해서도 장물죄와 유사한 맥락의 문제점이 지적된다. 예컨대 위탁물을 매매하고 수령한 금전을 자신의 계좌에 입금하였거나 또는 매수인으로부터 위탁물의 매매대금을 자신의 계좌로 입금받았다면 위탁매매대금은 예금계좌의 잔고 형태로 보관이 되어 있을 것인데, 이러한 재산상 이익을 임의로 사용하는 행위를 횡령죄로 의율하는 것이 과연

타당하느냐는 것이다.46)

이와 관련된 판례는 다음과 같다.

우선 "형법 제356조, 제355조에 있어서의 보관이라 함은 재물이 사실상의 지배아래 있는 경우뿐만 아니라 법률상의 지배, 처분이 가능한 상태를 모두 가리킨다고 할 것이고, 따라서 타인의 금전을 위탁받아 보관하는 자가 보관방법으로서 이를 은행 그 밖의 금융기관에 예금한 경우에도 그 금전보관자의 지위에 영향이 없고, 또 회사와 은행사이의 당좌예금 계약에 기하여 회사로부터 수표를 발행하는 권한을 위임받고 있는 자는 그 수표자금으로서 예치되어 있는 금원에 대하여 이를 보관하는 지위에 있다고 보아야 할 것이며, 이와 같은 수표발행의 권한이 있는 자가 업무상의 임무에 위배하여 자기 또는 제3자의 용도에 충당하기 위하여 수표를 발행하고 그 수표를 이용하여 거래은행으로부터 회사의 예금을 인출하는 행위는 불법영득의 의사를 실현하는 행위로서 업무상횡령죄가 성립한다고 할 것이다."47)는 판례가 있다.

다음으로 "횡령죄에 있어서 보관이라 함은 재물이 사실상 지배하에 있는 경우뿐만 아니라 법률상의 지배·처분이 가능한 상태를 모두 가리키는 것으로 타인의 금전을 위탁받아 보관하는 자는 보관방법으로 이를 은행 등의 금융기관에 예치한 경우에도 보관자의 지위를 갖는 것이다. 타인의 금전을 위탁받아 보관하는 자가 보관방법으로 금융기관에 자신의 명의로 예치한 경우, 금융실명거래및비밀보장에관한긴급재정경제명령이 시행된 이후 금융기관으로서는 특별한 사정이 없는 한 실명확인을 한 예금명의자만을 예금주로 인정할 수밖에 없으므로 수탁자 명의의 예금에 입금된 금전은 수탁자만이 법률상 지배·처분할 수 있을 뿐이고 위탁자로서는 위 예금의 예금주가 자신이라고 주장할 수는 없으나, 그렇다고 하여 보관을 위탁받은 위 금전이 수탁자 소유로 된다거나 위탁자가 위 금전의 반환을 구할 수 없는 것은 아니므로 수탁자가 이를 함부로 인출하여 소비하거나 또는 위탁자로부터 반환요구를 받았음에도 이를 영득할 의사로 반환을 거부하는 경우에는 횡령죄가 성립한다."48)는 판례도 있다.

횡령죄란 타인의 재물을 보관하는 자가 그 재물을 횡령하거나 그 반환을 거부함으로써 성립하는 범죄이다. 즉 횡령죄의 객체는 재물이다. 그래서 상기 두 사례는 횡령의 객체가 예치된 금전이므로 이는 횡령죄의 객체로 보기 어렵다는 의문이 들 수밖에 없다. 이와 관련

---

46) 김태명, 앞의 논문(각주 45), 308면.
47) 대법원 1983.9.13. 선고 82도75 판결.
48) 대법원 2000.8.18. 선고 2000도1856 판결.

해 판례는 공통적으로 다음과 같은 설시를 하고 있다. "횡령죄에 있어서 보관이라 함은 재물이 사실상 지배하에 있는 경우뿐만 아니라 법률상의 지배·처분이 가능한 상태를 모두 가리키는 것으로 타인의 금전을 위탁받아 보관하는 자는 보관방법으로 이를 은행 등의 금융 기관에 예치한 경우에도 보관자의 지위를 갖는 것이다." 일반적으로 보관은 '점유', '간수', '소지' 등의 개념들과 유사하게 사실상 지배로서의 의미를 지닌다. 하지만 신임관계위반을 본질로 하는 횡령죄의 특성상 이때의 보관은 통상의 점유나 간수 및 소지보다는 더 넓은 의미를 지닌다. 즉 횡령죄의 보관은 사실상의 지배를 넘어 법률상 지배처분이 가능한 상태로까지 확장되며[49] 판례는 바로 이 점을 판단의 전제로 삼고 있다. 그렇다면 그 결과는 무엇인가? 이 점에 대해 판례는 "타인의 금전을 위탁받아 보관하는 자는 보관방법으로 이를 은행 등의 금융기관에 예치한 경우에도 보관자의 지위를 갖는 것이다."라며 타인이 위탁한 금전을 현금의 형태로 보관하다든, 은행에 예치해 보관하든 그것은 '보관방법'의 차이만 있을 뿐 전자의 경우 '사실상 지배'로서 보관이 성립한다면, 후자는 '법률상 지배'로서 보관이 될 수 있다는 것이다. 그런데 문제는 이 경우 예치된 금전이 과연 재물인지 재산상의 이익인지에 대해 판례는 침묵하고 있다. 앞의 장물죄 판례에서는 장물을 금융기관에 예치하였다가 인출한 경우 재물로서의 장물성이 유지된다고 판시했던 것과는 달리 이 경우에는 위탁받아 보관하던 예금을 인출한 경우에 횡령죄의 객체로서 재물성이 인정되는가에 대해 명확한 설시가 없이, 횡령죄의 성립을 인정하고 있다는 것이다. 이러한 맥락에서 "사실상 재산상 이익에 해당하는 예금을 은근슬쩍 재물로 바꾸어 횡령죄를 인정하는 전략을 구사하고 있다."는 비판은 의미가 있다.[50] 그런데 과연 판례의 입장을 그와 같이 해석하는 것이 합당한 것일까? 판례의 입장에 의하면 횡령죄의 객체는 '타인의 재물'이므로 재물이 아닌 재산상 이익은 객체가 될 수 없다. 따라서 광업권을 포함해[51] 사무적으로 관리가 가능한 채권이나 그 밖의 권리 등은 재물에 포함된다고 해석할 수 없다.[52] 그렇다면 판례가 위 사례에서 보관자의 지위를 인정하고 횡령죄의 성립을 긍정한 것은 일응 위탁보관된 예금의 재물성을 인정하고 있는 것으로 해석하는 것이 합당할 것이다. 그런데 과연 어떤 근거에 의해 예금잔고가 재산상 이익이 아닌 재물로 평가될 수 있는 것일까? 그것은 명시적으로 판례가 논급하고 있지는 않지만 앞의 장물죄 판례에서 "금전은 고도의 대체성을 가지고

---

49) 신동운, 형법각론(법문사, 2018), 1199면.
50) 김태명, 앞의 논문(각주 41), 82면.
51) 대법원 1994.3.8. 선고 93도2272 판결.
52) 대법원 2014.2.27. 선고 2011도832 판결.

있어 다른 종류의 통화와 쉽게 교환할 수 있고, 그 금전 자체는 별다른 의미가 없고 금액에 의하여 표시되는 금전적 가치가 거래상 의미를 가지고 유통되고 있는 점에 비추어 볼 때, 동일한 액수의 현금을 인출한 경우에 예금계약의 성질상 인출된 현금은 당초의 현금과 물리적인 동일성은 상실되었지만 액수에 의하여 표시되는 금전적 가치에는 아무런 변동이 없[다].”는 판단에서 이해의 실마리를 얻을 수 있다고 본다. 일반적으로 특정물이 아니라, 목적과 용도를 정했지만 불특정물로 위탁된 금전의 경우에 이를 횡령죄에서 말하는 타인의 재물로 볼 수 있을 것인가에 대해, 이 경우 물건이 아닌 가치로서 고찰해야 하므로 배임죄의 객체는 될 수 있어도 횡령죄의 객체는 될 수 없다는 배임죄설[53]과 금전 기타 대체물도 재물이라고 보아야 하므로 수탁자가 정해진 용도에 따라 사용할 때까지 소유권이 위탁자에게 유보되므로 이를 임의소비하면 횡령죄가 성립한다는 횡령죄설이 대립하지만 판례[54]는 횡령죄설을 채택하고 있다.[55] 그러므로 일단 위탁보관된 예금에 대해서도 횡령죄가 성립할 수 있다. 다만 그 예금의 성격이 문제가 되는데 “금전은 고도의 대체성을 가지고 있어서 그 자체로는 별다른 의미가 없다”는 관점을 취한다면, “현금이든 예금이든” 목적과 용도를 정해 위탁되어 있다면 법적으로는 횡령죄의 객체로서 재물성이 인정된다고 평가할 수 있을 것이다. 판례는 이 점을 특히 “보관방법으로 이를 은행 등의 금융기관에 예치”한 것이라고 밝히고 있는 것이다. 요컨대 불법의 실질이 횡령이고, 횡령행위의 대상이 금전일 경우에는 예금이든 현금이든 재물로서 횡령죄의 객체가 될 수 있다고 보는 것이 판례의 취지를 종합적으로 고찰할 때 합당한 해석이라고 생각된다.[56]

---

53) 배임죄설은 금전 기타 대체물의 유통성과 대체성을 강조하면서 이를 물건(재물)으로서가 아니라 가치 또는 가액으로 파악하는 입장이다. 따라서 횡령죄설과 달리 점유이전과 동시에 소유권도 이전하게 된다는 입장에서 수탁자가 이를 임의소비한 경우 소유권침해범죄인 횡령죄가 아니라 전체재산에 대한 죄인 배임죄가 성립한다고 본다.

54) 대법원 2004.3.12. 선고 2004도134 판결.

55) 허일태, “위탁금전의 소비와 형법상 고유한 소유권 개념”, 형사판례연구 제12호 (2004), 268-269면; 강수진, “타인의 사무처리자의 횡령죄 성립에 관한 최근 대법원 판례의 태도”, 고려법학 제90호(2018), 109면.

56) 관련 판례로서 “타인으로부터 용도가 엄격히 제한된 자금을 위탁받아 보관하는 자가 그 자금을 제한된 용도 이외의 목적으로 사용하는 것은 횡령죄가 되는 것이고, 이와 같이 용도나 목적이 특정되어 보관된 금전은 그 보관 도중에 특정의 용도나 목적이 소멸되었다고 하더라도 위탁자가 이를 반환받거나 그 임의소비를 승낙하기까지는 횡령죄의 적용에 있어서는 여전히 위탁자의 소유물이라고 할 것이다(대법원 2002.11.22. 선고 2002도4291 판결) 참조. 판례는 기본적으로 금전 등 대체물에 대해서는 횡령죄가 성립할 수 없다고 보지만(대법원 1958.12.29. 선고 4291형상471 판결), 판례는 대체로 용도의 특정이라는 법리를 동원하지 않고도 금전과 같은 대체물에 대해서는 위탁자의 소유를 인정하여 보관자가 임의 처분하는 경우 횡령죄를 인정한다고 보는 견해로는, 최병천, 판례중심 형법각론 (피앤씨미디어, 2016),

요컨대, 목적과 용도를 정해 위탁보관된 예금은 위탁된 금전의 보관방법으로서 은행 등 금융기관에 예치된 것이므로 횡령행위의 대상이 될 경우에는 재물로서 평가되며 따라서 횡령죄의 객체가 된다(예외법리 III).

3. 배임죄

배임죄는 타인의 사무를 처리하는 자가 그 임무에 위배하는 행위로써 재산상의 이익을 취득하거나 제3자로 하여금 이를 취득하게 하여 본인에게 손해를 가한 때에 성립한다. 일반적으로 배임죄의 객체는 재산상 이익으로서 재물은 제외되는 것으로 해석된다. 그런데 이러한 통설적 견해에 입각해 볼 때, 몇몇 판례는 재물을 배임죄의 객체로 인정함으로써 순이득죄라는 배임죄의 성격을 벗어난다는 비판이 있다. 예컨대 부동산 이중매매사례에서 매도인이 매수인으로부터 중도금까지 받은 후 매매목적물인 부동산을 제3자에게 이중매도하고 소유권이전등기를 마친 경우에, 배임행위자나 제3자가 취득한 것은 매매대금이거나 부동산 그 자체이므로 어느 경우이거나 재물로 평가되므로 이 경우 배임죄로 처벌한 판례[57]는 순이득죄의 성격에 비추어 잘못되었다는 것이다. 아울러 판례는 금융기관 임직원이 금융기관에 예치된 금전을 부당하게 대출해 주는 행위를 업무상배임죄로 의율하는데[58] 이는 자신이

388면 이하 참조. 이에 대하여 예금이란 금융기관이 보관과 운용을 위탁받은 자금으로 예금주의 입장에서는 금융기관에 대해 갖고 있는 채권에 불과하므로 타인의 위탁을 받아 예금계좌에 보관하고 있다가 이를 인출하는 행위는 배임죄로 규율하는 것이 타당하다는 견해로는 김태명, 판례형법각론 (피앤씨미디어, 2016), 408-409면 참조.

57) 대법원 2018.5.17. 선고 2017도4027 전원합의체 판결. "부동산 매매계약에서 계약금만 지급된 단계에서는 어느 당사자나 계약금을 포기하거나 그 배액을 상환함으로써 자유롭게 계약의 구속력에서 벗어날 수 있다. 그러나 중도금이 지급되는 등 계약이 본격적으로 이행되는 단계에 이른 때에는 계약이 취소되거나 해제되지 않는 한 매도인은 매수인에게 부동산의 소유권을 이전해 줄 의무에서 벗어날 수 없다. 따라서 이러한 단계에 이른 때에 매도인은 매수인에 대하여 매수인의 재산보전에 협력하여 재산적 이익을 보호·관리할 신임관계에 있게 된다. 그때부터 매도인은 배임죄에서 말하는 '타인의 사무를 처리하는 자'에 해당한다고 보아야 한다. 그러한 지위에 있는 매도인이 매수인에게 계약 내용에 따라 부동산의 소유권을 이전해 주기 전에 그 부동산을 제3자에게 처분하고 제3자 앞으로 그 처분에 따른 등기를 마쳐 준 행위는 매수인의 부동산 취득 또는 보전에 지장을 초래하는 행위이다. 이는 매수인과의 신임관계를 저버리는 행위로서 배임죄가 성립한다." 배임죄는 타인과 그 재산상 이익을 보호·관리하여야 할 신임관계에 있는 사람이 신뢰를 저버리는 행위를 함으로써 타인의 재산상 이익을 침해할 때 성립하는 범죄이다. 따라서 이 사례에서 피고인은 제1 매수인의 부동산 취득 또는 보전에 지장을 초래하는 행위를 한 것이므로 재산상 이익을 침해하고, 그에 상응하는 재산상 이익을 취득한 것으로 판례는 보고 있다.

58) 대법원 2003.2.11. 선고 2002도5679 판결.

보관하는 타인의 금전을 재물로 보아 이를 임의로 소비하는 행위를 횡령죄로 의율하는 판례와 모순된다고 한다.59)

우선 예치된 금전을 부당하게 대출해 준 사례를 보도록 하자. 판례에 의하면 "금융기관의 직원들이 대출을 함에 있어 대출채권의 회수를 확실하게 하기 위하여 충분한 담보를 제공받는 등 상당하고도 합리적인 조치를 강구함이 없이 만연히 대출을 해 주었다면 업무위배행위로 제3자로 하여금 재산상 이득을 취득하게 하고 금융기관에 손해를 가한다는 인식이 없었다고 볼 수 없다."고 한다. 이 경우 어째서 횡령죄가 아닌 배임죄가 성립할까? 두 가지 측면에서 살펴볼 수 있다.

첫째, 불법의 실질이 횡령이 아닌 배임행위다. 이 사례는 제공된 담보가 충분하지 않음에도 불구하고 타인에게 금전을 부당하게 대출해 준 행위로서 행위자 오로지 개인의 불법영득의사와 영득행위만으로도 성립가능한 횡령이 아니라 임무에 위반하여 본인에게 손해를 가한다는 인식 하에 제3자로 하여금 재산상 이익을 얻게 한 행위이므로 배임죄로 의율하는 것이 타당할 것이다. 다시 말해 불법의 실질이 가해범죄로서의 성격도 지니는 배임행위인지60) 재산취득죄로서의 성격만을 지니는 횡령행위인지 먼저 판단을 내린 후에 그에 따라 본인이 횡령하거나 본인 또는 타인이 취득한 금전의 성격을 평가하면 될 것이라고 본다. 즉 행위자 자신의 영득행위로 재물을 횡령한 것으로 평가할 수 있다면 횡령죄가 성립될 것이고, 본인에 대해 손해를 발생시키는 배신행위를 통해 본인 또는 제3자가 재산상 이익을 취득한 것으로 평가할 수 있다면 배임죄가 성립될 것이다.

둘째, 부당하게 대출해 준 금전을 대출을 받은 제3자의 입장에서 순수한 재물로 평가하기는 어렵다. 왜냐하면 대출금액은 제공된 담보에 비해 계산상 관념적으로 이득일 수는 있으나 그 자체가 가시적이고 감각적인 재물 그 자체는 아니다. 이해를 돕기 위해 부연설명을 하자면, 재물은 그것을 취득한 가액만큼의 재산의 증가를 가져오는 대상이고, 재산상 이익은 그것을 취득한 가액에서 계산을 거쳐서 조정된 만큼의 재산의 증가를 가져오는 대상이라고 말할 수 있다. 이것이 바로 재물은 가시적·감각적 개념이고 재산상 이익은 관념적·계산적 개념이라는 구별기준61)의 또 하나의 함의라고 볼 수 있을 것이다.

---

59) 이러한 지적으로 김태명, 앞의 논문(각주 45), 311면.

60) 배임죄의 가해범죄로서의 성격에 대해서는 이재상·장영민·강동범, 앞의 책, 419면.

61) 오영근, 앞의 논문, 206면. 배임의 손해액 산정에 있어서 이른바 '전체계산원칙'은 처분 전후의 본인의 총체적으로 보아 본인의 재산상태의 감소가 있는지 여부를 기준으로 판단하는 것도 재산상 이익의 관념적·계산적 성격을 반영한 결과라고 말할 수 있다. 대법원은 이와 관련해 "배임죄에 있어서 본인에게 손해를 가한다 함은 총체적으로 보아 본인의 재산상태에 손해를 가하는 경우를 말하는 바 일반경쟁입

따라서 대출금액이 재물이라면 그 금액만큼의 순수한 재산의 증가가 있어야 한다. 그렇지만 부당하게 대출받은 제3자가 대출금만큼의 전체재산의 증가가 발생했다고 평가할 수 없다. 담보된 가치와 대출금액 사이의 관념적 계산이 필요하기 때문이다.[62] 더군다나 대출금은 언젠가 결국 상환해야 한다는 점, 즉 새로운 채무를 부담케 만든다는 점을 고려하면 그것이 재물을 영득한 경우처럼 순수한 재산의 증가를 가져왔다고 평가하기는 어렵다.

요컨대, 부당대출 사례는 금융기관 임직원의 배임행위로 인해 타인으로 하여금 재산상 이익을 취득하게 한 행위로 평가되며, 따라서 배임죄의 죄책을 진다고 보는 것이 합당하다. 이는 명백히 자신이 보관하는 예치금을 영득하여 횡령한 경우 재물에 대한 범죄로서 횡령죄가 성립하는 사례와는 구별되어야 한다.

다음으로 부동산 이중매매 사례를 고찰해 보자. 이와 관련해 배임행위, 즉 배임의 실행행위의 대상과 그로 인한 취득대상을 구별해 배임행위의 대상은 재산상 이익에 국한되지 않아서 재물도 포함될 수 있지만, 배임행위로 인한 취득대상은 구성요건의 해석상 반드시 재산상 이익이어야 한다는 견해가 있다. 다시 말해 좀 더 일반화하면 재산범죄에 있어서 '실행행위의 대상'과 그로 인한 '취득의 대상'은 다를 수 있다는 것이다.[63] 예컨대 횡령죄의 경우에도 횡령죄의 객체가 재물이라고 하여 그 횡령행위로 취득한 것이 반드시 그 재물 전체일 필요는 없다는 것이다.[64] 왜냐하면 위탁받아 보관하던 타인의 부동산에 근정당권을 설정하면 횡령죄가 성립하는데[65] 이는 부동산이라는 재물을 객체로 한 실행행위라는 점이 분명하지만, 그로 인해 취득한 대상은 부동한 자체가 아니라 근저당권설정으로 인한 재산상 이익이 되기 때문이다. 그런데 이와 같은 견해에 따르더라도 이중매매 사례에서 이중매매대

찰에 의하여 매각할 은닉신고된 국유부동산을 수의계약으로 매각하였다고 하여 바로 국가가 그 부동산 자체를 상실하는 손해를 입었다고 볼 수는 없고, 수의계약에 의한 매각대금이 정당한 객관적 시가가 못되고, 일반경쟁입찰의 방식으로 매각할 경우의 예상대금보다 저렴한 금액인 경우에만 국가에 손해가 발생한 것이다(대법원 1981. 6. 23. 선고 80도2934 판결)"고 판시하였다. 전체계산원칙에 대해서는 박상기·전지연, 형법학 (집현재, 2018), 688-690면; 이용식, 형법각론 (박영사, 2019), 34면; 손동권, 앞의 책, 458면; 김성돈, 형법각론 (SKKUP, 2013), 442면 참조.

62) 부당대출의 배임의 이득액을 '재산의 현실적 이동이 있는 대출금액'과 '제공된 담보가치'의 차액으로 산정되어야 한다는 견해로는(이른바 차액설) 이주원, 특별형법 제6판 (홍문사, 2020), 394-395면.

63) 김태명, 앞의 논문(각주 45), 316면. 동지의 윤동호, "컴퓨터등사용사기죄의 취득객체와 보호법익", 비교형사법연구 제9권 제2호 (2007), 397면.

64) 김대웅, "횡령한 부동산에 대한 횡령죄의 성립여부", 형사판례연구 제18호 (2010), 160면 이하. 동 문헌에 의하면 그렇게 해석하는 것이 횡령죄의 본질이나 구성요건에 배치되지 않는다고 한다.

65) 대법원 2000.2.24. 선고 2000도310 판결; 대법원 1998.2.24. 선고 97도3282 판결; 대법원 1999.4.27. 선고 99도5 판결 등.

금(현금)이나 부동산 자체가 행위자와 제3자에게 재산상 이익으로 평가된다는 점은 일견 쉽게 납득이 되지 않는다. 하지만 이 경우도 재산상 이익은 계산적·관념적 개념이라는 점을 상기하면 이해할 수 있는 길이 열리게 된다. 배임행위자의 경우에는 이중매매대금을 받게 되겠지만 그 대금 전체가 곧바로 그만큼의 전체재산의 증가를 가져오는 재물이 되는 것은 아니다. 제1 매수인에게 지급해야 할 위약금도 있고, 매도인에게 양도하는 부동산만큼의 재산의 감소가 발생하기 때문이다. 아울러 판례에 따르면 피고인의 배임행위는 제1 매수인의 '부동산 취득 또는 보전에 지장을 초래해' 그에게 손해를 가한 행위가 되므로 재산상 이익을 침해한 행위로 평가된다. 결론적으로 이 두 사례에서 배임의 실행행위의 대상이란 측면에서든, 배임으로 인해 취득한 대상의 측면에서든 배임행위의 객체는 관념적·계산적 대상으로서 재산상 이익으로 보아야 한다.[66]

요컨대, 배임의 목적물, 즉 배임의 실행행위의 대상이 부동산이나 금전처럼 가시적·감각적 관점에서는 재물로 평가될 수 있는 대상이라 하더라도 그것이 자기 또는 제3자가 취득한 재산의 증가 혹은 본인에게 가한 손해라는 관점에서 볼 때 그것이 일정한 계산이 필요한 관념적 대상이라는 점에서 재산상 이익으로 평가받을 수 있다면 배임죄의 객체가 된다.[67]

4. 부당이득죄

부당이득죄의 객체는 부당한 이익이다. 부당한 이익이란 재산상 이익 중에서 급부와 이익 사이에 상당성이 결여되어 현저한 불균형이 있는 경우를 말한다.[68] 한 마디로 현저히 부당한 재산상 이익이 범죄의 객체이다. 이와 관련해 재물과 재산상 이익이라는 이분법을 고수할 경우 상대방의 궁박한 상태를 이용해 현저히 싼 가격에 부동산을 매수한 경우나 반대로 현저히 비싼 가격에 부동산을 매도한 경우에는 재산상이 이득의 취득이 아니라 재물을 취득한 것이므로 부당이득죄 성부를 논할 수 없음에도 불구하고 학설과 판례는 이 점에

---

66) 이러한 맥락에서 고찰할 때 "금전과 같이 재물이면서도 재물로서의 특성보다는 그 금액 내지 가치로서 결정적 특성을 지닌 경우에는 행위객체에 의한 구별은 의미가 없다."는 견해(허일태, "재산범죄와 형법상 재물의 개념 – 문형섭 교수 정년에 부쳐–", 전남대학교 법학논총 제30권 제1호 (2010), 67면)가 보다 명확한 의미를 가질 수 있을 것이다.

67) 이 점은 2자간 명의신탁에서 수탁자가 부동산을 임의처분할 경우에는 부동산이중매매의 경우와 달리 수탁자에게 그만큼의 전체재산의 증가를 가져와 횡령죄가 성립하는 법리(대법원 2000.2.22. 선고 99도5227 판결)와 비교해 보면 보다 명확해 진다.

68) 신동운, 앞의 책, 1046면; 이재상·장영민·강동범, 앞의 책, 364면; 배종대, 앞의 책, 395면.

대해 의문을 품지 않는다는 지적이 있다.[69]

하지만 상기 지적은 배임죄와 관련해 검토한 바와 같이 부동산의 취득이 급부와 이익 간의 관념적 계산을 필요로 하는 대상이라는 점에서 재물이 아니라 재산상 이익으로 보는 것이 타당하다. 물론 특별한 담보나 급부의 제공이 없는 경우에는 부동산도 재물로 보아야 하는 경우도 발생할 수 있다. 하지만 부당이득죄 사례의 대부분은 급부에 비해 현저히 부당한지 여부의 판단, 즉 계산이 필요한 것이므로 부동산의 취득을 재산상 이익으로 취급하는 것이 타당하며 기존의 이분법에서 벗어나지 않는다고 평가할 수 있을 것이다.

Ⅳ. 이분법의 실익:
횡령죄과 배임죄의 한계사례의 해결에 있어서의 유용성

1. 문제의 제기

전술한 이분법과 구별기준을 잘 유지한다고 하더라도 과연 그 이분법이 문제해결에 있어서 실천적인 기능을 할 수 있을지 검토가 필요할 것이다. 이와 관련하여 논급할 만한 사례들이 여러 유형이 있겠지만 본고에서는 횡령죄와 배임죄 중 어느 죄책을 적용해야 할지 매우 판단하기 어려운 두 개의 사례를 다루어 보기로 한다.

먼저 검토할 사례는 다음과 같다. 피고인은 대학교 총장으로서 건설회사 대표인 공소외 A와 대학교의 체육관 등 공사계약을 체결하면서 실제 공사대금보다 부풀려 계약을 체결하되 부풀린 금액을 공소외인으로부터 되돌려 받는 방법으로 교비를 빼돌리기로 약정하였다. 이에 따라 합계 59억 9,267만 2,000원 상당을 되돌려받아 횡령하였다. 이에 대해 대법원은 "타인을 위하여 금전 등을 보관·관리하는 자가 개인적 용도로 사용할 자금을 마련하기 위하여, 적정한 금액보다 과다하게 부풀린 금액으로 공사계약을 체결하기로 공사업자 등과 사전에 약정하고 그에 따라 과다 지급된 공사대금 중의 일부(부풀린 금액)를 공사업자로부터 되돌려 받는 행위는 그 타인에 대한 관계에서 과다하게 부풀려 지급된 공사대금 상당액[70]의

---

69) 오영근, 앞의 논문, 206면. 관련 판례로는 대법원 2009.1.15. 선고 2008도8577 판결.
70) 이때의 '부풀려 지급된 공사대금 상당액'이란 전체 공사대금 중 리베이트로 되돌려 받은 금액, 다시 말해 실제 공사대금보다 부풀려진 부분에 해당하는 금액을 지칭한다. 서울고법 2013.10.24. 선고 2013 노269 판결 참조

횡령이 된다."고 판시하였다.[71] 이 사례를 논의의 편의상 '교비횡령 사례'라고 해 두자.

그런데, 이와 사실관계 및 범행구조가 상당히 유사한 다음의 사례('리베이트 사례')에서는 대법원은 배임죄가 성립한다는 판시를 하고 있다. 사건의 개요는 피고인 갑은 건설업에 종사하는 자이고 피고인 을은 아파트 하자보수추진위원회 총무로서 아파트 보수공사의 시공업자 선정 및 공사대금 지출업무 등 실무를 총괄하였던 자로서 피고인 을은 하자보수추진위원회의 총무로서 아파트 주민들을 위하여 아파트 하자보수공사를 최저가격에 직접 시공할 사람을 선정하여 공사를 하게하고 실제 공사도급금액을 지출하여야 할 업무상 임무가 있는바 그럼에도 불구하고 피고인들은 아파트 하자보수 시공업자를 선정하면서 위 하자보수추진위원회 이름으로 시공업자와 이중의 계약서를 작성하여 리베이트 형식으로 금원을 취득하기로 공모하고, 사실은 건설업면허를 대여받은 공소외 병으로 하여금 공사 도급금액 140,000,000원에 하자보수공사를 하게 하였음에도 300,973,873원에 시공하게 한 것처럼 계약을 작성하도록 하고, 피고인 갑이 개설한 통장으로 입금받거나 갑이 직접 지급받는 방식으로 245,514,037원의 공사대금을 수령한 후 실제 공사대금 140,000,000원을 제외한 104,514,037원 상당을 피고인들의 개인적인 용도로 사용하였다. 이에 대해 대법원은 "업무상배임죄는 위태범으로서 그 성립을 위하여 현실로 본인에게 재산상 손해가 발생할 것까지 요하는 것은 아니므로, 타인을 위하여 도급계약을 체결할 임무가 있는 자가 부당하게 높은 가격으로 도급계약을 체결하여 타인에게 부당하게 많은 채무를 부담하게 하였다면 그로써 곧바로 업무상배임죄가 성립하고, 그 이후에 타인이 현실로 채무를 이행하였는지 여부는 업무상배임죄의 성립과는 관계가 없다 할 것이고, 그 경우 배임액은 도급계약의 도급금액 전액에서 정당한 도급금액을 공제한 금액으로 보아야 한다."[72]고 판시하였다.

강수진 교수는 위 두 사례를 비교해 논급하며 횡령죄와 배임죄를 모두 배신적 범죄로 볼 수 있다면 양자는 행위주체, 행위태양 등에 있어서 횡령죄와 배임죄의 구성요건이 중첩 적용될 수 있음에도 불구하고, 즉 둘 다 횡령적 요소와 배임적 요소가 혼재되어 있음에도 불구하고 왜 교비횡령 사례는 횡령죄가 성립하는 반면 리베이트 사례는 배임죄가 성립한다고 판단했는지 판례가 근거를 명확히 제시하지 못하고 있음을 적실히 지적한 바 있다.[73]

---

71) 대법원 2015.12.10. 선고 2013도13444 판결.
72) 대법원 1999.4.7. 선고 99도883 판결.
73) 강수진, 앞의 논문, 84면과 94면 이하 참조.

2. 이분법의 적용:
피고인 또는 제3자가 취득한 금전이 재물인가, 재산상 이익인가?

상기 두 사례는 일견 상호 놀랍도록 유사한 사례임에도 전자는 횡령죄로 후자는 배임죄로 의율되고 있는데, 이 점에 대해서 임의적이고 비일관적이라는 비판이 충분히 제기될 수 있다. 하지만 양 사례에서 피고인이 영득한 대상, 즉 피고인이 취득한 금전의 성격이 무엇인가에 주목하면 왜 각기 다른 구성요건이 적용되었는지 이해할 수 있다. 횡령죄의 실행행위의 대상은 재물로, 배임죄의 실행행위로 인한 취득의 대상은 재산상 이익으로 명확하게 규정되어 있기 때문이다.

강수진 교수의 지적처럼 양 사례에서 행위주체나 행위태양 측면에서 횡령죄로도 배임죄로도 모두 의율가능하다는 점에 동의하지만,[74] 이를 전제로 하더라도 교비횡령 사례에서 왜 배임죄가 아닌 횡령죄가 적용되어야 하는가에 대해서는 피고인이 횡령한 대상과 취득한 대상이 무엇인가에 초점을 맞추어 보면 그 합당한 이유를 제시해 볼 수 있다. 횡령죄의 실행행위 대상은 오로지 재물로만 규정되어 있다. 이 사안은 대학총장인 피고인이 건설회사 대표와 공모하여 실제 공사대금보다 과다하게 부풀려 계약을 체결하여 지급된 공사대금 중에서 일부, 즉 부풀린 금액을 되돌려 받은 사안이라고 간단히 기술할 수 있다. 이 경우에 피고인이 교비를 빼돌려 취득한 금전의 성격은 무엇인가? 대법원의 판단에 의하면 이 사례에서 횡령죄의 이득액은 '과다하게 부풀려 지급된 공사대금 상당액'이고 '부풀려진' 공사대금이 지급된 때 횡령은 기수에 이르며 건설회사 대표가 공사대금 중 '부풀려진' 금액을 피고인에게 반환한 사실은 공범 사이에서 횡령한 돈을 최종적으로 귀속시키는 행위에 불과하다고 한다. 그렇다면 공사대금 지급 시 피고인이 취득한 금전의 성격을 구명해볼 필요가 있을 것이다. 그것은 우선 금전이라는 점에서 재물로 볼 수도 있겠지만 전체 공사대금 속에 혼화되어 있는 불특정의 금전이므로 부풀려서 지급된 전체 공사대금 중 나중에 돌려받을 금액의 비율에 상당하는 재산상 이익으로 볼 수도 있다. 따라서 취득대상 측면에서 평가할 때 일견 횡령죄로도 배임죄로도 모두 의율할 수 있는 것처럼 보인다. 그런데 대법원은 배임죄의 적용여부에 대한 별도의 고민 없이 횡령죄 성립요건만을 검토하고 있다. 그 이유는 무엇일까? 그것은 아마도 횡령죄와 배임죄는 법정형도 동일하며 배신적 범죄라는 측면에서

---

74) 단, 강수진 교수는 불법의 실질이 횡령인지, 배임인지 여부에 따라서 횡령죄 또는 배임죄로 의율할 것을 제안하고 있다. 강수진, 앞의 논문, 114면 이하 참조. 유사한 논지의 글로는 김재윤, "횡령죄와 배임죄의 관계", 전남대학교 법학논총 제30집 제1호(2010), 147면 이하 참조.

동일한 성격을 지니고 있으므로 어느 죄로 의율하든지 구별실익은 없다는 실무의 태도[75]에서 비롯된 것으로 볼 수도 있을 것이다. 그렇지만 횡령죄와 배임죄는 본질적으로 신임관계를 위반하는 범죄라는 성격을 지닌다는 공통점도 있지만 객관적·주관적 구성요건의 측면에서 입증되어야 할 대상이 엄연히 다르며[76] 어느 죄로 의율하느냐에 따라서 특정경제범죄 가중처벌 등에 관한 법률의 적용에 요구되는 이득액의 산정에 있어서 중요한 차이를 가져올 수 있으므로 정당한 법령의 적용이라는 관점에서 이러한 실무의 태도는 지양되어야 마땅할 것이다.[77] 이러한 전제 하에 교비횡령 사례에서 피고인이 취득한 대상의 성격을 살펴보자. 전술한 바와 같이 재물은 가시적·감각적 개념이고 재산상 이익은 관념적·계산적 개념이라는 구별기준을 적용해 보면, 재물은 그것을 취득한 가액만큼의 재산의 증가를 가져오는 대상이고, 재산상 이익은 그것을 취득한 가액에서 계산을 거쳐서 조정된 만큼의 재산의 증감을 가져오는 대상이라고 말할 수 있는바, 교비횡령 사례에서 피고인이 취득한 금전은 별도의 특별한 계산을 거칠 필요없이 이득액 전체가 곧바로 그만큼의 현실적인 재산의 증가를 가져오는 재물로 평가할 수 있을 것이고 따라서 관념적인 계산을 요하는 재산상 이익이 아님은 분명하며, 피고인은 처음부터 그러한 재물에 대한 횡령의사를 지니고 있었던 것으로 평가될 수 있으므로 이와 같이 횡령의 대상인 금전의 성격이라는 관점에서 이를 재물에 대한 범죄인 횡령죄로 의율한 판례의 태도는 정당하다고 말할 수 있을 것이다.

---

75) 이 점에 대한 지적으로는 강수진, 앞의 논문, 84면; 김태명, 앞의 논문(각주 45), 313면. 대법원 판례의 태도에 따르면 배임죄로 기소된 공소사실에 대하여 공소장변경 없이 횡령죄를 적용하여 처벌할 수 있고(대법원 1999.11.26. 선고 99도2651 판결), 업무상배임죄와 업무상횡령죄는 다 같이 신임관계를 기본으로 하고 있는 재산범죄로서 형벌에 있어서도 같은 조문에 규정되어 경중의 차이가 없으므로 업무상배임에 해당하는데도 이를 업무상횡령죄로 처벌하였다 하더라도 그와 같은 법령적용의 잘못은 판결 결과에 영향을 미치는 것이 아니다(대법원 2006.6.27. 선고 2006도1187 판결).

76) 예컨대 배임죄는 재산상의 이익의 취득뿐만 아니라 본인에 대한 재산상 손해까지 입증되어야 한다. 즉 배임행위가 있더라도 재산상 손해가 인정되지 않으면 배임죄가 성립하지 않고(대법원 2007.6.1. 선고 2006도6439 판결), 본인에게 손해를 가하였어도 행위자 또는 제3자가 재산상 이익을 취득하지 않으면 배임죄가 성립하지 않는다(대법원 2007.7.26. 선고 2005도6439 판결). 이 점에 대해서는 박상기, 앞의 책, 674면 참조. 사기죄의 경우 재산상 이익은 피해자의 재산상 손해와 동일한 자료로부터 발생해야 한다(손해와 이익의 자료동일성). 이용식, 앞의 책, 34면 참조. 한편 이를 '소재동질성 원칙(Grundsatz der Stoffgleichheit)'이라고 명명하며, 재산상 이익과 피해자에게 가해진 재산상 손해가 일치해야 한다는 원칙으로 이해하는 견해로는 김선복, 앞의 논문, 97면. 하지만 배임죄의 경우 손해와 이득의 자료동질성이 요구되지 않는다는 견해로는 이상돈, 형법강론 제2판 (박영사, 2017), 904면. 배임죄에서 '재산상 손해의 발생'이라는 구성요건요소는 배임행위를 제한할 뿐만 아니라 기수와 미수의 경계가 되는 중요한 표지라는 견해로는 류전철, "배임죄와 사기죄의 경합관계", 형사판례연구 제19호 (2011), 219면.

77) 동지의 견해로는 강수진, 앞의 논문, 84면; 김재윤, 앞의 논문, 135면; 김태명, 앞의 논문(각주 45), 313면.

한편 아래의 리베이트 사례에서 제시된 법리와 비교해 보자면, 이 사안도 애당초 배임죄로 접근하여 계약체결 당시 부풀려진 공사대금 중 돌려받은 금액만큼의 부당한 채무를 본인이 부담하게 함으로써 그만큼의 재산상 손해를 가한 배임죄 사안으로 포섭하는 것도 가능할 것이다. 하지만 배임죄가 성립하기 위해서는 피고인이 취득한 대상이 재산상 이익이어야 하는바, 일정 비율의 상태로 존재하는 금전이라는 점에서는 재산상 이익으로 볼 수도 있지만 결국 피고인이 계약체결 당시 의도한 이득(공사업자로부터 돌려받을 금액)이 학교에 초래한 재산상 손해와 일치하며 별도의 관념적 계산이 필요 없이 그만큼의 재산의 증가를 가져온다는 점에서 재산상 이익이 아니라 재물로 평가받을 수 있으므로, 결론적으로 처음부터 재물로서의 금전에 대한 횡령을 의도하였고 이를 영득한 것으로 보아야 하며, 따라서 배임죄가 아니라 횡령죄로 의율하는 것이 합당하다고 본다.[78]

그렇다면 리베이트 사례에서 아파트하자보수추진위원회 총무인 피고인이 범행으로 취득한 금전의 성격은 무엇인가? 우선 공소사실의 요지는 "건설업자인 피고인 갑이 아파트하자보수추진위원회 총무인 피고인 을은 시공업자와 이중의 계약서를 작성하여 그 리베이트 형식으로 금원을 취득하기로 공모한 후 피고인 갑은 건설업면허를 대여받은 공소외 병을 하자보수추진위원회 혹은 피고인 을에게 소개하고, 또한 하자보수추진위원회로 하여금 실제로는 공소외 병과 공사 도급금액을 140,000,000원으로 하는 이 사건 아파트 하자보수공사 계약을 체결하고도 그 실질과는 달리 이 사건 위원회 명의로 공소외 병과 공사 도급금액을 300,973,873원으로 하는 이 사건 아파트 하자보수공사계약을 체결하게 하고, 합계 245,514,037원을 피고인 갑에게 지급하도록 하여 피고인 갑과 피고인 을은 그 차액 상당인 104,514,037원의 이익을 취득하고, 이 사건 아파트 주민들에게는 같은 금액 상당의 손해를 가하였다는 것"이지만, 대법원은 배임죄는 위태범이므로 도급계약 이후에 타인이 현실로 채무를 이행하였는지 여부는 업무상배임죄의 성립과는 관계가 없고, 그 경우 배임액은 도급계약의 도급금액 전액에서 정당한 도급금액을 공제한 금액으로 보아야 한다고 판시하였다.

간단히 정리해 보면 공소사실은 피고인 갑이 실제 공사대금인 140,000,000원보다 많은 총 245,514,037원을 지급받아 그 차액 상당의 104,514,037원의 '재산상' 이익을 취득했다는

---

[78] 단, 대상판례는 이 경우 횡령죄의 기수시기를 도급계약체결시가 아니라 "'부풀려진' 공사대금이 지급된 때 횡령이 기수에 이르고, 공소외 2가 공사대금 중 '부풀려진' 금액을 피고인에게 반환한 사실은 공범 사이에서 횡령한 돈을 최종적으로 귀속시키는 행위에 불과하다."는 원심의 판단을 지지하는 것으로 보이며, 따라서 횡령죄의 기수시기와 관련해 이 사안에서는 이른바 표현설보다 실현설에 가까운 결론을 내리고 있는 것으로 생각된다. 표현설과 실현설에 대해서는 배종대, 형법각론 (홍문사, 2020), 426-427면 참조

것인 반면 대법원의 판단에 의하면 이 때 배임의 이득액은 현실로 지급받은 245,514,037원과 공사대금인 140,000,000원의 차액이 아니라 '도급계약상 도급금액에서 정당한 도급금액을 공제한 금액'이라고 한다. 따라서 이 사례에서 배임액은 도급계약상 도급금액 300,973,873원과 실제 공사대금인 140,000,000원의 차액 상당의 160,973,873원이 된다. 그렇다면 이 사안에서 피고인들의 이득액 내지 아파트 주민들의 손해액은 도급계약상의 도급금액 300,973,873원과 정당한 도급금액 140,000,000원의 차액에 해당하는 금액인 160,973,873원이 된다. 이렇게 볼 경우 피고인들의 배임의 이득액과 실제로 취득한 금액에 차이가 발생하며 따라서 도급계약상 도급금액 300,973,873원과 실제 공사대금인 140,000,000원의 차액 상당의 160,973,873원에 해당하는 금전은 그 이득액만큼의 현실적인 재산의 증가를 가져오는 재물로 평가할 수는 없는 것이고(전체재산의 증가액≠배임의 이득액) 별도의 계산과정이 필요한 대상으로서 재물이 아니라 재산상 이익으로 보아야 할 것이다. 이러한 취지에서 이 사안을 배임죄로 의율한 판례의 태도는 합당하다고 볼 수 있을 것이다.[79]

만일 리베이트 사례를 교비횡령 사례처럼 횡령죄로 접근하여 범행의 기수시점을 도급계약 체결 시가 아니라 실제 공사대금이 지급된 때로 본다면 어떨까? 그렇게 볼 경우 피고인들이 취득한 횡령의 이득액은 실제로 지급된 공사대금 중 정당한 공사대금을 제한 금액이 되므로 실제 공사대금인 140,000,000원보다 많은 총 245,514,037원을 지급받아 리베이트로 돌려받은 그 차액 상당의 104,514,037원을 횡령의 이득액으로 보아야 할 것이며, 이 금액은 피고인들이 실제로 취득한 금액과 일치하므로 이때에는 재물로 보아 횡령죄의 성립을 인정할 여지도 있을 것이다. 하지만 그렇게 볼 경우 당초 도급계약상의 부풀려진 공사대금으로 인해 아파트 주민들이 부담하게 되는 채무인 160,973,873원을 불법평가에서 온전히 고려하

---

[79] 물론 이 사례도 교비횡령 사례처럼 피고인이 취득한 금전이 도급계약상의 도급금액 중 일부의 비율로서 존재한다는 점에서 재물과 재산상 이익 모두의 양가적 성격을 지닌다는 점은 마찬가지이므로 이 점에 관한 논의는 생략하였다. 아울러 횡령행위로 인해 취득한 대상이 재산상 이익이 될 수도 있음은 전술한 바와 같다. 위탁받아 보관받은 부동산에 근저당권을 설정하는 경우 횡령죄가 성립하는데 이때 횡령행위로 취득한 것은 부동산 자체가 아닌 근저당권설정으로 인한 재산상 이익이 되기 때문이다. 하지만 이때의 재산상 이익은 행령행위의 대상인 부동산의 담보가치 일부를 처분함으로써 그 소유권의 일부(가치)를 침해한 결과로서 발생하는 것인데, 상기 사례는 이러한 유형에 해당하지 않는다. 이 점에 대해서는 김대웅, 앞의 논문, 159-160면 참조 요컨대, 이 사례는 교비횡령 사례처럼 처음부터 의도하였던 재물로서의 금전을 횡령한 것으로 평가할 수 없다는 것이다. 그보다는 판례의 설시처럼 "타인을 위하여 도급계약을 체결할 임무가 있는 자가 부당하게 높은 가격으로 도급계약을 체결하여" 재산상 이익을 취득하고 타인에게 부당하게 많은 채무를 부담하게 하여 손해를 가한 것으로 평가하여 업무상 배임죄를 인정하는 것이 합당해 보인다.

지 못하게 된다. 따라서 이 사례는 비록 사안의 구성방법에 따라 횡령죄의 성립여지도 있다고 볼 수 있지만 정당한 불법평가를 위한 법령의 적용이라는 측면에서도 배임죄로 의율한 판례의 태도가 합당하다고 생각된다.

요컨대, 상기 양 사례의 중요한 차이점은 무엇인가? 우선 교비횡령 사례의 경우는 부풀려 지급된 공사대금 중 되돌려 받은 금액상당의 이득액을 공범자[80]와 피고인이 공동으로 '횡령'한 것으로 평가할 수 있는 반면, 리베이트 사례의 경우는 부풀려 체결한 도급계약상 도급금액 중에서 정당한 도급금액을 제외한 나머지 금액에 해당하는 재산상 이익을 공범자와 피고인이 나누어 가졌다고 볼 수 있다는 점이다. 사실관계와 행위구조가 유사함에도 불구하고 양 사례를 각기 다른 구성요건인 횡령죄와 배임죄로 각각 의율해야 하는 근거는 피고인이 취득한 이득액의 성격, 즉 그만큼 전체재산의 증가를 가져오는 경우와 관념적 계산을 거쳐야 하는 경우로 구별될 수 있다는 점에서 찾을 수 있다.[81] 만일 이러한 입론이 옳다면 대법원 판례는 재물과 재산상 이익이라는 이분법을 통해 횡령죄와 배임죄의 선별적 용을 유의미하게 판단하고 있다고 평가할 수 있을 것이다.

V. 맺음말

이상의 논의를 정리하면 다음과 같다.

형법상 재물과 재산상 이익의 관계에 대하여, 본고는 양자를 엄격히 구분하는 이분법을

---

80) 단, 이 사안에서 공범자인 건설업자는 입건유예처분을 받았다. 이 사실에 대해서는 서울고등법원 2016.12.22. 선고 2016노3073 판결 참조.

81) 물론 양 사례가 이렇게 다르게 평가된 계기가 우연한 사정, 즉 교비횡령과 달리 리베이트 사례에서는 도급계약 상의 공사대금이 완전히 지급되지 않았다는 점에서 기인한다는 점에 대해 비판의 여지가 있을 것이다. 하지만 판례가 타인 소유의 신용카드로 현금을 직접 인출한 경우에는 절도죄가, 이를 계좌이체한 경우에는 컴퓨터등사용사기죄가 인정됨으로써 유사한 사례임에도 불구하고 다르게 취급되어 처벌상의 불균형이 발생한다고 하더라도 구성요건에 명문화된 재물과 재산상 이익이라는 객체의 종류에 따라서 적용법조를 결정해야 한다고 판시(대법원 2003.5.13. 선고 2003도1178 판결)한 취지에 비추어 보면, 이러한 사정에 따라 적용법조가 달라지는 것은 '죄형법정주의'에 비추어 볼 때 크게 불합리하지는 않다고 평가할 수 있을 것이다. 현금의 직접인출과 계좌이체의 경우 대법원이 적용법조를 달리보는 것을 두고 "처벌상의 불균형까지 감수하려는 대법원의 이례적인 단호함은 죄형법정주의를 앞세우는 형법에서는 높이 평가되어야 한다."는 견해로 임성규, 앞의 논문, 52면. 생각건대, 판례는 이러한 사정에 대한 고민과 해결책을 "(도급계약) 이후 타인이 현실로 채무를 이행하였는지 여부는 업무상배임죄의 성립과는 관계가 없다"는 설시를 통해 응축적으로 표현하고 있는 것으로 보인다.

채택하는 통설과 판례의 입장을 기본적으로 지지한다. 형법해석은 기본적으로 법문언에 충실해야 하기 때문이다. 또한 그것이 죄형법정주의의 기본취지를 따르는 것이기도 할 것이다. 다만 금전의 경우, 위임금액을 초과한 현금의 인출과 같이, 불법영득의 대상이 그것이 불특정물로서 일정한 전체금액에 혼화되어 그중 일부에 해당하는 비율로 존재하는 때에는 재물로서의 성질과 재산상 이익으로서의 이중적 성질을 모두 지닐 수 있다는 점을 인정한다. 아울러 재물은 가시적·감각적 개념이고 재산상 이익은 관념적·계산적 개념이라는 전제 하에, 금전의 취득이 취득한 가액만큼의 재산의 현실적 증가를 가져온다면 재물로 취급하고, 그것을 취득한 가액에서 계산을 거쳐서 조정된 만큼의 재산의 증감을 가져오는 때에는 재산상 이익으로 본다는 입장을 취하기로 한다. 이러한 관점에서 볼 때 대법원은 원칙적으로는 재물과 재산상 이익의 이분법을 충실히 따르고 유지하면서도 일부 이분법의 수정이 필요한 특수사례의 경우에 있어서는 예외법리를 제시하고 그에 합당한 근거를 제시하고 있는 것으로 평가할 수 있다고 본다. 예외법리는 대부분 예금채권으로 존재하는 금전의 성질에 관한 것으로서 이때의 예금채권이 재산상 이익이 아닌 재물로 평가받을 수 있는 다음과 같은 조건에 대한 것이다.

첫째, 예금채권으로서 존재하는 금전의 성질에 대하여, 처음부터 예금채권으로 존재하다가 인출되었다면 재물과 재산상 이익의 이분법을 그대로 견지하여 재산상 이익으로 평가되지만, 처음에 현금이던 장물을 중간에 '예금의 형태로 보관하다가' 이를 인출한 때에는 '고도의 대체성을 지닌 금전의 성질을 고려하면' 그 인출된 금액은 '예외적으로' 재물로서의 성질을 유지하게 된다(예외법리 I).

둘째, 장물죄의 본범으로서의 사기죄의 객체인 금전이 재물로 평가받을 수 있는지 여부는 "피해자와의 관계에서 살펴보아 그것이 피해자 소유의 재물인지 아니면 피해자가 보유하는 재산상의 이익인지 여부에 따라서, 다시 말해 다시 말해 기망행위로 의욕한 바, 즉 기망으로 인한 피해자의 재산적 처분행위의 대상이 무엇인지에 따라서 재물성 여부를 판정해야 한다. 따라서 피해자가 본범의 기망행위에 속아 현금을 피고인 명의의 은행 예금계좌로 송금하였다면, 이는 "재물에 해당하는 현금을 교부하는 방법이 예금계좌로 송금하는 형식으로 이루어진 것에 불과하여" 그 인출된 현금의 장물성이 긍정된다(예외법리 II).

셋째, 목적과 용도를 정해 위탁보관된 예금은 위탁된 금전의 보관방법으로서 은행 등 금융기관에 예치된 것이므로 횡령행위의 대상이 될 경우에는 재물로서 평가되며 따라서 횡령죄의 객체가 된다(예외법리 III).

이밖에도 재물과 재산상 이익의 구별이 문제되는 대상판례로서 배임죄 관련 사례가 있으며 배임의 목적물, 즉 배임의 실행행위의 대상이 부동산이나 금전처럼 가시적·감각적 관점에서는 재물로 평가될 수 있는 대상이라 하더라도 그것이 본인 또는 제3자가 취득한 재산의 증가라는 관점에서 볼 때 일정한 계산이 필요한 관념적 대상이라는 점에서 재산상 이익으로 평가받을 수 있다면 배임죄의 객체가 된다고 볼 것이며, 이는 부당이득죄의 경우도 마찬가지이다.

물론 이상의 결론은 잠정적인 것이다. 그 이유는 재물과 재산상 이익의 이분법이 적절하지 않은 것처럼 보이는 모든 사례를 검토해서 내린 결론은 아니기 때문이다. 다만 그럼에도 불구하고 지금까지 판례의 입장을 비판적으로 보는 견해는 많았으나 일관되게 이해해 보려는 시도는 상대적으로 드물었다는 점에 비추어 볼 때 재물과 재산상 이익의 엄격한 구분이라는 이분법의 "원칙적 유지-일부 예외적 수정" 법리의 제시라는 관점에서 정합적으로 해석해 보았다는 점에서 기존의 논의에 대하여 보충적으로 유의미한 기여를 할 수 있다고 생각한다. 그러므로 만일 이러한 '정합적 해석'이 충분히 풍부한 사례에서 기존의 법리에서 크게 벗어나지 않는 방향으로 그 타당성이 유지될 수 없다면, 다시 말해 양적으로나 질적으로 정합적 해석이 한계에 다다르는 상황에 이르게 된다면 기존의 논의처럼 이분법의 폐기 내지 수정의 필요성은 더 큰 정당성을 갖게 될 것이다. 그때까지 잠정적으로 판례의 태도를 일관된 관점에서 선해해 보려는 노력도 실무적으로나 도그마틱적으로 중요하다고 생각한다.

[25] 임의제출물 압수에서 '임의성' 요건: 자백배제법칙과 미란다 판결의 함의

I. 문제의 제기

　　최근 현행범 체포현장에서 형사소송법 제218조에 의한 임의제출물의 압수가 가능한가를 둘러싸고 벌어진 하급심[1]과 대법원[2] 간의 법리다툼은 임의제출에서 '임의성'의 의미에 대해 학계와 실무의 관심을 촉발시키기에 충분한 것으로 보인다. 사실 그동안 국내에서 임의성의 의미나 인정요건과 관련된 해석론과 법리는 충분히 축적되어 오지 못하고 있었다. 쟁점을 간단히 정리하면 하급심은 현행범 체포과정에서 수사기관은 피의자에 대해 우월한 지위에 있으므로 사실상 피의자가 임의제출을 거절할 수 없기 때문에 제218조의 임의성 요건은 부정된다고 보아야 하고, 따라서 이 경우에는 제217조를 적용해 사후영장을 받아야 한다는 입장인 반면 대법원은 현행범 체포현장이라고 하더라도 제출의 임의성이 인정된다면 제218조에 따른 임의제출물의 압수가 가능하다고 보고 있다.

　　상·하급심 간의 상기 해석논쟁은 제218조는 물론 자백의 임의성(제309조), 진술의 임의성(제317조) 등 형사소송법에 자주 등장하는 '임의성'이란 개념의 의미 폭이 얼마나 넓은지를 여실히 보여주는 적절한 사례라고 말할 수 있다. 하급심은 수사기관에 의해 현행범으로 체포된 피의자는 심리적 위축으로 인해 '임의성'을 인정할 수 없다는 것이고, 대법원은 설령 그러한 상황에서 압수물을 제출한다고 하더라도 '임의성'이 인정되는 경우도 있다고 판단하고 있는 것이다. 요컨대, 대법원은 '상당한 수준의 심리적 강제'가 추정되는 상황에서도 제출의 임의성은 인정될 여지가 있다고 보지만, 하급심은 그러한 수준의 강제가 추정되는 경우라면 곧바로 임의성을 부정하고 증거능력을 배제해야 한다는 취지로 해석할 수 있을

---

[1] 의정부지방법원 2019. 8. 22. 선고 2018노2757 판결; 의정부지방법원 2019. 10. 31. 선고 2018노3609 판결.

[2] 대법원 2019. 11. 14. 선고 2019도13290 판결; 대법원 2020. 4. 9. 선고 2019도17142 판결.

것이다. 임의성을 규정하는 관점의 차이 내지 간극이 상당히 큰 것을 엿볼 수 있다.

위 견해대립은 저 유명한 미란다 판결을 떠올리게 만든다. 미연방대법원이 주목한 것은 바로 '구금상태하의 신문(interrogation in custody)[3]'은 '본래적으로 강제적인 압력(inherently compelling pressures)'을 지니고 있다는 점인데, 하급심의 입장은 바로 이와 마찬가지로 체포현장에서 수사기관과 피의자 간 대등하지 못한 심리적 불균형 관계의 현실을 적확하게 지적하고 있기 때문이다. 아울러 그렇다면 만일 체포현장이 아닌 곳에서의 임의제출 시에도 본래적으로 강제적인 압력이 추정된다고 평가할 수 있는 것인지에 대해서 하급심은 과연 어떤 입장인지 의문을 품게 만든다. 다양한 심리학적 연구결과에 의하면, 수사기관과 시민 간의 대면(encounter)은 그 자체로 강제적 분위기를 형성하여 시민을 심리적으로 위축시킬 수 있기 때문이다.[4] 이처럼 임의성 인정여부를 판결하기 어려운 상황의 스펙트럼은 '비구금 상태 하에서 임의제출이나 신문에 의한 자백'부터 '체포나 구속 등 구금상태 하에서 임의제출이나 신문에 의한 자백'에 이르기까지 넓게 분포할 수 있다. 임의성을 엄격하게 정의하는 관점들 중에는 '비구금상태 하에서의 임의제출', 즉 실무에서 많이 활용되는[5] 영장 없는, '동의에 의한 압수(consent seizure)' 시에도 임의성을 인정할 수 없다는 견해도[6] 있을 것이다. 이 경우에도 임의성을 온전히 인정하기 어렵다고 보기 때문이다. 하지만 이러한 '엄격' 해석론은 형사소송법이 '임의제출물의 압수'를 허용하고 있는 태도와 다르고 상기 대법원의

---

3) '사실상의 구금상태(in custody)'란 체포나 구속은 물론 '일체의 중대한 방식으로 행동의 자유가 박탈(the deprivation of freedom of action in any significant way)'된 상황을 말한다. Custodial Interrogations, *37 Geo.L.J.Ann.Rev.Crim.Proc. 168* (2008), at 170. 이하 본고에서는 간단히 '구금상태'로 번역하기로 한다.

4) Stanley Milgram, Obedience to Authority: An Experimental View(New York: Perennial Classics, 2004); Leonard Bickman, The Social Power of a Uniform, *4 J. Applied Soc. Psychol.47* (1974); Janic Nadler, "No Need to Shout: Bus Sweeps and the Psychology of Coercion, *Sup.Ct.Rev. 153* (2002). 현장수사경험이 많은 수사관들과 인터뷰를 해보면 심지어 수사기관 관계자도 지위고하를 막론하고 임의제출을 요구받는 상황이 되면 당황하게 되는 등 심리적으로 상당히 위축된다고 한다.

5) 김희옥·박일환 대표편집, 주석 형사소송법(II) (한국사법행정학회, 2017), 308면.

6) Marcy Strauss, "Reconstructing Consent", 92 J.Crim.L.&Criminology 211 (2002) at 222-253. 동 문헌은 영장 없이 수행되는 '동의수색(consent search)'은 첫째, '임의성을 기준으로 하는 심사(voluntariness test)' 기준을 따르는 한 그 내재적인 한계에 부딪칠 수밖에 없고 둘째, 대부분의 시민들은 수사기관의 수색 '요청(request)'을 '강제성이 있는 요구(demand)'나 '명령(command)'으로 받아들인다는 현실(특히 미국에서 유색인종의 경우)을 제대로 반영하지 못하고 있으며 셋째, 수사기관이 임의수색 당시에 대한 기억의 왜곡에 의해 '위증(perjury)'을 하게 됨으로써 '사법의 염결성(judicial integrity)'를 훼손시키는 결과를 초래하는 결과를 가져오기 때문에 결국 폐지하는 것이 바람직하다고 주장한다. 이러한 논지는 동의에 의한 압수, 즉 임의제출에 대해서도 같은 입장이라고 볼 수 있을 것이다.

입장과도 배치되는 것이다. 현행법과 대법원은 현행범 체포 시 임의제출 상황처럼 '일정한 수준의 심리적 강제'가 추정되더라도 그것을 경감하는 사정이 존재한다면 임의성을 인정할 수 있다는 입장으로 보이는바, 임의성은 그 관점에 따라서[7] 매우 다의적이고 논쟁적인 성격의 개념임을 쉽게 파악할 수 있다. 미란다 원칙이 자백의 증거능력 판단과 관련해 전통적인 심사방법인 '임의성을 기준으로 하는 테스트(voluntariness test)'를 극복하는 과정에서 탄생한 것이라는 역사적 배경도 이러한 맥락에서 이해할 수 있을 것이다.[8]

본고는 이처럼 임의제출물의 압수와 관련해 '임의성' 유무에 초점을 맞추어 증거능력을 판단하는 방식이 갖는 한계를 지적하고, 압수거부권이 사전 고지되고 임의제출의 기본적 외관을 갖춘 경우는[9] 임의성을 인정하되, 제309조의 법문처럼 폭행, 협박, 기망 등 '임의성을 의심할 만한 이유가 있는 때'에는 증거능력을 배제하는 방향으로 제218조를 해석하고 운용하되(위법배제설의 채택), 다만 수사기관의 위법행위는 없지만 임의성에 의심이 있는 경우에는 보충적으로 '상황의 총체성'을 고려해 임의제출의 적법성을 판단하는 것이 바람직하다는 결론을 제시해 보고자 한다(종합설의 보충적 고려). 이를 위해 먼저 모두에서 논급한 상·하급심 간의 법리 및 해석논쟁을 개관해 보면서 임의성 유무에 초점을 맞추어 증거능력을 판단하는 방식이 지닐 수밖에 없는 한계점을 살펴보고(II), 자백배제법칙과 관련해 그동안 판례를 통해 형성되어 온 임의성 판단의 법리를 검토한 후 위법배제설 및 종합설의 장점을 입론하고(III), 이러한 중간결론을 동의에 의한 압수·수색의 적법성과 관련된 미연방 대법원의 주요 판례 및 이에 대한 비판적 평석들과 비교·검토해 본 후 임의제출 시 압수거부권의 의무화·입법화 필요성 도출해 내면서(IV), 최종적으로 임의제출물 압수 시 요구되는 임의성 요건에 대하여 합당한 결론을 제시해 보고자 한다(V).

---

7) 특히 제3자는 당사자에 비해 상황의 강제성 수준을 낮게 예측한다는 흥미로운 실험결과의 소개로는, Roseanna Sommers&Vanessa K. Bohns, "The Voluntariness of Voluntary Consent: Consent Searches and the Psychology of Compliance" *128 Yale L.J. 1962* (2019) 참조.

8) 이 점에 대해서는 조국, "미란다 규칙의 실천적 함의에 대한 소고", 형사법연구 제10호, 1997, 410면 이하 참조.

9) 예컨대 임의제출진술이 있거나 임의제출서가 징구된 사정 등.

Ⅱ. 현행범 체포 시 임의제출 가능성 논쟁: 임의성 판단기준에 대한 근본적 의문

1. 하급심의 해석론: '본래적으로 강제적인 압력' 추정론

첫 번째 사안의 사실관계: 피고인은 2018.3.20. 지하철역 에스컬레이터에서 핸드폰 카메라를 이용해 여성 피해자의 치마 속을 몰래 촬영하였다. 그 후에도 총 17회에 걸쳐 이와 유사한 기능을 갖춘 기계장치를 이용해 성적 욕망이나 수치심을 유발할 수 있는 타인이 신체를 촬영하였다. 마지막으로 역시 지하철역 에스컬레이터에서 18번째로 핸드폰 카메라를 이용해 여성 피해자의 치마 속을 촬영하다가 경찰관에서 현행범으로 체포되어 성폭법상 카메라등이용촬영죄로 기소되었다.

두 번째 사안의 사실관계: 유사한 사안으로서 피고인은 2018.3.7.부터 2018.4.18.까지 7회에 걸쳐 지하철 전동차 내에서 카메라 기능이 부착된 핸드폰으로 성적 욕망 또는 수치심을 유발할 수 있는 피해자들의 신체를 그 의사에 반하여 촬영하였다. 여기서도 피고인은 성폭법상 카메라등이용촬영죄로 기소되었다.

피고인은 각기 다르지만 피해자의 신체를 몰래 촬영한 카메라를 현행범 체포현장에서 임의제출했다는 점에서 유사한 상기 두 사안에서 현행범 체포 시 임의제출의 허용여부에 대한 의정부지방법원의 판단[10]은 거의 동일하다.

그 요지는 일반적인 현행범 체포현장에서 자신의 죄책을 증명하는 물건을 스스로 제출할 의사가 피의자에게 있다고 해석하는 것은 사회통념에 어긋나, 사법신뢰를 잃기 쉽다는 것이다. 설령 현행범 체포현장에서 피체포자의 임의제출진술이 있다거나 사후적으로 임의제출서가 징구되었더라도, 이는 우월적 지위에 있는 수사기관 영향에 기한 것으로 보아야 하는데, 왜냐하면 수사기관은 계속 구금할 수 있는 구속영장청구 여부 내지 확대 압수·수색을 위한 영장청구를 판단할 권한이 있기 때문이라고 한다. 그러므로 체포대상자에 대하여 형사소송법 제218조에 따른 임의제출물 압수·수색을 인정할 필요성은 오로지 형사소송법 제217조 소정의 사후 압수·수색영장 절차를 생략하는 데에 있으며 이는 긴급압수물에 대한 사후영장제도를 형해화시키는 결과를 낳게 될 수 있으므로 제218조에 따른 영장없는 압수·수색은 현행범 체포현장에는 허용되지 않는다고 해석해야 마땅하다는 것이 하급심 논지의

---

10) 의정부지방법원 2019. 8. 22. 선고 2018노2757 판결; 의정부지방법원 2019. 10. 31. 선고 2018노3609 판결.

핵심이다. 물론 두 사안에서 하급심은 공통적으로 "종전의 대법원 판례에 따라 현행범 체포 현장에서 제218조에 따른 임의제출물의 압수가 가능하다고 하다고 보더라도" 제출의 임의 성 여부를 검사가 입증하여야 하는데, 이를 입증하지 못하여 증거능력이 부정되어야 한다고 설시하고 있으나, 여전히 법리적 측면에서는 이러한 상황에서는 임의제출의 임의성이 곧바 로 부정되어 제218조의 적용이 배제되므로 제217조의 사후영장을 받아야 한다는 입장으로 보는 것이 타당할 것이다.

2. 대법원의 해석론: '임의성' 추정론

이에 대해 대법원은 다음과 같이 반박한다.

"범죄를 실행 중이거나 실행 직후의 현행범인은 누구든지 영장 없이 체포할 수 있고(제 212조), 검사 또는 사법경찰관은 피의자 등이 유류한 물건이나 소유자·소지자 또는 보관자 가 임의로 제출한 물건은 영장 없이 압수할 수 있으므로(제218조), 현행범 체포현장이나 범죄현장에서도 소지자 등이 임의로 제출하는 물건은 형사소송법 제218조에 의하여 영장 없이 압수하는 것이 허용되고, 이 경우 검사나 사법경찰관은 별도로 사후에 영장을 받을 필요가 없[으므로]", 현행범 체포현장에서는 임의로 제출하는 물건이라도 압수할 수 없다는 원심의 판단부분은 잘못되었다고 설시한다. 그런데 대법원은 하급심의 해석론에 대해서 결론을 제외하고는 특별히 잘못된 점을 구체적으로 논급하고 있지는 않다.

다만 그러한 판단의 근거가 되는 선례(대법원 2016. 2. 18. 선고 2015도13726 판결)를 참조하고 있을 뿐이다. 동 판례에 따르면 "검사 또는 사법경찰관은 형사소송법 제212조의 규정에 의하여 피의자를 현행범 체포하는 경우에 필요한 때에는 체포 현장에서 영장 없이 압수·수색·검증을 할 수 있으나, 이와 같이 압수한 물건을 계속 압수할 필요가 있는 경우에 는 체포한 때부터 48시간 이내에 지체 없이 압수영장을 청구하여야 한다(제216조 제1항 제2호, 제217조 제2항). 그리고 검사 또는 사법경찰관이 범행 중 또는 범행 직후의 범죄 장소에서 긴급을 요하여 판사의 영장을 받을 수 없는 때에는 영장 없이 압수·수색 또는 검증을 할 수 있으나, 이 경우에는 사후에 지체 없이 영장을 받아야 한다(제216조 제3항). 다만 형사소송법 제218조에 의하면 검사 또는 사법경찰관은 피의자 등이 유류한 물건이나 소유자·소지자 또는 보관자가 임의로 제출한 물건은 영장 없이 압수할 수 있으므로, 현행범 체포현장이나 범죄장소에서도 소지자 등이 임의로 제출하는 물건은 위 조항에 의하여 영장 없이 압수할 수 있고, 이 경우에는 검사나 사법경찰관이 사후에 영장을 받을 필요가 없다."

고 한다. 요컨대, 제218조는 사후영장을 요하는 제216조나 제217조에 대해 이를 필요로 하지 않는 예외조항이 된다고 해석하는 취지인 것이다. 다만 그와 같은 해석론에 도달하게 된 근거가 조문의 문리해석상 당연하다는 취지에서 비롯된 것인지, 현행범 체포 시에도 임의제출이 가능하다는 선이해에서 비롯된 것인지 분명하지 않다. 다시 말해, 조문의 취지가 그러하므로[11] 현행범 체포 시에도 임의성이 인정되는 때가 있다고 보아야 한다는 것인지, 아니면 현행범 체포 시에도 임의성이 인정될 수 있기 때문에 조문을 그렇게 해석해야 한다는 것인지 명확히 논급하고 있지는 않다.

추측컨대 대법원의 이러한 해석론은 인신구속 하에서 진술의 임의성 판단과 관련해 '고문, 폭행, 협박, 신체구속의 부당한 장기화 또는 기망 기타 진술의 임의성을 잃게 하는 사정'이 없다면 임의성은 '추정'되며, 임의성을 잃게 하는 그와 같은 사정은 헌법이나 형사소송법의 규정에 비추어 볼 때 '이례'에 속한다고 보는 기존의 입장,[12] 즉 '임의성 추정론'의 연장선상에서 비롯된 것으로 보인다. 다시 말해 대법원은 현행범 체포상황에서는 피의자의 심리상태가 위축되어 강압적 분위기가 형성될 수 있다는 점을 인정하더라도 고문, 폭행, 협박 등과 같은 '이례'적 위법행위가 없다면 임의성은 '추정되며', 다만 임의제출의 의미나 효과를 고지했는지 여부, 임의제출할 경우 압수되어 돌려받지 못한다는 사정을 충분히 알고 있었는지 여부 등 '상황의 총체성'을 고려하여 임의성을 판단해야 한다는[13] 기존의 입장에 기초한 것으로 이해할 수 있을 것이다.[14]

---

11) 예컨대 제218조에서 임의제출자의 자격을 소유자소지자, 보관자로 제한하고 있을 뿐 장소를 제한하는 규정을 두고 있지 않다는 점에서 현행범 체포상황이라 하더라도 임의제출 자체가 불가능한 것으로는 볼 수 없다는 견해로는 신이철, "형사소송법 제218조의 유류물 또는 임의제출물의 압수에 대한 소고", 형사법의 신동향 제67권, 2020, 98면 참조.

12) 대법원 1983. 3. 8. 선고 82도3248 판결. 이러한 대법원 입장을 '임의성 추정론'으로 명명하며 이처럼 인신구속 하에서 획득한 자백이 임의성이 없는 경우는 '특히 이례에 속하는 것'이라는 '확정적 추정(conclusive presumption)'은 미란다 판결이 구금상태 하의 신문은 '본래적으로 강제적인 압력'을 지니고 있다고 판단한 것과 정면으로 배치된다고 비판하는 견해로는, 조국, "'자백배제법칙'의 근거와 효과 그리고 '임의성' 입증", 서울대학교 법학 제43권 제1호, 2002, 388면.

13) "검찰수사관이 필로폰을 압수하기 전에 피고인에게 임의제출의 의미, 효과 등에 관하여 고지하였던 점, 피고인도 필로폰 매매 등 동종 범행으로 여러차례 형사처벌을 받은 전력이 있어 피압수물인 필로폰을 임의제출할 경우 압수되어 돌려받지 못한다는 사정 등을 충분히 알았을 것으로 보이는 점, 피고인이 체포될 당시 필로폰 관련 범행을 부인하였다고 볼 자료가 없고, 검찰수사관이 필로폰을 임의로 제출받기 위하여 피고인을 기망하거나 협박하였다고 볼 아무런 사정이 없는 점 등에 비추어 보면, 피고인은 필로폰의 소지인으로서 이를 임의로 제출하였다고 할 것이므로 그 필로폰의 압수도 적법하다(대법원 2016. 2. 18. 선고 2015도13726 판결)."

14) 자백의 임의성과 관련해서도 "조서의 형식, 내용(진술거부권을 고지하고 진술을 녹취하고 작성완료 후

요컨대, 대법원은 '상당한 수준의 강압'이 추정되는 상황 하에서도 '상황의 총체성'을 고려해 보면 임의성이 인정될 여지가 있다고 판단하고 있는 것으로 보는 것이 타당할 것이다.

이와 관련된 평석들은 대체로 대법원의 판단을 지지하는 것으로 보인다.[15] 즉, 하급심의 논지에도 일리는 있으나, 법문의 해석상 체포현장이라 하더라도 임의제출의 가능성이 원천적으로 차단되지는 않는다는 것이다.[16] 그러한 상황에서도 원칙적으로 임의제출이 허용되나, 다만 이때에는 임의성 여부를 좀 더 주의 깊게 검토해 보아야 하고 검사는 임의성을 엄격하게 입증해야 한다는 것이다.

3. 견해대립의 시사점: 자백배제법칙의 이론적 근거의 재음미 필요성

상기 견해대립은 '임의성' 판단과 관련해 세 가지 중요한 의미를 담고 있다.

첫째, 임의성 개념의 의미 폭이 넓기 때문에 '임의성 유무'에 초점을 맞추는 방식은 임의제출의 적법성 판단기준으로는 거의 무용하다는 점을 알 수 있다. 하급심과 대법원은 각기 다른 관점에서 임의성 유무를 판단하고 있는 것으로 보인다. 엄격한 관점에서 보면 수사기관과 시민 간 상호작용의 현실에 비추어 볼 때 진정 '임의적인' 동의에 의한 압수나 수색은 언제나 성립이 불가능할 것이다.

둘째, 현행범 체포현장에서 구금상태로 인한 심리적 위축과 강제적 압력이 형성될 수 있음에도 불구하고 이 경우 임의제출의 '임의성'을 인정할 여지가 있는지에 대해서 하급심과 대법원은 상이한 견해를 견지하고 있음을 알 수 있다. 문리적으로 제218조가 체포·구속 상태 하에서는 그 적용이 배제된다는 명문의 근거가 없는 이상, 현행법의 태도는 대법원의 입장과 마찬가지로 상당한 수준의 강압이 추정되는 상황에서도 임의제출의 '임의성'이 인정될 수 있다는 취지로 해석하는 것이 타당할 것이다. 다만, 그러한 해석론을 지지한다고 하더

그 내용을 읽어 주어 진술자가 오기나 증감변경할 것이 없다는 확인을 한 다음 서명날인하는 등), 진술자의 신분, 사회적 지위, 학력, 지능정도 그 밖의 여러 가지 상황을 참작하여 법원이 자유롭게 판정한다"는 입장이다(대법원 1983. 3. 8. 선고 82도3248 판결). 하지만 대법원의 이러한 입장은 결국 '상황의 총체성' 기준에만 의존하는 것으로서 이 기준에 대한 비판으로부터 자유롭지 못하게 된다.

15) 신이철, 앞의 논문, 97면 이하; 신상현, "임의제출물 압수의 적법요건으로서의 임의성", 형사법의 신동향 제67권, 2020, 274면 이하; 김정한, "임의제출물의 압수에 관한 실무적 고찰, 형사법의 신동향 제68권, 2020, 251면.
16) 동지의 김희옥/박일환 대표편집, 앞의 책, 317면.

라도 대법원은 과연 어떠한 요건을 갖추어야만 일정한 수준의 강압 하에서도 임의성이 인정될 수 있는지에 대해 명확한 기준을 제시해 주고 있지 못하다.[17] '상황의 총체성'을 고려해야 한다는 입장으로 보이지만, 이 기준은 후술하는 바와 같이 한계에 봉착하고 만다. 미란다 판결처럼 '압수거부권'의 고지를 적법성 인정을 위한 필수요건으로 둘 수 있겠지만, 대법원은 임의제출물의 임의성 판단과 관련해 '임의제출의 의미와 효과(아마도 압수거부권도 포함하여)의 고지'를 고려사항으로 언급하고 있지만 어디까지나 그것은 '상황의 총체성'의 일부를 구성하는 한 요소로서 다루어질 뿐이지 필수적인 요건으로 요구하고 있지 않다.

셋째, 상·하급심 법리다툼에서도 볼 수 있는 바와 같이 임의제출물의 압수와 관련해서 '임의성' 판단법리가 구체적으로 형성되어 있지 못하다는 사실을 알 수 있다. 대법원과 하급심은 각기 자신의 입장만을 내세울 뿐 어떠한 이유에서 기존의 대법원 입장이 틀렸는지, 또는 하급심의 입장이 왜 잘못되었는지 충분히 납득할 수 있을 만큼 적실한 근거를 설시해 주고 있지 못하다.

이처럼 임의제출물 압수의 적법성 또는 임의성 인정요건과 관련된 법리나 해석론이 부족한 상황이라면 그러한 판단기준과 관련해 이미 상당한 해석론적 논의성과를 이루어 낸 자백배제법칙의 이론적 근거들을 살펴볼 필요가 있을 것이다. 후술하겠지만 이러한 접근 방식은 미연방대법원이 '동의에 의한 수색(consent search)'과 관련된 리딩 케이스에서 '임의성'을 어떻게 판단할 것인지에 대해 자백의 임의성 판단기준에 주목하고자 했었던 사실에서도 힘입은 바 크다. 물론 소송법 전반에 걸쳐 여러 조문에 등장하는 '임의성'을 모두 통일적으로 해석하는 것이 옳은 것인지, 형법상 의사의 자유나 승낙 등에 요구되는 임의성 내지 자발성과는 또 어떠한 연관이 있는지 더 논구될 필요가 있을 것이지만, 본고에서 주목하고자 하는 바는, 임의성 판단기준에 대한 현재의 한계상황이 자백배제법칙의 이론적 근거와 관련해 전개되어 온 논의상황의 맥락과 밀접히 맞닿아 있다는 판단 하에, 상대화되기 쉬운 '주관적 판단대상'으로서의 '임의성 기준'을, 법적인 판단을 내릴 때 보다 합당한 '객관적 판단대상'으로 어떻게 전환시킬 수 있으며, 그 전환된 구체적인 기준은 어떠한 것인지에 초점을 맞추어 논의를 진행하고자 한다.

---

17) 다만, 전술한 첫 번째 사안에서 하급심(원심)은 "임의제출에 의한 압수절차와 그 효과에 대한 피고인의 인식 또는 경찰관의 고지는 없었던 것으로 보이고, 임의성 증명방법으로 형식적 서류가 요구되는 것은 아니지만, 경찰관은 피고인으로부터 임의제출서를 징구하고 압수증명서를 교부해야 함에도 이러한 절차를 준수하지 않았으므로" 경찰관의 강제수사 또는 피고인의 임의적 제출의사 부재를 의심할 수 있다고 설시하고 있어서(의정부지방법원 2019. 8. 22. 선고 2018노2757 판결) 임의제출물 압수 시 요구되는 임의성 인정의 요건을 제시하려는 시도를 하고 있는 것으로 볼 여지가 있을 것이다.

III. 자백의 임의성 판단기준과 임의제출물 압수의 적법성 판단요건

미국에서 동의에 의한 압수·수색과 관련된 '임의성 판단' 법리는 기본적으로 자백의 임의성 기준과 관련된 판례의 입장에 기초해 발달해 온 것으로 보인다. 그렇다면 임의제출물의 압수에서 임의성 판단과 관련된 법적 기준의 정립을 위해 자백배제법칙의 근거와 관련해 전개되어 온 학설과 판례들을 검토해 봄으로써 그 논의의 단초를 마련해 보는 것도 의미가 있을 것이다.

1. 학설의 개관 및 검토

(1) 허위배제설

자백배제법칙의 이론적 근거는 다양하지만, 여기에는 일정한 역사적 흐름이 있다고 널리 받아들여지고 있다. 전통적인 관점은 임의성 없는 자백은 허위가 개입될 여지가 크고 진실의 발견을 저해하기 때문에 증거능력이 부정된다는 허위배제설의 입장인데, 이에 따르면 임의성 없는 자백이란 허위의 진술을 할 염려가 있는 상황 하에서 행하여진 자백을 의미하며, 기망에 의한 자백이라도 허위의 자백이 아니면 임의성을 긍정하게 된다. 따라서 임의성 문제는 진실성 내지 신뢰성 문제가 된다. 이 학설에 대해서는 증거능력 판단의 기준이 되어야 할 '임의성' 개념을 '증명력' 판단의 기준인 '신빙성(reliability)'으로 대체하는 오류를 범했다는 비판이 일반적이다.[18]

임의제출물의 압수와 관련시켜서 볼 때 허위배제설은 별다른 의미를 지니지 못함을 알 수 있다. 예컨대 강압에 의한 압수라 하더라도 진술증거와 달리 그 자체의 신용력에 차이가 생기지는 않기 때문이다.

---

18) 권오걸, 형사소송법 (형설출판사, 2010), 665면; 손동권, 형사소송법 (세창출판사, 2010), 551면; 신동운, 신형사소송법 (법문사, 2011), 1167면; 신양균, 형사소송법 (화산미디어, 2009), 752면; 이은모/김정환, 형사소송법 (박영사, 2019), 616면; 이재상, 형사소송법 (박영사, 2012), 552면; 정승환, 형사소송법 (박영사, 2018), 554면; 조국, 앞의 논문(각주 12), 377면; 차용석/최용성, 형사소송법 (21세기사, 2008), 511면. 반면, "왜 자백배제법칙이 중요한 적법절차원리가 되었는가"라는 질문에 대한 답으로 허위배제설이 의미있는 논거를 제시한다고 보는 견해로 배종대/홍영기, 형사소송법 (홍문사, 2017), 313면.

(2) 인권옹호설

이러한 문제점을 안고 있던 허위배제설과 차별성을 분명히 내세우며 주장된 인권옹호설은 증거법적 측면에서 헌법상의 진술거부권을 보호하기 위한 장치가 자백배제법칙이라는 입장으로서 범죄사실의 인부에 대한 의사결정의 자유, 즉 진술의 자유를 침해하는 경우 자백의 임의성이 부정된다고 평가하는 입장이다.[19] 소위 '형사절차혁명(criminal procedure revolution)' 이전까지 미국연방대법원이 취해왔던 '임의성을 기준으로 하는 테스트(voluntariness test)'를 계수한 입장으로서 독일 형사소송법 제136조 a의 '금지된 신문방법' 내지 '증거금지(Beweisverbote)'의 이론적 기초가 된 학설이다. 이 입장에 따르면 '자백의 임의성'은 피의자·피고인의 '자유롭고 합리적인 선택'인지 여부에 따라 결정된다. 그러한 임의성 판단기준에 대해 대법원 판례는 "구체적인 사건에 따라 당해 조서의 형식과 내용, 피고인의 학력, 경력, 직업, 사회적 지위, 지능정도 등 제반 사정을 참작하여 판단한다"[20]고 하는데, 그 취지는 '상황의 총체성(totality of the surrounding circumstances)'을 고려하여 임의성 유무를 판단하는 미연방대법원의 입장[21]과 맞닿아 있다.

인권옹호설은 일견 '임의성'의 의미 그 자체에 초점을 맞추고 있다는 점에서 헌법과 형사소송법의 문언에 충실한 판단기준을 두고 있다는 장점이 있으나, 이에 대해서는 여러 측면의 비판이 제기된다. 첫째, 임의성 판단을 '의사결정의 자유' 여부에 따라서 내려야 하므로 이를 위해 '상황의 총체성'을 고려해야 하지만, 앞서 살펴본 바와 같이 현행범 체포 상황에서의 임의제출이 가능한지에 대해서 견해가 다를 수 있듯이, 이에 대한 판단은 법관의 재량에 의존해 차이가 날 수밖에 없으므로 증거능력 판단기준이 주관화, 내면화될 수 있다.[22] 둘째, '임의성'이란 기준만으로는 수사기관의 신문 내지 임의제출 요구 시에 사용되

---

19) 피의자·피고인으로 하여금 국가기관에 자발적으로 협조할 것을 강요하는 것은 그의 내면의 자유를 침해하여 인간의 존엄을 훼손시킨다는 점에서 인권옹호설도 자백배제법칙의 중요한 근거라고 보는 입장으로는 배종대/홍영기, 앞의 책, 313-314면.

20) 대법원 1993. 7. 27. 선고 93도1435 판결.

21) 미국 판례에서 '상황의 총체성'은 피의자·피고인의 연령, 교육수준, 정신적·육체적 상태, 신문수사관의 수, 신문기간, 신문장소 등을 종합적으로 고려하는 것을 뜻한다. 본고에서는 대법원이 임의제출이나 진술의 임의성 판단을 위해 고려하고 있는 제요소들, 예컨대 신분, 사회적 지위, 학력, 지능정도, 제출의 의미와 효과를 고지했는지 여부 등의 고려사항들을 통칭하는 용어로 '상황의 총체성' 개념을 사용하고자 한다.

22) '상황의 총체성'이라는 기준이 법원과 소송당사자 및 수사기관에게 일관된 가이드라인을 제공하기에 얼마나 무기력한 기준인지 다양한 사례를 통해 논증하고 있는 입장으로는 Marcy Strauss, *Ibid.*, at 223-236.

는 수사기법에 있어서 본래적으로 내재할 수밖에 없는 강제적 요소가 허용되는 정도에 대해 명백한 기준을 제시하지 못한다. 셋째, 자백배제법칙의 근거를 진술거부권의 침해라는 측면에서만 찾게 된다면 그 이외의 사유, 예컨대 여러 절차상의 위법행위, 즉 헌법적, 법률적 이익에 대한 침해 내지 중대한 위험을 제거하는 데 충분하지 못하다.[23]

상기 비판에도 불구하고 인권옹호설은 임의제출물의 압수의 요건과 관련해 그 의의가 충분히 검토될 필요가 있다. 왜냐하면 형사소송법 제218조 법문에 따르면 "임의로 제출한 물건을 영장없이 압수할 수 있다."고 하여 법률이 '임의성'을 요건으로 두고 있는 한 '의사결정의 자유'라는 임의성의 의미 그 자체를 경시할 수는 없기 때문이다.

(3) 절충설

이 학설은 허위배제설과 인권옹호설을 결합한 것으로 자백에 허위가 개입할 의심이 있거나, 자백획득과정에서 진술의 자유를 침해한 경우 증거능력을 배제하는 입장이다. 대법원 판례 중에는 "임의성 없는 자백의 증거능력을 부정하는 취지는 허위진술을 유발 또는 강요할 위험성이 있는 상태 하에서 행하여진 자백은 그 자체가 실체적 진실에 부합하지 아니할 소지가 있으므로 그 증거능력을 부정함으로써 오판의 소지를 없애려고 하는 데에 있을 뿐만 아니라, 그 진위 여부를 떠나서 임의성 없는 자백의 증거능력을 부정함으로써 자백을 얻기 위하여 피의자의 기본적 인권을 침해하는 위법·부당한 압박이 가하여지는 것을 사전에 막기 위한 것"이라고 설시하여 절충설을 취하고 있음을 명백히 하고 있는 것도 있다.[24] 이 입장에 따르면 형사소송법 제309조는 '자백의 임의성 법칙'을 규정한 것으로 이는 '자백의 위법배제법칙'과 다르다고 한다.[25] 제309조에 위반한 신문방법은 허위가 개입할 여지가 있거나 임의성에 의심이 있다고 평가되므로 이때는 바로 자백의 임의성 법칙을 규정한 제309조를 적용해 증거능력을 배제하고, 기타 진술거부권을 불고지하거나 변호인 접견권을 침해하는 등 자백의 임의성은 인정되더라도 자백획득의 절차와 방법이 위법한 경우에는 자백의 임의성 법칙이 아니라 별도의 위법수집증거배제법칙(제308조의2)으로 해결해야 한다는 견해이다.[26]

---

23) 권오걸, 앞의 책, 664면; 손동권, 앞의 책, 551면; 신동운, 앞의 책, 1169면; 이은모/김정환, 앞의 책, 617면; 이재상, 앞의 책, 552-553면; 정승환, 앞의 책, 555면; 차용석/최용성, 앞의 책, 512면.
24) 대법원 2000. 1. 21. 선고 99도4940 판결.
25) 이삼, 자백배제법칙에 관한 연구, 성균관대학교 박사학위 논문, 2002, 105면 이하.
26) 신양균, 앞의 책, 755면.

이 학설에 대해서는 첫째, 허위배제설과 인권옹호설에 대한 비판이 그대로 적용될 수밖에 없고,[27] 둘째, '임의성이 없거나 의심스러운 자백'과 '임의성은 있으나 위법한 절차에 의해 획득한 자백'을 구별해 각기 다른 조문을 적용하는 해석론이 '임의성이 의심스러운 자백'의 배제를 규정한 제309조의 취지에 부합되는 것인지 의문이라는 비판이 제기된다.[28] 왜냐하면 '임의성에 의심이 있다'는 법문의 의미는 '임의성이 없다'와 다르며, '임의성을 의심하게 하는 유형적 위법활동을 금지한다', 그리고 '임의성의 결여를 증명할 필요가 없다'는 의미를 가지고 있어서, 자백배제법칙을 군이 '자백의 임의성 법칙'으로 제한하여 해석할 필요가 없기 때문이다.[29]

(4) 위법배제설

위법배제설은 제309조의 자백배제법칙을 자백의 임의성 법칙으로 국한시켜 이해할 필요가 없다는 해석론에 기초하여 논란이 많은 '임의성'이란 기준으로부터 탈피해 자백 취득 과정에서 헌법 제12조 제1항의 적정절차원칙의 이념을 보장하기 위한 증거법상의 법칙으로 이해하는 학설로서 현재 다수설이다.[30] 그 이론적 배경에 있어서 미국 '형사절차혁명'으로 확립된 위법수집증거배제법칙의 시각에서 자백배제법칙을 포괄하려는 시도로 평가되기도 한다.[31] 이 학설에 따르면 적정절차의 요청에 위반해 위법하게 수집된 자백은 임의성에 대해 판단을 할 필요도 없이 위법수집증거이기 때문에 증거능력이 배제된다고 본다. 고문·폭행·협박 등 자백의 임의성에 영향을 미칠 사유가 확인되면 자백의 증거능력을 부인하고 그 사유와 임의성 사이에 별도의 인과관계를 묻지 않는다. 그 결과 자백배제법칙으로 증거능력을 제한할 수 있는 범위가 확대되고, 자백배제기준으로 위법이라는 객관적·통일적 기준으로 제시함으로써 동 법칙의 실제적 적용을 촉진시킬 수 있다는 장점을 지닌다. 요컨대, 자백배제법칙은 더 이상 '자백의 임의성배제법칙'이 아니며, '위법수집자백배제법칙' 내지 '자백의 위법배제법칙'으로 파악되고, 결국 '위법수집증거배제법칙의 특칙'이 된다.[32] 즉, 자백획득의 절차와 방법이 위법하면 곧바로 증거능력이 배제된다는 것이다. 후술하겠지만

---

27) 신동운, 앞의 책, 이은모/김정환, 앞의 책, 617면; 이재상, 앞의 책, 553면; 차용석/최용성, 앞의 책, 512면.
28) 이용식, "자백배제법칙의 근거와 임의성의 판단", 외법논집 제35권 제3호, 2011, 198면.
29) 이용식, 앞의 논문, 200면.
30) 손동권, 앞의 책, 553면; 차용석/최용성, 앞의 책, 514면.
31) 조국, 앞의 논문(각주 12), 383면.
32) 조국, 앞의 논문(각주 12), 383면.

미국에서 동의에 의한 압수 및 수색과 관련해 임의성 판단기준이 바로 위법배제설과 유사한 형태로 변화되어 왔다는 점에서 그 의의와 가치가 충분히 음미되어야 할 학설이라고 평가할 수 있을 것이다.

이 학설에 대해서는 첫째, 자백의 임의성이라는 측면을 도외시하는 것은 제309조의 입법취지에 반하고, 둘째, 고문이나 폭행에 의한 자백처럼 임의성에 의심이 있는 경우와 자백의 임의성은 인정되나 단지 그 획득절차가 위법한 경우의 질적 차이를 설명하기 곤란하며,33) 셋째, 적법절차원칙을 넘어서서 자백배제법칙이 갖고 있는 독자적 의미를 밝히지 못한다는 비판을 받고 있다.34)

(5) 종합설

종합설은 허위배제설, 인권옹호설, 위법배제설 모두 종합적으로 자백의 증거능력을 배제하는 근거가 된다는 입장으로 이들 세 학설은 서로 배척·상충하는 관계가 아니라 상호 보완관계에 있다고 봄으로써 자백배제법칙의 적용범위를 최대한 확장시키고자 한다. 자백배제법칙이 단순히 소송법상 증거법칙의 차원을 넘어서 헌법적 기본권에 해당하기 때문에 동 법칙의 적용범위는 수사기관의 위법행위에 초점을 맞추고 있는 위법배제설의 외연을 넘어 사인간의 영역에까지 확장된다고 한다.35) 위법배제설이 자백배제법칙의 적용범위를 확대한 것에 더하여 위법배제설보다도 그 적용범위를 더 넓히려는 학설인 것이다.

종합설에 대해서는 우선 절충설에 대한 비판이 거의 그대로 적용되는데, 즉 임의성 판단기준으로 '상황의 총체성'을 고려하거나 자백자의 주관을 중시하기 때문에 자백배제법칙의 객관적 운용기준과 판단기준을 제시할 수 없다고 한다. 다음으로 자백배제법칙을 헌법적 권리로 파악한다고 하더라도 이는 '사법절차적 권리'에 속하는 것으로 이 권리는 애당초 수신인이 국가권력이므로 사인효와는 무관한 기본권 규정이라는 지적이 있다.36)

---

33) 신동운, 앞의 책, 1168면; 신양균, 앞의 책, 753면; 이은모/김정환, 앞의 책, 618면; 이재상, 앞의 책, 556면; 정승환, 앞의 책, 556면.
34) 신동운, 앞의 책, 1168-1170면. 우리 헌법은 자백배제법칙을 단순히 증거법상의 보조수단으로 보고 있지 않으며, 기본권으로 격상시킴으로써 그 독자적인 위치를 강조하고 있기 때문에(헌법 제12조 제7항), 자백배제법칙은 자백이 임의로 진술한 것이 아니라고 의심할 만한 이유만 있으면 곧바로 증거능력이 배제되나, 위법배제설을 따를 경우에는 위법한 증거수집행위가 분명하게 입증되어야 하는데 그것은 결코 용이한 일이 아니므로 피고인의 방어권을 크게 약화시키게 됨으로써 결과적으로 기본권적 지위를 갖고 있는 자백배제법칙의 독자적 의미를 살리지 못한다고 한다.
35) 권오걸, 앞의 책, 668면; 신동운, 앞의 책, 1170-1171면; 이주원, 형사소송법 (박영사, 2019), 371면.

하지만 종합설은 인권옹호설까지 포용하므로 임의제출과 관련하여 법문에 충실한 해석 방법이 될 수 있으며, 이로 인하여 증거능력 배제의 효과를 최대한 확장시킬 수 있다는 장점이 있으므로 그 의의가 면밀히 재검토될 필요가 있다고 본다.

2. 학설 개관 및 검토로부터의 시사점: '위법배제설'의 수용과 '종합설'의 고려

(1) 위법배제설에 대한 비판논거의 재반박-위법배제설의 옹호 및 수용

앞서 고찰한 바와 같이 위법배제설은 자백배제법칙을 '임의성'이라는 주관적 기준으로부터 벗어나 헌법 제12조 제1항의 적법절차원칙에 기초해 자백의 적법성 여부 판단기준을 설정할 수 있게 해주는 이론적 장점이 있다. 물론 이에 대한 비판적 견해도 있지만, 이에 대해서는 다음과 같은 재반박이 가능하다.

우선, 첫째 비판에 대해서는 제309조의 취지는 고문·폭행·협박 기타 여하한 위법행위로 임의성이 없다고 의심을 불러일으킬 만하다고 평가되는 사유가 있다면, 임의성 유무에 대한 실질적 판단과는 별개로 증거능력을 배제하겠다는 것이고, 이러한 맥락에서 보면 제309조에 열거된 위법행위를 통해 자백을 취득한 경우에 그 자백은 곧 임의성에 의심이 있는 자백이 되는 것이므로, 다시 말해 수사기관의 위법행위가 곧 자백의 임의성을 의심할 만한 사유가 되는 것이므로 위법배제설이 임의성과 무관하다는 비판은 적절하지 못하다는 지적이 있다. 다만, '자백의 임의성을 기준으로 하는 테스트'가 수사기관의 위법행위와 임의성의 관계에 대한 실질적인 측면, 즉 자백의 진실성(신뢰성) 내지 진술의 자유 침해여부에 초점을 맞추어 이에 대한 심사를 통해 증거능력 판단을 행하는 것이라고 한다면, 위법배제설은 그러한 증거능력 판단의 시점을 앞당겨서 자백취득행위시의 위법행위가 있으면 곧 자백의 임의성에 의심이 있는 경우로 보고 실질적인 측면에 대한 별도의 심사 없이 증거능력을 배제하는 견해라는 점에서는 양 학설에 차이를 찾아볼 수 있을 것이다.[37]

고문이나 폭행에 의한 자백처럼 임의성에 의심이 있는 경우와 자백의 임의성은 인정되나 단지 그 획득절차가 위법한 경우의 질적 차이를 설명하기 곤란하다는 둘째 비판에 대해서는, 우선 임의성에 의심이 있다는 것은 자백의 증거능력을 배제하는 결론에 해당하는

---

36) 조국, 앞의 논문(각주 12), 386면.
37) 이러한 취지로 해석할 수 있는 견해로는 이용식, 앞의 논문, 28면.

판단이 되는데, 자백이 위법하게 수집되었다는 점은 임의성에 의심이 있는 자백인가를 판단하는 근거가 되기 때문에 양자는 질적으로 엄격히 구별할 수 있는 개념이 아니라는 지적이 있다. 다시 말해 적법절차를 위반해 불공정하게 획득한 자백은 임의성이 의심된다고 보아야 하기 때문에 임의성은 있으나 그 획득절차가 위법한 경우를 거의 상정하기 어렵다는 것이다. 요컨대, 임의성에 의심이 가는 불공정하게 획득한 자백은 이미 임의성 있는 자백이라고 볼 수 없다는 견해이다.[38]

또 다른 반박논거로서 설령 임의성에 의심이 있는 자백과 임의성은 있으나 위법한 절차에 의해 취득한 자백을 구별하는 것이 가능하다고 하더라도 불법의 측면에서 양자 간의 질적인 차이가 있다고 보기는 어렵다는 견해가 있다. 고문이나 폭행 등에 의한 자백(명백히 임의성에 의심이 있는 자백)과 진술거부권을 불고지하여 획득한 자백(임의성이 의심되지만 인정될 수도 있는 자백)의 경우에 전자가 더 야만적인 행위라고 할 수는 있지만 후자 역시 명백한 헌법상의 기본권 침해로 중대한 불법이라는 점에서 질적 차이가 없다는 것이다.[39]

끝으로, 위법배제설의 정책적 목적은 제309조의 조문취지를 고려할 때, 형사절차에서 자백의 임의성을 적절히 담보하기 위해 자백취득단계에서 위법한 수사활동을 억제하려는 데 있다고 보아야 하는바, 자백취득단계에서의 위법행위의 존재는 곧 자백의 임의성에 의심이 있는 경우에 해당하므로 자백배제법칙의 적용을 위해 검사가 증명해야 하는 대상은 '자유롭고 합리적인 선택'으로서 임의성 유무가 아니라 자백취득과정에서 위법(수사)행위의 존부가 되어야 하기 때문에, 이러한 조문의 취지에 비추어 볼 때 자백의 증거능력이 배제될 여러 사례에 있어서 임의성의 존부는 질적 차이를 가져오지 못한다는 견해도 있다.[40]

(2) 위법배제설에 대한 비판논거의 재음미−종합설의 재해석 및 보충적 고려

상기 반박논거들은 위법배제설을 옹호하는 입장에서 동 학설의 정책적 목적에 주목함으로써 적실한 논거들을 잘 제시해 주고 있다고 볼 수 있을 것이다. 하지만 그럼에도 불구하고 여전히 남아 있는 논점은 '임의성'이라는 요건 그 자체가 지니고 있는 '법적 효력'과 그 효력여부를 결정짓는 '법적 비중'의 문제이다. 위법배제설을 지지하는 주요한 논거들은 대체로 '임의성 유무' 자체는 자백배제법칙를 적용해 증거능력을 배제하는 데 있어서 의미

---

38) 이재상, 556면.
39) 조국, 앞의 논문(각주 12), 382면.
40) 이용식, 앞의 논문, 198-203면 참조.

있는 비중을 갖지 못한다고 평가하고 있다. 그 이유는 무엇일까? 그것은 앞서 살펴본 바와 같이 제309조의 입법취지가 '자백의 임의성을 담보하기 위해 위법수사를 억제'하려는 정책적 목표에 있기 때문이다. 또한 '임의성을 기준으로 하는 테스트'라는 전통적인 자백배제기준, 즉 '상황의 총체성' 기준이 객관적 판단기준으로서 중요성과 효용을 잃게 되면서 임의성에 의심을 줄 만한 수사기관의 '위법행위' 그 자체에 더 비중을 두게 된 과정, 즉 '임의성' 판단기준 법리발달의 역사적 맥락도 고려될 수밖에 없을 것이다. 하지만 그럼에도 불구하고 위법배제설에 대해 의문을 제기하는 관점에서는 다음과 같이 반문할 수 있다.

첫째, 법의 영역에서 '임의성', '자발성', '자유롭고 합리적인 선택'은 쉽게 포기하거나 간과될 수 없는 매우 중요한 개념이다. 자신의 가치체계에 근거하여 행위자가 자신과 관련된 사항에 대해 스스로 내린 의사결정은 존중되어야 한다는 소위 '자율성 존중의 원칙'은 형사법의 영역에서도 작동하기 때문이다.[41] 예를 들어 세 개념을 유사한 의미로 파악해서 본다면, 그 인정여부 자체가 중요한 법적 효력을 갖는 경우가 있다. 형법의 경우 피해자의 '(자발적) 승낙'은 위법성을 조각시키는 강력한 효과를 가져오며, 피고인의 범행은 '자유롭고 합리적 선택'으로 추정되어 그가 책임무능력자가 아닌 이상 행위의 금지성에 착오가 없고, 강요된 행위 등 책임조각사유가 인정되지 않는다면 온전히 범죄를 성립시키고 형벌이라는 법적 효과를 가져온다. 여기서 흥미로운 사실은 형법의 영역에서도 임의성은 그 의미 폭이 가변적인 개념이라는 점이다. 예컨대, 폭행 또는 협박에 의해 현금카드를 갈취당한 피해자라 하더라도, 피해자의 의사를 완전히 억압할 정도의 폭행이나 협박이 아니었다면, 그 현금카드에 대한 사용승낙이 있다고 평가되어 – 형법적으로는 자발적 행위로 평가되어 – 가해자가 그 현금카드로 현금을 인출했을 경우에는 현금지급기 관리자의 의사에 반하지 않아 절도죄가 성립하지 않는다. 일정한 수준의 강압에도 불구하고 피해자의 재산적 처분행위에 자발성이 인정된다는 것이다.[42] 이와 유사한 법리는 강요된 행위(제12조)도 마찬가지다. 일체의 강요된 행위가 행위자의 '자유롭고 합리적인 선택'을 부정하게 되는 것이 아니라

---

41) '자율성 존중의 원칙'에 대해서는 정규원, "피검자의 동의 – 자발성을 중심으로", 한양대 법학논총 제23권 제1호, 2006, 181면 이하 참조.

42) 대법원 2007.5.10. 선고 2007도1375 판결. "예금주인 현금카드 소유자를 협박하여 그 카드를 갈취한 다음 피해자의 승낙에 의하여 현금카드를 사용할 권한을 부여받아 이를 이용하여 현금자동지급기에서 현금을 인출한 행위는...(중략) 위 예금 인출 행위는 하자 있는 의사표시이기는 하지만 피해자의 승낙에 기한 것이고, 피해자가 그 승낙의 의사표시를 취소하기까지는 현금카드를 적법, 유효하게 사용할 수 있으므로, 은행으로서도 피해자의 지급정지 신청이 없는 한 그의 의사에 따라 그의 계산으로 적법하게 예금을 지급할 수밖에 없기 때문이다."

'저항할 수 없는 폭력이나 자기 또는 친족의 생명, 신체에 대한 위해를 방어할 방법이 없는 협박'의 수준에 이르러야 책임이 조각된다.[43]

둘째, 형사절차에서 압수·수색에 대한 '동의'는 헌법상 보장되는 영장주의의 예외를 인정할 수 있을 만큼 강력한 효력을 발휘한다. 따라서 '임의성' 유무는 결코 가볍게 다루어져서는 안 된다. 이러한 맥락에서 보면 다음과 같은 가설적 상황을 제시해볼 수 있을 것이다. 고문에 의해 의사결정의 자유가 완전히 억압되어 자백을 한 경우와 비록 사전에 진술거부권의 고지를 받지는 못 했지만 이미 진술거부권의 의미를 충분히 알고 이해하고 있으며 부당하게 많은 혐의를 받고 있는 상황에서 자신의 저지른 죄를 명백히 하기 위해 '자발적으로' 자백을 한 경우에 두 사례에 있어서 '임의성 유무'는 어떻게 고려되어야 하는가? 우선 전자의 사례에서는 고문이라는 위법행위와 임의성의 부존재라는 사정이 결합되어 증거능력을 배제하는 효과를 부여해야 한다는 점에 대해서는 누구나 동의할 것이다. 문제는 후자의 사례인데, 미란다 판결이 잘 지적한 바와 같이 비록 구금상태라는 일정수준의 강압적 요소가 작용하고 있음을 부인할 수 없지만, '상황의 총체성'을 고려할 때 피의자의 자백에 일정한 '임의성'을 인정할 수 있음은 명백한 사실이다.[44] 다만 이때 진술거부권 불고지라는 위법행위와 결합되어 있는데, 그럼에도 임의성은 인정되는 상황에서[45] 이 경우 증거능력을 배제

---

43) 대법원 1988. 2. 23. 선고 87도2358 판결 "설령 대공수사단 직원은 상관의 명령에 절대 복종하여야 한다는 것이 불문율로 되어 있다 할지라도 국민의 기본권인 신체의 자유를 침해하는 고문행위 등이 금지되어 있는 우리의 국법질서에 비추어 볼 때 그와 같은 불문율이 있다는 것만으로는 고문치사와 같이 중대하고도 명백한 위법명령에 따른 행위가 정당한 행위에 해당하거나 강요된 행위로서 적법행위에 대한 기대가능성이 없는 경우에 해당하게 되는 것이라고는 볼 수 없다."

44) 대법원 판례도 진술거부권이 불고지된 경우에도 임의성이 인정될 수 있다고 보고 있다. "형사소송법 제200조 제2항은 검사 또는 사법경찰관이 출석한 피의자의 진술을 들을 때에는 미리 피의자에 대하여 진술을 거부할 수 있음을 알려야 한다고 규정하고 있는바, 이러한 피의자의 진술거부권은 헌법이 보장하는 형사상 자기에 불리한 진술을 강요당하지 않는 자기부죄거부의 권리에 터잡은 것이므로 수사기관이 피의자를 신문함에 있어서 피의자에게 미리 진술거부권을 고지하지 않은 때에는 그 피의자의 진술은 위법하게 수집된 증거로서 진술의 임의성이 인정되는 경우라도 증거능력이 부인되어야 한다." 대법원 1992. 6. 23. 선고 92도682 판결. 이 판결은 진술거부권 불고지가 위법수집증거가 되어 증거능력이 부인된다고 판시한 소위 '최초의 한국판 미란다 판결'이다.

45) 대법원 판례도 진술거부권을 고지하지 않은 때에는 진술의 임의성이 인정되는 경우라도 증거능력이 부인되어야 한다고 설시하여 이러한 상황이 가능함을 시사하고 있다. 대법원 1992. 6. 23. 선고 92도682 판결; 대법원 2009. 8. 20. 선고 2008도8213 판결; 대법원 2010. 5. 27. 선고 2010도1755 판결 등. 다만, 진술거부권의 불고지가 단지 수사기관의 실수일 뿐, 피의자의 자백을 이끌어내기 위한 의도적이고 기술적인 증거확보의 방법으로 이용되지 않았고, 이후 이루어진 신문에서는 진술거부권을 고지하여 잘못이 시정되는 등 수사절차가 적법하게 진행되었다는 사정, 최초 자백 이후 구금되었던 피고인이 석방되었다거나 변호인으로부터 충분한 조력을 받은 가운데 상당한 시간이 경과하였음에도 다시 자발적으로

하는 것이 '임의성이 인정되면 영장주의의 예외로 증거능력이 인정되고, 임의성이 부정되면 (의심되면) 법적 효과로서 증거능력이 배제된다'라는 원칙에 비추어 볼 때 합당한 것인지 충분히 의문을 제기할 수 있을 것이다.

물론 이에 대해서 다음과 같이 답할 수 있다. "임의성이 인정되는 자백이라도 위법행위 와 결합되어 있으면 증거능력은 배제된다"고, 다시 말해 위법행위는 그것이 임의성에 영향 을 주거나 아니면 그 자체로 증거능력을 배제시키는 요소이기 때문에 상기 후자의 사례에서 설령 임의성에 영향을 주지 않았다고 하더라도 위법행위 단독으로 증거능력을 배제시키게 된다는 것이다. 이는 위법수집증거배제법칙의 당연한 귀결이기도 하다. 물론 전자 사례와 비교할 때 후자 사례의 경우 증거능력을 배제의 효과를 야기하는 근거로서의 효력은 상대 적으로 약하다고 말할 수 있다. 전자의 경우에 고문은 임의성에 영향도 주고 그 자체로 위법행위이기 때문에 더 강력한 효력을 발휘해 상대적으로 오염의 정도가 크다고 볼 수 있기 때문이다. 그렇지만 증거능력의 배제의 효과는 '임의성 유무'는 물론 '위법행위의 존 부'로부터도 영향을 받기 때문에 전술한 전자와 후자 사례에서 오염도의 차이는 분명 있겠 지만 '증거법적 효과의 측면'에서는 '질적 차이'는 없다고 보는 것이 타당할 것이다.[46]

요컨대 소송법이든 실체법이든 임의성 판단은 여전히 중요하지만, 증거능력 배제의 효 과는 임의성 유무라는 실체적 기준만으로 결정되지는 않고 절차상 위법행위의 존부라는 기준도 고려해야 하기 때문에 양 사례에서 분명 '오염도의 차이'는 관념할 수 있겠으나,[47] 증거법적 효과의 측면에서 "질적으로 같다"고 보면 될 것이다.[48]

계속하여 동일한 내용의 자백을 하였다는 사정 등이 있을 경우 최초자백 이후 이를 기초로 한 2차적 증거인 피고인의 법정진술은 증거능력이 있다(대법원 2009. 3. 12. 선고 2008도11437 판결). 이른바, 독수독과 원리의 예외로서 '인과관계의 희석 또는 단절'이 인정된 사례이다. 외견상 이 판결과 유사한 미국 판례로는 Oregon v. Elstad 470 U.S. 298, 318 (1985). 이 사안에서는 최초의 자백진술이 미란다 고지 없이 이루어졌고, 이후 적절한 미란다 고지가 행해진 후 피고인이 다시 자백을 하였는데 대법원 다수의견은 독수과실의 원리는 1차 증거의 오염에 헌법위반이 있을 것을 요하나 미란다 고지의 불이행 은 그러한 헌법위반에는 해당하지 않기 때문에 2차 자백의 증거능력이 인정된다고 판시하였다. 이러한 결론은 보수파 연방대법원이 미란다 원칙을 헌법에 의해 보장되는 권리 그 자체가 아니라 자기부죄금 지특권을 보호하기 위한 '예방적 법칙'에 불과한 것으로 보았기 때문이라는 비판으로는 조국, 위법수집 증거배제법칙 (박영사, 2005), 52면 이하 및 430-431면 참조. 이후 미란다 원칙의 지위는 'Dickerson v. United States 530 U.S. 428, 444 (2000)'에서 헌법적 의미를 갖는 지침(constitutional guidelines)으로 다시 복귀되었다고 동 문헌은 평가한다.

46) 이러한 결과가 발생하는 이유는 '임의성의 부재(또는 의심)'와 '위법행위의 존재'는 각각 그 단독으로 증거능력 배제의 효과를 가져올 수 있는 근거로서의 크기와 효력을 지니고 있기 때문이다.

47) 질적 차이를 긍정하는 견해로는 신동운, 앞의 책, 1172면. 같은 맥락에서 자백의 수집절차에 위법이 있으나 임의성은 명백히 인정되는 경우가 분명 존재한다고 보는 견해로는 이주원, 앞의 책, 371면.

그렇다고 해서 '위법배제설'의 이론적 토대가 침식되지는 않는다. 위법행위는 일반적으로 임의성에 영향을 줄 여지가 크기 때문이다. 앞의 '가설적' 상황처럼 위법행위가 개입되었음에도 불구하고 임의성이 인정될 수 있는 사례는 극히 예외적일 것이다. 다만, 위법배제설이 '임의성'을 도외시한다는 비판은 동 학설이 수사기관의 '위법행위가 개입되지 않았으나 임의성이 없는 자백'[49]을 제대로 분별해낼 수 없다는 점에서는 분명 그 의의를 지니고 있다고 평가하는 것이 공정할 것이다. 바로 이러한 맥락에서 '종합설'의 미덕이 잘 드러난다고 보는데, 왜냐하면 종합설은 허위배제설, 인권옹호설, 위법배제설의 각 의의를 고르게 인정하면서 이들이 상호 배타적이지 않고 보완적으로 적용될 수 있다고 보고 있기 때문이다.[50] 요컨대, 위법배제설만으로 증거능력을 배제할 수 없지만 전체상황에 비추어 볼 때 임의성이 의심스러운 사안에 대해서는 '임의성을 기준으로 하는 테스트'를 통해 판단할 필요성이 여전히 있다는 것이고, 바로 이 점에서 '종합설'의 장점이 있다고 볼 것이다. 다만, 앞서 논급한 판례들의 입장에 의하면 대법원은 '상황의 총체성' 기준을 '전가의 보도'처럼 사용하고 있으나,[51] 전술한 바와 같이 수사기관의 위법행위가 개입되지 않았지만 임의성이 의심스러운 경우에 한해 보충적으로 그 기준을 사용하는 것이 바람직하다고 본다.[52] 아울러 후술하겠지만, 판례의 입장처럼 압수거부권 고지는 단지 '상황의 총체성'을 구성하는 한 판단요

---

48) 논자에 따라서는 고문이나 폭행과 같이 증거수집절차의 위법이 본질적이고, 이를 통해 임의성 없는 자백이 획득된 경우와 진술거부권 불고지처럼 그 위법이 비본질적이어서 자백의 임의성이 인정되는 경우에 후자의 경우는 증거동의에 의해 증거능력이 인정되므로 증거법적으로 '질적 차이'가 있다고 볼 수도 있을 것이다. 백형구, 형사소송법강의 (박영사, 2000), 585, 641면. 하지만 진술거부권 고지의무의 불이행은 진술거부권이라는 헌법상 권리의 두터운 보호를 위한 제도적 담보장치를 해체시키는 중대한 위법이므로 '본질적 위법'이 아니라는 평가는 타당하지 못하다 할 것이며, 제309조에 위반해 획득된 자백의 증거능력을 절대적으로 배제되어 증거동의에 의해서도 증거능력은 인정되지 않으며 탄핵증거로도 사용할 수 없다는 것이 통설이다. 조국, 앞의 논문(각주 12), 389면.

49) 예컨대 비교적 장시간 수면을 방해하여 얻었지만 임의성을 명백하게 부정하기에 부족한 경우(30시간 잠을 재우지 않고 얻은 자백의 임의성을 부정한 사례로는 대법원 1997. 6. 27. 선고 95도1964 판결), 병든 피의자에게 경찰이 약을 주었는데, 우연히 의사지배능력을 떨어뜨리는 효과가 있었으나 경찰은 그러한 효과를 알지 못했던 경우(관련된 미국 판례로는 Townsend v. Sain. 372 U.S.293 (1963)이 있으며 동 판결은 미란다 판결이 나오기 전 '임의성을 기준으로 하는 테스트'를 따른 판결이다.) 등이 있다.

50) 종합설을 지지하는 견해로는 배종대/홍영기, 앞의 책, 315면. 동 문헌은 대법원도 허위배제설(2000. 1. 21. 선고 99도4930 판결), 위법배제설(1983. 3. 8. 선고 82도3248 판결), 인권옹호설(2015. 9. 10. 선고 2012도9879 판결 등)을 종합적으로 설시하여 종합설에 가까운 입장으로 볼 수 있다고 평가한다. 역시 종합설을 지지하는 입장으로는 이주원, 앞의 책, 371면.

51) 이 점에 대한 지적으로는 이용식, 앞의 논문, 202면.

52) '상황의 총체성'이라는 기준은 보충적으로 적용된다면, 임의성이 문제되는 수많은 상황과 무정형한 요소들을 포괄적으로 고려할 수 있다는 점에서는 그 나름의 의의가 있다고 본다.

소로만 볼 것이 아니라 그것이 결여되면 증거능력을 배제시키는 필수적 요건으로 보아야
한다.

(3) 임의제출의 '임의성' 요건에 대한 시사점

자백배제법칙의 근거와 관련된 상기 견해대립의 검토는 임의제출물의 압수에 있어서
'임의성' 요건에 대한 몇 가지 시사점을 제공해 준다.

첫째, 임의제출의 적법성 판단기준과 관련해 '임의성을 기준으로 하는 심사'가 '상황의
총체성'에 의존하여 증거능력판단 기준의 주관화와 내면화를 초래할 수밖에 없듯이, 임의제
출물의 압수에서 임의성 판단도 '임의성 유무'에 초점을 맞추는 방법은 한계에 봉착할 수밖
에 없다.

둘째, '임의성'은 다의적이고 의미의 폭이 넓은 개념이므로 일정수준의 강제적 요소[53]
가 추정되는 상황에서도 인정될 수 있다. 임의성 판단과 관련된 형사절차는 예컨대 '인신구
속 하의 자백'이나 '현행범 체포상황 하의 임의제출' 등과 같이 일정한 수준의 강압이 개입
되는 경우가 많으며, 따라서 임의성 기준은 이러한 요소를 완전히 배제하는 방향으로 설정
되어서는 안 되고, 임의제출물의 압수 시 허용되는 강압의 수준과 유형을 어떻게 설정해야
하는가에 초점을 맞추어야 한다.

셋째, 위법배제설을 지지하는 논거에서 간취할 수 있듯이 자백배제법칙의 취지가 자백
의 임의성을 담보해 줄 수 있도록 위법행위를 억제하려는 정책적 목표에 있다면 이러한
정책적 목표는 헌법상 요구되는 영장주의의 예외로서 임의제출에 의한 압수에 대해서도
마찬가지라 할 것이므로 그 적법성이 인정되기 위해서는 임의성 판단기준을 엄격히 설정해
야 한다. 이를 위해 임의성을 담보해줄 수 있는 장치로서 자백의 경우 진술거부권의 고지가
헌법과 법률에 의해 요구되고 있는 것처럼, 임의제출에 있어서도 압수거부권의 고지가 입법
화될 필요가 있는지 논구되어야 한다. 이 점에 대해서는 아래(IV)에서 상론하기로 한다.

넷째, 위법배제설이 자백배제법칙을 '자백의 임의성 법칙'으로 국한시켜 이해하지 않듯
이, 임의제출에 요구되는 '임의성 판단기준'도 '제출의 임의성'으로 협소하게 파악하는 것도
부당한지 검토될 필요가 있다. 전자의 경우 제309조가 명백히 '진술의 임의성이 의심될 만

---

53) 이러한 강제적 요소에는 고의적인 위법한 행위도 있겠지만 반드시 여기에 국한되지는 않는다. 구속된
   피의자 신문이나 임의제출물의 압수처럼 형사절차에 본래적으로 내재한 강압적 요소도 고려해야 하기
   때문이다.

한 이유가 있는' 경우 자백의 증거능력을 배제하고 있는 반면 제218조는 '임의로 제출한' 경우 제출의 적법성을 인정하고 있어서 문언상의 차이가 있다. 전자의 경우는 확실히 '자백의 임의성 법칙'으로 국한시켜 해석할 필요가 없다. 하지만 후자의 경우는 다르다. 문언상 '임의로' 제출한 경우에만 영장 없는 압수가 적법하다는 취지이므로, '임의성' 자체의 존부가 관건이라는 취지로 해석할 여지도 있다. 하지만 형법해석에서 일반적으로 특별한 책임조각사유가 존재하지 않는 한 행위자가 저지른 행위가 '자유롭고 합리적인 선택'이라는 사실은 추정되듯이, 본래적인 강압이 추정되는 상황이 아니라면 '임의성'의 존재도 적극적으로 입증할 필요는 없을 것이다. 그보다는 소극적으로 '임의성'의 부재사유가 존재하면 증거능력을 부정하되, '임의성 유무' 자체에 대한 판단에 초점을 맞춤으로써 수반되는 난점을 회피하기 위해서는 그 방법은 자백의 경우와 마찬가지로 '임의성을 의심할 만한 이유', 즉 허용되는 수준의 강압을 넘어선 위법행위 및 영향력 행사가 있는지 여부를 판단하면 될 것이다.

요컨대, 임의제출물의 압수에 있어서 '임의성' 요건을 충족시키지 못하여서 증거능력이 배제되는 이론적 근거는 '위법배제설'에서 찾는 것이 합당하다고 본다. 다만, 그렇다 하더라도 수사기관의 위법행위가 없는 상황에서도 임의성이 의심되는 사례도 존재할 수 있고, 이때에는 보충적으로 '상황의 총체성'을 고려해 별도의 판단이 필요하다는 점은 전술한 바와 같다.[54]

---

54) 서울중앙지방법원 2020. 12. 23. 선고 2019고합927 판결 참조. 이 사건에서 강사휴게실 PC 보관자인 조교 A는 검찰수사관으로부터 강사휴게실 PC를 조사할 필요성에 대해서 설명을 들은 뒤 검찰수사관이 제시한 임의제출동의서, 압수목록교부서 등에 서명하였고 뒤 진술서를 작성하였는데 변호인측은 진술서를 작성할 당시 검찰수사관의 강압이 있었으므로 임의제출의 임의성을 인정하기 어렵다고 주장하였고, 이에 법원은 임의제출 전후의 '상황의 총체성'을 검토한 뒤 "설령 변호인의 주장과 같이 A가 검찰수사관의 강요에 의하여 진술서를 작성하였다고 하더라도, 그러한 사정만으로 그 이전에 A가 임의제출동의서를 작성함으로써 강사휴게실 PC를 임의로 제출하겠다는 의사를 표시한 것이 검찰수사관의 강요에 의한 것이었다고 볼 수 없다."고 판단하였다. 이 사건에서 압수(제출)거부권에 대한 고지가 있었는지 불분명하지만 만일 고지를 했더라도 제반 정황(소속대학 행정지원처장 B에게 임의제출동의서에 서명할 것인지 여부를 문의하였고, B로부터 검찰수사관에게 협조해야 한다는 답변을 들은 후에 서명함)에 비추어 볼 때, 거부권을 고지받았더라도 서명을 하였을 것으로 판단되며, 따라서 수사기관의 위법행위가 없어도 임의성이 의심되는 사례의 하나로 제시할 수 있을 것이다.

Ⅳ. 동의수색 기준에 대한 미란다 판결의 함의: 쉬넥로스 판결의 의의와 한계

1. 동의에 의한 압수·수색에 관한 미연방대법원 판례의 검토와 논의의 필요성

앞서 검토한 자백배제법칙과의 비교를 통한 임의성 판단기준에 대한 논의의 양상은 흥미롭게도 미연방대법원의 판례입장의 변화와 유사성을 보이고 있다. 즉 임의성이라는 주관적, 실체적 요소에 대한 직접적이고 적극적인 판단 대신에 수사기관의 위법행위라는 절차적이고 객관적인 요소의 입증을 통해 동의에 의한 압수·수색의 적법성을 판단하는 방향으로 법리를 형성해 나아가고 있는 미연방대법원의 입장은 우리에게도 시사하는 바가 매우 크다고 판단된다. 아울러 이와 관련된 국내외 논의들은 임의제출물의 압수와 관련된 세부 판단기준의 설정에 있어서도 상당히 유의미한 기여를 해줄 수 있을 것으로 사료된다. 이하에서는 동의에 의한 압수·수색과 관련된 미국의 리딩케이스를 살펴본 후 그 법리적인 의의와 한계를 알아보고, 그 시사점이 현재 우리나라 임의제출물 압수법리에 어떤 함의를 가질 수 있는지 살펴보기로 한다. 주로 동의에 의한 수색(consent search)과 관련된 미국 법원의 입장과 학술적 견해들이지만, 성질상 동의압수(consent seizure), 즉 임의제출물의 압수에도 공통적으로 적용될 수 있는 논의들이라고 볼 수 있을 것이다.55)

2. 판례입장의 변화: '상황의 총체성' 기준에서 '위법배제' 기준으로

(1) Schneckloth v. Bustamonte, 412 U.S. 218(1973)

동의에 의한 압수·수색과 관련된, 더 정확히는 동의수색(consent search)의 임의성 판단 기준에 대한 기념비적 판결인 쉬넥로스 케이스의 개요는 다음과 같다.

경찰관이 헤드라이트가 고장나 있고 번호판이 타버린 차를 정지시켰는데, 차 안에는 총 6명이 있었다. Alcala와 Bustamonte는 운전사인 Gonzales와 앞좌석에 타고 있었는데 경찰관의 질문에 Gonzales를 비롯한 네 명은 면허증을 제시하지 못하였다. 유일하게 면허증을 제시한 Alcala는 그 차가 자신의 형의 자동차임을 밝혔고, 모두 차에서 내린 후 2명의 경찰관

---

55) 동지의 김정한, 앞의 논문, 234면.

이 추가로 도착하였다. Alcala는 경찰관의 자동차 수색요청에 동의하였다. 트렁크에서는 세 차장에서 도난된 3장의 수표가 발견되었고, Alcala가 아닌 Bustamonte가 절도죄로 기소되었다.

미연방대법원에 따르면 동의는 수정헌법 제4조에 보장된 영장주의의 적법한 예외가 되며, 그러기 위해서는 동의가 반드시 자유롭고 임의적인 것이어야 한다. 그런데 쉬넥로스 판결에 따르면 임의성 개념은 그 의미의 폭이 너무 넓어서 쓸모가 없다고 한다. 폭력의 위협과 같은 강압 하에서도 수사대상자는 어쨌든 '선택'을 하고 있기 때문에 그의 진술이나 동의는 임의적이라고 볼 수 있는 반면 일체의 어떠한 공식적인 요구가 없는 상황 하에서만 그의 진술이나 동의는 '진실로' 임의적이라고 볼 수도 있기 때문이다. 다시 말해 임의성은 일도양단적(binary)으로 작동하는 기준이 아니며, 강압의 수준이나 사회적인 압력에 따라 달라질 수밖에 없는 '정도(degree)'의 문제인 것이고 이런 측면에 비추어서 임의성은 정책판단에 기초해 있는 용어라서, 그 올바른 정의를 위해서는 불공정하고 야만적인 수사기법의 회피가능성과 법집행기관의 적법한 이익 간의 균형에 대한 고려가 필요하다고 지적한다.[56]

쉬넥로스 판결은 미란다 판결 이전의 Columbe v. Connecticut[57] 판결을 참조하면서 피고인의 의지가 압도되거나 자기결정능력이 심각하게 훼손되면 자백은 임의적이지 않다고 보면서, 과거의 판례들은 임의성 판단기준으로 '상황의 총체성'을 고려했다고 설시한다.[58] 이 기준은 피고인의 특성을 고려한다는 점에서 주관적이고, 동시에 경찰관의 행위와 신문의 상황을 고려한다는 점에서는 객관적이다. 동 판결은 상황의 총체성 기준을 동의에 관한 법리에 수용하면서 동의라는 맥락에서 임의성 역시 법집행기관의 이익과 위법행위의 억제 필요성 사이의 균형의 관점에서 구성되어야 한다고 설시하였다.[59]

쉬넥로스 판결은 자백배제법칙과 관련해 형성되어 온 '상황의 총체성' 법리를 수용하고 답습했다는 점에서는 피고인의 주관적 요소와 수사기관의 객관적 요소를 종합적으로 고려하고 있는 것처럼 보이지만,[60] 실제로는 판결 전체에 걸쳐서 임의성이란 요건은 수사기관의

---

56) Schneckloth v. Bustamonte, 412 U.S. 218, 223-225.
57) Columbe v. Connecticut, 367 U.S. 568 (1961).
58) Schneckloth v. Bustamonte, 412 U.S. 218, 226.
59) Schneckloth v. Bustamonte, 412 U.S. 218, 227-229.
60) 이 점에 대해서는 Marcy Strauss, *Ibid.*, at 216-219. "the question whether a consent to a search was in fact 'voluntary' or was the product of duress or coercion, express or implied, is a question of fact to be determined from the totality of all the circumstances." Schneckloth v. Bustamonte, 412 U.S. 218, 227.

위법행위를 억제하기 위한 것이지, 피고인이 주관적으로 자유로운 선택을 한 것인지를 확증하기 위한 것은 아님을 명확히 하고 있다는 점에서, 실질적으로는 객관적인 요소로 판단의 비중을 옮겨가고 있었다고 보는 것이 타당하다고 한다.[61] 그리고 이러한 정책적 목표 하에서는 수사기관의 위법행위에 초점을 맞추어야 하며, 특정 피고인의 '주관적인 정신상태(subjective mental state)'에 초점을 맞추어서는 안 된다는 것이 동 판결의 전반적인 취지로 보인다.

(2) 쉬넥로스 판결 이후 드레이튼 판결까지 판례입장의 변화

동의수색에 있어서 임의성 판단기준과 관련된 법리에는 쉬넥로스 판결 이후 큰 변화가 없지만, 그 실질에 있어서는 객관적 요소에 초점을 맞추는 방향으로 발전해 왔다. 예컨대, 판례는 점차 피고인의 교육배경이나 지능 등 주관적 요소보다는 수색의 장소, 수색을 요청하는 표현방식, 수사기관의 행위 등 객관적 요소만을 고려해 임의성 판단을 해오고 있다.[62] 특히 이러한 경향은 United States v. Drayton 판결[63]에 이르러 정점에 도달하는데, 동 판결의 다수의견에 의하면 동의수색에 있어서 임의성 기준은, 수정헌법 제4조의 '합리성(reasonableness)' 요건을 원용하여, 수사기관의 수색요청이나 행위가 '합리적인 사람'이라면 그 요청을 거부할 수 있는 자유가 있음을 느낄 수 있는 정도인지 여부가 된다. 요컨대, 객관적인 '합리성 기준'에 초점을 맞추게 된 것이다.[64] 결론적으로, 판례의 기준은 수사기관이 동의를 얻기 위해 강제적 기법을 사용하지 않았을 경우에만 동의수색은 '자발적'인 것이 된다[65]는 입장으로 발전해 온 것이다. 즉, 동의수색의 적법성 판단에 있어서 법원이 물어야

---

61) 이러한 평가로는 Ric Simmons, *Ibid.*, at 779.
62) 이러한 판례경향에 대한 상세한 소개로는 Marcy Strauss, *Ibid.*, at 225-235.
63) 사실관계는 다음과 같다. 피고인들은 미시간으로 가는 버스에 탑승해 있었는데 마약을 그들의 넓적다리 안쪽에 테이프로 묶어서 나르려는 목적이었다. 버스가 주유를 위해 정차하고 운전사가 하차하자 경찰관 세 명이 탑승했다. 그중 한 명은 출입문 쪽에 서 있었고, 나머지 한 명은 각각의 승객들에게 몸을 밀착시키면 몸과 짐의 수색에 대한 협조를 요구하였고, 또 다른 한 명은 각각의 승객들이 질문과 협조 요구를 받을 때 을 받을 때, 그 뒤에 서 있었다. 피고인 두 명 모두 수색에 동의를 하였고, 경찰관은 마약을 발견하였다. United States v. Drayton, 536 U.S. 194 (2002). 드레이튼 판결에 대한 보다 상세한 소개와 평석으로는 강우예, "임의수사에 있어서 자발성에 관한 연구", 중앙법학 제9권 제3호, 2007, 196-199면 참조.
64) United States v. Drayton, 536 U.S. 194, 206. 이러한 평가로는 Ric Simmons, *Ibid.*, at 780-783. 이러한 판단기준에 의하면 자백의 경우, 만성적 정신분열증 환자가 신의 목소리를 듣고 자백을 한 경우에도 수사기관의 행위에 적법절차의 위반이 없다면 '자발적'인 것이 된다. Colorado v. Connelly, 479 U.S. 157 (1986).

할 것은 '수사기관 행위의 합리성' 여부가 된다. 그리고 이와 같은 법리는 '동의압수(consent seizure)[66]'의 경우에도 마찬가지라고 한다.[67]

(3) 시사점

상기 동의수색과 관련해 미국에서 판례를 통해 발달해 온 임의성 판단기준의 법리는 임의제출물 압수의 적법성과 관련해서도 몇 가지 시사점을 제공해 준다.

첫째, 동의에 의한 압수이든, 수색이든 그것이 적법한 것이 되기 위해서는 임의성이 인정되어야 하지만, 이때의 임의성은 '자유롭고 합리적인 선택' 여부와 같은 주관적 표지에 의해서 결정되는 것이 아니고, 수사기관의 위법행위나 압수와 수색 시의 강제적 요소가 있었는지 여부와 같은 객관적 요소에 따라서 판단되어야 한다.

둘째, 미국의 경우는 그러한 객관적 요소가 수정헌법 제4조의 '합리성' 요건 및 수정헌법 제14조의 적정절차조항으로 구체화될 수 있으며, 우리나라의 경우 헌법 제12조 제1항 및 제3항의 '적법절차'와 더불어 형사소송법 제308조의2의 '위법수집증거배제법칙'의 '적법한 절차', 그리고 헌법 제12조 제7항 및 제309조의 자백배제법칙에서 금지하는 위법유형인 '임의성에 영향을 주어 의심을 가게 할 만한 일체의 부적절한 수사행위'[68] 등에서 그 판단기준을 도출해 낼 수 있을 것이다.[69]

셋째, 미국에서 발달한 임의성 판단기준, 즉 합리성이란 기준은 자백배제법칙의 이론적 근거와 관련된 위법배제설의 입장과 밀접하다고 평가할 수 있을 것이다. 다만, 이와 관련해 헌법과 형사소송법에서 금지하는 유형의 '전형적' 위법행위가 임의성을 부정하게 만들거나 의심을 품게 만드는 것은 당연하지만, 그러한 위법유형은 아니더라도 일정수준 이상의 허용

---

65) "A consent to search is 'voluntary' if the police have not used 'coercive' tactics in obtaining the consent."

66) '동의압수'와 '임의제출물 압수'를 구별하는 견해도 있지만(김정한, 앞의 논문, 258면), 임의제출도 엄연히 수사기관의 요구가 있어야 하고 양자 모두 '임의성'을 요건으로 한다는 점에서 본고에서는 양자를 혼용가능한 개념으로 사용하기로 한다.

67) Ric Simmons, *Ibid.*, at 781-783.

68) 제309조를 제308조의2의 특칙으로 보더라도, 여기서 배제하려는 위법행위는 제309조의 위법유형인 '적법한 절차'를 넘어 '임의성에 영향을 주는 일체의 적절하지 못한 수사행위'라고 보는 입장으로는 이용식, 앞의 논문, 210면.

69) 자백배제법칙(헌법 제12조 제7항 및 형소소송법 제309조)은 적법절차의 원칙(헌법 제12조 제1항 및 제3항)뿐만 아니라 진술거부권(헌법 제12조 제2항), 변호인의 조력을 받을 권리(헌법 제12조 제4항) 등과 관련해서 검토되어야 한다는 견해로는 신동운, 앞의 책, 1171면.

되지 않는 강제적 요소가 있을 경우 임의성이 의심된다고 보는 것도 '합리성 기준'의 당연한 귀결이므로 이러한 법리를 수용한다면 임의제출의 임의성 판단에 있어서도 합리성 기준에 따라 허용되지 않는 일체의 부적절한 수사행위까지도 배제하는 방향으로 고려할 수 있을 것이다.

3. 임의제출의 적법성을 인정하기 위한 요건

앞서 검토한 바와 같이 '임의성' 개념의 넓은 의미 폭으로 인해 임의제출물의 압수의 적법성 판단은 주관적이고 실체적인 요소보다는 객관적이고 절차적인 요소에 비중을 두어 판단하는 것이 합당하고 바람직해 보인다. 하지만, 미국에서 발달한 임의성 기준 법리를 수용하더라도 과연 어느 정도의 '강제적 요소'가 있을 때 임의성이 담보될 수 있어서 허용가능한 수준인지 여전히 명확하지 않고, 따라서 보다 구체적으로 논구될 필요가 있을 것이다. 일반적으로 수사기관에 의한 압수와 수색은 체포상황에서는 물론 모든 경우에 일정한 강제적 요소를 내재하고 있으므로, 관건은 허용되는 수준의 강압이라고 할 때, 과연 허용되는 수준이 어느 정도이고, 어떤 유형인지 판단하는 일이 될 것이다.

(1) 미란다 판결의 재발견: 압수거부권의 고지 필요성

진술거부권을 불고지하고 획득한 자백의 증거능력배제 근거에 대해 일반적으로 진술거부권 고지는 진술거부권 행사의 불가결한 전제이며,[70] 이에 의하여 수사의 공정성이 담보될 수 있고,[71] 진술거부권의 불고지는 피고인의 기본권 행사를 저해하는 위법이 있으므로[72] 증거능력이 배제되어야 한다고 한다. 더 나아가 진술거부권은 피고인의 방어권 행사를 위한 기본권적 성격을 지니므로 이를 고지하지 않은 채 얻은 자백은 기본권을 침해하는 중대한 위법에 해당하므로[73] 임의성에 의심이 있는 경우로 볼 수 있어[74] 증거능력이 부정된다는 견해도 있다. 또 진술거부권을 고지하지 않은 채 자백을 얻어내는 방법은 작위의무를 위반한 묵시적 기망에 해당한다고 볼 수 있으며, 기본권을 침해하는 중대한 위법이기 때문에

---

70) 이은모/김정환, 앞의 책, 623면.
71) 이재상, 앞의 책, 561면.
72) 신동운, 앞의 책, 1176면.
73) 이주원, 앞의 책, 376면.
74) 이창현, 형사소송법 (피앤씨미디어, 2018), 862면.

증거능력이 부정된다는 견해도 있다.[75]

진술거부권 고지의무와 관련된 상기 견해들은 진술거부권의 고지가 헌법상 보장되는 진술거부권의 실질적 행사를 담보해 주는 장치로서 매우 중요하므로 그 불고지는 중대한 위법이 된다는 점에 있어서는 공통적인 입장으로 보인다. 다만 진술거부권 고지의무와 관련된 선도적 판결인 미란다 판결의 핵심 취지가 잘 드러나지 않고 있어서 이하에서는 미란다 판결의 판단구조로부터 진술거부권의 고지가 왜 필요하며 어떠한 의의를 갖는 것인지 검토해 보고자 한다.

미란다 판결은 헌법상 보장되는 자유의 이념을 형사사법에서 확장, 구현하기 위한 노력의 일환으로 형사절차혁명의 전개로 발현되었다고 평가된다.[76] 그런데 '허용되는 수준의 강압', 다시 말해 '임의성이 담보될 수 있는 수준의 강압'과 관련해서 미란다 판결은 대단히 중요한 법리를 설시하고 있어서 이를 재음미할 필요가 있다.

우선, 미란다 법원은 강요에 의한 진술을 금지하고 있는 수정헌법 제5조의 '강제' 개념을 법적, 물리적 강제 이외 것으로 확장시켰다는 점에서 큰 의의가 있다. 미란다 판결 전의 판례 입장은 법적, 물리적 강제는 금지했지만 다양한 유형의 '심리적인 압력과 기법들'은 허용하고 있었다. 미란다 법원은 긴 지면을 통해 자백에 이르게 하는 수사기관의 신문기법과 매뉴얼을 논급하면서 그러한 심리적 공격은 구금상태 하에서 피의자의 의지를 억압하도록 매우 빠르게 작동할 수 있다고 예리하게 지적하였다.[77] 즉, 수사기관의 심리적 강제도 피신문자의 의지를 억압할 수 있다는 것이다.[78]

다음으로, 미란다 법원은 그러한 강압으로부터 획득된 자백의 증거능력을 곧바로 배제하는 대신, 강압의 수준을 완화(cure)하는 장치를 고안하였는데, 그것이 바로 미란다 고지(warnings)인 것이다.[79] 그리하여 미란다 고지를 하지 않고 획득한 진술은 임의성 유무와 관계없이 그 자체로 위법한 것이 된다.[80] 미란다 고지의 주된 목적은 피신문자로 하여금 자신의 진술거부권을 인지하게 하는 데 있지 않고, 그보다는 신문상황에 본래적으로 내재한

---

75) 배종대/홍영기, 앞의 책, 319면.

76) 조국, 앞의 논문(각주 8), 409-410면.

77) Miranda v. Arizona, 384 U.S. 436, 447-456.

78) Miranda v. Arizona, 384 U.S. 436, 469.

79) Miranda v. Arizona, 384 U.S. 436, 479. 이와 관련된 논평으로는 Matthew Phillips, "Effective Warnings Before Consent Searches: Practical, Necessary, and Desirable" *45 Am.Crim.L.Rev. 1185* (2008) at 1208. "Although warnings may not completely cure coercion problems, they may alleviate coercion and encourage consent for more acceptable reasons."

80) Miranda v. Arizona, 384 U.S. 436, 479.

강제적 압력을 극복하는 데 있다.[81] 따라서 설령 피신문자가 진술거부권을 완벽히 인지하고 있다 하더라도, 미란다 고지는 피신문자에게 신문자가 그러한 권리를 존중하여 만일 피신문자가 그 권리를 행사할 경우 이를 승인할 것임을 알려주는 기능을 한다. 그리하여 미란다 고지는 신문상황에 본래적으로 내재한 강압의 수준을 허용가능한 수준으로 낮춰주는 기능을 하게 된다.[82] 즉, 미란다 고지는 진술의 임의성을 담보해 줄 수 있는 하나의 법적 장치가 되는 것이다.[83] 미란다 법원의 구상을 형법적 관점에서 보자면 구금상태 하의 신문 시에 미란다 규칙의 불고지라는 '부작위'는 폭행, 협박, 신체구속의 장기화처럼 임의성에 영향을 주거나 의심하게 만드는 '작위'행위와 동등한 가치를 갖는 위법행위로[84] 평가되어야 한다는 취지로 해석할 수 있을 것이다.

허용가능한 강압의 수준을 가늠하는 지표로서 '미란다 고지'라는 미란다 판결의 높은 기준은 수정헌법 제5조의 자기부죄금지특권으로부터 도출된다. 이 헌법상의 권리가 침해될 위험이 있는 상황에서 이를 보호하기 위한 최소한의 절차적 안전장치가 바로 미란다 고지인 것이다.[85] 아울러 그보다 낮은 기준으로서 고문 등 물리적 강제를 금지하는 기준은 수정헌법 제14조의 적정절차조항으로부터 도출되는데, 이처럼 자백의 증거능력판단과 관련하여 이중의 기준(dual standard)이 적용된다고 볼 수 있다.[86]

하지만 미란다 판결 이후에도 수사기관은 가족과 집으로부터 격리시키는 등 '심리적 강제'에 해당하는 다양한 신문기법을 지속적으로 활용해 왔는데, 이로부터 미란다 고지 후에도 수사기관과 피조사자 사이에 여전히 남아있게 되는 강압의 유형은 무엇인지 검토할 필요가 있을 것이다.

---

81) Miranda v. Arizona, 384 U.S. 436, 468. 물론 미란다 고지는 자기부죄금지특권을 모르는 자에게는 그것을 알게 해주는 역할도 하지만, 더욱 중요한 것은(more important) 신문상황에 내재한 본래적 압력을 극복하는데 전제조건이 된다고 한다.

82) Miranda v. Arizona, 384 U.S. 436, 468. "진술자로 하여금 신문상황에 내재한 압력을 극복하고 자신이 자기부죄금지특권을 행사함에 있어서 자유로움을(free to exercise the privilege) 인지할 수 있도록 보장해 주는 데 있어서 필수불가결하다(indispensable)."고 한다. 요컨대 본래적 강압의 수준을 '임의성을 담보할 만한 수준으로(허용가능한 수준으로)' 낮추어 준다는 취지로 이해할 수 있다.

83) 박용철, "진술거부권 불고지에 대한 소송법적 문제", 형사법연구 제22권 제1호, 2010, 111면.

84) 배종대/홍영기, 앞의 책, 319면은 이를 부작위에 의한 기망으로 본다. 타당한 견해이나 비단 기망으로만 볼 필요는 없을 것이다. 본래적으로 내재한 강제적 요소를 고의로 제거하지 않는 것은 그 자체가 강압(기망이든 협박이든)과 동가치를 갖는 행위로 평가될 수 있기 때문이다.

85) 김성돈, "미란다법칙과 위법수사통제방안", 형사법연구 제14권, 2000, 3면과 8면 참조.

86) Ric Simmons, Ibid., at 794. 따라서 설령 수사기관이 미란다 고지라는 높은 기준을 충족시켰어도, 물리적 강제력을 사용했을 때에는 적정절차조항 위반으로 증거능력이 부정된다.

아울러 상기 미란다 판결에 대한 고찰은 임의제출물의 압수나 동의수색 등에 있어서도 압수·수색 거부권의 고지가 필수적으로 요구되는지 논의될 필요성을 제기한다. 이와 관련해 살펴보면, 일단 동의에 의한 압수나 수색도 이중의 기준이 작동함을 알 필요가 있다. 우선 수정헌법 제14조의 적정절차조항은 자백의 경우와 마찬가지로 동의수색에도 적용되며, 아울러 수정헌법 제4조의 합리성 요건은 동의수색에 허용되는 강압의 수준을 설정하기 위해서 작동한다. 이와 같이 각기 다른 헌법적 원천에서 유래하는 법리지만, 허용가능한 강압의 수준이라는 점에서 동일한 원리에 기초해 있다. 그렇다면 동의압수나 수색의 경우에도 미란다형 고지가 필요한 것일까? 이와 관련해서 미연방대법원은 동의수색은 자백보다는 수월해야 하기 때문에 필요하지 않다고 지적하는데,[87] 이 논점에 대해서는 뒤에서 상론하기로 한다.

(2) '심리적 강제'의 유형

미란다 고지가 수사기관과 피조사자 사이에 본래적으로 내재한 강압의 수준을 허용가능한 범위로 낮추어 주는 기능을 한다고 할 때, 이 때 본래적으로 내재한 강압의 유형은 구체적으로 무엇이며 그럼에도 불구하고 여전히 수사기관에 의해 행하여지는 여러 방식의 강제적 요소, 즉 자백과 동의를 획득하기 위한 수사기법에는 어떠한 것들이 있는지 이를 유형화하여 검토해볼 필요가 있을 것이다. 단, 적법절차에 위배되거나 헌법과 법률이 금지하는 위법유형은 당연히 임의성을 배제하는 근거로 평가될 것이기 때문에 여기서는 그에 해당하지 않더라도 임의성에 영향을 줄 수 있는 일체의 부적절한 수사행위나 기법에 주목해 보기로 한다.

우선, 수사기관과 시민의 상호작용과 같은 상황에서 수사기관의 권위가 시민에게 끼칠 수 있는 영향력은, 사회심리학자 French와 Raven이 분류한 권력유형(영향력 내지 힘의 유형)에 따라서 다음과 같이 여섯 가지로 유형화할 수 있다.[88]

첫째, 보상의 힘(Reward Power)은 수사기관이 관대한 처벌 등을 약속함으로써 갖게 되는 권력을 말하고,

---

87) Ric Simmons, *Ibid.*, at 795.

88) 프렌치와 라벤은 권력을 '한 사람이 다른 사람에게 어떤 일을 하도록 영향력을 행사할 수 있는 정도'로 규정하며, 이는 본고에서 주목하고자 하는 수사기관의 지위에 기한 시민에 대한 영향력 분석에 유용하다고 보여 원용하기로 한다. French & Raven, The Basis of Social Power, in: Studies in Social Power (Dorwin Cartwright ed., 1959), at 150-167.

둘째, 강제력의 힘(Coercive Power)은 처벌이나 불이익을 가하겠다는 위협에 기초해 갖게 되는 권력이며,

셋째, 정당성의 힘(Obligatory Power)은 시민에게 무언가를 요구할 수 있는 정당한 (legitimate) 자격이나 권리에 기초한 것으로 예컨대 수사기관이 영장 없이도 압수를 요구하고 압수할 수 있다고 시민이 믿게 되는 경우에 기능한다.

넷째, 준거의 힘(Referent Power)은 다른 사람이 특정인(수사기관)에 대한 신뢰나 존경이나 매력을 느껴서 그에게 동화되고 그를 본받으려고 하는 데 기초를 둔 권력을 말한다.

다섯째, 전문성의 힘(Expert Power)은 수사기관이 가진 해당분야의 전문성으로부터 나오는 권력이고,

여섯째, 정보의 힘(Informational Power)은 수사기관이 시민에게 필요한, 혹은 알고 싶어나 알아야 할 정보를 제공함으로써 지니게 되는 권력이다.[89]

이 중에서 임의제출이나 동의수색의 상황에서 수사기관이 갖게 되는 영향력의 유형은 최소한 4개로 정당성, 강제력, 준거, 정보에 기반한 권력이 그러하다. 보상의 힘은 압수나 수색은 통상적으로는 형사절차에서 매우 이른 단계이므로 아직 수사기관이 이를 내세워 압수나 수색의 동의를 받는 경우는 상정하기가 어려울 것이다.[90]

이러한 힘의 유형 중에서, 미국의 경우에 수정헌법이 금지하고자 하는 것은 대체로 '정당성 힘'과 '강제력의 힘'일 것이다. 예컨대 수사기관이 '정당성의 힘'을 행사하기 위해서는 동의에 의한 압수나 수색을 강제할 수 있는 권리가 있다고 믿도록 만들어야 하는데 분명히 수사기관에게는 그러한 권리가 없기 때문이다.[91] 반면 준거나 정보로부터 나오는 힘에 기반한 동의는 허용가능한, 즉 임의성의 담보에 영향을 미치지 않는 범위에 속한다고

---

89) 상기 여섯 유형의 권력이 수사기관과 시민 간의 상호작용에 작동할 수 있다는 것은 미국법원에서 말하는 '합리적 인간(reasonable person)'이 '합리적이고 무고한 인간(reasonable innocent person)'임을 전제한다. 왜냐하면 만일 '합리적이고 유책한 인간(reasonable guilty person)'을 전제할 경우 그는 오로지 정당성이 있거나 강제력이 있는(obligatory and coercive) 권력에만 반응할 것이기 때문이다. Ric Simmons, *Ibid.*, at 816.

90) 프렌치와 라벤의 권력유형 분석 등에 대한 소개로는 Ric Simmons, *Ibid.*, at 810-814.

91) 그럼에도 불구하고 현실적으로 대부분의 시민은 수사기관의 압수나 수색에 대한 동의 요청(request)에는 법적인 효력(force of law)이 있다고 여긴다. 즉, 수사기관의 요청을 그의 권위로부터 나오는 하나의 '강제력 있는 요구(demand)'로 간주한다는 것이다. 이러한 점을 지적하고 있는 다양한 판례의 소개로는 Marcy Strauss, *Ibid.*, at 241-242. 따라서 이와 같은 시민들의 반응성향은 수사기관에게 그 점을 이용해 더욱 더 자신에게 정당한 힘이 있게끔 믿도록 만드는 수사기법을 개발하려는 유인력을 제공해 준다고 볼 수 있을 것이다.

보아야 한다. 수사기관을 신뢰하고 존경해서 동의하거나(준거의 힘), 해당 사건의 중요성이나 동의 필요성에 공감해서(정보의 힘) 동의하는 경우는 그러한 영향력 행사가 헌법적 가치에 반한다고 평가할 수 없기 때문이다. 이러한 유형화는 우리나라의 법체계에서도 타당성을 지닌다고 생각된다.

미란다 판결이 논급한 바, 구금상태 하 신문에 본래적으로 내재한 강제적인 압력의 요소 중에서 미란다 고지를 통해 분명히 낮출 수 있는 것은 전술한 권력유형에 비추어 보면 바로 '정당성의 힘'을 지칭하는 것으로 볼 수 있을 것이다. 왜냐하면 미란다 고지는 수사기관에게 진술을 강요할 수 있는 자격이나 권리가 없다는 사실을 솔직하게 밝히는 성격을 갖고 있기 때문이다. 미란다 판결에서 강조하듯이 거부권 고지는 진술자로 하여금 자신이 자기부죄금지특권을 자유롭게 행사할 수 있다는 점을 인지할 수 있도록 보장해 주며, 이는 압수·수색의 경우에도 마찬가지다. 따라서 동의에 의한 압수·수색 시에도 거부권 고지를 할 경우에는, 그것이 적절하게 이루어진다면 최소한 이때 수사기관이 갖고 있지 않은 '정당성의 힘'에 의한 압력을 제거하거나 줄일 수 있으며,[92] 더 나아가 수사기관으로 하여금 그보다 허용가능한 설득기법을 선택하도록 유도할 수 있다.[93] 이러한 의미에서 미란다 고지는 본래적인 강압의 수준을 허용가능한 수준으로 낮추는 기능을 한다고 말할 수 있다. 하지만 '강제력의 힘'은 거부권이 고지되어도 여전히 별개로 작동할 수 있다. 물론 미란다 고지나 거부권 고지를 통해 부수적으로는 '강제력의 힘'도 일부 무력화시키는 효과를 가져올 수도 있을 것이다. 하지만 수사기관은 고지 후에 대상자가 순순히 요구에 응하지 않으면 차고 있는 총에 손을 갖다 대거나 험악한 어조로 진술 및 제출을 요구하거나 거짓 조언을 하거나 가족들과의 부당한 격리를 예고하면서 위협할 수도 있는데, 이러한 '강제력의 힘'은 단지 미란다 고지나 거부권 고지를 통해서는 쉽게 제거되거나 낮아지지 않을 것이다. 이에 대해서는 별도의 통제장치가 필요하다.[94] 다만, 그렇다 하더라도 최소한 '정당성의 힘'이

---

92) 압수나 수색의 경우에도 동의거부권(right to refuse consent)의 고지가 그 절차에 내재한 강압의 수준을 경감시키는 기능을 할 수 있다는 점에 대해서는 Marcy Strauss, *Ibid.*, at 255-256. 다만 동 문헌은 그러한 거부권의 고지가 있다 하더라도 시민과 수사기관의 대면 및 상호작용에 내재한 강압을 완전히 제거할 수는 없기 때문에, 결론적으로 동의에 의한 수색(또는 압수) 제도를 폐지해야 한다고 주장한다. 하지만 본고의 견해에 따르면, 거부권의 고지를 통해 강압을 완전히 제거하는 것이 목표가 아니라 그 수준을 '허용되는 수준으로' 낮출 수 있으면 족한 것이고, 그 밖에 수사기관의 위법행위가 수반되지 않는다면 통상적으로 임의성이 인정되는 적법한 압수나 수색으로 볼 수 있다는 것이다.

93) Ric Simmons, *Ibid.*, at 819-820.

94) 그 강제력의 수준과 유형이 형법상 폭행이나 협박 등의 범죄구성요건을 충족시킬 경우 우선 형사처벌이 가능하고, 획득된 증거는 위법수집증거에 해당하여 증거능력 배제를 통한 통제가 가능할 것이다.

제거된다면, 미란다 판결의 취지와 같이 대상자는 자신에게 진술이나 제출을 거부할 자유가 있음을 알게 될 것이고, 따라서 그 상황에 본래적으로 내재하는 총체적인 강압의 수준은 임의성을 담보할 만한 수준, 즉 허용되는 수준으로 완화된다는 점에 있어서는 차이가 없다고 볼 수 있다.

이상의 논의를 정리해보면, 임의성 판단기준은 객관적인 합리성 요건에 따라 판단하는 것이 명료한 결과를 가져오는 장점이 있으며, 더 나아가 동의에 의한 압수·수색에는 일정수준의 강제적 요소가 있음을 시인할 때 허용되는 수준의 설득방식을 유도하기 위해서는 최소한 거부권 고지를 하는 것이 요구된다. 요컨대, 수사기관에게 헌법과 법률에 위배되는 위법행위가 있으면 임의제출물 압수의 임의성이 부정될 것이고, 그러한 수준의 위법하고 강제적인 요소는 없다고 하더라도 수사기관의 기망 등에 의해 '정당성의 힘'에 호소한 임의제출 요구가 발생하는 것을 방지하기 위해서는 거부권 고지를 의무화, 입법화할 필요가 있으며, 만일 수사기관이 압수거부권 고지를 하지 않을 경우에는 그 자체로 임의제출은 위법한 것으로 평가되어야 한다. 요컨대, 권리보장을 위한 별도의 장치가 없다면 압수거부권의 고지는 임의제출 시 요구되는 '임의성' 요건의 핵심이며, 임의성을 담보하기 위한 최소한의 요건이 된다.[95]

만일 그러한 수준에 이르지 않는 유형의 강제력이라도 임의성에 영향을 주어 이를 의심케 할 만한 행위라면 '상황의 총체성'을 고려하여 임의성에 의심이 있다고 보아 증거능력을 배제할 수 있을 것이다. 이로부터 미란다 고지는 총체적 강압의 수준을 임의성을 담보할 만한 수준으로 경감시켜 주지만, 그 강압의 모든 유형을 완전히 제거해 주는 것은 아니므로, 여전히 임의성에 대한 심사가 필요하다는 점을 알 수 있다.

95) 압수거부권 고지가 입법적으로 해결되기 전에는 판례를 통해 고지의무를 부과하는 것이 타당하다. 단, 기존의 판례처럼 동의거부권 고지가 '상황의 총체성' 맥락에서 고려되는 한 요소로만 고려되어서는 안 되고 그것이 결여되면 임의제출의 적법성이 부정되는 필수적인 요건으로 자리매김되어야 한다. 그 고려방식은 예컨대 임의동행의 적법성 요건과 관련해 대법원이 "수사관이 동행에 앞서 피의자에게 동행을 거부할 수 있음을 알려 주었거나 동행한 피의자가 언제든지 자유로이 동행과정에서 이탈 또는 동행장소로부터 퇴거할 수 있었음이 인정되는 등 오로지 피의자의 자발적인 의사에 의하여 수사관서 등에의 동행이 이루어졌음이 객관적인 사정에 의하여 명백하게 입증된 경우에 한하여, 그 적법성이 인정되는 것으로 봄이 상당하다."고 판시한 것을 참고할 만하다(대법원 2006. 7. 6. 선고 2005도6810 판결; 대법원 2020. 5. 14. 선고 2020도398 판결: 대법원 2020. 5. 14. 선고 2020도398 판결).

4. 압수거부권의 고지 의무화를 둘러싼 법리적 문제: 쉬넥로스 판결 비판[96]

현재 국내의 상당수 학자들은 압수거부권[97]의 고지를 미란다 고지처럼 법률에 명문화하거나 판례를 통해 수사기관의 의무로 규정할 필요가 있다고 지적한다. 이와 관련해 전술한 동의수색과 관련된 기념비적 판결인 쉬넥로스 판결에서는 거부권의 고지는 '상황의 총체성' 기준에 의거해 동의의 유효성을 판단하는 한 요소에 불과할 뿐 임의성을 인정하기 위한 필수적인 조건은 아니라고 명시적인 판단을 내리고 있어서 이에 대해 면밀히 살펴볼 필요가 있다.[98]

(1) 거부권 고지의 불필요성을 지지하는 쉬넥로스 판결의 논거[99]

무엇보다 쉬넥로스 판결이 그러한 결론에 이르는 논거를 차례대로 살펴보면 다음과 같다. 그 논거의 핵심은 헌법상 진술거부권이 요구되는 자백진술과의 차이점에 주목한다는 점에 있다.[100]

첫째, 무고한 자가 수색에 동의하는 것은 빨리 혐의로부터 벗어날 수 있다는 장점이

---

96) 쉬넥로스 판결에서 수색거부권의 고지는 불필요하다고 밝힌 논거들 중 법리적 측면이 아닌 수사실무상의 현실적인 어려움(impracticality)도 논급되고 있으나, 본고에서는 법리적인 측면에 대한 논거만 검토하고 이에 대한 반박의 근거를 제시하고자 한다. 수색거부권 고지의 현실적 어려움이라는 논거에 대한 폭넓고 정치한 비판을 가하며 거부권의 고지가 필요하고 정당하다고 밝히고 있는 논문으로는 Matthew Phillips, *Ibid.*, at 1193-1211.

97) '임의제출 거부권'이 더 정확한 용어겠지만, 본고에서는 간단히 '압수거부권'으로 칭하기로 한다.

98) 이러한 결론에 대해 이상한(strange) 판결이 아니냐는 의문을 제기하고 있는 문헌으로는 Ronald Jay Allen, Joseph L. Hoffmann, Debra A. Livingston, & William J. Stuntz, Comprehensive Criminal Procedure (Aspen Publishers, 2005), at 674. 한편 동의수색의 임의성이 인정되기 위해서는 쉬넥로스 판결과 달리 수사기관의 거부권 고지가 요구된다거나 피수색자의 거부권에 대한 인식이 필요하다고 판시한 일부 주법원 판결에 대한 소개로는 John N. Ferdico, Criminal Procedure (Wadsworth/ Thomson Learning, 2002), at 350.

99) 쉬넥로스 판결의 보다 정확한 판시사항은 "동의거부권에 대한 인식은 임의적 동의의 전제조건이 아니라는 것(Knowledge of a right to refuse to consent is not a prerequisite of a "voluntary" consent)"이다. 동의거부권의 고지라는 요건과 동의거부권에 대한 인식이라는 요건은 엄밀히 말하면 차이가 있지만, 동 판결에서는 동의거부권의 고지에 대해 명백히 반대함을 밝히고 있고(Schneckloth v. Bustamonte, 412 U.S. 218, 231-232). 미란다 판결의 법리와의 차별성을 부각시키고 있는 점 등에 비추어 볼 때 전체적인 맥락에서 동의거부권의 고지에 대한 반대논거로 이해하는 것도 무방하다고 본다. 이러한 입장으로는 Marcy Strauss, *Ibid.*, at 218-220; Ric Simmons, *Ibid.*, at 794-795.

100) 쉬넥로스 판결의 논거에 대한 개괄적인 소개로는 Matthew Phillips, *Ibid.*, at 1187-1189.

있다.101) 즉, 무고한 자라 하더라도 진술거부권을 행사하지 않고 진술을 한다고 해서 수사기관으로부터 자신의 결백함을 인정받기는 어렵다는 점에서 신문의 경우는 동의의 이익이 거의 없는 것과 차이가 있음을 강조하는 취지로 보인다.

둘째, 진술거부권은 재판상의 권리('trial' right)임에 비하여 수색거부권은 재판 전 권리('pretrial' 권리)로서 양자는 중요한 차이가 있는데, 전자는 변호인 선임권처럼 공정한 재판을 받을 권리와 관련되며 따라서 '인지하고 이해하면서 포기(waiver)할 권리'라는 원리는 전자에만 적용되고 후자에는 적용되지 않는다. 따라서 법집행기관은 구금상태하 피의자 신문 시 진술거부권을 고지해야 하는 것과 달리 동의수색 시 이를 거절할 권리를 고지할 필요가 없다.102) 쉬넥로스 판결은 재판상 권리와 재판 전 권리의 구별을 지지해 주는 몇 가지 논거를 제시하는데, 다음과 같다.

우선, 수정헌법 제4조는 불합리한 압수·수색으로부터 프라이버시와 안전을 보장받기 위한 조항으로서 형사재판에서 공정하게 실체진실을 규명하는 것과 관계없다.103) 수정헌법 제4조는 실체진실 규명을 위한 보조장치(adjunct)가 아니며, 따라서 제4조의 권리를 침해받더라도 재판의 공정성, 즉 사실확인절차의 염결성(integrity of fact finding process)은 침해되지 않는다. 자신의 프라이버시에 대한 권리를 포기한 자는 오로지 자신의 프라이버시에만 영향을 주지만, 재판상 권리, 즉 자기부죄금지특권이나 변호인선임권을 포기한 자는 공정한 재판을 받을 권리를 포기하는 것이 되어 '재판제도의 정당성 그 자체'에 영향을 준다. 수정헌법 제4조는 진술거부권과는 다른 헌법적 법익(constitutional values)을 보호하기 위한 조항이라는 것이다.

다음으로 수정헌법 제4조의 권리는 어떤 측면에서는 상대적으로 덜 보호된다고 말할 수 있다. 수색에 대한 동의는, 설령 수색의 대상자가 부재해도 압수물과 이해관계가 있는 제3자도 할 수 있는데 이것은 '재판상 권리'의 경우에는 불가능한 일이다. 즉, 진술거부권은 그렇게 할 수 없다.104) 그렇기 때문에 진술거부권과 달리 수정헌법 제4조의 권리는 피고인이 반드시 '알면서 자발적으로' 포기해야 한다고 말할 수 없다. 수정헌법 제4조의 권리침해 여부는 법집행기관의 행위의 합리성(reasonableness)에 초점을 맞추는 반면, 수정헌법 제5조

---

101) Schneckloth v. Bustamonte, 412 U.S. 218, 228. "a search pursuant to consent may result in considerably less inconvenience for the subject of the search."
102) Schneckloth v. Bustamonte, 412 U.S. 218, 236-245.
103) Schneckloth v. Bustamonte, 412 U.S. 218, 242.
104) Schneckloth v. Bustamonte, 412 U.S. 218, 245.

의 권리침해 여부는 피고인의 주관적 동의 여부, 즉 피고인이 알면서 임의로 권리를 포기했는지 여부가 관건이 된다. 요컨대, 객관적 요소에 초점을 맞추는 합리적 수색은 허용되지만, 합리적 신문을 통한 자백은, 피고인이 알면서 자발적으로 진술거부권을 포기하지 않는 이상 허용되지 않는다.

끝으로 중요한 차이점은, 미란다 판결의 핵심은 구금상태하 신문 시에 경찰의 신문기법 및 구금환경의 본성(nature of custodial surroundings)으로부터 본래적으로 강압적인 상황이 형성되는 관계로, 그러한 강압을 제거하기 위한 충분한 보호장치가 없이는 어떠한 진술도 진정 임의적인 것으로 볼 수 없기 때문에 미란다 고지가 요구된다는 취지인 바, 수색은 전형적으로 피수색자에게 익숙한 장소에서 비구금상태하에서 이루어지기 때문에, 전통적인 임의성 판단기준, 즉 임의성을 기준을 하는 심사를 기각할 이유가 없으며, 따라서 미란다형(Miranda-like) 수색거부권을 고지할 필요가 없다.[105] 다시 말해 미란다 원칙은 비구금상태하 신문에는 적용되지 않는데, 이러한 상황은 동의수색의 상황과 매우 직접적인 유사성이 있으므로(most directly analogous to the situation of a consent search), 동의수색의 상황이 본래적으로 강압적이라고 간주될 필요는 없다는 것이다.

쉬넥로스 법원이 논급한 것은 아니지만 자백과 수색 사이에는 또 하나의 중요한 차이점이 있다.[106] 자백의 임의성을 확인하려는 목적은 증거능력 유무의 문제도 있지만, 증명력(reliability)을 확보하려는 데도 있다. 자백을 평가하는데 있어서 진술의 신빙성은 가장 중요한 관심사가 된다. 만일 강압이 사용되었다면 자백은 허위일 가능성이 있고 따라서 법원은 자백이 실제로 임의로 행하여진 것인지 여부를 확인해야 할 좋은 이유가 있다. 하지만 수색이나 압수의 결과물은 강압이 사용된 경우나 그렇지 않은 경우를 불문하고 그 자체 신용력이 있다는 점에서 자백과는 차이가 있다. 이른바 '성상불변론'의 관점에서 보면 진술증거인 자백과 비진술증거의 압수·수색은 차이가 있다고 말할 수 있을 것이다.[107]

(2) 쉬넥로스 판결의 논거 및 성상불변론에 대한 비판

동의수색의 경우에는 거부권 고지가 불필요하다는 쉬넥로스 판결의 논거에 대해서 차

---

105) Schneckloth v. Bustamonte, 412 U.S. 218, 247.
106) Ric Simmons, *Ibid.*, at 798.
107) 이러한 논거에 기초해 임의제출물의 압수 시 압수거부권의 불고지가 있더라도 이 사실 하나만으로는 – 진술증거도 아닌 – 물적 증거의 증거능력을 전면으로 부정하는 것에 소극적인 입장으로는 신이철, 앞의 논문, 95면 참조

레로 검토해 보기로 한다.

　먼저, 첫째 논거에 대해서는 자백보다 수색의 경우에 동의의 이익이 더 크다고[108] 하여서 동의수색의 경우에는 수색거부권의 고지가 필요하지 않다는 결론은 도출되지는 않는다. 동의수색은 헌법상 보호되는 영장주의의 예외로서 그것이 인정되기 위해서는 동의의 '임의성'이 인정되어야 한다. 앞서 살펴본 바와 같이 미란다 고지는 구금상태하의 신문 시 본래적으로 내재하는 강압을 자백의 임의성을 담보할 수 있는 정도의 허용되는 수준으로 완화하려는 장치라는 점을 고려하면, 동의로부터 얻는 이익이 자백보다 수색이 크다고 하더라도, 이는 수색에 동의하게 되는 하나의 동기에 대한 설명에 불과하며 동의수색에서도 거부권 고지를 해야 할 당위와 필요성을 제거하지 못 한다. 일부 특수한 상황을 근거로 동의수색이 자백보다 쉽게 이루어져야 한다는 논지는 임의수사를 빙자한 사실상 강제수사를 조장할 가능성을 높인다. 영장주의를 형해화시켜 사법신뢰를 잃기 쉽다는 것이다. 이러한 점은 정책적 목표의 측면에서도 정당화될 수 있다. 앞서 고찰한 바와 같이 동의에 의한 압수나 수색 시 임의성 판단기준을 위법배제설의 관점에서 이해해야 한다고 할 때 위법배제설의 취지가 임의성을 담보해 줄 수 있도록 위법행위를 억제하려는 정책적 목표에 있다면 헌법상 요구되는 영장주의의 예외로서 임의제출 및 동의수색에 대해서도 마찬가지라 할 것이므로 그 적법성이 인정되기 위해서는 임의성 판단요건을 엄격히 설정해야 한다. 요컨대, 동의로 인한 이익의 다소는 일부 특수한 사례에 대한 설명일 뿐, 이를 근거로 동의수색의 임의성 기준이 낮게 설정되어야 한다는 논거는 동의거부권의 전반적 취지와 형사소송의 기본원리에 어긋난다는 것이다.

　둘째 논거에 대해서는 진술거부권의 침해는 공정한 재판을 받을 권리, 다시 말해 재판 시스템의 정당성 내지 염결성 훼손과 연관되어 있는 반면, 수색거부권은 개인의 프라이버시권의 침해만 관련되며, 전자가 본인만 '알면서 자발적으로' 포기할 수 있는 것과 달리 후자는 제3자에 의한 동의도 가능하다는 점에서 수색에 대한 동의거부권은 상대적으로 덜 보호받는 권리의 보호와 관련된다는 취지의 논변으로 볼 수 있는바, 이 역시 미란다 고지의 목적에서 벗어난 것으로 평가할 수 있을 것이다. 설령 법에 의해 더 보호받아야 하는 권리와 그렇지 못한 권리라는 구분법을 수용한다 하더라도 중요한 점은 진술거부권이나 동의거부권 모두 신문과 수색 시 임의성의 담보를 위한 최소한 필수적인 요건이라는 점에서 동일하고 따라서 거부권 고지는 양자에게 있어서 공통적으로 요구된다고 보는 것이 타당할 것이

---

108) 이 전제 자체를 부정하는 견해로는 Marcy Strauss, *Ibid.*, at 265-269.

다. 이 점은 아래에서 보듯이 거부권 고지로 인해 완화하고자 하는 강압의 유형이 무엇인지를 고려하면 더욱 선명해 진다.

아울러 수색거부권의 포기는 헌법상 프라이버시권에만 영향을 주고 재판의 공정성과는 무관하다는 지적에 대해서는, 그것이 비록 재판의 공정성 보호와는 무관하다고 하더라도 일체의 형사소송법의 원리에 저촉됨이 없이 단지 프라이버시권에만 영향을 준다고 볼 수는 없다. 수색거부권을 고지하는 등 '임의성을 담보할 만한 장치'를 제공하지 않고 사실상 암묵적 강제에 의해 이루어진 수색은 영장 없이 이루어지는 사실상 강제수사에 해당한다고 평가할 수 있고 따라서 이를 무분별하게 허용하는 것은 수정헌법 제4조의 '합리성' 요건에 반한다고 볼 수 있다. 즉 우리나라의 경우 '영장주의'에 반하며 형사소송법이 천명하고 있는 '임의수사의 원칙'에도 어긋난다고 할 것이다. 동일한 맥락에서 대법원은 임의동행의 적법성 요건과 관련해 다음과 같이 판시한 바 있다.[109]

> "형사소송법 제199조 제1항은 "수사에 관하여 그 목적을 달성하기 위하여 필요한 조사를 할 수 있다. 다만, 강제처분은 이 법률에 특별한 규정이 있는 경우에 한하며, 필요한 최소한도의 범위 안에서만 하여야 한다"고 규정하여 임의수사의 원칙을 명시하고 있는바, 수사관이 수사과정에서 당사자의 동의를 받는 형식으로 피의자를 수사관서 등에 동행하는 것은, 상대방의 신체의 자유가 현실적으로 제한되어 실질적으로 체포와 유사한 상태에 놓이게 됨에도, 영장에 의하지 아니하고 그 밖에 강제성을 띤 동행을 억제할 방법도 없어서 제도적으로는 물론 현실적으로도 임의성이 보장되지 않을 뿐만 아니라, 아직 정식의 체포구속단계 이전이라는 이유로 상대방에게 헌법 및 형사소송법이 체포·구속된 피의자에게 부여하는 각종의 권리보장 장치가 제공되지 않는 등 형사소송법의 원리에 반하는 결과를 초래할 가능성이 크므로, 수사관이 동행에 앞서 피의자에게 동행을 거부할 수 있음을 알려 주었거나 동행한 피의자가 언제든지 자유로이 동행과정에서 이탈 또는 동행장소로부터 퇴거할 수 있었음이 인정되는 등 오로지 피의자의 자발적인 의사에 의하여 수사관서 등에의 동행이 이루어졌음이 객관적인 사정에 의하여 명백하게 입증된 경우에 한하여, 그 적법성이 인정되는 것으로 봄이 상당하다."

다만 재판상 권리와 재판 전 권리의 구분은 수색거부권의 고지대상을 굳이 피의자로 국한시킬 필요가 없음을 일깨워준다는 점에서 그 의의가 있을 것이다. 다시 말해 진술거부권은 재판상 권리로서 공정한 재판을 받을 권리와 밀접한 권리이기 때문에 우리나라의 경우

---

109) 대법원 2006. 7. 6. 선고 2005도6810 판결. 굵은 글씨는 필자 강조.

진술거부권의 고지대상이 형사소송법에 피의자와 피고인으로 명문화(제244조의3, 제283조의2)되어 있다. 하지만 수색거부권 내지 압수거부권의 고지는 공정한 재판을 받을 권리의 보호를 위해 요구되는 것이라기보다는 '영장주의'의 예외를 허용하기 위한 엄격한 '임의성' 기준설정 필요성 및 수사기관의 위법행위를 억제할 정책적 목표에서 요구된다고 볼 것이기 때문에 굳이 피의자·피고인으로 그 고지대상이 제한될 필요는 없을 것이다. 형사소송법 제218조는 "소유자, 소지자 또는 보관자가 임의로 제출한 물건은 영장 없이 압수할 수 있다."고 하여 임의제출의 주체가 반드시 피의자 또는 피해자로 한정되지 않는다. 그렇다면 압수거부권의 고지대상 역시 굳이 피의자로 자격에 제한을 둘 필요는 없을 것이고, 쉬넥로스 판결은 이러한 차이를 잘 해명해 준다는 점에서 그 의의를 찾을 수 있다.

셋째 논거는 상당히 면밀한 검토를 요한다. 미란다 판결의 취지는 구금상태하 신문 시에 본래적으로 내재하는 강압을 제거하기 위해서 미란다 고지가 요구된다는 것이기 때문에 미국 법원은 '구금상태'라는 요건이 갖추어지지 않았거나 '신문'이라는 요건이 결여된 경우는 미란다 고지가 불필요하다고 일관되게 판시해 오고 있기 때문이다.[110] 이러한 맥락이라면 동의수색의 경우 전형적으로 비구금상태하에서 행하여지기 때문에 거부권의 고지가 불필요하다고 판단한 쉬넥로스 판결에도 분명 일리는 있을 것이다. 하지만 이러한 논변은 다음과 같은 한계를 지닌다.

우선 적어도 우리나라 형사소송법에는 부합되지 않는다. 현행 형소법은 피의자를 신문하기 전에 진술거부권 등을 고지하도록 규정되어 있기 때문에(법 제244조의3), 구금상태와 비구금상태를 불문하고 진술거부권 고지가 요구된다.[111] 그렇다면 조문 해석상 우리나라 법은 미란다 원칙의 적용범위보다도 더욱 엄격하게 구금과 비구금 상태의 구별없이 수사기관과 시민 간의 대면과 상호작용에서 발생하게 되는 강압을 제거하기 위한 법적 장치를 마련하려는 입법적 결단을 내리고 있는 것으로 해석할 수 있고[112] 따라서 이러한 결단은 동의에 의한 수색 및 압수에도 일관되게 반영되어야 한다고 보는 것이 합당하고 자연스러운 해석론일 것이다.

다음으로 만일 쉬넥로스 판결처럼 구금상태와 비구금상태의 강압의 수준을 구별하는 법리를 수용한다고 하더라도 미란다 고지의 기능을 고려할 때 동의수색 시에도 수색거부권

---

110) 이와 관련된 다양한 판례의 소개로는 Custodial Interrogations, *37 Geo.L.J.Ann.Rev.Crim.Proc. 168* (2008) at note 522.
111) 이 점에 대해서는 박용철, 앞의 논문, 97면.
112) 동지의 박용철, 앞의 논문, 112면 참조.

을 고지해야 할 필요성이 사라지는 것은 아니다. 우선 비구금상태의 익숙한 환경이라고 하여 일반시민이 수사기관의 요구에 직면하여 겪게 되는 심리적 위축과 강압이 없다고 단정하는 것은 전술한 바 있는113) 여러 심리학적 연구결과들은 물론 사회통념에 비추어 보더라도 타당하지 않음을 지적해 두고자 한다. 아울러 수색이나 압수도 현행범 체포상황에서의 임의제출처럼 구금상태에서도 충분히 발생할 수 있다. 이 경우에는 쉬넥로스 판결의 법리를 따르더라도 거부권의 고지가 필요할 것이다.114)

물론 상기 논거에 대한 반론의 더욱 중요한 근거는 다른 데 있다. 쉬넥로스 법원은 미란단 판결의 핵심을 놓치고 있다. 앞서 논급한 바와 같이 미란다 고지는 구금신문(custodial interrogation) 시 그 본래적 강압으로부터 임의성을 담보하기 위한 장치이다. 임의성을 담보하기 위해 가장 중요한 것은 피신문자가 자신의 권리를 인식하고 그것을 행사함에 있어서 자유롭다는 사실을 일깨워 고무시켜 주는 것이다.115) 요컨대, 강압으로부터 임의성을 담보하기 위한 요체가 되는 것은 자신의 권리를 앎과 동시에 상황에 본래적으로 내재하는 강압이 작동하는 상황에서도 그 권리행사의 자유로움을 깨닫는 것이므로, 바꾸어 말하면 신문 시 작동하는 강압의 여러 유형 중에서 정당성의 힘을 제거하는 것이다. 다른 유형의 강압이 작동하더라도 정당성의 힘이 제거되면, 자백의 임의성을 담보할 수 있는 정도의 허용되는 수준으로 강압을 낮출 수 있다는 것이 미란다 판결의 요체인 것이다.

이처럼 미란다 고지로 제거하려는 강압의 유형은 바로 '정당성의 영향력'인데, 이는 구금상태와 비구금상태를 불문하고 수사기관의 권위에 기반한 기망행위 등에 의존해 행사될 수 있는 것이기 때문에116) 동의거부권 고지는 동의수색의 경우에도 여전히 그 본래적 목적을 달성하는 데 필요하다. 아울러 부수적으로는 동의거부권 고지는 수사기관으로 하여금 피수색자의 권리를 존중하도록 만들고, 보다 적절한 수준의 허용가능한 수사기법으로 동의수색에 임하도록 유도하는 기능117)을 할 수 있을 것이기 때문에 이 역시 "심리적 강제

---

113) 각주 4) 및 각주 91) 참조.
114) 쉬넥로스 판결에 따르면 동 판결은 수색의 대상이 비구금상태인 경우에(When the subject of a search is not in custody) 적용되는 것이라고 밝히고 있다.
115) Miranda v. Arizona, 384 U.S. 436, 468.
116) 예를 들어 만일 거부권 고지가 의무화되지 않는다면, 수사기관은 실제로는 없는 압수·수색의 권한이 있는 듯이 주장할 것이고(claim authority to search yet in fact lack such authority), 그럴 경우 압수·수색 대상자는 그러한 정당성의 힘에 굴복해 거절할 수 있다는 사실을 모르게 되며, 이러한 무지는 동의를 무효로 만드는 요소가 된다는 지적으로는 Yale Kamisar, Wayne R. LaFave, Jarold H. Israel, & Nancy J. King, Basic Criminal Procedure (Thomson/West, 2005), at 452.
117) '강제력의 힘'이나 '정당성의 힘'에 의존하지 않는 보다 적절한 수준의 허용가능한 수사기법으로서는

의 수준을 허용가능한 수준으로 낮춘다"는 본래의 목적 달성에 기여한다. 이에 대해 비구금 상태에서는 강제적 압력이 이미 허용가능한 수준이기 때문에 미란다 고지는 불필요하지 않느냐고 반문할 수도 있을 것이다. 물론 구금상태와 비교하면 비구금상태는 양적으로 볼 때 총체적인 강압의 수준이 낮다고 평가할 수 있을 것이다. 구금상태에서 분명 여러 유형의 강압이 더 크고 쉽게 작동할 것이다. 하지만 '임의성의 담보'에 반드시 요구되는 것은 '정당 성의 힘'을 제거하는 것이므로 강압의 총량은 문제되지 않는다. 바꾸어 말하면 강압의 수준 이 낮아도 '정당성의 힘'이 제거되지 않으면 임의성은 담보되지 않는다. 어느 경우든 '정당 성의 힘'을 이용해 보려는 동기는 여전히 남아 있고, 오히려 비구금상태라면 수사기관에게 는 다른 수사기법보다 바로 이 '정당성의 힘'에 호소하려는 유인력이 더 크게 작동할 수밖에 없을 것이다. 이는 명백히 경계되어야 하는 기제이므로 거부권 고지를 통해 수사기관이 자신에게 동의를 강제할 수 있는 자격과 권리가 없음을 밝힘으로써 피수색자에게 자신의 권리를 알고 그 거부권 행사에 자유로움을 깨닫게 해주려는 목적에서 수색거부권 고지가 반드시 필요하다고 보는 것이 타당할 것이다.118)

끝으로 쉬넥로스 판결의 명시적인 논거는 아니지만 어쩌면 압수 및 수색거부권 고지에 반대하는 논거의 배경에서 암묵적인 기능을 하고 있다고도 말할 수 있는 성상불변론에 대해 서는 우선, 이 논거 역시 거부권의 본래적 기능, 즉 "심리적 강제의 수준을 허용가능한 수준

일단 임의제출물의 압수상황의 경우라면, 피압수자가 압수에 동의하는 동기로는 다음과 것들을 상정 해볼 수 있는데, 이때 수사기관으로서는 강압의 방법이 아니라 설명과 설득의 방식으로 세 번째 동기 를 유발하는 방법을 제시해볼 수 있을 것이다.
① 임의제출에 협조함으로써 훈방조치 등 관대한 처분을 위해서
② 어쨌거나 결국 자신은 압수당할 것으로 생각해서(압수거부권이 없다고 생각하거나 체포현장이라 면 임의제출을 거부하더라도 영장에 의한 압수를 당할 것이라고 생각해서)
③ 자신의 행위를 정당화하거나 결백함을 해명하기 위해서

118) 이러한 취지에서 보면, 구금상태와 비구금상태를 구별하여 전자의 경우에만 미란다 고지를 요구하는 미국 판례의 입장은 어쩌면 미란다 판결의 본의에서 다소 벗어나 있는 것으로 평가해야 할 것이다. 하지만 수사의 효율성 측면에서 미란다 판결에 반대하고 도전하는 입장도 여전히 상당하다는 점에서 (김성돈, 앞의 논문, 4면 참조) 그러한 구분 법리는 일종의 절충안 내지 타협안으로 선해할 수 있을 것이다. 사건으로는 '정당성의 영향력'에 의존할 가능성은 자백보다 압수·수색의 경우가 더 크기 때문 에 후자의 경우에는 구금상태와 비구금상태를 불문하고 미란다 고지를 할 필요성이 크다고 생각한다. 왜냐하면 신문을 받는 대상은, 수사기관에 진술을 강요할 수 있는 자격이나 권리가 있다고 믿어서 기보다는(그렇지 않다는 것을 일반시민도 잘 알고 있음) 구금상태로부터 오는 불안감과 공포 내지 수사기관의 다양하고 교묘한 설득기법으로 인해 신문에 협조할 동기를 가질 수 있지만, 비구금상태의 일반적인 압수·수색상황에서는 그러한 점을 관념하기 어렵고, 오히려 '정당성의 힘'을 가장한 수사기 관의 영향력에 굴복하는 경우가 많을 것이기 때문이다.

으로 낮춘다"는 기능을 간과해서 제기될 수 있는 논거로 보인다. 심리적 강제의 수준은 수사기관과의 대면상황 및 상호작용의 양상에 따라서 달라지는 것이지, 그 수집대상이 진술증거인지 비진술증거인지에 좌우되는 것은 아니기 때문이다.[119] 다음으로 이 논거는 우리나라의 현행 법체계에서는 큰 의미가 없다고 평가할 수 있을 것이다. 왜냐하면 위법수집증거배제법칙의 입법화(제308조의2)로 인해 진술증거와 비진술증거를 구별함이 없이 위법하게 수집된 증거에 대해서는 동등하게 그 증거능력을 배제하는 입장을 취하고 있기 때문이다. 물론 비진술증거에 대해서는 판례가 '재량적' 증거배제론을 취하고 있지만[120] 수색거부권의 불고지는 진술거부권의 불고지에 상응하는 정도로 형사소송의 기본원리에 반하는 중대한 위법사유로 보아야 한다.[121]

(3) 국내의 논의

임의제출거부권 고지를 해야만 비로소 제출의 임의성을 인정받을 수 있는가 여부, 다시 말해 상황의 총체성을 고려한다고 할 때 임의제출거부권의 고지는 미란다 고지처럼 임의제출의 적법성 인정을 위해서 필수적인 요건인가에 대해 학설은 대립되고 있다.

우선 긍정설은 증언거부권이나 진술거부권과 같은 취지에서 수사기관은 압수거부권을 반드시 사전에 고지해야만 하고 불고지 시 임의성을 부정하여 증거능력을 배제해야 한다는 입장이다.[122]

---

119) 동지의 신상현, 앞의 논문, 285면.
120) 대법원 2007. 11. 15. 선고, 2007도3061 전원합의체판결.
121) 재량적 위법수집증거배제법칙에 대해서는 조국, "재량적 위법수집증거배제의 필요성, 근거 및 기준", 서울대학교 법학 제45권 제2호, 2004, 49면 이하 참조. 이러한 판례의 태도에 비판적인 입장으로는 김봉수, "'재량적' 위법수집증거배제(론)에 대한 비판적 고찰 – 왜 유독 '비진술증거'에 대해서만 '재량적 배제'를 인정하려 하는가? –, 비교형사법연구 제11권 제2호, 2009, 205면 이하.
122) 조국, "압수·수색의 합법성 기준 재검토, 비교형사법연구 제5권 제2호, 2003, 776면; 김학신, "미국의 디지털 범죄와 헌법상 영장주의", 미국헌법연구 제20권 제1호, 2009, 272면; 조국, 앞의 책, 360면. 역시 같은 취지로 볼 수 있는 홍영기, "형법·형사소송법 2019년 대법원 주요판례와 평석", 안암법학 제60권, 2020, 139면. 독일의 문헌중에는 Kleinknecht, Meyer, & Meyer-Goßner, Strafprozeßordnung, 43.Aufl. (C.H. Beck, 1997), §97 Rn.6 참조 참고로 독일의 경우 임의제출물의 압수와 관련해 '임의성'에 초점을 맞춘 논의를 찾아보기 힘들다. 별도 설명이 없거나 미미한 수준이다. 예를 들어 Roxin/Schünemann, Strafverfahrensrecht (C.H. Beck, 2012); Kindhäuser, Strafprozessrecht (Nomos, 2006); Rudolphi (Gesamtredaktion), SK-StPO (Alfred Metzner Verlag, 1996); Volk/김환수·문성도·박노섭 공역, 독일형사소송법 (박영사, 2009); Klesczewski/김성돈 역, 독일형사소송법 (성균관대학교 출판부, 2007) 등이 그러하다. 같은 취지에서 독일에도 수사기관의 압수거부권 고지의무 인정여부에 대한 찬반견해는 일부 있으나 그 충분한 논거는 제시되어 있지 않다는 지적으로는 신상현, 앞의 논문,

반면에 부정설은 현행법에는 수사기관의 고지의무가 명문화되어 있지 않기 때문에 고지의무는 인정되지 않으며, 임의성은 상황의 총체성을 판단하는 한 요소일 뿐이므로 압수거부권을 고지하지 않았다고 하여도 제출자의 의사결정의 자유를 반드시 침해하게 되는 것도 아니므로 제출의 임의성이 인정될 수 있다는 입장이다.[123] 또한 압수거부권의 고지를 동의의 유효요건으로 두는 것은 수사 현장의 긴박성을 충분히 고려하지 못한 비현실적인 방법이므로 무리라고 한다.

한편 제출의 임의성을 담보하기 위해서는 압수거부권 고지가 요구된다고 보면서도 아직 그러한 거부권이 진술거부권처럼 명문화되어있지 않은 상태에서는 그 불고지로 인해 임의제출물 압수가 위법해지는 것은 아니며, 이를 절대적 요건으로 두면 자칫 실체진실발견에 소홀할 우려가 있으므로 임의성을 판단하는 자료로서 활용하는 것이 바람직하다는 견해도 있다.[124]

판례는 전술한 앞서 검토한 바와 같이 '상황의 총체성'을 종합적으로 고려해 판단한다는 입장이며, 따라서 압수거부권의 고지 여부를 임의성 판단시의 한 요소로 고려하고 있는 것으로 보이며 따라서 이는 문리에 따르는 해석론을 취하고 있는 것으로 볼 수 있을 것이다.

(4) 임의제출물 압수에서 '임의성'이 인정되기 위한 요건

자백이든 임의제출이든, 수사기관의 협조요구에 대한 동의가 유효하기 위한 요건으로 현행법은 양자 모두에 '임의성'이란 기준을 설정하고 있다는 점에서 공통적이다. 임의성이 부정되거나 임의성에 의심이 있는 자백이나 임의제출은 위법하며, 증거능력이 배제된다. '임의성'은 진술거부권이나 영장주의와 같은 헌법적 권리의 보호에 대한 예외를 만들어 내기 때문에 엄격한 요건 하에서만 인정되어야 한다. 그런데 '임의성'은 어떠한 기준에 의해 판단되어야 하는가에 대해 학설과 판례는 다양한 입장을 취하고 있다. 오늘날 지배적이고 공통적인 견해는 '임의성을 기준으로 하는 심사(voluntariness test)'는 판단하는 사람에 따라

281면 참조.

123) 강동범, "동의나 영장 없는 혈액압수의 적법성", 고시계, 통권 제514호(1999), 38면; 이상돈, 사례연습 형사소송법 (법문사, 2006), 178면; 안성수, "당사자의 동의에 의한 압수·수색", 비교형사법연구 제10권 제1호, 2008, 309면; 최창호, "미국법상 동의에 의한 수색에 관한 연구", 가천법학 제6권 제3호, 2013, 314면; 한상훈, "임의제출물의 영치와 위법수집증거배제법칙, 법조 제65권 제8호, 2016, 618면.
124) 김태명, "체포현장에서 피의자가 임의제출한 휴대전화기의 압수와 휴대전화기에 저장된 정보의 탐색·수집", 경찰법연구 제19권 제1호, 2021, 45면 참조.

서 달라질 수밖에 없어서 판단기준이 주관화, 내면화되기 쉽다는 것이다. 이 기준의 한계는 '상황의 총체성'이라는 복합적 기준을 활용해도 마찬가지로 드러난다. 이러한 난점을 극복하기 위해 국내 학계에서는 자백배제법칙의 이론적 근거와 관련해 객관적인 위법수사에 초점을 맞추는 '위법배제설'이 다수설적 지위를 차지하게 되었다. 같은 맥락에서 미국에서는 자백의 임의성 유무를 불문하고 사전에 진술거부권 등을 고지하지 않을 경우 증거능력이 배제된다는 미란다 판결을 통해 미란다 고지를 의무화 하였다. 아울러 동의수색의 임의성 판단기준에 대해 쉬넥로스 판결 및 드레이튼 판결은 수사기관의 위법행위나 그 행위의 '합리성'이라는 객관적인 요소에 중점을 두는 법리를 제시하였다.

다시 원래의 질문으로 돌아가면, 자백이나 임의제출물 압수에 요구되는 엄격한 요건은 어떠한 것이어야 하는가? 자백과 관련해서 미란단 판결과 현행법이 진술거부권 등의 고지라는 높은 기준을 설정해 두고 있음은 주지의 사실이다. 이 기준을 임의제출에도 적용할 수 있을 것인가에 대해 학설은 나뉘어 있고 동의에 의한 수색과 관련된 리딩케이스인 쉬넥로스 판결은 부정적인 근거를 제시하여 부정설의 근거가 되고 있다. 하지만, 앞서 고찰한 바와 같이 미란다 고지가 '구금상태하 신문상황에 본래적으로 내재하는 강제적 압력'을 제거 또는 경감하기 위해서 요구된다는 미란다 판결의 취지에 비추어 보면 임의제출물 압수시에도 압수거부권의 고지가 의무화되어야 할 것이다.[125] 물론 전형적인 임의제출물 압수는 비구금상태에서 행하여진다는 차이점이 있지만, 우선 현행범 체포상황과 같은 구금상태에서 임의제출이 행하여질 수도 있고, 다음으로 진술거부권의 고지를 구금·비구금 불문하고 공통적으로 요구하고 있는 현행법의 태도 내지 입법적 결단, 다시 말해 형사절차에서 시민의 헌법적 권리를 두텁게 보호하려는 취지에 비추어 보면 장소를 불문하고 임의제출 시에도 압수거부권의 고지가 요구된다고 보는 것이 영장주의의 예외를 인정하기 위한 엄격한 기준이라는 맥락에서 볼 때 적절하다고 생각된다.

이러한 입장에 의하면 압수거부권을 고지하지 아니한 임의제출물의 압수는 위법하며 증거능력이 배제된다. 물론 압수거부권을 고지했다고 하더라도 폭행, 협박, 기망 등 수사기관의 위법행위가 개입된 경우에는 증거능력이 배제되며, 다만 압수거부권이 고지되었고 그러한 위법행위가 개입되지 않는 경우라도 그 제출의 임의성이 의심되는 경우에는 - 매우 드물겠지만 - 보충적으로 '상황의 총체성'을 고려하여 임의성 여부를 판단하면 될 것이다.

---

125) 그 방법은 입법적으로 해결하는 것이 가장 바람직하겠으나, 그 입법화 전에 과도기적으로는 판례가 이를 요구하는 방향으로 나아가야 할 것이다. 입법적 해결안에 대해서는 신이철, 앞의 논문, 96면과 신상현, 앞의 논문, 291면 참조.

V. 맺음말

동의가 유효하기 위한 조건은 무엇인가? 일반적으로 받아들여지는 요건은 첫째, '충분한 설명에 기반한 동의(informed consent)'여야 하고, 둘째, 그 동의가 '임의적(voluntary)'이어야 한다는 것이다. 형법학자 파인버그(Feinberg)는 임의성 요건으로 ① 충분한 지식 ② 심리적 강제의 부재 ③ 외부적 제약의 부재 등을 제시하였다.[126] 물론 이러한 일반론만으로 임의제출물의 압수에 요구되는 '임의성' 요건을 적절하게 해석해 낼 수는 없다. 하지만 적어도 논증의 개괄적인 방향성을 비판적으로 가늠해 보기에는 충분해 보인다.

임의제출물의 압수 시 피압수자에게 임의제출물의 의미나 효과, 압수거부권 등의 고지가 없는 상황이라면 그 동의는 유효하다고 보기 어렵다. 충분한 설명에 기반한 동의가 아니기 때문이다. 현행법이 명시적으로 요구하고 있지 않은 '압수거부권' 고지까지 이루어져야만 임의제출이 적법하다고 볼 것인지 여부는 임의제출 시 피압수자가 느끼게 되는 심리적 강제의 수준, 위법수사의 억제라는 정책적 목표 등을 종합적으로 고려해 결정해야 할 문제이다. 물론 궁극적으로 입법적으로 해결하는 것이 바람직할 것이다.

압수거부권의 고지는 '충분한 설명에 기반한 동의'를 위해 필요하기도 하나 파인버그가 말한 '심리적 강제'의 수준을 낮추거나 제거하기 위해 요구된다고 보아야 한다. 수사기관과 대면한 상태에서 현실적으로 완전한 수준의 임의성은 관념하기 어려울 것이다. 따라서 임의제출물 압수에 요구되는 '임의성'의 정도는 일정한 수준의 심리적 강제가 작동하는 상황을 전제하고 있다고 보아야 하며, 미란다 판결의 혁신적 법리에 비추어 보면 일반적으로 '동의 거부권' 고지는 심리적 강제의 수준을 허용되는 범위로, 즉 임의성을 담보할 만한 수준으로 낮추어 주는 기능을 하므로, 압수거부권의 고지 역시 임의제출의 적법성이 인정되기 위해서 반드시 요구된다.

압수거부권의 고지가 이루어져도 수사기관은 폭행, 협박, 기망 등 여러 가지 형태의 '외부적 제약' 내지 '심리적 강제'를 행사하는 경우도 있을 것이다. 이 경우에 수사기관의 수사기법은 헌법상, 법률상의 위법행위에 해당하므로 '위법배제설'의 관점에서 임의성에 의심이 있는 경우에 해당하여 증거능력이 배제될 것이다. 압수거부권 고지는 임의제출의 적법성이 인정되기 위한 최소한의 요건이지 충분한 것은 아니다. 그렇다면 압수거부권이 고지되고 수사기관의 위법행위도 없지만 임의성에 의심이 있는 경우에는 어떻게 적법성을

---

126) Joel Feinberg, Social Philosophy (Prentice-Hall, 1973), at 48.

판단해야 하는가? 이때에는 증거능력 배제의 효과를 최대한 확장시키려는 '종합설'의 취지에 비추어, '상황의 총체성'에 따라서 임의성 인정여부를 판단하면 될 것이다. 즉, 신분, 사회적 지위, 학력, 지능정도, 연령, 정신적·육체적 상태, 수사관의 수, 압수장소, 그리고 임의제출 전후의 사정 등을 종합적으로 고려하여 판단하면 될 것이다. 이밖에도 '상황의 총체성' 기준은 보충적으로 적용된다면 나름의 의의를 지닐 수 있는데, 명백한 위법행위로 간주하기 힘들지만 임의성에 의심을 품게 만드는 다양하고 무정형한 수사기관의 강압적 수사기법을 밝혀내고 억제하는 데 기여할 수 있다.

입법론적으로 압수거부권의 고지의무가 명문화되어야 하며, 불고지는 위법수집증거로서 증거능력을 배제시키게 된다. 입법화 전까지는 임의동행의 적법성 요건과 같이 판례를 통해 압수거부권의 고지의무를 적극적으로 요구할 필요가 있으며, 그 위반의 경우 '임의성'이 부정되어 위법한 임의제출로 보는 법리가 형성되어야 할 것이다.

본고는 임의제출물의 압수와 관련해 '임의성'이라는 요건이 지니는 법적 비중과 의의를 재조명하면서 형사소송의 제원리 및 관련 법리와 정합적이면서도 일관성 있는 해석론을 제시해 보고자 하였다. 혹자는 임의제출의 적법성 요건을 이렇게 엄격하게 설정하는 것이 과연 사회전체의 이익을 위해서 바람직한 것인가라는 의문을 제기할 수도 있을 것이다. 이러한 이견의 제기가능성은 미란다 법원도 잘 인식하고 있었다. 자기부죄금지특권의 보호보다 신문의 필요성이 더 중요하다는 주장이 반복하여 제기되어 왔음을 언급하면서 미란다 판결은 다음과 같은 인용구를 제시한 바 있다.

"한 국가의 문명의 질은(The quality of a nation's civilization) 대체로 형법의 집행에 사용되는 수단에 의해 측정될 수 있다."127)

궁극적으로 이 문제는 우리가 현재 어떤 사회에 살아가고 있으며, 어떠한 사회에서 살고자 하는가를 결정짓는 문제이기도 할 것이다.

---

127) Miranda v. Arizona, 384 U.S. 436, 479-480.

PART THREE
형법이론과 형법사상

CHAPTER IX
형법학자와 형법학

[26] 형법 제16조에 대한 유기천 교수의 해석론 연구

Ⅰ. 서론

형법 제16조(법률의 착오)는 매우 흥미로운 조문이다. 이 규범은 형벌법규 스스로 자신의 규범력과 실효성을 높이기 위해 마련한 장치로 볼 수 있기 때문이다. 법계를 막론하고 매우 오래 전부터 "법률의 부지는 용서받지 못한다"는 법리가 다양한 형태로 명맥을 유지해 오고 있다는 사실도 이 조문의 성격을 더욱 흥미롭게 만든다. 여기서 "형벌법규가 자신의 효력을 유지하기 위해 스스로 마련한 장치다"라는 표현이 낯설 수 있을 것이다. 법규정의 입안은 엄연히 그 제정자의 몫이기 때문이다. 하지만 관점을 바꾸어 보면, 다시 말해 우리가 인간 중심적 관점에서 조금만 벗어나 법규의 관점에서 보면, 법이 효력을 유지하기 위해 자신의 제정자로 하여금 '법률의 착오'와 같은 조문을 두게끔 유도하였다고 '재기술할 수'도 있을 것이다. 그리고 실제로 문화적 현상을 연구하는 현대의 많은 이론가들은 이러한 관점 전환적 표현이 필요하고, 이론적으로도 충분히 타당한 근거가 있다고 주장한다. 그 대표적인 예가 바로 '밈이론(memetics)'이다.[1] 동 이론에 의하면 모든 문화적 전파현상은 문화유전

---

[1] 모방의 뜻을 담고 있는 그리스어 어근 'mimeme'에 착안하여 밈(meme)이란 용어를 만들어 밈이론의 기틀을 만든 인물은 영국의 유명한 진화이론가 리처드 도킨스이다. 리처드 도킨스/홍영남·이상임 역, 「이기적 유전자」, 을유문화사, 2012, 323면 참조. 그의 밈이론을 체계화하여 발전시킨 장본인은 수전 블랙모어가 있다. 수전 블랙모어/이명남 역, 「밈」, 바다출판사, 2010 참조. 밈개념의 유용성에 대해서는 대니얼 데닛/이한음 역, 「자유는 진화한다」, 동녘사이언스, 2010, 238면 이하. 밈이론에 대한 국내의 연구로는 장대익, "일반 복제자 이론: 유전자, 밈, 그리고 지향계", 「과학철학」 제11권 제1호, 2008를 참조할 것. 동 이론을 통해 법적 개념들의 진화를 분석한 문헌으로는 Michael S. Fried, The Evolution of Legal Concepts: The Memetic Perspective, 39 Jurimetrics J. 291 (1999). 밈이론을 원용해 법학에서 학설대립의 의의를 재조명한 연구로는 안성조, "법학에서 학설대립은 경쟁하는 밈들 간 대립인가?", 「연세대학교 법학연구」 제25권 제1호, 2015를 참고할 것. 참고로 최근 진화론적 관점에서 인류의 빅히스토리(big history)를 다루어 세계적으로 큰 반향을 얻고 있는 화제의 책 '사피엔스(Sapiens)'의 저자 유발 하라리 교수와 인간의 협력행동의 진화적 기원을 밝힌 하버드의 진화생물학자 마틴 노왁도 밈이론에 대한 긍정적인 지지의사를 밝히고 있음은 참고할 만하다. 유발 하라리, 조현욱 역, 「사피엔스」, 김영사, 2015, 344-345면; Martin A. Nowak & Roger Highfield, SuperCooperators, Free Press, 2011,

자라고 볼 수 있는 밈(meme)의 성공적 자기복제행위에 다름아니며, 특정한 법의 제정과 전수과정도 이와 마찬가지로 설명된다. 법은 대표적인 문화적 구성물로서 여러 문화유전자가 뒤섞인 밈컴플렉스(meme-complex)의 일종이기 때문이다. 문화유전자인 밈은 모든 유기 생명체의 '이기적 유전자(selfish gene)'가 그러하듯이 자신의 맹목적 복제와 전파에만 관심이 있으며 이를 위한 다양한 전략을 구사한다. 이러한 관점, 즉 지향복제자(intentional replicator)의 관점에서 보면 우리가 다루고자 하는 법률의 착오 조문은 특정한 법률-밈이 자신의 성공적 복제와 확산을 위해 사용하는 전략의 하나라고 볼 수 있다. 일반적으로 널리 인용되는 "Error juris nocet, error facti non nocet"[2]라는 법언(法諺)은 로마법대전에서 유래한 것으로[3] 주로 민사법 영역에 적용된 법리로 보이지만, 오늘날 그 전형적 형태는 오히려 각국의 형법전에 잘 남아있다.[4] 이를 밈학적 관점에서 보자면, 법률의 착오 조문을 명문화 하는 방식은 주로 형법-밈에 특유한 전략으로 판단된다. 그 덕분이었는지 오늘날 주요 형벌 법규의 골자는 동서양을 막론하고 고대사회의 그것과 별다른 차이점이 없이 잘 전승되어 오고 있음은 주지의 사실이다.

본고는 이 흥미로운 조문의 해석론적 의미를 유기천 교수의 견해를 중심으로 검토해 보고 나아가 유기천 교수의 주장이 지니는 밈이론적 의의를 지적해 보고자 한다. 유기천 교수는 1957년 Journal of Criminal Law, Criminology and Police Science에 게재한 논문과[5] 1960년 발간된 자신의 저서, 형법학 초판, 그리고 1976년 미국비교법잡지에 게재한 논문[6] 등의 일련의 문헌에서 형법 제16조는 Mayer의 '가능성설(Möglichkeitstheorie)'을 조문화한

91면 이하 참조.

2) 법률의 착오는 해가 되지만 사실의 착오는 해가 되지 않는다는 뜻이다.

3) Paulus, Digesta 22.6.9.

4) 금지착오에 대한 각국 입법례 및 판례태도의 소개로는, Jescheck & Weigend, Lehrbuch des Strafrechts, AT, 1996, 467-468면 참조. 동 문헌에 의하면 오스트리아, 스위스, 스페인, 포르투갈, 그리고 네덜란드의 금지착오 조문은 회피불가능한 금지착오에 빠진 경우는 책임을 조각한다는 점에 있어서 독일형법 제17조와 실질적으로 유사하다. 그런 반면, 프랑스는 독일과 유사한 명시적 조문이 있음에도 불구하고 최근까지도 판례가 'error juris nocet'이라는 전통적 법원칙을 고수하여 기껏해야 비형벌법규의 착오만을 형벌감경사유로 인정하는 태도를 취하고 있고, 이탈리아는 명문상으로는 금지착오가 고려되지 않는 것으로 규정하였으나 헌법재판소의 판결에 의해 회피불가능한 금지착오는 책임을 조각하는 것으로 보게 되었다. 나아가 영미법계의 사법실무(anglo-amerikanische Judikatur)는 일반적으로 금지착오를 그다지 고려하지 않는 태도를 보이고 있다는 점에서 독일과 차이점이 있다고 한다.

5) Paul Kichyun Ryu, New Korean Criminal Code, Journal of Criminal Law, Criminology and Police Science, Vol.48, 1957, 281면 참조.

6) Ryu & Silving, Error Juris, The American Journal of Comparative Law, 1976, 692면 참조.

것이라고 주장한 바 있다. 유기천 교수는 특히 형법학 초판에서 다음과 같이 조문의 유래를
설명해 주고 있다.

> "형법 제16조의 규정은 일본형법가안 제11조 2항에 약간 수정을 가한 것이다. 일본형법가
> 안 제11조 2항은 1927년 스위스 군형법 제17조와 1938년 동형법 제20조의 영향을 받아
> "법률을 알지 못하는 경우에 자기의 행위가 법률상 허용되는 것이라고 믿은데 대하여 상당
> 한 이유가 있을 때에는 그 형을 면제한다"고 규정하였었다. 이에 대하여 일본의 학자들은
> 이를 "벌하지 아니한다"라고 개정할 것을 주장하였고, 현행법이 이를 받아들인 것이다. 학
> 설상으로는 소위 M.E. Mayer의 가능성설에서 오는 결론이다. 이 학설에 의하면, 마치 위법
> 성의 개념이 문화에 대한 국가의 관계에서 오는 바와 같이, 책임은 의무위반이란 위법한
> 행위와 범인과의 관계에서부터 오는 개념이다. 따라서 책임의 가장 낮은 한계는 '의무위반
> 의 인식의 가능성'에 있다고 본다. 그러므로 이러한 위법성의 인식의 가능성이 없으면 (책
> 임이 조각되어)[7] 고의범으로 벌할 수 없으나, 위법성의 인식의 가능성이 있는 때에는, 행위
> 자에게 과실이 있는 경우에도 고의범으로 처벌받아야 한다. 형법 제16조가 바로 이 가능성
> 설을 입법화하였던 것이다".[8]

부연하자면, 신형법이 제정되기 이전까지 판례는 법률의 부지나 착오는 고의를 조각하
지 않는다는 이른바 위법성인식불요설을 견지하고 있었고, 이 법리에 따를 경우 그 부지나
착오에 정당한 이유가 있는 경우 - 예컨대 변호사의 조언을 따른 경우 - 에도 고의범으로서
책임을 지우게 되는 결과는 가져오는데, 이는 곧 위법성의 인식가능성조차 없는 경우에도
고의범이 성립된다는 뜻이므로, "책임의 본질이 '비난가능성'에 있는 이상 더 이상 철저히
유지할 수 없게 되었던 바, 이러한 배경 하에서 가능성설이 출현하게 되었다."[9]는 것이다.
나아가 유기천 교수는 "(신)형법 제16조의 해석에 관하여 국내학자들은 고의설과 책임설의
입장을 그대로 주장하고 있(는데), 이것은 형법 제16조의 해석을 법규정이 없는 독일형법에
있어서의 입법론상의 논쟁과 혼동한 결과"이며, "형법 제16조는 마이어(Mayer)의 가능성설
을 입법한 것이므로 그에 따라 해석하는 것이 타당하다"고 재차 강조한다.

---

7) '책임이 조각되어'는 유기천 교수의 명확한 입장에 대한 독자의 이해를 돕기 위해 필자가 부연한 것이다.
8) 유기천, 「형법학(총론강의)」, 법문사, 2011, 226-227면 참조. 유기천 교수의 형법학(총론강의)는 1960년
　박영사에서 발간된 이후 26판까지 나왔으며, 본고에서는 유기천교수기념사업출판재단이 법문사를 통해
　2011년 출간한 영인본을 참고했음을 밝혀둔다.
9) 유기천, 앞의 책, 228면.

본고는 위 인용구에 드러난 유기천 교수의 주장, 즉 "형법 제16조는 가능성설을 입법화한 것이며 이에 따라 해석하는 것이 타당하다"는 견해에 주목하고자 한다. 그 이유는 오늘날 대부분의 교과서에서 가능성설은 형법 제16조의 해석과 관련해 별로 비중있게 다루어지지 못하고 있거나 아예 언급조차 되지 않는 경우도 많기 때문이다. 그러나 가능성설은 형법전 제정 직후에는 위법성인식필요설(엄격고의설)과 함께 해석론의 양대 주류를 형성하고 있던 중요한 학설이다.[10] 비록 책임설에 입각해서 형법 제16조를 해석하고 현대의 주류적 견해에 비추어 볼 때에는 소수설로 분류되겠지만, 여기에는 그 학설의 의미와 가치에 대해서 다소 오해되고 있는 측면도 있다고 보인다. 이에 본고에서는 어떠한 근거에서 가능성설이 형법 제16조의 입법론적 토대로 타당하며, 유기천 교수가 주장한 바와 같이 동 조문의 해석에도 다른 학설에 비해 적실성이 두드러진 학설인지 구명해 보고자 한다.

이를 위해 우선 형법 제16조의 입법취지와 이론적 토대를 몇 가지 입법사료를 통해 검토해 보고(II), 동 조문의 이론적 토대에 대한 대립하는 두 견해를 엄상섭 의원과 김용진 판사의 주장을 대비시키며 비판적으로 검토해 본 후(III), 형법 제16조의 취지를 적실히 해석해 낼 수 있는 학설로는 유기천 교수의 견해가 가장 타당하다는 점을 입론한 후(IV), 그럼에도 불구하고 책임설이 현대의 주류적 견해로 자리매김하게 된 배경을 밈이론적으로 논급하며 결론을 맺고자 한다(V).

II. 형법 제16조의 입법취지

1. 형법 제16조에 대한 법제편찬위원회 형법요강

해방 이후 미군정하 법제편찬위원회의 형법기초위원으로, 건국 후 법전편찬위원회에서는 역시 형법기초위원으로서, 그리고 제2대 국회에서는 법제사법위원장 및 위원으로서 형법의 기초 및 제정에 있어서 중추적 역할을 지속적으로 담당해 왔던 엄상섭은[11] 1947년 7월호 '법정(法政)'지에 법제편찬위원회의 형법요강이 발표된 이후, 동년 9월 '법정'지에

---

10) 이 점에 대해서는 김종원, 형법 제16조 해석의 검토, 「경희법학」제4권 제1호, 1961, 24면.
11) 엄상섭의 활약상에 대한 소개로는, 신동운, 제정형법의 성립경위, 「형사법연구」제20호, 2003, 9면 이하 참조.

형법요강해설(1)을 게재하면서 '법률의 착오'에 대한 다음과 같은 촌평을 하고 있다.[12]

> "『귀책조건』에서는 고의, 과실, 부작위, 책임능력 등에 관하여 규정할인바 … "자기의 행위 가 법률상 허용된 것이라고 믿음에 대하여 상당한 이유가 있는 때에는 그 형을 면제한다" 는 규정을 두어서 해석론상으로 문제 많았던 것을 입법적으로 해결할 예정이며 …".

법제편찬위원회의 형법요강에는 총칙편은 각 항목의 표제어만 나열되어 있을 뿐, 각 조문의 구체적 형태가 드러나 있지 않다.[13] 그럼에도 엄상섭이 위와 같이 비교적 완성된 조문을 적시하고 있는 것으로 미루어 보건대, 비록 형법요강에는 실리지 않았지만, 이미 법제편찬위원회에서는 내부적으로 일정한 정도로 조문형태에 대해 합의가 이루어져 있음을 추측해 볼 수 있다. 엄상섭의 위 촌평은 형법 제16조의 제정경위를 재구성하는데 있어서 몇 가지 단초들을 제시해 주고 있다.

첫째, 구형법(의용형법) 제38조 제3항[14]과 달리, 형면제의 효과를 부여하고 있다.[15]

둘째, 현행 형법 제16조의 '정당한 이유'가 아닌 '상당한 이유'라는 법문이 채택되고 있다.

셋째, 위 규정은 당시의 해석론상의 논란을 입법론적으로 해결하기 위해 입안한 것임을 밝히고 있다.

이하 본고에서는 형법요강해설(1)에서 찾아낸 단초들을 토대로 하여 형법 제16조의 제 정 배경과 관련된 여러 전거들을 검토해 봄으로써 동 조문의 이론적 배경이 무엇이었는지 논구해 보기로 한다.

2. 신형법 제16조의 제정 이전 구형법 제38조 3항에 대한 학설개관

우선 형법요강해설(1)을 보면 법률의 착오 규정은 당대의 해석론상의 학설대립을 입법 론적으로 해결하려는 취지에서 입안한 것이라고 하는데, 당대의 학설대립은 분명 현행 형법 제16조가 제정되기 이전의 조문에 대한 학설대립, 즉 구형법(의용형법) 제38조 제3항에 대

---

12) 엄상섭, 형법요강해설(1), 「법정」제3권 제9호, 1948, 19면 참조.
13) 신동운, 앞의 논문, 15면.
14) 제38조(고의) 제3항 : 법률을 알지 못하였다 하더라도 그것으로써 고의가 없었다고 할 수 없다. 단, 정상에 따라 그 형을 경감할 수 있다.
15) 이러한 분석으로는 신동운, 앞의 논문, 16면 참조.

한 학설대립이었음에 유의할 필요가 있다. 그리고 구형법 제38조 제3항은 일본형법 제38조 제3항과 동일하기 때문에 당대의 학설대립은 그 실질에 있어서는 일본형법 제38조 제3항에 대한 일본 내의 학설대립 양상과 동일하였을 것이다.

1950년 법전편찬위원회 형법초안이 나온 직후 발간된 장승두 판사의 '형법요강(刑法要綱)'은 바로 이러한 학설대립의 양상을 적실히 전달해 주고 있다.

제38조(고의) 제3항 : 법을 알지 못하였다 하더라도 그것으로써 고의가 없었다고 할 수 없다. 단, 정상에 따라 그 형을 경감할 수 있다.

동 문헌에 따르면 구형법 38조 제3항에 대한 학설대립은 다음과 같다.

제1설에 의하면 형벌법규의 착오는 범의의 성립을 조각하지 않으며 이 점에 있어서 자연범(自然犯)과 법정범(法定犯)을 구별할 필요가 없다고 한다(통설, 판례).

제2설은 법률의 착오는 비형벌법규에 관한 경우에 있어서도 범의를 조각하지 않는다고 한다(勝本).

제3설은 법률의 착오로 인하여 자기의 행위를 조리에 반하지 않는다고 믿고 있었던 경우에는 범의의 성립이 없다고 한다. 따라서 제38조 제3항의 취지는 다만 개별 형벌[규정]은 이를 알 필요가 없다는 것을 의미하는데 불과하다고 한다(瀧川・小野・Mayer・Liszt・Schmidt).

제4설은 위법의 인식이 없는 경우에는 이론상 범의의 성립은 없는 것이나 이것을 인식하지 못한 점에 있어서 과실이 있는 경우에는 이것을 범의 있는 경우와 동일시한다(宮本・Hippel).

제5설은 자기의 행위를 법률상 허용되어 있는 것이라고 오신한 경우에 있어서도 범죄사실을 인식한 이상 범의가 없다고 할 수 없으며, 이 원칙은 자연범에만 타당한 것이므로 법정범에 있어서는 사물의 성질상 법규위반의 인식이 있는 경우에 한하여 범의가 있다고 보아야 한다고 주장한다(牧野, 本村).16)

이상의 학설대립을 김종원 교수의 분류법에 따라 정리해 보면, 제1설과 제2설은 고의의 성립에 위법성의 인식을 필요로 하지 않는다는 위법성인식불요설의 범주에 해당될 것이며 (19세기 말엽의 독일과, 일본에 있어서 옛 통설이라고 함)17), 제3설은 "자기의 행위를 조리

---

16) 제1설부터 제5설까지의 내용은 장승두, 「형법요강」, 1950, 117-118면에서 발췌한 것임.
17) 이에 대해서는 김종원, 금지착오, 「형사법강좌 II 형법총론(下) 한국형사법학회편」, 1984, 503-504면.

에 반하지 않는다고 믿은 경우"라고 하여 동 문구가 정확히 위법성의 현실적인 불인식을 지칭하는 것인지, 아니면 위법성의 인식가능성의 결여상태를 지칭하는 것인지가 불명료한 점은 있으나, 엄격고의설을 주장한 瀧川·小野 및 Liszt를 인용한 것으로 볼 때 동 학설은 고의의 성립에 위법성의 인식이 필요하다는 위법성인식필요설에 해당한다고도 볼 수 있고,[18] '반조리성'의 불인식을 언급하면서 위법성인식가능성설을 주장한 M.E. Mayer 등을 인용한 점으로 미루어 보건대, 고의의 성립에는 위법성의 인식은 반드시 필요치 않고 그 가능성만 있으면 된다는 위법성인식가능성설에 해당된다고도 볼 수도 있을 것이다.[19]

요약하면 장승두 판사가 논급한 제3설은 위법성인식필요설(엄격고의설)과 위법성인식가능성설을 모두 지칭하고 있는 것으로 보인다. 아울러 木村 및 福田 교수는 자신들의 저서에서[20] 위법성인식가능성설을 제한고의설로 분류하고 있는 것으로 보면[21] 학설의 분류방식에 따라서 제3설은 제한고의설도 지칭하고 있는 것으로 해석할 수 있을 것이다. 이처럼 가능성설을 제한고의설로 분류하는 입장은 백남억 교수에게서도 찾아볼 수 있다.[22]

한편 제4설은 고의의 성립에 위법성의 인식을 필요로 하지만 위법성의 인식이 없는 데에 과실이 있는 경우(법과실)에는 고의와 동일하게 처벌하자는 이른바 법과실준고의설 (法過失準故意說)로 볼 수 있을 것이고,[23] 제5설은 자연범은 고의의 성립에 위법성의 인식이 필요없으나 법정범은 필요하다는 자연범·법정범 이분설(二分說)로 분류할 수 있을 것이다.[24]

이러한 학설대립 양상은 団藤重光이 편역한 '주석형법(註釋刑法)'[25]의 일본형법 제38조 3항에 대한 학설소개나 아니면 비교적 최신 문헌인 前田雅英의 '형법총론강의'[26]의 학설을 보더라도 대동소이하기 때문에 엄상섭이 말한 구형법 제38조 3항에 대한 해석론상의

---

18) Binding, Nagler, Allfeld, Finger, Olshausen, Beling, Haelschner, Baumann, Schröder, Lang-Hinrichen, Liszt, 瀧川·小野, 植松 등이 주장했다. 김종원, 앞의 논문(각주 17), 505면 참조.
19) 반조리성의 불인식과 위법성인식가능성설을 결합시키고 있는 견해로는 백남억, 「형법총론」, 1958, 231면.
20) 木村龜二, 「형법총론」, 1959, 309면 ; 福田 平, 「형법총론」, 1965, 156면.
21) 위법성인식가능성설을 제한고의설의 한 범주로 보는 견해에 대해 이러한 분류법은 타당하지 않으며 책임설의 일종으로 보아야 한다는 견해로는 김종원, 위법의식가능성설과 책임설, 「Fides(서울법대)」제12권 제3호, 1966, 30면 이하 참조.
22) 백남억, 「형법총론」, 1962, 237면 참조. 이외에도 오늘날 이러한 입장을 취하는 이재상, 「형법총론」, 2011, 324면 참조.
23) 宮本, 草野, 佐伯 등이 주장했다. 김종원, 앞의 논문(각주 17), 505면 참조 한편 법과실준고의설도 제한고의설의 일종으로 분류하는 입장으로는 김성돈, 「형법총론」, 2009, 372-373면 참조.
24) 김종원, 앞의 논문(각주 16), 504면 참조.
25) 団藤重光, 「주석형법(2)-II 총칙(3)」, 1969, 366면 이하 참조.
26) 前田雅英, 「형법총론강의[제3판]」, 1998, 291면 이하 참조.

논란이란 장승두 판사가 소개한 제1설에서 제5설까지의 학설대립으로 보아도 큰 무리는 없다고 판단된다.

다만 장승두 판사가 소개한 학설 중에는 団藤重光 및 前田雅英 등과는 달리 위법성의 인식은 고의와는 독립된 책임의 요소라고 보는 책임설에 대한 소개가 없다는 점이 이채롭다. 그러나 책임설은 본래 고의를 책임으로부터 분리시키는 목적적 행위론과 깊이 결부되어 있다는 사실을 고려하면[27] 인과적 행위론이 지배적이었던 1940년대나 1950년대 초반에 있어서는 구형법 제38조 3항과 관련해 책임설이 소개되지 않은 이유가 충분히 해명될 수 있다고 본다. 이러한 추론은 1959년 황산덕 교수가 서울대 법학지에 기고한 글에서 목적적 행위론에 입각해 책임설을 취할 때에만 형법 제16조의 정당한 이유를 올바르게 해석할 수 있다고 주장하면서 "신형법 제정 당시까지 우리나라에 도입된 외국의 저명한 형법 학설 중에 그것을 해석해낼 만한 이론이 없었다"고 지적한 점으로부터 지지받는다.[28] 물론 당대의 통설적 범죄론체계, 즉 인과적행위론 하에서도 위법성의 인식을 고의와 병존하는 독립된 책임요소로 파악함으로써 책임설을 주장하는 견해도 있기는 했지만(Bockelmann, Dohna, Hartung, Eb. Schmidt 등)[29] 이러한 견해가 우리 형법 제정 이전 당대의 구형법 및 일본형법 제38조 3항의 해석론과 관련하여 소개된 문헌은 찾아보기 힘들다.[30]

III. 형법 제16조의 이론적 토대: 엄격고의설과 가능성설의 견해의 대립

형법 제16조의 이론적 토대에 대해서는 크게 두 가지 견해가 대립되고 있다. 하나는 규범적 책임론에 입각한 위법성인식필요설(엄격고의설)이라는 엄상섭 의원의 견해고, 다른 하나는 법전편찬위원이었던 김용진 판사가 피력한 바 있고 유기천 교수도 지지하고 있는 위법성인식가능성설이다.

---

27) 김종원, 앞의 논문(각주 17), 508면.
28) 황산덕, 형법 제16조에 있어서의 정당한 이유, 「서울대학교 법학」제1권 제1호, 1959, 99면 참조.
29) 이에 대해서는 Baumann, Strafrecht, AT, 5. Aufl., 1968, 425면.
30) 1951년 출간된 牧野英一의 형법총론과 1952년에 출간된 이건호 교수의 형법총론에도 책임설에 대한 언급은 보이지 않는다. 牧野英一, 「형법총론」, 1951, 321면 이하; 이건호, 「형법총론」, 1952, 179면 이하 참조.

1. 규범적 책임론과 위법성인식필요설(엄격고의설)

형법 제16조의 이론적 토대에 대해 엄상섭은 1957년 '법정(法政)' 8월호에서 다음과 같이 자신의 견해를 밝히고 있다.[31]

"이 조문은 형법이론으로서는 규범적 책임론에서 도출되는 것이라고 필자는 단정하고 있거니와, 즉 규범적 책임론에서는 고의의 내용으로서 '인과관계를 포함한 구성요건 해당의 사실'에 대한 인식 이외에 '위법성'의 인식까지를 요한다는 것이다. 그러나 이에 대하여서는 규범적 책임론 자체에 대한 논란 및 주저(躊躇)와 동일할 정도로의 신중을 기하는 학자, 특히 실무가들이 많다는 것이 사실이다. 그러므로 우리 형법에서도 이에 대하여는 대단히 신중한 태도로 임하여 "자기의 행위가 법령에 죄가 되지 아니하는 것으로 오인한 행위는 그 오인에 정당한 이유가 있는 때에 한하여 벌하지 아니한다"라고 규정하였다. 즉, 고의는 위법성의 인식까지를 포함한다는 형법이론을 일관한다면 '위법성에 대한 착오가 있어서 이 착오 때문에 그 행위 이외의 반대동기를 설정할 길이 막혔다'면 결국 고의범이 성립될 수 없다고 해야 할 것이다"

"형법 제16조는 규범적 책임론에서 보면 당연한 규정이기는 하나 '정당한 이유 있음'이라는 것은 '위법성을 오인함에 있어서 과실도 없음'을 말하는 것이고, 과실이라도 있었다면 '정당한 이유가 없다'고 하여 결국 고의범이 성립된다는 것인즉, '구성요건해당의 사실에 대하여는 고의, 위법성에 대하여는 과실'이라는 이질적인 요소의 혼합이 고의범으로 비약한다는 이론적 결함을 청산치 못하고 있는 것으로 봐야 할 것이다. 그러나 어쨌든 형법 제16조의 명문이 있는 이상 이론의 혼잡성에도 불구하고 이에 따라서 재판할 수밖에 없을 것이다"

일반적으로 규범적 책임론이란 책임의 본질이 결과의 인식이라는 심리적 사실에 있다고 보지 않고 그러한 심리상태의 '비난가능성'에 있다고 보는 견해이다. 이 비난가능성에 있어서는 책임능력이나 고의·과실 등 소위 책임조건 이외에 행위당시의 행위자를 둘러싸고 있던 부수사정이 책임요소로서 중요한 역할을 한다고 보는 이론으로서[32] 책임의 본질을 결과에 대한 행위자의 심리적 관계인 고의와 과실에 있다고 보는 심리적 책임론이 지닌 문제점을 극복하기 위해 등장한 책임이론이다. 규범적 책임론이라 하더라도 위 인용구에서

---

31) 엄상섭, 형법이론과 재판의 타당성, 「법정」제12권 제8호, 1957, 5-6면.
32) 유기천, 앞의 책, 212면.

엄상섭이 지적하는 바와 같이 반드시 고의의 내용에 위법성의 인식까지 포함된다고 주장하는 것은 아니다. 예컨대 순수한 규범적 책임론에서는 고의나 과실은 책임요소가 아니지만 위법성의 인식은 책임의 구성적 요소가 된다고 본다.[33] 따라서 엄상섭이 논급하는 규범적 책임론이란 고의에는 규범적 요소로서 위법성의 인식이 필요하다고 보는 Hippel과 Frank 등이 주장한 이론을 지칭하는 것으로[34] 제한적으로 해석할 필요가 있음에 유의해야 할 것이다. 이러한 입장에 따르면 심리적 책임론이 고의개념을 순수한 심리적 사실로서 결과에 대한 인식과 의사로서 규정지었던데 반해 규범적 책임론은 고의에 범죄사실의 인식 이외에 위법성의 인식까지도 요구된다고 본다. 이에 엄상섭은 형법 제16조를 입안함에 있어서 규범적 책임론에 입각해 위법성인식필요설을 수용했다는 점을 밝히고 있는 것이다.[35]

그런데 위법성인식필요설, 즉 엄격고의설에 대해서는 상습범이나 격정범 등은 범행 시에 위법성의 인식이 결여되어 있기 마련인데 이들이 위법성의 인식이 없었다고 주장하게 되면 대부분의 범죄에 있어서 고의범 처벌을 면하게 될 것이고, 만일 당해 범죄에 대한 과실범 처벌규정도 미비되어 있다면 행위자는 완전한 면책에 이르게 되어 이는 결국 형사처벌의 부당한 축소를 가져올 위험이 있다는 비판이 제기된다.[36] 바로 이와 같은 문제점 때문에 엄상섭은 위법성인식필요설에 대해 신중을 기하는 학자, 특히 실무가들이 많다고 언급하고 있는 것이다.

결론적으로 엄상섭은 이와 같은 이론구성의 어려움 즉, 규범적 책임론을 취해야 하면서도 규범적 책임론의 이론적 귀결인 위법성인식필요설이 지닌 결함, 즉 형사처벌의 부당한 축소라는 난점을 극복하기 위해 형법 제16조를 통해 입법론적으로 이러한 문제를 해결하였다고 밝히고 있는 것이다. 규범적 책임론에 입각하여 위법성인식필요설을 철저하게 밀고

---

33) 같은 맥락에서 엄상섭이 말하는 규범적 책임론에 대해 특별한 이해가 필요하다고 지적하는 견해로는 허일태, 엄상섭 선생의 형법사상과 형법이론, 「효당 엄상섭 형법논집(신동운·허일태 편)」, 서울대학교출판부, 2003, 292면 참조.

34) Hippel, Deutsches Strafrecht, Bd. II, 1930, 348면과 Frank, Kommentar zum StGB. 18. Aufl., 1931, 185면 이하 참조. 한편 Hippel의 책임론은 규범적 책임론이 아닌 심리적 책임론으로 분류하는 학자도 있음에 유의할 필요가 있을 것이다. 이러한 입장으로는 Goldschmidt, Notstand, ein Schuldproblem, 1913, 135면.

35) 주지하다시피 규범적 책임론에 대한 이러한 이해방식은 Welzel에 의하여 목적적 행위론이 주창되어 고의를 책임에서 분리시켜 구성건 요소로 체계화한 이후에는 위법성의 인식은 고의와는 별개의 책임요소로 새롭게 자리매김되면서 다소 변화하게 된다. 우리나라에 목적적 행위론이 소개된 때는 1957년이다. 이에 대해서는 황산덕, 「형법총론」, 1982, 5면 참조.

36) 이에 대해서는 김종원, 앞의 논문(각주 16), 505면 ; 황산덕, 형법 제16조에 있어서의 정당한 이유, 「서울대학교 법학」제1권 제1호, 1959, 86-87면 ; 前田雅英, 앞의 책, 293-294면; BGHSt, 2, 194 참조.

나가면 행위자가 착오를 이유로 위법성에 대한 인식이 없었다고 주장하면 그 행위자를 고의범으로 처벌할 수 없게 되는 문제가 생기게 되지만, 형법 제16조를 두어 그 오인(착오)에 '정당한 이유가' 있는 경우에만 행위자를 처벌하지 않도록 하여 형사처벌의 부당한 축소를 회피할 수 있게 되었다는 것이다.

요컨대 당대의 우리 입법자들은 규범적 책임론을 긍인하였지만 위법성인식필요설이 가져오게 되는 논리필연적인 귀결인, 형사처벌의 부당한 축소라는 문제점을 이론적으로 벗어날 수 없었기 때문에 형법 제16조를 두어 입법론적 해결을 보게 되었다는 것이다.

2. 위법성인식가능성설

엄상섭과 마찬가지로 법전편찬위원회의 일원이었던 김용진 판사는 엄상섭과 다른 견해를 가지고 있었던 것으로 보인다. 김용진 판사는 형법 제정 직후 발간된 그의 저서 '신형법 해의(解義) 총론·각론'에서 "형법 제16조의 취지는 법령의 오인은 원칙적으로 고의가 성립되나 예외적으로 그 오인이 정당한 이유가 있는 때에 한하여 고의가 없는 것으로 하는 것이다. 이것은 1927년 독일형법초안을 모방한 것이다. 이 독일 초안은 고의의 요소로서 위법의 의식 그 자체는 필요치 않으나 행위의 위법성을 의식함이 가능하였다는 것, 즉 위법을 의식하지 않는 것이 행위자의 과실이었다는 것을 필요로 한다는 Mayer, Hippel 등의 학설적 견해를 채용한 것이다"라고 주장하였다.[37] 김용진 판사에 의하면 형법 제16조는 한 마디로 M.E. Mayer 등의 가능성설을 입법화 한 것이라는 것이다. 그리고 그 모델이 되었던 입법례는 1927년 독일형법초안 제20조라고 한다. 동 초안은 다음과 같다.

> 1927년 초안 제20조 : 행위자가 고의로 행위하지만 용서할 수 있는 법률의 착오에 의하여 자기 행위의 불법성을 인식하지 못한 때에는 벌하지 아니하고, 그 착오가 용서할 수 있는 것이 아닌 때에는 형을 감경할 수 있다.

김용진 판사는 계속해서 다음과 같이 말한다. "일본의 학설과 판례도 가능성설을 따른 것이 많았다. 이것은 일종의 절충적 견해로서 위법의 의식이 없는 경우를 즉시 무책임으로 하지 않고 과실이 있으면 고의범으로 처벌할 것이라는 점에서 보안(保安)의 요구에 적합한

---

37) 이에 대해서는 김용진, 「신형법 해의(解義) 총론·각론」, 1953, 91면 참조.

것이었다 할 것이다. 그러나 고의범과 과실범의 본질적 분기점(分岐點)은 마치 위법의 의식을 가졌는가, 아닌가에 있는 것이고 위법성에 관한 과실을 고의로 하고 또는 고의와 동일하게 취급하여야 된다 하는 것은 사물의 본질에 반하는 것이라 할 수 있는 것이다"

형법 제16조의 형법이론적 토대에 대한 김용진 판사의 해의(解義)는 엄상섭 의원의 설명과도 많은 부분 일치하고 있다. 예를 들어 '절충적 견해'라든지 '과실이 고의로 된다는 문제점' 등이 바로 그것이다. 이는 엄상섭 의원이 '입법적 해결', '과실이 고의로 비약하는 이론적 결함' 등을 언급한 것[38]과 거의 동일한 맥락의 표현들이다.

김용진 판사 외에도 박정규 검사는 Mayer나 Hippel 등의 가능성설을 조문화한 입법례로서는 독일의 1919년 초안 제12조와 1927년 초안 제20조, 1930년 초안 제20조 및 1937년 스위스 형법 제20조, 그리고 일본 개정형법가안 제11조 등을 들 수 있다고 하면서, 우리 형법 제16조도 1937년 스위스 형법 제20조 및 일본 개정형법가안 제11조에 유래된 것으로 보고 있다.[39] 김용호 검사와 김남일 교수도 이와 거의 동일한 주장을 한 바 있다.[40] 그리고 바로 유기천 교수도 이러한 입장에 있다.

그렇다면 형법 제16조의 이론적 배경으로서 '가능성설'도 입론될 수 있다고 본다. 가능성설에 의해서도 엄상섭 의원이 짚어낸 형법 제16조 제정의 이론사적 맥락을 구성해 낼 수 있기 때문이다. 다만 엄상섭은 규범적 책임론에 수반하는 위법성인식필요설(엄격고의설)을 염두에 두고 있었던 반면, 김용진은 엄격고의설과는 명백히 구분되는 가능성설을 내세우고 있었다는 점에서 차이가 있을 뿐인 것이다.

3. 소결

형법 제16조의 형법이론적 배경에 대하여 신동운 교수는, "엄상섭은 우리 형법 제16조가 형법이론적으로 규범적 책임론에서 도출되는 것이라고 단정하고 있다. 그가 이해하는 바에 따른 규범적 책임론에 의하면 고의의 내용으로서 '위법성의 인식'까지 요구하는 엄격고의설을 취하게 되는바, 이러한 형법이론을 일관한다면 '위법성에 대한 착오가 있어서 이 착오 때문에 그 행위 이외의 반대동기를 설정할 길이 막혔다'면, 즉 '착오 때문에 규범의식

---

38) 엄상섭, 앞의 논문(각주 31), 6면 참조.
39) 박정규, 법률의 착오, 「검찰(통권 제55호)」, 1970, 92면, 103면 참조.
40) 김용호, 법률의 착오와 현행형법, 「검찰」통권 제44호, 1971, 204, 217면 ; 김남일, 법률의 착오에 관한 연구(1), 「법조」, 1974, 62-63면 참조.

(의무의식)이 차단되었다면, 결국 고의범이 성립할 수 없다는 결론에 이른다. 이와 같은 자신의 범죄론체계를 전제로 하면서, 고의의 엄격해석을 통하여 범죄불성립의 범위를 넓히려는 시도에 대하여 우려를 표하는 실무가나 형법학자들이 존재하고 있다는 현실을 부인하지 않았고, 그 때문에 형법 제16조를 통해 입법적 타협을 보게 되었다"고 해제를 제시해 주고 있다.[41]

하지만 여기서 주목해야 할 부분은 이러한 해제와 별개로 형법 제16조의 이론적 토대에 대해 신동운 교수는 "형법 제16조가 책임설을 취한 것인지 고의설을 취한 것인지 분명하게 말할 수는 없다. 시간적 선후관계에 비추어 볼 때 우리 형법의 역사적 입법자가 독일 형법의 모델에 따라서 책임설을 취했다고 단정하기는 곤란하다. 그러나 역사적 입법자가 설정해 놓은 조문들을 형법이론의 발전에 따라 새로운 의미를 부여받게 된다."고 지적하면서 결론적으로 형법 제16조는 책임설에 근거하여 제정된 조문이라는 결론을 추론해 낼 수 있다고 한다.[42] 엄상섭과는 달리 형법 제16조의 이론적 근거로 책임설을 제안하고 있는 것이다.

엄상섭의 형법논집에 대한 해제와는 다소 모순된 것처럼 보이는 이러한 입장은 필자가 보기에 형법 제16조의 이론적 토대에 대한 매우 흥미로운 연구 소재를 제공해 주고 있다. 즉 "우리 형법의 제정에 중추적 역할을 했던 엄상섭의 견해에 기초해 볼 때, 규범적 책임설에 입각하여 엄격고의설을 토대로 입안된 것으로 추정되는 조문이 왜 오늘날 책임설에 의해서 해석하는 것이 더 타당한 결과를 가져오는가?"라는 질문에 답할 필요가 있다는 것이다. 사실 오늘날 형법 제16조를 책임설에 입각해 해석하는 것이 통설적 견해이기도 하다. 하지만 "설령 형법이론의 발전에 따라서" 동 조문에 대해서 '새로운 의미'를 부여할 필요가 있다는 점을 수긍할 수 있다고 하더라도 그 전에 동 조문의 '본래적 의미'에 대해서 보다 면밀히 검토하고 넘어갈 필요도 분명 있다고 판단된다. 본고는 바로 이 문제에 대해서 중점적으로 고찰해 보고자 한다. 신형법 제정 직후 당대에 전개된 형법 제16조의 이론적 토대에 대한 두 개의 대립되는 견해 중 하나인 위법성인식가능성설에 대해서 엄상섭 의원도 신동운 교수도 특별히 논급하지 않고 있는바, 동 학설의 의미를 재검토해 봄으로써 위 질문에 적실한 해답이 구해질 수 있다고 본다.

---

41) 신동운, 효당 엄상섭 형법논집 해제, 「효당 엄상섭 형법논집(신동운·허일태 편)」, 서울대학교출판부, 2003, 353-355면 참조.

42) 그 근거에 대해서 신동운 교수는 "우리 형법은 제13조 및 제15조 제1항에서 구성요건적 착오를 규정하고 제16조에서 금지착오를 규정하고 있다. (중략) 이러한 구조는 (중략) 1975년 독일 신형법의 태도와 결과적으로 매우 유사한 것이라고 하지 않을 수 없다."고 한다. 신동운, 「형법총론」, 법문사, 2015, 412-413면.

이하에서는 위법성인식가능성설(이하 '가능성설'로 약칭함)의 의미를 다른 학설과의 비교 검토를 통해 명확히 해보고, 가능성설이 과연 형법 제16조의 해석에 얼마나 가치가 있으며 고의설과 책임설의 범주 중 어디에 속하는지에 대한 김종원 교수의 견해를 통해 분석해 봄으로써 위 질문에 답해 보고자 한다.

Ⅳ. 형법 제16조의 해석론과 가능성설

1. 다른 학설과 가능성설의 비교

김종원 교수가 면밀히 논증한 바와 같이[43] 형법 제16조를 적실히 해석해낼 수 있는 학설은 법과실준고의설과 가능성설, 그리고 책임설이다.[44] 오늘날 위법성의 불인식, 금지착오의 문제를 통상 고의설과 책임설의 대립구도 하에 다루는 것이 대다수 문헌들의 주된 태도지만 원래 이 문제는 종래 고의론의 문제로서 고의의 성립에 위법성의 인식이 필요한지 여부의 형태로 다루어졌음에 유의할 필요가 있을 것이다.[45] 이에 따라 위법성인식불요설, 필요설, 가능성설 및 이분설(자연범과 법정범 구분설)과 준고의설 등이 대립하고 있었던 것이다.[46] 따라서 법과실준고의설과 가능성설 및 책임설을 동일 평면상에 병렬적으로 놓고 평가하는 것은 다소 오해의 소지가 발생할 수 있으므로 이하에서는 우선 법과실준고의설과 가능성설을 비교한 후, 가능성설과 책임설의 비교를, 가능성설이 태동한 배경과 함께 다루어 보고자 한다.

---

43) 김종원, 금지착오와 형법 제16조, 「경희법학」제9권 제1호, 1971, 67면 참조.

44) 드물게 형법 제16조를 위법성인식불요설에 의해 해석하는 것이 타당하다고 주장하는 견해도 있으나(이근상, 「형법총론」, 1958, 154면 이하), 오늘날 동 학설을 지지하는 견해는 없으므로 논외로 하기로 한다. 이근상 교수는 그 근거로서 "위법성의 인식에 착오가 있더라도 원칙적으로 처벌을 면할 수 없지만, 형법 제16조에 의해 정당한 이유가 있는 경우에 한하여 처벌을 면할 수 있도록 규정하고 있기 때문"이라고 한다. 하지만 동 학설에 의하면 착오에 정당한 이유가 있는 경우든 없는 경우든 착오와 무관하게 처벌되어야 하므로 형법 제16조의 취지에 맞게 해석할 수 없다고 보아야 한다. 김종원, 앞의 논문(각주 43), 65면.

45) 이 점에 대한 지적으로는 김종원, 앞의 논문(각주 43), 59면.

46) 위법성의 인식에 관한 학설의 변천사에 대한 소개로는 손해목, 위법성의 의식(불법의식), 「행정논집」제20권, 1992, 2-3면 참조.

(1) 법과실준고의설과 가능성설

법과실준고의설은 고의의 성립에 위법성의 인식을 필요로 하나 위법성의 인식이 없는 데 과실이 있는 경우(즉, 법과실이 있는 경우)에는 이를 고의와 동일하게 취급하는 학설이다. 따라서 위법성의 인식에 착오가 있으면 고의가 조각되나, 그 착오가 과실에 기하는 경우에는 고의에 準하게 된다. 이 학설에 대해서는 결론적으로 전술한 엄상섭 의원과 김용진 판사가 비판한 내용이 그대로 적용될 수 있다. 즉 법과실이 어떻게 고의와 동일하게 취급될 수 있는지, 즉 어떻게 '고의로 비약하는지' 그 이론적 근거가 부족하여 '사물의 본질에 반한다'는 것이다.[47] 그리고 법과실이 있는 경우 과실범 처벌규정이 있다면 과실범으로 처벌해야 하는지, 아니면 고의범으로 처벌해야 하는지 불분명하다는 지적이 있다.[48]

이에 비해 가능성설은 고의의 성립에 위법성의 인식이 반드시 필요하지는 않고 그 가능성만 있으면 된다고 하는 학설로서 이 점에서 법과실준고의설(이하 '준고의설'로 약칭함)과 뚜렷하게 구분된다. 따라서 위법성의 착오가 있어도 곧바로 고의가 조각되지 않고, 위법성 인식의 가능성이 없을 때에 비난가능성이 없으므로 비로소 고의의 책임이 조각된다고 본다. 이 학설의 대표자인 M. E. Mayer에 의하면 책임은 행위자와 구성요건적 결과에 대한 관계에서의 책임과 행위자의 위법성에 대한 관계에서의 책임으로 나눌 수 있으며, 전자는 심리적 책임요소로서 고의와 과실을 뜻하며, 후자는 윤리적 책임요소(ethisches Shuldelement)로서 의무위반성의 의식가능성을 말한다고 한다. 그리고 이 책임의 규범적 요소는 고의와 과실에 공통되는 기본적 책임요소라고 한다.[49]

가능성설에 대해서는 앞서 김용진 판사가 지적한 바와 같이 "위법성에 관한 과실을 고의로 하고 또는 고의와 동일하게 취급하여야 된다 하는 것은" 부당하다는 비판이 유력한 바, 다시 말해 고의의 성부문제에 과실의 요소를 혼합하였다는 것이다. 즉 가능성설은 고의와 과실의 분기점에 관하여 사실에 대해서는 현실의 인식을 고의로 보고, 그 인식의 가능성을 과실로 보면서, 위법성에 대해서는 그 인식의 가능성만으로 고의가 성립한다고 보는 것은 개념의 혼동이고 이론적 모순이라는 지적이 제기된다.[50] 이러한 비판에 대해 김종원

---

47) 이러한 비판에 대해 동 학설의 지지자는 구성요건적 사실의 인식에 과실에 있어서 그로 인하여 행위를 한 경우보다는 구성요건적 사실의 인식은 갖고 있으나 다만 위법성의 인식에 과실이 있는 경우에는 행위자에게 적법행위의 기대가능성이 더 크기 때문에 법과실은 고의와 동일하게 취급하여도 무방하다고 주장한다. 이러한 입장에 대해서는 김용식, 「신형법」, 1957, 116-117면 참조.
48) 손해목, 앞의 논문, 4면 참조.
49) Mayer, Der Allgemeine Teil des Deutschen Strafrecht: Lehrbuch, 1923, 231면 이하.

교수는 고의에 과실적 요소를 도입한다는 비판이 있으나 "의문이다"고 반박한 뒤,[51] 가능성설은 위법성의 인식의 가능성이 없을 때에는 '비난가능성이 없어' 고의의 책임이 완전히 조각되는 것이지, 고의범 성립이 부정된다고 해서 과실범의 존부문제로 귀결되지 않는다고 한다.[52] 다시 말해 위법성인식필요설이나 법과실준고의설의 경우 고의책임이 부정될 경우, 과실범 성립여부를 검토할 여지가 남게 되지만, 가능성설은 그러할 여지가 없다는 것이다. 마이어의 구분법처럼 고의와 과실을 책임의 심리적 요소로 보고, 위법성의 인식가능성은 윤리적·규범적 요소로 본다면, 양자는 책임판단에서 영역을 달리하는바, 위법성의 인식가능성이 있는 고의 행위에 대해서 책임을 인정할 수 있다는 것은 심리적 요소와 규범적 요소의 결합이 가능함을 뜻하는 것이고, 이와 마찬가지로 위법성의 인식가능성이 없는 고의행위는 책임이 조각된다는 것은 책임의 규범적 요소가 인정되지 못하여 비록 심리적 요소가 있더라도 책임이 조각된다는 뜻으로 해석할 수 있으므로, 이러한 책임이론에서 보면 가능성설은 고의라는 심리적 요소에 과실이라는 또 다른 심리적 요소가 혼입되고 있지 않다는 견해로 보인다.[53] 즉 비판의 요지는 위법성의 인식가능성이라는 과실적 요소가 심리적 책임요소로서의 고의와 결합해 '고의책임'이 인정되는 것은 모순이라는 것인데, 이 두 요소는 층위를 달리하는 요소이므로 충분히 결합될 수 있고, 이는 결코 심리적 책임요소로서의 고의와 과실이 혼합되는 것이 아니라는 것이다.

(2) 책임설과 가능성설

잘 알려져 있듯이 책임설은 위법성의 인식은 고의의 요소가 아니라 고의와 분리된 독립된 책임요소라는 설이다. 이 학설에 의하면 위법성의 인식이 없는 경우, 즉 금지착오의 경우에 그것이 회피불가능한 때에는 책임이 조각되지만, 회피가능한 때에는 책임이 감경될 뿐이다. 학설사적으로 보면 이미 Merkel 등에 의해 고의와는 별개의 독립된 책임요소로 인식되기 시작한 이래[54] 일반적으로 고의가 책임요소임을 부정하는 목적적 행위론자들은 모두 필연적으로 책임설을 취하지만, 고의를 책임요소로 인정하면서도 위법성의 인식을 책임형

---

50) 이에 대해서 Mangakis, Das Unrechtsbewusstsein in der strafrechtlichen Schuldlehre nach deutschem und griechischem Recht, 1954, 46면.
51) 김종원, 앞의 논문(각주 43), 61면.
52) 김종원, 앞의 논문(각주 21), 30면.
53) 이러한 해석으로는 손해목, 앞의 논문, 4면 참조.
54) Merkel, Die Lehre von Verbrechen und Strafe, 1912, 82면.

식으로서의 고의와는 별개의 독립된 책임요소라고 파악하는 전통적인 범죄체계론을 견지하는 입장에서도 주장된다.[55]

가능성설과 책임설의 연관성에 대해 살펴보면, 독일의 경우 가능성설이 대체로 책임설에 편입되고 있지만[56] 일본이나 우리나라의 경우 고의설, 그 중에서 제한고의설의 한 범주로 분류되는 경우가 많다. 이에 김종원 교수와 유기천 교수는 가능성설을 책임설로 편입시켜 이해하고 있다는 점에 주목하여 양자의 관계를 살펴보고자 한다.

우선 김종원 교수는 고의설이란 위법성의 의식이 고의의 성립요건이 되고 그 의식이 없으면 바로 고의가 조각된다는 학설이고, 이에 비해 가능성설은 위법성의 의식이 없어도 바로 고의가 조각되지 않으므로 "그러한 한에 있어서 가능성설은 일종의 '고의설'이라도 될 자격을 상실한다고 보아야 옳[다]"고 주장한다.[57] 다만 가능성설이 고의설이 될 자격이 없다고 해서 곧바로 책임설에 편입된다고 말할 수는 없는바, 가능성설에서 말하는 '고의'가 과연 어떤 의미를 가진 고의인지를 밝힘으로써 결론적으로 책임설에 편입되는 것이 옳다고 한다. 즉 가능성설에서 말하는 고의는 과실과의 한계로서 문제되는 고의가 아니라 책임요소로서의 고의, 더 정확하게 말하면 '위법성의 의식과의 관련 하에서의 고의책임'이라는 의미에서의 고의라고 이해해야 하므로[58] 그렇다면 위법성의 의식의 가능성의 유무는 고의의 '책임(비난가능성)'의 유무를 결정짓는 것이 되어 결론적으로 가능성설은 책임설에 편입시키는 것이 타당하다고 한다. 부연하자면 전술한 M. E. Mayer의 구분법대로 책임을 심리적 요소(고의와 과실)와 규범적 요소(위법성의 인식가능성)로 나누어 후자는 전자(고의와 과실)에 공통되는 책임요소라고 할 때, 위법성의 인식가능성이 없어서 고의책임이 조각된다는 의미는 심리적 책임요소로서의 고의나 과실의 성립여부에 기여하는 별개의 규범적 책임요소가 부정된다는 뜻이므로 이것은 책임설의 입장과 '통한다'는 것이다.[59]

유기천 교수도 가능성설과 책임설의 연관성에 관해 논급한 바 있다. 이에 대하여 김종원 교수는 유기천 교수의 그 논급에 대해 "자기의 입장을 책임설이라고 보지 않는 것 같다"고 촌평한 바 있다.[60] 하지만 필자가 보기에 유기천 교수는 자신의 저서에서 책임설과 가능성설의 유사성을 누누이 강조하고 있다. 유교수는 "벨첼이 지지하는 책임설은 독일학계에

---

55) 김종원, 앞의 논문(각주 17), 508면.
56) 이 점에 대해서는 김종원, 앞의 논문(각주 21), 28면.
57) 김종원, 앞의 논문(각주 21), 30면.
58) 김종원 앞의 논문(각주 17), 515면.
59) 김종원, 앞의 논문(각주 43), 63면.
60) 김종원, 앞의 논문(각주 10), 30면 참조.

한때 큰 파문을 주었고, 독일연방재판소에도 영향을 주었다. 그러나 이는 마이어의 가능성설과 그 결론에 있어서 거의 동일하다."[61]고 지적한다. 또한 과거 판례의 입장인 위법성인식불요설은 책임의 본질이 비난가능성에 있는 이상 더 이상 유지될 수 없게 된 배경 하에서 가능성설이 출현하게 되었다고 보면서 책임, 곧 비난가능성의 지적 요소로서 고의와 위법성의 인식가능성을 별개의 요소로 다루고 있는바,[62] 이는 곧 위법성의 인식(가능성)을 별개의 독립된 책임요소로 보는 책임설의 입장과도 통하는 것이라 해석하지 않을 수 없다고 본다.

이처럼 가능성설은 그 핵심 논지에 있어서 책임설과 상통하는 입장이나, 일본과 우리나라의 경우 주로 고의설(제한고의설)의 한 범주로 분류된 이유는 추측컨대 위법성의 불인식이 종래 고의론의 문제로서 고의의 성립에 위법성의 인식이 필요한지 여부의 형태로 다루어져 왔고 그 과정에서 가능성설이 출현하게 되었다는 점에서 찾을 수 있다고 본다. 가능성설은 책임요소로서의 고의의 성립에 위법성의 인식은 불필요하고, 그 인식가능성만 있으면 된다는 학설이므로 일견 고의설처럼 보이지만, 여기서 말하는 '고의'는 김종원 교수가 잘 지적한 바와 같이 심리적 책임요소로서의 고의가 아니라, 그와 구별되는 규범적 책임요소인 위법성의 인식가능성에 따라 그 성립여부가 결정되는 '고의책임'을 뜻하는 것으로 보아야 하므로 이러한 입장은 어디까지나 책임설의 한 범주로 편입해야 마땅하다고 본다. 유기천 교수도 바로 이와 같은 맥락에서 '책임의 가장 낮은 한계'로서의 '위법성의 인식가능성'을 고의와 더불어 비난가능성의 지적 요소의 하나로 파악하고 있는 것이다. 전술한 바와 같이 책임설의 입장은 고의를 책임에서 완전히 분리시키는 목적적 행위론자들 외에 고의를 책임요소로 파악하는 전통적 견해에서도 채택할 수 있으므로, 비록 가능성설이 '고의론'의 전개 과정에서 태동한 학설이라 하더라도 그 핵심 논지는 결과적으로 "고의로부터 위법성의 인식(가능성)을 분리한다"는 책임설의 입장과 상통한다는 점을 혼동해서는 안 될 것이다.

2. 형법 제16조의 해석과 가능성설

그렇다면 이번에는 과연 가능성설과 법과실준고의설, 그리고 책임설 중에서 어느 학설이 형법 제16조를 가장 적확하게 해석해 낼 수 있는지를 검토해 보기로 한다.

---

61) 유기천, 앞의 책, 92면.
62) 유기천, 앞의 책, 228-229면.

(1) 형법 제16조의 '가능한 의미' 내에서의 문리해석

죄형법정주의 원칙상 형법조문은 '문언의 가능한 의미' 내에서 엄격하게 해석되어야 한다.

형법 제16조는 "자기의 행위가 법령에 의하여 죄가 되지 아니하는 것으로 오인한 행위는 그 오인에 정당한 이유가 있는 때에 한하여 벌하지 아니한다."고 규정하고 있다. 동 조문의 구조상 상기 언급한 각 학설에 따르는 해석상 차이점을 두드러지게 보여주는 부분은 바로 '정당한 이유가 있는 때에 한하여'라는 법문이다. 동 법문의 적확한 해석을 위해서는 유사한 법문형태를 취하고 있는 입법례를 검토해 볼 필요가 있을 것이다.

'정당한 이유'란 법문은 1935년의 중화민국형법 제16조에서도 채택된 바 있지만 '정당한 이유가 있는 때에 한하여'란 법문은 비교법적으로도 드문 사례이다. 동 조문의 입안 당시 고려되었을 만한 입법례를 보아도 이와 같은 법문형식은 찾아볼 수 없다. 예를 들면 다음과 같다.

> 1930년 독일형법 초안 제20조 제2항 : 행위자가 고의로 행위하지만 용서할 수 있는 법률의 착오에 의하여 자기 행위의 불법성을 인식하지 못한 때에는 벌하지 아니하고, 그 착오가 용서할 수 있는 것이 아닌 때에는 행위자를 처벌하되 그 형을 감경한다.
>
> 1938년 스위스 신형법 제20조 : 범인이 충분한 이유로 자기는 당해의 범행을 행하는 권리를 가질 것이라고 사유한 경우에는 재판관은 자유재량에 따라서 형을 감경하며 (제66조) 또는 처벌을 하지 아니할 수 있다(Hat der Täter aus zureichenden Gründen angenommen, er sei zur Tat berechtigt, so kann der Richter die Strafe nach freiem Ermessen mildern (Art.66) oder von einer Bestrafung Umgang nehmen).
>
> 1935년 중화민국형법 제16조 : 법률을 알지 못했다고 하여 형사책임이 면제될 수 없다. 단, 그 정상에 따라서 그 형을 감경할 수 있다. 만약 그 행위가 법률에 의해서 허가되는 것으로 믿은 데에 정당한 이유가 있는 경우에는 그 형을 면제할 수 있다(不得因不知法律而免除刑事責任但按其情節得減輕其刑如自信其行爲爲法律所許可而有正當理由者得免除其刑).[63]
>
> 1940년 일본개정형법가안 제11조 [법률의 착오] :
>> ① 법률을 알지 못하였다 하더라도 그것으로써 고의가 없었다고 할 수 없다. 단, 정상에 따라 그 형을 경감할 수 있다.

---

63) 동 조문의 해석으로는 김종원, 1969년의 새로운 독일형법총칙을 중심으로, 「경희법학」제8권 1호, 1970, 119-120면; 법무부조사국, 「법무자료」, 제5집, 1948, 4면 참조

② 자기의 행위가 법률상 허용되지 아니하는 것임을 알지 못하고 범한 자는 그 점에 대하여 상당한 이유가 있는 때에는 그 형을 면제한다.[64]

소개한 초안 및 입법례들은 모두 "정당한(상당한, 충분한, 용서할 수 있는) 이유가 있는 '경우에는(때에는)'"이라는 법문을 채택하고 있음을 쉽게 확인할 수 있다. 즉 우리 형법 제16조처럼 '한하여'라는 극히 제한적인 법문을 취하고 있는 초안 및 조문은 찾아볼 수 없다. 이러한 비교법적 사례를 토대로 동 조문에 대한 문리적 해석을 하자면, '정당한 이유가 있는 때에 한하여'라는 법문은 '정당한 이유가 있는 경우에만' 법률의 착오를 고려하여 벌하지 않는 것으로 법적 효과를 부여하되, 반면에 정당한 이유가 없는 경우에는 원칙적으로 처벌하겠다는 취지로 새겨진다. 바꾸어 말하면 동 조문의 취지는 원칙적으로 정당한 이유가 없는 때에는 벌하면서, 예외적으로 정당한 이유가 있는 때에 한하여 벌하지 아니한다는 것으로 해석된다. 이 점은 특히 만일 '정당한 이유가 있는 경우에는(때에는)'이라는 법문형식을 취할 경우 법률의 착오에 정당한 이유가 있는 경우에는 벌하지 않는 법적 효과가 부여되는 것은 동일하지만 만일 정당한 이유가 없는 경우에는 그 법적 효과에 대한 해석이, '정당한 이유가 있는 때에 한하여'라는 법문형식을 취할 경우와 비교해 볼 때 상대적으로 '문리해석상' 분명하지 않아 학설과 판례에 맡겨질 것이고, 결과적으로 처벌하거나 형을 감경하는 법적 효과를 부여하겠다는 취지로 해석될 수 있다는 점에서 명확해 진다.[65] 위에 소개한 1930년 독일형법 초안 제20조 2항이 바로 그러한 조문형태이다.

요컨대 '한하여'라는 법문형식은 정당한 이유의 유무에 따라 '처벌' 또는 '불처벌'의 법적 효과가 가능한 양자택일 방식의 조문구조를 갖게 되는데 비해,[66] '경우에(때에는)'라는 법문형식은 정당한 이유가 없을 때에는 '처벌' 내지 '감경'이라는 법적 효과를 부여할 수 있는 보다 신축적인 조문구조를 지니게 된다고 볼 수 있다.

그런데 여기서 한 가지 의문이 들 수 있다. 형법 제16조가 비록 '정당한 이유가 있는 때에 한하여'라는 법문을 채택하고 있다고 하더라도 그 법적 효과에 있어서 정당한 이유가 없는 때에는 반드시 양자택일적 해석에 의해 '처벌'만 하는 것이 아니라 형의 '임의적 감경'이라는 법적 효과도 부여할 수 있다고 보는 것은 '문언의 가능한 범위'를 벗어나는 것일까? 순전히 문리해석에만 기초해서는 이에 답하기 어렵다고 본다. 이하에서는 동 조문의 입법사

---

64) 법무부조사국, 앞의 자료, 3면 참조.
65) 이러한 해석으로는 김종원, 앞의 논문(각주 43), 65면.
66) 이 점에 대해서는 신동운, 앞의 책, 411면.

적 유래를 검토해 봄으로써 보다 이 점에 대한 보다 명확한 해석론을 제시해 보고자 한다.

(2) 입법사적 고찰을 통한 문리해석의 보완

우리의 입법자는 형법 제16조를 기초하는데 있어서 일본의 개정형법가안을 주된 모델로 삼았던 것으로 보인다.[67] 그러므로 일본 개정형법가안 및 동 가안과 거의 유사한 조문구조를 갖고 있는 1961년 개정형법준비안 및 1974년 개정형법초안과 우리나라 법전편찬위원회 형법초안 및 형법 제16조를 비교해 봄으로써 '정당한 이유가 있는 때에 한하여'의 의미를 구명해 보기로 한다.

> 1940년 일본개정형법가안 제11조 [법률의 착오] :
> ① '법률을 알지 못하였다 하더라도 그것으로써 고의가 없었다고 할 수 없다. 단, 정상에 따라 그 형을 경감할 수 있다.
> ② 자기의 행위가 법률상 허용되지 아니하는 것임을 알지 못하고 범한 자는 그 점에 대하여 상당한 이유가 있는 때에는 그 형을 면제한다.[68]
> 1950년 법전편찬위원회 형법초안 : 자기의 행위가 법령에 의하여 죄 되지 아니하는 것으로 오인한 행위는 그 오인이 정당한 이유가 있는 때에 한하여 형을 감경 또는 면제할 수 있다.
> 1953년 형법 제16조 : 자기의 행위가 법령에 의하여 죄가 되지 아니하는 것으로 오인한 행위는 그 오인에 정당한 이유가 있는 때에 한하여 벌하지 아니한다.

위 법전편찬위원회 형법초안 역시 동 가안을 토대로 성안되었다고 보아도 큰 무리는 없을 것이다. 위의 두 가지 안을 비교해 보면, 눈에 띄는 차이점을 쉽게 발견할 수 있다. 일본개정형법가안의 제11조 제2항이 법전편찬위원회의 형법초안과 유사함은 누누이 지적된 사실이지만, 분명히 우리 입법자는 개정형법가안 제11조 제1항의 규정은 우리 조문에 도입하지 않았다. 여기서 두 가지의 의문점이 떠오른다.

첫째, 일본의 경우 개정형법가안을 기초함에 있어서 어째서 일본의 현행형법 제38조 제3항의 규정을 가안 제11조 제1항에 그대로 존치시킨 것일까?

둘째, 우리 입법자는 일본개정형법가안을 참조했음에도 불구하고 어째서 일본과는 다

---

67) 이러한 견해의 소개로는 신동운, 앞의 논문(각주 11), 18면, 20면 참조
68) 법무부조사국, 앞의 자료, 3면 참조

른 입법형식을 취한 것인가?[69] 이에 대해 검토해 보기로 한다.

牧野英一에 따르면 스위스 신형법 제20조는 '충분한 이유'가 있는 법률의 착오만을 형법적으로 고려하고 있으며, 그러한 점에서 동 조문은 다분히 전통적인 사고방식, 즉 "법률의 부지는 용서받지 못한다"는 로마법상의 법원칙을 따르고 있다고 한다. 그리고 스위스 형법 제20조의 이러한 취지를 개정형법가안은 (법적 효과에 있어서는 차이가 있지만) 그대로 전승하고 있다고 한다. 그렇기 때문에 동 가안의 제1항은 "법률을 알지 못하였다 하더라도 그것으로써 고의가 없었다고 할 수 없다. 단, 정상에 따라 그 형을 경감할 수 있다"는 현행 조문을 존치시킴으로써 전통적인 법원칙을 승인하면서도, 제2항에 "자기의 행위가 법률상 허용되지 아니하는 것임을 알지 못하고 범한 자는 그 점에 대하여 상당한 이유가 있는 때에는 이를 벌하지 아니한다"는 조문을 둠으로써 '상당한 이유'가 있는 법률의 착오만을 고려하는 태도를 취하게 되었다는 것이다.[70]

요컨대 일본개정형법가안 제11조 1항은, 비록 정상에 따른 형의 임의적 감경의 여지는 남아 있지만, 법률의 부지는 용서받지 못한다는 전통적 법원칙을 승인하는 규정이고, 2항은 상당한 이유가 있는 법률의 착오에 한하여 이를 형법적으로 고려하겠다는 규정인 것이다.[71]

그렇다면 우리 입법자도 역시 형법 제16조를 입안함에 있어서 일본개정형법가안 제11조의 이와 같은 취지를 고려해 동 가안 제11조와 유사한 규정형식을 취하는 것이 전통적인 법원칙과의 조화 측면에서 바람직하다고 판단했을 것임은 쉽게 추측해 볼 수 있다. 이에 대해서 엄상섭은 다음과 같이 말하고 있다.

"제16조에 "자기의 행위가 법령에 의하여 죄가 되지 아니하는 것으로 오인한 행위는 그 오인에 정당한 이유가 있는 때에 한하여 벌하지 아니한다"라고 되어 있거니와 이 조문도 형벌조문을 완화한 것이다. "법을 모른다고 하여 처벌을 면할 수 없다"는 것이 형법상의 원칙이거니와 이 원칙의 절대적인 적용만으로는 심히 가혹하여 해위자로서는 억울키 한량없는 경우가 있는 것이다. … 그러므로 우리 형법제정에서는 "자기의 행위에 죄 안 되는 것으

---

69) 그러나 형법 제16조에 관한 한 이러한 차이점에 주목한 연구는 아직까지 보이지 않는다. 예를 들면 "오영근, 일본개정형법가안이 제정형법에 미친 영향과 현행 형법해석론의 문제점, 「형사법연구」제20호, 2003, 109면 이하)"에도 특별히 이러한 문제의식은 표출되지 않는다.

70) 牧野英一, 「법률의 착오(형법연구 제12권)」, 1951, 106-109면 참조.

71) 일본개정형법가안의 이유서도 이와 거의 동일한 취지로 설명하고 있다. 즉 본조 제1항은 전통적 법원칙을 도저히 변경할 수 없다는 점을 승인하는 것이고 다만 제2항은 제1항의 엄격성을 완화하기 위해 상당한 이유가 있는 경우에는 그 형을 '면제'까지도 할 수 있도록 입안된 것이라고 한다. 이에 대해서는 刑法改正案理由書, 小野幹事提出, 7-8면 참조.

로 오인함에 있어서 그 오인을 책(責)할만한 아무런 이유도 없을 때"에는 벌하지 말자는 이 조문을 설치한 것이다. 이 조문에서의 '정당한 이유가 있음'이라 함은 "만연히 죄가 안 되는 것으로 오인한 것이 아니고 적어도 법률전문가나 당로자에게 문의를 하여 죄가 안 된다는 요지의 확답을 얻었다든가 이에 준할 만한 노력을 한 연후에 죄가 되지 아니한다는 인식을 하게 되었음"을 의미하는 것으로 본다".72)

엄상섭의 말을 풀이하자면 형법 제16조는 "법을 모른다고 하여 처벌을 면할 수 없다"는 형법상의 전통적 법원칙의 엄격함을 완화하기 위해 입안된 것이기는 하지만 '정당한 이유'란 '만연히 죄가 안 되는 것으로 오인한 것'은 분명 아니라는 것이며 동 조문은 전통적 법원칙과의 긴장을 해소하여 입법적 조화를 도모하고 있는 규정이라는 것이다. 엄상섭을 통해 알 수 있듯이 형법 제16조의 입안자 역시 스위스 형법 제20조나 일본개정형법가안 제11조처럼 형사처벌의 엄격함을 완화시키는 노력을 기울이면서도 다분히 전통적 법원칙을 존중하여 양자의 조화를 모색하고 있다는 점에서 스위스 형법 제20조나 개정형법가안 제11조의 취지를 전승하고 있다고 봐야 할 것이다.

그렇다면 형법 제16조 역시 일본개정형법가안 제11조처럼 두 개의 항을 두는 방식을 채택하는 것이 바람직하였을 것이라고 본다. 그럼에도 불구하고 우리 입법자는 과감히 단일 조문형태로 현행 형법 제16조와 같은 규정형식을 취했다. 과연 어떠한 이유에서 이와 같은 조문형식을 택했는지가 의문시된다. 추측컨대, 바로 이 의문점을 해결하는 실마리가 형법 제16조의 '정당한 이유가 있는 때에 한하여'란 법문에 있다고 본다. 우리 입법자는 일본과 다르게 단일 조문형태로 법률의 착오를 규정하면서 '정당한 이유가 있는 경우에 한하여'란 법문을 들여오고 있다. 여기에는 분명히 당시 입안자의 의도가 담겨 있으리라고 판단된다.

우리 형법 제16조도 분명 일본개정형법가안 제11조처럼 형사처벌에 엄격성을 완화하면서도 전통적인 법원칙을 존중하는 노력 속에 입안된 것임은 분명할 것이다. 그럼에도 불구하고 우리 조문의 입안자가 현재의 조문형태를 취한 것은 '정당한 이유가 있는 때에 한하여'라는 법문이 바로 일본개정형법가안 제11조 제1항 및 제2항의 기능을 대신해 줄 수 있다고 보았기 때문이라고 판단하는 것이 자연스럽다. '정당한 이유가 있는 경우에 한하여'란 법문은 분명 제한적인 수식어구이다. 유기천 교수는 동 조문을 영어로 소개한 문헌에서73) "only when his mistake is based on reasonable grounds"라고 번역한 바 있다.

---

72) 엄상섭, 우리 형법전에 나타난 형법민주화의 조항, 「법정」, 제10권 제11호, 1955, 3-4면 참조.
73) Ryu & Silving, 앞의 논문, 692면 참조.

다시 말해 동 법문은 형법 제16조 역시 스위스 형법 제20조나 일본개정형법가안 제11조처럼 '정당한 이유'가 있는 경우의 법률의 착오만을 고려한다는 태도를 분명히 하고 있는 것이다. 즉 형법 제16조 하에서도 법률의 착오는 정당한 이유가 있는 경우에만 고려되고, 그 외의 경우에는 처벌된다는 것이 원칙인 것이다.[74] 다만, 일본개정형법가안이 한 조문에 두 개의 항을 둠으로써 이러한 취지를 명확히 하였음에 비해서 우리 조문은 오히려 스위스 형법 제20조와 유사하게 단일 조문방식을 채택하면서도 '한하여'란 제한적 법문을 통해서 그와 같은 취지를 두드러지게 표현하고 있는 것이다. 이러한 결론은 형법 제16조와 같이 '정당한 이유'란 법문을 채택하면서도 규정형식에 있어서는 일본개정형법가안 제11조와 유사한 조문구조를 가진 1935년 중화민국형법 제16조에서 '정당한 이유가 있는 경우에'라는 법문형식을 취하고 있는 점에서도 지지된다고 생각한다.

> 1935년 중화민국형법 제16조 : 법률을 알지 못했다고 하여 형사책임이 면제될 수 없다. 단, 그 정상에 따라서 그 형을 감경할 수 있다. 만약 그 행위가 법률에 의해서 허가되는 것으로 믿은 데에 정당한 이유가 있는 경우에는 그 형을 면제할 수 있다(不得因不知法律而免除刑事責任但按其情節得減輕其刑如自信其行爲爲法律所許可而有正當理由者得免除其刑).[75]

요컨대 형법 제16조는 정당한 이유가 없는 때에는 전통적 법원칙을 존중해 원칙적으로 처벌하겠다는 취지로 해석하는 것이 타당하다고 하겠다. 이에 대해 형의 '임의적 감경'이라는 법적 효과도 부여할 수 있다고 보는 것은 동 법문의 '가능한 의미'를 넘어서는 해석이다. 이와 관련해 유기천 교수는 "형법 제16조를 정당하게 해석하려면 위법성의 인식이 불가능하였으면 책임이 조각되고, 위법성의 결여가 과실에 인한 때에는, 고의범으로 처벌한다고 보아야 한다. 다만 양형에 있어서 책임을 감경하려고 할 때에는 그 정상에 참작할 사유가 있음을 이유로 감경하게 되며(제53조), 제16조에 의하여 감경하는 것은 아니다"라고 적확히 지적해 주고 있다.[76]

---

74) 다만 일본개정형법가안 제11조와 차이가 있다면, 정당한 이유가 없는 경우에 정상에 의한 임의적 감경 규정을 두고 있지 않다는 점이다. 이로 인해 정당한 이유가 없는 경우의 법적 효과는 '처벌'이라는 점이 더욱 명확해 진다.
75) 동 조문의 해석으로는 김종원, 앞의 논문(각주 63), 119-120면; 법무부조사국, 앞의 자료, 4면 참조.
76) 유기천, 앞의 책, 230면과 237면 참조.

(3) 가능성설과 형법 제16조의 해석

전술한 형법 제16조의 해석론에 입각해 볼 때, 동 조문의 취지에 맞게 법적 효과를 가장 적실히 해석해 낼 수 있는 학설이 무엇인지 검토해 보고자 한다.

우선 법과실준고의설은 위법성의 착오에 정당한 이유가 없는 경우, 즉 법과실이 있는 때에는 고의범으로 취급하여 처벌하므로 형법 제16조의 취지에 합치된다고 볼 수 있다. 또한 정당한 이유가 있어서 법과실이 부정되는 경우에는 범죄불성립으로 처벌되지 않는다는 점도 형법 제16조의 취지에 부합된다. 하지만 법과실준고의설이 지닌 이론적 결함은 차치하더라도 그 법적 효과에 있어서 법과실이 있는 경우 만일 과실범 처벌규정이 있다면 과실범으로 처벌해야 하는지, 아니면 고의범으로 처벌해야 하는지 불분명하다는 점에서 형법 제16조의 취지에 정확히 부합되지는 않는다고 볼 수 있다. 다시 말해 이 학설은 위법성 인식필요설의 형사정책적 결함, 즉 고의범 성립이 부정될 때 과실범 처벌규정도 없어서 형사 처벌의 공백이 발생하는 것을 극복하기 위해 주장되었지만, 만일 과실범 처벌규정이 있다면 과연 이를 어떻게 처리할 것인가에 대해서는 불분명한 입장을 취하고 있다는 것이다.

다음으로 책임설은 오늘날 형법 제16조의 해석론적 근거로서 널리 받아들여지고 있는 만큼 동 조문의 취지에 상당부분 부합되는 측면이 있는 것은 사실이다. 즉 위법성의 착오가 회피불가능한 경우, 즉 정당한 이유가 있는 경우에는 책임(비난가능성)이 조각되어 벌하지 아니하고, 회피가능한 경우, 즉 정당한 이유가 없거나 법과실이 있는 경우에는 처벌되지만 책임이 감경될 수 있으므로 형법 제16조의 취지에 합치될 수 있다는 것이다.[77] 수긍할 수 있는 해석론이지만, 이 지점에서 본래적 의미의 책임설을 재음미해볼 필요가 있다고 본다. 책임설은 원래 회피가능성의 정도에 따라서 책임조각에서부터 책임감경, 완전한 책임의 인정까지 단계적 평가가 가능한 조문을 설정하고 있다. 대표적으로 책임설을 입법화한 것으로 평가받는 독일형법 제17조의 경우 제1문은 행위자에게 착오의 회피가능성이 전혀 없는 경우에 대하여 "책임 없이 행위한 것이다"라고 규정해 책임조각의 효과를 부여하면서, 제2문에서 행위자가 그 착오를 회피할 수 있었던 경우에는 그 "형을 감경할 수 있다"고 하여 회피가능성의 정도에 따라서 형의 감경이 가능하도록 규정하고 있다. 즉 본래적 의미의 책임설 구상에 입각한 독일형법 제17조는 형의 임의적 감경사유가 되지만, 우리형법 제16조는 법률상 형의 감경사유가 아니다. 이 점은 전술한 바, 형법 제16조의 문리적, 입법사적

---

77) 이 경우 책임의 감경은 형법 제53조에 의한 작량감경을 통해서 가능하다고 보는 견해로는 성낙현, 「형법총론」, 동방문화사, 2011, 364면 참조.

고찰에 비추어 보더라도 명백하다. 동 조문에 의하면 정당한 이유가 없는 법률의 착오는 단지 작량감경사유에 불과할 뿐이다. 소송법적으로 보면 우리나라 피고인은 형법 제16조를 법률상 범죄의 성립을 조각하는 이유임을 들어 법원에 판단을 요구할 수는 있지만, 법률상 형의 감경을 규정한 조문이라고 주장하여 법원의 판단을 요구할 수는 없다는 것이다.[78] 그럼에도 불구하고 책임설에 입각하여 형법 제16조를 해석하여 회피가능한 금지착오의 경우 작량감경(제53조)은 물론 동 조문에 규정하고 있지 않은 법률상 감경(제55조)까지 가능하다고 보는 것은[79] 동 조문의 '가능한 의미를 넘는' 해석론임은 전술한 바와 같다.[80]

그렇다면 이제 남는 것은 가능성설이다. 그러면 여기서 유기천 교수의 견해를 다시 살펴 보자.

> "위법성의 인식의 가능성이 없으면 고의범으로 벌할 수 없으나, 위법성의 인식의 가능성이 있는 때에는, 행위자에게 과실이 있는 경우에도 고의범으로 처벌받아야 한다. 형법 제16조가 바로 이 가능성설을 입법화하였던 것이다"

유기천 교수의 주장은 앞서 상론한 바에 의하여 그 의미가 명확하게 된다. '고의범으로 벌할 수 없다'는 것은 책임, 즉 비난가능성이 결여되어 '고의책임'이 조각된다는 뜻이고 이로 인해 과실범의 존부문제는 더 이상 발생하지 않는다. 또한 행위자에게 과실이 있는 경우에도, 위법성의 인식가능성이 있다면 고의가 인정되어 고의범으로 처벌받아야 한다. 이러한 해석론은 전술한 형법 제16조의 취지에 적확하게 부합된다. 정당한 이유가 있는 때에 한하여 벌하지 않고(책임조각), 정당한 이유가 없다면 고의범으로서 처벌되어야 한다는 결론에 도달하기 때문이다. 그러므로 가능성설은 형법 제16조의 해석론으로서 가장 타당한 학설이고 이를 토대로 동 조문이 입법화되었다는 유기천 교수의 주장은 적확하다고 판단된다.

---

78) 이러한 분석으로는 신동운, 앞의 책, 408-411면 참조.

79) 이러한 해석론으로는 예컨대 김일수, 「한국형법 II」, 1992, 94-95면과 김일수·서보학, 「형법총론」, 2003, 430면. 본래적 의미의 책임설에 충실한 해석론이라고 평가할 수 있겠으나, 법문의 가능한 의미범위를 넘어선 것으로 보인다.

80) 물론 그러한 견해가 피고인에게 유리한 해석이라는 점에서는 긍정적으로 평가할 여지가 있지만, 피고인에게 유리하다고 해서 합리적인 근거도 없이 명백히 법문의 가능한 의미를 넘어서는 해석론을 허용할 수는 없다고 할 것이다. 동지의 이상돈, 「형법강론」, 박영사, 43면 참조.

그렇다면 마지막으로 엄상섭 의원의 견해, 즉 규범적 책임론에 입각한 위법성인식필요설은 형법 제16조의 해석론으로 어떠한지 검토해볼 필요가 있을 것이다. 비록 엄상섭은 엄격고의설의 형사정책적 결함을 "입법적으로 해결했다"고 평가하고 있지만, 엄격고의설의 입장에 충실하게 따르자면 위법성의 불인식에 과실이 있는 경우 과실범 처벌규정이 없으면 결국 처벌하지 못하게 되어야 하는바, 형법 제16조의 취지에 부합되지 못하며, 이러한 해석론상 난점을 해결해 줄 수 있는 '가능성설'이라는 학설이 있음에도 불구하고 군이 '규범적 책임론에 입각한 엄격고의설'의 입장을 무리하게 고집하면서 '입법적 해결'을 본 것으로 동 조문을 평가하는 것은 우리 형법의 이론적 토대를 다소 자의적으로 해석한 것으로 볼 여지가 있고, 위법성의 인식가능성이 없으면 비난가능성이 없어 책임이 조각된다는 형법상의 기본원칙을 적실히 담아내지 못했다는 비판을 받을 수 있다고 생각된다. 그러므로 형법 제16조의 취지에 맞는 이론적 토대로는 가능성설이 가장 타당하다고 본다. 그리고 가능성설은 책임원칙에도 부합한다.

이상의 논의를 종합하자면, 가능성설을 책임설에 편입될 수 있고, 책임은 곧 비난가능성이라는 원칙에도 충실한 학설이므로 형법 제16조를 군이 책임설에 입각해 문언의 가능한 범위를 넘어 해석해야 할 당위성은 상당히 줄어들 수 있다고 본다. 이러한 고찰을 통하여 결론적으로 유기천 교수가 "형법 제16조가 바로 이 가능성설을 입법화하였던 것이다."라고 확언에 가까운 주장을 한 것은 지극히 타당한 것이고, 그럼에도 불구하고 가능성설의 의미와 가치를 사장시킨 채 형법 제16조의 해석을 운운하는 태도는 재고될 필요가 있을 것이다.

V. 결론

그럼 이제 다시 앞서 제기한 질문으로 돌아가 보자. 형법 제정에 중추적 역할을 한 인물들이 형법 제16조의 이론적 토대에 대해 피력한 견해를 - 엄격고의설이든 가능성설이든 - 문헌적 전거에 기초해 확인할 수 있음에도 불구하고 오늘날 동 조문의 해석론적 기초로서 책임설이 각광을 받고 있는 이유는 어떻게 해명할 수 있을까? 즉 "역사적 입법자가 설정해 놓은 조문들을 형법이론의 발전에 따라 새로운 의미를 부여받게 된다."는 말을 과연 어떻게 이해하는 것이 바람직한 것일까? 필자는 이에 대해 서론에서 논급한 바 있는 '밈이론'이 어느 정도 적실한 해답을 제시해 줄 수 있다고 믿는다.

학설에 대한 밈이론적 분석에 의하면 반드시 가장 설득력 있는 학설이 다수설이나 통설로 남게 되지는 않는다. 오히려 가장 정치한 논지를 갖춘 소수설이 사장되고, 이론적 결함이 있는 학설이 선택되어 지배적 통설이 되는 것도 충분히 가능하다. 왜냐하면 밈복합체로서의 학설-밈이 다른 학설-밈과의 경쟁에서 승리해 법률전문가들에게 선택되는 과정은 유기체의 특정한 형질이 자연선택을 통해 진화하는 것과 동일한 과정을 거치기 때문에 그것이 단지 해당 학설-밈의 밈적 적응도를 높이는 방향으로, 즉 가장 많이 복제되어 널리 전파될 있는 방향으로 무심히 진행될 뿐 반드시 학설로서의 진리성이나 정당성을 높이는 방향으로 진행 되지는 않기 때문이다. 진리성이나 정당성은 해당 학설-밈의 밈적 적응도를 높이는 한 요소 일 뿐이다. 그렇다면 학설-밈의 성공적 전파를 보장해 주는 다른 요인에는 무엇이 있을까? 그것은 바로 법률전문가 집단의 선호도이다. 밈이론에 따르면 학설-밈은 법률전문가 집단의 두뇌를 차지하고 판례나 법률문헌에 수록되기 위해 격렬한 투쟁을 벌이는 복제자로 볼 수 있고, 이들 중에서 어떠한 학설이 생존에 성공하여 선택될지 여부는 전적으로 그 선택환경 에 달려 있기 때문이다. 법학의 영역에서 그 선택환경은 바로 법률전문가 집단의 선호도인 것이다.[81]

이러한 분석에 의하면 형법 제16조의 해석과 관련해 오늘날 책임설이 어째서 다른 학설 에 비해 두각을 나타내며 널리 받아들여지고 있는지 어느 정도 해명이 가능하다고 본다. 잘 알려져 있다시피 1952년 독일 연방대법원이 책임설을 채택한 이후 1975년 독일 신형법은 제17조에 책임설을 명문화 하여 금지착오 조문을 두었고 이러한 영향은 현재 우리나라의 법률전문가들에게도 상당한 영향을 미치고 있다고 판단된다. 독일에서 책임설이 통설적인 지위를 구축하게 된 것은 고의설과의 오랜 대결에서 그 이론적 장점이 판명되고, 책임원칙 에 충실한 금지착오조문의 입안을 가능케 해주며, 행위론 분야의 발전에 수용할 수 있다는 장점 등 다양한 이유에서 설명할 수 있을 것이다. 하지만 본고에서 살펴본 바대로 책임설은 우리나라 형법 제16조의 해석론적 토대로서는 '가능성설'에 비해 논리적 완결성이 떨어진다 고 평가할 수 있다. 그럼에도 불구하고 이론 자체의 완결성이 아닌 형법 제16조의 해석론적 토대로서 책임설이 오늘날 주목을 받고 있는 것은 바로 법률전문가들의 선호도 때문이라고 볼 수 있을 것이다. 바꿔 말하면 책임설에 대한 법률전문가들의 선호가 형법 제16조의 취지 를 몰각시키고, 그에 합당한 해석론을 뒤바꾸는 선택을 가져온 것이라고 밈이론적으로 분석 할 수 있을 것이다.

비록 정치한 해명은 아니지만, 이러한 대강의 분석만으로도 형법 제16조에 대한 유기천

---

81) 이러한 분석으로는 안성조, 「현대 형법학 제2권」, 경인문화사, 2015, 261면 이하 참조.

교수의 해석론을 재평가할 수 있는 계기는 충분히 마련될 수 있다고 생각한다. 상론할 필요 없이 유기천 교수도 책임설의 장점과 그 의의를 명확히 인식하고 있었다. 그럼에도 유기천 교수는 "형법 제16조의 해석에 관하여 국내학자들은 고의설과 책임설의 입장을 그대로 주장하고 있(는데), 이것은 형법 제16조의 해석을 법규정이 없는 독일형법에 있어서의 입법론상의 논쟁과 혼동한 결과'라고 지적하며, "형법 제16조는 마이어의 가능성설을 입법한 것이므로 그에 따라 해석하는 것이 타당하다"고 주장하고 있는 것이다. 그도 독일 연방대법원과 독일 신형법의 영향으로부터 자유롭지 못했을 것이다. 그럼에도 불구하고 가능성설을 옹호하며 형법 제16조의 해석론을 펼친 것은 오늘날 우리에게 시사하는 바가 크다고 생각한다. 밈이론적 관점에서 보면, 그는 남들처럼 특정한 학설-밈이 서식할 수 있는 환경이 되는데 '의식적으로 저항한' 것이고, 그 저항의 목표는 책임원칙에 충실하면서도 실정법을 모순 없이 해석할 수 있는 다른 학설-밈을 전파하고자 함에 있었던 것이다. 이처럼 형법상의 기본원칙과 실정법 조문을 존중하며, 해석론적 완결성을 지향하는 유기천 교수의 태도는 형법학자 유기천과 그의 저서 '형법학'의 identification을 가늠케 해 주는 좋은 전거가 될 수 있다고 생각한다. 형법 제16조에 대한 유기천 교수의 해석론을 검토해 봄으로써 미력이나마 시대를 앞서 간 先學의 정신을 기릴 수 있는 계기가 마련되었다면 필자는 더 바랄 것이 없겠다.

[27] 효당 엄상섭의 형법이론과 형법사상

I. 머리말

효당 엄상섭 형법논집[1]이 발간된 지 어느덧 10여년이 훌쩍 넘었다. 이 논집과 효당선생에 대한 평가는 논자에 따라 다르겠지만, 법제사적 사료로든, 한국형법의 효시(嚆矢)를 가늠해 볼 수 있는 전거로든, 오늘날의 후학들에게 의미있는 풍부한 자료를 전달해 주고 있다는 점에 있어서 그 독보적인 가치를 부인하는 자는 없을 것이다.

그동안 엄상섭의 형법이론과 형법사상에 대한 직·간접적인 논의는 수차례 전개되었고,[2] 그 결실로서 첫째, 우리형법의 제정과정에서 그가 매우 중요한 역할을 하였다는 점과, 둘째, 우리형법과 형법전의 독자성이 재평가될 수 있는 획기적인 계기가 마련되었다는 점에 대해서는 이제 더 이상 크게 이견이 없을 것으로 보인다. 따라서 여기서 또다시 '형법논집'과 '엄상섭'의 형법사적 의의에 대해 재론할 필요는 없다고 본다.

그보다 필자가 본고를 집필하게 된 계기는, 먼저 엄상섭의 형법이론과 사상에 대한 기존의 평가 중 일부가 적어도 필자가 보기에는 재검토할 필요가 있다고 생각했기 때문이다. 역사적 자료의 발굴만큼 중요한 것은, 그에 대한 적확한 해석과 정당한 자리매김일 것이다. 그렇다면 비록 기존에 제시된 선행연구가 있다고 하더라도, 이를 현재 관점에서 비판적으로 재검토하고 문제제기를 하는 것은 한 역사적 인물을 바라보는 시각에 있어서 바르게 균형을 잡아가려는 시도이자 그 일 단계라고 말할 수 있을 것이다. 다음으로 필자가 10여년 전에 형법논집을 접했을 때에는 간취할 수 없었던 효당 선생의 새로운 면모를 찾아낼

---

1) 신동운·허일태, 효당 엄상섭 형법논집(서울대학교 출판부, 2003) 참조.
2) 선행연구를 연대순으로 보면, 최종고, 엄상섭(상)·(하), 사법행정 27권 제5·6호 (1986); 허일태, "엄상섭 선생의 형법사상과 형법이론", 효당 엄상섭 형법논집 (2003), 255-304면; 신동운, "효당 엄상섭 형법논집 해제", 효당 엄상섭 형법논집 (2003), 305-372면; 허일태, "위대한 법조인 효당 엄상섭의 형법사상", 동아법학 제34호 (2004)가 있고, 간접적으로 엄상섭에 대한 평가를 다루고 있는 글로는 김성돈, "서평: 안성조, 『형법상 법률의 착오론』 (경인문화사, 2007)", 서울대학교 법학 제48권 제1호 (2007); 한인섭, "형법제정에서 김병로의 기여", 서울대학교 법학 제55권 제4호 (2014).

수 있었기 때문이다. 어쩌면 효당의 학자적 면모를 새롭게 조명할 수 있겠다는 생각이 들었던 것이다.

본고의 전개방식은 다음과 같다. 우선 형법논집에 수록된 엄상섭의 글에 대한 몇 가지 총평을 소개하고, (II) 그동안 학계에서 논란이 되었던 몇 가지 쟁점을 기존 선행연구에서 추출해 내어 이를 형법이론적 측면과(III) 형법사상적 측면으로(IV) 대별해 검토하며 재해석을 시도해 보고자 한다.[3) 그 과정에서 형법논집에 실린 각 논설을 전거로 하여,[4) 필요한 범위 내에서 각 논설의 원문을 발췌해 소개한 뒤, 여기에 드러난 엄상섭의 논지를 원용하여, 필자의 새로운 평가의 타당성을 입론해 볼 것이다. 기존 선행연구에 엄상섭의 형법이론과 형법사상에 대해서 간략하고 전반적인 소개는 충분히 되어있으므로 본고에서는 이러한 서술방식은 지양하고, 형법이론과 형법사상의 측면에서 각각 특정한 세 가지 주제에 중점을 둔 논증을 시도해 보고자 한다.

II. 엄상섭의 형법이론과 형법사상에 대한 총체적 논평

기존 선행연구에서 엄상섭의 논설에 대한 총평은 대체로 긍정적인 것들이 주를 이룬다. 먼저 신동운 교수는 "뚜렷한 논지의 자신의 독창적인 견해를 유려한 문장으로 기술해 놓은 점에서는 외국의 문헌에 의지하여 번안법학적으로 기술된 여타의 많은 형법논문들에 비하여 그 수준은 비교할 수 없을 정도로 높다.[5)"고 평한 뒤 "엄상섭의 형법논설들 또한 오늘의 시점에서도 여전히 고전적인 가치를 가지고 있다는 사실을 솔직하게 시인하고 싶다[6)"고 그 형법논설들의 독창성과 고전적 가치를 자리매김하면서, 더욱이 "우리 형법전이 6.25 전쟁의 와중에서 심의되고 제정되었다는 사정 때문에 관련되는 주변 입법자료가 많지 않다는 점에서 엄상섭의 형법논설은 더욱 가치가 있다.[7)"고 역사적 가치를 부여한다. 아울러 "엄상

---

3) 여기서 '형법이론'이란 순수하게 형법적 법리구성과 관련된 학설과 도그마틱을 칭하는 것으로 하고, '형법사상'이란 형법의 제정과 해석 및 운용에 일정한 영향을 줄 수 있는 일체의 이념, 사상, 인접이론 등을 통칭하는 것으로 편의상 정의해 두기로 한다.

4) 원전의 인용이 필요한 경우 '효당 엄상섭 형법논집'에 수록된 효당의 글 원전을 제목과 함께 직접 인용하였고, '효당 엄상섭 형사소송법논집'에 수록된 글도 그 분석대상으로 하였다. 신동운, 효당 엄상섭 형사소송법논집 (서울대학교 출판부, 2005) 참조.

5) 신동운·허일태, 앞의 책(각주 3), 305면.

6) 신동운·허일태, 앞의 책(각주 3), 308면.

7) 신동운·허일태, 앞의 책(각주 3), 308면.

섭은 형법요강의 기초에서부터 시작하여 법전편찬위원회 형법초안 성안, 국회 법제사법위원회 수정안 성안, 국회 본회의 형법안 독회 등의 전 과정에 걸쳐 입법의 현장에 서 있었다. 따라서 엄상섭 집필의 우리 형법전에 관한 글들은 학계의 다른 인사가 기록한 것과는 차원이 다른, 직접적이고도 생생한 입법자료로서의 위치를 차지하고 있다[8]"고 입법자료로서의 비중을 조명해 준 바 있다.

한편 허일태 교수는 우리 형사법에 기여한 역사적 인물로서의 엄상섭에 대해 "형법전의 기본사상의 정립에서부터 각 조문의 구성과 그 배열 및 심지어 조문의 자구수정의 세세한 부분에 이르기까지 엄상섭 선생이 관여하였을 뿐만 아니라, 국회에서 형법전을 통과시키는 과정에서도 국회의원들에게 형법의 근본원칙과 기본적 내용을 설명하고, 총론과 각론의 연계 및 신생독립국가에서 있어야 할 각 조문과 함께 형법의 민주화를 위한 조문화의 실현 등 형법의 제정에 관해 주도적인 역할을 하였다. 형법에 관련된 다수의 논문은 우리의 제정 형법이 취하고 있는 기본적 태도에 대한 설명과 함께 그 배후사상 및 한국 형법학의 독자성의 확립에 이르기까지 심도 있는 내용을 다루고 있어 그가 우리 형법학계에 기여한 정도를 잘 확인할 수 있다. 그는 우리 형사소송법의 제정과 그 운용에도 결정적으로 관여했으며, 미군정 시절 무너져 갔던 한국검찰의 위상을 바로 세웠던 일등공신이었고, 이승만 독재정권에 항거하여 직언을 서슴지 않았다. 이런 점들을 고려해 볼 때, 그를 한국 형법의 아버지라고 불러도 크게 틀린 것은 아니라고 사료된다."는 인상적인 평을 남긴 바 있다.[9]

엄상섭에 대한 가장 최근의 연구문헌에서 한인섭 교수는 "종합적으로 보자면, 형법 제정에 있어 가장 주역이 된 것은 김병로와 엄상섭이었다. 김병로는 형법총칙의 조문화를 자담했으며, 전체 형법의 방향 설정 및 회의체에서 중심적 리더십을 발휘했다. (중략) 엄상섭은 형법각칙의 조문화의 초안작업을 했으며, 전체 조문에서도 열정을 갖고 자신의 주장을 관철시켰다. 엄상섭은, 1952년 국회 법사위 수정안을 통해 1949년에 관철하지 못했던 상당한 부분을 관철시켰고, 1953년 형법제정을 위한 국회 심의에서 독보적인 영향력을 발휘했다. (중략) 김병로의 법전편찬위, 엄상섭의 국회과정을 거치면서, 인권존중과 권력남용의 억제라는 형법의 보장적 기능에 보다 충실히 다가서게 된 것도 인정할 수 있을 것이다.

---

8) 신동운·허일태, 앞의 책(각주 3), 334면.
9) 신동운·허일태, 앞의 책(각주 3), 256-257면. 발췌글은 원문을 약간 축약한 것이다. 또 허일태 교수는 '일본형법이론사의 종합적 연구'라는 책의 서문에서 "형법학자도 위대해 질 수 있다는 것을 한국에서 엄상섭 선생이 보여주었던 것처럼 일본의 瀧川교수도 보여주었[다]"고 평하며 엄상섭 선생에 대한 찬사를 아끼지 않고 있다. 吉川經夫·內藤 謙·中山研一·小田中聰樹·三井 誠 編著/허일태(책임번역)·배문범·이동희·김환전·이덕인 공역, 일본형이론사의 종합적 연구(동아대학교 출판부, 2009), 서문 참조.

요컨대 한국 형법은 김병로와 엄상섭, 양인에 의해 기초화와 입법화가 성취되었다고 할 수 있을 것이다."라고 형법제정에 있어서 엄상섭의 기여도에 대해 보다 상세하고 균형감 있는 평을 내린 바 있다.[10]

아직까지 적어도 총평적 수준에서는 한국 형사법에 기여한 엄상섭과 그의 논설들에 대한 부정적 평가는 찾아볼 수 없으므로 전술한 선행연구의 논평을 염두에 두고 이하의 논의를 전개하기로 한다.

III. 효당의 형법이론

1. 규범적 책임론에 대한 엄상섭의 오해와 한계?

(1) 몇 가지 비판적 논평

형법논집에는 규범적 책임론에 대한 엄상섭 선생의 절대적 신념과 옹호적 입장이 일관되게 등장한다. 그런데 그가 자주 논급하는 '규범적 책임론'을 이해하는 데 있어서 각별한 주의를 기울일 필요가 있다는 지적이 있다.

일찍이 허일태 교수는 형법논집에 대한 해제글에서 그의 규범적 책임론은 고의와 과실도 비난판단의 대상으로 본다는 점에서 '순수한 의미의 규범적 책임론'을 지칭하는 것이 아님을 강조한바 있다. 후자에 있어서 고의와 과실은 어디까지나 주관적 구성요건요소이고 위법성의 인식 내지 인식가능성과 적법행위의 기대가능성이 책임비난의 핵심이라는 것이다.[11] 그 결과 "엄상섭 선생은 책임의 영역에 속한다고 보는 행위자의 고의나 과실, 또는 결과발생이라는 사실의 인식가능성까지도 규범적 차원의 비난가능성 요소로 파악하여 행위자의 규범적 평가인 위법성인식과의 차별화를 무시하였다"고 한다. 그리고 형법체계에 대한 엄상섭의 이러한 인식의 기저에는 고전적 범죄체계가 각인되었기 때문일 것이라고 분석한다. 즉 오늘날의 범죄체계론에 따르면 "고의와 과실 그리고 인과관계에서 예견가능성이라는 주제는 주관적 구성요건의 문제에 해당될 수 있다는 점에서, 또한 비난가능성의 전제로서 인식가능성은 행위자가 자신의 행위에 대한 불법성을 인식 내지 인식가능하느냐의 문제라

---

10) 한인섭, 앞의 논문(각주 4), 355-356면.
11) 신동운·허일태, 앞의 책(각주 3), 292-293면.

는 점에서 책임에 대한 엄상섭의 한계를 볼 수 있다"고 주장한다.[12]

그로부터 수년 뒤 김성돈 교수도 같은 맥락의 비판을 가한다. 그는 서울대 법학지에 수록된 한 서평에서 다음과 같이 말한다. "그러나 적어도 필자가 이해하는 한 오늘날의 규범적 책임론적 사고는 물론이고 당시의 규범적 책임론적 사고도 엄상섭 의원이나 이 책 저자의 이해방식과는 일정한 차이가 있다. '책임은 비난가능성'이라는 말로 요약되는 규범적 책임론은 책임을 행위에 대한 행위자의 심리적 관련성에서 찾는 심리적 책임개념에 대한 거부에서 등장하였다. 즉 책임의 본질이 고의나 과실이라는 심리적 요소에 있지 않고 고의나 과실이 있어도 비난가능성이 없을 때에는 책임을 조각한다고 평가할 수 있다는 평가적 요소에 있다는 것이 규범적 책임론의 핵심내용이다." 김성돈 교수는 여기서 더 나아가 "위법성의 인식도 행위자의 심리적 태도이므로 위법성의 인식유무에 따라 책임비난이 결정되는 것이 아니라고 해야 한다."고 주장하면서 허일태 교수가 논급한 규범적 책임론과도 차이가 있는 규범적 책임론을 펼친다. 그러면서 "규범적 책임론은 고의의 내용으로 범죄사실의 인식 외에 위법성의 인식까지도 요구하는 엄격고의설을 취하게 된다."는 엄상섭의 인식이 심리적 책임론과 규범적 책임론의 관계설정을 제대로 이해하지 못한 것이며, 결론적으로 위법성인식필요설은 규범적 책임론의 내용과 무관하다고 한다.[13]

위 문제제기에 대한 검토에 앞서 신동운 교수가 형법논집 해제에서 밝힌 엄상섭의 글을 읽을 때의 유의점을 상기할 필요가 있을 것이다. 즉 "엄상섭이 활동하였던 시기는 형법학적으로 볼 때 인과적 행위론이 학계의 정설로 받아들여지던 때이었다. 이러한 시대적 배경을 전제하지 않고 이 글을 읽는다면 혹자는 엄상섭을 가리켜서 범죄론체계를 이해하지 못하는 아마추어 형법론자라고 비판할지도 모른다."[14] 이러한 지적은 위의 문제제기에 대한 적실한 해결책을 제시하는 데 있어서도 매우 유용한 방법론적 시사점을 제공해 준다.

일반적으로 인과적 행위론이 지배적이었던 범죄체계론을 고전적 범죄체계론이라 한다.[15] 그렇다면 허일태 교수가 "엄상섭의 규범적 책임론에 대한 이해방식은 고전적 범죄체계론에 충실한 것이다"라고 지적한 것이나 신동운 교수가 이러한 시대적 배경을 전제하고 엄상섭의 글을 읽어야 한다는 해제는 적실한 평가라고 할 것이다. 그러나 엄상섭의 입장에

---

12) 신동운·허일태, 앞의 책(각주 3), 293-294면.
13) 김성돈, "서평: 安晟燮,『형법상 법률의 착오론』(경인문화사, 2006)", 서울대학교 법학 제48권 제1호 (2007), 487-488면 참조.
14) 신동운·허일태, 앞의 책(각주 3), 329면 참조.
15) 이상돈, 형법강론 (법문사, 2015), 87면.

대해서 허일태 교수는 "책임의 영역에 속한다고 보는 행위자의 고의나 과실, 또는 결과발생이라는 사실의 인식가능성까지도 규범적 차원의 비난가능성 요소로 파악하여 행위자의 규범적 평가인 위법성인식과의 차별화를 무시하였다."고 평가한 반면, 신동운 교수는 "목적적 행위론과 사회적 행위론에 의한 새로운 범죄론체계가 소개되기 전의 논문이라는 관점에서 보면 엄상섭의 글은 매우 체계적이고 논리적이다"[16]고 평가한다. 과연 '무시한 것인지' 아니면 '당대의 관점에서 보면 체계적이고 논리적인 것인지' 현 시점에서 진지하게 논구될 필요가 있을 것이다.

(2) 규범적 책임론의 변천사

일단 규범적 책임론의 연혁을 보자.[17] 이를 위해서는 먼저 심리적 책임론을 살펴봐야 한다. 19세기 말기부터 20세기 초기에 걸쳐 유행한 자연과학적 사유방식은 당대의 형법이론에도 영향을 주어 책임의 실체를 '결과에 대한 행위자의 심리적 관계'라고 보는 심리적 책임론이 등장하게 된다. 즉 고의와 과실을 책임의 종류나 책임의 형식이라고 보고, 책임능력을 갖춘 자가 고의 또는 과실이 없으면 책임이 없다고 보는 책임론이다. 따라서 이 심리적 책임론에서는 책임은 고의와 과실의 두 책임형식에 공통되는 상위개념이 되며, 결국 고의와 과실은 책임 그 자체가 된다. 심리적 책임론의 의의는 소위 결과책임이 지배하던 원시형법을 극복하고 "책임 없으면 형벌도 없다"는 근대형법의 대원칙인 '책임원칙(Schuldprinzip)'을 향한 진일보라는 데 있다.

그러나 심리적 책임론의 한계가 드러나면서 책임론의 일대 방향전환을 모색하게 된다. 예컨대 고의는 결과에 대한 현실적 인식이라는 점에서 결과에 대한 행위자의 심리적 관계를 쉽게 관념할 수 있지만, 과실은 결과에 대한 인식의 가능성에 불과하여 현실적 인식은 없는 것에 불과하고, 또 인식없는 과실의 경우에는 그러한 심리적 관계가 전혀 존재하지 않는바, 이를 책임의 형식에서 제외시켜야 한다는 모순이 발생한다는 것이다. 또한 과실은 단순한 불인식이 아니라, 행위자가 인식해야 하고 또한 인식할 수 있음에도 불구하고 부주의로

---

16) 신동운·허일태, 앞의 책(각주 3), 329면.
17) 이하 규범적 책임론의 연혁은 성시탁, "책임론의 발전과 고의 – 고의와 위법성의 인식 (I) –", 단국대학교 논문집 제4권 (1970), 129면 이하와 송명섭, "규범적 책임론의 본질 및 구조에 관한 연구 – 그 이론의 이론적 정합성과 적용상의 타당성을 중심으로 –", 외법논집 제3권 (1996), 473면 이하, 그리고 Hans Achenbach, *Historische und dogmatische Grundlagen der strafrechtssystematischen Schuldlehre* (Berlin: Schweitzer, 1974)를 주로 참조했음을 밝혀둔다.

인식하지 못했다는 규범적 요소를 그 본질로 하기 때문에 고의라는 심리적 요소와 과실이라는 규범적 요소가 전혀 성질이 다름에도 불구하고 공통의 상위개념인 책임 하에 파악되는 것은 불가능하다는 비판이 제기되었던 것이다. 요컨대 책임을 고의와 과실이라는 심리적 사실로 파악하려는 종래의 심리적 책임론은 실패하여 더 이상 지지받을 수 없게 되었다. 이로 인해 종래의 책임론과 달리 과실에 존재하는 규범적 요소를 고의에 부가함으로써 고의와 과실의 상위개념으로서의 책임을 입론해 보려는 시도가 전개되었다. 그리하여 위법성의 인식 또는 의무위반성의 인식을 고의의 요소라고 해석하고, 고의와 과실을 책임의 종류 및 형식이라고 해석하는 새로운 책임론으로 발전하게 되었고, 이를 종래의 '심리적 책임론'과 대비시켜 '규범적 책임론'이라고 칭하는 견해가 등장한다. 이른바 'Hippel流의 규범적 책임론'은 고의에 위법성의 인식 또는 위무위반성의 인식이라는 개념을 부가함으로써 고의와 과실의 상위개념으로서의 책임을 규범적 요소에서 찾으려고 시도한 이론이다. 이러한 책임론은 고의와 과실을 책임의 종류 및 형식이라고 보고, 고의나 과실이 있으면 책임이 있고, 없으면 책임이 없다고 해석하는 점에서는 종래의 심리적 책임론과 동일하지만, 고의에 위법성의 인식 또는 의무위반성의 인식이 필요하다는 점에서 차이가 있는 것이다. Hippel, M. E. Mayer 등에 의해 주장되었으며, 특히 Hippel은 고의에 위법성의 인식을 요하는 자신의 책임론을 순수한 심리적 책임론에 대하여 규범적 책임론이라고 칭하였다.[18] Hippel은 고의에 사실의 인식만을 요구하는 책임론은 책임없이 위법하게 행위한 경우도 처벌하는 것이 되나, 이것은 결과책임을 인정하는 것에 다름 아니며 따라서 고의에 위법성의 인식이 필요하다고 보면서 이를 규범적 책임론이라 규정하였던 것이다. M. E. Mayer도 책임을 심리적 요소와 규범적 요소로 분류하고 전자는 책임의 두 종류, 즉 고의와 과실의 특징을 나타내는 것이나, 후자는 책임의 두 종류인 고의와 과실에 공통되는 본질적 특징이 된다고 보면서 규범적 요소로 중요한 것은 행위자가 의무에 위반한다는 것을 인식하고 있다든가 그것을 인식할 수 있었다는 점이며, 따라서 고의에 의무위반성의 인식이 필요하다는 견해를 주장함으로써 이러한 류의 규범적 책임론을 취하고 있었다.

그러나 "위법성의 인식은 순수한 심리적 관계를 나타내는 것이기 때문에 이것만으로는 규범적 책임론이라고 칭하기 어렵다"는 견해(Marcetus)와 "고의에 위법성의 인식을 필요로

---

18) 그의 책임론을 두고 일본에서는 瀧川, 宮本, 草野 등의 학자들이 기대가능성을 중심으로 하는 규범적 책임론과 대비시켜 Hippel流의 규범적 책임론이라 칭하고 있다고 한다. 이에 대해서는 성시탁, 앞의 논문(각주 19), 133면과 Robert v. Hippel, *Deutsches Strafrecht*, Bd.1(Berlin: Julius Springer, 1925), S. 279 f.

한다고 하여도 그것은 단순히 심리적 관계의 대상을 넓힌 것일 뿐이므로 이러한 책임론은 규범적 책임론이 아니다"라는 비판(Graf zu Dohna)이 등장하면서 "고의에 부가되는 것은 여하한 것이건 규범적인 것이 아니므로"(Goldschmidt) Hippel流의 규범적 책임론은 결국 심리적 책임론으로 후퇴한 것으로 보아야 한다는 주장도 제기되었다. 그뿐만 아니라 행위자가 위법성을 인식하고 행위한 경우에도 외부적인 제반사정이 행위자에게 적법행위를 요구할 수 없는 경우가 발생하면 행위자를 비난할 수 없는 상황도 있지 않은가라는 문제의식이 검토되면서 "책임의 본질은 비난가능성이다"라는 점에 주목하는 규범적 책임론이 등장하게 된다. 주지하다시피 이러한 책임론을 최초로 주장한 자는 Frank이다(이러한 책임론을 Frank流의 규범적 책임론으로 칭하기로 하자). 이에 의하면 책임이 있다고 하기 위해서는 고의와 과실 이외에 행위를 함에 있어서 '부수사정의 정상성'의 존부를 고려해야 한다. 즉, 행위자에게 고의나 과실이 없으면 책임이 없으나, 고의나 과실이 있다고 하더라도 부수사정이 정상적이지 않고 그 때문에 적법행위의 결의 기대할 수 없는 경우라면 행위자를 비난할 수 없으므로 책임이 없다고 해석하는 이론이다.[19] Frank와 Goldschmidt 및 Freudental 등에 의해 발전된 이러한 규범적 책임론은 이론구성에 있어서 약간의 차이점이 있었지만, "행위를 함에 있어서 부수사정 때문에 적법행위의 기대가능성이 행위자에게 없을 경우에는 책임이 없다고 해석하는 점"에 있어서는 견해가 일치되었고, 이 견해를 완성시킨 자는 E. Schmidt라고 한다. 기대가능성을 중심으로 하는 규범적 책임론은 점차 보편화되어 그 후 독일과 일본 및 우리나라에서도 통설적 지위를 차지하게 된 것은 주지의 사실이다.

　　Frank流의 규범적 책임론에 대해서도 몇 가지 비판이 제기되었는데, 그 핵심은 책임판단의 대상인 심리적 요소로서의 고의와 과실을 여전히 책임요소로 해석하는 것은 부당하다는 것이다. 이러한 입장에 따르면 예컨대 부수사정이 정상적이어서 적법행위의 기대가능성이 있는 경우라도 행위자의 고의나 과실이 존재한다면 책임이 있다고 해석해야 하는바, 이것은 결국 심리적 책임론의 책임개념과 다를 바 없다는 것이다. 다시 말해 고의나 과실은 책임판단의 대상이며 심리적 요소인 반면 기대가능성은 규범적 요소인데 이렇게 단순히 사실적인 것과 규범적인 것을 책임요소로 한 곳에 병치시키는 것은 타당하지 않다는 것이다. 아울러 Frank처럼 책임의 심리적 요소라고 해석하는 고의에는 사실의 인식뿐만 아니라 위법성의 인식이나 인식가능성이 필요하다고 해석하는 것은[20], 본질적으로 그 성질이 상이

---

19) 성시탁, 앞의 논문(각주 19), 136면.
20) Frank流의 규범적 책임론자들이 모두 Frank처럼 고의에 위법성의 인식이 필요하다고 이론을 구성한 것은 아니다. 예컨대 E. Schmidt는 위법성의 인식을 고의와 병존하는 심리적 책임요소로 보았다.

한 두 종류의 인식을 고의의 내용으로 한다는 것이므로 타당하지 않다고 한다. 위법성의 인식 또는 인식가능성은 행위자에게 적법행위의 결의가 가능함에도 불구하고 위법행위를 결의한 점에 대해 책임비난을 가능하게 하는 책임의 규범적 요소인 반면, 고의나 과실은 책임판단의 대상으로서 책임을 구성하는 요소가 아니라는 것이다. 즉 고의에 위법성의 인식(가능성)을 포함시킬 수 없다는 것이다.[21] 이러한 문제의식으로부터 이후 규범적 책임론은 목적적 행위론자들에 의해 책임은 비난가능성으로서 평가 그 자체라고 보고, 고의를 책임의 영역에서 배제하는 견해로 발전하게 된다.[22]

일단 여기까지의 학설사를 일별해 보면, Hippel流의 규범적 책임론이든, Frank式 규범적 책임론이든, 당대의 규범적 책임론은 위법성인식필요설, 즉 엄격고의설과 결합돼 있다는 엄상섭의 견해는 일응 타당해 보인다. 따라서 위법성인식필요설은 규범적책임론의 내용과 무관하다는 비판은 적절해 보이지 않는다. 엄상섭에게 형법이론적으로 많은 영향을 준 것으로 평가받고 있는 다키카와[23]나 마이어의 입장도 규범적 책임론에 입각해 위법성인식필요설(또는 가능성설)을 취하고 있다는 점에서 당대의 규점적 책임론과 위법성의 인식(가능성)의 관계에 대한 엄상섭의 인식은 오히려 매우 적확하다고 보는 것이 타당할 것이다.[24]

(3) 규범적 책임론과 결과발생의 인식가능성

다음으로 엄상섭이 행위자의 고의나 과실, 또는 결과발생이라는 사실의 인식가능성까지도 규범적 차원의 비난가능성 요소로 파악하여 행위자의 규범적 평가인 위법성인식과의 차별화를 무시하였다는 비판에 대해 검토해 보자. 주지하다시피 당대의 학계는 인과적 행위론이 지배하는 고전적 범죄체계를 따르고 있었고, 이 체계 하에서 고의와 과실은 책임조건

---

21) 성시탁, 앞의 논문(각주 19), 140면.
22) 성시탁, 앞의 논문(각주 19), 149면.
23) 다키카와는 '위법성의 인식'은 고의의 요건이라는 입장이다. 吉川經夫·內藤 謙·中山研一·小田中聰樹·三井 誠 編著/허일태(책임번역)·배문범·이동희·김환전·이덕인 공역, 앞의 책(각주 11), 416면.
24) 다만 엄상섭이 왜 마이어의 '가능성설'을 제외하고 '엄격고의설'만을 규범적 책임론의 내용으로 보았는지에 대해서는 별도의 논의가 필요할 것이다. 추측컨대 두 가지 가능성이 있다. 하나는 엄상섭이 주로 문헌적으로 접근하기 용이한 다키카와의 견해를 마이어에 앞서 수용했기 때문일 것이고, 다른 하나는 마이어의 입장 자체가 처음에는 '엄격고의설'을 취하다가, 나중에 '가능성설'의 입장으로 바뀌었기 때문이다. 즉 그는 고의의 요건으로서 '의무위반성의 인식'을 주장하다가 나중에는 '의무위반성의 인식가능성'만으로도 충분하다는 이론으로 견해를 발전시켰다. 이 점에 대해서는 손해목, "위법성의 의식(불법의식)", 동국대학교 행정논집 제20권 (1992); 서거석, "금지의 착오에 관한 고찰", 전북대학교 사회과학연구 제10권 (1983), 132면.

으로 파악된다. "형법에 있어서 책임론의 기초는 비난가능성에 있는 것이고 비난가능성은 '인식할 수 있었다는 것, 즉 인식가능성이 사실적인 요소이며, 그 인식가능성은 범죄행위를 피할 수 있었다는 것, 즉 기대가능성이라는 규범적인 요소의 전제가 되는 것이다. 인식가능성이 없는 곳에 기대가능성이란 문제는 논할 필요도 없는 것이다."25)라는 대전제 하에 엄상섭은 '인식가능성'의 문제로 볼 수 있는 모든 주관적 요소들, 예컨대 고의나 과실, 그리고 상당인과관계에 있어서 '상당성 판단' 등이 책임판단의 기준인 비난가능성과 연관된다고 주장한다. 과실이 '인식가능성'과 연관된다는 점은 쉽게 이해할 수 있으나 고의는 어떻게 그러하다는 것일까? 엄상섭의 말을 들어보자. "고의는 인식, 과실은 인식가능을 골자로 한다. 책임조건이라는 동위개념에 속하는 과실에 있어서는 인식가능성의 정도가 중요성을 가짐에도 불구하고 고의에 있어서는 이것이 무시되어도 좋을 수는 없[다]. 형법의 실지 운용 상에서 볼 때에도 고의의 인정은 우리의 사회통념으로 보아서 '이만한 정도이면 인식하였을 것이다'라는 추측인 것이지 '인식했다'는 것을 적확하게 증명할 수는 없는 것이다. '인식했다'는 것에만 의거하여 고의 유무를 인정하는 것으로 생각하고 있던 종래의 우리의 기유관념은 결국 일종의 착각이었던 것이고 대부분의 사건에 있어서는 일반인의 경험에 비추어 '행위자는 그 자신의 행위와 결과에 대하여 인식하였으리라'는 것으로써 고의의 존재를 인정하고 있는 것이다. '미필의 고의'란 '원래 이만한 정도면 고의가 존재했다'고 봐야 한다는 것이니 결국 인식 자체보다 '인식가능성의 정도'에 의하여 '인식 있는 과실'과 구별되는 것이 아닐까? 무의식중에 있어서 우리는 고의에 있어서도 '인식가능'의 정형화에 대한 고찰이 이미 행해져 오고 있었던 것이다. 고의에는 인식 여부만이 문제되는 것이고 인식가능성이란 고의의 한계 외에 있는 것이라고 보려고 하는 것은 사리를 밝힘에 있어서 실증적인 태도를 떠나는 것이라고 아니할 수 없[다]. '인식가능성'이라는 동일한 기초 위에 서면서 '인식했다'는 특징이 가해질 때에 저위의 책임조건인 과실의 정도를 벗어나서 고도의 비난성을 가지는 고의로 비약하는 것이다. 그러므로 과실과 고의는 양정인 구별에서 이해하여야 하고, 질적인 차이는 인정할 수 없는 것이다."26) 요컨대 엄상섭에 의하면 형사실무에 비추어 볼 때, 고의는 '실제 인식'이라기보다는 일반인의 경험에 비추어 볼 때 '인식가능성'의 문제이고, 미필적 고의도 역시 마찬가지라고 한다. 그리하여 고의와 과실은 질적 차이가 없고 단지 '인식가능성의 정도'의 차이가 된다. 나아가 엄상섭은 사실의 착오가 있음에도 불구하

---

25) 신동운·허일태, 앞의 책(각주 3), 140면.
26) 신동운·허일태, 앞의 책(각주 3), 138-145면의 내용 중 주된 논지를 발췌, 요약한 것이다.

고 고의를 인정하는 추상적 부합설과 법률적 부합설도 '인식가능성'에 기초해 고의를 인정하는 것이라고 분석한다. 결국 고의의 기초 역시 '인식가능성'에 있다고 볼 수 있으며,[27] 상당인과관계설에 있어서 상당성 판단의 문제도 역시 '인과관계에 대한 인식가능성'의 유무 판단의 문제로 정형화하는 것이 가능하고, 또 바람직하다고 엄상섭은 주장한다. "그 인식 여하에 대한 입증이 지난하므로 인식가능성을 정형화한다는 것은 구체적으로 인식 유무를 결정하는 것보다 간명공평하게 재판하게 될 것이[기]"[28] 때문이다.

이상의 고찰에 따르면 엄상섭이 고의와 과실, 그리고 결과발생이라는 사실의 인식가능성까지도 규범적 요소인 '비난가능성'으로 파악한 것이 규범적 평가인 위법성인식(가능성)과 차별화를 무시하였다는 비판은 적실한 지적이 되지 못한다. 효당의 관점에 따르면 고전적 범죄체계 하에서 고의나 과실 등 일체의 주관적 인식가능성은 '비난가능성'의 사실적 요소를 구성하기 때문이다. 즉 그의 견해에 의하면 인식가능성은 위법성에 대한 것이든, 사실적 요소에 대한 것이든 모두 비난가능성의 조건이 된다. 그렇다면 "목적적 행위론과 사회적 행위론에 의한 새로운 범죄론체계가 소개되기 전의 논문이라는 관점에서 보면 엄상섭의 글은 매우 체계적이고 논리적이다"라는 평가가 더 타당할 것이다.

(4) 규범적 책임론 하에서 위법성의 인식은 책임평가의 대상인가, 책임의 구성요소인가?

한편 김성돈 교수는 책임개념을 순수하게 평가적 요소로만 이해하는 입장을 순수한 규범적 책임론이라 칭하면서 이를 철저히 유지하기 위해서는 위법성의 인식도 책임의 독자적 요소로 이해해서는 안 된다고 주장한다. 전술한 바와 같이 위법성의 인식도 행위의 규범위반성에 대한 심리적 태도이므로, 이는 어디까지나 책임평가의 대상에 불과한 것이지 '비난가능여부'의 평가 그 자체인 책임의 요소가 될 수 없다고 한다. 따라서 위법성의 인식은 적극적으로 책임을 구성하는 독자적 요소가 아니라 그 불인식이 행위자의 행위에 대한 책임비난을 탈락시킬 수 있다고 평가할 수 있는 하나의 단서에 불과한 것으로 보아야 한다고 주장한다.[29] 이러한 해석은 형법 제16조가 '위법성의 인식'이 없더라도 곧바로 책임을 조각시키지 않고, '정당한 이유'가 있는 때에 한하여 책임을 조각시키는 태도와도 일치한다고 한다.

---

27) 신동운·허일태, 앞의 책(각주 3), 144면.
28) 신동운·허일태, 앞의 책(각주 3), 137면.
29) 김성돈, 형법총론(성균관대학교 출판부, 2011), 374면.

그러나 위법성의 인식이 책임평가의 대상인지, 책임평가 그 자체를 가능하게 하는 책임의 요소인지에 대해서는 소위 순수한 규범적 책임론자들 간에도 논란이 있다. 하지만 적어도 Welzel의 견해에 비추어 보면 위법성의 인식은 행위자가 그것 때문에 비난되는 것이 아니고 행위자가 위법한 고의에 대하여 왜 비난되어야 하는가의 근거가 된다. 행위자는 위법성을 인식하고 그것에 의하여 자신의 위법한 행위결의를 중지할 수 있었기 때문에 이것에 대하여 비난되는 것이며, 따라서 위법성의 인식은 비난가능성의 요소가 된다고 한다. 요컨대 위법성의 인식 또는 인식가능성은 그것이 있기 때문에 책임비난을 가능하게 하며, 그것에 대하여 책임평가가 가해지는 바의 평가의 대상이 아니고, 책임평가 그 자체를 가능하게 하는 바의 책임의 요소로 보아야 한다는 것이다. 그렇다면 김성돈 교수의 지적처럼 만일 위법성의 인식이 책임의 구성적 요소라면 위법성의 인식이 없다고 하여 왜 곧바로 책임이 조각되지는 않는가? 이에 대한 Welzel의 해명을 들어보자. "불법인식과 불법인식의 가능성은 책임개념에 있어서 오로지 하나, 의사형성(고의)이 행위자에게 비난가능하느냐의 여부 및 그 정도를 결정하는 기능을 가질 뿐이다. 행위자가 불법성을 전혀 인식할 수 없었던 의사결의는 책임비난될 수 없으며, 그 반대의 경우도 동일하다. 즉 행위자가 충분한 주의를 하였더라면 그 위법성을 인식할 수 있었던 고의는 이미 그에게 책임비난될 수 있다. 왜냐하면 행위자는 그때 위법한 결의를 중지할 가능성을 가졌기 때문이다. 불법인식과 불법인식의 가능성은 고의행위의 비난가능성의 정도를 결정할 뿐이다."[30] 풀이하자면 위법성의 인식과 인식가능성은 모두 책임비난의 요소가 된다는 것이고, 위법성의 인식이 없을 때가 아니라 그 인식가능성이 없었던 경우에 비로소 책임이 조각된다는 것이다. 그리고 이러한 결론은 입법자의 결단에 의존하는 것이 아니라 책임비난 자체의 卽物的 내용(sachliche Gehalt)으로부터 나온다고 한다. 그 핵심은 위법성의 인식이 없을 때 비난가능성이 사라지는 것이 아니라 위법성의 인식가능성조차 없을 때 비로소 비난가능성이 없어진다는 것이다. 위법성의 인식이 없어도 그 인식가능성이 있었다면 비난가능하기 때문이다. 다시 말해 책임개념의 즉물적 이해방식에 입각해 보면, '책임의 가장 낮은 한계'는 '위법성의 인식가능성'에 있는 것이므로 이러한 인식의 가능성이 없을 때[31] 비로소 고의책임이 조각된다고 보아야 할 것[32]이다. 이상의 논의에 비추어 보면, 위법성의 인식을 책임의 구성적 요소가 아니라고 이해하

---

30) Welzel/김종원 역, "책임과 위법성의 의식", 경희법학 제2권 (1960), 167면 참조.
31) 형법 제16조는 '위법성의 인식가능성이 없는 때'를 '정당한 이유가 있는 때'로 규정하고 있는 것이다.
32) 이 점에 대해서는 유기천, 형법학 [총론강의](법문사, 2011), 227면 참조. 이러한 이해방식으로부터 유기천 교수는 형법 제16조의 이론적 토대로서 '위법성인식가능성설'을 입론한다(본서 [26] 참조).

는 방식이야말로 '독특한' 규범적 책임론이라고 보아야 할 것이다.

2. 인과관계불요설

(1) 책임조건의 정형화와 인과관계불요설

두 번째 검토할 사항은 바로 엄상섭이 채택하고 있는 소위 '인과관계불요설'이다. 엄상섭은 '책임조건의 정형화'에서 규범적 책임론에 입각해 다음과 같은 주장을 펼친다. "형법에 있어서 책임론의 기초는 비난가능성에 있는 것이고, 비난가능성은 '인식할 수 있었다'는 것, 즉 인식가능성이 사실적 요소이며, 그 인식가능성은 범죄행위를 피할 수 있었다는 것, 즉 기대가능성이라는 규범적인 요소의 전제가 되는 것이다. 인식가능성이 없는 곳에 기대가능성이란 문제는 논할 필요도 없는 것이다." 이어 그는, "호상연쇄(互相連鎖)되어 있는 인과관계가 객관적으로 존재하였더라도 이것이 인식가능의 한계선 내의 것이 못될 때에는 형법상의 인과관계로서는 아무런 가치도 없는 것이다. 인과관계의 존부는 객관적으로 따져야 하지마는 인식할 수 없는 것은 비난가능의 대상이 되지 못한다는 점에서 인과관계문제에 대한 논의는 끝나야 할 것이다."라고 주장한다. 그가 제시하는 근거를 축약해보면 다음과 같다. "인과관계란 표면에 나타나는 현상 자체가 아닌 무형의 관계이기 때문에 현상 자체에 대한 인식보다는 명확성이 희박한 것이다. 하지만 인류의 경험칙에 의거한 정형성에 있어서는 그 대다수 인류의 신뢰도가 명확하게 되는 까닭으로 (정형화된 인류의 경험칙에 비추어 보면) 인식가능성 여하를 측정하기 쉬운 것이다. 따라서 종래에는 '상당인과관계'라는 용어로서 이 인식가능성의 문제를 해결해 왔던바, 만일 '상당인과관계만 있으면 (상당성이 인정되면 이미 인과관계에 대한 인식가능성은 경험칙 상 인정될 것이므로) 행위자의 실제 인식 여하는 문제되지 않는다'고 한다면 오해하기 쉬운 이론체계가 된다."고 한다. 왜냐하면 "인과관계는 객관적인 것이라고 하면서, 객관적 범죄구성요건은 인식하거나 인식할 수 있는 것이어야 한다고 하면서 인과관계만은 인식여부와 관계없이 처리해도 좋다고 한다면 이 자체가 표현상의 모순이기 때문이다." 요컨대 객관적 구성요건인 인과관계에 대해서 '상당성'이 인정된다고 하여 곧바로 인식(가능성) 여부에 대한 검토 없이 그 구성요건이 성립한다고 판단하는 것은 규범적 책임론에 비추어 볼 때 그릇된 이론이라는 것이다.

(2) 상반된 평가

인과관계론에 대한 엄상섭의 견해를 두고 다소 엇갈린 평가가 제시되었다. 우선 허일태 교수는 말한다. "엄상섭 선생은 당시의 범죄체계론에서 아직도 고전적 범죄체계를 벗어나지 못하였기 때문에 고의와 과실과 같은 주관적 구성요건과 위법성의 인식 내지 인식가능성이라는 책임의 요소를 명확하게 구분하지 않았다. (중략) 이 때문에 오늘날의 의미에서 책임의 요소인 위법성의 인식 내지 인식가능성을 인과관계에 있어서 결과발생의 인식가능성까지 포함하는 개념으로 사용하였다는 점에서 실수를 범했다."고 지적한다. 반면 신동운 교수는 "그는 인식가능성의 문제로 볼 수 있는 모든 주관적 요소를 전적으로 책임조건의 영역에 배치해야 한다고 생각하였다. 그리고 이 주관적 요소의 공통적인 출발점은 인식가능성에 있다고 보았다. 그런데 이 주관적 요소를 판단함에는 법관의 자의가 개입하기 쉬우므로 이를 방지하기 위해서는 일정한 정형화를 시도해야 할 필요가 있다고 보았다. 엄상섭의 글 '책임조건의 정형화'와 관련하여 보면 그의 학설 가운데 두 가지가 주목된다. 하나는 인과관계불요론이다. 엄상섭이 이 글에서 상당인과관계설을 위시한 일련의 인과관계이론을 무의미한 것으로 보고 책임조건의 영역에서 인식가능성의 문제와 관련하여 파악하려고 한 것은 바로 이와 같은 사고의 연장선상에 있는 것이라고 생각된다." 여기서 '이와 같은 사고'란 엄상섭에게 많은 영향을 준 것으로 보이는 다키카와 유키토키의 형법이론이다. 그는 "형법에 있어서 특별히 인과관계를 논하는 것은 불필요하다고 하면서, 형법에 있어서 인과관계의 범위는 행위개념에 있어서 당연한 제한에 복종하는 것이라면 그것은 의욕 또는 의욕가능성, 따라서 그 전제인 예견 또는 예견가능성의 범위로 한정하지 않으면 안 된다. 그 범위는 바로 행위자의 책임범위와 일치한다."는 독특한 이론을 전개하였기 때문이다. 신동운 교수는 "엄상섭의 견해는 인과관계론을 책임조건의 영역에서 논의하고 있다는 점에서 오늘의 형법학도들에게는 매우 이례적으로 비춰지게 될 것이다. 그러나 이 글이 집필될 당시 다키카와의 학문적 권위가 아직 우리 학계에도 널리 인정되고 있었다는 점, 그리고 다키카와가 주장한 인과관계불요설이 학계에서 강력한 설득력을 가지고 있었다는 점 등을 고려한다면 엄상섭의 분석이 결코 아마추어적인 시도가 아니라는 점을 오늘의 우리는 시인할 필요가 있을 것이다."고 긍정적인 평가를 내린다. 한 마디로 '실수를 범한 것'이 아니라 '당대의 유력설에 근거하여 독특하고 전문적인 이론을 제안한 것'이라는 평가다. 과연 어떻게 이해하는 것이 타당할까?

(3) 인과관계의 범죄체계론상 지위

현대적 관점에서 보면 엄상섭의 인과관계론은 명백히 낯설고 통설적 범죄체계에 혼란을 초래하는 이론이다. 그러나 형법상 인과관계론의 연혁과 학설사를 일별해 보면 인과관계가 구성요건에 속한다는 오늘날의 통설적 견해도 인과관계의 체계론상 지위에 관한 과거 여러 학설 중 하나였다는 사실을 알 수 있고, 따라서 그의 견해가 혼란스러운 것은 어디까지나 현대적 기준에 의거할 때만 그러하다는 점을 간과해서는 안 될 것이다.

인과관계의 범죄체계론적 지위에 관한 학설사를 보면, 인과관계가 전구성요건적 행위론에 속한다는 견해, 구성요건론에 속한다는 견해, 그리고 책임론에 속한다는 견해, 행위론과 구성요건론의 두 영역에 속한다는 견해 등으로 나뉘어 있었다.33) 이 중 여기서 문제되고 있는 책임론에 속한다는 견해(일명 책임론설 또는 인과관계부정설)에 대해 알아보자. 이 견해는 엄상섭에게 상당한 영향을 준 것으로 평가받고 있는 다키카와나 M. E. Mayer의 주장에서 비롯된다. M. E. Mayer는 "형법상 사실관계만 인정되면 인과관계의 무한한 연장은 책임의 범위에서 제약되기 때문에 인과관계를 특별히 문제삼을 필요가 없다"고 한다. 즉 사실관계만 확정되면 형법상 결과에 대한 원인을 어디까지 소급해 인정할 것인가의 문제는 책임론에 의해 해소될 문제라는 것이다. 다키카와 유키토키(瀧川幸辰)도 같은 맥락에서 "행위의 인과관계는 결과의 예견 및 예견가능성을 그 한계로 하므로 결국 고의·과실(책임요소)의 범위와 일치하는 것이므로, 인과관계의 이론은 책임론의 한 장면에 불과하다"고 주장한다. 요컨대 인과관계부정설(인과관계불요설)은 과거에 인과관계의 체계적 지위에 관한 어엿한 학설로서 나름의 논거와 권위를 지니고 있었고, 엄상섭은 이를 자신의 표현으로 가다듬어 설득력있게 주장하고 있는 것이다. 다만 당대에도 인과관계부정설을 취하는 견해는 극히 소수설에 불과했던 것으로 보인다.34)

그렇다면 엄상섭의 인과관계론에 대한 '책임론설'적 이해방식은 단순한 '실수'가 아닌 것임은 분명해 보인다. 하지만 그렇다고 '당대에' 널리 지지받고 있던 이론이었다고 보기도 어렵다. 비록 당대의 독일과 일본의 두 영향력 있는 학자의 견해를 재해석한 것이기는 하나 그들의 입장은 극소수설에 불과했던 것으로 보이고, 엄상섭도 명확히 인지하고 있듯이 인과관계의 존부판단은 객관적인 것인데, 인과관계에 대한 인식(가능성)의 여부가 비난가능성의

---

33) 이 점에 대해서는 이재석, "형법상의 인과관계에 대한 서설적 고찰", 대구대 법정논총 제5집 (1990), 73-74면 참조.
34) 우리나라에서는 박문복 교수가 이러한 입장을 취하고 있었다. 박문복, 형법총론 (보문각, 1960), 245면.

여부를 결정짓는다고 하여 이를 책임의 문제로 환원시키는 것은 논리적 비약이기 때문이다. 그럼 이 지점에서 엄상섭의 인과관계불요설 논지를 직접 확인해 보기로 하자.

"상당인과관계설이란 어떠한 것인가? 그 중의 객관설은 사후의 심사에 의하여 제3자, 즉 재판관의 입장에서 객관적으로 관찰하여 행위 당시에 성립한 모든 사정을 종합하여 통상적 인 과정을 밟은 것인가 아닌가를 고찰하여야 한다는 것이고, 주관설은 행위자의 행위와 행 위자의 인식한 사정으로부터 통상적인 과정에서 발생한 결과에 대하여서만 법률상의 인과 관계를 인정한다는 것이며, 절충설은 행위 당시에 있어서 일반인이 알 수 있었던 사실을 기초로 하여 일반인으로서는 알 수 없었던 사실일지라도 행위자가 알고 있었던 것까지 포 함시켜서 인과관계를 결정한다는 것이다."[35]

"형법상 인과관계는 순객관적인 것이다라는 말을 긍인할 수 있을까? 주관적 상당인과관계 설이나 절충적 상당인과관계설은 설명할 필요도 없이 행위자의 인식, 즉 범죄의 책임조건 과 관련시키지 아니하고는 인과관계의 한계선을 그을 수 없음을 자인하였음을 알 수 있거 니와 객관적 상당인과관계설까지도 이러한 요소가 들어 있는 것이다. 즉, '통상적인 과정' 이라는 것, 다시 말하면 '인류의 사회경험상 있을 수 있는 것으로 신뢰되어 있는 과정'에서 이루어진 인과관계라는 것은 결국, '일반인의 경험칙을 기초로 하여 행위자도 인식할 수 있 는 인과관계'를 지칭함에 불과한 것이다."[36]

"즉 무한한 인과관계의 연쇄선상에서 행위자가 인식하였거나(고의), 인식할 수 있었던 것 (과실)을 표준으로 하여 가벌의 한계선을 그어야 한다는 것이다. 왜냐하면 형사책임의 기초 는 비난가능성이고 책임조건의 전제는 인식가능성이기 때문이다. 인식가능성이 없는 곳에 비난가능성이 없는 것이고 비난가능성 없이는 가벌성이란 시인될 수 없는 것이라는 원칙은 형법 전체를 지배하는 지도이념이며, 이 원리에 의하여 인과관계문제가 처리되어야 할 것 이니 결국 행위자의 인식 여하가 인과관계의 한계가 되는 것이다. 환원하면 사실상 인과관 계가 있더라도 행위자가 인식할 수 있는 범위에 속하지 아니하는 것이라면 형사책임 유무 의 결정에 있어서는 '인식 없는 결과'로 볼 수밖에 없는 것이다."[37]

상기 주장은 '책임조건의 정형화－규범적 책임론의 방론－'에서 밝힌 엄상섭의 독창적 논지, 즉 "인식가능성의 문제로 볼 수 있는 모든 주관적 요소를 전적으로 책임조건의 영역에 배치하는 것이 가능하고 또 바람직하다"는 측면에서 보면 이해하지 못할 바는 아니다. 하지

---

35) 신동운·허일태, 앞의 책(각주 3), 133면.
36) 신동운·허일태, 앞의 책(각주 3), 134면.
37) 신동운·허일태, 앞의 책(각주 3), 135면.

만 위 주장의 논리에는 어딘가 석연치 않는 점이 있다. 결론적으로 행위로부터 결과로 이어지는 과정에 대한 행위자의 인식가능성이 있는 경우에만 인과관계가 성립된다는 것이 그의 논지인데, 이는 그 실질상 주관적 상당인과관계설과 동일한 내용을 갖게 되고, 따라서 이 학설에 대한 비판이 그대로 유효할 것이기 때문이다. 주관적 상당인과관계설의 문제점에 대해서 이용식 교수는 다음과 같이 지적한다.

> "주관설은 행위시에 행위자가 현실적으로 인식, 예견한 사정 또는 인식, 예견할 수 있었던 사정을 판단의 기초로 한다. 그런데 이와 같이 판단하면 인과판단이 책임판단에 상당히 가까운 것으로 되어 버려, 과연 인과관계 단계에서 그와 같은 판단을 행하는 것이 타당한지 혹은 필요한지 문제가 된다. 그런데 주관설이 상당성의 판단에 사용되는 법칙적 지식을 행위자가 알고 있었던 것에 한한다고 하며, 상당성은 책임판단이 되어버려 독자적인 의미를 잃게 된다. 결론상으로 주관설은 귀책범위가 너무 좁다."[38]

(4) 인과판단의 책임화의 부당성

요컨대 주관적 상당인과관계설은 결과적으로 인과판단이 책임판단이 되어버려 상당성은 독자적인 의미를 잃게 되고 인과관계를 인정하는 범위가 너무 좁아진다는 것이다. 엄상섭은 상당성 판단이 막연하기 때문에 이를 '인식가능성'이란 구체적 기준으로 대체하려 하였으나 그렇게 된다면 인과판단이 책임판단이 되어버려 인과관계의 논의가 독자적인 의미를 잃게 된다. 유사한 맥락에서 이건호 교수는 다음과 같이 지적한다.

> "이 견해는 상당성이라는 기준을 통해서 행위자에게 발생한 결과를 귀속시키는 것이 합당한가 판단하는 문제를 책임의 문제와 혼동하고 있는 것으로 보인다. 인과관계의 확정이 행위자의 책임을 결정하는데 있어서 중요한 문제이기는 하지만 인과관계가 직접적으로 책임조건 등의 문제와 관련을 갖는 것은 아니라고 보아야 한다. 즉 상당인과관계의 문제는 행위자가 그 행위를 통해서 일반인이나 그에게 예견가능한 결과를 야기시켰기 때문에 그 결과를 행위자의 소위로 돌릴 수 있다는 점을 확인하는 문제이지 책임단계에서 확인하여야 할 문제, 예를 들면 행위결과가 행위자의 법적대적인 성격을 드러낸 것으로서 비난가능한가의 문제와는 다르기 때문이다."[39]

---

38) 이용식, "상당인과관계설의 이론적 의미와 한계", 현대형법이론 I(박영사, 2008), 8면 참조.
39) 이건호, "과실범에 있어서 객관적 귀속에 대한 비판적 연구 - 상당인과관계설과 객관적 귀속론을 중심으로 -"박사학위논문, 서울대학교 (2001), 73-75면 참조. 다만 이건호 교수는 엄상섭 등의 견해(인과관계불요설)가 조건설에 대한 반성에서 나온 견해라는 점에 그 의의를 찾을 수 있고 특히 엄상섭의 견해

또한 엄상섭의 논지에는 이보다 더 큰 결함이 있다. 그는 '인과판단, 즉 인과관계의 존부판단'에 요구되는 '인식가능성'과 '인과관계 자체에 대한 인식가능성'을 혼동하고 있기 때문이다. 인과관계의 존부판단은 행위와 결과 사이에 일반적·유형적으로 판단하는 경험적 법칙성의 문제로서 이는 어디까지나 객관적 구성요건해당성의 문제로 자리매김되어야 하는 성질의 것이므로 이는 인과관계에 대한 인식(가능성)의 유무, 즉 고의와 과실판단의 문제와 구별되어야 한다.[40] 다시 말해 엄상섭이 인과관계에 대한 인식(가능성)은 당대의 고전적 범죄체계론의 관점에서 보면 책임론에서 해소되어야 할 문제임을 지적한 것은 타당하지만, 그렇다고 해서 인과관계 자체의 존부문제의 판단이 범죄체계론 상 불필요해지는 것은 아니라는 것이다. 오히려 인과관계의 확정을 전제로 고의나 과실의 성립여부가 순차적으로 검토되는 것이기 때문이다. 이러한 분석이 옳다면 엄상섭은 "인과관계는 객관적인 것이라고 하면서, 객관적 범죄구성요건은 인식하거나 인식할 수 있는 것이어야 한다고 하면서 인과관계만은 인식여부와 관계없이 처리해도 좋다고 한다면 이 자체가 표현상의 모순이[다]"라고 주장했으나, 오히려 이 주장 속에 모순이 있는 것이다. 인과관계의 확정에 요구되는 일반적·유형적 예견가능성의 문제(인과관계의 확정문제)와 그 확정된 인과관계에 대한 인식(가능성)의 문제(고의와 과실의 성립여부)를 혼동하고 있기 때문이다. 이른바 '인관관계의 착오'의 문제는 전자의 확정을 전제로 하여 후자의 영역에서 발생하는 문제라는 점을 상기하면 이해에 도움이 될 것이다.

3. 효당의 공범규정 구상과 간접정범의 본질

(1) 끝나지 않은 논쟁

2000년 전후 우리 형법학계에서 전개된 대표적 해석논쟁을 꼽으라면 그 중 하나는 바로 간접정범의 본질에 관한 논쟁일 것이다. 간접정범의 본질이 과연 정범인지(정범설), 아니면 공범인지에(공범설) 대하여 그동안 치열한 공방이 우리학계에서 전개되었고[41] 최근 들어

는 '한국적인 객관적 귀속론의 시원적인 형태'로 파악할 수 있을 것이라고 긍정적인 해석을 내리고 있다. 이건호, 앞의 논문, 64면과 75-76면 참조. 인과관계불요설에 대한 유사한 지적으로는 신양균, 형법상 인과관계와 객관적 귀속에 대한 연구, 박사학위논문, 연세대학교 (1988), 73면.

40) 유사한 지적으로는 손해목, "형법상 인과관계에 관한 학설의 재검토", 동국대학교 행정논집 제16권 (1986), 152면 참조.

41) 공범설은 현재 소수설로 분류된다. 대표적으로 신동운, 형법총론 제9판(법문사, 2015), 575-576면을 참

양 진영에서 '불완전 정범설'42)과 '부진정 공범설'43)을 제시하면서 이 논쟁은 새로운 국면으로 접어들고 있는 것으로 보인다. 이러한 논의과정에서 엄상섭의 글 '우리 형법전과 공범이론'이 그에 대한 약간의 평가와 함께 각 진영에서 직·간접적으로 인용되었던바, 여기서는 이를 소개하고 동 해석논쟁의 향후 추이를 전망해 보고자 한다.

(2) 논의의 새 지평

그동안 간접정범의 본질에 대한 논쟁에서 다양한 논지와 논거들이 제시되었고, 그 중에는 양 진영에서 입장을 좁힐 수 있는 부분도 있고 여전히 관점의 차이가 큰 부분도 있다. 본고에서는 현 시점에서 그간 전개된 논쟁을 통해 드러난 양 진영 주장의 논거들을 일단 중립적 관점에서 검토해 보고 이와 관련해 엄상섭의 글이 이 논쟁에 지닐 수 있는 의미를 재조명해 보고자 한다.

우선 정범설이든 공범설이든 순 이론적으로는 간접정범이 정범에 가깝다는 점에 대해서 크게 이견이 없는 것으로 보인다.44) 간접정범개념이 형성되어 온 학설사를 보더라도 점진적으로 간접정범은 교사범과 구분돼 정범개념에 편입되는 경향이 농후했던 것으로 보인다.45) 그러므로 향후 논쟁의 실익은 해석론적인 측면에 초점을 맞추어야 할 것이다. 그런

조. 오영근 교수는 공범설의 입장에서 공범형 간접정범과 도구형 간접정범을 구분하는 이분설을 제시한 바 있다. 오영근, 형법총론(박영사, 2005), 619-623면 후술하듯 최근에는 김종원 교수가 공범설을 지지하면서 다만 표현을 간접'정범'이 아닌 '부진정 공범'으로 할 것을 제안하고 있다.

42) 김종구, "간접정범의 본질에서 본 정범 배후의 정범", 조선대학교 법학논총 제17집 제2호 (2010).

43) 김종원, "처벌확장적 공범론에 관한 연구 - 소위 간접정범론에 대한 재검토 -", 학술원논문집(인문·사회과학편) 제55집1호 (2016) 참조. 참고로 '불완전 정범설'이나 '부진정 공범설'은 과거 독일형법 학설사에 등장했던 '의제적 정범'과 '외견적 교사범(scheinbare Anstiftung)' 개념을 떠올리게 한다.

44) 이창섭, "형법상 간접정범의 본질에 대한 새로운 관점의 제안", 형사법연구 제25호 (2006), 169면 참조. 이창섭 교수는 공범설의 입장에서 '정범으로서의 간접정범'과 '공범으로서의 간접정범'을 구분할 것을 제안한다.

45) 이 점에 대한 상세한 연구로는 손해목, "간접정범의 정범성에 관한 연구", 단국대학교 논문집 제8권 (1974). 동 문헌에 의하면 고대 로마법과 게르만법에서는 정범과 공범이 구분되지 않다가, 중세 이탈리아 법학에서 처음으로 그 구분을 시작하였고, 보다 엄밀한 의미의 정범과 공범개념은 18세기 중엽의 독일 형법학에서 찾을 수 있다고 한다. 이후 독일에서는 19세기 초엽까지 교사범과 간접정범이 동일개념 속에 혼재되어 내려오다가 19세기 중엽에 이르러 프로이센 형법전에서 최초로 교사범과 간접정범을 구분하기 시작한 이후 형법학계에서 간접정범과 교사범의 구별을 더욱 명확히 하고자 하는 노력이 지속되었다고 한다. 손해목 교수는 간접정범의 개념이 나오게 된 것은 결과책임주의를 극복하고자 한 근대형법학의 필연적 결과라고 평가한다. 간접정범과 교사범이 결과가 동일하다고 하여 양자를 같게 취급하는 것은 결과책임주의에 다름아니라는 것이다. 범죄의 동기와 법적 의미 등이 중요해짐에 따라 학설사적으로 점차 간접정범과 교사범의 구별이 확연하게 되었다고 한다.

데 일부 정범설 중에 현행 간접정범 조문의 '해석론' 차원이 아닌 순 '이론적' 차원에서 간접정범의 본질론을 전개하는 경우가 있다.[46] 반면 '해석론' 차원에서 '정범설'을 취하는 것이 더 타당한 결과를 가져온다고 논증하는 견해[47]도 있다. 전자의 경우 현재의 이론적 발달의 수준에 비추어 볼 때(소위 행위지배설) 간접정범은 정범이고 따라서 입법론적인 개선이 필요하다는 주장은 수긍할 수 있다. 하지만 여전히 현행 조문이 실효성을 지니고 있는 현실에서 해석논의는 논외로 한 채 순 이론적, 입법론적 논의만으로 '간접정범은 정범이다'라고 주장하는 것은 형법학에서 '의미있는' 본질논쟁이라고 말하기 어렵다. 물론 주관주의와 객관주의의 대립, 응보형주의와 목적형주의의 대립처럼 순 이론적 차원에서 다루는 것이 가능하고, 여전히 충분히 의미가 있다는 논쟁도 있을 것이다. 하지만 '간접정범'처럼 법조문에 명시적으로 규정된 대상은 조문의 해석론적 의미를 떠나 홀로 독립적으로 실재하는 그런 개념이 아니다. 예컨대 대법원은 소위 '콜밴 사건'에서 여객자동차운송사업면허를 받거나 등록을 하지 아니한 채 화물자동차로 형식승인을 받고 등록된 콜밴을 이용해 유상으로 여객을 운송하는 행위가 여객자동차운수사업법상 무면허 운송행위가 되는지 여부에 대해서 동법에서 규율하는 '자동차'는 자동차관리법 제3조의 규정에 의한 승용차 및 승합자동차만을 의미하는 것이므로 화물자동차로 등록된 콜밴을 이용한 무면허 운송행위는 동법의 처벌대상이 아니라고 판시한 바 있다.[48] 동 대법원 판결의 소수의견은 비록 '형식상' 화물차로 등록되어 있다 하더라도 '실질적인' 기능과 구조를 고려할 때 콜밴은 '승용겸 화물형'인 승용차로 보는 것이 타당하며 이는 국민일반의 자연스러운 통념에도 일치하고, 이렇게 해석하는 것은 법문의 가능한 의미를 넘지 않는 전체적·종합적 해석방법으로서 유추해석에 해당하지 않는다고 논박하였던바, 이 사안의 다수의견과 소수의견의 대립은 이른바 '규약적 정의(conventional definition)'와 '자연적 의미'가 충돌한 사안으로 평가할 있다고 본다.[49] 다시 말해 법문에 의해 규정된 대상은 자연적 의미에 우선하는 해석론적 의미를 갖게 된다는 것이다. 이는 특히 엄격해석을 요하는 형법해석의 경우 더욱 그러하다. 더 이해하기 쉬운 예로 '지폐'를 보자. 지폐는 '자연적 의미'에서 보면 '숫자와 글씨가 쓰인 규격화된 종이'에

---

46) 예컨대 손동권, "형법 제34조(간접정범)에 대한 입법론적 검토", 형사법 연구 제22호 (2004 겨울) 특집호.

47) 서보학, "형법상 간접정범 규정의 해석론과 입법론", 경희법학 제44권 제3호 (2009) 참조.

48) 대법원 2004.11.18. 선고, 2004도1228 전원합의체판결.

49) 이러한 분석으로는 안성조, 현대 형법학 제1권 - 이론과 방법 - (경인문화사, 2009), 273면. 관련해 참조할 만한 문헌으로는 Michael S. Moore, "Natural Law Theory of Interpretation", *58 S. Cal. L. Rev. 277* (1986), at 329-331.

불과하지만 우리 사회의 경제시스템 하에서 교환가치를 갖는 '돈'이다. '자연적 의미'를 넘어서는 '제도적 실재'로서의 본질을 갖게 된다는 뜻이다. 그렇기 때문에 간접정범을 정범으로 보는 경우와 공범으로 보는 것은 실정법의 적용에 있어서 중요한 결과의 차이를 가져오기도 한다. 예컨대 만일 교사범이나 방조범으로 기소된 피고인을 공소장 변경절차 없이 간접정범으로 인정하는 것이 가능할까? 혹은 그 반대의 경우는 어떨까? 무엇보다 피고인의 방어에 실질적인 불이익을 초래하는지 여부 등이 검토되어야 하겠지만, 정범설과 공범설의 입장에서 각기 상이한 판단을 내릴 것으로 보인다.[50]

향후 간접정범의 본질논쟁은 이러한 중간평가를 염두에 두고 전개되어야 할 것이다.

(3) 입법자 엄상섭의 구상

형법논집에 수록된 엄상섭의 글 '우리 형법전과 공범이론'에 대해 신동운 교수는 다음과 같이 의미를 부여하고 있다.[51]

"형법전의 제정과 관련하여 엄상섭은 형법요강의 기초에서부터 시작하여 법전편찬위원회 형법초안 성안, 국회 법제사법위원회 수정안 성안, 국회 본회의 형법안 독회 등의 전 과정에 걸쳐 입법의 현장에 서 있었다. 따라서 엄상섭 집필의 우리 형법전에 관한 글들은 학계의 다른 인사가 기록한 것과는 차원이 다른, 직접적이고도 생생한 입법자료로서의 위치를 차지하고 있다."

"엄상섭의 기본입장은 철저한 객관주의 형법이론, 공범종속범설, 그리고 확장적 공범개념에 입각해 있다. 그의 이러한 생각은 죄형법정주의의 신봉, 형사책임의 명확화 강조, 국가권력의 남용에 대한 경계 등에 기초한 것이다."

"엄상섭은 (우리 형법전의 공범론 규정이 확장적 공범론에 입각해 있다는) 자신의 견해가 '우리 형법전상의 명문으로 봐서' 입론되는 것임을 이 글의 말미에서 강조하고 있다. 그의 이러한 발언은 형법전 제정의 현장에서 일관되게 논의과정을 지켜보았던 인사의 소감으로서 중시하지 않으면 안 된다."[52]

---

50) "심리의 경과 등에 비추어 피고인의 방어에 실질적인 불이익을 주는 경우가 아니라면 공동정범으로 기소된 범죄사실을 공소장 변경 없이 방조사실로 인정하는 것도 가능하다"는 판례를 참조해 볼 수 있다. 대법원 2004.6.24, 2002도995.
51) 이하의 인용문은 신동운·허일태, 앞의 책(각주 3), 334-336면에서 발췌한 것이다.
52) 이와 관련해 신동운 교수는 엄상섭의 글 '우리 형법전과 공범이론'을 발견하기 전에, 연혁적 분석을

이와 관련해 허일태 교수는 다음과 같이 말한다.

"간접정범 등에 관한 엄상섭 선생의 이와 같은 형법이론은 오늘날 정범개념에 대해 행위지 배설이 학계의 지배적 견해로 되어 있는 현실과는 상당히 괴리가 있어 보인다. 그러나 독일 의 형법전은 우리 형법이 아니고, 우리 형법 제34조 제1항이 아직도 한국 내에서 유효하며, 그 내용도 '어느 행위로 인하여 처벌되지 아니하는 자 또는 과실범으로 처벌되는 자를 교사 또는 방조하여 범죄행위의 결과를 발생하게 한 자는 교사 또는 방조의 예에 의한다'고 명시 하고 있는 바, 이는 간접정범의 경우에도 교사범처럼 이용의 형식으로 범하게 할 때에는 교사범과 같은 법정형으로, 방조범처럼 범죄실행에 단순히 기여의 형식으로 범할 수 있게 할 때에는 방조범과 같은 법정형으로 처벌할 수 있게 하여 간접정범의 처벌범위를 좁히려 고 하는 입법자의 의도이자 규정내용의 실질적 정신이라고 보여진다. 이런 점에서 우리 형 법전의 간접정범의 문제에 관해서는 엄상섭 선생의 지적은 시사하는 바가 크다고 할 것이 다. 따라서 현행 형법 제34조 제1항의 규정과 그 배경정신을 무시하고 간접정범에 관한 현행 형법의 규정을 독일의 형법규정처럼 해석하려는 태도가 정당한 것인지는 의심스럽다.[53]"

엄상섭의 공범론 조문체계 구상에 대한 신동운 교수와 허일태 교수의 평가는 대동소이 한 입장으로 보인다. 즉 당대의 입법자의 의도에 의하면 확장적 공범론에 입각해 간접정범 규정이 성안되었으며, 따라서 비록 이러한 규정형식이 현대의 형법이론과 괴리가 있다 하더 라도 이를 존중하며 동 규정을 해석해야 한다는 것이다.

한편 정범설의 지지자인 김종구 교수는 엄상섭의 글에 대해 다음과 같은 평가를 내리고 있다.

"공범설은 입법자의 의도나 입법 연혁을 강조하면서, 우리 형법 기초자의 한 분이었던 엄상 섭 변호사의 글을 근거로 한다. 우리 형법의 제정 현장에 있었던 엄상섭 변호사의 다음과 같은 발언에 의하여 정범설은 그 설득력이 없다는 것이다. (중략) 따라서 공범독립성설에 따를 때 간접정범은 당연히 정범이 된다는 것은 정확한 표현이 아니라고 생각된다. 엄상섭 변호사의 글은 물론 우리 형법 해석에 지대한 의미를 갖는 것이지만, 이러한 글에서의 표현 이 간접정범의 본질에 관한 견해의 결정적 근거가 되기는 어려운 것으로 판단된다.[54]"

또한 서보학 교수는 공범설 진영에서 내세우는 논거 중 하나가 "우리 형법제정의 주도

통하여 우리 형법의 간접정범 조문이 '확장적 공범론'에 입각해 성안된 것임을 구명해 낸 바 있다고 밝히고 있다. 신동운, 앞의 책(각주 42), 576면. 그 연혁적 분석작업으로는 신동운, "공범론 조문체계의 성립에 관한 연혁적 고찰", 우범 이수성 선생 화갑기념논문집 (2000), 69면 이하.

53) 신동운·허일태, 앞의 책(각주 3), 302면.
54) 김종구, 앞의 논문(각주 43), 8면 참조.

적 역할을 담당한 엄상섭 의원이 확장적 공범론에 기초하여 간접정범을 공범으로 파악하고 있었다."고 지적한 후, 공범설의 각 논거들을 차례대로 논박하면서도 엄상섭 의원의 견해를 어떻게 수용할 것인가에 대해서는 침묵하고 있다.[55]

그렇다면 여기서 엄상섭이 말한 간접정범 규정의 성안배경은 과연 무엇이었는지, 그것이 얼마나 동 규정의 해석에 있어 중요도를 갖는 것인지 면밀히 검토해볼 필요가 있을 것이다.

우리 형법전의 간접정범 규정에 대한 엄상섭의 설명은 놀라울 정도로 명쾌하다. 그 대요(大要)를 원문과 함께 차례대로 소개하면 다음과 같다.[56]

"형법이론에 있어서 주관주의와 객관주의의 대립이 그렇게 용이하고 단순하게 해결될 문제가 아닌 만큼 우리 형법의 제정에 있어서는 (공범규정에 관하여) 입법적으로 하는 결정적인 해결 또는 어느 편에 접근하는 경향까지도 피하려는 신중한 태도를 취하였으며, 이는 법전편찬위원회의 이름으로 발표된 형법초안이유서에 간단하게 언급해 둔 바도 있음에 비추어 명백하다."

"형법의 보장기능은 강제되어야 하고, 죄형법정주의를 견지하려면 '형사책임의 명확화'라는 것이 최대한도로 강조되어야 할 것이고, '형사책임의 명확화'를 실효성 있게 하려면 범죄유형의 객관화는 불가피한 요청이며, 범죄유형의 객관화의 1보는 '원형(原型)으로서의 범죄유형'의 상정인 것이다. 그러면 '원형으로서의 범죄유형', 즉 '범죄유형의 단위'는 어떻게 정함이 가장 간명하느냐가 다음 문제로 등장하는바, 이는 '한 사람이 자기의 손으로 완전하게 구성요건에 해당하는 행위를 실현하는 것'으로 상정함에 있어서만 정확한 객관성을 부여할 수 있는 것이다."

"정통적 공범이론은 '형사책임의 명확화'에 충실하려는 거점을 버리지 못함으로 인하여 독일이나 일본의 현행 형법과의 관계에서 피치 못할 결함성을 가지게 되었다. 그 하나는 간접정범의 문제이거니와 이는 범죄의 실행을 교사 또는 방조한 것도 아니니 공범개념에 해당치 않으므로 정통적 공범론에서는 부득이 정범의 범위에 넣지마는 '자기의 손으로 완전하게 구성요건에 해당하는 행위를 실현하여야 한다'는 정범의 본래의 개념에 비추어 무리가 있으며, 이 정범개념을 흐리멍텅하게 함으로 인하여 형법의 보장개념을 해하는 결과에 빠지는 것이다."

---

55) 서보학, 앞의 논문(각주 48), 318면 이하 참조.
56) 이하의 인용문은 신동운·허일태, 앞의 책(각주 3), 167-186면의 내용에서 논지전개에 맞게 발췌한 것임.

"그 둘은 신분범에 있어서 비신분자를 이용한 범죄실현에 대한 것으로서 비신분자만의 실행으로서는 처죄성이 구비되지 아니하므로 극단종속형태에 해당하지 않지만, 형법에서 이를 회피할 수는 없는 것이다."

"공범의 종속성을 유지하면서 정범개념을 제한적으로 구성하지 아니하면 범죄유형의 보장기능을 파괴한다는 전제를 견지하면서, 소위 극단종속형태에 의하지 아니하고 제한종속형태와의 결부에서 교사 또는 방조된 자는 고의를 구비할 필요가 없고, 따라서 피교사자나 종범은 구성요건을 완전하게 실현하여야 할 것이나, '한 사람'만이 완전하게 실현함은 반드시 필요한 것이 아니며 그 행위가 구성요건의 일부에 해당하며 그 자체로서 위법성만 구비하면 공범으로 성립됨에 충분한 것이고, 신분범에서 신분자가 비신분자를 이용하거나 목적을 가진 사람이 목적 없는 사람을 이용하는 경우에 있어서 피이용자에 있어서의 구성요건의 부족은 이용자의 신분 또는 목적에 의하여 보충된다는 것이 확장적 공범론의 대요이다."

"(확장적 공범론에 의하면) 실행행위가 적어도 구성요건의 일부분에 해당하고 또 행위를 유발한 자의 신분 또는 목적과 합일하여 완전한 위법유형을 구성하게 된다면 이는 교사범 또는 종범으로 성립됨에 충분하다고 하는 것이니, 간접정범, 신분자가 비신분자를 이용한 신분범, 공모공범은 교사범이나 종범의 범위에 편입되어야 하는 것이다."

"(확장적 공범론은) 간접정범, 공모공범 등을 교사범에 포함시킨다는 것이 결국 교사범에 지나친 임무를 부하시키는 것으로서, 명문상의 규정 없이 교사범의 개념을 확장한다는 것은 교사범의 성립범위를 불명확하게 하는 것이 되고 말았다. 더구나 간접정범의 어떠한 부분은 교사범으로 하지 아니하고 依然 간접정범으로 존치하는 바로서 전연 심신상실자를 도구처럼 이용하여 사람을 죽이거나 또는 전연 사정을 모르는 간호부로 하여금 환자에게 독약을 먹여서 이를 독살한 것 같은 것은 타인을 교사하여 범죄를 실행케 한 자가 아니고 도리어 스스로 사람을 죽인 자인 것이다. 이러한 경우에 '간접정범'이다."

"물론 공범이론이 해석론으로서 세치한 것으로 이루어진 것이기는 하나 형법의 학리를 무시하는 입법이란 결국 입법자의 자의에 의한 '진리말살'의 일종이기 때문에 아무리 입법적인 해결일지라도 이론상의 근거를 조홀히 할 수는 없는 것이고, '극단종속형태와의 결부에서 구성된 정통적 공범이론'은 지금까지 각국의 형법에 예외 없이 그 예상 하에 규정되어 있어서 '형사책임의 명확화'에 의한 '형법의 보장기능의 확보'를 강조하는 반전체주의적인 세계관을 유지함에 있어서는 '형법을 일관하는 기본개념'이 될 수밖에 없는 것이다."

"그러면서도 우리 형법계의 인사들 중에는 일본의 마키노식의 주관주의 형법이론에 현혹되어 특히 우리나라의 민주정치의 초단계에 있어서의 형법의 역사적 사명을 등한시하거나 또는 이에 대하여 무의식적인 사람이 많았던 관계로 우리 형법전은 공범이론에서도 보수적이고 타협적일 수밖에 없었다.”

“제34조 제1항이다. 전술한 바와 같이 정통적 공범이론에서 해결하기 어렵던 3개의 난점 중에서 간접정범과 신분자가 비신분자를 이용함으로써 행해지는 신분범의 문제를 입법적으로 해결한 것이 동조 제1항이다. 이는 길게 설명할 필요도 없이 확정적 정범론을 배제하고서 확장적 공범론을 이론적 근거로 한 것이다. 확장적 정범론은 범죄유형을 파괴하여 ‘형사책임의 불명확화’에의 경향성이 현저하므로 형법의 보장기능을 해할 우려성이 농후한 점에 있어서 공범독립범설에 통하는 바가 있는 까닭에 간접정범 중의 일부(의사가 정을 모르는 간호부로 하여금 환자에게 독약을 먹여서 독살하는 것과 같은 경우)는 교사범 개념에 넣기 어렵다는 것을 간과(看過)하면서 형법의 보장기능에 충실한다는 뚜렷한 이유에서 확장적 공범론에서 상정한 이상으로 정범범위를 축소하는 태도를 취하였다는 것이 동조 제1항의 입법정신일 것이다.”

“따라서 동조 제1항에서 말한 바의 ‘어느 행위로 인하여 처벌하지 아니하는 자’라는 것은 ‘책임무능력자, 고의를 결여한 자, 목적범에 있어서 목적이 없는 자, 신분범에 있어서 신분이 없는 자’를 지칭한 것으로 봐야 할 것이다. 우리 형법전에는 제34조 제1항이 있음으로 인하여 M. E. 마이어가 주장하는 도구이론 같은 것도 불필요하게 된 것이다.”

“결국 우리 형법저는 제34조 제1항을 규정함으로써 공범종속범설 중의 확장적 공범론을 채택하였음이 명백하여 간접정범은 모두 ‘당연히 정범이 된다’는 공범독립성설과의 거리가 멀어져 버린 것이다.”

“이러한 현대적인 사명에 적합한 형법이론에서 오는 공범종속범설, 그 중에서도 제한적 종속형태에 결부되는 확장적 공범론이 우리 형법전상의 명문으로 봐서 입론되는 것이고, 이와의 체계적인 이론구성으로서 우리 형법전 제30조는 범죄공동설로 해석되어야 할 것이다.”

이상 엄상섭이 밝힌 공범규정, 특히 형법 제34조의 입법배경을 쉽게 풀이하자면 다음과 같다. 당대 형법학계에는 형법의 보장기능에 충실하려는 객관주의와 범죄를 행위자의 악성의 징표로 보는 주관주의의 대립이 있었고 형법제정에 있어서 주관주의와 객관주의 중 어느 한쪽에 기울지 않도록 신중을 기하였다. 정통적 공범이론(공범 종속성설)에 의하면 몇 가지 이론적 결함이 발생하는데 그 하나가 바로 간접정범의 문제라고 한다. 간접정범은 범죄의 실행을 교사 또는 방조한 것도 아니므로 공범개념에 해당하지 않고, 따라서 부득이 정범에 포함시킬 수밖에 없지만, 정범이란 행위자가 직접 완전하게 구성요건을 실현하는 ‘실행정범'을 그 본래적 형태로 하는바, 간접정범은 이러한 정범개념에 비하면 '흐리멍텅한' 개념으로 형법의 보장기능을 해하는 결과를 초래한다는 것이다. 이를 해결하기 위한 신 공범이론이 등장하였고, 그 중 형사책임의 불명확화를 초래하는 확장적 정범론을 배제하고 현대적 사명(민주주의 초기단계에서는 형법의 보장기능에 충실해야 한다는)에 적합한 확장적 공범론을 채택한 것이 공범규정의 입법정신이라고 엄상섭은 밝히고 있다. 그리하여 간접정범은 물론 신분자가 비신분자를 이용한 신분범, 공모공범 등은 교사범이나 종범의 범위에 포함되어야 한다는 것이다. 그 결과 어느 행위로 인하여 처벌되지 않는 자로서 '책임무능력자, 고의를 결여한 자, 목적범에 있어서 목적이 없는 자, 신분범에 있어서 신분이 없는 자' 등이 여기에 해당한다고 하는데, 결과적으로 정범에게 책임이 없는 경우에도 공범(즉 간접정범)이 성립하게 됨으로써 결과적으로 '제한적 종속형태에 결부되는 확장적 공범론'이 우리 형법전상의 명문으로 봐서 입론되는 것이라고 천명한다. 이러한 입법배경에 비추어 볼 때 우리의 입법자가 간접정범을 공범으로 규정해 놓은 것은 명백한 것이다.

더불어 학리와 입법의 상관관계 및 한계에 대해 엄상섭은 자신의 소견을 밝히고 있는바, 현재의 간접정범 본질논쟁에도 일정한 시사점을 제공해 줄 수 있다고 생각된다. 그는 형법의 학리를 무시하는 입법이란 결국 입법자의 자의에 의한 '진리말살'의 일종이라고 말한다. 그 때문에 아무리 입법적인 해결일지라도 이론상의 근거를 조홀히 할 수는 없다고 강조하고 있다. 그도 분명 일부 간접정범 사례(의사가 정을 모르는 간호부로 하여금 환자에게 독약을 먹여서 독살하는 것과 같은 경우)는 교사범 개념에 넣기 어렵다는 점을 명확하게 인식하고 있었다. 하지만 그럼에도 불구하고 이 점을 '간과(看過)하면서' '형법의 보장기능에 충실한다는 뚜렷한 이유에서' 정범범위를 축소하는 태도를 취하였다는 것이 입법정신이라고 밝히고 있는 것이다. 요컨대 엄상섭에 따르면 현행 간접정범 규정은 이용자를 교사범 또는 방조범의 범위에 넣지만 이는 (현재의 행위지배설의 관점에서 보면 '의사지배'가 인정되어) 분명 '정범'으로 보아야 하는 사례까지도 '공범'으로 의율해야 하는 이론적 부당함으로 노정하고 있으나 '형법의 보장기능에 충실한다는 뚜렷한 이유'를 더 앞세워 입법적 해결을 보았다는 것이다. 간접정범의 본질에 대해 이른바 '정범설' 주장자들이 비판하듯 우리 공범론 규정이 사물의 본성에 반하는 것이라는 문제제기에 대해 엄상섭은 이미 답변을 준비해 놓고 있었던 것이다. 즉 일부 간접정범은 분명 정범의 범주에 넣는 것이 타당하겠지만, 그 개념의 폭이 불분명한(흐리멍텅한) 경우도 있으므로 형법의 보장기능에 충실하려는 취지에서(다시 말해 확장적 공범론이라는 이론적 근거에서) 공범으로 보기로 입법적 결단을 내렸다는 것이다. 이러한 입법배경을 고려하면, 그 누구도 당대의 입법자가 "학리를 무시했다"고 평가하기는 어려울 것이다.

(4) 남은 문제

하지만 제정형법의 입법과정에서 중추적 역할을 했었던 인물이 현행 간접정범은 규정은 '공범설'에 입각한 것이라고 입장을 밝혔다고 해서 추가적인 검토 없이 곧바로 '공범설'이 간접정범 조문 해석론으로서 타당하다는 결론이 도출되는 것은 아니다. 우리 형법의 입법과정을 지켜본 엄상섭은 다음과 같이 회고한 바 있다. "혹자는 말하기를 전문가들로만 구성된 법전편찬위원회에서 충분히 검토된 법안이니만큼 국회에서는 손댈 것없이 통과시켜도 좋지 않았겠느냐는 말을 하나 필자도 법전편찬위원의 한 사람으로서 형법안 작성에는 상당히 깊이 관계해 본 일이 있었으나 각 위원들은 자기의 本務의 여가로 하는 일에 불과하고 또 누구든지 깊이 연구하지도 아니하고서 위원회에 출석한 후 생각나는 대로 법률상식적인 견해를 적당하게 발표할 뿐이라는 것이 법전편찬위원회의 실정인 것이다. 기초책임을 맡은 위원만은 책임감을 가지고 있으나 그 밖의 위원들이 그때그때의 생각나는 대로 발표되는 의견을 도리어 일을 잡치는 때도 있었다."[57] 위 엄상섭의 회고는 우리가 입법자의 의사를 해석하는 방향에 대해 중요한 시사점을 제공해 주고 있다. 그 첫째는 비록 법률전문가들의 회의체를 통해 기초된 법안도 그 속에 '일관되고 통일적인 의사'를 관념하기는 어렵다는 것이고, 둘째는 법안 기초작업에 참여한 어떤 주도적 인물의 생각이 반드시 전체의사를 대변하는 것은 아니며, 셋째는 따라서 그 주도적 인물의 입법의도라 하더라도 실제 성안된 조문의 해석론으로 가장 적확한 것인지 여부는 별도의 비판적 검토를 필요로 한다는 점이다.

일례로 앞서 '규범적 책임론'을 검토하며 논급한 바 있는 형법 제16조의 이론적 토대로 엄상섭은 '규범적 책임론과 결부된 위법성인식필요설'을 제시하고 있지만, 당대의 해석론은 일치되어 있지 않았다. 예컨대 '위법성인식가능성설'이 형법 제16조의 이론적 토대라고 본 문헌도 있었고,[58] 이후 유기천 교수도 그의 저서 형법학 초판부터 일관되게 형법 제16조는 가능성설을 입법화 한 조문이라고 확언에 가까운 견해를 국내외에서 거듭 밝히고 있다.[59]

---

57) 이 회고의 소개로는 최종고, "엄상섭 [下]", 사법행정 27권 6호 (1986), 92-93면. 그 원문은 엄상섭 자신이 쓴 단행본 '권력과 자유' 65-66면에 수록되어 있다.

58) 김용진, 신형법 해의(解義) (1953), 91면.

59) 유기천 교수의 이러한 견해는 New York 대학 로스쿨의 Gehard O. W. Mueller 교수를 편집대표로 출간된 'The Korean Criminal Code, 1960'에서도 발견된다. 여기서 유기천 교수는 한국 형법은 법률의 착오 법리를 수용하되 당대 독일법을 따르지 않고 M. E. Mayer의 견해를 따랐다고 밝힌다. 마이어의 견해란

또한 김종원 교수는 형법 제16조를 모순없이 해석해낼 수 있는 학설로서 법과실준고의설과 위법성인식가능성설, 그리고 책임설이라고 논증한 바 있고,[60] 주지하다시피 현재 다수설은 책임설에 입각해 형법 제16조를 해석하고 있다. 이처럼 비록 입법자의 한 사람인 엄상섭은 형법 제16조의 이론적 토대로서 위법성인식필요설(엄격고의설)을 논급한 바 있지만, 이후 학계의 동향은 엄격고의설에 찬동하는 입장은 더 이상 찾아보기 어렵고 그보다는 가능성설 이나 책임설 등 다른 학설로 기울어져 가고 있는 실정인 것이다.[61] 이쯤 되면 형법의 기초에 주도적 역할을 한 엄상섭의 견해와 다르긴 하여도, 적어도 엄격고의설은 형법 제16조의 이론적 토대가 아니라고 보는 것인 온당한 태도일 것이다. 요컨대 형법 제16조의 입법의도 는 형법제정 이후 치열한 해석논쟁을 통해 새로운 의미를 부여받게 된 것으로 볼 수 있다.

이상의 논의는 간접정범의 본질론에도 시사하는 바가 크다고 본다. 엄상섭은 제정형법 의 간접정범 규정이 공범설에 입각해 성안된 것임을 명쾌하게 설명해 주었지만, 과연 그러 한 의도가 현행 조문에 적실히 구현되고 있는지는 이후 동 조문에 대한 해석론의 향배에 달려있다고 할 것이다. 과연 정범설과 공범설 중 어느 학설이 동 조문을 더 적확하고 모순없 이, 그리고 합목적적으로 해석해낼 수 있을지[62], 그 결과에 따라서 간접정범의 본질이 결정 될 것이다.

일단 공범설은 입법자의 의사에 비추어 볼 때, 매우 유리한 고지를 점하고 있다고 본다. 하지만 최종 결과는 향후 얼마나 정범설의 공세를 적실히 방어해낼 수 있는지 여부에 달려 있다.[63]

법적 의무의 인식가능성(the possibility of knowledge of legal duty)이 범의(mens rea)의 구성요소라는 것이다. 이 점에 대해서는 동 문헌, 9면 참조.

60) 김종원, 금지착오와 형법 제16조, 경희법학 제9권 제1호 (1971) 참조.

61) 형법 제16조를 해석함에 있어 가능성설이 가장 타당하다고 입론하는 글로는 안성조, "형법 제16조에 대한 유기천 교수의 해석론 연구", 제주대학교 법과 정책 제22집 제2호 (2016) 참조.

62) 정범설보다는 공범설에 입각하여 간접정범 규정을 해석하는 것이 형법의 목적에 부합된다고 논증하는 견해로는 김태명, "간접정범 규정의 해석과 허위공문서작성죄의 간접정범", 형사법 연구 제22호 (2004) 참조.

63) 물론 정범설 진영은 최후의 보루로서 '형법개정'을 기대할 수 있을 것이다. 하지만 간접정범을 정범의 범주에 편입시키는 형법개정이 정당성을 얻으려면 과거 우리의 입법자가 심사숙고하여 설계한 공범체 계가 타당하지 못하다는 가치판단을 이끌어낼 수 있는 설득력 있고 적실한 논거를 제시해야 하는 논증 의무를 이행해야 한다.

IV. 효당의 형법사상

허일태 교수는 '형법논집'에 대한 해제에서 효당 엄삼섭의 형법사상을 다음과 같은 네 가지 표제로 일목요연하게 제시해 준 바 있다. 첫째, 인간성에 걸맞은 형법의 실현 둘째, 법치주의와 인권존중의 사상 셋째, 형법의 민주화 넷째, 윤리적 형법관 등이 바로 그것이다. 이어 후속 논문에서 추가적으로 몇 가지를 덧붙이고 있는데 그 대표적이 것으로 첫째, 인간의 불완전성을 전제한 형법사상 둘째, 자연법적 사고[64] 등이 있다. 굳이 본고에서 다시 설명할 필요도 없을 만큼 명쾌한 표제이고, 필자도 그러한 평가에 대해 공감하는 바이므로 여기서는 기존의 평에 대해 새로운 관점에서 몇 가지 첨언해 보고자 한다.

1. 효당의 형법관과 법해석 방법론

엄상섭은 그의 초기저작에 해당하는 '폭리범의 본질'[65]이라는 글에서 다음과 같은 형법관을 피력한 바 있다. 이러한 그의 형법관은 이후 각종 논문과 논설에서 직·간접적으로 투영돼 일관되게 유지되었던 것으로 보이므로 이에 대해 간단히 언급하고자 한다.

"요컨대 전기 대법원과 경성지방법원의 양 판결은 폭리범의 본질을 '부당한 이윤의 억압'인 것을 오해하여 '부당한 가격'이라는 요소를 폭리범의 본질적인 요소 중의 주인 자리에 모시게 된 데서 전술한 바의 부당한 결론에 빠지게 된 것이다. 물론 종전의 일본 학설 중에 대법원의 전기 판결의 요지와 동일한 것이 적지 아니한 것은 잘 알고 있다. 그러나 그것은 이론상 난점이 있을 뿐 아니라 일본의 전시가격통제의 영향하에서 합목적적으로 구성된 시설이었던 것이다. 그리고 일본에서 여하한 학설이 유력하든지 그것은 우리에게 참고자료가 될 뿐이고 우리는 우리의 독자적 견해로 우리의 건국이념에 맞도록 또 우리 민족경제지도에 적합하도록 법이론 발견에 부단의 노력을 해야 할 것이다."

이어 그는 독일의 유명한 법학자인 예링[66]의 말을 인용한다.

---

64) 허일태 교수의 분석으로는 신동운·허일태, 앞의 책(각주 3), 272-280면; 허일태, 앞의 논문(각주 4) 참조
65) 엄상섭, "폭리범의 본질", 법정(法政) 제1권 제11·12 병합 특대호 (1946) 참조.
66) 예링(Rudolf von Jhering, 1818-92)은 흔히 목적법학의 대표자로 알려져 있지만, 사비니와 푸흐타의 영향을 받아 한때 역사법학을 연구하였는데, 그 과정에서 법과 민족정신의 상관성을 구명해낸 바 있다. 라드브루흐는 예링이 역사법학파의 강령을 완수하였다고 보면서 "법과 민족정신(Volksgeist)의 관련을 '로마법의 정신'에서 천재적으로 보여주었다."고 평가한다. 이 점에 대해서는 구스타브 라드브루흐/최종고 역, 법철학 제3판(삼영사, 2007), 54면. 예링은 처음에는 법학의 본질적 기능이 법의 공리화(소위

"형법은 민족의 신경과 혈관의 가장 민감한 부분에 집중되어 있는 결절이며, 또 민족의 모든 인상과 감정을 민족 스스로 감지하게 하고, 또 외부로터 이것을 인식시키는 결절이다. 민족의 개성, 사상, 기풍, 정열, 풍속과 야성이 형법의 자태로서 표현되는 것이다. 일언으로 표현한다면 민족정신이 형법에 반영되어 있는 것이다."

결론적으로 효당은 "모든 형벌법규의 해석에 있어서 이론에 어그러지지 아니하는 한 민족정신의 반영을 망각해서는 안 될 것이다."라고 강력히 역설한다. 엄상섭의 이러한 형법관은 한 마디로 말해 우리나라 고유의 풍토와 사상을 반영해 형법을 해석해야 한다는 취지로 볼 수 있을 것이다. 그리고 그의 이러한 태도는 제정형법의 기초에 관여함에 있어서도 지속적으로 관철되었음은 '형법논집'을 통해 여실히 확인할 수 있는 사실이다. 이러한 평가는 제정형법의 성격을 가늠하는 데 있어서도 중요한 자료가 될 수 있을 것이다.

아울러 그는 '또다시 폭리범의 본질에 관하여'[67]란 글에서 (형)법의 해석방법론을 엿볼 수 있는 견해를 제시하고 있다.

그는 먼저 이론은 그만두고 실무처리상의 표준만을 세우자는 견해에 대해서 "법률해석에 있어서 이론을 무시한다는 것은 매우 위험스러운 일이다. 왜 그러냐 하면 법률해석이 일관한 이론적 근거에 서지 아니하면 국민의 법적 안전감이 확보되지 못하는 까닭이다. 더구나 형벌법규에 있어서는 그것이 직접 인권에 관계되는 문제인 만큼 이론에 의거한 해석이 기일층 요청되는 것이다. 천리제방도 개미구멍으로부터 무너지는 바이니 이론무시의 폐풍이 우리 법조계를 휩쓸게 된다면 그 결과의 가공할 바 불언이가지(不言而可知)일 것이

개념의 계보학)에 있고 이를 통해 법체계의 논리적 공준에 따라 새로운 법규범이 추론된다고 보았으나 '로마법의 정신'을 오랜 기간 저술하면서 생각이 변하기 시작해 공리주의적, 체계적 방법론을 버리고 진화론의 영향을 받은 새로운 방법론을 수용하게 되었다고 한다. 즉, 다윈, 스펜서의 영향 아래 '권리를 위한 투쟁'을 집필하여 법이 권리를 위한 투쟁의 산물이라는 점을 강조하였다는 것이다. 그에 의하면 "법의 목적은 평화이며 그를 위한 수단은 투쟁이다." 예링에 의해 정립된 이익설은 현재까지도 의사설과 함께 권리의 본질에 대한 대표이론으로 받아들여지고 있다. 예링의 법철학에 대해서는 오세혁, 법철학사(세창출판사, 2012), 219면 이하 참조. 제한된 자료로 인해 엄상섭이 과연 어느 정도로 예링으로부터 사상적 감화와 영향을 받았는지는 가늠하기 어려우나, 예링의 역사법학적인 견해를 논급하고 있는 점은 대단히 흥미로운 대목이고 주목할 필요가 있다고 본다. 추측컨대 엄상섭과 예링의 연결은 다키카와가 마이어뿐만 아니라 예링의 영향을 많이 받았고, 마이어의 문화규범론은 마이어 스스로도 인정하듯이 예링에 힘입은 바가 크다는 점에 비추어 보면 어쩌면 자연스러운 과정이었는지도 모른다. 예링의 영향과 관련해 참고문헌으로는 吉川經夫·內藤 謙·中山硏一·小田中聰樹·三井 誠 編著/허일태(책임번역)·배문범·이동희·김환전·이덕인 공역, 앞의 책(각주 11), 420면; M. E. Mayer, Rechtsnormen und Kulturnormen(Bleslau: Schletter'sche Buchhandlung, 1903), Vorwort 참조.
67) 엄상섭, "또다시 폭리범의 본질에 대하여", 법정(法政) 제2권 제5호, 통권 제8호 (1947) 참조.

다."라고 비판한다. 이 글을 집필할 당시 서울지방검찰청 차장으로 그 역시 실무에 투신해 있었으면서도 법률해석에 있어서 이론의 중요성을 강조한 것은 효당의 학자적 소양과 풍모를 간취할 수 있는 부분이라 하겠다.

다음으로 폭리한계결정에 있어서 이윤이 없더라도 폭리범이 성립한다는 견해에 대하여 "예를 들면 생산자가격이 100원인 물건을 도매상이 120원에 매수하였을 때 그 도매상이 원가에 판매하였다 하더라도 적정도매가격으로 규정된 115원을 넘었으니 폭리범이 성립된다는 것이다. 그러나 미군정청령 제19호 제3조에는 '민중의 희생으로 폭리를 취하는 것'이라고 명료하게 규정되어 있어서 이 글자를 읽지 아니하려고 하여도 눈에 뚜렷하게 보이는 것을 어찌하리오. 입법취지가 물가앙등 억압에 있다고 하여서 어길 수 없는 이 문구를 떠나서 법률을 해석하려고 하는가. 법률의 합목적적 해석도 여기에 이르게 되면 재판관과 입법자와의 구별이 약간 모호하게 되지 아니할 수 없다. 원래 법률의 합목적적 해석은 개념법학의 결점을 시정하는 장점을 가지기는 하나 법적 안전감을 감쇄시키는 단점이 있는 것인바 문리(文理)를 무시하여서까지 합목적적 법률해석을 한다면 '토끼 쫓는 포수 눈에 범 안 보인다'는 우행을 감위하게 될 것이다. 이것은 결국 폭리범의 본질을 '부당한 이윤의 제한'으로 보지 아니하고 '과도한 가격의 제한'으로 인식하는 데서 유도된 초법률적 견해일 것이다." 여기서 엄상섭은 형법해석의 한계로서 '문리'를 제시해 주고 있다. 합목적적 해석이라도 문리를 넘어설 수 없다는 것이다. 이른바 '법문언의 가능한 의미'를 넘어서는 형법해석은 국민의 법적 안전감을 감쇄시키게 되고 이는 직접 인권에 관계되는 문제인 만큼 허용될 수 없다는 것이 엄상섭의 기본적인 법해석 방법론의 입장임을 확인하게 된다. 그간 우리 학계에도 (형)법해석과 관련된 상당한 수준의 논의가 전개되고 축적되어 왔지만,[68] 그에 비추어 보더라도[69] 엄상섭의 견해는 여전히 보편타당성을 지닐 수 있는 선견(先見)이라 아니할 수 없을 것이다.

형법해석 방법론에 대한 그의 입장은 다음의 언명에도 잘 드러나 있어서 다시 한 번

---

[68] 대표적으로 신동운 외, 법률해석의 한계(법문사, 2000)와 김도균 엮음, 한국 법질서와 법해석론(세창출판사, 2013)이 있다.

[69] 최근 들어 '법문의 가능한 의미'가 확정되기 어렵기 때문에 이 표지는 형법해석의 한계에 대한 사후적 심사를 가능하게 해 주는 '외재적 기준'이 될 수 없으므로 과감히 포기하고 목적중심적 법해석론을 활용할 것을 제안하는 견해도 등장했지만(독일의 경우 Sax, Kaufmann, Hassemer 등이 이러한 입장이다), 이러한 입장은 의미의 불확정성에 대한 다소 과장된 회의적 관점으로 보인다. 의미에 대한 실재론적 고찰을 통해 동 표지의 기능을 회복할 수 있다는 견해로는 안성조, 앞의 책(각주 50), 236-290면 참조. 형법해석에 있어서 '문리'를 강조한 엄상섭의 견해는 여전히 유의미하고 타당하다고 생각된다.

그 수준의 탁월성을 확인해 볼 수 있다.

"죄형법정주의는 오로지 '인권에 대한 보장기능'으로서만의 의의를 가졌을 뿐이며, 이에 신중을 기하기 위하여서는 '비록 공익의 면에서의 손실이 있다 하더라도 인권을 침해해서는 안 된다'고 강조하게 되는 것이고, 이 때문에 형법에 있어서의 '자유법운동'이 제한을 받게 되는 것임은 우리가 다 알고 있는 사실이다. 형법에까지 자유법운동을 도입하려는 논자들은 형법의 고정성을 공격하여 형법의 확장해석이나 유추해석을 불허하는 죄형법정주의는 지양되어야 한다고 하는 것도 또한 잘 알고 있는 사실이다. 그러나 죄형법정주의의 현대적 의의를 정당하게 이해한다면 '형벌법규의 해석에 있어서 인권침해의 방향으로의 해석은 엄금되어야 하며 따라서 이 방향으로 확장하고 유추하는 해석은 금지되어야 하나 인권침해의 염려가 없는 방향, 즉 관대하게 하는 방향으로의 확장해석 같은 것은 자유법운동의 정신에 의하여 허용될 수 있다'는 것을 긍정치 않을 수 없는 것이다.[70]"

역시 동일한 맥락에서 엄상섭이 '신형법의 제정경위'란 글에서 논급한 해석방법론을 소개하면 다음과 같다.

"법조를 아무리 정확하게 표현하려고 하여도 인간의 언어의 불완전성이 그 자체에 기인되는 결함을 극복한다는 것은 불가능에 속하는 일이기 때문에 완전을 기할 수 없는 것이다. 그러므로 법률을 운용함에는 필연적으로 체계적이며 합리적인 해석론의 도움을 받아야 하는바 해석론이란 것은 명문(明文)과 법체계의 테두리 안에서의 입법정신의 탐구인 것이다. 따라서 입법정신의 정확한 파악이 법해석의 도달점이라고 하여야 할 것이다. 그러면 우리 형법의 입법정신의 근본은 어떠한 것일까? 그것은 의심할 여지도 없이 '민주정치' 그것이다. 인민의 기본권의 절대시와 그 기본권 상호간의 조정만이 신형법의 기본정신인 것이다."[71]

2. 인권존중 사상

(1) 엄상섭의 인권존중 사상

허일태 교수는 엄상섭의 형법사상에 대해 평가하면서 그의 인권존중의 사상을 논급한다.

---

70) 신동운·허일태, 앞의 책(각주 3), 148-149면.
71) 조선일보에 1953년 10월 11일, 12일, 13일 3회에 걸쳐 연재된 '신형법의 제정경위'란 이 글은 신동운 편저, 효당 엄상섭 형사소송법 논집(서울대학교 출판부, 2005), 215-222면에 수록되어 있다.

"엄상섭 선생은 기본적으로 각 개인의 천부인권을 인정하고, 그것을 형법적으로 어떻게 보장해야 할 것인지에 대하여 고민하면서 형법의 보장적 기능을 강조해야 할 이유를 다음과 같이 주장하였다. (중략), 형법은 국가나 사회의 보호에 주된 목적이 있는 것이 아니라, 각 개인의 보호에 일차적인 목적이 있음을 분명히 하였다. 이에 따라 그는 개인의 존엄성과 자유가 보장되는 사회만이 인류를 행복하게 할 수 있다고 확신하였으며, 이를 위해서 죄형법정주의의 원칙은 철저하게 지켜져야 할 것임을 천명하였고, 반인권적인 제도인 사형제도를 부정하였다.72)"

"그는 일본의 압제와 해방 이후 발생된 여순반란사건을 비롯하여 국민방위군사건, 6.25의 경험, 게다가 이승만의 장기집권 야욕에 의한 독재의 체험 등으로 국내에서 누구보다도 인권옹호에 지대한 관심을 가졌을 뿐만 아니라 인권의 옹호를 위한 일이라면 과감하게 행동으로 실천하였다. 그는 이 선언문(세계인권선언)의 핵심을 인류의 공동생활을 해하지 아니하는 한 여하한 자유도 제한 또한 박탈해서는 안 된다고 파악하였다."

"그는 법의 지배가 철저히 준수되지 않은 국가에서는 필연적으로 인권이 무시될 수밖에 없음을 지적하였다. 다시 말해 인권보장을 위해서는 법치주의의 철저화를 요구했다. 여기서 우리는 엄상섭 선생이 법의 지배를 강조할 때, 그것이 형식적 의미의 법의 지배가 아니라, 각 개인의 기본적 인권을 보장하는 실질적 의미의 법치주의였음을 엿볼 수 있다."

엄상섭의 인권존중 사상은 그의 글 '형법연구의 기본태도'73)에 잘 드러나 있다.

"'집권자에 대한 신뢰는 독재화의 첫걸음이다'라는 경구는 형법이론 구성에 있어서의 지침이 되는 것이다. 집권자를 감시하고 견제하는 데에서 형법은 그 최대의 기능을 발휘해야 하는 것이다. 관념적으로 상정한 교육형이니 교화소니 하는 개념은 심히 화려하다. 그러나 그를 실제에 운용하는 실태를 전망할 때에는 '인간성의 불완전'이라는 장벽에 부닥치는 것이다. 형사재판의 정치화의 위험성, 행형관의 이기적 본능에서 오는 폐단, 형벌에 대한 개념설정이나 명칭의 여하에 불구하고 형벌에 대한 사회인의 전통적 감정과 자유박탈이라는 본질적인 요소만은 변질시킬 수 없다는 것 등을 치밀하게 검토해 볼 때에는 교육형이란 결국은 '장미화(薔薇花)가 장식되어 있는 정도의 형관(荊冠)'에 불과한 것이다. 형관인 이상 이를 쓰고 있는 사람의 고통에 있어서는 장미화로 장식된 것이라고 하여 가감이 있는 것은 아니다. 이러한 형관을 무기한하고 쓰고 있게 한다는 절대적 부정기형의 교육형이란 '수형자 자신만 잘하면 벗을 수 있다'는 희망만으로는 견딜 수 없는 일일뿐더러 형관을 벗겨 주

---

72) 허일태 교수의 평은 신동운·허일태, 앞의 책(각주 3), 273-275면에서 발췌한 것임.
73) 엄상섭, "형법연구의 기본태도", 법정(法政) 제11권 제4호, 통권 제84호 (1956) 참조.

는 문제에 대한 정확한 재판이라는 것이 전제되지 않는 한 '자유의 무제한적인 박탈'이라는 공포 속에서 일생을 마치게 되는 일이 있을 것이고, 그가 단순한 파렴치범이 아니고 어떠한 정치범이나 확신범일 때에는 문제는 더욱 심각해지는 것이다."

"신기를 좋아하고 이념론의 매력에만 현혹되지 말고 인간의 생태를 토대로 하는 학구적 태도를 가지는 데서만 '사람을 해치지 않는 형법이론'을 파악하게 될 것이다."

이상 위 글에서 엄상섭은 소위 '절대적 부정기형의 교육형'에 대한 반대의견을 피력하고 있다. 그것은 장미화로 장식된 형관에 불과하므로 '무제한적인 자유박탈'로 인해 수형자에 대한 인권침해를 초래하며, 특히 정치범이나 확신범일 때에는 그 문제가 더욱 심각해진다고 통렬히 비판하고 있다. 나아가 '사람을 해치지 않는 형법이론'을 구축해야 한다고 역설한다.

그의 이러한 태도는 '확신범에 대한 대책'[74]에서도 일관되게 확인할 수 있다. 엄상섭은 확신범이라는 용어에 대해 라드브루흐를 인용하며 '행위자가 정치상 또는 종교상의 확신에 의하여 행위할 의무가 있다고 하여 현행법에 위배되는 행위를 함으로써 성립되는 범죄'임을 밝힌다. 그리고 "우리의 현실에서는 확신범을 어떻게 처리해야 하느냐의 문제는 '인권절대존중시'의 각도에서 진실로 긴급하고도 중대한 문제인 것이다. 그러나 또 지난한 문제인 것이다."라고 문제제기를 하며 "형법 기타의 형벌법규라는 것도 절대진리일 수 없는 반면에 이러한 법규는 지키지 아니하는 것이 도리어 진리와 정의에 합치되는 것이라고 하는 개인 또는 소수파의 견해가 하느님의 바라시는 바일는지도 모르는 것이다. 그리하거늘 현행법에 위배하는 사람이라고 하여 그 사람의 확신 자체까지도 비난의 절대적인 대상이 될 수는 없는 것이다."라고 말한다. 그리고 엄상섭은 확신범에 대한 탁월한 식견, 즉 "확신범이여 네가 미워서 처벌하는 것이 아니라 네가 위태해서 처벌한다"는 법신(法神)의 탄사(歎辭)를 빌려 결론적으로 "확신범에 대하여는 현실적 질서를 유지함에 필요한 한계에서만 그의 자유를 제약하고 억제함에 그쳐야 할 것이고 그 생명을 박탈하거나 일반범죄자와 동일하게 처우해서는 안 될 것이다."라고 결론을 내리고 있다. 인권존중의 정신이 극명히 드러나는 대목이라 하겠다.

이처럼 엄상섭의 인권의식에 투철한 태도는 형법논집 곳곳에서 어렵지 않게 찾아볼 수 있는바,[75] 필자는 엄상섭의 그러한 형법사상이 어떠한 배경에서 유래하는지에 대해 간략

---

74) 엄상섭, "확신범에 대한 대책", 법정(法政) 제12권 제5호, 통권 제97호 (1957) 참조.

하게 고찰해 보고자 한다. 이 점에 대한 세간의 평가는 아직 내려지지 않은 것으로 판단되므로 의미있는 작업이 될 수 있다고 생각한다.

(2) 엄상섭의 인권사상의 형성배경에 대한 고찰

먼저 지목할 수 있는 배경으로는 당대의 시대적 상황을 들 수 있을 것이다. 허일태 교수는 전술한 것처럼 "그는 일본의 압제와 해방 이후 발생된 여순반란사건을 비롯하여 국민방위군사건, 6.25의 경험, 게다가 이승만의 장기집권 야욕에 의한 독재의 체험 등으로 국내에서 누구보다도 인권옹호에 지대한 관심을 가졌을 뿐만 아니라 인권의 옹호를 위한 일이라면 과감하게 행동으로 실천하였다."고 분석한 바 있다. 검사를 거쳐 국회의원으로 활동한 그의 이력에 비추어 보면 동시대를 살았던 다른 인물들에 비해 인권의식이 투철해질 수밖에 없는 계기를 많이 가졌을 것이란 분석이다. 예컨대 엄상섭은 '권력과 자유'의 자기소개 부분에서 "이 검사생활, 이것이야말로 왜정 압력 하에서 독립운동에 신명을 비치시던 애국지사들에 대하여는 지금도 면목없는 일이라고 생각합니다. 왜정 하의 검사정책 때문에 큰 죄를 지을 기회는 없었으나 굴절을 했고 왜제통치에 협력을 하였다는 것만은 아무리 사죄를 하여도 모자랄 것입니다."[76] 검사라는 직업과 왜제통치기라는 시대적 배경이 그의 인권의식을 키워 준 계기가 되었음을 엿볼 수 있다.

다음으로 필자가 주목하고자 하는 배경은 엄상섭의 형법사상적 계보이다. 신동운 교수는 엄상섭의 형법이론이 일본의 다키카와 교수와 독일의 마이어에게서 영향을 받은 것이라고 분석한 바 있다. "엄상섭은 그의 범죄론체계를 구성함에 있어서 일본의 형법학자 다키카와 유키토키의 영향을 많이 받은 것으로 보인다. (다키카와는 또한 독일의 형법학자 엠·에·마이어(M. E. Mayer)의 영향을 받은 것으로 생각된다. 계열상으로 본다면 엠·에·마이어, 다키카와, 엄상섭의 순서를 생각해 볼 수 있다.) 다키카와는 전전에 일본 형법학계를 주도하였던 주관주의 형법학자 마키노 에이이치에 대립하여 철저한 객관주의 범죄론체계를 견지한 학자로도 유명하다.[77]" 전술한 바 있듯이 엄상섭의 규범적 책임론에 대한 신념이나, 형법

---

75) 예컨대 '인공수태와 형법'이라는 글에서 다음과 같이 말한다. "아무리 과학적으로 사고한다고 하더라도 도야지의 해골이나 부모의 해골을 동일시하지 못하는 점에 인간성의 존귀함이 있는 것인즉 인공수태에 대하여도인간성을 무시하는 법적 해결은 있을 수 없을 것이다. 이러한 견지에서 인공수태가 성행하게 된다면 이에 적절한 법의 제정이 있어야 할 것이다." 엄상섭, "인공수태와 형법 ─특히 낙태죄와의 관계 ─", 법조협회잡지 제4권 제8호 (1955) 참조.
76) 이 부분의 발췌, 소개로는 허일태, 앞의 논문(각주 4), 195면 참조.

의 보장기능에 충실하려는 학문적 태도에 비추어 보면 이러한 분석이 매우 적확한 것임을 어렵지 않게 확인할 수 있다. 그렇다면 그의 인권존중 사상도 이러한 계통도를 따라서 유래했다고 볼 여지는 없는 것일까?

그럼 우선 다키카와 유키토키(瀧川幸辰)의 형법이론에 대한 전문적인 평가를 살펴볼 필요가 있을 것이다. 동경대학 법학부와 치바대학 법경학부 및 소카대학 법학부 등의 법학 교수를 역임한 나이토우 켄[78]은 다음과 같이 말한다.

> "瀧川幸辰의 형법이론은 근대 시민사회 성립기의 계몽형법사상, '전기 구파'에서 19세기 후반 이후의 '후기 구파'로 이어지는 형법이론의 계보에 있어서 자유주의적 측면을 전개·발전시키려 한 이론이었다. 그의 형법이론의 특징은 일본의 '구파'이론에 속에 '인권사상'에 근거하는 죄형법정주의를 중핵으로 하는 이론구성이며, 이론·제도·정책을 '사회지반'과 관련하여 고찰하려는 시도였다. 瀧川의 형법이론에는 그가 계몽형법사상과 전기구파에 강한 관심을 가지고, 마르크스주의를 부분적으로 적용한 요소가 있으며, 형법의 인권보장기능, 국가형벌권 제약기능을 출발점으로 이론의 형성·전개가 반영되어 있다. 瀧川의 형법이론은 마르크스주의 형법이론이 아니라 마르크스주의의 영향을 받은 자유주의 형법이론이었다."[79]

> "다키가와는 (중략) 형법학이 승인하는 죄형법정주의의 근거는 첫 번째의 '인권사상'에 귀착해야 한다고 주장했다. 여기에서 瀧川가 말하는 '인권사상'이라는 것은 마그나카르타에 기원하고, 미국 여러 주의 권리선언, 프랑스 인권선언, 프랑스 형법에 이어지는 '인권사상'이며, '국가의, 특히 형사재판권의 전제로부터 개인의 권리·자유를 보장하는 것'이며, '우리가 국가로부터 권리·자유의 불가침을 보장받는 것'이다. 그 중에는 '국가내부요소들 간의 대립이 극복되지 않는 한, 강자로부터 약자를 보호하는 방패역할로서 죄형법정주의가 존재하지 않으면 안 된다'는 사상이 포함되어 있다."[80]

상기 다키카와에 대한 평가를 보면 그가 인권사상에 기초하여 형법이론을 펼쳤다는 점은 명백해 보인다. 따라서 그의 인권사상이 엄상섭에게도 영향을 주었을 것이라고 추측하

---

77) 신동운·허일태, 앞의 책(각주 3), 330면.
78) 나이토우 켄은 다키카와의 형법이론에 대한 여러 연구업적을 갖고 있으며 1923년생으로 금년도 1월 17일 작고하였다.
79) 吉川經夫·內藤 謙·中山研一·小田中聰樹·三井 誠 編著/허일태(책임번역)·배문범·이동희·김환전·이덕인 공역, 앞의 책(각주 11), 410면.
80) 吉川經夫·內藤 謙·中山研一·小田中聰樹·三井 誠 編著/허일태(책임번역)·배문범·이동희·김환전·이덕인 공역, 앞의 책(각주 11), 412면.

는 것은 큰 무리가 아니라고 본다.

　다음으로 M. E. Mayer를 보자. 마이어는 형법학자이자 법철학자로서도 활동한 인물이다. 마이어의 법사상은 '신칸트주의에서 출발하여 신헤겔주의의 문화철학으로의 전향'으로 요약된다. 瀧川幸辰은 물론 엄상섭도 문화의 관련성을 언급하는 경우[81]가 종종 보이는데 이는 마이어의 영향을 받은 것으로 보인다. 신헤겔주의에서는 법을 문화발전단계의 한 양상으로 진화론적으로 파악한다. 마이어 역시 법을 문화현상으로 이해하고 문화적 맥락 속에서 법을 고찰하려 하였다. 마이어의 법사상에 대해 오세혁 교수는 다음과 같이 말한다.

> "마이어는 형식주의적 정법론이나 상대주의에 머물지 않고 비판적 상대주의의 관점에서 법을 가치체계의 일부로 이해하고 가치의 효력은 객관적 조건인 문화상태에 의존한다고 보았다. 그에 의하면 문화는 가치충전적인 현실이다. 가치는 현실 속에서 실현되고 절대적 가치 내지 이념은 현실 중에서도 가장 현실적인 것이다. 그리고 문화의 이념은 궁극적으로 '인간의 목적가치(Humanität)'의 이념이다. 문화이념은 '보편타당한 인간의 목적가치'라는 이념의 발현이고 이는 문화규범 속에서 표현된다."[82]

---

81) 예컨대 瀧川이 '위법성의 인식'을 문제삼았을 때의 '위법'개념이었던 '일상생활의 條理' 위반의 개념은 마이어의 문화규범론의 영향을 받은 것이라고 한다. 吉川經夫·內藤 謙·中山研一·小田中聰樹·三井 誠 編著/허일태(책임번역)·배문범·이동희·김환전·이덕인 공역, 앞의 책(각주 11), 418면 참조. 엄상섭은 "민주주의란 그 문화적인 의의에서 본다면 '진리를 탐구함에 있어서의 인간의 가장 합리적이고 진지하여 겸허한 생활태도'인 것이다."라고 규정한 바 있다. 엄상섭, "우리 형법전에 나타난 형법민주화의 조항", 법정(法政) 제10권 제11호 (1955) 참조. 또한 엄상섭은 '암살범의 특질'이란 글에서 "위법성의 본질을 인류사회의 진화를 목표로 하고 생성·발전할 수 있는 문화규범 위반이라고 관념할 때에 이 문제는 비로소 해결된[다]"고 확신범을 정당하게 처벌할 수 있는 이론구성을 제시하고 있다. 마이어의 문화규범론을 수용하면서도 위법성의 본질을 진화론적 관점에서 독창적으로 재해석한 견해로 주목된다 할 것이다. 엄상섭, "암살범의 특질 – 정치적 동기에서의 암살범을 중심으로 –", 법률평론 제1권 제3호 (1949) 참조.

82) 오세혁, 앞의 책(각주 67), 306면. 오세혁 교수는 'Humanität'을 '인도성'으로 번역하고 있지만, 마이어가 신칸트주의에서 출발해 그 영향 하에 있다면 이를 '인간의 목적가치'로 번역하는 것이 더 적절하다고 판단되어 이 용어를 사용하기로 한다. 이 점에 대해서는 김기만, "신칸트학파의 법철학 – Max Ernst Mayer를 중심으로 –", 법철학연구 제11권 제2호 (2008), 362면 참조. 동 문헌에 의하면 신칸트학파의 법사상은 실증주의를 극복하려 했던 사상사조로 평가된다. 실증주의는 세계와 인간의 행위를 인과적으로 재구성하는 사조로서, 실증주의의 영향을 받은 인과적 행위론의 경우 법의 근본이념을 망각하고 인간을 피동적인 사고의 틀 안에 고립시킴으로써 '수단으로서의 인간'만을 부각시켰다는 문제점을 안고 있었는데, 신칸트학파의 영향을 받은 Hans Welzel의 목적적 행위론은 인간 스스로의 입법에 따른 자유와 자율성 및 시원성으로서의 목적성을 제일원인자로서 자리매김함으로써 새로이 정립된 인과성 개념을 통해 실증주의적 인과성이 갖는 한계를 제거 내지 극복하려 했다고 한다. 즉 신칸트학파는 실증주의가 폐기했던 인간의 자유와 자율성을 부활시킴으로써 '인간이 중심에 선 사고체계'로 복귀를 제시했다는 것이다. 마이어도 역시 이러한 사고체계의 영향으로 끊임없이 보다 높은 가치를 추구하며 발전해

"마이어는 법규범과 문화규범을 구분하였다. 문화규범은 사회생활에 깊이 뿌리를 박은 종교적, 도덕적 규범이다. 법규범이 효력을 갖는 것은 그에 선행하는 문화규범이 있기 때문이다. 법규범은 그 내용이 문화규범에 합치하는 경우에만 정당한 규범으로 승인된다. 마이어의 주장을 요약하면, 법은 문화규범과 법규범의 중층구조로 되어 있으며, 법규범은 문화규범에 일치할 때만 정당하다는 것이다."[83]

상기 마이어의 법사상을 요약하자면, 법은 가치체계의 일부이며 법의 효력은 문화규범에 의존한다는 것이다. 그리고 그러한 문화규범과 법규범이 지향해야 할 공통의 이념은 '인간의 목적가치'라는 것이다. 이러한 사고체계 하에서 '인권존중'의 사상이 핵심을 이루리라는 점은 자명해 보인다.

이상의 입론이 옳다면, '마이어-다키카와-엄상섭'의 계보는 비단 형법이론에서뿐 아니라 형법사상, 특히 인권존중의 사상에 있어서도 이어지고 있다고 볼 수 있을 것이다.

3. 진화론적 인간상과 법사상

끝으로 필자가 엄상섭의 형법사상과 관련해 논급하고 싶은 것은 '진화론적 사고방식'이다. 그의 진화론적 사고방식은 '인간관'과 사회적, 문화적 현상을 바라보는 시각에서 발견된다. 이 방면의 고찰은 아직 학계에서 진지하게 논의된 바 없으므로 매우 조심스럽고, 따라서 '시론(試論)'적 성격을 지닐 수밖에 없음을 자인(自認)하는 바지만, 엄상섭의 글들이 단권화되어 세상에 소개된 지 십여 년이 지난 현 시점에서 필자의 견지에서는 분명히 진화론적인 사고방식이 간취되므로 이를 무시하고 넘어갈 수 없기에 본고에서 다루어 보고자 한다.

엄상섭이 진화론에 일정한 식견이 있었음을 알아볼 수 있는 개소(個所)는 형법논집 곳곳에서 산견(散見)된다. 이를테면,

"'긴급은 법칙을 가지지 아니한다.'라는 법률격언은 이들 3자에게 대하여 자연법적인 기초를 부여한 것이다. 이 자연법적인 성격은 인류가 의식적으로 법체계와 법이론을 파악하기 시작하기 전에는 도리어 당연시되었던 것이며, 인지가 발달된 후에 이르러서 그 이론적 조치에 곤란을 느끼게 되었나니 골트슈미트가 긴급상태를 '법률의 미크로코스모스다'라고 탄

온 문화가 찾아낸 최고의 가치는 바로 '인간의 목적가치(Humanität)'고 따라서 이것은 '문화이념'이자 '법의 이념'이 된다고 한다. 김기만, 앞의 논문, 369-370면과 373면 이하 참조.
83) 오세혁, 앞의 책(각주 67), 306면.

식한 것도 이 까닭이다.[84]"

"책임조건의 정형화는 인류사회에서 저절로 또 부단히 형성되고 변천하고 있는 것이다.[85]

"간통행위가 형법영역에서 제외하여도 하등의 폐단이 없는 사회는 인류가 도의적으로 일층 향상된 연후가 아니면 기대될 수 없을 것이다.[86]"

라는 개소가 그러하다. 첫째 개소는 인간에게는 긴급상태 하에 자기방어적으로 행동하려는 심리적 기제가 보편적, 자연적으로 주어져 있다는 측면을 떠올린다는 점에서 진화심리학적 관점에 부합된다. 둘째는 책임조건의 정형화, 즉 책임을 지을 수 있는 규범적 조건의 조탁이 저절로, 또 부단히 이루어지고 있다는 점을 지적하고 있다는 점에서 소위 문화진화론을 연상시킨다.[87] 셋째는 인류의 도덕적 진보를 전망하고 있다는 점에서, 비록 진화(進化)가 전부 진보(進步)인 것은 아니지만, 이 말이 진화론의 맥락에서 읽히는 것은 비단 필자만이 아닐 것이다.

위 개소들 외에 필자가 엄상섭의 법사상에서 진화론적 식견을 읽어낼 수 있었던 전거는 크게 세 글이다. 하나는 '형법연구의 기본태도'이고, 둘은 '간통죄철폐와 그 사회적 영향'이며, 셋은 '암살범의 특질'이다.

(1) 인간의 본성에 대한 통찰

우선 그의 논설 '형법연구의 기본태도'에서 엄상섭은 '형법에서의 인간상'을 다음과 같이 제시해 주고 있다.

첫째, 사람이란 다른 사람을 꺾어 버리고 배신을 하여서라도 자기의 이욕을 충족시키려는 본능을 가졌기 때문에 이 본능을 억압하기 위해서는 제재방법이 필요하고 여기에 형법의

---

84) 신동운·허일태, 앞의 책(각주 3), 107면.
85) 신동운·허일태, 앞의 책(각주 3), 142면.
86) 신동운·허일태, 앞의 책(각주 3), 192면.
87) 문화진화론의 일 분야로서 '밈학(memetics)'이 최근 부상하고 있다. 밈학에 대해서는 수전 블랙모어/김명남 역, 밈 (바다출판사, 2010); 장대익, "일반 복제자 이론 : 유전자, 밈, 그리고 지향계", 과학철학 제11권 제1호 (2008) 참조. 밈학을 원용해 판례의 변천을 분석하고 있는 글로는 Michael S. Fried, "The Evolution of Legal Concepts: The Memetic Perspective", 39 Jurimetrics J. 291 (1999). 법학에서 학설대립의 의의를 밈학적 관점에서 재조명한 연구로는 안성조, "법학에서 학설대립은 경쟁하는 밈들 간 대립인가?", 연세대학교 법학연구 제25권 제1호 (2015) 참조.

존재가치가 있다.

둘째, 인간은 사회적 동물, 즉 공동생활을 하며 살아가는 존재이므로 인간의 이기적 본능은 억제될 필요가 있다.

셋째, 인간은 살기 위하여 사회생활을 하는 것이므로 형법은 생존권을 침해할 수는 없다. 따라서 개인의 자유와 권리보다 국가나 사회를 앞세울 수 없으며, '개인이 살기 위한 사회생활'에서 탈선을 했다고 하여 그 사람의 생명을 뺏을 수는 없다.

넷째, 인간은 불완전한 존재이므로 형법의 오남용 또는 오판의 위험성을 제거하기 위해서 형사책임의 명확화가 요구된다.

요컨대 엄상섭은 '실존하는 그대로의 인간, 또 그 인간성'을 떠나서 관념적인 이론세계에 도취해 형법을 연구해서는 안 된다고 형법연구의 기본태도를 밝히고 있다. 그리고 이러한 전제 하에서 형법의 보장기능이 강조되어야 할 이유와, 절대적 부정기형을 부정하는 근거를 찾아내고 있다. 인간의 본성에 기초한 형법이론을 구축해 내고 있는 것이다.

최근 인간의 본성에 대한 연구를 수행하는 학문분야로 진화심리학이 각광을 받고 있다. 그리고 인간의 본성에 기초해 법학은 물론, 경제학, 윤리학, 심리학, 미학 등 여러 학문영역의 문제를 해결하려는 이론적 시도가 활발히 전개되고 있다. 비록 이 글에서 엄상섭은 명시적으로 진화론 내지 진화심리학이란 용어를 사용하고 있지는 않지만, 인간의 소박한 본성을 있는 그대로 인정하고 이로부터 형법의 주요원리를 이끌어내고 있다는 점에서 매우 선구적 면모를 보여주고 있다고 생각된다. 혹자는 엄상섭이 제시한 네 가지 전제가 누구나 생각할 수 있는 인간본성에 대한 상식적 견해라고 가볍게 보아 넘길지 모르겠으나, 그러한 전제의 타당성에 대한 전문적 식견과 확고한 신념이 없이는, 이론의 중요성을 강조하는 그의 학문적 태도에 비추어 볼 때, 위와 같은 주장을 하기 어렵다는 점에서 엄상섭의 글에는 진화론적 사고방식이 스며들어 있다고 보아야 할 것이다. 이 점은 아래의 글에서도 확인된다.

다음으로 '간통죄철폐와 그 사회적 영향'[88]을 보자. 이 글에 대해 신동운 교수는 "자신의 독자적인 법사상과 법적 분석능력을 동원하여 간통죄를 쌍벌죄로 해야 한다는 당위성을 역설하였고 또한 독자들을 설득하는 데 성공을 거두고 있다. 이 글은 지금까지 우리 학계나 일반 시민들에게 제시되었던 간통죄에 관한 문헌들 중에 가장 우수한 것의 하나로 손꼽을 수 있는 것이다. 편집자로서는 형법논집을 간행하면서 이 글을 발굴하여 학계와 시민사회에 제공할 수 있다는 점에서 특별히 자부심과 기쁨을 느끼고 있다."는 인상적인 평을 남긴바

---

88) 엄상섭, "간통죄철폐와 그 사회적 영향", 민성(民聲) 제1권 제2호 (1950).

있다.[89] 그렇다면 효당이 분석한 간통죄 철폐의 영향이란 어떤 것인지 살펴보자.

첫째, 축첩이 장려될 것이다.

둘째, 간통행위에 대한 복수가 성행하게 될 것이다. 여하한 동물도 성에 관한 적과의 투쟁에서 가장 격렬하다는 것은 생물법계에서 이미 증명된 일이다. 인류도 일반 동물에 비해 진화되었다고는 하지만 치정관계로 일어나는 불상사의 불절함을 볼 때 동물적 성격을 완전히 청산치 못하였음을 알 수 있다. 그리고 직접행동에 의한 보복 때문에 화를 많이 입는 편은 남자보다는 체력이 약한 여자 편일 것이 예상된다.

셋째, 남녀의 탈선행위가 현저히 증가하여 이혼율이 높아지고 가정은 파탄되어 죄 없는 어린아이들이 참경에 빠질 것이며 여기서 제2의 사회악은 싹틀 것이다. 즉 아무 처벌문제가 없다면 못난 남자가 아내를 빼앗기는 예는 더욱 많아질 것이다. 파렴치한 하류계급의 경우 유부녀일지라도 마음에 들면 유인해 내기를 주저치 아니할 터이니 간통죄 철폐는 약자를 괴롭히고 강자를 보호하게 되는 결과를 가져와 이혼이 증가될 것은 명약관화하다.

넷째, 우리나라의 미풍으로서의 정조관념이 약화될 것이다.

상기 거시한 간통죄철폐의 영향에 대한 엄상섭의 분석은 현대적 시각에서 보아도 대단히 설득력 있게 다가오는 탁견(卓見)이라 생각된다. 그 이유는 무엇일까? 축첩장려라든지, 성적 문란으로 인한 가정파탄과 이혼율의 증가 및 자녀들의 이차적 피해, 그리고 미풍양속 저해 등의 영향은 그동안 자주 원용되어 온 간통죄 존치론의 논거들이기 때문에 특별히 새로울 것은 없다. 하지만 간통으로 인한 직접적인 복수행위의 성행이라든지, 하류계급 여성들에 대한 상류층 남성들의 성적 유인으로 인한 폐단 등의 지적은 많은 사람들에게 호소력 있게 다가오는 참신한 논거들이다. 이 호소력 있는 논거들의 공통점은 필자의 관점에서 볼 때, 모두 진화심리학적 통찰에 기초하고 있다는 사실이다. 즉 이들 역시 인간의 본성에 기초한 논증이라는 것이다. 많은 사람들이 암묵적으로 인정하고 있지만 드러내 놓고 말하지 못했던 인간의 본성에 호소하여 간통죄철폐의 폐해를 지적하는 엄상섭의 논지에 대다수 독자들은 자연스럽게 몰입될 수밖에 없는 것이다.

그럼 여기서 말하는 본성이란 무엇인가? 우선 남성들이 하류계급 여성들을 유인해 낸다는 분석에 대해 살펴보자. 진화심리학의 관점에 볼 때, 남성들의 성적 방종, 즉 단기적 짝짓기 전략은 후손을 최대한 많이 두기 위해, 전문적으로 말하면 적응도(fitness)를 높이기 위해 진화한 심리적 기제[90]의 하나다. 마찬가지로 여성들이 자신보다 또는 상대적으로 경제적,

---

89) 신동운·허일태, 앞의 책(각주 3), 328면.

사회적 지위가 더 높은 남성에게 본성적으로 호감과 흥미를 느끼게 되는 것은 양육이라는 적응문제의 해결에 있어 보다 안정적인 자원을 확보하기 위해 진화한 심리적 기제의 하나다. 이렇게 볼 때 하류계급 여성들이 경제적, 사회적 지위가 있는 남성들의 유혹에 취약할 것임은 예측되는 바이고, 또 그러한 남성들이 주된 유인대상으로 삼는 여성들이 그러한 부류일 것이라는 점도 진화이론에 비추어 보면 쉽게 예측이 된다.[91] 이리하여 엄상섭이 지적한 폐단, 즉 약자를 괴롭히고 강자를 보호하는 결과를 초래하게 된다.

다음으로 간통으로 인해 사적 보복이 성행하게 될 것이라는 견해를 검토해 보면, 이 역시 진화심리학적 설명과 부합되는 입장이라고 생각된다. 인간의 복수성향 자체가 진화론적으로 볼 때 본성적인 것임은 많은 연구에서 밝혀진 바 있다.[92] 그런데 엄상섭은 여기에 더하여 그 중 특히 가장 강렬한 복수심은 '성적 질투심'에서 비롯된 것임을 밝히고 있다. "여하한 동물도 성에 관한 적과의 투쟁에서 가장 격렬하다는 것은 생물법계에서 이미 증명된 일이다."라고 하면서 "인류도 일반 동물에 비해 진화되었다고는 하지만 치정관계로 일어나는 불상사의 불절함을 볼 때 동물적 성격을 완전히 청산치 못하였음을 알 수 있다."고 인간 본성에 대한 놀라운 식견을 보여준다. 진화심리학에 의하면 성적 질투는 동성 간 공격과 살인을 촉발하는 중요한 맥락이다. 또한 성적 질투는 배우자 살해의 중요한 맥락인데, 모든 문화에 걸쳐 가장 흔한 원인으로 지목된다고 한다. 데이비드 버스의 설명을 들어보자.

"배우자나 여자친구를 살해하는 남자는 다음 두 가지 핵심 조건 중 하나가 일어날 때 그런 일을 저지른다. 첫째, 불륜을 목격하거나 의심할 때, 둘째, 여자가 관계를 끝내려고 할 때가 그것이다. 첫 번째 경우는 여자가 간통을 하는 것에 해당하는데, 그러면 남자는 자신의 한정된 자원을 자신과 유전적 관련이 없는 자식에게 투자해야 하는 위험에 처한다. 두 번째 경우는 번식 가치가 높은 여자를 경쟁자에게 빼앗기는 것에 해당하는데, 이는 적응도를 높

---

90) 진화심리학에서는 본성이란 말 대신 전문용어로 '진화된 심리적 메커니즘(EPM: Evolved Psychological Mechanism)'을 사용한다.

91) 이와 관련해 참고할 만한 문헌으로는 진화심리학의 표준적인 교과서라 할 수 있는 데이비드 버스/이충호 역(최재천 감수), 진화심리학(웅진 지식하우스, 2012), 187면 이하(여자의 배우자 선호 내용에 관한 이론들)와 279면 이하(남성의 단기적 짝짓기 성향에 관한 이론들).

92) 관련 연구로는 Michael E. McCullough, *Beyond Revenge : The Evolution of the Forgiveness Instinct* (Jossey-Bass, 2008); David P. Barash & Judith Eve Lipton, *Payback: Why We Retaliate, Redirect Aggression, and Take Revenge*(Oxford University Press, 2011) 참조. 비록 진화론을 직접적으로 논급을 하고 있지는 않지만 리스트(Franz von Liszt) 역시 피의 복수와 같은 원시형벌은 '종족 보존 본능의 발현'으로서 본성적인 것임을 저 유명한 '마르부르크 강령'에서 긴 지면을 할애해 지적하고 있다. 프란츠 폰 리스트/심재우·윤재왕 역, 마르부르크 강령: 형법의 목적사상(강, 2012), 27-51면 참조.

이는 자산을 직접 상실하는 결과를 낳는다."[93]

위 설명에 비추어 보면, 엄상섭의 통찰은 놀라울 정도로 예리하게 진화심리학적 지식에 근접하고 있음을 확인할 수 있다. 물론 엄상섭이 진화심리학을 접해보았거나 그와 관련된 전문적인 지식이 있었다고 보기는 어렵다. 이는 진화심리학이 비교적 최근에 등장한 학문이라는 점이 비추어 보아도 자명하다. 하지만 당대 일본의 형법학자, 예컨대 마키노는 진화론적 사고방식을 형법이론에 수용하고 있었고[94] 따라서 그들의 영향 하에 있었던 엄상섭도 진화론에 대한 여하한 방식의 이해는 있었을 것이라고 보는 것은 큰 무리가 아닐 것이다. 앞서 인용한 엄상섭의 글에서 '생물법계'나 '진화'란 말을 명시적으로 언급하고 있는 점이 이를 지지해 준다. 또한 비록 진화심리학이 아직 학문으로 정립되기 전이었지만, 진화론의 일반이론에 비추어 볼 때, 그 내용에 대한 선견적 지식이 있었다고 가정해 보는 것도 흥미로운 제안일 것이다.[95]

(2) 인류사회의 진보에 대한 믿음

마지막으로 '암살범의 특질'을 보도록 하자. 이 글은 엄상섭의 모든 글을 통틀어 '진화'란 용어가 가장 많이 등장하는 글이기도 하다. 그는 '정치적 동기'에서의 암살범을 고찰함에 있어서 그 동기의 특색을 먼저 논한다. 암살에 대한 비난을 감수하고 살인을 저지르게 만든 강렬한 동기가 무엇인지 구명할 필요가 있기 때문이다. 다음으로 그는 암살범이 다른 범인과 다른 '인간으로서의 특색'이 무엇이 있는지 논한다. 각 범죄별로 범인의 공통적 특성을 파악해야만 적당한 방책을 세울 수 있기 때문이다. 이어 정치적 암살범이 실현되는 원인을 '정치정세의 불안' 등 크게 다섯 가지로 나누어 분석한 후 이들을 '정치범(政治犯)'로 볼 수 있는지 의문을 제기하면서, 페리(Ferri)는 정치범을 '퇴화적 범죄'에 상대되는 '진화적 범죄'로 분류하여 사회가 진화되면 정치범은 자연히 그 자취를 감추게 될 것이라고 보았지

---

93) 데이비드 버스/이충호 역(최재천 감수), 앞의 책(각주 92), 482-485면 참조.
94) 마키노는 '진화론적 형법이론'을 전개한 것으로 유명하다. 그는 "사회의 진화와 함께 형법도 진화한다."는 명제에서 출발하며, 그의 전체 논술의 사상적 기초에는 진화론적 수법이 스며있다고 한다. 마키노의 형법이론에 대해서는 吉川經夫·內藤 謙·中山研一·小田中聰樹·三井 誠 編著/허일태(책임번역)·배문범·이동희·김환전·이덕인 공역, 앞의 책(각주 11), 234-235면 참조.
95) 최근 우리 학계에는 법과 진화론의 관계를 다룬 저작이 출간된 바 있다. 김혜경·안성조·양천수·윤진수·한상훈, 법과 진화론(법문사, 2016).

만 인류 일반의 경험에 의하면 정치범이라고 해서 반드시 진화적인 것은 아니고 퇴화적인 것도 있다고 반박한다. 이 예로서 프랑스 혁명 이후 집요한 활동을 계속한 왕당파 범죄와 이조 말에 있어서 개화정치의 필두에서 활동하던 김옥균을 암살한 사건은 반동적 정치동기에서 나온 것이니 이를 진화적이라 판단하기 어렵다는 것이다.

만일 정치적 암살범을 정치범의 범주에 속한다고 가정하면, 그것은 확신범의 일종이 될 것이라고 보면서 이 글에서 확신범의 처벌근거에 대한 자신의 소신을 밝히고 있다. 엄상섭에 의하면 위법성의 본질을 마이어가 말하듯이 '국가적으로 승인된 문화규범'의 위반이라고 본다면 확신범 처벌근거는 용이하게 발견되는데, 그 이유는 범인은 '영원을 지향하는 문화규범'에는 위반되지 아니하였지만 '그때그때의 현실적 국가에 의해 승인된 그것'에는 위반된 것이기 때문이다. 하지만 이 견해는 보수적이라는 평을 면하지 못할 것인데, 왜냐하면 부단히 생성, 발전하는 인류사회의 진화에 수응해 국가가 언제나 보조를 맞출 수 있다고는 장담할 수 없기 때문이라고 한다. 따라서 엄상섭은 이 문제의 해결을 위해 자신의 의견을 제시한다.

"위법성의 본질을 '인류사회의 진화를 목표로 하고 생성·발전할 수 있는 문화규범' 위반이라고 관념할 때에 이 문제는 비로소 해결된다는 것이다. '국가적으로 승인된'이라는 것을 부인함으로써 '현실에 굳어붙을 수 있는 보수성'을 제거하고 '인류사회의 진화'만에 봉사하는 것이 아닌 점에서 확신범 불벌의 부당한 결론을 피하는 것이 비견(卑見)의 골자다. 즉 '할 수 있는'에 의미가 있는 것으로서 이는 '인류사회의 진화의 과정'을 존중한다는 것에 중요한 포인트가 있다. 즉 확신범은 문화의 진화과정을 무시하는 점에 그 위법성이 있다는 것이다. 퇴화적인 정치범 등의 가벌성은 물론이고 진화성을 가진 확신범일지라도 그 과정을 무시함으로 인하여 현실사회에 대하여 다대한 혼란과 마찰을 가져오게 된다면 도리어 인류의 문화발전을 저해하는 결과에 빠질 터이니 이런 의미에서 진화적인 확신범도 위법성을 대유(帶有)케 되는 것이다."

상기 글에서 엄상섭은 '진화적'이란 용어를 '퇴화적'의 상대어로 사용하고 있는 듯 보인다. 그러나 엄밀한 의미에서 진화가 곧 진보는 아니다. 이런 점에서 진화에 대한 엄상섭의 인식이 정확한 것이라고는 단정할 수는 없을 것이다. 하지만 '인류사회의 진화'를 논급하고 있다는 점에서 이른바 '문화진화론'적 사고방식을 엿볼 수 있으며, 이는 곧 인류사회의 진보에 대한 그의 신념을 확인하는 계기가 되어준다. 진화론을 활용하여 '위법성의 본질'에 대하여 마이어의 '문화규범론'을 뛰어넘는 독특한 이론구성을 하고 있다는 점에서[96] 엄상섭을 우리 형법이론사에서 '진화론적 법사상'을 지니고 있던 인물로서 자리매김하는 것도 의미있는 일이라고 생각한다.97)

V. 맺음말

효당 엄상섭 형법논집의 공편저자인 신동운 교수는 엄상섭의 논설들에 대해 "이러한 글들은 기존의 통설적 견해를 비판적으로 음미하면서 자신의 독자적인 견해를 제시한 노작이다. 우리가 우리의 형법학을 구축한 것은 해방 이후부터이다. 그러나 이 기간 가운데 외국의 학설을 번안하지 않고 독자적으로 수립한 우리의 형법학설이 얼마나 되는지 자성의 차원에서 묻고 싶다."고 평하며 "이러한 관점에서 볼 때 엄상섭의 여러 시론(試論)들은 한국 형법학계의 자존심을 일깨워 주는 역작이라고 할 것이며, 그에 상응하는 만큼 그가 제기한 학문적 논제제기에 성실하게 답변해야 할 책무가 오늘의 형법학도들에게 부과되어 있다98)"

---

96) 한편 엄상섭의 이러한 이론구성에 대하여 이는 나치형법과 마키노 등의 극단적 실질적 위법성론과 계보를 같이 하는 것으로 보는 견해가 있다. 즉 "엄상섭은 마키노와 김병로와 같이 위법성의 실질을 '사회상규'로 내세우지는 않았지만, 위법성의 실질을 '인류사회의 진화과정에서 생성·발전할 수 있는 문화규범'이라고 함으로써 실질적 위법성이론의 프레임을 여전히 이어가고 있[고]," "마키노나 김병로와 같은 극단적 실질적 위법성이론의 계보를 정통성있게 이어가고 있다"고 분석한다. 이에 대해서는 김성돈, "한국형법의 사회상규조항의 계보와 그 입법적 의의", 형사법 연구 제24권 제4호 (2012) 참조. 실질적 위법성론이 법적 안정성을 해치고 형법의 도덕화를 초래할 수 있으며, 약육강식적 사회진화론을 사상적 배경으로 불순한 열매(일본의 국가주의형법과 독일의 나치형법)를 맺었다는 역사적 사실을 지적하고 있다는 점에서는 경청할 만한 주장이지만, 이로부터 엄상섭의 위법성 구상을 '극단적 실질적 위법성론'으로 몰아가는 것은 지나친 비약이라고 본다. 전술한 바 있지만, 엄상섭이 따르고 있는 마이어의 문화규범론에서 가장 중요한 지향점은 '인간의 목적가치'이며 또한 '암살범의 특질'에서 진화론을 활용해 위법성의 실질을 새롭게 가공하고 있는 논지가 '국가적으로 승인된 문화규범'을 부인하여 보수성을 제거하면서 확신범 처벌의 근거를 마련하는 데 있으므로 이를 '국가주의적'이라고 보기는 어렵기 때문이다. 즉 엄상섭은 형법사상적으로 '극단적 실질적 위법성론 계보'의 밖에 있다고 보는 편이 합당할 것이다.

97) 외국의 경우 진화론적 관점을 수용한 연구문헌은 역사도 길고 매우 다양하다. 몇 가지 예를 들면 Oliver Wendell Holmes, "Law in Science and Science in Law", *12 Harv. L. Rev. 443* (1899); Fredrich Kessler, "Arthur Linton Corbin", *78 Yale L. J. 517* (1969); E. Donald Elliott, "The Evolutionary Tradition in Jurisprudence", *85 Colum. L. Rev. 38* (1985), Herbert Hovenkamp, "Evolutionary Models in Jurisprudence", *64 Tex. L. Rev. 645* (1985) 등이 있으며, 비교적 최근의 학제적 연구논문으로는 Arthur Dyevre, "Law and the Evolutionary Turn: The Relevance of Evolutionary Psychology for Legal Positivism", *27 Ratio Juris 364* (2014)를 찾아볼 수 있다.

98) 신동운·허일태, 앞의 책(각주 3), 333면.

고 우리 학계의 自省을 촉구하면서 동시에 무겁고 어려운 과제의 수행에 동참해 줄 것을 호소한 바 있다.

본고에서 엄상섭의 형법논설을 되돌아보고 재음미하면서 현 시점에서 약간의 발전적 제언을 한 것이 결과적으로 위 과제의 수행에 미력이나마 일조하는 작업이 될 수 있기를 희망한다. 최대한 효당 선생의 생각을 정확히 파악하기 위해 가급적 원문을 인용해 논증을 하려고 노력했고 관련 선행연구도 빠짐없이 참조해 논의에 활용하려 하였다. 한국 형법의 아버지로 칭송되는 역사적 인물의 논설과, 그에 대한 기존의 탁월한 선행연구가 필자의 卑見으로 인해 부당히 퇴색된 점은 없는지, 앞으로 더 많은 연구자들이 나서서 일깨워 주기를 바라며, 필자도 관련된 후속연구를 기약하는 바이다.

본서의 기초가 된 저자의 연구업적 목록

[1] 도입글: 형법의 계약론적 정당화

[2] 인간의 존엄과 책임원칙

"인간의 존엄과 책임원칙, 형사정책 제31권 제2호, 2019.

[3] 자유의지와 형벌의 정당성

"자유의지와 형벌의 정당성", 법철학연구 제21권 제2호, 2018.

[4] 책임과 응보의 과학적 토대

"도킨스의 틀린 생각", in: 법학에서 위험한 생각들 (법문사, 2018).

[5] 법적 불확정성과 법의 지배

"법적 불확정성과 법의 지배", 법철학연구 제10권 제2호, 2007.

[6] 법문의 가능한 의미의 실재론적 의의

"법문의 가능한 의미의 실재론적 의의", 법철학연구 제12권 제2호, 2009.

[7] 괴델정리의 법이론적 함의

"괴델정리의 법이론적 함의", 서울대학교 법학 제49권 제4호, 2008.

[8] 미국 판례상 집단인식의 법리와 의도적 인식회피

"미국 판례 상 집단인식의 법리와 의도적 인식회피", 안암법학 제34호, 2011.

[9] 플레처의 집단책임론에 대한 비판적 재론

"플레처의 집단책임론에 대한 비판적 재론", 서울대학교 법학 제51권 제1호, 2010.

[10] 단체책임사상의 기원

"집단책임사상의 기원과 그 현대적 변용", 전북대학교 법학연구 통권 31집, 2010.

[11] 인공지능 로봇의 형사책임

"인공지능 로봇의 형사책임", 법철학연구 제20권 제2호, 2017.

[12] 사이코패스의 형사책임능력

"사이코패스의 형사책임능력", 형사법연구 제20권 제4호, 2008.

[13] 사이코패시의 원인론과 치료가능성

"사이코패시의 원인론, 그 형사정책적 함의", in: 이영란교수화갑기념논문집, 2008.

[14] 고대 근동 법전의 성격

"고대 근동법전의 성격", 안암법학 제36호, 2011.

[15] 함무라비 법전의 수수께끼

"형법의 해석과 논증", in: 현대 형법학 제1권 (경인문화사, 2011).

[16] 고대사회 사적 보복관습에 대한 진화론적 조명

"고대사회 사적 보복관습에 대한 진화론적 조명", 법철학연구 제17권 제3호, 2014.

[17] 확신범에 대한 대책

"확신범에 대한 대책", 제주대학교 법과정책, 제23권 제2호, 2017.

[18] 대학 내 교수 성희롱에 대한 법제도적 방지책

"대학 내 교수 성희롱의 법·제도적 방지책 수립을 위한 시론", 한양대학교 법학논총 제33권 제2호, 2016.

[19] 법인의 범죄능력

"법인의 범죄능력에 관한 연구", 한양법학 제21권 제1호, 2010.

[20] 과실범의 공동정범

"과실범의 공동정범", 형사법연구 제19권 제3호, 2007.

[21] 합동범의 공동정범

"합동범의 공동정범", 연세대학교 법학연구 제31권 제3호, 2021.

[22] 준강간죄의 불능미수

"준강간죄의 불능미수", 연세대학교 법학연구 제30권 제3호, 2020.

[23] SNS를 이용한 명예훼손의 법리적 검토

"SNS를 이용한 명예훼손의 법리적 검토", 형사정책 제25권 제3호, 2013.

[24] 재산범죄의 객체로서 재물과 재산상 이익

"재산범죄의 객체로서 재물과 재산상 이익", 형사법연구 제32권 제3호, 2020.

[25] 임의제물출 압수에서 '임의성' 요건

"임의제출물 압수에서 '임의성' 요건", 형사법연구 제33권 제1호, 2021.

[26] 형법 제16조에 대한 유기천 교수의 해석론 연구

"형법 제16조에 대한 유기천 교수의 해석론 연구", 제주대학교 법과정책 제22권 제2호, 2016.

[27] 효당 엄상섭의 형법이론과 형법사상

"효당 엄상섭의 형법이론과 형법사상", 서울대학교 법학 제58권 제1호, 2017.

찾아보기

ㅈ

안성조

현 제주대학교 법학전문대학원 교수
변호사시험·사법시험·행정고시·외무고시·입법고시 출제위원
한국형사법학회·한국형사정책학회·한국경찰법학회·
한국형사소송법학회·한국법철학회 이사
형사법연구·형사정책·경찰법연구·형사소송 이론과실무·JKL(The Journal of Korean Law) 편집위원

주요저서

형법상 법률의 착오론(경인문화사, 2006/2008)
기초법연구 제1권(경인문화사, 2009)
기업범죄연구 제1권(경인문화사, 2011, 공저)
현대 형법학 제1권(경인문화사, 2011)
현대 형법학 제2권(경인문화사, 2015)
법학에서 위험한 생각들(법문사, 2018, 공저)
현대 형법학 제3권(경인문화사, 2019)
법의 딜레마(법문사, 2020, 공저)
형법개론(정독, 2022, 공저)

형법학 |2022|

초판 인쇄 | 2022년 03월 23일
초판 발행 | 2022년 03월 30일

지은이 | 안성조
펴낸이 | 한정희
펴낸곳 | 경인문화사
편집부 | 김지선 유지혜 박지현 한주연 이다빈 김윤진
마케팅 | 전병관 하재일 유인순
주 소 | 파주시 회동길 445-1 경인빌딩 B동 4층
전 화 | 031)955-9300   팩스 | 031)955-9310
출판신고 | 제406-1973-000003호
홈페이지 | http://www.kyunginp.co.kr
이 메 일 | kyungin@kyunginp.co.kr

ISBN 978-89-499-6624-3 93360
값 59,000원